中小学教学艺术实用全书

（第2版）

刘显国◎主编

中小学教师成长的必备工具书

北京大学出版社
PEKING UNIVERSITY PRESS

图书在版编目(CIP)数据

中小学教学艺术实用全书/刘显国主编.—2版.—北京:北京大学出版社,2013.1
ISBN 978-7-301-21434-3

Ⅰ.①中… Ⅱ.①刘… Ⅲ.①中小学—教学艺术—教师培训—教材 Ⅳ.①G632

中国版本图书馆 CIP 数据核字(2012)第 261133 号

书　　　名:中小学教学艺术实用全书(第2版)
著作责任者:刘显国　主编
责 任 编 辑:刘　维
标 准 书 号:ISBN 978-7-301-21434-3/G·3528
出 版 发 行:北京大学出版社
地　　　址:北京市海淀区成府路 205 号　100871
网　　　址:http://www.pup.cn　新浪官方微博:@北京大学出版社
电 子 信 箱:zpup@pup.pku.cn
电　　　话:邮购部 62752015　发行部 62750672　编辑部 62764976　出版部 62754962
印 刷 者:北京中科印刷有限公司
经 销 者:新华书店
　　　　　787 毫米×1092 毫米　16 开本　60.5 印张　1200 千字
　　　　　1999 年 1 月第 1 版
　　　　　2013 年 1 月第 2 版　2013 年 1 月第 1 次印刷
定　　　价:150.00 元

《中小学教学艺术实用全书》编委会

总　策　划：蓟运河

主　　　编：刘显国

（按姓氏笔画为序）

副主编：王淑敏　　刘　杰　　任文田　　姚庆顺　　袁战国

编　　委：马万成　　王修文　　王增昌　　王念强　　白金声　　史德志　　田立莉

龙　剑　　刘显国　　刘　杰　　刘　浩　　刘　凯　　刘　军　　刘万顺

任天彪　　任文田　　华国栋　　朱志湘　　吴正宪　　吴群英　　苏培源

张永强　　肖方明　　赵景瑞　　赵改玲　　赵　徽　　姚庆顺　　徐长青

钱守旺　　袁战国　　龚雪梅　　董绍英　　蒋宗尧　　彭保祥　　揣红霞

游世成　　谢爱琼　　窦桂梅　　解　静　　蒲莉莉　　翟伯华　　翟渝成

编写人员：丁立生　　万国孟　　于雨山　　马红梅　　王　双　　王正中　　王立君

王亚梅　　王洪仁　　王作娟　　王会山　　王宝海　　邓泽华　　白月桥

刘　杰　　刘万顺　　刘立惠　　刘克祥　　刘廷华　　刘丕钰　　刘　伟

刘希山　　刘显国　　刘桂蓝　　刘培兰　　任文田　　吉东萍　　朱凤山

邢卫国　　朱瑞春　　吕国良　　邱学华　　吴正宪　　吴重振　　何积康

李小林　　李德满　　李　刚　　李少言　　李月桥　　李秋梅　　李景和

李家永　　李常山　　李玉梅　　余秀琼　　尚桂林　　肖家气　　陈　重

陈立伟　　陈永林　　陈少义　　杨　松　　杨东昕　　杨冰洁　　杨秀荣

杨淑莲　　范树来　　范淑燕　　姚庆顺　　张洪久　　张洪勇　　张孝汉

张尔凯　　张　平　　张天孝　　张友高　　张洪九　　张丽晨　　张春波

张晓平　　张梅玲　　张路昌　　张殿禄　　郑　晶　　郑贵卿　　赵　华

赵中来　　赵克祥　　赵怀宝　　赵景瑞　　胡重光　　段宝霞　　顾松麒

凌美中　　黄　威　　黄桂坚　　黄泽成　　雪　珂　　袁乃军　　袁战国

龚浩康　　普明贵　　熊开明　　曹凤娥　　蒋宗尧　　蒋永欣　　蒋建华

游世成　　曾木生　　谢笑新　　潘自由　　潘昌世　　魏　锋

用艺术的形式表达科学的内容

滕　纯

21世纪综合国力的竞争，实质上是人才的竞争，归根结蒂是教育的竞争。教育大计，教师为本，教师的质量决定教育的质量，这已是多数人的共识。

走进新课程，在大力推进素质教育的今天，要切实、全面地贯彻我国的教育方针，做到以德育为核心，以培养创新精神和实践能力为重点，有效地提高学生思想道德素质和科学文化素质，教师自身必须积极主动地加强学习，不断修炼，努力提高综合素养，完善自己的人格。

教育的对象是学生，每个学生都是一幅生动的画卷，每个学生的智慧潜能几乎像宇宙一样深不可测。他们都有自己的躯体、自己的感官、自己的头脑、自己的性格、自己的意愿、自己的兴趣、自己的知识，教师要想做一名出色的"人类灵魂工程师"，必须树立"以人为本"的思想，掌握必备的教学艺术策略。掌握教学艺术策略是教师告别"教书匠"角色，向研究型教师、创造型教师和教学艺术家跨越的桥梁。

特级教师刘显国是研究教学艺术策略的专家。据我所知，他研究教学艺术策略与众不同。不是平面的，而是立体的；不是封闭的，而是开放的；不是单一的，而是多元的；不是呆滞的，而是灵动的。那就是学术报告、教学展示、著书立说三管齐下。上百场的教学艺术演讲，超千人的教学艺术大赛，逾百万字的教学艺术著作，所取得的丰硕教学艺术成果，在全国颇具影响。刘显国说："成功的教学是艺术化的教学，而只有艺术化的教学才是成功的教学。"这是他二十多年探索教学艺术策略得出的结论，说得很有道理。

新课程呼唤教学艺术。在课堂教学中，教师作为学生学习的合作者、引导者、参与者和促进者，抑或学生自主、合作进行探究性学习，都是师生交往互动、心灵对话的过程。而这个过程中，离不开教学艺术，因为教学的最高境界是带领学生实现精神世界的升华，教学艺术的本质不在于传授知识，而在于激励、唤醒和鼓舞，在于对人的真切眷注，在于开发学生的生命。开放的社会，不能容纳僵化的教学，用艺术的形式去表达科学的内容是现代教学发展的必然趋势。

"台上一分钟，台下十年功。"京剧演员要苦练唱、念、做、打；相声演员要熟练说、学、逗、唱；习武者要练好踢、打、腾、挪；行医者要谙熟望、闻、问、切；做工者要习练管、钳、车、焊；务农者要善用锹、镐、锄、镰……那么，作为"传道、授业、解惑"的师者的课业是什么呢？他的功夫在哪里呢？《中小学教学艺术实用全书》就回答了这些问题。作者在书中对教学艺术研究作了系统的介绍和评价，从备课到说课，从开讲到结尾，从板书到提问……把教学艺术理论与实践论述得非常透彻。《中小学教学艺术实用全书》纵横捭阖，内容有深度，也有广度，有理论，也有实例，结构严整，操作性强，是刘显国二十多年研究教学艺术之精华。

"要学惊人艺，须下死工夫。"每位教师要想掌握一套过硬的教学基本技能，必须天天做课，日日练功，否则是不能登堂入室的。翻开《中小学教学艺术实用全书》，您定会从刘显国教学艺术研究实践中得到启示！

（滕纯，中央教育科学研究所研究员，曾任中央教育科学研究所副所长、教育科学出版社社长、全国教育科学规划办公室主任。）

刘显国——研究教学艺术的人

白金声

这是一把神奇的金钥匙，它能轻松地打开知识宝库的大门。

这是一轮耀眼的金太阳，它能绚丽地装点未来天空的美丽。

这是一支迷人的金蜡笔，它能迅速地勾画智慧乐园的景色。

这就是艺术——教学的艺术。教学艺术，多么迷人的字眼！掌握教学艺术，是多少教师孜孜不倦的追求！早在17世纪，杰出的捷克教育家夸美纽斯在他的《大教学论》中就表示，他研究的教学论，就是指的教学艺术。教学艺术"是一种把一切事物教给人类的全部的艺术"，"是一种教起来使人感到愉快的艺术，就是说，他不会使教员感到烦恼，或使学生感到厌恶，它能使教员和学生全部得到最大的快乐；此外，它又是一种教得彻底、不肤浅、不铺张，却能使人获得真实的知识，高尚的德行和最深刻的虔信的艺术"。时光已经跨过了三百多年，在教学艺术这个殿堂里，呕心沥血、焚膏继晷、兀兀穷年的研究者不计其数，刘显国用属于自己的姿态独步高阔，独领风骚，在当代教坛产生巨大影响。特别是他主编的大型工具书——《中小学教学艺术实用全书》，这部120万字的全书，是中国教育学会的教学艺术科研成果，涵盖了教学艺术所有的理论与实践问题，对教学艺术原理、备课、开讲、板书、语言、提问、激趣、结尾、练习设计、教学选择、学法指导等方面的艺术进行了系统阐述，对每一个问题都围绕一个中心结合丰富的教例和文例在艺术层面上展开，既高屋建瓴，势如破竹，又密切联系教学实际，展示了教学艺术的权威性，体现了时代的前沿性，突出了施教的实践性，注重了应用性和可操作性等特点。为了这部全书，刘显国"衣带渐宽终不悔，为伊消得人憔悴"。他旁搜博采，爬罗剔抉，研究"古"的，借鉴"洋"的，总结"土"的，精心结撰而成。

因此，这部结合了二十多年创新杯教学艺术高峰论坛经典案例的《中小学教学艺术实用全书》与众不同。它不是平面的，而是立体的；不是封闭的，而是开放的；不是单一的，而是多元的；不是呆滞的，而是灵动的。

我们先来看一下刘显国的教学艺术演说。

为了宣传教学艺术理论，刘显国的讲学足迹遍及东西南北。他的精彩报告轰动了几十座城市的教育界，倾倒了几百万名中小学教师。这里摘录了他一次演讲的开场白：

浩浩宇宙空间，群星闪烁，璀璨夺目，充满着神奇和梦幻；悠悠历史长河，古往今来，兴衰更替，流淌着文明和理想。然而，人类自从成了宇宙的主宰者和历史的创造者，就把那睿智的目光投向了大千世界，寻觅、探索着那属于自己的东西——艺术。艺术，这个闪光的字眼，撄人心灵。教学也是一门艺术。那么，什么是教学艺术呢？诸说对峙，观点纷呈。法国的卢梭认为："教育的艺术是使学生喜欢你所教的东西。"英国的罗素认为："教育就是获得运用知识的艺术，这是一种很难传授的艺术。"以上两位教育家是从教学的吸引性、效用性的侧面来揭示教学艺术的内涵的。而我的观点是：教学艺术乃教师在教学过程中按照教学规律、学生心理发展特点和美的原则，娴熟地运用各种技能、技巧进行独创性的教学活动。那么，我们怎样才能成为一名教学艺术家呢？

1992年4月，刘显国应深圳、珠海、湛江、玉林等地的邀请，15天做了22场专题报告，与广大教师交流教学艺术心得体会，场场爆满。刘显国讲教学艺术，他的演讲本身就具有巨大的艺术魅力。短短的一小段导语，字字铿锵，掷地有声，一下子引起了听众情感上的共鸣，激起他们探究教学艺术的无穷兴趣。

两千多年前的孔子为了传播他的治国安邦政治演说，四处奔波，周游列国；而今天的刘显国为了帮助更多的人了解教学艺术，纵横南北，遍历中华。他在天津讲过思维训练的艺术；他在长春讲过教法选择的艺术；他在石家庄讲过课堂调控艺术；他在北海讲过板书设计的艺术；他在成都讲过课堂组织的艺术；他在泰安讲过德育渗透的艺术；他在青岛讲过教学过程的艺术；他在昆明讲过培养能力的艺术……一场场精彩的报告，就像一块块磁铁一样，深深地吸引听众的全部身心，使其忘记了时空，忘记了万象，忘记了自我。听着，听着，突然明白了：教学的含义是多元的。它既是科学，也是哲学；既是技术，也是艺术。它就是一个由广大教师天天实践、千锤百炼的"合金钢"。哲学是它的基石，解决人们的认识问题；科学是它的栋梁，解决它的内容问题；技术是它的桥梁，解决它的手段问题；艺术是它的殿堂，解决它的效果问题。实现哲学、科学、技术的巧妙综合，必然能达到教学艺术的理想境界，我们应当一辈子为之奋斗！

我们再来看一下刘显国是怎样组织教学艺术大赛的。

优秀教师往往是教学艺术家，他们的先进教学经验是教学艺术生长与发展取之不尽、用之不竭的源泉。为了切磋、交流教学艺术，刘显国先后在邢台、桂林、承德、吉林、北京、哈尔滨等地多次召开研讨会，为有志于研究教学艺术理论与实践的广大教师提供机会和舞台，同时也有数百名教学新秀在研讨会上展示了自己精湛的课堂教学艺术。

最令人难忘的是1998年金秋十月，刘显国在荔枝之乡深圳举办了"全国小学语文、数学十佳青年教师课堂教学艺术大奖赛"。

10月10日，美丽的西丽湖度假村，艳阳高照，繁花似锦。来自全国的30名教坛新秀，在两千多人的会场上赛课。评委席上名家荟萃，腾纯、华国栋、白月桥、潘自由……中央教育科学研究所研究教学法的著名学者几乎都来了。赛课盛况空前，教者们那生动感人的语言美，活泼开朗的性格美，充满青春活力的形象美，博得了一阵阵掌声、笑声和赞扬声。《中国教育报》主任记者王增昌感慨地说："看这样的课堂教学，让人如坐春风，如沐春雨，如饮甘露，简直是一种美的享受。"

我是刘显国的老朋友。他在南粤，我在东北，"相知无远近，万里尚为邻。"我们在教学艺术研究方面，交往甚多。不管是通信，还是打电话，抑或见面他总是感叹："教学艺术博大精深！教学艺术博大精深！"我未知刘显国此话意欲如何，但在教学艺术研究上，我认为他是成功者，成于不舍的追求。从四川盆地走出来，他心不旁骛，虔诚一念，矢志不渝，投身于深蕴奥妙的教学艺术领域，一干就是二十余年，着实令人钦佩！《中国教育报》《中国教育学刊》《湖南教育》《江西教育》《深圳特区教育》和中国教育电视台等十多家媒体都对刘显国的教学艺术研究作了专题报道，在全国引起了强烈反响。

在众多赞誉声中，刘显国向记者祖露心迹：我在教学艺术研究方面才刚刚起步，还有大量的处女地期待着我们去开垦，去耕耘，还有许多空白需要我们去研究，去填补，我们必须坚持不懈地为此去拼搏，去奋斗，去创造。

深圳，又名鹏城，是中国改革开放之窗口。在这里，刘显国，九万里风鹏正举！

（白金声，著名特级教师、享受国务院津贴的中青年专家、全国反馈教学研究会常务理事、现代教学艺术研究专家组核心成员。）

喜读刘显国先生主编的《中小学教学艺术实用全书》

赵景瑞

一感——"全书"境界高

科学根基育教园，
寻路登顶攀高山。
一览叶茂繁花锦，
艺术硕果全铺展。

二感——"全书"探索深

追源历史沿革途，
深探理论矿脉富。
高屋建瓴为普惠，
艺术素养好熔炉。

三感——"全书"涵盖全

专业流派独一树，
涵盖原理分奏谱。
手捧工具喜查阅，
艺术雕琢沐浴读。

四感——"全书"分解细

微格环节细解读，
娓娓道来规律库。
急用易学立竿影，
艺术扎根情怀抒。

五感——"全书"强实用

教学过程出妙招，
佐证实例多妖娆。
知行合一操作经，
艺术课堂显瑰宝。

六感——"全书"集大成

众人拾柴火焰旺，
显国善采博众长。
凝聚同仁集大成，
艺术魅力书闪光。

（赵景瑞，著名特级教师、北京市语文教学研究会副会长、全国反馈教学研究会常务理事、现代教学艺术研究专家组核心成员。）

目 录

第 1 篇　教学艺术基本原理

一、教学艺术研究的历史线索 …………………………………………… 1

二、教学艺术理论研究的基本问题 ……………………………………… 9

三、教学艺术的特点 …………………………………………………… 18

四、教学艺术的功能 …………………………………………………… 22

五、教学艺术的创造 …………………………………………………… 23

六、教学艺术的掌握与应用 …………………………………………… 35

七、教学艺术的基本范畴之一：教学风格 …………………………… 44

八、教学艺术的基本范畴之二：教学机智 …………………………… 53

九、教学艺术的基本范畴之三：教学幽默 …………………………… 58

第 2 篇　备课艺术

一、备课的意义 ………………………………………………………… 66

二、备课的种类 ………………………………………………………… 68

三、备课的基本原则 …………………………………………………… 70

四、备课的一般程序 …………………………………………………… 74

五、备课实例 …………………………………………………………… 81

第 3 篇　课堂开讲艺术

一、开讲艺术的特征 …………………………………………………… 91

二、开讲艺术的功能 …………………………………………………… 95

三、开讲艺术的原则 …………………………………………………… 97

四、开讲艺术的方法 …………………………………………………… 99

第 4 篇　课堂提问艺术

一、课堂提问的作用 …………………………………………………… 147

二、课堂提问的理论依据 ……………………………………………… 150

三、课堂提问的类型 …………………………………………………… 162

四、课堂提问的优化 …………………………………………………… 167

五、课堂提问的方法 …………………………………………………… 176

六、课堂提问的技巧 …………………………………………………… 185

七、课堂提问设计的艺术 ……………………………………………… 194

八、启发学生提问的艺术 ……………………………………………… 221

九、启发学生答问的艺术 ……………………………………………… 238

十、课堂提问要注意的若干问题 ……………………………………… 255

第 5 篇　课堂板书艺术

一、板书的重要性 ……………………………………………………… 268

二、板书的美学要素 …………………………………………………… 269

三、板书的功能 ………………………………………………………… 281

四、板书设计的原则 …………………………………………………… 284

五、板书设计的方法 …………………………………………………… 293

六、板书设计的形式 …………………………………………………… 300

七、板书设计的技巧 …………………………………………………… 310

八、板书的造型艺术 …………………………………………………… 319

九、板书的对比艺术 …………………………………………………… 322

十、板画的艺术 ………………………………………………………… 325

第 6 篇　教学语言艺术

一、教学语言艺术的原则 ……………………………………………… 331

二、教学语言艺术的基本要求 ………………………………………… 338

三、教学语言的表达艺术 ……………………………………………… 349

四、教学语言表达应注意的问题 ……………………………………… 361

五、课堂开讲的语言艺术 ……………………………………………… 366

六、课堂提问的语言艺术 ……………………………………………… 376

七、课文举例的语言艺术 ……………………………………………… 379

八、课堂结尾的语言艺术 ……………………………………………… 381

九、教学语言的非言语交流 …………………………………………… 385

十、态势语言艺术 ……………………………………………………… 392

十一、学科教学语言艺术标准 ………………………………………… 404

第 7 篇　课堂激趣艺术

一、兴趣的概述 ………………………………………………………… 415

二、兴趣的作用 ………………………………………………………… 420

三、兴趣的培养途径 …………………………………………………… 423

四、兴趣的培养模式 …………………………………………………… 424

五、激趣的策略 ………………………………………………………… 448

六、学科教学中的激趣方法 …………………………………………… 477

第 8 篇　课堂反馈调控艺术

一、反馈教学艺术基本理论 …………………………………………… 520

二、反馈教学艺术基本方法 ……………………………………………… 529

三、反馈教学艺术实践——首届全国反馈教学艺术大赛，十佳青年教师，教例评析…… 562

第9篇　掀起课堂教学小高潮艺术

一、掀起课堂教学高潮的作用与功能 ……………………………………… 606

二、巧妙提问掀起课堂教学小高潮 ………………………………………… 608

三、巧设置悬念掀起课堂教学小高潮 ……………………………………… 609

四、辨析错题掀起课堂教学小高潮 ………………………………………… 610

五、鼓励发散思维掀起课堂教学小高潮 …………………………………… 611

六、通过生动活泼游戏掀起课堂教学小高潮 ……………………………… 612

七、有趣的实验操作掀起课堂教学小高潮 ………………………………… 615

八、创设动人情境掀起课堂教学小高潮 …………………………………… 616

九、运用直观形象手段掀起课堂教学小高潮 ……………………………… 620

十、课堂辩论掀起课堂教学小高潮 ………………………………………… 621

十一、运用综合手段掀起课堂教学小高潮 ………………………………… 623

第10篇　练习设计艺术

一、练习设计的意义 ………………………………………………………… 625

二、练习设计的原则 ………………………………………………………… 626

三、练习的类型 ……………………………………………………………… 631

四、练习题设计与技巧 ……………………………………………………… 635

五、练习设计应注意的问题 ………………………………………………… 642

六、练习指导的技巧 ………………………………………………………… 648

七、搞好练习反馈 …………………………………………………………… 650

八、练习批改的技巧 ………………………………………………………… 653

九、练习讲评的技巧 ………………………………………………………… 657

十、总复习的艺术 …………………………………………………………… 661

第11篇　课堂结尾艺术

一、课堂结尾的特点 ………………………………………………………… 674

二、课堂结尾的原则 ………………………………………………………… 676

三、课堂结尾的42种方法 ………………………………………………… 677

第12篇　选择教学方法的艺术

一、选择教学方法的标准 …………………………………………………… 685

二、选择教学方法的程序 …………………………………………………… 687

三、选择教学方法应注意的问题 …………………………………………… 687

四、教学方法的选择比较与评价标准 ……………………………………… 690

五、有特色的教学方法简介 ………………………………………………… 691

第 13 篇　学法指导艺术

一、学习的基本原理 ……………………………………………… 704
二、学法指导概述 ………………………………………………… 738
三、学法指导的意义 ……………………………………………… 742
四、学法指导的过程 ……………………………………………… 745
五、学法指导的内容 ……………………………………………… 753
六、学法指导的原则 ……………………………………………… 755
七、学法指导的模式 ……………………………………………… 759
八、学法指导的方法 ……………………………………………… 765
九、学法指导的应用 ……………………………………………… 774
十、学法指导的研究 ……………………………………………… 804

第 14 篇　课堂说课艺术

一、说课的主要内容 ……………………………………………… 810
二、说课的类型 …………………………………………………… 811
三、说目标 ………………………………………………………… 811
四、说教材 ………………………………………………………… 812
五、说教程 ………………………………………………………… 813
六、说教法 ………………………………………………………… 814
七、说学法 ………………………………………………………… 815
八、说练习设计 …………………………………………………… 816
九、说课应该注意的几个问题 …………………………………… 816
十、说课实例 ……………………………………………………… 817

第 15 篇　电化教学艺术

一、电化教学概述 ………………………………………………… 823
二、电化教学的基本原则 ………………………………………… 825
三、课堂电化教学过程的最优化 ………………………………… 828
四、运用电教媒体 ………………………………………………… 830
五、电化教学的十四种方法 ……………………………………… 836

第 16 篇　目标教学艺术

一、制定目标艺术 ………………………………………………… 841
二、前提测评艺术 ………………………………………………… 844
三、认定目标艺术 ………………………………………………… 849
四、导学达标艺术 ………………………………………………… 850
五、达标测评艺术 ………………………………………………… 857

第17篇　教学的人际关系艺术

一、教师的人际关系 ……………………………………… 860
二、教师之间的协调艺术 ………………………………… 862
三、师生之间的融洽艺术 ………………………………… 865
四、学生之间的合作艺术 ………………………………… 868
五、教师与家长的人际关系 ……………………………… 868

第18篇　活动课教学设计艺术

一、开设活动课的意义 …………………………………… 870
二、活动课的教学特点 …………………………………… 871
三、活动课的教学目标 …………………………………… 872
四、活动课的教学内容 …………………………………… 872
五、活动课的教学方式 …………………………………… 873
六、活动课的教学方法 …………………………………… 874
七、活动课的教学要求 …………………………………… 874
八、小学数学活动课教学设计实例 ……………………… 876

第19篇　演示实验艺术

一、演示实验的意义 ……………………………………… 879
二、演示实验的分类 ……………………………………… 880
三、演示实验的原则 ……………………………………… 881
四、演示实验的基本要求 ………………………………… 882
五、演示实验应注意的问题 ……………………………… 883

第20篇　思维训练的艺术

一、单一性思维训练艺术 ………………………………… 886
二、组合性思维训练艺术 ………………………………… 892

第21篇　培养记忆能力的艺术

一、明确一个目的 ………………………………………… 895
二、做到两个科学 ………………………………………… 896
三、培养三类能力 ………………………………………… 896
四、弄清四个记忆 ………………………………………… 898
五、并用五个器官 ………………………………………… 899
六、搞好六个结合 ………………………………………… 899
七、掌握七种方法 ………………………………………… 900

第22篇　教学资料借鉴艺术

一、教学资料的采集艺术 ………………………………… 903

二、教学资料的汲取艺术 …………………………………………… 903
三、教学资料的运用艺术 …………………………………………… 904
四、教学资料的创新艺术 …………………………………………… 905

第 23 篇　名师教学艺术范例

一、李吉林的情境教学四例 ………………………………………… 907
二、霍懋征教"聪明" ………………………………………………… 911
三、吴正宪的语言艺术 ……………………………………………… 911
四、钱守旺的数学练习设计艺术 …………………………………… 915
五、田立莉的和谐课堂教学艺术 …………………………………… 916
六、徐长青的课堂激趣艺术 ………………………………………… 920
七、赵景瑞的作文开讲艺术 ………………………………………… 925
八、白金声的语文教学艺术 ………………………………………… 926
九、窦桂梅的激情艺术 ……………………………………………… 931

第 24 篇　教学艺术案例评析

一、图像直观 ………………………………………………………… 932
二、教师教得轻松,学生学得愉快 ………………………………… 933
三、在讲解和板书过程中揭示文章的思路 ………………………… 933
四、启发式谈话两例 ………………………………………………… 934
五、选择最美的语言 ………………………………………………… 935
六、用形象的言语启发学生想象 …………………………………… 935
七、点拨的艺术技巧 ………………………………………………… 936
八、激疑 ……………………………………………………………… 936
九、集体讨论引发创造性思维的产生 ……………………………… 937
十、激情 ……………………………………………………………… 938
十一、激趣 …………………………………………………………… 938
十二、怎样扭转课堂气氛 …………………………………………… 939
十三、偶发事件的处理 ……………………………………………… 939
十四、宽容是教师应有的素质 ……………………………………… 940
十五、课后质疑 ……………………………………………………… 941
十六、彩蝶王长飞之谜 ……………………………………………… 941
十七、变事故为故事 ………………………………………………… 941
十八、别具一格的考试 ……………………………………………… 942
十九、引导学生乐学 ………………………………………………… 943
二十、培养创造性思维 ……………………………………………… 945
二十一、游戏教学 …………………………………………………… 946

第 **1** 篇

教学艺术基本原理

对于教学艺术，教师在实践中自觉或不自觉地应用。然而，随着教育科学的发展，人们这种自觉或不自觉的行为越来越引起了有识之士的重视，要求将不自觉的行为变为自觉的行为，要求上升到理论高度进行阐释。有人认为，对教学艺术的研究将成为教学理论研究新的增长点。对教学艺术的研究，脱离不了研究具体的技艺与技巧，这些技巧包括人们常说的板书艺术、教学语言艺术、组织课堂艺术、备课艺术，等等。同时，更需要对其基本理论进行研究，这些研究包括历史研究和基础研究两个方面。历史研究就是研究国内外对教学艺术的研究和应用状况，以便借鉴；基础研究包括：教学是不是艺术，教学中有没有艺术，教学艺术的本质、特点、功能，教学艺术的创造、掌握与应用，等等。另外，除了应用部分对基本的技术、技巧进行经验总结外，教学艺术基本理论的研究还包括对体现教学艺术的一些基本范畴进行研究，这些基本范畴包括：教学风格、教学机智、教学幽默等。

一、教学艺术研究的历史线索

国内外历史上许多教育家有许多丰富的教学艺术思想和实践，需要专家们进行专门的研究和发掘，这里，根据现有材料作一些列举。

（一）我国教育家关于教学艺术的思想

1. 古代教学艺术思想举例

在中国古代有许多大教育家积累了丰富的教学艺术经验和技巧，并提出了宝贵的思想。先师孔子在长期的教学实践中创造了因材施教、启发思考的艺术；墨子创造了"强说人"的艺术；等等。这些艺术在后来的教学艺术论述中被当做经典而津津乐道。关于教学艺术比较早的专门论述见于《学记》。《学记》中有丰富的教育教学思想，对教学艺术也有许多精辟的论述，例如，关于教学语言艺术的一段精彩论述："善歌者使人继其声，善教者使人继其志。其言也，约而达，微而藏，罕譬而喻，可谓继志矣。"意思是教学语言艺术在于简略而透彻，精致而含蓄，善用譬喻使人顿然明白。又如，其中提出的"禁于未发之谓预"这一艺术，"禁于未发"是个艺术性很强的问题，它依赖于教师善于把握的技巧。再如，关于启发的艺术，论述更为精妙："君子之教，喻也。道而勿牵，强而勿抑，开而勿达。"引导学生而不牵着鼻子走，鼓励学生而不强迫他们，启发学生思考而不把答案点破，让他们自己悟出，这是充满辩证法的教学艺术。明代教育家王守仁从心理学的角度论述幼儿教学的艺术，他把艺术的教学比作"时雨春风"，滋润花木，是一种自然的神化："今教童子，必使其倾向鼓舞，中心喜悦，则其进自不能已。譬之时雨春风，沾被卉木，莫不萌动发越，自然日长月化。"这种教学艺术使儿童达

到兴趣盎然、情意舒畅、自强不息的境界。

2. 近代教学艺术研究之花

到近现代，许多教育家也都提出过教学艺术的思想。例如，俞子夷曾系统地论述了教学艺术的作用，陶行知、叶圣陶等也都在自己教育、教学论著中论述过教学艺术问题。俞子夷先生在其《教学法的科学观和艺术观》一文中指出："我们教学生，若没有科学的依据，好比盲人骑瞎马，实在危险。但是，只知道科学的依据而没有艺术的手腕处理一切，却又不能对付千变万态、千变万化的学生。所以，教学法一方面要以科学做基础，一方面又不能不用艺术做方术。"他认为："艺术方面大约有：一、学生兴味的利用。空谈兴味不是难事，实际在教学时要使学生肯注意努力，确是顶难的事。同是一级的学生，同是一种的问题或教材，教师技术的好歹，可以影响到学生的努力。二、教师和学生问答的方法。问答法也有若干的原理，但是实地施用时，字句的组织、声音的高低、轻重、缓急、笑容姿势等，都有很大的影响。三、讲述故事的方法。像怎样形容，怎样补充，怎样插问，怎样接榫，怎样布置……都是一种技术。我们虽能把大概情形做成几条条件，但是实地应用，也靠教师的天才和修炼。四、社会化的上课。上课要有条不紊，秩序井然；不能放任学生乱动，也不能完全由教师命令。有人以为这是教室管理上的问题。实在教师技术高明的，很能顺利的教学，无须特别注意教室管理，而自然可以有合宜的秩序。"他举例道：

"同是叙述，有时可以十分的沉静，有时可以十分的激昂，有时也可以含有推理怀疑的神情，要跟故事的性质而定……叙述《月夜泛舟》，当然要有沉静的神情；叙述《少年鼓手》，当然要有激昂的神情；叙述《徐纳发明牛痘》，当然要用推理怀疑的神情。"在他看来，教学中的科学与艺术是相辅相成的。对这个问题，现代教育家萧承慎在其《教学法基本概念检讨》一文中指出：教学是科学还是艺术，是一向争辩很激烈的问题。有人认为教学原理是应用科学，运用原理的技术是艺术，认为科学是重要的，艺术是辅助的；有人认为教学是美术，是艺术，在教学实施上，教学原理是辅助工具，中心的要素是教师的灵感和热情。因而，有敏锐的灵感和丰富的热情，方能充分运用教学原理，审情度势，大胆地设计创造般地实施。

(二)国外教学艺术思想的初步研究

1. 国外的教学艺术思想

在外国教学思想史上，古希腊苏格拉底创立的"产婆术"教学技巧，是一种典型的教学艺术。夸美纽斯第一次明确地、系统地论述了教学艺术的思想，并认为"教育人是艺术中的艺术，因为人是一切生物之中最复杂、最神秘的。"他并且指出《大教学论》是"阐明把一切事物教给一切人类的全部艺术。"俄国大教育家乌申斯基在心理学、生理学、哲学的基础上研究教学及其对象——人。他得出结论，教学的艺术胜于科学，"任何一种力求满足高度的道德要求和人的

一般精神需要，就已经是艺术了。就这个意义上讲，教育学当然就成了最高级的一种艺术，因为他力求满足人类最伟大的要求——人的本性的完善。这不是在画布或大理石上表现得完美，而是使人的本性本身——他的精神和肉体趋于完善。这种艺术永远是先行的，他的理想是完美无缺的人"。这是对教育教学艺术的精辟论述。苏霍姆林斯基集丰富的教学经验和深厚的教学理论于一身，从理论与实践的结合上指出："教学和教育过程有三个源泉：科学、技巧和艺术。"

2. 国外关于教学艺术研究的两次论争

(1) 富礼门和巴格莱的争论。1930年，美国教育家，芝加哥大学教授富礼门(F. N. Freemen)和哥伦比亚大学教授巴格莱(W. C. Bagley)在美国全国教育协会年会上，就教学是科学还是艺术进行过激烈辩论。富礼门认为教学是科学，而巴格莱则强调教学是艺术。

(2) 盖奇与海特的争论。1951年，美国教学研究专家海特(G. Highet)的名著《教学艺术》问世，引起了学术界的强烈反响，教学艺术被提上了教学研究的重要日程。在该书中，海特，教学是一门艺术，不是科学，理由是：教学主要是人与人（教师与学生、学生与学生）之间的相互交流和影响。这种交流或影响更多地依赖于情感、兴趣、需要、价值等因素或过程。而这些因素或过程是完全在科学把握之外的。如果运用科学来把握这些因素或过程，那就会使他们受到抑制，不能自然地表现出来。海特的这种看法，在当时美国兴起的科学

热、实验热的背景下，格外引人注目，发人深省。在他的影响下，许多教学研究专家开始探讨教学艺术问题。但是，也引来许多反对意见。著名教学研究专家盖奇（N. L. Gage）不同意海特的观点。他认为，教学是一门科学，而不是艺术。如果把教学视为艺术，并排除对他的科学探索，那就会使教学变为纯主观的活动，没有规律可循，最终会陷入不可知论。对此，海特当然不同意。他反驳道，承认教学是艺术，并不否认他的"可知性"，关于艺术的艺术学就是一门被人广泛理解的学问。问题在于使用不同的认识方式和方法。后来，盖奇又修正了自己的观点，认为即使承认教学是一门艺术，也不能排除对它进行科学分析。艺术活动也有内在的程序和规则，完全适于科学探索。对教学进行科学探索不会抑制他所涉及的情感、兴趣、需要、价值等因素或过程。盖奇认为，教学活动有其内在的条理和规则，这使他非常适合于科学分析。

（三）改革开放以来我国教学艺术研究

20世纪八九十年代，教学艺术这个古老而又历久弥新的问题再度勃发生机，受到国内教育界的广泛关注，成为教学论的研究热点之一，并逐渐形成教育理论工作者和教育实践工作者的共识。有人将这一时期的教学艺术研究分为四个阶段来概括。

1. 教学艺术研究的酝酿期（1980—1985年）

此期间，尊重知识、尊重人才正在全社会成为风气，教育界正在努力提高教学质量、培养有用人才，教育理论研究尚处于复苏阶段，教育本质的大讨论成为研究的焦点。教学艺术问题也引起了人们的关注。1981年，熊戈发表《谈谈课堂教学》，提出"课堂教学是一门艺术"。而"课堂艺术，主要是教师的讲课艺术，教师艺术才能的发挥，在于教师主导作用的发挥"。这种观点在当时具有一定的代表性。其后，苏灵扬在《教育研究》上发表了《教师，塑造新一代人的工程师和艺术家》，文中用比喻描述的语言阐释了教师的双重身份，实际上也是教师劳动的双重特性。即科学性和艺术性的统一。认为："教师之所以被称为工程师，是因为教育人要掌握教育科学。教师不仅要用丰富的知识哺育新一代，使他们茁壮成长，而且要研究用什么方法来哺育，这就需要按照科学的规律进行教育和教学，如同工程师进行建设要设计要施工一样。""教师之所以被称为艺术家，是因为教师的劳动本身就是创造，而且比艺术家的创作更具有创造性。""所以教师又是艺术家，而且是更有特殊要求的艺术家。"1981年，《人民教育》杂志发表汪远平《谈教学风格》一文，标志着教学艺术个性已被引起关注。此后，曹振道撰文认为，"要尊重教师的劳动，倡导并尊重教师的个性"。"要百花齐放、百家争鸣。对教师不同的教学风格要热情赞助、郑重对待。"1983年，王晋堂在《论课堂教学艺术》一文中称，"拟在课堂教学范围内就教学艺术论的几个问题做一点初步探讨"。文中主要谈了四个问题：教学是一门艺术；课堂教学的特点——兼论课堂教学的科学性、思想性和艺术性；课堂教学的时空观；教师——课堂教学的"艺术家和诗人"。这篇论文后来收入了陈友松主编的《教育学》一书，成为独立一章。

这一阶段，人们提出了教学艺术研究中的许多重要问题，如教学艺术的概念范围、本质内涵、基本特点、教学艺术的个性化、教学艺术论构想等。

2. 教学艺术研究的探索期（1986—1988 年）

在这一阶段中，对上一阶段所提出的一些教学艺术的重要问题作了较为深入的探讨，有的还进行了争鸣。1986 年，符策震出版《教学的艺术》，这是我国出现的第一部教学艺术个人专著。在这部著作中，作者"从理论方面，特别是从现代教学思想、教学理论、思维发展理论、心理发展理论，从总体的观念上，以系统的观点，对教学的一般艺术，特别是如何启迪学生的智慧、发展学生个性、激发创造才能的艺术，作了进一步的深入探讨"。湖南师大的郑钢在《教育从艺术中吸取些什么？》一文具体分析了教育的情感性与非理性因素在教育中的巨大作用，以及艺术的个性、独创性与教育过程中主体的自主性等问题。这对教学艺术研究提供了一个新思路，即不应满足于重视教育与艺术在外显层次上的相似性，而应去研究教育与艺术在内隐层次上的同构，以借鉴吸取艺术理论的特质来助于教学理论的科学建构。1987 年，阎增武发表《浅析教学过程的审美感》，此文从审美的角度研究了教学艺术的有关问题，认为教学艺术是通过诱发和增强学生的审美感以提高教学效果的手段，这种手段的运用能使学生在有益身心健康的积极愉快的气氛中，获取到知识的营养和美的享受。并且还具体考察了增强学生审美感的途径，实际上是研究了教学艺术的美育功能。钟以俊在《教育理论与实践》上撰文认为"所谓现代教学艺术，是指遵循美的规律，贯彻美的原则而进行的创造性教学"，并认为"在一定意义上，审美理想可以对教师教学活动增生潜在的指导作用"。以上两篇文章开创了从美学的角度认识和研究教学艺术的新思路。张翔在《教育研究》上发表《试论教学艺术之本质》，对教学艺术的创造说、审美说和表演说三种观点提出质疑。认为"上述三者都不是教学艺术的本质特性。这是因为，教学艺术中的创造性、表演性和审美性只是相应于教学活动中的创造、表演和欣赏这三个环节，他们谁也不是贯穿教学活动的始终，或决定其他两个艺术特性的。"并提出自己对教学艺术本质的见解："简言之，教学艺术的本质就是教学的合规律性与合个性的统一。"其后，南京师大的尹宗利撰文对教学艺术的功能与特征提出了自己的看法，认为教学艺术具有三个主要功能，即高效果功能、高激励功能和育美功能；具有三大特征，即个别性特征、创造性特征和审美性特征。关于教学艺术个性化的研究，也有了深化和发展。1986 年，李如密在《教学风格初探》中对教学风格的本质、意义、构成要素、形成过程与阶段、表现及分类等作了系统的探讨。1988 年，程少堂在《教学风格论》中表明了自己对教学风格的本质、特点及形成条件的看法。这一阶段，先后正式出版的两部《教学论教程》，都不约而同地将"教学艺术"作为教学论体系中的专章设置。这是我国在《教学论》著作中设专章探讨教学艺术的尝试，表明了教学论学科对教学艺术研究的肯定与认同。著名教学论专家董远骞甚至在《教学论研究的进展》一文中，还热情地预言了"教学艺术论"这门新学科的诞生。他说："随着教学艺术研究的进展，将使教学论中有关教学艺术部分的内容丰富起来，教学是科学又是艺术才能在教学论中得到完美的体现，也有可能创建出教学艺术这门新的分支学科。"

这一阶段比上一阶段的理论水平提高了，教学理论工作者已经自觉地投入到教学艺术的研究中了，各抒己见，带有鲜明的探索性质。

3. 教学艺术研究立论期（1989 —1991 年）

其重要特点表现为研究者们通过研究与争鸣，为教学艺术立论，促使教学艺术论这门新兴学科的诞生。在这一阶段，教学艺术的研究形势喜人。

（1）出现了一大批深入研讨教学艺术的理论文章。其中，宏观研究，如关苏霞的《论教学艺术》，魏正书的《教学艺术论》，尹慧茹的《教学艺术研究中的几个问题》，周毅的《教学艺术论》，钟以俊的《对现代教学艺术的一些思考》和连瑞庆的《漫谈教学艺术》等。微观研究，如探讨教学艺术本质的就有李如密的《教学艺术本质新探》，探讨教学艺术原理的就有杨青松的《教学艺术的规律和原理》，张武升的《教学艺术的原理》等，探讨教学艺术的结构、特点、功能的就有郑晓鸿的《简论教学艺术的

结构与功能》，李如密的《教学艺术的特点与功能初探》等；探讨教学艺术个性化的就有裴文敏、卢真金的《试论教师的教学个性化》，卢真金的《教学艺术风格发微》，李如密的《论教学风格的特点》、《论形成教师教学风格的途径》，陈开福的《教学风格的形成及审美要求》等。当然，最引人注目的还是关于建立教学艺术论学科的论文，如王北生的《关于建立教学艺术论问题》，王庆芳、张荣琴的《对教学艺术论几个问题的看法》等。

（2）正式出版的两部《教学论》新著都把教学艺术列为专章。他们分别是1990 年由黑龙江教育出版社出版唐文中教授主编的《教学论》和1991 年由教育科学出版社出版、吴也显教授主编的《教学论新编》。

（3）刘显国出版的四本课堂教学艺术专著《开讲艺术》、《提问艺术》、《板书艺术》、《课堂语言艺术》在全国影很大，多次再版。在此基础上第一个在全国成立了华夏教学艺术研究会。全国有一千多实验学校参与研究。

（4）王北生著的《教学艺术论》，戚建庄等主编《教学艺术新论》和魏正书著的《教学艺术论》。这标志着教学艺术论作为一门新的学科的诞生。1991 年，张武升发表《九十年代我国教学论研究趋向探讨》，将教学艺术论作为理论教学论研究的两个主要任务之一提了出来，指出："教学艺术论是近年来兴起的研究领域，吸引了许多研究者的兴趣和注意力，可以说方兴未艾。"

4. 教学艺术研究的发展（1992年以来）

这一阶段教学艺术的研究主要围绕教学艺术的学科建构及进一步完善、深化而展开。杨青松在《教育科学》上撰文《关于建立教学艺术论的若干问题》，认为教学艺术论属于一门应用理论的边缘学科。这就决定了他的理论体系的建构，必须以马克思主义哲学、思维科学、系统科学、教育学、心理学、艺术论、美学等相关学科为基础，在广泛研究、融汇当代教学研究新成果和特级、优秀教师教学经验的同时，又以教学过程的一般规律为依据，以师生内在心理流程和外显教学过程相统一而建构形成教学艺术系统的学科体系框架，以体现对教学艺术体系的整体创新，旨在把当代教育在应用领域内推向教学艺术的高度。由此决定了教学艺术论的基本任务在于：辩证而系统地解决由教学艺术基础理论、应用理论和发展理论这三部分有机联系的内容整体。张武升在《教学艺术的特点》中表明了自己对教学艺术论的学科建构的看法，认为教学艺术涉及的范围，就一般原理来说，有教学艺术的本质、特点、类型、风格等；就应用方面来说，有教学过程的艺术、教学语言的艺术、非语言的艺术、组织管理的艺术、板书的艺术、评价的艺术等。1989年刘显国出版了《开讲艺术》在该书序言里写到"教学艺术"的七个特点。当《湖南教育》杂志社采访时，大胆预测到"二十一世纪将是教学艺术"的世纪。仅1992年就出版了五本教学艺术论专著，分别是王国俊主编的《讲授艺术论》，崔含鼎、梁仕云合著的《现代教学艺术论》，韩延明、李如密主编的《课堂教学艺术论》，杨青松著的《教学艺术论》和张武升著的《教学艺术论》等。这些著作各具特色，在许多问题上都表现出对教学艺术的不同见解，标志着教学艺术论研究的进一步深化和发展。

（四）教学艺术研究的历史必然

有两个问题值得我们深入思考：一个是为什么教学艺术问题长期以来没有得到应有的重视和深入的研究？另一个是为什么教学艺术问题会在20世纪八九十年代的中国成为教学理论研究的热点呢？

关于前者，我们认为教学艺术问题长期以来因没有得到应有的重视和深入的研究，发展一直非常缓慢。这主要是因为：第一，受传统教学观念的影响。在我国，教学思想的形成和发展史上占主导地位的传统教学观念是"以教师为中心，以书本为中心，以课堂为中心。"教师权威的思想使本来就根深蒂固的师道尊严的传统更加牢固，教师注重完成任务，而不重视完成任务的方法和效果；而重视书本知识的价值取向使教师们习惯于"传递—接受"的教学模式；至于以课堂为中心，则使班级授课制成为法定组织形式，而正是这种"齐步走"的形式往往忽略对学生个性和创造性的培养。这种水平的教学自然不会对教学艺术提出理论要求，因为他根本就不怎么需要讲究多少教学艺术。第二，受教育科学自身发展水平的局限。教育科学的发展水平是逐渐提高的，并且呈加速度发展。在 20 世纪初，教育科学具有明显的综合性特点。揭示教学的科学性规律是教学理论的主要研究任务。教学理论最多只是被作为教学方法、技巧的灵活运用或综合利用来看待，教学艺术研究还不可能从教学理论研究中分化出来，成为一个相对独立的研究领域。第三，受科学主义思潮的影响，理性教育始终占主要地位，因此，教学论的研究就把教学当做一个科学的过程，探索其客观的稳定程式、方法和规则，而不大注意它作为个性影响、道德品质形成、艺术审美的过程。在研究方法上主要崇尚自然科学实证方法，强调规范化、数量化，而不大注意甚至否定其他的方法如理论的、艺术的、直觉的把握世界的方法，不重整体、本质的研究。简言之，在"科学主义思潮"影响下的教学论，重视科学的因素而忽视人的因素。在这种思潮影响下，教学艺术问题是难以得到真正重视的。

关于后者，我们认为教学艺术问题之所以会在 20 世纪八九十年代的中国成为教学理论研究的热点，这主要是因为：第一，现代教学观念的确立。党的十一届三中全会以来，我国教学理论界进行了传统教学和现代教学的大讨论。激烈的论战之后，现代教学观念的确立从根本上动摇了传统教学思想的主导地位。如学生主体与教师主导辩证统一，传授知识与发展智力的辩证统一，培养学生的创造性，教学的审美化与个性化等，都为教学艺术问题的深化研究奠定了必要的理论基础。第二，教育科学的空前大发展。进入 20 世纪 50 年代以来，教育科学的发展同所有现代科学一样呈现出既高度综合又高度分化的趋势，因而就导致所谓交叉边缘学科的出现，进而使各学科逐步分化，出现新的研究领域，产生新的分支体系。这样，教学艺术研究才逐步从教学论中分化出来，成为相对独立的研究对象。同时，一些相关学科如美学、艺术论、现代心理学、系统科学、思维科学、创造学、社会学、行为科学、信息技术学等的迅猛发展和相互渗透，使教学艺术这门综合性很强的边缘学科有了多学科协同攻关的可能性和基础条件。第三，人文主义思潮的影响。实行改革开放以来，大量国外教学思想被译介到国内，其中，那些具有人文主义思潮倾向的教学思想，如重视个性交往、情感交流、即时创造等观点，对教学艺术研究起到直接的启示与促进作用。第四，教学艺术经验的积累。中国有着悠久的教学历史，许多的教育家们的教学思想与实践中，处处闪烁着教学艺术的火花。新中国成立以来，特别是党的十一届三中全会以来，我国优秀教师们创造了许多优秀的教学艺术经验，并开始得到了初步的总结整理。这两方面的经验积累，为教学艺术的研究提供了宝贵的资源。从教学艺术的角度看，优秀教师的教学经验不仅符合教学的客观规律，具有可推广的共性价值；并且这些也符合教师本人的实际，打上了鲜明的个性烙印，更具有了教学艺术的独特价值。优秀教师们的教学实践经验应该得到高度尊重。由此可见，教学艺术研究在新时期的勃兴，乃是一种历史的必然。

二、教学艺术理论研究的基本问题

教学艺术理论研究的基本问题要回答教学是不是艺术，教学中有没有艺术，其内容是什么，其本质是什么，与教学科学和其他艺术有何区别和联系。

（一）关于教学是一门艺术

教学是不是艺术？教学艺术与教学科学的关系是怎样的？教学艺术与一般艺术有何区别？对于这些问题，人们的认识是不尽一致的。

1. 对教学是艺术的认识与论证

一种观点是从寻找教学的艺术因素入手的。如关苏霞认为，所谓艺术，历来的解释是："通过塑造形象具体地反映社会生活，表现作者思想感情的一种社会意识形态。"也就是说，艺术常常是通过形象、声音、色彩、感情来表达作者思想感情的，例如，音乐、舞蹈、绘画、雕塑、文学、影剧等无不都是艺术的形式，除此之外，人们还常常把富有创造性的工作方式、方法称为艺术，如书法艺术、领导艺术等等。按照对艺术的这两种解释，教学是兼而有之的。第一，教学中有情感。这是因为教学的对象和艺术的对象相同。教学在本质上是应该具有感情色彩和富有感染力的。教学的艺术特点正是在于感情与理智的和谐，热忱与智慧的结合。第二，教学中有形象，形象性是教学的重要因素，仅就艺术性而言，在知识信息的传递中就离不开表达的形象性。第三，教学中有创造。

创造性是教学工作的突出特点。艺术的生命在于创造，艺术最忌模式化，教学的成败也在于创造。

另一种观点是从教学与艺术的比较中来认识和论证教学艺术的。如王北生认为，教学之所以被称作是一门艺术，是因为它与艺术在四个方面具有相似之处。第一，教学的对象和艺术的对象相似。艺术的对象是整个现实世界，但注意的中心是人，是人的精神世界；教学的对象也是人，而且是思想感情富于变化的青少年一代。第二，教学运用的手段与艺术运用的手段相似。艺术主要运用语言、动作、线条、色彩、音响，以及形象、声音、感情的手段表达作者的思想感情、反映社会生活；教学也同样离不开语言、动作、图像、色彩等手段，尤其是现代教学，图像、色彩、音响等直观因素得到更多的利用和发展。第三，教学与艺术的功能相似。艺术在社会中起着巨大的作用，它表现为认识功能、教育功能和审美功能；教学也具有认识、教育和审美三大功能，只不过发挥的领域有所区别。第四，教学与艺术的特征相似。艺术本身具有形象性、情感性、创造性特征。教学也具有这三大特性，也要讲得形象、动之以情、贵在创造。

2. 张武升对教学艺术存在依据的论证

（1）教学主体来看，教学是一门艺术。教学是教师与学生的双边活动。教学的主体包括教师与学生。他们都在进行艺术创造，表现出自己的艺术天赋。专门的艺术家创造的是艺术专业范畴的艺术作品，从事其他活动的人创造的是其他专业意义上的"艺术品"，人在本性上具有审美特性，爱美、乐美、追求美、表现美，这种美的特性构成完整的真、善、美统一的人不可分割部分。现代生理学、心理学用充分的科学资料证明，人的生理结构不但有真和善的功能，而且有美的功能，人的心理结构不但有真和善的因素，而且有美的因素。人的审美特性和艺术天赋是人的一切活动和活动产品具有艺术性的本源之一。

教师与学生分别是受过和正在接受专门教育的人，他们本身的审美特性和艺术天赋已经得到开发。当他们作为完整的人进行教学时，参与其中的不仅有真的因素、善的因素，使教学具有科学性和教育性，还有美的因素，使教学具有艺术性。

（2）从教学活动来看，教学是一门艺术。人在本性上是艺术家，作为艺术家的人必然在其活动中进行着艺术创造，这是合乎逻辑的延伸。在马克思看来，人不像动物那样仅仅从狭隘的功利观点进行生产，把满足吃、喝、穿、住作为唯一的目的。动物的活动局限于自己所属物种的尺度和需要，而人的活动则遵循着美的规律。人按照美的规律创造，使人的活动具有审美性和艺术性。

随着社会的发展，人的实践活动中审美和艺术的因素越来越占重要的地位，发挥出重要的作用。这些因素往往成为劳动过程和产品变革的主要动因。人们为了表现美和享受美而进行劳动革新，这已成为一个发展趋势。

教学是人类的高级实践活动，是科学技术文化知识的生产和再生产过程，是培养人、塑造人的特殊实践。在教学过程中，作为主体的教师与学生充分发挥自己的聪明才智和艺术创造天赋，按照教学规律进行设计和实践，而审美和艺术的因素表现在教学过程、教学语言、板书、课外辅导等方方面面。教师追求艺术的创造效果，学生渴望从教学中得到艺术的享受。按照美的规律教学已成为教学主体追求的主要目标之一。近年来涌现出许多杰出的教学艺术创造者，例如，李燕杰的讲演式教学艺术，具有强烈的鼓舞和震撼力，像万能的磁石吸引着学生，使他们在教学艺术的享受中受到深刻的教育。再如，任小艾充满爱的教学艺术，富有情感的感染力，使学生好学、乐学、爱学，得到美的享受。所以，教学过程在本质上有审美和艺术的创造。这是教学作为一门艺术的又一重要根源。

（3）从教学内容来看，教学是一门艺术。教学内容，无论是自然科学学科，还是社会科学学科，都是真、善、美的统一，包含审美因素，具有艺术性。有一门新兴学科叫科学美学，专门研究科学中的美，这更说明科学知识中包含了审美因素。人文社会科学也一样，譬如司马迁的《史记》，语言生动、形象，富有美感，这说明历史理论的结构也是美的。教学内容包含审美的因素，具有艺术的特色，决定着教学的主体在教学中不仅进行科学知识、思想品德的交流，而且进行审美和艺术的交流，从而使教学过程也成为艺术创作的过程、审美的过程。所以，教学内容中的审美和艺术的因素是教学成为一门艺术的又一重要根源。

这样看来，教学是一门艺术，教学

中存在着艺术因素。其实，教学作为一门艺术不是自然而然成为现实的，教学要成为艺术，需要教师、教材与学生这教学三要素的有机结合。精心编排的教材、通过教师创造性的教学和学生主动积极的学习，教学中的艺术魅力才能从潜在状态转化为显性状态。教学是艺术更强调其人工的特色，而不是自然的显现。

（二）关于教学艺术和教学科学

1. 对教学科学与教学艺术关系的认识与论证

一种观点认为，要正确地认识教学艺术和教学科学的关系问题，必须从科学与艺术的关系入手进行分析。如王北生认为，科学和艺术既有区别，又有联系，科学和艺术有着和谐、统一的关系。而教学是科学与教学是艺术这两种观点的通病，都在于只看到了科学与艺术的区别，而忽视了科学与艺术的联系，忽视了科学与艺术的互补作用，因而各自夸大一个侧面，并把二者对立起来，仅从把科学与艺术对立起来这一点来说，这两种观点都有其片面性。鉴于此，王北生认为，教学既有科学性的一面，又有艺术性的一面，既是一门科学，又是一门艺术，是科学与艺术的统一。

另一种观点认为，教学是科学与艺术的结合，是由教学活动本身决定的。如尹慧茹认为，在教学活动中，既要有严格的科学论证，又要有艺术的生动启示。教学的科学性，表现在从教学的最终效果来看，把教学内容中的科学知识变为学生的知识，并通过掌握知识的过程，发展学生的智能。从教学过程本身来看，遵循教学规律，按照一定的教学模式，在一定的时间内教授一定的教材。教学的艺术性表现在艺术的审美、情感的因素参与所起到的激发学习兴趣，实现教学任务的作用。总之，科学是基础，违反科学的教学只能是误人子弟；艺术性教学可使科学性的教学取得最佳的效果。二者有着内在联系，起着相辅相成的作用。

2. 教学艺术与教学科学的关系

张武升详细分析了两者之间的关系。关于教学艺术与教学科学的区别。第一，教学科学回答教学的本质与规律的问题，具有认识、解释、预测教学的功能，属关于教学的"真"的方面，而教学艺术则回答了教学为何这样或那样，主要的功能是操作，即如何使教学这样或那样，属关于教学的"美"的方面。第二，教学科学具有一般的、普遍的、带必然性的共性，而教学艺术则是具体的、特殊的，具有因人而异的个性。教学艺术可以形成独特的风格，而教学科学却不能用风格来标称。第三，教学科学表现为一套相对稳定的规则、程序等，而教学艺术则表现为一套灵活的技艺。对于前者，教学主体必须遵循，对于后者，教学主体可充分发挥。第四，教学科学主要产生于人的理性活动，直接涉及认知因素，而教学艺术主要产生于人的情感活动，直接涉及人的非认知因素。第五，教学科学可运用实验、调查等方法进行探索和获得，而教学艺术则主要从对教学主体、活动和结果的观察、分析中获得。

关于教学科学与教学艺术的内在联系与统一。第一，教学科学是教学艺术的基础和依据，因为，尽管教学艺术具有个性，但个体之间有共同的本质，有共同的身心发展规律，教学内容又是共同的，这些共性给教学艺术的形成和发展提供了共同的科学基础。教学艺术是符合教学的本质和规律的，所以，教学艺术离不开教学科学。第二，教学艺术是教学科学的具体操作和表现，教学科学通过教学艺术实现其外在的功能。没有教学艺术，教学科学就没有实践的生命力。例如，一套科学的教学法则，只有当教师根据自己和学生特点和个性特长以及教学内容的结构与功能，进行灵活运用、创造性地操作时，才能达到预期效果，才能表明教学科学的科学价值。

总之，没有教学科学，教学艺术就失去了一般的共同的科学基础，没有教学艺术，教学科学就不能实现其科学价值。二者既相互区别又相互联系地统一在教学之中。

了解教学艺术与教学科学的辩证关系，对于教学研究者和教学实践者都具有重要的意义。教学研究者研讨教学艺术时，应以教学科学为基础和依据，决不能以艺术性取代科学性，要在与教学科学的统一上把握和拓展教学艺术的研究范围。教学实践者，尤其是经验丰富、教学艺术水平较高的优秀教师，也不能忽视对教学科学的学习和研究，不要沉醉于艺术的技巧而忘记普遍的科学规律。离开科学规律的艺术技巧，只不过是形式主义的花架子。所以，教学实践者要体现教学艺术之树常青，生命力永不枯竭，就必须不断加深和拓宽教学科学的

根基。

3. 平行图和树型图

对教学科学与教学艺术的关系，用平行图和树型图来表示。

（1）平行图（见图 1.1）。有人认为，教学既是科学，又是艺术，用理论思维来研究教学实践中的科学因素，构成教学论的研究成果；用理论思维研究教学实践，研究其中的艺术因素和技艺、技巧，构成教学艺术论的研究成果。这样，教学科学与教学艺术是平行的，教学科学和教学艺术分别是对教学的科学方面和艺术方面的研究，两者之间没有直接的从属关系，只是研究的角度不同而已。教学科学用科学的方法对教学活动进行研究，教学艺术则用艺术学的方法对教学活动进行研究。

图 1.1

这种看法似乎不正确，觉得不可思议，突破了人们思维的常规，仔细一想，其实，未必没有一些道理。这也算一种说法吧。

（2）树型图。有人认为，虽然教学科学和教学艺术同是对教学活动的研究，然而，教学的艺术研究要在教学科学的指导之下进行，要服从于、服务于教学科学的研究。教学艺术研究是为了解决教学理论与教学实际脱节而兴起的教学研究新领域。教学理论最初的物化形式是教学模式，教学理论指导下有多种多样的教学模式，各种教学模式有其自身

的艺术实现形式，同一种教学模式又有丰富多彩的教学实践活动——艺术化的实践活动。这样教学研究的关系如图1.2所示。

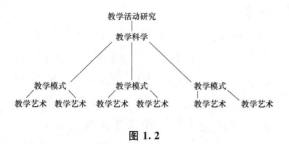

图1.2

4. 教学是一种特殊的艺术形式

王北生认为，教学作为艺术有特殊之处，正是它的特殊，才使教学成为一门特殊的艺术。第一，教学艺术的创作、表演、欣赏环节都具有特殊性。教学艺术创作的特殊性表现在：创作的主体是教师；创作的手段是传授、培养和发展；创作的构思主要体现在备课之中；创作的内容是表达教学内容的方式方法；创作的产品是有效的教学过程。教学表演的特殊性表现在：教学表演是外观行为的综合表演；要考虑伦理价值；要采取学生可接受的方式。教学欣赏的特殊性表现在：教师在教学中不仅作为学生欣赏的对象而存在，同时他本身也是教学艺术的欣赏者、感受者。第二，教学艺术比一般艺术更复杂和高超，具有特殊性。首先，教学艺术是讲效益的。一切艺术都讲审美，但对教学艺术来说，审美仅仅是手段，它从属于教学效益，并以教学效益作为取舍的标准。其次，教学艺术是综合性的。它的表现手段融各种艺术表现手段为一炉，这是其他艺术不能比拟的。教学是一种高度综合的艺术。

王焕武、宫立都则认为，教学艺术的特殊性表现在：第一，对象的主体性。进行教学艺术创作的教师，所面对的是活生生的学生，他们不是被动地接受"塑造"，而是以主体的身份经常地进行着自我"塑造"。教师要针对学生变化着的心理和学生的不同情况随时改变或调整自己的"创作方案"和"创作方法"。第二，目的的综合性。教学艺术从一开始就把落实德、智、体、美、劳五育作为目的。教学要使学生有所知、有所感、有所能、有所信、有所成。第三，过程的定向性。艺术创作的自由性很大，忌讳"主题先行"，创造出的作品也往往出乎艺术家本人的始料。教学艺术则不然，教学目的、内容步骤和方法都是教师在备课时就设计好了，整个教学依据教学目的、任务，实施定向控制。第四，效果的即时反馈性。艺术创作的社会效益要在作品完成并发表之后才能反馈回来，艺术家不能在同一创作过程中根据反馈信息进行调节。在教学中，信息的传递和反馈几乎是同步的，教师可随时根据反馈信息来调节教学活动。

有人将艺术分为优美艺术和实用艺术两种。认为教学艺术属于实用艺术，它的功利性是重要的、决定性的。在实用艺术的类属中，教学艺术与其他实用艺术有本质的区别。那就是认识实践和对象的特殊性。

（三）教学艺术的本质

为加深对教学艺术的本质认识，首先，要通过考察丰富多彩的教学艺术现象。

1. 教学艺术现象举例

下面是一篇学生的回忆，很好地反映了教学的艺术。

例1 上课铃响了，余老师走进教室，指导我们写"记一件有意义的事"的作文。我作文很差，心还沉浸在上学途中捉黄鳝的紧张、激动的的情绪中，因此，根本无心听课，又去轻轻地拨弄那条大黄鳝。突然，"嗖——"的一下，黄鳝从书包里滑了出去，落在一个女同学脚上。"啊——蛇——"她惊叫了起来，全场哗然。

"是蛇！""是黄鳝。""是毒蛇？!"……
教室里议论纷纷。我怕极了，低下了头。不是怕蛇，因为它是黄鳝，而是怕余老师的训斥、处罚。

"同学们，这是一条水蛇，但不是毒蛇，更不是黄鳝，蛇与鳝的区别是：蛇有鳞，而鳝无鳞……"教室里马上安静了下来，我慢慢地抬起了头。想起刚才捉的竟然是蛇，心里更是怕极了。

"徐晓草，你说说捉蛇的经过吧。"余老师手中的教鞭挑着已被同学们踩死的水蛇，神情和蔼地说。在余老师的鼓励与同学们的再三催促下，我真的把抓蛇的始末，仔仔细细地说了一遍，时而引来同学们的阵阵大笑。

"同学们，今天的作文题目稍微改动一下，把'有意义'改为'难忘'，变为'记难忘的一件事'；就以今天课堂上发生的事为题材，同学们，好不好？"

"好！"同学们齐声回答。

这次作文的成绩，我居然名列全班前茅。自那以后，我开始爱好写作了。

余老师对作文课上发生的玩蛇事件的处理，表现出她的教学机智，出乎意外，合乎情理。

有的教师努力创设说话情境，以激发学生口头表达的要求和欲望，收到良好的效果。

例2 有一次教师在讲台上放了三样东西：一本书、一只闹钟、一把钥匙，要求学生思考四分钟，把以上三种东西联系起来，或者构成一个故事，或者发表一段议论。有一位学生的发言是：

我讲的故事是《没头脑》。"没头脑"正睡得香甜，突然，"铃……"的一下闹钟响了。"没头脑"翻了翻身子，把被子蒙过了头，又睡着了。待他又一觉睡醒，探出头来一看，不禁吓了一跳，原来已经七点一刻了。"没头脑"连忙穿上衣服、裤子，拎起书包就赶往学校。奔进教室，一纵身跨到自己位置上，一问才知道第一堂是语文课。可是语文书忘在爸爸的写字台上了。"没头脑"又急匆匆赶回家里。爸爸妈妈早已上班去了，房门紧紧关闭。"没头脑"翻遍了衣袋，也没找到一串钥匙。没头脑呀，没头脑你的一串钥匙昨晚不是放在枕头旁边了吗？

特级教师林伟彤针对刚开始学写议论文时，几乎所有学生都说枯燥、难懂、不会写的情况，作了辅导。

例3 他说，议论文并不神秘，我三岁的小孙女都会写议论文。有一次，小孙女说："我最喜欢爷爷了。"（论点）"爷爷喜欢我，不骂我，买棒冰给我吃，还带我到儿童公园去玩。""所以我喜欢爷爷。"（结论，与开头呼应）。整个教室里充满了笑声。在笑声中理解了议论文的基本特征，消除了写议论文的畏难情绪。

这些都是有心人采摘到的教学艺术现象，研究这些现象，并总结其规律性，是教学艺术论研究的任务。同时，通过对这些现象的研究，可以深刻认识教学艺术的本质。

2. 相关的一些知识

要认识教学艺术的本质，需要对本质、艺术以及本质的表述有所了解。

本质。在哲学认识论上，本质是与现象相对而言的，是事物内在的必然的规律性，是一事物区别于他事物而独立存在的根本特点，事物的本质只有一个而不是多个，但事物的本质可以区分为不同的层次和水平。

艺术。一般认为，艺术是主体把握现实世界的一种方式，分为优美艺术和实用艺术两类。优美艺术是纯专业的艺术，如舞蹈、绘画等；实用艺术指技艺性艺术，如烹饪艺术、领导艺术等。教学艺术的功利性是决定性的，那就是培养全面发展的合格人才，因而，教学艺术是实用艺术。

本质的表述。从科学逻辑学来说，对事物本质的揭示和表述是通过给事物下定义来实现的。定义由两部分组成，即类属和种差。类属解决事物在分类学上属于什么，种差表明事物在同一类属中区别于其他事物的根本特点。因此，对于教学艺术，要正确揭示其本质，给其下一个确切的定义，就必须从艺术方面来确定它的类属，从教学艺术区别于其他有关艺术的根本特点方面来确定其种差。

3. 教学艺术本质的几种表述

一些研究者对教学艺术的本质做了有意义的探讨，大致有以下几种看法：

（1）创造性是教学艺术的本质，教学艺术即是创造性的教学。美国克莱德.E.柯伦就持这种看法，他说："达到了某些要求的创造性工作便是艺术。""教育工作者在探索教学方法改革时，假如把自己的探索深入到创造性上去，那他们的探索就很快变为对艺术的研究。"

（2）教学艺术的本质是表演性。例如，美国罗伯特·特拉弗斯说："教学是一种独具特色的表演艺术，它区别于其他任何表演艺术，这是由教师和那些观看表演的人的关系决定的。"

（3）张翔等人认为，教学艺术的本质就是合规律性和合个性的统一，"合规律性在于教师运用各种行之有效的教学手段使教学内容与学生的认知结构产生沟通，以便进行各种有意义的学习，从而扩大、深化学生故有的认知结构……""合个性"在于教师的教学具有自己的特点，是自我个性的具体表现。

（4）阎增武等人认为，教学艺术的本质是某种有效的手段，即"教学艺术是通过诱发和增强学生的审美感，以提高教学效果的手段，这种手段的运用能使学生在有益身心健康的积极愉快的求知气氛中，获取到知识的营养和美的享受。"

4. 教学艺术的本质

根据对教学艺术的认识以及对本质表述形式的理解，张武升认为，教学艺术是使用具有审美价值的特殊认识技艺进行的创造性教育活动。包括了教学艺术是艺术性活动；教学艺术是使用认识技艺的，其中认识是全面的、整体的，包括人的身心的一切内容；教学艺术所使用的认识技艺是特殊的，其特殊性表现在认识内容的间接性，认识在教师的指导下进行，目的是为了培养人、塑造人；教学这种特殊的认识技艺富有审美价值。

根据这一阐述，教学艺术属于教育活动，与其他教育活动相比，其使用了具有审美价值的认识手段开展工作，与其他艺术活动相比，其使用的认识手段具有特殊性，强调教学具有教学效益的实用方面。

（四）教学艺术的种类

台湾学者雷国鼎先生在其《教育概论》中专门研究了教学艺术的种类。他认为，教学艺术是创设艺术的教学环境，使用艺术的教学技术，采取艺术的教学态度，达到最好的教学效果。他把教学艺术分为教学环境的艺术、教学技术的艺术和教学态度的艺术。

教学环境的艺术就是巧妙地创设最好的教学环境，将学生置于这样的环境影响中，获得美的享受，从而产生好学、乐学的动力。教学技术的艺术就是灵活地、巧妙地运用各种教学技术进行教学，达到教学目标。所谓"灵活"是指对教学技术的运用不呆板机械，不千篇一律和一个模式，把教学技术固定化、模式化，就达不到应有的教学效果。"灵活"运用，就是根据实际情况，不断变化和改造教学技术。其中所说的"巧妙"是

指教学技术的应用适合学生的个性特点，为学生所需，为学生所乐，达到精熟得当，其妙无穷的境界。教学态度的艺术是指教师以艺术家的审美态度对待教学，把教学视为一种创造性的艺术活动，运用自己的全部情感和心灵进行创作。

杨斌是从教学艺术的审美方面进行分类的，认为教学的美分为情境的美、机智的美、风格的美。

情境的美是指设计教学情境、组织教学产生的美。机智的美是指教师面对个性不同、气质各异的学生，处理各种意外、棘手问题的应变技巧所产生的美。风格的美是指教师所形成的独特的教学风格所产生的美。不同的教学风格给学生不同的美感，例如，或凝重严谨，或轻松活泼；或循循善诱，或烛幽探微；或以逻辑严密取胜，或以感情奔放见长等等。这些都给学生以相应的美感。这里虽然讲的是三种美，但实际上是三种教学艺术。

一般人们把教学艺术分为以下几类，侧重于将教学艺术理解为一种实用技术。

1. 备课的艺术

指研究和组织教材、了解学生、撰写教案等方面的艺术。教材或课本是教学内容的表现形式，是静态的东西，要把它运用到实际教学情境中去，需要经过再加工和组织，以适合于具体的教学活动，这里面有很强的艺术性。教学以学生为对象，还必须全面地了解学生，包括学生的知识、技能、能力的水平、思想品德状况、兴趣、爱好、个性特长甚至生理特点等。艺术性地了解学生，能够与学生建立良好、融洽的沟通和合

作关系。撰写教案也是一门艺术，它虽然不像艺术作品的创作那样去单纯追求艺术表现形式，但在结构、格式、内容的提示、编排等方面也有艺术创造的广阔天地。

2. 教学过程的艺术

指实际的教学活动的各个环节所表现的艺术的总和。包括导入的艺术、反馈的艺术、问答的艺术、设置悬念的艺术、启发的艺术、衔接的艺术、结束的艺术、评价的艺术等。教学过程实际上就是艺术创造的过程，是一种表现力很强的教学艺术。

3. 教学组织与管理的艺术

指对各种形式的教学活动进行组织、安排、实施等方面的艺术。主要包括集中的艺术、分散的艺术、形成良好教学气氛的艺术、组织具体的教学活动的艺术、表扬的艺术、批评的艺术等。

4. 课外辅导的艺术

课外辅导是对课堂教学的补充和延伸，其目的在于帮助学生进一步加深和拓宽课堂学习的知识，并能具体灵活地加以应用。艺术性的课外辅导，能给课堂教学锦上添花，使学生获得"及时雨""雪中炭"的体验。

5. 教学的语言艺术

指教师在教学中使用口头的、书面的语言形式传达教学内容信息、表达思想感情、与学生进行各种交流和沟通的艺术。语言本身就有科学语言与艺术语言之分，而语言的实际选择与应用更有艺术性。即使是艺术语言，如果用得不恰当、不贴切，也产生不了艺术效果，相反会弄巧成拙。而教学语言艺术更复杂，因为它往往是用艺术的语言表达科学的内容。要做到精确、恰当、明白、简洁，需要有一定的功底。

6. 教学的非语言艺术

指教师以风度气质、举止表情等非语言的形式影响、教育学生的艺术。教学的非语言形式具有很强的感染力，它往往通过潜移默化、感染等途径对学生产生影响效果。有意识地在这方面进行创造，构成了又一种教学艺术。

7. 板书的艺术

包括书写、图表、排列、组合等艺术，具有直观、形象、生动等特点，其表达力和影响力都很强。

各种艺术之间既相互区别，又相互依存和影响。例如，教学语言、非语言、板书这三种艺术，它们有明显的区别，这是不言而喻的，但它们又相互依存和影响。教学语言的表达一般以板书为必要形式，借助于板书，使教学语言更为形象、有条理和具体，同时，常常又以非语言为辅助手段。借助于有效的非语言形式，使教学语言的表达能获得"绿叶衬红花""烘云托明月"的艺术效果。而教学非语言艺术也离不开语言艺术，很显然，没有语言的非语言表达只能是滑稽的哑剧，不适于教学。只有当非语言表达配合于语言表达时，才有、才会产生艺术效果。就板书艺术而言，它也离不开教学的语言艺术。没有语言表达和解说，板书就会变为对教科书或讲稿的复写，这不是教学。板书的本质特点为纲要、条理、生动直观，是教科书的简缩。如果没有语言，它就变得费解，残缺不全。所以，板书要依赖于教学语言艺术。从这三种教学艺术的关系可以看出，教学艺术可以划分为不同的种类，可以进行分类研究和认识，但在实际的运用创作中，则必须坚持综合性与整体性，使各种艺术相互协调，相互交融，浑然一体，交互生辉，相得益彰。

三、教学艺术的特点

教学艺术的特点是指教学艺术区别于教学科学乃至其他实用艺术的特殊性质，是教学艺术的本质在各个具体方面的表现。把握教学艺术的特点是了解和运用教学艺术的关键。

尹宗利认为，教学艺术有三个特征，即个别性特征、创造性特征和审美性特征。个别性特征指教学艺术具有的"非常明显的个性差异"，将教学艺术的追求过程同科学探索进行比较，认为科学探索过程主要靠逻辑思维，教学艺术追求过程则主要靠形象思维，它必须要有个性的参与。教学艺术的主体因素渗入，使它形成了不同的风格和模式，形成了各自不同的独特个性，形成了各具特色的"有规律的自由动作"，这就是教学艺术个别性差异的突出表现。创造性特征指教学艺术中"求异""独创""应激""共振"四个因子的作用。其中，"应激"指教师能在短短几秒、至多几十秒的时间内，面对突发的偶然事件，创造性地"激爆"出多种方案，并迅速做出选择，择优而行之；"共振"指教师与学生在教

学中发生的和谐和共鸣。审美性特征指教学给人以美感显示的美学价值。

1996年全国教学艺术研究会在深圳举行，大会主持人刘显国会长结合十多年研究成果，围绕"教学艺术是艺术中的艺术"的主题，结合有关资料归纳出教学艺术的七个特点。

（一）形象性

与教学科学相比，教学艺术更具有形象性特点。教学科学主要运用精密的逻辑来达到教学目的；教学艺术则主要运用生动、鲜明、具体的形象来达到教学目的。在这个过程中，教师与学生使用较多的是形象思维。教学艺术的形象性主要表现为：第一，运用形象化的语言来讲解知识，包括概念、定律、规则等。如有的教师运用机器与其中部件的关系来讲解哲学中整体与部分的原理，运用阿基米德发现浮力定律的故事讲解物理学中的浮力定律等等，都是一种形象性教学。第二，运用绘画、速描、图表等板书手段解释知识，使学生准确有效地把握各种复杂的关系。例如，运用对比表显示不同事物量的或特征的对比关系，运用图画表达事物之间的结构联系等等。第三，运用电视、电影、幻灯、投影等电化手段辅助教学，使学生通过视听艺术形象学习和掌握知识。

（二）情感性

与教学科学相比，教学艺术还具有情感性特点。如果说科学的教学主要运用理性，以理服人的话，那么，艺术的教学则主要运用情感。所以，情感既是

教学的目标，又是教学的手段。心理学研究表明，情感性教学比单纯的逻辑性教学效果好得多。艺术性教学运用情感手法来达到教学目的，表现在教学的各个方面或环节中。例如，创设情感性教学情境和气氛，使学生之间以及学生与教师之间感情融洽和谐，容易产生共鸣。教师的教态和班风对此起着重要的作用。教师表现出热情、乐观、和善、满面春风的教态与表现出冷漠、忧郁、严厉、满面愁云的教态相比，教学效果是不一样的；美满和睦、协作上进的班风也有利于情感性教学的进行，这是情感性情境的创设。

心理学与教育学的研究还表明，情感在教学中不仅有动力作用，而且有消除疲劳、激活创造力的作用。充满感情的教学与学习的主体往往乐此不疲，其乐无穷，并且思维敏捷灵活，富有创造性。这也是情感性之所以是艺术性教学特点的原因所在。

（三）灵活性

指艺术创作中不事先酝酿、排练、准备等，临境现场发挥，随兴致灵活表演，产生出乎人意料的艺术效果。教学既是有意识、有计划、有章可依、有序可循的，又是即兴性的、应变的。经验丰富的教师对此有着深刻的体会。教师在教学中犹如演员进入艺术创作角色，在此过程中，会随自己的情感、直觉、兴致、灵感等的产生和作用而表现出相应的即兴发挥，这种即兴发挥不在原教学设计的方案之内，但顺乎教学情境之自然或必然，有锦上添花的功效。教学

艺术的灵活性还表现在处理教学中产生的突发性问题上，这常常出自学生意外的提问，对于这些问题的恰当而迅速的回答，就是一种即兴发挥。即兴发挥依赖于教师的直觉进行大胆、简捷的推论、选择和判断。教学艺术的灵活性与教学的计划性并不矛盾，即使周密的教学计划，真正运用或执行起来也需要有灵活性和创造性，因为，任何计划，无论多么周密和精确，都不可能预测准将要发生的一切具体细节，有计划而又不拘泥于计划，善于创造，这就是教学艺术的灵活性。

教学艺术的灵活性与教学的固定模式、刻板僵化无缘，而同教学的千变万化紧紧相连，表现在以下几个方面。

1. 处理教材活

譬如，语文教材内容丰富，文章记叙、说明、议论兼备，诗歌、小说、散文、戏剧等文学作品多种样式，每篇课文在一册书中所处的地位不同，学生所处的学习阶段不同，年龄、心理特征也不相同，这些带来了处理教材要"活"的必然要求。教师要从实际出发，琢磨学生的思想实际和知识实际，"胸中有书，目中有人"，有针对性地进行教学。

处理教材要活，适应学生的特点，使学生容易接受。在处理教材中，或者长文短教，或者浅文深教，或者以读带讲，或者精雕细刻、层层剥笋，或者提问质疑、评点渗入，或者讲练结合、直观演示，或者读读、讲讲、议议，或者自读、教读、练习，或者一篇带多篇、单元组合比较归类，或者课内外结合，相辅相成，等等，体现可变性、灵活性。

2. 教学设计活

教学设计就是对教材知识信息的变换处理。它要求教师把教材知识顺序和学生接受知识和进行智力活动的顺序完美地统一起来。课文篇篇不同，内容课课迥异，教学设计就要有新意，使学生在学习中产生新奇感、惊异感，从而孜孜以求。

教学设计活，不是随心所欲，而是遵循教学的客观规律。那么，"计"从何来呢？就一篇课文的教学而言，课文是一切教学设计的出发点，学生是教学设计的落脚点，依教材特点制定教学目的，依学生特点确定教学重点。依据教材特点和学生特点，教学设计就能搞活。从实际出发，实事求是，讲求实效，这就是教学设计的灵魂。

3. 教学过程活

教师尽管钻研了教材，进行了教学设计，制定了教案，在备课中考虑到了学生因素，但是，一到具体的教学过程中，还得接受学生的检验而决定取舍。因为，学生接受知识时智力活动的序制约着教学过程。如果抛开学生不管，死守教案，照原设计办事，亦步亦趋，教学很可能要"砸锅"，甚至导致整个教学的失败。马卡连柯说过："教育的技巧就在于随机应变。"在教学过程中，教师的作用在于因势利导，因材施教，具有驾驭课堂的能力，不断依据学生接受知识的序调整自己的教学程序，活而不乱，管而不死，使之适应学生的要求。

另外，还有教学手段活、课堂气氛活、处理偶发事件活、选用教学方法活

等，莫不体现了教学艺术的灵活性。

（四）娱乐性

指艺术性教学是在欢快、愉悦的形式和气氛中进行的，给人以美的享受。但是，教学艺术的娱乐性不同于其他艺术，如电影、戏剧的娱乐性。因为，教学艺术的娱乐不是为了消遣度闲，为娱乐而娱乐，而是寓教育于娱乐之中，在娱乐之中达到教育教学的目的。欢快愉悦的教学使学生兴趣盎然，轻松活泼。要真正做到所谓通常激发学习兴趣、引起学习动机，使学生乐于学，必须借助于教学艺术的娱乐手段。教学艺术的娱乐手段包括机智、幽默的语言，鲜明生动的对比，栩栩如生的比喻，引人入胜的故事描述，恰如其分的笑话，惟妙惟肖的表演或模仿等。

教学艺术的娱乐性对于不同学生有不同要求，应根据学生年龄与心理特点来选择和使用娱乐手段和内容。同时，要注意娱乐手段的健康和心理卫生，要运用得贴切、巧妙，要注意尊重学生，决不允许取笑学生。此外，还要注意适量。有的教师讲课，单纯追求娱乐效果，妙语连珠，笑话不断，激起学生笑声阵阵，结果喧宾夺主，冲淡了应讲的教学内容，娱乐过后，学生"脑袋空空"，什么也没学到。这样的娱乐性决不属于教学艺术。

（五）个性化

这是教学艺术的突出特点之一。成熟的教学艺术一般都是个性化了的，形成了个人所独有的风格，它是艺术创造者的个

性在教学上的典型表现或对象化，具体表现为：教学设计的独创性，即教学过程、结构等不是某种教学典型的机械模仿，或某种教学模式的照搬硬套，而是独特的处理，以新颖性、创造性为特征；教学材料运用的独创性，表现在对教材的组织安排、辅助材料的选择、运用等方面；教学手段运用的独创性，包括教学用具、技术、方法等的灵活、恰当的运用等；教学语言风格的独特性表现为或以轻松流畅见长，或以逻辑严谨见长，或以生动形象见长，或以机智幽默见长等；教学风度、气质的独特性表现为，不故作姿态，矫揉造作，而自然大方，有吸引学生的独特魅力。

（六）创造性

这是教学艺术的突出特点之一。教学的艺术性与创造性是密不可分的。从教学艺术的本质与内涵来看，教学艺术本身包含着创造性。因为，成熟的教学艺术都是个性化的，有独特的风格，表现出新颖性与独创性，这本身就是创造性。而只有教学艺术具有了创造性，才会形成独特的风格，达到个性化。教学艺术的创造性不同于教学科学的创造性，后者主要靠创造性的情感、气质、个性活动。教学艺术的创造性也不同于其他实用艺术的创造性，例如，建筑艺术、工程艺术、烹调艺术等等。教学艺术活动的对象是有思想、情感、个性的人，这比其他艺术对象复杂得多。就艺术创造的"产品"而言，建筑艺术等的产品是"物品"，教学艺术的产品则是人才、完善的人格。因此，教学艺术创造性表

现得更高级。

（七）魅力性

凡是艺术的东西，必须具有魅力。所谓魅力，从美学角度而言是一种悦人心目、牵人情思的吸引力，是扣人心弦、激励追求的感染力。教学艺术的魅力，是指在教学过程中，由教师的教学工作而启迪学生内在的一种强大、持久的教学吸引力，是教学科学性、艺术性的集中体现，是对教学的一种理想追求。

教学吸引力，包括师生人际关系的相容力、对学生的精神感召力、学习驱动力和智慧启示力。师生间心理相容，心理位置互换，互相理解，为共同的教学任务而协作奋进。教师的一言一行，无不对学生的精神进行感染，增加他们的学习动力，学生的思维得到启迪。教师对教材处理，得心应手，成竹在胸，引导学生登堂入室，渐入佳境，讲课妙语连珠，挥洒自如，学生被吸引住了。

教学艺术的魅力是教学美的集中体现，是教学中人的本质力量的对象化。教师既是审美主体，又是审美对象；他既是审美主体的对象化，又是审美对象的主体化。在实施教学艺术时，他是审美主体；在学生眼中，他则是审美客体。课堂教学中，教师把仪表美、教态美、开讲美、语言美、提问美、结构美、板书美、节奏美、结尾美等，综合形成教学美，提供学生品味、欣赏，从而产生教学魅力。

教学艺术的魅力是教师的人格内化和教学美这种审美特征的物质外化，即"因于内"——体现在教学思想、德识才

学上；"现于外"——体现在教师的风度、谈吐、举手投足、言传身教等方面。两者结合起来给学生带来教学的吸引力，产生高质量的效果。

教学艺术的上述特点既相区别，各有具体不同的内容和表现形式，又彼此相互联系、相互依存。例如，个性化、创造性彼此就是相互联系和依存的，不存在无创造性的个性化，也不存在无个性的艺术创造性；魅力性、形象性、情感性、娱乐性也是相互联系和依存的，魅力性离不开情感性、形象性，而形象性、娱乐性又以教学魅力为灵魂。所以，教学艺术的各种特点是辩证统一的，它们综合在一起反映了教学艺术的内在本质。

四、教学艺术的功能

教学艺术的功能指教学艺术在教学活动中的各种作用，是教学艺术存在并得以发展和研究的内在依据。

尹宗利曾指出教学艺术具有三大功能：第一是高效率功能，指教学艺术能使学生在较少的时间内学到较多的知识，并充分发展其认识能力，保证学生在"认识"与"发展"两个方面都能高效率地达到预期效果；第二是高激励功能，指教学艺术能极为有效地激励学生的学习动机，激发学生丰富的想象力和创造力；第三是育美功能，指教学艺术能引起学生的美感，进而培养正确的审美观和高尚的审美情操，净化学生的审美趣味，提高学生审美和创造美的能力。

张武升认为，从教学艺术的本质、特点来看，教学艺术对学生的发展和教学过程的推进具有全面的作用。

（一）教学艺术能培养学生的美感，发展学生审美和创造美的能力

艺术性教学对人的艺术修养的影响是多方面的。各种艺术性教学的活动、形式，艺术性教学的语言、教态、板书等，都以其特有的功能对学生的美感和审美能力产生影响。苏灵扬指出："教师是塑造新一代人的工程师和艺术家。"这既要求教师应该具有很高的塑造人的艺术水平，又说明教师对学生的成长与发展起着重要的作用。教师美的形象与品格及美的教学活动影响了学生的审美感觉，使学生产生了某种新奇、愉悦等快感，经过形象思维的加工，上升到审美情感，这种审美情感达到一定的审美强度，使学生产生表现美和创造美的冲动，与教师的美的创造发生共鸣，逐步发展到和谐一致，从而实现整个教学艺术美的双向交流。在此过程中，审美情感和表现美、创造美的能力扮演着重要的角色，并获得进一步的发展。

（二）教学艺术能促进学生科学知识的增长和探索能力的提高

教学艺术的本质因素是美，而美与科学知识的真是相互联系和统一的。因为，美不是抽象、空洞和神秘的东西，它离不开具体的事物，所以，真是美的基础，没有真就没有美。凡是美的事物，总是符合事物发展规律、代表事物发展趋势的，所以，美体现着真，包含着真。教学艺术美包含两种真。一是教学本身的"真"，即关于教学的科学知识。在艺术性教学中，学

生通过对教学艺术美的领悟，理解了其中真的内容和哲理，获得了关于教学的科学知识。二是教学内容的"真"，即作为教学内容的科学知识，在艺术性教学中，学生精力集中，情绪兴奋，动机水平高，思维灵活敏捷，表现出很强的创造性，这就大大提高了教学效率，加快了科学知识水平的提高。所以，教学艺术具有"育知"的奇效。

教学艺术有助于发展学生的科学探索能力。教学艺术对学生科学探索能力的作用是通过两个途径发生的。一是直接的参与，即教学的艺术因素转化为学生的审美感，这种审美感作为一个强有力的因素作用于学生的科学探索过程，并通过"积淀"或"渗入"构成其中的结构成分。学生学习的探索与发现离不开美感的作用。二是间接的影响，即教学艺术通过使学生处于一种高度兴奋的审美状态，不断激活和增强创造性，从而提高了科学探索能力。这两种途径通常是同时进行的，综合发生效力。所以，教师要想充分发展学生的科学探索能力，必须努力提高教学的艺术性。

（三）教学艺术能促进学生身体的发展

教学艺术具有情感性，这种情感体验既是一种心理活动，又是一种生理活动，它必然影响人生理的生长和发展。所谓"笑一笑，十年少，愁一愁白了头"，讲的就是情感活动对于身体生理的影响。健与美密不可分，融为一体。教学艺术提高了学生的审美情趣和美感水平，使他们懂得了美的法则，例如，美的比例、线条、色彩、结构、组合等，

为他们塑造美的形体，提供了依据和条件。此外，艺术的教学是以教学卫生标准为尺度的，这样的教学符合学生身体生长的规律和生理学的原理，它能使学生在高度紧张的脑力劳动过程中，劳逸适度，张弛相济，虽苦犹乐。教师的风度、仪表、穿着更是影响学生身体美的榜样力量。据调查，在中学生中，年轻女教师的发型、服式、体形及走路的姿势等常常被女生所模仿，而这些正是艺术性教态的构成因素。

（四）教学艺术能维护和推动教学过程的进展，是教学活动的动力

这一功能根源于教学艺术能引起人的兴趣，激发人的内在动机，使教学成为情感和个性活动的过程。艺术性教学犹如万能的磁铁，吸引着学生的全部注意力，使其全神贯注，乐学不疲。教学艺术经常使用一些艺术表现手法，例如，幽默、机智、比喻等，使枯燥、呆板、平淡的教学变得风趣、灵活、新奇，从而使学生处于兴奋状态，提高了教学效率。

教学艺术的功能是综合的，具有整体性。虽然可以对各种功能相对独立地进行研究，但是在实际的教学艺术实践中，各种功能是综合发挥作用的。

五、教学艺术的创造

教学艺术的创造涉及许多因素，有教师的知识结构和心理素养，也有社会和学校的条件。为了使教学进入艺术化境界，教师要不断丰富自身的知识，提

高自身的素养，并且，社会和学校也要创造相应的条件。

（一）教学艺术创造的生理学基础

教学艺术主要涉及的是人，而人是一种有生命的高级有机体。这样，教学艺术必然涉及人的生理活动，与人的生理特征密切相关，以人的生理学为科学基础。

1. 感官的特性

教学艺术主要通过感性的活动形式，以人的感官为主要影响渠道。人主要有听、视、触、嗅、肤、运动等感官。生理学的研究表明，人的感官有两个特性，一是本分的性能，二是喜好的性能。所谓本分的性能是指感官对相应对象信息的正常吸收或获取，例如，视觉获取视觉对象的信息，看清对象是什么，听觉获取听觉对象的信息，听清对象是什么。所谓喜好的性能是指感官喜欢或爱好感觉某种对象或对象的某种信息，例如，视觉喜欢看赏心悦目的对象，听觉爱听美好动听的声音，触觉乐于接触柔软润滑的对象，嗅觉愿闻各种芳香的气味等，喜好的特性显示了感官的选择功能。感官的双重特性，说明了教学艺术之所以存在的原因。

从人的感官来说，进行艺术性的教学能给学生的感官产生快感，使感官保持兴奋和集中，从而获得信息的效率也高。从感官的特性来说，学生的感官喜欢感知以艺术的形式呈现的教学内容，而对那些以枯燥乏味和呆板陈旧的形式呈现的教学内容则不愿感知，甚至排斥。

所谓的教学的逆反心理，其产生的原因似乎可从这方面得到解释。教学要达到优效，必须研究人的感官特性，进行艺术性教学。

2. 大脑的功能

人的大脑是教学得到理解和解释的最重要的生理器官。

人的大脑分左右两个半球，两半球由神经纤维所构成的胼胝联通。左半球具有语言、符号、记忆、逻辑等功能；右半球具有形象、想象、艺术等功能。两个半球既有分工，又有协作，左半球的逻辑活动对右半球的非逻辑活动有调节作用，而右半球的非逻辑活动对左半球的逻辑活动有动力性激活、兴奋和促进作用，犹如给逻辑的思维插上飞翔的翅膀，使其更富有创新性。例如，保加利亚心理学与教育学家乔治·洛扎诺夫（G. Lozanov）的外语教学法是根据人的大脑两半球分工与协作的原理，借助音乐艺术来进行外语教学，学生一边听音乐，一边学外语，这样，使大脑两半球都积极工作起来，而且相互促进，相互协作。它比不听音乐、只运用大脑左半球的教学效率提高几倍。由此可见，从人的大脑的结构与功能来看，教学艺术是富有成效的，是可以大有作为的。

3. 高级神经系统活动类型

人的高级神经系统活动类型有四种：

（1）多血质。这种人感受性低而耐受性较高，不随意反应性强，具有可塑性和外倾性，情绪兴奋性高，外部表露明显，反应速度快而灵活。

（2）胆汁质。这种人感受性低而耐

受性较高，不随意反应快，反应的不随意性占优势，外倾性明显，情绪兴奋性高抑制能力差，反应速度快，但不灵活。

（3）黏液质。这种人感受性低而耐受性高，不随意反应性和情绪兴奋性均低，内倾性明显，外部表现少，反应速度慢，但具有稳定性。

（4）抑郁质。这种人感受性高而耐受性低，不随意反应性低，严重内倾，情绪兴奋性高而体验深，反应速度慢，具有刻板性，不灵活。

这几种类型所反映的是典型的人的神经系统活动类型的特征，大多数人具有一种类型内的几种特征，也有的人介于两种类型之间，或偏重于某一类型，并兼有另一类型的某些特征。

从教学艺术风格来看，人的高级神经系统活动类型表征出这样几种相应的风格特征。多血质的教学主体一般表现为热情乐观，感情充沛，与学生关系融洽，教学语言生动，富有文学味，教态具有艺术表演者的气质和风格等；胆汁质的教学主体一般表现为教学中思维敏捷，教学语言流畅顺达，而且语速快，滔滔不绝，对学生热情相助，感情外露直接，不容易抑制，例如，讲到悲痛之处禁不住哭，讲到欢乐之处禁不住笑，教学过程按序进行，但缺乏灵活和新颖性；黏液质的教学主体一般表现为教学逻辑严谨，说理能力强，对学生的情感真挚深沉，但不轻易外露，办事认真，一丝不苟，教学扎实，一板一眼，富有实效；抑郁质的教学主体一般表现为重事实和推理，反应速度不快，但很少出错，喜欢使用抽象、概括的语言，教态稳重，给人一种信任感等。

教学艺术的创造必须以人的生理活动及机能为基础。

（二）教学艺术创造的心理学基础

人是社会的人，不仅具有生理物质结构及其功能，而且具有心理结构及其功能。研究和创造教学艺术，必须了解人的心理结构与功能。

从教学发展史来看，教学的科学化、艺术化的创造水平与心理学的发展直接相关。近代史上曾经出现过教育教学的心理学化运动。裴斯泰洛齐、赫尔巴特等教育家都极力强调把教学建立在心理学的基础上。裴斯泰洛齐深刻研究了感觉与教学的关系，赫尔巴特系统探讨了感觉与教学的关系，为教学的科学化、艺术化提供了有益的启示。

1. 感知觉与教学艺术

感知是人的心理最初级的形式或活动，是外界信息输入人或人输出信息的主要通道。教学艺术的表现与接受离不开感知觉。

教学艺术的主要表现是使教学活动或形式奇妙地与人的感知规律相一致。因此，教学艺术的活动和形式必然受感知规律的制约。

首先，教学艺术必须遵循人的感觉的感受性规律。人的感官产生感觉包括审美艺术的感觉是有条件的，它有一定的量与质的要求。所谓质是指外界感觉对象必须在性质上与人的感官相对应，例如，光、色彩、形象必须与人的视觉对应，成为视觉的对象，否则，便不会产生相应的感觉；所谓量是指刺激物与感官发生相互作用时，刺激物的作用强度必须达到一定的量才能产生感觉，量过小，根本不会被感觉，量过大，会使感官疲劳或损伤。

教学艺术的手段、输出信息，必须在质与量上符合感受性的规律。例如，教学情境的创设，把教室内布置得新鲜、多彩，对于引起学生的新奇感、兴奋感是有用的，但若过量、过多，则不仅会干扰学生听讲，而且也易使学生的视觉疲劳；再如，使用艺术的教学语言，讲得风趣、幽默，能使学生兴奋和欢笑，但整堂课一直如此，则也会损伤学生的听觉注意力。

其次，教学艺术必须遵循知觉的规律。人的知觉也有其基本的规律，例如，视知觉对对象与背景的反应，对象与背景的差别越大，对象越容易被知觉，反之，差别不明显甚至模糊，就不易被知觉。这一规律为教学的板书艺术创造、教科书的插图艺术创造、直观教具的设计与使用提供了科学依据；再如，节奏知觉，经研究发现，刺激物呈现的速度太快或太慢均不易被知觉，速度一般为 $0.6 \sim 0.8$ 次/秒，为教学艺术的节奏美提供了创作依据。此外，知觉还有整体性规律，给教学艺术的形象性特点提供了科学依据。

2. 记忆与教学艺术

教学艺术的重要任务之一是使学生高效率地记忆和掌握更多的知识。记忆是把学习的知识储存在大脑中，在以后需要时能够再认或再现出来。记忆有其一定规律，教学艺术亦必须遵循。例如，在教学中，为使学生掌握和记住某种知识，必须进行复习，复习的组织与安排可依据记忆的规律进行。

艾宾浩斯（H. Ebbinghous）研究的遗忘规律认为，在识记后短时期遗忘较多，在过了较长时间间隔后，记忆保持的分量较少了，遗忘的速度也较慢。这些规律对教学艺术的启示是在引导学生学习了某种新知识后的一段时间内要多安排复习，因为，这段时间内遗忘较快较多；之后，复习可渐少，因为遗忘较慢了。如何遵循这一规律，因时因地因人地做出恰当安排，不失为一种教学艺术。

前摄抑制和倒摄抑制规律，对于教学或内容安排艺术具有重要启示。我国研究者发现的规律是：先后学习的材料完全相同时，后学习即是复习，不会产生倒摄抑制；在学习材料由完全相同向完全不同逐步变化时，倒摄抑制开始逐渐增加；材料的相似性达到一定程度，抑制作用最大；以后抑制作用又逐渐减低，当先后识记的材料完全不同时，抑制效果又最小了。这要求在安排教学内容或材料的先后顺序时，要恰当地把握内容或材料的性质，尽量减少或完全避免前后摄抑制，这也是记忆规律在教学艺术中的运用。

3. 想象与教学艺术

与教学艺术直接相关的想象，大体可以分为两种，即知觉想象和创造想象。

教学艺术的知觉想象表现在教师的教与学生的学之中。教师的知觉想象表现在对教学内容的组合和设计以及对直观教具的艺术性使用等方面。例如，教师备课，手中有教科书、教学参考书和辅助材料，把这些材料组合起来，变为课堂教学的内容，具有艺术的表现力，这需要知觉想象。这种知觉想象使教师从整体上把握材料，发现它们的有机联系和逻辑结构，巧妙地结合在一起；再如，根据教学内容，制作和使用直观教具，以辅助教学，这也需要知觉想象。对于学生来说，知觉想象表现在对教师的艺术性讲授活动的审美体验以及对教学内容的直观把握等。

关于教学艺术的创造性想象，对教师来说，表现在教师对教学结构的设计、不同教学内容的区别与联系、不同教学环节的划分与连接和不同教学艺术手段的使用等方面。对于学生来说，表现在对各种知识的内在联系和沟通和对教学艺术形式美学价值的欣赏以及对学习材料和用具的创造性使用等方面。

想象与联想有密切的联系。许多想象表现为联想，而联想正是教学活动赖以进行的重要心理因素。例如，教学中教师为说明深奥的概念、原理，常常借助于学生熟悉的浅显生动的比喻，而比喻正是创造性联想的结果。

4. 思维与教学艺术

虽然教学艺术主要是感性的，以感知为主要接受渠道，但思维也不可缺少。思维的作用在于使教学艺术主体对教学艺术的表现和理解更深刻，能悟出艺术美的真谛，找出美的规律和法则。教学艺术涉及的思维主要是形象思维和直觉思维。对于教学艺术来说，所涉及的直觉思维主要应是艺术直觉思维。因为，在内容上，教学艺术主要运用的是感性的形象，以生动的具体事物讲解抽象的

教学内容；在过程上，教学艺术创造主要诉诸情感、个性等非理性因素，是非理性的活动过程；在结果上，教学艺术所塑造和产生的是完美的人才，包括学生完美的人格和完美的身体，这种结果是复杂的、高级的。

5. 情感与教学艺术

瑞士心理学家皮亚杰（J. Piaget）研究认为，幼儿的情感主要与其生理需要是否得到满足相关，而青少年乃至成年人的情感主要与其社会心理需要是否得到满足相关。这些研究给教学艺术的启示或提供的依据是教学艺术在激发和使用情感因素时，必须考虑学生所处的情感发展水平及其特点。人人有爱美的天性，这种天性发展成审美情感需要实际的诱发和培养，所使用的刺激物应是美的事物，针对教学而言，则是美的教学形式和内容。从这个意义上说，对于幼儿的教学一开始就应是艺术性的，具有艺术的美。当然，考虑到幼儿的审美理解能力和接受能力，教学艺术从形式到内容也是逐步由简单到复杂、由低级到高级变化的。总之，进行教学艺术的欣赏和创造，要遵循人情感发展的规律，以情感心理学为依据。

6. 个性与教学艺术

教学艺术要遵循个性发展与表现的规律，因此，与个性心理学直接相关。教学艺术的个性化主要表现在两个方面，一是教学本身的个性化，指教师与学生的个性在教学中协调结合，形成了独特稳定的特征；二是教学结果的个性化，即教师与学生双方通过艺术性教学形成

了独特完美的个性特征。前者遵循的是个性的外化规律，后者遵循的是个性的内化规律。

（三）教学艺术创造的美学基础

教学艺术以给人带来美感为根本特点，因而，它必须以美学为基础，遵循美的规律和法则。

美的规律对教学艺术的启示是教学艺术的创造也要把握住两个"尺度"：一是客体的"尺度"，即以客体为美的标准。例如，教学内容的组织表现形式美的标准，教学语言美的标准，板书美的标准，教态美的标准等，主体必须按照对象的审美标准进行创造。二是主体的"尺度"，即教师与学生的审美标准。客体的"尺度"是客观的，但只有当主体承认并欣赏时才获得现实的审美价值。教师在进行教学的艺术创造时，既要考虑客体的审美标准，又要考虑学生的审美标准，使美的创造既符合客观的规定性，又符合主观的欣赏要求。不考虑主体的尺度，教学艺术就得不到学生的感受、欣赏，也收不到教学的预期效果；不考虑客体的尺度，教学艺术易滑入形式主义、哗众取宠和迎合低级趣味的泥潭。因此，教学艺术按照美的规律创造就是按照主体与客体审美标准的统一进行创造。例如，"适应""对称""组合"等。这些法则也适用于指导教学主体按照美的规律进行教学艺术的创造。关于"适应"，它指各个有关部分、因素之间的相互协调一致。例如，教学语言与教学内容相适应，不同学科内容使用不同特点的教学语言艺术；教学方法与学生

的个别差异相适应，对不同的学生采用不同的教学方法等。关于"对称"，它指教学各个方面在整体上是和谐的。例如，板书艺术中的对称，教科书组织艺术中的对称，教学过程各个环节的衔接与对称，教师教态上的对称等。对称本身既是一种美，同时又是表现美的方法或形式。一个长方形的黑板，常常被分为两半使用，假如一半书写讲授内容的提纲和要领，一半书写解释性和提示性语词及图表等，这两者间就有一个对称问题。关于"组合"，它指教学艺术的各种表达因素的有机的完美结合。例如，板书艺术中，有书法中笔画的组合构成书法美，有图表中直线和曲线的组合构成图表美等。

总之，教学艺术要创造出美的"作品"，产生审美效果，必须以美学为科学依据，因此，教师要不断丰富美学知识，不断提高美学修养。

（四）教学艺术创造的教育学基础

教学是教育的基本途径和形式，是教育的一个重要组成部分，因此，教学艺术必然要以教育学为科学基础。教育学作为专门研究教育的科学，所揭示出的教育规律，得出的科学结论，都是教学艺术创造所必须依据的。

教育学揭示出，教育乃至教学必然与社会的发展相适应和促进。这种规律性关系，使教学具有社会性，因而，也使教学艺术具有社会性。教学艺术的表现与创造不可能脱离社会而进行，必然与社会相关。例如，社会的审美价值观和标准必然影响教学艺术的审美价值观

和标准。这集中表现在教学语言艺术、教态艺术、板书艺术等方面。例如，社会对服饰的审美价值观和标准会影响教师的穿着打扮及学生的审美感受和评价。教学语言艺术也是如此，今天的教学语言在内容与形式都不同于20世纪60年代甚至50年代的语言，因此，教学语言艺术的表现也与过去不同。

教育学对教学的情况进行科学研究，揭示出用于不同教学目的的五种课堂教学模式，教学艺术与这些模式有着直接的联系。例如，课堂组织的艺术要根据教学目的进行灵活的创造，各种模式对其有参考、指导作用。若教学目的在于培养学生互帮互学、互相激发，则可灵活采用小组教学的艺术形式；若教学目的在于培养学生分析问题与解答问题的能力，则可灵活地采用提问教学的艺术形式。教学艺术与教学模式具有内在的联系。教学模式体现着一种教学理论，表达了一种行之有效的规律性程序，它是教学艺术的基础。而教学艺术则是对各种模式的灵活运用，这种灵活性表现在因时、因地、因人而异等方面。如果不加分析地照搬硬套某种模式，那么，这种教学就不是艺术的。

此外，教育学关于教学管理、教学评价等方面的科学知识，对教学的组织管理艺术和评价艺术有直接的指导价值，教学艺术创造离不开这些知识做基础。

（五）教学艺术创造的社会条件

1. 文化条件

即有一个开放的、鼓励发明创造的文化系统和环境。教学是文化的传递与创造过程，与文化因素密切相关。在教育史上，凡是教学思想与实践呈现艺术性、变革性和创造性繁荣景象的，都是以良好的文化条件为前提的。在中国，春秋战国诸子百家争鸣，有一个开放的、竞争的而又相容的文化环境，在这个基础上才产生了各家各派风格不同的教学艺术。如儒家的教学重视教学中的人际关系，以情和德为教学的动力，他们的教学艺术富有人文精神；墨家重视自然科学知识的教学，强调直接经验，把教学置于唯物主义认识论基础上，他们的教学艺术富有科学精神；道家虽然总体上对教育重视不够，但他们也主张只有通过教学，才能传播自己的思想，他们的教学以"法自然"为思想依据，因而具有自然主义的风格；而法家的教育与教学重理不重情，认为教学必须以法理为依据，可以说他们的教学具有理性主义的意味。在国外，古希腊文化的文明与发达，酿造出苏格拉底的"产婆术"教学艺术和诡辩派说理论辩的教学艺术；文艺复兴的文化变革运动，产生了各种人文主义的教学艺术之花，使教学方式方法的历史发展出现划时代的里程碑。相反，封闭的、保守的甚至独裁的文化，则对教学艺术的创造有着抑制、破坏甚至摧残的影响。漫长的中世纪封建的宗教的文化专制及其对教育教学的损害就是明证，那时的教学只是灌输、注入伴随着体罚，根本谈不上艺术。

2. 政治条件

即有一个民主的开明的政治制度和思想环境。这对教学的影响是很直接和强烈的。社会主义政治制度与思想环境为教学艺术开辟了广阔的前景，提供了优越的条件。但在实践过程中，也常常会出现曲折。在我国，20 世纪五六十年代，由于政治上民主，人民当家做主，教学思想与实践出现过繁荣兴旺的景象，教学实验遍地开花，新的教学方式方法不断涌现，教学艺术的创造不断推陈出新。但在十年"文革"中，文化教育遭到了摧残，教学上出现了"万马齐喑，万木凋零"的悲惨景象，根本谈不上教学艺术的创造。随着"文革"时代的终结，我国社会主义制度的优越性得以发挥，教学领域也进入了"百花齐放"的春天，教学艺术出现新的繁荣。

3. 经济条件

这有两个方面的含义：一是教学艺术创造的主体在经济上有基本的保证。马克思曾指出："忧心忡忡的穷人甚至对最美丽的景色都没有什么感觉。"没有美感，没有审美需要，就不能懂得教学艺术之美，更不能进行教学艺术的创造。二是教学艺术的繁荣以经济的繁荣为基础。教学艺术的创造与社会进步和社会生产力的发展水平密切相关，尤其是教学进入使用现代化技术手段阶段，教学艺术的形式与手段在很多方面离不开经济条件和技术条件。例如，视听教学就需要现代化的电视、电影、录音机、电脑等技术设备。

4. 社会思潮

社会思潮有积极的，也有消极的；有进步的，也有落后的；有革新的，也有保守的。对于革新、发明、创造予以鼓励、赞扬、羡慕的社会思潮，有利于教学艺术的创造，因为这样的社会思潮不仅能容许、接受和强化教学艺术的创造，而且其中包含的新思想、新观念、新意识影响到教学主体，给他们注入了创新的活力，激发了创造的灵感和积极性。相反，在陈旧、腐化、保守的社会思潮中，教师的思想受到腐蚀，艺术创造性受到抑制，根本谈不上教学艺术的创造。因此，一方面要积极主动引导和净化社会思潮，给教学艺术创造提供良好的思想氛围，另一方面也要培养教师的抵制能力和免疫能力，使他们教学的小环境和内心世界保持相对的独立性，以实现教学艺术的创造。

（六）教学艺术创造的学校条件

1. 学校领导者

美国的霍伊（W. K. Hoy）和阿普伯里（J. B. Appleberry）把小学校长与教师的关系分为两种，一种是"人情味的"，一种是"监督式"的。他们发现前一类关系比后一类关系更有利于提高教师的创造性。日本专家恩田彰等发现，有助于教师进行教学艺术创造的学校领导者具有如下特征：①具有好奇心和不满足感，对教师也有这样的要求；②对自己的工作非常热心，专心致志，且效率高；③具有把自己的热情感染给同事的才能，能创造兴奋和紧张气氛；④灵活、开朗，喜欢听新点子、新建议，不轻易说"不"或"不能""不行"之类的话；⑤尊重教师，相信教师，给他们充分的教学自由；⑥擅于及时而适当地强化教学艺术的创造等。

张武升从我国教育和学校的实际情况分析，认为有利于教学艺术创造的学校领导者应具有以下品质：①富有开拓、革新精神，本身就是一位开创性的典型，具有榜样的引导作用，教师从其身上受到良好的感染和鼓励后，能激发出高涨的艺术创造性；②领导与管理民主化，善于依靠教师治校，集思广益办教育，不固执，不僵化，乐于接受与自己不同的正确意见，宽容大度，开朗乐观；③鼓励教学改革和实验，对新的教学方式方法持欢迎和支持、培育的态度，对教学上的失误积极帮助找出原因，鼓励通过继续革新来弥补损失；④关心教师的疾苦，为其排忧解难，解除生活上和心理上的各种负担，使他们集中时间和精力研究和从事教学；⑤奖惩严明，对教学艺术水平高的教师给予奖赏，对教学工作平庸甚至责任心不强的教师敢于批评和处罚，在教学评价的导向上强化教学艺术的创造；⑥善于及时地推广教师的先进教学经验，使其教学艺术之花香出校外，得到社会的广泛承认和赞赏。

2. 教师群体

创造性教学艺术的思想火花，常产生于教师之间的交流与交往中。一般地说，有利于教学艺术创造的教师群体具有如下特征：教师之间感情融洽，互相关心、互相帮助，能真诚进行合作；有基本一致的价值观，在对事物的评价、人生价值取向等方面有共同点，容易达成共识，产生共鸣；具有健康的竞争意识，富有上进心，每人在各自的兴趣和特长方面努力进取，相互有羡慕之心而无嫉妒之意，能够比、学、赶、帮、超；严于律己，宽以待人，善于学习别人的长处，对新的教学方式方法敏感，能够及时发现、学习和创新，不自大、不保守。

具有这些特征的教师群体一般难于自然形成，必须靠教师队伍的不断建设，包括组织建设、思想建设和业务建设等。

3. 学生群体

教学是师生双方活动的过程，教学艺术的创造，必须有学生的参与。因此，也以学生的有关因素为条件：学生在教学中发挥主观能动性，乐学、好学、善学，不是被动地接受教师发出的信息；学生富有合作精神，在教学中与教师配合默契，在认知、情感、个性等方面都能产生共鸣，达到和谐的一致；学生具有较高的教学艺术欣赏能力，不仅能区分教学艺术的是与非，而且能辨别艺术水平的高与低，能够表达出对教师教学艺术的会意、领悟、欣赏、赞美等信息；有良好的班风，整个班集体生动活泼，富有探索和创新精神，在这样的班集体中，教师有欣慰的充满希望的情感，能迸发创造的激情。

教师艺术性的教学是提高学生学习积极性以及艺术欣赏能力和创造能力的重要来源，因此，教师不能等有了良好的学生群体之后才去进行教学艺术创造，更不能把自己的教学艺术水平不高归因于没有学生群体"知音"。

（七）教学艺术创造的心理条件

美国创造性教育研究专家史密斯

（Smith）经过调查研究发现，具有教学艺术创造性的教师具有如下特点：①善于创造教学艺术的情境，对教学的环境与气氛有驾驭能力；②善于启发学生灵活运用知识，做到举一反三；③不仅授予学生知识，而且授予学生探索、发现问题的方法和培养解决问题的能力；④善于运用发散性思维与集中性思维教学等。

根据我国教学的实际情况分析，有的专家认为，具有教学艺术的教师至少应该具有以下四种心理品质。

1. 敏锐、细致和准确的感知能力

教师面对的是学生，学生在教学中的反应很复杂，有外显的反应，有内隐的反应。内隐的反应不易被感知，这就需要教师有良好的感知能力，如灵敏的视觉，能迅速透过学生的眼神、表情、动作和语言等看到学生心理的实质。教学艺术水平高的教师更善于感知和观察。除了敏锐外，教师的视和听还要细致入微，并做出适当反应。所谓"适当"，就是要有选择地抓住重要的细节做出反应，而不是对无所谓的每件小事都去管一管。感知要准确。一是对课堂反应的发出者要抓得准确；二是对反应的心理要抓得准确。经验丰富且感知力强的教师，面对黑板进行板书时，对身后学生中发出的说话和动作的声响等都能反应准确，不仅知道是谁的声音，而且能判断出声音的含意，这种准确的听觉对学生具有很强的震撼力，使他们折服，并因此很注意自己的各种课堂反应，从而减少随意性。

要求教师的感知觉表达要丰富、亲切，能表情达意。例如视觉，从眼神、目光、眉毛到视角的变化，都要给人以热情、亲切、充满情意之感，这情意有时是表示"满意"，有时是表示"赞许"，有时则表示"责怪"或"批评"。这样，视觉不仅能看，吸收学生反应的信息，而且能示意，发出各种含义不同的信息。再如触觉，也有这方面的功用。教师在学生中巡回辅导课堂作业，对学生能很快理解和明白教师的讲解表示赞许，这样可使学生感到亲切，比直截了当地称赞学生更有效果。

2. 具有一定的智力水平

进行教学艺术创造的教师，其智力活动也必须敏捷、流畅、独创和灵活。

除上述特点外，教学艺术更需要形象思维能力，因为教学艺术的一个本质特点就是形象性，运用形象表达思想，这是教师必须学会的。

教师在教学艺术的创造中，有广阔的想象空间和范围，他可以旁征博引，可以举述形象的例证，使用生动形象的语言描述。想象能给教学插上飞翔的翅膀，牵引学生的思路，进入美的境界；想象也能使教学处处生辉闪光，有声有色。所以，教学艺术创造必须想象力丰富，想象力贫乏了就产生不出教学艺术。教师在培养和提高自己的智力水平时，要特别注意运用形象思维和想象力。

3. 具有丰富和真挚的情感

没有情感，教学艺术就不可能被创造出来。教师只有对学生和对教育教学工作充满了感情，才会有创造的激情和艺术的灵感。同时，只有师生之间建立

起感情的共鸣，才能产生教学艺术的效果。

日本学者研究了师生在教学艺术活动中的情感交流关系，归纳出五种类型：一是熟习类，指教师摆脱了刚刚接管新班时体验到的那种短暂的不安与紧张感，对学生产生了一种熟悉感，感情的距离拉近了；二是和睦类，指教师内心世界里所产生的师生之间的和谐感，教师感到受学生的仰慕，学生在与我合作，而学生则受到教师的关心；三是理解类，指教师能对学生的言行心领神会，由此产生出因理解学生而感到喜悦的体验；四是信赖类，指师生相互信赖的感情体验，教师信赖学生成长的力量，同时学生也信赖教师，相信他是人生最亲密和可靠的朋友；五是睿智类，指教师产生了使命感与充实感，从自己的教学艺术生涯中体验到了一种崇高的神圣的感情享受，是一种人生自我实现的情感高峰体验。与此相关的学生情感种类是：①接近感，即对教师感到放心，与教师心理距离接近了；②安定感，即仰慕教师，心目中有了教师的良好形象；③共鸣感，即激动、感化，内心激荡着感情的浪花；④信赖感，对教师充满信任和感激之情；⑤觉悟与决心，即把情感升华为动力和志向，产生了学习的决心和干劲。

4. 不同于一般教学人员的个性特征

（1）具有很强的独立性和自主性。教学艺术水平高的教师在个性上表现为不盲目迷信和崇拜权威，不死守教案，不拘泥于常规的方式方法，甚至对于各种外部压力也不屈服，有独立的见解，

思维方式和处理教学问题的方式与众不同，表现出独特的风格。这些表现可以从李吉林、于漪、魏书生、钱梦龙等优秀教师身上清楚地看出来。

（2）具有外向性。表现在情感、思维、语言、表达等方面，他们乐于并善于把自己的思想，感情表达出来，喜欢与学生交流和交往，师生关系和谐，处事大方、热情，不胆小和谨小慎微；具有谦虚的品质，但勇于表现自己；对于新的情境、场合适应快，具有灵活应变的能力。

（3）具有革新精神。对现有的教育方式方法总感到不满意，喜欢变化、创新；乐于接受新的教学思想、方式方法和试验，对教育改革积极、热情。

（4）敢于冒险，大胆勇敢，做事不患得患失。教学艺术产生于创造革新，这意味着要与陈腐的传统教育教学思想和方式方法斗争，并且有风险。如果怕这怕那，就无法创造教学艺术。

（5）内心自由。这是指能够保持自己的内心世界相对独立，不受外部世界变化的影响。在这个相对独立的内心世界中进行想象、构思和创造。具有了这种能力，才能排除各种干扰，专注于教学工作，在教学艺术风格上独树一帜。

（八）教学艺术创造的各种条件的结合

1. 结合的四种类型

按照以上几方面的条件结合的情况，大致存在四种条件类型：

（1）个体、学校、社会三方面的条件都具备，得到了有机的结合，教师具

有很高的教学艺术素养，学校条件很好，提供了有力的支持和扶持，且又很快得到了社会的承认和赞赏，这是一种很理想的类型。从教学艺术创造条件的最优化来说，应要努力实现这种类型，这是最大限度地发挥出教学主体的艺术创造性，以保证那些稚嫩的教学艺术细苗得到健壮的生长。

（2）具备个体、学校条件，但社会条件不理想。一般表现为教学主体具有很高的艺术创造性，取得了很大的成就，并且得到学校的支持和赞赏，享誉全校，但就是得不到社会的广泛承认和支持。这种情况产生的原因可能是缺乏传播、交流的机制，学校保守，把教学艺术视为校内秘方，不愿外传等。

（3）个体、社会条件结合得很好，但缺乏学校条件。这是一种常见的怪现象，表现为教师教学艺术成就高，并在社会上产生了很大影响，得到了广泛承认，但就是在校内受到冷落，甚至遭受非议。产生这种情况的原因可能是学校保守，或者对教学艺术主体抱有成见，也可能在于教学艺术主体在其他方面有缺点，影响到校内对他的教学艺术成就的评价。因此，解决这种情况，一方面要从学校改革入手，创造一个良好的学校环境；另一方面教学艺术主体也要虚心听取校内各方面的意见，在其他方面也做出表率，争取得到校内支持。

（4）个体自己具有创造条件，教学艺术成就高，得到了专家、有关权威的承认和赞赏，但就是得不到学校和社会的承认。这样的教师一生默默耕耘，栽培出朵朵教学艺术之花，但名不见经传，不为宣传、传播媒介所重视。这种情况在现实中很多。解决这种情况，一方面要求社会、学校面向广大教师，深入调查，善于发现并及时地扶持、宣传教学艺术之花；另一方面也要求教学艺术主体要善于表现和显示自己的教学艺术成就，努力争取学校、社会的承认和支持。

2. 努力创造良好的教学艺术条件

研究和了解教学艺术创造的各种条件，目的在于努力为教学艺术之花在良好的条件下百花争艳，香飘四面八方。要实现这一目的，还需从如下具体方面抓起：

（1）全社会形成尊师重教的好风气，对于教学艺术成就高的教师及时给予支持和鼓励，要爱护和保护教学艺术之花。国家及教育行政部门要建立科学的教学艺术评价、鉴定、推广的机制和制度，定期进行评鉴和推广。对于教学艺术水平高的教师采用诸如荣誉称号命名、晋级、奖励等方式给予精神的、物质的支持。

（2）学校要重视教师教学艺术素质的培养和提高，鼓励教师进行教学革新，进行艺术创造。教师素质的提高，一方面靠自己努力学习、锻炼和修养，另一方面也靠学校的培养，提供机会和条件，供他们学习、深造和提高。因此，学校应建立定期培训制度，包括校外进修，请专家、艺术家、教学艺术成就高的教师进校讲学，传授教学美学、教学艺术的知识和技巧等。

（3）教学艺术主体要根据教学艺术创造所需要的知识、技能和心理素质等条件，努力通过自学、观摩等活动来提高自己。其中观摩对教学艺术是十分重要的，因为教学艺术技巧的习得与风格的形成一般都是经过观摩、领会、顿悟等过程而完成的。教师要虚心地向优秀教师学习，尤其是向不同教学艺术风格的教师学习，取长补短，不断地超越自我，攀登教学艺术的更高峰。

六、教学艺术的掌握与应用

掌握教学艺术不仅需要掌握教学艺术创造的有关学科知识，而且还需要教师自身不断的努力。应用教学艺术，需要遵循一定的原则。

（一）教学艺术的掌握

掌握教学艺术，教师必须具备两个条件，采用一项技术，经历几个阶段。

1. 两个条件，一项技术

（1）教师必须爱学生。教育，就是从爱出发的，没有爱，教育的阳光是无法照射进学生的心灵的。美国著名心理学家罗森塔尔等人曾做过一次有名的教育实验：1968年的一天，他们来到美国一所小学，从1～6年级中各选3个班，对18个班的学生"煞有介事"地作发展预测，并以赞赏的口吻将一些落后学生列为具有"优异发展可能"的名单，通知有关教师，要求教师保密。8个月后，他们对18个班进行测试，发现提供名单的学生大有进步，活泼、开朗和求知欲旺盛，与教师的感情也特别深厚，原来教师扮演了皮格马利翁的角色。皮格马利翁是古代传说中塞浦路斯岛上的一位年轻国王，他精心雕刻一尊象牙少女雕像，精诚所至，少女活了，做了他的王后，白头偕老。由于教师们相信罗森塔尔提供的"权威性谎言"，格外爱那些在名单中提到的学生，"爱"滋润了学生的心田，使他们自尊、自爱、自强，所以，学生的进步很大。这就是著名的"罗森塔尔效应"或叫"皮格马利翁效应"，意译为"西施效应"。这深刻地说明了教师对学生的爱和期待在教育效果上所产生的良好作用。苏霍姆林斯基曾精辟地指出："教育的全部奥秘就在于如何爱护儿童。"这是被无数教育实践所证明的真理。

教师爱学生，天经地义。教师对学生的爱是一种圣洁的爱，它不同于父母对子女天然人伦的爱，也不同于男女之间亲昵之爱。这种爱是最纯洁的，掺不得半点私心杂念，不允许有任何虚情假意的成分。它的本质是教师在培养学生的教育活动中形成的一种崇高情感和态度，它比较集中地反映了社会进步的要求，有事业的延续，有理想的传递，有包括家长在内的社会信任与寄托。这种爱是长者对幼者的爱抚，是师生之间的一条感情通道，是提高教育质量的可靠保证。这种爱，是教师对国家、对人民的深厚感情的自然流露，是教育的核心和根本。

教师热爱学生，就能想方设法地教好学生，就能尊重学生，全心全意地为学生服务，从而与学生合作，取得最佳的教学效果。比如，一位教师在教中学语文时，有一次给初一年级的学生教老舍的散文《小麻雀》。

例4 上课铃响，这位教师走进教室，学生笑个不停。教师宣布上课，"起立""坐下",师生互致问好,学生中又响起笑声,还有交头接耳的窃窃私语声。教师发现今天上课有些异样,环视四周,和蔼地说:"'笑一笑,十年少;愁一愁,白了头'。我们开心地笑过之后,就要集中注意力上课。"同学们安静下来了,全神贯注地看着教师的一举一动,后排学生伸着脖子看,唯恐有个细节被遗漏。

教师开讲激趣,引入新课。接着伸手在讲台上的粉笔盒里准备取出粉笔,板书课题。当教师的眼睛看着学生,右手下意识地揭开粉笔盒盖,手触摸到一个毛茸茸的东西,触电似地缩回了手,看着教师这受惊的样子,教室里爆发出哄堂大笑。教师的心被激怒了,感到老师的尊严受到了挑战。此时,教室里特别安静,学生屏息静气地望着教师,怎么办?

只有短短几秒钟的选择:要么,立即发怒,课不讲了,用严厉的语言鞭子抽打学生,令学生互相检举、揭发,查出搞"恶作剧"的人。要么,指令语文课代表或班长,去把班主任请来,整顿"课堂纪律"。要么,把粉笔一丢,拿起备课本气恼地拂袖而去,向教导主任陈述情况,请他来"解决问题"。要么……这位教师迅速地"发散"——"换位"——"择优",面对这"应激状态",一颗对学生的爱心使教师认识到,学生是幼稚无知的,自己怎么能跟学生一般见识呢?于是微笑地说道:"哪位同学好有心计呀,就知道我们今天要学习老舍的叙事散文《小麻雀》,给我们捉来了一只小麻雀,受伤的小麻雀耷拉着脑袋,你们看,老舍先生描写的小麻雀是否真实呀?……他观察得多么仔细呀!……"

教师手拿小麻雀送给学生看,把学生的思维引上了正轨,这堂课收到了意想不到的效果。

这个教例说明教师爱生的重要作用。如果教师不是采取最后一种方案,前面几种设想都会断送这堂课的教学。一个学生耽误45分钟,50多位学生该是多少时间呀!时间是追不回来的。同时,也疏远了学生,因这件小事造成的裂痕,以后的教学难以弥补,甚至在学生记忆的感光片上留下终生遗憾。最后一种方案,则是出于对学生的爱,有了这种高尚的爱,就能出奇出巧,就能在教学中变无法为有法,就能产生千变万化的教育机智,就能赢得学生的尊重和爱戴。

(2)努力提高专业修养。热爱是最好的老师,还体现在对待所教专业的热爱上。比如做一个中国语文教师,教中国语文,这是值得骄傲和自豪的。世界上没有哪种语言,有汉语的使用面广、使用的人多;没有哪一种语言,有汉语这样丰富、优美而有魅力;没有哪一种语言,有汉语这样历史悠久而具有音、形、义结合的独特功能;没有哪一种语言,能像汉语这样准确地表情达意。要当一个优秀的中国语文教师,必须热爱中国的语文,提高自身的业务素质。这既是做一个称职语文教师的要求,也是攀登语文教学艺术高峰的基础。

俗话说"艺大根深"。艺术造诣来自浓厚的根基,根深才能叶茂。教学艺术来自教师的刻苦努力,不断提高自己的业务修养。苏霍姆林斯基记载过一件事:一位历史教师教学整整30年,给大家上了一堂成功的公开课。有人问他准备这堂课花了多少时间,他不假思索地回答:

"这节课我准备了一辈子。不过对这节课的直接准备，或者说现实的准备，大约只用了一刻钟。""终生备课"、"准备了一辈子"，说明他刻苦钻研教材，长期积累，学而不厌，对专业修养孜孜以求，为攀登教学艺术高峰打下了坚实的基础。他的课上得"成功"、具有艺术魅力，是他一生刻意探求、勤奋储备的必然结果。

比如，有位教师教《庖丁解牛》，"是以十九年而刀刃若新发于硎"一句时，学生对"硎"不甚理解。他对"硎"字联系学生以前在《劝学》中学过的"金就砺则利"的"砺"，还有见到的"砥"字，顺手引导学生辨析。

（3）采用微型教学技术。教师要掌握教学艺术，仅仅学习理论知识和看书是不够的，需要采取实际的措施，应用先进的教学技术和手段，对自身的艺术缺陷进行系统分析，列表体现。针对自己不足之处，一项一项地训练，从而在各项、各种教学艺术手段上能有实质性的突破。

最近几年，在国外兴起的微型教学技术，很适合于师资培养，其实质就是对教师的各单项素养进行提高，逐渐地，一项一项地进行，教师的整体教学技能得到提高，从而能够进行艺术性的教学。

比如对教师教态的培养，可以用录像机录下教师的教态，再将优秀教师的教态录像带放出来学习、对比，从而找出教师本人与优秀教师的差距所在，列表系统显示，根据技能形成的规律，再针对各项差距进行系统的训练。这种训练可以教师自己进行，也可以请同行一起进行，互相切磋，互相启发，互相提高。

2. 掌握教学艺术的几个阶段

教师从走上讲台开始，到逐渐成熟，最后形成自己独特的教学艺术，有一个艰苦而长期的探索和实践过程。华夏教学艺术研究会会长刘显国通过二十多年组织教学艺术研究总结出掌握教学艺术金字塔的四个阶段：

（1）模仿性教学阶段。初上讲台的教师，还不知道怎样教学，因而从教学内容的处理到教学程式，教态、教学语言等，均要学习别人的教学经验，一招一式地模仿、套用，甚至是移植别人的教学，几乎没有创造的成分。模仿是必要的，如同小学生习字"描红"一样，先要"入格"，再"合格"，再"出格"，因此，在熟悉了教学之后，就要逐步克服消极的模仿，增加创造的成分。假若躺在这个阶段，不思进取，教学就没有长进，充其量是别人教学的"传声筒"和"大杂烩"。教师本人也就成了"老油条式"的"教书匠"了。要克服"匠"气，必须独立，摆脱依赖。

（2）独立性教学阶段。在这个阶段，教师基本上摆脱了摹仿的程式，突破了因袭的束缚，独立地按照自己的理解设计教学的各个环节，从而在教学实践中加以检验，合理的设想要保留，不合理的设想要毫不犹豫地舍弃，同时，还要弄清楚为什么不合理，从有关的教学理论中找到答案，"吃一堑，长一智"，得到提高。

在这个阶段，教师要"博采众长"，应将别人的长处、经验，如同蜜蜂那样辛勤地采来花粉，进行酿造、吸收、消化，变成自己的东西。对自己的教学进行点点滴滴地积累，通过写"课后记"，征求学生的意见，接受老教师的"传、帮、带"等，做到有所发现，有所创造，有所前进。要确立把教学当做一件"艺术品"来雕琢的思想，真正实现"巧匠精心雕良玉，春风化雨育新苗"。

这个阶段，虽然是独立教学，但如果不注入创造的因子，不失时机地刻苦探求，教学艺术的灵气将与自己擦肩而过，教学仍是停滞不前。如果教学不经常进行总结、思考，不去比较、掂量自己教学的得失，不认真选择适合自己的教学方法，而是得过且过，做一天和尚撞一天钟，那么教学仍将平平，没有特色，教学艺术的女神也就悄然离去，教学的创造性也就必然暗淡无光。

（3）创造性教学阶段。在这个阶段中，教师已经能熟练地驾驭教材、驾驭课堂了，教师在教学中创造性的花朵争相怒放，突出表现在教学方法的改革、教学效果的优化、教学效率的提高上。

教师对教学艺术苦心孤诣地追求，既把前人的优点、教学精粹"积淀"下来，又出神入化地突破别人，超越自我，在集大成的基点上，完成个性特征的本质飞跃。主要表现在：①在对教学内容的处理上，有自己的鲜明特点；②在对教学方法的选用上，遵循"教学有法，教无定法"的原则，"博采众长，以我为主"，实现"我以我法上讲台"，明显地表现出创造精神；③在运用语言表达和非语言表达方式有自己的个性；④在对学生的态度上，表现出良好的与众不同的情绪；⑤教师本人的风度、气质上有独特的个性。

综合起来，形成教学艺术的个性，

教师要不断创新，突破，实践，坚持，反复以至无穷，贯穿于自己教学的全过程中，且呈稳定状态地前进，这时，教师便展现出属于自己的教学艺术来。

一切艺术都产生于广阔的社会生活，社会生活是培育各种艺术的土壤和温床，处在教学艺术创造阶段的教师必须向生活学习，从生活中吸取营养，开拓思路，充实自己，使教学艺术的创造火炬燃烧出智慧的光芒。

例5 有一次，魏书生布置学生以《我的好朋友》为题作文，要求写好朋友的一个优点，并要外貌描写。作文评改中60多篇作文写了50多个人，无论老、少、男、女、高、矮、胖、瘦等各种不同的朋友，却千篇一律地长着"两道浓眉，一双大眼"。在讲评中，他说："同学们，咱们都从空想回到现实，学会观察好吗？今天，就从观察眼睛开始。"接着，他挑选了五名同学到前面来，给同学们做写作"模特"。就他们的眉毛而言，有浓，有淡，有的是"倒八字"，有的是"柳叶眉"，有的是"杏核眼"，有的是"三角眼"。五名同学往前面一站，大家都乐了。接着他说：

"这五名同学的眼睛就是同学们描写的'浓眉大眼'，这回请同学们说说他们的眼睛有什么特点吧！"

一下子，教室里开了锅，同学们睁大了眼睛，看前面的五双眼睛，争先恐后地描绘五双眼睛各自的特点。

"作文，不是硬把事先输入大脑的概念套在现实生活中，而应该用自己的感觉器官和大脑去感知、体验、观察生活中的人、事和物，然后经过大脑加工，再表达出来，这样就能写得真真切切，生动感人。这样写作就有了源头活水，就可能成为一种享受。今天，大家都用自己的眼睛观察了五双眼睛，请同学们写一篇短文，题目就叫《五双眼睛》。"

学生们马上开始写，有的边写边观察，边写边笑，把眉毛、眼皮、睫毛、眼珠的形状、颜色都描写得惟妙惟肖。他们觉得这样作文跟有趣的游戏差不多。

这堂作文讲评课上得多么富有教学艺术，多么富有创造性！然而，这创造性的根基就是生活。教师抓住了学生外貌描写一般化、公式化的症结，又别开生面地要求学生用自己的眼睛仔细观察别人的"眼睛"，进行现场作文训练，既讲述了作文与生活的关系，又破除了作文的神秘感；既有乐学思想指导教学，又对学生严格要求……一举数得，教学艺术精湛！这教学艺术从何而来？来自看得见、摸得着的生活！比如，语文教学要培养学生听、说、读、写的能力，这能力的内容无不来自生活。处在教学艺术创造阶段的教师，不妨热爱生活、深入生活，在生活中提炼教学艺术的钻石精金。

（4）教学艺术的完善阶段。在这个阶段中，教师能对自己的教学运用科学的武器进行检验和鉴别，扩大教学的视野，删削其中的累赘，注入理性的血液，提纯教学的精髓，在教学实践中反复淬火，完善自己的教学艺术，在同仁的公认中，成为一枝独秀的花朵，教学魅力性极强，教学优化成果明显，闪烁着创造的光芒，逐步达到炉火纯青的地步。

这个阶段是教学艺术创造的最高境界，是教师为之终生奋斗的目标，为了达到这个目标，教师要耗尽毕生的心血。

然而，常见有些教师在教学中只知要这样做，而不知为什么要这样教，结果使自己的教学艺术刚有苗头，就泯灭于一堆例证的凑合之中，缺乏理论的根基，失却推广的意义，教学显得苍白、贫乏。因而，理论的学习、提高与推广作用是不容忽视的。恩格斯指出："一个民族想要站在科学的最高峰，就一刻也不能没有理论思维。"教学艺术的完善阶段，必须要以理论思维加以指导，否则，这是断然不能成功的。

在理论的学习和提高过程中，要广泛摄取追求知识杂交的共振效应。宋代诗人陆游在《示子》中说："汝欲果学诗，工夫在诗外。"比如语文教学，教师要取得教学艺术的自由，必须拓宽自己的学习领域，把自己的学习放在跨学科的背景上。以教育学、心理学的理论为基础，吸收语言学、文章学、修辞学、逻辑学、美学、哲学、社会学、文化学等相邻相关学科的研究成果，还要吸收控制论、信息论、系统论、思维科学、脑生理学等科学成果，借以丰富和充实自己，使自己的教学艺术有深厚的理论根基。他山之石，可以攻玉，知识的网眼总是相通的。语文教师先要成为"杂家"，而后才能成为"专家"。把各种知识汇集起来，来一个"智力杂交"，实行"科学嫁接"，完成"发古人所未发，今人所未明"的共振效应。这既保证自己的教学思想有不尽的源头活水，又使自己具有革新、创造的本色。此外，教师还要学习国外的语文教学理论、经验。中外之间并非"两峰对峙"，而有许多共同的相通的东西。开放搞活，引进吸收，洋为中有，在互相碰撞中融合，铸造中国特色的语文教学艺术。

法国大数学家帕斯卡曾说："一个仅仅是几何家的人跟机灵的工匠没有多大差别。"德国化学家希滕贝尔也指出："一个只知道化学的化学家，他未必真懂得化学。"美国曾对 1301 名科学家进行了 5 年的调查，最后的结论是：博才取胜。因此，语文教师要有广博的学识，才能使自己的教学艺术臻于成熟，走向完美。其他学科教师也一样。

综上所述，教学艺术从必然到自由必须经过模仿、独立、创造、完美四个阶段。每个阶段虽有自己的特点和功能，但各阶段之间具有不可分割的连续性和不可颠倒的顺序性。模仿阶段为独立阶段作准备，独立阶段向创造阶段过渡，创造阶段向完美阶段飞跃，这样一个实践—认识—再实践—再认识的探求过程，经历量变到质变的历程，进行否定之否定的检验，最后形成自己成熟的教学艺术。一般说来，教学艺术的形成不会违背这几个阶段，但是，就有的教师来说，在时间上则有快与慢的区别了。

(二)教学艺术的应用

教学艺术的应用并不是随心所欲和漫无边际的作为，而是遵循一系列原则进行的。了解和掌握这些原则是教师必备的素养。

教学艺术的应用必须遵循哪些原则，人们的看法不尽一致。根据教学艺术的本质与特点，至少可以提出这样几条原则，即教学表现形式与内容统一的原则，和谐与奇异统一的原则，情感与理智统一的原则，直觉与逻辑统一的原则，个性与共性统一的原则等等。

1. 形式与内容统一的原则

形式与内容统一是一般艺术的基本原则，也是教学艺术的基本原则，但它在教学艺术的应用上有特殊的表现。教学内容可概括为三个方面：一是教学材料包含的真的内容即科学知识，它包括自然科学知识、社会科学知识等；二是教学材料包含的善的内容，即思想性或教育性的内容；三是教学材料包含的美的内容，主要指教学材料包含的审美因素，即审美性内容。总之，教学内容包含的真、善、美的因素。教学形式主要指教学艺术的各种表现方式和方法，包括教学材料的组织、设计、表现、评价、反馈调节等。

教学艺术的表现形式涉及许多必要的具体感性材料及其美学知识，主要有线条、色彩、声音、语言、体态、节奏等。例如，板书艺术中使用的线条，一般说来，要表现刚劲、正直、挺拔之美，可使用直线；表现柔和、流畅之美，可使用曲线。又如色彩，红色给人以温暖、热情的感受；蓝色给人以清凉、冷静的感受；白色使人感到纯洁；黑色则使人感到低沉、压抑。这是在板书艺术中选择色彩和在体态艺术中选择服装的颜色所应注意的。再如节奏，一是表现教学进程的时间关系；二是表现教学表现力的强弱的交替变化。没有节奏，教学就没有过程之美，没有感召力。节奏有高低、快慢、轻重、缓急、强弱之分，它们交替变化的频率构成节奏之美。究竟采用什么样的变化频率，这要以人的节奏美感为基础。

要创造出教学艺术的美的表现形式，必须了解和掌握各种各样感性材料及其美学知识。但是，仅有此还不够，教学的形式美的创造必须与教学内容相统一。教学内容决定教学艺术的表现形式，教学艺术表现形式的选择和采用要依据教学的性质、因素等。在现代教育中，一般都采用学科教学，教学内容的性质与因素构成表现为具体的不同的学科。因此，教学艺术的表现形式要根据所教学科的性质和因素构成而定。例如，自然科学学科的教学与社会科学学科的教学其艺术形式就不同，数学主要依靠思维艺术，而文学、历史、艺术则主要依靠情感艺术。并且在自然科学和社会科学之中，不同学科的教学艺术表现形式也有区别。如政治教育主要依靠说服的艺术，而道德思想教育则主要依靠感化的艺术。教学艺术的表现形式不能脱离教学内容，否则，就会变成一种空洞的花架子，成为矫揉造作或故弄玄虚之品，没有任何感染和教育意义。

除了不同学科需要采用不同的教学艺术表现形式外，即使在同一学科内，对于不同的因素，例如真、善、美的因素，其教学艺术表现形式也不相同。对于真的因素，主要采用讲解的表现形式，对于美的因素主要采用陶冶、感染的表现形式，而对于善的因素则需要在讲解的基础上侧重于感化。任何一门科学知识都是真、善、美三种因素的有机构成和统一，因此，任何一门学科知识的教学，都需要综合运用各种表现形式。

当然，不同学科之间及同一学科内不同因素之间的教学艺术表现形式的差别不是绝对的，它们可以互相借用或移植。但是，一种教学内容的艺术表现形式用于另一种教学内容，则要根据新内容的性质、特点而灵活运用或加以改造。例如，在自然科学学科教学中的思维艺术形式运用于社会科学学科中的语文、艺术教学时，原来以逻辑思维为主的艺术形式就应改换为以形象思维为主。再如善的因素的教学与美的因素的教学都需要感化形式，但二者有所不同，当把后者的教学所使用的感化形式运用于前者的教学时，则必须增加约束的成分，即善的感化是一种带有约束、指使的或导向性的感化，而美的感化则完全是一种无约束的自然生成的感化。如教师可以约束学生承认并坚持一种事物是好的或坏的，但不能约束学生承认或坚持一种花是美的或是不美的，这需要学生自己的自然感受。

总之，教学艺术的表现形式必须与教学内容相统一，这是一条不可违背的原则。

2. 和谐与奇异统一的原则

教学艺术和谐是教学艺术各要素及其结构按照美的规律有机构成的。教学艺术的要素包括教师方面的，学生方面的，教学内容方面的，教学操作及其方式方法方面的等。教学艺术的奇异就是一种同样能产生教学美感的不和谐、不协调、不对称以及不成比例等。和谐与奇异统一的原则适用于各种教学艺术的创造。例如，教学设计艺术涉及教师、学生、教学内容、方式方法等因素，这些因素的构成应该是和谐的。但事实上，它们并不一定在每时每刻、每个场合、每个情境都是和谐的，而是常常构成矛盾。矛盾就是一种不和谐，这种不和谐是教学的动力，它能使教学产生动态的波澜起伏的美。再如，教学语言艺术，和风细雨、娓娓动听的教学语言固然是美的，但铿锵有力、声音激昂的教学语言也是美的，在慢慢道来的细语中，根据教学内容和情绪变化的需要，突然大喝一声，语惊四座，这一奇异的变化也是美的。教学的板书艺术也是如此，规范整齐对称的板书当然是一种和谐的美，但有时为了突出重点、难点，将一个字、词、名称或一个图表用与整个板面不协调的形式书写或画出来，这种奇异与整个板面的和谐在一起，也构成了美。和谐与奇异统一的教学艺术原则是符合教学心理学的。从知觉来看，知觉的整体性把握着教学艺术的和谐之美，而知觉的好奇性则把握着教学艺术的奇异之美。任何知觉，包括视觉的、听觉的、嗅觉的等，都对特殊的"点"而加强或唤起，所谓特殊的"点"就是和谐中的奇异。如板书艺术中由于对突出的一个字、词的印象深刻，记忆牢固，因而在回忆中容易联想起其他的记忆内容。这就说明了遵循和谐与奇异原则进行教学，教学效果就提高。此外，就思维、想象而言，和谐与奇异的原则就更为有效了。因为这二者都既遵循着思维的严整的格式，又受动于各种疑问、困惑、矛盾、冲突争论等，既有和谐的逻辑程式，又有奇异的灵感闪现，尤其是创造性思维与想象，更是和谐与奇异的高度统一。

3. 情感与理智统一的原则

教学艺术主要是情感的艺术。但教学艺术中的情感必须以理智为基础，它受理智的调节并与之保持一致。因此，情感与理智统一是教学艺术的又一原则。

教学中的情感与一般艺术中的情感相比，它有自己的某些特点。第一，教学情感特别"真"。教师给予学生的情感是起初的、纯正的、自然的，没有任何伪装、虚假的成分。因为教师的话是真实的，不是虚构的，所以，教师更具有直接的感染力。而一般艺术则不同，观众往往一开始就已经意识到他们是在舞台上、银幕上，他们是在演戏，这种意识往往影响观众的感情共鸣，当然，在某些艺术情境中观众也可能会忘记这一点而进入角色，把演的故事当真，甚至出现观众直奔舞台"参与"的现象，但这种感情冲动是短暂的，一旦他的意识恢复，其情感会很快消退。第二，教师是在学生面前进行艺术创造，与学生一开始就处在同一教学情境中，并且学生直接参与其内。而演员与观众则一开始就有一定距离，他们往往需要通过特有的手段吸引观众入戏。教师可与学生进行随意的双向交流，而演员与观众则往往是单向交流，即使是在舞台艺术中，演员也不能随意与观众进行感情激励方面的对话。所以，教师教学的情感比演员演戏的情感真实。教学艺术影响的情感特别持久。看一出戏或一场电影，观众在情感上产生了感染和共鸣，甚至久久不能平静，但它的持久性仍不如教学情感。教学情感的感染往往影响到学生毕业后，甚至一生。

教学艺术中的理智与一般艺术中的理智相比，也有其特点。第一，教学艺术中的理智与教学目标、内容、教学情境紧密联系在一起，实际上，这种理智表现为对教学目标、内容、情境的自觉的意识。而一般艺术虽然情的产生与表现也与其表演主题、情节有关，但受约束力不强。演员可以尽情地演，甚至为了达到某种情感效果而改变情节，教学则不能这样做，它所做的一切必须服从教学内容的要求。第二，教学艺术中的理智对于情感可随时直接地予以调节。因为教师与学生的情感交流是双向的，在教学艺术情境中，教师如发现自己的情感与学生的情感脱节或冲突，即可直接调节。如教师讲到激动之处热泪盈眶，而有的学生却笑，这时可直接以理智对之检查和调节，并可对学生说"你笑什么？""你觉得可笑吗？"等诸如此类的话，但演员在舞台或屏幕上却不能这样做。

教学艺术更强调情感与理智的统一。这种统一充分表现在二者的相互影响转化上。在教育心理学中，情感被视为动力因素，对理智有发动、激励、维持的作用。在许多情况下，理智受制于情感，如一个愤怒的人易于丧失理智，做出违背理智的行为，有情感障碍的人也往往理智迟钝，甚至产生逆反心理，对于明知对的道理也故意拒绝接受。相反，一个对科学事业充满热爱之情的人往往具有更大的追求动力，在科学研究中表现出更富创造性的智慧。

此外，理智也是教学艺术情感表现的基础，如果学生对教师良好的认识，对教学内容与活动的正确认识等，这些都是教学艺术中情感表现的基础。如学生对教师看法不好，对所学的科目认识错误，那么，教师无论如何用感情激发、感染都难于使学生产生共鸣。再者，理

智也能转化为情感。教学艺术的应用，可以利用理智来转化情感，达到感情的艺术境界。因此，教学艺术性水平高的教师其创造性往往集中表现在对情感与理智的灵活巧妙的转化上。

总之，教师作为教学艺术创造者既是具有情感的人，又是具有理智的人。教师教学艺术的应用过程，充分体现出情感与理智的相互影响、相互转化的内在统一。

4. 直觉与逻辑统一的原则

教学作为统一的过程，既有逻辑的程序，是有计划的，又有直觉的环节，是即兴的和灵感的。这就是说，教学是一个直觉与逻辑统一的过程。因此，教学艺术的创造要遵循直觉与逻辑统一的原则。

教学艺术中的逻辑，表现为一个由具有前后内在联系的诸程序组成的过程，这个过程的方案可以预先计划或制定。为什么教学过程有逻辑程序呢？原因有三：一是作为教学内容的学科知识，它有其内在的逻辑，因而教学也必须遵循这一逻辑。例如，在数学教学中，必须先讲加减，后讲乘除；在语文教学中，必须先拼音识字，然后再阅读欣赏和作文。教学艺术的应用不能违背这一逻辑。二是教学认识过程是一个逻辑过程，一般表现为从生动的直观到抽象的思维，从抽象的思维再到具体的实践，教学艺术的创造也必须从感性艺术教学发展到抽象艺术教学。例如，用计算机艺术性地教学生符号运算。三是就人的身心的发展与活动而言，有其内在的逻辑程序，教学艺术的应用也必须符合这一逻辑。

教学的直觉表现在教学的各个环节和教学的各个门类中。从教学的过程环节看，虽然教学是一个逻辑的过程，可以预先计划，但毕竟不能预先计划教学过程的每一细微环节和预料将会发生的所有事情。具体的教学活动是灵活多变的，有经验的教师往往顺乎教学过程的趋势，凭自己的直觉思维灵活进行教学，尤其是对于没有计划或预测到的教学环节或问题，更需要凭直觉来处理。例如，在教学语言艺术中，教师并不是照本宣科地用教案，而基本上是一种现场即时的表达，并在表达过程中经常受教学情境中各种即时因素的启发而产生灵感，作出有针对性的即兴表达，妙语连珠，收到出其不意的教学艺术效果。教学中例证的引用也常常是直觉的，教师因受某种因素的启发而突然灵机一动，想起和使用一个巧妙的恰如其分的例子，使要说明的问题变得浅显易懂，从而收到预想不到的效果。

教学艺术既有直觉的一面，又有逻辑的一面。那么，二者是如何统一的呢？

首先，教学艺术中的逻辑与直觉是密切相关的。直觉对于逻辑有锦上添花的妙用。没有逻辑，就没有敏锐、迅速、深刻的直觉。而逻辑也离不开直觉，每当教学艺术的逻辑遇到阻碍或处于困惑境地时，直觉可以迅速帮助消除其阻碍或解除其困境，使人顿开茅塞，达到"柳暗花明又一村"的境界。教学艺术水平高的教师虽然都预先制订了教学计划或方案，但在实际教学中特别重视现场创造性地发挥。例如，江苏省南通市优秀数学教师李庚南，她在许多学校进行过即席教学表演，她的教学艺术折服了

听讲的教师和学生，其成功的秘诀之一就是善于在不同情境中凭直觉处理生疏的局面和问题。有逻辑而不拘于逻辑，有直觉而不完全偏离逻辑，使直觉成为逻辑发展的必然和动力，使逻辑成为直觉的基础和线索，这是教学艺术中逻辑与直觉统一的奥妙之一。

其次，直觉与逻辑是相互转化的。直觉的因素或情节多了，就会转化为有内在联系的逻辑，而逻辑的因素或环节发生新奇的、灵活的变化常常表现为直觉。例如，一位教师善于通过直觉来回答学生提出的难题，这种直觉久而久之会形成一种直觉判断的程式，并逐渐稳固下来，在这种情况下，直觉就转化为某种逻辑了。又如，有些教师喜欢打破固定的教学逻辑程式，以不同的方式，从不同的角度，或用不同的材料来说明、解答问题，给学生以新鲜之感，这些变化就使逻辑的东西转化为直觉的了。所以，教师进行教学艺术的创造，不仅要有敏锐的直觉能力，还要有扎实的逻辑能力基础，善于通过两种能力的转化来创造教学艺术境界。

七、教学艺术的基本范畴之一：教学风格

教学艺术的特点表现教学艺术的共性，教学风格则表现教学艺术的个性。

（一）教学风格的本质

邵瑞珍等认为，教学风格是"在达到相同教学目的前提下，教师根据各自的特长经验所采用的教学方式方法的特点"，它是"教师能力和性格多样性"的

反映。李如密在其《教学风格初探》中系统研究了教学风格，指出"教学风格是教师在长期教学实践中逐步形成的、富有成效的一贯教学观点、教学技巧和教学作风独特结合的表现，是教学工作个性化的稳定状态"。张翔在其《试论教学艺术之本质》中认为，"就教师个人而言，当他的教学是经常而稳定地表现出合规律性和合个性时，就会在此基础上形成相应的教学风格。实际上教学风格是合规律性和合个性的教学艺术活动的凝结物或结晶品"。而程少堂在《教学风格论》中坚持，"教学风格是教师有意无意地、在适合自己个性特征、思维方式和审美趣味的教学理论指导下，经过艰苦地反复实践，而最终形成的一种独具个性魅力而又具有稳定性的教学风貌"。

张武升认为，教学风格指一个时代或一个教学主体的教学艺术个性化较稳定的特点综合，在这一定义中，有两点要把握：第一，风格是教学艺术特点的综合。一个时代或一位教师的教学艺术具有自己的各种独创特点，这些特点构成其风格。仅其中任何一个特点难以反映其艺术风格，只有把各种特点综合起来，得出一个概括性的、整体的认识，才能真正反映出这种艺术的风格。例如，李吉林的教学艺术具有许多鲜明的特点，她自己和别人都一致把她的各种艺术特点综合为"情境型"，以表征她的艺术风格。"情境型"不是她教学艺术的一个特点，而是各种特点的综合。在现实中，教学有特点的不少，但这些特点可能是肤浅的、造作的，它们就不是个性化的艺术特点，因而不能用以标志风格。所以，提出个性化，意在对"特点"作进

一步地规定。第二，教学风格是较稳定的。一个时代或一位教师的教学风格有一个形成、成熟、发展的过程，一旦风格成熟、被确定下来，它就具有稳定性。只有较稳定的特点，才能构成某种风格。但是，稳定并不排斥发展变化，教学风格的变化有两种形式，一种是表现形式或技巧的变化，这种变化并不是质变，而是"万变不离其宗"，还是原来的风格。例如"情境型"教学风格的教师，采用了逻辑推理的艺术，或者在这方面下了工夫，使这一点变得突出，这并不表明其"情境型"风格的改变，而只是表现形式或技巧的变化。另一种是风格质的变化，即发展为另一种教学风格。例如，随着教学中人文主义思想的盛行，有的教师由原来的"理智型"教学风格变为"情感型"教学风格。但是，这种质的变化一般较缓慢，需要较长时间，因而，它并不否定教学风格的稳定性。

（二）教学风格的类型

在国外，主要涉及两种分类：一种分类是从教学方式来分，区分出讲演式风格与讨论式风格。对这两种风格进行的科学研究表明，就学生掌握教材和程度来看，讲演式优于讨论式，但二者差别不大，就学生积极性、主动性和个人表达力来说，讨论式优于讲演式。另一种分类是从教学的组织领导方面来分，区分出以学生为中心和以教师为中心的两种类型风格。以学生为中心的教学风格强调学生自我设计、自我实现，学生参与教学的组织和管理，教师则是辅助者，围绕学生的需要转；以教师为中心

的教学风格强调教师权威，一切由教师决定，学生听讲，服从教师安排。研究表明，就学生学科成绩和学科兴趣来说，两种教学风格的效果无显著差异，但就培养学生的自主性、能动性来说，以学生为中心优于以教师为中心。这两种分类及其比较研究显示出风格各有千秋，在一个方面有所长，在另一个方面则可能有所短。

在我国，李如密把教学风格分为两种类型，一是科学型（或称理智型），其特点是教学内容组织合乎逻辑，层次清楚，线索分明，教学语言具有说服力等。二是艺术型（或称情感型），其特点是教学组织富有艺术性效果，体现着艺术辩证法，主次分明，详略得当，重点渲染，教学语言具有形象性、鼓动性和感染力等。王北生在理智型、情感型教学风格基础上又补充了两种类型：一是幽默型，其特点是以幽默取胜，即以幽默启发、探微、讲理、教育为主，运用各种奇巧的出人意料的引人发笑的语言、动作和表情，激发学生学习兴趣，引导学生积极思考。二是求美型，其特点是教师在教学中处处追求美，以美统领自己教学，使教学过程处处闪烁着美的火花，用教学的美去点燃学生的智慧火花。

根据对教学实践的了解和分析，张武升认为大致存在着以下几种类型的教学风格：第一，典雅型教学风格。这种风格以庄重朴实、老练娴熟、严谨不苟、蕴含深远、韵味醇厚为特点。其教学指导思想往往是经典的、权威的或反复证明了的，但信奉经典而不守古，能够翻新和活用；在教学表现方式方法上稳健、完善、和谐，很少有失误，听这种课有

一种很浓、很深、很远的审美感觉。在现实中，属于这种教学风格的教师很多。上海复旦大学附属中学特级教师卢元的教学当属此类。他在"经典"教学思想和理论指导下，吸收其营养，创造教学艺术之花，听他的课，犹如喝多年酿造的美酒，很醇美。第二，新奇型教学风格。这一风格注重革新，对于新产生的教学思想和理论敏感，运用也快。其艺术特色是形式新颖，富有独创性，发展变化快，不断破旧立新，灵活多变，具有很强的吸引人的艺术魅力。其中较有名的是魏书生的语文教学艺术，其教学艺术的思想来源较新，他对弗洛伊德、荣格、雅科卡、卡耐基等人的思想有较深了解，并善于将其运用于教学实践，在教学艺术表现方式方法上，不断求新。他说："任何好的教学方法、管理方法都是相对于昨天而言，相对于今天，相对于将来而言，它都是不完善、需要发展的。不断采用新方法，才能提高工作效率，减轻昨天的繁忙程度。"他的每堂课都有新的创造，听他的课，堂堂变化，很难找出固定化的模式。第三，情感型教学风格。这种风格的基本思想或理论基础是教学是人与人的影响过程，人的情感因素起着重要作用，因此，教学以情感为基础。这种风格的主要特点是感情充沛、热烈，具有很强的感染力，震撼力强，师生关系和谐融洽，教学配合默契。属于这种风格的著名教师有斯霞、于漪、霍懋征、李吉林等。以李吉林的教学艺术为例，她把自己的教学艺术称为"情境教学"，实际上就是情感教学。"通过图画、朗读、描述、创设情境，使学生如临其境，如见其人，如闻其声，

从中受到感染，从而在思想感情上受到潜移默化的影响"，"从高尚的情感引向正确观念的形成"。李吉林进行情感教学的表现手段有两个方面：一是深挖教材中感人的形象，通过书中人物的情感来感染和教育学生，收到了很强的教育效果；二是以教师的真情实感激发学生情感。第四，理智型教学风格。这种风格的思想或理论基础为教学主要是一个特殊的认知过程，主要目的是学习知识和技能，发展智力，因此，教学主要是理智活动的艺术。其艺术特点是：教学逻辑严密，想象丰富，联想广阔，每一教学环节都丝丝入扣，重视教学的技能练习和能力训练。这种风格既表现在文科教学艺术中，也表现在理科教学艺术中。以著名的语文教师钱梦龙为例，他的教学特色是"精讲多练"，概括为："以训练为主线，在训练实践中，应以学生为主体，为了保证训练实践次序，应以教师为主导。"这是"三为主"的艺术法则。他在实际教学中以这些法则为指导，取得了异乎寻常的效果。南通市李庚南的中学数学教学艺术也属于理智型风格。她把自己的教学概括为"自学、议论、引导"。她的艺术奥秘全部表现在把握课堂教学的几对关系上：一是动和静的关系，静为集中思考，动为议论、练习、操作，做到静中有动，动中有静，动静结合；二是放和收的关系，放为自学、议论，收为指导、训练，做到放中有收，收中有放，放收结合；三是得和失的关系，得即得利，失则失弊，教学的艺术在于扬长避短，避虚就实，以最少的代价获得最大的教学效果。她总结出四点经验：一是"把握心理素质的整体作

用"；二是"充分运用灵活的教学机智"；三是"全程训练思维"；四是"多向反馈，即时调整"。从整个教学风格来看，李庚南明显属于理智型。她以思维发展为教学的重要目标，体现出理智性；她以自学、议论、引导为教学表现方式方法，而这一过程主要是一个思维活动过程；从具体的教学环节上看，她主要靠教学的严密而灵活的思维运算来教学，体现出很强的逻辑性。

（三）教学风格的形成因素

教学风格的形成因素是多方面的，概括起来，有主观和客观两个方面的因素。

客观因素主要包括学生和教材。小学和中学教师几乎有截然不同的教学风格，即使是中学，初中和高中教师在教学风格上的差异也很大。教师的教学可能是受小学生欢迎的，使他们感到亲切和慈爱，中学生却可能觉得矫揉造作，装腔作势；高中学生体会到恬静之美的教学，初中生则可能感到过于平淡，引不起足够的注意，如"童话引路"的教学风格，只能在小学教师中形成，而不可能在高中教师中产生，所以，掌握学生特点应是形成教学风格的第一个客观前提条件。其次，各科教材的性质不同也可以在一定程度上决定教学风格，语文教师的教学可以高度文学化，声情并茂，以清新、鲜明和生动取胜，数学教师的教学风格往往以严密的逻辑、简练、朴实为特征，但并不是呆板的面孔，而是露出轻盈的微笑面向学生。这与教材的内在要求有关，与一门学科的特性分

不开。

影响教学风格形成的主观因素也是多方面的，包括教师的年龄、性别、知识程度、艺术修养、个性心理品质等。年龄对教学风格有一定影响，老教师常常是语重心长的，教学显得稳重、凝缓；青年教师的教学却常常以充满热情、洒脱奔放见长。老教师在教闻一多的《最后一次演讲》时，可以激动万分，连声音都颤抖了，正所谓声色俱厉、声势磅礴，甚至可以"挥舞拳头""捶击桌子"，不会给学生以过分的感觉；而青年教师在教杜鹏程的《夜走灵官峡》时，可以模仿小成渝说话的神情与语调，"皱着眉头"，"偏着脑袋"，同样不会给学生过头的感觉。性别对形成教学风格的影响表现为女教师的教学往往以"情"动人，情深意长；男教师的教学喜欢以"理"服人，理明意达。

教师的知识构成、艺术修养也对教学风格产生影响，但它们和年龄与性别一样，只能在一般或普遍意义上起作用，而教师个性心理品质对教学风格的影响却是决定性的，风格和人的个性心理品质休戚相关。

教学过程中不难发现这样的现象，处理同样的教材，教师根据各自的特点，使教学产生各自不同的特点。教师的能力不同，性格、气质类型差异，对于形成各种不同风格的教学艺术有直接联系，它们是组成教师教学风格的心理基础。教师各项个性心理品质的综合反应即教师的人格特征，是教学风格的灵魂。教学艺术终究是教师人格的折射，乌申斯基指出："不管教育者或教师把他的十分深刻的道德信念隐藏得多么深，这些信念一定会表现为对儿童心灵的影响并且这些信念越是隐蔽，则它们的影响就会越强烈。"教师的人格特征对学生的影响是巨大的。心理学的研究也证明了教师的人格特征对教学的影响，在教师的人格中，有两个重要特征对教学效果有显著影响：一是教师的热情和同情心，二是教师富于激励和想象的倾向性。教师个性影响是塑造学生和谐人格的重要途径，人格之美是最有力量的美。它对人的心灵的辐射力最强。教师的人格之美要通过教学过程来实现其目的，影响学生人格，在实现学生人格美的过程中，教师的教学风格也形成和发展起来，教师教学风格的魅力给学生以强烈的感染，教师的教学风格，对学生有不可估量的教育价值。

（四）教学风格的形成阶段

教学风格是教学主体在教学实践中长期探索、学习、创新而形成的。一般而言，一种教学风格的形成要经历如下几个阶段。

1. 模拟阶段

在这一阶段，教师不可避免地要模仿优秀教师的教学，搬用别人的教学方式和方法，套用别人的成功经验。教师常常体验到成功与失败，成功的喜悦使教师逐渐能消化吸收别人的经验，把它们变成自己的东西，开始尝到"自己的滋味"；失败的沮丧又使教师反思，抛弃不适合自己的教学模式，然后隐约意识到那种属于自己的教学风格在向自己招手。这一阶段的突出特征是教学方法和教学手段的选择和对选择的评价。教学艺术中的模拟对象有两种：一种是现实中教学艺术的典范，例如著名的教学艺术家，可以是斯霞的教学艺术，也可以是于漪的教学艺术等。另一种是自己平时所接触和熟悉的、对自己影响较深的教师的教学艺术，这些教师虽然还未被称为艺术家，但自己对他们的教学艺术有亲身的感触，很叹服，很向往。对于著名教学艺术家的模拟常常是自觉的、有意识和有计划的，而对于身边教师的模拟则常常是不自觉的、潜移默化的。就模拟的范围来说，有典型的主要特点或表现技巧的模拟，如导入新课或启发诱导方面的模拟，也有全面和综合的模拟，如从师于霍懋征的樊大荣、李曼对霍懋征教学艺术的模拟。模拟的一个很大的特点是带有不成熟的"他人性"，即从自己的教学中总能看到别人艺术风格的影子，自己的东西还未确立起来，教学的表现方式方法还带有不成熟的笨拙。

2. 独立阶段

模拟达到熟练程度后，经过自己的思考和加工，悟出了其中的奥秘所在，掌握了创造的原则，开始能用自己的语言、表达方式方法进行教学，标志着进入了独立阶段。这时，教学达到了"熟能生巧"的地步，有很大的灵活性、应变性，教学机智水平较高，别人的"影子"渐渐消失，自我形象渐渐树立起来，有了一定的艺术特色，犹如"小鸟"羽丰飞翔了。进入独立阶段的教师醒悟到要创造一种适合于自己的教学风格，多次成功不断强化着这种认识，教师已能体验到这种创造性教学带来的功效，并

及时加以总结提高。此时，别人的即模仿的成分已退居次要并逐渐减弱，自创性的东西开始占据越来越大的比例，教师不仅对教学结果产生兴趣，对教学过程本身也产生浓厚兴趣，教学过程以充满着创造和对创造的评价为特征。

"独立"是形成教学风格的关键阶段。能从模拟中迅速升华，达到独立，就能形成自己的风格。在现实的教学实践中，有些人一生都是学习、模拟人家的艺术，形成不了自己的特色，关键在于没有独立性，一辈子靠"别人领着走"或"拄着别人的拐棍走"。要达独立，有两点必须做到：一是多思考，领悟出别人教学艺术的真谛，使自己豁然开朗，这是一个思考与理解的本领；二是把模拟与自己的教学情况相结合，学以致用，而且是"活学活用"，不生搬硬套。

3. 风格形成阶段

教师自己所独有的教学艺术特征在实践中逐渐稳定下来，成为一种经常、反复表现出来的式样格调，标志着风格的形成。这是教学艺术达到炉火纯青的最高境界，不仅表明自我个性的实现，而且表明这种个性的实现已经得到广泛的承认和赞赏，具有了社会影响力。这时，教学被涂上浓厚的个性色彩，教学内容和教学形式的结合日趋完美，成为一种艺术或艺术化的东西。并且，风格之中那种属于个人所独有的东西已开始内化了，表现为风格由不随意性转化为随意性，即教师在教学过程之中越来越少刻意追求的痕迹，真正地达到了言为心声，收发自如的境地，教学风格即告形成。

教学风格的形成，需要教师在教学理论指导下，在长期的教学实践中不断总结经验，艰苦努力。对于一位新教师说，不应奢谈风格，首先要掌握教学基本功，教学风格不是自然而然形成的，需要教师自觉地在一个较长时期内进行创造性教学。教学风格形成的各阶段，在不同的教师身上有极大的个别差异，但形成风格的顺序却基本如此，在这个顺序发展过程之中，模仿性越来越少，独创性越来越多，教师自觉的风格意识是形成风格的一个动因。

（五）教学风格的指标

教学风格一经形成，就具有相对的稳定性，并显示出风格的基本标志——独特性。这种风格的独特性主要表现在以下几个方面，也是描述教学风格的指标。

1. 教学基调

所谓基调，是指教师在整个教学过程中显示出来的教学基本格调。这种基调，在某种程度上就是一种"教学习惯"。教师对某一类课文的讲授常常不自觉地使用同样或相似的讲述方式，例如，于漪老师教学中的两段。

例6　"今天我们学习朱自清的《春》……

我们一提到春天，你们想一想看，会不会眼前仿佛展现出阳光明媚，东风浩荡，绿满天下的美丽景色?! 一提到春，我们就会感到有无限的生机，有无穷的力量! 所以古往今来，很多诗人就曾经用彩笔来描绘春天美丽的景色……"

"今天我们学习王愿坚的《七根火柴》。

火柴在生活中可以说是天天用到，看起来是多么微不足道。但是你们可曾想过，在艰苦的革命年代里，在红军行军过草地的时刻，就是这个火柴，发出过怎样的光? 放射出多少热? 它又有怎样的价值……"

虽然所教课文不同，却不难发现两段讲述存在一个基本的格调，这就是清新明丽，晓畅自然，情真意浓，于漪在其整个教学生活之中，基本上都保持有这样一种教学基调。当然，教学毕竟不是文学创作，教学基调在整体上要服从于教学内容，特别是语文教学中文学作品本身的基调，这给探讨教师教学的基调带来一定的困难。

2. 教学节奏

一切运动都有节奏。节奏也是教学艺术的一个完全特别的品质，它具有特殊的魅力。节奏同具有最广阔意义的时间发生关系，教师的教学常常有一种习惯的快与慢、松与紧、张与弛的节奏模式，学生能从这种节奏模式中体验到教学的艺术情趣，因而引起学生思想感情的共鸣。课堂教学中，有的教师教学紧凑，环环紧扣，显现出凌厉的气势；有的教师教学舒缓平和，于舒坦中见稳重；有的醉心于快节奏，如箭在弦上，不得不发；有的巧于把教学安排得错落有致，如小河流水，曲曲弯弯。教学风格成熟的教师，让人最能体验到其风格特征的，往往是节奏。

3. 教学情趣

教师的生活经验和审美经验不同，形成了他们各自独特的审美趣味。审美趣味是以主观爱好的形式出现的对客观事物的认识和评价，这样，教师在千变万化的教学过程之中，就必然形成彼此不尽相同的教学情趣。教师会自觉或不自觉地根据自己的审美趣味和需要，选择自己喜爱的方式和手段，充分发挥自己的特长，对教学过程进行艺术化的加工和安排。有的教师对教学技巧特别敏感，而在这方面富于创造性；情感丰富强烈的教师，往往善于诱发和调动学生的情感，从而引导教学顺利进行；想象力丰富的教师则常常把学生带入海阔天空的联想天地之中。比如教一篇散文，长于朗诵的教师，会尽可能多地让学生直接体会课文的美感和意境；长于描述和分析的教师，就可能把更多的精力放在帮助学生理清文章的脉络和结构，充分发掘课文暗藏的深意。教学情趣有时被看成是一种只可意会不可言传的东西，原因在于教师以其独特的眼光，审视教学的具体材料，给教学增添了鲜明的个性和感染力。

4. 教学风度

这里主要指教师对待教学的态度即教师的教学心理状态，而不单纯指教师的举止势态。教学风度是教师在教学过程中流露和表现出来的对待学生和教学的思想和感情，它直接关系到教师与学生之间的相互配合和教学效果。提倡教师在课堂上充满自信而又宽容的风度。对教学的成功充满信心和对学生发自内心的热爱是教师良好教学风度的基础。教学风度也是教师的一种完全个性化的教学品质，它与教师的能力、性格有关，与教师对学生和教材的了解和掌握程度有关。强烈的自信心，常常使教师在讲台上挥洒自如，使学生与教师达到感情上的融合，认识上的一致，产生"春风化雨、润物无声"的效果。教师对学生坦诚、尊重、平等和亲切自然的态度，也使得教师和学生心心相印、情深意笃，从而创造积极和谐的教学情境。

教学基调、节奏、情趣和风度之间的统一和谐，使教学风格在稳定中显出丰富的多样性，它们相辅相成，互为补充和丰富，使教学呈现出独特的个性。主观和客观因素对教学所施加的影响，也使教学艺术显示出各自不同的特点。

教学风格在教学中表现出多样性。有的教学生动形象，富有感染力和鼓动性；有的教学层次分明，逻辑谨严，论证有力，富于论辩性和说服力；有的朴素明了；有的幽默诙谐；有的教师教学充满爱心，儿童味十足；有的教师教学形真、情深、意远、理念寓于其中……对于教学来说，风格只是在相对意义上划分的。根据教师教学在文学风味和逻辑风味上的优势不同，可以划分出优美和壮美两种风格。优美型教学，往复回旋，婉转达意，言中有寓意，言外有觉悟，体物融情，细致入微，使学生感到愉悦和陶醉；壮美型的教学，刚健不挠、骨劲气猛，首尾相接，显示出教学过程的强烈流动性和逻辑力量，传意达情尽在言中，淋漓尽致，使学生感受到酣畅与振奋。

同一类型的教学风格，又会表现出

一些显著不同的特点，显示出多样化，如斯霞和于漪的教学风格可归入优美型，也有不同的个性和特色。有人对斯霞和于漪的教学风格作了一个概括——于质朴中见真功夫。斯霞的教学之所以被称为美的享受，不是因为她做了许多美妙的动作，说了许多华丽的言辞，或使用了许多漂亮的教具，她的引入之处恰恰在于质朴自然。"朴实浅近"是斯霞教学艺术的总特征，朴实不是贫味寡淡，浅近也非苍白无力，她的这种朴实浅近的教学乃是一种提炼加工而显得极为纯净的富有表现力的艺术结晶，明白晓畅却又寓意深刻，平淡无华却又耐人寻味，以质朴传情达意，摄取人心。她善于学习和提炼儿童语言，并在课堂之中大量使用这种小学生极易弄懂的言语，正确、简单、明了，特别有助于学生理清课文头绪，步步深入地理解课文。在她的教学中，学生说的比教师说的多，教师提的问比教师讲述的多，即使是讲述，也是形象、具体，字不离词，词不离句，紧紧扣住言语环境，对于这种朴实而扎实的教学，学生印象深刻、巩固率高。

例7 师："什么叫'能手?'"

生："能手"就是能干，又可以叫"巧手"。

师："能手"和"巧手"又有点不同，射箭能手在哪一方面能干、本事很好?

生：射箭方面本事很好，叫射箭能手。

师：假如这个人枪打得很好，叫什么?

生：射击能手，神枪手。

师：如果种棉种得特别好，或是种水稻的技术特别好，叫什么?

生：种棉能手，种水稻能手。

这样浅显易懂，简单明了，于质朴中见真功夫，就是斯霞的教学风格。

而于漪的教学很明显和斯霞的教学有较大差异。于漪的教学总是充满激情，意蕴深刻，常常是清词丽句，声情并茂，顿挫起伏，音韵和谐。在课的开头制造悬念或创造意境，在课的结尾又增添浓郁的色彩，使学生感到课虽尽而意无尽，兴味无穷。概观她的教学，在开头和结尾总有一段艺术性极强、感染力极深的开场白和结束语，往往是在教学的一开始就把教学的基调确定下来，而在教学当中还常常尽情地作一些精彩的发挥，可谓"文采华美，情深意切。"

例如，于漪是这样精心准备《雨中登泰山》一文的教学的。

——全文紧扣一个"雨"字，细描细绘。雨中的水岗烟云，水墨山水似的重峦叠嶂，声喧势急的飞泉瀑布，水淋淋，湿漉漉，游览者饱享了"独得之乐"。

——作者笔下的泰山，既奇美又壮观，活脱是一幅雄伟奇丽的立体画。自岱宗坊至南天门长约二十华里的中轴线上，飞瀑、祠庙、翠松、古柏、洞天、云海，作者巧妙地牵线串珠，编织出泰山美妙的画卷。

——野花野草千姿百态，五彩缤纷，挨挨挤挤，芊芊莽莽，把山石装扮得煞是好看。美景有强大的吸引力，使五十开外的作者也成了小孩，一"掐"一"丢"惟妙惟肖地刻画出作者的童心。

——野花野草使人陶醉，而松树能给人以启示，给人以陶冶，以力量，使心灵优美高尚起来。"吸翠霞而夭矫"，引自郭璞的《江赋》，"抚凌波而倔跃，吸翠霞而夭矫。"夭矫，屈伸的样子。"望穿秋水"，形容盼望的殷切。秋水，比喻清澈明亮的眼波。松树像盘龙柱子，松树像穿秋水，松树像一顶墨绿大伞，松树显出一副潇洒的模样，比喻、拟人交错使用，松树形态栩栩如生，松树精神跃然纸上。既颂其顽强的生命力、无与伦比的斗争精神，又赞其开朗乐观的性格；既写其扎根悬崖绝壁的总的特点，又描绘它们各自的个性。目睹这些泰山的天然的主人，怎不叫人感情激荡，唱一曲崇高心灵的赞歌？

优美、抒情，完全可以称得上是艺术创造的结晶。

八、教学艺术的基本范畴之二：教学机智

有些新教师，对于教学过程中遇到的事先难以预料的偶发事件和情况，往往束手无策，深感苦恼。但是，有经验的教师则能运用教学机智，机敏地做出准确判断，灵巧地进行恰当处理，而收到良好的教学效果。在教学过程中产生偶发事件和意外情况是不可避免的，因此，教师都应当探索运用教学机智的手段和技巧。教学过程中产生种种难以预料的偶发事件和情况，在不影响、少影响原来的教学设计，或改善、改变原来的教学设计的条件下进行，这就是教学机智，即在教学过程中表现的机智。

（一）教学机智的本质

教学机智属于教师的聪明智慧范畴，或者说属于创造性智力范畴。教学机智是教师教学才干的高水平发挥，它表现在异乎寻常的情境下，多数是在旧情境向新情境的突然转换或遇到意想不到的问题之际，教师能灵活应变，巧妙处理。凡是教学艺术水平高的教师，都具有高超的教学机智。

一般地说，教学中产生的偶发事件和意外情况可分三类：

第一类：课堂纪律方面的问题。如由于学生调皮捣蛋而造成扰乱课堂纪律的偶发事件：有的学生在黑板上画漫画，讽刺新来的教师；有的学生趁前排同学起立时，抽去凳子让他落空；有的学生在同学背上贴纸条；有的学生故意说怪话、做鬼脸、吃东西等等。这种种违反课堂纪律的行为，轻则使部分学生分散了注意力，游离于教学之外；重则引起哄堂大笑，课堂秩序混乱，使整个教学过程中断。在上课时，还会出现同学间吵嘴、打架的情况，使上课无法进行。还有个别学生在上课时偷偷地看小人书、看小说，或玩铅笔盒和玩具等，也属破坏课堂纪律的行为。

第二类：学习方面的意外情况。教学过程是师生协同活动的过程，学生是学习的主体，他们会进行质疑问难，发表种种看法。这些反应，有的是教师在备课又备人中预先估计到的；有的则完全出乎教师意外，如学生提出的疑问难倒了教师，作出了与教师预计相反的回答。在后一情况出现时，迫使教师在毫无思想准备的情况下，紧急应变。

第三类：外来干扰。如突然来了参观者进入教室，影响了师生的情绪；小鸟飞进教室，引起学生的骚动；飞机声、

雷声、暴风雨、课堂外的高声谈话、突然响起的鞭炮声等，分散了学生的注意力。

教学机智是教师在具有高水平的智力基础上，经过长期的教学实践，积累了丰富经验时才产生的，智力和经验是教学机智必不可少的两个因素。只有智力没有经验，只能表现出教学的聪颖，但敏锐而不干练，反应快而不一定准确；只有经验而没有高水平智力，只能表现出老练娴熟，但缺乏灵活性、创造性。所以，教学机智是智力与经验的"合金"。

（二）教学机智的特点

教学机智有自身的特点，一般来说，它有应变、直觉、灵活和巧妙等特点。

1. 应变性

指在突变之际，教师表现出高超的应变能力。例如，课堂上学生提出了一个自己未曾考虑过的新问题，或者课堂上出现突然的喧哗现象而自己又不知道其发生的真正原因，或者在讲述中出现了新的矛盾或问题而又必须给予解答，等等，这些都需要以高超的应变能力给予巧妙的处理。在教学实践中，教学机智的生动例子是很多的。

例8 有一次魏书生应邀进行现场教学示范表演，学生是从当地随机抽选的 50 名普通班学生。这些学生以前没有参加过由外来的新老师上的示范课，加上有许多教师听课，在这样盛大、严肃、紧张的气氛中，个个脸绷得紧紧的，眼睛里流露出陌生的眼神，这样的情况是

魏书生未曾料到的。他想，如果按原计划开课，学生肯定不会与教师配合默契。这时他急中生智，来了个随机应变，他亲切和蔼地走下讲台，拉近了自己同学生的距离，微笑着提议："我们唱支歌吧！"于是文艺委员起头，学生齐唱校歌，课堂气氛在歌声中轻松了下来。之后，他与站着的学生一起商量：你们希望老师讲什么？征询学生的意见，令学生更感亲切和随便，学生紧张的心情全都放松下来，纷纷提议，课堂顿时活跃起来。之后，整堂课师生关系融洽，配合默契，教学效果很好。这堂课的成功，很大的原因在于魏书生在开课时随机应变的教学机智。

2. 直觉性

由于教学机智多显示在突发情境下，所以，它所借助的心理机制不是严密繁琐的逻辑思维，而是简捷跳跃式的直觉思维。一次霍懋征在《草船借箭》一课讲完后，有个学生突然提出一个问题："老师，为什么诸葛亮这么神？他是个天才吗？"这个问题课文内容里没有答案，霍懋征迅速回忆了自己所知道的关于诸葛亮的知识，做出了判断性的回答："诸葛亮不是个天才。他的智慧来自于善于观察、分析，有知人之明；也来自于他善于思考，有独立的见解。"学生听了她的回答，受到了启发。

3. 灵活性

这一特点是指教师在处理突发问题时，能够做出灵活反应，或者提供几种可行的答案，或者提供几种能找到可行答案的途径或方法，或者对同一问题进

行"举一反三"的不同说明，等等，显示出思维方式的开放性、敏捷性和多变性。例如，著名科学家爱因斯坦曾在一次讲学中被学生提问到许多涉及一般的而又难记忆的物理学知识的问题。对于一位大物理学家来说，这些知识太一般了，如果说不记得了，会使人感到不可思议。而爱因斯坦却机智灵活地做出了巧妙的回答，他详细而具体地告诉学生查阅什么书便可知道他们想知道的知识，以指出寻求知识的途径代替提供现成的答案，最后指出，作为科学家的大脑记忆着两种东西，一是现成的具体的知识，二是找到知识的地方，某些知识只需要记住它在什么地方找到便可以了。这一回答，不仅告诉了学生知识存在的地方，也告诉了学生科学地记忆知识的方法，具有很强的灵活性和启发性。

4. 巧妙性

指教师在遇到棘手的突发问题时，绕过棘手的地方，或者避开难答的地方，而做出无懈可击的回答所表现出来的机智特点。例如，有一位教师进行情感性教学时，启发学生要建立无产阶级感情，要学会爱人。不料这时有一位顽皮学生站起来向她提出了一个难堪的问题："老师，你有爱人吗？"这位教师是大龄未婚女青年，还没有对象，这个问题无疑有点刺痛教师。可是，她对这个问题的回答很巧妙："这位同学问我有爱人吗，谢谢你的关心。我首先有你们这些学生，以后我会有你们所喜欢的好叔叔。"学生听了高兴地笑了。再如，在一次气氛平和、严肃的英语课上，教师正在教"cock（公鸡）"这个单词，突然，有一个学生用广东话怪腔怪调地问："英语里有没有母鸡？"顿时，同学们哄堂大笑，严肃而良好的课堂气氛即遭破坏。但这位教师不动声色，仍然用平静的语调说："有，而且还有小鸡这个单词。"接着他就把这个英语单词写在黑板上，带领学生读，把学生们分散的注意力重新引回到教学上来。然后，他把话题一转，"××同学不错，不但想学会'公鸡'怎么说，还想知道'母鸡'这个词，现在全班同学多学会了两个单词。但是他刚才提问的怪调不好。"教师对这件突如其来事件的机智处理，又使认真、严肃的气氛重新充满了课堂。

（三）教学机智举例

例9 特级教师潘凤湘让学生阅读《为学》一文时，突然，两个学生吵嘴了。同学们都放下手头的书和字典密切关注着这一事态的发展。

老师请这两位同学站起来，要他们说明为什么吵闹。

一个说："他骂我是狗熊。"另一个说："他骂我是笨猪。"

同学们哄堂大笑。老师问："为什么事互相骂起来的？"

一个说："他摇桌子，弄得我看不成书。"

另一个说："是你把我的字典扔到地下。"

老师认为，这是一篇很好的补充教材，可以用它来教育学生懂得当与别人发生冲突时各自多作自我批评才能解决问题的道理。于是认真教起这"无字之书"来。

老师先向他们提个问题，让他们冷静下来，说："你们是决定无休止地吵下去，还是愿意解决问题呢？"他们不约而同地都收起了吵架的架势，不说话了。

"对，冷静下来，问题就好办了，"老师说，"我提出一条解决问题的原则，不知你们同意不同意？"

这两个学生和其他同学都等待着，看老师说出一条什么原则来。

老师说："双方都不指责对方有什么错误，都检查自己有什么错误，这是一条原则，认同这一原则，就检查一下自己在这一事件中应负的责任。"这两个学生虽然淘气，头脑冷静时还是通情达理的。

一个说："我向他借字典，他不借，我就骂他笨猪，还把他的字典扔到地下。"

另一个说："当时我没有使用字典，不借给他是不对的。这件事是我引起的。"

问题顺利地解决了。老师请他们坐下，表扬他们作自我批评的精神，同时说明各自多作自我批评对解决问题具有多么重要的意义。

例 10 当一位老师上课走进教室时，听几个学生嚷着："关上窗！太冷了。"一位刚从外校转学来的女生坐在靠窗边，噙着泪，显然是她不让关窗门。老师友善地对她说："这样吧，这节课你就暂时坐到前面一个位置。"她嘴一撇，就是不动身。这时，"老师，赶她出去""拖她出去""太不像话了"的吼声此起彼伏，教室里闹哄哄的。老师沉着地说："我给你们讲个故事。"教室里安静下来了。"清朝安徽桐城出了个宰相，叫张

英。他家族因造房与乡邻发生争斗，写信进京城，想凭借张英的权威来压服对方。张英回了一首诗：'千里来书只为墙，让他三尺又何妨。万里长城今犹在，不见当年秦始皇。'于是族人将房基后退三尺，邻居也退后了三尺，这样就留下了一条有名的'三尺巷'。"学生们静静地听着，回味着。老师接着就开始讲课了。下课前，那窗门也不知何时关上了。

例 11 在教师板书时，一个学生玩放在桌里的麻雀，麻雀飞了，在玻璃窗面上乱扑，课堂秩序大乱。教师吃了一惊，立即镇静下来，笑道："同学们，麻雀在向往美好的秋色呢，放它出去好吗？"在同学们齐声说"好"声中，教师启开了窗门。

课在继续进行，肇事者低下了头，脸红红的。

教师没有立即找他，却与他相见在校园里，老师说："光有花香，没有鸟语，行吗？"学生摇摇头。同时，他从口袋里掏出一份检查，交给老师。老师没有接。说："我要的是另一样东西。"学生专心听着。"你能组织几个同学把鸟留在校园的松林中过冬吗？"不久，学生组成爱鸟兴趣小组，并在林中放了一只只小木箱。后来，这只木箱被各种鸟儿作了过冬的温暖的家。

例 12 课间休息时，两个学生发生了口角。上课铃响了，教师来上课了。在老师的劝导下，一位学生很快进了教室，但另一位学生因为吃了亏，不愿进教室。教师根据这位学生平时乐意帮助老师做事的优点，亲切地对他说："你看我双手拿着这么多东西，你能帮助我把小黑板拿进教室吗？"学生看了看老师，

就接过小黑板走进教室。教师马上对大家说："刚才两位同学吵了架，但是有的同学顾全大局，为了让大家上好课，还帮助老师把小黑板拿进来，我们相信他一定能上好课，有问题课后解决。"

例13 如某小学举行观摩课，预备铃响过后，全班学生一窝蜂似的涌进教室。一位男生不小心把王丽娟绊倒了。这个女生恼羞成怒，耍起性子，躺在教室门口大哭大闹。同学们和二十几位听课老师都很焦急，但束手无策。这时，任课老师手捧两大叠厚厚的作业本来了。当他看到这情景时，吃了一惊，但立即镇定下来，抓住该女生乐于助人的好品质及儿童情感不稳定的特征，平心静气地喊道："小丽娟，快来帮忙啊，老师提不动作业了。"王丽娟听到这亲切甜润的声音，望着老师那慈祥而期待的目光，气恼消了一大半，便一骨碌爬起来，从老师手中接过作业本，慢慢走进教室，整齐地放在讲台上，然后不声不响地回到自己的座位上。

例14 有一位教师在给学生讲解唐朝诗人张继写的《枫桥夜泊》一诗，当她解释"姑苏城外寒山寺——苏州城外寒山上的寺庙"时，有位同学说道："我曾到过寒山寺，可那里的周围并没有山呀！据说在徐州倒有座寒山。"还有个学生紧接着问："唐朝诗人杜牧写的《山行》，'远上寒山石径斜，白云生处有人家'中的'寒山'，又指何地？"这位教师一时语塞，当场"卡壳"。她表示待课后答复释疑。事后，这位教师认真查阅资料，虚心求教于有关专家，终于弄清了：寒山寺确实不是指寒山上的寺庙，其原名是妙利普明塔院，唐贞观时，有

个颇有名气的和尚名叫"寒山"，主持该院，后因此而称为寒山寺；地理上也确有寒山其地，据《辞海》释，寒山"在江苏徐州东南。"；"远上寒山石径斜"中的寒山，解释地名也说得过去，但不确切，应指深秋季节中的山，乃泛指。学生们听后茅塞顿开，学到了教材上所没有的东西。

例15 于漪老师在教《木兰诗》时，有个学生提出疑问，认为诗中写的"同行十二年，不知木兰是女郎"一句不可信。十二年这么长时间同生活同打仗，怎么会认不出是女的呢？不说别的，一双小脚在洗脚时会露出来的。老师说："南北朝时期妇女还不缠脚。"学生又问："那么，中国妇女什么时候开始包小脚的？"这下子，可把老师问住了，于是，她抱歉地回答道："这个问题我也说不准，等课后查阅资料再告诉你们吧！"课后，她翻阅了不少资料，弄清楚妇女裹脚是从南唐李后主时开始的，从而给学生作了圆满的回答。

例16 有位小学语文教师正在教《小蝌蚪找妈妈》一课时，飞过一架飞机，孩子们的目光便同时转向窗外，看得手舞足蹈，嘴里还发出"轰轰"的叫声。这位教师非常冷静，她暂停上课而同大家一起看飞机，等飞机飞过后，孩子们把目光转向她时，她才说："这飞机真棒，你们知道不知道新中国成立前我们国家连汽车都造不出来，更不要说飞机了。明天，老师就给小朋友讲造飞机的故事。现在，我们继续帮助小蝌蚪找妈妈吧。"这样，外来干扰变成听造飞机故事的学习动机了。

例17 一只不速之客蝉突然闯进了

行将结束的课堂，几十双眼睛为之吸引，教师笑着说："看来同学们对这堂课的内容掌握得很好，连蝉都飞进来告诉我'知了'，下面，谁能把这堂课的主要问题概括地总结一下？"同在心领神会的笑声中又把注意力转到课堂教学上来，直至下课。

九、教学艺术的基本范畴之三：教学幽默

教学理论对于教学幽默的研究远远落后于教师在教学实践中对幽默的运用。理论与实践的脱节，造成人们对教学幽默在态度和认识上的差异。有人认为，教学幽默是教师和教学过程中不可缺少的要素，是师生双方都感兴趣的问题；也有人认为，幽默不幽默对教师和教学来说无关紧要，甚至将教学中的幽默当做哗众取宠、插科打诨。因此，有必要对教学幽默的本质、特点和功能进行研究。

（一）教学幽默的内涵

幽默是一个外来语，是英语 humour 的音译，在英语中作名词用时有诙谐的意思。《新华字典》中解释为："表面轻松而实际含有深刻讽刺的。"《现代汉语词典》解释为："有趣或可笑而意味深长的。"《辞海》解释为："通过影射、讽刺、双关修辞等手法，在善意的微笑中，揭露生活中乖讹和不通情理之处。"这几种定义的共同之处，是幽默具有使人发笑的特征，有促人沉思的功效。

对于教学幽默的涵义，我国已经有了一些可贵的探索，有人认为教学幽默是"运用各种奇巧的出人意料的引人发笑的语言、动作、表情激发学习兴趣，引发学生积极思考，直接或间接地向学生传授知识经验。"这一定义强调了运用幽默的方法来达到教学的目的。张武升完善了这一认识，认为教学幽默是用富有情趣、意味深长的表现手段进行教学，以对学生传授知识，发展能力，进行教育，培养幽默感和乐观主义人生观的教学艺术形式。

（二）教学幽默的特点

1. 趣味性

这是一切幽默的本质特征，也是教学幽默的本质特征。它能给学生带来欢乐、愉悦，在激发学习兴趣，增强学习动机方面起重要作用。趣味性常常表现为学生忍俊不禁，笑是欢乐的外在表现形式，但这里的笑不同于滑稽所引起的笑，它是一种由审美情感而引出的笑。因此，教学幽默的趣味性是一种高级审美趣味。

2. 教育性

指教学幽默蕴含着深刻的思想或哲理，给人以启迪。因为教学幽默较多的是使用格言、警句、妙语、急智之言、轶事、小品文等作教学手段，而这些艺术作品中包含着丰富的思想和哲理。实际上它是寓教育于幽默之中，在笑声中达到教学的目的。没有蕴含的教学幽默是浅薄的、形式主义的，也是空洞的。正确的教学艺术形式在于把深刻的教学思想和哲理以生动而浅显的幽默形式表

达出来，深入浅出，达到教书育人的目的。具有教育性是教学幽默与一般幽默相区别的显著特点。

当然，教学幽默与其他幽默一样，具有时代性、文化特征和社会制约性，不同的时代、不同的文化和不同的社会，对幽默的理解是不一样的，在一个时代、一个社会文化背景下认为幽默的东西，在其他时代和社会文化背景下则非常平常。同时，教学幽默也受性别差异的制约，这一方面表现为不同性别的教师其幽默的性质与内容有所不同，另一方面表现为男女学生所欣赏的教学幽默也各有所异。研究发现。女教师多喜欢和使用格言、警句式的教学幽默，而男教师则多喜欢讽刺、挖苦性的教学幽默。男女学生的喜好一般与男女教师相一致。

把握教学幽默的这些特征，有助于正确认识和运用教学幽默，使其更好地为教学服务，提高教学活动的效益。

（三）教学幽默的作用

1. 幽默使教学产生活力，创造出良好的课堂教学气氛

课堂上的教和学都不是轻松容易之事，紧张的情绪需要松弛，学生的压力需要减轻，还需要消除教学的疲劳。教和学的疲劳不只是纯生理的，更多的还是心理和情绪上的压力使人不舒服，幽默使人精神为之一振，学生在这种气氛中激起更大的学习热情。在幽默的教学情景下，学生会消除厌倦学习的心理，在合作积极的气氛下与教师主动配合，幽默创造良好的课堂气氛还表现在幽默以轻松来代替敌对，把学生的否定态度

在不知不觉中转移为肯定，具有说服的效果，如以幽默方式来处理偶发事件，表现出教师的机智。幽默的价值并不限于制造一些可爱的小插曲本身，幽默登上教学的"大雅之堂"，可使学生在教学中如浴春风一般。

比如，有一位政治教师讲解"货币的本质"时，两位女生竟打起瞌睡来了。教师幽默地联系这个情况说："我本来以为货币是很有魅力的，谁知在座当中就有不为金钱所诱惑者，依然打她的瞌睡。"这种即兴幽默，使全班同学都笑了，那位女生也就认真听讲了。

2. 幽默可以鼓舞学生勇气，激励学生学习

教学中常常出现学生回答不出问题产生错误而陷入窘境。幽默可点燃学生勇气的火花，帮助他克服灰心丧气的失意情绪，提起精神，以轻松心情缓和现实中的不利地位，有利于减轻负荷，清醒思维，对现实作出应有的反应，在沮丧中反败为胜。教师还常常遇到学习不认真和态度有抵触的学生，幽默能鼓动这部分学生的学习积极性，如果教师的幽默在心理上与学生相容，学生对教师持积极态度的话，学生就能更加满怀激情和兴趣去完成学习任务。幽默缩小了师生之间的距离，教师更能赢得学生的好感。

3. 幽默还直接加深学生对教学的印象，巩固获得的知识和促进他们能力的发展

幽默具有化难为易的功效。有人曾经进行过一次有关幽默和教学之间关系的精心实验，给285名小学生播放一组

视听材料后清楚地发现，学生对含有幽默色彩的内容记忆得最深刻。还有教师曾对有关幽默和所教概念之间的关系作调查，如果在叙述一个概念时紧跟着举一个幽默的例子，然后再解释概念，学生的考试成绩就会提高。幽默有助于学生巩固和进一步理解教学内容，有助于创造一种愉快的气氛，使学生能记住学过的内容，课堂上的照本宣科往往使学生感到乏味和厌倦，善于运用幽默的教师，常常能使学生轻松愉快地掌握知识的内涵，在谈笑风生中实现教学目标。教学幽默具有高度的创造性，师生之间富于幽默的交流，促进学生发展高度复杂的言语技能和创造性使用这些技能的能力，从而促进学生知识的发展。

有人认为，"幽默力量可以减轻人生的各种压力，摆脱困境；幽默力量能帮助你战胜烦恼，振奋精神，在沮丧中转败为胜；幽默力量能帮你把许多的不可能变为可能；幽默力量比笑更有深度，其产生的效果远胜于咧嘴一笑；当你把你的幽默力量当做礼物奉献给他人时，你会得到相应的甚至于更多的回报；幽默力量能使人更喜欢你，信任你，因为他不担心被取笑、被忽视。"这些认识是有道理的。

有人分析了教学幽默的功能，其实也是从另一个侧面分析了教学幽默的作用，教学幽默具有以下几项功能：

（1）协调功能。教学幽默能协调师生之间的关系，有效地打破新教师与学生之间的陌生感，消除师生之间的隔阂、误会，缩小心理上的距离等。例如，美国的一位中学教师与新学生见面时这样自我介绍："同学们，先自我介绍一下，

我叫德克，听到我的名字，如果以为我是从德克萨斯州来的，可就错了，我来自路易斯安纳州。我父亲给我起过露易斯的名字，可我把它改了。因为我发现叫露易斯被人认为有女人气，可我是堂堂男教师，干脆改成德克，这个名字使人想到象征智慧的德克萨斯州。"这段自我介绍很有幽默感，引得学生大笑，缩短了师生的心理距离，起到了教学润滑剂的作用。再如，有一位教师走进教室上课，发现学生起立时有一位学生想站不站地起立，没有站直。他便平静地说："全班除了四十三分之一的同学外，现在都初步具备了军人的风度。"那位同学立即端正了站立的姿势，并在轻松愉快的气氛中坐下了。这种幽默避免了学生的难堪。

（2）激发兴趣。教学幽默能引发学习兴趣，增强学习动机。教学幽默在本质上具有趣味性，它与学生的学习兴趣紧密相连。例如，一位教师在讲解具体与抽象这一对哲学概念时，为了提高学生的兴趣，增强动机。在开讲前先讲了一个幽默的故事：有一位大学哲学系的学生回到乡村的老家度假，一家人很高兴，摆了一桌筵席。席上有一只又肥又大的烧鸡，正当家人要分这只鸡时，这位大学生忙说："且慢！你们说这桌子上有几只烧鸡？"全家人都不解地回答说："一只烧鸡，这还用问吗？""错了，不是一只，而是两只。""啊？为什么？"大学生解释说："这桌上有两只鸡，一只是我们看见的具体的鸡，还有一只是我们看不见的抽象的鸡。"听了这话，他妹忙说："噢，我明白了，那么，哥哥，我们吃这具体的鸡，你一个人吃那只抽象的

鸡怎么样?"这个故事引得学生也乐了,教师接着引入新的学习内容:"这位大学生并没有真正把握具体与抽象的实质和关系,才闹出了笑话。为了不使我们闹那样的笑话,下面我们学习关于具体与抽象的知识。"

特级教师陈延沛教"摩擦力",他在学生预习课文的基础上,提出"把一只一吨重的铁球放在地上,一只蚂蚁能不能推动它?"这样一个幽默的妙题,制造矛盾,将学生引入诱人的问题情境,学生开始哈哈大笑说"推不动!"以后领悟到要看摩擦力。这样,使学生深入理解摩擦力的概念与强烈的兴趣融为一体了。

初中物理教师在讲惯性现象时,为了激发学生兴趣,引用了一个流传很广的笑话,公共汽车猛然刹车,站在后面的乘客不由自主地撞了前面的乘客,前面的乘客很不高兴地说:"德性(意思是指他人品德不大好)!"后面的乘客笑着说:"不是德性,是惯性。"避免了一场可能发生的争吵。像这样利用生活中的幽默来增进学生对生活现象的认识,不仅提高了学生对科学知识的理解,又使他们学得趣味盎然,引起了学习的兴趣。

(3)艺术性的批评。学生喜欢听表扬,可对学生的不良行为也是要批评的。如果善用幽默,可以寓批评于幽默中,学生容易接受,也更能产生效果。

有一次在课堂上,一个学生顶着拖把上的破布条在玩耍,他发现老师注意到自己,就马上把布条放到抽屉里,但只要老师背过脸,他又依然如故,分散了其他同学的注意力。而对这调皮的举动,女老师并不动火,若无其事地说:"谁在举行抹布展销啊?"同学们都笑了,

那个调皮的学生也笑了,不过笑得很不自然,但从此再也不见他做恶作剧了。寓斥责于幽默之中,宽宏的气量造成幽默的氛围,收到教育效果。

据说,19世纪法国奥尔多·冯达诺在柏林当编辑时,收到一青年寄来的诗稿,并附一信:"我对标点向来是不重视的,请你帮助填上吧!"冯达诺退稿并回信说:"我对诗向来是不在乎的,下次你只寄些标点来,诗由我自己来填好了。"

一位小学语文教师在教《游园不值》这首诗时,忽然一位迟到学生"砰"的一声推门而入,径直入座。这位教师就诗取材,问道,"小扣柴扉久不开",诗人去拜访朋友,为什么"小扣"而不"猛扣"呢?学生们议论了一番,结果是诗人知书达理,有教养、有礼貌。然后教师走到那位迟到的学生身边弯腰轻声问他:"你说大家说得对吗?你赞成小扣还是猛扣?"这位同学脸红了,同学们也笑了起来,在笑声中大家受到了教育和感化。

4. 幽默有助于对不良好人生观和热情、开朗个性的培养

在教学中,适当运用幽默的表现方式方法,使学生犹如沐浴在春风之中,心情愉快,对于人生观和个性有良好的影响。当学生学习困难和生活烦恼时,有针对性地使用教学幽默,可以帮助学生重新认识人生,改变看法,战胜困难,摆脱烦恼。

例如,有一位学生因失恋心情很坏,对人生也很悲观,学习更无精神。一位教师得知后,结合教学内容,在适当时机引用了马克·吐温的一段富有哲理的

名言："生活是由幸福和痛苦组成的一串念珠。痛苦对于人来说，何尝不是一笔精神财富，一帆风顺的人常常是浅薄的，因为思考的机会太少了。"把痛苦幽默地看成是人生的好事，表现出对痛苦的轻蔑与超脱。几天后，这位学生找到教师谈心，改变了自己的心境和看法。

5. 幽默有助于培养学生的创造力

教学幽默是聪明才智的表现，没有创造力是表现不出教学幽默的。从对科学家、文学家、艺术家等的分析看，凡创造水平高的人大都富有幽默感。在教学中，人们发现，凡是有幽默感的学生，其创造性一般也比较高，这说明幽默也能够益智，能够提高创造力。教师以其创造力来进行幽默的教学，学生则能够逐渐培养起幽默感，从而促进创造力的发展。

（四）运用教学幽默的原则

教学幽默不能任意地编造和滥用，其创造和使用必须遵循一定的原则。

1. "庄"与"谐"辩证统一

"庄"指庄重、严肃、健康，在教学上有积极的价值；"谐"指诙谐、有趣、逗人发笑。"庄"与"谐"的辩证统一实际上就是思想性与趣味性的统一。没有"庄"，"谐"就会失去健康、优美的品质；没有"谐"，"庄"就缺乏生动趣味的表现形式，幽默也就不存在了。教学是积极的价值引导活动，思想性是它的灵魂，诙谐幽默决不能脱离思想性。脱离思想性的幽默，不仅无助于教学，而

且有可能产生负面效果，言轻一点，只能是哗众取宠。

2. 内容与形式辩证统一

内容指教学内容，形式则指幽默的表达形式。幽默的表达形式不能脱离教材，不是堆积一大堆笑话专门引学生发笑，而是必须与教学的内容和谐一致。根据教学内容的性质和需要，巧妙地创作和使用教学幽默，使教学幽默有助于学生加深和拓宽对教学内容的理解。

高级教师王大任教初一学生鸡兔同笼是个很好的例子。鸡兔同笼，有头45个，脚116只，问鸡兔各有几只？学生议论纷纷，有的笔算有的心算，却算不出来。扣子在哪里呢？鸡的两只脚和兔的四只脚在捣乱，如果让鸡和兔的脚一样，那题目就容易多了。于是，王老师下令"全体兔子立正，提起前面两脚，"全班学生哄堂大笑，个个睁大了惊奇的眼睛。老师接着说："现在鸡与兔子的脚数是一样了。上面有45个头，下面该有多少脚呢？""$45 \times 2 = 90$只"同学们齐声回答。教师问"和先前相比，少了多少脚呢？""少了26只"，反应快的同学马上叫了起来。教师再问"这26只脚哪里去了？"等等问题后，学生很容易得出答案。这古老的烦人题目，就在王老师惊人幽默的"命令"："全体兔子立正！提起前面两脚"中，使学生饶有情趣，又明白地领会解题方法。

3. 教学幽默要做到适当适时

教学幽默是一种很美的教学艺术形式，但它的美在于使用适当。这表现在质与量两个方面：质就是教学幽默必须

不是低级趣味的，而是具有较高审美价值和教育价值。不是单纯为逗乐而幽默，不是开过分的玩笑，也不是恶意的讽刺挖苦。量就是要注意频率，如果一堂课幽默不断，笑声不绝，这样不仅会使学生理与心理疲劳，而且会冲淡教学内容与目标，喧宾夺主，影响正常的教学。此外，教学幽默还要适时，为教学所需。何谓所需？一是学生心理所需，即在学生心理疲劳、注意力集中不起来时，及时给予教学幽默；二是教学内容所需，即在教学内容包含有幽默素材或可以用以进行教学幽默创造时，及时创造和使用教学幽默。一旦做到了适时，那么就整个教学来说，幽默就会是适当的。

特级教师于漪班上有一个学生写无标点的作文，于老师多次提醒仍未见效。有一天，于老师捧着该生又一篇无标点的作文，在班级中一口气读了几百字，脸都涨红了，同学们实在憋不住了笑着说："老师，你停停，换口气，这怎么行呢？"老师摇摇头："我不能停，要忠于作者原意，"一句话提醒了全班同学，原来这是一篇无标点的作文，那个学生想不到在小小的标点符号上偷懒，竟带来了如此不便，惭愧地低下了头。老师趁热打铁，分析了运用标点符号在说话写文章中的必要性。这个善意的幽默玩笑，产生了效果。

（五）教学幽默的表现形式

1. 情节幽默

就是在教学过程中精心设计、插入一些幽默的故事情节，以产生幽默感，

从而达到教学的目的。例如一位教师讲《捕蛇者说》结尾一句"故为之说，以俟夫观人风者得焉"时，让学生看课文底下对"人风"的注释："人风"应作"民风"，唐朝为了避唐太宗李世民的讳，"民"字改用"人"字。接着，教师制造了一个幽默情节说："五代时有个名人叫冯道，《籍川笑林》曾记载冯道的门客讲老子《道德经》的故事。《道德经》开卷第一句是：'道可道，非常道。'门客因讳冯道之名，不敢读出'道'字来，只得念：'不敢说，不敢说，非常不敢说'。"这一幽默情节使学生哄然大笑，不仅加深了对忌讳的理解，也使课堂在欢乐的气氛中结束，给学生留下了愉快的回忆。

2. 动作幽默

就是在教学中适当做出幽默的动作，以产生幽默的效果。这一表现形式一般根据教学内容的性质和要求来设计和创作。例如教师在讲《守财奴》一课时，在讲到"抢到了一个金子的梳妆匣"时，两臂微举，身子一纵，扑向去，一把抓住讲桌上的粉笔盒，学生见状笑声不已。教师的动作使葛朗台抢梳妆匣的形象活灵活现，展示了他爱财如命的本质。学生通过这一动作进一步加深了对课文描写的理解。

有位老师发现学生多次把得数小数点后末尾的"0"留下来。当学生有一次把板演写成 $4.62+1.68=6.50$，他在订正时，突然从抽屉里摸出一把明晃晃的大剪刀，并问学生："谁知道我要用这把剪刀做什么吗？"学生们都愣住了，老师接着说："我要给这个得数剪尾巴了。"

这时学生们恍然大悟，在会心的笑声中就根除了错误的病根。

3. 表情幽默

是通过眼、眉等脸部表情所表现出来的教学幽默。例如，用双眉由紧锁到舒展来表示从"困惑"到"明朗"，用飘然而至的目光来提醒上课开小差的学生，用一个怪相来表示教学内容中荒诞不经情节等，都是表情幽默的表现形式。

4. 语言幽默

就是运用教学中的语言创造幽默的效果。这是较常用的表现形式，因为教学中信息交流的半数以上是通过语言进行的。在这种形式中有许多是机敏的妙语、警句、格言、生动有趣的描述或评论。在这方面，鲁迅、老舍、钱钟书等是出色的教学语言幽默艺术家。

5. 板书幽默

就是以板书上的文字、图、表等创造出幽默的效果。这方面的表现形式很多，如在黑板上绘出"反常"的图或形象，把字故意写得很怪诞可笑等。一位教师在讲《孔乙己》时，根据课文的描述，在黑板上几笔勾勒出孔乙己的漫画像：一个穷困潦倒的人，斜着喝酒。这一板书形式收到了很好的教学幽默效果。

（六）教学幽默感的培养

教学幽默是教师教学艺术才能的重要组成部分。教学幽默的本领需要特殊的修炼和学习才能得到提高。一般来说，一位教师要想提高自己这方面的本领，必须从以下几点做起：

1. 趣味多思

就是要抓住一个问题和情况，把它里里外外想个遍，或从下到上颠倒过来，站在新的角度去看它，看到它趣味的一面，不管这个问题或情况是不是有趣，即使看起来似乎没有什么指望。因为，总是有许多尚未被开垦的幽默在等着人们，要知道能够发现别人所不能发现的幽默，这是一种创造的能力，而这种不一般的最难令人想到的幽默，往往最能引起他人的共鸣。因为这种幽默已打上了个性的印记，成为发现者自己的财富。如果教师能在每一次课后把教学中失败的情况及时反复地按"有趣原则"去思考，去发现在课堂中未能发现的可以反败为胜的那一线曙光，久而久之，就会养成新奇的思考方式，养成幽默的态度，进而把这种幽默态度融化为情感、性格或能力的一部分。

2. 坚持搜集各种幽默素材和作品，善于学习别人的教学幽默

一要虚心和诚心，重视模仿学习和灵活的运用；二要脑勤、手勤、眼勤和嘴勤。脑勤，多想一想教学幽默的信息来源和创作的"门道"；手勤，多注意记录、积累；眼勤，经常看自己记录整理的教学幽默材料和范例；嘴勤，多进行教学幽默的创造、多练习。这是教师提高幽默感的有效手段。搜集富有幽默的格言、警句、妙语、急智之言、风趣的小故事、笑话等，教师储存在大脑的幽默材料越丰富，其提取幽默加以使用就越便利，这些常常是教学幽默运用的好

材料。对于这些材料，不仅要理解熟记，而且要懂得如何使用得当，万万不能生吞活剥，机械搬用，否则会弄巧成拙。同时，通过搜集和学习这些材料，还能修养自己的幽默性格，增长幽默才干。这样，教师就能随心所欲地借用简要的格言、睿智的谚语和他人的精彩的玩笑等为教学增色。在教学的许多具体场合，借来的幽默不能与教学的实际情形完全吻合，但它们却存在着明显的可以变通的迹象，这时，把借用的幽默加以改装，加上教学的题材，赋予其生气，可以有利于教学的具体情境，是高明教师高明的招数。

3. 掌握修辞的技能技巧

这是增加幽默感的必经之路。许多修辞技巧都可以直接为幽默效力，能帮助幽默的修辞有比喻、夸张、双关、曲解、歇后语等20多种。例如双关，在教学中可能出现一种特定的言语环境，教师有可能利用词的多义和同音或同形的条件，用一个词语同时去关联两种风马牛不相及的事物，使说话具有双重意义而使人产生幽默感。又如曲解，在教学的言语交流中，对某些具有明白含义的词语有意进行曲解，并使这种曲解出乎意料而增添轻松愉快的谈话气氛，成为幽默诙谐的言语特色。可见，精于修辞对于增添人的幽默感是有益的，然而，幽默不能完全依赖于修辞技巧，正如艺术的高超境界是"无技巧"一样，幽默的最高境界也在于"无技巧"。幽默透露着人性的天真和淳朴，最能折射出人的心灵的美和善意。

4. 努力培养开朗、明快和乐观的性格

有了这样的性格才能创造出教学幽默。那么如何修行这样的性格呢？这有很多途径和方法，最主要的是树立唯物主义的世界观，提高哲理修养，锻炼感情和意志。有了唯物主义的世界观，能使人把困难看成"好事"，把逆境看成"机遇"，把"痛苦"看成考验，从而使人永远乐观、明快，有了哲理修养，能使人洞悉人生，对问题看得深透，表达得精辟，富有哲理，这是教学幽默的灵魂。有了丰富的情感和坚定的意志，便能逢事豁达宽容，浑身储存笑的情感材料。

第 **2** 篇

备课艺术

一、备课的意义

（一）备课的含义

备课，是指师生双方为上好课而做的各种准备，包括教师为教而做的准备和学生为学而做的准备。教学活动是师生双方的共同活动，是一种双边活动，不能只考虑教师的活动而不考虑学生的活动，不能仅仅认为备课只是教师的事情而与学生无关。因此，我们说备课是师生双方的准备工作，是师生的共同活动。

这样定义备课，强调学生也要"备课"，是符合现代教学论的基本精神的，体现了现代素质教育对主体精神的张扬。传统的教学，只注重教师的教而忽视学生的学，只强调如何发挥教师的主导作用而很少注意如何调动学生的主动性，只强调教师的硬性灌输而不管学生能否消化吸收。所以，传统的教学只注重"教师的备课"而忽视"学生的备课"。现代教学，不但重视教师的教而且重视学生的学，不但要求充分发挥教师的主导作用而且要求充分发挥学生的主体作用，不但强调教师要教得艺术而且要求学生要学得主动。所以，现代教学把备课看做是师生双方的工作，是师生共同的活动。不但教师要备课，而且学生也要备课。

"教师备课"就是教师为实现教学目标、完成教学任务而做的一系列准备工作，诸如钻研教材、了解学生、准备教具、选择教法、设计教学进程、设计作业和练习等。

"学生备课"就是学生为了更好地提高学习效率、保证学习效果而进行的一系列准备工作。包括通过复习、预习等方式进行的知识准备，通过调节情绪、情感而进行的精神状态准备，以及学习用具准备等。

只有师生双方都做好了充分的准备，备课才不致流于形式，才能发挥其应有的作用。所以，光有教师的备课显然是很不够的。

（二）备课的地位

首先，从整体上说，备课是教学活动的有机组成部分之一，是教学系统的子系统，其本身就是一种教学活动，不能认为只有上课才是教学。事实上，备课是比上课还要重要的一种教学活动。没有准备的上课是盲目的，是没有把握的，是注定要失败的。"凡事预则立，不预则败"，教学活动必须建立在充分准备的基础之上。

其次，从教学工作的过程来看，备课是教学工作的基本环节，是"备课—上课—课外作业—课外辅导—学业成绩的检查和评定"五个环节中的第一个环节，是最基本的环节。没有"备课"这个基础环节，这个前提条件，上课乃至其他环节，却只能是"空中楼阁"。

第三，从备课与上课的关系来看，备课是上课的前提和条件，上课是备课的目的和结果。只有备课工作扎实、认真，才有上课的高效率和高质量。备课不认真，准备工作不充分，即使经验丰富的老教师，也可能把课上砸了。更何况，教材处于不断的变动之中，学生处于不断的变动之中，教学的目的和任务也处于不断的深化之中，上课怎能不备课呢？

（三）备课的意义

备课在整个教学活动中的地位，决定了它无比重要的意义。

对教师来说，扎扎实实地做好备课工作，首先有利于把课教得更好，保证教学质量。通过认真备课，教师熟悉了教学内容，掌握了教材的重点、难点、关键点；熟悉了学生，了解了学生的知识水平、接受能力、兴趣、爱好和特长；确立了教法，准备好了教具，设计好了教学进程、板书及作业，做到了胸有成竹、有的放矢，教学的质量就从根本上得到了保证。第二，有利于提高业务能力。备课的过程，就是一个钻研和学习的过程，是一个能力不断加强和提高的过程。只要认认真真地备课，教师的业务水平和能力，必定会不断地提高。第三，有利于养成一种崇高的敬业精神。备课的过程，其实就是教师自我教育的过程，不但在业务上不断提高，而且在思想境界上不断提高。备课活动本身，就是教师敬业爱岗精神的体现，没有高尚的品德，没有对人民教育事业的真心热爱，是不会踏踏实实、认认真真地备课的。所以，只要能坚持做好备课工作，就能陶冶自己的品德，净化自己的灵魂，提高自己的修养。

对于学生来说，认真做好备课工作，首先有利于他把功课学好。通过备课，明确了教学的目的任务，了解了教师教学的意图，掌握了学习的重点、难点和关键点，提高了学习的自觉性、主动性和预见性。这就好比游览名山大川手里先拿了一张地图。否则，学习是盲目的、被动的，如同走进了迷宫，得靠别人带领，不知道下一步该干什么。第二，有利于提高自学能力。学生备课的过程，也就是一个自学的过程。通过备课，有助于提高阅读能力、分析概括能力、推理运算能力、思维创新能力、搜集资料的能力、利用工具书的能力等。学生备课，是学会学习的重要途径。第三，有利于养成自觉学习的良好习惯。备课过程，就是学生自觉学习的过程。不是教师"鞭策"着学，而是自我激励着学。如果坚持备课，必定能养成良好的、自觉学习的习惯。第四，有利于培养追求真理、勇于探索的科学精神。学生备课的过程，其实就是一个探索真理、获取新知、提高修养的过程，在坚持不懈的备课活动中，学生勇于探索、勇于创新的精神就逐渐形成了。

二、备课的种类

备课是一项十分复杂的综合劳动，是一项非常庞大的系统工程，涉及教学基本结构的所有方面，受到众多因素的制约。因此，备课的种类也十分复杂。根据不同的标准，可以划分为不同的类别。

（一）教师备课与学生备课

根据备课的主体，可能分为教师备课与学生备课。教师备课，其目的是为了把课教得更好，使学生学得轻松愉快。学生备课，其目的是为了提高学习的效率和质量，学会学习，学会求知。二者是辩证统一的，根本目标是一致的，都是为了更好地完成教学任务，提高教学质量，促进学生成长。当然，二者也有区别，即备课的着眼点不同，考虑问题的角度不同，解决问题的方式方法不同，具体要解决的问题也不同。教师应在认真备课的同时，热情指导学生认真备课。应该说，教师必须把如何指导学生备课作为自己备课的重要内容。

（二）个人备课与集体备课

根据备课主体的范围，可以分为个人备课与集体备课。个人备课是指教师（或学生）独立自主地钻研教材、了解学生（或自我）、寻求教法、设计进程的活动。集体备课是指教师（或学生）集体就某一课题共同进行研讨，求得共识的活动。个人备课是备课的基本形式，是集体备课的前提和基础；集体备课是个人备课的提高和总结。个人备课，有利于发挥个人的主动性和创造性，有利于发挥个人的特长；集体备课，有利于发挥集体的智慧，有利于相互激发、相互促进、取长补短、共同提高，是加快青年教师成长步伐的有效途径。提倡个人备课为主、集体备课为辅、二者结合进行的方针。当然，在具体步骤上，既可以先个人备课，后集体备课，在个人独立钻研的基础上，共同讨论，提高认识，统一思想；也可以先集体备课，后个人备课，在比较统一的前提下，每个人再去独立研究、深刻领会；或者，"个人备课—集体备课—个人备课"交替进行，循环往复，不断深入。在时间上，个人备课应是经常性的，集体备课可以定期或不定期地进行。另外，集体备课的范围可大可小，或三两个人，或教研（学习）组，或全体教师（学生），或数校联合。大范围的集体备课必须做好组织管理工作，要有召集人、重点发言人等，以提高集体备课的效率和质量。

（三）单班备课与复式备课

教学有复式和单班等组织形式。复式教学，是把两个以上年级的学生编成一班，由一位教师用不同的教材，在同一节课里对不同年级的学生进行教学的组织形式。它是人口居住分散、交通不便的地区常用的一种教学组织形式，是保证普及义务教育的重要措施。复式教学的主要特点是：直接教学与学生的自学、作业交替进行，动—静结合，学科头绪多，讲课时间少，教学任务重。因此，复式备课在设计教学过程、分配教学时间、维持教学秩序等方面，比之单班备课就要考虑得更周详、更严密，必须紧扣动—静结合这一特点，做到"动中有静，静中有动"，年级与年级之间互不干扰。特别要优化"静"的设计，提高"静"的效率。

（四）学期备课、单元备课和课时备课

教学时间是约束备课的重要因素。

根据教学时间可以分为学期备课、单元备课和课时备课。学期（或学年）备课，是在一个学期（或学年）开始前，对本学期（或学年）的教学工作进行全面的筹划和安排，写出《学期（或学年）教学进度计划》，明确教学的任务和范围，从整体上把握教学的进程。因此，必须坚持整体性、全面性、纲要性和计划性的原则。单元备课，就是对一个单元的教学工作进行全面的准备，写出《单元教学计划》，瞻前顾后，全面统筹。课时备课，是对一节课的准备，要写出《教案》，画出上课的蓝图。

（五）课前备课和课后备课

课前备课，这里特指临上课前的准备。也就是在认真备课的基础上，于临上课前，再浏览一遍教案，再熟悉一下教学内容，再考虑一下教学进程，再检查一下教具，做到万无一失。需要强调的是，课前备课绝不是临时抱佛脚，不是没有丝毫准备的临时突击，而是在充分准备基础上的再检查，是高度责任心的体现。课后备课，就是上课之后，根据教学的实际情况及学生的反映，及时修改教案，调整教学设计，充实教学内容，完善教学方法，优化板书设计和作业设计，力争实现教学过程的最优化。它符合"实践—认识—再实践—再认识"的唯物辩证法的基本规律，也符合现代系统论的"反馈"的原理。提倡课后备课，有利于培养教师精益求精、认真负责的科学精神，有利于提高教师的业务水平和能力。因此，决不能把课一上，就"完"事大吉。

（六）综合课的备课和单一课的备课

根据课的类型，可以分为综合课的备课和单一课的备课。综合课的备课，必须考虑各项内容和任务之间的联系，分清主次，安排得当。单一课包括新授课、复习课、练习课、实验课、讲评课、见习课、参观课、实习课、自读课等。相应地，单一课的备课也分为这些类型。每一类型教学的内容、方法、过程和目的任务都不相同，因此，备课的要求也就不同。新授课的主要任务是传授新知识，掌握新技能；备课就必须突出对教材的钻研，把握重点、难点和关键点。复习课的主要任务是让学生对已学过的知识进行加工整理，加深理解和记忆；备课要求突出内容的系统性和整体性，要研究如何教给学生复习的方法和技巧。练习课的主要任务是让学生熟练掌握技能技巧；备课的重点是设计好练习题，掌握好练习的量和度。实验课的主要任务是让学生探索、验证基本原理和定理，加深理解；备课的重点在于充分地准备好实验条件，找准把学生的感性认识上升到理性认识的关节点，保证学生的实验能够取得成功，能够从具体现象理性化为一般结论。讲评课的主要任务是对学生的作业、练习、考核结果等进行分析评判，以达到诊断问题、巩固成绩的作用；备课的重点在于准确地掌握全部情况，找出问题，找准原因，找到解决办法。否则，讲评只能是泛泛而谈，无的放矢，达不到讲评的目的和效果。见习课的主要任务是让学生通过现场见习，获取丰富的感性认识；备课要求重点备

好见习的组织管理，努力把见习的目的任务化为学生的自觉行动。实习作业课的基本任务，是让学生把学到的知识、能力在实践中检验、修正、充实和提高；备课的重点在于备好对实习的指导。实习过程，教师既不能包办代替学生，也不能袖手旁观，适时适当的点拨引导能极大地提高实习的质量，所以，教师备课要把重点放在如何指导学生上。自读课的主要任务是培养学生的自学能力，备课的重点在于如何指导学生自学，把精力集中在对学生的学习方法、学习习惯、学习特征的研究上，加强备课的针对性。师生备课，必须结合课的类型特点，抓住重点，提高质量。

三、备课的基本原则

备课，必须坚持辩证唯物主义和历史唯物主义的基本原则，运用现代系统论的基本原理。只有这样，才能保证备课的效果和质量，发挥备课的功能和作用。具体地说，在备课过程中，我们必须贯彻和遵守以下原则：

（一）方向性和灵活性相统一原则

即备课过程中，一方面要牢牢把握教学的社会主义政治方向，坚持四项基本原则，落实德智体全面发展的培养目的；另一方面要具体问题具体分析，根据具体的学科、具体的内容、具体的教育对象来确定教学的目的任务。这是教学基本规律对备课工作提出的必然要求。贯彻这一原则，要求注意下面几点：第一，必须始终牢记国家的教育方针和教

育目的，时刻想到我们的备课及整个教学活动都是为了培养德智体全面发展的建设者和接班人。第二，明确整个教学的目的和任务，根据国家的教育总方针，根据学校的培养目标，确立每一学科、每一单元、每一节课的具体明确的目的任务。第三，明确备课的目的任务，清楚为什么要备课，养成备课的自觉性，形成认真备课的良好习惯。

（二）全面性和重点性相统一原则

即备课过程中，要根据现代系统论的基本原理，从各个角度、各个侧面、各个层次、各个要素全面地把握教学，要考虑周到，不能有缺漏。同时，要突出重点，抓住主要矛盾和矛盾的主要方面，不能平均使用力量，平铺直叙。

教学的全面性，在不同的层次上有不同的表现。因此，备课就要求从不同层次来把握全面性。在宏观层次上，首先要考虑教学基本结构的完整性，即教学基本要素的全面性。要看教师、学生、教学手段（包括教学内容、方法、形式和手段等）三个基本要素是否都考虑到了，忽视其中的任何一个方面，备课工作都是不完整的、不全面的、不充分的。其次，要考虑教学目的任务的全面性。从纵的角度看，教学的目标与发展的目标缺一不可；从横的角度看，德智体美劳五育必须并举。再次，要考虑教学过程的全面性。备课、上课、作业、辅导、考核等环节，应环环相扣。在微观层次上，上面提到的每一个方面，都还有一个"内部"的全面性问题。比如教学手段，还必须全面考虑教学内容、教学方法、教学组织形式等

多个方面；再如教学对象，也必须全面考虑学生的年龄特征、智力水平、知识程度、个性特征等。进一步而言，每一个"微观"的方面，仍然存在着全面性的问题。比如学生的智力水平，必须从智力和非智力两个方面考察。智力因素，必须全面考察观察力、记忆力、想象力、思维力、注意力；非智力因素，必须全面考察兴趣、爱好、意志、情感等。总之，全面性是相对而言的，是有层次之分的，在一个层次上是全面的，在高一层次上就不一定全面。备课工作中，必须分层把握住教学的全面性。

教学的重点性，是唯物辩证法主要矛盾和矛盾的主要方面思想的体现。备课工作，在坚持全面性的同时，必须坚持重点性原则，抓住矛盾的主要方面。因为教学的时空是有限的，教师和学生的精力是有限的，不可能面面俱到。无论是教学的目的任务，还是教学的内容、教学的方法手段，都应该有重点。胡子眉毛一把抓，是抓不出什么眉目来的。

贯彻全面性与重点性相统一的原则，即就整体而言，就教学的全过程而言，应着重强调全面性；就具体的一个单元、一节课而言，应着重强调重点性。当然，全面性和重点性是辩证统一的，不能截然对立，全面中有重点，重点中有全面。备课的过程，就是一个在全面把握中抓住重点，在重点突破中达到全面把握的过程。

（三）整体性原则

即备课过程中，要从整体出发，着眼于整个教学水平和质量的提高，着眼于学生整体素质的发展。现代系统论认

为，系统的整体功能，要大于系统内各个部分的功能的机械相加；系统的整体优化，是靠系统内各部要素的有机结合来实现的。单纯突出系统内的一个或几个要素，并不能达到系统整体的最优化。因此，备课工作必须充分考虑教学工作的方方面面，一切从教学整体出发，一切为教学整体服务。凡是有利于提高整个教学水平和质量，有利于全面提高学生素质的，就努力完成；反之，则坚决不做。局部利益必须服从整体利益，必须有全局观念。贯彻整体性原则，应该从以下几个方面入手：第一，把握备课在整个教学工作中的地位和作用。既不忽视备课，把备课当做可有可无的事情，当做应付上级检查的差事；也不过分抬高备课，把备课当做教学的一切。备课仅仅是整个教学工作的一个方面、一个环节，只有把备课工作和其他工作都搞好了，教学整体才能优化。要始终把备课工作放在教学工作的整体中来看待。第二，正确把握教师、学生、教学手段等要素在整个教学工作中的地位和作用。单纯强调和突出任何一个方面，都无益于教学整体水平的提高和学生素质的全面提高。第三，准确把握本学科、本册教材、本单元、本节内容在整个学科体系、本学科、本册教材、本单元中所处的地位和所起的作用，加强知识间的横向联系，从整体上促进教学水平的提高。第四，从学生的整体发展出发，不但考虑知识的传授、技能的形成；而且考虑智力的提高、能力的发展，考虑身体的发育和成长，考虑思想品德、兴趣爱好、意志个性的形成和锻炼。总之，一切都要从学生整体素质的提高考虑。"高分低

能"不足取，"只红不专"也不足取。

（四）主体性与主导性相统一原则

即备课活动中，既要充分发挥教师的主导作用，更要充分发挥学生的主体作用。这是教学基本规律在备课工作中的表现。贯彻这一原则，必须做到以下几点：第一，充分发挥教师在备课工作中的主导性，加强教师的主体意识。教师要不断地充实和提高自己的知识、能力，加强自身的修养；要全面贯彻党的教育方针，明确教育目的，确定教学内容，选择教学方法，指导学生学习，教会学生学习。第二，在备课时，必须从怎样方便学生的学来设计教师的教，不能光图教师省事方便。教师心目中要时刻装着学生。第三，选择教学方法，必须有利于学生自主学习。"教的法子应该根据学的法子"，必须适合学生学习的特征。第四，教学结构的安排，要有利于调动学生学习的积极主动性，要有利于激发学生的思想，要留给学生足够的自学时间。第五，必须充分注意创设民主、和谐的教学氛围，使每个学生都能在一种轻松愉快的环境中成长。总之，备课工作中，要把学生放在第一位，一切从学生的发展出发。

（五）发展性原则

即备课过程中，必须从学生的发展出发来安排教学。教学的目的，从根本上来说，不在于传授知识，因为知识是无穷无尽的，是传授不完的；而在于促进学生的发展，教会学生学习。因此，备课过程中，就不能把眼睛老盯在如何

传授知识上，而应把眼睛放到如何促进学生发展上。就发展而言，还有个目前发展和长远发展问题。备课应考虑如何使学生现在的发展能成为将来发展的基础。不能只顾眼前利益，以牺牲将来的发展来取得眼下的发展。这样做无异于杀鸡取卵。发展还应当是多方面的、全面的发展，是身心两方面统一协调的。所以，备课应该考虑如何使学生的身心得到全面和谐的发展，如何保持这种发展的长远性和可持续性。

（六）新异性原则

即备课工作中，应追求新异，不断变革，不断提高。因为，喜新厌旧是人的天性，是人的正常心理。山珍海味、珍馐佳肴，如果天天顿顿吃，也会令人生厌；一旦换成家常便饭，则可口无比，食之如甘露，饮之如琼浆。教学也是这样，无论多么美妙的内容，多么合理的结构与形式，多么有效的方法和手段，一旦缺乏变化，单调重复，同样令人生厌。没有变化，没有奇思妙想、新招异术，总是摆脱不了老面孔，则教师讲得味同嚼蜡，学生听得昏昏欲睡；教师失去了教的激情，学生失去了学的欲望。所以，备课要力求备出新异来：或是新的立意、新的任务，或是新的程序、新的设计，或是新的方法、新的教具，或是新的作业、新的问题。总之，要摆脱老面孔，翻出新花样，给师生双方一个新异的刺激。一旦有了变化，教师教得激情澎湃，学生学得兴趣盎然。

（七）陶冶性原则

即备课过程中，要贯穿思想品德教育这条红线，把思想品德教育渗透到备课工作的全过程。这是教学的教育性规律在备课工作中的体现。贯彻这一原则，应注意下面几点：首先，备课过程中，心里要始终想到思想品德教育。第二，确定教学目标，也要考虑思想品德教育的目标。虽然不一定每节课都有十分明确的德育目标，但每次备课都必须做这一项工作，脑子里必须有这种考虑。第三，选择教学内容，尤其是教师要补充课本之外的材料时，要谨慎小心，要以有利于形成学生科学的世界观和正确的人生观为标准，不允许不加分析地随意"拿来"。第四，在设计教学进程、选择教学方法以及设计板书时，要努力做到有利于培养学生严肃认真、一丝不苟的科学精神，有利于发展学生思维的逻辑性、严密性和概括性。第五，备课过程中，要认真研究如何通过备课和上课，培养学生奋发向上、积极有为的精神风貌，培养学生热爱生活、热爱祖国的高尚情操，培养学生勇于探索、勇于实践的创新精神，培养学生坚韧不拔、不屈不挠的毅力。可以说，备课的过程，就是我们在思想上"想着"、在实践上"准备着"如何教育学生的过程。

总之，作为教学工作的一个基本环节，备课除了遵循教学的一般原则之外，还必须遵循以上原则，只有这样，才能把课备好。

四、备课的一般程序

一般来说，备课包括下面几个步骤。

（一）明确教学任务，确立教学目的

教学的目的任务，是教学工作的出发点和最终归宿，是检查和评价教学效果的标准，在整个教学工作中起着方向指导作用。因此，备课必须首先明确教学的目的任务，然后再围绕着目的任务来准备其他方面。

确定教学的目的任务，必须注意三点：第一，全面。即坚持全面性原则，从知识的传授任务、技能的形成任务、能力的培养任务，到身体的发展任务、品德的陶冶任务等等，方方面面都要全面考虑，不可遗漏。否则，会造成教学的片面性，最终导致学生发展的片面性，影响学生全面素质的形成，违背国家的教育目的。然而，坚持全面性原则，并不是要求每门课、每个单元、每节课都要面面俱到，不能有所侧重。事实上，面面俱到是没有必要的，也是不可能的。强调全面性，就是说在"思想上"应全面考虑，在"实践上"应突出重点。只有全面考虑，才能有所选择，有所侧重；只有突出重点，有所为有所不为，才能在天长日久的教学中，达到全面。思想上不全面，就会造成缺漏；实践中无重点，也会带来失败。第二，具体。即制定的教学目标任务要明确，可操作，能实现，切忌含混、笼统、空泛。必须从具体的教学内容、具体的教育对象、具体的教育环境入手，确定具体的教育目标。第三，适当。即教学的目的任务要切合实际，既不能太高太难，也不能太低太易。太高太难了做不到，太低太易了没意义。应根据教育对象的发展程度，确定适度的教学目的。如，曾有一位老师在教小学语文第三册《坐井观天》一课时，要求小学二年级学生揭示出寓言的寓意，目标任务定得太高，违背了可接受性原则，费力不讨好，没有达到应有的教学效果。其实，这篇课文的教学的目的任务，只要求学生读懂寓言，知道寓言讲的是什么就行了。人为地拔高教学目的要求，一旦学生达不到，教师就只能采取硬性灌输的办法，不但影响一节课的教学效果，而且带来更大的危害，影响到学生学习的兴趣和积极主动性。学生体验不到成功的快乐，学习就变成了一个被动的苦差事。所以，教学目标任务必须适当。

确定教学的目的任务，可以从以下角度考虑：第一，熟悉党和国家的教育方针政策，明确国家的教育目的。这是我们制定教学目标的指导思想。每一个具体的教学目标，都是为实现国家培养人才的总要求而服务的。第二，熟悉本级本类教育的培养目标、教育任务。这是我们制定教学目标的具体指南。第三，明确本学科的教育目的任务。这是我们制定具体目标任务的前提。第四，确定本单元、本课题、本节课的具体可行的目标任务。当然，每次备课，不一定重复以上步骤，因为对国家的教育目的和学校的培养目标应该烂熟于胸，成为自然而然不必考虑的前提。

（二）了解教学对象

教学对象是教学系统的基本要素之一。没有对学生的了解，就没有教师教学的成功。因此，备课的一个重要工作就是备学生。

备学生，包括对学生个体的了解和对学生集体的了解。对学生个体来说，个体的知识水平、智力能力、思想状况、兴趣爱好、个性特长、情绪情感、意志毅力、身心发育、家庭情况等，都是教师必须掌握的。只有对每一个学生了如指掌，才能做到因材施教，使每一个学生都得到健康成长。对于学生集体来讲，集体的人数、年龄结构、性别比例、民族构成、家庭背景、人际关系、集体风气、凝聚力、向心力等，都是教师必须掌握的，只有这样，才能充分发挥集体的教育功能，才能促进集体及每个集体成员的健康发展，才能有效地进行"分类指导"。

了解学生的方法是多种多样的。可以通过日常观察来进行，可以通过调查问卷来进行；可以通过谈话来进行，可以通过家访来进行，可以通过辅导来进行，可以通过课堂教学的提问、复习、讨论、辩论等来进行，也可以通过查阅学生作业来进行。以上方法途径，只有多种结合起来运用，才会得到比较可靠的结论，加深对学生的认识和了解。

要做到对学生的深刻了解，就必须热爱学生，心中充满对学生的爱。如果看见学生就厌烦，哪里还有心思去熟悉和了解学生。而对学生的爱，来源于教师对教育事业的热爱。只有热爱自己的工作，才会热爱工作的对象。因此，要备好学生，就必须加强自身的修养，要有高度的责任心和为教育事业献身的精神。

要做到对学生的深刻了解，就必须多接触学生，多关心学生；必须时时处处留心留意，坚持不懈；必须认真、细致，不能怕麻烦、怕花时间，也不能粗枝大叶、一曝十寒。

（三）掌握教学内容

掌握教学内容，这是备课工作的核心，是备课活动的主要任务。

掌握教学内容，首先是钻研教学大纲。教学大纲是国家教育行政主管部门颁布的有关教学内容的指导性文件，在教学工作中具有法定性意义。它规定了每门学科的教学内容、教学目的任务。因此，钻研教学大纲是备好课的前提之一。通过钻研教学大纲，教师可以从整体上把握本学科的基本结构，了解本学科和其他学科的联系，明确本学科的特点、重点，明确本学科的基本任务和基本目的。也就是说，通过对教学大纲的钻研，可以在教师头脑中建立起一个本学科知识的框架。

掌握教学内容，其次是熟悉教科书。教科书是备课的基本依据，凝聚了无数人的智慧。教科书是学生的学习用书，架起了沟通教和学的桥梁。因此，通晓教科书，掌握教科书，运用教科书，是教师的基本功之一。教师备课，首先要通读教科书，了解它的全部内容和知识结构，把握每一章节在整个教材体系中的地位和作用，做到心中有数。其次要深入细致地研究每一章节的内容，弄清其中的重点、难点和关键点。第三，进一步深入理解课本中的每一个句子、每一个字词，理解每一个概念、每一个原理、每一个定律、每一个公式。第四，熟练操作课本中的每一项实验，熟练解答课本中的每一个习题。

掌握教学内容，第三要广泛阅读参考资料。参考资料包括教学参考书和其他有关资料。广泛涉猎和学习参考资料，有利于开阔教师的眼界，增长见识，启发思维，提高教师的知识水平和能力素养；有利于充实教学的内容，帮助教师吃透教材。教师备课，既要重视参考资料，又不能依赖于参考资料，照抄照搬，生吞活剥，简单堆砌；必须进行深入的加工，变为自己的东西。

（四）选择教学方法

教学方法是师生为了完成教学任务所共同采用的方式，包括教师教的方法和学生在教师指导下学的方法。当教学的目的任务和教学的内容确定下来之后，教学方法的选择就具有非常重要的意义，它是落实教学内容、实现教学目的的可靠保证。因而，选择教学方法是教师备课工作的主要内容。

目前，中小学常用的教学方法有三类十种。即：第一类，以言语传递为主的教学方法，计有讲授法、谈话法、讨论法、导读法四种；第二类，以直观感知为主的教学方法，计有参观法、演示法两种；第三类，以实际训练为主的教学方法，计有实验法、练习法、实习法、社会实践法四种。

选择教学方法，应该依据以下几点

进行：第一，教学任务。教学的具体任务不同，教学方法也应不同。一般来说，如果一节课的主要任务是让学生获得感性知识，那就可以选择演示法或参观见习法；如果一节课的主要任务是让学生在已有的感性知识的基础上形成理性知识，那就可以选择讲解法或谈话法；如果要培养学生的技能技巧，则可选择练习法。第二，教学内容。学科不同，要求的方法不同；即使同一学科，不同的内容也要求采用不同的方法。一般来说，语文课多用讲授法、谈话法，对说明文也用演示法；数学课多用讲解法、练习法；常识课、理化课多用演示法、实验法。第三，教学对象。学生的年龄特征不同，已有的知识基础不同，应选择不同的教学方法。一般来说，低年级学生形象思维占主导地位，知识经验少，应以直观感知的教学方法为主；高年级学生抽象逻辑思维迅速发展，知识经验相对丰富，可用谈话法、讲授法，讨论法等。第四，教学条件。应从学校的具体办学条件出发选择教学方法。比如实验法、演示法等，较多地受学校条件的限制，应慎重采用。第五，教师特长。教师应根据自己的特长，来选择教学方法。语言生动、文采飞扬的，可多用讲授法；心灵手巧的，可多用演示法。

总之，教师选择和使用教学方法，要综合地、灵活地、创造性地进行。不能单打一，因为不存在一种适用于各门功课、适用于每一节课的万能教学方法。不能墨守成规、千篇一律，因为教学有法，教无定法；灵活变化，才富有生命力。而且，教师还必须不断地学习和吸收新的方法，创造和运用新的方法。

教师备课时，还要根据教学任务和学生自身的特点，考虑如何指导学生学习，帮助学生获得学习的方法。实践证明，优秀的学生，都有一套适合自己的学习方法。因此，教师要把研究学法指导作为自己备课的一项重要内容。

（五）准备教具

教具，简单地说，就是教学工具，或称教学手段、教学媒体。大致可以分为以下四类：①基本教具，如黑板、粉笔、板擦、教鞭、直尺、三角板等。②直观教具，如挂图、模型、标本、实物等。③实验教具，如仪器、材料、药品等。④电化教具，如幻灯机、投影仪、电视机、录放像机、电影机、语音实验室等。音体美课所需的器材似乎可归入基本教具类。虽然这种划分不十分科学，但它很能说明教具种类的繁多。

恰当地选用教具，能有效地保证教学任务的顺利完成。假如没有黑板、粉笔、篮球、风琴等基本的教具，教学任务就难以完成，教学目的就不能实现。所以，即使在战争年代，人们也力求找到上述教具，至少也要有它的替代品。恰当地选择教具，还能增强教学的效果，激发学生的兴趣，加深学生的理解和记忆，有利于调动学生的积极主动性，使学生在轻松愉快中学习和成长。因为，通过教具不但能实现教学内容在大小、远近、动静、快慢、整体和局部、内观和外表之间的相互转化，而且使教学过程变得生动、活泼，富于情趣，富于吸引力。现代化教学手段还拓展了学生的视野，启发了学生的思维。所以，恰当地选择和使用教具，能有效地提高教学的效率和质量。

因此，准备教具就是备课工作的一项重要任务。教师备课时，先要根据教学的目的任务围绕教材的重点难点，结合学生的实际情况，考虑办学具体条件，恰当地选用教具。然后，要实际准备教具，检查现有教具是否完好，制作新教具。提倡因陋就简自制教具，要求爱惜任何教具。要尽可能地提高教具的使用率，反对花大钱买摆设。另外，教师备课，还要考虑出示和使用教具的最佳时间。教具使用不当，会影响教学的效果。

（六）设计教学过程

即在明确教学目的任务、熟悉教学内容、了解教学对象、选好教学方法、备好教学用具的基础上，对整个教学活动过程进行全面计划和安排，建立教学活动的基本结构，制订教学活动的基本程序，合理调配各种因素。这是备课工作的一个重要环节。具体包括设计课堂结构、设计板书、设计提问、设计练习、设计评价等方面。

1. 设计课堂教学

即从总体上计划和安排课堂教学的基本结构和程序，规划课堂教学的全过程，把教学时间、内容、师生活动、练习作业等方面进行合理配置，全面统筹。一般来说，教学的目的任务、内容、教学对象和教师风格不同，课堂设计也就不同，可以说，没有两堂完全一样的课。当然，也并非毫无规律可循，人们在长期的教学实践中，形成了一些基本的教学模式，下面简单加以说明。①传递—

接受模式。教师主要通过口头语言或示范操作，使学生接受、掌握系统知识和技能。教师的操作程序是：激发学习动机—复习旧课—讲授新课—巩固运用新知识—检查教学效果。学生的操作程序是：听课—感知、理解教材—练习和巩固所学的知识技能—接受教师对学习效果的检查。其优点主要是教学效率高，能充分发挥教师的主导作用。②自学—辅导模式。主要特点是培养学生的自学能力，发挥学生的积极主动性。其基本结构和程序是：自学—讨论—启发—练习总结。③引导—发现模式。就是引导学生独立自主地发现问题、解决问题，从而获取知识，增强能力。其基本结构和程序是：问题—假设—验证—总结。④情境—陶冶模式。即创设优美的环境和和谐的气氛，让学生在心情愉快的情况下获取知识和技能，陶冶情操，健康成长。基本程序是：创设情境—参与活动—总结转化。教师在设计教学结构时，可以参考以上模式，创造地运用。设计课堂教学，应注意四"度"：即教学目标的落实度、与学生的贴近度、课堂气氛的活跃度、教学内容的密集度。也就是说，设计课堂教学的结构和程序，不能生搬硬套现成模式，而要从教学目标出发，从学生的知识程度、智力水平和能力特点出发，从课堂气氛和教学内容出发，使教学目标得以落实，学生学得轻松愉快，课堂气氛活跃，教学内容丰富、课堂信息含量大。

2. 设计板书

板书是课堂教学活动的主要组成部分，是对教学活动轨迹的纪录，是教学思想的外显，是教学重点、难点和关键点组成的纲要，它能加深学生的印象，增强学生的记忆。好的板书，就是一节课的浓缩。因此，精心设计板书，对于提高课堂教学质量、保证学生学习效果，具有十分重要的作用，是教学设计的基本方面。板书设计应遵循简洁、多样、清楚、启发等原则。也就是说，在板书的内容上，要简单明快，不要主次不分，什么都往黑板上写，浪费时间，浪费精力，降低教学效率。即使很重要的概念、定理、公式，如果书上有，也大可不必在黑板上再抄一遍。要有意识地提高学生使用教科书的自觉性。在板书形式上，要整齐优美，不要信手涂画，左一下，右一下。在板书结构上，要多式多样，提纲式、列表式、图示式，都可以结合实际运用，不要老是一种格式，一幅老面孔，一二三四、甲乙丙丁、ABCD地罗列。在条理上，要脉络清楚、逻辑连贯，不要有思想的断层，逻辑的混乱。在板书的本质上，要有启发性、提示性，能帮助学生概括整理教学内容，帮助学生记忆，启发学生思维。坚决反对在备课过程中不设计板书、在上课时随手涂画的现象。

3. 设计作业

作业和练习是巩固知识和技能、加强理论联系实际、做到学以致用的有效途径。作业设计，就是对作业和练习的数量和质量、内容和形式、结构和功能、系统和层次进行精心的计划和安排，杜绝作业和练习的随意性、重复性和低效性，提高作业和练习的质量。

作业设计应坚持三个原则：①全局

性。要观照其他学科和活动，不能唯我独尊，挤占其他学科和活动的时间；要观照本课的其他部，不要单调重复。②稳定性。在作业的量上稳定，不能忽多忽少；在作业的质上稳定，不能忽难忽易；在功能和作用上稳定，要自始至终都能起到巩固学习效果的作用。③多样性。在作业的内容、形式、布置、批改等方面多样化。

作业设计应把握三个度：①数量限度。不是越多越好、搞"题海战术"，应以学生掌握为度。②时间跨度。跨度太小，大脑容易疲劳抑制；跨度太大，则早已遗忘生疏。③难易程度。太难，做不出；太易，无必要。理应难易适中。学生经过努力能做出，才能达到作业和练习的目的。

作业设计应体现三个注意：①注意通过课堂练习，帮助学生理解新知，掌握新技能。②注意通过书面练习，帮助学生巩固基础知识、基本技能。③注意通过课外练习，帮助学生达到知识的拓展和技能的迁移。

作业设计应该具有六性：①综合性；②层次性；③启发性；④挑战性；⑤趣味性；⑥诊断性。

设计教学过程，除了做好上述工作之外，还必须做好下面几项工作，诸如设计课堂提问、设计课外辅导、设计评价反馈等，由于有专章论述，在此不一一涉及。

（七）编写教案

教案是备课活动的书面总结，是教学设计的文字记录。编写教案的过程，也就是把备课成果书面化的过程。

一般来说，教师备课应该写好三种教案：一是学期或学年教学进度计划。主要内容有：对学生情况的简要分析；学期或学年的教学目的任务；教科书的章节题目及各章节的时间分配与安排；教学所需的仪器设备；考核与评价安排等。二是课题或单元教学计划。主要内容包括：课题名称；教学目的任务；课的类型；教学方法；时间分配等。三是课时计划。亦即上课教案，是教师备课成果的集中体现，是教师上课的直接依据。一个完整的教案应当包括：授课班级、学科名称、授课时间、具体题目、目的任务、课的类型、教学方法、教学用具、教学程序、备注等。其中教学程序（步骤）是核心。

教案一般有两种写法，即详写和简写。详写的称之为"详案"，简写的称之为"简案"。详案不但包括一般教案的所有项目，而且把教学的每一个步骤都详细写出，比如怎样过渡、提什么问题、学生回答的各种情况等都作出详细的记载，甚至把一举手一投足的动作都全部写出来。简案不但可以省略诸如授课班级、教学时间、教学方法等项目，而且教学内容、教学步骤也可以从简：或者一个提纲，或者一份图表，甚至可以简单到一句话、几个字。详案和简案各有优缺点：详案便于记忆，容易操作，但耗时费力；简案省时省力，但不容易把握，且容易使人偷懒。

详略是相对而言的。教师备课究竟该采用哪种写法，详到什么程度，简到何种地步，应该根据教学内容和自身实际而定。从教学内容来说，一般新开课和新教材应写详案，重复课和旧教材可写简案。从教师本身来看，一般新教师应写详案，老教师可写简案。

需要注意的是：写详案，教师不能变成"文抄公"，自己不备课，照抄现成的教案，把备课变成抄课；或者不用功，不认真思考、整理、提炼、概括，把搜集到的资料全都搬到教案上，使备课变成了录课。写详案的目的，也不是为了上课时照本宣科或背教案。不论教案详细与否，教师必须把教学内容及教学设计烂熟于胸。

更需注意的是：写简案，绝不是偷懒。写简案的出发点，是为了把教师从繁重的抄写劳动中解放出来，有时间学习新知、了解学生、研究问题。其实，写简案对备课的要求更高，教师要把备课的成果"写"在心里。

总之，教案的详简与备课的质量没有必然的联系，与教学的效果也没有必然的联系。该写详案还是简案，应根据具体情况而定。

（八）说课与试讲

说课，就是把自己备课的目的任务、基本想法、设计思路、教具准备等说给同事、领导听，虚心接受他们的意见和建议，及时地进行修改和补充。试讲，就是在正式上课之前，对已经备好的课进行一番演练。目的在于及时发现问题及时纠正。

对于新任教师来说，说课、试讲是备课工作的一个必不可少的环节，是提高备课水平的有效途径。说课应注意两点：第一，不但说清是什么，而且要说清为什么；第二，不但说清教案上写着的，而且要说清教案上没有写的。试讲应注意一点：就是要有真实感。不论有无对象（一个人对着空教室和旷野也可以试讲）、人数多少，都要像真的在上课一样。缺乏了真实感，试讲只能流于形式，是起不到诊断优劣的作用的。

（九）反馈调控

就是在上课之后，根据课堂教学的实际情况，即教学目标的落实情况、教学任务的完成情况、教学内容的组织情况、教学方法的运用情况、教学程序的执行情况以及师生的课堂活动情况，进行适当的修正、调整、改革和充实。

对于所有的教师来说，反馈调整都是备课的一个必要环节。即使经验丰富的老教师也不例外。它不但能提高教师备课的质量，而且能培养教师精益求精的认真精神。

因此，在课堂上，教师要注意观察自身的体验和感受，及时总结经验，吸取教训；注意观察学生的表现和反应，及时调整教学内容和改变教学方法。在课后，首先要注意倾听学生的反映，其次要虚心听取领导和同事的反映，第三要善于从学生的作业和活动中捕捉信息。只有这样通过多角度、多渠道，才能获取真实可靠的反馈信息，使备课工作做得更好。

总之，备课活动是一个十分复杂的系统工程，必须全方位考虑、分步骤进行。然而，并不是每一次备课，都必须一步不少地重复以上程序。实际上，由于教学内容及教师水平的不同，其中有些步骤是可以省略的。

五、备课实例

（一）有余数除法的教案设计

教学要求：使学生理解"有余数除法"的意义，懂得"余数必须比除数小"的道理，掌握有余数除法的计算方法。

教学重点：使学生掌握"余数一定要比除数小"的道理。

教学难点：使学生正确掌握试商方法。

教具准备：卡片、小黑板、红五星若干个。

1. 基础训练

（1）看卡片口答：（　　）里最大填几？ $4\times($　　$)<9$，$5\times($　　$)<16$，$8\times($　　$)<31$，$6\times($　　$)<57$，（　　）$\times3<26$，（　　）$\times7<50$，（　　）$\times6<23$，（　　）$\times7<34$。

（2）听算：（　　）里最大能填几？ $5\times($　　$)<37$，$7\times($　　$)<45$，$9\times($　　$)<30$，$8\times($　　$)<54$，（　　）$\times4<31$，（　　）$\times6<41$，（　　）$\times4<29$，（　　）$\times3<20$。

（3）用竖式计算，并口述计算过程：

$21\div7=$

$35\div5=$

2. 揭示课题

今天我们继续学习除法（五年制第三册 40 页）。（板书：除法）

3. 新授

例 1 （1）练一练。a、把 9 颗红五星每排放 3 颗，可以放几排？放放看。（学生练的情况略）b、每排放 4 颗，可以放几排？放放看。（详细情况略）c、每排放 2 颗，可以放几排？（略）d、把 9 颗红五星分给一个小组的 4 个同学，每人分得几颗？分分看。（根据学生分的情况，归纳起来有以下两种分法：第一，每次每人分 1 颗，即 1 颗 1 颗地分先每人分 1 颗，剩下 5 颗，再每人分 1 颗，还剩下 1 颗；第二，做一次分，每人分 2 颗，剩下 1 颗。）

（2）在游戏的基础上出示例题。有 9 个苹果，每盘放 4 个，可以放几盘？还剩几个？

学生读题，先回答问题，再说出算式：$9\div4$。

（3）让学生根据刚才分的过程，把横式写成竖式，并说出计算的思考途径。然后老师板书竖式并同时口述：

$9\div4=2$（盘）……1（个）

$$4\overline{)9} \atop \underline{8} \atop 1 \cdots\cdots 余数$$ 上商 2

9 除以 4，商 2 想口诀：二四得八，两盘共放了 8 个。9 个减去 8 个还剩下 1 个，9 减 8 余 1。我们把剩下的"1"叫余数，并强调各数书写位置，即格式。

（4）问：今天我们学习的除法有什么特点？（生答：有余数）这种计算结果有余数的除法叫什么除法？（在生回答的基础上，师点拨：叫有余数除法。）教师板书：有余数除法。

（5）练习：课本第 41 页第 1、2 两题：填空并要求学生列竖式，练后强调竖式的书写方法。

例 2 43÷5＝

（1）学生列竖式计算，并口述计算思考途径。

（2）判断下列各竖式的正误，并口述出错的原由：

$$5\overline{)43} \quad \begin{array}{r} 9 \\ \hline 45 \\ \hline 8 \end{array} \qquad 5\overline{)43} \quad \begin{array}{r} 7 \\ \hline 35 \\ \hline 8 \end{array} \qquad 5\overline{)43} \quad \begin{array}{r} 8 \\ \hline 40 \\ \hline 3 \end{array}$$

（3）讲解此例题主要让学生明确以下问题：商小了，余数比除数大，还可以继续分；商大了，被除数不够减。结论：余数一定要比除数小。

（4）阅读课本 40 页的例 1、例 2。

4．学生练习

（1）说出下面各题应该商几，再算出来。

$$4\overline{)21} \quad 2\overline{)19} \quad 6\overline{)32} \quad 5\overline{)24}$$

（2）竖式计算（要求口述计算思考途径）。

38÷9＝   30÷5＝

28÷8＝   40÷5＝

（3）改错。

49÷6＝7……7   38÷5＝7

$$6\overline{)49} \quad \begin{array}{r} 7 \\ \hline 42 \\ \hline 7 \end{array} \qquad 5\overline{)38} \quad \begin{array}{r} 7 \\ \hline 35 \\ \hline 3 \end{array}$$

37÷4＝9   39÷8＝5……1

$$4\overline{)37} \quad \begin{array}{r} 9 \\ \hline 37 \\ \hline 0 \end{array} \qquad 8\overline{)39} \quad \begin{array}{r} 5 \\ \hline 40 \\ \hline 1 \end{array}$$

（4）下面各数中哪些数被 4 除没有余数？并说出你是怎样想的。

18   24   27   20

36   28   63

（5）一个数除以 3，如果有余数的话，你想想余数能是多少？

5．小结

教师小结着重讲明计算的思考途径、试商要领、余数的数值。

作业：（略）

（江苏省东海县张湾小学 戚永生）

（二）《初冬》的不同教法设计

教材简析：

六年制第三册 31 课《初冬》是一篇写初冬雾景的短文。课文写了初冬的早晨浓雾弥漫之际和雾散以后的景象变化，描绘了大自然的美丽。

全文可分两大段。

第一段（第 1～4 节）由远到近、从上到下描绘了雾中的景象。

第二段（第 5～8 节）从天空到地面描绘了雾散后的美丽的景色。

课文中用对比的手法写出了雾中和雾散后景物的不同特征，还运用了比喻和一些叠词。

怎样教好《初冬》呢？可采用下列三种不同教法。

1．讲读教学法

基本教法：从理解课题入手，围绕课文重点设计问题，逐层讲读，理解课文内容。

教学步骤：

（1）揭示课题

最近天冷了，许多人都穿上了棉衣，

冬天已经来了。今天我们学课文《初冬》。（板书课题）

初冬指的是什么时候？（冬天刚来叫初冬。）

（2）自学课文

书上写的就是初冬的景物。写文章的叔叔写得很详细。现在请小朋友自己读课文，想一想课文是写初冬什么时候的景色。

（3）检查自学情况，教学生字词

①你们自己读了一遍，有没有读懂？课文是写什么时候的景色？

②课文中的几个生字有没有学会？让老师检查一下。

（4）理清层次

①课文写了大雾。哪一句直接写大雾？哪一句写雾散了？这篇课文分几层？大雾中是什么景色？雾散了是什么景色？请同学们轻声读课文。

②这篇课文可分几段？

（5）讲读课文

第一段（1～4节）

①现在看第一段的第一句，哪个词告诉我们雾很大？（白茫茫）

②一片白茫茫的大雾是什么样的景象？课文中写了哪些景物？

③我们班上哪些同学用心观察过大雾的？谁先说说大雾时你看到的雾中的景色。

④现在你们看，这四节是按什么次序说的？（从远处往近处看）

⑤看看第一幅插图，说说初冬朦朦胧胧的景色。

第二段（第5～8节）

①雾后的景色美不美呢？

请看第二幅插图。在图上看到了什么？太阳怎样了？塔、小山怎样了？（望得见）

田野、树林怎样呢？（看得清）

②再看近处的柿子树上怎样？"许多"说明什么？"像一个个的红灯笼"说的是什么？齐读第7节。

③树林里的景象又是怎样呢？读第8节。读了这一节，你知道初冬的树林里是怎样的？

（6）指导朗读

①通过比较，体会比喻和叠词的作用。②指名读。③练习背诵。

（7）总结

原来我们知道春天、夏天、秋天很美。现在知道初冬也是美的，就是到了寒冬腊月，雪花纷飞时又是一番美景。一年四季，大自然都是那样的美。难怪小朋友都这样的热爱大自然。

（8）布置作业

听写词语，见课后作业2。

2. 观察、阅读、印证教学法

基本教法：对学习内容先指导学生观察，然后指导阅读，进行理解；在理解的基础上可再行观察，使所学知识得到印证。

教学步骤：

（1）观察。在学习前四、五天（要寻找有利时机）观察初冬有雾早晨的景物。

①有雾时从远到近分别观察：（根据当地实际情况，确定几个有特征的景物）远处的景物（有意用上"望不见"）；近处的景物（有意用上"看不清"）。在引导观察时，还要有意用上"白茫茫""模模糊糊""淡淡""不耀眼"等词语，并

从观察中引导理解。

②雾散时从远到近再分别观察原来的景物，有意用上"望得见""看得清"及"慢慢地""射出光芒"等。并找出本地初冬特殊的景物，如柿子树上怎样，树林里怎样……

③观察以后，请学生说说初冬早晨的景物有什么特点（教师从中加以补充）。

（2）阅读。指导阅读课文，抓住说明事物的修饰性、限制性词语及对比、比喻、重叠等词句，边读边问边板书，学文又看图：

①齐读第一段（1~4节），看第一幅插图后提问解答。

②指名读第二部分（5~8节），看第二幅插图，并回忆观察到的情况。

③指导朗读，综合全文。

（3）印证。让学生把从课文中学到的知识，通过再次观察，得到证实。

再次在初冬清晨进行观察。要求：

①先根据课文次序，由远到近，进行有序观察，边看边运用课文中学到的词语，进行生动的描述。

②再跃出课文，根据本地初冬清晨的特点进行观察。然后用自己的话说我们这儿的初冬。

③回来以后以《初冬》为题写出我们这儿的初冬景色（鼓励学生运用课文中学到的语句）。

3. 显像教学法

基本教法：用显像仪或白昼幻灯机等电化教学手段，配合讲读课文的主体部分，唤起学生的形象思维，刺激联想活动，激发学生学习兴趣，理解课文内容并受到美的熏陶。

教学步骤：

教学前，教师要准备好配合1~4节的图（一）和5~8节的图（二）的活动幻灯片。在揭示课题、初读课文和初学生字新词后分步进行。

（1）依次放出初冬有雾时的景象。

①齐读第一节，放出"白茫茫有大雾的早晨"片（结合教学词语）。

②指名读第二节，依次出现远处的"塔"、"小山"片和近处的"田野"、"树林"片（结合教学有关词语和比喻辞格）。

③指名读第三节，放出"太阳慢慢地升起来，发出淡淡的光"活动片（结合教学"淡、耀"）。

④齐读第四节，放出"地上人们忙着收白菜"模模糊糊的影子片。

⑤统观"初冬有雾的早上的景物"，指名从远到近地讲述看到的景象。然后用赞美的口气齐读1~4节。让学生欣赏初冬雾景的美。

（2）依次放出初冬雾散后的景象。

①齐读第五节，放出"雾散了，太阳射出光芒来"的片。（结合教学"射"字）

②指名读第六节，逐步出现活动片：远处"塔、小山"，都"望得见"；近处的"田野、树林"，也"看得清"。

③指名读第七节，逐步出现"柿子树上挂着大柿子"片。（结合教学"笼"字，讲清"一个个红灯笼"比喻什么）

④齐读第八节，出现"树林里落了一层黄叶，松树、柏树一片绿"片。然后请学生看图说说初冬树林里的景象。

⑤统观"初冬雾散后的景物"，指名

从远到近地讲述看到的景象。然后用赞美的口气齐读5～8节，让学生欣赏初冬雾散后的美景。

（3）同时放映"有雾景"与"雾散景"，进行对比。

① "下雾时"与"雾散后"远处的"塔、小山"有什么不同？（"望不见"到"望得见"）近处的"田野、树林"有什么不同？（"看不清"到"看得清"）

② "下雾时"与"雾散后"的"太阳"有什么不同？（发出淡淡的光→射出光芒）

③ 观察两幅图，口述图景。

（浙江上虞县百官镇第二小学 赵万荣）

（三）浅谈小学历史备课与教学设计

在备课、钻研历史教材时，要注意做到"五性"：

1. 方向性

主要是指培养目标而言。小学生的正确的稳定的世界观尚未形成，在历史教学中，通过历史史实，逐步培养学生初步的辩证唯物主义和历史唯物主义的观点，为培养他们成为献身于社会主义物质文明和社会主义精神文明建设的全面发展人才打下初步基础。

2. 目的性

就是要使学生掌握教材中的历史基础知识、基本概念，认识历史的基本观点，了解历史发展的基本规律，并具有能运用历史唯物主义观点去分析和解决问题的初步能力。

3. 科学性

就是在教给学生历史基础知识的过程中，揭示复杂的历史事件和现象之间互相联系及其发展规律，从中引导学生明确前进的方向和共产主义终将实现的必然性。

4. 革命性

指的是充分发挥教材内容的思想性。教学中通过对历史史实中真善美和假恶丑的辨识，阐明人民群众的历史作用；以民族英雄、爱国将领、革命志士和无产阶级革命家的历史功绩，去潜移默化地感染学生，坚定共产主义必胜的信念。

5. 量力性

指的是教学要适合学生的年龄特征和学识水平。小学历史教学只给学生以历史的最基本知识和最基本概念，为进入中学进一步学习历史打下基础。因此，不必超越教材范围去"画蛇添足""节外生枝"，免得加重学生负担。至于为激发学生学习的兴趣，推动他们的求知欲望，教师在描述历史史实时，补充一些必要的内容，有利于系统知识，再现威武雄壮的历史活剧，借以促进学生在生动活泼的气氛中愉快地接受知识，也是可以的；但必须把握尺度，也不必要求学生掌握。

教好历史课，提高历史教学质量，关键是备好课，而核心是处理好教材。除此以外，还必须选择教法，安排好每堂课的课堂教学设计。

好的教法是引导学生进入知识海洋的向导。历史教学并无固定的课堂教学形式和教法，它必须根据教材实际和学生实际情况而择定。课堂教学类型和教学方法，往往有着紧密的联系，在当今教学改革的新形势下，对传统教学法去弊存精，而新的教学课型则不断地破土而出，历史课堂教学改革形势十分喜人。目前，一般的课堂教学类型可分为两大类，即综合课型和单一课型。就单一课型而言则有导言型、讲述型、讲述讲解型、群体研讨型、自学辅导型、答辩型、参观型、电化教学型、练习型、复习型、考查型等。配合这些课型的教学方法一般的有：讲述法、讲解法、谈话法、直观教具演示法、讲读法。推本溯源法、结构变序法、异同比较法、自学点要法、交替渗透法、描述法等。这些教法可单一使用，也可几种教法综合使用。课型与教法必须紧密糅合，根据教材内容、教材结构和学生历史知识基础等实际情况灵活运用。

课堂教学设计，主要是指编写教案。小学历史课教案，一般分详案、简案两种，但它们都有以下结构程序：①教学要求；②教学重难点；③课堂教学类型；④教具准备；⑤教学过程。

"教学过程"也无固定划一的模式，还是要根据内容和学生实际而定。如综合课大致包括引言、讲授新课、巩固新知识、教师小结、布置作业和板书设计。单一课型不一定面面俱到，但"讲授新课"是整节课的主要部分，必不可少，无非形式不同罢了。"板书设计"除考查、练习等课型外，新授课应该都有，因为好的板书，同样是引领学生进入知识大门的向导，它能帮助学生清晰地了解知识的完整结构，抓住课文重点，便

于复习与提纲挈领地记忆。

关于课堂教学设计，下面试举一例。

例3 "四·一二"反革命政变（简案）

[教学要求] 通过学习，使学生了解蒋介石发动"四·一二"政变的时间、地点及前后经过，从中认识第一次国内革命战争失败的原因。

[教学重、难点]

重点："四·一二"反革命政变的经过。

难点：第一次国内革命战争失败的原因。

[教学课型] 自学辅导型

[教学时间] 一课时

[教学过程]

导言：中国共产党成立以后，革命形势很好。1924年，中国共产党和孙中山领导的国民党合作，建立了广东国民政府。为了消灭军阀的反动统治，统一全中国，1926年组织了北伐（北伐：用武装讨伐北方的反动军阀）。在这中间，遭到了野心家蒋介石的阴谋破坏，制造了震惊世界的"四·一二"反革命政变。

板书课题："四·一二"反革命政变

蒋介石是怎样一个人？他为什么破坏革命？"四·一二"反革命政变是怎么一回事？原因是什么？后果怎样？通过阅读，解答上述问题。

（1）学生通读课文。

（2）采用讨论形式，检查学生自学情况：

①蒋介石是怎样一个人？他为什么要破坏革命？采取了哪些阴谋手段？

②说说"四·一二"反革命政变的简要经过。（时间、地点、目的、起因、

经过、结果）

③导致"四·一二"反革命政变的根本原因是什么？

④后果怎样？

（3）教师结合学生讨论，进行辅导讲授。

①蒋介石阴谋制造"四·一二"反革命政变，目的是篡夺革命领导权。

②铸成这次反革命政变的原因。

第一，帝国主义和国内反动派勾结蒋介石，从革命内部破坏革命。

第二，中国共产党领导人陈独秀在革命后期，对蒋介石的反革命面目没有认识，一味妥协投降，放弃了对革命的领导权，特别是放弃了对武装革命的领导，对反革命政变不能组织有效的反击。

③"四·一二"反革命政变后果严重：汪精卫与蒋介石勾结，在武汉制造了"七·一五"反革命政变。两次反革命政变，大批共产党员被屠杀，使第一次国内革命遭到失败。蒋介石窃取革命果实，在帝国主义支持下，在南京成立了代表大地主、大资产阶级利益的反动政府。蒋介石成了帝国主义统治中国的代理人。

④教师根据板书，进行小结。（略）

⑤布置作业：课后习题1、2，做到课本上。

（浙江绍兴县钱清区中心学校 娄赫民）

（四）从一节分数加减法复习课看复习课的设计

小学数学复习课应具有什么特点？应该怎样设计，才能提高其教学效率？这是当前小学数学教学改革中，特别是小学数学总复习中，值得探讨研究的一项重要课题。本文试就一位老师对分数加减法的一节复习课，谈谈对复习课设计的一些看法。

例 4 一节分数加减法复习课的教学纪实

师：这节课我们主要复习分数的加减法。复习分数的加减法，需要综合运用这学期我们所学的数的整除、分数的意义和性质等知识。下面看一道分数、小数加减混合运算题，板书：

计算 $5 + \frac{3}{7} - 4\frac{2}{15} + \frac{20}{16} - 1.2$

师：这个算式中有些什么分数？

生：有真分数 $\frac{3}{7}$，带分数 $4\frac{2}{15}$，假分数 $\frac{20}{16}$，1.2是带分数的一种表现形式，即一又五分之一。

师：什么是分数？什么样的分数才是真分数、假分数、带分数呢？（要求学生准确地讲出这些概念的意义）

师：这些分数能直接相加减吗？为什么？

生：这些分数是异分母分数，他们的单位不同，不能直接相加减，只有先化成同分母分数，使其分数单位相同，才能直接相加减。

师：这个算式中既有分数，又有小数，怎样计算简便呢？

生：算式中 $\frac{3}{7}$ 与 $4\frac{2}{3}$ 不能化成有限小数，而1.2能化成带分数，像这样的情况，将小数化成分数后再计算较为简便。这时，学生讲老师板书出：

$5 + \frac{3}{7} - 4\frac{2}{15} + \frac{20}{16} - 1.2$

$$=5+\frac{3}{7}-4\frac{2}{15}+\frac{20}{16}-1\frac{1}{5}$$

师：接着该怎样算？（生：通分。）什么叫通分？通分的依据是什么？什么是分数的基本性质？（要求学生熟记分数的基本性质及其在通分上的作用）

师：那么，如何找这些分数的公分母呢？

生：两个分数找公分母一是看分母互不互质，如果互质则为乘积；二是看分母是否是倍数关系，是则大数为公分母；三是前面两条都不合，就将大数逐次扩大倍数为其小数的最小倍数即是，或进行质因数分解、采用倒除法。而找三个分数或更多的分数的分母的最小倍数则一般是运用倒除法、分解质因数，并可将找两个分数的公分母的规律运用上。

师：但是就这个算式，是不是急于通分呢？你们看这些分数还有什么特征没有？（引导学生看到 $\frac{20}{16}$ 不是最简分数，并讲出什么样的分数是最简分数。不是最简分数就应化简，化简必须通过约分，约分的依据是分数的基本性质。）

师：那为什么要事先把 $\frac{20}{16}$ 化简？

生：化简后分母数值小了，便于找公分母。

这时老师继续板书出：

$$=5+\frac{3}{7}-4\frac{2}{15}+1\frac{1}{4}-1\frac{1}{5}$$

师：这里需不需要运用分解质因数或倒除法来找公分母进行通分呢？为什么？

生：因为 15 是 5 的倍数，7、15、4 是互质数，它们公分母就是 7、15、4 的

乘积，即他们的最小公倍数 420。

师：7、15、4 是两两互质的三个数，这三个数都是质数吗？什么叫质数？什么叫互质数？合数、奇数，偶数呢？这几个数里哪个是质数、合数、奇数、偶数？（要求学生准确地区分这些概念）

师：那么，自然数按能否被 2 整除，可分成几类；如果按约数多少分又可怎样分类呢？

根据学生回答，老师在试题旁板书出：

自然数 $\begin{cases} 奇数 \\ 偶数 \end{cases}$ （能否被 2 整除）

自然数（按约数多少） $\begin{cases} 质数（只有 2 个约数） \\ 合数（2 个以上约数） \\ 1（既不是质数也不是合数） \end{cases}$

同时使学生认识 2 既是最小质数，又是最小偶数，所以 2 是最小偶质数。

师：这里 15 是 5 的倍数，那么 5 是 15 的什么数？（生：约数。）约数和倍数是在什么前提下才有的？能单独说某个数是倍数、某个数是约数吗？为什么？一数的倍数和约数有多少？

生：只有当两数间有整除关系时，才有倍数与约数之分。约数与倍数是在整除的前提下相互依存的两个概念，一个数的倍数的个数是无限的，而一个数的约数的个数是有限的。

师：那什么叫整除？整除就是除尽吗？为什么？你能举个例子说明吗？（让学生准确区分整除与除尽，并理解相互关系。）

师：15 能被哪些数整除？4 又有被哪些数整除？你能说出能被 2、3、5 这些数整除的数的特征吗？（学生进一步理

解倍数与约数，掌握能被 2、3、5 整除的数的特征。）

师：这些基本概念我们都搞清楚了，现在继续计算这个试题。因为这几个分数的分母是两两互质的，15 是 5 的倍数，所以，公分母是 $7 \times 15 \times 4 = 420$。这样，经过通分，上面算式就等于（学生回答，老师板书）

$$= 5 + \frac{180}{420} - 4\frac{56}{420} + 1\frac{105}{420} - 1\frac{84}{420}$$

师：现在我们已将原式异分母分数化成了同分母分数，单位相同就可直接相加减了。下面就请同学们运用不同的方法进行计算，再比较哪种方法较为简便。

学生计算，老师巡视辅导，发现问题。

师生订正，并总结计算步骤。

（1）逐步脱式计算。（算式略）

（2）运用加法交换律、添括号法则计算。（算式略）（使学生看到：虽然计算步骤的多少差不多，但一般来说，用了性质和定律要简便些）

接着，老师在总复习题中选择了有关题进行了课堂练习。

这节复习课对我们在复习课的设计上有何启示呢？我认为有如下几点可以借鉴。

（1）从教学自身的特点出发，运用整体原理设计复习课。

我们复习课的设计，应根据数学自身的特点，掌握所复习内容的知识结构，即所学内容的基本概念、基本原理、基本方法等组织形式，分析它们怎样相互联系的，从而在复习中，通过揭示知识之间的纵向、横向联系，让数学知识上

下贯通、左右交叉，促使学生的纵向知识形成系统，横向知识融会贯通，改善其认知结构，把平日所学的"散装"知识按其内部规律，形成纵横交错的网络状概括结构，以达到既巩固所学知识，又把所学知识系统化、综合化的目的。这节分数加减法复习课的独特之一就在于此。

（2）克服当前复习课的几个弊病，采取灵活多样的方法设计复习课。

当前复习课的弊病概括起来是一讲、二散、三重复、四单调。那么应该怎样设计复习的方法呢？数学家华罗庚提倡"找另一条线索把旧东西重新贯穿起来"的复习方法。

按照常规，复习时往往把概念集中分类复习，把计算又单独进行复习，可这节复习课在复习内容和方式的设计上，却采取了"找另一条线索把旧东西重新贯穿起来"的复习方法，即通过一道分、小数四则计算式题，把所学知识重新贯穿起来进行复习。这样，既使学生"温故而知新"，又能较好地充分调动学生学习的积极性。为此，根据教学内容，设计出一种行之有效的复习方式方法，这又是提高复习效率的又一值得重视的问题。

（3）驾驭教材，充分发掘复习内容的智力因素，把发展思维贯穿于复习的始终上来设计好复习课。

要提高复习课效率，同样有一个突破"以计算为中心"的传统观念的问题。所以，复习课也要把以训练学生计算技能为重点，转移到以培养学生的数学思考能力为重点一轨道上来。这节分数加减法复习课，就不是单纯地训练学生的

计算解题能力，而是把有关知识进行开放，使学生面临要解决的问题时，能按一定的依据和一定的程序，通过观察、比较、分析、综合、判断、推理等方法来获取知识、解决问题，并能灵活地重新组合信息，创造性地解决问题，学生能得出两种解题思路和两种计算方法，就是思维灵活性的具体体现。所以，这节课的全过程实际上就是培养学生逻辑思维能力和培养他们多面思维的过程。要做到这样，关键在于教师驾驭教材，能充分挖掘所学内容的智力因素，还要了解学生，使复习既能起到查漏补缺、巩固所学知识的目的，又达到发展学生思维、培养学生思维品质的要求。无疑，这样的复习课的效率就一定是很高的。

（湖南益阳地区教研室　王海南）

第 **3** 篇

课堂开讲艺术

一、开讲艺术的特征

讲课如同写文章，开头很重要。明朝谢榛在《四溟诗话》中说："凡起句当如爆竹，骤响易彻。"清朝戏剧理论家李渔在《闲情偶寄》中也说："使之一见而惊，不敢弃去。"意思是说，文章开头要响亮，使人为之一震，一下抓住读者，使其爱不释手。好的开头的确如此。如俄国著名作家列夫·托尔斯泰在《安娜·卡列尼娜》一书是这样开头的："幸福的家庭都是相似的，不幸的家庭各有各的不幸。奥布郎斯基家里一切都混乱了。"短短两句话一下吸引了读者，激起了一读为快的兴趣。同样，讲课开讲开得好，也可一下激起学生的求知欲，把他们的注意力吸引到讲课中来。

综观优秀教师成功的开讲，其艺术特征是诸多方面的。

（一）审美性特征

美是艺术的真谛。审美属性是艺术的根本特征。开讲艺术也是一种追求美的活动，具有审美性是开讲艺术的核心。开讲艺术审美性的内容是丰富的，如内容美、语言美、教态美、板书美等，同时，还表现在教学中师生之间心理的交流、情感的融洽，共同对真理的执著追求方面。

（二）创造性特征

创造是艺术的生命。任何艺术都贵在创新。开讲艺术的创造性主要表现在为教师走自己的路，形成自己独特的教学风格。开讲艺术的创造性，推动教师探索教学奥妙，成为教学规律的发现者。教师在教学中传授的知识，是人类的已知，这本身是没什么创造性的，但教师在导入新课时，把学生的注意力很快吸引到教学中来，这就要求教师精心设计，几经推敲进行知识的再创造。

（三）情感性特征

任何艺术都是"以情感人"的。开讲艺术的情感特征主要表现在，教师把自己内心的情感融进相应的教学内容和教学过程中，用真实的富于感染力的情感表现来激发学生的情感体验，激起他们的兴奋点和引起他们愉悦的感受，把教育作用的触角深入到学生的心灵深处，实现心与心自然的交流、共鸣、撞击。以艺术的魅力寓理于情，寓教于乐。

开讲艺术的情感性，要求教师善于控制和调节自己的情感，上课伊始教师要以饱满的热情，使学生产生强烈的情感共鸣。开讲艺术的情感性，还要求教师在导入新课时善于和学生进行情感的交流。师生在这种和谐的气氛中进行交流，互相激励，获取信息，协调自己的行为，使教与学同步。

（四）形象性特征

艺术形象是作家运用各种表现美的

艺术手段塑造出来的，以满足人类高尚的审美需求。开讲艺术是以形象的方式导入新课时，教师通过多种媒体如语言、动作、表情、色彩、音乐、幻灯、图像、模型等，作为传递信息的载体，把抽象的概念具体化，深奥的理论形象化，不仅给学生提供赏心悦目的形象，而且有利于学生对教材生动地感知，深刻地理解，牢固地记忆和灵活地运用。

（五）新颖性特征

开讲形式多样新颖才能吸引听众。如提问开讲，实验开讲，指导观察开讲，利用格言警句开讲，用涉及听者切身利益开讲，从听众的共同利益、共同愿望、共同语言开讲，利用儿歌开讲等。

开讲是文章的开头，并不是文章的中心，宜精不宜杂，宜短不宜长。开讲不能千篇一律，给学生留下单调枯燥的印象，要生动活泼，多种多样，时刻给学生以新颖、有趣的感觉，发挥组织教学的功能。开讲是信息传递，必须注意师生信息反馈的双向性。

新课导入中教师的语言和动作，无疑蕴含着教师事先编储好的知识信息和能力训练，这些信息在向学生输出过程中，必须使学生能顺利接受，这就要求开讲必须与教学内容、学校实际和学生的年龄特征相一致。开讲主要是运用信息发挥自己的功能，这些信息应能使学生的情感、能动性和求知欲望等得到调动，从而把这些信息和意向转变为内部的积极投入学习的实际效果。

(六)周密性特征

课堂教学应做到有条不紊，环环紧扣，重点突出，难点分散，有讲有练，讲练结合。开讲的艺术特点在宏观上表现为鲜明的目的性，方法的灵活性，设计的巧妙性，内容的准确性，组织的周密性和形式的多样性。在微观上表现为：

（1）善始。开讲的第一句话要切题，有趣味性，有激发学生求知欲的"悬念"。

（2）善导。开讲时要善于诱导。这就是根据教材内容和学生实际，想方设法，让他们脑子活跃起来，积极开展思维活动，激发他们掌握知识与追求真理的自觉性和主动性，同时，教给有效的学习方法，使学生确实达到"自学自得""自味得之"的目的。

（3）善察。开讲时，要善于观察。善于见微知著，一叶知秋，及时发现问题，及时解决问题。

（4）善言。开讲的语言要准确、精炼、生动、有趣、语调有节奏，有停顿，让人留有思考的余地。

（5）善喻。用生动、浅显、熟悉的事物比喻说明抽象、深奥、生疏的事物或原理。

（6）善书。开讲时的板书特别重要。板书要工整，美观大方，布局合理。

（7）善时。开讲时，要善于控制时间。课堂时间既不富裕也不欠缺。

（8）善熟。熟悉讲授内容，不带讲稿，以便洞察听者情况。熟悉学生，了解学生，因材施教。

（9）善突。重点突出，难点突破。

（10）善忌。忌口头禅，说话无力，即兴笑料，低级庸俗等。

(七)趣味性特征

兴趣是学习的先导，好的开讲应具有很强的吸引力，能引起学生的兴趣，成为优质课的良好开端。心理学家皮亚杰说过："所有智力方面的工作都要依赖兴趣。"只有能唤起学习兴趣的开讲，才是好的开端。成功的大门是向着所有人敞开着的，然而培养兴趣是登堂入室的第一步，教师的职责就是要想方设法引导学生走好这一步，把学生兴趣引向科学大门。导入新课时，要采取多种方法激发学生的兴趣。

(八)目的性特征

开讲是为中心服务的，好的开讲要能很好地为突破难点服务，为实现该节课的教学目标服务，所以，开讲要有针对性、目的性。怎样开始，如何过渡，先讲什么，后讲什么。设什么疑，搭什么桥，过什么渡，何时提问，何时板书，教具在什么时候使用，教师的衣着、姿态、站的位置等都要周密考虑，组织精当。课堂教学不同于讲评书，说相声，它是一种目的性很强的活动，不允许随意性，45分钟，分秒必争，重点、难点突出，段段清楚，层层紧扣，上下衔接，任务明确。那种花样翻新，洋洋万言，离题千里的开讲是行不通的。

(九)灵活性特征

常常有这样的情况，即有些教师确实知识丰富，学识渊博，书读得很多，很有学问，但讲起课来好比茶壶煮汤圆，肚子里有倒不出来。一个演员不能认为只要了解剧情，会背台词，就能上台演好戏。同样，一位教师，也不能认为只要懂得专业知识，能讲得头头是道，就能上好一堂课。同一个戏，同一个角色，不同的演员去表演，为什么效果相差有天壤之别；同一本教材，同一班学生，不同的教师去上课，为什么效果两样？这就在于教学艺术。有的人不讲艺术，上课不是天南地北，油腔滑调，就是照本宣科，甲、乙、丙、丁、A、B、C、D，开中药铺，堂堂一个调，课课一个腔，千篇一律，令人生厌，兴趣索然。

教学的对象是活生生的人。教师要把前人积累的丰富知识，转化为学生的精神财富，就必须采用好方法和技术。孔子说过：善学者不如乐学者。所以，教师开讲方法必须巧妙、灵活、适应性强。

（十）启发性特征

开讲要有启发性。使学生理解学习该节课的重要性和必要性，产生学习该节课的内容的强烈欲望，从而提高学习该节课知识的自觉性和积极性。目前，新课的导入设计，大多只考虑了认知因素与情感因素，而对意志因素有所忽视。

例如，不少教师新课的导入，在学习困难方面为学生想得过细。对锻炼学生意志的一些难点或障碍都替学生解决了。留给学生的困难太少或几乎没有，因而起不到培养和训练学生意志的作用。这样一来，导入新课的练习设计缺乏挑战性和启发性，难点确实突破了，教师

教起来轻松，学生学起来容易，可是，正因为太容易了，学生并未受到应有智能和意志的锻炼，从教育心理学的角度来看，这样的教学并不可取，因为教学活动是认知、情感和意志综合作用的结果，不仅是知识的传递和情感交流还有意志培养。教育家波利亚指出："教学生解题是意志的教育。当学生求解那些对他来说并不太容易的题目时，他学会了败而不馁，学会了赞赏微小的进展，学会了等待主要的念头，学会了当主要念头出现后全力以赴。如果学生在学校里没有机会尝尽为求解而奋斗的喜怒哀乐，那么，他的教学教育就在最重要的地方失败了。"

当前，美国教育家提出教学设计要具有挑战性，如果过易学生就体验不到成功的欢乐。所以，在导入新课时要设计一些有难度的题让学生去尝试探索。当然，学生在尝试的过程中不可避免地会遇到一些困难。教师应当鼓励和引导学生主动地去克服困难，去体验克服困难后的感受，使学生逐步树立起克服困难的信念。这样的信念越牢固，其心理和生理的耐受能力也就越能得到锻炼；同时，在克服困难的过程中，学生需要充分调动自己潜在的智能，思维能力也就随之得到了发展。

（十一）多样性特征

新课伊始，用几句贴切而精练的引语导入，不仅可以把学生分散的注意力集中起来，诱发思想，强化求知欲，还可以借此交给学生一把打开新课大门的钥匙，使教学收到事半功倍的效果。因

此，根据不同教材，不同课型，针对学生实际，设计好不同类型的开讲是成功的关键。

二、开讲艺术的功能

（一）保持记忆功能

开讲设计得巧妙合理，往往一开始就激发起学生的学习兴趣，使他们很快集中注意力，产生直接的学习动机。这时，学生的眼、耳、口、脑，甚至手等有关器官都立即进入了积极状态之中，所以，很多有经验的教师都十分重视开讲，善于开讲，讲得新颖，讲得活泼，使学生察觉到前方"仿佛若有光"，产生出一种探奇觅胜的求知欲望，主动地展开思维，调动自己的知识储备，为猎取新的知识和能力，积极地有创造性地去听讲、质疑、答问。一般地说，优秀教师从开讲的最初几句话起，就像磁铁般地吸引学生，而不是第二次，甚至第三次再去赢得学生注意。因为，第一次感知的程度可以决定记忆的强度，这已为19世纪德国心理学家哈尔门·艾宾浩斯所注意。他在《论记忆》一书中说过："保持和复现，在很大程度上依赖于有关的心理活动的第一次出现的注意和兴趣的强度。在一次生动鲜明的经验之后，被烫伤了的儿童就避火，挨了打的狗见了鞭子就逃。"

作为经验的获得和记忆的保持同人对事物的认识一样，也有"先入为主"的特点。大量事实证明，要改正一个已经使用惯了的错字，往往比识记一个生字难得多。第一次没有讲清的概念，即使重讲多次，也难完全消除已经造成的模糊概念。正如法国教育家卢梭所说："第一句叫学生记忆的意义不明白的话，或者第一件叫他盲从而不让他自己了解其意义的事物，这就是使学生判断力毁灭的开始。"

总之，开讲这一环抓得好，能使学生的情感迅速转入教学目的所需要的境地，注意力也集中到课本决定要突破的重点和难点上，保证在整个教学过程中，师生双方积极性始终集合在一条线上，不致"旁生枝节"，造成失误。在教学中，怎样才能使学生获得深刻的首次感知呢？有经验的教师总是十分重视一堂课的开讲，注意到以课文的教学目的为依据，紧紧抓住课文的特点，联系学生的实际（包括思想状况，能力状况，知识储备状况等），他们精心设计导言，采用灵活多样的"开讲"方法，一开讲就把学生的注意力牢牢地吸引住。

（二）激发学习动机功能

学习动机是搞好学习的一种内在推动力，是一种指向学习任务的动机和求知的欲望。这种动机，能使学生在学习过程中保持活力，刻苦学习，努力进取。赋有艺术性的开讲，就能激励和强化这种内在的学习动机。

（三）促进智能发展功能

赋有艺术性的开讲，教师能通过实物直观和语言直观以唤起学生已有的知识经验，给学生呈现清晰、明确、完整的形象，使学生准确、鲜明、生动地感知教材，积累丰富的感性认识，为形成概念和理解教材打下基础，并培养学生的观察能力。赋有艺术性的教学，教师能深入浅出地讲解教材，巧妙地启发学生的思维，为学生创造心理安全和心理自由的气氛，帮助学生深刻地理解教材和巩固知识，并发展语言表达能力、自学能力、思维能力特别是创造性思维能力。赋有艺术性的开讲，能做到精讲巧练，提高练习的有效性，帮助学生熟练地应用知识和形成技能，并培养独立分析问题和解决问题的能力。

（四）发挥美感功能

学校实施审美教育的途径，除了开设艺术课外，其他各科也含有审美教育的因素，特别是导入新课的艺术，给人留下美的印象。开讲艺术之所以能对实施学校审美教育起很大作用，是由于审美教育和开讲艺术本身固有的特点所决定的。审美教育既是情感教育，也是形象教育，情感是实质，形象是现象；情感是果，形象是因；情感是内容，形象是形式。两者相辅相成，密不可分。没有情感，形象则失去生命，而没有形象，情感就无从产生和寄托。离开情感和形象，就无所谓审美教育。加强美感功能，即开讲时教师怀着对事业对学生的挚爱，调动强烈的情感，努力使自己的开讲内容及方法，构成一个美感的动力系统，以美的独有魅力和感染力，有效地作用于教育者。课堂教学的导入，犹如乐曲的"引子"，戏剧的"序幕"，负有酝酿情绪、集中学生注意力、渗透主题和带入情境的任务。精心设计开讲，能抓住

学生的心弦，立疑激趣，促成学生情绪高涨，步入智力振奋状态，有助于学生获得良好的学习成果。

（五）激发兴趣功能

兴趣是感情的体现，能促使动机的产生。学生学习有兴趣，就能积极思考。所以，"善导"的教师，在教学之始，总是千方百计地诱发学生的求知欲。学习动机是直接推动学生进行学习的内在动力，只有使学生清晰地认识到所学知识在全局中的意义和作用，才易产生学习的自觉性。所以"善导"的教师，在教学之始，很重视阐明将要学习的科学知识，在工农业生产、国防、科学研究和生活中的重要意义。

导入新课时利用别出心裁的语言、诙谐幽默的语言作导语，既能培养学生的兴趣吸引学生的注意力，又能为学生接受新知创造愉悦的心境。赋有艺术的开讲能引起对所学课题的关注，迅速进入学习情境。

注意力是人们心灵的唯一门户。在课的起始，要给学生较强的、较新颖的刺激，帮助学生收敛课前的各种其他思想活动，把学生的注意力迅速引向教学任务和教学程序之中。

（六）承上启下功能

开讲艺术为学习新知识、新概念和新技能作鼓动、引子和铺垫，把学生学习的兴趣激发起来，学生就想知道、乐意学习；利用已知的素材作"引子"，能自如地导入新题；通过实例、实验的观察导入，可为思维加工作铺垫。

知识的学习要求循序渐进，温故知新。利用导语展示新旧知识的联系点，承上启下，过渡到新知识的讲授。

由于导语简洁地交代本节课要讲什么，按什么步骤，达到什么要求，所以，又能起到思维定向、内容定旨、情感定调的作用。学生有备而战，能配合默契。

（七）调剂学习情绪功能

没有艺术性的教学，则教学内容杂乱无章，教学方法单调，语言平淡，甚至有毫无意义的重复。常常看到这样课堂气氛一幅景象和拘谨而刻板，冷淡而紧张，学生或无精打采，昏昏欲睡，或坐立不安，烦躁乱动，久而久之，便会厌学、逃学。而讲求开讲艺术的教师，教学内容引人入胜，教学形式丰富多样，能把无意识记与有意识记、直接兴趣合理地组织和利用起来，做到"寓教于谐"，"寓教于乐"，学生乐学不厌，流连忘返，教师信心十足，情绪饱满，课堂气氛出现的则是另一种景象：思维积极活跃，师生关系协调融洽，师生共同沐浴于愉快的感受之中。

三、开讲艺术的原则

导入新课是课堂教学中极其重要的一环，也是老师一堂课成功的起点和关键，还是学生扩大视野，拓宽思路，接受美的熏陶的一个重要途径。

所谓"导入新课"。顾名思义，即一"导"，二"入"。"导"就是老师介绍或引导学生回忆一些与课文有自然联系的或相关的人或事，而不是课文的内容；

"导"，应具知识性、趣味性和科学性。尤其是趣味性，因为"导"的目的是把学生的注意力迅速地集中到所要学习的内容上，并对它产生浓厚的兴趣。"入"就是引入新课，特别应注意的是要自然过渡，忌生拉硬扯，牵强附会。

导入新课是有原则可遵循的。

（一）激发兴趣原则

兴趣是最好的老师，是学生获取知识、拓宽视野、充实心理生活的极其重要的动力，是人力求探究某种事物或从事某种活动的认识倾向，是鼓舞人从事活动的重要力量。只要能培养并启发学生学习的兴趣，就可以促使其聚精会神地去获取知识，创造性地去完成学习任务。激发兴趣主要是教师通过设例或者一些有趣的设问等方法来实现。

上课一开始，教师便根据课文内容设置悬念，正如小说写得精彩处却戛然而止，来一个"且听下回分解"，让读者更想知道下文。小学生具有较强的求知欲，他们渴望知道更多的东西。因此，教师巧设悬念，便可激发起学生求知的欲望，也能提高其学习兴趣。

（二）启迪思维原则

思维在人的智力结构中居于核心地位，是整个智力活动中枢。如果没有思维的积极参与，知觉、记忆、想象等其他智力活动都将停留在较低层次，会妨碍学生对知识的接受与再造。反之，就将提高学生对知识的理解能力和领悟能力，增加其创造性因素。这在语文课的教学中主要通过设疑来实现。

"疑"是成功的开始、多疑才能多思。古人说过不思则罔。只有多思，才能调动学生的学习积极性，启发学生的思维。因此，教师在课堂上巧妙质疑，既增加了学生的求知欲，又激发了学生的思维兴趣，使学生对新学知识引起注意，学生的心理活动的指向就会自然而然地集中于教师所灌输的知识对象，能把学生的无意注意变为有意注意。

（三）触发情感原则

"人非草木，孰能无情？"《论语》中有这样的话："知之者不如好之者，好之者不如乐之者。"所谓"乐"，实质上就是强调情感在学习中的作用。所以，只有引发情趣，使学生进入课文情境，置身其中，才能获得亲切的体验，愉悦身心，从而接受真、善、美的熏陶。这在文艺类作品教学中尤为重要。激发情感关键是要将学生引入一定情景，让学生和老师一起与课文产生情感共鸣。

教育理论研究表明，课堂教学效率依存于师生双边活动的熟练配合程度。好的开讲形式，可以为课堂教学做好彼此情愿的愉悦的心理准备。处于课堂教学主导地位的教师应担负起激情诱发的任务，每个教师都应以自我激情的触动，作为感染学生情绪的起点。老师通过自己富有真情实感的言谈举止，如表示亲切平等的手势、笑容，体现教学内容的表情，共同创立课堂情境的齐声朗诵和歌唱等，以达到师生情感相通，心理相容，共同探索的结果。

（四）新奇多变原则

生理基础决定了人的大脑皮层不仅能对外界刺激产生反应，而且能对外来刺激进行综合分析即思维活动过程。大脑的这种反应效率与所接受刺激的强弱有关，刺激的多变性、新奇性是引起大脑皮层快速反应的强刺激特质，所以教师的开讲要根据具体教学内容，具体的环境条件，具体的学生素质等进行灵活多变的开讲。

（五）直观形象原则

俄国教育家乌申斯基说："儿童一般是依靠形象、色彩、声音和触觉来思考的。"因此，采用直观教学至关重要。可使学生一开始便进入到直观教学所创设的情境之中，耳濡目染，受到感染。教师若采用图片直观，便可展现情景，给学生以鲜明生动的形象，学生的注意力很快被吸引到图片所展示的意境之中；若采用音响直观便可以渲染情境，使学生深受感染，学习的积极性被调动起来了；若采用语言直观，便可以描述情景。教师准确精练、生动形象的教学语言，使学生在头脑中唤起具体事物的表象，给学生以感性认识。

（六）审美体验原则

课堂上思维活动的成效有赖于学生的心理状态，因为学生的心理活动，会不自觉地受到储存于学习心理的教师形象的前摄抑制，潜意识的心理背景会得出"教师能干"或"老师不行"的心理暗示。教师虽然还没有走上讲台，但学生已在心目中构筑起讲台上的教师形象。

四、开讲艺术的方法

（一）引趣式开讲法

兴趣是最好的老师，是一切人才成长的起点，是学生主动学习，积极思维，探求知识的内在动力。"知之者不如好知者，好之者不如乐之者。"由"好"和"乐"所产生的追求探索知识的迫切愿望是克服一切困难的内部动力。有经验的教师在开讲时，总是善于利用教材和教学本身去激发学生的兴趣，去促使学生形成最佳心理状态。兴趣的来源是多方面的，除知识本身的魅力，教学艺术的感染外，符合学生心理的活动也是激发兴趣的关键。优秀教师开讲时，之所以能抓住学生的心，重要的原因之一就在于他们的开讲，能巧设疑难，唤起欲望，把抽象的东西具体化、形象化，使学生看得见，摸得着，这样可以激发学生学习的兴趣，改变学生由被动地学变为主动地学。

1. 针对特点形式新颖

小学生喜欢儿歌，有些教师开讲时运用谜语、儿歌引入，学生颇感兴趣。

例1 北京有位特级教师在讲"聪明"一词是这样开讲的：

问："你们愿意做聪明的孩子吗？愿意的请举手！"霎时，每个学生都争先恐后举起小手。接着，他告诉学生："每个人都有四件宝。如果学会了运用这四件宝，人就会聪明起来。这四件宝是什么？

我暂时不讲。"停了一会儿，她叫学生猜四则谜语：

东一片，西一片，隔座山头不见面——耳朵

上边毛，下边毛，中间一粒黑葡萄——眼睛

红门楼，白门槛，里面坐个嘻嘻孩——嘴

小白孩住高楼，看不见，摸不着——脑

在猜谜之后，就剖析字形说："聪"字，左边是耳朵的耳，右上方是两点，代表两只眼睛；右边中间是口字，就是嘴；右下方是心，代表脑，这四件宝合在一起，正好是个"聪"字，"聪"字后边加个"明"字是因为对这四件宝要天天用，月月用，天长日久，你们就会聪明起来。

北京景山学校低年级在识字和数学教学中，用儿歌的形式开讲，使学生丝毫没有枯燥无味的感觉。相反是兴趣、情感支撑毅力，丰富知识。

儿歌、谜语，通俗生动，读起来上口，易于接受。在开讲时针对儿童特点，运用儿歌、谜语可以激发学生兴趣，帮助学生掌握有关知识，收到较好的效果。

数学儿歌较多，只要善于收集，灵活运用，开讲的效果就一定会好。

例2 分苹果

小红提着一只篮，篮里苹果红又鲜。

小班每人分六个，篮里苹果也分完。

大班每人分三个，分完苹果只剩篮；

大班小班一起分，每人几个尝尝鲜？

绳长与井深

不深不浅一口井，不长不短一根绳。

单股下去多三尺，双股下去少三尺。

先算井深有几尺，再答绳长是多少？

老师在讲课前教学生反复朗诵，悟出道理，在熟悉记忆的基础上理解意思，编出文字题，再进行计算，学生学习兴趣很浓。

例3 有一位老师利用儿歌这样开讲：

师：同学们都见过青蛙，一只青蛙有几张嘴，几只眼睛几条腿？你们知道吗？

生：知道！

师：好！我们现在来做一个游戏，当老师说出几只青蛙的时候，第一组的同学计算几张嘴，第二组的计算有几只眼睛，第三组的计算有几条腿，第四组的计算它们分别跳进水里所发出的声音：

师：三只青蛙——

生1：三只青蛙，三张嘴。

生2：六只眼睛，十二条腿。

生3：扑通、扑通、扑通跳下水。

......

这样开讲形象生动，有趣，训练了逻辑思维。但在编数学歌诀时要做到科学性、趣味性，学生学习起来才管用，唱起来才有劲，印象深刻，不易忘记。

2. 寓教于事 娓娓动听

学生普遍爱听故事，由短小有趣的故事开讲，学生兴趣必然浓厚，听课思想必然集中。

例4 有一位化学老师在讲观察实验课，是这样开讲的：

现代化学方程式的创始人，锌、钍、硒三种元素的发现者柏济利斯在一堂课上责备他的学生，说他们都是庸才，不可能成为化学家，因为，他们全部缺乏

化学家的卓越观察力。学生们当然不服气，反问老师为什么这样信口开河。

柏济利斯心平气和地说："我们还是先做实验吧！至于我责备你们的根据，要等实验完毕才告诉你们。"

他从实验台上拿出一个盛有液体的玻璃杯，伸出一个手指，放进杯里，然后把手指伸进口里，好像用舌头品尝液体的滋味。每个学生都老老实实按照老师的指点做了，从他们尴尬的表情可以看出，老师给他们尝的绝不是什么美味。

半小时过去了，没有一个学生能回答提出的问题，老师不禁哈哈大笑起来，学生都莫名其妙地望着他发呆。

"是呀！你们上当了！我的责备是有根据的，你们中间没有一个善于观察。我伸进杯子去的是中指，而伸进口里的却是食指。可是你们都当真去尝了。"

老师说得学生们一个个面红耳赤，有苦难言。从此，在实验中学生特别注意观察。后来他的学生很多都成了化学家。

老师讲完这个故事后，深有感触地说：这则故事告诉我们观察不仅要善于运用眼、耳、鼻、口等感觉器官，尤其要善于运用脑这个思维器官，要将注意力高度集中于观察对象，边观察，边分析比较，才能得到全面真实的情况。下面就来做一次观察实验，请同学们仔细观察。

就这样，一堂生动的观察实验课开始了。利用名人的故事开讲，能使学生从心里崇拜权威，他们的故事有一种吸引学生的魅力。因此，适当地引用名人的故事，名家格言开讲，是一个很好的办法。它能使学生清楚而有说服力地表

达自己的思想，也能达到引人入胜的目的。

小学生的知识经验受到局限，以不随意想象为主，在导入新课时，把生活事例、知识内容融合于生动有趣的故事中，在讲故事的过程中诱发儿童向随意想象发展。

例5 有一位老师在讲"小数的基本性质"时，是这样开讲的：

整数房里新来了一位小数点阿姨。她做了许多好事。比如，上次测量楼房长度时，楼长 34 米多一点，35 米少一点，真没办法表示。小数点阿姨知道后主动去帮忙，用 34. 67 米准确地表示出来，大家可高兴啦。

灵灵见小数点阿姨老是搬来搬去，就问："阿姨，你为什么老是搬家呢？"她和气地说："这是我的工作呀！你看 1256×10，12.56÷10 意思就是把 12.56 扩大 10 倍，缩小 1/10，也就是要我搬家来帮助他们解决这个难题。"

"哦，那你怎么搬呢？"灵灵好奇地问。

小数点阿姨如何搬家，今天我们学了——"小数点的基本性质"就会知道了。（板书课题）

老师一边讲故事，一边板书。

在这里，搬家的方向由"'×''÷'"来决定：如果'×10'就向右搬一个房间（移一位）；如果'÷10'就向左搬一个房间（移一位），然后依次类推，如果房间数位不够，就增加新房（用 0 来补充），比如 0.5×100＝50，0.5÷100＝0.005。讲到这里老师问：同学们，你能根据小数点搬家的情况，说一说我的位置移动，引起小数大小变化

的规律吗？

学生通过看书、讨论，终于答出来了。

"在除法楼房里，除数不能有小数点，如果有小数点，一定要搬走。"

$$324\enclose{longdiv}{\begin{array}{r}1.2\\388.8\\324\\\hline 64.8\\64.8\\\hline 0\end{array}}$$

除法楼长对大家说："好吧，各就位。"于是小数点很好就搬好了。

你看：（竖式）

你听，他们搬完了家还在唱呢：

除数的小数一划，

被除数的小数点就搬家。

搬家哪几位？

由除数的小数位数来决定它。

通过故事的吸引力很顺利地导入新课，学生在乐学中学完了小数的基本性质。

但是在用这种方法开讲时，要注意选择好故事，尤其要选择短小精悍，有针对性的故事。不要为讲故事而讲故事，画蛇添足。

开讲是课堂教学的重要环节，方法多样：形式新颖，不应拘泥陈规，囿于老套，应不离教材，捕捉重点，以景召人，以情感人，以知识的魅力吸引学生，以充分调动学生的积极性、主动性为原则，以教材的重点和难点为依据，使开讲成为培养学生兴趣，提高思维能力的重要一环。

3. 补充知识激发兴趣

兴趣是学习活动中最现实，最活跃

的因素。有了兴趣，学生才能把心理活动指向或集中于学习的对象上。在开讲时可以补充一些新知识，尽量引起学生对所学内容产生强烈的兴趣。

例6 在教"年、月、日"时，这部分教材抽象，概念多，学生容易感到枯燥无味。有位老师在开讲时，先出了这么一道数学趣题：

一位老爷爷，他出生后，到1980年2月底，只过了18个生日。请大家想一想，这时老爷爷是多少岁？

学生听了兴趣盎然，议论纷纷，课堂气氛十分活跃。就连一些原来不爱动脑子的学生，也积极地"开动机器"，谁都急于想知道一个正确的答案。这时老师抓住学生迫切求知的心情，及时地引导他们进入新课，着重进行平年和闰年的比较。通过对比，学生就发现，这位爷爷的生日是2月29日，他刚过完第18个生日应是72岁。

"兴趣是最好的老师"。学生只有对所学的知识感兴趣，才能在学习中形成"愤"，"悱"状态，才能一心专注，乐此不疲。反之，压抑了学生的兴趣，就压抑了学生的学习主动性。在开讲时能一下子引起学生对所学内容产生强烈的兴趣，可以说这堂课等于成功了一半。

兴趣的培养不仅关系到学生学习主动性、积极性的激发与形成，还关系到学生学习志趣、志向的确定和发展。因此，在开讲时要特别注意"引趣"。

亚里士多德说过："思维自疑问和惊奇开始。"有了疑问和惊奇，孩子们的思维会活跃起来，由衷产生了认识世界的精神动力，度过精神生活充实的童年。这为他们一生的发展奠定良好的基础。

例7 为了使孩子们一上课思维就活跃起来，有一位老师在讲列方程解应用题时也补充了一些新知识进行开讲，效果很好。激起了学生强烈的求知欲。

师：同学们，大家都知道小华过去是厌恶数学的，可是他在进入中学的第一节代数课上，小华就爱上代数这门学科，为什么一节代数课就使他对数学产生兴趣呢？这还是个未知谜。一天，我带着这个问题访问了他，他给我谈了心里话：一开始，代数老师并没有讲课，而是要猜同学们的年龄："谁愿意把自己的年龄写在黑板上？"小明立即举手表示愿意，并且在黑板上写下他的年龄。老师当然是不去看它的，随后老师便要我们每人按下列步骤计算：

年龄加40，得数自乘，从中减去2500。

这时我们每人手中都拿一个答数，老师要大家口报这个数。小明口报209。我口报309。

我在想："为什么我和小明的答数不一样呢？"老师像猜到我的心思似的，立即向全班宣布："小明算错了，因此他不能帮助我猜他的年龄，可是小华算对了，他告诉我黑板上写的年龄是13。"

小明今年的确是13岁，老师真的猜对了！

我们一个个都睁大了惊奇的眼睛，盼望老师揭开这个谜。可是老师却不紧不慢地说："这不难，我用的不是算术方法，而是代数方法。就是用字母代表数的方法。"这时，老师要我们拿出代数课本，一下子，我们便爱上了这门新学科——代数。

师：同学们，为了帮助小华解开这

个神奇的谜底我们现在就来请教这位不说话的老师——书本。说完老师板书课题，请同学们打开课本自学。

同学们带着强烈的好奇心，为了最快解开这个神奇的谜底，课堂活跃，情绪高涨，个个都在认真看书学习。人人都在动脑筋，找答案。这样，老师高超的开讲艺术，就把学生引进了知识的海洋。

4. 灵活多变 启发思维

开讲是一门艺术，要善于把学生引入无比瑰丽的知识境界。老师开讲的方法不要千篇一律，要灵活多变，设计的导语不要淡而无味，要富有启发性，要像磁石一样始终牢牢吸引住学生的注意力，使学生的思维活动同老师的讲课交融在一起，使知识最大限度地溶解在学生思维的泉水中。

例8 大竹县"新秀杯"讲课比赛一等奖获得者、实验小学黄尤英在教学中就是这样重视讲课艺术的。她在"复习 20 以内的加减法"时，是这样开讲的：

智慧爷爷种了一棵仙桃树，树上结了很多仙桃。小猴子想摘桃子，但智慧爷爷有规定：必须算出桃子上的题才能摘桃子。小朋友，你能帮助小猴子很快地把桃子摘下来吗？

良好的开端是成功的一半。这是针对低年级的特点用童话开讲，很新颖，把枯燥的算术题变成了摘桃子的故事。儿童学起来很感兴趣。

洛克在《教育漫话》里说过：教导儿童的主要技巧是把儿童应做的事也都变成一种游戏似的。安排游戏导入新课，

让儿童开始上课就得到乐趣，而且能在"乐"中诱发他们的创造激情。

例9 有一位老师设计的开讲是这样的：

①看卡片口算：以开火车的形式进行，每人一小题。每行问一名中等生，说出口算过程。内容是本节的对应练习。

②精心设计和组织多种形式的练习开讲，既培养了学生兴趣，又提高了学生计算能力。

③投篮球看谁投得又准又快：每个篮球上写上一个得数，老师把学过的两位数加一位数（包括进位不进位）及加整十数的口算卡片摆好，学生分成两组进行。老师说："开始。"每组学生一人到讲台上拿一张卡片，计算后把卡片放到相应的篮球上。订正后又快又准的小组得胜。

这种开讲形式多样化，符合儿童年龄特点，激发了兴趣，调动了学习积极性。

幻灯形象直观，开讲时利用幻灯片，可以激发学生的学习兴趣。例如推理计算，利用有趣的动物片，进行推理计算，学生跃跃欲试，发言争先恐后，课堂气氛异常热烈。

在教学中让学生从错误中学到东西很好。老师将学生易错的题编成童话教育学生，让学生识别错误，这样印象深刻。

这样开讲，课堂气氛生动活泼，教学效果良好，教学方法新颖灵活。老师注意把已学过的知识加以概括整理，使之系统化、条理化。习题设计，形式多样，新颖活泼，很具有特色。寓教于乐，使学生不感到单调无味。着眼于引导学

生开拓思路，培养思维能力，达到长知识、长智慧的目的。

（二）诱导式开讲法

学贵刻苦，教贵诱导。教育的艺术，就是懂得如何引导，就在于为学生创造出一个最适宜于自己寻求知识的意境来，然后循循诱导，使学生产生一种孜孜不倦、锲而不舍的学习愿望，最大限度地调动学生思维的积极性。

"导"对教师的要求很高。老师必须学识雄厚，视野宽阔。指导时，善引博喻；开讲时，要言不烦；衔接知识时，步步深化。它要求教师备课量大，教学手段新，采取引而不发，或视机而发，一发中"的"的办法，做到"牵一发而动全身。""导"的方法很多，其关键在于能否抓住学生心理特征，以教材为内容，牢记教学目标，采用启发手段，激发学生疑与思，点燃他们渴求弄懂学会的智慧火花，把要我学变成我要学。

大科学家爱因斯坦的一则轶事足可使我们受到深刻的启示。据传有个小女孩向爱因斯坦问一道题，爱因斯坦没有直接回答，而是说："我给你指一个方向，不过习题的答案还得用你的头脑去寻找。"一个"指方向"，一个"去寻找"说得何等的好啊！这不就是教与学关系的最好概括吗？他生动地说明教贵诱导的重要性。难怪乎一位外国教育家说："不好的教师是传授真理，好的教师是叫人去发现真理。"

1. 巧妙安排　顺势导入

思维总是从问题开始的。如果在开讲时，教师能巧妙地安排，顺势导入，把学生引入问题的情境，让学生从各种不同的角度加以分析思考，这样就能收到很好的效果。

例 10　讲圆的周长，教师预先布置学生制好一些大小不同的圆片。

上课开始，教师先请学生拿自己做的圆片在直尺上作滚动实验，测出圆周长，记住数据。然后，指名一些学生只要报出圆片相应直径的近似数。老师就能说出这个圆的周长，学生先是满不在乎，继而显得惊异，接着议论纷纷。大家都在思考：为什么我们报出一个圆的直径，老师马上就能相应地报出这个圆的周长？同一个圆的直径和周长究竟有什么联系呢？……激起了学生强烈的求知欲望。教师抓准时机说："你们都想知道同一个圆的直径和周长之间的关系吧，现在我们就来学习这方面的知识。"

教师巧设问题情景，适应小学生的心理特点，能激发学生学习兴趣和追求新知识的心理状态，投入新的学习活动。

例 11　在教"比例的意义"时，有位老师用生活事例巧妙导入新课，唤起儿童的注意，激发求知欲望。

师：我们已学过了比（板书）。同学们知道自己身上有许多有趣的比吗？例如，你们拳头的周长与脚长的比大约是 $1:1$，心肺体积的比大约也是 $1:1$，身高与胸围长度的比大约是 $2:1$，身高与脚长的比大约是 $7:1$，体重与血液重量的比大约是 $13:1$，……知道了这些有趣的比，有什么用途呢？如果你到商店去买袜子，只要将袜底在拳头上绕一周，就会知道袜子是否适合你穿；如果你当了公安人员，只要发现了坏人的脚印，你就可以估计到坏人的大约身高；如果你要知道自己身上血液的重量，只要你称一称你的体重，马上就可以计算出来。

这里，实际上是用上面的比去组成了一个有趣的比例来计算的。（随手在"比"的后面添上"例"）

同学们，想知道"比例"是什么东西吗？请大家仔细阅读课本 29 页第 11 行的内容。

有趣的比，神奇的比例，把儿童带到了美妙的数学王国。大家心里充满了欢乐。

这时，教师出示自学提纲：

（1）什么叫比例？能否举例说明？

（2）判定下面哪一组中的两个比，可以组成比例？为什么？

学生在神奇而有趣的比例的招引下，聚精会神地自学教材，15 分钟就能圆满地完成了 1 课时的教学任务。

例 12 景物描述对人物形象的烘托作用，学生往往因知识面窄不易具体理解。开讲时，有位老师是这样诱导的：

师：（用红粉笔在黑板上画一朵红花）这朵花美不美？

生：不太美。

师：（用绿色粉笔在花枝上添几片绿叶）这样呢？

生：美多了

师：为什么？

生：添上绿叶，红花显得更鲜艳。

师：那么课文中美丽的景物描写对表现人物形象有什么好处？

生：使人物形象更美了，更加鲜明突出了。

师：这是什么作用？

生：烘托作用。

教师先用比喻创设有关美的情景，诱导学生逐渐明白与问题类似的某种道理，然后提出问题，使之恍然大悟。用这种类比法激发学习灵感，能收到水到渠成，瓜熟蒂落的效果。

2. 铺设台阶 拾级而上

乌申斯基说："注意是我们心灵的唯一门户，意识中的一切，必须都要经过它才能进来。"教育家把注意比作通向宝库的"门户"。小学生只有把注意集中在学习对象上，才能取得良好效果。教学中，如何才能一开始就把学生的注意紧紧抓住，然后引导他们从知识的台阶上，拾级而上，步步登高？

例 13 有一位老师在讲能被 3 整除的数的特征这节课时，十分注意开讲的艺术。他不是从概念到概念，让学生死记硬背结论，而是用拼卡片的办法，一开始就紧紧地抓住学生的心，集中了学生的注意力。下面截取的就是他开讲的精彩一段。

师：同学们！请用你们准备的 1，3，8 三块数字卡片，拼成不同的三位数，看谁拼的又快又多。

小学生好胜的心理被老师激发起来了。个个投入紧张的拼牌竞赛活动之中。

师：谁最先发现哪几种能被 3 整除？

生：（聚精会神计算）都能被 3 整除。

师：把 3 换成 4，能不能被 3 整除？

只调换了一张数字卡片，且只增加 1，这样拼得三位数，能不能被 3 整除（这里设计巧妙，老师的提问触及了能被 3 整除的数的充分条件）？

师：计算这两次三块卡片的数字和

各是多少？都用 3 去除所得结果有什么不同？

生：① (1＋3＋8) ÷3＝4

② (1＋4＋8) ÷3＝4……1

（这一提问触及了能被 3 整除的数的必要条件，把主要条件用拼牌方式使学生很自然地掌握）

这时，为了进一步巩固概念，并证实这样的结论是正确的，要求学生任意找 4 个数字，拼得的四位数、五位数……要能被 3 整除。这里从感性上升到理性，过渡自然。

学生通过实验，再一次证实了一个数能被 3 整除的充分条件（特征），最后叫学生归纳总结并说出能被 3 整除的特征：一个数各数位上的数字的和能被 3 整除，这个数就能被 3 整除。

此课的开讲是由教师置疑到学生释疑，教师层层置疑为学生铺设一级级的"台阶"，学生拾级而上，沿着台阶去解决一个个问题，使知识逐步深化，从而使学生的思维得到发展和培养。

数学基础知识的学习，基本技能的训练，常是单调乏味，比较抽象的。在开讲时能让学生先碰壁吃点苦头，然后因势利导，就会变苦为乐，尝到"甜头"。

例 14 在教简算方法时，一位老师是这样开讲的，先设一些隐蔽问题。

① $\frac{3}{9} + \left(\frac{5}{7} + \frac{5}{6}\right) - \frac{3}{5}$

② $\frac{3}{7} + \frac{1}{3} - \frac{1}{11} + \frac{3}{8}$

学生通过观察没发现什么规律，好像没有什么简算方法可用，只好硬算。就连优等生做了很久，花了不少力气，

还是算错了。

这时教师因势利导：这些算式的分子有什么特点？能不能想点办法？然后抽出其中的一部分：

$$\frac{5}{7} + \frac{5}{6} = \frac{65}{42} = 1\frac{23}{42}$$

$$\frac{3}{7} + \frac{3}{8} = \frac{45}{56}$$

要求学生分析特点，引导学生观察比较．算式与结果。学生很快就发现：分母互质，分子相同的两个分数相加减，用分母的积作分母，用分母和（或差）乘以这相同分子的积作分子，便是这两个分数的和（或差）。相减时应注意用减数的分母减被减数分母。

学生发现这一规律后，教师又提出运用交换律（或交换性质）重做上述各题，这时学习情绪高涨，兴趣浓厚，对简算学习兴致勃勃。运用同样的办法，学生还发现了整数减分数，任意分数与 1 相除等规律。

3．诱发提问　妙趣横生

诱导式开讲法在课堂教学中广为应用。好的课堂提问如同湖中投石，激起思维的涟漪。有一种诱导法是教师在课堂上首先提出一个问题，接着告诉学生答案。由于问题和答案之间的联系并非一目了然，于是自然就会追问：为什么是这样呢？从而达到引导学生提出疑问的目的。这种提问叫诱发提问，用这种方法开讲，能引起学生质疑，从而激发起学生的求知欲。如教"平行四边形面积"时，如图图 3.1 所示，教师先展示一个长 3 分米，宽 2 分米的长方形和一个长 3 分米，高 2 分米的平行四边形，

然后提问：它们哪个面积大？学生一时难以断定，教师便告诉他们两块面积相等。这样就诱发了一问题：图形不一样，面积为什么相等呢？从而激发起学生的求知欲。

图 3.1

无论哪种课堂提问开讲，教师的提问作为一种信息传入学生大脑，很快就可以从学生的面部表情得到反应。教师要注意视察这种反应，可以了解到学生是否理解了题目的意思，是否能够回答，以便对提问进行及时调整，使课堂教学顺利地进行下去。在这里反馈调节发挥了扭转局面的决定性作用。

学起于思，思源于疑。心理学认为，疑最容易引起探究反射。有了这种反射，思维也就应运而生。

例15 有一位老师为了使学生理解已知某数的几分之几是多少，求某数的分数除法应用题的数量关系，他运用诱导式开讲法，真是别开生面。

上课了，老师从粉笔盒内拿出 2 只粉笔，问学生。

师：老师的这个粉笔盒内原来装有几只粉笔。

生：（都感到惊奇）老师粉笔盒内原有几只粉笔，我们不曾看见，哪能知道呢？

正是老师突如其来的提问引起了学生的兴趣和注意。接着老师说：粉笔盒内原有几只粉笔，你们是难以猜着的，现在老师告诉你们：我拿出 2 只粉笔正

好占盒中的三分之一，你们想想，那么粉笔盒中原有几只粉笔？

生："6 只"！学生经过思索很快得出正确结论。

师：你是怎样想出来的？

生：老师提出的这个条件，正好是对应分率，这盒粉笔的三分之一是 2 只，则这盒粉笔的三分之三是 6 只。

在开讲时，先由教师质问，引起学生注意，使他们迫切地想知道老师"葫芦"内装的什么"药"？从而使学生从无意注意转到有意注意。老师趁此机会提出解决分数应用题的关键，由对应数量找相应分率，学生很快明确了这类题的特点。

学生每天接触生活，接触实际，生活中处处有数学知识，若能从生活实例开讲，便能由实际到概念，再由概念到实际，加深学生印象。也可用展示物品的方法开讲，不仅可以达到吸引听众的目的．而且可以给学生留下深刻印象。老师展示的物品可以是一张图、一幅画、一张表、一件实物教具等。

有一位老师在讲圆柱体积时，提着一只无盖的铁皮水桶问学生："做这只水桶需要多少铁皮？不用秤来称如何算出它能盛多少斤水？"学生感到很惊奇，睁大眼睛望着老师，急需知道这个奥妙。这时老师才说："这就是我们要学习的内容。"这样开讲，有意引起学生的好奇心，使他们对新的知识产生强烈的需要，一开始就发生兴趣。好奇心是想象的大门，一般有经验的老师在设计开讲时总是做到形式新颖，能激起学生的好奇心。有位老师在寒冷的冬天拿着一把扇子走进教室，同学们深感惊奇。大热天，老

师上课从不带扇进教室，为啥今日严冬一反常态，携扇上课？这样激起同学的好奇心，接着老师把扇子打开倒挂于黑板上，点明今日授课之要点——求扇形的面积。

总之，一个优秀的教师，要使教学艺术不断引起学生的好奇心，使他们产生强烈的需要。这样，就能激起学生的求知欲，学生积极性就调动起来了。所以，教师在讲课时要不断引起学生的需要，从低级到高级，从简单到复杂，不断提高。

开讲时为了使诱导的问题能引起学生思维，开讲一般要做到"三要"：一是开讲时提出的问题要能引起学生的思考，也就是说要有一定的难度。要像摘苹果，跳一跳才能将果摘得到一样。二是开讲时提出的问题要有助于学生更好地理解课文内容。三是开讲时提出的问题要从实际出发，从效果出发。

开讲提问时既要做到上面"三要"，也要做到下面"三不要"。即不要提"不启而发"的浅显易懂的问题；不要提"启而不发"的大而空的问题；不要把问题提得太多太碎。

在导入新课中，提出一个问题往往比解决一个问题更难，更重要，要真正组织一堂精彩的开讲，关键在于了解学生的情况和了解课文的特点。

4. 联系实际　引起兴趣

心理学研究认为，学生最喜欢自己学到的知识和技能得到表现，自己的才智得到发展。因此，教师在开讲时，要善于联系实际组织学生开展参观、实验、实习、观测、观察、绘制等多种多样的

学习活动。要把这些活动的过程作为学生动脑动手，对知识进行探索、解释、应用的过程。它有利于智能发展和新知识的掌握。同时，学生会以新知识发现者的愉快心情，把诱发出来的兴趣转化为稳定的内在动力。

例16　有位教师在讲《制作叶的标本》时联系实物的名称和形状的知识，从而引入怎样制作叶的标本问题，一开始就引起了学生对课题的兴趣。

师：我们上节课采集了不少植物的叶子，同学们都带来了吗？

（学生们齐说带来了）

师：你们能说出这些植物叶子的名称和形状吗？

生：能。

师：好！现在我看你们谁认识得最多，请你们在桌上先放一张白纸，再把树叶放在白纸上，自己拿一片认一片。

（学生自己认识种树的叶，教师行间巡视）

师：你们采集了这么多植物的叶子，做什么用呢？

生：制作叶的标本。

师：你们说得对极了！今天这节课我们就来学习怎样制作叶的标本。

（板书：制作叶的标本）

这样引入新课，新颖自然。让学生动手动脑辨认他们采集、压制的各种叶子是属于哪种植物的。然后，老师很巧妙地把要讲的问题用设问的办法提出了出来："采集这么多叶子做什么用呢？"学生破题，老师给予表扬，板书课题——制作叶子的标本。

一般优秀教师在开讲时，激发思维常常从"疑""趣""情"这三个字上考

虑。所谓"疑"，即一上课就给学生造成一个疑点或悬念，从而激发动机，使之成为推动学习的内部原因，因为思维是从疑问开始的；所谓"趣"，即增加趣味，活跃思维，因为愉快能使人对已知的材料印象深刻，思维敏捷；所谓"情"，即用某个故事或某个情节感染学生，引起情感共鸣，使师生共同进入"角色"。

例17 有位老师讲体积时是这样开讲的：

有一天，林林拿了一块形状不规则的小石块问方方：你能算出它的体积吗？方方想了又想，怎么也没法算。接着林林搬出金鱼缸，提示他能不能请它帮帮忙？方方看看长方体的金鱼缸，恍然大悟，很快算出了小石块的体积。

同学们，你知道方方用的是什么方法吗？有趣的问题使学生跃跃欲试。接着老师问大家："同学们想知道这个方法，请根据自学提纲虚心请教不开口的老师——课本。"（板书课题，挂出自学提纲）

例18 有一位老师在讲水的浮力时，其开讲别具一格：

一天小八戒和小猕猴争吵起来了，他俩都说对方的手大，小猕猴灵机一动，指着台秤说："那我们就用它称一称，看到底谁的手大。"小八戒听了哈哈大笑，认为小猕猴太无知了，哪有用秤称体积的。

同学们，小八戒和小猕猴到底谁对？

教室里立刻沸腾了。有的说小八戒自己无知还嘲笑别人、有的说小猕猴不懂数学在开黄腔。大家争论不休，这时老师叫大家打开书本看内容。并要求看完课文说出原因。

巧妙地设疑，引起了学生强烈的读书兴趣，从而在愉快而紧张的情绪中聚精会神地自学教材，15分钟就圆满地完成了1课时的教学任务。

学生明白了："原来是用'浸在水中的物体排开的水体积和它本身体积相同'这个道理来计算的，手排开的水体积就等于手的体积。"

师：同学们，你从这里得到什么启发呢？称体积的奥秘在哪里？

生：称体积的奥秘在于利用物体的密度、体积、重量之间的关系来求得。水每立方厘米重1克，密度是1。人们就利用这个特殊密度来进行计算的，只是没有按照体积公式计算罢了。

以上这种由认识冲突而产生的疑窦心理，促使学生迫不及待地读书，这时学生的思维则处于最佳活动状态，因此可获得最佳读书效果。

开讲时，很多优秀教师都是善于启发和利用学生求知欲、好奇心等心理因素的能工巧匠。

例19 华东师大附中特级教师陈延沛在讲"摩擦力"这一物理概念时，他的开讲设计非常巧妙。

师："有一块石头放在地上，一只蚂蚁能不能推动它？"话音刚落，课堂上立刻掀起了一片哄笑声。

生："石头那么重，蚂蚁这么小，哪能推得动?!"也有的不假思索地回答："推得动!"

师："大家再认真考虑考虑。到底推不推得动？"

教室里一片寂静。同学们都认真深思。

生："推得动！真的推得动……"一个学生带头兴奋欢叫着。教室热闹起来。

师："关键不在于石头的重量，而在于石头和地面之间摩擦因数的大小。"说着就在黑板上写了："摩擦力"三个美观工整的黑板字——这就是今天要讲的内容。

学生被陈老师提出的有趣问题深深地吸引住了。求知欲、好奇心融为一体，为学习准备了最佳的心理背景，学生的智力得到了充分的开发和培养，这就是开讲艺术的魅力收到最佳效果。

（三）提问式开讲法

"学而不思则罔"这句话从反面说明了"思"在学习中的作用，而"思"多是以"疑"为先导的。因此，读书无疑者须教有疑，有疑者却教无疑。"无疑——有疑——无疑"，学生在这种思维的矛盾运动中，才会启智增能，有所长进。

开讲艺术贵在质疑问难。赋有启发性的提问，能激起学生的学习热情，打开学生的思路。优秀教师十分重视开讲提问，他们提的问题从教学内容来讲，问的是关键，具有全面性，学生从中可以体会教材的全部精神，能举一反三。从心理学角度讲，问的有兴趣，有趣味，学生能积极思考，积极回答。从教学方法上讲，要问得有启发性，鼓励学生思考，帮助学生思考。从问题之间的关系上讲，要问得有逻辑性，有助于逻辑思维的发展。

提问式开讲法的特点是利用新授课开讲的头几分钟最佳时机，通过设疑、提问，留下悬念，吸引学生的注意力，

一下把学生引入问题情境中去。

有一位老师在讲《死海不死》一文时，先板书课题，死海不死，然后向学生提问：死海在什么地方？这个海为什么叫"死海"呢？既然是死海，可为什么又说不死呢？不死是指什么意思呢？这是一篇说明文，仔细阅读，看作者是怎么说明"死海"的。这位老师开讲的成功，在于他抓住课文的关键词语，提出了发人深省的问题，打开了学生的思路。

1. 质疑置难　探新寻胜

提问式开讲法是教师广为采用的一种开讲艺术。良好的提问，要善于质疑，富于启发，引起学生探新寻胜的兴趣，唤起学生求知欲望，所提的问题要有一定难度，要能激发学生动脑思考，引导学生畅所欲言，各抒己见，质疑问难。对学习困难生要注意扬长避短，鼓励进步，对促进思维有很大作用。美国的一位教育家指出，在现代的课堂里，提问有发展学生思维能力，向学生强调要点，给学生表达机会，了解学生心理活动过程和掌握知识的第二次反馈等十多种功能。因此，有经验的老师很重视提问。

目前，提问开讲中存在的问题是目的性不强，"是非式""问答式"较多。

例20　一位小语教师讲"天"字，这样问了一串问题：

师："你头上是什么？"生："头发。"
师："头发上边是什么？"生："帽子。"
师："帽子上面是什么？"生：（慌乱地）"老师，帽子上面是我不小心烧的一个窟窿。"

这一串问题茫无边际，问题过大叫

人摸不着头脑。让学生猜谜似回答问题，不能促进学生思维。

如果围绕教学目的、重点、难点进行有目的有系统的启发性提问，对促进学生思维有很大作用。

例21 上海市一位特级教师在教《草地夜行》一文时，是这样揭示课题提问的：

从这个题目中大家想一想，这课的重点讲什么？这时全班学生全神贯注，积极思考。有的说是写红军过草地夜行的故事，有的说强调夜行的艰险，有的说……老师紧扣教学目的精心设计的问题，问到了点子上。

通过审题，学生就掌握了课文的梗概，初步明确了中心，引起了学习欲望和兴趣。

例22 有一位物理老师在讲"声音的发生和传播"时，一上课就提出了这样饶有兴味的问题："同学们见过器乐合奏吗？你看舞台上多姿的乐器有长的、圆的，有金属的、竹子的，有吹的、拉的、打的，形状不同，构造各异，可是都能发出美妙动听声音。同学们注意过没有，为什么这些乐器都能发出声音？各种乐器发声的方式虽不一样，但在发声时却有一个共同的现象，这现象是什么？"同学们争先恐后地回答："振动。"本课所要阐述的主要定理——物体在振动时发声音——就自然而然地归纳出来了。

这位老师根据学生的知识水平，从生活中提出新颖有趣的问题，跳一跳摸得到，不深不浅，适合学生实际水平，符合学生年龄特征。

朱熹说："读书无疑者，须教有疑。"有时候，教师巧设疑问，可以激起学生

的求知欲和积极的思维。

例23 有位特级教师在教《多收了三五斗》这篇课文开讲时：

"从这个题目来看，本文在选材上有什么巧妙之处？"问题难度大，学生答不出来。教师又问："这个题目说明这一个农民的情况怎样？"学生回答："获得了小小的丰收。"教师再问："反映旧社会农民的悲惨生活，不是写'少'收了三五斗更好吗？或者更进一步，写一个大灾年，颗粒无收，农民卖儿卖女，逃荒要饭，这样不是更能反映农民生活的悲惨吗？"这样提问使学生疑窦顿开，找到问题的实质，他们说："写'多'收了三五斗好，因为在丰收年尚且这么难过，灾年就更不必说了。"

提问开讲，要注意提出的问题具有启发性，激发学生努力学习，促进学生积极思维，鼓励学生发挥其才智，这是鉴别问题提得好不好的主要标志。

例24 有位特级教师在教《惊弓之鸟》这篇课文就是这样开讲的：

师：请同学们谈谈你是怎样学这些生字的？

生：我是用形声字的规律学的（弦、惨、崩也是形声字，从略）。

师：还可以用什么方法学习？

生：我是用形近字比较的方法学习的。（比较：舷——弦，裂——烈，狐——孤。从略）。

师：谁说说怎样解决字形难点？

生：雁字是半包围结构，里面两个单人旁，不要少写一个。

师：你们评评谁的方法好？（生评略）

从这个开讲的片断中，引导学生利

用旧知，学习新知的开讲方法。

总之，提问开讲的方法很多，归纳起来不外乎有四种类型：

（1）引趣性提问。目的在于引起学生对学习新知识的兴趣，而不在于要求学生立即回答。例如，在讲《会飞的水》时，有位老师开讲时是这样提问的："谁看见水长了翅膀？"学生摇摇头，注意力被这个问题紧紧地吸引住了。接着又说："有人不仅看见了水长了翅膀，而且看见水飞起来了。"出乎意外的答案，激起了学生极大的兴趣。老师抓住时机，连说边板书课题：水到底怎样飞起来的，大家学完《会飞的水》就知道了。这样巧妙的开讲，激起了学生的好奇心，成为学生探索知识奥秘的动力。

（2）诱发性提问。目的在于通过一个实验，一次演示，诱发一个问题，激发起学生的求知欲。例如，在教"圆周率"时，教师要展示各种大小不同的圆叫学生分别量一量周长与直径的关系。这样就诱发了一个问题：圆的大小不一样，圆周率为什么会相等呢？从而激发起学生的求知欲。

（3）鼓励性提问。目的在于激发学生的求异思维，加强基础，发展智力，培养学生的探索精神和创造精神。常采用同一问题鼓励学生，从不同角度去探索，获取各种答案。

例25 有位老师在讲文字题时，首先提出：37－18，能写出哪几种叙述不同的文字题？

生1：被减数是37，减数是18，差是多少？

师：还有别的说法吗？

生2：总数是37，一部分是18，另

一部分是多少？

师鼓励说：还有什么说法呢？

生3：37比18多多少？

师：答得好！还可以怎么说？

生4：18比37少多少？

师：很会动脑筋。还有别的说法吗？

生5：37减18还剩多少？

师：对呀！再想一想还可以怎么说？

生6：比37少18的数是多少？接着又有几名举手回答。

生7：已知两个数的和是37，一个加数是18，另一个加数是多少？

生8：甲数是37，比乙数多18，乙数是多少？通过鼓励，培养了求异思维能力。

（4）递进性提问。目的在于引导学生自己去探索知识，犹如上楼，步步登高。重在引导学生自己上楼，老师的问题起着搭梯子的作用。其具体做法是：把整个教学内容设计成一系列的连续性问题，随着这些问题的解决也就完成了整个教学任务，而教师只做一些必要的穿插指点。

提问开讲应注意的问题：一是注意创设问题情境，引起迫切求知的兴趣和欲望；二是注意问题要面向全体学生，面向多数，兼顾两头；三是注意问题的逻辑顺序，由易到难，层层剥笋；四是注意新旧知识的衔接，温固知新，知识迁移；五是注意评价，多鼓励，多表扬，让学生获得成功的欢乐。

2. 联系实际　引入佳境

联系儿童生活经验，设计过渡练习，启发学生的解题思路，这样通俗易懂地引进新课，显得活泼自然。

例 26 上海市一位优秀教师，其课堂教学形象生动，通俗易懂。他在讲《归一问题》这课时，是这样开讲的。

师：今天学习应用题（板书课题），请大家先想几个问题，（出示三本同样的课本）这三本书有多少页？能算吗？

生：不能算。因为我们不知道一本书有多少页。

师：对！先要知道一本书的页数，才能算出三本书的页数。（出示一盒火柴）一盒火柴有 80 根，大家想一想老师可以用几天？

生：你要告诉我们一天用几根？

师：不告诉你们能不能算出来？（生答不能）从这两个例子告诉我们，一本书的页数，一天用几根火柴，都是很重要的条件，没有它就无法计算。

接着老师引导学生从改变条件着手，很自然地引入例题，整节课教得生动活泼，学生学得积极主动。

通过此例得到的启示是成功的开讲，应是既要教给学生知识，又要细致地、耐心地指导学生学习知识的策略。《归一问题》一课的开讲比较成功的地方，首先在于教师善于联系实际，引例设计巧妙。

学分数除法时，学生对于"一个数除以分数就是这个数乘以原分数的倒数的运算法则"，往往产生这样的疑问：把除法变为乘法算，为什么计算结果还是一样的？

引探教学法的倡导者，深圳市中学高级教师陈永林采取联系学生实际的办法，引入新课效果很好。

例 27 师：求 4 的一半是多少？有几种方法求得？

生：① $4 \div 2 = 2$ ② $4 \times \frac{1}{2} = 2$

③ $4 \times 0.5 = 2$

教师引导学生重点分析比较 $4 \div 2$ 和 $4 \times \frac{1}{2}$ 两个算式的区别与联系，这样在学生头脑中初步形成一个数除以另一个数等于这个数乘以另一个数的倒数的方法。

师：如果除数是分数，或是小数，是不是也可变成乘以它们的倒数？

这时班上讨论开了，有的说可以，有的产生疑问。

师：你能说出它的道理吗？

这时学生思维活跃，积极探索。最后老师引导学生观察例题，进行比较分析，从而使学生理解了"甲数除以乙数等于甲数乘以乙数的倒数"的运算法则。

这样引入新课，不但能通过主动思维掌握算理，而且在充分利用旧知识的的基础上，发展与增进了思维能力。正如赞科夫指出的那样："所谓参与就是不把知识现成的结论直接传授给学生，而是让他们在参与知识的形成过程中理解知识，亲自尝试思维的飞跃。"让学生在积极参与，努力探索中有所前进。

3. 巧设圈套　引生中计

"我以为好的先生不是教书，不是教学生，乃是教学生学。"这是我国教育家陶行知在《教学合一》中告诫的。

那么如何教学生学呢？导入时，巧设圈套，引导学生中计，不失为一种好的开讲法。

例 28 在讲四舍五入时，有位老师通过对比分析教育学生如何处理日常生活中的去尾法和收尾法，效果很好。

师：一只没有盖的圆柱形铁皮桶高 47 厘米，底面直径是 31 厘米。要焊制这只桶要用铁皮多少平方厘米？（得数保留整数）

班上的同学几乎全部是这样做的：

$$3.14 \times 47 + 3.14 \times (31 \div 2)^2 = 5329.365 \approx 5329（平方厘米）$$

老师看了结果微笑着摇了摇头。同学们又做了一遍，得数没变，便问老师错在哪里。老师指了指近似符号"≈"说"四舍五入错了"。同学们再仔细检查了一遍，十分肯定地回答："结果数完全正确，因为这里的小数部分的十分位数没有满'5'，因此就应该舍去……"这里老师将手中的教案卷成一个圆柱形，有意留下一条很微小的缝，指着缝说，省略的数位上的数即使是 4 或比 4 小的数，原材料够用吗？这样能做出合乎规格的水桶吗？

同学们一听就明白了，四舍五入要从具体出发。

紧接着老师在黑板上画了一个用铁皮制成的一个圆柱形油桶，底面的周长是 9.42 分米、高 6 分米。这个油桶能装汽油多少千克（1 升汽油重 0.73 千克，得数保留整千克）

这下，同学们可认真了，首先列出分步式边解答边验算，小心谨慎，可说得上是天衣无缝。

但是，教师看了答案，笑着说，你们的答案不出所料，又做错了。这时大家感到疑惑不解，纷纷要求老师讲一讲原因。老师将一、二两题对比讲解：

油桶可装油 30.944 千克，为什么答案不取 31 千克呢？因为取 31 千克，油要溢出来而造成浪费，而且，热天膨胀

又会胀裂油桶，所以从生活、生产实际出发应取 30 千克。这一类问题叫去尾法，前面用铁做桶的一类问题叫做收尾法。这两类问题在日常生活中用处很大，请你们举例说明。

老师话声刚落，同学们争先恐后发言，学习积极性空前高涨。

4. 精心设计 授之以趣

听一首悠扬悦耳的歌曲，看一出激动人心的好戏，无疑是一种艺术享受。同样，听一堂生动活泼的课，也是一种艺术享受。

思维是智力的核心。教学过程中，教师要遵循学生认识活动的客观规律和科学知识的内在逻辑，精心设计，授之以趣，效果甚佳。有一位老师在讲"圆的认识"时，善于启迪思维，激发学生主动、积极地学习，引导学生处于一种"心愤愤，口悱悱"的学习状态。当学生误将乒乓球作为圆的图形时，教师运用抚摸物体表面的手势，引导学生通过比较，明确乒乓球不是平面图形，而是球体。所以，不是圆的图形。在此基础上，教师提出乒乓球虽然不是圆的图形，但它却有圆形的部分，你知道吗？这个问题犹如奇峰突起。问得意外，符合情理。它引起同学们托腮凝眸，深深地思考但仍茫然不知所答。这时，教师进行演示，将乒乓球折成两半，将其中半只的凹面缓慢地转向学生，这时学生心中豁然开朗，指出乒乓球拆开的地方是圆形的。接着教师又追问一句："你能确切讲出这部分名称吗？"正当学生们再度陷入沉思时，教师雪中送炭地说："我知道你们心里明白，但讲不出来。这叫乒乓球的

'剖面'。"这段教学正当学生急于想知道，而不明白时，教师采取演示给予"启"；正当学生想要表达，而又讲不清楚时，教师授予知识诱导"发"，教师恰到火候，扣人心弦，学生情绪高涨，思维十分活跃。

开讲的艺术还表现在过渡自然，衔接紧密。

上海市一位特级教师，十分重视开发学生的智能。其课堂教学细致扎实，一丝不苟，注意培养学生自己探索数学知识，概括规律的能力，使学生学得主动、积极。在引入新课时，她注意新旧知识过渡自然，衔接紧密。

例29 这位老师在讲《求一个数是另一个数的几倍的应用题》时，是这样开讲的：

师：有15粒纽扣，每件衣服钉了5粒，可以钉几件衣服？

生：15÷5＝3（件）答：可以钉3件衣服。

师：这道算式表示什么意思？

生：这道算式表示15里面包含了3个5。

师：对！小朋友们已经学会了包含除法。今天我们接下去学习新的知识。请小朋友看课本。要求：

（1）看清楚一幅图上画了些什么？

（2）图下面的一段话是什么意思？

（3）算式表示什么意思？（学生看书）

求一个数是另一个数的几倍，与一个数包含几个另一个数的问题有联系，但也有区别。老师利用它们之间的内在联系来建立新的概念，符合从已知到未知教学原则。这种用旧知识迁移，采取

口算的办法引入新课，过渡自然，衔接紧密，效果很好。在引进新课时，又组织学生带着问题读课本，从小培养了阅读课本的能力。

（四）概括式开讲法

概括式开讲，就是在导入新课时以凝练的一段话，勾勒出所学内容之经纬，点明它的重和难点，使学生很快进入教学意境。有的课跨越的时间很长，空间很大，就需要教师的高度概括。比如，在自然课里，40分钟将要跨过人类数十年，甚至数百年的历史长河，从神农尝百草到现代的植物学；从嫘祖养蚕到昆虫学，这道历史长河十分宽阔，河的此岸就是学生现有的知识和能力水平，彼岸就是这一节课老师希望学生达到的水平。背、牵和跳的过河方法在自然教学中都有体现。具体到每节课的开讲，能否用一段简短而引人入胜的开场白，激发学生的学习兴趣，这就要求教师去创造，去探索。

1. 言简意赅 引人入胜

我们常常看到有的老师在开讲时套语多，新语少，翻来覆去，堂堂如此，课课一样，淡而无味。有一位历史教师在讲《北宋时的农民起义和王安石变法》时，用的一段简短而引人入胜的开场白，激发了学生学习兴趣，使师生很快进入教学意境。

例30 师：同学们，还记得小学时学过这么一首诗："京口瓜州一水间，钟山只隔数重山。春风又绿江南岸，明月何时照我还。"（课堂活跃，有的学生跟

着朗诵）这是谁写的？

生：是北宋诗人王安石。

师：对的。王安石很有诗才，一生写过不少好诗。但王安石这个人物，之所以能千古流传，倒并不是由于其诗才拔群，倒是因为他作为一个忧国忧民的改革家而流传史册的。我们这一节课主要学习王安石的变法，请打开课本。

师：今天学第三节（板书），北宋时期的农民起义和政治改革。

这是一段言简意赅，引人入胜的概括式开讲，激发了学生的学习兴趣，使学生很快进入教学意境。

概括式开讲，决不能干瘪。导入新课的概括，虽然要求言简意赅，但绝不是要把形象化的事物概念化，这就要求教师在深钻教材的基础上，择优选取教法，尽力摆脱使用那些现成的、省力的、枯燥的、抽象的概念语言，而代之以新颖的、具体的、形象的、有特点的个性概括。正如作家秦牧所说的"对于美的事物，说声：'这真是美呀'，对丑的事物，说声：'这真是丑呀'。并没有多少撼人的思想力量，究竟这种美和丑在作者思想上引起的具体反映是怎样的呢？只有表现了这些，才能够引起人们各种程度上的共鸣。"

2. 聚精荟萃　画龙点睛

成功的导入，良好的"开讲"，好似一扇大门，由此引导学生向知识的宝库通畅直入，去获取知识，增长才能。

在小学语文教学中，如何"开讲"？这应根据不同的课文内容，根据儿童的不同年龄特征及接受能力，精心设计"开讲"的内容，再加上娴熟的表达艺术，将会使学生保持精神旺盛的状态。

恰当地运用导语，是开讲中常用的一种方法，老师以简练的语言揭示课文中的本质问题或疑难问题，起到聚精荟萃，画龙点睛的作用，这种导语犹如电影的序幕，使学生在学习一篇课文的开始，兴味盎然，把思维很快地导入正确的轨道。

例31 在教《别了，我爱的中国》一文时，一位老师设计的"结论式"导语就起到这样的作用。

一篇好文章会使我们为之感动，从而留下深刻印象，主要原因是写得有血有肉。对于突出表现中心思想的地方，作者善于抓住具体的事物，来表达自己的思想感情。因而，文章显得生动、具体、感人。今天，我们学习的《别了，我爱的中国》一文，就是借事、借景来表达思想感情的典范……

这种结论式的导语，意在使学生明白学习本课的主要目的，使他们思想集中，抓住重点去理解课文。

小学语文教材中有些课文内容，硬讲是不行的，不讲学生又难以理解课文内容。对于这样的课文，可以采用"做实验"的方法开讲。

例32 《捞铁牛》，主要是讲怀丙和尚利用水的浮力捞起铁牛的知识。老师讲吧，学生难以理解；不讲，又难以分析课文。在这种情况下，在分析课文之前，就可先做个实验：

用一个透明的玻璃缸盛满水，缸底放一小物体，水面上放一只小船模型，放几个重物，使其沉入水中。一根绳子，一头拴在船模型上，一头拴在沉物上，让绳绷紧。学生看到，随着重物的减少，船模逐渐上升，沉物也逐渐被拉上来。

以这样的实验开讲，使学生懂得了水对船有浮力的这个道理，再来理解、分析课文内容便会迎刃而解。

小学生作文，有很多人都感到"无话可说"，没得写作素材，那么，在指导学生作文中，也可以用"做实验"的方法开讲。比如，《记一次游戏》就可以在课堂上先让学生做游戏并提示学生观察，然后作文，效果很好。

3. 解析标题 引入新课

标题是课文内容高度的概括，是窥视课文内容的窗口，是对文章主题的概括。学生一个突出的心理特征是好奇，他们对新颖别致的文章题目产生浓厚的兴趣，因此，利用解题来调动学生兴趣的开讲方法，适用于那些标题新颖而集中揭示主题的文章。

例 33 《第一场雪》的表现手法不同于学生一般接触的课文写法，它融叙事、写景、说理于一体，围绕"瑞雪兆丰年"来展开的，表达作者的喜悦之情，文章内容决定了表现形式。有一位老师是这样设计开讲的：

师：大家都知道文章的题目是一篇文章的"眼睛"，而"眼睛"中最重要的是"瞳孔"。有些标题具有统摄全局，画龙点睛的作用。现在请大家分析一下，《第一场雪》这个题目最重要的是哪个词？

引导学生分析标题，教师加以点拨，使学生理解文章捷径。

学生一下子讨论开了，都认为是"雪"这个词。他们从写作的对象来判断，纷纷用课文中间的两个自然段说雪

大，雪后景色美丽。

老师不做定论，引导他们分析暴露出来的问题。从文章一开头的几个自然段和末尾的两三个自然段中，找到了文章围绕中心"瑞雪兆丰年"，"兆"字是关键的一词，这样翻来覆去分析题目，学生恍然大悟：入冬的第一场瑞雪就预兆着来年的丰收。"第一"是最重要的词，作者的期待喜悦之情，是藏在字里行间的。学生认为这样学起来很有味道，对命题作文的题目分析，更加慎重仔细思考了。

抓住"题眼"可以使学生理清线索，摸清思路，领略课文的构思精妙之所在，以便捕捉作者所要表达的文章中心。

导入新课是教学中的一环，应不离教材。捕捉重点，以景召人，以情感人，以知识的魅力吸引学生，发展学生的思维能力，使学生轻快地抓住知识重点。

文章的题目是文章的眼睛。文章的内容、思想和重点往往可以从文章题目看出来。开讲时，引导学生学会分析文章题目的方法，不仅有助于理解课文内容，还能提高学生作文审题的能力。

从分析文章课题开讲，形式很多，归纳起来有以下几种：

（1）以物命题的课文。如《指南针》这类课文开讲时，可以用提问式引导新课：指南针是什么样？有什么特点？有什么用途？即：形状、特征、用途。

（2）以动宾短语为题的课文。开讲时一般可以从记叙文六要素去考虑提问开讲。如《送雨伞》。谁送雨伞？什么时候送？送到哪儿去？为什么要送？送的经过？结果怎样？即：人物、时间、地点、起因、经过、结果。

（3）以偏正短语为题目的课文。一般可从这几方面来进行开讲提问：如《珍贵的动物》。什么动物？什么样子？为什么说它是珍贵的动物？即：谁、怎么样、为什么？

（4）以联合短语为题目的课文。开讲时，可以着重从关系上启发思考。如《列宁和卫兵》，列宁是什么人物？卫兵是干什么的？这课主要写谁？他们之间有什么关系？

江苏省的一位教师在《群鸟学艺》这课开讲时，提出下列问题让学生自己先看书。群鸟学什么"艺"？"群鸟"都是什么鸟？它们各自是怎样学艺的？这样理解开讲效果很好。

好的开讲给人以启发，如河中投石，一石冲开水中天，能激起学生的学习热情，打开学生思路，引导他们由此及彼，触类旁通。从而比较牢固地领会基础知识和掌握基本技能。

例34 有一位老师在讲《冬季星空》这课时，他的开讲就具有这样的启发性。

师：夜间繁星密布，在空旷的野外行走时，如果没有带指南针，还可以借助什么来辨别方向？

生：北极星。

师：你知道怎样寻找北极星吗？

接着，教师介绍"北斗七星"，指出这七颗亮星在北方天空中形成一个很大的勺子，勺子末端两颗星连起来，向勺口方向延长约相当于这两颗星间距离的五倍处，便是北极星。教师出示画有北极星和北斗星的幻灯片，并指出北斗星的"斗柄"是什么意思。

师：人们观察天上的星星，除了可以定方向外，还可以知道时间和季节。例如：我国人民很早就知道利用北斗七星来定季节，并总结出规律：斗柄指东（晚上十点观察，下同），天下皆春；斗柄指南，天下皆夏；斗柄指西，天下皆秋；斗柄指北，天下皆冬（将画有北斗七星的幻灯片绕北极星旋转，阐述这句话所表示的意思）。同学们，观察星星可以帮助我们认识宇宙，很多科学家研究宇宙就是从观察星星开始的。

最后提出问题：天上星星多得数也数不清，我们怎样进行观察呢？

这个问题一提出，立即引起了他们思索的兴趣。学生从小就对观察星空产生了兴趣，但是要把此种兴趣落实到一种持久而艰苦的夜间观察上，并不是一件容易的事，随着教学的深入，当要求学生通过夜间艰苦而持久的观察，发现星空的变化规律时，学生对星空的兴趣很可能逐渐深入。教师充分地估计到学生心理发展的这一特点，首先从介绍观察星座的意义来引入课题（如观察星星可以从方向、时间和季节，发现宇宙秘密等）。将学生对星座的初步兴趣发展为探索自然秘密的自觉要求，这样开讲为完成全课的教学任务打下了良好的基础。

4. 开门见山 高屋建瓴

开门见山、和盘托出，这种方式的优点是一句话就把要旨讲出来，使学生心中有数，教学也就围绕这个问题进行论述。它对培养学生突出中心、简洁用语有好处。例如，"今天我们要讲读后感的写作特点，它就是八个字：利用材料，发表看法。前四个字是手段，后四个字是目的。"一目了然，起到了统课的作用。有的老师开讲时则采取另一种方法。一上课就板书课题，并围绕课题提出一系列问题让学生思考。这样的开讲就是单刀直入，开门见山。

（五）描述式开讲法

看过齐白石画的虾，郑板桥画的竹，寥寥数笔，着墨不多而神灵活现。用郑板桥的话说，这就叫做"以少少许胜多多许"的艺术。课堂的开讲，又何尝不是这样的艺术？在一堂课上，它只占那么一点时间，可是它的作用却足以产生难以估量的艺术魅力。犹如军事家、艺术家活动的"舞台"，可以演出许多扣人心弦的话剧。如果开讲时老师衣帽整齐，态度端庄，落落大方走进课堂，用炯炯有神的双眼巡视一遍课堂，破首一句声情并茂的朗诵，或激情满怀的描述，一下子便创造了一个艺术性的氛围，把学生带到了一个特定的环境中。如"黄河之水天上来，奔流到海不复回"（《毛主席望着黄河笑》导语）；"在苍茫的大海上，黑色的海燕像闪电一样高傲地飞翔"（《海燕之歌》导语）。可以在一瞥之间，拨动读者的心弦。它犹如磁石一般吸引学生注意力。

列宁指出：没有人类的情感，就从来没有也不可能有人类对真理的追求。人类智慧的火花，在追求真理的激情中闪烁。积极的情感是智慧发展的动力。因此，在开讲时用简练的语言，饱满的热情，通过绘声绘色的描述，就能拨动学生的心弦，引起学生的兴趣。

1. 展开意境　引起联想

一开始就渲染课文的意境，启发学生展开丰富的想象，使他们处在课文的诗情画意之中，激起学生兴趣，可以取得较好的教学效果。

例35　上海市一位特级教师在讲朱自清的《春》时，是这样开讲的：

师："一提到春，你们想一想看：会不会眼前仿佛展现出阳光明媚、东风浩荡、绿满天下的美丽景色?! 一提到春，我们就会感到无限的生机，仿佛有无穷的力量！所以古往今来，很多诗人就曾用彩笔来描绘春天美丽的景色。同学们想到没有？看到没有？春天就在我们身边。"

古人云："教亦多术"，善教者得其法。在开讲时，教师善于开讲，学生就能乐学。一开始就把学生的心抓住，使学生产生一种孜孜不倦，锲而不舍的学习愿望，这就是最成功、最赋艺术魅力的开讲。这就能最大限度地调动学生思维的积极性，不仅使他们"学有所思"，而且"思有所得"。

2. 背景介绍　破题引入

有些语文课，写作年代较早，内容与学生生活相去甚远，学生难于理解。这样的课文，由背景介绍导入较好。

文学作品是社会的反映，时代的镜子，只有把握了时代背景与作者生平，才能知事论事，知人论文。鲁迅先生的《药》，如果不讲解时代背景和作者思想，对课文的中心思想的理解和字词的疏通将会寸步难行。

夸美纽斯在《大教学论》中谈到："求知欲与求学的欲望应该采用一切可能的方式去在孩子们身上激发起来。"

例36　有位老师在《药》这课开讲

时采用破题引入法，效果很好，激起了学生的求知欲。他是这样设计开讲的：

师：今天，我们来学习鲁迅先生的一篇小说《药》。

这篇小说写于1919年4月，"五四"运动前夕，反映的是辛亥革命前后中国社会的现实。这个革命失败了，革命果实被篡夺，革命烈士被杀害，社会上依然如故。黑暗现实，使鲁迅先生深感唤起民众，共同奋斗的重要性。为了启发革命志士，认清黑暗现实，吸取历史教训，更加勇猛地投入反帝反封建的革命斗争，彻底捣毁黑暗统治，鲁迅先生便创作了《药》这篇小说。

题目是文章的眼睛，作者对选取题目都经过精心考虑、反复斟酌的。《药》这课的题目是文章的中心。先通过背景介绍，将有助于析题、破题，从而达到引入新课自然、深刻，为学生理解课文开路之目的，老师在介绍了这课的时代背景后提出：这篇小说题目为什么叫《药》？然后让学生思考，议论，由老师归纳出题意。

师："药"的寓意是深刻的。华老栓用蘸了战士鲜血的馒头给儿子治病，说明当时的群众处于一种落后、迷信和不觉悟的状态。从康大叔杀害革命者并用烈士的鲜血当《药》卖钱的事实，表现了统治阶级的凶残，表明了当时中国正处在一种黑暗的统治之下的垂危的状态之中，正需要一副良"药"来救治中国，但由于革命者的软弱性、妥协性和脱离群众的弱点，革命失败了。这副"药"无效。因此，救中国就要探寻新的良"药"——新的革命道路和新的革命方法，这就是这篇小说所揭示的中心思想。

通过老师这么概括归纳，学生才真正领会到鲁迅先生选用"药"这一标题确是独具匠心。

例37 《别了，我爱的中国》，可以这样导入：

这篇文章的作者是现代作家郑振铎。早年他就参加了中国共产党所领导的革命运动。1927年，蒋介石发动"四一二"政变，大肆屠杀共产党人，残酷迫害革命志士。作者设法开展革命活动，被迫离开祖国去欧洲。本文写的就是他离开祖国时的情形。文中有对亲人的惜别，也有对故土的留恋，有内心的愧疚，也有铮铮誓言，让我们学习课文，看看作者是怎样抒发自己这种情怀的吧。

苏联教育家赞科夫在分析阅读时指出："艺术作品首先要激发儿童的思想感情，其余的工作都应当是这些思想感情的自然的效果。"

在语文教学中，背景介绍开讲法，其目的也就在于激发学生的思想感情。

3. 描述开讲　具体生动

一般人认为，文科教学才是讲情景的。其实数学教学，有时恰当地运用情景，也会收到较好的效果的。

例38 "黄金分割"是数学中非常重要的概念。怎样才能做到一开始就能引起学生的重视呢？有一位老师采用描述开讲法，收到了满意的效果。

师："同学们，每当上课铃声一响，老师满面笑容地走上讲台。可是，老师总是站在讲台上偏左或偏右的1/3处，而不站在正中，这是为什么？同样，在舞台上，报幕员、独唱演员或剧中的主要人物，他们为什么一般都不站在台中央或台角，而是站在偏左或偏右的约1/3处？还有，在美术、摄影方面，为什么画家和摄影师一般都不把图的主体形象放在正中呢？"老师富有启发性的开讲，紧紧地抓住了学生的心。

接着，又绘声绘色地描述着："因为，他们选择的这一点，正是黄金分割点。为什么叫'黄金分割'呢？意思是说，这样分割的一条线段，在科学技术和生产建设以及文化艺术等方面都有着像黄金一样极其宝贵的应用。在古希腊的艺术中，可以看到许多符合这种"美的数"的杰作，像美与爱之神的维纳斯塑像，无不表现出最美的人体，是以人的肚脐为中心点，各个部位都符合匀称的'美的数'的标准。又如，二胡勾弦的千斤，如高音置于外弦全长的黄金分割的分点处，低音伴奏也置于黄金分割的分点处，横笛的横孔也是在笛身全长的左黄金分割的地方，这样能使奏出的韵调优美和谐动听。所以，'黄金分割'不但成了艺术家们的创作中必须遵守的规律，而且，在生活中也常常应用到它。如桌凳、门窗、电视机、收音机等，为了协调与悦目，也都用'黄金分割'的比例来划分尺寸。就连我们的学习用品如书、作业本、杂志等都应用了'黄金分割律'。

"我国国旗上的五角星，就是根据和应用"黄金分割"先将圆周十等分，再每隔三个分点依次连接而成的（见图3.2）

"更有趣的是：五角星中间是一个正五边形，再作这个正五边形的各对角线，则又形成一个小五角星。如此继续做下去，可得到一个比一个小的无数个正五角星，还可看到，若连接正五角星的相邻的各顶点，可得到一个正五边形；再延长这个正五边形的各边，又可得一个较大的正五角星。如此继续作下去，可得到一个比一个大的无数个正五边形。在当今社会中，奇妙的0.618，也为现代科学增添了异彩，成为最优化的方法，在冶金、采矿、机械、轻工、建筑、医疗卫生等方面，都广泛地应用这种科学方法。

"同学们，黄金分割在四化建设中用处多大啊！今天我们就学习这部分内容"（老师板书课题——黄金分割）

图3.2

这种开讲，采取形象的描述，首先从生活中提出一些富有启发性的问题，激起学生思考，然后阐明什么叫"黄金分割"以及"黄金分割"的用途和发展前景。这样引入新课，使比较抽象的概念，变得具体和形象，学生学起来就"有味"了。

4. 激发兴趣 启发智慧

开讲时，针对学生爱听故事，好奇心强的特点，采用编故事的方法，可以激发兴趣，启迪智慧，引发学生学习新课的动机。

列方程解应用题，在中学数学教学中具有十分重要的意义。但学生因学起来枯燥乏味，往往引不起足够的重视。

如何才能改变这种情况呢？

正如艾德勒在《为教育哲学辩护》中告诉我们的那样，要使教育过程成为一种艺术的事业。

例39 一位数学教师在讲"列方程解应用题"时，并不急于教给解题方法，而是先给大家讲了一段名人轶事——古代方程的墓碑，就这样，精彩的开讲艺术，激起了学生对解方程的强烈兴趣。

师："两千多年前，古希腊出了一位著名的数学家，他的一个很重要的贡献是用字母来表示未知数和用字母进行一些运算，这是近代符号代数的鼻祖。他写过三部书，其中最著名的是《算术》。这是一部很伟大的著作，它在历史上的重要性可以和欧几里得的《几何原本》相提并论。可惜的是，他的年龄和生平史书上没有明确记载，唯可供查考的是他那别具一格的墓志铭。全文是这样的：'过路的人！这儿埋葬着刁潘都，下列数量可以告诉您，他一生度过了多少个寒暑。他一生 $1/6$ 是幸福的童年，$1/12$ 是无忧无虑的少年。又度过了一生的 $1/7$，才建立了幸福的家庭。5 年后儿子出世，但孩子在世的光阴只有他父亲的一半。数年丧子，老人真可怜，悲痛之中度过了 4 年，终于结束了自己的一生。'请你算一算，刁潘都活了多少岁，才和死神相见？"

待学生思考片刻后，老师转过身去在黑板上写了清晰、工整的课题——列方程解应用题。

这节课的开讲成功之处在于重视教育艺术。在教学中不再全盘授予，而在相机指导，不是直接给学生以知识，而是紧紧抓住学生的好奇的心理特征，激发学生疑与思，唤起学生自己去求得知识，点燃他们的智慧火花，把"要我学"变成"我要学"。

（六）情境式开讲法

情境式开讲法要求教师在课堂上利用幻灯、实验、图画、故事、游戏、语言等各种教学手段，创设出趣味横溢的情境，在情境中巧设机关，引起悬念，制造冲突，激疑引思，诱发思维，启迪智慧，使学生的心理处在兴奋状态。

教师开讲时，创设情境激疑引思的着力点应放在激发学生的学习兴趣和引起学习心理需要上，暗布屏障，巧设圈套，激其情，奋其志，启其疑，引其思，使学生在教师创设的情境中或趣味横生，或悬念于怀，或处于新旧认识的冲突之中，或徘徊在知与不知的矛盾圈内，很自然地进入最佳学习状态。

1. 创设情境 诱发情趣

要使学生发现问题，抓住问题和思考问题，首先应当引导学生进入问题，了解问题。在开讲时，如果能够根据学生好奇好问的特点设置一些问题，造成一种气氛，使学生被新问题所吸引，让他们一开始就带着急需解决的问题来听课，并诱发他们产生一种想亲自去试一试，以求从中得到发现问题的心理状态。

例40 在讲"垂线"时，有一位老师是这样开讲的：

有一天，小华家的厨房里安装自来水管，爸爸对他说："小华你现在已经是四年级的学生了。你能不能用学过的数学知识，帮助爸爸设计一下，怎样安装才能使自来水管最节省呢?"小华跑出去观察了一下自来水管道,略微思考了一会。接着,用绳子量着,算着,不一会儿,就将数据告诉了爸爸。爸爸点点头,夸他数学知识学得好,用得活。小华测算自来水管的数学知识,就是我们今天要学的内容——"垂线",这时,学生们迫不及待地想知道什么是"垂线",怎么画"垂线",就在这种渴求知识的气氛中,导入了"垂线"的教学。

在开讲时注意创设问题的情境,能激发学生强烈的求知欲,从而使一些概念、定理、法则在学生头脑中留下比较深刻的印象。

例41 有一位老师在教"比例尺"时,用启发式谈话创设情境,导入新课。

一上课,便按学习小组把全班同学分成六个红领巾旅游小分队,指定某小分队到杭州旅游等。师:要旅游祖国的名城胜地,出发前要算出从重庆到各旅游胜地的行程。谁算得正确、迅速,谁最先到达,也就是这次旅游的获胜者。生:如何计算?师:今天讲的新课就要介绍计算方法。(板书课题——比例尺)这样诱导性谈话后,学生注意力集中,学习情绪高涨,兴趣浓厚。

注意是学习的门户,兴趣是知识的先导。开讲时如能创设一个适宜于儿童探索知识的意境,做到一上课就抓住学生的注意力,唤起学生的情趣,就能够变学生的"要我学"为"我要学",激发其旺盛的求知欲。

例42 教"长方体的表面积"时,有位老师用问题导入新课,教学效果很好。

师:今天大扫除想把教室四周的墙壁用规格一样的白棒纸裱糊一遍,但不知要买多少张纸,请大家先算算教室四壁的总面积,再算算每张纸的面积,最后算出纸的张数。

一张长方形纸的面积同学们都会计算了,长方体的表面积你们能计算吗?(教室鸦雀无声,同学们认真思考)

今天我们就学习这方面的内容(板书课题),希望大家认真听讲,课后看谁最先算出来。

一下子就把学生的注意集中起来了。课后,不少学生借卷尺,搬梯子,把课堂上所学的知识用于实际测量与计算,做到了学用结合。

2. 富有趣味 激发思维

愉快的情绪是有效学习的基础。开讲的导语要富有趣味,能激发思维,努力创造一个良好的教学气氛,使学生心情愉快地学习,是提高教学效率的一个重要课题。

例43 有一位老师在讲"圆的面积"时,为了引导学生的求知欲,他创设了一个良好的教学气氛,引入新课。

师:"一块草地每平方米平均长3千克青草。草地中央有一木桩,一只羊系在木桩上,拴羊的绳长1.5米,这只羊最多能吃到多少千克青草?"

此题富有趣味性和思考性,这比单纯出一道"圆的半径长1.5米,求它的面积是多少?"要生动、有趣,并且容易激发学生思维。因为解答这道题,学生必须理解木桩即圆心,拴羊的绳长为半径,知道半径就能求出面积,知道面积,就能求出这只羊最多能吃多少千克青草。这样开讲,对理解圆的意义,又很有帮助。

例44 一位数学教师在讲"行程问题"时，他善于抓住学生认识过程中新旧知识间的矛盾冲突，来设计教学情景，激发学生求知欲望，进入最佳学习状态。

师：当两个人在一段距离中行走时，在运动的"方向"上会碰到哪些情况？

生：这两个人可能是面对面，背对背，或者向同一个方向前进。

师：对！这两个人可能是面对面，我们称它为"相向"；也可能是背对背，我们称它为"背相"；也可以是同方向，我们称它为"同向"。今天这节课我们学习的是有关"相向而行的行程问题"（揭示课题）。这两个人相向而行的出发点会不会在同一地点？

生：因为是相向而行，一定是在不同地点出发的。

师：在这类行程问题中，我们还要研究他们的出发时间。在出发时间方面可能会有什么情况？

生：在出发时间上，可能同时，也可能有先有后。

师：两个人在这段距离中相向而行时，在一定时间内通过运动，会得到怎样的结果？（用教具演示）

生：这两个人相向而行时，会在某一点相遇；或没有相遇，中间还相隔一段距离；也有可能相遇后交叉而过。（教师边提问边板书）

运动方向：相向。

出发地点：两地。

出发时间：同时；不同时。

运动结果：相遇；没相遇；交叉而过。

在导入新课时，老师考虑到教学内容的复杂性，需要造成一种情景，使学生犹如身临其境去体验并理解有关知识。

通过讨论，学生对于相向运动的各种可能的情况已有所感受。引导学生集中在上述几个要点上展开思维，这正是了解相向运动问题的基础，也是这一节课的关键所在。这些问题弄清楚了，解这类问题的条件就具备了，其他如列式计算等，都是学生已有的知识和能力，无须多讲。

例45 小学特级教师黄光彩她在阅读课上是这样开讲的：

迎着钟声，老师带着两支钢笔和两张纸，愉快地走进教室。然后叫两位同学上讲台写句话。一个同学握着笔滔滔不绝地写个不停，可是另一个握着笔左画右画总是写不出。着急地说："黄老师，钢笔没有墨水怎么写？"

"是啊！是啊！"黄老师微笑着点点头，连声赞同。便因势利导地讲开了。

师："同学们，你们不是常说作文是憋文，提起笔写不出来吗？与小勇那只没有墨水的笔写不出有什么不同？"

教室里立刻静下来，学生们个个皱着眉沉思。忽然，一个同学像发现什么新奇的东西一样，高兴地说："钢笔写不出，那是管子里没墨水，我们作文写不出是脑子里没'墨水'。"

师："同学们答得真对，作文写起来困难是因为平时书读得少，记得少，就像笔管没吸墨水一样，怎么写得出来呢？只要我们多读多写，作文就一定写得好。"黄老师说完，亲切地问大家："同学们，你们说是不是？"

"是！"同学们有力的回答，充满了克服困难的信心。

读和写的关系经黄老师这么开讲，

使抽象的变成了具体的，不易理解的变成了一看就懂的生动形象，在学生的头脑中留下了深刻的印象。

3. 以景召人　以情感人

中国人欣赏美的观点，我们只要稍加探索就不难发现，无论我们的文学、戏剧、电影，都重情感的抒发，突出一个"情"字。中国人讲道义，讲感情，讲义气，这都同"情"有关系。

教学艺术如果脱离了感情就不成其为艺术。很多有经验的老师开讲时，常采用情境式开讲法，做到以景召人，以情感人。有的课文，用诗一般的激情加上老师精炼、娴熟的讲述，配合色彩鲜明的幻灯片，以情感人，引起联想，把学生带入情境之中，激起学生强烈的兴趣。

例46　有一位语文老师在讲《美丽的小兴安岭》一文时，为了激发同学们的学习兴趣，达到使同学们爱"兴安岭"，爱祖国的目的，就采用情境式开讲法，运用幻灯片，配合诗歌、录音解说，效果很好。

师："（板书题目后）同学们，小兴安岭是我国重要的林区，是个风景优美的地方。现在，让我们一同来欣赏小兴安岭的美丽风光吧。"

①打幻灯片（小兴安岭春、夏、秋、冬四季的图片）。

②配合幻灯放录音（每个季节配上一首短诗）：

春天来到兴安岭，万物复苏气象新。
树木抽枝叶又嫩，积雪溶化浪滚滚。
小鹿欣赏河中影，木排个个河中行。

夏季来到兴安岭，木欣叶茂密层层。
艳阳穿树草绿茵，野花芬芳染山岭。
工人宿舍展新颜，兴安岭夏更迷人。

秋天来到兴安岭，青松作衫桦为裙。
柞黄枫红松柏挺，蘑菇木耳和人参。
看不完来数不尽，真是天生聚宝盆。

冬季来到兴安岭，千树万树白为银。
千树万树梨花开，漫山遍野好风景。
北国风光景更美，伫立远望入了神。

那抑扬顿挫的声调，流利动听的话语，轻重缓急的节奏，表达了对小兴安岭赞美之情，对祖国大自然赞美之情，很快就激起学生浓厚的学习兴趣，学生在不知不觉中受到了感染，全身心地陶醉于情境之中。

放完幻灯片之后，老师说："同学们看了幻灯片，对小兴安岭的美丽有了较深的印象，现在请同学们打开书，共同来学习课文。"全班同学眼光中流露出"小兴安岭真美呀！咱们祖国真美啊！"感人的激情。

这样，声音配合图像，培养学生的观察力，唤起了丰富的想象。用形、声、色的直接形象，使学生头脑中产生出美的景象，达到了理解课文内容的目的。

例47　一位老师在讲《一夜的工作》一文时，也是利用情景教学法进行开讲的。

一上课，老师先组织学生听《周总理办公室的灯光》的录音，对周总理伟大而崇高的革命精神和忘我无私的工作态度产生了敬仰之情。学生有了这种感情，再来学习课文，就会倍感亲切，加深对课文的深入理解。

师："今天先请大家听一段怀念周总理的录音（教师放录音，内容是石祥写的《周总理办公室的灯光》一诗）。刚才，我们听到的诗朗诵《周总理办公室的灯光》，这是总理逝世后，一位著名诗人怀着极其沉痛的心情，写下的一首诗。这首诗表达了对总理的深切悼念，也是对总理鞠躬尽瘁，死而后已伟大精神的赞颂。今天，我们要从一个片断来了解一下，总理是怎样通宵不眠，辛苦操劳的，这是我们今天要学习《一夜的工作》这篇文章的目的之一。"（板书课题）接着，老师提出自学要求，叫大家带着问题默读课文，并提供材料，以帮助同学自学，从而达到丰富学生想象，加深对课文的理解，开阔视野，启迪思维的目的。

老师选择《周总理办公室的灯光》的录音，不是信手拈来，也不是画蛇添足，而是精心设计的。教师紧扣课题选放录音，以激起学生对周总理热爱的感情，为学习课文创造了良好的氛围。

教师先创设问题的情境，引导学生思维，逐渐接近问题的实质，最后在关键的地方点拨一下，使学生顿悟。

4. 情意交融　激发兴趣

人们一提起政治课，常常就同"枯燥乏味""干瘪说教"等词语联系起来。好像"政治课等于说教课"。凡听过天津市第十六中学靳云琪政治课的人，都觉得听他的政治课不是一种负担，而是一种艺术享受。

例48 靳云琪在《识别美丑》课的开讲艺术。

（上课）生："起立！"

师："请坐下。"（环顾学生都做好了学习准备，开始教学）

老师首先贴出一张色彩鲜艳、黑白分明的熊猫图，老师指着图指导学生观察，并描述："这是上海杂剧团的大熊猫伟伟。它会玩球、骑车，还会吃西餐……同学们见了会有什么感觉？"

生："啊！真美，真可爱！"

接着老师又贴出一张图，一个小笼子，里面装着一个小耗子，绿豆眼，尖尖嘴，吱吱乱叫……

师："你说它好看吗？"

生："不好看，它太丑了。耗子不只长得不好看，它还偷吃我们的粮食，咬我们的衣服，它是一个坏蛋。"所以人们常说：'老鼠过街，人人喊打。'"

师："同学们，熊猫耗子是两种不同的动物，给我们感受是什么？"

生齐："一个是美，一个是丑。"

师："在我们的生活中，有种种不同的事物，都会给我们不同的感受。那么，如何看待这些动物呢？这就是本节课要讲的内容。"

板书：十课，第三节《识别美丑》。（从学生熟悉的事物用两张彩色挂图作对比引出课题，使抽象的课题，变得具体了。）

师："如何看待美和丑。"（板书）

生："好的，好看的，就是美的。"

生："坏的，难看的，就是丑的！"

师："我们先说对美的看法。我们在上学期讲过《热爱祖国》一课，讲到祖国的锦绣河山千姿百态，景色动人。哪位同学把这那景色描绘一下？"

生："飞流直下的庐山瀑布，白云环

绕的黄山奇景，壮观的泰山日出，都是祖国的山河优美自然景色。"

师："还有呢?"

生："天下闻名的桂林山水。"

师："对,'桂林山水甲天下'么,还有呢?"

生："杭州的西湖,苏州的园林,都是很美的。"

师："对,不是常说'上有天堂,下有苏杭'么。这些地方同学们都去过吗?"

生齐："没有!"

师："将来有机会,咱们一块儿去旅游,饱览祖国的山水之美。这些美景,我们称作大自然的美。"

（板书）自然美。（这里靳老师用学生已有的知识,启发诱导,进而使其获得新的知识。）

师："大自然的美,我国古代的诗人们有很多描述,留给我们很多脍炙人口的佳句。比如李白就曾描写过庐山瀑布的美,同学们知道吗?"

生齐诵："飞流直下三千尺,疑是银河落九天。"

师："我们读了这诗,就好像置身庐山美景之中了。眼望飞瀑,会使我们油然而生对祖国山河的热爱,激励我们去建设可爱的祖国。"

靳老师就这样,从自然美引导学生认识文学美,仪表美,行为美,逐步引导到心灵美,由浅入深,由表及里,井然有序。

爱美之心,人皆有之。但教师如何去触动他们的心,点燃他们心中之火,唤起他们对美的热爱,对美的追求呢?这就是教育艺术。正如法国教育家卢梭在《爱弥尔》一书中所说:"教育的艺术是使学生喜欢你所教的东西。"靳老师开讲的艺术之所以可贵就在于此。

对于抒情极浓的课文,特别是诗歌、散文、杂文,通过读或意境的描述或配音乐的朗诵,会对学生产生强烈的熏陶感染力量,引起情感的共鸣。如一位教师教李清照的词三首时,先给学生描述一幅女词人沉醉在夕阳下的荷花中的画境。听着老师柔和的描述,学生说:"我们眼前似乎出现了那幅《藕鸥鹭图》——红红的夕阳,碧绿绿的荷叶,展翅天空的洁白的沙鸥。这一切,激发了我对生活,对大自然的热爱,我们的心情也变得美好了。"这样的开讲,感情真挚,启发性强,一下子就抓住了学生的心,使学生张开求知的眼睛,恨不得马上闯入《荷花》的景色之中去浏览一番。

（七）悬念式开讲法

悬念开讲,可以造成学生渴望的心理状态,激发学生的学习兴趣,使教学紧紧扣住学生心弦,启发学生积极思考,从而提高教学效率。如"一般人只知'百发百中'是神枪手,却不知道'百发不中'才是真正的神枪手"（作文指导《从贾坚射箭想到的》导语）。这里引起了学生的悬念:为什么百发不中才是真正的神枪手呢?很想听听下文。孔子说:"不愤不启,不悱不发。"朱熹注:"愤者,心求通而未得之意;悱者;口欲言而未能之貌。"当学生处于这种 "心愤口悱"的状态时,教师才有可能激发他们的学习兴趣。如果学生的思维不活跃,没有强烈的求知欲望，即使受到有关信息的刺激，接通了"电源"，也是不可能进发学习热情。要使学生产生"愤""悱"状态，就必须在开讲时注意方法，给予条件，或搭桥铺路，或开渠引水，把他们的思维引向深入。

1. 形成悬念 扣住心弦

悬念就是"悬而未解"的问题，提出这类问题，最好能提挈全篇，难易适当，富有启发，足以激发学生的求知欲，以便启发学生认真细致地去读课文，引起学生不断地运用已知去求未知。

例 49 小学生自然课有讲磁铁的性质，一般都是由老师讲解，板书结论。可是有位老师在这节课开讲时却是别出心裁。

清脆的上课铃声一响，老师端了一盆米走进课堂，然后指着这盆米说："有个小朋友不小心，把一盒大头针倒在米里了，你们谁会想出好办法，又快又干净地把米里的大头针选出来？"这种悬念开讲，吸引学生的注意力，激发学生的求知欲，同学们积极动脑筋争着回答。有的说动手选，有的说有筛子筛……老师说，今天我们既不用手选，也不用筛选，只用一块磁铁就可以了。讲到这里老师停了停，让大家深思。接着就表演给同学们看。同学们看后，感到非常奇怪，迫切希望知道其中的奥妙。在强烈的求知欲望的情景中，学生兴趣盎然，注意力集中。这样开讲学生学习兴趣浓厚，印象深刻。

两种开讲，两种效果。显然，前者注入式的教学像师傅带徒弟式地先生讲，学生听；而后者则是引导学生通过实践、观察、思维，发现规律。学生在教师的引导下，通过自己学习、自己探索、自己发现，不仅得到了知识，而且掌握了发现规律的方法，提高了创造力。

例 50 一位化学教师在讲甲苯时，采取巧插小引形成悬念的开讲方法，引起了同学们的强烈兴趣：

师："1912—1913 年间，德国在国际市场上大量收购石油，很多国家的石油商争着要与德成交，有的还尽量压低售价。但是，德国却只购买婆罗洲石油，急急忙忙运到德国本土去。自此看来，德国人专购波罗州的石油，必然是别有用心的了。

德国人安的是什么心？令人奇怪的是揭开这个谜并不是政治家，而是化学家。

化学家在对婆罗洲的石油化学成分进行分析之后，马上警告世人说，德国人在准备发动战争了！"

师问："化学家凭什么根据破了这个谜，得出这样的结论？"讲到这里教师停了停，让大家深思片刻，然后说："大家要知道这个谜，今天学好了新课就会知道的。"接着教师讲新课，同学们聚精会神听教师讲。

师："大家知道甲苯和硝酸反应就可以制成三硝基甲苯：三硝基甲就是著名的 TNT 烈性炸药。而苯和硝酸反应也可以制成烈性炸药间-二硝基苯：

$$\text{CH}_3\text{-}\bigcirc+3HNO_3 \xrightarrow{\text{浓}H_2SO_4} NO_2\text{-}\bigcirc\text{-}NO_2+3H_2O$$

$$\bigcirc+2HNO_3 \xrightarrow{\text{浓}H_2SO_4} \bigcirc+NO_2+2N_2O$$

讲到这里，学生心中的谜团被解开了，人人脸上都露出了笑容。教师小结：

"列宁说得好，'神奇的预言是神话，科学的预言却是事实'。历史不出化学家所料，德国于1924年果然发动了第一次世界大战。"

这样开讲，使学生真正认识到学好化学的巨大作用，从而刻苦学习，积极探索。

小学生在认识事物时往往只停留在表面上，但他们好奇，求知欲旺盛。如设置悬念导入新课，可以启发儿童的探索精神。一位自然课教师在教《磁铁游戏》一课时，先出示了一个盛满水的汽水瓶，瓶底有一颗小铁钉，问学生："请小朋友们想想办法将瓶里的小铁钉取出来，行吗？"有的同学说，把汽水瓶倾斜，先倒出汽水再弄出铁钉；有的同学主张用铁丝做成夹子，将铁钉夹出来；有的甚至建议将瓶颈敲破……这时教师提出条件："如果身边没有另外盛汽水的容器，又不准将汽水弄脏，该怎么办？"这是儿童凭现有知识无法解开的"悬念"，借此儿童跃跃欲试、兴致高涨之机，教师拿出磁铁："教师这里有一样宝贝能把小铁钉取出来。"这样引入新课非常自然，激发了儿童的探索欲望。

2. 趣题开讲 注意引发

有的教师将新课的导入比成外科医生的第一把刀，裁缝师傅的第一把剪，书法家的第一支笔，对师生双方活动的体现起着至关重要的作用。导入新课的方法好，就可以使学生在思想上产生学习新知识的强烈愿望，从而对学习新课产生浓厚的兴趣，促使他们潜心思考和学习。所以，导入新课又被行家们称为一种教学方法上的高度艺术。一次好的

开讲，可使学生增长知识、开阔眼界、发展智力，思想上受到熏陶。同时，还可以从中感受到一种乐趣——学习的乐趣，即一种享受——美的享受。

例51 一位教师在讲《圆周长》练习课时，就是这样开讲的：

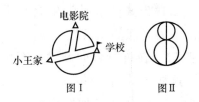

图3.3

师：（出示有趣的图3.3中的图Ⅰ）小王从家到学校和从家到电影院，哪条路近？为什么？

生：一样近，因为在一个圆内半径是相等的。

师：（出示图3.3中的图Ⅱ）小李走外面一圈回到原地，小张走里面8字形两个小圈回到原地，哪个人走的路少些？

生1：走里面一条近些，因为外面要绕一个大圈子。

生2：一样近。因为两条路的直径相等，周长也相等。

师：生2对，因为两个小圈直径的和与大圈直径相等。所以两个小圆周长的和等于大圆的周长。有趣的图，能帮助我们复习圆的一些知识，这节课就计算圆的周长。

这堂练习课，教师利用了两个生动有趣的图案开讲，有利于激发学习兴趣，培养识图能力。使学生认识到考虑问题不能被表面现象所迷惑，应该善于运用数量知识，作出正确的判断。

这位教师导入新课时，不是给学生奉送真理，而是教学生去发现真理。上

课善于引发学生思考，鼓励学生探索，指引学生向数学知识的广阔天地迈进，课堂气氛生动活泼，教学效果十分良好。

有许多数学教师，其本领在于会设圈套。课堂中设很多圈套，引学生中计，在圈套中挣扎一番，然后教师把学生从圈套中拯救出来，这时学生会在学习中表现出空前高涨的积极性。

例 52 在讲行程问题时，有位教师设计了这样一道题开讲：

少先队员张红参加登山运动，上山每小时走 6 里，从原路下山每小时走 12 里，上下山每小时平均走多少里？

教师刚把题念完，同学们不假思索就做出结果了：

(6＋12)÷2＝9（里）

这时老师举了例，假如这山路长是 36 里，那么你们验算一下自己的结果，是否正确？

轻轻一点（全盘皆动）。

同学们聚精会神地进行验算，发现自己的做法不对。

$$(36 \times 2) \div \left(\frac{36}{6} + \frac{36}{12}\right) = 8（里）$$

接着，教师又举出山路长 72 里、84 里、108 里……叫学生做，学生做出来都是 8 里。这时，学生都感到惊奇，要求教师讲一讲道理，教师在学生高涨的积极性中进行了讲解：

设全程为 S，则上坡需要的时间是 $\frac{S}{6}$，下坡需要的时间 $\frac{S}{12}$，上下坡每小时行 $S \times 2 \div \left(\frac{S}{6} + \frac{S}{12}\right) = 8$（里）

一个人的思维总是由问题引起的。思维活跃了，课堂气氛才会活跃。为了

启发学生的思维，开讲时可设置一些疑点，创设问题情境。

例 53 有一位教师在分数乘除法的教学中，他设计了这样一道应用题进行开讲：

一个班有一天缺席学生人数是出席学生人数的 $\frac{1}{25}$，并且出席的比缺席的多 48 人，这个班有多少人？

有些学生只做到 $48 \div \left(1 - \frac{1}{25}\right) = 50$（人），就满意地停下笔来。认为求出的 50 人，就是全班的学生人数。

这时，老师追问一句，50 人是全班的学生人数么？这样一问，激起了学生的积极思维，课堂气氛十分活跃，师生间的情感得到了交流，产生了共鸣。很多学生纷纷举手回答，指出 50 人是出席人数而不是全班人数。所以应加上缺席人数。$50 \times \frac{1}{25} = 2$（人）

一石激起千层浪。这时学生的思维更加活跃，争先恐后，要求列综合算式：

$$48 \div \left(1 - \frac{1}{25}\right) \times \left(1 + \frac{1}{25}\right) = 52（人）$$

通过提问—分析，讨论—归纳，学生对解答分数应用题的关键：首先确定标准量，然后找准对应分率，有了进一步的理解。学生分析问题和解决问题的能力也得到了相应的提高。

3. 探索奥秘　揭示矛盾

心理学研究表明，人皆有新鲜感。学生对新课，都有一种鲜感觉，怀着新的兴趣和期待，这是学好新课的有利条件与良好基础。这种新的期待和兴趣不是长期不变的，而是稍纵即逝。如果教师在开讲

时，讲究教学艺术，有一个好的开端，因势利导，把学生这种兴趣和期待的火苗进行鼓风助燃，将会越燃越旺。

例54 有一位语文教师讲的《一分试验田》，其开讲形式新颖，别具一格，激起了学生强烈的求知欲，得到了学生的好评。《一分试验田》叙述彭德怀针对当时盛行的"浮夸风"，种了一分小麦试验田，体现了彭总坚持真理，实事求是，批判错误的高尚精神。为了引导学生通过对彭总的言行分析，学习彭总的崇高品质，这位老师是这样开讲的：

踏着钟声，老师提着小黑板，面带笑容走进教室。同学们怀着好奇的心情看了黑板上的题：

请同学们判断下面说法是否正确，对的画上"√"，错的画上"×"，并说明理由。

粮食亩产：(1) 四五百千克（　　）；(2) 几千千克（　　）；(3) 几万千克（　　）。

读完题，学生个个纳闷：语文课怎么做起数学题？是不是提错了黑板？正在疑虑之中，老师抽了上、中、下三名同学上台判断正误，真巧，三个同学的答案一样，都在（1）画上"√"，（2）（3）画上"×"。

师：为什么画"×"，人们不是常说亩产越多越好吗？

生：亩产多是好，但不能浮夸，要实事求是嘛！

师：对，说得真好！实事求是，这是党的生命。

老师抓住"实事求是"这一词，顺势导入新课：今天我们就来学一篇关于敢于坚持真理，讲究实事求是的好文章——《一分试验田》，这样很自然就导入了新课，课堂气氛活跃，学生兴趣高涨。

接着教师提出光凭一般的概念来判断，不能充分说服人，必须通过实验来证实。彭总给我们做了这样的经验，请大家翻书认真阅读，仔细分析彭总是怎样做的，怎样说的……

教师及时将学生的兴趣转化为学习的激情，从而大大地提高了学生的积极性。他们怀着强烈的求知欲，全神贯注地阅读课文。相反，如果按一般就事论事开讲，那么这种兴趣很快就会消失，积极性也会受到挫伤，学习效果也就必然大打折扣。不同的开讲产生的效果也不一样。

小学生特别具有好奇心。导入新课时如能诱发他们这种天赋的好奇心，从而形成探究反射，将会产生强烈的求知欲。一位特级教师常在开讲时设置悬念把学生引入特定的意境，在教《海底世界》一课时，刚迈进课堂，就带着愉快的表情开讲："这节课教师把同学们带出去。"学生一听，精神大振，跃跃欲试。教师接着说："带你们到什么地方去呢？"说着，便板书课题《海底世界》。"哦"，学生们恍然大悟，但随之产生了疑虑：海底世界？从没有去过呀！海底是怎样的景象？这时，教师顺势引导："要领略海底的风光，就让我们随着作者一块儿去畅游海底世界吧！"教师根据课文意境，在导语中巧设"悬念"，把学生的好奇心由潜伏状态诱发为活动状态，激起了学生对课文描绘的海底奥秘的强烈兴趣，从而在愉快而热烈的情绪中投入了学习活动。

一位教师在教《沙漠里的船》一课

时，也如此。教师开讲时先问："你们在哪儿看到过船？"同学们齐声回答："河里。"接着，教师挂出彩图："谁最先告诉我，沙漠里的船指的是什么？"学生仔细地观察后争相回答："指的是骆驼。""为什么把骆驼叫做沙漠里的船呢？"学生无言以对，由疑窦产生的求索心理，促使学生迫不及待地读起书来。这里学生的思维便处于最佳活跃状态，因而获得了最佳读书效果。

动机是激励人们去行动的主观原因，要想触发它，教师必须运用学生的心理活动的规律，在开讲时，精心设计导语，采取各种有效方法，积极诱发学生的学习动机，让学生自觉自愿地去运用他们的智能和潜力，努力去探索知识的奥妙。

4. 管中窥豹 举一反三

例 55 板书：23 课《卖油翁》。作者：欧阳修。

师：作者是北宋以来第一个在散文、诗、词方面卓有成就的文学家，在当时被公认为文坛领袖，他也是我们通常所说的……

生：唐、宋"八大家"之一。

师：好。唐宋"八大家"，唐代两个，宋代六个。同学们想想：他们是哪些？我们学过他们一些什么作品？

在教师的启发下学生相继回答上述提问。

生：唐代韩愈诗《晓》，柳宗元的诗《江雪》，宋代苏轼的诗《饮湖上初晴后雨》《题西林壁》，王安石的诗《泊船瓜舟》……

师："八大家"中的曾巩、苏洵、苏辙的作品我们暂时还没学，今后我们会

学的。同学们有兴趣的话，也可以去图书馆借阅这方面的资料。

例 55 是一种管中窥豹，举一反三的开讲。这样导入新课，把旧知识与新知识联结起来，使学生从单一知识过渡到综合知识，从机械记忆过渡到理解记忆，做到由此及彼，举一反三。从可以看到开讲既有科学性，又有艺术性。说它有科学性，因为它要依据两个基本规律，一是事物发展内在的固有规律，二是学生认识世界思维的顺序规律。说它有艺术性，因为作为塑造灵魂的工程师运用一样的材料，可以描绘出五光十色的图画，可以生产出于姿百态的产品。尽管有相同的教学目的，相同的教学时间，相同的教学环境，相同的教学对象，但是，培养的学生无论哪方面都是千差万别的。世上决无两个同一模型铸的学生。这就要求教师，特别是语文教师既要有导演的指挥艺术，运筹帷幄，因材施教，又要有演员的表演艺术，以情感人，生动形象。还要具备渊博的知识，旁征博引，能入能收。从这个意义上讲，教师要有科学家的素质，艺术家的才华。如果说有无这种品质是决定一个语文教师能否成功的关键，那么有识者就能从一堂优秀语文课的开头发现这种品质的闪光。

孔子曰："举一隅，不以三隅反，则不复也。"语文知识浩瀚如海，深不可测，广无边际。一堂语文课的开头，不仅要瞻前顾后，学习旧知识，为学习的知识大厦添砖加瓦，更要善于管中窥豹，时时让学生望见那广阔的知识海洋，激发出创造、进取的活力。

（八）练习式开讲法

瑞士著名心理学家、教育家皮亚杰说过，知识的本质是活动。因此，要使学生获得知识，形成技能，则必须通过各种形式的练习，如解题、答问、实验、实习等来强化所学的知识。在练习时，如何引起学生浓厚的兴趣，这就是艺术的魅力。

1. 复习旧知 以旧引新

很多有经验的优秀教师，在开讲时，常常以学生已有的知识经验过渡到学习新知识，这样可以让儿童通过对比形成认识上的矛盾，增强题目的新颖性，使学生产生强烈的求知欲而良好的学习动机。

例56 有一位老师在讲"求比一个数多几的数的应用题"就是这样开讲的：

上课铃响后，教师从容地步入讲台，微笑着注视全班学生，开始进行检查复习。

微笑地开始上课，形成轻松和谐的课堂气氛。对低年级儿童来说，比板着面孔更有利于教育和教学。

教师出示图片（见图3.4）。

图 3.4

师：大家看有几只燕子？

生：有 4 只燕子。

再出示图片（见图3.5）。

图 3.5

师：有几只小鸟？

生：有 4 只小鸟。

师：小鸟的只数和燕子的只数相比，哪个多？

生：小鸟的只数和燕子的只数同样多。

[复习与新课有关的知识，过渡自然为学习新课铺平了道路]

又出示的图片（见图 3.6）

图 3.6

师：有几只小鸟？

生：有 6 只小鸟。

师：小鸟的只数比燕子多几只？

生：小鸟的只数比燕子的只数多 2 只。

生：小鸟的只数比燕子多 2 只是什么意思？

生：小鸟的只数除了和燕子同样多外，还比燕子多 2 只。

师：小朋友们回答得都很好，现在我们来解这样一道应用题，看谁会用你过去学会的本领来解决新问题。（板书课题——应用题）。

这样开讲的方法，一方面，使学生原有知识得以巩固；另一方面易于学生找到新旧知识之间的联系，触类旁通。教师如果能巧妙地提出与学生原有知识相矛盾的事实或材料，则更能达到引旧探新的目的。对于新授课来说，当新知识同已有认识结构相一致时，应加以"同化"，即把新知识纳入已有认识结构，从而扩大它的内容。这节课，教师精心地设计了全课的每个环节，一环扣一环，环环紧扣。利用实物图在复习与新课有关的旧知识的基础上，进行新课，并指明解决新问题的途径，有利于学生主动地学习。

2. 温故导新　过渡平稳

这种方法又叫温故导新法。是利用与新授课文有关的种种"媒介"，曲折而有的放矢地导入新课。这种"媒介"或是一个故事、一则趣闻、一张图表、一幅地图等，这不仅能起到一种桥梁作用，而用能激发学习的学趣和情感。

数学是一门科学，它的特点是严密的逻辑性、抽象性和应用的广泛性。正因为数学逻辑性强，又抽象难懂，所以有的学生感到枯燥无味，引不起兴趣，因而也就不愿积极思维。要引起学生的兴趣，开讲时的提问，以及准备题的设计是很重要的。

例 57　在教"分数与除法关系"时，有这样一例："把 3 个饼平均分成 4 份，求一份是多少？"有一位教师是这样设计开讲的：

有三个饼要你们平均分给 4 个小朋友，只能切两刀，怎样切？又怎样分？每人分得多少？

这样设计的问题开讲，富有思考性、趣味性，能激发学生的思维。学生积极

开动脑筋想问题。因为要考虑到只能切两刀，所以只有把 3 个饼重叠起来切，这样就必须把 3 个饼看成一个整体，切两刀每人得到的 3 饼的 $\frac{1}{4}$，把 3 个饼的 $\frac{1}{4}$ 展开来，就是一个饼的 $\frac{3}{4}$，所以 3 的 $\frac{1}{4}$，等于 1 的 $\frac{3}{4}$（见图 3.7）。

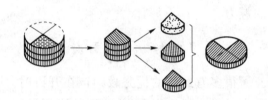

图 3.7

这课的开讲，做到精心设计练习，对学生理解分数概念，培养思维，发展智力都有裨益。充分运用直观图，增强了教学效果，开讲提问开阔了学生的思路，激发了学生的思维，加深了对分数的认识，还掌握了分数单位及整体"1"与部分的关系，为今后学习分数的运算打下了一定的基础。

练习式开讲法成败的关键在于巧设习题，如能根据新课设计一些稍有变化或发展的一组题目，可以促进学生动脑筋，想问题，发展创造性思维。

3. 分析错例　寻找病根

古人说："相反相成，相克相生。"开讲利用错例教学法引入新课，是一种好的开讲艺术。这种开讲艺术就是教师在讲授时，恰当地把握时机，有意识地采用错误结论，让学生去思考、争议、辨析，然后老师点拨，纠正错误，明确正确的结论。这种开讲法，以"假"明"真"，欲正先反，以反求正，令人耳目

一新。

英国数学协会主办的《学校教学》杂志发表的看法认为，学生不应当害怕出错，他们可以从错误中学到东西。

开讲时，利用错例分析，找出原因，总结规律，从教训中吸取经验是引起注意，改正错误，提高质量的一个重要途径。

例 58 有一位教师在讲"余数"时，是这样引入新课的：

同学们，有一班在做带有余数的除法题，曾出现了三种不同的答案，请同学们评判评判，谁对谁错，并说说原因。说完随手在黑板上写了 3 种解法：

①$67 \div 8 = 8 \cdots\cdots 3$

②$6700 \div 800 = 8 \cdots\cdots 3$

③$6.7 \div 0.8 = 8 \cdots\cdots 3$

（同学们用竖式反复验算，没发现错误。）

他们都很有把握地在三道题的后面画上"√"。

教师看了看说，把上面的余数都看成 3，这是错误的。

同学们都很惊奇，纷纷要求教师讲明道理。

在学生求知欲旺盛的时候，教师再解，学生注意力非常集中。

许多有经验的教师都十分注意分析学生的错误，从错综复杂的错误中，找到了发生错误的规律。因此，他们能够事先知道，什么地方容易发生错误，在教学过程中特别加以注意，抓住要害，巧妙设计，重点讲解，在引入新课时就引起学生注意，尽早培养学生自己检查错误和找出错误的原因的能力。

通过错例分析，找出了原因，总结

了规律，学到了东西，从而培养了学生批判性思维和自己改正错误的能力。这正如恩格斯所说："要明确地掌握懂得理论，最好的道路就是从亲身的错误中、从亲身经历的痛苦经验中学习。"

错例开讲法，一般在以下几种情况下运用：一是对一些易混概念，需要比较辨析的时候；二是当学生对重点知识忽视、注意力不集中的时候；三是当学生对教师所讲内容乏味的时候；四是当学生对某些知识疑惑不解的时候。教师可以抓住以上的时机，因势利导，精心设计，恰当地运用错例开讲法，将会收到好的效果。

4. 利用旧知 搭桥铺路

"为迁移而教"这是当今教育界流行的一个极有吸引力的口号。现代教育都把"发展智力，培养能力"当做学校教学的重要目标。

例 59 小学数学教学法专家邱学华非常重视开讲的艺术。他在广西上分数乘法公开课时，就是这样开讲的：

上课了，邱老师满面笑容地走上讲台。他亲切地说："今天我给同学们上课，好不好呀？""好！"同学们齐声回答。这简短的对话把师生间的感情沟通了。接着邱老师出示了新旧知识有联系的几道分数乘法基本训练题，学生们一分半钟就做完了。邱老师热情地鼓励学生说："大家的口算又对又快。刚才学习了'一个数乘以分数'，现在我们跳过去两个例题，学习'带分数乘法'。教师不讲，你们自己学习。"话音一落，听课的学生立即显出好奇的神色。"跳过去学习"，这对学生是件新鲜事；"教师不讲，自己学习"更是件新鲜事。邱老师停顿了一下，又接着说："大家试一试，看能不能自己学会。"这句话激起了学生"乐学"的兴趣，各个跃跃欲试。邱老师板书了课题：带分数乘法。

杜威说得好："比较聪明的，都注意系统地引导学生利用学过的功课来帮助理解目前的功课，并利用目前的功课加深理解已经获得的知识。"邱老师这节课，就是采取复习旧知，以旧引新进行开讲的。

数学教学是根据已有知识和技能逐步促进和加深的。因此，教师在开讲时只要善于根据学生已学过的结论和规律，引导学生分析、推理，从而导出新的结论和规律。

这种利用旧知搭桥过渡的开讲方法，成功地运用了从已知到未知的教学原则，导入新课自然，既巩固了旧知识，又为学习新知识作了铺垫，使学生感到新知识并不陌生。

（九）激励式开讲法

热情是人类进行活动的源泉。黑格尔说："没有热情，世间任何伟大的业绩都不能实现。"在开讲中教师应该采取"热情"这个有效背景和捷径，运用情感的力度去感染和感动学生，激励和鼓舞学生，充分唤起学生与教师的"心理共鸣"。

纵观人才成长史，大量事实证明，许多发明创造都是在教师的激励下受外界某种信息的启发产生飞跃获得的。陈景润攻克哥德巴赫猜想就是这样。他的数学教师沈元很重视利用名人、名言、

名事去激励学生对数学热爱，就连不爱数学的学生都被他吸引住了。开讲时，他用诗一般的语言向学生介绍哥德巴赫猜想："自然科学的皇后是数学，数学的皇冠是数论，哥德巴赫猜想则是皇冠上的明珠……"

这种激励式的开讲，可以使学生爆发顿悟的火花，在联想中把握启迪的钥匙，在困境里寻找明晰的出路，在枯燥中产生学习的兴趣，在散乱中很快集中注意力。

激励式开讲是最好的启发式教学法之一，是一种难得的艺术。有经验的教师十分重视激励式开讲。开讲时，教师要给学生以激发的信息。教师必须勤于观察和思考，善于借鉴和移植各种艺术的技巧和表现手法。这样开讲才能调动更多的手段，创造情境，把握时机，得心应手地激发学生学习的灵感。

1. 石激千浪　开拓意境

激励式开讲法常常用令人震惊的事实开讲，这是许多有经验的教师经常用的方法。这种方法可以使学生从生活中一系列触目惊心的事实中醒悟过来，并产生一种对教师叙说的事实追根究底的"悬念"。这样，也就实现了捕俘听众的心，吸引听众注意的目的。

教育实践告诉我们，教师不是新闻播音员照本宣科，而是艺术家，因此，讲课中要熔铸着教师对教材重点与难点的认识和评价，体现教师鲜明的感情色彩。凡是好的开讲，总是以炽热的感情来拨动学生的心弦。所以说，富有启发的开讲，固然要告之以事，晓之以理，但还得动之以情，感情常常是联系师生

的纽带。因此，教师首先应当在感情上去吸引学生，征服学生。开讲平淡，感情不浓郁，即使再好的教材，也难以引起学生的兴趣。不少优秀教师上课之所以有强烈的感染力和吸引力，主要的并不限于教材本身，而在于教师"以情"取胜。教师在课堂上富有强烈的激情，能给学生以感染、鼓舞和力量，从情感和理智上引起学生共鸣。

例如，在数学教学中，我们常常听一些学生说："教师，我这题只错了一个符号，怎么算全错？"或者说："小数点错了一位，为什么扣那么多的分数？"看来，许多同学对数学科学的特点——准确性是缺乏足够的认识。一篇作文，主题明确，中心突出，构思严谨，方字优美，虽说有一两个错别字，是缺点，但也无伤大雅，仍不失一篇好文章。数学则不然，不仅解题思路要正确，具体解题过程也不能出错，差之毫厘，失之千里。在开讲时，如何纠正学生的这一缺点呢？一种就事论事，教师套话，干瘪说教；一种是以典型事例，生动形象，让学生潜移默化。

例60 有位教师在讲负数时，采取激励式开讲法，首先给大家讲了一则真实的故事。

师：1962年，美国发射了一艘飞往金星的"航行者一号"太空飞船，根据预测，飞船起飞44分钟后，9800个太阳能装置会自动开始工作，100天以后，飞船就可以环绕金星航行，开始拍照。然而，出人意料的是飞船起飞不到4分钟，就一头栽进大西洋里。后来，经过详细调查，发现在把资料输入电脑时，有一个数前面的负号给漏掉了。这样一来，原来的负数变成了正数，使整个飞船计划就失败了。

讲到这里，教师提高了嗓门，满怀激情说道："同学们，一个小小的负号，使美国航天局白白耗费了1000万美元和大量的人力和时间。今天，我们学习数学就要严格要求自己，做到一丝不苟。"

2. 新闻奇事　震动人心

利用新闻奇事给人以震撼感。有的学生在数学计算上往往粗心大意，认为多写一个零少写一个零无关紧要。

例61 有位数学教师针对这些缺点，用新近发生的奇事——掉了一个"0"，损失24300元的"奇闻"开头，效果很好，起到了以奇制胜的作用。

师：上海市某进出口公司，向外商出口2吨中药——大黄，每吨价格应是27 000元，但是，电传报价时掉了一个"0"，于是，"27000"变成了"2700元"。外商一看这么便宜，可乐坏了。立即回电，并特地标明我方错报的价格：每吨"2700元"。进出口公司的一位科长看也不看，提笔就在外商的回电稿上签了字。掉了一个"0"，每吨差价24300元，

直到我方银行向外商要货款的时候，才发现每吨中药我方白白丢掉24300元，他们与外商交涉，外商说："价是你们报的，是经过双方多次商定的，贸易不是小孩游戏，哪能想变就变呢？"后来，经过多次交涉，外商才同意双方各负担损失一半。

讲到这里教师停了停，反问道：同学们，听了这个奇闻后，你有什么感想呢？应当从那位科长身上吸取什么教训？话音刚落，课堂上立即掀起议论声，显

然他们从教师的开讲艺术中受到了教益。

在计算上，有的同学常常对小数点不够重视，认为多一位少一位关系不大。为了使学生从开始接触小数时，就引起足够重视，有位教师是这样讲的：

例62 同学们！学好小数的意义可大啦！英国剑桥大学的物理学教授瑞利，在研制纯氮的过程中，惊奇地发现从氮里得到的氮气比空气中得到的氮气轻0.064克，在一般人看来，这只不过是个微不足道的四位小数罢了。而一丝不苟的瑞利，没有轻易放过它，为了彻底弄清楚这个问题，他经过多少不眠之夜，反复地做实验，结果从氮里得到的氮气还是比空气中得到的氮气轻。

这究竟是什么原因呢？瑞利带着这个问题，翻阅了英国皇家化学学会有关空气的大量资料，从浩如烟海的各种年报中，他发现著名化学家开文迪许的一篇论文很有价值，这篇论文的末尾有这样一个结论：空气里的氮不是纯的。开文迪许在100年前写的论文使瑞利顿开茅塞。他重新做了开文迪许的实验，终于发现了新元素氩。氩这种新气体的脾气非常古怪——"懒惰"而孤独，几乎不与任何元素相化合。氩的发现，震惊了当时的科学界，瑞利因此获得了1904年诺贝尔化学奖。

瑞利为什么能取得这样伟大的成果？因为他很严谨，抓住1.2508和1.2572两个数的差异不放，不弄明白决不罢休，才从小数点后边第三位数字的差中找到氩气。人们把氩的发现，称为"第三位小数的胜利"。

讲到这里，教师提示大家：同学们，像类似的例子是很多的。它告诉我们，

无论是科学研究还是搞发明创造，没有严格、认真和一丝不苟的科学态度是不行的。正如牛顿说的："在数学中，最微小的误差也不能忽略"，今天我们学数学，就应该有这种谨慎细心，一丝不苟的态度，今后参加工作才有对人民、对事业高度负责的精神。

就这样，学生在教师的激励下，在科学家严谨态度和钻研精神的鼓舞下，专心听讲，刻苦学习，一丝不苟地完成教师布置的作业。

一段名人轶事，耐人寻味，发人深省，给人以启迪，有时甚至一语铭刻在心，终身受惠不浅。

3. 仔细观察 认真分析

据说，著名的法国数学家高斯在上小学的时候，思维就十分敏捷，对数学有特殊的兴趣。一次教师给学生出了一道这样的小题：$1+2+3+4+\cdots+97+98+99+100=$？

教师一写完，同学们都紧张地埋头计算，只有高斯没有动手，对着黑板凝视片刻，立即举手作答："得数为'5050'。"大家都十分惊奇，对它如此神速的计算迷惑不解。

原来他充分利用式题中数与数之间的关系：发现$1+100=101$，$2+99=101$，$3+98=101$，直到$1+2+3+4+5+\cdots+96+97+98+99+100=$？$50+51=101$，这样一共有50个101，于是他很快得出这样一个简式：

$(1+100)\times100\div2=5050$。

例63 有的教师可以运用这个事例进行开讲，并进行概括。

这则轶事是真是假无需考证，但从

中使我们得到一个启示，任何试题中的数字之间，都存在某种关系，只要仔细观察，认真分析就能发现它。在计算过程中加以运用，就能使复杂的计算变得简单迅速。现在请大家来算一算下面这道题：$\frac{1}{2}+\frac{1}{6}+\frac{1}{12}+\frac{1}{20}+\frac{1}{30}=?$ 过去对这类问题，常常先通分，使计算非常复杂，这次可不同了，学生在高斯动脑的鼓舞下，通过观察，分析，找出特点，发现数字之间的关系：

$$\frac{1}{2}=1-\frac{1}{2}, \quad \frac{1}{6}=\frac{1}{2}-\frac{1}{3},$$

$$\frac{1}{12}=\frac{1}{3}-\frac{1}{4}, \quad \frac{1}{20}=\frac{1}{4}-\frac{1}{5}, \quad \frac{1}{30}=\frac{1}{5}-\frac{1}{6}。$$

对原题先变形再算就简便了：

$$原式=1-\frac{1}{2}+\frac{1}{2}-\frac{1}{3}+\frac{1}{3}-\frac{1}{4}+\frac{1}{4}-\frac{1}{5}+\frac{1}{5}-\frac{1}{6}=1-\frac{1}{6}=\frac{5}{6}。$$

学生通过自己动脑筋，攻下了难题，获得了成功，感到特别高兴。

教师小结：由此可知，只要善于揭示式题中数字之间的奥妙关系，充分利用它的基本特性和规律，就不难使繁杂的计算变得简捷而明快。

教师要使自己的开讲产生艺术的魅力，不可能是朝夕之功，它需要花费大量的精力，查找大量的资料，精心设计，反复琢磨，只有这样设计的导语和引题才能激起思维的兴趣，培养分析的能力。

4. 捕捉良机 唤起兴趣

学生做任何事开头往往产生"新鲜感"，只要教师善于抓住这一良机，进行激励，学生的这一积极性最容易调动起来。

例64 有一位数学教师教了两个平行班，在组织复习课时，甲班用了一小时只做了练习的一半，而且正确率只有40%，可是乙班只用了半小时全部练习做完，正确率达98%，同一年级的学生，同一个教师教学，结果不同，多么大的差别啊！

其实这里面并无多大奥秘。原来乙班在作题前，教师做了一番精神鼓励：

同学们，大家知道数学家张广厚吧，张叔叔小时候就是一个"数学迷"，做题时爱动脑筋肯钻研。一次，教师出了这样一道数学题：201×199，同学们都在草稿纸上用竖式计算，而张广厚叔叔用一种巧妙的办法，他这样写：

$201\times199=(200+1)\times(200-1)=200\times(200-1)+1\times(200-1)=40000-1=39999。$

张叔叔为什么算得这么快这么准呢？原来他做题勤于思考，善于观察，爱动脑筋，寻找规律。今天我们做题就要向张叔叔学习，看谁做得又快又准。

张广厚的钻研精神感动着同学们，各个兴趣高涨，专心致志学习，效率很高。而甲班？由于教师一开始就让学生练题，没有目的要求，盲目练习，好像时间抓得很紧，实际学生练习得很松很松。结果学生的"新鲜感"和好胜心消失了，练习时无精打采，效率很低。

给学生上复习课是如此，其他课也是如此，都要注意开讲的艺术，掌握学生的心理，切不可错失良机。

总之，激起学生情感波澜的方法很多，但最要紧的莫过于教师本人的情感色彩，以情感人。情动而辞发。开讲时，教师以丰富的感情，优美的语言，使学生对所学课程产生浓厚的兴趣，从而激发起强烈的求知欲。

（十）实验式开讲法

教师不仅要传授知识，更重要的是培养学生独立获得知识的本领。学习最好的方法是自己动手做，"眼过百遍不如手过一遍"。学生亲自操作，可以加深对知识的理解，可以帮助学生掌握有关知识，可以活跃学生的思维，还可以激发学生学习的积极性。因此，在教师指导下，学生从画、剪、折、数、操作及实验中，通过观察和分析，发现规律，从而获得新的知识。

小学生缺乏直接经验，而且思维是以具体的形象思维为主。导入新课时，指导学生观察幻灯、挂图、模型乃至实物标本，或实验操作，能丰富儿童的感性认识，便于儿童获得生动的表象，从而渴求获得新知识。

1. 直观演示　积累感知

教学的首要关口是使学生真正理解教材，否则，任何智力发展都无从谈起。对于少年儿童教学尤其需要采取直观演示，用积累感知的开讲方法去激发学习的欲望。

例65　日本长川惠子在讲20以内的数是这样开讲的：

教师为每个学生准备一个装有十几根小棒的小袋。

师：今天用小棒学习数数，每个口袋里都应当装有16根小棒，你们数数

（把小棒发给学生）。学生开始数。

师：现在把小棒摆在桌上，谁能先摆成让我一看就知道多少根。（生在桌子上摆。）

师：（选择几种摆法，写在黑板上，让学生说明自己的摆法。学生谈了自己的摆法后，老师引导，大家评课）哪种摆法好，为什么？

生：把10根摆在一边，零数摆在另一边，这种摆法很好，他能让人一看就知道有多少根。

师：对，这种摆法很好，他能让人一看就知道有多少根。

这课开讲的方法很好，首先，儿童领到口袋后，一定很兴奋，想知道自己袋里有多少根？想要数数看，这样提出课题，看来简单，可是想出这种方法不容易，能激发学生的学习欲望。其次，教师用直观教具小棒"演示"出已知数概念的"形象"，8根小棒和6根小棒，随之又要着重"演示"出儿童的思路，即由8凑10应加2，因而把6分成2与4，这样 $8+2+4=14$。

这里给予儿童的形象思维既是数概念（8和6）和判断（10可以分解成8和2）的形象化，又是加法思路过程的形象化，也就是可以看见的抽象逻辑。

2. 感性出发　联系实际

导入新课时，教师从感性出发，联系实际设置一些与本节课内容密切相关的实验，让学生观察实验，带着好奇的心理主动探索，在轻松愉快的气氛中学习新知识。

有一位物理教师在讲"物体的导热性能"时，为了引起学生的强烈兴趣，

先作了一个实验，做实验之前，他引用了物理学家丁肇中的一段话："自然科学不能离开实验的基础，特别是物理学，是从实验中产生的。"作为学生要想继承这些自然科学的成果，要想真正学会它，同样要通过大量的实验观察，通过认真思考得出结论。说完，他拿出一块手帕用手捏紧，然后划着一根火柴烧手帕，烧了一会，手帕烧不破。这是为什么？讲台下面的学生纷纷议论起来了，这时教师笑了笑，从手帕里拿出一枚硬币，问大家道理何在？有些学生说那是硬币把火"吃"掉了，有的说，那是硬币帮了忙，有的说不出答案，而是在继续思索。总之，这个有趣的现象，激起了孩子们脑海深处思考的浪花。

这种有趣的实验开讲，比起简单的在黑板上写上物体的导热性能几个粉笔字，然后讲解一番，效果好得多。

注意力是获得知识的门窗。儿童的注意特点是无意注意占优势。在导入新课时，做有趣的实验比干瘪的说教好得多。它可以在充分利用无意注意的同时，积极促使无意注意向有意注意发展。教《热胀冷缩》一课时，有位老师用喷泉实验引入新课效果很好。在带塞的大平底烧瓶内装半瓶染有红色的水，从塞上插根玻璃管于烧瓶的水中，然后将烧瓶放入空水槽中，用左手拿住颈部，右手将大烧杯内的开水泼在烧瓶的外壁上，顿时可以看见玻璃管的顶端口形成红色的喷泉。儿童们欢呼跳跃起来，从而产生渴求知道其中的奥秘，正在无意注意向着有意注意过渡之际，教师就自然而然地导入了新课。

当前，随着科学技术的迅速发展，

随着教学手段现代化的进展，学生对教师的讲课质量要求越来越高了，那种干瘪的照本宣科，学生很反感。教师就要改革教法，提高教育艺术，注意每堂课的开场白，以高度的科学性与浓厚的趣味性去吸引、召唤广大学生，鼓舞他们向着科学的高峰奋力攀登。

3. 动手实验 巧设铺垫

心理学认为，学生获取知识，除了上课认真听讲外，更重要的是观察和实验。人们从听觉获取知识只占15%，而从视觉和触觉获取知识约占83.5%，而且所得的知识记得牢，用得上。有人调查：单靠听觉获取知识，3小时后能保持60%，三天后只能保持15%。而靠视觉获取知识，3小时后保持70%，三天后却能保持40%，这说明演示、实验的重要性。

小学生的思维特点是由具体形象思维逐步发展到抽象的逻辑思维。因此，教师在教学中必须充分地利用他们具体的形象思维，然后通过分析、比较、抽象、概括、判断、推理，发展他们抽象的逻辑思维。所以，教师的演示和学生的实验，在小学教学中起着十分重要的作用。

例66 有位教师在讲《怎样测定物体的温度》时，就是利用实验操作，引发思路，进行开讲的。

教师面带笑容，迎着铃声，落落大方走进教室，师生互相问好。教师一开始的良好态度，感染了学生，课堂气氛显得十分活跃。

师：在你们的实验桌上，放着两杯水，把你们的手指伸到这两杯水里，试一试，比较下，有什么感觉，然后告诉我。

（学生分组实验，每个学生都试一下）

师：谁说说有什么感觉？

生：烧杯里的水是热的，杯子里的水是凉的。

师：是这样吗？

生：是。（学生同说）

师：谁能说说烧杯里的水有多热？热到什么程度？杯子里的水是凉的，凉到什么程度呢？

（学生回答不出来。这问题提得很好，引起了学生深思）

师：谁能说出用什么方法可以准确地测量出水的温度呢？

生：温度表。

师：对，我们利用温度表，可以准确地测出物体的温度，冷和热是物体的重要性质，靠人的感觉，虽然也能知道物体的冷和热，但不能精确的说出物体的冷热程度，有时还会发生错觉。例如，冬天，我们在家用自来水洗手时，感到水特别凉，可是当我们从大雪纷纷的野外，进入室内再用自来水洗手时，却感到水热了。其实水并没有变热，只是我们手太凉了，因而产生了一种错觉。所以，要精确测定物体的冷热，必须借助仪器——温度表。今天我们就学习怎样用温度表测定物体的温度（板书：十一、怎样测定物体的温度）。这样引入新课很好。

4. 先做后议　由浅入深

罗伯特曾说过："真理存于我们之外，并且只有通过观察才能认识。"可见重视实验和实验中的观察，是学好实验

学科的关键。

例67　有位老师在讲《什么力使苹果落地》这课时，就是从实验观察开讲的。

师：（出示皮球，将它放在桌子上）怎样才能使静止的皮球运动起来？

生：给皮球施以动力，如拍、打、抛、丢。

师：把皮球拿在手里，让学生观察。英国的大科学家牛顿就是通过类似的平凡现象——苹果落地的研究，有所创造发明的。

有位老师的开讲独具匠心。他的开讲不是从简单的概念到概念，而是从生活中的实例提出，引人深思的问题。然后，老师从皮球从手中落地的现象，引出牛顿研究苹果落地的科学故事。这样开讲引得自然，也十分贴切，最后扣住教材的核心提出问题：牛顿是怎样研究苹果落地的？接着教师指导学生带着问题，阅读课文，这样开讲，集中了学生注意力，又培养了学生的自学能力。

（十一）观察式开讲法

小学生缺少直接经验，而且思维以具体的形象思维为主。导入新课时指导学生观察图形、幻灯、模型、数字、标本等，能丰富学生的感性认识，能激起学生对观察的强烈兴趣，能使学生在认真观察的过程中获得生动的表象，从而渴望获得新知。实践证明，观察能力的培养对学生学好数学是十分重要的。在概念教学中，通过图形、幻灯演示，就能抓住本质，看到数量关系的变化，理解概念的实际意义；在运算中，通过观察就能发现各数的特征，迅速选择合理

而又灵活的简便算法；在应用题教学中，运用已有的知识从不同的角度去观察问题，思考问题，就能得到不同的解题途径；在几何知识教学中，通过几何图形和教具的演示，就能培养训练学生精细的观察能力与合理的想象力。其他各科更是如此。因此，在教学中要重视观察能力的培养，做到导入新课时就能吸引学生，使他们对观察产生强烈的兴趣。

1. 寻找规律 运用规律

客观事物的内部都有它自身的规律，人们认识了这些规律，就能自由地驾驭客观事物。在数学知识中同样存在着许许多多普遍性的规律，学生认识了这些规律，就能运用它简捷地解决许多数学问题。所以，在数学教学中，必须引导学生去发现规律和运用规律，经常训练他们这方面的思维能力，有助于学生智能的发展。

这类找规律用规律的思维训练课如何开讲呢？

例 68 有位老师是这样开讲的："窍门满地跑，看你找不找。"有些计算问题很费事，但是动动脑筋就能找出规律，得出简便的算法，如：

(1) $37 \times \frac{13}{37}$， $\frac{11}{25} \times 25$；

(2) $1 \times \frac{13}{37}$， $\frac{11}{15} \times 1$。

师：为了寻找简便运算的规律，请同学们观察两组题的特点和计算的结果，有什么规律？

生：一个整数与一个真分数相乘，若整数与分母相等，积就是分数的分子；1 与一个分数相乘，积等于这个分数。

师：今天我们就运用这一规律，简化下列题的运算。看谁算得既正确又迅速。同学们聚精会神，很快就算出了下列各式：

(1) $27 \times \frac{11}{26} = (26+1) \times \frac{11}{26} = 11 + \frac{11}{26}$
$$= 11 \frac{11}{26} 。$$

(2) $89 \times \frac{43}{88} = (88+1) \times \frac{43}{88} = 43 \times \frac{43}{88}$
$$= 43 \frac{43}{88} 。$$

(3) 不用计算写出得数：

$87 \times \frac{35}{86} = (35 \frac{35}{86})$，

$42 \times \frac{14}{41} = (14 \frac{14}{41})$，

$318 \times \frac{199}{317} = (199 \frac{199}{317})$。

以上教学的特点是教师十分注意在"引"字上下工夫。不断地引导学生去观察、去实践、去探索、去思考，使学生的情绪始终处于积极的状态。这种情绪鼓舞着学生主动而又愉快地学习，又为学到新知识、新本领而感到精神上的满足。久而久之，学生就会养成爱动脑筋、勤于思索的良好习惯，并有强烈的求知欲望和进取精神。

2. 由此及彼 触类旁通

观察是研究问题的开始，它可以帮助我们发现事物的规律。不少诺贝尔奖获得者，就是细心观察，认真探索了自己在研究过程中出现的意外或偶然现象而获得成功的。任何联系实际的科学研究都开始于观察，连抽象的数学也不例外。数学中的概念和公理也是来源于对客观实际的观察。从某种意义上来说，没有观察就没有科学研究。18世纪的瑞士大数学家欧拉，他总结自己发现数学定理的秘诀是"依靠观察"。另一位著名的法国数学家拉普拉斯则指出："在数学这门科学里，我们发现真理的主要工具是归纳和类比。"

在数学教学中如何引起学生对观察的重视呢？

例69 有一位老师是这样开讲的：

同学们，伟大的生物学家巴甫洛夫说："不学会观察，你就永远当不了科学家。"今天我们看谁观察得最仔细，从观察中发现一些规律来。说完就提出一个问题：

中世纪意大利数学家斐波那契对事物处处留心，仔细观察，认真分析，因此，在数学研究上作出了巨大的贡献。他从一对兔子的繁殖中发现了有趣的问题：如果每月能生一对小兔，而每一对小兔在出生后的第三个月又生一对小兔，不发生死亡，那么一对初生的兔子在一年末能繁殖多少对？

月份	12	1	2	3	4	5	6	7	8	9	10	11	12
兔子对数	1	1	2	3	5	8	13	21	34	55	89	144	233

师：同学们你从表中各个月的兔子数发现什么规律没有？

生：每个学生都从等比、等差的关系去仔细观察，没发现什么规律。

师：数学家斐波拉契从后面的一个月兔子数与前两个月兔子总数一对比就找到了规律。

生：（这时学生从老师的点拨中得到启示，都按老师提示的去算了算感到惊奇，特别高兴，争先恐后抢着说）后一个月兔子总数＝前两个月兔子总数。

接着老师写了几排数叫学生找规律，学生在老师开讲讲艺术的鼓励下带着好奇的心情，仔细观察，寻找规律，学习新知识。

观察是获取知识的门窗，人们凭观察来为思维传送信息。这节的观察思维由于开讲时讲究艺术，使学生在观察中思维和在思维中观察，从而提高对客体观察的深刻性、精确性、迅速性和严肃性，培养了洞察事物本质的能力、归纳概括的能力、分析推理的能力。

3. 因势利导 集中注意

开讲时要想很快集中学生的注意力，教师首先必须随机应变，因势利导。

例70 一位教师准备教"大于""小于"的概念和符号。到了班上，学生虽然人在教室，心却在室外。他们玩过跷跷板，老师引导学生："我们来研究跷跷板这种活动中有许多有趣的数字问题啊！看谁想问题想得好。"接着问："跷跷板两边都坐上两个一样重的小朋友，跷跷板会怎么样？"学生根据自己的实际回答了老师的问题，并讲了道理。

老师便用红色粉笔在写好的两个2中间加上符号，即2＝2。

如果跷跷板的右边再添一个小朋友，跷跷板会怎么样？学生能准确地回答教师的问题。这时很自然地引出了大于号："＞"，并写出3＞2。

这样因势利导，引入新课，集中了

儿童的注意力，收到了较好的教学效果。

小学生的注意力往往与兴趣紧密联系着。开讲时能引起学生的兴趣，将会很快集中学生的注意力，收到好的教学效果。"比较分数的大小"学生感到枯燥乏味。有位老师用《数学国王收到的信》作为导语，效果很好。

尊敬的国王陛下：

昨天，我遇到一道题：比较 $\frac{121}{123}$ 和 $\frac{133}{135}$ 的大小。

我刚要把这两个分数通分，数"1"来了。"不必通分！"她说，"让我来帮助你吧。"只见她先后往这两个分数前一站：$1-\frac{121}{123}=\frac{2}{123}$，$1-\frac{133}{135}=\frac{2}{135}$。她说："很明显，$\frac{2}{123}$ 比 $\frac{2}{135}$ 大。从相等的数中，各减去一个数，差数大的，减去的数就小。所以 $\frac{133}{135}>\frac{121}{123}$。"

这道题如果用通分的方法解，计算是非常烦琐的。"1"帮我顺利地解答了难题。为此，我向"1"表示衷心的感谢。

此致

敬礼！

国王读了信后，立即给数"1"记了功。同时，国王宣布："分母与分子的差相等的分数中，分母大的，分数值也大。"

通过故事的吸引力，很顺利地导入了新课。

4. 指导观察 培养兴趣

观察是智慧的能源。俄国教育家乌申斯基在《祖国语言教学指南》中指出："初步教学的责任是要儿童真实地观察，要以尽可能完全的、真实的、鲜明的形象来丰富他的心灵，这些形象以后成为儿童思维过程的要素。"在开讲时运用观察导入新课将别具一格。

例71 有位自然课教师在教《龟鳖和蛇》一课时，从观察引入课题引起了儿童浓厚的兴趣。

"铃……"孩子们迎着清脆的钟声，一下子都坐好了，一双双好奇的眼睛都注意着面前的小动物。老师站在桌前，微笑地对孩子们说："不用我说，你们就能猜到，今天我们要研究什么呢？"教室里一下子活跃起来了。有的说研究乌龟，有的说研究王八，有的说研究蛇。有一个孩子还说出："我们研究爬行的动物。"老师肯定了大家的发言以后，指出："我们平常说的王八，或叫甲鱼，动物学上的名字叫做'鳖'。"并且在黑板上板书"鳖、龟、蛇"三个字，并说："我们今天就来研究这三种动物。"

师：用什么方法来研究呢？

生：用观察的方法进行研究。

师：现在开始观察，观察这些动物有什么相似的地方？

教师话音刚完，教室里一下子像开了锅，孩子们按捺多时的好奇心可得到解放了。同学们认真细致地观察……老师不断提问、点拨、讲解，学生仔细观察、分析、归纳。课堂气氛活跃，学习积极性高涨。

翻开科学史可以看到，科学的发展离不开观察。达尔文创立进化论是建立在长达五年观察大自然的基础上；哈雷发现哈雷彗星是建立在前人长期观察天象的基础上；王清任写成《医林改错》是建立在长期观察尸体的基础上；还有细胞的建立，X 射线的发现……无不建立在观察的基础上。在开讲时，能通过观察导入新课，将为思维活动提供感性材料。正如巴甫洛夫所说："事实是科学家的空气。你们如果不凭借事实，就永远不能飞腾起来。"从这个意义上讲，没有观察，就没有科学。

加里宁说过："教育是种艰巨的事业，优秀的教育家认为，教育不仅是科学事业，而且是艺术事业。"

在开讲前，做到寓趣味性于科学性之中，做到科学性与趣味性统一，这就是艺术。

第 4 篇

课堂提问艺术

一、课堂提问的作用

良好的提问，在于善于揣摩学生难于领会的问题，抓住关键之处，要言不烦，相机诱导。

好的课堂提问不仅可以启发学生领会教学内容，检查学生掌握知识情况，还能培养学生的创造性思维，调动学生的积极性。提问的作用如下。

（一）激发学生兴趣

人总是有力图认识、探究新事物的心理倾向。教师的提问如能与学生的这种心理倾向相结合，就能激发学生的求知欲。

兴趣、动机等非智力因素，虽不属于人的认知系统，但它对认知活动却有着指导、调节和强化的作用，是学习过程顺利而有效进行的心理条件。

未知的世界对学生具有很大的吸引力，这种好奇心便是学生对知识学习的一种内在的心理需要。但由于学生不能根据自己现实的愿望和需求去选择学习内容，所以学生对知识的需求常处于一种潜伏状态。如何将这种潜伏状态转化为学习起实际促进作用的活动状态，这就需要教师不断采取措施进行激发，课堂提问就是这种有效的措施之一。

（二）促进学生思维发展

问题是思维的表现形式。问题就是个体在满足其需要的认识和实践活动过程中，由于主客观要素的缺损和障碍而使活动中断时所派生的一种需要。这种需要使人力图觅取有关要素使缺损得以弥补，障碍得以排除，从而令命名活动的过程及其所涉及的要素完整化，以达到需要的满足。教师根据所授教学内容的需要，结合学生原有的认知结构特点，在教学过程中设置一系列需要学生主观努力去解答的问题；学生在解决教师提出的问题时，就要想方设法弥补眼前与目标间的漏洞、裂痕、缺陷，缩小初始状态与理想状态之间的距离，即学生解答问题的状态与理想状态之间的距离。学生解答问题的过程就是思维的过程，因为思维总是指向于解决某个问题的。思维过程主要体现在解决问题的活动中。思维的三种形式：概念、判断、推理，既是解决问题的材料，又是解决问题的结果。心理学者和教育学者一般总是通过对解决问题过程的分析，来研究思维过程及思维水平的发展，甚至将思维的概念定义为"思维是以解决问题为目的的思想活动"，"思维是为了某一目的对经验进行有意识的探究"。当然，不能将思维和解决问题列为等同，因为思维不仅仅表现为解决问题这一活动特性方面，凡认识事物时具有概括性、间接性、逻辑性、目的性和层次性等都表现出思维的特点；在整个解决问题的过程中，也不仅仅是思维活动的参与，还包含着记忆、想象、技能、情绪和意志等因素的

参与。

其次，教师提问是促进学生思维活动的外部动因。在课堂上，学生思维活动的激发，较多来自于个体以外的刺激。教师的提问，这种外部动因具有如下特征：

（1）教师提问对学生的思维具有始动性。即教师的提问能启发学生的思维，成为学生思维的外部推动力。通过提问的解答，能提高学生运用有价值的信息解决问题的能力和语言表达能力。

（2）教师提问对学生的思维发展具有方向性和指导性。教师提问内容已经规定了学生思维发展的方向和任务，指导学生按照既定的方向思考。能把学生带入"问题情境"，使他们的注意力迅速集中到特定的事物、现象、定理或专题上。教师若不为学生的思维设置"路标"任其自由驰骋则学生容易被一些与教学内容无关的新奇刺激干扰，出现思维脱离教学内容的现象。

（3）教师提问对学生思维具有强化性。教师提问的目标越高、难度愈大时，要求学生思维的强度就愈高。通过提问引导学生追忆、联想，进行创造性思维，从而获得新知。

（4）教师提问对学生思维的发展具有调控与调整性。教师提问的方向性、目标性、指导性，可以控制与调整学生思维发展的速度；根据教学目标需要，不断调整问题的难易程度，以加速或延缓学生思维发展的过程。提问能使教师及时得到反馈信息，不断调控教学程序，为学生创造自我表现的机会，鼓励他们提出疑问，积极主动地参与教学活动。

由于教师提问具有上述四个特点，

因此说，教师提问是学生思维发展的外部动因。

（三）调控教学过程

教学过程是一个由教师、学生、教材三个主要元素构成的认知系统。在这个系统中有教师、学生两个认识主体，他们都具有各自独立的主观能动性，在教学这一特殊的认识活动中，它们将相互交叉、相互作用、相互渗透，从而影响着教学过程的进行。由于这种主观能动性在不断地随着认识主体的认知结构、情绪、意志等状况的变化而变化，所以它们之间的相互作用也是多种多样的。这就决定了教学过程是个影响因素众多，处于动态的变化之中的系统。要想引导这样一个复杂的不断变化的系统，实现既定的教学目标，教师就必须要经常不断地依靠反馈信息来调节教学，课堂提问就是教师获取这种反馈信息的有效手段之一。

通过课堂提问可以获得学生学习情况的反馈。但这种反馈必须是实质性的而不应是形式上的反馈。这里的关键就在于问题设计的质量如何。比如为了了解学生对干洁空气这部分知识的掌握情况，可以直接提问学生："干洁空气中的主要成分各有什么性质？"学生就完全可以照课本念一遍算是回答，但他们究竟理解如何就不得而知了，这只是一种形式上的反馈。如果把提问改成："假若大气中分别缺少氧气、氮气、二氧化碳、臭氧，那么将会出现什么情况呢？"回答这样的问题照课本念念可不行，学生必须根据课本上各种气体的性质，在理解

的基础上，通过逆向思维才能把问题答出。这样的反馈才是一种实质性的反馈，才能作为教师对教学过程调控的依据。

学生对问题的回答是教师获得反馈信息的重要渠道，这种反馈的信息往往能收到意想不到的教学效果。即使是学生答错也往往能给教学提供生动的实例，成为澄清教学问题的大好契机。

由于教学对象是活生生的人，对于学生如何回答问题，教师事先不可能完全估计到，这就要求教师在教学中要有"随机性"，而不能置学生答题情况于不顾，墨守成规一成不变地按照自己原来的教学设计刻板地教学。教师能否在课堂上根据学生的反馈，在很短的时间内创造性地"激发"出多种方案，迅速抉择调整自己的教学，这是一个教师教学机智的表现。这种调整虽然在形式上是即兴的，但却蕴含着教师浓厚的教学功底，是教师教学成熟的表现。"……教师不是传声筒……也不是照相机"，教师应是富有灵智的创造者，是富有情感的艺术家，善于捕捉和利用反馈所提供的各种教学契机，自觉地驾教学的航船驶向既定的目标。

（四）引起学生注意

如果教师的提问巧妙、新奇或者与学生的兴趣爱好相符，还容易引起学生的无意注意，而当学生解决了教师提出的问题后，如果教师不继续地提出问题，学生就会感到任务完成，无所事事，也就容易分心。这一点小学低年级学生尤其突出。教师不断地提出新的要求，学生的有意注意也就容易稳定保持了。

（五）利于心智技能形成

由于学生思考教师提出的问题用的几乎是纯心智活动，所以课堂提问利于学生心智技能的形成，促进个体认识结构的进一步有机化。

（六）引入新课功能

这种提问一般是新课开讲时提出的，能起到复习旧课、引入新课的作用，使新旧知识紧密联系，铺路架桥。

有一位物理教师在讲"声音的发生和传播"时，一上课就提出了这样饶有兴味的问题："同学们听过器乐合奏吗？你看舞台上多姿的乐器有长的、圆的，有金属的、竹子的，有吹的、拉的、打的，构造各异，可是都能发出美妙动听的声音。同学们注意过没有：为什么这些乐器都能发出声音？各种乐器发声的方式虽不一样，但在发声时却有一个共同的现象，这现象是什么？"同学们争先恐后地回答："振动。"本课所要阐述的主要定理——物体在振动时发出声音——就自然而然地归纳出来了。

（七）激励学习积极性功能

这种问的方式、内容、语气等本身就带有一种鼓动性、激励性，能使学生的学习情绪高涨，信心倍增。

从心理学的角度看，教师的提问就是不断地造成学生心理上的不平衡，使学生产生追求平衡的欲望。教师的提问正是不断地设置矛盾，引发学生认识的反差，不断地沿着"平衡—不平衡—新的平衡"方向前进。

由上可知，课堂提问是大有文章可做的，是应认真研究的，那种千篇一律地问学生"对不对""是不是"，学生则不假思索地回答"对"或"不对"和"是"或"不是"的提问方式是极不可取的，它在课堂教学中不可能起到什么积极的作用。因此，教师应该精心设计好每一个课堂提问，力争使提问的功能发挥至完美。

二、课堂提问的理论依据

在教学过程中，教师精心设计课堂提问，创造问题情境，以问题为中心组织教学非常重要。它是激发学生积极思考、独立探究、自行发现、掌握知识，培养能力的重要手段。教学中要运用好这个手段，必须正确认识地把握课堂提问的心理学、教育学以及"三论"的理论依据。

（一）课堂提问的心理学依据

人的思维总是与摆在主体面前的实践活动、认识活动中的问题紧密联系的。思维以解决这些问题为最终目的。经过思维解决问题，问题的解决又促进认识能力的发展提高。然而，在独立思维能力较低、知识经验有限的小学阶段，儿童往往不能自己发现问题。即使发现问题，也难以独自解决问题，所以只有依赖教师的提问来促使学生思维，为学生思维能力的发展创造条件。为了使提问产生良好的效果，必须注意把握好学生的以下学习心理：

1. 好奇心理

人们都有对新事物的好奇心，儿童尤其如此。教师的提问如能与学生的这种心理倾向相吻合，就能激发学生的求知欲。比如讲《滥竽充数》时，设置"为什么南郭先生后来要逃跑?"这一问题，就很容易激起学生积极看书寻找原因的兴趣。

2. 注意心理

人们在活动中认识到它的某种意义，因而自觉地有目的地去从事这种活动，这是有意注意；偶然为某种活动所吸引而去从事这种活动而并没有一定目的是无意注意。

巴甫洛夫认为，注意是由周围环境的变化引起的有机体的一种定向反射，当环境中新异刺激出现时，有机体使以自己的感受器官朝向它探究其来源，并调整自己的行动，以适应这个新异刺激，发生定向反射，这就是人们有被某种活动吸引的倾向。课堂提问像是对学生的"刺激物"，从而吸引学生的注意力。

3. 认知心理

心理学研究表明思维的过程主要体现在解决问题的活动中。现代认知心理学对解决问题所持的观点是：输入—加工—输出的模式，认为人不是被动地接受外界刺激并对之作出反应，而是主动地寻求信息，对输入的信息以一定策略进行加工处理，并经决策过程再输出去，课堂提问正是适应这种心理特点，向学生的一种信息输入。

4. 反馈心理

教师要了解教学的效果，控制教学的进程，改进教学的方法必须依赖提问。它是教师获取教学反馈信息，及时调整教学内容和形式的重要手段。教师所提的问题，深浅是否得当，是否笼统模糊，是否环环相扣能引导启发学生思想，只要看看学生的整体反应和答问学生的状况就知道了。若提问偏深偏大或模糊不清，教师应迅速改换问题，或将其分解成一些具体的、确切的小问题来问；若提问太简单，则应适当增加问题的难度。

5. 记忆心理

课堂提问一经提出，学生必然引起思考，从而使教学内容成为学生直接的思维操作对象。心理学研究表明，提问题的方式是促进理解，建立更多意义联系的主要途径，从而有利于理解和记忆。有这样一个实验，同时对两组受试者读一篇文章，对一组先提一些问题，另一组不提任何问题，读完后问两组这些问题。第一组的成绩要好得多。这就是问题可以促进思考，留下更深的印象。

6. 上进的心理

优等生思维敏捷，对教师提出的问题，能积极思考，并能得出比较切题的答案，表情轻松自然，举手踊跃，回答流畅。教学中，对待这样的学生，可适当提出一些有一定难度的问题。例如，数学中具有一题多解的问题，或有简捷解法的问题，当这些学生回答出基本问题之后，不要忙于小结，而要变换思维角度，让他们再回答，使他们的思维能力得到充分发挥。

例 1 让学生做下面一道题:

修一条长 6000 米的公路,4 天完成了全长的 $\frac{2}{5}$,照这样计算,完成这项任务共需多少天?

题目出示后,学生很快得出一般解法:$6000 \div (6000 \times \frac{2}{5} \div 4) = 10$(天)。但不要马上小结,而进一步启发提问:"这道题有没有简便解法呢?"学生思考后回答"有,可以把这一条公路看作 1 来解,列式为:$1 \div (1 \times \frac{2}{5} \div 4) = 10$"肯定了这种解法后,又可继续设问:"这道题能不能用分数除法来解呢?你能找到更简便的解法吗?"学生答出:"根据 4 天完成了全长的 $\frac{2}{5}$ 可知,完成全长的 $\frac{2}{5}$ 的天数为 4,已知一个数的几分之几是多少,求这个数,用除法解答,即 $4 \div \frac{2}{5} = 10$(天)。"这样启发学生从不同的角度去思考解决同一问题,切合了"进取心理"的需要,充分发挥了学生的思维想象力。

7. 表现心理

有些学生,虽然思维敏捷,回答问题积极性高,但由于他们存有争强好胜、表现自己的心理,在回答老师提出的问题时,往往欠思考,他们对老师提出的问题,没有真正领会或仅有初步理解,就急忙举手回答,有时他们还故意借助言行来提醒老师对他们的注意,盼着老师能提问他,以达到表现自己的目的。

教学中,对待有这种心理状态的学生,既不能完全附和,也不能置之不理,更不能乱加指责、挖苦、取笑。当其回答问题正确,也不要过多地表扬,以免使他们沾沾自喜,产生骄傲情绪。对他们适宜提一些思考性问题,当其回答欠确切时,及时启发他们准确地回答。小结时,在肯定他们成绩的同时,指出其由于没有认真地思考老师提出的问题而出现错误,使他们全面细致地思考问题,培养他们认真分析问题和解决问题的良好习惯。

8. 怯懦心理

有些学生回答老师提出的问题时,表情拘束、紧张。他们当中有的成绩较好,但因胆小或某种原因思维受阻,一时"想不起来",回答问题结结巴巴或不切题意,这些同学宁肯不回答问题,以获取安全而不能大胆地说出自己的看法。

教学中,对待这种心理状态的学生,提出问题后,要充分留给他们分析思考的时间,思考以后仍出现紧张现象,也不要为了节省时间而叫"坐下",急转而叫别的同学回答,这样容易挫伤学生的自尊心,而应循循善诱,启发引导,并从语气、态度各方面消除他们的紧张心理,鼓励他们大胆作答。

9. 保守心理

这一类学生多半是性格内向,对教师提出的问题,虽然理解掌握,并能给出正确的回答,但不愿举手回答,不愿过多地显示自己,缺乏激情,竞争心理不强。老师提出问题以后,他们能够全神贯注地积极思考,但未叫到自己,就表现轻松自然,静等别人回答。

教学中，对待这类学生绝不能降低要求，教师除给他们讲清课堂提问的作用和意义外，还要结合教学实际，采取提问记分、口试等方法，来培养他们的激情，激发他们的上进心，促使其产生竞争心理，克服保守心理。

10. 自弃心理

这一部分学生多数是差生，思维迟钝，注意力容易转移，他们对老师提出的问题，不知思考，表情发呆。造成这种现象的原因除其成绩差外，还有一个重要的原因是：他们在课堂中"问得少"语言能力得不到锻炼提高，教师要多关心多鼓励，提高他们的信心和勇气。

由此可见，课堂提问有着客观的心理学理论依据。只要我们努力掌握学生的心理活动，精心设计，提问得当，必能取得好的效果。

（二）课堂提问的教育学依据

教学原则是教学过程中必须遵循的基本法则，也是课堂提问的重要依据。

1. 科学性与思想性统一原则

科学性和思想性统一原则，是指教学中教师在引导学生掌握系统的科学文化知识的同时，还要对学生进行科学世界观和社会主义思想品德教育，培养实事求是的态度和科学的方法。这一原则，是知识的思想性、教学的教育性规律的反映，也是培养德智体全面发展的人才的要求和建设社会主义物质文明和精神文明的要求。

教学中如何贯彻科学性与思想性统一原则，这是课堂提问的方向性。好的课堂提问具体表现出科学性与思想性的统一。例如学习《飞夺泸定桥》一文时，老师在结尾归纳时，提问为什么说"飞夺泸定桥"？"飞夺"是什么意义？课题为什么说"飞夺"？这一提问切中"要害"，既抓住了主题，点明了中心思想，准确地传授了文化知识，又突出了红军的神勇，战胜一切艰难、一往无前的气概，对学生进行了革命传统教育。

2. 理论联系实际的原则

理论联系实际原则是指教学必须坚持理论与实际的结合与统一，用理论分析实际，用实际推导理论，使学生从理论和实际的结合中理解和掌握知识，并学会运用知识，从而解决教学中直接经验与间接经验、学与用的矛盾关系。学校教学以传授书本知识为主，客观上容易产生脱离实际的倾向。只有认真贯彻理论联系实际的原则，把理论讲授与生活实际结合，把动脑与动手结合，才能处理好间接经验与直接经验、观点与材料等关系，使学生获得比较完全的知识，并在知识的运用中，进一步激发学生的学习热情，更好地理解所学知识，发挥创造力，逐步掌握一定的分析和解决实际问题的能力。

课堂提问是理论联系实际的重要手段。如在小学数学概念教学后都要通过提问联系实际，让学生进一步理解并实际应用。如学习正方形、长方形定义后，老师提问学生，教室里有哪些物体是正方形，哪些是长方形；学习了求三角形面积公式后，针对一个三角形提问学生，三角形的底和高怎样量并怎样求出它的面积等。

3. 直观性的原则

直观性原则是指在教学中通过直观教具和现代化技术手段，或者通过教师语言的形象描述，引导学生形成所学事物、过程的清晰表象，丰富他们的感性知识，为他们形成科学概念、掌握理性知识、发展智力创设条件。

直观性原则反映了学生的认识规律。教学中充分利用直观手段，可以让学生运用多种感官参加认识活动，获得鲜明生动的表象，在感知的基础上认识事物的本质，建立正确的概念，有利于知识的理解和巩固。直观教学能引起学生的学习兴趣，促进学生观察力、思维力和想象力的发展。随着教学手段的现代化，直观教学将更为广泛和重要。

4. 循序渐进的原则

循序渐进原则又称系统性原则，它是指教学要按照学科的逻辑系统和学生认识发展的顺序进行，使学生系统地掌握基础知识、基本技能，形成严密的逻辑思维能力。

循序渐进原则是科学知识发展的客观要求，也是教学受制于学生身心发展规律的反映。任何科学知识的发展都有严密的逻辑系统，中小学的各门学科知识都是以其相应的科学体系为基础的，为此，学生掌握学科的系统知识，就必须参照学科的逻辑顺序，掌握基本结构。学生的认识活动总是由简单到复杂、由低级向高级地向前发展，同样是有序的。教学只有符合科学知识本身的序、学生年龄特征的序才会收到预期的效果。

课堂提问必须循序渐进，由浅入深，由简到繁，注意提问设计的有序性。在课堂上，不能东一榔头西一棒，随意设问，杂乱无章，分散学生对重点的注意力；而是要根据教学的目的和重点，通盘考虑整堂课提问的主次和先后，力求做到主次分明、先后有序，使所提的一些问题前后贯通、相互配合，有助于推进思考、分析问题。例如，讲解《赤壁之战》一文时，为了让学生逐步理解周瑜用火攻大败曹操八十万大军的经过和原因，就把"周瑜是怎样按黄盖的计策打败曹军的"这一中心问题，分解为下列几个前后相关的小问题：①曹操为什么把兵船锁在一起？②周瑜和黄盖为什么想用火攻？③为什么黄盖能接近曹营？④火船是怎样冲进曹营的？⑤火攻的结果怎样？这些问题都紧扣课文的中心内容，又根据战事发展的顺序而依次设问，对于学生思索东吴军队以少胜多、以弱胜强的主客观原因，起了循序渐进、环环相扣的引导作用。这是按照事件的发展顺序来设计系列性提问的，以顺叙手法写成的记叙文特别适用。

5. 巩固性原则

巩固性原则是指教学要使学生在理解的基础上牢固地掌握所学的知识和技能，并能持久地保持，需要时能准确无误地再现和运用，为进一步学习和发展智力打好基础。

巩固掌握的知识有助于知识的积累和深化，是学生接受新知识、顺利进行学习的基础，是在学习中运用知识的先决条件，也是发展学生记忆力、思维力的重要手段。历代许多教育家都很重视掌握知识的巩固性问题。孔子要求"学而时习之""温故而知新",夸美纽斯形象地比喻不巩固教学就像"把水泼到一个筛子里"一样,乌申斯基则认为复习是"学习之母"。

课堂提问目的之一就是复习巩固知识。巩固知识的提问形式有下列几种。

(1)复述型提问。这种提问是让学生用语言把现成的学习材料表述出来。如,复述重要的概念、原理、方法;复述问题的条件和结论;复述解题过程;复述演示、实验的过程和结论;复述课堂小结等。这样,有利于吸引学生的注意力,引导他们的思维活动,理顺知识结构,突出教学重点;可以使学生对学习材料的感知更充实、更完整、更清晰。

例如,小学数学有这样一道简单应用题:"有12根筷子,每2根是一双,一共有几双?"教学时,为了易中求深,加强学生对简单应用题的结构和解题思路的认识,可以在列式计算之前提问学生:①这道题说了一件什么事情?给了哪些条件?要求什么问题?②知道"有12根筷子,每2根是一双"这两个条件,可以解答什么问题?要求一共有几双筷子,需要知道什么条件?③[在算出 $12 \div 2 = 6$(双)以后,再提问学生]这个问题用了什么方法解答?为什么?12表示什么?2表示什么?6表示什么?④怎样检查作答?

(2)回忆型提问。这种提问是让学生对已经学过的知识,如概念、原理、法则、方法等,进行再现和确认,从而巩固学生对基础知识和基本技能的掌握。这种提问常常被用来为学习新课提供铺垫,有时通过知识的迁移作用,能够以旧引新,达到水到渠成的教学效果。

例如,在教学"异分母分数加减法"时,一位教师在授新课之前这样提问学生:

① $\frac{2}{9} + \frac{5}{9} = \frac{7}{9}$ 是怎样算出来的?根据分数的意义加以说明。同分母分数加减法的法则是什么?

②说出下面每组中两个分数的大小关系: $\frac{1}{3}$ 和 $\frac{2}{3}$、 $\frac{3}{5}$ 和 $\frac{4}{5}$、 $\frac{1}{2}$ 和 $\frac{2}{3}$、 $\frac{2}{3}$ 和 $\frac{3}{4}$。同分母分数怎样比较大小?异分母分数怎样比较大小?为什么?谁能用图把它们表示出来,并说明其中大的大多少,小的小多少?你是怎样想的?

这样,不仅复习了同分母分数的加减法,异分母分数的通分,而且复习了异分母分数大小比较的解题思路,通过知识的迁移作用,学生对"异分母分数加减法"的解题思路,就比较容易接受。

(3)探究型提问。这种提问是让学生通过积极的思维活动。如比较、联想、推理等,自己去发现问题,分析问题,寻找知识的规律和解决问题的方法。这样,可以培养学生积极思考的习惯,激发创新意识。

例如,在教学"9的乘法口诀"时,一位教师摒弃了让学生机械记忆的传统教学方法,引导学生去理解、探索、发现口诀的规律,效果颇佳。

她先让学生算出: $9 \times 1 = 9$, $9 \times 2 = 18$, $9 \times 3 = 27$ …… $9 \times 9 = 81$,然后问道:"大家看看,这一系列算式中有没有什么规律?"一位学生说:"算式中的被乘数都是9,乘数一个比一个多1,积一个比一个多 9。"教师热情鼓励了他，然后又问："大家再看看算式中积的两位数之间，18，27，36……"结果引发了同学们探索和创造的激情："积的个位数和乘数相加都得 10""几个 9 就比几个 10 少几"，等等。在教师的启发诱导下，同学们从"9 的乘法口诀"中发现了七八条规律，个个兴致勃勃。

（4）理解型提问。这种提问是让学生对学习材料进行内化处理之后，再用自己的语言表述出来。如解释学习材料中的关键字词；叙述知识的由来和实际意义；把学习材料从一种形式转换成另一种形式等。从而加深学生对知识间的内在联系，知识的本质特征和一般规律的认识。

例如，在教学"除数是小数的除法"时，为了避免学生死记硬背计算法则，而不去理解其原理，可以针对法则中的关键字词进行如下提问：①"先移动除数的小数点，使它变成整数"，这里的"它"是指什么？为什么要变成整数？②"被除数的小数点也向右移动几位"，这里为什么用"也"字？"几位"的"几"指什么？为什么这样移动？③"位数不够的，在被除数的末尾用 0 补足"，"位数不够"是什么意思？为什么要补"0"？怎样补"0"？

（5）激励型提问。目的是激发学生的求知欲，形成学习的动力。如，在比例尺教学之前，先提出"给你一张地图，你能算出我们省会（或省府）到北京的距离有多远吗？"教学最小公倍数之前，提问学生："谁会找到一个最小的数，它能同时被 12、18 整除？"再如，教学比例应用题，先提出"怎样测量学校旗杆

的高度？"以激发学生学习的兴趣。

（6）诱导型提问。目的是通过一系列提问，诱导学生发现知识的结论。如，讲授"乘法的分配律"时可出示一组等式，要求学生观察讨论：

（6＋4）×3＝6×3＋4×3，
（8＋5）×15＝8×15＋5×15，
（24＋9）×4＝24×4＋9×4。

教师诱导提问可这样设计：（学生回答略）

①谁能用数字语言概括出左边算式的特点？

②谁能用数字语言概括出右边算式的特点？

③如果把两边算式与中间等号结合起来看，你们能发现什么？

④左边式子可以用右边式子代替，右边式子也可以用左边式子代替。谁能用数学语言把这层意思说出来？

至此，学生概括乘法分配律可谓水到渠成。

（7）例证型提问。目的是将学生学到的知识具体化。如"请你说出生活中形状是圆的物体有哪些?""球是圆吗?""请你分别举出一个等式、不等式、算式、方程的例子，并说明理由。"这种设问特别适用于检验学生掌握概念的实际水平。

（8）深化型提问。目的是在学生得出知识的结论后，引导学生进一步深化对知识的理解。如复习等腰三角形时，问："什么样的三角形是等腰三角形？"这样的问题太容易，而且答案只属于记忆性的，起不到深化知识的作用。如果换一个说法："等腰三角形一边为 4 cm，一边为 6 cm，求第三边？（答案：第三

边为 4 或 6 cm)"，"如果一边为 4 cm，一边为 10 cm，求第三边？（答案：第三边为 10 cm）。""为什么前一问是两个答案，后一问只一个答案？"这紧接着的第三个问题，就是要求学生在等腰三角形的知识外，运用"三角形两边之和大于第三边"的知识来解答问题。像这样的深化性提问不但具有启发性，而且通过问题的变化，逐步推进，使学生对所学知识融会贯通。

（9）纠错型提问。目的是把学生头脑中一些隐性的错误认识诱发出来，加以纠正。如："a^2 与 $2a$ 之间有什么关系？""甲比乙多 $\frac{1}{5}$，乙比甲少几分之几？""0.95 小时等于多少分钟？""当正方体的棱长是 6 cm 时，它的表面积和体积是不是相等？为什么？"纠错性提问适用于学习难度较大的知识，如进、退位加减法，稍复杂的分数应用题；知识相似而产生泛化，如周长与面积，整除与除尽，正比例与反比例；或者数学概念含混不清等方面。

（10）技能技巧型提问。目的在于提高学生的熟练程度。如口算练习，教师说算式、学生报得数。

复习提问要做到经常性、及时性。讲课中、讲课后都可组织提问，巩固学生知识。

6. 可接受性的原则

可接受性原则是指教学的内容、方法、分量和进度要适合学生的身心发展，是他们能够接受的，但又要有一定的难度，需要他们经过努力才能掌握，以促进学生的身心发展。这一原则也被称做量力性原则。

进行课堂提问，教师要正确地估计学生的知识基础和发展水平，从实际出发提出问题。

要在研究学生在一定年龄阶段上身心发展的特点和规律的基础上，通过各种方法和途径，激发学生学习的热情和思维的积极性，把新旧知识联系起来。教师在课堂提问中卡壳，主要原因是对学生学习的可接受性认识不足，当然过分简单的提问也不好，它不能激发学生的兴趣。

7. 因材施教的原则

所谓因材施教原则，是指教师要从学生的实际出发，有的放矢地进行教学，以使每个学生都能扬长避短，获得最佳的发展。由于环境、教育、学生本身的实践以及先天遗传的不同，每个学生都具有个别的差异，因而教学必须充分考虑这种差异性，针对不同学生的不同情况实行因材施教。

课堂提问贯彻因材施教原则的基本要求是要深入了解学生的一般情况和个性特点，处理好一般与个别的关系。教师要通过各种形式，对学生进行客观、全面的调查了解，如知识基础、智力水平、学习态度、兴趣爱好、意志性格、健康状况、家庭环境等等。教师要看到学生发展的各个方面存在着不平衡性，各种特点在每个人身上表现的方式和时间也常常因人而异，从而坚持全面的观点，在教学中防止只凭学生一时一事的表现就轻率下结论的片面观点。对各种不同类型的学生又要能分别提出不同的要求，采取有针对性的灵活多样的措施。

比如在提问的内容、方式、布置作业的分量和难易以及课外学习小组的组织指导等各方面，教师都应该既从大多数学生的需要出发，又要照顾到个别学生的特点和需要。对反应迟钝的学生，要激励他们积极进行思考，勇于回答问题；对能力较强而学习态度马虎的学生，要给他较难的提问，并高标准要求他的回答；对上课不注意听讲的学生，可要求他复述讲课的内容，以培养他们的自控能力。

（三）课堂提问的"三论"依据

1. 控制论与课堂提问

控制论的主要创立者是美国学者、数学家维纳（N. Wiener）。他于1948年发表《控制论》一书，此书的副标题是"或关于在动物和机器中控制和通信的科学"，这就指明了在生物科学和物理科学中，关于控制和通讯有着共同的规律；把物理科学中的反馈、信息等概念推广到生物科学中去，取得不少成果。事实上，控制论的成果正是维纳与医学家、生理学家、计算机设计家等科学工作者共同研究得到的。什么是控制论呢？简要地说，控制论是关于生物系统和机器系统中的控制和通讯的科学。通过反馈实现有目的的活动就是控制。系统的输出转变为系统的输入就是反馈。因为生物系统和机器系统的控制的模式类似，从而使维纳等人获得创立控制论的主导思想：动物和机器之间存在可类比性。正是在物理科学与生物科学的交叉地带，建立起了控制论这一宏伟大厦。现在不仅有工程控制论、生物控制论、医学控制论、技术控制论等等，而且还把控制论的概念和原理应用于社会，有了经济控制论等。三十年来，控制论已发展得越来越广泛和深入。正如十年前阿比布所提出的："今天控制论至少在数学系统理论、大脑学说和人工智能这些领域内还是有生命力，情况令人满意。"

控制论在教育领域有着广泛的应用，教育是有目的的，实现这个目的必须依靠教师的主导作用，教师根据反馈信息对教学进行调控，而课堂提问是获取反馈信息的手段，又是进行调控的手段。

作为获取反馈信息的手段，课堂提问的特点是及时、简明、具体，可以随时利用、简便易行；作为调控的手段，课堂提问既可针对个别学生又可针对全班学生，既可引导学生明确重点又可指导学生突破难点，可以激发学生兴趣，集中学生注意力，可以训练学生思维，驾驭教学的进程。

课堂提问其一起思维的定向作用，其二起组织教学的作用。

教师的提问是紧紧围绕教学进行的。定向思维是指问题的发出，要求从一定角度对教材的理解作定向的思考，体现着教师的主导作用。

例如，一位教师讲《翠鸟》。老师问："从哪些词句看出翠鸟捕鱼时动作很敏捷？"学生找到这句话："只有那苇秆还在摇晃，水波还在动，翠鸟已经飞远了，多快呀！"看来，学生在老师的启发下，明白了"苇秆还在摇晃，水波还在荡漾"，从侧面衬托出翠鸟动作的敏捷。学生的思考和回答始终围绕着"从哪儿看出翠鸟的动作敏捷"这个预定的思维目标。

组织教学作用是指教师用提问的方法，引起全体同学的集中注意、有意注意。有个别同学精力不集中，一旦"答问"就会马上警觉起来。

2. 信息论与课堂提问

信息论的主要创立者是美国数学家、工程师香农（C. E. Shannon），他于1948年发表《通讯的数学理论》，奠定了信息论的基础，标志了信息论的诞生。

从人类对信息的传递、储存、使用看，历史上已经经历四次革命。

第一次信息革命：文字的产生。

第二次信息革命：纸张和印刷术。

第三次信息革命：电信技术（电报、电话、广播、电视、录音、录像）。

第四次信息革命：电子计算机、人工智能。

前两次信息革命，中国走在世界前列。很早就创立文字，并且很早就在全国统一了文字，至今仍有四分之一的人类在使用它；中国发明的纸张作为一种廉价而有效的信息载体，是长期广泛地储存、传播和使用信息所不可缺少的。这些发明导致的信息革命，大大促进了人类社会的进步。

后两次信息革命，中国暂时落后了，但也做过一些贡献。例如，计算机的鼻祖、控制论的先驱莱布尼兹，受中国《易经》中八卦的启发，创立二进制算术。莱布尼兹本人明确指出："创造中华帝国的伏羲氏在推演的八卦中曾用二进制算术。"在信息论里广泛采用二进制算术，这是对生物系统和机器系统给出统一的数学表述所不可缺少的基础。

什么是信息论呢？简要地说，信息论是关于研究控制系统中信息的计量、传递、变换、储存和使用的规律科学。信息不是物质也不是能量，这是对的。但是，信息既不能脱离物质也不能脱离能量。传递信息不能离开能量，总是伴随着实物和声的运动才能传递信息。人脑和电脑都能储存信息，储存信息不能离开物质。是否传递了信息，用系统是否消除了不确定性来量度。是否贮存了信息，可以用系统的有序度作为量度。下面尝试给信息下一个定义：信息是生命系统、机器系统等适应外部世界，同外部世界进行交换过程中所特有的物质运动形式。信息的传递，用消除不确定性的量度来表征；信息的储存，用系统有序化的量度来表征。学习就是学习者吸收信息并输出信息，通过反馈和评价知道正确与否的整个过程；教学过程就是输出信息，输入反馈信息，并进行调控的整个过程。教师与学生间，学生与学生间，信息通畅的程序，决定着教学质量。课堂提问既能输出教师的信息，又能反馈学生的信息，是信息流通的重要渠道。课堂信息流程图（见图4.1）。

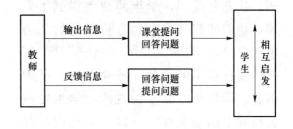

图 4.1

教师通过提问输出信息拨动学生心弦，激起思维的浪花，启发学生思考，增智开慧。例如，教《狐假虎威》这个寓言故事时，课文中有一句话："狐狸和老虎，一前一后，朝森林深处走去。"课文没有明确告诉读者谁在前，谁在后，但这"一前一后"却贯穿全文，对表达课文含意很为重要。从字面来看，学生是很易理解的，教学中很容易忽视过去。为了启发学生深入思考，教师这样问："你们想一想，这一前一后，是谁在前？谁在后？你们的根据是什么？"学生纷纷举手，一个学生回答说："狐狸在前，老虎在后，因为我看书中的插图是这样画的。"一个学生说："前一节课文里说是狐狸带着老虎，不是老虎带着狐狸，所以狐狸在前，老虎在后。"另一个学生说："这一句话写的是'狐狸和老虎一前一后'，也可以看出狐狸在前，老虎在后。"还有一个学生说："后面课文里讲到百兽先看见狐狸，后看见老虎，所以狐狸在前，老虎在后。"学生的回答言之有据，言之成理，不但知其然，而且知其所以然。课文教完后，忽然有个学生发表意见说："狐狸说：'我带着你到百兽面前走一趟'如果说成'我跟着你到百兽面前走一趟'把'带'说成'跟'，说错一个字，它的诡计就可能被老虎戳穿了。"这个孩子对课文的理解多么深刻！这充分说明，学生的智力得到了发展，他们的阅读能力和分析问题的能力也随之提高了。

通过学生的回答，教师得到了反馈信息，即时调控教学的进程，学生之间也得到了信息交流。所以课堂提问，并不单表现在教师问学生答这一单向活动形式上，更多的是体现在教师激疑、学生质疑、师生共同释疑这种多向活动形式上，即课堂教学信息传递的形式由直线式转向平面式，转为互相交叉的多向

立体式，使教师与学生、学生与教师、学生与学生之间的信息传递畅通无阻，反馈及时，增加课堂信息量，这样提问是较高级水平。

3. 系统论与课堂提问

系统论的主要创立者是美籍奥地利生物学家贝塔朗菲（L. V. Bertllanfy）。他于1947年发表《一般系统论》。贝塔朗菲早在20年代初就对生物学的研究方法和理论感到不满。他认为那种孤立的因果关系和分离开来的机械论模式，不足以解决生物学中的理论问题，也不足以解决由现代科学技术提出来的实践问题。他提出生物学中的有机论的概念，强调把有机体当做一个整体或系统来考察。他认为生物学的主要目标在于发现不同层次上的组织原理。根据生物新陈代谢的发育方面的实验工作，以及为了使机械论的纲要具体化，便提出了开放系统的理论。有机体恰好是一种开放系统。贝塔朗菲指出："正是这些有关秩序、组织、整体性、目的论等等最重要的问题，却被特意地排除于机械论的科学之外。这就是'一般系统论'的观念。"

什么是系统论呢？简单地说，系统论是关于研究一切系统的模式、原理和规律的科学。处在一定相互联系中，与环境发生关系的各个组成部分的整体，即是系统。自然界是一个巨大的系统，人类社会是一个大系统，人类的思维也是一个复杂的系统。宇宙中的任何一个客观事物都是以系统形式存在着、发展着。系统无处不在，无处不有。系统论从理论上进行研究，这便是一般系统论

及其各分论的任务。系统论从应用上进行探讨，这便是系统工程及系统分析的课题。

一个学科是一个系统，一节课也是一个系统，只有大小有别罢了。课堂提问的时机、方式、程序都要根据该节课这个整体系统着眼采用。系统的整体的功能不等于各孤立部分功能之和，各部分的协调、有序、和谐，就能更好地发挥整体的功能。

课堂提问本身也是一个系统，不过是比一节课更小的系统，是一节课这个系统的一部分，所以在课堂提问设计中要注意提问本身的系统性。提问设计的系统性，包含三层涵义，即有序性、渐进性和整体性。

（1）注意提问设计的有序性。在课堂上，不能东一榔头西一棒，随意设问，杂乱无章，分散学生对重点难点的注意力，而是根据教学的目的和重点，通盘考虑整堂课提问的主次和先后，力求做到主次分明、先后有序，使所提的一系列问题前后贯通、相互配合，有助于推进思考、分析问题。例如，讲解《罗盛教》一课时，可有序地设计一组提问。先让学生阅读课文，划出关键词，罗盛教救崔莹的动词——跳，然后问：

①罗盛教为什么"跳"？
②他是怎样"跳"的？
③跳进冰窟窿以后是怎样的情况？
④从这个"跳"字，你想到了什么？
⑤课文中还有什么关键性的动词？

这组提问，起了循序渐进、环环相扣的引导作用。通过这组提问，学生可以明确课文的中心思想。这是按照事件发展的顺序来设计系列性提问，以顺叙

手法写成的记叙文特别适用。

（2）注意提问设计的渐进性。提问不能太难也不能太容易。太难学生无法解答，太容易学生不用动什么脑筋，都起不到引导思路、开发智力的作用。提问又不能平面化，老是停留在一个层次上，没有层次感和纵深度，也是不利于推进思考、发展智力的。这就涉及提问的难易、深浅问题。要按照先易后难、由浅入深的认识规律，并根据因材施教的教学原则来设计提问，力求步步深入，形成递进系统。以"火船是怎样冲进曹营的"提问为例，在学生根据课文的描写作了解答后，要注意引导他们思考：火船为什么能冲入曹营？先问"黄盖在什么天气下带船驶向曹营？"这个问题不难，一般学生都能按照课文回答：这天"东南风很急，江面上波浪滔天。"进而追问"黄盖的船为什么在这种天气下驶向曹营？"先让一般同学回答，只能答出"为了放火"；再叫肯多动脑筋的学生补充，他就能进一步说，刮东南风便于行船和放火，这对东吴的火攻至关重要。在此基础上，提醒学生注意课文开头所交代的两军阵势中曹营把战船锁在一起的弱点；并在黑板上画出地形示意图，学生就能充分理解课文中的有关描写，认识到东南风是火攻成功的一个必要条件。上述问题设计先易后难循序渐进，学生的思路就能逐步展开，切入重点，比起直捅捅地提问"东南风和火攻有什么关系"，更切合学生的思维实际，更有助于深化他们的认识。渐进式提问是一个先易后难、由浅入深的动态系统，适用于解决课文的疑难点。比如，讲李白《赠汪伦》这首古诗时，针对小学生难以

理解"桃花潭水深千尺，不及汪伦送我情"的表达特点的情况，可设计下列提问：先问前一句的关键词是哪个？学生答"深潭"。接着问"深千尺"，用的是哪种修辞手法？都说是"夸张"。继而问后一句的"情"字指什么？知道"情"指友情、情谊后，就诱导学生把前两句的意思联系起来思考，追问二者构成了什么关系。再让他们找出喻体"潭水"和本体"情"，问二者在哪一点上有相似之处？学生自然想到"深"字，晓得诗人是用潭水深比喻情谊深。最后再来分析关联词"不及"和夸张词"深千尺"前后两句的对比、映衬关系就一目了然了。学生就懂得诗人运用夸张、比喻、映衬手法，完全是为了充分表达友情的深厚无比。由此可见，渐进式提问有助于深化认识，突破难点。

（3）注意提问设计的整体性。一堂课的提问系统，应是一个有机整体，服务于整堂课的教学目的，既不能只见树木不见森林，也不能像散兵游勇那样零敲碎打，而是围绕中心问题，从分解走向综合，把散珠连成珠串，使各种提问相辅相成，配套贯通。对于头绪多的课文来说，提问设计更应有全局观点，力求做到环环相扣，胸有成竹。如《我的伯父鲁迅先生》这篇课文，回忆的事情较多，相互之间的联系又比较内在、隐蔽，小学生不容易理出头绪来，可设计一套提问①作者在开头说："那时候我有点惊异了，为什么伯父得到这么多人的爱戴？"作者为什么在文章的开头写这一句话？②作者围绕这个写作目的写了几件事？③这四件事具体表现了鲁迅哪些品质？分别说明了什么问题？（这个问题

在提问时，分解为四个小问题，依次提出。）④这些品质的共同点是什么？请联系全篇想想。（结尾"为自己想得少，为别人想得多"。）⑤这样写解开开头的疑问了吗？达到本文的写作目的了吗？通过这些提问，力图诱导学生带着"鲁迅先生为什么会得到那么多人的爱戴"这个中心问题，顺着作者的思路，来理解每一段，课文揭示各段与开头和结尾的有机联系，从而达到整体感知。据此而言，以中心问题为纲，把纲目串联在主线上，就能做到有条不紊，前后贯通，使所有提问结为一个整体系统。以系统性的要求来说，有序性、渐进性、整体性，三者缺一不可。只有循序渐进、引线串珠、相互贯通、胸有成竹，课堂提问才能避免盲目性和随意性，形成有机完整的系统，发挥整体功能，取得应有的良好的效果。

三、课堂提问的类型

课堂提问是教学活动中常用的重要教学形式之一，其类型是多种多样的。下面介绍几种分类的情况。

（一）按课堂提问的问题分类

本世纪以来，心理学家对提问的类型进行过种种思考。按问题思考水平的高低，可把问题分成三类：

1. 记忆性问题

学生凭记忆回答问题，如"什么是三角形的高？""什么是最大公约数？"学生凭记住的信息表达出来。这类问题，

主要是为了再现所学的知识,防止遗忘,但思考水平较低。

2. 思考性的问题

学生通过对已有的知识进行加工而获得问题的答案。如学生分别学习了约分与通分的知识技能后,理解往往分别地停留在"两种过程""两种方法"的浅层认识上,如能适时提出问题:"比较一下,约分和通分有什么异同点?"让学生悟出尽管约分与通分过程不同、方法不同,但都是分数基本性质的运用,只不过所取的角度不同⋯⋯这样的问题能把学生的思维引向深层,引向概括。

3. 探索性的问题

如"你能从圆面积公式的推导方法想出圆柱体的体积推导方法吗?"当学生认识了有限小数后,为了引导学生从"有限"联想到"无限",不妨追问学生这样一个问题:"从有限小数的意义里,你能反过来理解无限小数的意义吗?"这种向相反方向的试探可以使学生产生新的意念。再如这样一道应用题:甲乙两个工人生产同样的零件,原计划一天一共生产 350 个。由于改进技术,甲的产量提高了 40%,乙比原计划多生产 50 个,这样两人一天实际共生产 480 个。甲乙两人原计划各生产多少个?教师可在学生准确感知题意以后发问:"这道题有四个条件,两个问题,你们看,哪些条件之间紧密联系着?哪些条件与问题之间紧密联系着?看谁找得准?找得快?"学生就能迅速地在题目的数量关系之中做出各种探索,权衡和沟通,通过在条件与问题间自由往返的反馈调节,

发现各种联系,形成解题思路。探索性问题特别适用学生的操作实验活动。这类问题对提高学生的能力是有很大作用的。

记忆性问题需要学生回忆已有的信息,它是教师最经常提问的一种类型。相反,思考性问题需要学生运用已有的信息去创造新的信息。一般说来,60%以上的教师,在提问中关心的是事实的记忆。这个原因是不难找到的:第一,信息在被利用之前,已经知晓了,而学生对熟悉的内容是容易回答的;第二,课程的目的是强调实在的内容,加之教师在处理思考性问题时需要准备、设计、练习,甚至要比对思考性问题本身所花的思考还多,这就占去了教师的大量精力;第三,在某种意义上,思考性的或探索性的问题能提高课堂讨论的水平,但不能提高考试所需的成绩。因为现实的考试对记忆性问题要求高,而对思考性问题要求低。尽管教师也承认,思考性问题与学生的进步是成正比例的,但他们在实际提问时,每 5 个问题当中,有 3 个是检验已有知识的,1 个是属于课堂纪律或管理的,只有 1 个是属于思考性的,至于把记忆性和思考性两大系统结合起来的问题,在现今的课堂教学中是不多的。

(二)按课堂提问的形式分类

1. 设问型

就是精心设计问题提问学生,它的特点是将问题提出后,并不要求学生作答,而是自问自答,它能够引起学生的

注意，造成学生的悬念感。

设问常用于复习。复习中的设问，一般不是知识的简单重复，而是着眼于培养学生多向思维能力，以利于知识的巩固和提高。

设问还常用于引入新课，其作用是设置悬念，以激发学生的学习兴趣、热情和求知欲。这种设问，往往是一节课的重点设计，它与日常生活密切相关，同学生有强烈愿望的问题联系起来。

2. 追问型

就是把所传授的知识分解为一个个小问题，一环扣一环系统地提问学生。追问的特点是教师发问的语气较急促，问题与问题之间间隙时间短，能创设热烈气氛，训练学生的敏捷、灵活的思维品质。追问能使学生保持注意的稳定性，刺激其积极思考，有利于全面掌握知识的内在联系。例如《一分试验田》一文，为了检查学生自读课文的效果，教师可提一组问：谁种这一分实验田？他为什么要种这一分试验田？他是怎样种这一分试验田的？他种这分试验田产了多少粮食？这一结果说明了什么？

3. 疑问型

是由教师设置疑点，提出问题，使学生觉得难解，于是去认真推敲问题，提出观点引用事例，组织答案。由于教学过程受诸因素制约，学生的学习会留下疑点。每一节课留一点时间让同学们及时把问题提出来，教师进行有针对性的释疑，能使所传授的知识更为完善。回答疑问，可根据问题是否带有普遍性，考虑个别或当众作答。倘若学生的提问

是你认为讲授清楚，或很简单的问题，也不要粗暴地拒绝回答，要造成一种亲切和谐的气氛，使学生有疑敢问，把疑难分散解决。

4. 互问型

就是由学生提出问题、回答问题。互问是一种你来考考我、我来考考你的教学活动。有经验的教师常采用互问、互考激励学生的兴趣，调动学习积极性，收到良好的效果。互问可在局部也可在全班进行。要框定问题的范围，注意引导学生围绕教学重点去展开互问互答，切忌偏离教学内容讲题外话。出现"卡壳"时，教师要及时做好"穿针引线"的工作，使互问顺利进行下去。

5. 顺问型

就是按照教材先后，由逻辑关系或学生认识事物的一般顺序，进行提问。例如，教学《粜米》一文，为了让学生认识作者紧紧围绕中心选择写作材料的方法，教师可以顺着学生的思路在教材的点睛之处这样提问："为什么多收了三五斗，农民反而得不到好处？"帮助学生认识到旧中国的农民，受着封建地主、资本家和帝国主义三座大山的重重压榨和剥削，即使遇到好年景，也逃脱不了悲惨的命运，进而体会到作者选择写作材料，是紧紧围绕自己要表达的中心的。顺问的特点是与教材的逻辑顺序合拍，顺应学生认识问题的一般规律，但它不能够形成奇峰突起的气势，激起学生思维活动的波澜，它比较适合逻辑性较强的教材内容。

6. 曲问型

曲问是不直接提出问题，而拐上一二个弯子，绕道迂回，问在此而意在彼。用这种提问方法提问，使学生明确课题的具体目的和意义，学生的学习动机便由潜伏状态进入活动状态。

例2 三角形全等判定定理的引入提问。

老师：一块三角形状的玻璃，被折断成两块，要配一块同样大小的玻璃，要不要将两块都带去？如果只允许带一块，那么应该带哪一块？为什么？由此引入三角形全等判定定理。

7. 比较型

就是教师在所提的问题中，综合讲一些可供比较的内容，进行比较性提问，去引发学生在比较中推出恰当的结论。例如，教学《泊船瓜洲》一诗，为了帮助学生认识王安石精心选词炼字的好处，教师可以这样提出比较性问题："要把江南冬去春来的情景表达得生动形象，是用'春风又绿江南岸'好，还是用'春风又过江南岸'好？"这样在问题中引进一个与原诗大意相近的句子，就为学生提供了一个进行比较的条件，学生对"绿"与"过"加以比较认识，便能体会出王安石精心选词炼字的绝妙。比较提问的特点是提问时，为要求学生理解的对象提供可做比较的事物，它能够打开学生的思路，帮助学生在比较异同中认识事物，理解问题，比较型适合气氛不够活跃的课堂情境。

8. 急问型

就是教师比较急促地发出一连串问题，促使学生争先恐后地抢答。例如，《称象》一课先阅读课文，为了检查学生自读课文的效果，教师可急促地发出下面一组问题：①课文中说谁很高兴，为什么？②这是怎样一头象？谁一边看一边议论？③曹操提了一个什么问题？④官员们想出了什么办法？⑤曹操儿子叫什么？他想出什么办法称象的重量？⑥学习这课文你有什么体会？因学生经过了充分的准备，对课文内容比较熟悉，因此在课堂上容易呈现出一种踊跃抢答、热烈兴奋的气氛。急问的特点是教师发问的语气较急促，问题与问题之间提出的问题间隙时间较短，它能够创设热烈的课堂气氛，节省教学时间，训练学生的敏捷、灵活的思维品质，但容易形成假象，学生匆忙应答而忽视思维。它比较适合浅显的教材内容和准备充分的学生。

9. 平问型

就是教师平心静气地提出问题，引导学生思考。例如，教学《种子的力量》一文，为了启发学生结合自己生活思考，在总结课文时，教师可以心平气和地这样提问："我们平时常见的植物种子发芽不觉得特别，可在作者笔下却给人以新鲜的感觉和深刻的启示，原因究竟在哪里？"这个问题并不催促学生立即回答，学生有时间去回忆、比较，从而受到启发。平问的特点是教师提出问题的语气比较舒缓，要求学生作答的时间也不匆忙，这种提问适合教学难度较大需要认真思考的问题。

10. 开拓型

用于训练学生运用学到的基础知识及原理进行创造性的思维。具体可分为三种。

①方法性提问。目的在于引导学生回顾获得知识的学习过程，教会他们总结和运用科学的思维方法，提高探取新知识的效率。

②规律性提问。目的是启发学生将所学知识加以比较和整理归类，学会发现知识规律。

③创造性提问。目的是培养学生创造性的思维能力，它的主要目标是发展学生的想象力。

（三）各种提问类型的频率分析

心理学家瑞格为了探索提问的一般趋势，他从三个方面研究了提问类型的出现频率：第一，提问类型在各门学科之间出现的频率差；第二，提问类型在高水平班、中等水平班、低水平班，以及混合水平班之间出现的频率差；第三，提问类型在快捷者和迟钝者之间出现的频率差。这三方面的研究是极有意义的，我们从中可以看出哪些提问类型出现的频率高，从而可以概括出提问的一般趋势。

1. 提问类型在各学科出现的频率差

瑞格要求教师回答他最经常提问的是哪些问题，然后把这些问题归入"瑞格的提问类型"。结果见表 4.1。

表 4.1　提问的类型和学科

学科 \ 类型	1	2	3	4	5	O	M	F	总数
语文	13	10	7	2	2	2	6	2	44
外语	13	4		1	1				19
历史、地理	6	10	4	1	3			1	25
艺术	19	6	2	2	1		6		36
数学	22	7	4	1	1	1	4		40
自然科学	5	3	3	—	—		2	—	13
总数	78	40	20	7	3	3	18	3	177

由表 4.1 可见，提问类型在各门学科之间的分布状态表明，第一类提问（即记忆资料、命名、观察、分类、朗读、准备已知的定义等）占的比重最大，第二类（推论、比较、提供简单的记述和解释、提供已知原理的例子）次之，两者结合约占所有问题的 67%。这说明，各科教师在提问中，都比较倾向于提一些记忆和推论方面的问题，也许这是当今课堂提问的一般趋势。相比之下，需要复杂反应的问题，例如从第三类至第五类的问题（提供理由、解决难题、评估论题等），全部加起来也只占所有问题的 20% 左右，这也说明，当今课堂教

学中，要求开放性和思考性相结合的问题并不多。教师宁可提一些记忆和推论方面的问题。至于推理、情感、管理在所有问题中的比例至多只有13％，这说明教师在课堂上比较倾向于提一些认知水平的问题，而对创造性的、情感的、管理的问题，相对来说不大重视。

2. 提问类型在不同班出现的频率差

提问类型在高水平班、中等水平班、低水平班以及混合水平班之间出现的频率差。结果见表4.2。

表 4.2 提问类型和班级

学科 ＼ 类型	1	2	3	4	5	O	M	F	总数
高	4	5	3	1	—		1	2	16
中	35	11	6	3	1	1	5	1	63
低	19	9	4	1	4	1	6	—	44
混合	20	15	7	2	3	1	6	—	54
总数	78	40	20	7	8	3	18	3	177

从表4.2提问类型和班级类型的比较中可以看到，在第一和第二类型，高水平班与其他三个班的差距较大，说明中等水平班、低水平班、混合能力班都比较倾向于提一些记忆和推论方面的简单问题，这也许是教育对象决定了教师采取这两种提问类型。相应地，在课堂管理（M）的问题上，中等水平班、低水平班和混合水平班也要比高水平班所占比例大，说明这三种班的教师在提问简单类型的问题的同时，还面临一个课堂管理问题，而高水平班在这方面所费精力较小，这也恐怕是教育对象所决定的。

从瑞格的提问类型的频率分析，可以看到多数教师的提问重视记忆方面的问题，忽略创造性方面的问题，今后应予以克服。

四、课堂提问的优化

课堂提问能启发学生的思维，反馈教学信息，检查教学效果，培养学生的能力，优化课堂教学。现将课堂提问的优化原则与标准分述如下。

（一）课堂提问的优化原则

课堂提问是教学的重要手段之一，也是训练和提高学生思维能力的重要方法。我们都知道提问不完全能有启发作用，课堂上的提问只在有意训练学生的思维时，才具有启发性。那么怎样的提问才能训练学生的思维呢？这就是课堂提问的优化原则。

1. 针对性

所谓针对性是指教师能紧紧围绕教材的训练重点，突破难点，问到关键之处。如教学《我的伯父鲁迅先生》可先抓住课文开头"那时候我有点惊异了，为什么伯父得到这么多人的爱戴"这句中的"爱戴"一句设问，因为它揭示了课文前后内容上潜在的因果关系，使学生可以有的放矢，带着问题学习课文，学的针对性就比较强了。有位教师在教《将相和》时，就抓住课题中的"和"直奔中心，设计了这样的提问：①什么叫"将相和"，"将相和"中的"将"和"相"各指谁？②既然是"和"，说明他们有一段不和，为什么不和呢？③最后起到了"一问而牵动全篇"的作用。

2. 可接受性

课堂提问首先应注意从学生的实际出发，了解每个学生不同的个性、不同水平，正确估计学生的能力，有针对性地对不同水平的学生提出不同深度的问题。这样的提问设计才能有的放矢。总之，要难易适度，要符合学生的实际水平。教育测量中的"难度"概念为提问设计提供了数量依据。难度 $H=1-P/W$，这里的 W 表示课堂内学生总数，P 是答案通过的人数，难度 H 在 0 至 1 间。若难度为 0，全体学生都能回答；难度接近 1，几乎没有学生能回答。提问的难度一般控制在 0.3 至 0.8 间，使大多数学生通过努力都能解答，即"跳一跳，能摘到"。

3. 循序性

提问题除了要有一定针对性外，还要注意阶梯性。提问设计要遵循由浅入深、由简到繁的规律。

心理学家把问题从提出到解决的过程称之为"解答距"，根据"解答距"的长短把问题分为四个等级："微解答距"（看书即可回答）、"短解答距"（课文内容的变化或翻新）、"长解答距"（综合运用原有知识解题）、"新解答距"（采用自己特有方式解题）。提问的目的在于开拓学生的智能，设计提问当然以后两种类型多一点为好，但也不能脱离学生实际大搞高难度的题目，使之望"题"兴叹，视为畏途。那么，如何合理调配四种级别的问题呢？以下设计可供借鉴：台阶型提问。它像攀登阶梯一样通过由浅入深、由易到难的一个个问题，把学生的思维一步一个台阶地引向求知的新天地。例如教学《装在套子里的人》，可先从别里科夫的"套子"、社会影响、婚事失败等浅显处逐一设问。然后再推出一些具有深度的问题，如"作为专制制度维护者别里科夫已经死了，为什么局面没有好一点呢？"等，才能使学生的认识逐步深化。

4. 整体性

一堂课的提问系统，应是一个有机整体，纳入并服务于整堂课的教学目的，要围绕中心问题，从分解走向综合，使各种提问相辅相成，配套贯通。对于头绪多的课文来说，提问设计更应有全局观点，力求做到环环相扣。大凡要求学生理解课文思想内容和艺术特色的提问，一般不宜单兵作战，需要围绕一个"训练点"组织一连串问题，构成一个指向明确、思路清晰、具有内在逻辑联系的"问题链"。这样"问题链"的内部联系，或并列、或递进、或归纳、或演绎、或众星托月、或追本溯源，都应具有严密的逻辑联系。这种"问题链"能揭示作者写作的思路，体现教师教学的思路，打通学生学习的思路。这种"问题链"都具有较大的容量，大至举纲提要，统率全篇；小的也能解决某个段落或课文某个方面的知识要求。

5. 学生主体性

课堂提问的目的在于充分发挥和调动学生内部动机和作用。在课堂提问中如何发挥学生内部动机和作用？在课堂提问中如何发挥学生的主体作用？一是引导学生去积极探求真理。一个真正的教师指点他学生的，不是进入那已经投入了千百年劳动的现成大厦，而是促使他去"砌砖"，同他一起建筑大厦。聪明的教师不直接向学生奉献真理，而是引导他们去探求真理。二是要鼓励学生善于发现和提出问题。提出一个问题往往比解决一个问题更重要。教师要放手让学生直接参与提问设计，可从文章的遣词用字、布局构思，到文章所表现的生活、思想、情趣等各方面，引导学生提出这样或那样的问题，从根本上改变提问中师问生答的被动局面。三要欢迎学生发表创新见解。创新是学习的最终目的，教师应当欢迎学生对自己的讲解和那些所谓"定论"提出不同看法，对文章的缺点和问题提出质疑，对文章的思想内容和艺术特色发表自己的独特见解。当前语文教学中，不少教师都有意无意地压抑了学生发表创新见解的积极性。结果，凡是教师没有直接讲解或书本上没有直接写到的问题，不少学生不能回答，甚至不愿去思索探求。长此以往，学生成才的一种十分可贵的品质——创

造精神，就会受到扼杀。这是值得我们重视的。

6. 趣味性

提问的高明，在于引发学生的兴趣提问的失误是使学生厌学。提问要富有情趣、意味和吸引力，使学生感到有趣而愉快，在愉悦中接受教学。如小学语文中的《小蝴蝶花》，一位教师在教学中，着眼于课文巧妙的艺术构思设计提问，以引起学生的好奇心，激发他们强烈的求知欲。开始设计了这样一个情境的提问：小蝴蝶花开了，舒展着彩色的花瓣，黄的、白的、绿的，微风吹来花发出淡淡的清香，犹如只只翩翩起舞的蝴蝶，你们喜欢小蝴蝶花吗？小蝴蝶花先是在草丛里，后来它被移植到一个万紫千红的花园里，在这两个地方发生了一个故事，你们想知道吗？请把课文轻声读两遍，读后交流，这样的设问把学生带入了课文的情景，从而使他们产生了浓厚的学习兴趣。

7. 精要性

提问设计要精简数量、直入重点。一堂课45分钟，不能都由提问所左右，应当重视提问的密度、节奏及与其他教学方式的配合。教师要紧扣教学目的和教材重点、难点，根据学生的实际情况，力求提问设计少而精，力减平庸繁琐的"满堂灌"弊病。可借鉴系统工程办法，对问题进行合并、简化、删除，达到精简数量、加大容量和提高质量的目的。如《谁是最可爱的人》中的第三个故事，学生似乎一看就懂，但就是在这浅易的文字中包含着丰富的内容，我们要引导

学生抓住教材进行设疑讨论："作者为什么三次描写志愿军战士'笑'的表情？"然后引导讨论，让学生明白：第一次"笑了笑"，是微微的笑，表现了战士的革命的苦乐观；第二次"笑了起来"，是爽朗的笑，表现了战士对家乡、对祖国、对亲人深切的怀念；第三次"笑着"，是脸有点红，有点不好意思，欲笑不止，表现了战士们不求名利的高尚思想，这正是作者对志愿军的热爱之情。这样提问少、容量大、思路宽、理解透，体现了精要原则。

8. 启发性

提问设计要有启发性，能引导学生到思维的"王国"中去遨游探索，使他们受到有力的思维训练。显而易见的问题是没有意义的，它只能使人厌烦。切忌提一些"是不是""对不对"之类的简单问题。美国研究表明：具有50%成功可能性的学习任务，可以提供最大限度的快乐。具有挑战性的任务，学生才会依据个人的能力、主观的努力和选择好的方法来解释所获得的成功。这样的解释可以使学生产生自豪感，促进能力的提高，增强决心，产生快乐，并增强意志力和自制力。

课堂提问的启发性从心理学与教育学的观点看，应从以下几方面入手：

（1）易中生趣。有些问题虽然浅显，但又涉及解题的需要，不问不行。对于这类问题的设计要巧设波澜，巧问精思，易中生趣，便于启迪。如《草地夜行》一文中的第13自然段，这一段的内容并不难懂，但它在结构上起着承前启后的作用。分析好这一段对于总结上文、理解下文十分重要。如果简单地问："老红军为什么'不容分说，背起我就走呢？'"这样提问因过易，难以引起学生的思考兴趣。如果抓住老红军的态度设计问题，效果将会迥然不同："老红军是在什么样的情况下背起我就走的？他当时为什么又焦急又恼火？"同一个问题，不同问法，效果大不一样。透过"焦急"，显示出老红军对革命事业的忠贞，透过"责备"，显示出他对小红军的深切关怀。这样，既解答了问题，又深化了学生对老红军形象的认识。

（2）化难为易。有些难度较大的问题，要注意挖掘问题的内涵，将难化易，难而不偏，使问题一提出就有牵一发而动全身的作用，有助于对学生进行发散思维的培养。如《渔夫和金鱼的故事》的练习设计提出："这篇课文说明了什么？"这个问题有一定的难度，不经启发学生难以回答。课文出现这个问题的目的，是通过阅读，让学生认识到"贪得无厌、不劳而获是错误的"这个道理。对于这样的问题，教师应当分层启发，化难为易：①老太婆对金鱼的要求一共有几次？（5次）每次的要求越来越怎么样？（越来越高）②她要了一次又一次说明了什么？（贪得无厌）③最后的结果怎样？（一无所得）这样，把一个难度大的问题化为几个简单的问题，略加整理。问题的答案就水到渠成。

9. 教育性

提问的着眼点不仅在于使学生熟练地掌握知识，而且还要达到教育学生，使学生思想觉悟有提高。例如讲《孔乙己》时，抓住关键动词提问，为什么作者多次在文中写笑？这个提问不仅使学生把握了孔乙己的性格、人们的麻木，也深刻地揭示了旧社会的可悲可怕，对学生进行了热爱社会主义社会制度的教育。

10. 激励性

目的在于激发学生的求知欲，形成学习的动力。对于性格内向和胆小怯声不肯发言的学生不能使其成为"被遗忘的角落"。要鼓励他们逐步培养其"自我意识"和大胆泼辣、勇敢顽强的性格。对于迟缓、表达能力差的学生要循循善诱，因势利导，使其逐步掌握学习、思维的方法。对于课堂收尾作结的提问要有"收"有"展"。"收"中寓"展"，"结"而不"终"。给学生造成一种思前者如"历历在目"，想后者宛若"磁石吸铁"，欲罢不能。如《草船借箭》一文，讲的是周瑜妒忌诸葛亮的才干，想陷害他，要他三天内造好十万支箭。如果提问："诸葛亮是怎样把箭造好的？"就不如改为"三天造好十万只箭太难了，哪个同学能帮助诸葛亮完成这项任务？"可见后者比较符合儿童的心理，更能激励学生回答问题。

11. 科学性

教师向学生提出的问题，首先要做到科学性。所提问题的内容要围绕课堂教学内容，无知识、科学性错误。否则会失去提问的意义，有时甚至无法确定答案的正确性。

有位教师在教"循环小数"时，向学生提了这样一个问题："3.333……和2.14242……这两个循环小数的循环节各

是多少？"这种问法不严谨。因为"多少"一词涉及数量，需要用量或数目来表示。这样提问实质上把循环节的数字当作数来看待，会使学生混淆"数"和"数字"的概念。正确的提问是："指出这两个循环小数里的循环节。"或"它们的循环节各是哪些数字？"等。

12. 准确性

课堂提问切忌笼统，要具体明确，特别是对小学生提问更要具体，不能过大过宽，像猜谜式的让学生找不到思维的起点，脑子转动不起来。含糊的问题，题意模棱两可，可以作这样也可以作那样的问题，答案难以确定。

如有位老师讲完分数乘法的意义后提问：求比 1.5 多 $\frac{1}{2}$ 的数是多少？学生中出现两种答案争论不休。一种答案是按乘法做：$1.5 \times (1+\frac{1}{2}) = 2.25$；另一种答案是按加法做：$1.5 + \frac{1}{2} = 2$，这节课就在学生的争吵中不了了之下课了。这就是问题不明确。如果是要求比一个多几分之几，则可提问：求比 1.5 多它的 $\frac{1}{2}$ 这个数是多少？$1.5 \times (1+\frac{1}{2}) = 2.25$；如果用加法，则可提问求比 1.5 多 0.5 的数是多少？$1.5+0.5=2$。这样提问就不会产生争议了。又如有位老师在讲"近似数 3.0 比近似数 3 精确"时，这样提问："哪些数能变近似数 3？哪些数能变近似数 3.0？"大家知道，将一个数改成精确到某一位的近似数时，应依据某种法则，一般有收尾法、去尾法、四舍五入法。而这一提问没指出用哪种

法则，学生就难以回答。

提问的准确性不等于简单性，那种只要用"是"或"不是"，"对"或"不对"就能答复的问题，不能引起学生思维，也不能达到提问的目的。

13. 预见性

提问应事先想到学生可能回答的内容，估计学生在什么地方出错，什么地方卡壳，什么地方含混不清，能及时敏锐地捕捉和纠正学生答复中的错误或不确切的内容以及脱离思想方法上的缺陷，善于采用归纳、小结的方法帮助学生形成答案，采用试探的方法帮助学生形成更深一层的答案。

14. 灵活性

课堂提问的问题是备课时事先设计的带有一定的主观性，因此提问时要灵活运用，要随时调节问题的深难度。在讲、练、读、议诸环节中都可以回答问题或带着问题进行；也可以在学生精神涣散时，用提问的方法来集中学生的注意力。为了不使问题死板，教师要善于灵活地穿插运用转入、点题、沉默、查核、催促、提示、复述、评论、强化、延伸、更正、追问和扩展等手段。

15. 量力性

欲速则不达，一切应从实际出发。第一要适度，提问应以实际现象和学生现有的知识水平，提出符合学生智能水平难易适度的问题。第二要适时，俗话说"好雨知时节"，提问也是如此，提问的时机要得当。孔子曾说："不愤不启，不悱不发。"可见，只有当学生具备了

"愤、悱"状态，即到了"心求通而未得"，"口欲言而未能"之时，才是对学生进行"开其心"和"达其辞"的最佳时机。这就要求教师把握好时机，提出的问题让学生能"跳一跳，摘桃子"并达到解惑的目的。第三要适量，精简提问数量，直入重点。一堂课不能问个不停，应当重视提问的密度、节奏及与其他教学方式的配合。教师要紧扣教学目的和教材重点、难点，根据学生的实际情况，力求提问少而精，力戒平庸、繁琐的满堂问。可以借鉴系统工程的办法，对问题进行合并、简化、删除，达到精简数量、加大容量和提高质量的目的。

（二）课堂提问的优化标准

课堂提问是一门艺术，教师应该精心设计，所提的问题应有一定的深度和力度，要达到训练学生思维的目的。目前，有人根据所提"问题"的程度差异，在层次上把它分为不同档次的四个思维能级，在课型上，又相应地分为导入、消化、探究、创造四种类型。四种不同层次的"问题"设计，与思维的能级训练有机结合，层层递进，构成了课堂教学的有序性。

第一能级所提的问题，主要是起联系新旧知识的作用，属于"导入型"，思维能级的层次不高，但有利于调动学生学习新课的积极性。

第二能级所提的问题，主要是承前启后，形成由浅入深、由易到难的思维阶梯，从思维能级上看，比第一能级略高，属于"消化型"，随着"问题"的逻辑层次加深，相应增强了对学生的吸引

力。

第三能级所提的问题，有一定的深度和力度，要求学生在短时间内对"问题"进行分析归纳，经过思考最后得出结论。学生的思维要经历概括、归纳、判断、选择、比较等多方面的训练，属于"探究型"。它击破了学生思维惰性的外壳，增强了认识活动的学习兴趣，使之乐于探究课文的内涵。

第四能级所提的问题，重点是启发学生的想象力和创造力，在思维训练上，它由导入、消化、探究进入了创造的领域——属"创造型"。创造型思维能级的训练，重点是知识的迁移运用，使学生通过想象，进入一个自由创造的天地，激发探究知识奥秘的兴趣，燃起智慧的火花，享受创造的欢乐。

从学习心理学角度看，优化了的课堂提问应使学生处于以下几种心理状态：①有一部分答案，但不完整；②有解决问题的思路和方法，但没有答案；③虽一时不能回答，但有回答的自信心。孔子提倡教学要"不愤不启，不悱不发"，这几种心理状态，正是处于"愤"与"悱"的境地，在这种情况下设计提问，定能收到良好的效果。

优化了的课堂提问应当具备以下特点：①表现教师对教材的深入研究；②略高于学生的智力水平和知识发展水平，以激发学习的欲望；③富有启发性，并能使学生自省；④能有助于实现具体教学目标；⑤力求语言文字训练和思想内容理解的和谐统一。

要做到此，必须注意优化课堂提问的以下要素：

1. 目标的明确性

课堂提问必须以教学目的为指南。教师在深入钻研教材的同时，还要研究提问的目标，讲究提问的艺术。每一次提问都必须以落实教学目标、完成教学任务为宗旨。因此，根据课堂教学的需要，可设计目标明确的提问，如课堂组织的定向性提问、了解学情的摸底性提问、学习方法的指导性提问、知识理解的启发性提问、触类旁通的发散性提问、归纳总结的聚敛性提问、温故知新的复习性提问等。

这些提问主要是为了达到以下目的。

（1）激发学生的创造力；

（2）对所学知识的评估；

（3）鼓励学生自己独立学习；

（4）提高学生思考问题和解决问题的能力；

（5）帮助学生，使他们对自己和他们的学习有一个良好的感觉；

（6）保持学生的学习兴趣；

（7）引发并坚持课堂讨论。

要想达到上面的提问目的，可以明显地看出，好的课堂提问不是随机随意提出的，而是精心设计的结果。

2. 层次的清晰性

课堂提问必须根据教学需要，按照教学程序、课堂结构精心设计。所提问题应该是由表及里、由浅入深、层层深入、环环紧扣，体现出知识结构的严密性、科学性、条理性。从而给学生以清晰的层次感，使学生在教师提问的诱导下，扎扎实实步入知识的殿堂。

3. 时机的选择性

首先，课堂提问应根据学生在学习过程中显示出的心理状态来加以把握。课堂提问的良机主要有哪些呢？当学生思维囿于一个小天地无法突围时；当学生受旧知识影响无法顺利实现知识迁移时；当学生疑惑不解、一筹莫展时；当学生胡思乱想、精力分散时；当学生有所感悟、心情振奋、跃跃欲试时……

其次，教学视角也是课堂提问时机选择的重要依据。提问的时机一旦迎合了教学需要并与教学视角相吻合，则选准了"最佳时机"。一般是：当教学到达教材的关键处时；当教学到达教材的疑难处时；当教学到达教材精华处时；当教学到达教材的矛盾处时；当教学到达教材的深奥处时等。

再次，教学进程也是把握时机的决策因素。教师可根据教学进程中的具体情况而灵活选择提问的时机。

4. 方式的灵活性

设计课堂提问不可机械死板，类型应灵活多样。如揭示课题可采用启发性提问；初读课文时可采用疏导性提问；深钻课文时可采用探究性提问；单元总结时可采用比较性提问；品尝精华时可采用鉴赏性提问；复习巩固时可采用归类性提问等。同时，还必须注意课堂上师生双方信息交流出现的异常情况，一旦发生更应灵活处置，当场设计一些调控课堂的提问来调整教学活动。对教师的提问，学生回答出现错误是正常现象，教师应迅速准确地判断出学生出错的根源，从而灵活地提出一些针对性强的新问题，从而化解疑难。

5. 内容的针对性

结合教学内容，针对教学的重点、难点，精心设计几个关键性的提问，有助于学生对知识的理解和掌握。所提问题必须准确清楚，符合学生的认知特点，适应学生已有的认知水平，切忌含糊不清、模棱两可的问题，"教学重点好像是统管数十盏电灯的'总开关'，是四通八达的交通'枢纽'，因而是学生在学习上融会贯通的枢纽，教学如果不掌握重点，就不能有真正的教学质量。"对教学提问来说，掌握重点尤其重要。在有限的时间里，抓住重点，突出要害，才能做到牵一发而动全身，设计提问，一不要面面俱到，主次不分，二不要频繁、烦琐，才能够以最短时间，创造最佳效果。问题的答案应该是确切的，即使是发散性的问题，其答案也应在预料之中，要避免答案的不确定或超越学生认知水平的问题。

对于不同水平层次的学生所提的问题应有所不同。对认知水平较低的学生，可提一些模式识制、知识回忆、形成联系之类的记忆性问题；对认知水平较高的学生，则可提一些综合应用、分析理解、总结评价之类的认知性问题。

6. 诱导的启发性

提问的内容是否有启发性，这是提问能否有利于学生智力发展的决定因素。教师提问过浅，则学生无须动脑；过深，则学生无从动脑；过淡，则学生无意动脑。维果茨基认为，只有设在最近发展区的教学，才能更好地促进学生由潜在水平转化到新的现有水平，这对教学提问如何促进学生的思维能力发展具有指导意义。教师在教学中以发展思维为主线，规划教学中的提问，切忌提不经思考随口回答"是"或"不是"、"对"或"不对"的问题。教学提问必须有效地促进发展学生的分析综合能力。提问的内容必须能够激发学生强烈的求知欲，达到诱导思维、发展智力、培养能力的目的。启发式提问形式是多种多样的，如析疑解难式、求同提异式、辨析判断式、归纳总结式等。

提问的形式也是可以创造的。凡能吸引学生注意、引起学生兴趣、激发学生思维的提问方式，都是可取的。只要教师心中有"纲"（教学大纲）、胸中有"本"（班级学情），具有启发性的课堂提问就能创造性地设计出来。

7. 难易的适度性

课堂提问必须做到难易适度。尤其是难度较大的问题，一定要精心设计，分解成一系列由浅入深、以旧导新、从易到难的小问题，使学生通过问题解答，逐步突出难点、把握要领、掌握规律。力戒那些"对不对"之类的过于简单的提问，但提问也不可过难。只有适度的提问、恰当的坡度，才能引发学生的认知冲突。与此同时，对不同层次的学生也应视其具体学情而把握难易的分寸，使全体学生都能从解答问题中享受到获取新知的欢愉与乐趣。

教师的提问要依据学生心理、年龄、学习的实际（包括文化素质、智力发展水平），既不偏高，也不偏低。偏高，内容复杂难度甚大，学生望而生畏；过轻，内容太简，学生思维活跃不起来。教学提问只有在与学生个人努力发生共鸣的情况下，才是值得称赞的。赞科夫认为，对学生来说，教学内容应具有适中的复杂程序和难度。这对我们提问具有启发性：一是提问要"适中"，二是提问要有"难度"。因此，优化课堂提问，必须根据学生智力，做到深浅难易、范围大小都恰如其分。还应该注意讲究层次性。

8. 对象的广泛性

课堂提问必须面向全体学生。教师所提出的问题，对尖子生可合理"提高"；对普通生可逐步"升级"，对后进生可适当"降级"。从而使全体学生都可获取知识营养、满足胃口的需要。为了让全体学生都积极准备回答教师所提的问题，问题提出后，宜留一定的时间让学生思考。然后或学生个别解答，或小组代表回答，或自由竞相抢答，这样有利于全体学生的积极参与，而不要先点名后提问，也不要按一定次序轮流发问，更不要只向几位冒尖生发问，而应将答问的机会适当向后进生倾斜。

9. 角度的新颖性

好奇之心，人皆有之。同样一个问题，老是"旧调重弹"，将会令学生感到枯燥乏味，如变换一下角度，使之新颖奇特，那么学生就会兴趣盎然。

兴趣乃是学生学习的强大动力，是提高教学质量的因素。要提高积极性，使学生情感活跃起来，教学提问就要注意趣味性。兴趣不是生来就有的，是靠教学中创造良好的情境，诱发出来的，因此，教师要从教材中选择能引起学生兴趣的热点，构建提问序列，力求提问形式新颖别致，富有新意，使学生喜闻乐答，使学生心理各方面生动活泼地得到和谐发展。

根据教学需要，提问的题型可灵活变换，从而给学生新鲜之感。或选择型，或判断型，或归类型，或辨识型，或配伍型，或理解型，或填充型，或简答型等。

根据教学需要，提问的内容照样可以随时变换，从而给学生新鲜之感。或引趣性，或铺垫性，或迁移性，或探究性，或激疑性，或解惑性，或悟理性，或导谬性，或检测性，或训练性等。

10. 学生的参与性

积极参与是构成中学生良好学习品质的重要方向。学生的课堂参与意识是否浓厚是反映学生学习"入心"程度的重要标志。教育理论和实践表明，课堂教学质量的提高在很大程度上靠发挥学生的主体参与优势，以调动学生的能动作用。

传统的"灌输式""填鸭式""封闭式"的教学模式因其呆板僵滞已成为过时黄花。为了克服教师为中心的倾向，增强师生的共同活动，大力调动学生自身的内驱力，提问不妨有所改革，以利于学生的主动参与。所以讲演式、辩论式、咨询式、调查式、汇报式等均是培养学生参与意识的有效途径。

五、课堂提问的方法

课堂提问是教学的有效手段之一，也是教学过程的一个重要环节。它不但可以用于组织教学，反馈教学信息，而且对于培养学生的思维能力、创造精神大有益处。因此课堂提问的重要性是不言而喻的。但如何才能使所提问题学生乐于思考、积极回答呢？下面介绍常用的提问方法。

（一）次序法

这种提问是根据教材的逻辑顺序，依次提出一系列的问题，语文课一般是按事件的发生发展、人物出现的顺序、论点论据提出的先后来提问。例如小学语文第七册《李时珍》这一课，根据课文中人物思想发展的过程可以设计以下提问：①李时珍是怎样一个人？为什么称他是一位伟大的医学家和药物学家？课文中介绍了哪些具体事例？②那个时候，行医既然是受人鄙视的行业，为什么李时珍要立志行医？"立志"表现在哪里？③李时珍为什么要重新编写一部比较完善的药物书？④《本草纲目》是一本什么书？李时珍是怎么编出来的？⑤李时珍为什么能编写出这样一部伟大的著作，流传世界？⑥全文可分几段？各段大意是什么？这种类型的提问表现在数学应用题教学中一般地先根据题中的某两个条件，或结合求得的一个或两个中间问题，启发学生根据题意提出恰当的问题，构成一个简单应用题，然后再逐步达到解题的目的，或由问题逆推所需条件，一步一步推到已知为止。这是教师在应用题教学中引导学生分析数量关系、探求解题途径常采用的综合法及分析法。

（二）铺垫法

在讲新课之前设计一些准备性题目，铺路搭桥，利于掌握系统知识，减少难度。例如学习异分母加减，先出示准备题，通分：$\frac{1}{2}$、$\frac{1}{3}$、$\frac{1}{5}$，学生将三个分数通分以后，教师提问：①通分以后这几个分数的分数单位有什么变化？②要将分数单位不同的分数化成分数单位相同的分数，怎么办？这样一提问，就给学生求异分母分数加减法的计算教给了具体的思考方法，做好了思维方面的铺垫，从而降低了难度。

（三）核心法

这是为了突出教材重点内容而设计的提问，目的在于解决教学中的主要矛盾。这类提问在日本称之为核心性提问，其作用是扣住教材内容中心，明确学习重点。学生根据这个重点，找到课文中的关键词语、句子或段落，加深理解，牢固掌握。这种提问，一般先要提出导入性问题，通过一问一答，从而引出第二步——核心性提问。核心性提问一般一至二个。第三步是补充性提问，目的是为了更深地理解核心性提问的内容。如果通过恰当的核心性提问，学生能准确抓住重点，那么课堂上就不必再用补充性提问了。

请看一位小学教师在教《一张珍贵的照片》时，抓住关键性的词语，巧布的"疑问阵"，熟练地运用核心法。

教师问："周总理来到小桂花家，小桂花的爹为什么要用'袖子'抹凳子？"

学生思考片刻，纷纷举手，跃跃欲试。有的说："因为他一时找不到抹布。"也有的说："小桂花的爹知道来的是总理，太激动，太高兴了！没想到袖子不袖子，只是想尽快擦干净，好让总理坐下歇歇。"有的还能说出小桂花爹的行为，完全是一片真诚，表现出农民对总理的爱戴和崇敬。这时，教师对学生的回答进行了归纳，但他并未因此止步，进而拿出一个"又"字让学生分析讨论："小桂花的爹……用袖子把一条长凳'抹了又抹'，这句中的'又'能不能去掉？""不能。""为什么不能？"这一个"为什么"把讨论引向了深处，课堂气氛更为活跃。学生的发言是："去掉'又'字，意思全变了。'抹了抹'可以说是漫不经心，随随便便地擦一下，哪能擦干净！""有了'又'字，能表现小桂花的爹仔细地擦了一遍又一遍，把凳子擦得干干净净。"……最后，教师饶有风趣地说："同学们说得对，不能小看一个字嘛，一字值千金！"

（四）对比法

对比式提问，是指将相互联系或容易混淆的概念加以对比而排定的提问，旨在使学生认识事物的相同点和不同点。例如，把《一件珍贵的衬衫》和《老山界》这两篇记叙文放在一起比较，就会发现这样的问题：在《一件珍贵的衬衫》中，记叙的六个因素——时间、地点、人物、事件的起因、经过和结果——样样俱全，交代得清清楚楚。而《老山界》只交待了地点、人物、事因、经过、结果五个要素。至于时间，只写了是某一天的下午和次日的大半天,到底是哪年、哪月、哪日,则未具体说明。这是为什么?这样一比较,问题就提出来了,经过思考就会明白:记叙的六要素,原则上是记叙文必备的,但也是从实际出发的。某些要素如果是读者熟知的,不交代也绝不会引起误解的,也可省略。正因为长征是大家熟悉的事情,不说出具体的年月读者也会知道,因此《老山界》省略了年月的交代。又如讲"余幼时即嗜学"一句,把句中的"嗜学"改为"好学"行不行?"嗜学"二字在全文中有什么作用?这两个问题不是立即可以回答的,而是要认真阅读课文并进行思考才能回答。因此学生钻研课文的热情就高。他们反复阅读,反复推敲,反复比较,终于领悟到课文之所以用"嗜学"一词的精妙之处。他们说:"嗜学"虽然也是"好学"的意思,但"嗜学"的意义更强烈,是特别爱好,爱好成癖。又如翻译"彼君子兮,不素餐兮"一句时,有同学译成"可不是吃白饭呵",另外一位同学译成"那些大人先生们呵,可不是白吃饭呵"这两种不同译法,进行对比,"吃白饭"和"白吃饭"意思是不同的,"吃白饭"是指"吃白米饭","白吃饭"是指不劳而获,在这里是讽刺揭露统治者不劳动,白吃饭。这样对比,全班同学都恍然大悟。

因此,进行启发式教学,实现教与学"双向交流",进行对比十分重要,可以取得更佳效果。

(五)引导法

知识在于积累。学生有了一定知识基础,又有探索新知的欲望,教师要善于引导学生"温故知新",联系已学过的知识,引导学生到知识的海洋中遨游,加深对新知识的理解。教师还可针对学生易犯的错误,设计错例,进行分析讲评,借此生议,可采用设陷诱导的方法。

例3 在讲"算术根"使之加深印象时,让学生在错误的辨析中学习这节课,这样提问引导。

师:同学们,大象和蚂蚁体重一样吗?

生:不一样。

师:我说一样重,不信,我们来算算:

设大象体重为 x,蚂蚁体重为 y,他们体重之和为 $2s$,那么

$x+y=2s$,(1)

$x-2s=-y$,(2)

$x=2s-y$,

(1)×(2),得 $x^2-2xs=y^2-2sy$,

两边同时加上 s^2,$(x-s)^2=(y-s)^2$,

两边同时开方,得 $x-s=y-s$,

所以 $x=y$。

这岂不是蚂蚁和大象一样重吗?为什么会造成这种情况?同学们感到非常奇怪,带着问题反复观察,一时也找不出原因。这时,教师趁势提出:"大象与蚂蚁体重一样,这个问题就出在算术根上。今天我们就来研究算术根的问题。"由于学生对这道题出现的奇怪现象迫切想知道应该怎样解决,注意力特别集中,"吃一堑,长一智"。这样引入后,学生对算术根的概念及其重要性终生难忘,以后碰到这类问题再不敢马虎了。

（六）想象法

不局限于课文内容，而是根据课文内容，让学生想象这样的提问，使学生对课文有更深刻的理解，更有利于丰富学生的感情，发展学生的思维能力。例如，一位教师讲《邱少云》这篇课文，她提出这样一个问题："当邱少云被烈火包围的时候，战士们是怎样想的？邱少云当时又是怎样想的？"这位教师抓住了战友们和邱少云在特定的条件下的心理活动这一条线索，引导学生展开了丰富的联想，使教材潜在的思想内容得到了深入的开掘。有些学生竟联系南疆战士、老山前线英雄的豪言壮语"亏了我一个，幸福十亿人"来说明邱少云的心境。这样的提问，有一定的思维强度，使学生在学习过程中产生积极的内心体验，有利于心理的积极发展。

（七）点睛法

就是根据课文的中心句作者的点睛之笔设问。中心句，就是文章内容的总括，或是文章中心的揭示，它是作者点睛之笔。因此，根据课文中心句设问，不至离题太远。例如小学语文中的《桂林山水》中心句"桂林山水甲天下"，为读者揭示了写作意图，展示了写作重点。根据中心句，可以这样设计问题：①"桂林山水甲天下"这句话是什么意思？从这句话可以知道这篇文章写什么？②为什么说桂林山水甲天下？这里的山和水各有什么特色？通过这几个问题的学习，学生能够准确把握桂林山水独特的美，深刻体会出字里行间所包含的思想

感情，激发学生对祖国河山的热爱。

（八）寻究法

事情总有前因后果。根据事情的结果，对事情的原因、经过进行寻究性设问，有利于激发学生的兴趣。

例4 小学数学应用题：

光华服装厂计划4月份做西服1500套，前5天平均每天完成120套，余下的平均每天应做多少套，才能按时完成任务？

师：要求余下平均每天应做多少套，必须先求什么？

学生：先求还剩下要做的有多少套和剩的天数。

师：要求还剩下要做的套数，又须先求什么？

学生：先要求已经做的套数。

师：已经做的套数怎样求？

学生：把前5天平均每天做的套数乘上已经做的天数。

师：剩下天数怎样求？

学生：总天数减去做了的天数。

探究式提问在复合应用题教学中已被普遍采用，尤为重要，它是从题中所求的问题出发，在教师的稍加暗示下，主要由学生自己根据题意，逐步探求一个个中间问题，从而达到解答应用题的目的。逆向启发式提问，对学生在思维上的要求更高，显然这对发展学生的思维，培养他们独立的解题能力起着十分重要的作用。

（九）引路法

这是指学生遇到了超出他的能力范

围的困难，教师就像导游一样，给他们指方向，教方法，帮助学生突破难点。

学生是教学的受体，教师处于主导地位，在运用引路法时，教师应做到循循善诱、诲人不倦，在课堂上对所提问题的措词要确切，回答的活动范围要小，尽可能从一个角度去问，有时还可以比较具体明确地把一个大问题分解成若干个小问题，便于学生回答，有利于学生思维定向。

（十）破题法

即根据题目设问。题目是文章的眼睛。它或是记叙的主要内容，或是描写的主要对象，或是表达的中心思想，或者贯穿全文的线索。因此，根据题目设问，能达到以问促读的目的。例如，教小学语文《小音乐家杨科》一文，可以根据题目设计以下问题：①什么样的人才能被称为"音乐家"？②杨科为什么被称为"小音乐家"？从课文的哪些地方可以看得出来？③杨科的命运是怎样的？为什么他会是这样的命运？

教学中解决了这三个问题，也就达到了这篇课文的教学目的。

（十一）综合法

抓住重点词设问。重点词句是理解文章内容、体会文章思想感情的"窗口"。教师若能准确抓住重点词句，并进行适当的归纳综合，设计的问题，必能引导学生透彻理解课文内容，体会文章表达的思想感情，使"文"与"道"的教学融为一体。例如，教学小学语文中的《詹天佑》的第二部分，应该抓住

"阻挠""要挟"和帝国主义者嘲笑话这些重点词句来设计问题：①清政府刚提出筑路计划，一些帝国主义国家为什么敢于出来进行阻挠？他们为什么要进行阻挠？②他们争持不下，又怎样要挟的？为什么会这样要挟？③清政府任命詹天佑为总工程师，主持修筑京张铁路的消息传出去后，国内人民反响如何？帝国主义者怎样嘲笑的？怎样理解这些话？帝国主义者的嘲笑有根据吗？在引导学生讨论理解的过程中，学生能搞清"阻挠""要挟"与"嘲笑"之间的层次关系，加强了思维训练；要透彻理解文章内容，深刻体会文章思想感情，必须"注意当时当地的情况"这一学习方法。又例如有位教师教《我的叔叔于勒》时，不按循序提问：为什么于勒本来是全家的"恐怖"，后来却成为全家唯一希望？他到美洲先写了怎样的一封信？第二封信又说些什么？等等，而是采用综合提问：于勒耗尽了家产，是个花花公子，为什么若瑟夫会对他流露出深切的同情？学生要得到正确的结论，就必须在掌握全文思想内容的基础上，对比于勒前后的不同，分析他给菲力浦两封信所表达的思想，透过于勒在船上当水手时的服装、神情、动作以及他的那只手，看到他思想发生的变化，从而认识莫泊桑谴责的那个资本主义社会。在讨论这个问题的过程中，需要判断、推理、分析、综合，需要速读和"因文解道，因道悟文"的阅读本领。这样，能使学生的思维能力受到多方面的锻炼，并使自学能力得到提高。

（十二）评论法

教师先不表态，把学生各种方法并列公布，提问学生评价，从而启发学生思维，得出正确结论。当学生学习异分母分数加法计算方法后，了解到要"先通分"，因而要学生计算异分母分数减法"$\frac{4}{5}-\frac{3}{10}$"时，由于受思维定势的影响，出现了以下几种算式：

① $\frac{4}{5}-\frac{3}{10}=\frac{8}{10}-\frac{3}{10}=\frac{5}{10}=\frac{1}{2}$；

② $\frac{4}{5}-\frac{3}{10}$，$\frac{4}{5}=\frac{4\times2}{5\times2}=\frac{8}{10}$，

$\frac{8}{10}-\frac{3}{10}=\frac{5}{10}=\frac{1}{2}$；

③ $\frac{4}{5}-\frac{3}{10}=\frac{4\times2}{5\times2}-\frac{3}{10}=\frac{8}{10}-\frac{3}{10}=\frac{5}{10}$

$=\frac{1}{2}$。

教师提问：这几道算式对不对？哪一道算法最简便？

学生通过讨论、分析、评论，既找到最简便的算法，且使学生掌握了计算异分母分数加减法的书写格式。

（十三）连环法

它是指为了达到教学目的而精心设计的一系列环环相扣的问题。这几个问题形成一个整体，几个问题解决了，整个问题就解决了。如教学商不变的性质，学生列式后，设计了如下问题：①除数是小数，怎样使它变成整数？②除数扩大10倍，要使商不变，被除数怎么办？③扩大100倍、1000倍又怎样办？除数变成是整数的除法后该怎样计算？把这些问题解决了，学生就掌握了除数是小数的除法计算法则，会计算了。

又如在教契诃夫的著名小说《变色龙》时，可设计一些环环相扣的问题引导学生思考、回答。

第一个问题：根据课文的叙述，你认为课文主人公警官奥楚蔑洛夫的基本性格是什么？在学生准确地回答是"善变"后，提出了第二个问题：从课文中你们知道他"变"的主要特点是什么？怎样表现出来？学生讨论回答：一是变得快（顷刻之间他对狗的态度"变"了五次），二是变得蠢（他"变"的理由是愚蠢的，逻辑是荒谬的）。接着可提出第三个问题：由此我们知道奥楚蔑洛夫是"变色龙"式的走狗，"变色龙"的色虽然变来变去，骨子里却隐藏着一个不变的性格内核，你们知道他这个性格内核是什么吗？学生通过分析课文得出结论：奥楚蔑洛夫狗仗人势、媚上压下、玩忽法律的奴才本性始终没有变。于是又可提出了第四个问题：什么原因促使这个执法者一变再变，左变右变？学生都能很好的回答：这主要是将军的威势促使他一变再变。为了提高学生对课文的理解程度，最后还要出一个问题：奥楚蔑洛夫这样坏，为什么没人嘲笑他？而赫留金的手指被咬伤，是受害者，为什么反而遭到人们嘲笑？这个问题引起了学生的极大兴趣，应让学生反复讨论。有的学生说，奥楚蔑洛夫是警官，有权有势。没人敢嘲笑他。最后大多数学生认为，奥楚蔑洛夫出场时，"广场上一个人也没有"，狗咬了人后，"木柴厂四周很快聚了一群人，仿佛一下子从地底下钻出来的"，这些描写说明"那群人"是些穷极无聊的庸俗市民，他们没有正义感，

所以不嘲笑执法者，反而嘲笑受害者，当时的社会就是那样一个畸形社会。

以上的相机提问和步步诱导，使学生不仅清楚地认识到了主人翁的性格特点，而且深入了解到，"变色龙"这个文学形象的讽刺锋芒不只指向沙皇忠实走狗的丑恶灵魂，而且直指造成这种社会现象的根源——俄国反动阶级的精神统治。

（十四）消化法

适用于讲授新课后，为了加深学生理解，在学生容易模糊处设问。例如，通过归纳，学生总结了异分母分数加减法的法则以后，教师提问："计算异分母分数加减法，为什么要先通分？通分以后，为什么就可以按照同分母分数加减法的法则进行计算？"这样就帮助学生进一步地理解了异分母分数加减法的计算法则。又如学生掌握了长方形周长计算公式后，教师提问：公式中"长＋宽"是指长方形中的哪一部分？在计算长方形周长时，为什么要乘以2？这样提问，可以帮助学生更深刻地理解长方形周长计算公式。

（十五）发散法

这种提问具有如下特点：对于同一问题从不同角度去获得多种答案。如一位教师教减法的意义，提问学生 37－18＝？是什么意思？

生1：被减数是37，减数是18，差是多少？

师：还有别的说法吗？

生2：总数是37，一部分是18，另一部分是多少？

师鼓励说：还有什么说法呢？

生3：37比18多多少？

师：答得好。还可以怎么说？

生4：18比37少多少？

师：很会动脑筋，还有别的说法吗？

生5：37减18还剩多少？

师：对呀！再想一想还可以怎么说？

生6：比37少18的数是多少？接着又有几名举手回答。

生7：已知两个加数的和是37，一个加数是18，另一个加数是多少？

生8：甲数是37，比乙数多18，乙数是多少？

通过发散提问，培养了学生求异思维能力。

（十六）激趣法

在学习新知识之前，教师有意识地提出问题，激发学生学习兴趣，以创造生动愉快的教学情境，从而引导学生带着浓厚的学习兴趣积极地思维，寻求新的知识。如教学"三角形的面积计算公式"前，要求学生把三角形放到方格上，通过数方格算出三角形的面积后，向学生提问：如果我们要计算一块三角形地的面积时，是否可以把这块地放在方格纸上，或用一个个方格纸片去填满三角形的地呢？同学们听了之后，都笑了，齐说不能。教师立即询问学生：那怎样才能计算这块三角形地的面积呢？课堂气氛顿时活跃起来。这样就能使学生在轻松愉快的气氛中进入探求新知的阶段。

（十七）重复法

由于所提问题在教学内容中处于重要地位，是关键之所在。因此当一个学生已经作出正确回答后，教师仍要继续提问若干学生，通过重复回答，起到突出、强调的作用，以形成深刻的印象。这种提问的特点是用学生的重复回答来代替教师的强调。同时，由于教师对每个学生的回答暂不表示态度，有利于提高学生的辨别能力。如教"比多比少应用题"时，在充分比较后，提问：这一组题目有什么特点？学生回答"条件相同，问题不同"。然后教师继续点名，学生继续重复回答，连续进行几次，使学生形成统一的深刻印象。

（十八）迁移法

就是让学生通过回答和完成教师精心设计的旧知练习或操作活动，来向学生提出问题，启发学生对新知的探索，从而能使学生尝试利用过去的知识、技能、方法和经验来解决新问题的提问法。

这种提问法成败的关键除了首先要和教学内容对路外，再就是在于学习或操作活动的精心设计。

例5 "异分母分数加减法"的导入提问有位老师是这样设计的：

（1）口算练习：

$$\frac{5}{6}+\frac{1}{6}, \frac{3}{7}+\frac{2}{7}, \frac{5}{8}+\frac{3}{8}, \frac{7}{12}+\frac{5}{12},$$

$$\frac{3}{5}-\frac{2}{5}, \frac{7}{9}-\frac{5}{9}, \frac{5}{12}-\frac{5}{12}, \frac{5}{14}-\frac{3}{14}。$$

师问：在计算中为什么分子相加减而分母不变？

生答：因为两个分数的分母相同，就是它们的分数单位相同，而分子是表示它们各自分数单位的个数，因此只需分子直接加减，而分母不变。

（2）对下列各组分数，先通分后比较大小：

$$\frac{1}{2}和\frac{1}{3}, \frac{4}{5}和\frac{3}{10}, \frac{5}{6}和\frac{7}{10}, \frac{7}{20}和\frac{4}{15}。$$

师问：为什么通分后，就便于比较两个分数的大小？

生答：因为通分后，两个分数的单位相同了，于是分子大的表示分数单位的个数多，分子小的，则个数少。因而谁大谁小就一目了然了。

（3）想一想，对于下面两个分母不同的分数，能不能直接进行加减？为什么？应如何进行加减？

$$\frac{1}{2}+\frac{1}{3}, \frac{4}{5}-\frac{3}{10}。$$

生答：不能直接进行加减，因为分母不同，就是分数单位不同，所以不能直接进行加减，应该首先把这两个分数化成单位相同的同分母的分数，也就是首先通分，然后再按同分母分数的加减法进行计算。

通过上面一组蕴涵迁移的练习和问答后，在突破难点、突出重点和关键问题的情况下，顺利地导入新课。

例6 也有教师善于设计数学操作活动，从技能和方法上迁移导入，过程如下：

（1）同学们，现在把你们准备好的四张相同的圆纸片（单位圆）先拿出两张来，同时将三角板、小剪刀等东西拿出来。首先把两张圆纸片都六等分（过圆心）。

（2）用画阴影的方法分别表示 $\frac{3}{6}$ 和 $\frac{2}{6}$（见图 4.2）。

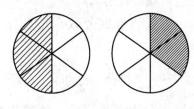

图 4.2

师问：它们表示的分数的单位各是多少？

（3）将其中一个阴影部分剪下来，贴到第二个圆纸的空格上。（提名学生到黑板上演示操作）

师问：合并在一起的阴影部分表示什么分数？分数单位是多少？

生答：合并在一起的阴影部分表示的分数是 $\frac{5}{6}$（见图 4.3），分数单位是 $\frac{1}{6}$。

师问：这 $\frac{5}{6}$ 与原来的 $\frac{3}{6}$ 和 $\frac{2}{6}$ 是什么关系？

图 4.3

生答：这 $\frac{5}{6}$ 是 $\frac{3}{6}$ 和 $\frac{2}{6}$ 合并而成的，也就是 $\frac{3}{6} + \frac{2}{6} = \frac{5}{6}$。

（4）再把另外两个相同的空白圆纸片用阴影表示出 $\frac{1}{2}$，$\frac{1}{3}$（教者用幻灯演示）。

（5）把两个阴影合起来表示出 $\frac{1}{2} + \frac{1}{3}$ 的情况。

（教者桌间巡视，看是否有学生将两个阴影重叠或相离，然后用幻灯演示，纠正错误）

师问：合并后的阴影表示什么？

生答：合并后的阴影表示 $\frac{1}{2} + \frac{1}{3}$ 的和。

追问：这个和到底是多少？

（可能有的说"看不出，不知道"，有的猜是"$\frac{5}{6}$"）

师问：有的同学猜出是 $\frac{5}{6}$，是如何得出来的？

（请一名同学板演和板画一下，将阴影合并后的圆巧妙地分成六等份，使阴影显示出 $\frac{5}{6}$ 来）

师问：为了更明显地看出 $\frac{1}{2}$ 的阴影和 $\frac{1}{3}$ 的阴影加起来就是 $\frac{5}{6}$ 阴影，你还有什么更好的办法？

（请一名同学上台操作，首先将 $\frac{1}{2}$ 阴影画成 $\frac{3}{6}$ 的阴影，将 $\frac{1}{3}$ 的阴影画成 $\frac{2}{6}$ 的阴影，然后再合在一起就十分清楚地看出 $\frac{5}{6}$ 的阴影了。接着教者用幻灯演示一下）

师问：这里将 $\frac{1}{2}$ 的阴影变成 $\frac{3}{6}$ 的阴影，$\frac{1}{3}$ 的阴影变成 $\frac{2}{6}$ 的阴影，然后再合

并在一起，看是多少，这样做，实质上是什么？

生答：这里实质上是把异分母分数化成同分母分数，即利用通分，化成分数单位相同的两个分数，然后相加。即：

$$\frac{1}{2}+\frac{1}{3}=\frac{3}{6}+\frac{2}{6}=\frac{5}{6}$$

接着老师讲述："我们已经学会了同分母分数加减法，今天我们来学习异分母分数的加减法（并板书课题）。"

这样提问导入新课便水到渠成。

从上面的例子可以看出，提问式导入技法的特点是：①以旧孕新。旧的知识、技能、方法、经验是新知识和技能的产婆，新知识是旧知识的拓延。②这种导入提问法特别适用于前与后、新与旧联系紧密的教材内容的教学。对于抽象的新概念课不适合。但是人们共知的是，系统性、逻辑性比任何学科都强是数学科的最大特点，因此这种导入提问法可以而且应该成为小学数学课堂教学中最常用的一种提问法。

（十九）诱发法

目的在于通过一个实验，一次演示，一个问题，激起学生的求知欲。例如，为了让学生细致全面审题，提一个问题，看谁算得快？

$$\left[3\frac{6}{7}-\left(\frac{1}{2}+\frac{2}{3}+\frac{3}{4}+\frac{4}{5}\right)\right]\times\left(\frac{5}{8}-62.5\times\frac{1}{100}\right)=?$$

有的学生按顺序计算，费了九牛二虎之力，还未得到结果。聪明的学生一观察，马上回答得数是 0，这个问题有很大启发性，学生深感做题前要先审题。

（二十）逆向法

逆者反也，就是从反面把问题倒过来提出，让学生利用事物之间相反相成的矛盾关系，以反推正。逆问的特点是以反推正，形成矛盾，它容易引起学生心理上的矛盾冲突，将学生容易忽略的地方提出，以引起注意。例如教"分数的基本性质"时，可以不从下面讲为什么要"零除外"，而是从反面倒转提出问题：括号中的"零除外"，可以不读，也可以不记，不就简练吗？你同意这种观点吗？这样提问给学生扩大了信息的反差，构成了矛盾情境，更能调动学生思维的积极性。

六、课堂提问的技巧

课堂提问是课堂教学艺术的组成部分，也是教学反馈的重要手段之一。有的提问能"一石激起千层浪"，有的能"吹皱一池春水"，而有的毫无反应。如何使课堂提问收到比较好的效果呢？现提出一些基本技巧：

（一）明确目的

提问，或是调动学生思维，或是检查教学效果，或是引导学生突破难点，或是引起学生注意，或是提高学生的表达能力，教师必须事先心中有明确的目的，不得随心所欲，随意发问。

（二）围绕中心

提问不能盲目，一定要有目的，这些目的要围绕一个中心，都要为完成该节课的教学目标服务，使学生掌握知识提高能力，提问要具有针对性。

（三）言简意赅

提问语句尽量简短，让学生明白问的是什么？避免提那些似是而非、模棱两可、冗长罗嗦容易引起学生误解的问题。

（四）富有趣味

有趣味的东西容易引起学生注意，激发学生思维，对所提的每个问题教师要精心设计，语言精练，富有趣味。在低年级课堂提问时更应如此。

（五）启发思维

课堂上，学生的思维往往是从问题开始的。课堂教学中，什么时候提问，先提哪个，后提哪个，都应遵循一条原则，即有利于调动学生的思维。富有启发性的提问，是激励学生积极思维的信号。设计精巧、生动有趣的提问，有利于激发学生积极地思维，加深对所学知识的理解，有利于培养学生思维品质，发展学生的智力。

1. 创设悬念，巧设疑问，激发兴趣

要使学生在教学过程中经常处于最佳心理状态，教师必须想方设法去触动学生的情绪，唤起学生的心理共鸣，激发学生学习的兴趣。

例如，教学"能被 3 整除的数"时，教师在黑板上写出 6、8、12、17、24、26、39、42、53、66。问："谁能很快判断出哪个数能被 3 整除？"由于这些数都是一位或两位数，学生当然很快就能判断出来。教师再写上：456，3250，5277。问："谁能很快判断出哪个数能被 3 整除？"由于数目较大，学生陷入沉思。教师抓紧时机说："我能很快地知道哪个数能被 3 整除（456，5277）。"学生感到奇怪。教师紧接着又说："你们可以考考我，随便说一个数，我都能很快地判断出能否被 3 整除。"学生一听，课堂气氛活跃了，连平时不爱动脑筋的学生听了，也争着出数考老师。当老师能一一正确说出来时，学生觉得新奇：数目这么大，老师为什么能这么快就答对呢？学生的思维更活跃。老师接着说："我为什么能这么快就判断出一个数能否被 3 整除？我们一起来研究这个问题——能被 3 整除的数。"

这样，有目的地创设悬念性的问题，可使学生对新知识产生浓厚的兴趣，及时打开学生思维的闸门。

2. 指导操作，巧设疑问，激活思维

数学与日常生活联系紧密，在数学教学过程中，结合学生动手操作，在操作中引导思考、讨论，得出与日常生活相吻合的结论，激活学生的思维。

例如：教学"长方形的面积计算"时，先让学生取出 1 平方厘米的正方形，摆出长是 3 厘米、宽 2 厘米；长 5 厘米；宽 4 厘米；长 5 厘米，宽 3 厘米的长方形，摆完后让学生说出他摆出长方形的面积各是多少，学生边回答，教师边板书（见表 4.3）：

表 4.3

长（厘米）	宽（厘米）	面积（平方厘米）
3	2	6
5	4	20
5	3	15

然后让学生看表思考讨论：长方形的长、宽与面积之间的关系是怎样的？引导学生观察、分析、比较，发现几个长方形的面积都等于长×宽。由于公式是学生自己推导出来的，体会了成功的喜悦。接着教师又让学生拿出钉板，用橡皮圈随意在钉板上围一个长方形，说："数一数长是多少厘米，宽是多少厘米，面积是多少平方厘米。同桌的用已学的公式计算面积是多少平方厘米，看看算得对不对。"这样学生觉得所学的知识与实际相吻合，学生就认识到知识的作用，感到有兴趣，激活了思维，深化了记忆。

3. 巧设疑问，培养能力，变换角度

课堂提问，无固定的模式也不一定要照搬教材中的原题，可根据学生的注意力容易集中在新鲜有趣的事物上这一心理特点，不断变换提问的角度。从不同角度提问，引导学生多方面去思考问题，并能从中选择解决问题的最佳方法，是培养学生求思维和发散思维的重要手段。

例7 一列火车 5 小时行驶了 340 千米。照这样的速度，这列火车再行驶 544 千米，一共要用多少小时？

以下是三种不同的解法：

① $(340+544)\div(340\div5)$

② $544\div(340\div5)+5$

③ 设一共要 x 小时 $(340\div5)\times x=544+340$

让学生说出：上面各种解题方法的思路各是什么？

再让学生议论：这几种解法哪一种较简便？还能不能想出其他解法？

这样，学生在教师设问的引导下，通过思维活动，不但会解答这类应用题，同时也掌握了求异思维，发展了智力。

（六）考虑程度

要考虑学生知识的准备程度。据心理学研究，如果人能够用他现有的知识去回答某个问题，那么思维过程就不发生。当提出的任务须借助于那些人所不掌握的知识才能解决时，思维过程也不发生。为此，提问必须与学生原有的知识相关联、相衔接。

（七）类型多样

根据设计问题要形式多样和小学生答题的要求，问题大致可以分为五种类型：一是回答"是什么"的判别型；二是回答"怎么样"的描述型；三是回答"为什么"的分析型；四是回答"有什么异同"的比较型；五是回答"怎么想"的或"可能会怎样"的想象型；相对来说，后三类问题对智力活动的要求提高一些。为了增强教学中的智力因素，我们不能只提前两类型的问题，而要综合运用各种类型的问题。随着年级的升高，后三类问题的比重要逐渐增大。

（八）形式新颖

提问时教师可根据不同的教学内容、

不同的教学目的，采取不同的提问方式。比如，可先让学生看书后提问，也可先提问后让学生看书，可先提问讨论后再答，也可提问后再讨论。

（九）难点分散

有些含意深刻或比较含蓄的内容，学生一下子难以理解、领悟，可以采用化整为零，化难为易的办法，把一些太大或过难的问题化为若干个浅易的小问题。或针对教材的难易或从班级的实际水平出发，为学生架设从已知通向未知的阶梯，即把教材的难点化为几个台阶。这样，教师的提问给学生指出思维的方向和寻找答案的途径，并锻炼了他们的思维能力。

（十）抓住关键

提问题要紧扣课文的语言文字，抓住关键字词，引导学生去探索、领略它的重要性。当然，紧扣课文的关键词语设问，要注意一个问题，那就是一定要把这些词语放到具体的语言环境中揣摩、玩味，而不能离开上下文，孤零零地理解词语。如教学《麻雀》一课，学生要理解老麻雀的母爱精神是比较困难的。教师就可以提几个铺垫性的问题：老麻雀和小麻雀之间是什么关系？是一种什么力量使老麻雀明知自己斗不过猎狗，却偏要从高高的树枝上飞下来呢？老麻雀这样做说明了什么？有了这些铺垫，学生就容易理解老麻雀的母爱精神了。解数学应用题时，抓关键词语提问特别重要。

如：教室内亮着 10 盏灯，关掉 2 盏灯还有几盏灯？

选择答案：A. 10   B. 8   C. 2

不少学生选 B。老师抓住关键词问：还有几盏灯与还亮着几盏灯有无区别？通过学生对比就能深刻认识关键词在数学中同样具有极为重要的意义。

（十一）把握线索

提问要能引导学生遵循作者的思路去阅读课文，以便帮助学生把握文章的线索，提高学生独立阅读的能力，进而训练思维的条理性和连贯性。提问切忌零敲碎打，漫无目标。这就要求教师善于抓住牵动全篇的重要线索提问，从而把教学引向纵深。

（十二）以旧引新

以旧引新提问是指提出的问题要便于学生运用已有知识去分析、解决，以获得新的知识。从心理学的角度讲，经常运用已有知识，是恢复已有条件反射，巩固旧的暂时神经联系，使旧的知识得到不断的巩固、保持，进而获得新知识的方法。运用这种方法提问，目的是让学生在化难为易强化新旧知识联系，建立知识的系统。

（十三）理正关系

提问要处理好与读书的关系。备课时要正确处理好提问与阅读的关系。小学阅读教学的任务是"培养学生看书读报的能力和认真阅读的习惯"。当前在阅读教学中教师问得过多，叫学生读得太少。教师的课堂提问要坚持少而精的原则，指导学生多读书。

（十四）显现亮度

所谓亮度，就是指教师提出的问题，要注意讲究感情色彩，要根据不同的内容，或幽默、或渲染，总之要力求通过摒弃陈旧的提问样式，创造开拓出一种新鲜的、能激起学生求知欲望的提问境界，使学生的创造性思维火花得到有效的迸发。

（十五）挖掘深度

教师向学生提问，在注重广度的同时要重视挖掘深度。唯有此，方能让学生深刻而透彻地理解问题，认识到课文所反映事物本质的东西。

（十六）设置坡度

一般来说，教师向学生提出的问题，就包含着矛盾。不要提那些不假思索即可回答或书上有暗示性答案的问题，有矛盾的提问，就是有一定的难度才能锻炼学生的思维能力。所谓坡度，就是在提问时，做到由易到难由浅入深，由简到繁，层层递进，步步深入，把学生的思维一步一个台阶的引向求知的新高度。

（十七）难易适度

问题太浅，引不起学生兴趣，学生也不思考；问题太难，高不可攀，学生也不会动脑筋。因此，提问考虑难易适度必须与学生原有的知识相关联，相衔接，使"最近发展区"转化为"现实发展区"，这样学生的知识和能力就都能得到发展。例如，教师在教学《金色的鱼钩》一文的第二自然段时，就可以提出几个不同程度的问题：最易的——"老班长的外貌是怎样的？"较难的"老班长的外貌为什么会这样？"更难的"从老班长的外貌看，你觉得他是怎样一种人？"采用哪一种提问，应根据班级的知识基础和学生的能力差异，恰当选用，使提问难易适度。

（十八）因势利导

课堂提问，不宜总是一问一答。针对学生的答案，特别是那些思路奇特、逾越常规的答案，要能随机应变，因势利导，提出新的富有启发性的问题，让学生的思维呈辐射状、从多角度充分展开，以产生新的信息，求得问题更完满的解决。

（十九）逐层深化

教师在课堂提问中，切忌随便使用问答的形式，这种简单的问答式不但不能激起学生的思维，反而会使学生的思维遭到抑制。日本心理学家曾针对这个问题指出：不能随便运用问答式，必须使提出的每一个问题都要包含着矛盾。有了矛盾才有思维。教师在提出第一问题让学生问答以后，就要顺着思路逐层深入地追问第二个、第三个问题，使学生的认识随着这样的提问逐步趋向深化，使他们的智力得到充分的发展。如果教师在讲课时，只注意把教材嚼得烂烂的喂给学生，那么学生就用不着开动脑筋去思考了，这对他们的成长是不利的。而逐层深化提问法，就要求教师在教课时，注意创设问题的情境，设置疑难的条件引导学生顺着问题去深思遐想。

（二十）先易后难

在课堂提问中，我们还要注意从学生、教材的实际情况出发，使问题的提出难易适中，切合实际。太难了不行，太浅了也没有意义。一般的方法是要难易适中，深文浅问，浅问深究，直事曲问，使学生有思考的余地。因为，题目过易，会使学生产生厌倦与轻视的心理；题目太难又会使学生望而生畏，无从回答，影响思维的积极性。因此，在提问过程中，我们要像《学记》中所说的那样"善问者如伐坚木，先其易者，后其节处目，及其久也，相说以解。不善问者反此。"这就是说，我们教师在提问题时，应像砍伐坚硬的木材一样，先从易砍的地方砍起，随后再砍木材的关节。如在教学《月光曲》一文中，"陶醉"一词通过三个步骤来使学生逐步加深理解，牢固掌握，正确运用的。首先提问："听着贝多芬弹奏美妙的乐曲，兄妹俩怎样了？"让学生准确地找出"陶醉"一词，再要求在工具书中找准词义，接着加深问题难度："兄妹俩为什么被'陶醉'了？"此问题较灵活，又无现成答案，于是引导学生把词放到课文中去理解体会。经过思考、议论，从学生中反馈出的信息是：兄妹俩生活贫苦，又渴望亲耳聆听到贝多芬的亲自演奏，当偶然中突然他们的希望变成了现实时自然陶醉在美妙的乐曲的意境之中，所以被动听的乐曲所陶醉。最后提问：除课文中的用法外，"陶醉"一词还可以怎样用？学生经过信息的输入加工处理，反馈出来说：

美丽的景色、精彩的节目、动听的故事等方面都可用上"陶醉"一词。这样学生就很牢固地掌握了该词的词义，运用范围，再要造出完整通顺、具体的句子就水到渠成了。这样的教学，克服了一些学生死记硬背词义的坏习惯，同时也使学生感到学习轻松有趣，信息能及时反馈，为学习课文打下了坚实的基础，培养了阅读能力。

（二十一）逻辑顺序

按逻辑顺序提问，是指在课堂提问时，依照教材的一定顺序层层深入地提出问题。因为课文大都是按一定的逻辑顺序来布局谋篇的。因此，我们在课堂提问时，一定要注意按照课文的逻辑顺序提问，不能杂乱无序随意发问。只有这样，才能使学生按照由浅入深、由简到繁、从已知到未知、由现象到本质的顺序，循序渐进地学习和思考。

（二十二）激发悬念

激发悬念，犹如古典章回小说中，在情节出现高潮之际，突然中途打结，让它暂时悬挂起来，给读者的心理造成一种期待的情境，用悬念演变来吸引读者。在课堂教学中运用激起悬念的提问法，就是指教师提问时，能使学生对问题或事情产生"欲知后事如何"的好奇心，对知识的学习有一种"追下去"的悬念心理，使他们带着一种心理上的期待情境去学习。这样，就能增强他们的求知欲和集中他们的注意力。在地理教学中，把课文中某些地理现象作为悬念激起学生追根求源的心理，有利于激发学生的学习兴趣和求知欲望。如教学《长江中下游平原》，可这样提问导入新课：（指《中国地形》挂图）在巫山以东的长江中下游地区，有很多地方涂着绿色。这个地区的冬季与北方地区相比有着明显的不同，并且人们把这里的六月叫做"梅雨季节"。这个地区土壤肥沃，河流众多，农业生产一向发达，是著名的"鱼米之乡"。那么，这个地区的"梅雨季节"有什么特点？冬季气候与北方有哪些不同？"鱼米之乡"的美称又是怎样得来的？这样提问制造了悬念，埋下了伏笔，学生产生"疑"问，就迫切要知道学习内容，因此课堂上学生会始终处于一种积极思维的探求状态，激发了生的学习兴趣和求知欲望。

（二十三）激疑问难

激疑问难，就是指教师在课堂教学的过程中，善于用提问的方法，打破学生头脑中的平静，引起他们心理上的疑难，激起大脑皮质的兴奋，掀起思维活动的波澜。学生的求知欲，往往总是从疑难发端的。当他们发现了问题，提出了疑难后，就可以在师生的共同质疑、问难、分析、思考中点燃智慧的火花，促进智力的发展。因此，在我们实际教学中，教师要善于抓住教材中主要内容的奇巧之处来提出疑问，以便让学生质疑争论；要善于抓住课文中的重大线索提出问题，以引发思考；要善于把握教学时机投以一石，激起学生思维的波澜；特别是要善于在平淡中激起难点，在普通中比较奇异。这样的提问，就可以促使学生质疑问难，引起深思。

（二十四）利用矛盾

利用矛盾提出问题，以引起学生的注意和思考，这是一种有效的提问法，因为矛盾是打开学生思维大门的钥匙，有了矛盾，才能激起学生思考的兴趣。这样，可以为讲课打好基础。矛盾有两类，一类是阅读教材本身的矛盾，这种矛盾大多数是作者精心安排的精警之笔。如教学《卖火柴的小女孩》可以这样提问："一根火柴发出的光和热，真有那么亮那么温暖吗？小女孩为什么有这种感觉？"这些带矛盾的问题，易激起学生探究的愿望。

（二十五）相机诱导

相机诱导提问，顾名思义，就是抓住时机，采用循循善诱、开导的方法提出问题，让学生在教师的诱导下，充分运用他们的才智，自己独立解决问题。课堂提问，要做到相机诱导，很重要的一条就是当学生的思维活动出现停滞、闭塞或悖谬的时候，教师就要善于提出问题来诱导学生调整疏通自己的思路使思维活动和思维能力能顺利地发展。讲《第一场雪》，直到最后，才向学生提问：一场雪固然可以为人们带来欢乐，但作者为什么怀着这么深沉而强烈的激情来赞叹这一场雪？这一场瑞雪，不仅是气象上的"第一场"，也是我们国家重新走向丰裕繁荣的第一个信号。因此课题特意点明"第一场"，这里不仅画龙点睛地释破题意，而且深化了文章主题。这个问题问在了最佳的时机；①教学过程的最后时刻，学生有了理解课文的基础，对作者的情感也有了相当体会；②学生不能作答，发现了知识的空缺，求知欲极为旺盛。如果按一般常规，讲课伊始先作背景介绍，就不会起到"不愤不启，不悱不发"的效果。

（二十六）叩其两端

这种方法创始于两千年前的孔子。孔子说："有鄙夫问于我，空空如也，我叩其两端而竭焉。"意思是说，有人向我问难时，我什么也不答，不做任何正面的答复，只是尽量叩其两端，指出问题的正反面，让发问者多动脑筋，自己作出结论。有时，也可先提出问题的一方面，看他能否举一反三，触类旁通——这就是叩其两端提问法的实质。利用这种方法，就能启发学生多作思考，培养他们良好的思维品质。如果在我们的课堂教学上能经常这样训练，学生就能学会从正反两方面想问题，思维的广阔性和灵活性就会很好地培养起来。

（二十七）提要钩玄

提要钩玄也就是提纲挈领。这种提问方法主要是帮助学生能从一些纲领性的问题上把握全文，掌握文章概略，得其精要，钩记玄妙。这种提问方法，一般多用于文字障碍不多或结构并不十分复杂的课文，或多用于学生的阅读性课文。其目的，主要是通过提要钩玄的提问设计，帮助学生理清文章结构，把握文章思路，驾驭全篇，得其精义。

（二十八）运用对比

在课堂教学中，教师能运用对比的提问即提出对比的问题让学生加以分析、研究、思考，这很有利于学生对知识的了解，很有助于锻炼他们思维的深刻性。因为，鲜明的对比，有强烈刺激作用，越是新异的刺激物引起的探究反射就越强烈，就会在大脑皮质的相应区域内引起优势兴奋中心，从而可以使人对注意的对象得到清晰而完整的反映。即使是刺激物消失后，这个暂时神经联系仍可以留下仍为深刻的痕迹，对以后的再认识与重现都是有好处的。

（二十九）画龙点睛

画龙点睛提问法，就是指在课堂教学中要善于用提问的方法，使学生能在课文上把握"点睛"之处，抓住精妙之笔；善于引导他们在大堆材料之中概括出主要的观点，在纷繁的现象中归纳出本质的东西。景物描述对人物形象的烘托作用，学生往往因知识面窄不易具体理解。开讲提问时，有位老师是这样提问：

师：（用红粉笔在黑板上画一朵红花）这朵花美不美？

生：不太美。

师：（用绿色粉笔在花枝上添几片绿叶）这样呢？

生：美多了。

师：为什么？

生：添上绿叶，红花显得更鲜艳。

师：那么课文中美丽的景物描写对表现人物形象有什么好处？

生：使人物形象更美了，更加鲜明突出了。

师：这是什么作用？

生：烘托作用。

教师先用比喻创设有关美的情景，诱导学生逐渐明白与问题类似的某种道理，然后提出问题，使之恍然大悟。用这种类比提问，能激发学习灵感，能收到水到渠成，瓜熟蒂落的效果。

（三十）点拨启迪

在教学过程中，往往会遇到学生对教材中的一些比较重要的问题未能很好地认真研究思考就放过去的情况。针对这种情况，我们在教课的时候，可提出一些问题，点拨启迪学生去积极思考，激起他们的学习兴趣，使他们能获得较深一层的认识。

（三十一）一石三鸟

一石三鸟提问的意思是说，我们在提出某个问题时，能兼顾其他问题或涉及其他方面的教学要求，使学生在解答这个问题时，能得到两个或更多方面的收获。我们知道，一节课的教学目的往往不是单一的，而是两个，甚至多个。而这些教学要求，又往往是互相联系、互为表里的，在这种情况下，我们采用"一石三鸟"的提问法，就可以使学生得到更多的收获。

（三十二）环环相扣

环环相扣提问法，就是利用教材内容的内在逻辑性，提出一环扣一环的问题，使学生在环环相连的问题诱导下，有节奏、有起伏地进行学习。

（三十三）变换角度

课堂提问不要只局限于一个角度，采用一种表达形式，在学生能够接受的前提下，适当变换角度提问，可以训练学生思维的灵活性。如教学《看云识天气》时，将"卷云有哪些特征"的问题变换一个角度，改为："有些云叫卷云"，这里为什么要用"卷"字？这种提问就更新颖，能较好地激发学生学习兴趣，发展学生的思维。还有这样一种情形，对于某一问题，有时从这一角度看，就看不懂，理解不了；然而，换一个角度却豁然开朗。这就启示我们，向学生提问，要注意调整角度，引导学生多角度、多途径、多方面、立体式地进行分析领会，并加以贯通。其类型一般有以下几种：①自我感受型。现行教材中，借事说理的课文不少，有些课文直接让学生归纳比较困难，我们可以让学生进境悟理，自我感受，让其谈"亲身"体会。②思维转换型。有些问题如果学生难以理解，可变换思维方向。③由此及彼型。有些问题，如果学生一时难以理解，可暂缓一步，让学生解答类似的简单的问题，再作巧妙的迁移，由此及彼。

（三十四）结合板书进行提问

板书是教学中不可忽视的重要教学手段。好的板书，能帮助学生理清文章的思路，既有助于教师的"教"也有助于学生的"学"。如在教学《鸟的天堂》总结课文时，设下以下问题并要求学生依据板书回答：为什么说"这里"是"鸟的天堂"，又为什么"这里"会成为鸟的天堂？学生看着板书输入的信息及时反馈：从鸟的数量多和品种多，以及鸟儿们生活在“天堂”里自由自在的欢乐无比的情景就可以说“这里”是“鸟的天堂”，又从榕树之大、环境之美、人们对鸟儿之爱这三方面来说明“这里”会成为鸟的天堂。接着联系本单元习作要求，有目的地让学生看着板书总结：课文中哪些地方分别是静态和动态的描写。学生看着板书很自然地反馈出：描写大榕树这部分是（静态）的描写，描写鸟的活动这部分是（动态）的描写，教师再用不同颜色的粉笔把学生反馈出的信息板书出来就比较圆满了（见图4.4）。这样的设问可以使学生从文字中体会作者的思想感情，受到美的熏陶，同时又能体现本单元教学的重点，帮助学生在理解课文主要内容的基础上，领会作者的写作目的及特点，很自然地归纳出中心思想，总结写作特点，顺利地完成了学习目标。

- 鸟的天堂
  - 大榕树（静态）
    - 大
      - 河面变窄
      - 枝干不可计数
      - 许多根一簇簇树叶
    - 美：垂、卧、堆
  - 鸟（动态）
    - 多：热闹　到处……到处
    - 应接不暇
    - 欢：叫、飞、扑

图 4.4

七、课堂提问设计的艺术

（一）课堂提问设计的意义

提问是教师输入信息、传递信息，达到师生交往、和谐共振的一条主要渠道。好的课堂提问能揭示矛盾、辨别正误、唤起联想、引起思索，有利于当堂反馈、当堂控制、调节教学。提问是教师应当具备的一种教学基本功。有人讲：提问好比是教学中的常规武器。这话说得既形象又在理。随着教改的深入，越来越多的老师对这个问题的认识有所深化，实践上有所创新。

提问是教学的重要组成部分，它是沟通学生与教材的重要媒介，是重要而常用的教学手段之一。它对检查学生的学习情况，引发学生的探究兴趣，培养和训练学生的语言表达能力，发展学生的思维能力都具有显著的功能，这是由教师提问的特点与学生思维发展的关系所决定的。

教育心理学告诉我们：学生的思维过程往往是从问题开始，古语亦云：学起于思，思源于疑。可见，设疑是相当重要的。有经验的老师在教学过程中，总是精心设计提问，意图点燃学生思维的火花，激发他们的探索欲望，并有意识地为他们发现疑难、解决疑难提供桥梁和阶梯，引导他们进一步步登上知识的高峰。然而，并非所有的课堂教学提问都能达到预期的目标，那些肤浅、平庸的提问，零敲碎打、毫无联系的提问，单调、陈旧、八股式的提问，置学生于被动地位的提问，就能抑制学生的思维活动，与开发学生知识能目标背道而驰。有的随心所欲，为问而问；有的以问代罚，为难学生；有的猝然发问，搞突然袭击；有的模棱两可，节外生枝；有的不看对象，乱点名回答。这样提问的结果，只能是“问而不答”，“启而不发”，使师生关系形成僵局，造成这种局面的原因，主要是教师不懂提问艺术。懂得提问艺术、善于提问的教师，教得轻松，也使学生学得愉快，整个课堂气氛显得生动、活泼和和谐。教师怎样才能提高自己的课堂提问艺术呢？减少不恰当的提问，实现课堂教学提问的优化。不但要研究问题的原理类型、原则，还要具体要求与深入探讨怎样才能优化课堂提问设计。

（二）课堂提问设计的优化

优化课堂提问不仅要使学生"通其义""得其要"，而且要"指点"学生掌握"下手"的方法。

1. 目标鲜明

教学的目标是整体的，教学要促进学生的整体发展。作为实现教学整体目标手段之一的课堂提问应该能使学生激起情趣，理解内容，发展智力，受到教育。问题设计要从整体目标出发，考虑教学的整体效应。教师的提问是围绕"有所为"而作这一目的设计的，学生的收益是全方位的。

教学中，那种想怎么问就怎么问，想在哪问就在哪问的做法是应当摒弃的。不然就会节外生枝，脱离预定的教学目的和要求而陷入盲目性。

2. 讲究容量

所谓容量，是指教师提问的问题要有一定的思维价值，所涉及的方面尽可能要宽广，要把握住适当的教学时机提出带有分析、评价、想象型的问题，这样才有利于激发学生的学习兴趣，培养

学生的思维积极性。

如果教师的提问没有容量，一个问题只需一两名学生回答即能解决，如果教师仍要多问，再问，就会造成课堂上一问一答的情形出现。这样，教师牵着学生鼻子走，不但会占据学生大量的时间，还会使学生产生厌倦情绪。

例如，讲《求最小公倍数与求最大公约数》时，学生容易把两个概念搞错，求法搞混，针对这种情况设计下面问题，求最小公倍数与求最大公约数通过列表比较其相同点与不同点（见表 4.4）。

表 4.4

	求最小公倍数	求最大公约数
相同点	从小到大选用公约数（最好是质数作除数）。	
不同点	必须是各个数的公约才能作除	称用各个数的公约数作除数，还要用任意两个数的公约数作除数
	除到各个数之间只有公约数 1 为止。	除到任意两个数之间只有公约数 1 为止
	把所有除数相乘	把所有的除数与最后得数连乘

就能使学生围绕教师的提问，在广阔的思维空间里驰骋，多角度、多渠道、多人次地解答，就可以调动学生思考和发言的积极性。

3. 区别层次

提问要考虑到学生的心理差异问题的本身要注意序列，做到层次清楚。否则问题不是难易缺乏适度，就是笼统模糊，不能引导学生产生明确的思维方向。

例如，讲《手术台就是阵地》若问"当时战斗的形势怎样？白求恩大夫是怎

么做的？"这就失之笼统。教师要进一步地启发引导才能使学生领悟到课文的思想意义，不然学生就难以回答。

教学中，如果教师能在某个"点"上设计一组问题，并且体现出问题的序列，依靠问题的相互联系，相互配合，就能取得良好的整体效应。

例如，一位教师讲《忆铁人》一文，设计了一组问题：①"哦"和"咳"各是什么思想？——疏通文字，理解内容，感知层次。②这时铁人心里会想些什么？——体察人物思想感情，理解层次。③从这里可以看出铁人是怎样一个人——概括人物品质，评价层次。④课文如果不写"哦……咳！"而写一大段铁人的自我检讨，好不好？为什么——认识人物个性，学习写作方法，创造层次。这一组问题由浅入深，使学生在语言、思维、感情、认识等方面都有所收益，产生了较好的整体效应。

4. 激发兴趣

心理学的研究表明：学习效果不仅与人的智力和学习方法有关，而且与学习心态有关。教师的言谈举止含蓄富于启发，就有利于学生形成最佳学习心态，引起学生无穷的兴味。教师启发引导得较好能在兴致勃勃中提问，他们会感到愉悦，想得快，答得好。

5. 发展思维

如一多解、多向求解等类型。它要求学生从不同角度、不同侧面、不同方法去解答问题，从而引起学生多角度的心理兴奋，有利于发展学生的创造性思维。

"学起于思，思源于疑。"教师不仅要善于提出问题。还要善于发现问题，并且注意在关键处提出内容恰当，难易适度并富于思考性的问题，来调动学生思维的积极性。如就 864＋199 提出把 199 看成 200 以后，864 加 200 的计算结果，与原题比，怎么样了？（多加了 1）"那么，要想得到原题的得数怎么办呢？"为了促使学生答出"看成最接近的整百位数，计算起来方便"的答案，设计了"为什么把 199、198、197 都看成 200，而不看成 300、400 呢？"这样围绕教学目标提出一系列问题，对于沉重的思维，都有明确的导向作用。

关键处设问，要注意引导沉重及概括。

例 8 发现能被 3 整除数的特征。

师：提供材料观察。

123	516
132	561
213	156
231	165
312	651
321	615

师：这两组数有什么特点呢？

生：第一组中的数，都是由 1、2、3 组成的；第二组中的数，都是由 5、1、6 组成的。

生：每组数都是由相同的三个数字组成的，只是每个数的数字排列不同。

师：由排列不同，数字不变所组成的有一个什么共同的特点？

生：由于数字不变，不管排列怎么变化，这些数各个数位上的数的和，就不会变。

师：先看第一组，各个数位上的数的和是多少？

生：是6。

师：（板书6）再来看第二组，各个数位上的数的和是多少？

生：是12。

师：（板书12）刚才有同学说27能被3整除，我们重新排列2和7，想一想能被3整除吗？

生：能。

师：27也好，72也好，它们各个数位上数的和是几呢？

生：是9。

师：请大家再来观察一下这些各个数位上的数之和（指6、12、9），具有什么特征？

生：它们都是3的倍数，也就是说它们都能被3整除。

师："它们"指的是谁？

生："它们"指的是各数位上的数的和。

师：一个数如果它能被3整除，那么这个数具有什么特点？

学生通过积极的思考和小组讨论，很快发现，这些数"各个数位上的数的和不变"的特点，再让学生自己举例验证，教师引导学生运用不完全归纳法，自己概括出了能被3整除的数的特征。

设问的时机、设问的质量、设问的导向性，本例设问后在学生独立思考的基础上，指导学生进行多向交流及时反馈及时评价，及时调控，结果很好。

6. 培养能力

北京第二实验小学特级教师姚尚志在讲"体积"这个概念时是这样提问的：

一上课，姚老师就把两个大小形状完全一样的玻璃杯放在讲台上，然后便往两只杯子里倒水。

问："谁能告诉我，哪只杯子里的水多？哪只杯子里的水少？"

教师的提问，促使学生更仔细地观察，但是无论如何，他们也看不出水量的差别，只好犹犹豫豫地凭直觉回答："两个杯子里的水好像同样多。"教师肯定他们的优点后说："两个一模一样的杯子，水平面又在同一高度上，当然是水一样多了。"

说罢，教师就把一个东西放进了一个杯子里"你们看见了什么？"学生说看见了把一个东西放进了杯子里。教师追问："你还发现了什么？"在教师的启发下，学生发现了这个杯子里的水平面升高了。

教师反问："这是不是说明，这只杯里的水多了呢？"学生否定。教师追问："那是为什么？"这时学生争先恐后地回答："老师。您放的东西占地方了，就把水挤上来了。"

为了让学生在比较中观察，在观察中分析，姚老师又拿出一个东西，把它放进另一个杯子。问："这次你又见到了什么？"学生抢着说。看到老师把一个东西放进了另一个杯子里，这个杯子的水平面升高了，而且超过了第一个杯子。师问："你知道这是为什么吗？"学生非常肯定地回答："第二次您放的东西个儿大。"

就这样，学生在姚老师的提问下，通过观察分析比较。对物体有了感性认识，物体不仅要占据空间，而且所占据空间还有大小之别。在这一基础上，进一步建立了体积的概念，并且做到了融数学知识、数学思想、数学方法三位于一体，达到培养学生观察、分析、综合、推理，判断的能力。

（三）课堂提问设计应注意的问题

1. 忌提问随意性，要有针对性

例 9 北京市优秀教师吴正宪在讲圆的周长时，表现出的针对性提问艺术作一评介。

讲课开始，她根据儿童擅长形象思维的特点，利用荧屏图像开讲。激起学生浓厚的学习兴趣。然后提问；

师：同学们什么是圆的周长呢？（很巧妙地把学生的注意力引到本课所学的主题——圆的周长）

生：圆一周的长度。

师：请同学们闭上眼睛想象，圆的周长展开后会出现一幅什么图形？（培养学生的想象力，让学生有话可说，打开了思路。）

生：一条线段。

师：那么如何测量计算圆的周长呢？

今天我们共同研究这个问题（板书课题：圆的周长）。

（此问使新旧知识过渡自然，为揭示课题，导入新课作好了铺垫。）

接着启发学生动手实践。在实践中探索测圆的周长，层层设疑，一次又一次掀起高潮。

师：你是怎么测量出圆的周长？

生：用滚动法测量出圆的周长。

师：如果要测量的是大圆形水池你能把水池立起来滚动吗？（笑声）（此处

追问得很好，精选实例很有启发性。）

生：不能（打心眼里服了）。

师：还有什么办法测量圆的周长吗？

（善设小高潮，使学生感到山穷水尽疑无路，柳暗花明又一村。）

生：用绳子绕一周，量出绳长也就是圆的周长。

师：你能用绳测法量出这个圆的周长吗？（演示：用一条小线的一端拴上小白球在空中旋转，让学生观察在空中出现的圆。快速旋转小球，小球运转的轨迹形成圆）

（一石激起千层浪，小高潮推动了思维高潮，学生看着、想着、兴奋、愉悦、沉思）

生：不能。

当学生对吴老师的设疑"心术通"、"口欲言"时，她利用点拨启发提问。

师：用滚动法、绳测法可以测量出圆周长，但是有局限性。那么，能不能探讨出一种求圆周长的规律呢？

师：圆周长的大小是由什么决定的呢？

为了找到规律，先看一个实验，你发现什么？

（两个彩球同时旋转，形成大小不同的两个圆。）

生：（高兴回答）圆周长的大小与半径有关。

圆周长的大小与直径有关。

师：圆的周长到底与它的直径有什么关系呢？

学生积极动手测量，通过①滚动法验证，②绳测法验证，③荧光屏显示验证，最后得出结论"圆的周长是它直径的 3 倍多一些"。

师：圆的周长到底比它的直径的 3 倍多多少呢？

（巧妙引出古代数学家祖冲之测量圆周率的故事，非常自然地进行了爱国主义教育。学生被吴老师生动的故事所吸引，产生了求知欲。）

师：知道半径，直径可用公式求出周长：$c=\pi d=2\pi r$。那么，知道周长如何求出直径和半径呢？

此问留给学生思考，暂不回答，最后放在巩固练习运用新知、解决实际问题时回答，体现了提问的目的性和针对性。

她提出的问题要使学生觉得学习数学不是枯燥乏味的，而是趣味无穷。她通过语气、语调和节奏的变化，生动、恰当地表述与之相吻合的问答内容的情感。如讲完新课后提问：天坛公园有棵大树，你能用绳子测量出树的直径吗？这样联系学生实际的情趣，唤起学生回忆与联想，引人入胜，扣人心弦。

好的提问，都有明确的目的和内在的意图，不是为提问而提问，搞形式主义。提的问题是为了指导学生观察，或是为了帮助学生理解概念和法则；是帮助学生理清文章的思路，或是认识文章的写作特点；是为了使学生获得新知识，或是巩固旧知识，等等。每个问题都要有明确的目的，不能漫无目的地提问。

2. 忌提问呆板、注入式，要有启发性

什么样的问题才具有启发性和有利于发展学生的思维呢？提问有利于打开学生的思路。好的提问，犹如风乍起，吹皱一池春水；好的提问，好比水中投

石，激起千层浪花，能打破学生脑海中的平静，使之涟漪阵阵，甚至波澜迭起。

例 10　一位小学语文教师讲《做风车的故事》一课。

备课时原只考虑向学生提一提："这篇文章是写牛顿小时候的一个故事，牛顿是谁呢？本文是写他的什么事？"后来经过深思熟虑，考虑到这样问固然在一定程度上能引起学生的学习兴趣，但与课文的题目及内容没有什么内在的联系，不利于打开学生的思路并使他们的思路与文章的思路沟通起来。于是他作了这样的处理，问："你看到了这个题目，想知道些什么？"孩子们思维的闸门打开了，纷纷说："我知道是谁做风车，为什么要做风车"；"我想知道怎样做风车"；"做风车并不难，我想知道为什么要做风车这件事"……让学生带着这些问题去学习，文章的脉络和中心也就不难理解了。

提问应问在关键处，要含有思维价值。如在教《除数是小数的除法》时教师先让学生口算一个实际问题："小明拿1元5角钱去买练习本，每本5角，可买几本？"学生很快回答："可以买3本"，教师要学生列式计算，学生却列成

$$0.5\overline{)1.5}\quad\begin{array}{r}0.3\\1.5\\\hline 0\end{array}$$

这究竟是口算错了，还是列式有误？学生对这种现象产生一种想追根究底的欲望，这时就唤起了浓厚的学习兴趣和强烈的求知欲。当把学生导入这种"心求通而不得""口欲言而不能"的"愤""悱"境界时，教师再来讲授新课内容，教学效果必将提高。

教师创设的问题难度要略高于学生

原有的认识水平，把问题巧设在"学生跳一跳，果子能摘到"的"最近发展区"，使学生心理造成一种求知的需要，从而把学生的注意、记忆、思维活动引入最佳状态。

又如教学《避雨》《一夜的工作》《伟大的友谊》等课文，在审题、整体感知课文大意后，引导学生直奔全文中心句。教师可提问："课文是围绕哪一句话写的？用'横线'在文中画出来，并说说你是怎么知道的？"这样的问题蕴含的思维价值很高，学生必须认真仔细读书，方能回答出来。这种"牵一词而动全段""牵一句而动全篇"的问题，不仅能使学生学到的知识更加完善，理解得更加全面，而且对提高学生分析、综合、抽象、概括的能力大有帮助。

3. 忌提问笼统性，要有方向性

根据教材、教学的需要，教师要围绕课文中的重、难、疑点及主要内容等设计提问。如在复习归类复习直线、线段、射线时，抓住学生易混概念，设计如下问题，可以帮助学生牢固地掌握概念：

（1）直线比射线长吗？

由于直线是把线段向两端无限延长得到的，射线是把线段向一端无限延长得到的，所以有的同学就错误地认为直线比射线长。实际上，由于它们是无限延长的，无法度量，所以就无法比较长短了。

（2）角的两边越长，角的度数越大吗？

角的大小是由角的两边叉开的程度决定的，叉开的程度越大，角的度数越大，叉开的程度越小，角的度数越小与边的长短无关。

（3）两条直线相交成直角时，这两条直线是垂线吗？

"垂线"是一个不能独立存在的数学概念。当两条直线相交成直角时，其中一条直线叫另一条直线的垂线，不能孤立地说哪条直线是垂线。

（4）不相交的两条直线叫做平行线吗？

看两条直线是否平行，必须是在同一平面内。如果不是在同一平面内。即使两条直线不相交，也不是平行线，正确的说法是：在同一平面内，不相交的两条直线叫平行线。

（5）连接两点之间的线段就是两点之间的距离吗？

线段属于"形"距离属于"量"，这种说法错在把形和量等同起来了。正确的概念是：连接两点之间的线段的长就是两点之间的距离。

（6）平角是一条直线，周角是一条射线吗？

根据角的定义，每个角都有两条边，只不过是平角的两条边成一条直线，不能说"平角是一条直线"；"而周角是两条边重合成一条射线，不能说周角是一条射线"。

4. 忌问题太难太浅，要切合实际

问题太容易，学生会把成功归于任务的容易；而任务太难学生会把成功归于侥幸。……这样的解答可以使学生产生自豪感，促进能力的提高，增强决心，产生快乐。

例如一个教师教《孔乙己》，学生刚

初读课文后，教师便问："孔乙己的性格怎样？"这当然使学生不知所答。

问题太易，会不启而发。例如一位教师教茅盾的《白杨礼赞》提问：

师：赞什么？

生：赞白杨。

师：谁赞的？

生：作者。

师：作者是谁？

生：茅盾。

问题太细、太琐碎，会使学生不屑一答。例如有位教师教"天"字，本来可以开门见山直接引入但他却要设计一系列烦琐的问题来引入，最后学生还是说不出一个"天"字。

师：你们头上有什么？

生：帽子。

师：帽子上有什么？

生：天花板。

师：天花板上有什么？

生：有个大窟窿。

问题要浅中见深，有些课文的句子看来平淡，而实际上却蕴藏着深刻的内容，学生容易忽略过去，如果教师能恰到好处地提一两个问题，就会使学生深刻体会。例如一位语文教师教鲁迅的《故乡》一文，文中有一段闰土的话："常常难。第六个孩子也会帮忙了却总是吃不够……又不太平……什么地方都要钱，没有定规……"因为句子很简单，学生一看就懂，也能理解这是描写旧社会劳动人民悲惨遭遇的。正因为这样，学生也就往往满足于此，而不去注意挖掘语句里所包含的深刻意义。因此，这位老师当讲到闰说"第六个孩子也会帮忙了"时。就问学生：

师：第六个孩子几岁了？

生：（学生原先没有注意到这一点，查书后回答）五岁。

师：连五岁的孩子都被迫参加劳动，却总是吃不够，这是什么原因造成的？

这样提问对学生深刻地理解课文和进行思想教育都有重要意义。

5. 忌盲目提问，要抓住关节点

抓关节点就是抓突破口，抓主要矛盾。抓到了点子上，牵一发而动全身；抓不到点子上，胡子眉毛一把抓，不是满堂灌，就是满堂问，事与愿违，用心良苦，而效果不佳，那么，怎样抓关节点呢？

（1）抓住题目提问。题目是文章的眼睛，它还是记叙的主要内容（如《十里长街送总理》），或是描写的主要对象（如《邱少云》），或是表达的中心思想（如《伟大的友谊》），或是贯穿全文的线索（如《小木船》）……因此，根据题目设问，能达到以问促读的目的。例如，教小学语文第十一册《小音乐家杨科》一文，可以根据题目设计以下问题：

①什么样的人才能被称为"音乐家"？

②杨科为什么被称为"小音乐家"？从课文的哪些地方可以看得出来？

③杨科的命运是怎样的？为什么他会是这样的命运？

教学中解决了这三个问题，也就达到了这篇课文的教学目的。

（2）抓住关键提问。所谓关键的内容，是指对全篇课文的理解有重要作用的或学生不易理解的某些关键字句章节抓住这些内容提问往往可以牵一发而动全身对理解课文，体会感情有事半功倍的效果。如针对《养花》最后一段提问：作者说有喜有忧，有笑有泪……这就是养花的乐趣。为什么说"忧"和"泪"也是乐趣呢？这样的问题可以引导学生联系全文理解作者所说乐趣的博大内容——赏心悦目是乐趣，多得知识是乐趣，付出辛劳是乐趣，分享成果是乐趣，当然，为心爱的东西奉献真情也是乐趣。

（3）抓住重点词语提问。重点词语是掌握解题方法的钥匙。教师若能抓住概念中重点词句，设计恰当的问题必能引导学生牢固掌握概念灵活运用概念解题。如"整除"与"除尽"学生常常认为是同一概念，在解题中出错。如果提问"整除与除尽"有如何区别与联系，并举例说明，这样的问题设计很好。

整除与除尽有什么区别？

整除：数 a 除以数 b，除得的商正好是整数而没有余数，叫做 a 能被 b 整除。

例如：$18÷3＝6$ 我们就说 18 能被 3 整除，也可以说 3 能整除 18。

除尽：甲数除以乙数（不为零），所得的商是整数或小数而没有余数时，我们就说甲数被乙数除尽。

例如：$5÷10=0.5$，$0.6÷0.2=3$。

我们就说 5 能被 10 除尽；0.6 能被 0.2 除尽。

整除和除尽有何联系。

整除和除尽是不同的概念，它们之间既有联系又有区别。

①联系：整除和除尽都是除法运算，而且都没有余数，这是它们的相同之处。

②区别：整除是整数范围内的除法，整除的两个数必须都是自然数，所得的

商也是自然数；而除尽并不局限于整数范围内，被除数、除数和商既可以是整数，也可以是有限小数。

例如：10 能被 5 整除，5 不能被 10 整除，但 5 能被 10 除尽。又如：1 不能被 0.5 整除，但 1 能被 0.5 除尽。

由此可见，除尽包括整除，整除除尽范围内的一种情况。凡是能整除的都能除尽，但除尽不见得一定能整除。

（4）抓住中心提问。中心句。或是文章内容的总括，或是文章中心的揭示。它是作者点睛之笔。因此，根据课文中心句设问，不至离题太远。例如小学生语文《桂林山水》中心句"桂林山水甲天下"，为读者揭示了写作意图，展示了写作重点——桂林山水的特色，根据中心句，可以这样设计问题：①"桂林山水甲天下"这句话是什么意思？从这句话可以知道这篇文章写什么？②为什么说桂林山水"甲天下"？这里的山和水各有什么特色？通过这几个问题的学习，学生能够准确把握桂林山水独特的美，深刻体会出字里行间所包含的思想感情，激发学生对祖国河山的热爱。

（5）抓住矛盾提问。不少课文在内容上有些看起来似乎"自相矛盾"的地方，其实这正是作者落墨的着力之处。在这些地方提问，往往可以引导学生把课文理解得更深，使学生思维深化。

（6）抓住发展提问。事情总有前因后果，根据事情的结果，对事情的原因、经过进行寻究性设问，有利于激发学生阅读的兴趣，有利于理清课文前因后果，培养学生分析、推理和逻辑思维能力，例如教学《琥珀》时，可以这样设问：①这块琥珀是什么样子的？（读最后一段

回答）②这块奇特琥珀的形成必须具备哪些条件？请在课文中找出来。

（7）抓住对比提问。有的课文内容，前后形成鲜明对比。如《再见了，亲人》中的小金花，本来一向刚强，妈妈牺牲都没哭，为什么在与志愿军叔叔分别时却落泪了？这样的问题通过对比突出地表现了中朝人民的浓厚情谊。

（8）抓住变化提问。《草原》第一段写作者看到的草原美景和他的情感。但同样是面对草原，而是先想"高歌一曲"，后来却又想"低吟一首"。对这种明显的情感变化，讲课时可提这样一个问题：把"高歌"和"低吟"两抒情的句子前后交换一个位置是否可以？这样提问，使学生把景、情和表达情感的方式紧紧融合在一起来考虑，得出这样的结果：

景色的整体—开阔—豪放—高歌
景色的细部—柔美—沉醉—低吟

这样不但很深刻地理解了课文，体会了作者的思想感情，而且培养了学生用整体的、联系的观点思考问题的能力。

（9）抓住反复提问。不少课文，作者运用了重复（或称反复）的修辞手法，以强调某种感情的强烈和深沉。在这样的地方设问，可以引导学生充分体验作品的感情内涵。如《别了，我爱的中国》一文中，"别了，我爱的中国，我全心爱着的中国"一句话作者多次反复，是因为抓住了这样的句子就等于抓住作者所强调的思想内容。

（10）抓住概念提问。数学的概念，公式表述精炼，一字一句含意深刻。要多引导学生去咬文嚼字。如质数定义"只能被1和它本身整除的数叫质数。"

在关键字词"只"上下工夫，充分理解"只"的意义，可这样提问："只"是什么意思？举例说明。这样学生就会积极思考，明白含意。

（11）抓住细节提问。文章的细节，像藏在绿叶丛中的花朵，扒开绿叶显露花朵，则会色彩纷呈，别开生面。如《别了，我爱的中国》一课，在写了作者看到帝国主义的军舰后，又写"两岸是黄土和青草……"。"两岸"二字平平常常，深藏于字里行间。但就是这两个字，揭示了一个惊人的事实：帝国主义的军舰已经深入到我们祖国的内河江流之中了——因为只有在江河内，才能看到"两岸"。试想，这样的提问难道不是更深刻地揭示了文章的内容吗？不是让学生认识到这种看来似乎平常的细节描写，其实细心品味起来，是非常精彩的吗？

（12）抓住停止提问。课文中有些句子说到关键处突然截断，意犹未尽，给读者留下思考余地。如果我们的课堂提问忽略了这些地方，确实辜负了作者的苦心，如《三人行》中说王吉文"他觉得眼前一阵昏黑，一口带点腥味的东西涌到了嘴边。"这句话到此为止。"王吉文究竟怎么了？"老师在这里提问，起初学生都说王吉文吐血了，但老师引导结合前文王吉文坚持轮流背两个战友前进，隐瞒自己的伤口的情节来理解，才认识到王吉文并没有吐血，而是把涌到嘴边血又咽了下去！这样的理解，深化了人物的精神品质，符合王吉文的一贯表现。

（13）抓住题眼提问。题眼是课题中的关键词，有表情达意的突出作用。如《草船借箭》的"借"。明明是"骗"来的箭，为什么偏偏用"借"？不但点出了诸葛亮的聪明才智，而且"既借则还"，暗示这些箭在将来作战时还要"还"给曹操——曹军造箭射自己！

（14）抓住规律提问。在讲完"比"后提问：

比和除法、分数有哪些区别与联系？

①三者的关系如表4.5所示。

表 4.5

除法	被除数	÷（除号）	除数	商
分数	分子	——（分数线）	分母	分数值
比	前项	：（比号）	后项	比值

②从意义上看区别。比是表示两个同类量的倍数关系，所以和除法的包含除法在意义上是相同的；和等分除法的意义不相同，和分数的意义与不相同除法是一种运算，而分数是一个数。

③从能否为名数看区别。一是被除数和除数可以是名数，比的前项和后项可以是名数；而分子、分母只能是不名数；二是被除数可以是名数，除数可以是不名数；而比的前项和后项必须同为不名数或者是表示同类量的名数，分子、分母只能是不名数。三是商可以是名数；分数值也可以是名数，而比值一定是不名数像这样提问就抓住了规律。使所学知识系统化。

（15）抓住关联提问。在讲《跳水》时，有的学生认为课文第一段对轮船航海和其他一般情况介绍得太多，没有必要。有位老师却在这里随机提了一个问题：第一段的哪些描述与后面将要发生的事情有内在联系？于是，学生认识到：轮船"往回航行"说明任务已经完成，水手内心轻松，容易"无事生非"；"风平浪静"人们才会有机会和兴致去追一只猴子，也才有人"趁乱寻乐"；猴子对船上的人很熟识，"知道"人们的意思，就没有藏在角落里去发呆而是顽皮地在船里"钻来钻去地""放肆"起来，因此最终发生了后来的故事。这个问题的解决，就是把提问着眼于事物的联系，提高了学生的分析能力。

（16）抓住疏忽处提问。好的提问在于善于揣摩学生难于领会的问题，抓住关键之处，要言不烦，相机诱导。如数学概念中的关键词，易错、易混、易漏。讲完分数的基本性提问："分数的基本性质是什么？分数的基本性质是分数的分子的分母都乘以或者除以相同的数（零除外），分数的大小不变。这里的零为什么要除外？小学数学教学中有哪些性质也要把零除外？为什么？

（17）抓住细节描写提问。抓住文章的细节描写提问，对理解文章的中心很有好处，可以起到小中见大的作用。

①看中提问。学生在观察中提问，使学生观察更细致，理解更透彻。例如《手》一文中对陈秉正的手描写得非常细致。观察前提问：作者如何描写手的？然后利用幻灯或录像机，将这样的"手"以画面的形式展现出来，使学生能清楚地看到手常是"四方形的"，指头"粗而短"裹着一层茧皮，"指头肚儿"像"半个蚕茧"，整个手"像用树枝做成的耙子"，使学生形象地看到他的手无比坚硬、有力，进而为学生理解这"手"是"勤学苦干""艰苦磨练"造成的奠定基础。

②演中提问。通过角色表演提出问题使学生加深体会。如《在炮兵阵地上》一文中，反复记叙彭总"发火"。它表现

的感情十分强烈。教学这一细节时，可扮演文中的角色，通过人物的语言和行动等再现有关情形，然后提出问题：彭总三次发火的原因何在？通过角色的表演从而体会人物的情感，使学生更好地发现彭总是一位工作负责、坚持原则、实事求是、待人诚恳、平易近人、勇于自我批评的人。

③读中提问。课文中有细节描写，应通过读中提问，引导学生联系上下文反复朗读。要透过文字体会作者的思想感情，将学生带入情境。如《林海》一文中的作者在描写"亲切舒服"这一细节时，为什么反复三次出现？然后带着问题在指导读第一自然段里，边读边体会"脚落在千年万年积累的几尺厚的松针上"那蓬松松、软绵绵的感觉，亲手摸到古木的欢欣，从而体会大兴安岭的"亲切与舒服"。第二次出现在课文中间，是作者由大兴安岭联想到与祖国建设结合为一体时的情感，通读中提问，指导学生边读边联想大兴安岭木材的广泛用途，进而感觉大兴安岭的"亲切与舒服"。第三次出现在文章的末尾一自然段。通过读中提问，体会人与山的关系日益密切的情感，从中领会大兴安岭的"亲切与舒服"。

④评中提问。有些文章，作者常在开头或结尾处，或者在文章的首尾处，点出了特殊的时间，目的是为了表达对文章中的人物或事件的深深怀念或永久的记忆。对于这类细节的教学，可在读后评议时提问，以加深对课文的印象。如《十六年前的回忆》，开头作者为什么说"1927年4月28日，是他永远忘不了的一天"？然后通过阅读讲评，使学生

了解这是作者对革命前辈李大钊的怀念，是对敌人欠下的血债永远不能忘记。

⑤悟中提问。引导学生在细节描写中深挖其中的内涵，悟出其中的道理，如教学《渡船》一文，应抓住三处对人物的细节描写，使学生悟出社会主义制度下，人与人之间互相关心互相帮助的新型人际关系。

⑥归纲提问。这是从特殊到一般的设问，其目的是为了总结规律，引发联想；其依据是人们认知事物的一般规律。如：教学"三角形的内角和"，在让学生通过拆、剪、拼等实践活动分别得出直角三角形锐角三角形的内角和的基础上，使学生顺利得出三角形内角和的一般结论，可作如下提问：按角分三角形可分哪几类？直角三角形内角和是几度？锐角三角形内角和是几度？钝角三角形内角和是几度？三角形的内角和是几度？

⑦引发提问。解题是小学数学教学的主要活动。在解题教学中，常常需要提出一些问题，来启发学生的思维。如在教学两步计算的应用题时，问：此题要求什么？告诉了我们多少条件？第一步先求什么？第二步求什么？等等。

⑧论证提问。在问题解决的过程中，为了促使学生有根据地思维，养成严谨的思维习惯，教师向学生提出问题。如：你能证明它吗？你能举出反例否定它吗？

⑨延拓设问。在问题解决后，为了把学生的思维引向深入，收到举一反三、一通百通的效果，教师要抓住时机，向学生提出一些问题。如：你能否用别的方法导出这个结果？你是怎样很快看出来的？

（18）抓住"空白"点提问。所谓

"空白"点是指在教材中，对某些内容故意不写，或写得很略，在叙述描写上留有余地，制造"空白"。这些"空白"为学生提供了想象的空间和思考的余地。教学时如能抓住"空白"点，巧妙地设问就能使学生借助教材中写到的内容来推测构想没有写到或写得简略的内容，把"空白"补充出来，加深理解。

如《捞铁牛》课文讲的是宋朝怀丙和尚利用水的浮力捞回沉在黄河里的八只大铁牛的故事。文中只详细介绍了捞第一只铁牛的准备工作和打捞办法，然后用"和尚用的同样办法把一只只大铁牛都拖了出来"一句话概括了捞回其余七只大铁牛的过程。究竟是怎样打捞的呢？课文没有具体地写，因此，剩下的七只铁牛的打捞过程就成了课文的"空白"。

在学生初读课文，了解大意的基础上，可以这样设问：下一只铁牛让你来捞，你将怎样指挥水手们打捞；与怀丙捞第一只铁牛相比，应该注意哪些问题？通过阅读讨论之后，再提供给学生玻璃缸、沙子、石子、木棒、木盆、细绳、小匙等实验材料，让学生依据课文内容，分组进行模拟实验。在实验中，要求他们边演示边讲解，再让学生把捞回第二只铁牛的经过续写出来。

这样抓住"空白"点提问，让学生展开阅读思考，讨论、演示、讲解写作等多种活动，就能激发学生的兴趣，培养学生的能力。

另外，教师在提问中还要善于利用空白艺术。

苏联教育家苏霍姆林斯基所说的："教室里静悄悄，学生集中思维，要珍惜这重要的时刻。"下面，从三个方面谈谈"空白"的好处：

①课堂教学中的"空白"是学生思索的孕育期，容易激起学生思维的涟漪，提高学生思维的敏捷性。

以"平行四边形面积的计算"教学为例，它的教学重点是理解面积计算公式的推导过程。学起于思，思起于疑，善于发现疑问是获取知识的重要前提，教师先提问：计算长方形面积公式是怎样的？还记得是作什么方法推导出来的吗？能不能用学过的方法来推导平行四边形面积的计算公式呢？

此时，教师不忙于让学生马上回答，有意给学生留出"空白"，舍得让学生利用这"空白"充分思考，经过学生充分思考，再让学生回答。随后而来的，学生的热烈回答便产生于刚才这一段"空白"的静思中。

②课堂教学中的"空白"有助于学生对前后期学习材料的巩固，减少前期学习材料对材料的干扰。

也以"平行四边形面积的计算"教学为例。有的教师是先让学生用面积单位直接去量平行四边形，当然很难量，教师问：能不能想个办法，使它变得好量呢？这段时间，学生带着问题，各自在操作，教室里很安静。几分钟后，同学们才纷纷举手回答，有的学生说，可将平行四边形的一边的"直角三角形"剪下拼到另一边去变成长方形就好量了；有的同学干脆提出将平行四边形剪拼成长方形后，不必再用面积单位去量，用长方形面积公式（长改为底，宽改为高）就能求出它的面积。

这样，学生在操作这一段"空白"

里，既巩固了长方形面积计算公式的推导过程，又能动地调节与新知不相适应的学习方法，最终获得新知。在这段"空白"里，学生充分地参与操作原有知识得到巩固，新学知识完全理解，探索能力又得到培养。

③课中留点"空白"，学生还可以从中得到积极休息，消除心理疲劳，学习积极性提高。在课堂教学中给学生留点"空白"，这对教师提出了更高的要求。要求教师，在课堂教学中巧妙地安排，一会儿通过提问要把学生引向热烈的讨论，一会儿又要让学生静静地思考。讨论时，课堂上生动活泼；沉思时，课堂上鸦雀无声。这才是最佳的课堂教学气氛，使学生的学习过程始终处于积极的状态。

6. 忌提问的笼统，提问要有阶段性

课堂提问，是课堂教学常用的一种教学手段，善于问，可以使课堂教学生动活泼。可以把难点、关键突出，引导学生去思考。但是更重要的是问法，什么时候什么阶段问什么问题怎样问。如果虽有提问而未精心设计，阶段不妥，方式不当，则会阻碍学生的思维发展。

因此，课堂提问在不同阶段应采用不同方式。

（1）释题阶段，采用激发式提问。在导入新课、解释课题时，采用提问方式激发学生强烈的求知欲和学习课文的兴趣，这样既能激发学生强烈的求知欲和学习课文的兴趣又能提高学生的审题能力，帮助熟悉课文内容，理解课文内容。

（2）初读阶段，采用总提式提问。初读阶段的目的是要引导学生了解课文的主要内容，探索文章的中心及层次。因此，提问必须有利于学生掌握课文梗概和主线，必须从全篇着眼，从整体入手，通过总提式提问，启发学生初读课文时，在教师的引导下疏通文路，掌握文章大概，得其精要。启发学生认识课文所写的对象，了解思路层次和重点。

（3）精读阶段，采用递进式提问。精读阶段，是学生深入理解课文的主要处，要引导学生围绕文章思路紧扣课文内容，抓住重点、难点，从词句到文章的思想内容，从感知到理解，逐步提高。所谓连锁递进式，就是针对某一重点、难点、中心，提出一两个重点性的问题，再化为几个互相联系的小问题，重点问题是理解课文的关键。小问题一个紧扣一个，形成步步深入的递进关系。最后说明一两个重点问题。问题，由粗到细，层层触及内蕴，学生把这辅助性问题搞懂了，重点问题也就迎刃而解了，便会逐步深入地理解课文内容，也训练了学生的逻辑思维能力。

精读阶段，教师在提出富有启发性的问题，如果学生对知识的理解不够全面或者没有达到应有的程度，就应该通过探究式提问，进一步帮助学生把知识理解得更加全面和达到应有的深度。在理解课文的基础上，提出带有探究性的、富有想象力的问题，能启发学生全面、深入理解课文内容，能促进学生思维和灵活性，也有利于培养学生思维的深刻性和创造性。

（4）总结阶段，采用归结式提问。阅读教学中，某个环节结束或某篇文章

教学完了，对所教内容一般要概括总结、梳理归纳，使教学的内容、知识条理化、系统化。这样做有利于培养学生的概括思维、归纳综合能力。有经验的教师对于这样的概括总结、归纳综合、判断推理方面的问题，或提出课文的写作特点；或总结出某一规律性的东西使学生从现象到本质抓住课文的中心特点抓住规律性的东西。

（5）巩固练习阶段。采用延伸式提问。

即通过提出一些带有延伸性的富有想象力的问题，引导学生在已有知识的基础上，去思考、想象，发现规律，发展智力。

以上五个阶段的六种方式是阅读教学的重要手段之一，也适用于其他教学内容。提问虽分成五个阶段、六种方式，但它们不是截然分开的，一般应是互相配合、相互联系、逐步提高的。应根据不同的学科、不同的要求、不同的侧重点，在不同的阶段采用不同的方式提问。只有各种方式互相配合运用，配合得法，才会收到应有的教学效果，提高教学的技能。

7. 忌提问的直来直去，要设置悬念，激发学生思考

悬念是一种学习心理机制，它是由学生对所学对象感到不足和疑惑不解而产生的，对大脑皮层有强烈而持续的刺激作用，使其一时既猜不透、想不通，又丢不开、放不下。悬念的设置，能激发学生的学习动机和兴趣、使思维活跃、想象力丰富、记忆力加强，并有利于培养学生克服困难的意志。教师在课堂教学中，要善于捕捉时机，恰当设置悬念，以激发学生探索新知识的心理，提高课堂教学效益。

许多讲评书的人，都善于设置悬念，在听众正津津有味，听得入迷之际，戛然而止，使听众下次还要来听，欲罢不能。教学上也需要创设悬念。悬念教学法就是教师将教学处理得平中见奇，使学生产生对知识的关切和渴求心情。学生对所学知识的悬念，是一种学习心理的强刺激，能够引起学习的兴趣，提高思维的积极性，激发求知的欲望。现就悬念提问举例说明。

（1）故布疑阵，引起悬念。一堂课从一开始，就要抓住学生的注意，引起学生兴趣。悬念教学法不失为一种好的课堂引入法。通要用讲述和提问，创设意境，引起悬念。如教学《黄河》，一位教师进堂后，一句话也没说，全班同学注视他在黑板的右上方画出中国地图，画出黄河，他指着黑板草图问学生：刚才我画的什么？学生答：黄河。又问：你怎么知道是黄河？学生回答："几"字形，像黄河。这时，他抓住时机提问：你知道黄河是一条什么样的河流？让学生用自己已有的知识充分回答。然后，他说：刚才同学们的回答，有的是对的，有的不对，哪些是对的，哪些不对，学了这课我们就知道了。这就给学生留下了一个带思考性的问题：怎样正确全面地认识黄河呢？学生脑子里布满疑云，陷入沉思和悬念。

要使学生的思维松紧交替地从一个悬念扑向又一个悬念，曲折跌宕，进入最佳的运动状态，达到高度思维快感，从而取得最佳教学效果，教师必须把握

好"悬念"。不能凭教师的心眼随意设置，更不能胡编滥设；设置"悬念"，必须把握住悬念的教学价值和信息量。现代的学生，见多识广，思路开阔，他们不满足于一般的已知结论，竭求新颖而独到的见解，教学过程中，如果利用兴趣来作吸引注意的手段时（兴趣是我们先前的和我们已经具有的知识及观念紧密联系着的），如果对于某种事物知晓得不清楚，就产生了不了解，不可能对它感兴趣；另外，如知道得太清楚，也引不起自己的兴趣。有兴趣的新的事物，这事物虽然也和旧的联系着，但进行得比它远些，在已知中揭露着新的方面，扩展着兴味的限界。因此教学过程中，设计的悬念必须向学生显示其所感兴趣和热衷的信息，以及与之相依存的更新思想和信念。否则，学生就会因为自己已经知晓大大降低了开动思维机器的积极性。另外，设置悬念，还要充分考虑是有用信息还是无用信息；是主要信息还是次要信息；是必须信息还是冗余信息；要扩大教学内容的信息量。有一位教师教鲁迅先生的小说《孔乙己》，是这样开讲的："古希腊的悲剧是命运的悲剧，莎士比亚的悲剧是主人公性格的悲剧，易卜生的悲剧是社会问题的悲剧"等信息作为引子，启发学生联想孔乙己的悲剧是什么悲剧？从中揣摩"悲剧常常使人落泪，而读完《孔乙己》，不是流泪，而是在发笑之后，心头感到阵阵辛酸和刺痛"的底蕴。"哀其不幸，怒其不争。"

"悬念"的作用既然如此重要，或许有教师会问，课堂教学中有关"悬念"的设计是否有规律可循？有的。古老传统的中国的章回小说往往在使读者最激动、最关注的地方来一个："欲知后事如何，且听下回分解"，这种卖关子、吊胃口的方法迫使读者非得继续读下去不可。这就是说，"悬念"总是在故事情节发展到紧张激烈的高峰或矛盾冲突到剑拔弩张的关键处出现的。受此启发，我们可以在课堂教学中找到设计"悬念"的一般规律。

①引入新课时设置悬念。"悬念"可设计在一节课的开始，以抓住学生的注意力，促进他们的思维活动；因为在课堂教学中学生学习情绪是否高涨，其探索活动是否积极主动，取决于教师能否控制学生的注意力，诱发他们的学习兴趣。"悬念"在这里就成为最直接、最有效的诱因。例如，物理课讲到"阿基米德定律"时，课前，教师问道："木板放在水里，为什么会浮在水面上？铁块放在水里，为什么会沉下去？"学生回答："因为铁重。""用铁板等材料制成的巨轮很重吧，为什么它能浮在水面上？"教师追问就是一个"悬念"，它造成了学生经验体系之中新旧知识的冲突，激起了学生思维内部的矛盾，此时学生大脑皮层优势兴奋中心迅速形成，智力活动异常活跃，这样学生就产生了了解问题和解决问题的兴趣与需要。于是，教师就在学生这种"愤""悱"的探索情绪和心理状态中开始了这堂"阿基米德定律"课的教学。一位地理教师教学《地球的五带》，进堂就向学生提了个问题："你知道地球上哪些地方热？哪些地方冷吗？"学生感到茫然，因为他们无法全面地回答这一问题。他接着说："地球这样大，它的表面积有四亿五千万平方公里，可

是地球上的温度是有规律的分布和变化的，这个规律是什么呢？今天我们就来研究这个问题。"这样引起了学生对所学知识的悬念，掀起了学生思维的"波澜"比平铺直叙的课堂引入要好得多。

②重难点处设置悬念。"悬念"可设计在知识的重点或难点之处，寓难于趣味中，解除学生的畏难心境，引导他们对知识重点或难点的关注，带来探索活动的自觉行动。那么，怎样设计教材知识的重点和难点的"悬念"？最佳的办法是让学生对知识的重点或难点有所了解和认识，并认识到它们的重要作用。这时设计"悬念"就能收到事半功倍的课堂教学效果，一位生物教师讲述"植入人心脏"这一疑难知识点时，他先说道："人的心脏每分钟跳动 70 次左右，一年约 3679 万次，十年就约达 3.6 亿次。这种长期受血液冲击的人工心脏瓣膜，用什么材料做才合适呢？这涉及一系列尖端科技问题，需要数理化生各方面的知识。"学生听了深感生物学科领域之广泛，大大激励他们的学习兴趣。这样，教师再牢牢地把握学生注意力，不断引导他们对"人工心脏"探索的积极性；然后通过解疑让学生参与重点或难点知识的掌握过程，这样不仅有利于学生攻克知识的重点或难点，而且他们的智力也会得以促进与发展。

③结束新课时设置悬念。"悬念"可设计在一节课的结前，以利于学生保持探索知识的兴趣，使学生智力激动因受到新的刺激而处于积极主动的探究状态之中，为接纳新知识奠定基础。我们知道，教材内容一般是由易到难、由浅入深、由具体到抽象的，所以教材的章与

章、节与节之间的内容都存在相互联系和互为因果关系，因而在组织课堂教学时，旧课的结论往往是新课的知识的铺垫与准备。如果在结束旧课时，教师不仅仅满足于对本课的小结，同时引出本课与下一课知识的"交接点"，精心设计"悬念"，于平淡处起波澜，平坦中见突兀，就能把学生的心一下子"悬"起来，使他们自发产生解"迷"的需要。这时，无需教师强调，学生都会自觉去重温旧知，预习新课。一位物理教师在讲"运动中物体摩擦力"问题时，抓住物体运动速度和阻力关键，在结束课之前，他没有简单小结概念、原理及定律，而是紧扣物体运动的惯性原理，设计了这样一个问题，产生"悬念"。他说："同学们，这里有个杯子，上面盖有一块塑料板，板子上面有一枚硬币。现在我要求在抽出塑料板的同时，让硬币掉进杯子中。能不能做到这一点？为什么？"在学生跃跃欲试的气氛中，他却宣布："下课。下节课专门讲述这个问题。"这里教师并未要求学生预习却给学生留下"悬念"使学生对"硬币"问题着迷既感兴趣而又难以马上解答，产生进一步了解有关知识的要求，于是自觉预习新课，为下一节新课的教学创设了条件。

(2) 悬念的作用。主要表现在以下方面。

①可以培养学生质疑、解释的能力，养成善思、乐思的习惯。《辽阔的海域》一文关于"海洋的作用"，书上有这样一句话："海洋的奥秘人们现在认识得还很不够，许多宝藏沉睡在海底。"这是教材的一个重点，而学生并不了解这句话所包含的丰富内容海洋有哪些奥秘？还要

哪些宝藏沉睡在海底？一位老师让学生开展讨论，充分发表意见。然后说："海洋是个宝库，是人类未来开发的重要领域。比如，黄金是一种稀有的贵重金属，根据计算海水中共含金 6000000 t，如果把它完全提炼出来，这种贵重的金属也就不再贵重了可是怎样把黄金从海水中提炼出来这个奥秘还没有揭开。又如，海水里含的盐多得不得了，可在整个地球陆地表面铺上 150 m 厚，相当于 50～60 层楼那么高。这该是多么大的财富！"这样讲不仅使学生弄清了这句话的含义，扩大了知识面，而且激发了认识海洋，进一步探索海洋奥秘的欲望。对教材中某些学生意想不到的问题有时也可巧设悬念，让学生寻根究底。有位老师讲"我国的国土"，书上说："我国的总面积为 9600000 km²，同整个欧洲的面积差不多相等"，提问学生："究竟是'差'还是'多'，你知道吗？"学生发表各种意见。有个学生说："欧洲的面积是 10 000 000 km²，比中国稍大一点，但是，它属七大洲的一个大洲，有 32 个国家。"这样的讨论学生兴趣很浓。悬念提问就是要让学生能"于无疑处生疑"，并逐步具有质疑、解疑的能力，养成善思、乐思的习惯，由此深刻地理解教材。

又比如，陶渊明"好读书不求其解；每不会意，便欣然忘食"，语文教学有时需要字斟句酌，条分缕析，引导学生领会字里行间的深刻含义，揣摸作者苦心经营的匠心；有时则需要统观大意，不求其解，避免讲得过于肤浅和显露，留给学生更多的思考余地。因此，语文教学贵在"意在言外"使人思之得之。正如托尔斯泰在《安娜·卡列尼娜》开头一句写的那样："幸福的家庭都是相似的，不幸的家庭各有各的不幸。"这句话蕴涵着深刻的哲理，为读者提供了思索的广阔天地，并伴随着文学语言传达出丰富的美学信息。

叶圣陶先生在他的《揣摩》一文中，以《孔乙己》为例，提出故事从"才可以笑出几声"说起，以下连一串说到笑。可以说这篇小说是用"笑"贯穿着的，取义何在呢？这个问题耐人深思。它不仅表明"孔乙己的存在只能作为供人取笑的对象，取得无聊生涯中片刻的快活"，而且在这小说的篇幅背后，蕴涵着"深刻的批判和无限的同情"。

②可以培养学生思维的多向性。思辨性的问题，往往容易引发多维性的答案，因此，明是一件事，看法有多种，所看出来的现象也就有多种。就拿古松来说，木材商人只是把它看成可以赚钱的木材；植物学家将其看作"树叶为针状，果实为球状，四季常青的显花植物"；而美学家注意的则是它那苍翠的颜色，盘曲如龙蛇的线纹及其昂然挺拔的不凡气概，文学家感兴趣的却是它那傲霜斗雪的个性和大公无私的献身精神，这里反映出实用的、科学的和审美的几种不同，的看法。

学生因其学积、经历和智力模式的不同，对教师提出的问题，往往有不同的看法和回答，这是正常的教学现象。有经验的教师都懂得，在设置悬念，质疑问题的时候，注意问题的多维性，启发学生能够从不同角度，不同层次去求索，发展求异思维，这是取得良好教学效果的重要手段。

③"悬念"可以培养学生的差别能

力。教学过程中，教师设置悬念，向学生提出的问题必须具有一定的思辨性，使人不能一看其头而凭经验或直觉就能知其尾，也不能满足于"是不是?""能不能?""好不好?"等简单机械的质疑，因为这样，思维活动就成为没有必要了，思维价值也不高，当然，设置的悬念，也不能完全使学生丈二和尚——摸不着头脑，把"悬念"变成"玄念"，如果所设的悬念在学生头脑中找不到落脚点，"悬"不起来，这样的悬念也就形同虚设了。例如，教《愚公移山》一文时，一位老师曾这样问学生："这个年纪小小的孩子跟愚公一起去移山，他爸爸肯让他去吗?"与"孀妻"，"遗男"两个词构成矛盾。对这两个词不理解的学生就会答错，理解的学生也要在脑子里转个弯，才能答出。又如提出"愚公究竟笨不笨?"的问题，以使学生引起矛盾的冲突，使"学、思、辨"三者有机地结合起来，发展学生的分析判断能力。

8. 忌提问杂乱无章，要明确教学思路

什么样的问题才具有启发性有利于学生明确教学思路呢?下面不仅以语文为例，其他学科以此类推。

(1) 顺文思提问。线索课文，往往把问题设在提示课中。因此，抓住课文展开教学，常常能起到纲举目张的效果。如教《草地夜行》一文时，师一出示题目就问："从题目中你知道了什么?"通过讨论，学生理解了课文的大体内容。接着老师因势利导，要学生说出事件的发生、发展、高潮、结尾各是哪几小节，给课文分段。

(2) 逆文思提问。抓结尾反观全文。如《再见了，亲人》，抓最后一句问：①什么亲人? ②为什么称亲人? ③分别时是怎样情景?这几问就深入了文章中心，体会到中朝人民浓厚情谊，"不是亲人，胜似亲人"。

(3) 抓中心提问。一篇文章是一个有机整体，其字词句段都是相互联系着的，都是围绕一个中心而存在的。因此，有时可根据课文本身的特点，抓住那些表达中心的词句，由"点"向外多角度放射，全面掌握文章内容。

(4) 抓两头提问。有些文章，行文是按"总—分—总"的思路进行的。教学这类文章时，只要抓住两头——总起句与总结句，往往就可以把中间的内容带得清清楚楚。

9. 忌提问表面性，要引导学生认识深入

(1) 引导学生深入探究、思考，主要方法是抓关键，以利于学生掌握重点。如教学长方体和正方体的认识，在讲完长方体的认识要转入教正方体的认识时，为了建立两个环节的联系，使衔接自然、圆润、生动，可出示一张画有长方体、正方体、圆柱、圆锥、球和其他几何体的挂图，接着问：①长方体有哪些特征? ②这幅图中哪些是长方体?对于第 2 个问题，学生可能会有两个意见：一种是把正方体当做长方体另一种是把正方体排除在长方体之外。这时教师可引导学生再一次学习长方体的特征，使持第二种意见的学生认识到错了，从而自然地转入正方体的教学。这样设问回答，一开始就可给学生一个十分鲜明的印象：

正方体是长方体的特殊情形，有利于沟通新旧知识的联系。

（2）引导学生深入探究思考，也可以利用表象的方法，以利于学生进入情景。有的问题，若从课文的叙述，启发学生发挥丰富的想象，有时能收到出人意料的好效果。如教学《董存瑞舍身炸暗堡》第3意义段，教师设问："董存瑞在身负重伤的情况下，是怎样冲到桥下的？"指名学生朗读有关语句，其余学生闭目想象当时的情景。读毕，教师问："刚才，你眼前出现了什么情景？"学生联系电影电视中出现过的画面，在暴风雨般的子弹、流弹的伤腿、艰难的爬行、长长的血迹形象化的过程中，自然加深了对英雄献身精神的理解。在处理探究问题时，如能结合课文特点，创设具体行动的问题情境让学生进入角色，可以帮助他们加深对问题的理解。如《金色的鱼钩》中的问题："当小梁发现老班长吃草根、啃鱼骨时。老班长为什么不许他告诉别人？"问题的关键，是要让学生体会老班长这样做的原因。如果只在课文中找出有关语句，也十分容易，但学生难以体会人物的精神实质。有位教师是这样处理的：他让两名学生上讲台扮演"老班长"和"小梁"，把人物的神情、动作都表演出来。由于学生进入角色。说到"指导员把你们三个交给我"时，声音都有些哽咽。教师并未就此满足，又启发同桌互相表演。这种强烈的角色意识，使学生身临其境，深刻理解了老班长高度的责任感和崇高的舍己为人的精神。当然利用投影片、录像、录音等电教手段创设情境，同样能收到满意的教学效果。

（3）引导学生深入探究思考，也可以先研究背景，以利于深刻理解教材。有些问题从课文内容入手去理解，难以达到目的。如《我的伯父鲁迅先生》课后提问："鲁迅在救护、资助了那个车夫以后，为什么脸上变得那么严肃？"在教学中，这样处理为好：首先让学生了解旧中国劳动人民生活苦的历史背景。其次，从前面两个故事的学习中，让他们体会到，鲁迅先生对当时的黑暗社会十分憎恨，对穷苦的劳动人民充满同情。然后，设计两个问题进行引导：①鲁迅先生救助了那位车夫以后，心里会怎样想？②从鲁迅先生的神情变化，可以看出什么？学生不难说出：鲁迅先生从车夫身上，看到了旧中国千千万万劳动人民的悲惨命运，而这一切，都是那个不合理的社会制度造成的。想到这些，他既悲愤又痛苦，所以神情变得严肃了。这样理解问题就较为深刻。

（4）引导学生深入探究思考，也可以抓住细节启发，以利于学生化难为易。"细节是文章的血肉。"抓住课文中的典型细节进行分析，也是有效的方法，而且容易理解掌握。如《十六年前的回忆》"李大钊在法庭上表现怎样？他为什么能这样？"可引导学生从作者对李大钊的眼神描写入手。来体会他忠于革命的大无畏精神，初上法庭时，"母亲"和"我"都哭起来，而"父亲"只"瞅了瞅"我们。难道"父亲"见到亲人无话可说吗？学生体会到：李大钊深知敌人阴险狡猾他是用眼神暗示和鼓励母女俩要沉着机智和敌人进行斗争，分别前"父亲"又"望了望"我们，这个眼神意味着什么？学生认为：李大钊知道这一别将成永别，但他想得更多的，是革命的事业。他在用眼神来勉励"我"和"母亲"，无论发生什么事，都要继续为党工作，继续同敌人进行战斗。这样的理解就较深刻，而且容易。

（5）引导学生深入深究，还可以通过朗读来进行，以利于学生体会，获得真情实感。朗读能以声传情，是进行情感体验、突破难点问题的好方法。如《在炮兵阵地上》中的问题："什么事使彭总忍不住了，而且发那么大的火？从什么地方看出彭总批评的分量更重了？"这一问题，应在学生找出有关语句进行分析的基础上，引导他们反复朗读。通过彭总说话时语气的轻重缓急、语调的抑扬顿挫，来体会他对工作高度的责任心和对干部的严格要来。

10. 忌学生的被动局面，要有生动活泼的气氛

课堂提问是教学的常规武器。认真研究和探讨课堂提问艺术，对指导我们如何进行课堂思维训练，推动教改，大面积提高教学质量，是有很大的意义的。

教师提问，就是有目的地设疑。"疑"设得好，就能把学生引入"问题情境"，激发他们主动求知的欲望。如果教师一味提问，学生盲目地被一个问题"牵"着走，看起来气氛活跃，其实并未真正掌握求知的主动权，学生的地位只是从被"填"的"鸭子"变成了被"牵"的"牛"。这样的提问是应坚决反对的。老师组织的课堂教学始终要以学生为主体，他的每一个提问都要经过精心设计和编排。"问"是形式，"导"是出发点，让学生通过学习而趋于独立，最终完全

摆脱对教师的依赖，从而成为不仅在学习上能够自主而且在性格上、意志上，甚至整个人格上，都能够真正自立，这才是教育的目的，当然也是提问的目的。

课堂的生动活泼气氛，有赖于学生主体地位的确立。树立学生的主体地位，在提问时要注意：

（1）始问要引发学生的探索性。如果把一堂课看做一场游戏，那么课的开头就是这场戏的"序幕"要引人入胜，别有"洞天"。例如，一位老师在讲知识短文《词义》时，首先给学生讲了一个阿凡提理发的故事：有一次，阿凡提为教训一个理发不付钱的阿訇，刮脸的时候，阿凡提问他："眉毛要不要？"阿訇说："当然要。"阿凡提就把眉毛剃下来给了他。那人有气没处出，因为他说"要"眉毛，阿凡提接着又问他："您的胡子要不要？"那人忙说："不要！不要！"只见"哗哗"两刀，阿凡提又把他那漂亮的大胡子给剃掉了。听完故事，同学们都捧腹大笑。老师马上因势利导问学生："阿凡提究竟玩了什么花招，让那个阿訇上当了？"学生们的思维立刻活跃起来了，很快领悟到阿凡提在"要"这个词的词义上玩了花招。于是。课堂自然引到对词义的理解上了。"戏"就这样开场了。而我们有些教师也用故事引入课文，但与所授知识点并无直接联系。这位老师所讲的这个故事是紧紧扣住"词义的使用范围"这个知识点精心设计的，既激发了学生的兴趣，又活跃了思维，为一堂课的思维训练创设了良好的情境。

（2）巧问要选准突破口。列夫·托尔斯泰说过："重要的不是知识的数量，

而是知识的质量，有人知道得很多，却不知道最有用的东西。"这里一语道破了做学问的道理。"所谓从大处着眼培养能力，就是要把'最有用的东西'教给学生，并且通过反复训练，使之化为能力。"提问人人会。关键在于"巧"。巧者，事半功倍之谓也。

在教有余数的除法时，由于思维定势的影响，学生按照原有的认知策略来对待和处理新知学习中遇到的某些问题，往往会产生认知错误。因此，教师在教学过程中必须对此有所估计，预先以反诘语气设问，唤起学生警觉，理清学生思路，让他们通过谨慎的思维审定是非，悟出其中的道理。如教学有余数的除法时有下面一道题：

$$
\begin{array}{r}
42 \\
200\,\overline{)\,8500} \\
8 \\
\hline
5 \\
4 \\
\hline
1
\end{array}
$$

按过去的经验，学生很容易误认为余数是"1"。为了防止学生错误的认识，在除完时教师可问："这里的余数是1吗？为什么？"以引起学生的警觉和思索。

（3）续问要因势利导。近年来，随着教改的深入。"满堂灌"无论从理论上还是实践上都已经被绝大多数教师所摒弃，随之而来的"满堂问"却盛行起来。甚至有的教师干脆就写问答式的教案，学生被一个个疑问牵着走。这样的"满堂问"更糟糕。教师组织的课堂提问，要使学生始终处于主体地位，让他们分析问题和解决问题，教师只是"因其势而施导"，把学生引导到最利于他们的认识和发展的情境中，决不轻易"表态"，而养成学生的依赖心理。

例11 下面是一位老师教学《论雷峰塔的倒掉》中的一个片断：

师：据报道：杭州市决定重新筹款建雷峰塔。如果鲁迅还在，他听到了这样的消息会不会高兴呢？

生1：我以为鲁迅不高兴。（众笑）

师：讲道理吧。

生2：因为鲁迅把雷峰塔作为封建势力的代表。

生3：我认为鲁迅会高兴，因为封建势力已经消灭了。

生4：把塔建起来，可以让人们欣赏。

生5：因为，……鲁迅一定会不高兴。

师：（笑）你没有讲出道理。

生3：过去的雷峰塔是封建统治的象征，雷峰塔倒了，说明封建势力已被推翻了。

师：那么把它造起来，是要封建势力上台了？（众笑）

生4：重建雷峰塔是四化建设的象征。

生5：过去的雷峰塔是封建社会建立的，它代表着封建势力；而现在的雷峰塔，是社会主义时期建立的，它代表着？——

师：社会主义了？你和刚才那位同学的意见一样了。（众笑）

生：现在重建雷峰塔的目的是为了参观游览的，所以说鲁迅会高兴。

师：我抓到你的话里很重要的两个字。这就是"目的"。鲁迅写自己那么厌恶雷峰塔的目的是什么？难道他和雷峰塔那么过不去吗？非要说它坏？

生：鲁迅主要是借题发挥，并不是真正讨厌雷峰塔。

师：讲得很好。……

这一较有力度的问题在老师的循循善诱下很快就圆满解决了。从这里我们可以看到这位老师很善于营造生动活泼的教学情境，使学生的思维在互相撞击中迸射出智慧的火花。法国教育家第斯多惠认为，一个好的教师不应向学生"奉送真理"，而应引导学生去"发现真理"。这位老师真正做到了这一点。

（4）逆问要发展学生的多向思维。为了培养学生的多向思维能力，在课堂教学中，教师可以采用逆问手法，使学生先有一种山重水复、节外生枝之感，后有柳暗花明、茅塞顿开之悟。如在教学《驿路梨花》的最后一句时这样提问"……大家都在学习梨花，学习解放军，学习雷锋精神，那么'驿路梨花处处开'换成'雷锋精神大发扬'不更明了吗？"如一石激起千层浪，沉重很快讨论开了，出现了多种答案，最后归纳成"这篇文章题目是'驿路梨花'以花喻人，以人比花，用'驿路梨花处处开'富有诗意，比直说'雷锋精神大发扬'更好。"

（5）曲问要激发学生思考。"曲问"即"问在此而意在彼"，学生回答时脑子里要多拐几个弯，经过紧张的思考后获得云开雾散的快感。如《愚公移山》不问："'年且九十'的'且'字什么意思？"而问"老愚公多大了？"不问"'孀妻遗男'是什么意思？"而问"这个小孩跟老愚公一起去移山，他爸爸肯让他去吗？"这样的提问叫做"摘果子先跳"，更能启发学生积极思维。

11. 忌提问千篇一律，问题要有求异性

求异性又谓独创性。它有助于激发学生的思维兴趣，调动学生的思维潜能，引燃学生思维的火花，对培养学生思维的探索性和创造性大有裨益。在讲蚂蚁的外形特征时，一位自然老师利用儿歌提问。

幻灯映出儿歌：

□□的外表要记住，

身体分为头、胸、腹。

一对触角头上长，六条腿儿在胸部。

师问：这里的两个□，填什么？

生答：填上"蚂蚁"。

让学生读儿歌之后打出蚂蚁实物灯片。

师：我们就来研究蚂蚁的外形特征，这样设计问题激发学生的兴趣，使导入新知识过渡自然。

除此之外，还可从关键词语、重点段落、开头结尾、重点项目等方面引导学生进行"求异性"训练。

12. 忌提问繁琐，要引导学生概括、提高，自己发现规律

繁琐的提问，杂乱无章，提问很多，收获很少。例如指导学生观察图画后作文，老师不可能每指导观察一幅图，都要从头至尾地问个没完。关键是要引导学生学会观察，掌握观察的规律。如单幅图按"由远到近"或"由近到远"的顺序观察；多幅按事情发展的顺序观察等。教学生看图学文时把看图与学文结合起来教，让学生掌握观察不但观察要"按顺序"，作文也要"按顺序"。这些规律性的知识掌握了，就做到了提问的有

效性。

13. 忌提问的单向性，要有利于优化群体探究

课堂提问，并不单独体现在教师问学生答这一单向活动形式上，更多的是体现在教师激疑、学生质疑、师生共同释疑这种多向活动形式上，即课堂教学信息传递的形式由直线单向平面式，转为互相交叉的多向立体式，使教师与学生、学生与教师、学生与学生之间的信息传递畅通无阻、反馈及时，增加课堂信息量。这是提问的高层次。

当然，教师激疑，并不是放任自流，而应是放中有控，控而有序，起到教师的主导作用，使：①激疑——巧取思维诱发点，引导学生联系课文开动脑筋，去发现问题、提出问题；②控疑——对学生的质疑作适当的调控或指向，使之不偏离目标；③存疑——有意筛选有价值的问题存留下来，将其巧妙纳入教学过程；④释疑——采取教师释疑、自我释疑，优、中、差生兼顾等多种方法。

14. 忌提问抽象，提问要具体清楚，力戒空泛

例 12 一位老师在讲思想品德课《要讲效率》一课，讲了伟人爱迪生、周恩来、高尔基后概括提问，问题具体清楚，学生很快正确回答。

师：爱迪生是美国的发明大王，一生有 1300 多种发明。周恩来是一面学习，一面搞社会活动；高尔基一面做杂工，一面挤出时间读书；爱迪生一面卖报，一面研究科学。他们抓紧时间，做到了合理安排时间，想一想合理安排时间与效率有何关系？

生 1：合理安排时间能提高效率。

生 2：合理安排时间能在别人同样的时间里多做一些事。

师：周恩来、高尔基、爱迪生都不是只像我们一样单纯学习，而要一面学习、一面做事。做了比别人多的事，做到了讲效率。周恩来是怎样做到的？请一一勾画。

15. 忌提问单一死板，问题要有发散性

抓住课文中的悬念提出的问题，有利于学生展开推测、想象和联想，结论不急于归一，注意鼓励学生提出多方面的设想或各种解决问题的方法，经过讨论筛选，找到比较合理的结论。因此，提问在善于开拓学生的思维，使思维的方向由一点发散开去，不断扩散到各条渠道、各个侧面、各种角度，以求问题的解决。如教《凡卡》结尾时，凡卡给爷爷的信寄出以后，他的命运会出现哪些可能性变化？学生怀着较大的兴趣，紧张地思考，说出了四种可能性：①爷爷收到信后，立即接凡卡；②爷爷没收到信，凡卡继续受苦；③凡卡未等爷爷来接，就被老板折磨死了；④爷爷收不到凡卡的信。经过思考，学生认识到，凡卡的爷爷收不到信，因为信封上没写清楚收信人的地址和名字。另外，即使爷爷收到信，接他回乡下去，还是要过受剥削受压迫的苦难生活。这样，使学生进一步认识到，在那冷酷的社会制度下，凡卡无论走到哪里，命运都是悲惨的，这是 19 世纪俄国沙皇残酷统治、社会腐朽黑暗的结果。

16. 忌提问盲目性，要有准备地提问

教师应该明确提问的中心，在备课中围绕中心拟定包括主要问题、提问对象、提问顺序、可能出现的问题可能遇到的困难等的提纲，做到心中有数。同时，应该指导学生通过复习、预习为课堂提问做好准备的，只有这样，才能使提问有条不紊地顺利进行并收到预期效果。

17. 忌提问片面性，要面向全体学生

教师要针对学生的不同程度提出相应的、有一定难度的问题，使他们都能在自己已有的知识水平上经过努力回答出来，得到相应的提高。切不可只提问少数优生或差生而置大多数中间生于不顾，影响全班学习质量的大面积提高。特别要注意关心差生，通过提出一些难度较小、估计他们经过努力能够回答得出的问题并及时加以强化，使他们也得到成功的快乐，从而增强信心。

提问设计要有的放矢，不可随意问问答答，像"对不对""是不是"是与非只回答一个词，或是老师说了一大串学生只回答一个词语，这有点像赶鸭子，因为回答什么不需要学生思考，词儿是明摆的。因而提问不要轻易提出，得出的问题要是节骨眼上的，学生要动脑筋才能答得出。

推导平行四边形面积公式，关键是让学生懂得平行四边形与长方形的关系。①平行四边形的底和长方形的长有何关系？②平行四边形的高和长方形的宽有何关系？③底与长、高与宽分别相等，

这两个图形的面积怎么样？从而得出平行四边形的面积公式。这样突出了重点，分散了难点。

18. 忌提问脱离教材，要把提问和读书结合起来

好的提问能启发学生思维，促使学生把文章读会。因此要把提问和读书方法的指导有机地结合起来。广大教师在这方面已经创造了不少好的形式。

例 13 一位自然老师讲《昆虫》时是这样提问的。

放映幻灯片：带"虫"字旁的动物图。

观察与问题：这些动物都认识吗？它们有什么共同特征？

生：有螃蟹、蝎子、蝴蝶、蚂蚁。

生：它们的名字都有一个或两个字都有"虫"字旁。

师：这些带"虫"字旁的动物，都是昆虫吗？

生：有的是，有的不是。

师：哪些是？哪些不是？

生：蝴蝶、瓢虫、蚂蚁是昆虫。根据同学们的意思，我们先把大家认为是昆虫的动物——蚂蚁，作为研究对象，对它进行研究。请大家打开书，认真读课文，找找它们的特征。

师：今天我们就来研究什么是昆虫。

总之，每篇教材有各自的特点，设计提问时也要根据这些不同的特点设计不同方式的提问，不能千篇一律，提问一经设计好，也不是一成不变的，还要根据课堂上学生的实际进行必要的修正。

19. 忌提问公式化，要采用不同方式进行提问

每节课里，教师如何掌握和控制的提问的时机、提问的频率、提问的时间及提问后的等待时间等将影响学生对问题解决的效果。在一节课的不同阶段，学生思维的紧张强度是不同的，教师应抓住时机采用不同方式进行提问。如在上课初期，学生的思维处在由平静趋向活跃的状态，这时多提一些回忆性的问题，有助于培养学生学习积极性，增强他们参与讨论问题的意识。当学生思维处在高度活跃时，多提说明性和评价性问题，有助于分析和理解课文，不同时间的提问对学生记忆和思维产生的效果不同。对待同一提问内容，学习前的提问对学生记忆和思维产生的效果不同。对等同一提问内容学习前的提问与学习后提问，学生思维与记忆的范围有大小之别。如：在得到商不变性质后，为了防止学生忽视"同性"这个条件，根据$160 \div 40 = 4$，问：$(160 \times 8) \div (40 \div 8)$，$(160 \div 8) \div (40 \div 5)$ $(160 \times 3) \div (40 \times 4)$ 是不是等于4，为什么？

20. 忌语言混乱，提问语言要纯化、美化

（1）语言的纯化。语言的纯化主要体现在以下两方面：

①规范、纯正。教师须用规范化的语言——普通话进行教学。师生之间用普通话进行课堂交流，会使信息畅流。一般来说，学生普通话说得纯正，能听得清楚。

②健康、纯洁。教师课堂语言有很强的示范性影响力，对学生的言行、习惯乃至思想感情都有着潜移默化的影响。"这个""那""个""嗯""啊"之类的口头禅，属于课堂教学语言中的杂质，"他妈的"等有伤大雅的"国骂"，都属于不洁语言，是对课堂教学的污染。教师应以捍卫课堂教学语言的健康和纯洁为己任，随时注意清除语言杂质和语言污染。

（2）语言的美化。听一堂好课，就像欣赏一首名曲，余音袅袅，三日不绝。这与优美的教学语言的魅力关系颇大，提问也要有艺术情趣。提问语言要：

①准确、严谨。教材中概念、定义是对客观事物科学的概括。教师的课堂语言必须具有科学性、准确性，以免造成学生理解上的失误或困惑。一堂课就像一篇文章一样，要结构严谨脉络分明，主旨明确，重点突出，富有强烈的逻辑力量，表现在提问中尤应这样。

②清晰、简练。在课堂教学中教师的课堂语言受着特定的教学内容和授课时间的制约。教师要以最简洁的语言传递最大限度的知识信息量，就必须做到语言简练流畅、清晰洪亮，有条不紊，通俗易懂，使提问富有启发性。

③形象、生动。形象化语言是课堂语言优化的重要特征，它能使那些深奥的道理形象化，抽象的道理具体化，使听者产生如闻其声，如见其人，如临其境，如历其事的感觉。教师对课堂语言进行修辞加工和艺术处理，能使学生在轻松愉快的气氛中回答提问。

④幽默、诙谐。幽默诙谐的语言是思想、学识、智慧和灵感在语言运用中的结晶。前苏联教育家斯维特洛夫认为"教育家最主要的，也是第一位的助手是幽默。"在课堂教学中，教师直接以生动

有趣诙谐幽默的语言讲授知识，可以让学生体验轻松愉快的情绪摆脱苦学的烦恼。进入乐学的境界，但提问幽默要服从教学的需要，切忌油嘴滑舌、流于庸俗化。

⑤语调和谐，在提问中教师应注意到语言表达形式的音乐美，使学生感到悦耳动听。它一方面表现在发音吐字上，以嘹亮、圆润、明快为上乘，至少也要做到自然、和谐；另一方面表现在语调的旋律和节奏上，能抑扬顿挫、疏密相间、自然有序，使学生能从容不迫地思考，对提问感到乐趣。

21. 忌提问紧张匆忙，要留给学生思考余地

据一些美国教育专家研究，对学生的提问在每个问题提出之后，至少要等待三秒钟，这样做有许多好处：学生可以回答较多内容；更多的学生能够主动而又恰当地回答问题；可以减少卡壳的现象；可以增强学生的信心；能够提高迟钝学生的积极性；可以增多发散思维的成分；能够减少以教师为中心的现象；学生可以列举更多的论据；学生能够提出更多的问题；能够增加回答的多样性；能够增强相互之间的影响。

课堂上如果没有"想"的因素积极参与掌握知识培养能力，将是一句空话。孔子是深知这一点的，所以他说："学而不思则罔。"可见让学生"想"，在学习过程中是多么的重要。

然而目前常见的课堂教学，常常是讲述声、答问声不绝于耳，不是"满堂灌"，就是"满堂问"，风风火火，热热闹闹；老师辛苦，学生疲劳。"想"，这

个必需的因素被拒绝于课堂之外。难怪有位名人慨叹：当年幸好他的启蒙老师因胃病课堂吃药，趁此机会他得以冷静地想想老师刚才所讲的内容，因而才有所获。

本来，课堂提问是要学生"想"的机会，但连珠炮式的提问，以及所提的那些学生不动脑筋就可以脱口而出的问题，不可能使学生产生积极的思维活动。老师简单的提问、学生肤浅的答问，你来我往充斥课堂。"想"被挤掉了。老师的提问必须以学生的读与思为出发点和归宿，问题要有一定的思考价值，应设计在让学生"要摸到，跳一跳"的水平线上。既要考虑学生现有水平，又要顾及经思考可以达到的水平。这样做了，就是把"想"这一因素作为提问的设计的核心问题来看待了。只要在课堂上再留给学生适当的时间思考，"想"就可望落实到位。

如在教学异分母分数加减法时为了使学生透彻理解先通分、后加减的道理，可提出下列问题：①整数加减法为什么要相同数位对齐？②小数加减为什么要小数点对齐？③同分母分数加减法，为什么分子不能直接相加减？④异分母分数加减法，为什么分子可以直接加减？这样的问题，沟通了新旧知识的内在联系，使新旧知识纳入到学生原有的认知结构中，较好地实现了旧知识对新知识的正向迁移。

苏霍姆林斯基说过："真正的学校应当是一个积极思想的王国。"课堂尤其要变成为积极思考的王国。在课堂中留出足够的时间让学生"想"，同时"教会学生思考，这对学生来说，是一生中最有

价值的本钱。"（赞科夫语）我们何乐而不为呢？所以，提问后很重要的环节要让学生"想"。

22. 忌以教师为中心满堂问，要引导学生自己探索发现

随着教育改革的不断深入，传统教学中以教师为中心的"满堂灌"方式越失去市场，代之而起的是重视开发学生智能的启发式教学。但在实际应用中，有些教师片面理解启发教学这一教学的指导原则，因而在课堂教学中过多过滥地运用提问，传统的"满堂灌"发展成了"满堂问"。那么"满堂问"是否一定有助于发展学生的思维能力呢？回答是否定的。因为课堂提问的成功与否，并非看提问了多少个问题，而是看提问是否引起了学生探索的重要性，但即使是好的提问，也不宜过多，太多则容易造成学生疲劳，挫伤他们的兴致，影响学习的效果。至于那些只从教师主观愿望出发，习惯于使学生简单地接受或被动的工作的"满堂问"方式更是要不得。那样的提问往往不顾教学任务、教学内容和学生的适应程度。就提问的内容而言，或大则无当，不着边际，学生不易回答；或为问而问，缺乏针对性；或过于琐碎，不能体现教材内容的重点；或简单机械，老调重弹，根本不需多加思索；或又太过于高难，学生感到高不可攀，回答不上。就提问的方法看，有的是连珠炮式地发问，学生来不及思考，末了只好教师自己回答，提问变成了设问；有的则是按学号、依座次提问，甚至先指名，后发问，除了被指名者不得不应答外，其他学生视作与己无关，思想处于停滞状态。有时再加上提问者表情严肃、语言平淡，发问形同考问，提问与回答的气氛必然冷冷清清。学生感到压抑，教师无精打采。思想被冷冻，情绪遭破坏。诸如此类的提问，几乎无助于促进学生的思维。

八、启发学生提问的艺术

教学中不仅教师要善于提问，还要善于启发学生自己提出问题。朱熹说："读书无疑者须教有疑，有疑者须教无疑，到这里方是长进。"爱因斯坦说："提出一个问题往往比解决一个问题更重要，因为解决问题也许仅是一个数学上或实验上的技能而已，而提出新的问题、新的可能性，从新的角度去看旧的问题，却需要创造性的想象力，而且标志着科学的真正进步。"李政道在与中学生的一次谈话中说："最重要的是要提出问题，否则将做不了第一流的工作。""学起于思，思起于疑。"学生有疑才能打破头脑中的平静，激起思维活动的波澜，学习才不会浅尝辄止，满足于一知半解。因此，教学中教师向学生提出问题固然重要，但启发学生自己提出问题则更为重要。

光是由教师提问，学生总难以摆脱被动学习的地位，所以，有人认为，如果课堂上多让学生自己提出问题，讨论问题，绝非易事，这需要教师掌握激发"问题"的艺术。

首先是激"问"之前，要给学生深入思考教材的时间。一位老师一次应邀到外地某中学上《故乡》一文，行前，先写信要求学生熟悉一下课文，思前顾

后，提出些问题。可是学生却说读懂了，一个问题也没提出。老师到达后，没有急于上课，而是再给学生时间读课文、想问题，结果，全班同学提出了三百多个问题。

自然，也会有老师给了学生充分的阅读时间，课堂上仍然寂静无"问"。其实，此时学生思维状态已如一道闸门，挡着洪水，一旦教师用巧妙的方式开启了这边闸门，各种各样的问题就会喷涌而出。

怎样才能打开"闸门"，启发学生自己提出问题？这里介绍一些具体方法。

（一）投石激浪巧提问

教师在课堂提问时，善于用调动情感的手法，去拨动学生心灵的琴弦；充分运用教材的情感因素。去触发学生思想感情的诱因；使之能与作者、作品的思想感情合拍，产生共鸣，以达到"融美于心灵"的地步。古人常讲："感人之心莫先乎情。"用调动情感的提问方法感染学生，调动学生的积极性，是最佳的方法。

教师为学生精思置疑善于引路，教师在教学中注意发现问题，提出问题，使学生从中受到启发，逐渐摸到精思置疑的路子。这就是投石激浪，这块"石"就是老师精心设计好的提问范例，这个"浪"就是学生积极思维的好学精神。

认知心理学的研究表明，影响学生掌握概念的一个重要因素是认知结构变量的可辨别性，即认知结构中的有关概念有分化程度，若学生学习新概念与他们认知结构的原有相关结构没有精确分

化，学生便不能牢固地掌握新概念，因此，为了使新旧概念分化，教师必须采用示范引路对比设问。如在教完"整除"和"除尽"这两个极为重要又极易混淆的概念时，教师可进行对比设问："整除和除尽有何区别和联系？"使学生对这两个概念能正确地认识，理解、精确地分化。

（二）比较中激发思维

有比较才有鉴别。比较是一切思维的基础。比较是启发学生提出问题的好方法。

1. 让学生在比较中发现规律

创造性思维的一个重要的品质是观察敏锐，能通过观察、分析、比较发现新规律。课堂上可通过多媒体教学、图文并茂的灯片、形象生动的事例，激发学生强烈的兴趣。如由两个物体间的比较到三个物体的比较，让学生在乐中学，玩中练，看中想，从比较中去发现规律。两个物体间比较首先要确定标准，谁与谁比；三个物体的比较，首先要两两比较把三个物体的比较逐一转化为两个物体的比较，通过比快慢，比高矮，比大小，让学生看一看，想一想，说一说，练一练，引导他们从中提出有创见的问题，发现规律，发展他们的创造思维能力。

2. 让学生在比较中激发思维

发展思维是数学教学的重要任务。运用比较的方法，通过生动的故事、形象的图片，激发学生的积极思维。如通

过多媒体灯片和录音讲述小故事《老牛和松鼠》比河水的深浅是以河水的深度作标准；运用投影片飞机与火车比速度的快慢；三个同学比高矮，四个动物比重量，从而强化了谁与谁比。比首先要确定标准，让学生在形象生动的比较中去提出问题。

3. 让学生在比较中深化思维

认知心理学告诉我们，学生对数学的概念规律的认识和掌握不是一次完成的对知识的理解总是经历了一个不断深化的过程。运用两个物体比大小，比厚薄，三个物体比高矮，四个物体比轻重，引导学生在比较中观察，在比较中提出问题，在比较中思考，在比较中发现规律，在比较中找到方法，促进思维的深化。如图 4.5 说出黑色部分比白色部分多多少？

图 4.5

4. 让学生在比较中发展思维

运用反馈法将学生学习的结果及时反馈，及时调控，及时评价，及时强化，学生在老师的引导下能从多角度、多侧面去思考，去提问题并能运用推理，把较复杂的问题通过比较得出正确的结果。如几个动物玩跷跷板，几个同学赛跑比

快慢等。

例 14 看谁跑得快

图 4.6

小 A、小 B、小 C 和小 D 分成三组进行跑步比赛（图 4.6），你能通过观察排出他们的名次吗？

第一名（　　）　　第二名（　　）
第三名（　　）　　第四名（　　）

教师出示投影片后，观察思考后用反馈卡出示结果。错的同学请（他）说说你是怎样比较的？及时纠正错误。

通过练习设计紧扣"比较"提出问题，由浅入深，层层推进，抓住指导观察，比较分析，诱发思维，独立判断，及时反馈，及时矫正等环节，把思维训练落在实处，学生思维活跃，课堂容量大，效果好。

5. 让学生在新旧比较中，活跃思维

（1）新知识和旧知识对比，促进正迁移。小学数学内容是根据数学知识的内在联系和儿童认识的规律编排的，各类知识体系符合由浅入深，由易到难，

循序渐进，螺旋上升。各类知识分散在各单元，各年级形成联系，教学时用比较的方法，突出知识的联系。有效促进正迁移。例如：整数的加、减法计算法则教学，在学习了一位数加减后，两位数的加、减教学新知识时以一位数加减作铺垫准备，以旧促新，使学生循序渐进地牢固掌握知识，归纳完整的法则：相同数位上的数对齐；从个位算起；哪一位上的数相加满十向前一位进1；被减数哪一位不够减，从前一位退1作10和本位加起来再减。这两个法则是在两年的计算学习中，通过比较积累成的。可见，前面的知识是后而后知识的基础，后面知识是前面知识的引申和发展。运用新旧比较，突出前后的联结是尤为重要的。

（2）比较中揭示矛盾，激发兴趣。教学时，常用比较方法，揭示知识间的矛盾，使学生产生学习新知识的欲望，激发学习兴趣。例如：教学一位数除多位数，在引出新的学习内容 $296÷4$ 后，及时启发学生与旧知识 $496÷4$ 相比较，寻找差异，突出新内容关键——被除数前一位除数不能商1，从而引出与旧知识的矛盾——不能在百位商1。"怎么办？"争强好胜的心理与求知欲，使学生兴致勃勃寻求解决新知识的答案和途径，得出要看被除数前两位，商写在十位上。由此可见，新旧知识的矛盾揭示，能激发学习兴趣，进入最佳状态，活跃思维。

6. 让学生在比较中沟通联系，形成良好的认识结构

比较按时空的区别分为纵比和横比。运用纵横对比的方法，促使学生以整体去认识组成知识各部分，理解各部分之间的内在联系，形成和发展相应的认识结构。例如：在教学乘除应用题时，必须通过对比，让学生认识乘除应用题中各部分知识之间的联系，弄清题中各部分量的关系，然后把题中的条件与问题置换成两道除法应用题，分析解答后引导学生进行纵横比较。

①长征小学组织了4个学雷锋小组，每组8人，一共有多少人？

②长征小学32人组织了4个学雷锋小组，平均每个小组多少人？

③长征小学32人参加学雷锋小组。每组8人，共组织了多少组？

纵向比，都是同一件事情，有每份数、份数、总数三个数量。数量关系：每份数×份数＝总数。总数÷份数＝每份数。总数÷每份数＝份数。因条件与问题的置换，解答的方法不同，通过这样比较，加深对知识的理解。

横向比，后两题都是用除法计算，但前一题是等分除，后一题是包含除，通过一比，有利于学生掌握知识间的连接点。

经过多角度的比较，构成乘、除法应用题的各部分知识间建立纵横联系，在学习头脑中形成知识结构网络。

7. 让学生在比较中发展求同、求异的思维能力

比较按目标的指向，可分为求同比较和求异比较。在教学中常需引导学生进行异中求同的类比和同中求异的对比。

（1）异中求同，加深认识知识的本质特征。有些知识间表面看差异较大而本质上有着共同的特征。通过类比，找

出它们之间本质的共同要点，促使对知识更深的理解。例如：整数、小数和分数加、减法则教学，表面看，这几种数的计算有很大差异，通过三者的类比，却能找出它们之间的共同点：整数加、减中强调相同数位的统一数对齐小数加减则强调小数点对齐，分数加减则强调分数单位。它们的编排分布在几个年级的章节，教学间隔时间长，在教学中注意选择适当时机抓好要点的类比，突出三者共同特点——计数单位相同的数才可直接相加减。这样，学生不但对三种数的加、减法则理解，使概括的能力得到提高，思维有所发展。

（2）同中求异，提高细心观察、对比的能力。有些概念公式或题目，表面看起来非常相似，实质上有异。只要细心观察、细心分析，也能找出相同点和不同点。帮助学生理解概念，弄清数量关系，掌握解题方法。

通过正误比较。引起学生对知识更深刻的思考。在教学直线和线段知识后，出现这样的命题：①线段是直线的一部分；②凡是线段都是直线；③有两个端点的线是线段。学生对这些命题进行判断，错误的要说明理由，使学生在错误中剖析，加深对线段、直线概念的理解。

通过辨异比较，有利于学生对表似实异的知识印象深刻，记忆牢固。教学等腰三角形、等边三角形时，引导学生比较相同点：都有三条边和三个角；不同点：等腰三角形两条边相等，两底角相等；等边三角形三条边相等，三个角也相等。通过比较，掌握等腰三角形、等边三角形的特征。

（3）通过变式比较，加深概念的理解。在教学中，练习设计时变式比较的形式较为常用。让学生运用概念的各种变式，比较、突出本质要素，排除非本质要素，加深对概念的理解。如：在教学能被3整除的数时，练习时设计这样的练习："下面几种说法是否一个意思？为什么？①能被3整除的数；②是3的倍数；③3是这些数的约数；④3能整除这些数。"其表述虽不一样，但实质相同，这些练习，可以加深对"整除"概念理解。此外，几何知识的教学，常用图形变式对比练习，强化图形的本质属性的认识。思考性的变式练习，更能发展学生的思维。如教学三角形知识后，让学生判断图中有多少个三角形？

学生只有动脑筋去运用三角形特征的知识，才能找到正确的答案，因而也锻炼了思维能力。

运用比较的方法时，应注意比较的内容和要求，必须适合小学生的年龄特点。而且比较并不是独立使用，是和分析、综合、抽象概括等逻辑方法密切联系起来，相互渗透。教师只要能启发引导，使用比较方法合理适时，就能打开学生的思路积极主动地提出问题。

比较是一切思维和理解的基础，通过对比提问，促使学生思考，到深刻理解知识的本质意义；掌握知识间的联系与区别之目的。一般来说，教学中常用的对比方式主要有以下几种。

①正反对比。即指正运算概念与逆运算概念的对比。如，加与减、乘与除、正比例与反比例对比等。通过正反对比，可以加深对知识的理解，把学生的认识引向全面。

②辨异对比。即把相似、相近、相

关的异步类实物加以对比。如 $2a$ 与 a^2 之比除与求比值与化简比等。通过辨异对比，不仅可以显示知识间的差异，有利于精确区别各自内涵，防止认识泛化，而且可以把握知识间的联系。

③同类对比。指通过同一范畴的一类事物属性的分析、综合，比较其共同的本质属性，从而实现抽象概括。如学生过约分和通分后，理解往往停留在"两种过程""两种方法"的浅层认识上，若适时组织对比，让学生看出两者都是分数基本性质的应用——前者取"同时缩小相同的倍数"，后者取"同时扩大相同的倍数"。这样，就能把学生认识引向深层。

④正误对比。正确的东西，往往是在鉴别错误中形成和强化的。因此对于一个数学知识不仅要强调如何认识它、记忆它、运用它，有时也有必要写出对应错例，并指出其错误根源、比较两者正误。

对比，印象深刻，可以防止错误再次发生。如

（错）$5 \times \frac{1}{5} \div 5 \times \frac{1}{5} = 1 \div 1 = 1$，

（正）$5 \times \frac{1}{5} \div 5 \times \frac{1}{5} = 1 \div 5 \times \frac{1}{5} = \frac{1}{25}$。

⑤顺逆对比。针对学生顺向思维好、逆向思维差，在提问中有意安排学生在由顺到逆、由逆到顺的整体性知识训练中进行对比。

如比较下面 2 道数不题。

筑路队修一条公路长 5200 米，平均每天修 40 米，修了 25 天后还剩多少米？

筑路队计划每天修 40 米，修了 25 天后还剩 4200 米，原计划要修公路多少米？

然后对比提问：两道题的解题思路有何不同？

经常组织顺逆题组训练，便于学生面对双向的应用题情节和思维流程自由顺逆回环，并且不断内化增强还原意识，对开拓学生的解题思路具有重要的意义。

（三）学科特点要鲜明

根据学科特点，教会学生提问的方法。知道从哪些方面提出问题。

1. 对数学概念的提问方式

（1）这个概念产生的背景是什么？

（2）如何定义这个概念？

（3）这个定义里面，哪些是关键性的字眼？

（4）为什么要这样定义？

（5）有哪些等价的定义方法？

（6）定义这个概念使用了已有的哪些概念？

（7）与这个概念邻近的概念有哪些？它们的主要的联系和区别是什么？

（8）能否举出这一概念的一般例子，特别是各种反例？

（9）这一概念有什么作用举例说明它的作用？

（10）这一概念的地位怎样？

2. 对数学定理的提问方式

（1）这条定理的背景是什么？

（2）如何证明这一定理？这个证明方法是如何想出来的？其思考方法有无典型性？

（3）还有什么不同的证法？什么证

明最好？为什么？

（4）定理的各条件在证明过程中哪个地方用到？证明过程中还使用了哪些已有的知识？

（5）减少或改变定理中的某一或某些条件对结论将产生怎样的影响？

（6）这个定理作为一个命题，其逆命题是否也真？

（7）这个定理有些什么推论？

（8）这个定理能否推广？

（9）这个定理主要在哪些地方应用？

（10）这个定理的地位及与其他定理的关系怎样？

3. 对数学例题与习题的提问方式

（1）题目的条件是什么？问题是什么？

（2）解题的思路是什么？解这题所用的方法对解决其他问题是否有什么启发？

（3）有没有其他解法？哪种解法最好？好在哪里？

（4）解这一问题，除已知条件外，还用到一些什么知识？它们是怎样被利用的？用过之后，对这些知识有什么新体会？

（5）这个题目的目的是什么？做了这个题目得到了什么启发与收获？

（6）怎样验算解答结果是否正确？能否从不同角度推导所得解答？

（7）如果把这题目的某些条件加以改变，将有什么结果？

（8）这个问题能否适当推广？

（9）这个题目是否符合实际情况？

（10）做过的哪些题目与此是同类型的？

4. 语文学科的提问方式

（1）查寻异常。课文中常常有一些不同寻常、不依常规的内容和写法，如果找到了这种写法，问题就提出来了。

如，《鞠躬尽瘁》一文中有这样一段：

"1964 年 5 月 14 日，在焦裕禄同志生命的最后时刻，中共河南省委和开封地委两位负责同志守在他的床前。

他拉着这两位同志的手，断断续续地说：'党……派我……到兰考……工作，我……没有完成……党交给我的……任务。'

这就是他，一个坚强的共产党员，在生命最后时刻的遗言。"

焦裕禄同志是中国共产党兰考县县委书记。当然是共产党员，这是不言而喻的。为什么文章还要写出他是"共产党员"呢？这就是异常的写法了。学生发现这种写法后，就会提出"作者为什么要这样写？"从而去探究作者的匠心，作者用"共产党员"四个字，一是对焦裕禄崇高品质的概括，二是告诉人们焦裕禄是共产党员的典范。

（2）揭示矛盾。有位老师教《死海不死》一课，学生自读课文后提不出问题。老师就介绍说："有的研究者认为，《死海不死》在写作上有一个毛病。上帝造海神话的末尾几句，和前面情节有矛盾：既然整个村庄已经沦为汪洋大海，上帝怎样还能'让他们没有淡水喝，也没有淡水种庄稼'呢？可有的研究者却认为这是神话，不可细究，不能算毛病。"这一对矛盾点的摆出，使学生顿时发现课文中还有一些地方自己没弄明白，于是，各种具体的问题就产生出来了。

在一篇课文里，常常出现两个相反或相对的意思，构成一对矛盾。然而这对矛盾，是作者有意安排的有着特殊用意，学生发现了矛盾，也就会提出问题。

例如，孙犁同志的《荷花淀》，写的是抗日战争时期发生在白洋淀地区的一次水上伏击战。而这样一篇以抗日武装战争为题写的短篇小说，在开头描写景物的时候，并没有描绘硝烟弥漫、战火纷飞的场景，却写出了白洋淀地区的一派富饶、美丽、恬静的水乡风光。这样写景不是和打汽船的抗日武装斗争相矛盾吗？学生发现了这一矛盾，就自然会提出问题。通过阅读、思考，才理解到原来作者的特殊用意是，用艺术手法含蓄地写出了白洋淀人民英勇地投入抗日斗争的思想基础：如此美丽、富饶的国土，岂能允许日寇进犯？如此美好、恬静的家园，岂能容忍敌人践踏？

（3）假设对照。给某篇文章的整体或局部，假设一个对立的内容或一种对立的写法，并且拿它与原文比较、对照。思考二者的不同与优劣，这便是假设对照的质疑方法。

假设对照的办法可分为两大类：

第一类增减性假设。假设增加某些内容或写法或假设去掉某些内容或写法，并且与原文对照，比较优劣，这是假设对照的质疑方法之一。

例如，《白杨礼赞》一文的第一段，开篇就点明题旨："白杨树实在不平凡，我赞美白杨树！"可是，接下来并没有解释白杨树是怎样不平凡，却是写了西北高原的景色，作者为什么要这样写？如果去掉这一段，文章的效果又会怎么样？

通过对比才明白，原来，第二段写高原的风貌，是为白杨树的出现设置背景起着衬托白杨树的作用。

第二类，更替性假设。假设用一种与原文不同的内容或写法取代原文然后与原文对照比较，思其优劣，这是假设对照质疑的又一种方法。

例如，《谁是最可爱的人》列举了志愿军战士的三个英雄故事而且在每叙述完一个英雄故事之后，都有一段议论、抒情的话，这三段议论抒情又都是采用的反问句式。

在理解这三段话采取问句作用，可以这样思考：若是把"你不觉得我们的战士是可爱的人吗？"变为陈述句，文章的效果又会怎样？这样提出问题以后，经过思考、研究便会懂得，这里采用反问句式，不仅具有陈述句所表达的全部意思，而且具有发人深省，引起共鸣，强烈感染读者的作用。

（4）对照探索。当阅读某篇文章难于发现问题的时候，如果找来另一篇内容相近或文体相同的文章，把它们放在一起比较，就会从中发现一些问题。为什么内容相近或文体相同文章，却有着不同之处呢？在比较的过程中，问题很自然地就提出来了。

例如，《海淀仲夏夜》中优美动人的景物描写，给人留下了深刻的印象。要说提问题，可能一时难以提出。如果拿来同是描写景物描写的另一篇课文——《春》比较一下，情况就不同了。《春》的景物描写可以理解为是描写同一时间的不同景物而《海淀仲夏夜》是按时间的推移描写从夕阳西下到夜色加浓，玉兔东升，明月当空，最后到深夜，依次出现的景物。

（5）区别选择。对所阅读作品的内容或写作方法，提出两种或两种以上的不同见解，进而从中选择出一种正确的答案，这就是推敲选择质疑的方法。

例如，阅读《同志的信任》一文时，会发现课文中有两个人物——鲁迅和方志敏。从描写两个所占的篇幅看，大约每人各二分之一。从文章的内容看，一方面写了方志敏同志的被捕，粉碎敌人"游街示众"的斗争，在狱中给党中央写信、写文稿并决定托付给鲁迅先生转交的经过；另一方面写鲁迅先生收到密信和文稿及珍藏并转给中国共产党中央委员会的过程。那么，这两个人谁是这篇文章的主人呢？这需要作出选择，问题就提出来了。

为了作出正确的选择，就要全面、深入地分析原文，找出文章的主人公是鲁迅的种种根据。

（6）分辨判断。阅读过程中，对文章的思想内容、篇章结构、表现手法、语言运用产生一定的认识，这是阅读已深入一步的表现，但如果到此为止，那么阅读就不会再深入了。若是对自己的认识是对是错，对文章的写法是优是劣提出问题寻求答案则需对文章做进一步钻研，这便是辨别是非，判断优劣的质疑方法。判断自己对文章的某种理解是正确的还是错误的，属于是非性判断；判断读物中的某种安排、某些表现手法、某种表达方式是好还是不好，这便是优劣性判断。

例如，《桃花源记》中，"初极狭，才通人。"一句，阅读时可能会想到，这是说刚刚能够通过"一个人"那么这样

理解对不对呢？这样一想，问题就出来了。这个问题，研究就深入了。可以从学过的其他课文中再找一些与"一个"有关的句子进行研究。最后得出"才"表明"仅仅"之意。"人"是"一个"的结论。因为"一个"在这里省略了，证明初读时的理解是正确的。

再如《小橘灯》，作者有在前文小姑娘答话中交代王春林的情况，却在文章将要结束时才作交代，这种安排好不好呢？这便提出了问题。经过分析，感到这样安排是合理的。

以上两例，前者是是非判断，后者是优劣性判断。

（7）探求详情。这是对文章中概括或简要的描述，做具体、深入的探究的一种质疑的方法。

例如，竺可桢的《向沙漠进军》，第一句就说："沙漠是人类最顽强的自然敌人之一。"这是概括的说法。若探求其详情，则可提出一系列的问题，诸如，说沙漠是人类的自然敌人，有哪些具体表现呢？既是敌人就要向人类攻击，它是怎样攻击人类的？说它是"最顽强"有什么具体表现呢？我们用什么办法来对付这自然敌人呢？

（8）寻根问底。事件总有个发生、发展、结局的过程。所谓对找原委，就是阅读如果读到了上述过程中的某一环节，就去寻另外的两个环节。这种寻求，也就提出了问题。既可以从事件的起因去寻求事件的发展和结果，也可以从某一情节的发生，去寻找原因和结果；还可以在搞清楚文章的主要内容之后，去寻找文章的中心。

俗话说："提出问题是解决问题的一

半。"培养学生的创造性思维，重要的一环就是要培养学生自己提出问题的能力。牛顿如果提不出苹果为什么下落的问题，就不会去发现万有引力定律；瓦特如果提不出开水壶盖为什么跳动的问题，就不会发明蒸汽机。明确了这一点，教师研究和掌握激"问"艺术的意义就清楚了。

（四）主体地位作保证

学生积极提问的基本条件是学生对其主体地位的自觉，要培养学生提问的主动性特别要提高学生的主体地位，并培养学生增强这种主体意识。

怎样增强学生的"主体意识"？

1. 要让学生明确学习目标

清晰的教学目标宛如醒目的靶子，为教与学指明了方向。明确目标应根据不同教材、不同学生而采用不同的形式和方法。一般地说，大部分课时目标均可由教师在课前直接告知学生；对知识点多的课时目标，教师可在教学过程中逐步揭示，最后再进行归纳；有些目标可让学生课前提出。比如学习"基础训练"可让学生根据标题在课前先提出学习目标，再具体学习；有些目标可让学生在课后整理得出。如学习古诗《题西林壁》，通过学习，学生得出如下目标：①理解全诗的基本意思；②体会诗句"不识庐山真面目，只缘身在此山中"所含的深刻道理；③会背诵和默写全诗。

2. 要让学生有提出疑难的充分机会

"提出一个问题，胜于解答10个问题。"这话显然带有一定的夸张色彩。从古至今"学贵有疑"之说举不胜举。这就充分说明质疑在学习中极为重要的。教学中，让学生无保留提问，做真正的学习主人是确保学生主体地位的一条途径。如教《给颜黎民的信》的最后一件事，为确保学生的主体地位，放手让学生质疑。学生提出如下问题：鲁迅明明看出"我"署的假名，却故意通知"我"，这不是在出"我"的洋相吗？前文说"我向来没有留心儿童读物"，这里又说"我"看了一本《关于小孩》的书这不是前后矛盾吗？师生围绕这两个问题议析后得出：第一个问题至少能说明两点：①鲁迅对"我"的信非常重视。看得十分仔细，体现他关心"我"；②实事求是是革命者的本色，对"同志"都不敢写真话，这是不应该的。这里实际上是鲁迅在对"我"进行无声的批评教育，同样体现他关心"我"；第二个问题说明，鲁迅也许为了解答"我"在信中提出的问题，特地去了书店查看一些儿童读物，这更体现他对"我"及其下一代无微不至的关怀。以上的讨论分析对学生无疑是有益的，而此效果正是在确保学生这个主体地位的前提下得到的。

3. 要让学生参与教学过程

学生参与程序的大小是衡量教学质量高低的重要标准。课堂上，老师提出一个问题，一些学生就举手准备回答。这些学生在通常情况下应该说是参与了教学过程。但另一些未举手的学生是否也一定参与了学习过程呢？这就难以一概肯定了。就此也要求教师设计问题要"精心"，力争体现既"妙"又"趣"，做到妙趣横生，以激发学生参与，确保学生的主体地位。教学中，决不能为几个学生的对答如流而沾沾自喜，更重要的是要弄清其他学生的参与程度。为此，教师要努力改进教法，积极的提倡和运用"表演性""互问法""讲座法""实验法""反馈法"等等有利于发挥学生多种感官作用的教法，促使学生积极参与，全面发挥主体作用。

4. 让学生尽量参与解答问题的过程

学生在学习中往往会遇到一些难题，这些问题一旦提出就要解决，从而形成教学过程中的一个小小环节，即小高潮。对有经验教师绝不会"代而答之"，使环节趋于"顺利"，而故意激发学生主动议论，认真剖析，借此引导学生理解课文内容，挖掘课文含义。一个好的设问就能掀起一个小高潮，无数小高潮就能掀起大高潮。如教《要下雨了》时，在分析"要下雨了，空气很潮湿，小虫的翅膀上沾了许多水珠，飞不高"这句话时，学生提出："小虫沾了水珠，飞不高，燕子能飞高吗？"这时，教师并不直接回答问题，还是激趣性地说："这么多小朋友，谁最能干谁回答？"一个学生说："小虫力气小，飞不高，燕子力气比小虫大，能飞高。"另一生说："水珠打湿了小虫的翅膀，翅膀扇不动了就飞不高了。"又一生说："小虫身上有毛，沾住了水珠，就飞不高了。燕子羽毛光，沾不住水珠，所以能飞高。"……就这样，小环节掀起了大高潮。一个八九岁的孩子会产生如此丰富的想象，其教学效果不言而喻。

5. 要让学生自己总结规律，归纳学法

学法指导早已被大家高度重视。"授人于渔"已成为教学改革的主旋律。学生要真正理解掌握及运用一定的学法，必须学会归纳学法。显然，归纳学法绝非易事，须有教师的精心设计和指导。

例15 一位教师在教《狼牙山五壮士》一文时的一个片断：

师："居高临下"在文中是什么意思？

生：居高临下在文中指五壮士占领狼牙山顶峰，阻击敌人很有利。

师：对。你是怎样知道这个意思的呢？（这是关键一句，迫使沉重展示思维过程）

生：我先查了"居""临"两字的意思。"居"是占据的意思，"临"是面对着的意思。

师：（短插）很好。先查清不懂字的意思。

生：变成成语就是占据高处，面对低处的意思。

师：（短插）对。这是它字面上的意思。

生：形容占据了有利的地形。

师：（短插）这是它的意义。

生：课文里就是指五壮士占据了狼牙山顶峰，对着底处山坡上的敌人，作战很有利。

师：这是此成语在课文中所指的具体意思。

在这样的基础上，再引导沉重回顾整理，就能得出学成语的一般方法——四步法：①查清不懂字的意思；②理解

成语的基本含义；③弄清成语的基本含义；④明白文中的具体意思。

上述教学片断中，学生始终处于主体地位，教师起到的仅仅是点拨、引导作用。

6. 让学生自己发现规律

在课堂上，学生自觉地、主动地学习与被动接受知识，效果决然不同。要提高课堂效率，必须正确处理好内因与外因的关系，解决好教与学的矛盾，使教师的主导作用与学生的主体作用相结合，真正调动学生学习的主动性，使学生成为学习的主人，让其在课堂上充分发挥主观能动性，自觉地、主动地、积极地去探究、获取、掌握、理解和运用知识。

如教《圆锥的体积》时，通过实际测量，让每个小组拿出课前准备的圆柱、圆锥和沙，将圆锥里装满沙往圆柱里倒几次，看哪个小组能找出规律，最先研究出圆锥体积的计算方法？

各小组都争先恐后地参与圆锥体积计算的研究过程。同学们的手、脑、眼、口等多种感官都参与了活动，课堂气氛十分活跃。

为了使学生的探索落到实处，不断提高学生的探索能力，充分让他们去感受，将信息感受和内部语言转化为外部语言。在探索中老师要仔细地观察学生活动情绪和表现，从他们的言语、表情、眼神、手势和体态等方面观察他们的内心活动，分析他们的思维状况和概念水平，捕捉冥思苦想仿佛要迸发出一种思维的现象，以便随时调整教学进程。

探索不断进行，学生很快就发现"圆锥的体积等于和它等高的圆柱体的体积的三分之一。"由于学生参与激发兴趣，这时教室里热闹非凡。有的说，我们发现将和圆柱等底等高的圆锥装满沙往圆柱里倒，倒三次正好装满，有的说，将和圆柱等底不等高圆锥与等高不等底的圆锥装满沙往圆柱里倒，没有什么规律；有的说，圆柱的体积等于和它等底等高的圆锥的体积的 3 倍……

对学生在探索中的发问和发现，教师不能轻易作肯定或否定的答案。这样做既有利于培养学生边观察操作，边思考的良好习惯，和迎难而上的良好品质，又有助于培养学生的语言表达能力和提高学生的思维水平。

7. 要让学生参与考查

考查是提供教学反馈信息的重要途径，是提高教学质量的一大措施，也是检查教与学效果的一项主要手段。传统的考查——教师出题，学生解题，其积极作用早已被社会公认。但随着社会对人才要求的提高，这种考查的弊端也日趋暴露，尤其是学校的考查，已突出地表现在学生完全处于被动地位这点上。我们认为，学习考查是教学全过程中的一个环节，学生应处于主体地位。如何体现这个主体地位呢？除需考查之外，可以采用下面的办法，具体分三个过程：①学生各自拟卷。教师根据同样的目标要求对学生拟的试卷进行审查评分，根据试卷难易指定答卷的学生；②答卷；③阅卷。学生先解答教师指定的试卷，再将试卷交给出卷的同学批改，然后再将试卷交给老师，老师分别评出阅卷和答卷学生答案的得分；统一答卷。教师以教学为标准，以学生拟的试题为题库，拟定统一标准卷让学生解答。解答后，可由教师统批，也可由出题同学分批。这样，从表面上看考查过程复杂了，但由于考查形式、时间以及阅卷灵活度的加大，师生反而有了宽松感。特别是学生，在整个考查过程中始终处于主体地位，主动性增强了，兴趣浓厚了，心情也就轻松愉快了，从而使学习考查发挥了积极的作用。

（五）善引善导掀高潮

对学生恰当地激励，能有效地调动学生学习积极性，从而便于实行各种控制，促进教学质量的提高。一个学生的成绩＝激励×能力，根据这个公式可知，一个学生的成绩随着激励的增长而增长。在学生不断提高其主体地位意识的基础上，教师如果善于引导，善于激励，对培养学生提问的积极性就更上"一层楼"了，激励需要：

1. 切实的目标

学生提问的目标应定为最近发展区。目标滞后，学生失去学习兴趣，目标提前则难以实现。也就是说学生"跳一跳"要能得到"桃子"。根据这一原则，教师在教学中要根据学生的年龄、学业水平层次、学习潜力及其他情况，制订出适合不同层次学生发展的近期、中期和长远学习目标。如果目标制订得具体，就能激励学生。比如对害怕提问的学生要求他敢于提问就可以了；平时提问多的学生则要要求提问的质量，问题是否明确清楚，是否抓住了关键？使其感受到

成功的喜悦，在成功的体验下，增强学习兴趣而更加刻苦学习，乐于提问。

2. 及时的表扬

对学生的表扬越及时，效果越好，激励作用越大。在教学中要善于捕捉时机，对提问好的学生（尤其是后进生）身上的闪光点及时肯定、赞扬，使他们充满信心地学习，兴趣越学越浓。在教学工作中不仅注意发现学生提问的优点，同时注意及时而恰当地给予表扬。除此之外，组织一些小型的学习评比活动，也能达到表扬激励的目的。如对课堂提问积极的学生进行评比等，将评出的优胜者及时在表扬栏里升上不同的星号，累计每够五个，再加挂一面红旗。这些活动符合小学生争强好胜的心理特点，又照顾到不同类型不同层次学生的心理需要，因而引发出人人争先进、大胆发言、踊跃提问的良好风气。

3. 真情的感应

引导学生要"晓之以理，动之以情"，要用一颗慈母般的爱心去关怀他们、爱护他们、帮助他们。这种诚挚的爱是开启他们心灵之门的钥匙。当学生真正感受和体验到教师对自己无微不至的关怀和爱护时，就会产生一种肯定的情感反应，从而乐于接受教师的教诲，并努力把教师的要求转化为自己的自觉的行动，有问题就能主动提、积极的提。学生提问不当，切忌讽刺嘲笑，对他们的积极性要热情保护。

4. 深切的期望

美国心理学家罗森塔尔等人进行过

这样一个实验——对小学儿童进行"预测未来发展的测验",但他们瞒着师生,实际上任何实验也没有做,只是随意照名册上抽取一些学生的名单,并向校长和有关教师提供信息说,这些孩子是"最佳发展前途者",并再三叮嘱必须保密。八个月后,他们又来到这所学校进行测试,结果发现凡是原先提供名单的学生,智力发展都达到了较高的水平,而且个个性情活泼,师生关系融洽,这就是有名的罗森塔尔的效应,常言说的"越夸越灵"也正是这种效应的作用。反之,如果动不动就说某某学生笨,对差等生冷漠嘲讽,久而久之这个学生也觉得时时处处都不如别人,可能是一个智力低下的人,不论怎样努力也是学不好的,从而形成破罐破摔的消极心理。这一规律提醒我们在与学生交往中,不仅要力求为每个学生创造一个学习成功的条件,而且在与学生交谈中,要有意暗示后进生在学习上也是很有发展前途的,对提问要欢迎要鼓励。这种有意地对后进生传递间接信息,会激励他们为实现老师的这种"期望"而刻意弥补自己在学习上的不足,加倍努力迎头赶上其他学习好的同学。

5. 选择激趣的方法

(1) 奇异生趣。小学生容易被新鲜、奇异的现象或内容所吸引。这是一种好奇心理。教师应该抓住学生的好奇心,提出有潜在意义的"挑战性"的问题,启其心扉,促其思维。

例如:在教"能被3整除的数"的特征时,可让学生说出一个多位数,教师添上一个数字,使所得到数是3的倍数,学生心里想教师是怎么知道的?这里一定有什么"诀窍",并想知道这个"诀窍"是什么。这样提出问题,就能使学生怀着迫切求知的心理进入新课,从而通过巧妙的提问,实现"无疑—有疑—无疑"的认知转化过程。

(2) 实例引趣。"学习的最好刺激乃是对所要学的教材的兴趣"。兴趣可以孕育愿望,可以滋生动力。在新课教学中就是要利用儿童喜闻乐见的事例,激发学生求知的情趣,引导学生在欢乐中进入学习。

例如:在教学"圆"的认识。这节课时,教师一开始就向学生提出一个十分简单的实际问题:"你们见过的车辆是什么开头的?""有正方形、三角形的车辆吗?为什么?""那么椭圆形也是没棱没角的,椭圆形的行不行?"随着这几个问题的讨论,促使学生深思,教师顺势引导,把学生的思维逼近圆的特征。这样提问使学生感到数学知识就在身边,很实际,很顶用,很有兴趣。

(3) 新颖激趣。小学生对新颖的问题、新奇的讲解特别感兴趣,因此,教师在提问时,就要不断更新方法,活跃课堂气氛,启发学生思维。

例如在教学"有限小数和无限小数"的特征时,上课一开始有位老师对学生说:"过去都是教师考你们,今天咱们倒过来让你们考老师好吗?你们可以举出一个最简分数,老师马上可以告诉你们,这个分数能否化成有限小数。"学生一听,可以考老师了很高兴,课堂气氛很活跃。于是这些"小老师"举出不少分数,教师把这些分数分别填在两个集合圈内(能化成有限小数的和不能化成有限小数的），起初他们感到怀疑，经过检验，结果确认教师的"答案"无误。这样他们由被动变主动，提出问题回答问题的积极性异常高涨。

（4）情境激趣。在教学中，教师通过精心组织感性材料，将静态的数学知识变为动态的探索对象，充分提供抽象概括的情境，从而帮助学生排除求知的障碍，叩开探索新知识的大门，为学生提出问题，回答问题打开思路。

如教学"数学反比例"的概念时，关键在于让学生从两种变化规律中发现"隐蔽"的其"积"一定。教师可通过演示的列表创设情境来突出这一本质。如在筒里放上若干支铅笔，每一次拿10支，2次拿完；每次拿5支，4次拿完；每次拿4支，几次拿完呢？如表4.6所示。

表 4.6

每次拿的支数	10	5	4
需要的次数	2	4	?

到此教师停止演示。由于创设了变"静"为"动"的演示情境，把本质"隐蔽"的定量（铅笔的总数20支）变为"明显"，使学生的思维集中去领悟铅笔的总数一定，也就是"每次拿的支数"与"需要拿的次数积的一定"，为抽象反比例的意义创造了条件，也为学生答问打开了思路。

6. 掌握强化的艺术

课堂教学是双边活动。教学效果的好坏取决于教师和主导作用与学生的主体作用发挥的好坏。要获得课堂的最佳效果，教师必须掌握强化的艺术。因为

在课堂教学中，学生的行为表现，往往与教师的主导作用分不开。恰当地运用强化艺术，则可以充分调动学生答问的积极性，有效地控制课堂答问气氛、节奏和秩序。在这里，"强化"包含有鼓励、促进和批评、抑制，以及信息的交流、反馈等多种含义。根据强化的作用，可以分为言语强化和非言语强化；根据强化的范围，可以分为全体强化和个别强化。

（1）正面强化和反面强化。正面强化，就是鼓励、促进、赞扬学生的行为表现，在答问过程中，就是表扬答问、提问好的人或事。它是调动学生积极思考，积极回答问题的有效手段；反面强化则是批评、抑制学生回答问题不认真，或不认真听别人回答的不良行为。它是控制课堂答问的有效手段。

（2）言语强化与非言语强化。前者是利用口头语言对学生答问给予强化；后者是指用微笑、眼神、手势或其他"体态语"对学生在课堂答问给予强化。这两种方式，在教学中常常结合使用。

（3）全体强化和个别强化。全体强化是指对每个学生，亦即对全班的鼓励或批评、促进或抑制；个别强化是指对个别学生（优生或差生或一般学生）的赞许、暗示等。在提问中，要让学生都参与到答问中来，发挥每一个学生的答问的积极性，同时要做到因材施教，优生和差生都得到发展，就必须把全体强化和个别强化结合起来。

（六）提问原因要分明

课堂提问是教师教学艺术的综合反

映，它有利于唤起学生的注意，激发学生的求知欲。因此，教师必须研究提问，明确提问的原因及其功能。

提问的研究可以从苏格拉底以前的哲学家一直追踪到当代。但是真正从实证主义的角度研究提问，则是从本世纪开始的。早在 1912 年，心理学家史蒂文斯第一个在他的报告中指出，教师们大约每天提出 395 个问题，而且，在教师之间，提问的比例有很大差异，主要视学生的年龄、能力以及教师的经验而定。

1967 年，心理学家帕特等人要求 190 个小学教师各自提供他们的提问理由。归类后发现，69％的教师强调指出，提问是为了检查理解，有助于知识的教学；54％的教师认为，提问的目的在于诊断学生的困难；47％的教师的把提问看做是对事实的记忆；只有 10％的教师声称，他们是为了激励学生去思考而使用问题的。唐纳罗托也仿效帕特的方法，要求 25 位有经验的教师回答，他们为什么提问和在什么时候提问。所有的教师都指出，他们提问学生也是为检验知识和维持课堂秩序。

1973 年，特纳把类似的研究汇总起来，表列了提问的 12 种功能，从中可以看出教师为什么要提问的理由（见表4.7）。

表图 4.7

> 激发学生的兴趣和好奇心
> 把注意力集中于某个特定的概念或论点
> 提高学习的积极性
> 刺激学生向自己或他人提出问题
> 在学生的意识中构成一项任务
> 诊断妨碍学生学习的特殊困难
> 把信息传递给期待卷入学习的小组或个体
> 为学生同化和反省信息提供机会

> 促使学生进行知识运算，借以发展思考的技巧
> 加强学生对组里其他成员的反应
> 为学生学习不同的观点提供机会
> 使学生的观点和情感表现出浓厚的兴趣

瑞格的研究更为具体，他要了解在一个特定的时间，教师提问的特别理由，他要求参加查询的 36 位教师各提供 5 个问题，这些问题是他们在当天的一节课内向学生提出的然后再说明他们为什么提出问题的原因。瑞格从教师提供的材料中，归纳出一个层次系统，并用这一系统去编制已知的原因。这个层次系统的调查结果如表 4.8 所示。

表 4.8

原因	人数
U 鼓励思考，理解观念、现象、过程和价值	33
Ch 检查学生的理解、知识和技能	30
G 把注意力集中到任务上，以便学生即时发现教学要点的变化	28
R 回忆已有知识，评价、纠正和加强当前的学习观点	23
M 便于课堂管理，中止学生私语，使学生的注意力指向于教师和课本	20
T 通过个别学生的回答，引导整个班级的教学	10
J 给每个学生有回答问题的机会	10
Bp 提问聪明的学生，借以鼓励其他人	4
D 帮助后进学生	4
Py 在评论性的回答后检查学生知识，改变提问的角度	3
O 允许学生情感、观点和移情作用的表现	3
Q 无目的、无意图、缺乏逻辑性、学生难以辨认	2

从表 4.8 中可以看到，36 位教师中有 33 位教师认为，他们提问的主要原因是鼓励思考（这与帕特的研究不同，说明一般性的提问理由与特定时间的特殊提问有着不同的倾向性），依次还有检查学生的理解、集中学生的注意力等理由，瑞格的进一步分析还得出两个结果：

第一，来自尖子班的教师经常使用

"U"（思考和理解）和"G"（集中注意力，发现教学要点的变化）；来自中等水平班级的教师经常使用"Ch"（检查学生的理解）和"R"（回忆已有的知识）；而那些来自差班的教师则倾向于"M"（便于课堂管理）和"T"（通过个别学生的回答，引导整个班级教学）。至于来自混合能力班级的教师，既倾向强调理解，集中注意力，又倾向于课堂管理性知识。

表4.8这个系统把提问分成各种认知水平和推理、情感、管理水平，它是在布鲁姆的分类系统基础上，根据教师提供的各种反应构成的。但是，必须指出的是，当人们运用这一分类系统时，应持谨慎态度。这是因为，在某种场合里的一个问题类型，在其他场合可能是另一种问题类型。

（七）提问技巧常记心

1. 课堂提问的数量

课堂教学质量的高低，不能用提问的次数多少来评价。根据观察和研究，课堂提问的数量应按照科目（语文或数学等）、课的类型（新授课、复习课）和结构来确定。一般认为，抽象理论内容的课提问宜少，授新课时提问宜少；具体知识内容的课宜少，复习课、巩固课提问可多些。但不能绝对化，可因具体情况而定。

2. 课堂提问的质量

根据提问题答案的数量，可分为高层次的提问和低层次的提问。前者是有

两个以上答案的提问。高层次的提问具有开放性，可较好地启发学生的思维，因而教师应多准备这类提问。尤其是当学生的回答出乎教师的预料之外时，更应维护、鼓励学生的探索精神，不要将答案强扭到自己的轨道上来。低层次提问也并不意味着教师没水平。重要的是，教师应根据学生的实践情况和教学内容，正确地运用这两种提问方式。

3. 提问的节奏

提问的节奏应包括两个内容：一是言语的节奏，包括语调的抑扬顿挫、语句之间的停顿、关键词语的重复、言语与板书的交替等；二是从一个问题的提出到得到解答，中间应该有一个间隔时间。这段时间应该多长，是恰当掌握提问节奏的技巧。据研究，从学生听清问题（理解）到准备答案（包括语言组织）至少需2～10秒，依问题的难易程度而不同；请学生站起来回答，则依个人的性格特征（内向型羞怯，外向型大胆）而差异较大，从5秒至30秒不等。因此，教师的提问需考虑到问题的难易、语言表达、学生的个性等因素，以正确掌握节奏。

启发学生能积极提问的关键，在于老师要善于运用激疑的艺术。

朱熹说："读书无疑者须教有疑。"教师巧设疑问，可以激起学生的求知欲和积极的思维。所以激疑既是进行教学的重要方法，又是教学主要艺术。善于激疑才能引起学生的积极思维，学生能积极提问，通过释疑达到掌握知识、开发智力的目的。主要的激疑方法有以下几种：

（1）悬念法激疑。悬念就是对学生悬起疑感，迫使他们在以后学习过程中时时注意，处处留神，寻觅答案，以激起强烈的求知欲。

（2）导谬法激疑。对于有些似乎浅显易懂的原理，学生往往一目数行，不求甚解。因此难免一知半解，甚至发生误解。为此，教师要善于抓住容易误解之处，巧设疑问，让学生接触谬误，议论后才使学生恍然大悟。

（3）排谬法激疑。此法一开始就把迷路堵死以免"迷途难返"，因为教材本身是难点。

（4）递进法激疑。对于层次多、范围广的教材内容，可以用剥笋壳的方法层层深入，递进激疑，以化多为少，化繁为简。

（5）比较法激疑。对于容易混淆的概念、原理，可用比较法激疑。

九、启发学生答问的艺术

从信息交流的过程看，教学过程不仅是认识信息的交流过程，也是情感信息交流的过程。特别的在师问生答的过程中，它每时每刻都在左右着学生对教师认知信息的输入、编码和反馈。因此，设计好了问题或学生自己能提出问题，这是教学成功的一半；还有重要的一半，就是要通过感情交流正确地启发学生回答问题，以达到"有疑则使之无疑"的目的。现在我们就来研究启发学生答问的艺术。

（一）创造良好气氛

苏霍姆林斯基说："让每一个学生在学校里都抬头走路。"课堂提问，让学生"体面地坐下"就是创造学生正确答问的环境、气氛、条件和动力及方法、措施等，使学生在课堂上能抬起头来，爱答问，敢答问，会答问。

如何在课堂提问中，使学生爱答爱问，敢答敢问，能体面地坐下呢？

1. 微笑提问

微笑是架桥，可以沟通师生心灵。微笑提问给学生以亲切感，融洽师生感情，学生会无拘无束地开启心扉，进行师生间的信息交流。因此，微笑提问是"让学生体面地坐下"的前提。

2. 情景提问

所谓情景，就是情感与环境的和谐统一，会自然而然地、潜移默化地影响学生心灵，使学生情感的内部心理条件得到激发，促进环境与学生的自我共鸣。情景提问，就是教师用实验、故事、寓言、声像、语言与方法创设问题的情景，使学生产生共鸣。因此，情景提问是"让学生体面地坐下"的环境。

3. 普遍提问

普遍提问可使学生都处于积极的思维之中，唤起学生的内在动机，引起学生智能发展的内驱力，从而发挥非智力因素的动力作用。因此，普遍提问是"让学生体面地坐下"的动力。

4. 形象提问

形象提问就是教师尽量用手势、动作、实物、教具、挂图、灯片等手段，结合提问给学生以直观形象，帮助学生明确答问。因此，形中要有意暗示后进生在学习上也是很有发展前途的，对提问要欢迎要鼓励。这种有意地对后进生传递间接信息，会激励他们为实现老师的这种"期望"而刻意弥补自己在学习上的不足，加倍努力迎头赶上其他学习好的同学。

下面是一位物理老师讲《机械守恒定律》的一段精彩提问：充分展现出对学生答问的"引导得法"。

例16 师：（先出示一个橡皮球给学生观察，然后把它举到一定的高度。）橡皮球是否具有能？

生：有。

师：具有什么形式的能。

生：具有重力势能。

师：为什么说橡皮球举起具有重力势能？

生：因物体由于被举高而具有的能叫重力势能。

师：（让皮球从手中自由落下。）如果把橡皮球看作一个单独的物体，它受到地球的引力（重力）就可以看作外力，外力对物体做功，物体的动能是怎样变化的呢？

生：外力对物体做功，物体的动能增加。

教师板书演示：$W_外 \rightarrow$ 物体（橡皮球）$\rightarrow E_K \uparrow$

师：增加的动能与外力对物体所做的功的关系怎样？

学生回答：增加的动能与外力对物体所做的功相等。

老师板书演示：$E_K = W_外$

师：橡皮球下落的过程中，重力对橡皮球做功，橡皮球的重力势能如何变

化呢？

生：重力对物体做功，物体的重力势能减少。

教师板书演示：$W_重 \rightarrow$ 物体（橡皮球）$\rightarrow E_P \downarrow$

师：重力对物体做的功，物体的重力势能减少，减少的重力势能等于重力对物体所做的功。

教师板书演示：$E_P = W_重$

例17 上海市一位特级教师在讲《圆周长》练习时，是这样开讲的：

师：（出示有趣的图4.7）小王从家到学校和从家到电影院，哪条路近？（生答一样近。）为什么？

图4.7

生：因为在一个圆内半径是相等的。

师：（出示图4.7）小李走外面一圈回到原地；小张走里面8字形两个小圈回到原地，哪个人走的路短些？

生1：走里面一条近些，因为外面要绕一个大圈子。

生2：一样近。因为两条路的直径相等，周长也相等。

师：对，因为两个小圈直径的和与大圈直径相等。所以两个小圆周长的和等于大圆的周长。有趣的图，能帮助我们复习圆的一些知识，这节课就计算圆的周长。

这堂练习课，教师利用了两个生动有趣的图案提问，有利于激发学习兴趣，培养识图能力，既可以使学生增长知识，开阔眼界，发展智力，思想上受到熏陶，

又可以从中感受到学的乐趣，美的享受。

5. 引趣提问

教师采用激疑法、激思法、故事法、游戏法、悬念法等方法，结合所提问题，激发学生主动探索问题，从而正确答问。因此，引趣提问是"让学生体面地坐下"的措施。愉快的情绪是有效学习的基础。开讲的导语要富有趣味，能激发思维，努力创造一个良好的教学气氛，使学生心情愉快地学习。这是提高教学效率的一个重要课题。

如，有一个老师在讲圆的面积时，为了引导学生的求知欲，他创设了一个良好的教学气氛，引入新课。

师："一块草地"每平方米均长 3 千克青草，草地中央有一木桩，一只羊系在木桩上，拴羊的绳长 1.5 米，这只羊最多能吃到多少千克青草？

此问富有趣味性和思考性。这比单纯提问"圆的半径长 1.5 米，求圆的面积是多少？"要生动、有趣，并且容易激发学生思维。因为解答这道题，学生必须理解木桩即圆心，拴羊的绳长为半径，知道半径就能求出面积，知道面积，能求出这只羊最多能吃多少千克青草。这样开讲，对理解圆的意义很有帮助。

6. 奖赏提问

奖赏提问就是教师利用口头表扬等奖赏答得好和较好的学生。对于错答的学生，也应捕捉其"闪光点"，给予肯定或奖赏，并想方设法，启发他们答对后再坐下。因此，奖赏提问是"让学生体面地坐下"的催化剂。

7. 递进提问

教师化整为零，化难为易，由浅入深，由易到难地把问题进行分解，逐步达到教师提问要求。

因人提问和递进提问都是"让学生体面地坐下"的有效方法。

让学生体面地坐下，是面向全体学生，热爱学生的具体体现。这就要求教师具有正确的教育思想、过硬的教学基本功、丰富的教学经验、灵活的应变能力。同时，必须认真备课，要按照提问的目的性、适时性、适度性、科学性、启发性、针对性、量力性、简明性、循序渐进性等原则，精心设计课堂提问，使课堂提问优化，培养学生智能，提高教学效益。

良好的课堂气氛会使学生的情绪处于最佳状态，促使学生积极主动地思考教师提出的问题。过分严肃紧张的课堂气氛会影响学生学习的积极性，抑制学生回答问题的欲望。可见，创造良好的课堂气氛是启发学生积极回答问题的重要前提。

教师态度和蔼、语言亲切，是创造良好课堂气氛的重要条件，它会消除学生害怕回答问题的心理障碍，使学生情绪高涨，思维活跃，学习主动。但有的教师提问学生时，不注意保护学生回答问题的积极性，对回答不出或回答错了的学生冷言冷语，甚至挖苦嘲弄；更有甚者，对回答错误的学生声色俱厉的训斥，造成学生精神紧张，使本来已经出口的话也戛然而止，思维行程立即中断。这样做，造成的严重后果是：挫伤学生的自尊心，打击学生回答问题的积极性。

把提问作为整治学生的一种手段，使师生之间处于严重的对立状态，更是错误的。我们常常看到，有些学生被叫起来回答问题时，不加任何思索就说："不会"，然后就木然而立，一言不发。这种不正常的现象大都由上述原因造成的。

教师在提问学生时如能注意满足学生的补偿心理，也会使课堂气氛和谐、融洽。在学生一时回答不出问题时，教师要耐心启发引导，给学生再次表现自己的机会；如果问题过难过大，教师可以把一个问题分解成几个较易较小的问题，引导学生逐一地加以回答，这既可以使学生在克服困难的过程中受到锻炼，得到提高，又可以使学生因为自己回答问题而感到心情愉快，这会激发学生回答问题的积极性，造成良好的课堂气氛。

课堂教学对象是活生生的学生，有时会"突然事变"，学生提出一些教师意料不到的问题，这时教师就不必担心中断教学计划，影响教学进度，而去压制学生提问，堵塞学生思路。只要学生提问的思路是健康、积极、富有创新精神的，教师就应该支持鼓励，并当机立断地调整或改变自己的教学计划。对于少数学生，甚至是个别学生，也要保护他们的积极性，特别是对那些不按教师设计的思路解答问题、别出心裁、另辟新径，而又得出正确答案、具有创新精神的学生，教师要给予充分的肯定和鼓励。不能把学生思维强行拉回到教师自己原先所设计的轨道上来；更不能认为是学生故意给自己作对，对其一概否定。例如有位数学老师出了一道 $\frac{5}{6}$ 和 $\frac{4}{5}$ 哪个数大的题目，争着回答的学生都说用通分

法，结果为 $\frac{25}{30}$ 比 $\frac{24}{30}$，得 $\frac{5}{6}$ 比 $\frac{4}{5}$ 大。有一个学生却用另一种方法：$\frac{5}{6}$ 比 1 小 $\frac{1}{6}$，$\frac{4}{5}$ 比 1 小 $\frac{1}{5}$，因为 $\frac{1}{6} < \frac{1}{5}$，所以 $\frac{5}{6} > \frac{4}{5}$。教师热情鼓励他肯动脑筋有创见，并当众表扬他："你想到了我（教师）没想到的一种解法。"就是这么一句话，使学生受到莫大的鼓舞，甚至成了以后学习进步的转折点。

当某个学生回答教师所提出的问题，而遭到别的学生取笑时，教师要机智地打岔，不让受取笑的学生刺痛。如在一堂"电路"课上，一个学生说电线热得烫手，另一个学生冷笑一下作了一个"谁不知道呀"的反应，教师立即接着说："这倒是挺有意思的，对吗？你们有好几个人同时作出了同样的发现。我们注意到了许多人独立地发现了同样的事情，科学家们也有这样的经验。"又如一堂生理课，一个学生把脑子说成是一种感官时，另一个孩子笑他是"笨蛋"，这时，教师用了一句妙语："也许他意思是说在动脑子时才能有良好的感觉"。这两位教师的妙语，孩子并不一定听懂了，但他们保护了孩子的心理自由和心理安全。

（二）引导学生自己置疑

学贵置疑。"思"多是以"疑"为先导的，因此，读书无疑者须教有疑，有疑者须教无疑。

"无疑—有疑—无疑"，学生在这种思维矛盾运动中，增智启能。

学生一旦在认识上产生了矛盾，就

有一种希望恢复心理平衡的要求。正是这种需求，促使学生努力思考问题，大胆质疑。例如，一个学生对"就义"一词理解不清，因而用错，老师就通过提问设置矛盾引导学生置疑。

老师问："这次作业中你用了'就义'一词，你知道'就义'是什么意思吗?"

"是死了的意思。"学生不假思索地回答。

"噢，那么有人因病死亡就是'就义'吗!"老师反问。

学生已发现自己的回答不对头，改口说："'就义'就是被杀死的意思。"

"被人杀死?"教师追问，"如果有两人打架斗殴致死，算不算'就义'呢?"

"不能算。"

"为什么?"

"因为'就义'是被敌人杀死，是好人牺牲在敌人手里。"

"照你这样说，战士们为抗击敌人，在战场上牺牲了，也叫'就义'了吧?"

"这……"显然学生答不上。

教师就抓住时机作了解释："牺牲""就义"这两个词的主要区别在于其含义使用的范围大小不同，前者大于后者。"就义"专指为了正义事业在敌人面前坚贞不屈被敌人杀害，如刘胡兰被铡死、方志敏被枪杀，都是英勇就义的例子。这样，学生的认识在老师一步一步矛盾中逐步前进，最后得到解决。

学贵于思，学起于问。教学艺术在于放手让学生提出问题，鼓励学生质疑，从博问中多识，从多识中博问，形成发散思维能力。很多优秀教师的成功经验在于他们在教学中抓住时机创设问题情境，解决学生的新旧知识之间的矛盾，形成强烈的解决问题的内部动机，从而有效地调动学生思维活动的积极性。

如上海的陈钟梁老师，在教说明文《动物的远游》时，他没有一段一段地讲授，而是在起始课向学生提出一个"奇怪"的问题："人的能力强呢? 还是动物的能力强?"引导学生讨论、争执，通过讨论、争辩，涉及人——作为高级动物与一般动物的差别，涉及仿生学、激光、月球、气象、遥感等若干科学名词。就这样通过教师设问，推动学生积极思考; 通过学生提问打开了学生思维的门扉; 通过学生质疑，引起学生的深思。

例如，有位老师在讲"分数的基本性质"时，是这样设问导入的: 首先让学生拿出三张同样大小的长方形纸条，动手折、剪，分别取出各自的 $\frac{3}{4}$, $\frac{4}{8}$, $\frac{9}{12}$，然后把剪取的部分重叠起来。这时学生意外地发现它们相等，兴趣浓厚，课堂气氛立即活跃起来。

接着，教师又请大家拿出已剪好的三个等圆，分别剪取各圆的 $\frac{1}{2}$, $\frac{4}{8}$, $\frac{6}{12}$，再将它们叠起来，也发现它们是相等的。通过多次动手实验这样"折、剪、叠、画"的过程之后，让学生观察、分析、归纳，找出规律: 分数的分子和分母都同时乘以或除以相同的数（零除外）分数的大小不变，从而自然地导入新课。

富有启发性的提问，不但能活跃学生的思维，还能起到培养学生定向思维的作用。教师在设计提问时，要把它与教材的重点难点等因素联系起来考虑，使学生的思维在老师的提问中定向，进入对教材重点的探索。这样的提问能激发各类学生的学习兴趣，培养良好的思维品质。

例如在讲"三角形的认识"一节时，有一位老师是这样设计问题情境的：上课一开始教师用两根一端连在一起，可以张开、合拢的木条，搭成各种角，复习什么叫锐角、直角和钝角；紧接着，老师又添上一根木条，让学生注意老师慢慢地把口封闭，形成三角形。老师提问："这是什么形状？"当学生回答是三角形后，又接着追问："那么，什么样的图形叫做三角形？"学生的回答有两种说法。"有三条边的图形叫做三角形；""有三个角的图形叫做三角形。"针对两种回答，老师板书了两组图形，叫学生回答这些图形是不是三角形。

学生看了图形，都笑了，知道回答得不确切。这时大家争着举手，思维很活跃，学生回答：三条边连接起来围成的图形叫做三角形。

老师抓住学生回答的优点积极热情地鼓励："对！我们今天就是学习三角形。"

随后教师出示一张画有电杆顶部、电杆接线、自行车、屋架的图片，让学生说出各图画内的三角形。这时学生的情绪很高，争先恐后地抢着回答问题。

这样启发提问，导入新课很自然很生动、很形象，活跃了学生的思维，引起了浓厚的兴趣。

又如指导学生观察《送水》一文的图画时，有位老师问："图画上画的是什么？谁能按次序说一说？"有的回答：图上画的是蓝天、白云、收割机、拾麦穗的小朋友、割麦子的叔叔、柳树、送水的少先队员。有的回答：图上画着送水的两个少先队员、柳树、割麦子的青年、拾麦穗的小朋友、收割机、蓝天、白云。根据这两个同学的回答，教师就指导他们作观察方法的概括：第一个小朋友是按"由远及近"的顺序观察的；第二个小朋友是按由近及远的顺序观察的。老师指导他们看书，看看课文内是按什么顺序写的。这样，学生就自己"发现"规律性的知识，不但观察要"按顺序"，写作也要"按顺序"。

（三）把握提问时机

所谓掌握好提问的时机主要有两重意思，一是问在当问之时，二是问在当问之人。

1. 问在当问之时

教师提问要面向全体学生，让全班学生充分思考后再问，以免绝大多数学生对于提问不注意听，不肯加以思考，所以教师提问要面向全班，使全班同学都听清提出的问，并让学生有一定的思考问题的时间，然后再点名回答。在任何情况下都不要向学生猝然发问，使学生毫无思想准备，造成情绪紧张，因为这除了会使学生难堪以外，绝不会有什么好的结果。

2. 问在当问之人

教师提问既要有普遍性（不能每次只提问几个尖子学生或发言积极的学生），又要有针对性。对不同程度的学生，所提问题应该有所不同，要因人提问，有的放矢。对还没有准备和没有答题欲望的学生，不要强行提问；对于已经举手，跃跃欲试的学生，可先点名发言。但又不能单纯以是否举手来选择发言对象。要善于察言观色，审时度势，注意他们的神态表情。目视教师，神态自若，表明成竹在胸，这样的学生虽未举手，都可以提问他们。特别是有些性格内向的学生，不愿表现自己，他们虽然会答，但不一定举手，教师要多给他们一些发言的机会，使他们从中受到锻炼。眉头紧锁，苦苦思索，表明他们还没有得出正确的答案，教师不合时宜地提问，会打断他们的思路，引起他们的反感。极力避开教师的目光，表明他心中无数，害怕提问，若教师提问他们，会被看成是有意和他过不去。因此，决不可以在此时提问他们。对这些学生当然不是放弃不管，而是在适当的时机，向他们提出难易适度的问题，逐渐培养他们回答问题的兴趣和能力。

（四）鼓励学生积极发言

美国心理学家鲁布姆在《工作与激发》一书中提出了期望理论，其公式：

激发力量＝效价×期望

激发力量——指调动个人的积极性．激发人的内在潜力的强度。

效价——指达到目标对于满足个人需要的价值。

期望——指根据一个人的经验判断一定的行为能够导致某种结果和满足需要的概率。

从公式中我们可以看出期望与产生的激发力量是成正比的。因此，在课堂

的提问中教师要耐心倾听学生的回答，一般不要中途打断学生的发言，要正确理解学生的发言，对学生的回答，教师要作出总结，使学生获得明晰的结论。对学生的正确回答，要适当表扬，若有错误，要鼓励学生补充或纠正。若回答得好的不表扬，有错误的不纠正，听之任之，会使提问流于形式，挫伤学生学习的积极性。对学生不恰当的回答，不要打击他们的积极性，要对回答加以保护。

在一堂阅读指导课上。一位教师让学生看书几分钟后提问："沙漠里的奇怪现象是怎样产生的？"初一学生发言很积极，有的举起了手，有的抢着说："是因为沙！""是没有水！""是海市蜃楼！"……教师责问："谁叫你们乱哄哄的？不知道纪律吗？"一学生举手发言说："是因为沙漠被晒热了产生的。"回答显然不完满，但并不离谱。教师冷冷地说："就是这样吗？我们这里也有沙，也有晒热的时候，有哪些现象吗？"片刻，见一学生眼望窗外出神，"××你说说看，我说不清楚。"这个同学站起来嗫嚅着答道，老师责备道："那你还心不在焉！我以为你懂了呢。站着想清楚了再说。"全场默然，不知所措。以后，这位教师课堂提问，学生常常是无语相对。

这个例子比较典型，可探讨的方面很多，这里仅就学生课堂发言积极性的保护方面略作浅议。

学生的回答内容常常不够完善，像上面举手发言者即是，而教师只是简单地否定，面露不悦，语含讽刺，无疑会挫伤学生答问的积极性。何况该问题实在来得太突兀，必然要对全文了解透彻，

然后须善于概括,才能回答得较完美。如果教师意识到这点,适当加进几个小问,逐步引导,创设了适宜的教学情境,效果就会好得多。此时责怪学生,的确有点欠公允。如能注意学生心理,以平等和蔼的态度、真诚热情的语言,肯定其对的部分,纠正其错的内容,把他们的"负反馈"调整为"正反馈",就既能使学生掌握正确的知识,又能保护其发言的积极性。

再说学生的回答方式。举手发言固应大力提倡,有时七嘴八舌未尝不是好事。它正是学生专心听讲,勤于思考的反映;正是他们思维活跃,求知欲望良好的心理特征的表现。如能认识及此,对这些加以肯定和赞许,又循循善诱地帮助他们提高思想认识,克服自身弱点,逐渐养成守纪律的行为,那么,他们的优良心理特征就会得到保护,并逐步通过正确的方式表现出来,而不致遭抑制、扼杀,他们上课勤于思考、积极发言的优点就可能长期保持。如果只看到这种违纪、混乱的表象而不能容忍,就容易在无意间挫伤学生的积极性。

至于学生上课注意力不集中,有时用抽问的方式来提醒他们,自是无可厚非,但如果常借此为惩罚,则实属下策,必有遗患——既然答问成了惩罚,谁还会来积极争取。

课堂提问是教学的常规武器,是一门具体实用的教学技术,是师生交流思想的重要手段,也是激发学生思考、促进学生思维的重要方法。教师都希望自己的提问得到积极响应、踊跃回答,也懂得应当保护学生课堂发言的积极性;若把提问作为惩罚的手段实在是有悖初衷,令人痛

心。鉴于此,对学生心理、行为的深切理解和适度宽容确是十分必要的。

总之,学生的积极心理,犹如娇嫩的花蕾,需要我们用心血去浇灌、保护,方能怒放争艳。

(五)选择好提问方法

启发学生答问的方法很多,主要在于深钻教材,挖掘愉快诱因,寓教于乐,寓学于趣,激起学生感情的涟漪,与教师产生情感共鸣,则学生就会随着教师提出问题积极地思考,踊跃回答。其方法归纳如下:

1. 形象直观法

运用生动的语言或借助实物、图片、模型、标本、幻灯等教学媒体,充分调动学生多种感官的参与,提高学生学习的兴趣。如讲"长方体的认识",教师可准备一个土豆,先切一刀使学生见"面",再切一刀见"棱",三刀见"顶点"。这样既形象直观,又较快地突破了面、棱、顶点三个概念,然后引导学生观察长方体模型,进行抽象概括,学生就能积极思维,踊跃发言,归纳出长方形的特征。

2. 动手操作法

启发学生回答问题,不仅语言启发,还可以鼓励学生借助学习工具,通过画、理、拼、剪、比等动手动脑,主动探索、创造,尝到求知的乐趣,使知识进一步得到深化,这样回答问题更深刻。如教长方形的认识时,可让学生在感性认识的基础上,操作、比较、分析、综合、

抽象、概括，以认识长方形的本质特性，形成概念达到理性认识。这样提出的长方形有几条边？学生就很快答出 4 条边。然后折一折、量一量、比一比、看一看、想一想就能正确回答以下几个问题：

（1）长方形的一组对边是否相等？（折一折）

（2）另一组对边是否一样长？（折一折）

（3）长方形的四个角有什么特点？（比一比）

3. 创设情境法

课堂提问和答问要注意根据儿童的年龄特征。低年级小学生的有意注意正处在发展阶段，且持续时间较短，而无意注意却常常起着重要作用。因此，提问时应遵循注意规律充分利用学生的无意注意，创设扣人心弦的情境激发兴趣。如讲"质数、合数"时，可先把与这两个概念有关的必要、充分条件贴出：①必须用乘法；②限用整除；③不能用 1。然后板书提问学生 4＝? 6＝? 8＝? 9＝? ……学生回答时，教师不说话，仅用手势提醒黑板上的"条件"反馈。进一步又板书提问 2＝? 3＝? 5＝? 7＝? 至此教师才说，你们发现了什么？学生各抒己见后，教师归纳："只有 1 和它本身两个约数的数叫质数……"这样提问，把儿童带入独特的情境之中，激发了儿童思索、追求成功的兴趣和动力，起到了"此时无声胜有声"的作用。

4. 实验发现法

有些通过实验，让学生动手动脑实践，主动地去探索，引导他们把探究活动中所获得的感性认识和所形成的"内部语言想法"，用各自的语言表达出来，再通过互相交流、启发、补充、争论，使感性认识上升到理性认识，形成一定水平层次的科学概念。如讲"圆周率"时可让学生准备大小不同的圆。先用线绳围圆周量出一周长度，然后用圆周长度除以直径，通过实验，让学生发现后得出各数都是比 3 多一点，再通过讲述我国古代数学家祖冲之算出圆周率的故事及"山巅一寺一壶酒"谐音故事记忆法，不但使学生知其然，而且知其所以然，更为学生回答问题创设了情境。

5. 竞赛激励法

少年儿童好胜心强。根据这种心理特点，设计新颖别致的比赛活动，引发竞争意识，让学生在"比"中得到自我表现的机会，常会掀起抢答热潮。如夺红旗、开火车、抓特务、摘取智慧果等是有效激励形式。

6. 搭桥引路法

为了加强新旧知识的联系，常常在交接点提问，这类问题源于旧知但适于新知，学生往往回答不了，出现冷场现象。这时需要老师搭桥引路而不是越俎代庖或自我解困。如提示思考的范围、对象、方法等，引起学生联想从而迅捷地以旧推新，顺利地回答老师提出的问题。如一位教师在讲：分数的基本性质时，提问："零为什么要除外？"学生一时难以回答，教师就发问学生："零的性质是什么？零乘任何非零值得什么数？"学生答出后，教师接着又问："分数的分母能不能为零？为什么？"经过老师搭桥引路，学生很快回答了这个问题。

7. 举一反三法

有些问题由于思路不同方法也不同，特别是数学的解题法更是如此。教师只要抓住关键，讲清重点，带动一片。以举一法为例，让学生进行"反三"。如教"百分数应用题的解法"只要讲清分数应用题的解法，就可以让学生看书回答，不必从头繁琐讲解。有位语文教师在教《我的伯父鲁迅先生》时，教师问："本文写了鲁迅先生哪四件事？表现了鲁迅先生什么优秀品质？"教师抓住关键可举的一件事：鲁迅和"我"谈读《水浒传》表现鲁迅先生读书的态度，其余则由学生思考回答。

8. 迁移启导法

学生答问出现冷场时，教师要积极启导利用熟悉的旧知迁移到新知上来。这种由此及彼迁移启导，可以打开学生解答的思路，如有位老师教《中国石拱桥》一课，教师问什么是石拱桥后，接着导答：大家仔细观察过咱们学校附近的石拱桥吗？谁能说说它是什么样子？在学生答问的过程中，教师用规范性语言纠正不准确的说法，这就可以很快地帮助学生弄清什么是石拱桥。

9. 直观提示法

小学生对直观形象的问题感兴趣，回答也很积极。因此对一些抽象的问题，教师不能以抽象的说教对抽象的问题，相反要用实物、插图、教具等提示、启发学生回答。如教《三人行》老师动用线条式板书将三人行的情况直观形象地

展示出来（图 4.8）。学生看板书流利地回答老师所提出的问题。

10. 问题定向法

教师提问应尽量准确明白，如果问题难度过大，与学生的年龄和知识不太相符，学生想答而又答不得当，或一时"卡壳"，这时教师及时收集反馈信息，及时调控，缩小或限制范围，或指明方向，迅速而准确地达到思维目标，完成答题。如一位教师在教一年级减法课时，画出一幅图进行启发提问："小朋友，请大家看一看，这幅图（见图 4.8）里画了什么东西？讲了一些什么事情？"

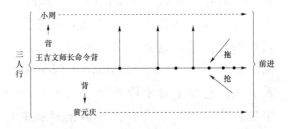

图 4.8

学生纷纷举手发言，甲说："这幅图画的是飞机，停着两架，飞走一架。"教师对这一回答感到不满意，又让乙回答，结果所答意思雷同。再叫丙补充，仍无新意。这时老师十分着急，只能反复要求学生一看再看，但学生依然看不出新花样。出于无奈，教师只好自己直接讲解了事。结果严重影响了教学情绪，课堂气氛沉闷，教学效果不佳。

出现上述情况，仍然在于设问不当，启发不得法。如果采用定向法，对这幅图提问的目的明确——启发学生看出飞机数量的变化过程和变化结果，而不是只看到静止的画面。因此，教师提问不能笼统地问画了些什么。正确定向是：

画上原来有几架飞机？
后来发生了什么变化？
变化的结果怎样？

（六）注意及时反馈调控

导答艺术的成功在于对学生反馈信息的利用和调控。学生答问的好坏可以由于尽快告诉他们答问的成绩而有改进。反馈教学法经过十多年反复实验，实践证明，学习者只有吸收并输出信息，通过反馈和评价知道正确与否才能顺利学习。一些学生学习效率低，答问不积极，往往是由于花了时间学习，但结果不知道是否正确，不知道对知识的掌握如何，不能得到及时强化，久而久之，信心和兴趣都失掉了，这就是失败的开始。美国心理学家布卢姆（Benjamin Bloom）教学法，它的主要手段就是及时测量学生是否学会所教的内容，并根据存在的问题给学生"第二次机会"，有针对性地再讲述内容。可见，教学系统中信息的及时反馈是十分重要的。

下面就学生答问的各种表情归纳整理如下，供教师提问、导答时参考，并有针对性地选择运用。

1. 眼神反馈律

眼神是心灵的窗口。不同的眼神传达不同的感情：眉开眼笑，表示欢乐；目眦尽裂，表示愤怒；目不转睛，表示专注；不屑一顾，表示轻蔑。内心的感情和体验是眼神表意的基础和前提。

表示勇气和决心，两眼向上注视——坚定无畏。

表示高兴和希望，眼皮轻轻上扬——情不自禁。

表示惭愧和悔恨，两眼视线朝下——心力交瘁。

表示失望和悲观，两眼茫然凝视——表情木然。

表示憎恨和反感，两眼向一侧看——嗤之以鼻。

表示喜悦和幸福，两眼微闭——沉浸陶醉。

表示惊恐和大怒，两眼圆睁——怒不可遏。

表示激励和兴奋，两眼光芒闪烁——万分喜悦。

表示怀疑和轻蔑，横眼斜视——不屑一顾。

2. 面部反馈律

人的面部表情是内心态度的显示。学生在课堂上的表情变化可以从五官和面部肌肉的活动变化中反映出来。例如，学生心情愉快时，眉毛微弯，眼睛下睑向上扬起，眼角边出现皱纹，开口，上齿露出，嘴唇的尾端向后缩，脸部肌肉上涨。如果学生心情不愉快时，眉毛向下斜，呈现出相反的八字形，眉目紧促，眼睛部分或全部闭合，嘴下垂，脸部肌肉下沉等。学生经常反馈出来的面部表情有平静、愉快、狂喜、羞怯快乐、怀疑、悲伤、难受、憎恶、敌意、苦闷等，依次如图 4.9 所示。

图 4.9

国外心理学家曾通过对学生的各种面部表情变化的观察研究，发现课堂上学生的注意、情绪、意志变化表现出如图4.10所示的规律。课堂提问时，教师如能通过学生的面部表情变化规律，准确判断学生心理活动调节，问题的深难度，进行导答，就会取得最佳效果。

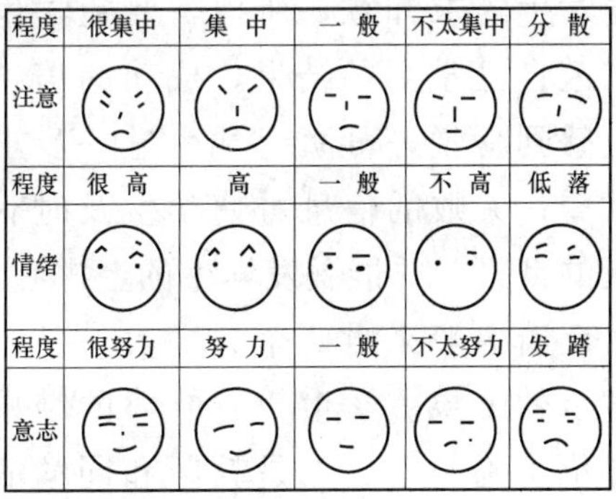

程度	很集中	集中	一般	不太集中	分散
注意					
程度	很高	高	一般	不高	低落
情绪					
程度	很努力	努力	一般	不太努力	发踏
意志					

图4.10

3. 体态反馈律

人往往运用臂、肘、腕的动作来表情达意，传递信息，这是态势语言中的手势语言。它和眼神一样，是最常见、用途最广大的一种体态语言。人们平常说话，总是离不开手来帮忙。如击掌表示兴奋，搓手表示为难，握着手表示坚决，挥手表示再见等，掌握这些含意在提问和导答中就能事半功倍。

含笑举手，眸眼炯炯者——"不成问题！"（胸有成竹）；

频频举手，目光祈求者——"快叫我答！"（急不可耐）；

笑得娴静，不求发言者——"这题早会！"（隔岸观火）；

佯装走神，智求召唤者——"犯纪律，看你叫不叫！"（以假乱真）；

手举又止，三心二意者——"答？没把握！"（举棋不定）；

双唇翕动，诵答案者——"演习一遍，求个把握！"（有备无患）；

急问左右，迅速补漏者——"不行，还欠火！"（临阵磨枪）

搔手翻眼，随便举手者——"最好别点我！"（仓促上阵）

愁云满面，眼光飘忽者——"怎么答？从哪儿想？"（一筹莫展）

一个老师在教《唐打虎》这课时是这样提问导入的：

师："同学们，大家对虎都比较熟悉，你觉得老虎怎样？"（板书：虎）这个问题提得好，学生很感兴趣，注意力很快就集中起来。

生："老虎厉害、凶猛……"

老师小结："是的。总的一句话老虎十分可怕，它是兽中之王；有句成语叫谈虎色变，意思是说一谈起虎脸色都变了（渲染老虎的可怕，也就对祖孙俩的勇敢机智进行了衬托）。但是，尽管老虎这样可怕，还是有人敢与它搏斗，并且打死它。（板书：打，写在"虎"字前）武松打虎的故事我们都知道，今天我们学习的是另外两个打虎的故事。这两个人都姓唐（板书：唐，写在"打虎"前面），一个是白发驼背的老头，一个是不满十岁的小孩，他们是祖孙俩。据说，这家姓唐的祖祖辈辈都是打虎的能手，所以人们称这个姓唐的大家族叫唐打虎。（老师指着黑板，一字一顿地读）这就是今天我们要学习的课文，请同学把打书打开……"

又如，"同学们，谁见过壁虎？是在什么时候见到的？是白天，还是晚上？是夏天，还是冬天？……"

这位老师寥寥数语，就抓住了学生的注意力，使他们开始思索，随即这位老师又紧跟学生的求知欲，提出了问题：大家观察壁虎有什么特征？

问题引起了学生的浓厚的学习兴趣，促使大家仔细观察，认真思考，积极答问。

这样提问很好，诱发了学生学习的兴趣，为深入学习课文奠定了基础。

（七）加强评价，正面强化

教师的评价在激发学生学习动机中的作用很大。

美国心理学家佩奇曾对 7 个班级的中学生做过实验。他把每班学生分为三个组，给予不同的评价，对第一组只给"甲、乙、丙、丁"一类等级而无评语；对第二组除标等级外，还予以评语，即标定等级外，对错误的答案还予以矫正，并给以相称的评语；第三组则给以特殊评语，即对甲等的评以"优异，保持下去！"对得乙等的则评以"良好，继续保持努力！"对得丙等的则评以"试试看提高点吧！"对得丁等的则评以"让我们把这等级改进一步吧！"结果表明，这三种不同的处理对学生后来学习成绩的影响有很大的不同。特殊评语的效果最好，无评语一组成绩最低。

从这里可以看出教师对学生做出正确的评定可以使学生感到自己的劳动成果受到了别人的尊重，从而产生了一种积极向上的力量。

我国青年作家刘贵贤在中学时代由于教师对他的作文给以积极的评价，使他后来走上了文坛。他的一篇仅有两千字的作文竟得到他的语文老师 1500 字的评语："这是一个有才华的学生写出的一篇非常优秀的文章……你要珍惜你的才华……"这个评语使他从此更加喜爱作文，并促使他后来走上了文坛。可见教师的评价对学生有多么重要的作用。

在教学过程中，信息反馈及时，能增强学生的求知欲，所以，要让学生及时知道自己学习的结果，成功的信息使学生感到喜悦，可激起学生进一步求知的欲望；失败的信息可使学生及时获得矫正的良机，并能激发学生的上进心。

反馈一般来自两个方面：一是练习所显示的结果。学生凭着练习的结果就能评价正确与否；二是教师和同学的评价。针对前者，教师要设计好练习题，以便学生能及时反馈；针对后者，教师要注意尽可能采用当堂反馈，当堂评价，以求利用学生刚刚留下的鲜明的记忆表象，满足其进一步提高学习的愿望，增强学习信心。

评价须注意以下几点。

1. 评价要准确

对学生的回答，对了就肯定是对的，错了就是错，对了一部分就肯定他对了一部分，不能含含糊糊，闪烁其词。坚决反对既不肯定其正确，也不否定其错误的做法。

2. 评价要及时

评价要抓住恰当时机，掌握时间技巧。评价过早，会打断学生的思维过程，不利于学生深入思考；评价太迟，浪费时间。

3. 评价要多启发

教师要根据学生回答的实际情况。当学生不能正确回答时，要进一步调动积极性，引导学生思考，启发学生分析问题和解决问题。

4. 评价要多鼓励

教师对学生的评价，要针对学生特点，多用鼓励性语言，激发学生学习的积极性，树立学生学习的信心。

课堂提问的艺术是教师提问的技艺和艺术创造，能给学生美的体验，激发学生的情感，变"苦学"为"乐学"，使学生更好地获取数学知识，从而提高教学质量。

（八）答问后的处理艺术

如果学生问题答得不够全面、深刻、正确，甚至一无所知，教师应认真地进行处理。

1. 接通思路

教师提出问题，学生茫然无知，主要原因是理解跟不上去，找不到问题的正确答案。遇到这种情况，教师就应指给思考方向，接通学生的思路。接通了学生的思路，学生按照教师指给的方向思考问题，对问题就会作出正确的答案。

2. 拨正思路

教师提出问题，学生的理解偏离了问题的要求。答得不够正确或出现答非所问的现象，遇到这种情况教师就应该要学生好好审题，通过审题弄清题目要

求回答的是什么，来拨正学生的思路。学生审明了题意，拨正了思路，经过再读再思之后，对问题就可能作出正确的答案。

3. 深拓思路

学生对问题的理解只浮于文字的表面，不够深刻时，教师就应通过深拓思路的方法加以指导。经过教师深拓学生的思路，他们对问题的理解就会达到应有的深度。

4. 广开思路

教师提出某个问题，有时学生理解得不够全面，虽答对了一部分，但不完善，教师应该通过广开思路予以指导。广开学生的思路，学生对问题就会较全面地理解，经过充分思考，作出完整的答案。

心理学家认为，让学生知道自己学习中的正确或错误，并及时表扬或纠正，也能激发学生的学习动机。

教师对学生答问时要仔细听，认真观察注意反馈信息，及时矫正及时评价，激发学生答问的兴趣。

（九）处理学生不答问题的对策

在教学中时常出现学生不能、不肯作答的现象，这种状况对于教和学都是不利的。因此，作为起主导作用的教师，必须主动寻找不作答的成因，以便采取相应的对策，有效地加以防止和克服。

学生不答问题的原因：

1. 个性品质

学生个体的自信心、学习兴趣、气

质性格等非智力个性心理品质影响他们的课堂答问。教学实践中不难发现，缺乏自信心和学习兴趣、性格内向、沉默寡言、胆小怕事、谨小慎微的学生，他们往往对教师提出的问题虽具有一程度的理解，甚至完全理解，但却不敢回答。对此，提问中教师对他答问要善于激励，并注意创设情境和条件为他们的成功提供机会，从而使他们通过教师的激励和自我价值、能力的肯定，树立信心和勇气，大胆发言。

2. 疑惧心理

学生的疑惧心理是影响他们课堂答问的重要心理原因之一。具有疑惧心理的学生，他们往往惧怕教师提问他们，而正是由于内心的惧怕，影响了他们对问题的思考，使他们不敢作答。从疑惧心理的产生来看，主要有两个方面：一是教师教学上的专制作风，对不能作答或答问错误的学生随意训斥，甚至是讽刺挖苦，造成了对答问的惧怕心理。二是班集体的不良学习气氛造成的个体间冷漠、嫉妒和敌视，以致产生答问者一旦出现错误或支吾不清便嘲笑、起哄等，使个体在没有十分把握时不敢贸然作答。

3. 自卑心理

学生个体的自信心、气质性格等非智力个性心理品质影响着他们的课堂答问。缺乏自信心的学生，由于他们对自己的成功不抱希望，或是由于屡遭挫折而在心理上存在"失败情结"，因而他们在自我认知和评价上往往认为自己"不是学习的材料""低人一等"。在这种消极心态支配下，他们在课堂上往往不敢

积极答问。而性格内向、沉默寡言、胆小怕事、谨小慎微的学生，他们不仅具有思维言语动作迟缓的固有特点，而且具有超越他人的心理紧张焦虑度。这种气质性格上的特点，影响了他们在课堂上的表现，使他们往往采取"旁观者"的态度对待课堂答问，甚至采取躲避性行为，尽量不让教师提问自己。

4. 对立心理

不同的师生关系影响着学生的课堂答问。学生是有思想、有感情、有独立思维能力的、活生生的个体，他们和教师之间在心理上始终存在着思想、感情、兴趣、爱好等心理活动的双向交流，从而形成师生之间友好、谅解、亲近、依恋的心理关系。这种良好的心理关系有利于形成学生认真听课、刻苦学习、勤于思考、虚心求教、乐于表达的优良学风。相反，当教师作风专制，对待学生不公正、不信赖，简单地采取训斥、讽刺，甚至是辱骂和体罚时，师生之间的关系就会出现心理障碍，甚至是出现逆反的对立情绪。在这种不良的心态支配下，个体对教师的提问就会采取拒不作答的消极态度，甚至破坏性行为。

5. 侥幸心理

学生的侥幸心理不仅影响着他们的感知、记忆、想象、思维等认识过程，而且影响着他们的进取心、自信心、意志等非智力个性心理品质。具有侥幸心理的学生，他们在课堂答问中往往认为教师不会提问自己而不认真思考，也不认真倾听他人的回答。从侥幸心理产生的原因上看，与教师的提问方法密切相

关。诸如一些教师平时提问时只集中于几个学生；提问时先指名后提出问题，而又没有给其他学生提出一定的目的要求等。这样往往使其他学生产生一种消极的心理定势，认为教师不会提问他们而充当"旁观者"。其结果造成教师提问他们时不是茫然不知所措，不能作答，就是答非所问，偏离问题。

6. 从众心理

个体的从众心理也是影响他们课堂答问的原因之一。具有从众心理的学生，他们往往不加分析与批判地盲目接受他人的观点，而自己却不认真地思考，力求提出独立的见解。因而当他人不能作答时，他们往往也不能回答。从众心理的产生，主要受两方面因素的影响。一方面是学生个体的知识基础和能力水平；另一方面是群体的压力。当个体对教师提出的问题理解不深或全然不解时，由于他们心理没有把握而往往采取不作答或盲目重复他人答问的行为；而一些个体则是屈从于群体的不良压力不敢作答或盲目接受他人观点。

为此，在教学过程中，教师要注意采取民主的教学作风，加强对学生，特别是差生的"感情投资"，建立民主平等、和谐融洽的师生关系，消除人际心理障碍；善于运用有效的激励手段，通过精心设计的、符合自信心不足和性格内向学生知识基础与能力水平的问题，为他们的成功创造条件和机会，使他们在教师的及时表扬下积极作答。

7. 知识储备

基础知识和基本技能不牢固，分析认识问题能力差，不善于运用已有知识解决具体问题，这是造成个别学生课堂提问中不能作答的重要原因之一。因此，教学中教师不仅要加强基础知识的教学和基本技能的训练，注意新旧知识的前后联系，启发学生运用已有知识独立思考和解决实际问题；而且要有计划、有意识地指导学生开展课外阅读，以帮助学生增加知识积累，从而有效地提高他们分析和解决问题的能力，防止他们不能作答的消极现象发生。

8. 能力水平

学生个体的能力水平存在着差异。同样问题且知识基础相近的学生，思维敏捷、反应迅速、概括能力和言语表达能力强的往往能够作答；相反，则不会回答或回答不完整。一般当教师提问对象选择不当又不给予他们以思考时间并加以启发引导时，就可能出现个别学生不能作答的现象。因此，教师既要"吃透"教材，又要注意"吃透"学生。在重视并强化学生能力的培养与训练的同时，提问中认真考虑和合理安排答问对象。对于一时不能作答的学生，要善于启发诱导，根据不同情况机智地加以处理。诸如给予他们更多的思考时间，改变提问出发点，补充适当条件等，引导并鼓励他们认真思考，积极回答。

9. 情绪状态

个体的情绪状态不仅影响着他们对问题的思考，而且影响着他们对答问的态度取向。特别是当答问对象对教师存在着心理障碍，甚至是逆反心理时，他们往往采取消极的态度拒不作答或不愿作答。对此，教学中教师在注意保持自身良好教学情绪的同时，要善于利用情绪产生的情境性、表现的冲动性和外显性、影响的感染性等特点，运用激励、暗示等手段和方式调控学生的情绪，以促使他们产生朝气蓬勃、思维活跃、想象丰富、乐于表达的良好心理状态。对于与教师存在着心理障碍，甚至是抵触情绪的学生，教师要注意加强心理的沟通，以真诚打动他们的心，使他们从内心里感受到教师对他们的关心、爱护、信任和期待，从而消除心理上的障碍，乐于接近教师，乐于听从劝导，认真对待课堂答问。

10. 学习风气

松散、懈怠、互不关心、缺乏生气的不良风气，不仅容易使个体产生思维的惰性，形成个体较强的心理依赖性，易受他人的暗示性影响而简单、盲目地接受他人的观点和行为；而且往往容易造成个体间的冷漠、嫉妒，甚至是敌视，在他人答问中出现错误或支支吾吾时便产生嘲笑、起哄等不良现象，由此造成了学生不能作答或不敢作答。因此，教师在注意加强纪律教育的同时，要注意班集体的建设，培养积极健康的班集体舆论，并善于发挥集体舆论与规范对个体思想言行的约束、导向作用，以促进学生正确行为规范的养成，逐步形成集体成员间团结协作、相互激励、取长补短、勤于思考、奋发进取、勇于探索的良好学习习惯和风气。此外，教师要注意做好不良小群体和个别活动能量大、组织号召力强、对班集体有较大破坏作用的差生的疏导和转化工作，使他们逐

步改变不良习气，自觉地维护课堂纪律。教师方面的原因主要是：

（1）教学作风。教师的教学作风影响着学生的课堂答问。专制型的教师，由于他们平时对答问错误或不能作答的学生随意训斥、讽刺和挖苦，因而不仅打击了学生回答问题的积极主动性，而且造成了学生对答问的惧怕心理，也由此影响着他们对问题的思考。久而久之，他们对教师的提问或不能作答，或不敢作答，甚至采取一言不发的逆反态度。而放任型的教师，由于他们对教学采取不负责任的态度，由此造成了学生对答问抱着无所谓的态度，不认真思考，也不主动回答。因此，要求教师在教学中采取民主的作风，既对学生严格要求，又尊重他们的人格和才能，允许并鼓励他们展开积极思维，独立思考，大胆求异，提出自己的独立见解，从而使他们在良好的学习氛围中主动地获取知识。

（2）问题难度。课堂提问中，学生不作答或不能作答与教师所提问题的难度密切相关。因此，提问中教师要善于根据学生的知识、能力水平和年龄特点，精心设计问题，并注意提问对象的合理选择，从而使自己提出的问题既具有一定的难度，又使答问对象经过独立思考能够回答，以增进其对知识的理解，学有所得。

（3）对象选排。不同的答问对象选排产生不同的答问效果。有的教师由于对每个学生的实际情况不了解，或忽视学生的个别差异，提问具有一定难度的问题时先让学习成绩较好的学生回答，而当他回答不出来时又不加引导，叫其他较差的学生回答，结果出现几位学生

都站着一言不发的尴尬局面。因此，教学中教师平时要注意全面了解各个学生的知识基础、能力水平和个别差异，对全班学生的情况做到心中有数。在此基础上针对不同问题和每个学生的实际合理选择答问对象，安排答问顺序。做到一般问题先让差生回答，当回答不上时再逐渐地叫更好的学生回答或补充纠正，从而调动全班学生的积极性，有点有面，点面结合，有效地防止不作答的消极行为。

（4）答问时距。教师提出问题后马上让学生回答而不给学生以思考的时间，这种快速作答的模式虽然适用于练习或复习的教学形式，但却不适宜于需要学生思考、探究、评价、"发现"的教学。同时，由于学生缺乏思考时间而产生的对所提问题不完全理解或根本不理解的情况下又急于回答老师的问题，往往容易造成他们的因紧张而瞬间遗忘。由此往往使学生即使站起来也不能马上回答的现象。因此，提问需要学生思考的问题时，教师必须给予学生一定的思考时间，特别是对于思维敏捷性较差的学生更应该如此。

（5）问题表述。教师对所提问题的组织和表述影响学生的作答。如果教师对问题的表述不明确或太空泛，就会使学生抓不住要领，缺乏思维的定向而失去目的性和针对性，产生胡思乱想的心理状态，使学生不能作答。因此，提问中，一方面教师要明确学生理解中可能存在的问题，摸清抓准，切中要害，从而使自己有的放矢地提出确切而具体的问题；另一方面要注意问题语言的表述，用简明、确切的语言，尽可能从一个角

度发问，缩小回答内容的范围，避免歧义的产生，从而使自己提出的问题既切合教材和学生的实际，又使学生的思考和作答具有明确针对性，防止浪费教学时间。

十、课堂提问要注意的若干问题

（一）遵循课堂提问基本原则

课堂提问的目的概括起来有以下四点：指明思维方向，创设思维情境，获得反馈信息，大面积提高教学质量。为达到上述目的，设计提问要遵循一定的原则，就是提出的问题要体现两个"符合"：一要符合学科本身的知识规律；二要符合儿童认识事物的规律。具体地讲，应遵循以下基本原则。

1. 具体性原则

因为儿童的思维活动，大多始于一个实物、一幅图、一道题等具体事物，教师应尽量为学生创造启动思维的具体情境。如教学"分数的认识"导入新课时的提问。

教师甲：我们都学过什么数？

教师乙：（先示出 8 和 0.5 两张卡片）8 和 0.5 各是什么样的数？

甲的本意是让学生答"整数和小数"，但学生对数还缺乏整体概念，头脑中只有无数单个的数，他不知答哪个合适。而乙的提问则为学生创造了具体的思维情境，学生就不至于答非所问。

2. 明确性原则

即提问的意义要明确。意义是否明

确，与提问是否适时及措词有关，主要是提问的内容要符合学生认知结构的特点。

提问应从学生的认知结构、技能结构以及认知能力出发，有的放矢，让学生能有所思，有所得。疑而不问，思维没有起点和目标；问而无疑，难以形成学生思维的驱动力；疑而过深，新信息无法建立适当联系，等于无疑而问。

另外，问话应明白准确，题目不可过大，也不能用学生不懂的备课述语发问。如教学"真假带分数"时，出示 $\frac{5}{12}$、$\frac{7}{8}$、$\frac{4}{9}$ 后的提问。

教师甲：这些分数有什么特点？

教师乙：比较下面这些分数中分子和分母的大小，你发现了什么特点，这样的分数和 1 比，大小怎样呢？

很显然，教师乙的提问明白准确，使学生有目的地进行观察比较和思维。

3. 和谐性原则

即课堂提问要与学生思维特点相适应。

学生思维的不同特点，对教师课堂提问有不同的要求。总的来说，课堂提问的和谐性原则，有以下几个具体要求：

（1）课堂提问要及时。及时提问，能适时创设有利的思维情境，使学生思维积极活跃，以便充分利用思维趋向性的驱动力作用。同时，由于学生思维程序性特点，提问应与学生思维同步。问得过早，学生思维跟不上，破坏了学生思维的程序性；问得过晚，起不到提问的引发作用，失去了提问的必要性，不能充分发挥思维程序性的作用。

（2）课堂提问要引辨。学生为了解决问题，思维过程必然会体现反思性特点。教师应利用提问对学生的思维予以点拨或校正，使学生能顺利地通过反思，找出问题的症结所在，既充分发挥提问的主导作用，又不破坏学生思维的主体作用。要特别注意对学生易混的概念、易生错觉的法则、逻辑关系或隐藏在学生头脑里的某些"潜在假设"提问，引导学生辨异求同，利用思维的反思性特点，培养他们的思维能力。

（3）课堂提问要引探。培养学生的创造性思维能力，是数学教学的重要任务之一。学生思维的预见性特点，给教师提供了培养的前提和依据。教师应根据学生的思维实际，提问引导学生探究和挖掘思维过程中所得到的那些可以继续拓深拓广的思维结果。既培养学生的探究精神和探究习惯，又让学生享受到自我创造的愉悦，巩固和完善学生头脑里已有的认识结构，拓展学生的思维空间，培养学生的创造能力。

总之，明确性原则是课堂提问的基础，和谐性原则是课堂提问发挥效益的根本保证。

4. 适宜性原则

问题的难易程度要适合大纲的要求和学生的知识水平。太浅无思维价值，不利于发展智力；太深太难则容易挫伤学生积极性，一般应掌握在"跳一跳够得着"的程度。如教学"分数除法"时的提问。

教师甲：为什么甲数除以乙数（0除外），就等于甲数乘以乙数的倒数呢？

教师乙：先出示"$8 \div \dfrac{2}{5} = \dfrac{8}{2} \times 5 = 8 \times \dfrac{5}{2} = 20$"，然后让学生一层一层地讲道理。

甲的提问难度大，超出了学生的能力，让学生三两句话说清楚是不实际的；乙的提法减缓了思维程序，也培养了学生逻辑推理能力，效果就好多了。

5. 启示性原则

对难度较大的问题，提问可带有启示性，多设几个平台，即大问题后面要有小问题做铺垫。如在复习"长方体特征"时，教师问：长方体的特征是什么？学生回答若有困难，教师可接着再问：(1) 长方体有几个面？这些面是什么形状？(2) 长方体相对的面的面积怎样？(3) 长方体有几条棱？相交于一个顶点的三条棱分别叫做长方体的什么？

6. 趣味性原则

儿童的心理特点是好奇、好强、好玩、自尊心强。设计提问时，要充分顾及这些特点，以引起他们的兴趣，不要用突然发问来惩罚他们的错误，不要故意用偏题、难题、怪题使他们感到难堪，以至于挫伤了积极性和自尊心，这对以后教习是极为不利的。教师应以表情、语气、手势、教具等各种因素，诱发学生兴趣，让学生感到回答老师的提问是光荣，是乐趣，是享受，积极性就会越来越高。

7. 倾向性原则

学生获得教师或教材所提供的信息之后，表现出来的思维趋势。学生首先弄清新信息"是什么"，并把新知识固定在自己认知结构中的适当部位上（信息组合），初步完成调整、平衡其认知结构的工作，这就是学生从未知到已知获取知识的过程。这一过程表现了学生思维的具体指向，思维呈现出明显的倾向性。

8. 程序性原则

学生明确了某一问题后（或为了明确某一问题），步入另一问题时所表现出来的思维顺序。其具体表现是：由一般性问题到与此相关的某一具体问题；或由某一具体问题到与此相关联的一般性问题，由引起问题的原因到问题的结果，或由问题的结果到引起问题的原因；或干脆由此到彼，思维发生某种跳跃。凡此种种，形成一个层次分明的过程或体系，思维自始至终环环紧扣。

9. 反思性原则

为了解决问题，学生自我检查、调整、修正思维过程的思维特征，遇到某一问题，学生通过原有认识结构中的旧信息与新信息的有机组合，使问题得以解决。但是，在众多的信息中选择对解决问题有用的信息，进而进行再创造，不是一件容易的事情，学生必须及时地、不断地自我检查、调整、修正自己的思维过程，使之能从众多的信息中，选择有用的信息，并使这些信息有机地组合起来，让问题顺利地得到解决。思维的反思性，实际上是学生的自我信息反馈，是思维灵活性的一个重要体现。

10. 预见性原则

学生在思维过程中表现出来的对认知对象的未知属性的直觉猜测性。如上所述，新旧信息的不断组合，是解决问题的关键新旧信息的组合过程，使相关的知识内容建立起一系列的内在联系，在这些内在联系中，除了可供学生回答问题、解决问题之外，往往还可供学生发现问题所在层次和发展趋势，从而做出一些合理的设想与猜测，使学生思维过程表现出对认知对象的积极的预见性。思维预见性是思维创造性的一个重要方面。

（二）做好课堂提问的准备工作

1. 创设情景

提问之前创造适当的情景，使提问不是节外生枝，不是突然袭击，而是水到渠成。学生有此心理需要，老师一触即发，这种情景十分重要。有经验的教师，总是创造好这种情景再进行提问。

例如讲植树问题，有两种提问方式，取得两种不同的效果。

在长 24 米的水渠两边植树，每隔 3 米植一棵，共植几棵？

师：（先让学生读题）植几棵树？怎样算？

生：①24÷3＝8，②24÷3×2＝16，③（24÷3＋1）×2＝18。

师：（先画图、观察）植的几棵树？怎样算？24÷3＝8，24÷3×2＝16 为什么不对？怎样才对？为什么加 1？为什么乘 2？

生：8＋1＝9，9×2＝18。

师：如 4 米植一棵，共植几棵？（画图观察）

生：24÷4＝6，6＋1＝7，7×2＝14。

师：为什么都要加 1 呢？（看图观察，思考）在什么情况下要加 1？在什么情况下不需要加 1？在什么情况下还需要减 1？

生：（经深思熟虑终于想到）因一个间隔就要种一棵，有几个间隔就要种几棵。但头里还要植一棵，所以要加 1。如起头不植就不加 1。如两端都不植树就减 1（如两端都是房屋）。

师：很好。（小结）棵数＝距离÷间隔＋1；棵数＝距离÷间隔；棵数＝距离÷间隔－1。

前一种方式，因欠缺情景，学生印象不深，虽老师叫学生记住求棵数要加 1，而很多学生却记不住，后一种方式学生印象深刻多了，效果也就好多了。

2. 集中注意

每一节课都有一定目的要求，教师提问不能太宽，无边无际，离题千里，也不能太碎，鸡毛蒜皮不得要领。要把学生的思维理正，引向主要目标，这是老师在提问前需要深思熟虑的。

满堂问并不一定启发好，反而使学生的注意力分散，造成学生厌倦，甚至形成逆反心理。启而不发，提问贵在一个"精"字，要力避繁琐。繁琐的弊病是使问题碎而浅。例如，讲《狐狸和乌鸦》，若问：乌鸦住在哪儿？狐狸住在哪儿？一天，乌鸦出去干什么？他找到了什么？心里怎样？等等。这类问题全是围绕课文的情节打转。这是以单纯地理解内容为目的的串情节,于提高学生的阅读能力没有什么意义。这样做,重点问散了,难点问歪了,特点问没了。

好的提问能给学生以清晰的思路让学生把握文章的中心。如《狼和小羊》可以根据写作思路设问:什么叫碴儿?故意找碴儿是什么意思?狼为什么要故意找碴儿?狼一共找了几次碴儿?为什么说狼故意找碴儿?既然狼要吃掉小羊,那又何必故意找碴儿?

3. 重视反馈

教师提问的目的之一是获取反馈信息,以便对教学进程进行调控,所以教师在准备提问时,要考虑学生反馈的效果。要了解多数学生接受的情况,可提问中等生;要了解问题是否太难可先问上等生;要了解学生对法则记住没有,可提问记忆型的题目。比如考查学生对 0 乘以任何数得 0 的法则能否运用,可提问 $0 \times 4 = ?$,$0 \times 89 = ?$,$0 \times 100 = ?$ 如要考查学生对法则的理解,则要提理解型问题,如"为什么 $0 \times 4 = 0$?"学生回答:"因为 $0 + 0 + 0 + 0 = 0$,所以 $0 \times 4 = 0$。"说明理解是十分正确的了。如要考查学生智力水平,可用创造型提问:○□○ $= 0$,要求○中填一个数,□里填运算符号,这样可以考察学生的发散思维。好的学生可以填出加减乘除四类情况。比如:

$0 + 0 = 0$,

$4 - 4 = 0$,

$0 \times 4 = 0$,

$0 \div 4 = 0$。

数字的变化更是无穷无尽的。

如考察差生是否对法则有所了解,可出示判断型问题,如:

①$0 \times 4 = 4$,

②$0 \times 4 = 0$。

哪个答案正确?

所以需要反馈的信息不同,提问的类型也就不同。在准备提问的时候,要根据提问的目的来进行设计。◎

4. 创造条件

问题的高水平,表现在能培养学生的创造性思维让学生自己去探索去发现。例如小学数学中讲乘数被乘数末尾有 0 的简便计算方法时,先给学生创造条件,让学生演算:

```
                                800
                              ×3000
                                000
              8       800       000
            × 30    ×  00       000
  800         0      000        000
×   3        24     2400       2400
  2400       240    24000    2400000
```

再让学生观察每一个乘式中,被乘数、乘数、积的末尾 0 的个数。

再提问学生说出乘数、被乘数末尾 0 的个数与积的末尾 0 的个数的关系。

学生自己探索,可得出乘数、被乘数末尾有 0 的简便算法,不但掌握了法则而且培养了创造思维。

5. 开拓思路

人类的各种物质成果都是思维的凝结。要开发学生的思维,就必须从幼儿抓起,从课堂教学抓起,从课堂提问抓起,通过问题激发学生的兴趣。下面有两位老师讲《桂林山水》时,不同的提问,效果不同。

学习《桂林山水》一课,有两个不

同的提问。

师甲：桂林山水怎么样？

生答：很美，桂林山水甲天下。

师乙：同学们读了课文都感到桂林山水特别美，能说说桂林山水怎样美吗？

生答：桂林的山……；桂林的水……

同学积极发言，经过七嘴八舌不断补充、发现、又补充，学生展开了思维的翅膀，纵横驰骋，说出了桂林的美色，最后归结到了一点："桂林山水甲天下"。

显然后一种提问优越。

6. 落实措施

提问要写入教案，这是教案的一部分。提问的方式、措词、提问的对象、各种回答的对策，老师要心中有数。提问的目的、语言、应注意的问题等，都要周密考虑。每次上课后对提问的效果可作一小结，不断积累经验，使提问更加优化。

（三）确定课堂提问的程序

1. 课堂提问的准备工作

良好的课堂提问，能启发学生思维，调动学生的积极性，通过思考融会贯通地掌握知识、良好的课堂提问，教师要在备课时做好充分准备，应充分考虑是否能产生这样一些积极作用：①引起学生兴趣，调动学习积极性；②引导学生将注意力集中于主要问题；③能了解学生掌握知识的基本情况；④能激发学生根据教师提问积极思考；⑤能为学生创造条件，沿着一条正确思维路线思考问题、探索问题；⑥教师提的问题富有启发性，能开拓学生思路，启迪智慧；⑦使学生学会良好的构思和有效地表达自己的看法；⑧师生之间，沟通思想感情，增进民主合作的学习气氛。

2. 课堂提问的步骤

课堂提问的程序步骤，要考虑学生心理状况，实际提问过程，一般应注意下列几个步骤：①提出问题。提出问题，语言要简练明确，使学生确切地掌握教师的要求。提问时，要使全班学生都注意所提的问题，思考所提出的问题。不先指定回答者，避免只限于被指定的学生参与提问问题的思考。②稍停。提出问题，不要要求学生立即回答，要稍停片刻，给全体学生以思考问题，组织语言的时间。根据问题的难易和复杂程度，掌握稍停时间。③指定回答的学生。教师要亲切地指定学生，使其针对所提问题，沉着地将自己的认识系统地表达出来。教师不应轻易打断学生的发言，而应努力使学生不紧张，不拘谨。

3. 课堂提问应做到"五优先"

（1）先提问，后指名。教师清楚地叙述完提出的问题后，要观察学生对提问是否明确，然后提问，使全班学生都动脑筋思考。如先指名，被指名回答问题的学生积极思考，未被指名回答问题的学生就认为"事不关己高高挂起"。

（2）先思考，后回答。提问后要留给学生以思考的时间，多数学生"跃跃欲试"时，再指名学生回答，回答的内容、回答的语句不一定框限于预定的设想，要鼓励学生的创见。

上海市一位优秀教师，其课堂教学形象生动，通俗易懂。他在讲归一问题这课时，是这样提问的。

师：今天学习应用题（板书课题），请大家先想几个问题，（出示三本同样的课本）这三本书有多少页？能算吗？

生：不能算。因为我们不知道一本书有多少页？

师：对！先要知道一本书的页数，才能算出三本书的页数。（出示一盒火柴）一盒火柴有80根，大家想一想，老师可以用几天？

生：你要告诉我们一天用几根？

师：不告诉你们能不能算出来？（生答不能）从这两个例子告诉我们，一本书的页数，一天用几根火柴，都是很重要的条件，没有它就无法计算。

接着教师引导学生从改变条件着手，很自然地引入例题，整节课教得生动活泼，学生学得积极主动。

（3）先讨论，后结论。对学生的回答，老师尽量不要立刻表态，可以让别的同学补充、纠正、表示赞同、表示反对、提出不同的答案、提出更佳的方案等等。在此基础上，老师"顺水推舟"，根据成熟的讨论做出结论。这样做的好处：①增强民主合作的气氛，增进师生感情；②让全体同学参与，强化了学生主体地位，调动了全班同学的积极性；③使问题从各种角度得到剖析，使答案更清晰、更全面、更深刻；④培养学生研究的风气、深钻的精神，培养学生思维的发散性。

当然，对于一些简单的问题，在时间紧迫的情况下，要根据不同情况灵活处理。

（4）先学生，后教师。就是说在学生回答问题时，教师态度要亲切温和，让学生充分表达自己的观点，不能轻易打断学生发言。学生稍有停顿，要让学生思考继续回答。学生回答有困难，老师要鼓励学生想，必要时才适当引导或暗示。回答有错尽量让学生自己纠正或另外请同学纠正，在学生充分发表意见后，教师才发表看法。

（5）先激励，后更正。对学生的回答要热情鼓励，即使差生回答错了，也要表扬他积极答问的精神。对于回答不全面的学生，要着重表扬他对的部分，然后再提醒他今后要注意的不足之处。对优等生回答问题很精彩时，当然要鼓励，但也要在更高层次上要求，促进他更上一层楼，防止骄傲自满情绪，不能故步自封。

4. 课堂提问的过程

课堂提问的过程一般应包括以下四个阶段：

（1）置境阶段。教师用指令性语言设置问题情境，由讲解转入提问，使学生在问题的情境之中，从心理上对提出的问题有所准备。

（2）置疑阶段。教师用准确、清晰、简明的语言提出问题后，要给学生留有思考时间，然后根据学生具体情况，结合教学经验，再要求学生回答。

（3）诱发阶段。如果学生对所提问题一时回答不出来，教师要以适当的方法鼓励、启发、诱导学生作答。教师可查核一下学生对问题是否明确，甚至还可以提示一下思路，这样促进学生回答，协助学生作答。

（4）评核阶段。教师应以不同的方式评价学生的答案，包括：检查学生的答案，估测其他学生是否听懂答案；重复学生回答的要点，即进行延伸和追问；更正学生的回答，就学生的答案提出新见解，补充新信息；以不同词句，强调学生的观点和例证，也可以引导其他学生参与对答案的订正和扩展。

（四）掌握提问的策略

1. 创造良好的课堂教学气氛

课堂气氛对学生的智力活动影响很大。民主、和谐、融洽的课堂气氛会使学生的情绪处于最佳状态，促使学生积极主动地思考问题；而过于严肃和单调、呆板的课堂气氛则会影响学生的学习积极性，抑制学生回答问题的欲望。可见创造良好的课堂气氛是启发学生积极思考问题的前提。课堂教学应如何创造良好的课堂气氛呢？

（1）教师态度和蔼。语言亲切是创设良好课堂气氛的重要条件。教师和蔼的态度和亲切的语言会消除学生对回答（或提出）问题的恐惧心理，自然会思想活跃，思维敏捷，主动积极地参加学习。

（2）教师对学生回答问题要持发展的眼光看待，多鼓励，多支持。否则，会使学生失去学习兴趣，甚至会产生对立情绪。

（3）教师在课堂上要能满足学生的补偿心理。学生在课堂上回答教师提问时，也许因受到心理、知识、语言、思维诸方面的障碍，很难确切回答问题。这时教师切莫冷眼旁观或让学生难堪，而要适时启发引导，理解学生的思想，给学生圆满表达自己思想的机会。这既可使学生在克服困难的过程中，受到锻炼，得到提高，又可使学生因自己终于回答出问题而感到心理满足。良好的课堂心理气氛自然形成。

2. 要注意趣味性，激发学生的求知欲

学生学习的内在动力是学习兴趣，因此教师提问如果能激发学生的学习动机和兴趣，他们就有了学习的原动力，这是启发教学的关键所在。为此，教师必须从教材和学生心理特点出发，引人入胜、步步深入地提出富有趣味性、启发性的问题，用科学的、艺术的、生动的语言，吸引学生去积极思维。

此类问题从内容上看，大多是与学生生活联系密切的问题。因此，教师在提问时要注意理论联系实际，不要从概念到概念、从理论到理论。提问的形式也要多样化，布鲁姆把教学提问归纳为知识（回忆）水平的提问、理论水平的提问、应用水平的提问、分析水平的提问、综合水平的提问、评价水平的提问六种模式。不管哪种模式的问题大都要形式多样，如填空、辨别、选择、简答、论述等。形式单一的提问会使学生感到乏味。

教师的提问，应富有启发性。所提问题，能激发学生的思考与求知欲，促进学生思维的发展，引起学生的探索活动，并在探索活动中培养创造能力。不能为提问而提问，所提问题没有启发意义，或属可有可无，或教师问上半句，学生答下半句，无须思考就能回答。为

此，教师在提问中要循循善诱，贯彻启发性原则。教师必须明确：提问不等于启发式，好的提问才是启发式提问，启发式提问重在所提问题有价值和意义，能够引导学生积极思考，发展其思维力，例如，有位数学教师的提问就做到了这一点。

这位教师教圆这个概念时，一开头就问学生："车轮是什么形状？"同学们觉得太简单，便笑着回答："圆形。"教师又问："为什么车轮要做成圆形呢？难道不能做成别的形状，比方说做成三角形、四边形等？"同学们一下子被逗乐了，纷纷回答："不能！""它们无法滚动！"教师又问："那就做成这样的形状吧！"（教师画椭圆）同学们开始茫然，继而大笑起来："这样一来，车子前进时就会一忽儿高，一忽儿低。"教师进一步发问："为什么做成圆形就不会一忽儿高，一忽儿低呢？"同学们议论纷纷。最后终于找到了答案："因为圆形的车轮上的点到轴心的距离是相等的。"至此，教师自然地引出圆的定义。

启发式的提问，不仅要求学生得到正确的答案，而且要使学生知道这个答案是怎么来的，使学生经历一次获得结论的过程，从而提高逻辑思维能力。有经验的教师常常这样提出问题："这个问题你是怎样想的？""你是怎样得出结论的？"这都是启发学生讲求思维过程，从思维过程中引出结论的好方法。赞可夫曾在学生中进行了一次调查，出了一道"$7+7+7+4+7=?$"的题，让三个学生去完成。结果第一个学生依次相加，第二个算法是 $7×4+4$ 得32。第三个是 $7×5-3$ 得32。虽然三个学生的得数都

对，但赞可夫下结论说第三个最好，因为他把其中一个 4 当做算式中一个并不存在的 7。由此可见，课堂提问在看学生回答问题结论的同时，要讲求回答的过程，注意学生创造能力的培养。

3. 要注意量力性

问题提浅了不易引起学生的重视，提深了又启发不了学生思考，这就要求教师根据学生实际水平，对学生的学习能力作出正确的估计，并在此基础上把握提问的难度要求，恰到好处地提出问题。此外，要根据学生的个别差异，有的放矢地进行提问，知道从哪"提"，向谁"提"，防止出现提而不动，启而不发的局面。

提问是为一定教学目的服务的，也是一种教学艺术。"开而弗达则思""思维，永远。是问题开始的"。所以课堂上要启发思维，提问是手段之一。读书贵在有疑，有疑问就有了思维的钥匙和起点。因此教师要巧妙设问，题目典型举一反三，触类旁通，有深度广度和新颖度，以此唤起学生的学习兴趣，激发求知欲望，促使他们在紧张而有趣的思维活动中去寻找答案，索取新知识。针对性就是对不同类型的学生，提问内容深浅不一。如果是以检查基础知识掌握程度为目的，提问学习较差的学生为好，借以督促学习或调动积极性；若是以巩固本节课的教学内容为目的，则提问学习中等的学生为宜；假使是突破教学难点的关键性问题，应提问学习好的学生，这对本人是激励，对旁人是辅导或引起思考。当然对于学习上自卑、胆子小的学生，题目要更容易一些，以提高他们

回答提问的勇气和学习的信心；对于骄傲自满的学生，要用难度稍大一点的题，教育他们克服傲气，认真思考。总之，学生的知识结构不同，学生性格不一样，所以提问的难度和方式（如口述或板书）也应不同，这样才会有好的教学效果。

4. 要注意关键性

一章、一节、一个课时都有它的重点难点和关键所在。只有突出重点，抓住关键，突破难点其他问题才有可能迎刃而解。因此，要特别注意在关键处节骨眼上进行提问启发，让学生加深理解和掌握。否则，胡提乱问，该问不问，何启发之有？

5. 要注意火候

问得过早，学生思路跟不上而感到突然；问得过晚，就如同"马后炮"起不了作用。因此教师要善于观察颜色，注意学生的表情和反馈信息，及时地提出问题。

6. 要注意捕捉"战机"

课堂上的情况是千变万化的，教师要尽可能地把所要提的问题，事先周密地考虑到、设计好，并根据课堂上教与学的发展情况，随机应变地调整教学策略，一旦在学生的认识过程中遇到新情况，产生了新问题，就要针对当时的情况和问题，有的放矢地进行提问，揭示矛盾，进行启发。

7. 要注意形式

有时提一系列问题，师生之间一问一答，像层层剥笋壳那样把问题彻底加

以解决；有时让学生问教师答，或让学生互问互答；有时教师自问自答；有时则引而不发，让学生深思。

8. 要注意开拓思路，铺路搭桥

无论提什么问题，都要以启发思维、开拓思路为核心，而不是追求表面效果。

这类问题主要有两大类：一类是问题的正确解答方法不止一个，如一题多解、多向求解等类型问题，它要求学生从不同角度、不同侧面，运用不同方法去解决，从而引起学生多角度的思维兴奋，有利于发展学生的创造性思维。另一类是解答问题所用的理论是综合性的，它要求学生把学过的知识纵向、横向或纵横交错地联系起来，进行一番加工创造，灵活运用，这也会促进学生创造性思维的发展。

9. 要充分发挥和调动学生内部动机作用

按照学生内部动机作用发挥的程度，苏联马赫穆托夫把课堂提问分为四种级别：

（1）教师设置问题情境，并指明其摆脱出路的全部工作阶段；

（2）学生在教师设置的问题情境中与教师一起来提出各种假设，并加以论证；

（3）教师提出问题，学生自己提出假设和论据，并独立地证明假设；

（4）学生自己提出问题，独立地提出假设并加以论证，检验问题解答的正确性。

若以此标准来考察我国语文教学现状，就不难发现，多数提问仅处在第一、

第二等级的落后状态。

怎样在课堂提问中发挥学生内部动机作用呢？

一是引导学生去积极探求真理。一个真正的教师指点他学生的，不是进入那已经投入了千百年劳动的现成大厦，而是促使他去"砌砖"，同他一起建筑大厦。聪明的教师不直接向学生奉献理，而是引导他们去探求真理。

二是要鼓励学生发现和提出问题。提出一个问题往往比解决一个问题更重要。教师要放手让学生直接参与提问设计，可从文章的遣词造句、布局构思，到文章所表现的生活、思想、艺术等各方面，引导学生提出这样或那样的问题，由此发现新的天地，创造新的境界，从根本上改变提问中生从师问的被动局面。

三要欢迎学生发表创新见解。创新是学习最终目的。教师应当欢迎学生对自己的讲解和一贯的定论提出不同看法，对文章的缺点和问题提出质疑，对文章的思想内容和艺术特色发表自己独特的见解。当前教学中，不少教师都有意无意地压抑了学生发表创新见解的积极性。结果凡是教师没有直接讲解的或书上没有直接写到的问题，不少学生不能回答，甚至不愿意去思索探求。长此以往，学生成才的一种十分可贵的因素和品质——创造精神，就会受到扼杀。

10. 提问要根据学生的知识实际情况拟题

从实践论的观点看，教学不仅要从本本（教材）出发，更应从熟悉学生、了解其知识结构入手，只有研究教育对象，才能取得教学主动权。例如有经验的教师常在学生容易混淆、错误和疏忽的问题上布疑，因为在教学过程中发生知识的迁移是常有的事，提问就是引起注意。

设计提问，既要考虑到学生的思考方法，又要让学生对所答问题持之有故。置这些条件于不顾，只能导致学生的答问或是只言片语，言不及义；或是照本宣科，喋喋不休。

例如，让学生归纳故事梗概，要求学生先经过一定程度的归纳概括，然后回答。但是，概括以什么为基础？归纳到哪种程度为佳？小学生难以自辨，所以不宜采用下列提问：①请把这个故事的梗概加以归纳，然后发言。②故事的梗概用什么话来表达好呢？

相反，这样的一组提问则比较适宜：①学完这篇课文，与开始上课时比比看，你对课文的理解和感受有无一点变化？（让学生把握住认识上的前后区别与联系）②你对某某（人或事）的理解，是怎样发生变化的？（把握关系）③发生这种变化的原因是由谁（或什么）引起的？（重视依据）这类提问，开头提问题一分为二，而后面则是把它们作为一种判断的根据加以归纳，就比较适应学生的思考方法，而且使他们的答问有依有据。在教学中，之所以出现提问零碎，回答也零碎，而且是一问一答的情况，一个重要的原因是提问者忽视上述要求。

为了让学生答问能思考得法，判断有据，设计提问还要求做到问题具体，语言明白。为此，研究者认为，对提问方式的选用也要慎重。例如，"什么时候、什么地方、什么人、做什么、是什么、怎么样"这种称之为5W1H的提问方式，是使用得最普遍的。但他们认为，这种方式比较适用于记叙、通讯等一类课文教学。而在低年级的故事、童话课文教学中，要求学生从课文叙述上抓住人物的语言、行动和心理活动，他们更主张采用下面这类提问：做了些什么？说了些什么？想了些什么？请把它们从课文中抽出来，然后写在自己的笔记本上。

作为教给学生思考和判断的方法，除上面的提问方式外，运用如下几种辅助性提问，也是研究者提倡的：最好先看看书或笔记，再回答（或"再想想"）；和开头的场面相比，再想一想，看看有什么不同；也可以这样考虑，再没有别的想法了吗？

11. 提问要围绕中心，面向全体学生

提问是在课始、课中，还是课后，要有一个总体设计，不能随心所欲、信口开河地乱问。提问一般要围绕教学的中心，解决教学的重点和难点，抓住主要矛盾进行提问。教材的重点可以发问，教材的难点可以设问，关键的地方可以多问，但提问的设计，必须围绕中心进行。教师一定要善于围绕教学中心，寻找关键点，抓住主干，设疑问难，引导学生思考解决问题。

但教师的提问必须面向全体学生，然后精选提问对象，决不能先指名，再提出问题。先提问题后先对象，可以吸引所有的学生都积极参加思维活动，促使每一个学生在心理上拟出一个假定答案。当自己的假定答案与被提问的人的答案不同时，每个学生就可以进行比较

思考，进一步分析、认识，或进行修正，这样能收到"提问一人，大家受益"的结果。例如，一位教师要检查学生的复习情况，提出问题后，学生举手发言，但这位老师没有急着指名，而是要求"叫到名字的同学站起来回答，没有叫到名字的同学要注意听他回答得对不对，等会要请大家指出来"。结果，在被叫到名字的学生回答时，教室里静悄悄的，其他学生都在专心致志地边听边思考，等发言的学生一答完，都争先恐后地举手发言。这位教师的提问就面向了全体学生，收到了以点带面、大家受益的效果。

12. 课堂提问决不能冷落中差生

课堂提问也应该坚持全面发展与因材施教相结合的原则。有些教师的课堂提问往往面向好学生、尖子学生，很少叫中等生，差生更受冷落。这样做教师比较省力，提问也一帆风顺。殊不如，这是违背全面发展与因材施教相结合原则的。提问仅面向几个尖子学生，表面上看起来，难题得到了解决，教学效果很好，实际上则是少数人解决了问题，他们的思维力得到了发展，而大多数学生则处于被动地位，提不起兴趣，更谈不上思维力的发展了。首先，损伤了差生的学习积极性。在课堂上，学生都希望有一个表现自己的机会，差生当然也不例外。教师在课堂上提出的问题，有一部分比较浅显。这时，差生常常会跃跃欲试，但教师却视而不见。这就必然损伤了差生的学习积极性，使他们产生自卑心理，觉得低人一等。其次，助长了差生的懒惰思想。由于差生在课堂上

长期得不到教师的提问，因此，当教师提问时，他们往往产生这样的心理，反正老师不叫我回答，我又何必去动脑筋，也就落个清闲自在，不去积极思考，袖手旁观，坐等别人回答。这样，实际上助长了差生的懒惰，不利于开发差生智力。第三，分散差生的注意力。差生在课堂上得不到提问，思想上就放松了要求。他们觉得教师的提问与己无关，对教师的讲课毫无兴趣，漠不关心。因此，注意力不集中，思想开小差，"身在曹营心在汉"，甚至在下面小动作。这样，一堂课下来，差生的学习收效是可想而知

的。只问尖子学生，中差生无发言锻炼机会。久而久之，他们就会对课堂提问失去兴趣，或认为那只是少数尖子生的事，与他们无关。这样，一个班级的教学质量实际上不能真正提高。因此，课堂提问决不能冷落中差生，而要给他们回答问题的机会，教师在课堂上设计一些难易适度的问题，给差生提供回答的机会，能激发他们的学习兴趣，使其养成勤动脑的习惯，还可以提高课堂学习效率，以达到大面积提高教学质量的目的。

第 **5** 篇

课堂板书艺术

一、板书的重要性

　　一堂高水平的课，一幅漂亮的板书能唤起美的情感，给人美的陶冶，美的享受。课堂板书，既是科学，又是艺术。称它为科学，指的是它要将课文内容系统化、条理化、形象化，有助于突出教学重点，突破教学难点；说它是艺术，指的是它能综合运用文字、图画、线条、色彩等手段，强化表现力，让学生的思想情操、审美观点受到感染和熏陶。

　　好的板书是撬开学生智慧的杠杆，是知识的凝练和浓缩，是老师的微型教案，能给人以志得神怡的艺术享受。好的板书能使学生明确教材的重点和难点，有利于学生掌握教师讲授的内容。好的板书还是学生解题样板，是数学语言表述数学问题的典范。好的板书也是一篇好的讲稿，它有利于学生听课记笔记，为课后复习提供方便。好的板书能恰到好处体现讲述内容，又是一种落实教学要求的艺术再创造。好的板书，会收到引人入胜的效果，因为它是教师根据教材的内容和教学要求，经一番匠心独运精心设计后，在黑板上的反映。好的板书，不仅在内容上概括剖析，恰到好处，自成一体，浑然天成，而且在形式上往往因文而异，各具一格，结构精巧，意趣横生。它以确切的科学性，指导学生去思考学习，又以特有的艺术魅力，给学生以美的感染，堪称教学艺术的再创造。好的板书，不是文字与线条的简单结合，而是教材中的重要内容通过教师有目的构思按一定规则画出的直接图形。

好的板书，是老师心血的结晶，它要求教师必须根据教材特点，讲究艺术构思，做到形式多样化、内容系列化、结构整体化、表达情景化，同时它还要求教师根据教学实际，遵循板书的基本原则，具有明确的目的性、鲜明的针对性，高度的概括性，周密的计划性，适当的灵活性，布局的美观性，内容的科学性，视觉的直观性。这样，才能给学生以清晰、顺畅、整洁、明快的感受。要显示这一点，还必须做到：

内容美——从用字遣词上看，准确无误，内容精当；从整体上看，线索分明，重点突出，这样的内容显得很美。

形式美——布局合理，排列有序，条理清楚，具有立体美、对称美、奇异美、多样美、和谐美和造型美。

书法美——字迹工整，一丝不苟，合乎规范，美观大方，使学生受到美的陶冶。

好的板书，不仅表现在内容美、形式美和书法美等方面，还要把握好时机。"好雨知时节，当春乃发生。"教学中只有把握好板书的时机，才能使学生思维的脉络与教师的讲解配合默契。板书的时机一般分先讲后书、先书后讲、边讲边书。对难度较大的、抽象的概念等，一般宜先讲后书。如分数的基本性质，在归纳结论，总结要点后再板书。又如巧妙地引入新课，可使学生在不知不觉中获得新知，尔后再进行板书。一般新授课适宜先书后讲，即教师先板书课题，然后由题而发，再配合精心安排，巧妙设计，就能激发兴趣，启发思维，丰富想象，强化记忆，获取知识，发展能力。

好的板书，是课堂教学的"集成块"，它集教材编者的"编路"、课文作者的"文路"、教师的"教路"和学生的"学路"于一体，是当代"微型技术"的妙用。它被人们誉为"微型教案"，就像工业技术上的微型电脑、微型飞机、微型汽车、微型电视……和人文科学领域的微型小说、微型评论、微型演说等一样，成了时代的骄子。

二、板书的美学要素

板书是课堂教学的重要组成部分，是完成课堂教学任务的有效手段，是教师语言艺术的书写形式。好的板书能提炼出一堂课的精华所在，可以配合教学突出重点，加深印象，增强效果。一幅独具匠心的板书，就是教师在教学活动中创造的一件精美的艺术品。朱光潜先生曾说："美是客观方面的某些事物交融在一起而成为一个完整现象的那种特质。"不少人认为，板书从"性质"到"形状"，或者说从内容到形式，一方面要适合主观的需要，另一方面又要使主观的目的与客观的效果相统一。一般认为，板书美学的基本要求是：内容的完善美、语言的精练美、构图的造型美、字体的俊秀美，而美的板书一般包括情感美、简洁美等诸多要素。

（一）情感美

从系统科学的观点出发的情感转移原理认为：教师只有把自己的思想情感成功地转移（转化）给学生，并使之产生情感交流与共鸣，方能产生美的效应。情感，作为一种心理现象，是人的需要能够得到满足所产生的一种内心体验。教师与学生双边活动的整个教学过程，实质上就是一种情感交流的过程。在这个过程中，教师具体、生动的情感有着巨大的魅力，它可以增强学生知识和思想感情的体验，是教学活动中最有效的手段。

许多学生对老师，对课本，对学习都感到乏味，这其间缺少的就是情。"感人心者，莫先乎情。"唯其有情，教师才能展开知识才华的羽翼去镂绘意境；唯其有情，教学才会轻松自如，从而达到师生情感的共振，更有效地获得教育效果。

情，是教学艺术之魂，从这种意义上讲，只有实现了情感转移的教育，才是美的教育。教学艺术水平的高低，正表现在能否实现情感的转移。那么，板书怎样才能体现情感的转移呢？板书是教学语言的书写形式。从信息论的观点来看，课堂教学是信息传递的过程，而信息传递的主要载体便是教师的语言。教师的语言可分为有声语言和无声语言。有声语言就是指教师的口头语言，无声语言是体态系统的姿势语言和符号系统的板书。板书是教学语言的有机组成部分，是书写符号形式。

板书是教师在课堂教学中为了达到某种教学目的的一种书面语言，是辅助教师口头语言表达的一种手段，它和有声语言是相辅相成的。有时在表达问题上比有声语言更准确、更清晰、更易被学生接受。

（二）简洁美

在大自然的欣赏中，有人喜欢大海的深蓝，有人喜欢枫叶的火红，有人喜欢雪山的洁白，这说明人们在追求色彩的单一。其实，单一就是质朴，质朴也是一种美——单一美。俗话说，"好吃不过粗茶饭，好看不过素打扮"。意大利的著名画家达·芬奇也说："你们不见美貌青年穿戴过分而折损了他们的美么？你们不见山村的妇女穿着朴实无华的衣服比盛装的妇女美得多么？"

板书美在简洁，无论文字、线条、颜色、版画等，均以简洁为上策。

如图 5.1 所示为《田忌赛马》的板书。托马斯·阿奎那在《神学大全》中写到："一眼见到就使人愉快的东西才叫美的。"不论是欣赏自然美或艺术美，都不是先有逻辑的判断而后有美。往往是先有"美感"而后才有判断。这就是美感的直觉性显现。板书之美首先是造型美。

这幅板书设计很美，美就美在简洁。20 余字便展示了全文内容，结构合理、排列有序，特别是符号运用很好。板书抓住了教材的难点，即田忌与齐威王两次赛马，从大败到反败为胜的复杂的情况，借助于箭头的交叉，清晰地表现了文字叙述的内涵，使学生一目了然，起了重要的助读作用。另一方面，板书设计又突出了教材的重点；为什么还是原来的马，只调换了一下出场顺序，就能转败为胜？这里借助提示语外，也充分显示了符号的功能：着重突出了关键在于"斗力"还是"斗智"，两个问号旨在激起学生思考，造成悬念；而感叹号又显示了结论的有力和对田忌的赞赏；各大小括号和几何图形的使用也起了表总括号、表注释、表强调等作用。从这幅板书中可以清楚看到巧用符号的重要性。

宋代词人苏轼在描写西湖美丽时，有一句话叫"浓妆淡抹总相宜"。这句话道出了人们两种不同的欣赏心理。人们常说的"素打扮"，就是单一美，"五彩缤纷"，就是复合美。

人们对美的欣赏，不全是客观事物本身的形式，它还包涵了人们审美经验的综合，也还包涵了文化传统的因素等。人们常说"吃饭不吃菜，各人心理受"，

就讲到审美的个人差异性问题。这种差异性的形成是一个比较复杂的问题。人的审美习惯与人的内在素质、所受的教育、年龄特征、个人爱好兴趣、民族传统、社会风尚等问题都有关系。但是，人的审美习惯心理的差异是客观存在的。有的人欣赏大红大绿的对比美，有的人欣赏色泽调和的淡雅美；有的人喜欢线条夸张的图案美；有的人喜欢文字简洁的联想美。这些都是客观存在的欣赏心理。

对"单一"与"复合"的欣赏并不存在高低之分，因为人类生活的本身，既是单一的也是复合的。生活本身就组成了多层次与多色调的美。

一般来说，低年级学生喜欢图文并茂、色彩鲜艳、文字简单、辅之以图的图示式板书。高年级学生与中学生则喜欢逻辑性强、富有启发性的线条式板书。

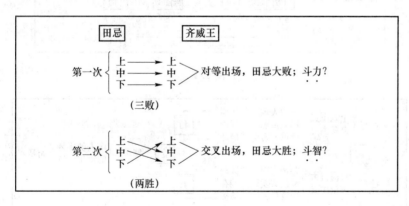

图 5.1

（三）对称美

亚里士多德说过，美的主要形式是秩序，匀称与明确。这里所说的匀称，用在板书上是板书的对称。它给人一种匀称稳重之感，使学生产生一种对称美。

如讲《乘除法的关系》这节板书利用两个算式具体地进行比较和分析（见图5.2），然后画出对应线，突破这节课的难点，让学生通过乘、除两式间的内在联系，导出乘除法的关系。最后用一个反箭头，准确而突出地标出了它们之间

的"逆"运算关系。就这样，利用这一板书，顺利地完成了一系列教学活动，收到了良好的效果。

以《个人与集体》的板书为例来加以说明（见图5.3），该板书以"破""立"为轴，以"利""名"分列对称。对称形式可分为横对称形式和纵对称形式两种。它具有安静、稳定的特性，它还可以衬托中心。

（四）照应美

《忆江南》的板书设计（见图5.4）

中，诗中每一个词都与有关的内容相照应，板书形成了一个相互照应和联结的链条。具有一种美感。

（五）和谐美

板书的布局、色彩要和谐，彩色笔要用得适当，不能乱用多用，不能使整个黑板红红绿绿分散学生的注意力。如讲公倍数概念时，可用"线条式"板书（见图5.5）来表现新旧概念之间的联系，这种板书看上去非常明快而和谐，体现了知识内部结构的和谐美。

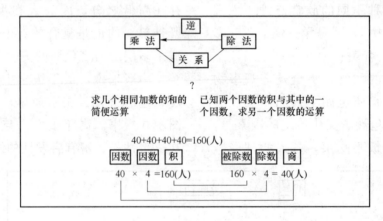

图 5.2

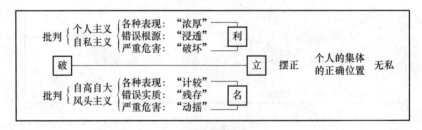

图 5.3

图 5.4

图 5.5

（六）流动美

利用线条将解题思路层层推出，帮助学生把握线索，掌握重点，随箭头动而见动，静而见静，从心理上产生"流动的"愉悦。如《年、月、日》的板书（见图 5.6）：

这种板书设计，随箭头所示，把年、月、日、时、分、秒关系展示得一清二楚，同时也给人一种流动的美感。

（七）立体美

如《狼》的板书设计（见图 5.7）。

既有纵向的"遇狼""避狼""劈狼"的过程，又有横向的狼与屠户的不同表现和情态，还有分别综合的狼与屠户的特点。形成了一个立体的构图。

（八）布局美

对艺术创造来说，独特新颖决定着作品的生命力，板书设计作为一种艺术创造也是如此。好的板书应该布局合理，整齐中见变化，合理中见新奇，给人以一种和谐统一的美感。

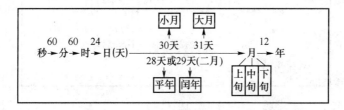

图 5.6

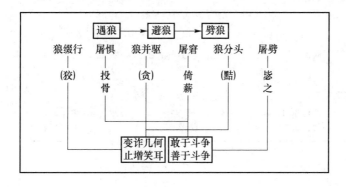

图 5.7

为了实现板书的布局美，必须整体计划合理布局，对板书内容事先巧安排，杜绝漫不经心、随心所欲的板书。黑板有大小之分，小黑板一般用于教师课前准备预习提纲或课堂补充练习题，大黑板又可分为正副两板书，正板书不轻易擦改，副板书供临时书画，教师在安排版面时，要将大小黑板，正副板面视为一个有机的整体，以和谐的整体美去感染学生。

《小音乐家》这则板书（见图 5.8），用"线条式"的方法设计，左右对称，衬托中心，上下匀称，突出重点，既反映出文章的思路，又把事物与联想表现出来了。整体布局，新颖别致既有整体美，又有变化美，既有匀称美，又有回环美，令人产生多种美感。

（九）整体美

板书设计的目的在于把教材中复杂的多层次的内容集中地表现在有限的黑板上，从而使学生对课文有个系统、全面的认识。好的板书，要做到集"四路"（教材的编排思路、作者的行文思路、教者的导读思路、学生的阅读思路）于一体，熔"三点"（重点、难点、特点）于一炉，充分发挥其整体功能，给人一种整体的美感。

例如《董存瑞舍身炸碉堡》的板书设计（见图 5.9）。

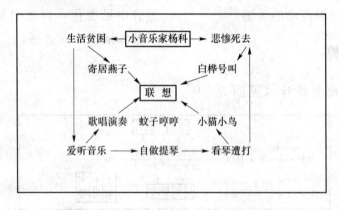

图 5.8

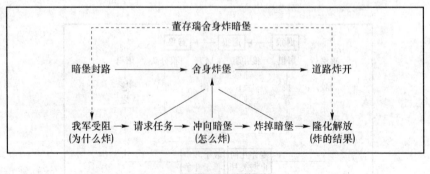

图 5.9

此板书以"舍身"为重点、"炸"为线索把起因、经过、结果,采用线索式贯穿整个板书之中,既突出了文章的重点,又理清了文章的思路,还指明了导读的思路,将课文的重点、难点及板书的特点融为一体,发挥了板书的整体功能,体现了板书的整体美。

(十)整齐美

如《苏州园林》的板书设计(见图5.10),在揭示总的特点之后,整齐地分列了七个"美"。

(十一)含蓄美

人类对于某些事物,有时可以有共同的美感:芬芳的花卉,美妙的音乐,壮丽的风景,明亮的月色,谁不欣赏它的美!漂亮的板书就像花卉、风景、月色一样给人美的陶冶。它以简驭繁,语约义丰,"用最小的面积惊人地集中了最大的思想"(巴尔扎克语),"只教给学生最本质的最主要的东西"(第斯多惠语),让学生感受到一种浓缩的简洁美。这种简洁美犹如画家画花,独花一枝,留有

余地,让人去遐想,像演员演戏,"三五步走遍天下,七八人百万雄兵",并不要把什么都搬上舞台;像诗人作诗,讲究含蓄,"言有尽而意无穷";像音乐家演奏,抑抑扬扬,有时无声胜有声。例如,《孔乙己》的板书设计(见图5.11),"笑"字后面一个问号,"悲"字后面一个叹号,以及括号内的简洁文字,将课文内涵引向深入。这种"惜墨如金"的板书,不是课文内容的简单重复,而是画龙点睛的启示,语精字妙,能引起学生由表及里、由此及彼的深层次思考,不断体味课文的意蕴之所在,从而达到唤起审美想象的效果。

(十二)哲理美

板书的哲理美表现在它能将课文的内在含义,通过教师的艺术加工,凭借简洁的文字、线条、图示突出地揭示出来。

《诺言》板书(见图5.12)借助文字、线条的组合排列效应,显示了文章题旨的内在逻辑性,从而增强了课文哲理的说服力,揭示了课文的哲理美。

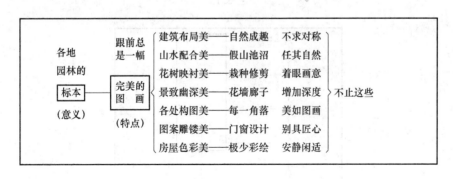

图 5.10

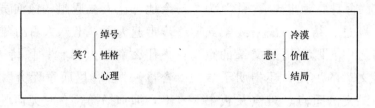

图 5.11

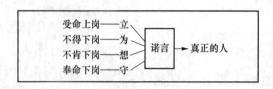

图 5.12

(十三) 奇异美

这种板书设计新颖、奇特，颇具艺术性，它体现了板书的奇异美。如《分数的初步认识》（见图 5.13）。

有意将分数二字写得特别大，引起学生注意。再如《称象》这则板书（见图 5.14）按曹冲称象的步骤设计，有意把"象"放大，显得奇特，但是相称的，从整体板书看，既突出又和谐。按照美学的观点来讲，"新奇"是一种美，但并不是越"新"越美，愈"奇"愈美。

追求奇异美要注意整个板书协调，不离和谐美的原则。

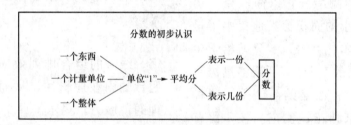

图 5.13

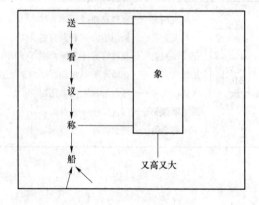

图 5.14

（十四）造型美

板书给人以美的第一印象就是造型。因为板书是凭借文字、线条的组合排列，而成为一个独立的整体造型。造型好就给人以美感，造型不好则不美。如《坐井观天》的板书（见图5.15）。任何板书不仅要能贴切反映教学内容的特点和特色，而且还要充分注意外形构成的图案美、排列疏密的布局美和组合效果的立体美，使学生在对板书造型的美的享受中体会教学内容的深刻含义。

《坐井观天》的板书（见图5.15-1），设计者意在通过小鸟和青蛙的对话，说明谁说得对，重点强调的是为什么。这从一个大"?"中即可看出。显然，设计者的用意是好的，但板书的设计比较杂乱，布局欠佳，使刚刚进入二年级的小学生难以理清头绪，尤其是那个大"?"

更使小学生感到莫名其妙，不可理解，同时，也使板书显得不那么匀称、整齐、美观。如果将图5.15-1板书按造型美要求稍加变动，效果可能会更好一些，如图5.15-2所示。

经过改动，整个板书巧用线条连接，显得布局紧凑，浑然一体，鸟和青蛙的对话更加泾渭分明，不仅突出了青蛙的固执己见，而且表现了小鸟第二次对青蛙劝告时的神态。内容看起来与上一个板书没有什么区别，但形式上却显得对称、整齐，并富有美感，学生明白易懂，对于帮助学生正确把握文章的思路，理解课文思想内容，起到了积极的辅助作用。

又如：《皮球浮上来了》一课板书的目的是引导学生认识皮球与树洞、皮球与水的关系，启发学生从小学会动脑筋。有两位老师设计了两种不同的板书（见图5.16），其效果两样。

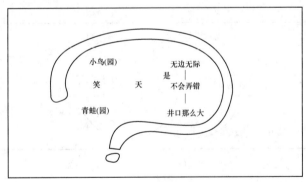

图 5.15-1

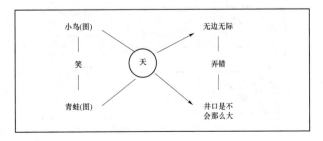

图 5.15-2

图 5.16 中的Ⅰ较Ⅱ造型美，它用对比方式选择，形象地说明事物之间的内在联系。

再如，《半夜鸡叫》的板书设计（见图 5.17），通过连环对称式板书设计表现出文章内在事理的因果关系，由于周扒皮学鸡叫，欺压众长工，才引起了"众长工借鸡叫痛打周扒皮"，由此说明

"哪里有压迫哪里就有反抗"的真理。

还有《单位的化与聚》用线条、箭头、符号等组成，图文并茂，给人留下思路清晰的造型美（见图 5.18）。

板书的造型美，要根据课文的不同特点进行设计，不要千篇一律，千人一面，要有特色，这样才能帮助学生理解课文和激发兴趣，加深感知。

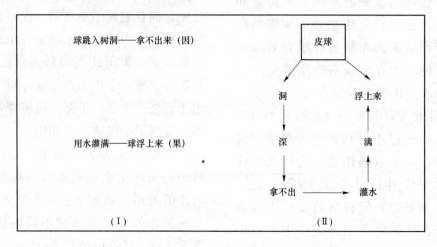

图 5.16

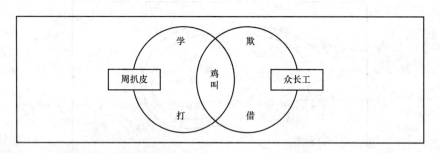

图 5.17

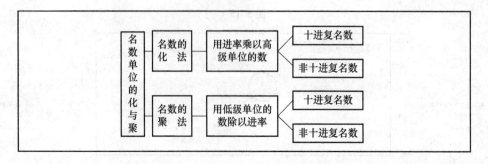

图 5.18

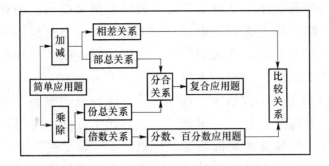

图 5.19

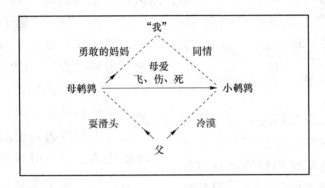

图 5.20

（十五）线条美

线条有直、曲、虚、实之分，它和文字一起构成了板书的主要语言，其作用主要在其指示性和虚拟性。如《应用题》（见图5.19）这则板书的线条运用很好，给人以美的享受。

再如，有位老师教《鹌鹑》时设计了这样一则板书（见图5.20），这则板书以线条的指性和简要的文字说明显现了物与物、人与人之间的关系，不仅收到指标明确、条理清楚的效果，而且给人以虚实相生、变化多端的美感。

（十六）文字美

板书离不开文字。文字美首先是端正整齐的美。书写时龙飞凤舞，随意涂抹，信手挥就，既为难学生，又谈不上好的效果。如果板书端正整齐、规范，就给人一种清新秀丽的美感。其次，文字美还是一种立体的美。不少板书字分大小，富有立体感，它本身就表达了一定的内容，或者与字义、词义相吻合，给人以联想，有助于加深对文章内容的理解。例如，有位老师教小学一年级课文《葡萄架下》的第二段时，通过朗读，板书了四个字（见图5.21）。

图 5.21

这四个字由大到小，依次板书出来，小朋友们就产生了各种疑问：为什么有的字那么大？有的字那么小？老师为什么这么写啦？当"粒"写上去后，老师提问：为什么字形有大有小，从大到小呢？小朋友积极开动脑筋，举起小手争着回答。他们说："因为葡萄园很大，葡萄园里有葡萄架，葡萄架上有一串串葡萄，每串葡萄上有一粒粒又大又圆的葡萄。"这四个字的字形从大到小，反映了它们相互间的关系。这样排列的文字就有了立体美，能激发兴趣，启发想象，活跃思维，收到较好的效果。

（十七）色彩美

板书中常使用颜色粉笔，以区别和强调，突出教材内容的重点难点，甚至有归类的作用。色笔使用恰当，可以使教学收到强烈的艺术效果，这是根据学生心理特征总结出来的。

如以概述为主兼加点评的板书，常常用色笔点评的文字板书；勾勒事、情两条线索的板书也常常以色笔等等，这就既强调又归类。还有些同类内容的板书分散于板书整体的不同部位，以色笔加以区别，归类的作用就更明显。如图5.22所示。

这一板书概括了课文的重点内容，包括四个方面：可用两三种色笔以示区别。第一是"变"字，突出了文章的重点，全文就是围绕"变"字写的，可用黄色粉笔写。第二用白色粉笔写"水""汽""云""雨""雹子""雪""冰"，这是说明"我"变成了什么？第三，以红色粉笔写"升""飘浮""落""打""飘"，这是动词归类，写下列那些事物属于自己的动作。第四可仍用黄色粉笔写括号里的内容，也就是体现水发生各种变化的条件，引导学生理解事物是在一定条件下发生变化的。从板书的各个局部看，它们有各自相对的完整性；而从整体看各种色彩以及指示性线条则反映了它们的横向联系。这样有助于加深对课文的理解。

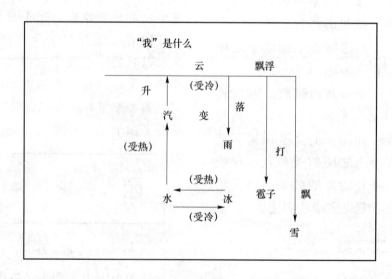

图 5.22

三、板书的功能

板书是课堂教学的重要组成部分,是教师完成教学任务的重要手段,特别是数学板书,其作用更为显著。那种单凭有声的语言讲授而不写的老师几乎是没有的。数学老师授课时除了用清晰、准确、精练、通俗、生动的语言表达外,常常还用一定数量的无声语言——板书,来说明编者思路、教学思路、学习思路。因此,好的板书能使学生明确教材的重点、难点有利于学生理解和掌握讲授的内容;好的板书是学生的解题样板,是用数学语言表达数学问题的典范;好的板书是教师言传身教的好方法,使学生在潜移默化中发展能力。好的板书是教师的一种艺术创造,在教学中具有许多功能:

(一)增强记忆力

板书是用文字或图形或表格表达的语言,只要不随便擦掉,它一直呈现在那里,学生通过视觉反映到大脑里,就能促进学生视觉和思维活动,它能集中学生的注意力,学生注视板书,思考板书内容,这样就能打上深刻的烙印,加强记忆力。例如,异分母加减法的板书(如图5.23),这种板书数形结合,可以

$$\frac{1}{2} + \frac{1}{3} = \frac{3}{6} + \frac{2}{6} = \frac{5}{6}$$

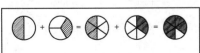

异分母分数相加减,先通分,然后按照同分母分数加减法的法则进行计算。

图 5.23

增强理解力和记忆力。板面设计形式简概、鲜明、富有美感。做到条理清晰连贯,概括科学合理,款式鲜明醒目。

课堂上结合教学完成一个好的板书设计,能体现教师完成教学任务的明确目的性和力求达到这一目的的坚强意志和顽强毅力。这种果断而坚定的品质及严肃认真、孜孜以求的职业精神,也会长期地、不断地教育和感染学生,有助于学生形成良好的意志品质。

(二)发展思维力

板书的基本功能之一在于使教材简约化,字少而信息精,从而激起学生想象,增加对教材认识的清晰度和整体感。这种以少胜多,以简驭繁的板书,本来就是一种十分有效的思维训练。所以板书的条理性,有利于培养学生的思维连贯性;板书的简练性,有利于培养学生概括能力;板书的直观性,有利于培养学生的形象思维能力。如图5.24所示这例板书。

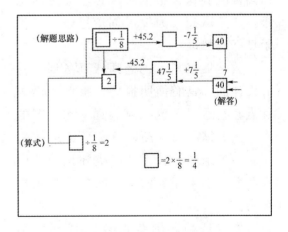

图 5.24

（三）提高审美力

培养学生对数学美的鉴赏力，这对发展学生的创造思维将起到重要作用。数学教学中可以通过各种优美的线条和几何图形，给学生以美的感受，给学生以美的熏陶。有人描绘，直线表示力量、生气、刚强；曲线表示优美、柔和、运动；折线表示转折、升降、前进；垂直给人以均衡、庄重之感；水平给人以稳定、整齐感；斜线给人以兴奋、向上感。三角形的稳定、正方形的纵横性、圆的周期性，这些都是数学板书给人的美感。善导者将通过板书提高学生的审美力。

这样的板书设计既美观又实用。几十道口算题就在一朵向日葵里。学生既做了数学题，又受到了美的陶冶。

（四）培养创造力和提高理解力

由于教师对教材内涵的意会和理解，均物化在板书之中，成为很多潜信息。而当接触到这种板书时，必然会激活思维，产生联想，为发展创造思维，提供了良好的契机。

数学板书是经过老师认真备课，精心设计的，具有简明扼要、重点突出等优点。它通过关键的字、词、句、图的写、点、描、画，直观而又形象地体现了题中各组数量关系及各类知识间的内在联系，学生印象深刻，能提高学生理解力。

如《秋菊》围绕论点设计（见图5.25），显示出秋菊的不屈不挠的精神。

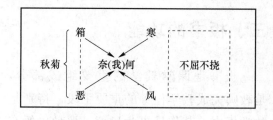

图 5.25

（五）化静为动

通过视觉形象的板书，可以帮助学生领悟知识原理、解题思路、解题方法，从而顺利地完成学习任务。

教学内容随着老师的一边讲解，一边板书，一边让学生观察，充分表达了事件的发生发展的过程和显示事件中的时空因素，使学生从静止的知识产生动感，从中看到知识的要点、事物运动的性质、解题时的思路及方法，从而有效地启迪思维，达到融会贯通的目的。如还原问题的板书（见图5.26）。

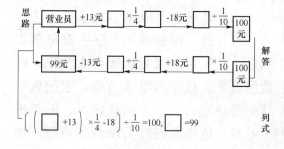

图 5.26

一位营业员说，把我的钱加上13元后乘以 $\frac{1}{4}$，再减去8元后除以 $\frac{1}{10}$，恰好是100元，这位营业员有多少钱？

（六）思维导向

起始课的板书内容一般是写"课题"和"学习目标"。这可结合开讲艺术进行板书效果最好。例如，教"数的整除"（见图 5.27）第一课时，先在黑板正中上方板书"数的整除"。问学生：今天我们学习什么内容？学生齐读一遍后在整除一词下边打上着重号，这样给学生思维定了向，把全班学生的注意力集中在"整除"上，然后教师就这堂课学习的目的随即在黑板右侧上板书。

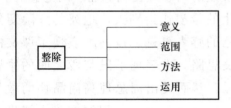

图 5.27

通过这种简明的板书，使学生明确这堂课的学习目标，思维有了方向，对上述四个方面产生了"有意注意"，因而可以提高教学效果。同时，为以后每一层结束时，板书学生共同归纳出的结论，即把思维成果用文字在黑板上表述出来，使整节课重点、难点、关键一目了然。

（七）总结联想

在每个层次结束时的板书，具有总结思维成果，突出重点和关键，引导学生承上启下开展思维活动的作用。讲完一个层次的内容后，教师必须引导学生归纳出其中最基本的内容，得出科学的结论，就是将学生的思维成果，通过板书让学生牢记，并能以此出发过渡到下一教学层次的思维活动，起承上启下的作用，使整堂课的思维活动用一条知识线贯串起来。

小数点位置移动引起小数大小的变化板书（见图 5.28）完后，让学生完整看一遍，对小数点位置移动板书，这堂课所学知识重点起到概括总结，一目了然，尽收眼底的作用，形成良好的认知结构。

（八）归纳概括

数学板书可以采取整齐排列的形式，让学生观察比较，具体感知运算性质、规律，并动用这种直觉的感受进行思维，用于计算，以开阔视野和思路，为以后的学习作好铺垫。

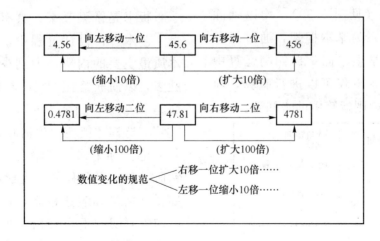

图 5.28

例如，关于商不变的性质的板书设计（见图5.29）。

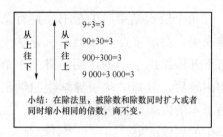

图 5.29

四、板书设计的原则

板书是课堂教学的重要组成部分，是老师的微型教案。教师设计板书时，既要注意形式美，还要注意遵循以下原则。

（一）目的性原则

板书设计要加强目的性，克服盲目性。板书设计符合总的教学目的，体现教学意图，注意教材的特点和学生的实际，板书与讲述既要紧密结合，又必须有明确的目的性，这样才能配合讲述的需要，也才能较好地完成教学任务。如在讲"乘、除法中已知数与得数关系"时，设计板书（见图5.30），均以乘除法各部分的关系为基本框架，通过线条一目了然，使学生牢固掌握四则运算中各部分的关系，不仅可以进行验算，而且还可以求出四则运算中的未知数。

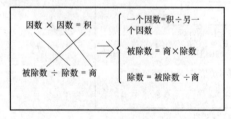

图 5.30

（二）准确性原则

板书设计应以准确理解文章的行文思路、教师的教学思路、学生的学习思路为前提，做到用词精炼、准确，做到科学性和艺术性的统一。例如，图5.31所示的这则板书按事情的发展顺序叙述了敬爱的周总理在飞机遇险的危急关头，把生的希望让给别人，把死的危险留给自己的感人事迹。板书既表现了课文的行文思路，也表现了段与段之间的紧密联系，从而突出周总理高尚品德的教学思路。其条理清楚，用词准确，精当并显示了造型美。

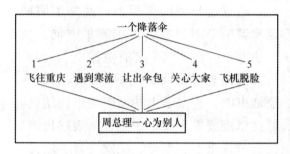

图 5.31

（三）简练性原则

板书是微型教案，具有浓缩的"提炼"艺术。在设计过程中，应当抓住最本质最主要的内容，做到少而精，以少胜多，以简驭繁。"少"，不是越少越好，而是要"少"代"多"，以"少"胜"多"，这样才能使学生清晰地掌握知识，容易记忆和笔录，"精"，是教师理解、钻研教材水平和程度的表现，"精"是掌握教材精华和表达精确，这样才能使学生印象鲜明，重点突出，少而精是一个效率和质量的概念，是一个互相作用的不可分割的整体，如图 5.32 所示。

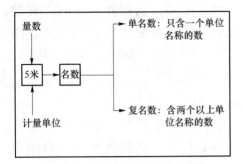

图 5.32

（四）直观性原则

在板书设计中，如果配以简单的画，既可增加板书的形体美，又可加强直观性，化抽象为具体，如图 5.33 所示。

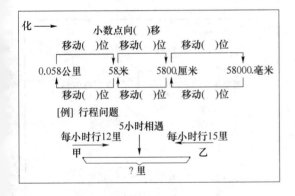

图 5.33

在解题应用题时，通过直观图形就能化难为易，化繁为简。

富有直观性的板书有以下三个特点：一是能再现学生的思维过程和操作过程；如讲解"9＋3＝?"这道题时，在教具演示后，出示板书（见图 5.34），这样具体形象地再现了凑十法的计算方法：看大数，拆小数，先凑十，再相加。二是能用精炼的词句指导学生开展想象或实际操作；三是能借用学生日常生活中熟悉的事物，来说明数字的概念和方法。

（五）整体性原则

板书是一个艺术整体，无论字数多少，都应是一个完整的充满生气的"世界"。所谓"整体"，就是根据教材安排和讲述的需要，设计的板书既要能体现一节课的独立性，又要能体现教学内容的系统性。如《琥珀》这课不仅说明了一般琥珀形成的条件和过程，而且从"那块"有两个小东西关在里面的特殊琥珀，假想了发生在"大约一万年前的故事"。本文板书（见图 5.34）图文并茂、形象直观地把"一般"和"特殊"结合起来，让学生在"一般"与"特殊"的科学区分上面，受到严谨和缜密的思维训练。它既体现了独立性，又体现了系统性。

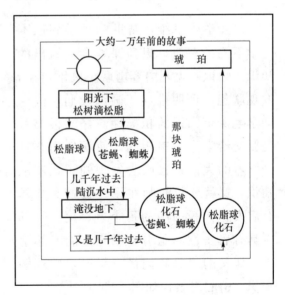

图 5.34

（六）条理性原则

数学系统性强，逻辑推理严密，在板书设计中则要求条理清晰，思路简捷，化繁为简。条理是课文的脉络，讲述当然需要脉络清晰，有条有理。但声音毕竟是稍纵即逝的，而板书则能在黑板上较长时间停留，而且看得见，能够笔录，所以，板书的条理性特别重要，它是教师讲述和引导学生掌握教材的思路。例如归纳四则运算，通过图5.35所示的板书就使学生知识条理化。

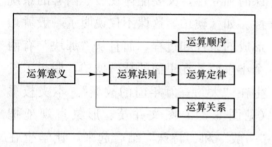

图 5.35

（七）启发性原则

启发学生思维，帮助学生学到课本上学不到的东西，想到课本没有写出的知识。知识归类，内容串联，区别对比，发现联想，证明推广，画图设向，能调动学生探求知识的积极性。好的板书就是要交给学生一串钥匙，使学生用它打开学习的大门，自己去发现知识，获取知识，这就要求教师在设计板书时要具有启发性，板书中的每个字、词、句都应具有启发性，能引起联想，能唤起学生对课文的想象和记忆，帮助学生理解知识，引起思索，如图5.36所示。

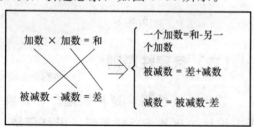

图 5.36

富有启发性的板书有以下三个特点：

（1）必须揭示旧知与新知之间的内在联系，体现新知的生长点，激起学生探求新知的欲望。例如，《拔苗助长》板书（见图5.37）反映寓言的主要脉络并点明了寓意。

（2）必须把特殊典型的事例置于一般规律的形式中，使典型与一般融为一体，为学生从特殊中推出一般扫除障碍。如讲解归一问题的多种解法时，教师可启发学生将应用题的条件和问题列表分析，并边口述边板书（见图5.38），使学生从中得出解题规律：①要改变看作总数与份数的数量；②要寻找同类量扩大的倍数。

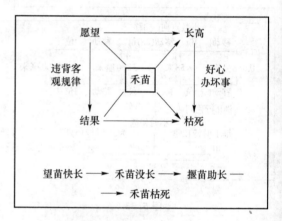

图 5.37

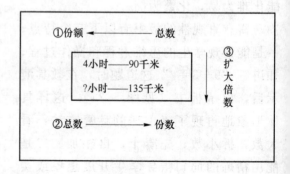

图 5.38

（3）必须寓抽象于具体之中，为学

生透过现象看本质创造条件。如教学
"求比一个数多几的数"的应用题时，教
师通过板书突出组成大数的两大部分，
揭示出大数、小数、相差数三个数量间
的本质关系，帮助学生更好地解求大数
为什么用加法，求小数和相差数为什么
用减法的道理。

又如，《记金华的双龙洞》板书（见
图 5.39）利用图像法帮助学生了解游览
路线，理清课文的条理。

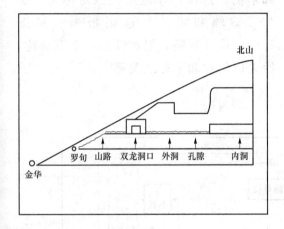

图 5.39

（八）实用性原则

板书概要"中看"，更要"中用"，
不能像塑料花，好看不实用。板书设计
的实用原则包含了多方面的要求。它既
有固定性的板书，又有随机性的板书；
既有勾勒解题思路的正板书，又有突出
重难点的副板书；既有体现教法的改革，
又有学法的指导。

例如，百分数应用题板书（见图
5.40）。

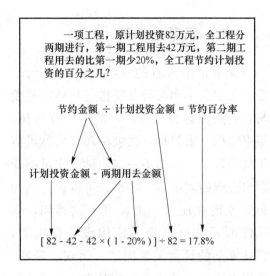

图 5.40

（九）多样性原则

教学内容不同，板书形式也有所不
同，就是同一教材，由于侧重点不同，
在板书内容与形式上亦有所不同。教学
板书千篇一律，一个模式，激不起学生
的学习兴趣。这就要求教师在设计板书
时，打破固定模式，根据教学的实际，
设计出百花齐放、活泼多样的教学板书。

如讲"四边形"时，什么叫四边形？
请说明下面几种四边形的异同及相互关
系（见图 5.41）。

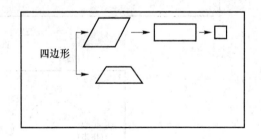

图 5.41

（十）示范性原则

板书是给人看的，要给人以美的享受。文字大小和布局要安排得巧妙，并要与表达的内容相吻合，形成一种立体感。板书结构一求匀称，二求精巧。匀称可能很精巧，精巧的却不一定匀称，它可能是别出心裁的"出格"之作，可以说，结构美应体现在任何一则板书上。例如，图5.42 所示的这则板书结构设计就很美，它使复杂的计量关系简洁、明快、精巧。此板书清晰地显示了文章思路．把编者思路留给人们去思考，在板书设计中注意了系统化，有助于激发学生的思维。

（十一）相称性原则

人的心理需要空间，有空间才有生命感。人对空间的需要有一种"相适应性"，板书也一样，板书过多，密密麻麻一大板，给人一种"挤压"感。因为挤压，人的心理往往失去空间。当然，空间过大，又会造成空空荡荡的感觉。

所以，板书设计要注意板书的匀称和平衡。这样，才能给人以对称美。例如《蝙蝠和雷达》这则板书（见图5.43）设计新颖，对比性强，上下对称，给人以匀称和平衡之美感。

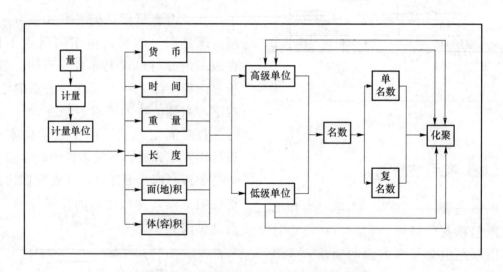

图 5.42

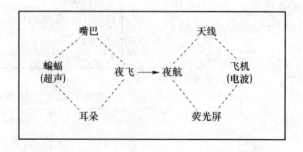

图 5.43

又如《书的故事》，作者抓住鲁迅先生热情关怀进步青年和青年对鲁迅先生的崇敬和感激这条线索设计，板书形式新颖，给人一种对称美（见图5.44）。

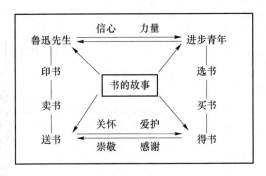

图 5.44

（十二）针对性原则

板书设计要求针对教学内容和学生特点，因文因人制宜，具有鲜明的针对性。凡是学生难记、难讲、难理解、难掌握及容易发生错误的地方都应设计板书。

具有针对性的板书有以下三个特点：

（1）突出重点。对于难理解的词句用不同的形式板书，使学生迅速掌握。如教"倍"的认识时，教师在第一次引出谁的几倍后，板书：

让学生迅速掌握两数的倍数关系。

（2）教给方法。对于一些带规律性的学习方法要进行板书。如教百分数应用题，当已知比一个数的几分之几还多（或还少）多少的数量是多少，求这个数时，学生不易掌握解题方法，教师可通过下面板书给出割多补少，求整体"1"

的解题方法。

如图 5.45 所示，38 千克比整体"1"的 $\frac{2}{3}$ 多 6 千克；10 千克比整体"1"的 $\frac{1}{3}$ 少 6 千克，先割多，再用除法求整，先补少，再用除法求整体"1"。

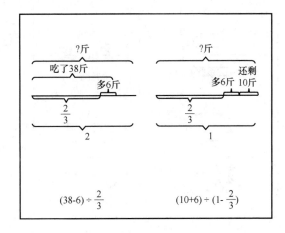

图 5.45

（3）预防错误。学生易错的概念、法则，可通过板书加以纠正，引起重视，防微杜渐。如教小数除法时，学生常常把商不变法则中的除数、被除数扩大相同的倍数搞错。为了克服这一错误，教师在教学时可用彩色粉笔标明思维过程，这样不会错了。

（十三）系统性原则

具有系统性的板书有两个特点：一是必须反映教与学的全过程。如教分数的意义时，教师可首先通过图例举出几个由不同单位"1"平均分得的分数实例（见表5.1）。然后引导学生通过观察对比，逐步抽象概括出分数的意义。这个教学的全过程通过板书反映。把单位"1"平均分成若干份，表示这样的一份或几份的数，叫做分数。二是必须系统反映知识间的联系与区别，使学生学到的知识竖成线，横成序，形成网络，如教完三种统计图后，可以列表形式板书（见表 5.2）进行比较。

表 5.1　分数意义实例

图　例	单位"1"	平均分的份数	表示的份数	写成分数
	一个图形	2 份	1 份	$\frac{1}{2}$
	一个线段	3 份	2 份	$\frac{2}{3}$
	一个长方形	6 份	5 份	$\frac{5}{6}$
	4 个苹果	4 份	1 份	$\frac{1}{4}$
	10 个三角形	5 份	3 份	$\frac{3}{5}$

表 5.2　统计图比较

	条形统计图	折线统计图	扇形统计图
特点	用直条的长短表示数量的多少	用折线的升降表示数量的增减变化	用整个圆面表示总数，用圆的扇形表示各部分占总数的百分数
作用	能明显地反映数量的多少，便于相互比较	能明显地反映数量的增减变化，也能表示出数量的多少	能清楚地反映各部分分数同总数之间的关系
制图注意点	恰当地确定单位长度表示的数量		量准圆心角的度数注明各扇形所表示的内容和百分号
	条形宽度一致，条间距离相等	正确的描点和表示时间的间隔长短	
	复式要加图例说明		

（十四）概括性原则

板书设计的概括性有以下三个特点。

1. 紧扣教材，短小精悍，提纲挈领

离开了教材，概括就失去了对象。因此，要根据教材内容，根据教学的特点，运用简洁的记号、词语或一句话就能记住所有的要领，并指导学生运用于学法之中。如教"四则混合运算"时，为了培养学生认真审题的良好习惯，教师板书可概括为以下几项（见图 5.46）。

"一看"——看清数据，看清含有哪些运算，看清计算的要求。

"二想"——想数的特点，想数与数之间的特殊联系，想运算间的关系。

"三算"——在分析的基础上，正确运用定理、性质、法则、和、差、积、商的变化规律，0 和 1 的特性进行计算，使运算正确、迅速、合理、灵活，并尽可能从多种算法中选取最佳算法。

"四验"——计算后要检验，一是复核；二是验算，这是把关的一步。

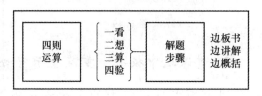

图 5.46

2. 切中要害，理清思路，掌握关键

如教圆的周长时，教师引导学生分析各种测量圆周长的方法的共同点，在学生讨论的基础上板书："化曲为直"，概括了测量圆周长的关键。

3. 归纳原理，开阔思路，增强灵活

板书时不要就事论事。要善于归纳出适用于更大范围的灵活性，如教"三角形的分类"时，引导学生按边可分为三类，按角又可分为三类（见图 5.47）。

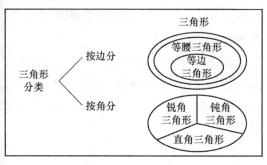

图 5.47

学生在理解定义的基础上进行归类概括，使学生不仅易记难忘，还学到了方法。

（十五）计划性原则

板书要有规划，设计好板书是备课时不可忽视的一环。板书不是一下子出现在黑板上的，而是随着教学进程逐步形成的。因此，教师上课之前，对于板书内容出现的先后、内容间呼应和联系；文字的详细大小和去留；布局位置的调整；虚实的配合和符号的运用，板书与讲述的统一，板书与其他教学活动等等，都要进行周密的考虑，切忌"眉头一皱信手写来"。

为了使板书实现计划性，克服随意性，可将黑板适当划分区域，一般可划分为 3 个区域（见图 5.48），新课的标题放在Ⅰ区，引旧探新的迁移题放在这个区域，主要新授课文内容写在Ⅱ区域，辅助性的板书或副板书则写在Ⅲ区域。

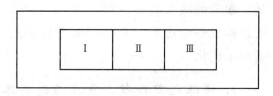

图 5.48

（十六）灵活性原则

板书应因势变通，具有一定的灵活性，防止"千篇一律，千人一面"。灵活性应注意以下两点。

1. 布局上的灵活性

教师设计板书，总是以自己常用的

黑板为板面依据的。如果换了讲课地点，黑板与原设计不一致时，这时就必须进行临时变通。即使是在本班上课，也必须在板面上留有余地，以利某些临时性的板书。

2. 内容上的灵活性

在课堂教学的师生双边活动中，常常会遇到原定的板书难以自然出现，不能"水到渠成"的情况。这时教师就要在不影响教学要求的前提下，适当采取应变措施，主动给学生留有余地，使他们获得"填补空白"的思维机会。这样做，上起课来就灵活自然。如图5.49所示的这则板书，就留有空白，供讲课时增补，体现了灵活性。

(十七) 时效性原则

板书不仅要讲究内容美、布局美、书法美，还必须注意板书的时效性。即根据教材特点和学生实际，把板书有机地、和谐地融入教学过程，与其他教学手段构成一个协调的系统，促进教学效益的最优化。

1. 讲课之前板书，重在指引思路

讲课之前，为了学好新课先出几道思考题、过渡题、准备题、尝试题等，这种讲前的随堂板书重在指引学生的学习思路。

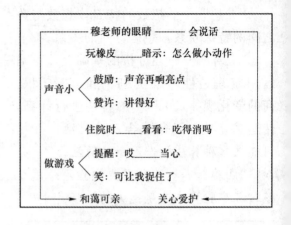

图 5.49

2. 讲课之中板书，重在展示中心

讲中板书是板书中的主体和重点，因此，不仅要精心选词造句，充分发挥其文字效力，更要把握时机，才能使学生思维的脉络与教师的讲解配合默契。板书的时机一般分先讲后书，先书后讲，边讲边书。对难度较大的概念、公式等一般适宜先讲后书，又如巧妙引入新课，可使学生不知不觉中获得新知，往往采取先讲后书，总结后再出示课题，收到画龙点睛之效。

板书常用的是边讲边书的方式。这就要求教师要有高度的教学机智，善于当堂启发学生的思维，分析学生的意见以及捕捉学生正确的答案。要做到这一点，要求教师要吃透教材，掌握教材的精髓，胸有成竹，才能得心应手，左右逢源。

例如，《列宁和卫兵》完成分段后，读讲课文时，抓住列宁和卫兵的活动，按事情的发展顺序，边分析边板书（见图5.50）。

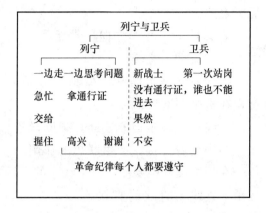

图 5.50

3. 讲课之后板书，重在强化整体

讲完后，在原有板书基础上，以简短语言回述全文要点、重点，同时用一些线条、符号和文字勾、连、点、画，标明关系，统领全文，可使学生对全面的整体内容得到强化，这一步是相当重要的，成功者，画龙点睛，锦上添花，失败者则功亏一篑。

例如，《草地夜行》讲读完毕形成下列板书（见图 5.51-1）。

图 5.51-1

然后采用"线条式"总括勾画成图 5.51-2 所示的形状，体现了小红军在老红军战士的帮助和鼓舞下决心向前走的中心。

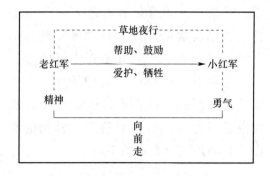

图 5.51-2

又如，《劳动的开端》讲完后的板书（见图 5.52）。

然后采用"图示法"，以第一次挑煤为立线，把挑煤经过表现出来，起到了强化整体的作用。

综上所述，板书的时效性非常重要，每个字词，每个符号，都要选择最佳时机出现，才能发挥最佳效用。此外，板书的时效性还包含一个最佳时量问题，即用于板书的时间不能超限，板书速度不能过慢，板书内容不能多，否则将事倍功半，事与愿违。

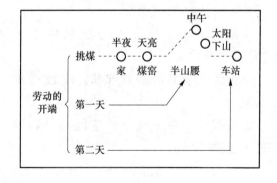

图 5.52

五、板书设计的方法

美学家莱夫·贝尔曾指出："有意味的形式就是一切视觉艺术的共同性质。"

不同线条及其组合，各有各不同的审美特性。如数学是"数"与"形"及其结合的科学。"形"中蕴藏着浓郁的诗意美。这种审美特性是和人的情感、联想联系在一起的。板书设计的构图美方面可以运用各种几何图形造型，常用的有以下几种形式（见图 5.53）：

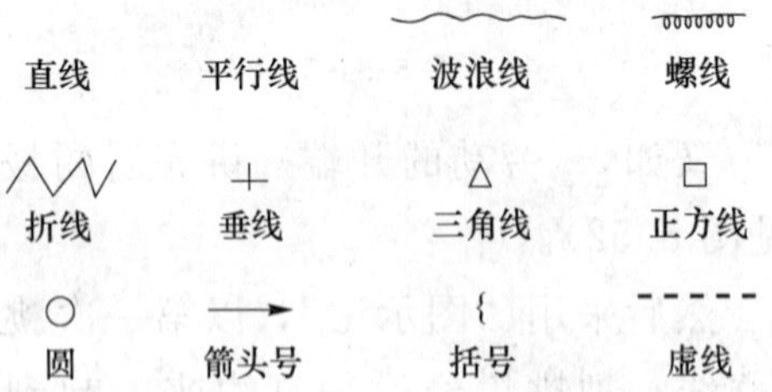

直线	平行线	波浪线	螺线
折线	垂线	三角线	正方线
圆	箭头号	括号	虚线

图 5.53

直线——表示力量、生气和刚强，它向两端无限延伸，无始无终，似乎正是时间没有开端没有终点这一哲理的外化。直线在板书中用得最多。

平行线——由于线条的"平衡"，在板书造型中可使人感到"安定"。

波浪线——由于线条的起伏变化，可给人"流动的感觉"。

螺线——由于线条的变化可给人"升腾"的感觉。

折线——表示跌宕起伏，一波三折的复杂变化。

垂线——由于线条的空间延伸，可使人感到"崇高"。

三角形——犹如泰山，坚实稳定，在板书造型中给人以安定感。

正方形——不偏不歪，方方正正，显示着庄严与安定，在板书造型中给人庄重感。

圆——完美无缺，从美学的角度讲，"事物的重复或相似的出现"就可以使人感到节奏美。在板书造型中给人以柔和优美之感。

箭头号——表示方向，在板书造型中给人"流动"之美。

括号——表示归纳、概括、总结之意，在板书中起着画龙点睛的作用。

虚线——表示似断非断，藕断丝连，在板书中起着连接、产生联想的作用。

在板书设计中要注意以上线条的灵活运用，直线与直线的直接连接，给人的"力度"感较强。而直线间通过曲线作为中介的连接，则可以"软化"直线的"力度感"。在我们日常生活中有这样的体验：高大的长方形，可以给人一种庄严与安定的感觉，而园林胜地往往使用圆形或椭圆形的门，它能给人以柔和优美的感觉。这就是曲线与直线的妙用。同样，在板书设计上要注意线条的配合使用，以在板书中充分发挥"集成电路"的作用。

在板书设计中借助各种图形造型，设计的板书就会千姿百态、新颖优美。灵活运用各种线条的连接，就能确切而迅速地将各部分的关系表示出来，同时还能借助于各种线条表示连接、跳跃、比较、总括、强调各种含意，不仅删简大量的文字叙述，而且使人一目了然，帮助学生理解记忆，激发学生学习兴趣，培养学生简缩思维和联想能力。

例如，《渔夫和金鱼的故事》板书（见图 5.54）。

这里，用了虚线、实线、曲线等各种线条将故事发展的五个过程和金鱼、渔夫、老太婆之间矛盾、性格部分的纵横交错关系表现得一清二楚，横贯的虚线，使人联想这些方面之间的密切联系；实线则暗示了三部分的概括；曲线又强调了不同的性格、情绪；箭头号给人

"流动感",变静为动,指明发展方向。所以,板书就是借助线条将各部分的文字连接起来,成为一个容纳众多信息量的整体,充分发挥缩微作用。

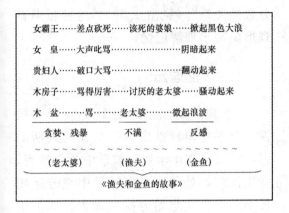

图 5.54

(一) 图像法

美感离不开想象。美感的直觉性是审美认识的基础。利用图像设计板书效果直观。

好的板书不仅造型美,更主要是结构美,即不是用文字叙述而是采用线条和几何图像造型作综合的立体显示,为学生展开丰富的联想。

例如,《黄河象》一课的板书(见图5.55)。

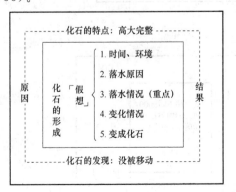

图 5.55

这里采用"正方形"的设计,给人以庄重、安定的感觉,根据文章以假想为主要内容的特点,体现了文章首尾照应的方法。

再如,《田寡妇看瓜》的板书设计(见图5.56),利用折线造型,采用多折式。

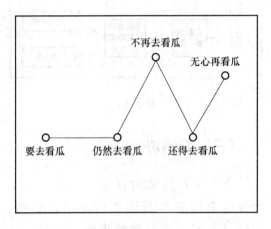

图 5.56

又如,《统计图》的板书(见图5.57)设计,利用括号造型采用的提纲式。

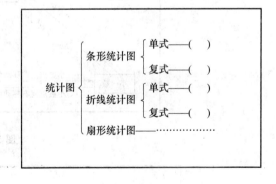

图 5.57

(二) 形象法

此法便于培养学生的形象思维,使抽象概念具体化、形象化以增强记忆、加深理解。

形象法就是在板书中用线条、箭头、符号等组成某种文字图形的板书方法，如图 5.58 所示。

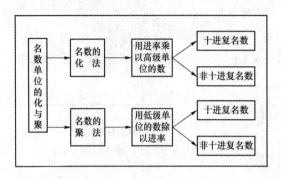

图 5.58

（三）归纳法

当教师对具体内容逐一分析，或学生经过全面思考与课堂讨论后，归纳、总结是必不可少的教学步骤。此时，运用归纳板书能使学生变零为整。

归纳推理在小学数学中用得很多，几乎所有法则、公式都是用归纳推理导出的。这类板书要排列有序，易于观察、类比、推导。如归纳"小数、分数、百分数的关系"（见图 5.59）。这种板书直观形象易于理解记忆。

（四）推理法

"推理"是以一个或数个判断为根据，合乎规律地推出另一个新的判断的思维形式。在小学数学教学中学会推理，运用推理好处很多，在教学中充分运用板书的直观优势培养推理能力。如关于"商不变性质"就是从几个具体的除法计算所反映的共同特点，来推出一般性结论的（见图 5.60）。

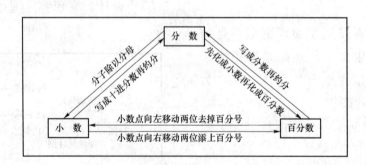

图 5.59

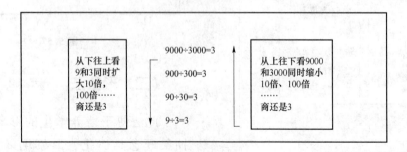

图 5.60

（五）信息交合法

板书的好坏，直接影响教学效果，板书设计除了考虑内容美、形式美、书法美外，还要善于选择教学媒体。根据信息论原理，"媒体"是指运载、携带信息来往于信息源与接受者之间的任何东西，而"教学媒体"是以教会别人为目的的传递信息的任何东西。从传播理论可以知道，一种教学内容信息可以采用多种多样的符号去呈现。如语言符号、数学符号、静止图像符号、活动图像符号，以及其他一切目视符号和音响符号，而不同的信息符号对教学内容信息都有不同的呈现功能。板书设计主要是通过文字符号、语言符号、数学符号的呈现，使学生感知到信息源的存在，教师借助对信息源的分析，使学生明白其中所蕴含的语意，而信息交合法，则可以最迅速、最有效地使各科教学在课堂上把知识信息传递给学生，从而达到让学生接受这些信息的目的。

信息交合法，指的是将信息进行交合，一一排列、组合、匹配、增殖，从而产生若干新信息。不同联系之间的交合，就会产生新的联系。根据这一原理，在设计板书时，可以根据不同目的要求、不同对象进行板书设计。

例如，《赶花》主要讲的是养蜂工的一生。文章由蜜蜂的辛勤采花引到养蜂工的辛勤赶花，突出一个"赶"的精神。这一课板书设计可以"一课多式"。

板书（见图 5.61）突出"赶"的思路设计。

板书（见图 5.62）抓住"赞扬"设计，突出文章的中心。

又如《老科学家下乡》这篇看图学文写了科学家下乡。板书（见图 5.63）分别是给农村"带来科学，带来希望"这个主线板书围绕"科学"进行设计。

图 5.61

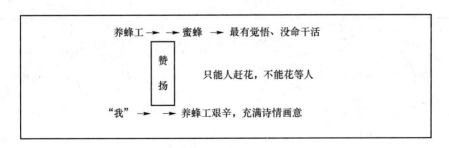

图 5.62

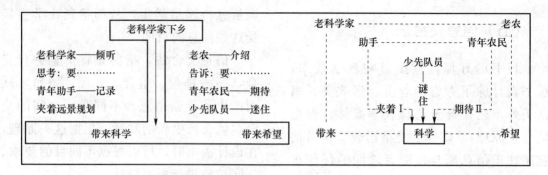

图 5.63

（六）一点切入法

一点切入法是选择一个"牵一发而动全身"的"点"进入课文的方法，板书的序号往往不像通常那样由上而下，从左到右。例如《赤壁之战》的板书（见图 5.64）抓住"火攻"，用 28 个字和放射线条就将课文的层次、定计原因、施计步骤一目了然地显示在学生面前。它以少胜多，便于学生记忆。

（七）逆向分析法

逆向分析法是指从课文结尾处往前逆推，对学生进行逆向思维训练的讲读方法或解题思路分析方法。设计板书时应理出贯穿课文始终的因果链条，体现逆推过程。如《卖火柴的小女孩》可从

"微笑地死了"往前逐层逆推，形成如图 5.65 所示的板书：

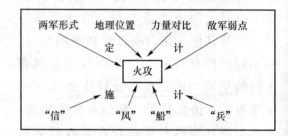

图 5.64

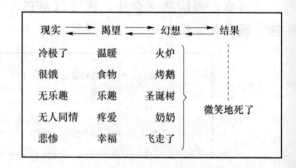

图 5.65

图 5.66

此板书利用逆推法，顺着一理，一根环环相扣、前后相承的因果链条便清晰地呈现在学生面前，便于学生理解、记忆、归纳，从而提高了讲读效果。

（八）以点带面法

有的课文较长，不能平均使用力量，必须抓住重点段讲读，教给方法，让学生自学全篇，这种方法叫做以点带面法。与此相似的有些并列结构的课文，各部分内容相似，句式也大致相同，不少老师选择以段带篇法——重点讲读关键段，使学生不仅理解这一段，而且掌握学习同样结构的方法，以举一反三。根据这种方法设计板书，起着"放大"作用，重点突出，层次清楚。

例如，《我爱故乡的杨梅》的板书（见图5.66）。

这里采用了集合形式以重点带动一般的方法，由江南而故乡，由故乡而杨梅树，由杨梅树而杨梅果，前者采用高浓缩的手法表现作者借物寓情，爱国爱乡的思路。但对杨梅果这个重点部分则采取平列手法，印证作者"惹人喜爱"的强烈感情。这略中见详的板书手法值得学习。"没有重点就没有一般"，"宁断一指，不愿伤其十指"，"多则失，少则得"等名言警句也适用于板书设计。

（九）重点突破法

钻井需要找突破口，板书设计也要从文章的内部联系中寻找"突破口"。突破口就是引导读者"入境"的门径。一般而言，首先对课文内容"提炼"，然后从文章内部联系中寻找突破口，其方法

有下面三点：

1. 以人物关系为突破口

有些课文"形象体系"一目了然，设计板书时着眼于人物关系，稍加梳理，便成格局。

如《东郭先生和狼》的板书设计（见图5.67）简洁明了，思路清晰，巧妙运用箭头，使整个板书变得静中有动。

图5.67

2. 以课文中心为"突破口"

小学语文以写人记事为主，抒情状物往往围绕一点集中笔墨。设计板书时抓住这点，精心布局，便可收到好的效果。如《蜘蛛》的板书设计（见图5.68）抓住了"网"，板书就抓住了"纲"。

3. 以文章的结构为突破口

小学教材的结构一般比较明显，设计板书时可以此为突破口设计相应的板书。如《养花》首尾照应，中心思想在文章中间部分层层地表达出来。《养花》可按课文"总一分一总"的结构设计板书（见图5.69 I）。也可根据养花的目的、品种、知识、乐趣和收获这五个方面来设计板书（见图5.69 II）。

总之，板书的设计要求能总括全文内容，理清写作思路，反映作者写作目的。还应注意到简洁、明了、整齐、美观等。

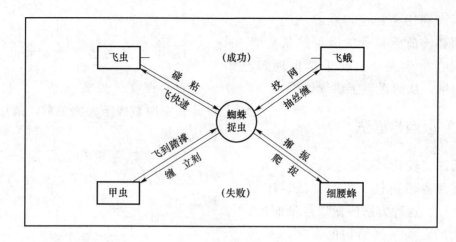

图 5.68

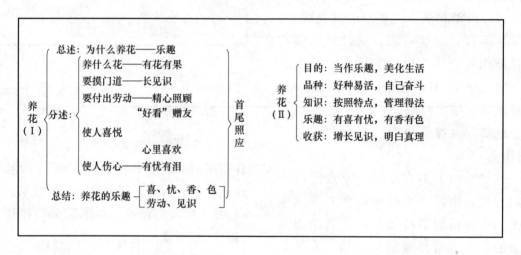

图 5.69

六、板书设计的形式

要让板书发挥其特有的艺术魅力，不仅要在板书的内容上花气力，而且要在板书形式的构思上狠下工夫，力求完美的艺术形式与丰富的知识内容有机地结合起来。首先，要在对所授知识正确导向的前提下，美化板书形式，强化教学要点，板书中适时运用彩笔或粗体字，抓住要领，突出重点，主次分明，能够加深学生对知识的理解。其次，要在板书中合理地使用线条（直线、虚线、曲线或折线）箭头或括号，开阔学生的思路，突破难点，以起到疏通思路理顺脉络的作用。

（一）板画式板书

在板书设计中，如果结合板画，既可增加板书的形体美，又可利用画面的直观可视性，辅之以简洁的文字示意。化抽象为具体，激发学生的兴趣，培养学生美感。

例如《谜语》选用图文并茂的板书

设计（见图 5.70）。尤其是：Ⅱ 的设计是用图示代替呈现各种姿态的事物，从而增强了谜语的形象性，更有助于学生发挥想象力，较快地揭示出谜底。

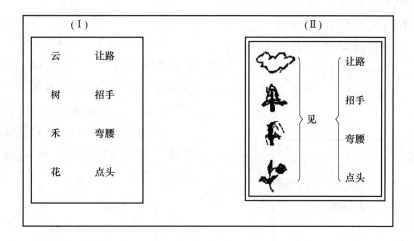

图 5.70

（二）连线式板书

这类板书是将选定的板书要点以线条连缀而成。此类板书或是把握课文的情节线索，或是把握作者感情线索，以曲线推进的形式呈现在学生眼前，对于指导学生鉴赏和学习情节跌宕腾挪、情感曲折变化的课文具有形象的启迪作用。

例如，《落花生》（见图 5.71）。

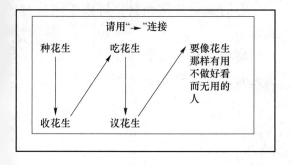

图 5.71

学生通过对"种花生→收花生→吃花生→议花生→要像……"的连接。掌握了作者的写作思路。同时也初步了解由此思路而揭示中心思想。

（三）提示式板书

此法的目的在于开拓思路，它犹如一把智力钥匙，只要对准学生心灵上的"锁号""锁孔"，他们就会豁然开朗，一思百解，在学生思想处于混沌状态或思路堵塞时，这种板书方法效果最佳。如按照三角形的不同分类标准，小学阶段分了两类，请在括号中填出三角形的名称（图 5.72）。

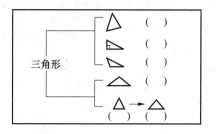

图 5.72

（四）提问式板书

这种板书通过设疑、激疑来提高学生的阅读、解疑的欲望，激发他们学习兴趣，培养学生思维能力和探究、解决问题的能力。

例如，《将相和》的板书（见图5.73）。

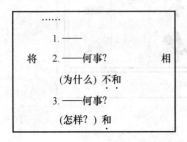

图 5.73

学生根据这样一张预习图表，先体会带着重号的词义，“和”与“不和”这一对意思截然相反、看似矛盾的词语，使学生产生疑问，到底讲将相和，还是不和?

（五）脉络式板书

这种板书是按课文作者的思路用线条指示课文的脉络。它可以将比较长比较复杂的长课文化繁为简，便于学生掌握课文特点和脉络层次，以便从整体上把握。例如，《渔夫和金鱼的故事》板书（见图5.74）是这样设计的：

贪→贪→贪→贪→贪⇒一无所有
(木盆) (木房) (女妇人) (女皇) (女霸王)

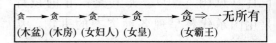

图 5.74

板书用五个括号和越来越大的“贪”字把一篇较长的课文思路一目了然地展示出来，形象地揭示出课文包蕴的哲理“贪得无厌，其结果必然是一无所得”。

又如《党员登记表》是根据文章的体裁、知识结构脉络设计板书（见图5.75）的。

找→藏→传→卫→交→读

图 5.75

（六）辐射式板书

这种板书以一个矛盾焦点为中轴，全文情节围绕这个焦点放射发散，动作连贯承接，用于展示矛盾突出、斗争尖锐的课文内容，重点就非常突出。例如，《完璧归赵》的板书设计（见图5.76）。

（七）往复式板书

有的课文首尾相接，可以采用往复式板书。

例如，有一位老师在讲《小猴子下山》时，是这样板书（见图5.77）的。

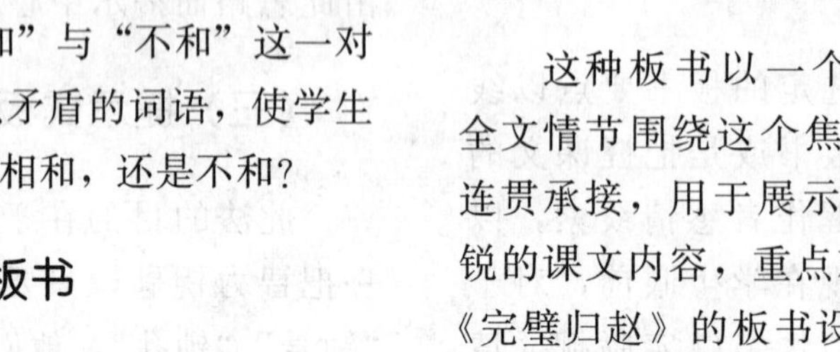

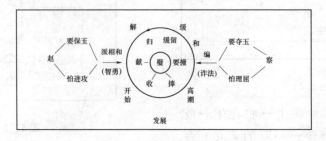

图 5.76

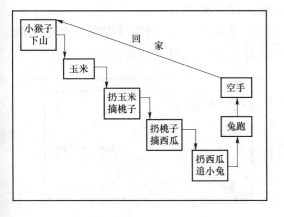

图 5.77

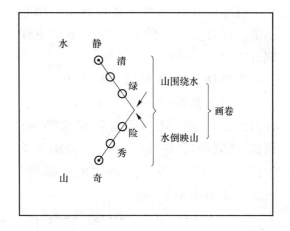

图 5.79

（八）交叉式板书

对一些发展线索有开有合，课文内容交叉的课文，以交叉式板书结构表现，便会显得开合分明，富有趣味。例如，《骆驼和羊》的板书（见图5.78），"只看到自己的长处，看不到自己的短处是不对的。"骆驼和羊各自夸耀自己的长处，看不到自己的短处，以己之长比人之短。其内容交叉，适合交叉式板书，也可以用对比式板书，帮助学生理清思路掌握重点，懂得全面看问题的必要性。又如，《桂林山水》采用交叉式板书（见图5.79）打破了一般模式，显示造型美。

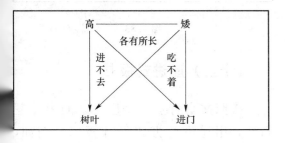

图 5.78

（九）对比式板书

通过对比揭示知识结构和各部分的逻辑关系，把易错易混的知识进行区别对比，易于掌握，同时，也通过对比把复杂的内容用简图对比加强联想，使其视觉记忆、听觉记忆和联想思维同时作用于大脑。对比式常用于不同的事物或同一事物的不同方面的相互比较。如《太阳》一文把太阳与地球进行比较，介绍了太阳离我们多远、有多大、多热，还讲述了太阳和人类密切的关系；没有太阳，就没有我们这个美丽可爱的世界。抓住关键性词语，设计对比式板书（见图5.80）。

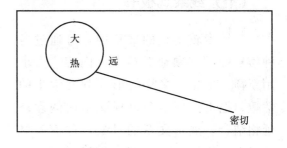

图 5.80

这样通过两者的对比，易于学生在

整体感知的基础上理清文章脉络，循路而学，使有关太阳的知识给学生留下深刻的印象。

有些课文内容有较多的对比成分。在指导学生预习时可抓住这一特点，设计对比式图表，让学生进行课文预习。例如，《刘胡兰》一课，为了重点引导学生预习二三段，设计一张"纲要信号"图表（见图5.81）。

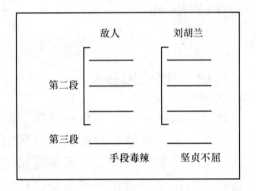

图 5.81

根据提示，选用课文词语填空。

这种图表形象鲜明，感知强烈。而且有助于发展学生的求异思维。学生通过自学课文，并根据图表中的信号提示完成填空内容，不仅对课文内容有一定的了解，并为理清层次掌握中心打下了基础。

（十）线索式板书

在线索较明显的文章中，可通过各种信号提纲挈领地概括教材内容，力求用新颖、形象、多样的形式激发学生的情趣。把重点词语和显现文章内涵和外延相结合，展示文章的骨架，理清教材的线索。例如，《小木船》"摔""送"反映了故事情节的发展"破裂""恢复"表现了感情变化的过程。而抓住这两条线索，设计板书。

又如，《药》按事件发展的中心事物设计线索式板书（见图5.82）。

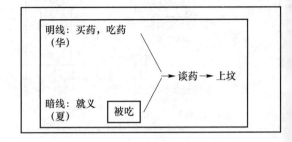

图 5.82

（十一）总分式板书

这是总体设计和局部设计相结合的一种板书。这种板书往往按照教学需要，在总体性板书的基础上有意放大某一点"总体"和"局部"，有简有繁，各有侧重，相辅相成，帮助学生既了解知识和整体结构，例如《春天》的板书（见图5.83）。又突出了对重难点的剖析。

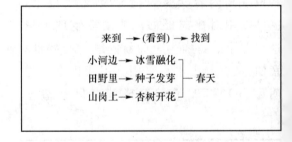

图 5.83

（十二）递进式板书

按照文章特点，抓住文章的内在逻辑性，用递进的方式设计板书。例如，《泼留希金》的板书（见图5.84）的设计。

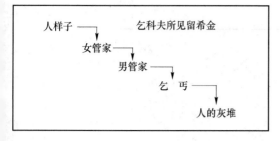

图 5.84

（十三）鱼贯式板书

它适用于情节连贯、单线发展的课文。采用这类板书可以充分显示文章层进和深入的特点。例如，《试航》一文可以设计如图 5.85 所示的板书。

图 5.85

板书根据课文的情节脉络，以鱼贯式再现了富尔顿化憧憬为现实，造出第一艘轮船并试航成功的事情经过。借助这个板书，教师还可启发学生总结出文章的主题思想：事业的成功、科学的发明创造常常是在失败之中诞生的。

（十四）评论式板书

这种板书形式，在语文方面表现为按事情发展经过，提取有关人物性格的词语，揭示人物品质，最后做出评定式的归纳；在数学方面表现为定义、法则、公式解题方法等结论的概括。例如，《渔夫和金鱼的故事》板书（见图 5.86）。

贪欲：要木盆 → 木房 → 女皇 → 做霸王 ┃ 贪得无厌
态度：骂 → 骂得厉害 → 破口大骂 → 怒火冲天 ┃ 一无所得

图 5.86

（十五）方阵式板书

这一板书形式表现得较为活跃，往往采取纵横结合的方式，画出方格，逐层分析，循序板书，最后形成一个方阵模式，使各部分内容彼此照应。

此板书对内容繁多复杂，诸种事物内部条件和外部联系相互制约的课文较为适宜。通过板书，利于理清各关系，认识各项条件，搞清相互联系，建立概念体系。例如，"四则运算关系"板书（见图 5.87）。

采用这种板书时，需在弄清各部分情节的内部和外部的基础上，进行设计，同时，要注意流线图的画法，力求整体设计简洁明了，在推导各部分关系时，应注意变化和发展过程中的条件。

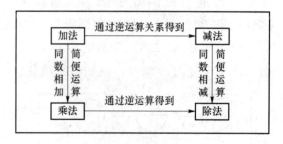

图 5.87

（十六）坐标式板书

此板书的特点是以坐标形式展示剖析课文。其优点是立体感、空间感强，有着其他板书所不具有的表达效果。数学用得较多，但设计较难。

例如，《黄继光》板书（见图 5.88）。

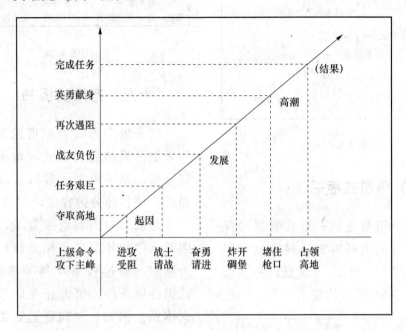

图 5.88

（十七）联系式板书

数学知识是相互联系的，在复习时，可以把知识之间串珠引线，用板书沟通起来，形成系统的知识网络。如教了《圆的周长和面积》《圆柱和圆锥》两章后，绘制了如图 5.89 所示的纵横联系图，让学生复习、练习，使知识系统化。

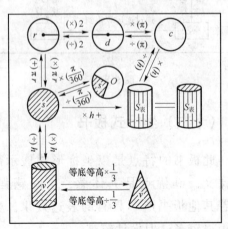

图 5.89

（十八）螺旋式板书

这种板书像螺旋一样由外向内层层深入，最后点明中心。例如，《荔枝蜜》采用的螺旋式板书（见图 5.90）。

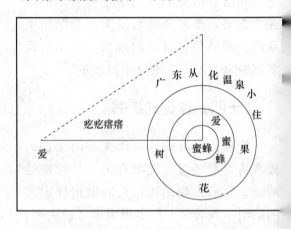

图 5.90

（十九）显微式板书

这种板书的特点是略中有详的表现

手法，在板书时，就像显微镜，将其中某一关键部分放大，使学生能洞察其奥秘，认识其哲理。

例如，《放风筝》把课文的重点部分兄弟俩放风筝放大显微作为重点进行板书（见图5.91），前后两小节则略去了，这种板书重点突出，有利于指导学生学习。

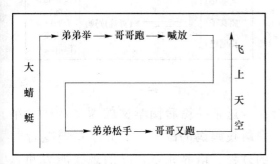

图 5.91

（二十）浓缩式板书

这种板书的特点是将课文浓缩成最精要的文字和辅助图像，从而使课文的主旨得到最集中的揭示。它的优点能以高密度的信息贮存，使人领略到其中的哲理美。例如，《自相矛盾》的板书如图5.92所示。

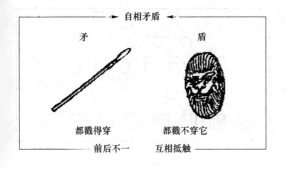

图 5.92

《自相矛盾》这则寓言教学，一开始，就在黑板上画一支长矛和一个盾牌，标上"矛""盾"二字，让学生认识、矛盾这两样兵器。再叫学生默读课文。

（二十一）纺锤式板书

这种格式常用于揭示多层次多头绪的脉络及多种叙述方法的结构关系，以使脉络的主次分明，叙述方法的界限明显。例如，《西门豹》的纺锤式板书如图5.93所示。

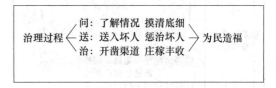

图 5.93

用两头尖的"纺锤式"列出两头标明全文主线及主要叙述方法治理过程，两头揭示中心思想课文中严谨的逻辑关系昭然若揭。

（二十二）扇面式板书

这种格式以作者思路为枢纽，从"一点"出发依次展开或归拢，形同扇面。这种格式层次分明，脉络显豁，事情的来龙去脉前因后果一目了然，常用于分析和归纳段落层次，概括段意，揭示一件完整的事情的因果关系及其经过步骤。

辛弃疾的《清平乐·村居》这首词是描写恬静安宁的田园生活，是使用白描的艺术手法，展现在读者面前的是六个画面。作者站在一个固定的位置上，按照观察的顺序，由远到近，由高到低，使六个画面有机地排列在一起，目光各有侧重，又浑然一体形成一个"扇面式"。

(二十三)排列式板书

这种板书是让学生在预习基础上，把图表所提供的"信号"进行有序地排列，以了解文章所记的事情的发展顺序以及其他一些先后顺序。例如，《董存瑞舍身炸暗堡》板书如图 5.94 所示。

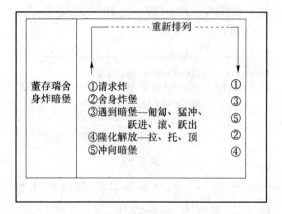

图 5.94

(二十四)练习式板书

这种板书是以适当的空位引导学生在理解概念的基础上进行填空的板书。这种板书为学生提供一种练习形式，既可让学生掌握概念、法则、定理，又可培养学生的思维能力和表达能力。例如，《角的种类》的板书如图 5.95 所示。

名称	锐角	直角	钝角	平角	周角
图象					
特征	大于0° 小于90°	等于 ( )	大于( ) 小于( )	等于 ( )	等于 ( )

图 5.95

又如，《小蝌蚪找妈妈》一文的板书设计如图 5.96 所示。

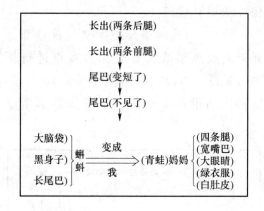

图 5.96

这是一篇看图学文的课文，通过小蝌蚪找妈妈的故事，简介了蝌蚪变青蛙的过程。培养儿童良好的观察能力和思维能力，是小学语文教学的重要任务之一，板书采用"练习式"（板书中括号里的内容要求学生通过看图填上），力图促进小学生观察和思维能力的发展。

(二十五)宝塔式板书

这种板书形如宝塔，它能形象地表现思维过程不能越级，只能迁级而上，错一步就功亏一篑，如图 5.97 所示。

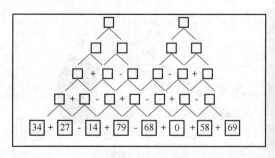

图 5.97

这则练习板书设计做到了形式美与结构美相结合，突出了本节课加减混合运算的技巧，训练了沉重的逻辑推理能力，练习设计形式新颖，版面简洁，富有美感，直观效果好。

（二十六）阶梯式板书

这种板书状如拾级而上的阶梯，它能形象地表现教学内容的层次以及层次间的关系。

在语文教学中，故事性强，情节逐步推向高潮的课文适用阶梯式板书。这种板书直观性强，便于使用。例如，《跳水》的板书如图5.98所示。

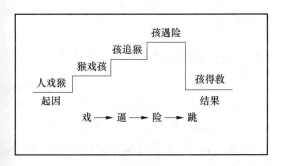

图 5.98

（二十七）条幅式板书

条幅式板书状如悬挂着一幅幅条幅的板书。对于以系列画面组合成篇的课文，采用条幅式可显示描绘画面的方式和谋篇布局的特点，有利于触发儿童思维，丰富儿童的想象力。例如，《瀑布》一文可以这样设计板书如图5.99所示。

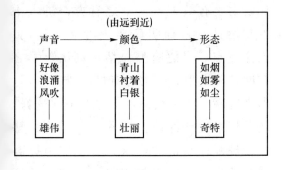

图 5.99

（二十八）回环式板书

人们的审美心理，对圆环有一种特殊的喜爱之情，也是日常生活中装饰美的标志，因此板书设计也把圆环式板书引入了艺术殿堂。所谓回环式板书是指首尾相接、状如回环的一种板书，这类板书的特点是以一点出发，途经各有关要点再回到起点。它不仅能化难为易，清楚简洁地显示课文的情节脉络，而且能促进儿童布局谋篇能力的发展。例如，《半夜鸡叫》的板书如图5.100所示。

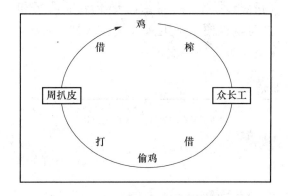

图 5.100

这篇文章是独立阅读课文，篇幅也较长，情节也较复杂。板书抓住了课文的主要环节，以环形轨迹和简洁凝练的文字，简要而完整地概括了课文的情节线索，这便于学生掌握课文情节，利于老师指导学生归纳课文的中心思想。

（二十九）摘录式板式

在数理化的教学中，此法是将书上重要的定义、定理、公式摘录下来，进行分析讲解，理解记忆。在语文教学中，抓住关键的字、词句，按知识结构设计。这种板书方法尽管具有直观性，但只要运用恰当，便能使学生产生牢固的记忆。例如，《春花》的板书如图 5.101 所示。

图 5.101

（三十）对称式板书

对称式板书是根据教学内容和要求对称安排板面的板书。这类板书通过左右上下比较整齐对称的形式，将课文的内容条理化、简明化，便于学生记忆和抄写，也便于学生深入领会课文。例如，《坐井观天》一文可以设计这样的板书如图 5.102 所示。

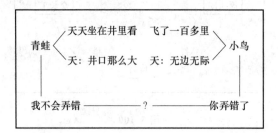

图 5.102

《坐井观天》是篇寓言。理会寓意是低年级教学的一大难点。采用对称的形式，将青蛙和小鸟的争论对应板书，最后以一个"？"相联系。通过这个问号，教者可向学生提出这样一些问题：①天究竟有多大？谁弄错了？②青蛙为什么会弄错了？由此指导学生理解本文的寓意。

（三十一）表格式板书

这类板书是指将板书内容统一列入方形表格的一种板书。这类板书类目清楚，条理性强，对于训练学生的分析归纳能力有较大的规范作用。例如，《线段、直线、射线》的板书如图 5.103 所示。

		内　容
区别	•—•	线段有两个端点，它的长度是有限的，可度量
	•—	射线有一个端点，它的长是无限的，不可度量
	—	直线没有端点，它的长是无限的，不可度量
联系		线段和射线都是直线的一部分。

图 5.103

七、板书设计的技巧

板书设计有很强的技巧性，教师在教学中有意识地按这些要求进行板书设计与制作，有助于提高教学板书艺术的效果。

（一）精心构思　整体设计

教师自觉增强教学板书的设计意识，提高教学板书设计的艺术水平，可以有效地克服教学板书的盲目性和随意性带来的低质量与低效率的弊病，达到应有的教学效果。教学板书精心构思、整体设计，显得非常重要。因为教学板书设计要书之有效，就得书之有方，讲求构思与设计，做到明确要求，书之有用；抓住重点、书之有据；精选词语，书之有度；确定形式，书之有格；排列先后，书之有序；留有余地，书之有节。这样，教学板书设计才能达到科学、精当、醒目、规范、易记的要求，真正成为提高课堂教学效率的有效工具。例如《狐假虎威》课文是一个成语故事,它讲的是一只狡猾的狐狸借了老虎的威风,吓唬百兽的故事。板书按故事情节整体设计(见图5.104)。

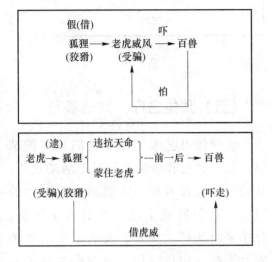

图 5.104

(二)合理布局　虚实相生

教学板书的合理布局是指对在黑板上要书写的文字、图表、线条作出严密周到安排,既要书写规范,格式行款十分讲究,又要充分利用黑板的有限空间,使整个教学板书紧凑、匀称、协调、完整、美观、大方。教学板书的合理布局,可以增加内容的条理感和清晰度,避免引起学生视力过早疲劳,有助于培养学生的审美能力。教学板书的虚实相生,就是对板书设计的内容进行艺术处理,根据教学需要,有的内容必须在板书中体现出来,而有的内容则不必在板书中反映出来,通过省略号或丢空的办法使之隐去。让学生自己凭借教师的讲述去领会、去思考、去联想,这样不仅可以节省教学时间,突出教学重点,而且对提高学生思考问题能力,启发和调动

学生积极、主动地学习,都大有裨益。

一个好的板书,在内容安排上必须有虚有实,虚实结合。"虚"是指板书时留出空缺,让学生根据自己的理解给以补充。可以调动学生积极思维,激发其学习"实"的一面,学生一目了然,加深理解的情趣。例如,《瀑布》的板书如图5.105所示。

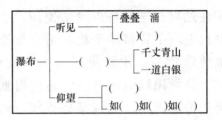

图 5.105

板书内容有虚有实,二者完美结合,大大增加了板书的情趣。因此,学生根据板书"实"的部分的提示,通过阅读理解课文,即能准确地补充出板书的空缺部分。

(三)锤炼文字　概括点拨

板书被喻为微型教案,它要求以简驭繁,浓缩信息。教师必须在钻研教材的基础上提炼出教材中能牵一发而动全身的关键词语,组成板书的基本内容。例如,《罗盛教》在板书(见图5.106)设计中,除了正板书外,有时也需要加上提示语,它将起到开拓思路,画龙点睛的作用。

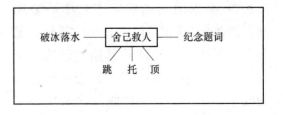

图 5.106

（四）技艺熟练　富于创新

教学板书的设计过程，要求教师写字作画既稳且准、又快又好，而没有训练有素、娴熟灵巧的教学板书基本技能技巧，是做不到的。如粉笔的使用就与钢笔、毛笔的使用不同，它短小、易断，笔锋随笔身的磨损不断变化，在使用时就应注意根据这些特点灵活使用，手指捏紧粉笔，手臂移动平稳，用力均衡并不断转动笔身，才能使写出的字流畅、自然。除常用倾斜运笔外，还可根据需要使用垂直运笔（如画某些直线、曲线和点等）、平放拖拉运笔（如教学板画中的面状处理）等。有时富有创意地灵活变化板书，也能增添教学板书艺术的情趣。如魏书生老师讲议论文喜欢用仿宋体或黑体美术字写课题，讲记叙文用行书，文言文则大多用隶书写课题。他写得认真仔细，学生便也极认真地看，有时还边看边模仿。可见，教学板书艺术的原理深藏奥妙，而教学板书艺术的运用更是乐趣无穷！

板书艺术除了书写要技艺熟练，在设计上要富于创新，长时间的千篇一律，势必令人厌烦，思想分散。只有多种多样的形式才能激发学生的兴趣，长久地处于兴奋状态，以高度的注意力投身于学习。

例如，《手》的板书设计（见图 5.107）根据阅读训练重点"中心要明确，段落要分明"，用"高超、坚硬、灵巧"三词概括出文章的思路。而这三个层次又是以手（文中用"铁耙来比喻"）为线索，紧扣"劳动技能"这一中心安排的，这样设计就有新意。

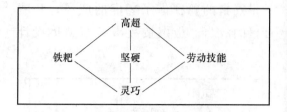

图 5.107

（五）师生合作　共同参与

教学板书艺术是师生共同创造的结果，鼓励并吸收学生参与板书活动过程，有助于打破课堂板书由教师一手包办的局面，对于形成生动活泼的教学气氛、合作融洽的师生关系、发展学生的各种能力等都有积极作用。让学生参与板书过程，是一项可行的好办法。优秀教师通常宣布，这堂课虽然是我设计的，但不是我一人的，要由我们大家来共同创造。前苏联实验教师伊利英曾提出"零黑板原则"，在黑板上没有写上课的课题，课题也不由教师口头宣布，而是在上课的中间作为全班师生共同工作的成果而逐步形成和写上黑板。合作型板书是建立在充分调动师生两个积极性的基础之上的，它有益于师生活动的默契及其合作精神的培养，可使师生分享教学板书艺术的成功之乐，进而达到思维共振和情感共鸣。

（六）运用线条　加强联想

在板书中要善于运用各种线条的连接，表示各部分之间的关系，借助不同线条可以表达各种不同含意，不仅可以节省语言表达，而且使人一目了然。例如"分数的分类"的板书（见图5.108）。

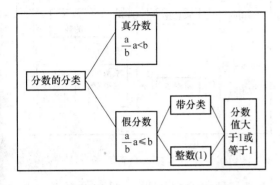

图 5.108

这里运用线条将分数的分类说得一清二楚，使整个板书成为有机联系的整体。

教学板书主要以符号为主。可以说，这种教学符号可以一目了然，具有通用性和代替语言表达的经济性，在板书设计中发挥着重要的作用。

（七）图像辅助　有机结合

如果板书时采用图像辅助与简明文字有机结合，图像简洁，示意明了，直观形象，给人美感。则可以开拓空间，刺激形象思维。如《记金华的双龙洞》，有两位老师设计了两种不同的板书，通过比较即可见高下优劣（见图5.109、图5.110）。

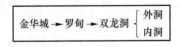

图 5.109

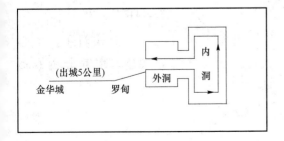

图 5.110

图5.110板书采用图像辅助就显得格外醒目、美观，它既能形象、生动地再现作者游览路线，更能展现出双龙洞的特点，即内外洞相通，空隙很小。学生借助于板书，易于理解课文，体会出双龙洞内、外洞的各自特点，这种刻意求新的板书形式，自然能够赢得学生的欢迎和接受。

从信息论的角度看，教学过程是个信息流通的过程。在这个过程中，采用多通道传输信息，可以提高信息的传输效率。在运用板书时也应一改过去单项信息传递为多项信息传递。以提高板书的传递效率，更好地发挥板书的作用。

1. 图文结合

运用板书时若能与幻灯机配合，就能图文并茂，形象直观，事半功倍。没有幻灯机的学校，可以与形象直观的板画结合，促使学生的左右脑协同活动，增强记忆的效果，增强板书的传递效果。

2. 动静结合

美国心理学家艾帕尔·梅拉别恩通过实验得出了公式：人们获得信息的总效果＝文字7％＋声音38％＋姿势55％，从这一公式中可以看出，非语言行为在传递信息中所占的重要位置。非语言行为的运用能增强静态板书的感染力，增强记忆力，培养学生兴趣。当前在板书改革中，逐步走向电化教学，利用活动灯片，把教学过程，解题思路，文章思路等反映出来，效果很好。这是今后板书改革的必然趋势。书写在黑板上的板书是静态板书，而活动灯片、手势、动作、姿势和表情等非语言行为亦可称为

"动态板书"，在运用时要注意有机结合。

3. 形声结合

板书以边讲边书为主，不要光书不讲，或光讲不书。这样不利于学生集中注意力听讲，也不利于学生用脑卫生。因为长时间地受单一的口头语言信息的刺激，很容易引起大脑疲劳，同样，长时间只板书不讲解，学生抄黑板，学生大脑也容易产生抑制，从而降低板书效果。

4. 正副结合

板书分正板书和副板书。它们各具特色，互相结合将会产生合力效应。一般说来，副板书是正板书内容必要的延伸和补充，是正板书难解之处的说明，两者有机结合使正副板书相得益彰。

（八）立体构思　排列有序

板书设计不能只停留在教材内容的单角度平面结构，要根据"教材思路""教学思路""学习思路"多角度地立体构思，从而使学生看板书，产生联想，形成知识网络。例如，"加减法应用题结构分析课"板书设计（见图5.111）。它既要注意排列美，这是外观美，又要注意组合美，这是内容美。好的板书设计，要根据教学的思路，学生学习思路，教材意图，对原教材的顺序进行调整，重新组合，产生一种暗示效应，使信息得到浓缩。

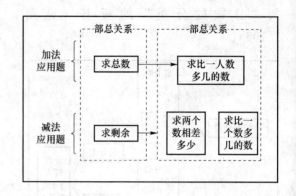

图 5.111

任何一种复合文字题，在它的数学语言中，总是有些极其重要的关键性词句，板书时找出关键词句简缩在黑板上，就起到牵一发而动全身的作用。此板书，通过良好的排列，可以清楚地看出概念之间的关系。

（九）抓住特点　灵活多变

板书设计要根据不同课型抓住特点设计不同板书。例如，《半夜鸡叫》板书（见图5.112）反映了课文思路，反映了编者的思路，反映了教学思路。

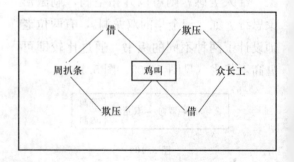

图 5.112

此板书组合巧妙，形式新颖，中心突出，激发学生的兴趣，培养分析概括能力。

（十）美观大方　精炼醒目

为了使板书美观，可适当运用彩色粉笔，围绕重点、关键、难点、疑点，运用圈、点、框等各种符号，引起学生的注意，以加深印象，强化记忆。其次，板书要注意完整版面设计，避免边讲、边画、边写、边擦，讲完擦光。尽可能给学生留下完整美观的印象。为了达到这个目的，应注意以下几点。

1. 板书设计要精心安排

板书设计犹如一张报纸那样，要精心安排，合理布局，科学利用版面，如果有图，一般应按照左图右书的习惯，尽量避免板书无计划，整体无格局的现象。

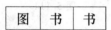

2. 板书字要端正规范

第一，要做到正形、正音、正义，严格按照国家颁布的汉字简化方案板书；第二，字体应端正，不"龙飞凤舞"，乱写乱涂；第三，要随时目扫、校对，发现错字、别字、漏字及时纠正。

3. 板书的文字要精炼醒目

板书切忌杂乱，文字符号应力求准确精练，减少水分，保留精华。如板书字的大小要根据黑板的总面积减去板图面积来掌握。

4. 板书要有立体感

板书的立体图像，显得画面宽深，层次分明，生动感人。描绘立体图像要注意远小近大，远密近疏，远略近详，明暗有序。

5. 板书要有色彩感

色彩能引起知觉，唤起味觉，兴奋大脑皮层，促进植物神经活动。色彩大体可分为暖色系、冷色系和中色系。它们的特征是：暖色系——红、黄、橙等给人以膨胀、发挥的感觉；冷色系——青、蓝等给人以沉重、收敛的感觉，在同样大的面积上分别涂上红色和蓝色，给人的感觉是，红色看上去好像浮出来似的，显得大些，蓝色看上去好像沉下去似的，显得小些。板书色彩的使用，要按照内容的需要进行选择。

6. 板书要注意动感

板书具有动势，富于变化，容易激发学生学习兴趣。因此，板书设计要突出一个"活"字。可通过流线图表示板书的动感，可通过叠加而成的综合图表示动感，还可以通过动势表示板书的动感。如地理、语文中的景观画，通过草木摇动，江河奔流，鸟飞兽走，骤雨闪电等表示运动感。

（十一）配合讲解　适时板书

教学板书是在课堂上当着学生的面逐步完成的，所以，板书内容出现的次序和时间也须着意考究。出现太早，学生会觉得突兀；出现太晚学生又会觉得画蛇添足；只有当学生需要教师写的时候写出，板书才能收到好的效果。根据教学需要，有的板书内容可以先讲后写，有的则要先写后讲．而有的却必须边讲边写，与讲解相配合。一般说来，先写后讲的板书能起引导作用，诱引学生去遵循教师的思路；先讲后写的板书能起总结作用，可以加深学生对问题的理解；边讲边写的板书则能起到控制作用，可以吸引学生注意力、激发学生的学习兴趣，使课文思路、教师思路和学生思路合拍共振。而那种对板书马虎随意的做法，是无法进入教学艺术境地的。如教学《林海》时按一类课文的要求，半扶半放。可先要求学生根据课后习题预习课文，体会课文先总后分的写法，接着启发学生从课文中找出最能表现"岭""林""花"的特点的词语，板书中进行概括。再抓住课文中对"木材""人与山"的联想，重点板书有关词语。最后板书"美"字，概括"林海"给人的总印象，与总述部分的"亲切与舒服"相呼应，突出作者的立意所在。当学生对全文有了一个比较完整、深刻的理解后，再引导学生理解作者构思、行文的妙处，板书："由远到近""由粗到细""由表及里"（见图 5.113）。

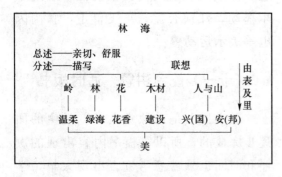

图 5.113

（十二）纵向反馈　和谐共振

板书是师生开展双边活动的重要桥梁。教学中，或让学生发表意见由教师板书，或启发思考让学生板书，或采用"设疑式"板书诱学导思，都有利于教师主导作用和学生主体作用的发挥，使"教"与"学"产生和谐的共鸣。

（十三）简洁迅速　突出中心

板画用笔须简，运笔须捷，切勿费时过久，防止把阅读教学课上成美术课。语文教师欲具较强的板画能力，须以一定的时间研究绘画技艺，学习简笔画，日子长了，也就具备了板画的本领，学生也就更加喜爱你上的课了。例如，《手》的板书如图 5.114 所示。

图 5.114

（十四）循序渐进　拓宽思路

板书是配合课堂教学进度的重要手段。教师只有随着教学思路的拓宽，循序渐进地板书，依次点拨重要知识点，才能诱导学生积极地参与整个认识过程，达到教学相长的目的。也只有如此，课堂教学才能引人入胜，吸引力强。

（十五）注重结构　培养能力

教师板书在考虑教材内容范围的同时，尤其要注重教材的结构体系，引导学生把知识点"串珠成线，结线成网，套环成链"，描绘"知识树"，以提高他们分析问题、解决问题的综合能力。如讲"国际组织"时，有位老师设计了如图 5.115 所示的板书。

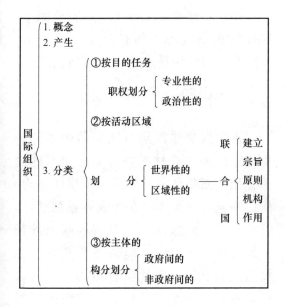

图 5.115

通过此"知识树",学生对"国际组织"的知识结构一目了然,便于从整体上掌握教材,养成良好的逻辑思维习惯。

简练迅速是板书的原则,在紧张的45分钟内,学生用脑过程中,板书不能太繁杂,人的心理需要空间,人对空间的要求总有一种"相适应性",若把整个黑板写得黑压压一片,就会给学生心理上造成一种"挤压"感,影响对知识的接受。

(十六)布局美观 激发情趣

语文课的板书可就文章思路和作品的情节发展设计,也可就正音、正词、释词、语法、修辞等设计。如果板书条理清楚,布局美观,疏密有致,书写工整,不仅可使学生一目了然,易学易记,还可将学生带入艺术的境界,愉悦其耳目,激动其心灵,触发其情思,开发其智力。一词一句能让学生感受其情趣,一章一篇能引起学生感情的共鸣。学生就会心往神驰,兴趣盎然,把语文学习当做艺术的享受,阅读能力也会随之提高。如《帐篷》一诗借帐篷抒发了建设者的以苦为乐艰苦创业的革命精神。板书抓住关键词语,把课文讲述与书写工整、布局美观的板书(见图5.116)图示相互配合,把文章的基本观点、写作方法和关键词语教学有机地结合起来。学生既能很好地理解教学内容,又在美的欣赏中培养了他们的观察力、想象力和思维能力。

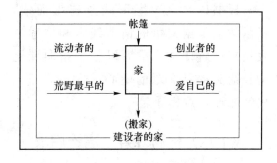

图 5.116

(十七)突出感知 详略得当

心理学实验表明,外界进入人脑的信息有90％以上来自眼睛。如果学生一直随着教师讲述的速度和层次进行不间歇的思维活动,神经系统极易疲劳,从而影响听课效率。因此,教师要精心设计板书,突出感知对象,便于直观教学。一般可从以下几方面考虑:第一,对教学内容进行筛选,兼顾重点、难点、热点知识,做到详略得当,布局合理。第二,恰当运用板书手段,如使用线条、不同色彩、不同字体等重要知识标志出来,以突出感知对象,加深学生印象。第三,文字精练,图文并茂,使有限的板面能传递大量的知识信息。如一位老师教《月光曲》时是按图 5.117 所示设计板书的。

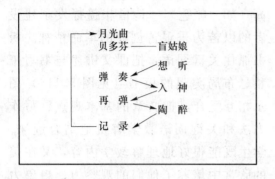

图 5.117

板书以"之"字形线条连缀而成，指示学生根据文章的情节线索和情感的发展来理解课文，最后以一个指向课题的长箭头揭示文章的中心：贝多芬与人民情相连，意相通。

（十八）标新立异 富于启发

板书必须标新立异，将抽象知识通过生动活泼、富于启发的板书表现出来，以激发学生的学习兴趣，点燃他们的思维火花，培养他们的创新意识。

（十九）教学训练 有机结合

在教学运动过程中，应有相应训练。那么，设计板书时，应考虑与大、小型练习有适当的配合或间隔。当然练习无论多、少，都必须为学生创造应用知识的情境。例如，《小站》一课板书，本身就是小站的一张草图，通过画草图，就把小站简洁、大方、方便、舒适、小巧、优美的特点更简明、形象地体现了出来。讲完后就地取材要求学生仿写《学校》，借鉴课文板书和方法，先画出《学校》的位置图，然后运用本文写作特点，写

一篇短文。注意要灵活运用，不要照搬。这样的板书练习，既有旧知识可凭借，又要在解决新课题的情境中有所创造。

（二十）整理归纳 构建网络

小学数学知识是由知识结构不同的单元组成的，教材不是各单元知识的简单叠加，而是紧密联系的一个整体结构。所以在复习（单元、全册或毕业总复习）时的板书，要帮助学生对所学知识进行系统的整理、归纳，理清各章或各节各类知识的脉络，使学生对相关知识的内在联系有一个系统认识。如平面图形面积公式的推导（见图 5.118）。

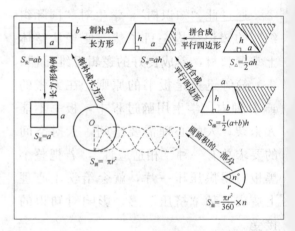

图 5.118

从板书中，学生可以清楚地看出各种平面图形相互转化的过程：平面图形的求积公式以长方形面积为基础，它是用面积单位直接度量求得；以平行四边形面积公式为重点，它是通过割补的方法转化为长方形求得的，其他图形的面积公式都是通过推导、割补、拼合的方法转化成长方形或平行四边形得到的；三角形和梯形的面积公式是用拼合法得出的。

（二十一）梳理比较 沟通联系

复习时的板书，教师就要有意识地引导学生把那些有内在联系的概念系统化。如除法、分数、小数、百分数和比之间的相互转化可用一幅较为简洁的板书使学生沟通其内在的联系。

又比如整数、小数、分数的加减计算法表面看来有所不同，但实质是相通的，即两个数相加减，它们的计数单位必须相同。整数、小数相加减，要相同数位对齐，分数直接相加减，必须是同分母分数，即计数单位相同。这样复习，就能使学生学一点懂一片，学一片会一面，收到事半功倍的效果。

（二十二）归纳类比 区别异同

复习课不能像新授课那样面面俱到，要以练习、答疑、讲评为主，运用归纳、综合、对比的方法，大跨度复习。如复习"比和比例"时，教师可把"比"同"除法""分数"进行对比板书复习：基本性质及作用的比较（见图5.119）。

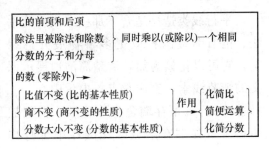

图 5.119

教师通过板书归纳、综合、对比，把学生学过的零碎的、分散的知识系统化。

八、板书的造型艺术

一幅新型别致，富有美感的板书往往留给学生很深的印象。板书的美感是凭借直观形象对课文内容进行艺术的再现，让学生在欣赏、享受优美形象的同时，进一步理解掌握深化教学内容。因此，板书的造型艺术必须考虑到小学生的心理特征，以激发学生兴趣，寓教于乐。板书在造型中一般采用三角形、长方形、正方形、梯形、菱形、椭圆形、叶片形、扇形、十字形等对称板书，使板书造型整齐、对称、和谐，具有很高的美学价值，深受学生的青睐。

（一）以事件主题为中心，利用圆形、椭圆形板书造型

启发式教学应用贯穿于课堂教学的全过程，当然也包括板书设计。板书的对称美，要注意线条、箭头、问号等符号的使用，一个问号、一个箭头、一个括号等，都可以激起学生对知识的追求和探讨的兴趣，激发起它们的求知欲。如《小公鸡》要板书造型（见图5.120）时运用圆环式，把文章的中心——"互相帮助"放在圆心，突出重点。

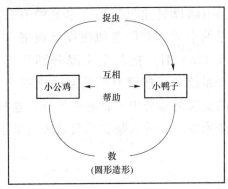

图 5.120

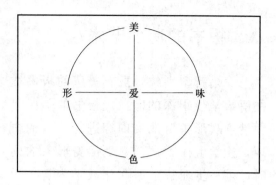

图 5.121

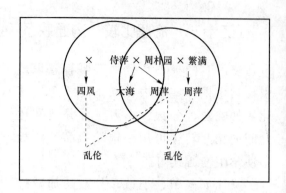

图 5.122

板书要力求使每个符号都能代替一个提纲，突出一个要点，且知识的重要程度还可用不同颜色标志，圆弧式纲要信号便是紧扣文章的中心，用最能体现主题的字、词、句来表达，并将其放于显著位置，以鲜艳的色彩加以突出。

如《我爱故乡的杨梅》中的"爱"是作者的情感，也是全文的中心。围绕着"爱"字，作者先写爱故乡的杨梅，然后分别描写了杨梅的美丽和杨梅果的形状、颜色、滋味惹人喜爱。故而板书造型把"爱"字置于辐射中心，用红笔来显示（见图5.121）。

（二）以人物之间矛盾为中心，利用两圆相交板书造型

如《雷雨》（节选）这一课，为了更深刻地理解主题，更好地揭示周朴园这一具有浓厚封建色彩的资本家的丑恶和残忍的本质。有位老师在设计板书（见图5.122）时，把两个家庭分别看成是两个系统，又按照血统关系画出两个系统的交叉的部分中人物的一场戏，这样，两个家庭之间的人物关系就清晰可见了。

这样，充分发挥圆形的封闭优势，就把《雷雨》的人物关系直观地显示出来，使纷繁的内容条理化、明显化。既可以引导学生抓住重点阅读，一下子进入文章系统；又进一步明确文章要旨，收到牵一发而动全身之效。

（三）以事件经过为中心，利用长方形、三角形板书造型

如，《猎人海力布》利用平行线造型（见图5.123）。

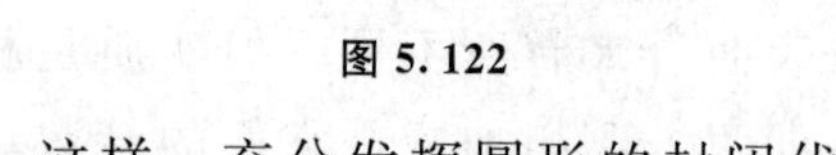

```
┌─────────────────────────────┐
│        救出         挽救      │
│ 龙王女 ←──→ 海力布 ──→ 乡亲们 │
│        报答         纪念      │
└─────────────────────────────┘
```

图 5.123

平行线类造型适合于那些采用对比手法、情节围绕两种或更多事物展开的课文，它可以化繁为简，清楚简洁地展示课文的情节线索，突出重点，揭示中心。

又如，《董存瑞舍身炸暗堡》记叙战斗英雄董存瑞在解放隆化战斗中舍身炸暗堡的事迹。全文以"舍身"为重点，"炸"为线索贯穿全文，写出了事件的起因、经过、结果。板书以长方形为主体，正中衬设了三角形（见图5.124），既突出了文章的重点，又理清了文章的思路。还暗示了文章的主题。

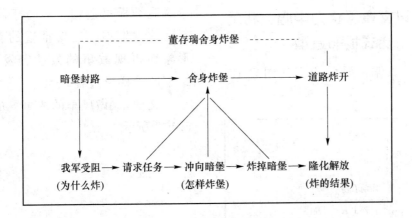

图 5.124

（四）以事件发生地点为中心，利用十字形板书造型

事件发生的地点一般放在十字的中心或等腰三角形的顶点。例如，《司马光》的板书如图 5.125 所示。

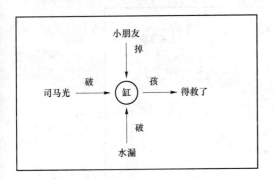

图 5.125

这篇课文的教学重点都是使学生掌握故事情节，养成遇事不慌、多动脑筋想办法的良好习惯。因此，板书都注意了标明人物与事物的关系，并突出了事件发生的地点和事件发生的转化情况。

（五）以人物行动或心理描写为中心，利用菱形或正方形板书造型

这种板书一般将中心人物放在板书上方正中位置。例如《春蚕》（见图

5.126）和《钻石》（见图 5.127）：

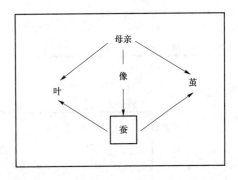

图 5.126

这两幅板书都把课文中暗含着的中心思想放在板书的中心位置加以突出，图 5.126 暗含着"母亲像春蚕一样不辞劳苦"的中心，图 5.127 暗含着"魏姑娘的美好心灵像钻石一样通体透明，是无价之宝"。

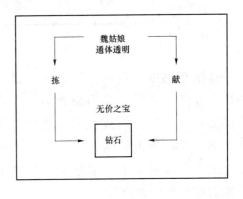

图 5.127

（六）以文章思路为中心，利用阶梯式板书造型

例如，《景阳冈》的板书如图 5.128 所示。

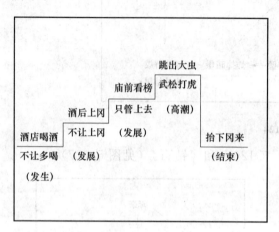

图 5.128

此类板书造型，适合于故事情节不断变化、发展、逐层推进的课文。它能形象地再现故事的发生、发展、高潮、结束的阶梯形过程。

又如，《做风车的故事》的板书如图 5.129 所示。

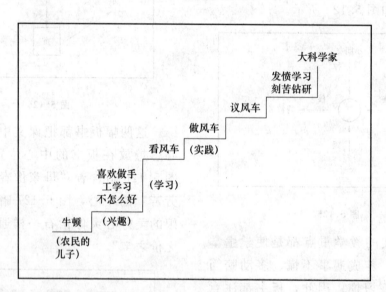

图 5.129

这则板书以"阶梯式"揭示了课文的情节脉络，同时，又形象地表明了事业的成功，科学家的成长犹如登梯，只有发愤学习，刻苦钻研，在科学的"崎岖小道上不畏艰难勇于攀登的人，才有希望到达光辉的顶点"。

九、板书的对比艺术

同一课题，根据不同的角度和不同的重难点设计不同的板书，进行对比分析，就能增强设计能力。

（一）《一个苹果》不同形式板书艺术评析

《一个苹果》是写在朝鲜战场上的一个防空洞里，一位火线运输员把捡到的一个苹果给了连长。由此围绕一个苹果展开了一个个生动感人的故事情节。其板书设计可多种多样。

1. 线索式板书（见图 5.130）。

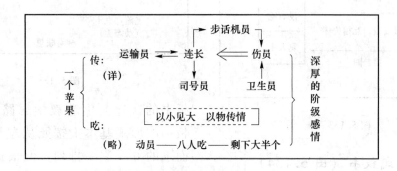

图 5.130

图 5.130 板书深入浅出，直观形象，它抓住了贯穿全文的主线——一个苹果，体现了事情发展的两个过程——"传"和"吃"，同时，体现了传的详细过程和吃的简要步骤。从对待一个苹果的态度上，集中反映了革命战士之间深厚的阶级感情。整个板书条理清楚，详略分明，重点突出。"以小见大，以物传情"这几个字，体现了课文的写作特点，配合了本组课文"怎样选择材料"这一重点训练项目。图中的箭头，使静止的板书富有动感，加深了学生对课文的理解。

2. 对称式板书（见图 5.131）

如果以传苹果为线索，而展开故事情节，可以按"捡—传—吃—思"的顺序设计板书。

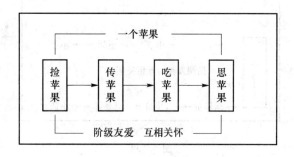

图 5.131

3. 圆环式板书（见图 5.132）

抓住两次"传"来设计直观形象。

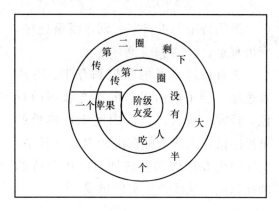

图 5.132

4. 线条式板书（见图 5.133）

线条式板书运用"线条式"，列出文中人物，以虚实两条线来显示两次"传"的经过。

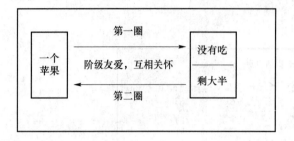

图 5.133

5. 四环式板书（图 5.134）

图 5.134

（二）《望庐山瀑布》不同形式板书艺术评析

1. 重点式板书（见图 5.135）

抓住诗中的重点字、词用线条连接，突出重点。

这首诗以奇特的联想和夸张、有声有色地描绘了庐山瀑布的雄奇壮丽的景色，抒发了诗人对祖国山河无比热爱的思想感情，因此教师在讲析中结合板书，引导学生在理解句意的同时，体会诗的画面意境，从而产生美的感受。

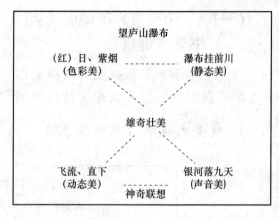

图 5.135

板书的次序是沿着教学思路依次进行，板书的形式基本上按照从左至右，自上而下的方式逐一排列，但根据讲解的需要还得灵活就位。这样教者既能一步一步去开发诗中的美，又能使学生形象思维得以训练，学生如何采用绘声绘色，动静结合的方法来写景状物。这幅板书的次序是：（1）红日、紫烟；（2）瀑布挂前川；（3）飞流、直下；（4）银河落九天；（5）眼前景物；（6）神奇联想；（7）色彩美；（8）声音美；（9）静态美；（10）动态美；（11）雄奇壮美；用红色粉笔画箭头，把四个方面连接为一个整体。

2. 摘录式板书（见图 5.136）

此法将诗中的重点字词摘录下来，进行分析讲解，理解记忆。

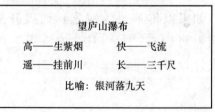

图 5.136

这首诗按照诗人观察庐山瀑布的感受，依次写出香炉峰前瀑布的壮观景色。全诗四句，教学时可分句引导学生体会诗人对庐山瀑布精妙的描绘。

第一句写香炉峰。香炉峰是瀑布的背景。诗人为了突出瀑布的壮观，用"生紫烟"来表现它的高大巍峨。云烟此处"生"，可见其高（板书：高——生紫烟）。

第二句写瀑布远景。由于有高大巍峨和香炉峰衬托，所以"三千尺"的大瀑布遥遥看去，犹如一匹散开的白布倒挂前川。一个"挂"字颇为传神，突出了"遥看"的远距离效果（板书：遥——挂前川）。

第三句写瀑布近景。这是对瀑布的夸张描写，有两个含义：其一是瀑布飞流，突出一个"快"；其二是瀑布三千尺，这里采用了夸张的手法，突出一个"高"。全句七个字写出了瀑布无比雄壮的气势（板书：快——飞流　长——三千尺）。

第四句是比喻。这个句子运用比喻的手法，再次描写瀑布气势的雄壮，好像天上银河直下人间，比喻贴切，气势磅礴（板书：比喻：银河落九天）。

3. 总分式板书（见图 5.137）

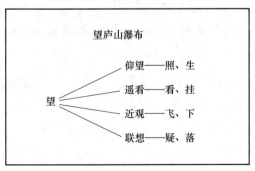

图 5.137

这是总体设计和局部设计相结合的一种板书。这类板书按需要，在总体性板书的基础上有意把"望"放大，帮助学生既了解诗的整体结构又突出了对重难点"望"的剖析。这种板书条理清楚，简明醒目。全诗紧扣诗题"望"字。诗人始而仰望，红日初照，香炉生烟，突出其环境、时间特点，唯有阳光的照耀，晨雾才是紫色，唯有"生"才描摹出晨雾的升腾景象。继而遥看，因为是远距离地看，所以瀑布简直是倒挂的河流，一个"挂"字写出远处瀑布的大概模样，这是遥看的真实感觉，可见用词之准确。进而近观，瀑布宛如凌空飞来，直泻而下，"飞"与"下"'为瀑布的气势创造了一个十分生动传神的形象。此时此境，诗人浮想联翩，不禁怀疑起银河落入人间，"疑""落"说得若真若假，使画面逼真，也如实地体现了诗人对景物进行观察和想象的过程。

十、板画的艺术

（一）板画的意义和特点

1. 板画的意义

板画是教师在课堂教学时用粉笔速律地在黑板上勾勒出来的简笔画。它好在其直观而形象，在教学中运用得当，可集中学生的注意，激发其学习兴趣，增强记忆效果。诚如我国近代教育家蔡元培先生说的教育是培养人才的，是不可不注意科学与艺术的。"在我看来，如能以审美观点，挖掘各门学科的审美因素，就能增强学生的兴趣，提高学习效果"。如讲初中几何中钝角三角形钝角夹边上的高是学生在学习上的难点，中等以下学生不易掌握，在说明高线的定义时辅之板画以吊车的起重臂顶端到地面的垂直高度来形象地描述。当学生认清垂足在一边的延长线上且在三角形之外这一形象之后，再去认识钝角在上方或其他位置的情况就比较容易突破这个难点。

2. 板画的特点

板画的特点，直观、形象。这比实物、模型、幻灯等直观手段更简便、灵活展现，并且停留下来由视觉感知。这一特点可以使教师把要教的内容配合视觉逐字逐句地进行讲述。学生可以在视觉配合下逐字逐句地理解，而且对于理解慢的学生可以按自己的理解速度进行学习，它还适合于教师讲到后面某个地方要用到前面的内容时，随时指出即可引起学生原有的印象出现，起到随调随用的作用。学生也可以在学习稍后的内容时，由于结合到前面的板书内容而随时对照，便于理解知识。

有时为了讲透课文内容，必须对课文所介绍的事物的大小、方位、形状进行描摹，这时可改板书为板画，或与板书相结合。它更直观，易于理解，一目了然，使学生如临其境，可收到事半功倍之效。例如，《詹天佑》中的两种隧道开凿法，可运用板画（见图5.138）。

《月光曲》一文中有一段描写贝多芬弹奏《月光曲》的文字："月亮正从水天相接的地方升起来。微波粼粼的海面上，霎时间洒遍了银光。月亮越升越高，穿

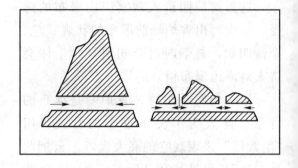

图 5.138

过一缕一缕轻纱似的微云。忽然，海面上刮起了大风，卷起了巨浪。被月光照得雪亮的浪花，一个连一个朝着岸边涌过来……"对于这美妙的情境，同样，可以用简笔画表示出来（见图5.139）。

图 5.139

总之，在语文教学中根据课文特点巧妙地运用简笔画，能激发学生的学习兴趣，收到良好的教学效果。

（二）板画的作用

形象直观地帮助理解课文内容，是学生乐于接受的教学形式。下面，结合语文教学谈板画的作用。

1. 板画能帮助学生准确地理解词句

有些词句，仅凭语言文字的注释和说明，学生理解往往是机械的，仍处于"模糊状态"，尤其是某些存在共性的专用名词，学生容易混淆。例如对《长城》一文中的"垛口""瞭望口""射口"的

理解，学生很容易出差错，觉得都是"口"。如果教师有意识地引导学生作一幅简图（见图5.140），学生理解起来就比较容易了。

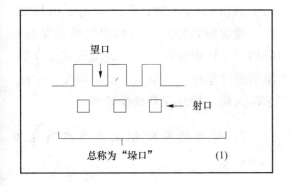

图 5.140

结合图（图5.140），联系注释，学生对于这三"口"的辨别就一清二楚了。"垛口"，不是口，是齿形的墙垛；"望口"，是凹形的瞭望口；"射口"，是方形的射孔。

2. 板画能帮助学生理顺思路

对于按地点变换顺序组织结构的文章，采取"作图法"，似乎更能清晰地理顺其思路。例如，在给《景阳冈》分段、找顺序、理思路时，教师不妨引导学生一边细读课文一边画出如下"思路图"，文章的脉络通过板画（见图5.141）就一目了然。

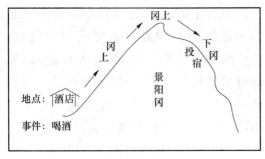

图 5.141

3. 板画能帮助学生形象地感知课文

我们知道，课文中的插图和教学中的挂图为形象直观教学提供了诸多便利。据此，对那些直观感强而又没有插图和挂图的课，教师如果善于引导学生给课文"作画配图"，就能弥补此缺陷。例如，学习《赶花》，可以指导学生利用地理知识画一幅"赶花路线图"（见图5.142），理解课文就方便多了。

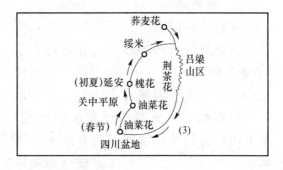

图 5.142

4. 板画能帮助学生理解难点和重点

突破课文中难点的方法是多种多样的.板画是其中一法。在学习《詹天佑》时，部分学生对于火车怎样过"人"字形线路理解起来有些困难。这时，教师如果鼓励学生绘制一幅"人"字形线路图（见图5.143），当"工程师"，就能激起学生的浓厚兴趣，主动参与对课文内容的理解。当学生作罢此图，教师再指导学生图文对照，仔细琢磨，那么，火车如何经过"人"字形线路这个疑难就迎刃而解了，从而引起"詹天佑真了不起，确实是一位杰出的工程师"的赞叹。

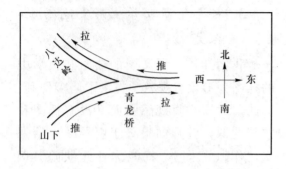

图 5.143

5. 板画能直观地揭示事物之间的联系

有些学科的教学，如物理教学，要特别注意形象思维的形成，有时借助于"板画"和"图线"表达物理现象和规律比用语言或文字表述更为清楚。为了进一个物理概念或解释一道复杂的题意，画出切合实际的示意图，就有助于迅速抓住事物的实质。还有许多概念和规律必须应用示意图、坐标图、光路图……才能讲清它们的本质。因而"板画"的普遍应用是数理化等课的最大特点。它的优点是直观、形象、简便。

譬如讲磁学的磁体之间相互作用时，要引出一种特殊物质——磁场。这种看不见、摸不到、但可感觉到的客观物质，不但要用演示方法证明它的存在，还必须用图示方法进行抽象和概括。

6. 板画能培养形象思维的能力

物理学是以实验为基础的一门学科，实验装置、操作都要用粗体字展示出来，众多的概念、繁杂的知识，若全用文字在黑板上板书是不可能的，还会给学生造成心理上的压抑，若用适当的图示或板画并辅之以不同的色调，粗略几笔，在培养形象思维能力方面往往能收到事半功倍，画龙点睛的效果。

在小学语文教学中，有些词句或许多难以用语言解释清楚的事物，适时运用板画，可使学生茅塞顿开，进而达到理解词句了解事物的教学目的。同时，运用板画，能促使具体感知与抽象思维相结合，帮助学生认识客观事物，铺架起从形象思维到理性思维的桥梁。因此，激发学生的学习兴趣，提高课堂教学效率。

7. 板画能帮助学生提高理解能力

在语文教学中，有些字词学生虽曾见过，但学生掌握知识、了解事物有限，再加上口头语言与书面语言不同，以及方言土语之别，照词典所释，容易混淆，而采用简笔画则认得清、记得牢。如教《鲁班学艺》中"椽、檩、柁"三字，可画右面简笔画（见图 5.144）。学生一看便知三物的部位及不同作用，不必让学生死记硬背。

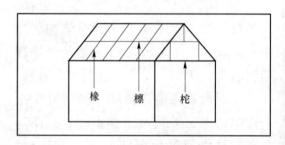

图 5.144

小学生的比较能力有限，意思相近的词语区别不清楚，亦可采取简笔画，如"战争、战役、战斗"这组近义词，都有"打仗"之意，但范围不同，如用释句辨析，抽象难懂，若以数学的集合图比较，学生一目了然（见图 5.145）。

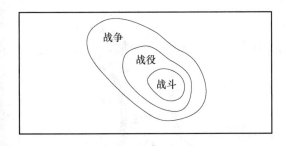

图 5.145

8. 板画能帮助学生突破教材中的难点

在小学语文的古诗教学中，因古诗反映的事物或事件距离学生的实际较远，有些诗句教师费尽口舌，学生还是不知所云。而当堂采用简笔画却可使学生豁然开朗，进而达到理解诗歌意境的目的。如讲《宿建德江》中"野旷天低树"时，大部分学生不理解为什么天比树还低，如果画一幅简笔画学生就能清楚地看到远处天确实比树低。

总而言之，在小学语文教学中，教师运用简笔画能引发学生学习的兴趣，调动学生的学习积极性，并能相应地提高小学语文课堂教学效率。

（三）板画的设计

1. 设计要简洁明快

设计要做到精练，方法有三：一是牵牛鼻子，抓关键；二是借助形象比喻，化繁为简；三是留空布白，删繁就简。

板画要力求简明，越是简明，作用越大，学生用于掌握知识的时间越少，学习负担越轻，学习效果越好。

在设计教学"板画"时注意留空布白。"布白"是书画艺术创作中的"不到

墨""不着笔"的省略手法，使"板画"设计增大了刺激，能引起"注意"的心理效应。例如图 5.146 所示，

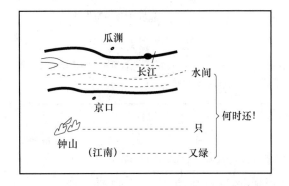

图 5.146

这种板画借助图示直接体现课文内容，直观性强，它把文字和图案有机地结合起来，便于理解记忆。它利用"留空白"，使内容简化，图上重点词的对照，形成了强烈的教学信息刺激，增强了教学效果。

2. 设计要形象有趣

形象包括语言文字和画图。例如，沙塔洛夫讲授"正方形特点"一课时的"图表"只是三个字——"寄生虫"。因为正方形十大特点中，5 个属于平行四边形，2 个是矩形的，3 个是菱形的活像一个寄生虫。

又如《火烧赤壁》（见图 5.147）。

这类板书表示了火烧赤壁双方态势、形象清楚有趣。

3. 板画设计要有创造性

"多种多样的形式能激发学生的兴趣，使其注意力集中。若干篇一律，则势必令人厌倦，使人思想分散，甚至催人入睡。"（《让学生从学习重负中解放出

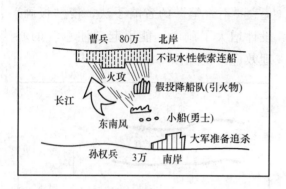

图 5.147

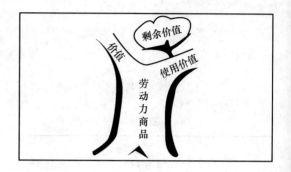

图 5.148

来，沙塔洛夫教学法评介》，第 23 页）要做到形式多样，使"图表"教学"出新"，除了发挥上述两方面的优势外，还要注意：①教具变化，有时使用小黑板，有时换成纸张画轴，也可利用录音搞"画外音"。②图画与文字变化，既可做到图文并茂，色彩点缀；也可图而少文，或文而不图，水墨色淡。③内容变化成"拟人"游戏或将小品表演引进课堂，使"图表"立体化。"八仙过海，各显神通"，授课教师要在教学全过程中发挥自己的创造精神。

例如《劳动力成为商品》可以采用画知识树的方法（见图 5.148）。

其中，"价值"枝上有三片叶子，在教学过程中逐步画出，那就是劳动力价值的三方面内容，正像叶能进行光合作用那样，生产、再生产劳动力商品。其他内容也可随教学进行，添画其上，如"劳动力成为商品的条件"可以作为"树根"等。凡要求"逐步画出"的，也可在课前画好并遮掩，讲课时再适时展现。为了调动学生学习的主动性、积极性，发挥其创造性，画的主体由教师画好，添枝加叶可由学生完成。

第 **6** 篇

教学语言艺术

一、教学语言艺术的原则

教学语言艺术应当遵循哪些原则，才能有效地促进教学信息的交流，收到令人满意的教学效果，这是教学语言艺术在实际运用中必须认真加以解决的大问题。为了保证教学语言艺术恰当地处理教学信息输出与教学信息接收之间的关系，达到教学信息交流的目的，在教学语言艺术的实际运用中，必须遵循：善意尊重原则、可接受性原则、协调一致原则。

（一）善意尊重原则

教学语言艺术运用过程中，善意尊重原则是对教学语言运用者提出的最基本原则。善意尊重原则包括两个构成层次，一是善意原则，二是尊重原则。

善意原则是教学语言艺术的目的原则。它要求教学信息的输出者对教学信息的接收者必须抱着善良美好的目的，为了关心、爱护、帮助对方，使其掌握知识、增长才干、提高素质，而传输有关的教学信息。善意原则规定了教学信息输出的目的和动机。它不仅规定教学信息输出者的主观动机，也规定着教学信息接收者的切实感受，也就是使教学信息接收者能切身感受或觉察到教学信息输出者的美好善良的主观愿望，从而喜闻乐见、心悦诚服地接收来自教学信息输出者传递过来的教学信息。

善意原则是由教育方针、教学目的和教学目标所决定的。教育方针因时代和社会制度不同而有所不同。然而，为本社会培养接班人，而把社会生活和生产经验传授给下一代，使下一代接受人类长期积累起来的成功而宝贵的生产、生活经验，以维持本社会的稳定、繁荣和发展。这一点是大体相同的。在社会主义制度的中国，毛泽东同志在中华人民共和国成立后提出："我们的教育方针，应该使受教育者在德育、智育、体育几方面都得到发展，成为有社会主义觉悟的有文化的劳动者。"指出了社会主义社会教育的培养目标。邓小平同志在社会主义现代化建设的新的历史时期提出："教育面向现代化，面向世界，面向未来。"规定："教育必须为社会主义现代化建设服务，必须与生产劳动相结合，培养德、智、体等方面全面发展的社会主义事业的建设者和接班人。"教育方针规定了教育方向和教育目的。社会主义教育的根本目的是促进人的全面发展，培养社会主义事业的建设者和接班人。从社会主义教育的根本目的出发，教学语言艺术必须是以善意原则为基调。

实践证明：是否以善意原则作为教育教学活动的起点，不仅体现了教育本身的性质，也决定着教育教学活动的效果。以善意原则为基点向学生传输教学信息，则决定教学信息本身是健康有益的，有利于提高学生的身心素质。鲁迅

先生说："从喷泉里出来的都是水，从血管里出来的都是血。"从关心、爱护、帮助教学对象的角度出发，则会选择对教学对象有益的教学语言的内容与表达方式；相反，从讽刺挖苦教学对象的角度出发，就会选择伤害教学对象的教学语言的内容与表达方式。教学对象虽然年龄大小有不同，文化层次有不同，然而在接收教学信息的过程中，一般都是要分析教学信息输出者的目的和出发点，以便全面正确地理解教学信息。这是必然的，也是必要的。对教学信息输出者目的和动机的分析和判断，决定着教学信息接收者对所传输的教学信息采取何种态度。俗言讲："良言一句三冬暖，恶语伤人六月寒。"从善良美好的目的和动机出发，所传达的教学信息，则会被教学信息接收者所接受并引起思想感情上的起伏与共鸣；相反从恶意伤害的目的和动机出发所使用的教学语言，则会引起教学信息接收者的反感、思想感情上的拒斥态度以及逆反心理。所以，教学语言艺术必须建筑于善意原则这块基石上。善意原则是其他一切原则的基石，失去善意原则这块基石，教学语言艺术有如沙滩上的高层建筑或空中楼阁，就失去了坚固的物质基础。失去了善意原则这个出发点，教学语言艺术就成为了花言巧语，也不会收到什么好的教学效果。

因此，教学语言艺术所遵循的首要原则，就是善意原则。

尊重原则是教学信息交流中的态度原则。它要求教学信息输出者必须对教学信息接收者持尊重的态度。这种尊重原则是由教育信息交流本身的性质和目

的所决定的。教学信息交流的目的是使教学信息接收者掌握知识，增长才干，提高素质，全面发展，成为本社会的合格建设者和接班人。在社会生活中，虽然"闻道有先后"，然而教学信息输出者与教学信息接收者作为人的社会地位是平等的。教学语言是人与人之间进行信息交流，传达思想感情的社会交际工具，所以运用教学语言艺术进行教学信息交流时，必须对教学信息接收者持尊重的态度。这其中的道理：一是必须尊重交际对象的人格；二是只有尊重对方的人格，交流活动才得以顺利进行。

在教学活动中，运用教学语言艺术进行教学信息交流，教学信息输出者对教学信息接收者的尊重体现在诸多方面。

1. 良好的心理状态

教学信息传输者在进行教学信息交流之前必须有良好的心理状态（心绪）。因为心理状态制约着主体对外部事物的心理感受和主观态度，并体现在言语行为或非言语行为上。唐朝杜甫诗："感时花溅泪，恨别鸟惊心。"因为感叹时局和痛恨离别的心绪使然，所以看见花也使作者落泪，或者感到花也在落泪；看见鸟也使作者心颤或者感到鸟也在心颤。所以，进行教学信息交流时，教学语言运用者必须始终保持平和的心境，才能对教学对象保持尊重的态度。教学活动中，并非所有的事情都使施教者心情愉快。诸如：受教者精神分散，玩弄小物品；回答问题时所答非所问，语无伦次，或者张口结舌，欲语又止等等。这些都是令人不满意的。然而施教者面对使自己心烦意乱的事物，要善于调控自己的

心理情绪，始终心平气和，保持头脑冷静，认真分析出现这种现象的原因，找出症结所在，采取有效的措施，提高教学语言的艺术水平，并进行积极的引导和调控，使教学活动和谐有序地发展。对于这些情况，教师一个提示或安慰的眼神，一句幽默得体的语言，都可能会使对方集中精力，自行收敛，认真思考问题，或者消除紧张的心理情绪。教师切不可性急心躁，持简单粗暴的态度对待和处理。因为这样做会在学生心理上产生副作用，这种副作用须经过长时间才能消除。施教者对受教者的不尊重，会引起受教者的对抗情绪和逆反心理，影响教学效果。因此，施教者对受教者持尊重态度，必须保持平和的心境。

2. 言语礼貌得体

教学中，教师对学生是否持尊重的态度，常常从教学语言的运用上体现出来。教学语言的风格多种多样，因人而异，或豪放，或委婉；或典雅，或诙谐；或蕴涵，或明快等等。然而在组织教学过程中，都必须善于运用社会交际中的礼貌语言。特别是"请"字必须得到广泛的高频率的应用："请朗读课文""请思考……""请回答……""请坐下……"。当学生指出教师偶尔的失误时，教师非但不生气，相反要说"对不起"！与"谢谢"！这些教学用语体现了教师对学生的尊重态度。尊重他人的同时也在尊重自己。这样不仅有助于创造和谐融洽的教学气氛，使教学双方都保持愉快的心境，而且有助于净化教师与学生的心灵，师生间相互尊重，也为学生今后步入社会尊重他人，运用礼貌语言进行

社会交际打下行为基础。

3. 语调亲切和蔼

在教学语言的运用中，词句表达所讲述的事物，还有声调、重音、声高、语速、语调等副语言特征表达教学语言运用者的主观情绪与对所讲事物的态度。如："你讲的好"这句话可以由于声高、语调等不同而分别具有赞叹、敷衍或嘲讽的意思。这些意思，有的与词句语面意思一致，有的则与词句的语面意思相反。事实上，副语言的作用比我们所想象的要大得多。心理学家梅拉比做了一个实验。他先用一个电子滤波器把讲话录音中的高频率（女性讲话录音中 200 赫兹以上，男性讲话录音中 100 赫兹以上频率）消掉，使原来的话难以听懂，但绝大多数声音特征依然保存着。然后要求另外一些人对滤波后的讲话录音所"表示"的"喜欢"程度进行判断。实验结果表明：所有人的判断有相当大的一致性。当语言涵义同声音特征一致时，对两种成分进行单独判断的结果大致相同。但当两者相互矛盾时，声音特征在现过程中占优势。这一实验，揭示了教学语言运用中的一种潜在危机。有些教师对学生有偏见，虽然这种不尊重态度未反映在言词语面上，然而不等于学生毫无觉察。学生可以通过对副语言的理解，而获得真正的信息。因此，教学语言艺术贯彻尊重原则，教师应做到"心境、言词、语调"三位一体，语调亲切和蔼，使人心身舒服。

4. 随时调整失误

教师并非是不尊重学生，有时因考虑不周而言语失误。教师应有敏锐的洞察力，根据学生的反映（包括言语行为与非言语行为），随时调整自己的失误。例如，有一位教师在讲《截肢和输血》一课，解释"畸形"这个词语时说"发育不正常的状态"。他发现一位女学生的头低了下去，立刻想起这个女学生吃力地用左手写字，是由于医生不负责任而影响了她的右臂的发育……于是这个教师随机即兴补充："有人拿别人的畸形当做笑料，这是把欢乐建筑在别人的痛苦之上，这是极不道德的。懂事的孩子应该同情关心畸形的、生理上有缺陷的人，这才是具有高尚情操、克服了低级趣味的好学生。"话音刚落，女学生抬起了头，恢复了常态。这位教师事后长长地吁出一口气说："我一时疏忽，差点损伤了一颗稚嫩的心。"可见，教师随时调整自己的失误，对贯彻教学语言艺术中的尊重原则是非常必要的。

（二）可接受性原则

教学信息的交流中，善意尊重原则是从施教者角度提出的要求，可接受性原则是从受教者角度对教学语言提出的要求。所谓可接受性原则是指教学语言必须使受教者能够接受、不拒绝。教学语言是教学双方进行信息交流的工具，教学语言只有被受教者所接受，教学信息的交流的目的才能实现。所以教学语言能否被受教者所接受，是衡量教学语言艺术性及其教学效果的重要尺度。可以想见，教学语言倘若不能够被受教者所接受，那么这种教学语言即使再好，再优美，也是毫无意义的，因为它与受教者构不成对象关系。因此，可接受性原则是教学语言艺术的一个基本原则。教学语言艺术贯彻可接受性原则，必须把握住以下几点。

1. 教学语言必须切合教学对象特点

要使教学语言易于被教学对象所接受，施教者则必须切实把握教学对象的年龄、文化、心理等特点。通常说来，对于小学生，教学语言适宜生动形象，具有吸引力；对于中学生，教学语言适宜清楚明白，阐释浅显易懂；对于大学生，教学语言应当深刻精辟，具有启发性。当然，不同学科不同专业有不同的教学词汇；教师因学识、修养、性格不同而有自己的教学语言风格。不论所教学科、教师个性有何不同，教学语言艺术都必须切合教学对象的特点。这样教学语言才能被教学对象所接受，才能成为沟通施教者与受教者心灵的桥梁。

2. 教学语言必须通俗易懂

要想使教学语言为教学对象所接受，除了教学语言要切合教学对象的特点之外，教学语言还要力求通俗易懂。所谓通俗，是指教学语言能够与人民群众的常用语言接近或沟通，能为广大人民群众的常用词汇所理解或消化。这样的教学语言才能为广大教学对象普遍理解和接受。通俗是易懂的前提和手段。易懂是指教学语言为教学对象易于理解。易懂，除了要求教学语言的表达形式即所用词汇和句法易于被人理解之外，教学语言的，表达内容，也要想法让广大教学对象所理解和接受。这样就要求教师善于调控教学语言的表达内容及其表达形式。

3. 教师要善于调控教学内容的深度和难度

教学语言要想使教学对象易于接收，则须做到教学内容深浅适宜，难易得当。怎样，才能使教学内容深浅适宜、难易得当呢？这就须教师充分发挥教学的主导作用，正确地处理和把握教材。虽然教材的内容和要求是不能改变的，然而教材与学生之间的距离是可以拉近的。教师准确地领会把握教材，深刻地理解了教材的重点和难点，懂得学生接收和消化教材过程中的难点及其解决难点的关键所在，就能把教材转化为学生可接收的教学语言。这样就架起了教学对象通向教材的桥梁，拉近了教材与教学对象之间的距离。这中间教师把教材语言转化为教学对象可以接受的教学语言这一环节是至关重要的，教师的才能及其运用教学语言的艺术技能技巧就体现在这里。教师要根据教材特点与教学对象的实际，来调控教学的深度和难度，灵活运用教学语言：或讲述，或点评，或直陈，或曲问，或质疑，或解难，或分析，或综合，因材施教。教学过程中，特别要运用好导语、提问语、阐释语、应变语、结语这几种教学语言，以提高接受效果。

4. 教学语言要规范

教学语言艺术的可接受性原则，除了要求切合教学对象特点，通俗易懂，难易适度之外，还要考虑教学语言合乎社会的语言规范。因为教学语言的规范性也是影响可接受性以及教学效果的一个重要因素。《中华人民共和国教育法》规定："少数民族学生为主的学校……可以使用本民族或当地民族通用的语言文字进行教学。""学校及其他教育机构进行教学，应当推广使用全国通用的普通话和规范字。"凡是运用汉语言文字进行教学，都要使用普通话，做到语音标准，文字、词汇和句式规范，切忌用方言土语以及不规范的简化字或错别字。这样才能有利于学生接受和运用，以便于学生与社会进行广泛交流。

（三）协调一致原则

教学是教师与学生的双边活动。要想使教学活动正常进行并取得最佳的教学效果，则需要教学双方协调一致。怎样才能使教学双方协同一致呢？通常的手段是运用教学语言来传递教学信息，从而使教学双方做到认识一致，思想同步，行为一致。因此，教学语言艺术的又一个重要原则，就是协调一致原则。如果说，善意尊重原则是从教学语言的传达者角度提出的，可接受性原则是从教学语言的接受者角度提出的，那么可以说，教学语言艺术的协调一致原则，实际是从教学语言的表达效果角度提出的。

教学语言艺术遵循协调一致原则，要注意以下几个问题。

1. 教学双方的心理动机要相契

传达什么样的教学信息，以怎样的方式传达教学信息，是由施教者的思想动机支配的；接受哪些教学信息，排斥哪些教学信息，是由受教者的心理需要所制约的。要想使教学语言起到沟通教学双方心灵，从而使双方行为协调一致的作用，则须教学双方有共同的心理基础，从心理动机上相契合。俗语说，"话不投机半句多"。教学双方的心理动机制约着双方的相互交流以及交流效果。怎样才能使教学双方的心理动机相契合？除了教师与学生相互熟悉、相互了解（教师的举手投足、眼神表情所表示的意义都为学生心领神会）之外，更主要的是教学双方有共同的心理动机和进行相互交流的愿望。教学双方共同的心理动机和进行相互交流的愿望，是受教学目的和教学目标制约的。教学目的和教学目标引发与规范着教学双方的心理动机和进行相互交流的愿望。因此，教学语言的运用必须与教学目的和教学目标息息相关。教学中以言语方式或非言语方式如教具等传达媒体，来公布教学目的和教学目标，以教学目的和教学目标来激发与协调教学双方的心理动机，调动学生学习的积极性和主动性，促进教学双方进行相互交流，使教学双方的认识一致，行为指向一致，从而协调教学双方的行为，是非常必要的。以教学目的和教学目标来协调教学双方的心理动机，使之相契合，是一种教学艺术，也是教学语言艺术实施协调一致原则的重要途径。

2. 教学双方建立立体交叉式的信息双向网络

教学双方通过教学语言传递教学信息，是使教学双方协调一致的重要途径。教学双方协调一致，不仅指教师与学生的认识、行为的协调一致，也包括学生与学生之间的认识、行为的协调一致。要想使教学活动的所有参加者的认识、行为协调一致，则要求教师与学生之间以及学生与学生之间加强信息的双向交流。因此，教师的教学语言要特别富有启发性，以引发教师与学生的双向交流，以及学生与学生之间的双向交流。教师根据学生们对教学信息的反馈来调控对教学信息的输出，从而协调教学双方的认识与行为，实现教学目标。可以说，教师与学生们之间进行信息交流的结构方式，决定着教学信息的传递效应。传统的讲授式的教学方法，是单向注入式地传递教学信息，教师讲，学生听，学生的认识当堂未有机会发表，教师也无法据此进行教学调控，所以教学双方则难以达到协调一致。教师与学生对话式教学法——教学双方双向交流信息，有利于教师了解学生，因材施教。教学信息的最佳交流方式是教师与学生之间，学生与学生之间立体交叉式交流，如图6.1所示。

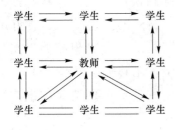

图6.1

这种教学信息交流的结构方式（讲座式），既有教师与学生们的双向交流，又有学生与学生之间的双向交流；既有助于教师与学生之间的心灵沟通，又有助于学生与学生之间的心灵沟通；教学活动所有参加者的心灵相互沟通，则有助于实现全体成员认识趋向统一，情感相互交融，行为协调一致。所有教学语言艺术要注意构建立体交叉式的信息网络（系统）。

3. 教学信息输出要与学生认识规律相符合

教学语言艺术构建立体交叉式多向交流的教学信息网络，可实现全方位的信息反馈，有助于教师全方位地进行教学调控，尤其调控对教学信息的输出。教学信息的输出，要与学生认识规律相切合。为使教学信息的输出与学生认识规律相切合，教学语言艺术应注意这样几点：①对教学全过程要有通盘考虑和精心设计。如本节课有哪些教学环节构成，开头怎样进行，哪个教学环节应当如何突出，结尾又怎样进行，教学环节之间怎样有机衔接与过渡等，使教学过程生动活泼、波澜起伏、合理合情、有序发展，有如读优美的文章，有"凤头、猪肚、豹尾"，有引人注目的开头，有内容丰富的主体，有引人感动的结尾；有如观看与演出精彩的戏剧，有开端、发展、高潮、结局。从教学过程的构成上切合学生的认知规律。②对不同的构成部分采取不同的处理方式。对教学重点要突出——反复地讲；对教学难点，要分散——缓慢地讲；对一般内容要交代——简明地讲。从教学的详略（以及快与慢、轻与重）上与学生的认知规律相互协调。③教师的"教"与学生的"学"协调进行，做到"讲"与"练"有机结合，此起彼伏，有张有弛，交替进行。这样的"教"与"学"的方式，符合人的神经系统的兴奋与抑制的转换规律，从教学的节奏上切合学生的认知规律。

4. 教学信息的多种传递媒体相互配合

教学信息的传递媒体及其传递方式是多种多样的。可以以言语方式传递，也可以以非言语方式传递。以言语方式传递，可以用作用于听觉的有声语言，也可以用作用于视觉的文字符号。以非言语方式传递，可以由教师本身的仪表服饰、动作体态、脸部表情以及眼神等生动直观的传媒来传达信息，也可以用教学双方的人际距离来传达有关信息，还可以用分别有不同用处的教具诸如实物与标本，模型与挂图，幻灯、录音、录像以及计算机等来传达教学信息。特别是计算机本身就具有多种传达媒体。这些不同的传达媒体，分别作用于人的不同感觉器官。有些作用于听觉，有些作用于视觉，有些作用于嗅觉、味觉、肤觉。教学中应充分调动不同的传达媒体，相互协调，有机配合，全方位地作用于学生的全部感官。这比单纯用有声语言仅作用于学生的听觉来传达信息，更全方位，更立体化，更有效果。因为从信息接受者角度讲，不同的感觉器官有自己特定的接受对象。诸如听觉器官接受的是声音传载的信息，视觉器官接受的是形象传载的信息。若与特定的信息传递媒体相接应，学生的全部感觉器官都调动起来，不仅可以全方位地接受信息，而且相互联系有助于产生"通感"，获得最佳的接收效果。教师用多种传递媒体，相互协调地传递教学信息，不仅要使自己的全部心身协调运作，而且可以使学生的全部感觉器官乃至全部心身和谐运作，全面发展。

二、教学语言艺术的基本要求

（一）教学语言的内容美

教师的语言是开启童稚智慧的神奇咒语，是照亮学生心灵的五彩阳光，更是指点学子遨游知识海洋、搏击人生赛场的风向标和助跑器。一句话，教师的语言是一切艺术语言中最美的语言，而内容的美又是这种语言区别于其他语言的显著标志。

构成教学语言内容美的要素取决于两个方面：教学内容和教师个人。从教学内容看教师的语言不外承担着三项最基本的职责：一是真。传授自然科学、社会科学和人文科学这三方面人类文化知识性积累，即传授古今中外人类迄今为止创造的一切物质和精神文化，并引导学生不断充实知识，不懈追求真理。二是善。教导学生怎样正确地认识社会，认识自然和认识自我，并具有崇高的理想境界、高尚的道德情操、良好的社会公德。三是美，在思想品德，文化知识的教学中，尤其是在艺术学科的教学中，培养学生欣赏美和创造美的能力，并懂得如何用一颗爱美的心灵去追求真理，热爱生活和充实人生。其次，从教师个人看，他是教学语言的主体，即使用者和创造者。同样一句教学语言，不同的老师能表达不同的意思，产生差异悬殊的效果。如"你怎么啦"这句看来简单的疑问句，据教学法专家测定验证它能表达十几种不同的含义。同样是对一个迟到的学生，热爱学生、尊重学生的老师说出来时包含着关切和爱护；不了解学生、方法简单的老师说出来时充斥着责备和愤懑；教学严谨的老师说出来时严肃而宽容；教学松弛的老师说出来时显得敷衍而随意；受学生尊敬的老师用理解和告诫的口吻说；不受学生欢迎的老师用冷嘲加热讽的语气说。由此可见教师能否说出内容美的语言，不在于他是否从事文学艺术学科的教学，而关键在于教师个人，即他的个人素质。这主要包括三个方面的要素。一是知。作为教师应具有广博而丰富的知识，在本学科的专业知识上更是扎实而精深，这是教师语言的源头活水。二是意。教师还必须有高尚的道德情操和良好的个性心理素质，热爱生活，忠于职守，锐意进取，公道正派，自制自强。三是情。教师应该是感情丰富的人，热爱教书育人的事业，用尊重学生、爱护学生、理解学生的严父慈母之情去感化教育学生，因为教师的工作每天都是面对一大群活泼可爱、性情各异的学生，对此，他应热情真诚。

正是教学内容的真善美和教师个人的知意情两大系列的互相渗透支撑起了教师语言内容美的大厦。在这里教学内容的真善美是客体，呈相对静止状态；教师个人知意情是主体，呈相对变动状态。换言之真善美的教学内容，还必须通过有着知意情的教师个人把它表达出来。由此可见，要做到教师语言的内容美，以上二者缺一不可，不过，比较而言教师个人的作用不但显得相对重要些，而且也较难的达到较高水准。那么，怎样才能做到教师语言内容美呢？

从教师本身看，应做到"三热爱"。

热爱真理。哥白尼曾言"人的天职在于勇于探索真理"。作为人类文明的延续，人更应视真理为最高的追求目标。在黑暗的旧时代，鲁迅、闻一多、李公朴等人敢于仗义执言，为捍卫真理而准备随时献身。在十年动乱期间许多教师尽管被打入牛棚，剥夺了上讲台的权利，但是他们不向恶势力低头的一身正气保持了教师"传道"者的凛然不可犯。试想，教师没有这热爱真理的一腔赤诚、捍卫真理的一身正气，能有豪言壮语，能吐金石之声，能发慷慨之辞吗？

热爱事业。"教师的天职在于奉献"，这是特级教师于漪老师经常说的一句格言。朴实无华的语言折射出了一代人民教师"忠诚党的教育事业"的光辉品质。一个老师只有当他把事业看成比生命还重要的时候，他才能使他的语言饱含哲理美，注满情感美，染上品德美。即使是一句极普通的教育语言，也能良言一句胜三春；即使是一句常用的教学语言，也能睿语一言启心智；甚至是一句批评语，也能给学生春天般的温暖和夏天一样的火热之感。

热爱学生。不论是对真理的热爱，还是对事业的热爱，最终都要溶化在学生身上，可以说热爱学生就是热爱真理和事业的体现，就是热爱祖国和民族的具体化。凡是真正热爱学生的老师不但他的教学语言有诗情画意之美，而且他的教育语言也有思辨哲理之美，甚至他的辅导语言、谈心语言、家访语言也有如沐春风、如饮甘泉的美感。相反，一个不爱学生的教师的语言，要么会像和尚念经，枯燥无味，要么照本宣科，晦涩难懂，即或是一件生动、感人的故事，也要被他说得平淡如水。

从教学内容看，应突出"三美好"。

美好的理想。毫无疑问，传道、授业、解惑是教师职业语言的基本内容，但其中必须不时闪射出理想的光芒。否则，教师语言便缺少了美的内容。如政治、历史、语文等社会科学方面的课程，老师必须向学生揭示人类社会的发展规律，歌颂历史上一切为美好的理想而奋斗的先进人物的事迹；数学、物理、化学等自然科学方面的课程，老师又得为学生指明改造自然、造福人类的路径，激发学生献身科学的美好理想。

美好的情感。教师的语言如果没有情感美，不但不能成为艺术，而且也是不可思议的。不论是融情于事，还是寓情于理，寄情于景，都离不开情的作用。尤其是老师真诚执著，美好的情感更能产生神奇的感染力量，使学生在美好情感气氛中净化思想，获得知识，陶冶情操，使你的"话语像永恒的星辰那样光辉灿烂，永不熄灭，为人类指引道路。努力使你的话语成为指路的明星吧"！（苏霍姆林斯基语）可谓"感人心者，莫先乎情"。所以高明的教师总是恰当地将自己的喜怒哀乐之情表露出来以获得良好的教学效果。

美好的智慧。就内容上看，教师语言的美，有别于其他语言的美，其关键在于智慧美，这是教师职业特点所决定的。教师肩负着塑造学生灵魂、增长学生知识、开启学生智力的重任，教师的语言就得时常闪烁着智慧的灵光。由于教师的教学语言是即兴说出的具有书面语性质的口头语，因此，一个优秀的教师总得在流畅生动、抑扬顿挫的语言表述中，揭示社会发展的规律，道出人生意义的真谛，阐明各种知识的关系，展示教师的才华，吐露教师的灼见，抒发教师的豪气，甚至是高谈阔论，妙语连珠，无不显示出教师的智慧美。

（二）教学语言的形式美

教学语言的内容美，只有通过相应的语言表达形式，才能使内容美产生客观效应。在教学语言艺术的构成要素中，内容无疑是第一位的，没有语言的内容，形式则成了无本之木；反之，有了美的内容，却没有相应的形式的表达，尤其是没有美的表达形式，不但影响内容的传达，而且有引起歧义的可能。在我们现实教学中，所有的老师都能运用语言的形式表达他的内容。但是，是否每一个教师都注重这表达形式的美呢？有的教师不是哀叹"好心讨不到好报"，埋怨学生"不理解老师的意思"，甚至训斥学生"你的耳朵是做什么用的"……究其原因，还是老师自己没把话说好，不注意语言表达的形式美。

"言之无文，行而不远。"两千多年前的教育圣哲孔子就谆谆告诫我们要注意美化语言。

"凡是当教师的人绝无例外地要学好语言。"两千多年后的教育家叶圣陶指出教师语言美的重要性。

教师语言的形式美是通过语法手段和修辞手段，做到准确、鲜明、生动，从而将具有内容美的语言用优美"包装"展示给学生。换言之，准确、鲜明、生动是教师语言形式美的标准。为此就得讲究词语的推敲，选择适当的句式，考虑各种修辞方式的运用。

准确性。要求语言恰如其分的反映客观现实、事物之间的内在联系和人们对客观事物的正确认识。教师负有"传道、授业、解惑"的重任，他使用的一切语言都必须准确，尤其是教学语言。试想，一个物理教师向学生解释"电"这一概念时，不是说"有电荷存在和电荷变化的现象"，而是说"摸起麻手，甚至要打死人的东西"。一个数学教师解释"什么是数"这一概念时，不是说"数学上最基本的概念之一"，而是把"1，2，3，4，5，6，…"自然数说成是数。再如文科老师望文生义的说，"语法就是语言的法则""法人就是负有法律责任的人"等，都是不准确，甚至是错误的解释。如果把这样的知识教给学生将贻害无穷。

鲜明性。教师用语言反映社会现实时要明白，表达自己的思想感情时要明朗，态度鲜明，爱憎分明，是非不能含糊。在不同的学科类中鲜明具有不同的表现。在社会科学类课程的教学中，鲜明就是明朗。如讲社会发展史就是要有理有据，言之凿凿地讲明"劳动人民创造历史""生产方式是社会历史发展的决定力量""阶级斗争是阶级社会发展的直接动力"。在讲自然科学类课时，鲜明就是明白，如生物课讲蛋白质，通过大量的生物现象，再归纳为它是生物体的主要组成物质之一，是一切生命活动的基础，最后点明"这是一种由多种氨基酸结合而成的高分子化合物"。由此可见鲜明就是在准确性的基础上明白晓畅、深入浅出地把讲解内容表达出来。

生动性。要求教师在讲课时要努力做到绘声绘色，感情丰富，使学生如临其境，如见其人，如闻其声，如经其事。要做到生动性，就要注意讲课语速的缓急、音量的高低、音重的强弱和语调的升降，在运用语言表达手段方面，叙述能跌宕起伏，描写能形象传神，抒情能催人泪下，议论能振聋发聩，说明能深入浅出。如小学课文《小蝌蚪找妈妈》，老师不但用了几幅图把小蝌蚪变成青蛙的过程展现出来，而且还同学生一道模拟小蝌蚪、小乌龟和青蛙说话的声音。更有趣的是在讲完课后，还叫几个同学戴上头饰，装扮不同的角色，用课本剧的形式把课文演一遍。

怎样才能使教师做到语言的形式美呢？由于教师语言基本上是口头语，因此很难做到书面那样尽善尽美。但是，人民教师的职业又决定了他的语言尽可能地书面化。因此，需要做到：

1. 讲究词语的推敲

这当然不是说教师每说一句都要反复斟酌后才能讲出口，而是说教师的话，特别是一些关键的、重要的话语，用词造句一定要严谨。这就要求教师平时格外注意用语的标准和严密。如有的老师讲苏轼的《石钟山记》，对"余固笑而不信也""因笑谓迈曰""而笑李渤之陋也"三句中的"笑"进行了仔细的分辨，分别得出了"不以为然的笑"、"兴奋得意的笑""嘲讽轻蔑的笑"。而不是仅描绘笑的神态，重要的是揭示出笑的含意。又如生物课中同样是"生命延续"的意思，老师则应区分生育、繁殖、繁衍、育种、生产等词的不同对象的不同用法。

2. 选择适当的句式

这又叫"炼句"，即对句子的组织和调配。实践证明，有了准确的词语还不一定能表达完整的意思，而没有完整意义的句子是不能构成语言的形式美的，所以选择恰当的句式就显得尤为重要。教师语言在组成句子时，首先要层次清楚，上下衔接，前后照应，视点一致；其次，还要注意长句和短句的交互配置，整句和短句的搭配运用，乃至主动句和被动句的恰当使用。如一位教师在讲《美丽的小兴安岭》一课的导入语时，是这样讲的：

"同学们到过东北的小兴安岭吗？那可是一个令人神往的地方啊！你看，它春天生机勃勃，夏天花木繁茂，秋天硕果累累，冬天雪景壮丽。你听，松涛澎湃，泉水叮咚，更有伐木工人的欢歌笑语和林间小火车的汽笛长鸣。现在就让我们去美丽的小兴安岭畅游一番吧！"

3. 运用常见的修辞格

各种修辞手法是构成语言美的重要手段，具有良好语言艺术修养的教师几乎都是能运用修辞格来美化自己语言的高手，因为他们深知比喻的形象具体、借代的意味深长、拟人的生机盎然、排比的气势酣畅、对偶的整齐工稳。已故著名数学家陈景润中学时代的数学老师就是运用了一串生动形象、优美的比喻讲解"哥德巴赫猜想"与数学，乃至整个自然科学关系的，他说："自然科学的皇后是数学，数学的皇冠是数论，哥德巴赫猜想则是皇冠上的明珠。"一席话语激起了陈景润对数学的兴趣，更成了他勇摘皇冠上明珠的最初的力量源泉。

（三）教学语言的音色美

语音是语言的物质基础和外壳，基础的含义是说在语言的运用上，尤其是口头语言的表达，离开了语音，语言则失去了现实意义。外壳的含义是说没有语音的包装，语言所包含的内容则无法显示出来，只有借助这种形式，语言内容才具有实际意义。就语言包装的意义看，在语言的音高、音强、音长和音色四种物质属性中，音色是声音的个性、品质，音色的特点如何，直接关系着一种声音是饱满、圆润、明朗，还是干瘪、涩滞、低哑，即一种声音是否悦耳动听，主要取决于音色的质量的高低。

音色是声音的特色，它是一种声音区别于其他声音的根据和标志。人们可以凭借音色，通过熟知的声音来判断是哪一位来了。音色优美的教师的讲课能给学生美的享受，反之，则使人感到不舒服。作为一个教师除了吐词清楚、普通话标准而外，就要音色优美了。好的音色甜润清亮，令人悦耳爽心，并且具有模拟各种声音的能力，有助于惟妙惟肖、栩栩如生地描模各种声音及其变化，使教学充满生机和趣味，增强感染力。而差的音色粗糙、沙哑、低暗、刺耳烦心，并且毫无变化，单调呆板听这样的声音讲课走神、打瞌睡便在所难免了。提高教师语言的音色美，可从两个方面注意。

1. 说话要"甜"一点

就是要求教师语言要亲切，尤其是

幼儿教师和小学教师更应注意这点，只有"甜"才有儿童情趣，才会符合儿童感知觉的规律和特征。需要说明的是教师语言的"甜"不是花前柳下温言细语的甜，不是故作娇嗔的甜，而是充满教师爱心、放松学生心理、和谐课堂气氛、激发学生求知欲的语言，能让学生在轻松、愉悦、舒畅、自然的情绪中体验课堂氛围，从而集中精力，开拓思路，认真学习。这就要求教师的普通话必须标准、流畅。如果教师语言的音色美，离开了对全民族共同语普通话的要求，那么音色质量再好，就是讲的是"方言普通话"，或者声、韵、调明显不准确，又讲得结结巴巴，是说不上音色美的。其次，要注意心理修养，善于控制和表现自己的情绪，激动时不能大喊大叫，愤怒时不能声嘶力竭，批评学生错误时不能阴阳怪气，模仿其声音时不能有意夸张，始终保持良好的心绪，和蔼而亲切，大方而自然。

2. 语调要丰富一些

语调是指一句话里声音高低升降、轻重缓急的变化和配置。如果说音色是先天的，变化不大的，那么要使音色具有美感，还得作必要的调谐，而语调则是一种较好的调谐方式。所以，一个教师如果有较优越的先天音色条件，又能使语调丰富，则锦上添花，整个语言表达的效果就会更理想。诚如前苏联教育家马卡连柯说过这样一句耐人寻味的话："一个教师如不能用二十种不同语调说'到这边来'，那就不算是一个教育行家。"我国特级教师斯霞总结过自己如何正确运用语调的经验："讲到主要的地

方，重复一遍；讲到快乐的地方，就自然露出微笑；讲到愤怒的地方，情绪就很激昂；讲到悲伤的地方，声音就变得很低沉。"语调的变化与情感的起伏统一起来，音色的悦耳与语调的丰富结合起来。四种语调的运用具体讲就是：高升调前低为高，语气上扬，多用在疑问句、反诘句和表示愤怒、紧张、警告、号召的句子上。降抑调，由高逐渐低，末字低而短，常用在感叹句和祈使句上，或者是表示坚决、自信、悲愤的感情。平直调，平直舒缓，无明显的高低变化，一般的叙述、说明，表示迟疑、思索、冷淡、追忆、悼念的句子，多用这种语调。曲折调，由高而低后又高，故意加重加高或拖长某些音节，用于表示讽刺、嘲笑、夸张、强调、双关、惊异等感情。

教师语言的音色美，需要教师有一副金嗓子。在一定程度上教师嗓音如何，直接关系到他的教学质量和教学效果。吐词清楚，发音响亮，圆润悦耳，能给学生美的享受，让学生在优美的听觉氛围中心旷神怡地上课学习。反之，如果一个教师声音嘶哑、语言干涩、低浊或尖利又特别费劲，除了自己吃力、不舒服外，学生听起来也不舒服。由于学生对音色不美的老师讲课在听觉上有一种本能斥拒，因此，很难收到良好的教学效果。为此，做教师的就得掌握科学的发声方法。

一要用本色音自如地发声。有些初上讲台的教师为了使自己的声音能震动学生，讲课时大气粗声，一味地发高音；有的教了一段时间的书，把教师的教学语言当成"拉家常"式的语言，讲课有气无力，声音平淡而松软；甚至个别奢

望在语言上别具一格来吸引学生注意，哗众取宠的教师故意压喉卡嗓，挤气出声，实际上这些都是大可不必的。教师说话应选择自己的自如声区中的最佳音域和最佳音量，并注意自我监听调节，切忌生硬做作，养成不良的发声习惯，人为破坏自己固有的音色美。因为任何人的发声机制都不是十全十美，关键是善于用本色音，善于扬长避短，并适当地调节，从而声情并茂。如音色尖利的，注意用腹腔鼻腔的共鸣，使声音浑厚一些；音色低沉的，注意提高平直调，适当强调高升调；音色鼻音重的，注意少用鼻腔共鸣，即使是发鼻辅音时也让一部分气息通过口腔的共鸣发出来；至于嗓音已嘶哑，发音困难的，就应及早检查治疗。

二要会呼吸，会运用气息。著名的表演艺术家李默然说："练声先练气，气足声故亮。"没有足够的气息就不能发出明亮的声音，以"声音"为职业的教师平时就要注意训练自己的肺活量，调节自己的呼吸状态。为了使说话时的气息处于自如调节状态，教师就应该掌握"胸腹联合呼吸法"。其要领是：

姿势：说话时肩平颈正，全身放松。

吸气：努力下降横膈膜的同时，尽力收缩小腹，口鼻并用吸气，以避免"呵"气声。

有腹肌控制气息的输出，做到均匀平缓，尽量延长一口气使用时间。

用这种方法呼吸，吸气深、气量足，横隔膜下压后成为"气柱"的支撑点，发声轻松，而且声音有立体感，动听悦耳。

三要适当地运用共鸣技巧。教师的讲课为了使整个教室每个学生都听得清楚，其说话音量必然地比平时要高些，为了避免那种仅靠提高声带颤动的频率来增加音量的现象出现，就有必要在发声时适当地运用共鸣技巧，以提高音量，减少疲劳，从而长期保持嗓音洪亮、音色优美。运用共鸣技巧主要应掌握好"口张""喉松""鼻松"三个环节。口张，即发音时口腔的空间要扩张开，使发声部位后移，声音有了较大的空间，就响亮而浑厚。喉松，即喉部放松，声音自然颤动，让声音在喉腔与鼻腔之间产生共鸣。鼻松，指在发鼻音音素的音节时，软腭下垂，舌根放松，让气流从鼻腔中流出，同时声音也能在鼻腔中产生充分的共鸣。总之，掌握了共鸣发声的初步技巧，就能使声音响亮、丰厚、圆润。

（四）教学语言的情感美

诗人说："教师的语言，似热情在燃烧，如激情在澎湃，更是真情在流淌。"如果说所有职业的语言都蕴涵着自己的情感美因素，那么没有哪一种职业的语言能像教师的语言那样更动人心弦、令人神往、催人奋进、教人求真。尽管他的每一句话不一定是金科玉律，不必是真知灼见，也不都优美动听，但蕴涵着对真理的追求，对善德的向往，对智慧的开启的意义。教师的语言是人类最美好语言的化身，是古今中外一切职业语言美的集大成者，究其根本原因，因为教师的语言能传达出人类一切最美好的情感。

"感人心者，莫先乎情""言为心

声"。在情感——语言的系统中，先有情感体验，然后才有相应的语言表达。或者说，语言的运用是受一定情感支配或影响的，什么样的语言反映什么样的情感。所谓"良言一句暖三冬"是肯定性情感的表征，"恶语伤人六月寒"是否定性情感的说明。由此可见，在情感——语言系统中，情感是语言的内容，语言是情感的形式。作为教师情感美是语言美的必要条件，语言美是情感美的直接表现，而二者的有机结合则是情感美的语言化，即语言的情感美。教学语言情感美应具有以下三个特征：

首先，情感美的现实性。无可否认，任何人，任何语言都有情感美，但教师语言的情感美，最具有显著的现实性，它是在直接同学生交流中产生，教师对教育对象、教学内容的喜怒哀乐之情几乎全部都是通过他的讲授语、置疑语、诱导语、教育语表现出来的。确如陶行知先生说的"捧着一颗心来，不带半根草去"。鲁迅在《藤野先生》一文中，刻画出藤野先生诲人不倦，循循善诱，同情和爱护中国留学生的语言、动作、神情，尤其是先生那简朴、准确、生动的语言，展示出了藤野先生朴素、正直、严谨的思想感情。比起这种师生关系来，其他的如上下级关系语言的情感美就是有分寸的。上下辈关系语言的情感美又表现为施动和被动的关系，夫妻间语言的情感美又表现为无拘束感。

其次，情感美的广泛性。教师情感的喜、怒、哀、乐要表之于语言，教师教育教学的传、道、授、启要表之于语言，也就是说教师要运用语言传达他教育、教学、管理、生活的各个方面。在这一切方面中，不论是讲理、言事，还是评人、论物，他所用的语言者必须是内容正确、语法规范、音色优美、情感丰富，所以教师语言情感美的广泛性就不仅仅是指教学，而是指与学生接触的方面。这里有两种倾向应当注意克服：一是，教学语言情感丰富，可以讲得眉飞色舞，生动传神，甚至进入教学内容的一个角色，时而开怀大笑，时而豪情奔放，时而声泪俱下，确实给学生以美的感染和熏陶；而下课后与学生的交往中则不苟言笑，虚与委蛇，甚至冷若冰霜，形同路人。二是，教学语言情绪不饱满，情感不丰富，不会随着教学的变化而调节自己相应的情感，从头至尾都是一种腔调，丝毫看不出教师对所教内容、对教育工作感情表露；但是下课后则不一样，要么对学生置之不理，要么与学生过分亲密，要么动辄训人，要么一味迁就。这些教师语言情感领域便十分狭窄了。正确的是，喜怒有节，宽严有度，亲疏有别。

再次，情感美的深度性。情感的深度是随着人们对事物本质的认识水平的增长而增长的。随着教龄的增长，教师逐渐认识到了教书育人的重要性，热爱之情也逐渐加深，以至于立志终身从教。情感的深度性来源于对教育事业的热爱和执著追求，有了这种思想境界，才有对工作的一往情深，才说得上是一种美的情感。而由于教师是以舌耕为业的，因此最终才会表现出教师的情感美。魏巍、钱小惠等人著的《邓中夏传》一书就写了青年邓中夏在北京大学时，李大钊先生的"亲切、关情的语气，讲到了学习的目的，讲到了国家、民族的危亡，讲到了青年生活的方向。他的情绪越来越兴奋,表情越来越激昂,他大声疾呼""李大钊坚定、热情的声音,在耳边更有力地震响起来"。不难看出,李大钊语言的情感美表现得是何等的淋漓尽致,这来源于他坚定、执著的共产主义信念,勇猛无畏的对敌斗争精神。

教学语言的情感美在塑造学生美好心灵方面,有着不可估量的作用。教师语言是否包含着一种对事业,对学生高度负责的情感学生是最能直接感受到的,并且是衡量一个教师素质高低的重要标准之一。在教师的"以知育人""以理服人""以情感人"的教学活动中,可以说"以情感人"应始终贯穿于前两者之中。具体说来,语言的情感美在整个教育教学活动中具有以下三个方面的显著功效。

1. 审美感染功能

积极、健康和充满活力的情感在审美过程中起着诱发或强化的作用,这种作用对于教师而言就主要表现在他的语言上。当学生面对困难时,教师热情、鼓舞的讲话如号角吹响,能使学生倍增战胜困难的勇气;当学生取得成绩时,教师诚挚的忠告的语言如警钟敲响,能使学生明白戒躁的道理;当学生遇到挫折时,教师一番理解如劝慰如茅塞顿开,能使学生度过不利境遇的难关。在教师的这种语言氛围下,学生思维的火花频频闪烁,哲理的顿悟时时产生,智慧的花朵常常绽开,情感的火苗被撩拨得熊熊燃起。

2. 教育的诱导功能

情,不但能感人,更能育人,正如马克思所言:"热情就是一个人努力达到自己目标的一种积极力量。"列宁也指出:"没有人的情感,从来就没有也不可能有人对真理的追求。"教师语言所表现出来的高尚、圣洁的情感,本身就是一股强烈而不可抵御的教育力量;反之,消极、低沉,甚至颓废的情感也能诱人走向堕落的深渊。这种通过教师语言所表现出来的教育诱导功能,体现在教师向学生宣讲正确的世界观和树立远大理想时的言之凿凿;体现在教师向学生弘扬高尚的道德情操,批判腐朽的思想时的义正词严;体现在教师向学生传授文化知识,解答学习疑难时的循循善诱。

3. 爱好的形式功能

在日常教学活动中,我们不难发现这样一种现象。有的学生明显喜欢某教师讲课,又明显讨厌某教师上课,久而久之,喜欢这一学科的学生成绩普遍提高,反之,则普遍下降,学生形成偏科,其中少数学生在偏科的基础进一步形成较强烈的个人爱好。究其原因,学生爱好的形成关键是取决于该科教师讲课时感情饱满,又知识丰富,再加上抑扬顿挫、妙趣横生的教学语言。语言的情感美表现在语言的慑服力、穿透力。听这样的课学生常比为"艺术的享受"。相反地,如果一个教师尽管有强烈的敬业精神和扎实的专业知识,但是,讲课语言没有激情,没有起伏,更不生动、形象、幽默,平淡如水,用词干瘪,语调呆板,这又怎样能使学生偏爱你的教学内容呢?

(五)教学语言的节奏美

大千世界无不有节奏。作为反映有

节奏的万事万物的教师的语言，也必然有它的节奏。如果没有了节奏，教师语言就失去了吸引学生的力量和魅力；如果有了节奏，在教育教学中，忽而气势磅礴，忽而情意绵绵，忽而流畅明快，忽而婉约回荡，造成相互交错、变化有致的节奏美，从而紧扣学生心弦，完成教育教学任务。

节奏一词本是指音乐中交替出现的有规律的强弱、长短的现象，借用到教师语言则是指语速的快慢与停止，语调的抑扬与顿挫，语气的轻重与缓急，不过这一切又必须根据语言的内容来确定。语文课文体不同则语言的节奏不同。不论什么学科，新课与复习课应有不同的节奏，与学生个别谈话与向全班学生讲话应有不同的节奏，否则，那种不分课型、对象、场合都用一样的节奏或一次讲课，讲话的节奏始终如一，是谈不上节奏美的。从共性上或宏观上看，一次讲课或讲演，由于是面对众多的听众，因此，必有共同的节奏要求；开端时，引人入胜或巧设悬念、或提出问题、或铺陈渲染、或凸现高潮、用语亲切；过渡时自然巧妙、或铺垫入题、或承上启下、或解答疑难、或借题发挥、用语平缓；高潮时激昂共鸣、或推波助澜、或出奇制胜、或悬疑冰释、或点明主题、用语明快；结尾时耐人寻味、或小结内容、或深化主题、或含意无尽、或异峰突起、用语深长。总之，教师要做到语言的节奏美，就得综合做到时间的合理安排，内容的准确把握和语言的技巧运用。

1. 语速的快慢与停止

语言节奏给人最明显的感觉就是语速，有的教师语速过快，学生还没听清楚上一句，下句接着又来了；有的教师语速过慢，学生的思维处于疲散状态，形成不了兴奋的优势；有的教师语速始终是不快不慢，给人一种四平八稳的感觉，学生久而久之注意力就分散了。很明显如果讲课从头至尾都是这种语速，那么语言的节奏美便无人说起。实际上、快、慢、中三种语速本身并不过错，它们还是构成语速节奏的三种基本语速，关键是这三种基本语速在根据教育教学内容的合理配置，恰当运用。一般地说，对重点要反复讲，以期学生加深印象；对难点要缓慢地讲，让学生有回味咀嚼的过程；对一般内容要简明地讲，让学生了解概要。如教育学生要爱护公物，当有学生损坏公物时，动之以情，语速略快，以立即制止下来，事后对他教育时，晓之以理，语速略慢，以使学生明白错误的根源和危害。提出发人深省的问题后，应停顿片刻，让学生思考。又如一位语文特级教师讲《武松打虎》一课，根据武松性格的勇猛过人和打虎情节的生动，过景阳岗打虎前用不快不慢的一般语速连喝十八碗酒，不顾酒保的劝阻，执意夜过景阳岗，突出"便有虎，我也不怕"的沉着和自信。从武松上了岗到醉眠青石用较慢的语速，还可稍停顿一下，为下面打虎制造悬念气氛。紧接着，狂风过后，老虎扑来，武松缜密防守、奋力猛打等内容用急速的语言去渲染浓烈紧张而惊险的气氛，有力表现武松的大智大勇，最后，用中等的语速交代武松做了清河县衙的都头的故事结局。

2. 语调的抑扬与顿挫

我国数学法专家张颂曾说过："语调不是字调，更不是一个框框，语调同语句的词语序列，特别是同具体思想感情不应该有什么现成的、一成不变的公式。语气的丰富多彩决定了它的声音形式——语调的千变万化。如果硬把丰富多彩的语气纳入某种简单、刻板的语调公式中，那就无异于削足适履。"这段话揭示出了语言表达中语言内容决定语调形式，由于内容的丰富多彩，因而形式也是千变万化的，并且语言表述时受着说话人的思想认识，感情个性、情绪心境、说话环境、听话对象等因素的影响。凡是同样的内容，不同的人也会以不同的语调说出来，由此形成具有个人风格的语调特征。还有，作为教师，他的一次语言运用，如教育学生、讲授学业、解答疑难、布置作业，都是一次内容完整的讲述。相应地，这个过程中语调抑扬顿挫的变化形成语流，加上语调的个性特征和语流的变化特征，最终形成具有一种音乐旋律般的抑扬顿挫的节奏。此外，语调抑扬顿挫的节奏美，对于汉语而言，字调的四声还是一个重要因素。可以说字调阴阳上去的音强变化与语调抑扬顿挫的语流变化，共同形成一次语言运用的节奏美。

如，讲小学数学中"角"一节时，老师可这样讲：同学们（扬），今天，我们开始学"角"（顿）。你们看（挫），黑板的上边沿同竖边沿是怎样相交的（抑），桌子横边同竖边是怎样相交的

（抑），你们书呀、本呀、文具盒呀，这些的横边同竖边又是怎样相交的（扬）？对了，这就是角（挫）。现在我们翻开书，看上面画的钟、扇、剪（一字一顿），它们的角在什么地方（扬）？

这样，就较好地避免了用单一的语言节奏平铺直叙，给人一种起伏曲折、生动活泼的美感。

3. 语气的轻重与缓急

说话人所要达到的目的不同，语气就不同。根据讲述内容的需要，情感表达的需要和学生接受的需要，相应地有说话语气的轻舒与凝重、平缓与焦急之差别。按照这种语气的差别，人们说话的句子又可以分为陈述句、疑问句、祈使句、感叹句。陈述句语气不轻不重、不缓不急，有时句末稍降；疑问句对其中的疑问代词、宾语宜用较重与较急的语气说，一句末一般上扬；祈使句表示命令、禁止的多用重而急的语气说，而表示希望、号召的宜用次重、舒缓的语气说；感叹句多用较重和缓急交替的语气说。当然这仅就一般要求而言的不过，如果我们能将语气的轻重缓急与四种基本句式的语气要求，在说话实践中结合起来，那么，就将使教师语言的节奏更显得内涵广博、丰富多彩，而又摇曳多姿。如小学思想品德中有这样一篇课文《为中华之崛起而读书》，老师就可根据四种语气句式的表达特点，交替运用，使整个教师语言多变而不呆板，丰富而不单调。先问，同学们知道周恩来是谁吗？接着陈述周恩来光辉而伟大的革命业绩，再赞叹周恩来是一个了不起的人物。进入课题先问："读书是为什么？"

再陈述三个学生的不同回答，紧接着用激昂的语气说出周恩来的回答："为中华之崛起而读书"，又叙述少年周恩来是怎样努力学习的。最后，号召和希望同学们向周恩来学习，做祖国建设的合格人才！

三、教学语言的表达艺术

常言道："在所有的艺术当中，唯有教育人是艺术中的艺术，它虽不像其他艺术那样扣人心弦，动人魂魄，但它却春风化雨，润物无声；它虽不像其他艺术那样其妙无穷，韵味悠长，但它却桃李不言，下自成蹊；它虽不像其他艺术那样异彩纷呈，光焰夺目，但它却时刻放射出人间至美的璀璨光芒。"这就是教育的无穷法力，这就是教师的神奇功效。是的，这是教育教学艺术，更是教师的语言表达艺术。

教师如果掌握了语言表达这门艺术，就会像3月的春风一样畅人胸怀，犹如山涧的泉水一样沁人心脾。这一缕缕春风将怎样吹出，这一股股泉水将如何流淌，绝不是自然而发的，一定是有规律可循、有方法可求的，正是："天机云锦用在我，剪裁妙处是刀尺。"现在我们就来看一看教师语言表达艺术的"刀尺"如何？又怎样运用？

（一）解释说明法

给学生传授自然科学、社会科学和人类文化历史的知识，教学生正确的待人待物、人际关系的文明礼貌知识，离不开教师的解释说明。在教育教学过程中，需要把某事或某问题的含义、原因、理由、结果等解释清楚，或者把事情的前因后果、来龙去脉说明白，就可用解释说明法。这种语言表达方式，包括解释概念法、分类解说法、举例解说法、数字解说法、图表解说法、引用解说法，等等。

解说的方法，在语言表达上，通常用"这就是说""它的意思是""我们可以把它理解为""它的理由是""它的经过是""让我们分门别类地说""举个例子说""换个说法是""从这个意义上说是"等语句来表达。

解释说明法，在教育教学中运用非常广泛。每一门学科中的定义、概念是教师教学中必须讲准确清楚的，还有教书育人过程中，对学生身上反映出来的思想品行，什么是正确的，什么是错误的，都必须做科学准确和学生能理解的解释。

现在我们举几件富有语言艺术美的解释说明吧。

"宇宙"这个概念，语文课、地理课、历史课和政治课中都要讲到，一位地理教师是这样讲的：

这两个字同学似认得，这个词大多能正确运用。可是，有哪一位同学能准确、清楚讲出它的含义呢？刚才还是叽叽喳喳的教室一下子变得鸦雀无声了，几十双渴求知识的明亮眼睛在闪烁，又一齐投向讲台上气宇轩昂的教师。教师侧身指着黑板讲到："宇"这个字是指上、下、左、右所有的空间，我们常用的词语有天宇、寰宇、宇航、宇宙等。这个"宙"字是指古往今来所有的时间。这两个字组成的名词"宇宙"，就是无始无终、永恒存在的整个时间和无边无际、永恒存在的整个空间的总和；它代表着小至基本粒子以下的微观世界，大至包括我们生活的地球和可以认识的太阳系、银河系宏观世界。宇宙之大是难以描述和想象的。如光在真空中的传播速度，每秒约为 30 万千米，向着一个方向直线前进，那么你经历了一年、十年、一百年、一万年……永远永远也达不到宇宙的尽头，在这漫长的旅途中，你并不寂寞，你将看到许许多多地球上看不到的壮观奇景：神秘的火星、奇异的彗星和那美丽无比的似云非云的天体……一番准确的解释，生动的描写，流畅的说明，早已点燃学生心中求知的火焰。老师说："今天我们就来看一看天体、地球、生命和人类的起源。请同学们打开书。"不用说，这堂课一定会成功。

一次，某学校正在进行"尊师守纪"教育，同学们都静静地坐在教室里听校长的闭路广播讲话，某班的小李没有听讲，悄悄地用纸折飞机，刚好被值周教师发现了，大喝一声："出来！"全班为之愕然，小李一动不动。值周教师看他不出来，就走到小李面前要拉他出去，小李反唇相讥："我们班主任老师说了，听报告，谁也不许乱走。"引来全班哄堂大笑。这时，班主任老师进来，拍拍值周老师的肩头，意思请他息怒，又严肃地说："我现在允许你出去一下。"在走道上班主任老师和颜悦色地讲了什么是"尊师"和"守纪"，以及二者的关系，并告诉他，今天听报告，你不守纪就是不尊师的表现，值周教师教育你时，你顶撞老师，就既不尊师，也不守纪了。一席话，小李刚才还是昂起的头慢慢地

低下去了，认识到了自己的错误，并主动表示，等报告一完后，就主动去给值周老师认错、道歉。报告完后，小李去了，班主任老师把刚才发生的事又给大家讲了一遍，教育同学们尊敬老师、遵守纪律是一个学生起码的品德。通过这件事，全班同学都认识到了"尊师守纪"的确切含义，在周记中，纷纷表示要做一个"尊师守纪"的好学生。

通过以上二例，我们就可以看出教师在运用说明解释的方式时，绝不能照抄词典、照本宣科，一定要把解释说明对象的准确含义讲清楚，并且还要结合当时的情境和学生的实际情况，运用准确、生动、鲜明、流畅和形象化的语言，做到深入浅出，教人口服心服。

（二）推导论证法

"推导"与"论证"二者的逻辑原理是一样的。即对已知的公式、公理、定律、定义、事实、依据，经过演算和逻辑推理，得出新的知识、结论的过程，从而达到对问题、命题或真伪的论证目的。就是在关联词的使用上也是一样的，表示已知的原因部分常用"由于""根据""基于"等词语，表示新知的结论部分常用"因此""所以""可见""总之""综上所述"等词语。

这种推论法与解说法不一样。它重在证明而不是说明，它重在揭示未知的而不是诉说已知的，这是一条连接已知与未知的桥梁，沟通现象与本质的渠道。我们平常判断一个教师的讲课是否抓住了知识点之间的内在联系，是否把握住了教学的重难点，是否带领学生成功地

穿越问题的激流，达到真理的彼岸，主要地就得看他的语言表达是否逻辑严密，是否推论正确。

例1 以一堂几何课为例。教学重点是引导学生学习平行线判断定理二（两条直线和第三条直线相交，如果内错角相等，那么这两条直线就平行）。

已知：如图，$\angle 3 = \angle 5$，

求证：$L_1 /\!/ L_2$。

教师和学生一同分析证明。

分析：根据平行线判定定理一，如果能证出 $\angle 1 = \angle 5$，就可以判定 $L_1 /\!/ L_2$。

那么，我们怎样才能证明 $\angle 1 = \angle 5$ 呢？

已知：$\angle 3 = \angle 5$。根据对顶角相等的原则，$\angle 1 = \angle 3$，这样就可以证出 $\angle 1 = \angle 5$。板书如下：

证明：$\angle 3 = \angle 5$（已知），

又 $\angle 3 = \angle 1$（对顶角相等），

所以 $\angle 1 = \angle 5$（等量代换）。

根据平行线判定定理一（两条直线和第三条直线相交，如果同位角相等，这两条直线就平行），$\angle 1$ 与 $\angle 5$ 是同位角而且相等，所以，可以判定：

$L_1 /\!/ L_2$。

这次推证过程的难点是启发学生回忆复习学过的"对顶角相等"和"等量代换"。教师运用流畅、简洁的语言，猛攻难点，突出因果推论，问题便迎刃而解。

小学劳动课《培植盆花》。老师讲台上放了许多盆子，有木盆、铁罐、纸盒、塑料盆和玻璃盆等。

老师问：培植盆花，首先要选好花盆。那么用什么做花盆好呢？为什么？

小朋友纷纷举起小手，争着发言。有的说用铁罐不易摔碎；有的说用纸盒最方便，到处都有；有的说用玻璃盆好看；有的说用塑料盆、木盆；更多的说是用陶盆。教师问为什么呢，都说我们家用的就是陶盆。

教师告诉同学们，花卉的生长要阳光、空气、水分和养料，根据花卉生长的条件和特性，它生长的温床就要像小宝宝睡的摇篮那样舒服。花卉的摇篮就是花盆。那么怎样的花盆才能让小花苗睡在里面又舒服，并且长得快呢？

老师启发同学们看书后，归纳出主要条件是透气性好，保水性强。比较：铁罐保水性虽好，但透气性不强；玻璃盆、养料盆同铁罐一样，玻璃盆还易碎；木盆透气性好，保水性强，但和纸盒一样易腐烂，因此，陶盆最好，原来人们栽花用陶盆就是因为这个原因。

教师根据条件，层层设疑抽丝剥茧，终于帮助同学明白了其中的因果，也使同学掌握了劳动技能。

推导论证法在许多学科都是经常运用的主要教学语言表达方法。语文教师用它来归纳中心思想，分析写作特点；政治教师用它来揭示社会发展的规律，传授正确的人生道理；历史教师用它来总结和吸取成败兴衰的历史经验教训，知古鉴今，前事不忘，后事之师；外语教师用它来揭示一种语法规律，证明一种语言现象；理化生自然学科的教师用它来分析现象，找出规律，论证原理，证明定义。

（三）分析综合法

分析综合既是一种思维方式，也是

一种语言表达方式，抑或是将讲者头脑中分析综合的过程、结果付诸于语言现实。分析就是把事物分成几个因素、部分或方面，分别加以研究，告诉人们它的形态、变化、特征是什么或怎样。综合是把事物的各个因素、部分或方面结合成一个整体加以研究，告诉人们如何从总体上把握事物的本质。在具体语言运用中，这两种方式有时各有侧重，有时各有先后；有的以分析为主，有的以综合为主；有的先分析后综合，有的先综合后分析；还有的先综合，后分析，然后再综合。不论怎样运用，都得讲究重点突出，条理清楚，表达流畅。

例 2 小学语文《太阳》一文是一篇文艺性说明文。一位老师紧扣文艺性的形象性的说明特征。

首先问："太阳在我们的感觉中怎么样？"启发后学生回答："非常遥远（离我们地球平均距离 14960 万千米）；非常大（130 万个地球那么大）；非常热（表面温度约 16000 ℃）。"

通过以上三个主要特征的分析，使我们对太阳有了一个较为准确的认识。然后问："太阳虽然离我们这么远，但是它和我们究竟怎么样？"启发后学生回答："如果没有太阳，就不会有地球上的动物、植物、甚至包括地下的煤炭；如果没有太阳，就没有云、雨、雪、风等自然现象；太阳还有杀菌的能力，可以预防和治疗疾病；没有太阳，就没有我们这个美丽可爱的世界。"

从这个例子我们就可看到，所谓分析的方法就是化整为零拆开的方法。对所要讲解的问题，一种是从不同角度去分析，如教育学生做一个好学生，其标准是德、智、体、美、劳五育并举，全面发展，教一个学生做一个学习成绩好的学生，就要求他对所开设的各门功课都努力认真学，并且效果好，另一种是对一个问题从大到小、从小到大、从外到内或从远到近的分析，如对语法中的句法，先讲单句，然后讲复句，最后讲句群。又如小学语文一篇课文通常是按字、词、句、段、篇的顺序讲。还有一种就是按时间的发展或空间的变化讲起，如讲语文叙事类课文的情节，通常是按事件的开端、发展、高潮、结局的过程讲；在地理课中介绍河流、山脉的流向、走向，又是按一定的空间位置变化讲。分析法是我们教学中运用得最为普遍的一种讲法，不论是讲字的结构，还是句子的结构，乃至段落、篇章的结构，都要有分析法；理科中的知识要点、原理构成和现象分布也都需教师逐一解决，各个击破。

所谓综合的方法，就是从个别到一般，从现象到本质，从局部到整体的总结概括的方法。这在思维、逻辑上表现为间接推理，即由两个或两个以上的已知判断推出一个新判断。"语言是思维的直接现实"，在教师的教育教学中就要把自然社会的未知知识通过教师的教学思维转换成语言，以之讲解给学生，因此，对教师而言，自己懂得了还不行，还得变换成语言让学生懂得才行，这里"茶壶煮汤圆""只可意会不可言传"都是不允许的。

如一位教师批评一位很少交他那科作业的学生时，说："我督促你，你都很少交作业，可想其他科了，真是个懒学生！"这位学生听了，当即从书包里拿出几本其他科老师改过的作业本来为自己申辩。这位教师批评之所以不恰当，就是以此类推的综合缺乏可靠的证据。想当然说话当然不会被学生接受。

又如，一位英语老师读课文时，明显读错了一个单词，引起班上学生哄笑，一个学生在下面嚷了一句对教师不太礼貌的话，本来这位老师就已经很难堪了，学生这一嚷更刺伤了他的自尊心，于是勃然大怒，指着那位学生说："上课随便说话的学生都不是好学生，你在这里乱嚷嚷，你一定是班上的差生！"话语一完，立即引来一阵更大的吵闹声，这堂课几乎上不下去了。究其原因，且不论这说话的学生是否是差生，关键是老师在这个综合过程中，第一句话判断是不恰当的，由此导致了他这次批评教育的失败。

这以上二例告诉我们，综合的过程实际上就是推理的过程，既要推理，不论在思维，还是在语言上就要符合有关形式逻辑的推理规则，否则就达不到说话的目的。

（四）对照比较法

有比较才有鉴别。任何事物都是矛盾对立的统一体。大千世界的内在联系和人们对客观事物的认识，成了人们对照比较法的思维依据，这其实也是人们语言表达的重要方法之一。教师在教育教学过程中，把两种或两种以上事物，或者同事物的两个方面，联系起来，辨别其异同、高低。运用对照比较法，通常都是把好与坏、对与错、深与浅、高与低、大与小、长与短、一般与特殊、正面与反面、优势与劣势等两个方面并列放在一起，同中求异加以比较对照，从而显出其某一方面的特性，帮助人们对这一事物的认识。有时也异中求同，以更好地把握事物之间的联系。

一位教师在讲"分数的基本性质"时，是这样进行对照比较的。先让学生拿出三张同样大小的长方形纸条，动手折、剪，分别取出各自的 $\frac{3}{4}$，$\frac{6}{8}$，$\frac{9}{12}$，然后把剪取的部分重叠起来。这时，学生意外地发现它们相等。

接着，教师又请大家拿出已剪好的三个等圆，分别剪取出各圆的 $\frac{1}{2}$，$\frac{4}{8}$，$\frac{6}{12}$，再将它们叠起来，也发现它们是相等的。

然后，又启发学生在三个大小一样的正方形内分别画出 $\frac{1}{3}$，$\frac{1}{9}$，$\frac{4}{12}$，发现它们仍然是相等的。

经过这样一个"折、剪、叠、画"的过程后，教师告诉大家：通过实际操作，我们发现了尽管每组分数的分子、分母各不相同，但它们表示的大小相等。教师又让学生再一次观察三组折叠的图形所画的阴影，认真比较后，问道："上面每组的三个分数为什么相等？有什么规律？"学生对每组分数及相应的图形仔细观察、认真对照、精确比较后，终于找出了同一组分数为什么相等的原因，最后教师总结并板书分数的基本性质："分数的分子和分母都同时乘以或除以相同的数（零除外），分数的大小不变。"

还有的语文教师采以比较对照的方法讲《鱼和潜水艇》一课，抓住关键词语，精心设计了如下的板书：

鱼鳔

装满了气　胀大　变大　摆来摆去
浮上来

气放出去　缩小　变小　摆来摆去
沉下去

潜水艇"柜子"

装上水　慢慢地　沉下去

排出水　慢慢地　浮上来

这位老师用浅显而精练的语言，对照比较说明了鱼鳔的作用和潜水艇的基本原则，说明了人们是如何从鱼鳔的作用受到启发，从而发明了潜水艇的，揭示了鱼和潜水艇的关系。

学生在学习知识的过程中，常常把类似的或相似的事物、现象混在一起，分辨不清。在各学习教学中，都存在一些相近的理论、概念、规则、定义等，如政治经济学的价值和价值量、劳动和劳动者，地理中的山脉和山峰、水准面和海平面，英语中的 in 和 on、过去时态和完成时态，化学中的硫酸和盐酸、分解和分析，物理学中的力量和矢量、功率和做功，音乐中的和声和和弦、高音和强音，美术中的色彩和色调、速写画和简笔画，尤其是语文中的同音字、形近字、多音多义字、多义词、同义词、反义词和修辞中的借代与借喻、比偶和对比、设问和反问、排比和反复，等等，都需要教师在讲解时抓住二者的特点，理清关系，对照分析，比较异同，从而准确地划清知识界线，给学生传授正确、科学的知识。

其实，是否善于运用对照、比较的方法，也常常是衡量一个教师教学能力高低的重要标准之一。因为在一门学问中各个知识点的联系是一个渐变的过程，而不是跳跃性的突变，从知识甲到知识乙没有截然的鸿沟，更多的是呈一种模糊状态，那么要分辨清二者的界线就不是一件轻而易举的事。如果说教师分辨不准的话，那要使学生也能分辨就要看老师的语言表达能力怎么样了。在这个分辨过程中，只有找到了"中介"即知识的联系点，并以此为参照，前后上下左右做仔细的对照比较，才能够掌握该知识点的要义及在这门学问中的地位作用等。如历史学科中从远古的原始社会到当今的现代社会，考证生产工具的变化对生产力的影响和社会发展的推动作用，就是不能遗漏掉哪怕一个极细小的变化细节。在哲学中由朴素唯物主义到辩证唯物主义的演变过程也是纷繁复杂的，决不能漏掉某一个不起眼的思想闪光点。

对照比较法，还常常用于对学生进行思想教育。通过优点和缺点的对比，使学生明确哪些是好的，应该继续发扬，哪些是不好的，应该逐步克服。用英雄人物来教育学生，实际上也是让学生通过对比，找出自己和英雄的差距，以努力学习。让学生甲同学生乙分别对比，使他们都了解了对方的长处，看到自己的不足，以便取长补短，互相学习，共同进步。

（五）旁征博引法

口若悬河、滔滔不绝常被人视为教师思维敏捷、知识面广、语言流畅的表现。初上讲台的新教师老是担心一节课45分钟，哪有那么多讲，常常是讲过一道例题，论证一个定理，分析一篇课文，讲解一条原理，干巴巴的就是几句话，翻来覆去都是说"这就是书告诉我们的……"如遇到有学生不懂，他又不分对象把刚才讲过的重放一遍"录音"。这样的教学，讲者尽管口干舌燥，但听者是索然无味，教学效果就可想而知了。

德国著名教育家第斯多惠说过："教学的艺术不在于传授的本领，而在于关于激励、唤醒、鼓舞。"最成功的教学是唤起学生兴趣的教学，而教师口若悬河的旁征博引是唤起学生兴趣的最有效的方式之一。此时，教师古今中外，上下天地，优美、流畅的语言给学生打开了一扇又一扇眺望未知世界的窗口。若当年陈景润的中学数学老师没有给他讲"哥德巴赫猜想"，陈景润幼小的心灵能播下这颗摘取数学皇冠明珠的理想的种子吗？许多文学家回忆指引他们走上文学之路的正是老师随口说出的一大串如莎士比亚、塞万提斯、歌德、巴尔扎克、雨果等文学大师的作品和创作故事。一般来说，教师教育教学的旁征博引法有三种：本学科的纵向联系法、相关学科的横向联系法、综合学生自身实际的联系法。在教学中为了使学生更好地掌握本堂课的所讲内容，不免要复习旧知识。一节数学课是讲圆柱的体积，教材已经明白告诉了我们的体积公式是 $V = Sh$，其中 S 代表底面积，h 代表圆柱体的高，在备课中老师最简单的办法就是先讲公式的含义，再讲例题，最后做作业，可是，有位教师充分运用了新旧知识的联系法，他是这样讲的：

教师问："同学们看见到哪些大小不等的圆柱体容器了吗？"

学生说："水桶、汽油桶、装咖啡的铁筒……"

教师问："你们说一说哪些大些？哪些小些？为什么说它要大些，或者小些？"

学生说："一看、一比就知道。"

教师摆出三个大小不等的圆筒量杯，问："它们大多少？或者小多少？"在学生困惑时，趁热引入课题：圆柱体的体积。

接着先复习圆的面积计算知识，老师分别写出三个量杯的直径，同学们运用学过的圆的面积的计算公式分别算出三个量杯的底面积。老师又分别量出三个量杯的高。分别代入圆柱体的体积公式，最终得出大小不同的三个答案。

为了巩固，老师又举例说某工厂有大小不一样的汽油桶 10 个，商店里有大小不一样的咖啡筒各 20 个，给出相应的直径和高的数据后，请同学们计算以上圆柱体的体积（容积）。

相关学科的联系是指知识的横向沟通，这有助于激起学生的联想，扩展思路，以更好地帮助学生理解和掌握所学的知识。如讲物理、化学，有时要联系数学知识；讲体育，有时要联系到生理学、力学知识；教学生欣赏音乐、美术，有时要联系到文学、历史知识。最典型的是语文、历史、政治这三门学科的密不可分，三门学科知识的交融表现得错综复杂。尤其是一个语文教师如果缺少了必要的历史、哲学、法律、经济学乃至艺术学知识，那么他的教学语言就只能局限在诸如语法、分段、中心等老一套，从而使生机盎然、丰富生动的语文知识变成了干巴巴的主语、谓语、段落大意、中心思想一类。《在马克思墓前的讲话》是一篇经典课文，除了要讲清楚课文中用词的准确传神，句式的复杂多变和理清作者的行文思路、悲痛情感和对马克思的无限敬仰外，还涉及许多知识，如达尔文的进化论，代普烈的电力输送，历史唯物主义经济基础与上层建筑的关系，政治经济学的剩余价值学说，人类社会发展的历史规律和马克思一生的主要革命经历，等等，都是与课文直接相关的。如果教师在讲解这篇课文时充分占有了以上资料，那么他旁征博引，如鱼得水，左右逢源，满堂为之而生辉；相反，则举步维艰，只能照本宣科。例如，再能将视野放宽一点，在讲授时再涉及一下有关演讲学的知识，那学生将有可喜的意外收获。

联系学生自身的实际是教师教育学生一项最基本的原则之一。在对学生进行爱国主义教育中，针对一部分学生崇洋媚外，认为什么都是外国的好的思想现状，有的老师就搜集了许多身在海外仍魂系故土的仁人志士的事迹来教育学生：钱学森冲破牢笼回故土，李四光毅然返归报效祖国，华侨领袖陈嘉庚一身民族正气，美术大师张大千老泪纵横恋故国，还有诺贝尔物理学奖的获得者李政道、杨振宁、丁肇中、吴健雄。在这一旁征博引的过程中，教师的语言一定要气势充足，如数家珍，多用排比句以收到演讲的效果，切忌啰唆拖沓。

（六）强调突出法

在教育教学活动中，教师对所讲的问题一般不能面面俱到，平均用力或蜻蜓点水，而要善于抓住主要矛盾或矛盾的主要方面，集中优势兵力，着力攻关。如对一段时间学生言行中反映出来的带有普遍性的问题，一次班会重点解决一个问题；又如对知识教学中的重点、难点、疑点、考点和学生易于忽略的地方，在讲解时超过一般地显露出来，以引起学生的重视。

运用强调突出法，教师除了用"这是重点""这是难点""这里应特别注意""再重申一遍"等语言告诉学生之外，还应通过一些具体的表达方式，来达到强化突出的目的。

教师语言的强调突出法，根本原因来自于教师对教材的理解和对学生的了解。教材自成体系，有着特定的概念、理论体系，每一章、每一节，甚至每一个问题都有各自的重点。学生情况复杂，各有特色，每一个学生上每一堂都有自己的难点。这就要求教师吃透教材，吃透学生，科学合理地设置自己每堂课的重难点，然后体现于教学语言。

运用对比，进行强调突出。通过对比正确的和错误的，一目了然，加上老师的分析讲解，正确的就凸现出来了。在英语的读音和音乐的视唱练耳教学中，老师就常用正误对比的方法，突出正确发音、发声的要求。英语 desk 这个词，老师告诉学生，后面两个音要读得很轻很快，不能读得很重很慢，故意把这个词错读成 de-s-k，让学生对比发音，揣摩体会，从而较好地掌握了这个词的读音。又如音乐教学中，不少学生对附点音符和休止符的要求表达不出来，不是省略附点，就是延长附点，不是连音没有休止，就是休止停顿过长。这时教师就分别对正确的、错误的都演唱一遍，尤其是对错误的可稍加夸张的给学生留下深刻的印象，从而达到对正确知识的掌握。

运用夸张，进行强调突出。不论是缩小的夸张或扩大的夸张都能给人留下较深的印象，因为它不合常情。不过夸张也应尊重基本事实，只能侧重于量上的扩大或缩小，做到如南朝梁刘勰所说的"夸而有节，饰而不诬"。教师在做学生的思想工作时，如一次考试成绩揭晓了，老师免不了要分别找一些学生谈，对考得好的，又有点骄傲的，则说"这只是微不足道的成绩，只有戒骄戒躁，才能不断前进"。对个别一贯成绩不好，但这次却考得较好的学生，则宜大胆鼓励，为增加其信心，夸张一点也无妨，"你这次进步很大，比原来有明显的提高，实践证明你是很容易学好的"。特别是教师在学生即将参加各种竞赛前的鼓动性讲话，用一些"干劲冲天""信心百倍""勇夺桂冠""不获全胜，决不收兵"的夸张性激励语言以增强信心，鼓舞士气。

运用重复，进行强调突出。德国学者狄慈根说："重复是学习之母"，这也正是中国古代荀况说的同一个意思："不积跬步，无以至千里；不积小流，无以成江海"。教师在讲课中为了突出某一个问题，也要反复地讲，才能引起学生注意，尤其是讲新知识和对小学低年级的学生更应重复，才能引起学生注意，从而留下深刻的印象。经常在要重复前用这样的语言来提醒学生："请大家注意""我再说一遍""我再重复一次""请大家再想一下，做一下，看一下"等。例如，

数学老师对学生说："请大家注意，我们这里说的是'二数平方和'，不是'二数和的平方'。'和'字位置不同，其意义大不一样。听好，我再说一遍，是'二数平方和'。"并随手在黑板上写下"a^2+b^2"的字样，这样就把"二数平方和"突出来了。

运用折合进行强调突出。折合的方法是建立在比较的基础上的，往往是把一个较抽象、陌生的内容折合成具体的、熟悉的。历史教师在讲近代史，沙俄掠夺霸占中国领土一节，就多用折合的方法："从17世纪到20世纪初期，沙俄不断侵略我国东北和西北，毁我村庄，杀我人民，抢我财物，夺我资源，并强迫清政府签订了一系列不平等条约，共霸占中国大好河山近170余万平方千米，这相当于3个法国或12个捷克斯洛伐克的面积，也可以说相当于250个上海市或700多个我国中等县的面积"，从而强调突出了"沙俄是所有列强侵占我国领土最多的国家"这一教学重点。

运用态势语言，进行强调突出。尽管态势语言在教师的语言系统中只有起辅助的作用，但是辅助在一定场合下也会形成渲染强化的效果。如讲到重点时，可用教鞭反复指点黑板上的关键词和公式；如要启发学生积极思考，大胆答问时，可将手势高悬在半空中，待学生一回答正确急速地劈下来；如上课有个别学生注意力不集中时，可突然中断讲课语言，用严肃而深切的目光久久地盯住他；如遇学生课堂讨论应该告一段落，然而仍未安静下来时，教师可双手举起来反复朝下按，以使学生集中注意听他的总结归纳。总之，当有声语言不足以

起到强调突出的作用量，教师就可考虑运用态势语言了。

（七）委婉含蓄法

教师语言的艺术，既表现在明白晓畅上，又体现在委婉含蓄上，而有时后者显得更重要，因为他在达到教育教学目的的前提下，有效地保护了学生的自尊心和上进心，一定意义上这是一种比直接法更高超的语言艺术。从教育心理学的角度看，委婉含蓄法就是暗示，教师凭借语言、表情、眼神、手势、体态动作等方式，用含蓄、间接的方法，使受教育者自然而顺从地接受某种心理暗示。教师的语言运用，并不是像填鸭那样把知识生硬地灌输给学生，而是一种启发，一种诱导。在教育教学活动中如时时处处都要直截了当，既不能给学生留下充分想象、推论的余地，也不能更好地调动学生获取知识的主观能动性，更谈不上教育教学过程中的"言外之意""味外之旨"的艺术意境。事实上，经过暗示传递出去的信息，较之直接铺叙的要丰富得多、深刻得多、生动得多。

首先，用语的委婉含蓄。这是最常见的一种暗示方法，它通过教师的言外之意、弦外之音，沟通学生的情感，启发学生的思路，打开学生的想象之门。鲁迅先生的《祝福》一文以叙述祥林嫂悲惨的一生为线索，控诉了旧时代的封建制度、礼教和家族对劳动妇女的深重压迫。在结束这课时，老师问："《祝福》一文的标题能否改成'祥林嫂'？"学生明知老师用"能否"一词就意味着不能改，但是为什么不能呢？在教师的启发

下，通过思索得知，小说的"祝福"命题，不仅因为它是这个悲惨故事的情节线索，而且借祝福活动为背景揭示了阶级对立的现实，在辛辣的讽刺中表明了作者的爱憎感情。

语言的委婉含蓄还广泛用于对学生的思想教育工作中，可以通过直接表扬某一位或某一些学生的优点，达到间接批评另一个或另一些人的缺点的目的；可以在对正面的、健康的、积极的提倡中，达到反对错误、消极的目的；可以讲其他班做得好的地方，达到提醒学生明白自己的差距的目的。这叫做"声东击西"式的教育方法。

其次，态势的委婉含蓄法。态势语言在组织教学中有着独特的作用。特级教师斯霞老师曾遇到过这样一件事情，我们看她是怎样处理的：

上课铃响了，课堂里出现了这样的情景：几十个孩子像野马归槽样的奔进教室，有的小脸通红，有的汗水涔涔，有的因为游戏没做完还在小声争吵。面对这样的场面，斯霞一点不发急。她想如果板起面孔来训斥一通，教室里也会慢慢安静下来，但一颗分散的心不会一下都收回来，那样学习效果就不会好。只见她和颜悦色地说："有的小朋友还没有做好上课的准备，现在老师走出去，请大家赶快坐好。"说也奇怪，就这么几句话比什么命令都有效。当斯霞老师再次走进教室时，大家坐得整整齐齐，一个个全神贯注地注视着老师的一举一动。

上体育课时，整队集合，教师竖起右手，学生能根据教师的手势按要求站好队形。上美术课时，一位学生不按老师的要求画素描而是在画水彩，这位教

师走过去没有批评他，只是把一支削好的铅笔悄悄地递给他。上音乐课练声，一位学生光张嘴，没按要领去做，老师特地走到他面前，再一次当着全班同学示范一次，这位明白了老师的用意，从此认真地练了。

再次，声响的委婉含蓄法。安静的课堂上，除了教师学生的教与学的声音外，如有其他声响出现将显得格外刺耳明显，暗示的效果比教师用有声语言教育、提醒好得多。如全班同学被窗外某种情景所吸引，老师轻轻敲击几下讲台，把学生分散了的注意力重新收聚拢来。又如，有学生不知不觉在课堂上睡着了，老师如果喊一声，势必中断教学，分散其他学生的注意，也使这位学生感到难堪，不如轻轻走到他面前，拍拍肩头或敲敲桌面，以使他重新振作精神听课。再如，学生读生字如果读错了音，教师可用教鞭在黑板上拼写这个生字读音的位置上敲几下，学生就会意识到读错了，从而纠正读音。

（八）提问质疑法

学问，关键在一"问"。南宋学者朱熹说："读书无疑者，须教有疑，有疑者无疑，至此方是长进。"大科学家爱因斯坦说："提出一个问题往往比解决一个问题更重要。"大作家巴尔扎克也说："打开一切科学的钥匙都毫无疑义是问号。"实践证明"教师的提问语是教师语言的重要组成部分，它是沟通教师和学生思想感情的纽结；它是连接未知和有知的桥梁；它既是体现教者意图的指针，又是激发学生思维涟漪的石子"。

教师提问的方法多种多样，从教师的自问自答和答案即在问中看，有设问和反问；从引起学生思考和要求明确回答看，有引入课题问和得出结论问；从针对全班学生而问和指名道姓而问看，有泛问和专问，等等。不论是什么方式的问，关键是，一看提问是否准确，即是否直指问题实质要害；二看是否有启发性，让学生充分动脑后能够回答得出来。否则，要么问得太平直太浅易；要么问得太深奥，太艰涩；要么太笼统，太宽泛，都达不到提问的目的。当然也就谈不上提问的语言艺术了。

提问置疑的方法多种多样，常见的主要有以下几种。

1. 直问和曲问

直问就是直截了当地问，目的明确，针对性强，要求学生直接给出答案。常用"为什么""是什么""怎么样""多少""什么时间、地点""有哪些人""等于多少"等疑问词。教师运用直接的提问置疑法，应考虑学生回答的语言一般不宜太长。曲问是一种迂回问法，即所谓的问在此而意在彼，这种问法有较强的启发性和激发性。有时虚提一问，无须正面回答，目的是帮助打开学生的思路，作更深入的探索。如学生把"滥竽充数"写成了"烂芋充数"，老师不忙直接指出他的错误，而是请他讲讲这个成语的含义，学生的错误自然暴露出来了。经过老师的纠正使能留下深刻的印象。讲茅盾先生的散文《白杨礼赞》，教师问学生："课文第一段写的是白杨树，第二段写的是高原景色，为什么第二段不接着写白杨树，而去写高原呢？是否离题了?"学生仔细思考后方知，原来作者是为铺垫白杨树而先写它生长的不平凡的环境，从而了解到了茅盾散文这种先抑后扬、以虚写实的艺术手法之精妙！

2. 泛问和专问

泛问，是指提的内容较宽泛概括而言的。它常用在开讲的时候，开启学生思路，引导学生思维，集中学生注意力。历史课老师要讲唐朝的文化，老师就可先问："同学们知道唐代的文化至今仍给我们的深远影响的是些什么？"同学们七嘴八舌地回答诗词、书法、绘画、雕塑、历史、天文等。然后老师再详细而准确地讲述。泛问也多用在一堂课的结尾部分，总结教学内容，深化所学知识，提出新的努力方向。如同样是讲唐朝的文化，在课快结束的时候，老师可联系前课唐朝的政治、经济问："唐朝为什么会有如此繁荣昌盛、丰富多彩，我们应重点了解哪些呢？"如果说泛问是居高临下、宏观把握的问，那么，专问就是一针见血、微观钻研的问，它一事一问，一问一答。如唐朝的文化一课，老师问，唐代诗人中最有代表的是哪三位？学生答，李白、杜甫、白居易。老师又问，唐朝文化向西藏传播的主要通道是什么：学生答，丝绸之路。专问常用在讲课中，但要注意尽量少用"是不是""对不对"这一类非此即彼的问。

3. 单问和重问

单问就是集中提一个问题，然后集中解释，它往往是一次教学过程中要着重解决的问题，它与专问相同的是一事一问，要求直接回答。不同的是，专问

有时不一定是课文的重难点，仅是课文的一个具体问题，提多提少全由老师掌握；而单问是单独提问，也许是一个重要的教学环节，要求教师认真准备，设计好问的方式，在提出后进行全力解决。重问就是重叠提问，又叫连续问，围绕一个中心，关键问题在较短的时间内多次提问，它由几个单问组成，也可由几个专问加一个重点的单问构成。重问有两种形式：一种是由易到难，层层深入，最后得出结论，即先扫清外围，再集中兵力攻克重点。如分析一段文章，就是先从字、词、句提问，再到层次、段落提问，最后归纳主题和写作特点。另一种是先面后点，先泛提一问，让学生把握其大概，然后局部地问，最后抓住几处关键又提一二问，一直让学生真正扎实地弄懂为止。总之，单问有稳打稳扎、重点突出的效果，重问有层层逼近、思路清晰的效果，教师不妨根据实际情况而确定。

4. 明问和暗问

明问，就是提问时有明显的问句出现，一定要有疑问词，至少也是一种疑问语气，让学生明显感到老师是在提问，需要他马上回答。暗问却不然，它虽然不用疑问句，甚至疑问语气词都不要，但在讲述中能使听众产生一种强烈的悬疑也就是教师在讲课时，随着前后内容的需要暗设一个问题，留下一个悬念或构织一个矛盾，使学生在听讲时不由得自然而然地产生疑问：是这样的吗？为什么说是呢？暗问是一种内在控制的提问法。如，在讲课中陈述一种反常的情况或结论，摆出对立的现象或看法，闪

露出一点结论的光芒，等等，这都是暗问法。如，讲《在马克思墓前的讲话》，老师开始这样讲："马克思一生充满坎坷的遭遇和曲折的经历，多次被许多国家的反动政治力量无理驱逐，一直受到反动派的嫉恨和诬蔑，甚至在革命阵营内部也有时被人误解。但是，马克思仍然为解放全人类的事业而忘我奋斗，给我们留下了许多辉煌的巨著。他是伟大的革命家、思想家、理论家和无畏的战斗者。"

学生听完老师这段话，就自然会提出疑问：马克思怎样做出这伟大成就的？

四、教学语言表达应注意的问题

教师的语言表达是一种方式，也是一门艺术，或可说是语言表达"艺术的方式"、"方式的艺术"。其间应注意的事项可以说太多了。从语音方面看：口词清楚、语速流畅、音色悦耳、音节匀称有抑扬顿挫感、普通话标准；从语法方面看：用词准确、语法规范、词汇丰富、合乎表达习惯和逻辑；从修辞方面看：语言生动、褒贬分明、风格协调、上下句衔接自然、整散句兼搭使用、修辞格贴切；从内容方面看：思想正确、针对性强、文明礼貌、知识面广、专业功底扎实；从态势语言运用看：准确、规范、得体、美观。然而，就表达方式的运用看，应注意些什么呢？针对前面列举的八种常见表达方式，应该引起注意的方面也可谓不少，每一种都分别涉及了上述的语音、语法、修辞、内容和态势。为便于加强论述内容的针对性和语言艺

术的表达性，我们分别就八种主要方式中每种提出一点注意事项。

（一）解释说明的生动性

对事情的成因、概念的含义、现象的产生和学生疑难、困惑都需要进行解释说明。但由于所涉及的内容大多较抽象和陌生，教师在解说时很容易照本宣科，由概念到概念，这种缺乏生动性的解释说明失败则在所难免。文学家何其芳读大学时念的是哲学系，他这样评述那位教西方哲学史教授的讲课："在讲台上总是翻起康德或黑格尔的著作东念一段，西念一段，然后半闭着眼睛，像和尚念经似地咕噜起来。要抵抗这种催眠术是很困难的。"另一位教中国哲学史的教授几乎如出一辙："上课的时候，他总是拿着稿子每一句话念两遍，要大家静静坐着默写。上这样的课实在太闷了。"唯心主义哲学教义、原理本身就玄虚、深奥，而这两位教授又讲得枯燥乏味，难怪何其芳没有成为一名哲学家。

物理课中不少概念、定律都非常抽象，很难为学生理解，如果教师能在关键处用生动的语言讲解是会有助于学生理解和记忆的。例如，一位教师在教了楞次定律后，为了使学生更易理解和记住楞次定律，确定感生电流的方向和规律，老师是这样解说的："来者拒之——同性磁极，感生电流磁场与原磁场反向，背道而驰。走者拉之——异性磁极，感生电流磁场与原磁场同向，握手言和。"还有左手定则和右手定则，很多学生常常分不清什么时候该用左手，什么时候该用右手，并错误地认为：确定电流方

向用右手，确定运动方向用左手。有经验的物理老师是这样告诉同学们的："因动而电用右手，因电而动用左手"，语言简明、生动，运用对偶，学生只需记住一字之差则理解全部。

钱钟书先生抗战时在西南联大任教时，课堂上常常是谈笑风生，妙语连珠，语言尤为精辟。如他解释什么是"怀疑主义"时，没有引经据典，只说了一句"怀疑主义就是一切都是问号，没有句号"，言简意赅，生动形象，常被人引用。

（二）推导论证的联系性

如果说，解释说明法多用于教师讲授对象的本质、原因是什么，那么，推导论证法则常用于教师讲授对象的本质。原因是怎样产生的；前者注意结果，后者侧重过程。可是，一些教师在运用推证法时仍然是由定义到定义，由概念到概念，纯逻辑的推导，纯理论的论证，常使学生如处云雾之中而不得其要领。实践证明解决这类弊端的关键在于教师教学过程中做好理论与实际的联系、已知与未知的联系、教材内容和学生生活的联系。

如讲中学语文《竞选州长》一课，对于"这篇小说的主要人物是谁"的问题往往莫衷一是：学生中的有认为是"我"，有的认为是"伍德福"，还有的认为中"霍尔曼"。如直接告诉学生就起不到培养分析能力的作用，于是教师就联系同学熟悉的《我的叔叔于勒》一课，启发学生说出主要人物是于勒的理由。老师在此基础上告诉学生确定作品中的

主要人物，应从作者描写的重点、表现主题的角度。故事题材的选择等方面来具体分析，而不是取决于人物正面出场或出场次数的多少，从而引导学生根据课文的具体内容推论出：两个政治流氓"伍德福"和"霍尔曼"虽没出场，但他们身上集中概括了大资产阶级的贪婪、无耻和凶残。因此，他们两个是作者着力刻画的主要人物。

做学生的思想教育工作运用推导论证法时，同样也应注意联系性。譬如，如何对待学生抄袭别人的作业，有的教师则不分青红皂白一顿训斥，结果学生要么不交作业了，要么仍旧抄袭。有的教师则针对不同的表现，联系学生的思想和学习情况，耐心教育，促使他认识其危害性；对学习成绩赶不上进度的就为他补课，对不愿下苦功学习的就进行理想前途教育，对因参加社会活动而来不及做作业的就主动为其减少一些工作。总之，一把钥匙开一把锁，针对具体情况，既不是简单粗暴，草草解决，也不是听之任之，放水流舟，而是联系前因与后果、现象与本质，阐明危害，动之以情，晓之以理，导之以行，把思想工作做到学生心坎上。

（三）分析综合的条理性

分析综合法是教师在教育教学活动中对一个问题的解决分别采取不同的表述方式，不论是分析的各个击破，条分缕析，由局部而全体，还是综合的整体把握，直视本质，由全体至局部，其共同点都是如何认识事物，或旨在认识事物过程中相辅相成的两种重要方式。由

于二者都存在着"分—综"关系，因此条理性就显得特别重要，然而有一些教师并未认识到这一点，在教学中思路清晰，而是语言混乱，或语言流畅而层次不清，其实质是不善于在教学语言中注重条理性。教师为了在教育教学中有效地运用分析综合法，就必须加强语言的条理性。通常用以下词语来突出语言的条理性："首先""其次""再次""最后""一是""二是""其一""其二""总而言之""一方面""另一方面"，等等。

特级教师于漪讲课的最大特点就是循循善诱。一次，她为许多老师上公开课，讲《一辆纺车》。上课开始，老师本以为学生会喜欢这篇文章，而学生却异口同声地回答："不喜欢。"事情出人意料，于漪老师不回避矛盾，因势利导启发学生说出不喜欢的原因。同学们畅所欲言后，老师告诉同学们："叙事散文有叙事散文的特点。这篇散文托物言志见精神，好些段写得特别有意味，推敲推敲，你们就会喜欢了。"接着，她出示纺车的挂图，引导学生观察，并对其意义进行总结提升，"在革命战争年代，它做出了多么大的贡献呀！"然后指导学生朗读，体会作者对纺车的感情。最后，老师抓住关键词语："三个'想'，充分表达了车留心系，一往情深。"于漪老师就是这样一步一步地使学生由不喜欢到喜欢。其有条有理、声情并茂的讲解，寓分析于条理，融综合于推理。文学性的内容如此，那么如政治、历史、数理化等本身分析综合性强的课程，在教学中若稍注意条理性，一堂课就会井然有序、脉络清晰。

（四）对照比较的鲜明性

教师语言的对照比较方式在运用时，应努力使对比的双方泾渭分明，最忌讳的是含糊其辞，模棱两可。有时看来是全面的，其实是片面的，或者貌似公允，实则投机，墙上芦苇两边倒，不但起不到对照比较的作用，反而给学生养成了一种两面讨好、八面玲珑的坏习惯。这里需要明白的是，运用对照比较法并不意味着抓住一点不及其余，而是在充分运用矛盾分析的基础上，进行两方面，甚至是多方面的分析，于对照比较中澄清是非，辨明正误，最后得出讲述者自己的看法和观点。所谓高山显于平地之上，深谷藏于高峰之下，鲜明性便昭然若揭，赫然于世。

一次政治课，老师讲"什么是人才"，先解释"人才"就是有突出才能的人。一学生举手问："希特勒、蒋介石、东条英机、墨索里尼是不是人才？"一部分学生立即反驳："他们不是人才，只有马克思、列宁、毛泽东、鲁迅才是人才。"课堂上形成了两种意见：一是历史上的正面人物是人才，一是历史上的反面人物也是人才。为了澄清认识的混乱，老师首先说：判断一个人是否是人才，不仅看他是否有突出的才能，而关键是看他的突出才能是否为人类历史发展做出杰出贡献。标准一确立，同学们都懂得了人才是一个带有阶级性和历史性的概念，无产阶级与资产阶级是有着截然相反的标准。由于教师在这个问题上的旗帜鲜明，使学生明白了如何才能做一个又红又专的好学生。

这种鲜明性大多用在判断正误、明辨是非的问题，如选择题、判断题和带有对比性质的论述题。特别是对于一些有争议性的问题，教师一般不宜直接地单方面地赞同一种，而应摆出争议中的方方面面的不同见解，再在比较中提出自己的观点，并进一步通过分析论证证明自己观点的正确和其他见解的不完备、错误和片面处，以此让学生懂得对照比较的鲜明性不是独断专行，更不是强词夺理，而是建立在摆事实、讲道理基础的鲜明性。

（五）旁征博引的流畅性

教师的语言绝不是讲一个问题就局限于这个问题，更多的是要举一反三，触类旁通。每当运用这种旁征博引法时，不少教师口若悬河，滔滔不绝，有的更是舌灿莲花，妙语连珠，语言流畅而生动，词汇丰富而优美。可是，也有的教师尽管满腹经纶，就是张口结舌；尽管胸罗经纬，就是期期艾艾；本想旁征博引，然而结结巴巴；本想举一反三，然而断断续续。当年陈景润一走上中学数学课的讲台常常因为语言不流畅而急得一头大汗、窘态百出。

苏联教育家苏霍姆林斯基在巴甫什中学时，曾上过一堂"植物的光合作用"课，在介绍了"光合作用"的概念后，接着说这是一幅令人惊异的、神秘莫测的图画：植物从土壤和空气里吸取无机质，在自己的复杂的机体里把它们变成了有机质，那么，这个制成有机质的过程究竟是怎么一回事呢？在植物机体这个复杂得难以捉摸的"实验室"里，在阳光的照射下，把矿物肥料这种无生命的东西，变成了西红柿甘美的肉汁，变成了玫瑰芬芳的花朵。教师形象、生动流畅的语言点燃了学生的求知欲和好奇心。经学生自学、讨论后，教师又努力从学生所掌握、储备的知识中，把解决面临的疑问所需要的那些知识抽取出来，促使学生进行思考，使学生牢固地掌握教学内容。我们不能把这堂课的全过程实录下来，但是可以想象一代教育家苏霍姆林斯基将是如何地神采飞扬、口若悬河、旁征博引。试想，如果教师运用旁征博引的表达方法时，一会儿忘记了内容，一会儿又不知道怎样表达，要么颠三倒四，要么语句不完整，尽管他讲了许多，但都不能给学生留下深刻而完整的印象。

（六）强调突出的适度性

强调突出法多用于教学重点的突破、难点的解决、考点的把握。不论是一堂课的教学，还是对学生的一次思想教育，都不可能面面俱到，平均用力，必然要集中优势兵力打好歼灭战。然而，任何重点与非重点、难点与非难点、考点与非考点都是相对而存在的，教育教学中抓住了主要矛盾或矛盾的主要方面，但丝毫不意味着可以放弃或削弱非主要的方面。由此可见，强调突出法的适度性既指对主要内容的不可过分，又指不能忽略非主要的方面。否则，顾此失彼、挂一漏万在所难免。

中学文言文教学的重点究竟应该是什么？上海特级教师卢元老师在讲韩愈的《师说》一文时，始终将文言语法知识和从师学习的意义方法作为贯穿全文的重点。此外，每堂课突出一个重点，如第一课时重点是了解作者、熟悉课文，二、三课时是逐字逐段读懂原文，练习巩固。这样将全文的教学重点化成每一课的内容，既突出了重点，又照顾了一般，较好地克服了教学这篇文章常犯的要么只讲字词句，要么过多地讲思想意义的毛病。

又如一个班的卫生成绩在近几次的学校大检查中都处于后面，开始班主任老师找卫生委员问明情况后，又与几个明显不认真打扫卫生的学生谈话，然后又在班上告诉同学们打扫中应该安排力量突出重点部位，突击卫生死角。这位班主任老师的工作确实突出了重点。可是，周末大扫除后成绩评比该班并无多大进步。这是为什么呢？后来逐渐明白了，上周老师讲得太多引起一些同学的逆反心理，还有临近考试，不少学生错误认为学生是来读书的，只要学习成绩好，其他差一点也没什么。症结找准了，原来是老师对事强调过分了，而对本应是重点的思想深处的问题又忽略了，所以导致了效果不明显。后来，教师抓住当今中学生轻视劳动的错误思想渊源，对症下药，解决了同学们思想深处的毛病，从此班上形成了人人讲卫生、个个爱劳动的好风气。

（七）委婉含蓄的可解性

毫无疑问，教师的语言表述应以清楚明白、具体直观为主，但也并不排除委婉含蓄的暗示法，它通常是在不必明言的情况下，教师用言在此而意在彼的

有声语言，用只可意会不可言传的态势语言，达到独特而神奇的效果。不过，委婉含蓄法也有模糊性、多义性的一面，甚至给学生似是而非、模棱两可的理解。因此，教师使用时务必做到可解性，即虽委婉但不失明确可晓，虽含蓄但不失清晰可知。

教师运用委婉含蓄法，要做到让学生明白可解，就必须创造情境进行必要的铺垫。特级教师马淑珍在识字教学中经常用含蓄委婉的启发，让学生茅塞顿开，得出解答。如教"兆"这个基本字，带出了不同偏旁的好多字，加上"扌"成了"挑"，学生不认识，马老师说"我们学雷锋，帮助王大爷……"说到这里，马教师做了一个挑水的动作，孩子们一下子全懂了，齐声回答，"挑水"。"对！这个字就是挑水的挑。"接下来马老师又做了个手搭凉棚往远看的动作，教会了"眺"；又用一只脚在地上做跳的动作，教会了"跳"；还做了一个慌慌张张跑的动作，教会了"逃"。在这个过程中，教师用形体动作给学生创设情境，做好铺垫，学生自然而然地得出了正确的答案。由于是学生自己在老师暗示下得出来的答案，所以学得快，记得牢。假如马老师不是这样，而是不厌其烦地给学生讲每一个字的音形义，讲得倒是详细，但学生没有动多少脑筋，难以留下深刻的印象。一次演讲比赛，王老师班的选手马上就要上场了，可这位同学刚从教室里准备出来，王老师冷不丁地说了一句："你来得早哇"，这位同学真的以为离他上台还早，又回教室准备去了，可隔了会儿，主持人叫到这位同学名字时，无人上去。原来这位同学一心在准备演讲，

没有注意老师的言外之意，而老师呢，这句"来得早"的反语未能在提醒、责备的铺垫后讲出来，以致被学生误解。

（八）提问置疑的启发性

教育家叶圣陶先生说过："所谓教师之主导作用，盖在善于引导启迪，俾学生自奋其力，自致其知，非谓教师滔滔讲说，学生默默聆受。"提问置疑是任何一个教师都经常运用的方法，高明的提问必定是包含启发性，就像学生稍稍跳一跳就可以摘下树上的苹果一样，经过认真思索，总会有所得。因此判断教师的提问置疑是否有启发性，就看教师的提问是不是帮助学生过困惑的桥梁，深入思考的阶梯，触发灵感的引信。如果要达到这样的境界，就要求教师提问置疑的语言一要疑问明朗突出，疑问代词和疑问语气词运用得准确恰当；二要问题明显集中，使学生的思考有范围，回答有对象；三要答案具体而有梯度，让绝大多数学生认真思考后都能说出各自理解程度不一的见解，绝不要将学生问得哑口无言。

例3 小学数学第九册第5页的例1是：一桶油重100千克，3/4桶油重多少千克？一位教师在讲解时，给学生先提出三道思考题：

1. 一桶油重100千克，4桶油重多少千克？

2. 一桶油重100千克，1.5桶油重多少千克？

3. 一桶油重100千克，0.5桶油重多少千克？

学生逐一解答后，最后用"分数与小数互化"的原则，顺理成章地解出了这道题。

又如小学自然课《植物怎么传播种子》时，一位教师用了一连串的提问引入课题，学习新课。老师问："同学们看对面房顶上有一样什么东西最引人注目？"学生答："一丛青草。"老师问："这是谁去种的？"学生觉得问得太奇妙了，明明是野生的嘛。趁学生困惑之机，老师又问："既然没人去种，那么这草是怎样长出来的？"学生七嘴八舌地说了各种栽种生长方式，老师把学生讨论引导到"种子"上来，启发学生问道："植物传播种子除了人工栽种以外，还有些什么方式呢？"在这一中心问题引导下，教师和学生顺利、愉快地完成了教学任务。

五、课堂开讲的语言艺术

（一）开讲语言艺术的应用原则

导入新课是课堂教学中极其重要的一环，也是老师一堂课成功的起点和关键，而且还是学生扩大视野、拓宽思路、接受美的熏陶的一个重要途径。导入新课时，要注意遵循以下几种原则。

1. 激发兴趣原则

兴趣是最好的老师，是学生获取知识、拓宽视野、充实心理生活的极其重要的动力，是人力求探究某种事物或从事某种活动的认识倾向，是鼓舞人从事活动的重要力量。只要能培养并启发学生学习的兴趣，就可以促使他聚精会神地去获取知识，创造性地完成学习任务。

激发兴趣要教师通过设例或者提一些有趣的设问等方法来实现。

上课一开始，教师便根据课文内容设置悬念，正如小说写到精彩处却戛然而止，来一个"且听下回分解"，让读者更想知道下文。学生一般具有较强的求知欲，他们渴望知道更多的东西。因此，教师巧设悬念，便可激发起学生求知的欲望，也能提高其学习兴趣。

2. 启迪思维原则

思维在人的智力结构中居于核心地位，是整个智力活动的中枢。如果没有思维的积极参与，知觉、记忆、想象等其他智力活动都将停留在较低层次，这会妨碍学生对知识的接受与再造；反之，将提高学生对知识的理解能力和领悟能力，增加其创造性因素。因此，教师在课堂上设计导语时，应巧妙质疑，这样，既增加了学生的求知欲，又激发了他们的思维兴趣，使学生对新学知识引起注意，其心理活动的指向就会自然而然地集中于教师所灌输的知识，由无意注意变为有意注意。

3. 触发情感原则

"人非草木，孰能无情？"《论语》中有这样的话："知之者不如好之者，好之者不如乐之者。"所谓"乐"，实质上就是强调情感在学习中的作用。所以，只有引发情趣，使学生进入课文情境，置身其中，才能获得亲切的体验，愉悦身心，从而接受真、善、美的熏陶。这在文艺类作品的教学中尤为重要。激发情感关键是要将学生引入一定情境，让学生和教师一起与课文产生情感共鸣。每个教师都应以自我激情的触动，作为感染学生情绪的起点。教师通过自己富有真情实感的言谈举止，如表示亲切平等的手势、笑容，体现教学内容的表情，以达到师生情感相通、心理相融、共同探索的效果。

4. 新奇多变原则

生理基础决定了人的大脑皮层不仅能对外界刺激产生反应，而且能对外来刺激进行综合分析即思维活动。大脑的这种反应效率与所接受刺激的强弱有关，刺激的多变性、新奇性是引起大脑皮层快速反应的强刺激特质。所以教师的开讲要根据具体的教学内容、具体的环境条件、具体的学生素质等灵活多变地进行。

5. 直观形象原则

俄国教育家乌申斯基说："儿童一般是依靠形象、色彩、声音和触觉来思考的。"因此，导入新课采用直观教学至关重要。它可使学生一开始便进入到直观教学所创设的情境之中，耳濡目染，受到感染，学习的积极性被调动起来。另外，教师准确精练、生动形象的教学语言能使学生在头脑中唤起具体事物的表象，给学生以感性认识。

6. 审美体验原则

课堂上思维活动的成效有赖于学生的心理状态。因为学生的心理活动，会不自觉地受到储存于学生心里的教师形象的前摄抑制，潜意识的心理背景会得出"教师能干"或"教师不行"的心理暗示。教师虽然还没有走上讲台，但学生已在心目中构筑起讲台上的教师形象。

所以，教师一走上讲台就成为学生注目的焦点，在教师还没有说话以前，学生就可能开始得出一些对教师的审美结论了，而这些结论又成为学生情感意愿的基础。诸如教师整洁得体的穿着、健康有力的步态、和蔼慈祥的神情、优雅清晰的吐词、激昂流畅的议论等，所表现出的个体形象美，烘托出强烈的美感综合效应，从而让学生对教师肃然起敬。学生在美好体验的驱动下，会产生自立的探索欲望，迫不及待想听教师接下来的话题。

所以教师对每堂课的开讲一定要认真仔细，防止课堂上无意识的随意性带来的负效应。如果教师已感觉到负效应的存在，就应切实从严要求自己，改变这种负效应。

教学中导语设计应注意以下问题：

（1）短——就是教师在引入时的语言要做到简短、明白、易懂，以激发学生的学习兴趣和求知欲望。

（2）新——引入新课的导语要求有新意、形式新颖，能激起学生的强烈求知欲，不能千篇一律。

（3）精——就是精心设计开讲导语，做到内容精炼，讲解精彩，抓住关键，画龙点睛。

（4）平——就是教师在引入时的知识坡度不宜过大，由旧知引入新知的知识点要讲准，最好先在一个水平面上，这样学生很容易由旧知向新知转移，然后通过对新知的理解逐步加大难度，达到进一步深化的目的。

（5）快——无论是哪一门学科的教学都提倡向课内 40 分钟要质量、要效益。新课引入，一般以 3 分钟为宜，要把重点放在释疑、解疑上。

（6）奇——就是在简单的导语中要给学生留下一点奇妙、奇怪的悬念，以吸引学生，提高他们的注意力，弄懂奇怪的原因。

（7）巧——就是简短的导语必须设计巧妙，从而达到直接导入新课的目的。

（8）准——就是简短的导语新旧衔接的知识点要找准，语言要准，不能漫无边际，这样才能达到事半功倍的目的。

必须指出，导语的设计和运用，一定要结合教学内容等多方面的主客观条件，具体问题具体对待，做得得体，才会收到意想不到的好效果；反之，则会事与愿违，甚至令人啼笑皆非。因此，在设计和运用课堂教学导语时，应注意如下一些问题：

一忌重知轻能。只考虑认知因素与情感因素，而对意志因素、能力因素有所忽视。

二忌冗长拖沓。45 分钟的课堂教学，导语仅仅是一堂课的引子，而不是教学内容的讲述，所以导语设计不宜占用过多的时间，一般以 3 分钟左右为宜。

三忌平淡刻板。作为导语，应力求新颖别致、生动活泼、富有趣味性，避免平铺直叙，因为平淡刻板往往会使学生失去兴趣，从而影响课堂教学效果。

四忌牵强附会。导语的宗旨是为了导入新课，提高教学效果，其设计和运用一定要自然，要符合学生的心理特点和课堂教学内容，不能为导语而导语，更不能在导语中信口开河，胡编乱造，愚弄学生，分散学生的注意力。

五忌演独角戏。课堂教学是师生的

共同活动，教师应设法用导语充分调动所有学生学习的积极性和主动性，让师生的感情在上课之始就得到交融，千万不能只管自己在台上唱独角戏而不顾学生的情绪。

六忌低级趣味。导语在选择材料时，要注意其思想性，注意对学生进行德育渗透。不能为了吸引和挑逗学生，专门去猎奇，或者收集一些庸俗的东西来迎合一小部分学生的好奇心理。

（二）开讲语言艺术的教学形式

开讲的导语应精益求精。它可以恰当地交代有关课文的重点、难点，文章的时代背景、学习方法等，也可以突出某一特点。好的导语应做到生动、新颖、具有特色，能唤起学生学习兴趣。一个四平八稳面面俱到的导语不能吸引学生。

开讲时，怎样在导语中应用新颖的方法，不能逐一列举，下面是比较普通的几种。

1. 问句式导语

当复习旧知识，以旧引新时常用。例如《鲸》。

师：同学们，你们知道世界上什么动物最大？

生：世界上最大的动物是鲸。

师：对。今天我们学习第十二课《鲸》。（板书课题）

2. 直叙式导语

它直接向听者讲话，例如《董存瑞舍身炸暗堡》。（板书课题）我们已经懂得了读一篇文章，从接触题目开始就应

该怎么做，现在就按这个要求来学习这篇课文。

3. 过渡式导语

新旧知识的连接。例如《凡卡》这课第二课时的导语。

师：上节课我们学习了凡卡写给爷爷的信。我们知道凡卡的心里充满了痛苦和仇恨。他在信中多次呼喊爷爷来救他，急切地盼望爷爷接他回乡下去。这可怜的孩子在死亡线上挣扎，他多么想摆脱这个悲惨的命运啊。现在我们看看凡卡写信后的情景怎样？……

4. 歌谣式导语

歌谣有韵，生动有趣，读起来朗朗上口，易被学生接受。开讲时用歌谣做导语，可以激发学生的兴趣。

例如：读歌谣算算术：糊纸面积是多大？

折扇摇动阵阵风，一半糊纸一半空。

夹角一百二十度，扇长一尺最适中。

糊纸面积是多大，谁算出来借谁用。

5. 描述式导语

这种导语迅速地给予学生对一个人、一个地方或一件事的印象。例如《再见了，亲人》这篇文章是志愿军即将离开朝鲜分批回国与日夜战斗在一起的朝鲜人民分别的情境下写成的。离别之夜多少朝鲜亲人没有合眼，他们黎明三点就起床了，走出家门等待着欢送亲人志愿军回国。

出发号吹响了，人们举起了火红的枫叶，孩子撒着纸屑的雨花，"万岁"的口号响彻云霄。志愿军的脚步移动了，

人们的眼睛湿润了，当战士们握着老妈妈的手，叫一声"再见了，阿妈妮"时，老妈妈再也忍不住了，紧紧地握住战士的手哭出了声，接着是孩子们、姑娘们，连男人们也低声地抽泣起来……战士们在朝鲜人民送行的泪雨中行进。这不是眼泪，这是中国、朝鲜人民用鲜血凝成的战斗友谊的象征。在这友谊的巨流中，半小时过去了，一小时过去了，战士们还没有走出半里地。志愿军战士又是怎样跟朝鲜人民依依惜别的呢？这就是今天我们要学习的《再见了，亲人》（板书课题）。

6. 提纲式导语

提示课题，指导自学。如《草地夜行》。

师：今天我们学习第三课《草地夜行》。请同学们一步一步地自学。下边我们先进行第一步自学。这一步自学的要求是：

（1）把这一课的生字和多音字读熟；把生词划出来，联系全段句子想想这个词是什么意思。

（2）默读课文。想一想，这篇课文写的是什么时候的事，课文中写了几个人，他们是什么人，做什么事。

（3）在自学中有哪些不懂的地方随手划出来（学生自学，教师巡回检查、指导）。

7. 引句式导语

这种导语的特点是短小精悍，引人入胜。

如，伟大的生物学家巴甫洛夫说过："不学会观察，你们就永远当不了科学家。"他给自己提出的座右铭："观察，观察，再观察！"同学们，你能通过观察发现下列数的规律吗？

（1）1，1，2，3，5，8，13，21，（　　）55，89，144，（　　）；

（2）$\frac{1}{3}$，$\frac{1}{6}$，$\frac{1}{12}$，$\frac{1}{24}$，（　　），$\frac{1}{96}$。

8. 对比式导语

用事物的极端来对比进行，如正确与错误、大的与小的、喜剧与悲剧、年老与年轻、过去与现在等的对比；还有以同类事物对比寻找差异。

如，李师傅4天时间完成了原来5天才能完成的工作。他要小明、李红、张华三个同学帮他算一算他的工作效率提高了百分之几？不一会儿三个同学都说出了自己的答案：

小明：$(5-4)÷5=0.2=20\%$

小红：$\frac{1}{4}-\frac{1}{5}=\frac{1}{20}=0.5=50\%$

张华：$(\frac{1}{4}-\frac{1}{5})÷\frac{1}{5}=250\%$

李师傅一看傻了眼，到底谁的对呢？请同学们辨析辨析，就这样在辨析中开讲。

9. 关切式导语

这种导语的特点是从与听众有共同利益、共同愿望、共同语言的地方出发，通过说一些娓娓动听的话，达到吸引、打动听众的目的。有经验的教师经常把自己讲的内容与学生的切身利益联系起来。如每讲一种知识，都要说明其在今后工农业生产中的作用，以引起学生的关注，吸引他们的注意力。

例如，百分比浓度应用题有些教师总感到抽象，不易引入。可以从学生帮家里治棉蚜虫开讲。师：有的同学农药配稀了，虫治不死；有的同学把农药配浓了，烧坏了棉花。这是因为他们不会按一定的百分比浓度去配，今天同学们学习百分比浓度应用题，主要是为了解决这个问题。这样开讲，学生觉得所学知识能解决实际问题。因此，听课思想集中。

10. 赞颂式导语

用赞颂的话开讲，也是一个吸引听众合适的方法。人一般来说是喜欢听赞颂话的。因此，讲课者开始讲话时，可以赞颂该班的优点；可以赞颂该班刻苦学习专心听讲的同学；可以赞颂进步大的同学等。总之通过这些赞颂话，课堂上马上活跃起来，听者会把讲者当做一个和蔼可亲的知心人，呈现出高兴和愉快的笑脸。

11. 引喻式导语

这种导语是把讲的人或事与历史上或文学上的人或事联系起来。如讲圆周率，可以引用我国南北朝时代伟大数学家祖冲之，早在 1500 年前用割圆术的方法算出 π 的 7 位小数：$3.1415926 < \pi < 3.1415927$，比荷兰工程师安托尼兹提出的 355/113 早 1000 多年，为了纪念祖冲之，国际上将月球上的一座山命名为："祖冲之山"今天我们就要学习如何求它的数值。这样开讲很好。既进行了爱国主义教育，又介绍了有关数学史，学生会在数学家的感召下，更加刻苦学习。

12. 设疑式导语

这种开讲法是利用新授课的头几分钟的最佳时机，通过设疑吸引学生的注意力，把问题导入情境中去。如在阅读指导课上，有位语文教师就读书方法提出似乎对立的两种观点：一是杜甫所说"读书破万卷，下笔如有神"；一是郑板桥所说"读书破万卷，心中无适主。便是暴富儿，颇为用钱苦"。谁是谁非，学生议论纷纷，争辩不休。这时，教师在设疑的基础上，因势利导，让学生既要认识到今天科技的飞速发展，知识更新日速，要想为祖国做贡献，就必须博览群书，但又要认识到在浩瀚的知识海洋中，既博采百家，又独立思考，做到"心中有适主"，培养驾驭知识的能力。最后让学生认识到杜甫和郑板桥二人的观点并不矛盾，不过是各自强调一个侧面罢了，从而激励学生去阅读课文。

13. 解题式导语

从解题入手，导入新课。如教《"友邦"惊诧论》，提"友邦"为什么惊诧之问，提出作者批驳的靶子。教《爷爷的俭朴生活》，什么叫"俭朴生活"？本文写谁的俭朴生活？弄清这些对学习课文有直接帮助。

解析标题，导入新课，既可培养学生的审题能力，理解标题与内容的关系，又可引发情趣，提高学生的思维能力。

14. 猜谜式导语

低年级儿童喜爱猜谜，如果能寓生活或自然界中的现象于谜语中，让儿童猜谜导入新课，既可调动儿童学习的积极性，又可使儿童通过谜语的分析综合，培养其思维能力。有位老师在教《益虫害虫》一课时，教师先打了一个谜语："体是半球形，背背几颗星，蚜虫见了它，休想再有命。"让儿童猜一动物。儿童很高兴地猜出七星瓢虫。这时教师抓住时机追问道："蚜虫见了七星瓢虫为什么就没命？"儿童们更加活跃起来，就这样自然地导出了"益虫和害虫"这一课题。

教法贵在活泼，灵活变通。固定的教法，不变的套式，会使学生失去兴趣。必须依据教学内容、教学目的及学生的实际情况采用各自相适应的比较自然、灵活的导入新课的方法。初中证明无论哪种方法都应具有新、奇、巧、妙的特点。因为从儿童心理特点来看，只有新和奇，才能激发儿童浓厚的兴趣，只有巧和妙才能为达到教学目的铺平道理。

15. 音像式导语

有些课文，能以录像、影片、图片、录音等导入新课，引起学生浓厚的兴趣。

16. 审题明义式导语

通过审题领悟题意和文意，可抓住课文直接导入新课。

17. 逆反式导语

就是逆着学生惯常思路，出奇地向学生提出与课文有关的情境，以激发起学生"新的感觉"，达到相反相成的目的，给学生一个鲜明的第一印象。如在讲读《济南的冬天》之前，先让学生描绘一下冬天的天气特征，再出示毛泽东的诗作《沁园春·雪》，让学生自然地得

出中国的北方冬天总是"寒风凛冽""风沙迷眼""月色无光"的结论。然后，一个逆转告诉学生："大雪纷飞""但老舍笔下的济南的冬天，却是没有风声的'响晴'的天气，气候是那样的'温暖宜人'真算得块宝地，作者对这块'宝地'如何作细致的描绘呢？请仔细阅读课文。……"

18. 探究式导语

设计一些试验，指出一些现象引导学生自己去观察、归纳，发现规律，掌握知识。如让学生观察蝴蝶挂图，发现"轴对称图形"；让学生剪拼三角形纸片，总结"三角形内角和"定理等。这种办法引入新课，能激发学生的思维活动，使学生会分析问题，探索问题。

19. 复习式导语

心理学告诉我们，那些与一个人已有知识有联系的事物以及能增进新知识学习的事物，容易引起这个人的注意，所以复习旧知识引入新课，不仅有利于学生接受新知识而且起着组织学生注意力的作用。

20. 纠错式导语

针对学生学习中出现的错误在何处，为什么错，这样既加深了学生对旧知识的理解，又为学习新知识扫清了障碍。

21. 实例式导语

书本知识源于现实世界，具有高度抽象性和概括性。如果从学生熟知的生产、生活中的问题开头，不仅能使学生感知书本知识和现实世界的密切联系，

而且能激发学生学习书本知识的兴趣。

实例导入新课时，要根据可接受性原则，注意切合学生理解能力的范围，注意实例与课文内容的一致性。

22. 提问式导语

心理学中认为思维过程通常是从需要应付某种困难，解决某个问题开始的。用提问式导入新课，容易唤起学生的自觉思维，使注意集中，目标明确，一旦所提问解决了，新授内容也开始有所领悟了。

总之，在效的开讲方法还很多，没有一个固定的模式，每个人都可以根据自己讲课的不同内容不同对象，随机应变设计不同的开讲方法。做到以"情"入境，以"奇"入境，以"疑"入境，以"趣"入境。但不管用哪种开讲的方法，讲者都须记住：从自己讲课一开始，就要做到吸引学生，打动学生。

（三）开讲语言的设计方法

设计好不同类型的开讲导语是成功的关键。常用的方法，概括起来有以下几种。

1. 引趣开讲法

所谓"引趣"并不是要教师专门讲笑话，说相声，迎合学生的口味。新知识、新潮流都能引起学生的兴趣。这种开讲常常在新课的开头，常采用游戏、儿歌、故事等形式，目的在于引起学生学习新知识的兴趣。北京景山学校低年级把集中识字寓于游戏之中，做到一堂课识十六七个字，而丝毫没枯燥乏味的

感觉，相反，是兴趣、情感支撑毅力，提高认识。

2. 诱导开讲法

这种开讲一般采取"设问"，提出疑问，促使学生去探求答案，开动脑筋。有位教师在讲《蟋蟀的住宅》时，就是这样导入新课的。大家知道蟋蟀是战场上的勇士，是和蝉一样有名的歌唱家。可是，谁知道蟋蟀还是能干的建筑师呢？

3. 概括开讲法

这种开讲的特点是开门见山地围绕主题，概括交代主要内容，然后导入新课。如浙江杭州有一位语文教师讲《凡卡》时，就是这样开讲的：《凡卡》写于1860～1904年之间，那时还是帝国时代。那时的俄国和中国的旧社会一样，工人、农民和千千万万劳动者都受剥削、受压迫。契诃夫写这篇小说时，正是俄国农村经济破产，农民在乡下种田无法过日子，被迫到城市来谋生，贱价出卖劳动力的时代。这些倒流到城市来的农民受到城市老板的残酷剥削，甚至是虐待，就连凡卡这样几岁的孩子也逃脱不了这种悲惨的命运。契诃夫写《凡卡》这篇小说的目的，是为受剥削受虐待的孩子们鸣不平的。小说写得逼真，非常生动感人，我读了以后很受感动。我很喜欢这篇小说，不知道同学们在预习中读了以后有什么感受？你们喜欢它吗？

生：喜欢。师：好，请打开课本。谁能先生动地说说《凡卡》这篇课文的内容？

4. 抒情描述法

采取自然抒情形象描述，用一个故事一段插叙为开头方式。如"无理数"，教师用故事《$\sqrt{2}$的谋杀案》为开头方式，说明无理数的产生曾引起一番有趣的斗争：早在古希腊，毕达哥拉斯的学派发现了正方形的边长与对角线是不可公度的，他吓坏了。原来这个学派荒谬地主张：事物的本质不是物质，而是"数"，当时是指自然数和分数。因此，对于毕达哥拉斯来说，正方形的对角线失去了"数"的本质，怎么不惊惶呢？若一传出去，以数学为哲学基础的学派将遭到灭顶之灾，因此严禁学派成员泄露。但是，有一位成员传了出去，遭到了谋杀，不久，学派也就此瓦解。由于当时人们对无理数不理解，从此在命名上带上了不可知论的色彩，所以无理数不无理。

5. 创设情境法

教师可以用满怀激情的朗读作开头，去点拨学生心灵的琴弦，引起学生的情感共鸣；也可以用饱含激情的讲述作开头并配合恰当的神色手势，直接去感染学生，引起他们的联想和想象，进入预期达到的"情境"。如《月光曲》，教师以描述带入情境，启发学生想象画面：那是一个秋天的夜晚，月光分外明亮，月光下，莱茵河水静静地流淌，……教师带着激情讲授贝多芬在月夜弹起《月光曲》的情景和兄妹听琴声所联想的画面，并以插图和简易画为手段，把学生带入教材描绘的情境。很快就激起学生浓厚的学习兴趣，在不知不觉中受到感染。

6. 悬念设置法

运用悬念开讲，可以造成学生渴望、追求的心理状态，激发学生的兴趣，使教材紧紧扣住学生心弦，启发学生积极思考，从而提高教学的效率。如教《荔枝蜜》一课，开讲时就可以先提出启发性问题：作者赞美蜜蜂，为什么先写自己不喜欢蜜蜂？接着引导学生从教材本身去思考和寻找答案。这样就能促使学生思考，加深对所学知识的印象。

7. 练习开讲法

一般是结合复习和预习情况，设计一些练习题为开头。这些习题联系新旧课内容，有巩固知识的，有训练技能的，有发展能力的，对新课教学起到"承上启下"的过渡作用。这是数学教学中最常见的开讲方法。

8. 激励奋志法

利用古今中外有志之士的成才之路或英雄人物的感人事迹开头，引起听众共鸣。或常常采用名人轶事、格言警句等形式导入新课。如讲"黄金分割"，教师首先引用普罗克拉斯的一句格言开讲："哪里有数，哪里就有美。"同学们！在教学王国里，有许多数像 0.618，那样特别引人注目。它们像诗那样美丽，任人观赏；它们像诗那样含蓄，耐人寻味；它们还像诗那样奥妙发人深省。只要你努力学好它，掌握它，它就会像一匹被你驯服了的骏马，驮你去探索科学的奥秘。不信，今天我们学了'黄金分割'就会知道了……"听到这时，许多学生都急着翻开课本阅读了。

9. 设问导入法

问题是思维的开端，在课堂教学中，如果开讲只有平铺直叙的满堂灌，则课堂气氛一定是沉闷的，学生的思维活动是不易开展的。反之，一个恰当的问题，能一石激起千层浪，使课堂的气氛立即活跃起来。一个有经验的教师十分注意开讲时的提问。一位高中语文教师在教鲁迅的一篇作品时，劈头一句问学生道：大家都读过鲁迅的不少作品，对鲁迅颇为熟悉了，但能不能正确地写出"鲁迅"两个字？对此问题，学生大多不以为然，有些甚至嗤之以鼻。调查结果，全班有三分之一不能准确写出这两个字，大多是将第二个字写成了"讯"，而不是"迅"字，也有将第一个字写错了的。又如"谁能用几个字把《将相如》的大意概括出来？"这类发问式的开头，能培养学生严谨、周密的习惯，能调动学生求知欲望与跃跃欲试的学习兴趣。

10. 警策式导入法

名言警句言简意赅，富有哲理。用它开头，颇有启人心扉、振奋精神之妙。学生对格言、警句是非常喜爱的，平时多留心搜集，有的奉为座右铭。教师常常利用此种心理，用警策式的名言句名作为开头语。如作文课可用"没有感情这个品质，任何笔调都不可能打动人心"（别林斯基）；主题班会可用"谁怕用功夫，谁就无法找到真理"（列宁）；自然课可用"不学会观察，你就永远当不了科学家"（巴甫洛夫）；数学课可用"数学是锻炼思想的体操"（加里宁）。这些针对性强的名言名句，的确能起到警策

作用，也为学生喜闻乐见，不失为一种良好的开头方式。

11. 导入式开讲法

新旧衔接常用过渡式导入。如：昨天我们了解了祥林嫂的身世，今天我们来分析一下她的死因。这种方式的好处是新旧联系自然，学生易于接受。

另一种感情导入。开讲时，联系实际，用听众最关心的问题开头，引起学生洗耳恭听。一位新教师刚到新班，不免先要自我介绍一番：我姓×名××……态度谦虚，言词恳切，使学生产生亲近感、友善感，也为课堂制造了良好的视听气氛。又如节日前夕，"祝节日快乐"！一句祝愿与问候，达到了感情交流，产生了良好心理共鸣，也是好的导入式。

12. 震惊开讲法

这种开头方式要求突兀而起，出语惊人，有震撼感。它对确定课堂上学生的感情基调，起着重要作用。常用新近发生的一些奇事、怪事或反面教材开头，往往能收到以奇制胜的效果。如"歹徒抽出匕首，刺向安珂的胸膛……"（《安珂之歌》导语），"灵车队，万众相紧相随，只见总理去，不见总理归……"均有紧扣心扉的作用。

13. 实物观察法

赫尔巴特在《教育学讲义纲要》一文谈到：对于儿童的教学真正感觉的观察比之单纯的描述更为可取。在引入新课时利用课本上的插图，教学用的挂图、图表、画片（照片）、仪器、模型等进行

观察，然后配合生动的语言描述，就能使学生爱听，易记，入于耳，铭于心，它们可以互相配合交替作用。

14. 比较导入法

有的课文与已学课文内容有相似之处，可以通过类比，由此及彼，产生迁移，引发兴趣。

六、课堂提问的语言艺术

（一）课堂提问的语言艺术应用原则

1. 量力性原则

课堂提问首先应注意从学生的实际出发，了解每个学生不同的个性、不同的水平，正确估计学生的能力，有针对性地对不同水平的学生提出不同深度的问题。这样的提问设计才能有的放矢。教育测量中的"难度"概念为提问设计提供了数量依据。难度 $H = 1 - P/W$，这里的 W 表示课堂内学生总数，P 是答案通过的人数。难度 H 在 0 至 1 间。若难度为 0，全体学生都能回答；难度接近 1，几乎没有学生能回答，提问的难度一般控制在 0.3 至 0.8 间，使大多数学生通过努力都能解答，即"跳一跳，够得着"。

2. 阶梯性原则

提问设计要物质由浅入深，由简到繁这一条规律。

心理学家把问题从提出到解决的过程称为"解答距"，根据"解答距"的长

短把问题分为四个等级："微解答距"（看书即可回答）、"短解答距"（课文内容的变化或翻新）、"长解答距"（综合运用原有知识解题）、"新解答距"（采用自己特有方式解题）。提问的目的在于开拓学生的智能，设计提问要合理调配四种级别的问题。

3. 整体性原则

一堂课的提问系统，应是一个有机整体，服务于整堂课的教学目的。要围绕中心问题，使各种提问相辅相成，配套贯通。对于头绪多的课文来说，提问设计更应有全局观点，力求做到环环相扣、胸有成竹。大凡要求学生理解课文思想内容和艺术特色的提问，一般需要围绕一个"训练点"组织一连串问题。

4. 趣味性原则

提问设计要富有情趣和吸引力，使学生感到有趣而愉快，在愉悦中接受教学。如"问题链"。这样"问题链"的内部联系，或并列，或递进；或归纳，或演绎；或众星捧月，或追本溯源，都应具有严格的逻辑联系。这种"问题链"都具有较大的容量。大至举纲提要，统率全篇；小的也能解决某个段落或课文某个方面的阅读要求。

5. 学生主体性原则

课堂提问的目的在于充分发挥和调动学生的内部动机和作用。在课堂提问中要发挥学生的主体作用，引导学生去积极探求真现。一个优秀的教师指点学生的，不是进入那已经投入了千百年劳动的现成大厦，而是促使他去"砌砖"，

同他一起建筑大厦。聪明的教师不直接向学生奉献真理，而是引导他们去探求真理。一是要鼓励学生善于发现和提出问题。教师要放手让学生直接参与提问设计，可从文章的遣词用字、布局构思到文章所表现的生活、思想、情趣等各方面，引导学生提出这样或那样的问题。由此发现新的天地，创造新的境界，从根本上改变提问中师问生答的被动局面。二是欢迎学生发表创新见解。创新是学习的最终目的，教师应当欢迎学生对自己的讲解和那些所谓"定论"提出不同看法。

6. 精要性原则

提问设计要精简数量，直入重点。一堂课45分钟，不能都由提问所左右，应当重视提问的密度、节奏及与其他教学方式的配合。教师要紧扣教学目的和教材重点、难点，根据学生的实际情况，力求提问设计少而精。可借鉴系统工程办法，对问题进行合并、简化、删除，达到精简数量、加大容量和提高质量的目的。如《谁是最可爱的人》中的第三个故事，学生似乎一看就懂，但就是在这浅易的方案中包含着丰富的内容，我们要引导学生抓住教材进行设疑讨论："作者为什么三次描述志愿军战士'笑'的表情？"然后引导讨论。小语第六册《小蝴蝶花》，一位教师在教学中，着眼于课文巧妙的艺术构思设计提问，以引起学生的好奇心，激发他们强烈的求知兴趣。开头可设计这样一个情境的提问："小蝴蝶花开了，舒展着彩色的花瓣，黄的、白的、绿的，微风吹来，花发出淡淡的清香，犹如只只翩翩起舞的蝴蝶，

你们喜欢小蝴蝶吗？小蝴蝶花先是在草丛里，后来被移植到一个万紫千红的花园里，在这两个地方发生了一个个小故事，你们想知道吗？请把课文轻声读两遍，读后交流。"这样的设问把学生带入课文，从而使他们产生了浓厚的学习兴趣。

7. 启发性原则

提问设计要有启发性，能引导学生到思维的"王国"中去遨游探索，使他们受到有力的思维训练。切忌提一些"是不是""对不对"之类的简单问题。美国的一项研究表明，具有50%成功可能性的学习任务，可以提供最大限度的快乐。对具有挑战性的任务，学生才会依据个人的能力、主观的努力选择好的办法来解决，获得成功，这样可以使学生产生自豪感，促进能力的提高，增强决心，产生快乐，并增强意志力和自制力。有位教师讲《李时珍》是这样提问：李时珍的父亲先不愿让他当医生，后来为什么又同意？李时珍的父亲从"不愿"到"同意"说明了什么？学生可就这一问题展开讨论，以便弄清课文，深刻理解，这样对课文内容由初步理解—提出问题—思考问题—深刻理解的程度，既训练学生思维的逻辑性，又使学生学到了一些思维的方法。

8. 普遍性原则

细心的教师会发现，经常被提问的学生与经常得不到提问的学生，学习成绩以至心理品质是不同的。那些经常被提问的学生，常常能够主动思考问题，他们的进步快。因此在学生看来，被老

师提问，是受到一种重视。所以教师应当把这种"重视"给予每一位学生，特别是差生。

9. 激励性原则

激励比训斥和批评更能调动人的上进心，增强学生的自信心。所以，对回答问题的学生，老师要多用赞扬的话加以鼓励。回答正确的，要给予赞扬；回答得有出入，也要肯定他们动脑思考问题和勇于回答问题的精神。

（二）课堂提问的类型

1. 引趣性提问

目的在于引起学生对新知识的兴趣，而不在于要求学生立即回答。

例如一位物理老师讲"惯性"这一课时，讲述了一个免费环球旅游的设想：大气球下吊一个篮子，人坐在篮子中，升到空中某处，由于地球日行八万里（自转），悬在篮子中，岂不可以领略世界各地风光吗？这个设想可以吗？问题一出，学生争论激烈，思维活跃，用他们所学的知识解决后，又感到成功的喜悦，新的兴趣油然而生。

2. 诱发性提问

目的在于引起学生对学习新知识的兴趣。又如，一个小学自然课教师教"导体、绝缘体和半导体"一课时，根据学生学习过电流、电源、电路等知识的情况，一上课就提出问题。

（1）汽车沿着公路跑，溪水顺着河床流，而发电站的电又是顺着什么"路"

输送到千家万户的？学生轻易地回答是电线。

（2）你所看过的电线有哪几种？学生答有电站的输电线，电信局的电话线，广播站的广播线……

（3）为什么输电线都要包上塑料，橡皮和棉纱？而架空电话、广播线等一般都不用包皮的裸电线？

这时学生都愣住了："我怎样没想到这个问题？"简单的几个问题，一下子控制了学生的情绪。这时学生思想活跃起来了，急切盼望解决这个问题，对新课的学习产生了浓厚的兴趣。

3. 鼓励性提问

目的在于激发学生的求异思维，加强基础，发展智力，培养学生的探索精神和创造精神。常用同一问题鼓励学生从不同角度去探索，获得各种答案。

例如：有位老师在讲文字题时，首先提：37－18，能写出哪几种叙述不同的文字题？

生1：被减数是37，减数是18，差是多少？

师：还有别的说法吗？

生2：总数是37，一部分是18，另一部分是多少？

师鼓励说：还有什么说法呢？

生3：37比18多多少？

师：答得好。还可以怎么说？

生4：18比37少多少？

师：很会动脑筋。还有别的说法吗？

生5：37减18还剩多少？

师：对呀！再想一想还可以怎么说？

生6：比37少18的数是多少？

生7：已知两个数的和是37，一个

加数是 18，另一个数是多少？

生 8：甲数是 37，比乙数 18，乙数是多少？通过鼓励，培养了求异思维能力。

4. 递进性提问

目的在于引导学生自己去探索知识，犹如上楼，步步登高，重在引导学生自己上楼，教师的问题起着搭梯子的作用。其具体做法是：把整个教学内容设计成一系列的连续性问题，随着这些问题的解决也就完成了整个教学任务，而教师只作一些必要的穿插指点。

（三）提问语言的设计方法

有老师这样提问："谁看见水长了翅膀？"学生摇摇头，注意力被这个问题紧紧地吸引住了。接着又说："有人不仅看见水长了翅膀，而且看见飞起来了。"出乎意外的答案，激起了学生极大的兴趣。老师抓住时机，追问道："水到底怎样飞起来的？"这样，巧妙的问题，激起了学生的好奇心，成为学生探索知识奥秘的能力。

1. 诱发法

目的在于通过一个实验，一次演示，诱发一个问题，激起学生的求知欲。

2. 发散法

这种提问具有如下特点，对于同一问题从不同角度去获得多种答案。

3. 递进法

目的在于引导学生自己去探索知识

犹如上楼，步步登高，重在引导学生自己上楼，老师的问题起着搭梯子的作用。

4. 联系法

教师要擅长于引导学生"温故而知新"，联系已学过的知识，引导学生到知识的海洋中遨游，加深对新知识的理解。

5. 引路法

学生是教学的受体，教师处于主导地位，应做到循循善诱、诲人不倦，在课堂上对所提问题的措词要确切，回答的活动范围要小，尽可能从一个角度去问，有时还可以比较具体明确地把一个大问题分解成若干小问题，便于学生回答，有利于学生思维定向。

6. 破题法

即根据题目设问。题目是文章的眼睛。它或是记叙的主要内容，或是描写的主要对象，或是表达的中心思想，或是贯穿全文的线索。因此，根据题目设问，能达到以问促读的目的。

7. 寻究法

根据事情的结果，对事情的原因、经过进行寻究性设问。它有利于激发学生的兴趣。

七、课文举例的语言艺术

（一）举例的语言艺术应用原则

1. 多用性

指从各个方面说明同一事物的本质。

任何一个事物所显现的形象一般说来不会只有一种，有经验的教师总是慎重选择自己的举例，力求用一个例子来说明问题的多个方面，揭示事物的各种现象。这样做不是吝啬笔墨，而是有其良苦用心。那就是能使所讲内容更集中，更突出，给人印象更深。

一例多用是用在一时还是用在多处，这要视情而论，也可能是一时，也可能是多处。如果一时讲完那就用在一时，如果几个问题分讲，那就自然也就多处了。

2. 切题性

"理"要用例来说明，"例"要以"理"作依托，不能"理""例"相互游离。"例"有明喻与暗喻，教学上应该多用明喻，也就是说例子要直截了当，但是也不排斥带有耐人寻味的含义。有时各种含义会给人更多的启发与思考。这在德育课中是经常用的。

3. 生动性

教学的举例应力求生动，尽量引用学生熟悉的，能够以小喻大、耐人寻味的例子，并且要力求奇特一点，以增强效果。奇特并非去猎奇，生活中奇特事并不乏见，只在于是否留心而已。

4. 思想性

在教学过程中，不管何时何事，都要注意教育性原则，举例也不例外。一般说来举催人上进的、有利于德育发展的例子，不举那些让人颓废消极的例子。这一点在语文课中经常遇到。如用词造句，可以造积极的，也可以造消极的。因为从语法上说都是讲得通的，但是从思想性上说应该提倡前者，避免后者。在课堂教学中，所举教例可能有成功的，也可能有失败的，成功的教例自然易使人振奋，但如果不分析怎样取得的成功，那也不会有更大教益。举失败的教例，可能容易使人沮丧，但是如果能揭示出失败的根由，从而引出教训，其作用并不亚于正面的例子。

（二）举例在语言上应注意的问题

1. 要针对问题的要害

课堂举例要对准教学中的重点、难点和疑点，对抽象概念、深奥道理，学生容易产生负迁移、产生带倾向性的问题，必要的、恰当的举例可以启迪学生的思维，有助于对问题的理解。

2. 要针对学生的实际

要从学生的知识水平、理解能力、生活经历等出发，所用的例子学生容易观察，便于想象，甚至是亲身经历的事情。这样，感受性强，易于理解和接受。

3. 要恰当、确切，具有典型性和说服力

可以是有直接针对性的，一个定理和概念的具体对应物，或是具有类比价值的客观事物，也可以是反例。不论哪种例子，都要注意与教学内容的内在联系，能典型地反映出问题的要害和事物的规律。举例要尊重客观事实，具备科学依据，原理正确，说服力强。

4. 要生动具体，富有趣味

所举例子要角度新颖，形象具体生

动短小精悍，言简意赅，通俗易懂，且有较强的趣味性。

5. 要适时

课堂举例要把握好时机。有些例子可放在课前讲，以导出问题，引起学生的悬念，激发探索的欲望；有些例子可放在讲课后讲，以说明前面的理论、概念；有些宜放在课中讲，以起承上启下的作用。

八、课堂结尾的语言艺术

（一）结尾的语言艺术应用原则

一课结尾是整个课堂教学的有机组成部分。画龙点睛的结尾，对于帮助学生总结重点、理清脉络、加深记忆、巩固知识、活跃思维、发展兴趣具有重要的作用。

1. 目标性原则

好的结尾，是为实现课时教学目标服务的。因此，课前备课时，教师要潜心钻研教材，有的放矢地设计出符合既定教育教学目标、体现教材本身特点的课末小结。例如，教学"正比例"的教学目标是：①使学生从初中认识两种相关联的量；②使学生理解并掌握正比例的意义；③使学生初步学会判断成正比例的量。在三个目标中，以第③教学目标为主要目标。在小结时，教师必须以主要目标为依据，重点引导学生概括归纳出正比例的量的三个条件："同学们，成正比例的两种量必须具备哪三个条

件？"引导学生说出：①两种量相关联；②一种量随着另一种量的变化而变化；③相对应的量的比值（即商）一定。这样的课堂小结，着重于学生理解和掌握正比例的意义和实质，培养学生归纳概括能力。

2. 引导性原则

结尾不能由教师包办代替，要立足于引导，让学生参与，展现出获取知识的思维过程，以充分体现教师主导作用和学生主体作用的有机结合。例如教学分数的基本性质，课末教师出下面两道思考题，引导学生回顾小结：①分数的基本性质是怎样推导出来的？②分数的本质有什么作用？学生通过阅读教材，相互讨论，各抒己见，使同学们弄清了这两种问题。他们说："我们先通过大小相等的三张正方形纸和三个大小相等的圆，用折纸的方法分别折出 $\frac{1}{2}$，$\frac{2}{4}$，$\frac{4}{8}$、$\frac{3}{4}$，$\frac{6}{8}$，$\frac{9}{12}$ 并涂上颜色，从而我们直观地看到 $\frac{1}{2} = \frac{2}{4} = \frac{4}{8}$；$\frac{3}{4} = \frac{6}{8} = \frac{9}{12}$。接着找出分子、分母的变化规律，概括出分数的基本性质。"运用分数的基本性质可以把分母不同的几个分数化成分母相同的分数，也可以把分子不同的几个分数化成分子相同的分数等等。

这样进行课末小结，学生借助于愿感知的内容，展现出对新知的抽象概括过程。学生对分数的基本性质，是通过自己动手动脑得到的，由感性上升到理性认识，因而可以更好地指导练习。

3. 针对性原则

结尾必须针对教学内容和学生特点，因文因人制宜，具有鲜明的针对性。凡是学生难记、难理解、难掌握及容易发生错误的地方都应阐明。

具有针对性的课末小结应做到以下三点：

（1）抓住主要矛盾。教材的重点、难点、关键都是每一课的主要矛盾，课末小结就要通过揭示矛盾的实质，使学生进一步巩固所学知识，提高综合运用的能力。例如，除数是两三位数的除法，重点是两位数除多位数的计算法则，难点是掌握试商的方法，教师抓住这几点来进行小结，就能使学生形成正确清晰的表象。

（2）教给方法。对于一些带规律性的学习方法要进行小结。例如，"求两个数的最大公约数"的课末小结在突出按二种情况进行有序思维。即：先看它们是不是倍数关系，若是，较小的数即是它们的最大公约数；若不是，再看它们是不是互质数，若是，它们的最大公约数即为1，若不是，即用除法求出它们的最大公约数。这样，解题时方法步骤明确、思维操作有序效果就会更好。

（3）预防错误。学生易错的概念、法则、公式可通过小结加以强调，引起重视，防微杜渐。例如解"求圆锥的体积"时，学生在计算时常常要漏掉乘以1/3。为了克服这种错误，教师在小结时应强调乘以1/3的道理，这样就会防患于未然。

4. 趣味性原则

充满情趣的结尾能有效地激发学生学习的动机，使学生的身心得到放松，浓厚的学习兴趣得到保持。

5. 激励性原则

即教师根据周密筹划的授课进度与内容，进行设悬断课，使学生的欲望得到激励。例如教学《跳水》，猴子摘下孩子的帽子，爬到桅杆顶端，孩子爬到桅杆去追猴子，遇到危险。故事发展到此，根据教学设计，应在此断课，于是教师提问："在这千钧一发的时刻，孩子是怎样脱险的呢？我们等会儿看看。"这样的断课，能将学生留住，学生也急于了解孩子是怎样脱险的。

6. 粘连性原则

这种方法，是指将与所授内容无直接关系的外界因子灵活恰当地引入课内，教师借题发挥，粘连断课。运用这种方法，需要教师具有较强的洞察力和应变力。恰到好处地粘连，不仅可以活跃气氛，而且能增强课堂教学的完美性。如教完《麻雀》教师设计了这样一道作业题：猎人带着猎狗走开以后，小麻雀和老麻雀会说些什么？做些什么？同学们纷纷举手回答。这时下课的铃声响了，听窗外，雀声四起，教师灵机一动："同学们，你们到窗外去听听，老麻雀和小麻雀到底会说些什么。"孩子们蜂拥而出，看那天真好奇的样子，使教师感到教课的无穷魅力。

（二）结尾的语言艺术运用方法

"结尾语言艺术"与"开讲语言艺术"一是课堂教学中的有机组成部分。成功的"结尾语言艺术"，可通过对一节课上教学的内容梳理、概括、规律揭示、画龙点睛、提炼升华及引导探索等形式，把一个完整的知识交给学生，使它的学生头脑里留下一个深刻的印象。因此掌握新课结尾的方法，讲究它的结尾语言艺术也是十分必要的。针对不同的教学内容，新课结尾常有以下几种方法。

1. 梳理式结尾法

每堂课的教学内容，都有其重点、难点及注意事项。利用授课结束前几分钟与学生的谈话，把本节内容作一番梳理，把"脉络"搞清，这对于巩固、强化课堂上已学的知识是很有必要的。其一般方法可以按照下面几个问题的思路上让学生进行小结。

（1）我们在这节课里学习的是什么内容？懂得了什么？摸到了什么规律？

（2）你认为上面的知识中哪些是最重要、最关键的？

（3）你觉得这堂课上掌握得最好的是哪些知识？

（4）你还有哪些疑难问题，提出来讨论？这样，同学们各抒己见，见仁见智，相互启发，相互促进，加上老师对反馈信息的及时处理和有序的板书，就能取得极佳的教学效果。

一节课老师讲完，学生感到知识庞杂，这也重要，那也重要，理解负担重，记忆负担更重。他们一般并不考虑知识的归纳整理，只是学到哪里复习哪里。因此，新课讲完，抓住本节课的纲，使学生把学的知识由繁到简，归纳整理，且话不多，收效甚大。在这种气氛中结束新课，就会给学生带来轻松愉快的心情。

2. 点明中心结尾

教师在课堂上讲授的知识，总是一个一个地逐步展示在学生面前，如何把众多的知识点用一条线串起来，由繁取简，点明中心，更有利于学生理解，记忆和运用。这就需要教师在结束不语中力求高度概括。例如，讲完"相向行程问题"以后，就引导学生与过去研究的一个物体在一定距离运动的问题进行比较，最后师生归纳出："有关行程问题总是研究速度、时间和距离的数量关系。相向运动问题只是'速度'有些变化，但只要记住'速度×时间＝距离'这个最基本的关系式就可'化出去'。"

3. 揭示规律结尾

小学生的思维处于无序思维向有序思维过渡，所以，往往缺乏有序地迫近目标的思维能力。为此，结束语应指明规律，结出思维顺序，促进学生有序思维的完善与发展。

例如，教学"组合图形面积计算"和"组合体体积计算"，结束语就可归纳其解答步骤：①分解图形；②分别求出；③求和或差；④验算与答句。"求两个数的最大公约数"的结束语就是突出按三种情况进行有序思维。即：先看它们是不是倍数关系。若是，小数即是它们的最大公约数；若不是，再看它们是不是互质关系；若是，它们的最大公约数即为 1，若也不是，即用短除法求出它们的最大公约数。这样，解题时方法步骤明确，思维操作有序效果也就会更好。

结尾归纳总结，既可以教师根据教学的重点难点进行归纳，也可以引导学生归纳，还可以师生共同归纳。教师归纳纲要，学生复述内容。这种结尾艺术主要表现在能用扼要的语言、较短的时间，让学生在轻松的气氛中明确重点，掌握主线和关键内容，产生提纲挈领的效果。

4. 画龙点睛式结尾

卓有成效的结束语之一，在于画龙点睛，使学生顿开茅塞。如，在"求平均数问题"第一课将结束时，教师出了这样一道选择答案的练习题：哥哥买来一本科技书，第一天看 8 页，第二天看 6 页，第三天看 10 页，第四天上午看 5 页，下午看 7 页。平均每天看几页？同时出示两个算式：$(8+6+10+5+7) \div 5$；$(8+6+10+5+7) \div 4$。有不少学生对题中告诉我们五个数，但只要除以 4，还有疑问。为了帮助学生掌握这类问题的方法，就抓住这个火候向学生提问，求平均数应用题要找准总数与份数，但关键是找哪个量？为什么？这样指点一下，以平均分的份数出发，由份数去找对应的总数量。一语道破，使有疑虑的学生豁然开朗。

5. 扩展式结尾法

这种结尾借助联想的方式，把联系密切的材料收拢在一起，以深化理解概念。结束语不是把授过的知识机械重复，

而且是要用较高的观点来处理教材，揭示知识间的纵横联系，达到深化知识，提炼升华。

例如，"三角形的内角和"第一课时将结束时组织全班学生研讨：

（1）三角形的内角和与它的形状，大小有没有关系？

（2）在一个三角形内，至多能有几个角是直角或钝角？为什么？

（3）三角形中至少有一个角大于或等于 60 度，对吗？

这样，不仅使学生对三角形内角和是 180 度的结论的认识与理解得到深化，而且有效地培养和发展了学生的探究研讨的能力。

6. 深究引路法

这是结束语的较高层次的要求，需要教师尽可能地发掘教材的内在因素，从学生实际出发，精心设计，使学生急于求知下面内容，即起到启发下节课学习的作用。

例如，在教学"圆柱的体积"计算起始课的最后几分钟，教师就出示两个底面是圆形和方形的空心圆柱体，让学生讨论：按一般的方法该怎样算？为什么这些空心圆柱体的体积同样可以用 $V=Sh$ 的公式计算？再分别出示直三棱柱、底面是梯形的柱体等告诉学生：计算这些柱体的体积也离不开 "$V=Sh$" 的公式。结束语：为什么计算很多柱体的体积，都可以用 "$V=Sh$"？在用这个公式时的关键是什么？同学们先想想看，我们下节课讨论。老师戛然而止，言毕而意不尽，发人深省，引人入胜。

7. 朗读结尾法

深化主题，再现作者思想感情。《别了，我爱的中国》，连续三次齐诵中心句"别了，我爱的中国"，我全心爱着的中国。在这样激越昂扬的爱国之声中下课，课尽情未尽，诚挚而壮美的爱国之情仍在学生老师脑际萦绕。

8. 抒情结尾法

借景抒情，给学生美的想象。如教学《第一场雪》的结束语是："雪花，不负秋色，在严冬舒展花瓣；雪花，不争春光，一夜东风，落花遍野；雪花，不择土壤，飘到那儿，就在那儿开花。隆冬里，雪花已为我们展示了春华秋实的未来，难怪老农说'瑞雪兆丰年'呢。雪花啊！我赞美你。"

抒情法转让给学生，要学生抒发对所学课文中的人或物热爱之情（怎么爱？为什么爱？），用书面语交流，教室只有沙沙的写字声；用口头语交流，小手如雨后春笋，兀立桌面。

9. 故事法

将时代背景和作者的写作意图编成故事在课文结束时讲述。《江雪》的结束语：唐代有位进步的思想家和散文家，他参加了当时比较进步的政治斗争，被帝王贬出京城，到永州当司马，永州在现在的零陵地区，他被贬后，不怕恶势力当权，不甘心斗争的失败，常写诗抒发自己的感情。这堂课学的《江雪》就是他的名作。作品中那位顶风抗雪、独钓寒江的老渔翁就是他的形象，这位作者是谁？就是柳宗元。

结束语的设计方法灵活性很大，反正要从教学效果出发，视教材特点、教学实际、学生状况而定，有时还要随机而变，而今笔者谈及的几种做法，不过抛砖引玉，供同仁参考而已。

九、教学语言的非言语交流

教学语言是教学双方进行信息交流的工具。因为用来传达教学信息的物质媒体不同，教学语言则有不同的物质形态。教学语言主要是指两种物质形态：一是以声音为物质传媒的口头教学语言；二是以文字符号为信息的物质传媒的书面教学语言。因为传达信息的物质媒体不同，口头教学语言与书面教学语言有不同的特点与传达方式。

口头教学语言，是以教师或学生的口头即发音器官（包括气管、声带、口腔、鼻腔、舌、唇、齿等构成部分）作为信息的传播器官，从传播的角度讲，才叫做口头教学语言；以发音器官谐和而有规律地运动而发出的声音，作为传达教学信息的物质媒体与信号（全部教学信息包括分别作用于视觉、听觉、嗅觉、味觉、触觉的形、色、声、香、味等信息，都须通过头脑编码而统一转化为声音信号来传达），所以从物质传媒角度讲，又叫有声教学语言；以接收者的听觉器官作为教学信息的接收器官，声音在空气中以声波扩散的方式作用于接收者的听觉器官，引起头脑对声音信息的译码，从接收的角度讲，又可以称为听觉教学语言。这种以口头为传播器官，以听觉为接收器官，以声音为信息传达媒体的教学语言，特点是有声无形，约

385

定俗成，交流简便，稍纵即逝。声音信号的编码与译码都是在社会约定俗成的前提下进行的。声音所表示的词汇与句子涉及语言的内容，所表示的语调、语速、停顿等则涉及对讲话内容的评价，传达讲话者的情绪信息，影响着传达效果。对于语调、语速、停顿等所传达的信息，学术界称为口头语言的"副语言"，"副语言"因人而异。声音信号是以声波扩散的方式在空气中传播，简捷便当，然而随着传播范围不断扩大，声音能量则渐渐减弱，以至消逝。因此，在同一时间空间条件下，即在传播教师和接收者面对面交流信息的环境中，口头教学语言可以简便迅速地传达教学信息，即教学双方的思想感情，协调教学双方的行为；然而超出特定的时间和空间范围，则不能传达教学信息即教学双方的思想感情。

书面教学语言，扩大了教学信息在时间和空间上的传播范围。书面教学语言是以教师或其他传播者的手与笔等书写器具为教学信息的传播器官，以文字符号及其附着物为传达信息的物质媒体，全部教学信息包括作用于不同感觉器官的信号，经过头脑的编码，都统一化为有形可视的文字符号进行传递。从传播的角度讲，文字符号都是书写在物体表面上的，所以叫做书面语言。文字符号本身是由线条构成的抽象化的形体，是在社会约定俗成的前提下，表示意义或记录声音的符号，而本身并未传递声音这种物理现象，所以可谓是有形语言；它以接收者的视觉器官作为信息的接收器官，由作用于接收者的视觉而引起头脑的译码，从接收的角度讲，它是一种视觉语言。与口头教学语言相比，书面教学语言的特点是有形无声，其传播可以很少受时间和空间条件的限制，编码与译码的过程都比较复杂，交流信息不如口头教学语言简便迅速。其编码的过程是把有声的口头教学语言转化为有形的书面教学语言来输出，译码的过程是把有形的书面教学语言转化为有声的口头教学语言来理解，这中间须经过头脑深思熟虑进行两次转化。所以书面教学语言比口头教学语言更规范，更简练，更深刻。它出现在教科书或板书之中，常作为口头教学语言的依据。

有声可听的口头教学语言与有形可视的书面教学语言，是以声音与文字符号为物质传媒而呈现于外部的教学语言，以言语的方式即说话的方式来交流教学信息。然而这种物化于外部的教学语言仅仅反映了教学双方的现实思想的一部分信息。教学中，在教学双方的心理世界流淌着大量的内部教学语言。高名凯、石安石先生主编的《语言学概论》（中华书局，1964年版）介绍："科学家做过这样的实验：把电极装在受试者的下唇或者舌头上，然后请他算一个简单的算术题。一次用口算，一次用心算。结果在两种情况下言语器官的动作的电流记录是相同的。这证明：沉思默想的时候也在'说话'，不过这是别人不易觉察出来的'说话'罢了。这样看来，言语有说出声来的言语和只有发音动作而不说出来的言语的区别，前一种言语叫做外部言语，后一种言语叫内部言语。"心理学研究的成果表明，人的意识的构成层次有如露出水面的冰山，露出水面是其中的一小部分，叫做意识或显意识；淹没在水中与水底的是大部分，依次叫做潜意识和无意识。外部教学语言仅反映了教学双方的显意识中的一部分，而教学双方显意识其他部分以及潜意识和无意识则处于心灵世界。这些流淌于内心世界的意识，就是内部教学语言。这种内部教学语言，除一部分经过思维的条理化即编码，通过声音与文字符号等物质媒体转化为外部教学语言，以言语方式交流信息之外，其他部分则常常通过其他物质传达媒体包括仪表服饰、体态运用、脸部表情、人际距离、教学用具等表现出来，作用于人的不同感官，以非言语的方式传达着教学信息。教学内部语言比教学外部语言更丰富深刻。传达教学内部语言的物质媒体好比上述传达教学外部语言的物质媒体即声音与文字符号，也更丰富多彩，并且直观形象、生动可感，更富有表现力与感染力。可见，教学语言的非言语交流是对教学语言的言语交流的重要补充与生动注释。教学语言的非言语交流与教学语言的言语交流有机结合，才能全方位、立体式、有效地传达教学信息。

教学语言的非言语交流，因为传达教学信息的物质媒体本身的特点不同，所以传达教学信息的方式与接收教学信息的方式也不同。诸如，就人体本身而言，个人仪表以静态方式，作用于人的视觉来传达教学信息；体态动作包括脸部表情等则以动态方式，作用于人的视觉来传达教学信息。人际距离，则以教学双方之间距离的远近，标示相互间关系与传递着不同的教学信息。教学用具如实物、标本等所包含的教学信息，不仅可以作用于人的视觉，也可以用其他

感官如听觉、嗅觉、味觉、肤觉等。可以说，这些以非言语的方式传递教学信息的物质媒体，在传递教学信息时，各有自身的"语言"。为此，本章分为教师仪表、体态语言、人际距离、教具语言等部分，分别进行介绍。

（一）教师仪表

教师仪表以直观方式呈现在学生面前，并且以较长时间作用于学生的视觉，传达着有关教师自身特征的大量教学信息。教师这个社会职业的特点是"为人师表"。教师仪表与行为，对学生具有教育作用和影响作用。常言"身教重于言教""榜样的力量是无穷的"。教师仪表是个复杂系统，以构成部分的特征与整体特征来传播教学信息。

个人仪表可分为两大构成部分：一是身体特征；二是衣着服饰。

1. 身体特征

主要是指体形特征，包括身高、体重、头部、躯干、四肢、肤色、毛发等部分的特征。就体形而言，通常分为三种类型：一是外胚层体型（瘦弱体型）；二是中胚层体型（强健体型）；三是内胚层体型（肥胖体型）。"身体不会说谎""身体的开关起着传播作用"。不同体型传播着有关身体健康状况、社会生活与性格特征等方面的不同信息，给人的心理感受也不同。肥胖体型给人以温和宽厚而迟缓懒怠的感受；强健体型给人以健康有力、胸有成竹、充满信心的感觉；瘦弱体型给人思虑过度、疲倦病弱的感觉。戏剧家莎士比亚在《裘力斯·恺撒》

中有段人物对话描述：

"恺撒：我要那些身体长得胖胖的、头发梳得光光的、夜里睡得好好的人在我左右。那个凯歇斯有一张消瘦的憔悴的脸；他用心思太多；这种人是危险的。

安东尼：别怕他，恺撒，他没有什么危险；他是一个高贵的罗马人，有很好的天赋。

恺撒：我希望他胖些！……"

从这段人物对话中可见，不同体型给人的心理感受是不同的。

教师个人体形特征，应力求健美，为学生做表率，给人以美感。当然，个人身体特征是社会生活中自然形成，有先天的生理方面的构成因素，也有社会的人为方面的构成因素。教师应利用个人人为方面的构成因素来适当调整自己的体形。体形当中，身高与体重是制约体形的两个重要数值。个人可以注意身体锻炼与饮食调剂，由减少肥胖或增加体重，以衬托身高或与身高相协调；也可以由穿鞋着装，增加身高，调整体形，使身体显得匀称。自然也可以由美容、护肤、发型等构成因素来适当地改变身体特征，给人以和谐与美感。

2. 衣着服饰

是"人体包装"，是重要的社会文化现象。衣着服饰，可分为衣着（包括鞋帽）与饰物（诸如首饰、徽章）等两部分。衣着服饰的特征，是受社会文化状况、物质生活水平、身体与个性特征等条件制约的，也可以说是社会精神文明、物质文明与个性特征的具体体现，向社会昭示与传播着有关本人的社会身份、经济状况、文化习尚、性格特征、审美观念等方面的社会文化信息。就其主体部分衣服而言，有三种功能：一是实用功能——用于保护身体；二是道德功能——用于遮体免羞；三是审美功能——用于文化展示。当今社会中，人们对衣服的实用与道德功能的注重已不占主导地位，对衣服用于文化展示的功能的注重已上升为主导地位。从着装者本人来讲，衣服传播着有关本人的社会文化信息。人类行为学家莫里斯说："穿衣服不传送社会信号是不可能的。每件衣服都说出穿着者的一段故事，而且常常是很微妙的故事，包括那些声言不注意衣服传播价值的穿着者在内。"每件衣服都透露"他们对生活于其中的文化的态度"。这是不以本人是否自觉地意识到即是否有意识而为转移的。衣服扩展着自我意识与规范着自身行为。一位心理学家说："衣服对我们大多数是这样有内驱力的。一个原因衣服有延伸身体的效果。无论什么时候，一件物质穿戴到身上，自我意识就延伸到该物体的极点。因而给人提供增加大小、力量和动作的感觉，给人自尊、自强、自信或自卑、自怜等感觉。"关于身着某社会群体的制服，美国学者莱瑟斯说："一个人穿上某特别群体的制服，就表明他已放弃他作为一个人自由行动的权利，而必须遵照群体的规定并在其限制下行事。"身着统一制服，有利于进入社会角色，以此来规范自身的思想行为。就衣服本身而言，可分为质料、颜色、款式三个构成要素。其中，质料体现档次高低；颜色体现冷暖与情绪，诸如红色热烈，黄色温暖，蓝色冷静、白色纯洁，黑色深沉；款式体现风度气质，诸如长衣飘逸，短衣干练，便装随意，西装郑重。三个构成要素的自身特征不同，所构成的衣服整体特征也不同，所传递的文化信息、给人的心理感受也不同。对于着装教师来说，应自觉地有意识地把握与调控衣服的构成要素及其传播的文化信息。

对教师来说，衣着服饰必须整洁大方，自然和谐。这是基本要求。教师可以因人而异，根据个人身体特征、社会文化习尚、教学对象、教学情境等来选择衣着的质料、颜色、款式，塑造与美化自己的形象，传递教学信息。这样应当做到几个"和谐"：

一是衣着服饰与身体、个性特征"和谐"。调整身体特征的不足或性格特征的偏颇：肥胖体型的教师应选择颜色比较深、带竖条纹的服装；矮胖者（身长腿短）须穿上装短下装长的服装；头大颈短者适合穿"V"大开领上衣；瘦弱体型的教师适宜穿颜色较浅，带横条纹的服装；颈长者应穿高领、反翻领上衣。性格易于急躁的教师宜着蓝、绿、白等冷色的服装，性情过于安静的教师宜着红、橙、黄等暖色衣服。这样可以调整给人的视觉效果或自身的心理感受。青年教师衣着可以时新活泼，中老年教师衣着款式须大方庄重，以求自然和谐。

二是教师衣着服饰应与社会文化习惯相"和谐"。避免奇装异服，以求社会认可。

三是教师衣着服饰与教学对象的特点"和谐"。面对学前班的少儿，教师着装可以绚丽些，以增加教师举手投足的吸引力；面对小学生或中学生，教师衣着应自然素雅，整洁大方，以免分散学生的注意力，又可以给学生以有益的影响。大学生对社会新潮比较敏感，教师的衣着服饰应注重社会文化取向，给学生以正确的导向。

四是教师衣着服饰应与教学情境"和谐"。教师带领医学院学生在医院实习，须着医生的白大褂，以求与教学环境相和谐，并进入社会角色；讲授《十里长街送总理》，教师身着深色服装，以求与教学气氛相和谐，有助于进入特定的情境。

教师的身体特征与衣着服装和谐统一，塑造了教师的仪表，不仅有利于对学生的教育、美育，也助于教学信息的交流。有位教师以个人仪表为学生描写提供"模特"，亲切自然，又由学生的反馈中观照了教师自身。所以，要充分利用教师仪表这种物质媒体传播教学信息。

（二）人际距离

教学中，人与人之间相互距离的远近，标志在信息交流中的相互关系，并传递着不同的教学信息，有形距离体现着心理距离。

所谓人际距离，主要指人与人所处位置与相互之间的空间距离，也包括人与人之间的心理距离。外在的空间距离常常体现着或制约着内在的心理距离。例如图书馆里，在同一张桌子上看书的两名学生中间，有一张空椅子。这种有形的空间距离则标志和维持着相互间的心理距离、远疏关系，使彼此心灵少受影响。

美国心理学家霍尔研究认为，人们总是根据某个特定的时刻对他人的感情而选择彼此之间的某种距离。他对人际空间距离进行了量化处理。得出：

亲密距离（亲密区）——从皮肤接触到 0.45 米左右。通常存在于情同手足的人之间。

个人距离（熟人区）——0.45 米～1.2 米左右。其中又可细分为 0.45～0.76 米和 0.76～1.2 米两种，前者诸如大多数夫妇在社交场合中所保持的距离，后者又称"手臂距离"，因为它是两个人用手碰得到的距离。

社交距离（社交区）——1.2～4 米左右。这是通常在公务活动中能见到的距离。

公众距离（演讲区）——4 m 以上。

根据霍尔的意见，课堂中师生的距离大约为 4～7.6 米，如果超过 8 米，双向交流几乎成为不可能。

这项研究表明：人的距离是情感活动的一个变量。因此，教师与学生相互之间距离的远近及变化，传输着不同的情感信息，会对学生产生不同的心理效应。

教学中，教师与众多的学生进行教学信息的双向交流。教师与学生们所处位置的排列方式与相互距离，构成了教学双方进行信息交流的结构方式，制约着交流效果。教室中，教师通常是站在前面的讲台上，脸面向全体同学；同学们分别坐在分行排列的座位上。这是教学双方进行信息交流的通常方式。研究人员亚当斯和比德尔对于大学教室进行调查，结果证明了老师们的假定："前排的学生对功课最感兴趣。后排学生在搞教室里禁止的活动。靠通道坐的学生最关心的是快点放学。多数缺席的学生都是坐在离窗户最远的后四分之一象限

内。"他们发现一个学生是否积极参加教室活动的决定因素取于他或她的座位位置。因为教师与学生的相互作用多数发生在活动中心的作用区，从屋子的前方直接向中心线延伸，离教师越远，相互作用越是减弱。

同样，隆默调查了四个讲习会会场发现：安排成开阔四方形或马蹄形的讲习会房子里与会者最多。在直接安排的房子里，前排的学生最倾向于参加，前排及每排中间参加的人最多。他报告说，第一排中间 61% 的学生及坐在旁边的 57% 的学生参加了讲习会；最后一排 48% 的学生及坐在旁边的 31% 的学生参加了讲习会。因为教室里座位的排列与间隔影响交流行为，直排座位安排妨碍讲座；半圆形和 V 字形（马蹄形）比直行和圆圈更受欢迎，因为这种安排能使学生得到直觉上所需要的东西——与班上其他同学的相互作用。

因此，教师应当充分利用与恰当调整人际距离来传递教学信息。这可以由调整教师的所处位置及朝向，与调整学生所处位置及朝向两个构成要素来进行。首要的是通过教师位置的调整来进行。一是在授课时，教师处于最佳位置，使教学双方全部处于有效交流范围内。教师应站在讲台的黄金分割线（从左向右 3/5 或从右向左 2/5 处）所划内的区域内左右移动，以所站位置为中线向前辐射，脸部向着全体同学。这样使所有的学生都感受到教师在对自己讲话。二是在巡回检查辅导时，教师通过走动来变换自己所在位置与学生之间的距离，改变信息交流的结构方式。教师在教室中线两侧的过道轻轻地走动，目光环顾左

右两侧座位上的学生的学习情况。这样使全班每一位同学都切实地感受到教师在关心自己。教师要特别注意对中心作用区之外的学生的检查辅导。三是对于特殊情况，教师可在社会行为规范的指导下，以身体接触的方式来传递情感信息。对于那些回答问题觉得特别紧张的小学生，教师走到跟前，用温暖的手抚摩学生的头，或者拍拍肩膀、后背，教师的亲切友爱之情。会通过肤觉而传到学生的全身，使学生立刻消除紧张情绪。其次是通过调整学生的位置来进行。一是通过换行调位来调整全班的人际距离。二是通过临时改变学生座位朝向以方便交流。如让前后桌的同学面对面来讨论。三是特意请有关的学生到前面来或讲台上进行演算、演示、演讲、表演等。这样可以增加学生作为教学信息输出者时的角色意识与切身体验。

（三）教具语言

教具或称教学用具，是用来传播教学信息、提高教学效率的物质工具。就效能而言，教具是教材的构成部分的直观化，是教师有关机能的扩展。常见的教具有：实物与标本、挂图与模型、幻灯、录音、录像、电子计算机（电脑）等。因为这些教学用具的特点与传达教学信息的方式不同，以致相应接收教学信息的方式也不同，所以把这些教具传递教学信息的方式，叫做"教具语言"。以下谈谈常见的几种教具及其特点。

1. 实物与标本

实物与标本作为教学用具，特点是具有事物本身的实在性、丰富性，并且生动直观、具体可感。标本是实物的样本。实物与标本以本身的实在性与丰富性，输出多方面的教学信息，作用于人的不同感觉器官。如果教学实物是一只小动物，如松鼠、小鸭或小鸡等，它们则以形体特征、颜色等静态形象与动作姿态等动态形象，作用于人的视觉，以其叫声等特征作用于人的听觉，生动直观。如果教学实物是植物的果实，如苹果等，学生不仅可以通过视觉直观其形象，而且可以通过嗅觉辨别气味，通过味觉（亲口尝尝）辨别滋味，或通触觉（亲手摸摸）来感受其质地与分量，可以通过全部感觉器官全面地接收有关信息，具体可感。因此，运用实物与标本比用语言文字的传媒更能全面地传达事物的有关信息，并且生动直观、具体可感，更能提高教学效果。

2. 挂图与模型

挂图与模型是借助其他物质媒体对实物的写照和模拟。挂图是在二维空间（平面）展现事物的形体颜色等特征，以静态形象作用于人的视觉，它比实物更便于观察，比语言文字更形象直观。模型是在三维空间展现事物的立体形象及特征，它比实物更便于观察分析或拆卸、组装，比语言文字更直观形象。这是挂图和模型在传递有关教学信息上的特点所在，可根据教学内容的需要来灵活选用。

3. 幻灯

幻灯是通过灯光透视折射把图片放大投影到银幕上。挂图受画幅的限制，在特定的视觉范围内才能观察清楚，超出视觉范围则观察不清。幻灯，可以放大图片形象，并以遮幅的方式，仅仅展示图片和局部特征，以突出某些教学信息。另外，还可以采用抽拉图片的办法，把两个静态图像变成动态形象，比挂图更生动形象。

4. 录音与录像

录音与录像是通过电教设备（录音机与录像机等）来录制与再现有关的声音与等教学信息。录音，弥补了声音信息易逝性的不足，使有关声音信息得以长时间储存，大大扩展了教学信息传播的时间与空间范围。它可以录制教师的范读、学生的朗读，反复播放，以便分析、品评；也可以录制与播放其他声音如音乐、自然界的声音，以丰富教学内容，创造教学气氛。录像，把学生们不能亲自观察的人物、事件、场面或自然景物等图像信息，再现于学生们的面前，大大扩展了学生们的视野。并且可以采用定格的办法，把动态的图像变为静态的画面，以便教师讲解、学生仔细观察与深入分析，提高教学效果。比语言文字描述更生动直观，比实际观察更方便灵活；可以宏观把握，又可以进行微观观察；有助于传播与接收教学信息，使学生进入教学情境。

5. 计算机

现代教学中，计算机已成为有力的辅助教学的手段。电脑是对人脑部分机能的模拟和延展。电脑的特点是：（1）把图像、影像、声音、文字、数字等多种媒介形式融于一体，实施"多媒体"教学。（2）通过计算机联网，扩大了信息交流。特别是更大范围的联网以至建立全球信息高速公路，可以使信息资源在更大范围内做到共享，以至做到全球共享。打破了传统观念中教室、校园、国界的束缚，大大拓展了教学的空间范围。（3）掌握输入输出程序（计算机语言），则可进行人机对话。学生可以从特定的"软件"（编程）中随意调取有关信息，又可以输入有关信息（指令）。在计算机上做各种三维设计或绘图，进行语言文字编辑工具，选择、编制、计算数学题，或者进行模拟实验等。计算机模拟了教师有些机能，又扩展了学生的有关机能；可以改革现有教学结构及模式，大大提高教学效率。

十、态势语言艺术

（一）态势语言及其特征

正如一首《献给教师》的诗歌吟诵的："你的话语如同神奇的咒语，你的眼神恰似明净的秋水，你的微笑更像三月的春风，你那一举手，一投足，犹如智慧的魔杖。这一切无不倾诉着爱与美的衷肠和祝福。"教师的语言是丰富多彩的，教师的语言更是千姿百态的，不但有令人悦耳动听的听觉语言，也有令人赏心悦目的视觉语言。如果说听觉语言似叮咚泉水滋润着学生的心田，那么，视觉语言就如鲜艳的花朵盛开在学生的四周；如果说，听觉语言像和煦的春风吹拂着学生的心胸，那么视觉语言就同摇曳的绿枝笼罩在学生的头顶。

那么什么是视觉语言呢？就是态势语言，或讲态语言，它是有形无声的，但在教育教学活动中和听觉语言一样同样起着信息的传达作用，同样发扬着"授道也解惑"的作用。尽管这种语言还未引起理论界和教学者们的充分注意，但就"教师的语言"这个范畴而言，不能没有态势语言的一席之地，尤其是作为"教师语言艺术"这一命题，态势语言更是其不可或缺的内容。

何谓态势语言？简言就是说话人在说话时的身体状态和面部形势。反过来说，也就是以一定的身体状态和面部形势辅助口头语言的表达的那种人所独具的语言信息。态势语言是指能在一定程度上表达思想感情的眼神、表情、姿态和动作。从唯物反映论的角度看，态势语言首先表现为一种可输出的有效信息，经过说话人的加强、减弱或调腔后，使之成为一种能更好的被人接受的表情达意的语言，它发生或做功的有效界域是说话人与听话人之间，即说话人的表情、姿态、动作、手势要能让听话人感知得到。从社会心理学的角度看，这是人们使用的一种非语言符号系统所进行的交际，它作用于人的视觉——动觉感知系统，并建立在人们对这种非语言符号有着共同的理解基础上。就态势语言本身看，它分为两大系列：以眼神变化为中心的表情系列，除异常生动的眼神外，包括眼帘的开闭、眉毛的展缩、鼻翼的动静、下巴的收放、嘴唇的张开和笑、怒、哀、喜等面部肌肉的变化。以手势动作为中心的体态系列，除千变万化的手势外，它包括身体的倾仰、肩头的耸收、胸脯的起伏、腰部的扭直、腿部的

行止等。最后，就态势语言的运用看，有一个动作或姿态的单一式，多个动作或姿态配合的复合式。

美国心理学家艾帕尔·梅拉别思通过许多实验，总结出了这样一个公式：

信息效果＝7％的文字＋38％的音调＋55％面部表情。

这个公式百分比的精确度姑且不论，但它告诉我们以面部表情为代表的视觉语言在信息传递中的重要作用。这也正好印证了一些科学家所测定的结论："人的记忆，80％是靠视觉来确定的。"其科学根据是，神经生理学的研究表明，人的大脑左右两半球有不同的分工：左半球接受语言和逻辑信息，右半球接受非语言即形象信号。在教学信息传递过程中，如果只有听觉信息，而没有视觉信息，效果明显打折扣；如果两种信息同时齐备，接受效果则更为理想，这也是电视教学效果为什么比广播教学效果好的重要原因。教师只有既注重口头语言，又重视态势语言，才能给学生以形象具体、生动传神的审美感受，才能与学生实现心灵碰撞、情感交流的情境体验，才能使教师的教学语言丰富多彩，教学效果锦上添花，进而形成潇洒自然、优美大方的教学形象美、教态美和独具个性的风格美。

关于态势语言的特征，可从它与口头语言的外部关系和它自身内部关系两个方面来认识。

从外部特征看，首先，态势语言的运用是有声语与无声语的统一。例如，毛培君老师善于利用生动形象的姿态进行英语教学。一次教学生学习"鞠躬、认罪、锻炼、拾物"四个单词，先把读

音教准以后，为了帮助学生更好地理解这四个动词的含义，他在讲台上带着不同的神情做了四个低头弯腰的动作。一个个动词通过毛老师诙谐生动的姿态，形象地输入学生大脑，使学生在欢乐气氛中很快地掌握了教学内容，学习英语的兴趣也更浓了。通过毛培君老师运用态势语的教学成功生动地说明了，有声语与无声语的统一在教师的语言艺术中具有不可忽略的意义。如果说有声语重在说明、解释事物或概念的本质意义，那么无声的体态语则重在渲染、强化有声语言的内容；尤其是对语言类课程的教学更为重要。由于语言类课程的教学传统的教法或主要的教法是在"听、说、读"的语言运用上下工夫，因而忽略了许多形象、直观的教法。特别是教学者自身的体态如何运用于教学过程中，不能不引起我们足够的重视。

其次，态势语言的运用是主导语与辅助语的统一。尽管态势语言在教师语言艺术中有着不可轻视的重要作用，但是在教师的整个语言体系中，态势语毕竟是辅助语。它只有与占主导地位的有声语配合，才能发挥出独特而应有的效果。假如，在交流中没有口头语言不可设想，而仅有口头语又会影响交流的情感传达和灵敏度；反之，没有态势语则没有"闻其声、见其人"的效果，而仅有态势语那无异于打哑谜。只有做到了以口头语为主导、以态势语为辅助的结合，才能使教育教学既生动又理想。学生在课堂上注意力分散，以致做小动作，对此，有经验的老师总一边讲课，一边投去严肃的目光，或自然地走过去轻轻地按一下学生的肩头。一位老师在讲解

诗人艾青的《大堰河——我的保姆》一诗时，一边读着"你用你厚大的手掌把我抱在怀里，抚摸我"的诗句，一边用形象手势做抱在怀里抚摸的情状，加上手势与声音、表情、目光的配合自然，使学生在忘情的理解中，专注的体会下，感受到了诗人与大堰河与大堰河对乳儿的爱。

以上外部关系说明态势语言一般不能孤立单独使用，必须配合有声语一道成为教师的"语言"。然而，就态势语言本身看，其内部关系具有什么样的特征呢？

其一，体验与传达的一致性。"诚于衷而形于外""喜怒形于色"，乃至"手之舞之足蹈之"，都说的是这种体验与传达的一致性。一定的态势语言，必定是相应的思想认识、主观感情，情绪感受等内心体验性的外露。离开了教师个人的体验、就没有自然、生动、传神的体态语，体验不深刻、情感不到位、认识不准确，要么几乎没有体态语，要么体态语生硬或错误。一些刚参加工作的老师或没有讲课经验的教师，在学生面前一站或一走上讲台常常手足无措，瞠目结舌，究其原因就是体验与传达的错位。有的是有准确而深刻的体验，但传达不自然又慌乱；有的是体验一般化，但善于表演，因而传达基本到位；有的是没有较好的体验，只能是几个简单的体态语，或始终是面带微笑，或老是几个挥手动作，或不停地走动。在教师的教育教学活动中，有时一个简单的态势语就能传达出教师准确、深刻、细腻的体察。江苏省的徐桂英老师讲述了这样一件事：一次卫生检查中该班学生小尹因衣服很

脏受到老师责备。小尹瞪着一双似乎委曲的眼睛呜呜地哭了起来。怎么回事呢？原来这位学生从小父母双亡，一直跟随着 70 多岁的外婆生活，近来外婆又病了。当老师知道这一切后深为同情小尹的处境，可语言的安慰只能加重他的伤感，徐老师便拉过小尹坐在她身边，掏出手帕为他拭去眼泪。此时的体态语言不是胜过了千言万语吗？

其二，单纯与多义的明确性，比起有声语言来讲，体态语言传达的信息有时是较模糊的，但在特定的语境中它的含义又必须是明确的。如用力推出去这个手势就有表示"走开""冲锋""无所畏惧"等含义，但在列宁的演说中，让我们感受到的是革命领袖的远见卓识和宏伟气魄，看到的是坚定必胜的信念和一往无前的决心。又如，同样是自上而下的点头，俄罗斯人认为是同意，保加利亚人则视作否定。再如"闭目"这一动作，有时表示极度悲哀，有时表示深切关怀，有时表示格外陶醉。总之，这些态势语言的"多义性"是由于民族文化、思想观念和个人情感的差异性造成的，但这也为辅助口头有声语言的交流提出了选择的多样性。然而，在实际语言交流中，体态语言一般是不会引起歧义的，因为它仅是起一种辅助性的作用，听众对语言内容的理解主要还是依靠有声语。就这个意义上讲，态势语言在交流中含义还是单纯的。比如，教师抚摸学生的头，表示关切与爱护；教师向学生投去深情的目光，表示希望与厚爱；教师面带微笑走上讲台，表示他的亲切与沉着。我们知道了教师态势语言具有单纯与多义的特点，就要求教师在实际

运用时，既有广泛的选择余地，又要让学生懂得他的特殊、特定的含义。

其三，主要与次要的协调性。在势态语的眼神、表情、手势、姿态四种基本表达方式中，一般眼神和手势是其主要的表达方式。在具体使用态势时，常常是以一种为主要表达方式，其他则为次要方式。不论哪一种为主要或次要，关键是要协调、自然、大方，给学生一种此时老师的一举一动、一颦一笑、一嗔一怒，真是胜过千言万语，可谓"此时无声胜有声"。如老师在一次国际教育课上向同学们提出科学家是受什么启发造出潜水艇的问题后，有的学生精力不集中还没有进入思考状态，老师就可侧着头用右手的食指轻轻点自己的脑袋，同时眼睛又一眨一眨的；当有学生举手要求回答时，老师则伸出一只手，手心向上示意他站起来；当学生回答不正确时，又面带微笑予以鼓励、安慰并点头示意坐下，又用探询的目光注视着同学们；当一位平时不爱发言的学生站起来回答时，老师应特别重视，侧身前倾，做出一副重视他的发言的模样，同时又抢着手掌一边左右摆动，一边缓缓向前运动。同学们一下顿悟过来，兴奋地异口同声地回答道"鱼"。在整个启发过程中，老师几乎没说一句话，为的是营造一人安静的思考氛围，老师一会是眼神为主，一会手势为主，一会是表情为主，一会是姿态为主，又辅之以其余态势语言。学生的思维始终在教师的态势语言引导下活动，学生的情绪一直在教师的态势语言感染下起伏。

其四，即兴与准备的互补性。同有声语言一样，每一种态势语言都有较为

准确的含义。在一般情况下，或者在中华民族的文化环境中，态势语言也呈现出约定俗成的规范性，如摆手意味着否定，点头意味着肯定，抬手意味着过来，抿嘴意味着不置可否，突然瞪眼意味着惊讶。含义的规范性便于我们在实际交流之前，可以预先设计、准备。如上地理课教学生学会自然方位和地图方位，不少人都未能讲清这两种方位的差别和它们的关系，而一位较有经验的地理老师走上讲台先挂了一幅地图，告诉学生地图上的东西南北四个方位，以看地图人身体方位就可以确定地图上的四个方位，即以身体为基准，身体的上方即地图的北方，下方即南方，身体的左侧即地图的西方，右侧即东方。一句话，上北下南左西右东，教师演示一遍，学生模仿几遍，便很快地学懂了，确定自然方位。教师用手指出操场上的某上角或一幢房屋的某一面，告诉学生这是什么方向，然后身体每转 90 度便是一个方向。这些需要教师在备课时就要认真准备好，讲课时就能熟练地运用。另一方面，同有声语言的实际运用一样，教师并不是把每一句话都写在教案上才上课的，即兴发挥是语言运用的普遍现象。态势语言也可即兴发挥，讲到得意处自然会眉飞色舞，讲到开心时不由得笑逐颜开，遇到难题时也会蹙额锁眉。要注意的是，即兴发挥的必须是含义准确，不得模棱两可，令人费解；做好准备的也只是一两个对理解课文有重要帮助的态势语言，不可准备太多，否则，成了哑剧表演。在态势语的四个基本表达方式中，眼神、表情多半是因时因事、缘事缘情的即兴式，而手势、动作则可以事先准备。只有二者密切配合、相得益彰，才能把态势语言运用得自然大方，生动传神。

（二）态势语言运用的原则

态势语言作为教师语言的有机组成部分之一，尽管它很少独立动作，只是辅助有声语言的传情达意，或许正是由于它的独特性，因此我们在运用时就应格外谨慎，不因少用而显其精，不因多用而显其滥，不因用之不当而显其俗，不因用之不美而显其丑。如果要把态势语言的运用升华为艺术的话，那么，它同有声语言就具有共同的审美原则：准确、鲜明、生动；此外因为这是说话人在说话时用身体状态和面部态势的变化作为表达方式，所以，必须引起听众视觉效果的美感，故还得增加一条视觉美感的原则，即造型、形象的优美。

具体而言，教师态势语言运用的原则是：含义明确，繁简适度，朴素自然，潇洒优美。

1. 含义明确

在态势语言中面部表情的关键是眼睛，它永远是语言与行动的先导。谦逊、善良、多思、坦白和忠诚，都可用通过那专注而明澈的眼神表现出来；而奸诈、虚伪、嫉妒、狡猾、假意，也可以通过那诡黠多变的目光流露出来。手势被称为人的"第二眼睛"，一位名叫瓦·帕帕江的前苏联演员曾说："手势语本身就像文字一样地富有表现力，特别是在言词少于思想、三两句话中蕴藏着通篇哲理的时候，尤其是这样。"尽管说者指的是舞台表演艺术，可我们教师的讲课难道不是讲台表演艺术吗？手势语言如同有声语言一样变幻无穷，从其基本含义看，有指示手势、情意手势、象形手势、象征手势，从其活动区域看，有上区手势、中区手势、下区手势，等等。但是，为了做到含义明确，就得根据运用者思想情感的表达来使用相应的手势。总之，教师的态势语言的运用要根据讲述内容的需要，为提高表达效果而准确使用，不能为态势语而态势语，显得花里胡哨，不能为态势语而不态势语显得僵僵硬呆板。让我们看一个眼睛是怎样准确说话的例子。

例 4 长春市语文特级教师牟丽芳在教学中就非常喜于用眼睛来说话。一次，她范读课文时眼睛的余光发现一个学生虽然也端端正正地捧着书，眼睛却盯住桌子上的一件小玩意儿。牟老师敏锐地注意到了他眼神的变化。她依然投入地读着，和着朗读的节奏自然而缓慢地向这位学生的座位踱过去。别的同学都沉浸在朗读创造的意境中去了，一点也没发现老师位置的变化。而那个溜了神的学生似乎感到课堂气氛的细微变化，他抬起头快速地溜了老师一眼，恰好，牟老师也瞟了他一眼，师生相视最多一秒钟，老师那短暂的一瞥，严厉而亲切，包含了千言万语。那同学红着脸避开老师的目光，悄悄地把视线集中到了书本上，课堂上一切如常，不见一丝波动。

2. 繁简适度

如果说，含义明确是教师态势语言质的规定，那么，繁简适度则是量的要求。态势语言既是根据讲述内容需要而产生，但也得考虑接受者信息定量，切忌态势语言使用过多，尤其是同一种态势语言在一段时间内的重复出现，还要去掉一些可用可不用的态势语，以免形成手舞足蹈、叠床架屋的现象，给人以不美的感觉。这是由于态势语言在教师的语言体系中始终是从属、辅助地位决定的，如果使用过多，必然喧宾夺主，以致影响内容的表达。只有准确而精炼的态势语言，才能给人以强烈的视觉冲击，留下深刻的印象；只有生动而简明的态势语言，才能更好地传达讲者的思想感情，易为听者接受，借用郑板桥的古诗，态势语言宜可"删繁就简三秋树"，不可"标新立异二月花"。

聆听过鲁迅先生讲课的人回忆说，鲁迅的每一次讲课，既有炽热的感情，又有深沉的理智，更有简练而富个性化的态势语言。当他讲到兴奋之处，常常引起听讲人热情而开怀笑声。每到这时，鲁迅就收敛了笑容，神情严肃而专注地注视着课堂。此时，一切的手势、动作、姿势等态势语言都是多余。无怪人们总是说，鲁迅先生那冷峻的外表下，具有雕塑般的震撼人心的美感，真切地展示出了"横眉冷对千夫指，俯首甘为孺子牛"的崇高人格美。

还有一位语文教师讲解唐代刘禹锡《酬乐天扬州初逢席上见赠》一诗，当讲到诗的最后联"今日听君歌一曲，暂凭杯酒长精神"时，说："这尾联点明了酬赠的题意，意思是说今天听到你为我吟诗，我十分感动，让我们借这一杯薄酒来重振百折不挠的壮志豪情吧，干杯！"讲到这里教师伸出右手做端酒杯状，同时做出一个干脆利落的"干杯"动作，把学生带到了刘诗中表达出的那种虽饱经蹉跎而更加达观豪放的诗情之中。这样的态势语言就显得简洁得体、生动传神,将诗的悲戚之情、教师的豪放之情和学生的激昂之情,融为一体,相得益彰。

3. 朴素自然

态势语言由于能强化、渲染传情达意的效果,因此,有的使用者便刻意求之,注重人为的雕饰,结果东施效颦,弄巧成拙。这里借用鲁迅论文学语言的话也可证之:"留真意,去粉饰,勿做作,少卖弄。"行云流水,了无痕迹,自然天成应是其最高境界。那么,怎样才能达到这个境界呢?首先,要有对表达内容准确、深刻的理解,并熟悉自己所要讲的东西,到时随着口头语言的讲述,举手投足、一颦一笑,才显得朴素自然。其次,要掌握态势语言眼神、表情、姿态、手势等基本要素的含义,如眨眼为思考状,皱眉为厌恶状,摊手为无可奈何状,身子前倾为专注倾听状,等等。最后,要做好有声语言与态势语言的协调,明确两种语言的主辅地位,意味着并不是每一句有声语言都得配之以态势语言。态势语言只有用在表述重点、强调情感或阐明语意逻辑时,不失时机地用上去才能起到强化、渲染的作用,收到锦上添花的效果。懂得了这三点,态势语言的运用方能形成朴素自然的审美特征。

学生取得成绩,应理所当然地受到表扬,教师常采用口头表扬或物质奖励,此时如果辅之以态势语言效果会更好。教师可以当着全班同学的面,走到他面前,或者在他领奖下来,满面春风地抚摸一下学生的头,并向他点头祝贺;或者爱抚地轻拍一下他的肩背,称赞道:"好样的!"这些小小的动作,在成年人看来,可能会觉得不以为然或庸俗,可中小学生却会感到无比温暖和快慰,学生心领神会这种无声语言的含义,并激发起不辜负老师信任和厚望的进取力量和热情。试想如果教师面无表情地表扬几句,学生就会觉得他的成绩未能得到教师尊重和重视;如果教师唠唠叨叨手舞足蹈地表扬他,又以此来教训其他学生,不但所有学生,而且就连这位取得好成绩的学生都会觉得老师在借题发挥。由此可见,朴素自然的态势语言有的胜过千言万语的表达效果。

4. 潇洒优美

如果说态势语言的朴素自然是一种审美境界的话,那么,潇洒优美则是一种审美风度。态势语言的潇洒优美是建立在含义明确、繁简适度、朴素自然基础上的,或是前三者综合效应的感性显现,还是态势语言区别于有声语言的显著标志,并且也是态势语言艺术美的特殊规定。一个合格的教师不但要具备前三条,而且更应有第四条的修养。一般而言,具备了前三条,就基本上能给人以潇洒、大方的美感了,但是要真正做到潇洒优美,还必须具备一定的外在素养。教师态势语言的审美化,先得有教师美好的心灵、高尚的人格、渊博的学识和对教育事业的满腔热忱;其次,为师者虽不一定都是风度翩翩,但必定是衣冠整洁。正如中国古代教育家荀况所言的"充内形外谓之美"。

态势语言的潇洒优美,最能体现教师的风度了。而风度一语按德国美学家莱辛的解释则是"行动中的美",故动态性强的态势语言就能将教师这风度展示得淋漓尽致。如启发学生答问,学生争先恐后发言,由错误到不完善到正确,教师的眼神表情是由焦急到舒展到欣喜,手势可由摆手到慢慢举上最后猛地劈下。如组织学生讨论,可手心向上配以探询的目光,一一请学生发言;对不正确的意见,可面带微笑,手心向下,示意其坐下;对不完善的意见,可用右手食指点自己的脑袋,鼓励他补充完整;对完全正确的回答,教师平伸的手常握成一个拳头,最后用劲一握,表示给予充分的肯定。

(三)态势语言运用失误举要

我国科学家严济慈说:"从某种意义上说,讲课是一种科学演说,教学是一门表演艺术……一个好的教员要像演员那样,上了讲台就要'进入角色'。一方面要用自己的话把书本上的东西讲出来;另一方面你尽可以'手舞足蹈'、'眉飞色舞',进行一场绘声绘色的讲演。这样,同学们就会被你的眼色神情所吸引,不知不觉地进入到探索科学奥秘的意境中来。"诚如严济慈先生所说,态势语言运用得精彩,讲者必定进入角色,手舞足蹈、眉飞色舞、绘声绘色,给人以表演艺术的美感。要达到此境界,确实是困难的。或许正因为它奇妙而富有魔力,或许正因它精彩而充满诱惑,或许正因为它有着难度而给人以挑战。总之,态势语言如运用得好,教学效果锦上添花,

至少使课堂气氛满室生辉。它是如此美妙而神奇,初学者则努力望其项背而企望求得二三绝招,惯用者则尽量熟能生巧而渴望登堂入室,创新者则刻意标新立异而企望形成个人风格。不管是哪种情况,人们都触动一下这"永恒的司芬克斯"。于是不免鱼龙混杂,良莠不分。伴随着成功的同时,失误也在所难免。

教师态势语言运用失误的常见毛病是:不自然、不明确、不简练、不文雅、不美观。

1. 不自然

初上讲台的教师由于心情紧张而显得手足无措,任教多年的教师由于刻意求新而显得不伦不类,参加赛课的教师由于环境陌生而显得拘谨不安,凡此种种,都是教师态势语言不自然的表现。还有的一站就像生了根似的,久久都不动一下;还有的满教室不停地走动,如热锅上的蚂蚁;还有的望着教室天花板讲课,不同学生进行必要的眼神交流;还有的一边讲课一边盯着窗外,造成学生精力不集中;还有的偶然中断思路就抓耳挠腮,偶有失误就吐舌头,等等,都使人感到极不自然,妨碍教学信息的传递。造成不自然的原因,主要是准备不充分,在学生面前一站则有不踏实的感觉,尤其是当出现了意外情况时,更是六神无主。此外,还有就是对态势语言重视不够,认为那是可有可无的,甚至觉得是画蛇添足。当然也不排除没有教学经验,有的刚参加工作的教师为了使课堂气氛活跃或掩饰自己的紧张心理便做出了种种极不自然的表情动作,给人以生硬、做作的感觉。克服态势语言

的不自然，关键是要努力树立"忠诚党的教育事业"的思想，满腔热情地投身于教书育人的工作中去。备课时和平时要有意识地给自己增加态势语言的训练，尤其是眼神、手势的训练，对在一节课解决难点、突出重点时用什么样的态势语言配合都应心中有数。

2. 不明确

如前所述，许多态势语言，如微笑、抬手、专注的眼神和摆动的身体等抽象地看都具有多种含义，但在某一个具体语言环境中，它又只能是一种含义，特别是一些指示性的态势语言。如用手势指你、我、他或上、下、左、右、前、后等必须动作到位，具体明确，而不能随便挥下手就了事。具体讲，如指示视力所及的范围则可用食指明确指示，指示遥远的地方则可手心向上、手臂平伸出去表示，这两种手势不能混淆。记得一位老师讲了这样一件事情，可见手势准确的重要性：前一堂课一位老师搞了随堂测验，下课了同学们还在对答案，谈做题，以致下一堂课的上课铃都没听见，这位教师走进教室时，里面仍然是闹哄哄的。为了让学生们安静，他走上讲台用双手向上，做"掂"的动作，本意是叫值日生呼起立，结果一些学生误认为是老师要他们再议论一会，教室里更加嘈杂了。这位教师一看学生没明白他的意思，就改用双手轻轻向下压，串位的回到了自己的座位上，站起来的坐下了，可吵闹的声音依然不减，怎样才能叫大家安静下来呢？声音小了，无济于事，再吼一声，似不必要，用黑板擦敲讲台，动作不雅。突然，他灵机一动，

做了一个右手食指顶住左手心向下的动作，同学们因这篮球比赛的暂停动作用在数学课而感到新奇，马上教室里就安静下来了。由此可见，含义不明确的手势只能引起误解，而明确、新款的手势反而能达到出奇制胜的效果。

3. 不简练

"简练是才能的姊妹"，有声语言如此，态势语言更是这样。不简练主要表现在：眼神游移不定，时左时右，时上时下，让人不明白他眼神究竟要盯在哪里，要传达什么样的信息；表情始终是笑容可掬，尽管教师应多用微笑的表情，却不分喜怒哀乐，将本应丰富变化的表情，全让"笑"代替了；手势、动作太多，给人以手舞足蹈，眼花缭乱之感。有的来回走过不停，在学生与讲台之间来回穿梭，这样势必喧宾夺主，减弱了教学的主导语言的力量。还使学生的视觉容易疲劳，接受了过多的形象信息，分散了学生的注意力，使学生没有足够的时间理解，消化教师所讲的内容，更难形成师生之间教学信息的"输出↔反馈"的良性循环。怎样才能有效地克服态势语言的多而滥呢？一是加强教师的业务进修，深钻教材，精心备课，做到以缜密的逻辑推理、鲜明的教学主题、流畅的讲解语言来达到教学目的，唤起学生学习的积极性，而不是奢望于靠表面的手舞足蹈来造成人为的"生动、活跃"的课堂气氛。二是加强有声语言的训练，增强语言的准确、鲜明、生动的表现力、吸引力和穿透力，而不能存在什么"有声语言不足，态势语言来补"的错误认识。三是对于态势语言多而滥

的教师，应格外注意每次讲课应相对固定站在一个地方，目光加强与学生的正面直接交流，对那爱动个不停的手最好拿一本书以制约一下。

4. 不文雅

每个人说话都有态势语言，而作为学生的心灵的美化者、知识的播种者、品德的引路人的教师的态势语言必然体现出教师职业的特点和个人的文化修养。因此，教师的态势语言就一定要有儒雅的风范、文静的气质，给人以高雅而脱俗、规范而得体的美感。但是，有的教师的态势语言缺乏高雅、沉稳之感，粗俗鄙陋，难登大雅之堂。讲到得意之处，禁不住摇头晃脑，唾沫横飞；讲到"卡壳"之处，则面红耳赤，抓耳挠腮；有的双臂撑在讲台上，有的一只脚蹬在讲台上，至于在上课时抽烟，整理身上饰物，随地吐痰。这些都是不文明动作。有的教师在讲鲁迅的《故乡》时，模仿杨二嫂那如同细脚伶仃的圆规体态形象；甚至个别男教师在讲台踮起脚尖学小脚女人走路。有的教师在办公室也不注意自己的形象，如批评教育学生时拿着教鞭指指点点，或躺在椅子里，双脚高高地跷在办公桌上。凡此种种，往往会有损自己的威信，破坏融洽和谐的教书育人气氛，从而降低教育教学效果。克服这些错误的态势语言，首先，应从思想上明白，为人师表的职业要求，懂得教师无小节，处处是大节；其次，注意规范自己的态势语言，做好"有理、有利、有节"，即符合职业规范，有利于教育学生，注意调节克制。

5. 不美观

态势语言在审美上应该具有雕塑般的艺术效果，这是最困难的，然而作为一个优秀教师又是不得不具备的。遗憾的是，现实生活中，我们许多教师并不看重自己在学生面前的一些细微小节的。如，女教师头发没梳整齐，批评学生时一副张牙舞爪的样子。男教师裤管一只高、一只低，穿着拖鞋、背心在校园里走来走去；有的教师常常一副愁眉苦脸的样子，时常都显得有大病不愈似的；有的教师态势语言有气无力，挥手、抬手、握拳等动作不到位。如一位教师讲高尔基的《海燕》，当讲到最后一句"让暴风雨来得更猛烈些吧！"这时，他的声音高亢、激越，两手本应该高高举过头顶以加强这种气势，可惜，他的双手只是软绵绵地举了一下，与他的语气显得极不协调。这个手势不但没起到强化效果、渲染情感的作用，反而引来学生一阵嬉笑。仅这个不美观的动作将群情激昂的课堂气氛败坏得一干二净，从而严重地影响了对这篇课文那种大无畏的无产阶级革命斗志形象的理解。"举手投足皆有意，一颦一笑总关情"，要纠正教师态势语言不美观方法有二：一是，使用态势语时必须情感饱满，人只有在饱含情感运用态势语时，才能使眼神炯炯发亮，笑容满面春风，手势富有力度。二是，动作要到位，切勿拘谨、萎缩，否则不伦不类，甚至令人恶心。动作的预备、发出、收回全过程必须有板有眼的完成，预备运足气势，发出到位有力，收回干脆利落。

（四）态势语言表达训练

态势语言有规律可循，却又无教条可遵，有方法可讲，却又无定格可求。因此，有关态势语言学术界一直存在着两种明显相左的意思：一派认为，历来论述态势语言的文字，十之八九都是废话，唯一最有价值的姿势只能产生于表达者所受情感的能动，一次情不自禁的眼神、手势，比一千条法则更有价值。另一派认为，信息交流中既然人的态势在起作用，那么它必定有规律之寻求、有规矩之讲究，何况任何事要想取得好的效果，都必得经过刻意的追求和刻苦的训练，要充分发挥态势语言在表达中最佳作用，对它的眼神、手势等就必须研究、揣摩。只有潜心学习，才能运用自如，日臻完善。

鉴于此，我们主张：讲台上悉心揣摩学习，讲台上任其自然发挥。借用西方演讲学家柯林斯的一段有关演讲的论述是最好的注释：当你演说的时候，整个忘掉你要做的动作。把你的注意力集中到你要说的东西上去把你全身的热情和精神都放到思想的表现里。要热烈，要诚挚，要绝对的恳切。那些动作自然而然就带了出来。如果你内心的概念是异常强烈，你的拘束自然就被打破，你的形体和你的表情动作发生反响。你在实际演讲时，只思索你所要说的……让自然的趋势去选择动作。但是，如果仅寄即兴发挥的希望，常常会失去调控而显得手舞足蹈，假如我们还注重必要的准备、训练，那么，态势语言就会准确、规范、得体美观，使教师的语言艺术锦上添花。

1. 眼神训练

眼睛是灵魂的窗口，不同的眼神传达不同的感情：眉开眼笑，表示欢乐；目眦尽裂，表示愤怒；目不转睛，表示专注；不屑一顾，表示轻蔑。内心的感情和体验是眼神表意的基础和前提，试作以下练习：

表示勇气和决心，两眼向上注视。坚定无畏状。

表示高兴和希望，眼皮轻轻上台。情不自禁状。

表示惭愧和悔恨，两眼视线朝上。心力憔悴状。

表示憎恶和反感，两眼向一侧看。嗤之以鼻状。

表示失望和悲观，两眼茫然凝视。表情木然状。

表示喜悦和幸福，两眼微闭。陶醉状。

表示惊恐和大怒，两眼圆睁。怒不可遏状。

表示激动和兴奋，两眼光芒闪烁。万分喜悦状。

表示怀疑和轻蔑，横眼斜视。不屑一顾状。

可按下列句中的内容，边说边做眼神练习。

（1）王若飞轻蔑地说："你们这套把戏，对共产党人是没用的！"

（2）父亲瞟了叙利奥一眼，说："即使有病，也是他自作自受。以前有功的时候，并不是这样。"

（3）他焦急地看看天，又看看我，说："我背你走！"

（4）她抱着爸爸的腿，用会说话的眼睛乞求着，好像在说："我要去北京！还要当教师呢！"

2. 表情训练

除眼神之外，其他面部器官，如鼻、嘴、眉等的活动变化通称表情，它们同样能够传情意。眉毛的一皱一扬，嘴的一撮一撇和面部肌肉的一收一放等，都能配合眼神做出种种不同的表情来。试作以下练习：

口型变化：表示伤心，嘴角下撇；表示惊讶，张口结舌；表示仇恨，咬牙切齿；表示忍耐和痛苦，咬住下唇。

鼻子的表情：表示厌恶，耸起鼻子；表示轻蔑，嗤之以鼻；表示愤怒，鼻翼张合；表示紧张，屏息敛气。

眉毛的姿势：表示发怒、眉毛倒竖；表示敌视，横眉冷对；表示轻佻，挤眉弄眼；表示兴奋，眉飞色舞；表示难堪，皱眉苦脸；表示腼腆，低眉含首；表示自豪，扬眉吐气。

面部的表情：表示兴奋，面部肌肉舒展；表示义愤，面部肌肉绷紧；表示无可奈何，面部肌肉下垂；表示莫名其妙，面部肌肉微颤。

按下列句中的内容，作表情训练。

（1）老班长猛抬起头，看见我目不转睛地看着他手中的搪瓷碗，就支支吾吾说："我，我早就吃过了。"

（2）妲布皱着眉头对小儿子说："勒若，我要是不能住在这样一个村子里，会闷死的。"说完，长长地叹了一口气。

（3）站长右手托起那个大西瓜，笑呵呵地说："同志们，这是我们岛上结的第一个大西瓜。"

（4）小赵歪着脑袋，把我左看右看，笑了笑说："得了吧！你也挑得动煤？像个瘦猴子，不要扁担把你压扁了！"

3. 手势训练

运用臂、肘、碗、指的动作来表情达意，传递信息，这是态势语言中的手势语言。它和眼神一样，是最常见、用途最广的一种体态语言。人们平常说话，总是离不开手来帮忙，如击掌表兴奋，搓手表为难，握拳表坚决，挥手表再见等。手势的活动区域分为上、中、下三个部位，肩以上为上区，肩至腰部为中区，腰部以下为下区。

上区：多表示奔放、炽热赞扬或号召；

中区：多用表达感情色彩不浓的一般陈述或平静的谈话；

下区：多表示否定、蔑讽、憎恶或决心。

不过，手势的使用还得靠自身的体验，没有一成不变的模式，虽可事先设计，但成功的手势常常是随临场说话的内容、听众情绪和气氛而恰到好处出现的。

按指定的内容和手势动作位置，进行手势语训练：

（1）"攀登吧，无限风光在险峰！"——单手、手心向上、上区。

（2）"同学们：我们公布一个好消息！"——双手、手心向上、中区。

（3）"高大的房屋，突然坍塌了。"——双手、手心向上，下区。

（4）"呼呼的大风，火焰越升越高。"——单手、手心向下、上区。

（5）"朋友，这事千万得注意

呀!"——双手、手心向下、下区。

(6)"把强盗从这里赶出去!"——单手、手心向下、下区。

(7)"请放弃这错误的想法!"——单手、手掌竖立、中区。

(8)"中国人民从此站起来了!"——双手、手掌竖立、上区。

请按下列的内容,边说边手势:

(1)年轻的护士,双手捧着这件睡衣,望着补丁上又匀又细的针脚,眼睛湿润了。

(2)"你不知道",伯父摸了摸自己的鼻子,笑着说:"我小的时候鼻子跟你爸爸一样,也是又高又直的。"

(3)勒若拍着胸脯,说:"不,我要拿的是壮锦,不是金子!"

4.身姿训练

身体呈现的样子,即身姿或人体姿势。它指头部的俯仰摇摆,胸部腰部的屈伸,步履的移动跳跃等。教师在说话时,如注意了眼神、表情和手势的语言,而整个身躯的动作没有有机配合,双脚纹丝不动,这显然会显得呆板,给人一种不协调的感觉,所以教师身姿语言也相当重要。除了给人们严肃、亲切、自然的感觉外,还要注意用身姿来传递信息。试作以下练习:

表示庄严,身体自然立正;表示谦恭,身体稍向前倾;表示焦急,上身左右摇晃;表示傲慢,挺胸鼓肚。

请按下列内容提示,训练身姿动作。

(1)小马连蹦带跳地说:"怎么不能,我很愿意帮你做事。"

(2)同志们伤心地痛哭起来,可是你把脚一踩,嘴角抽动两下,狠狠地说:

"妈妈,这个仇我一定要报!"

(3)王若飞忽地转过身来,面对着敌人。

(4)妻子领着六七岁的儿子,挤下人行道,探着身子张望。

(5)勒若一边走,一边想:"有这盒金子,我的日子就好过了。"

以上我们只讨论并训练了态势语言中四种基本要素的运用。但是,在实际运用中,很少单独用一种的,常常是两种要素以上的综合运用。在态势语言的综合运用时,一要注意适当突出主要要素,二要注意各要素之间的配合、协调。

十一、学科教学语言艺术标准

教案上的书面语言通过课堂教学转化为教学语言。这一转化过程的主要矛盾是备课时情境与讲课时的情境大不相同。它需要教师根据当堂教学中的实际情况及时灵活地处理问题。如果照本宣科,学生兴趣索然。因为课堂上发生的一切不可能完全在教师的预料之中,甚至有些偶发事件,是完全没有预料到的。加之在这一阶段,言语活动,反馈信息、语言调整和教学语言的实现错综复杂地交织在一起,需要教师创造性地去处理。

(一)思想品德课教学语言艺术

思想品德课教学语言,是指教师在思想品德教学过程各个环节中运用的语言表达形式。如开课导语、明理启导语、情感诱发语、行为指导语以及课尾结束语,等等。教师只有对课堂上的这些重点部位和重要环节,事先设计出具有一定艺术魅力的教学语言，然后才能在课堂上积极影响、感染和征服学生最佳地实现明理、激情和导行任务。

1. 开讲导语

设计要求：导语要贴近学生，亲切自然，饱含情感，应用最少的话语、最短的时间，以弥补师生间的距离以及学生与教材间的距离，将学生的思维迅速牵引到课题上来。

例5 《要管得住自己》的导语

（教师登上讲台，十分兴奋，脸上露出笑容）

同学们，你们想知道老师今天上课，为什么这样高兴？因为老师发现大家坐得端端正正，比过去更懂事了。同学们，你们已是三年级学生了，平时既要虚心接受老师、父母的教导，还要学会自己管好自己，今天我们学习的新课就是《要管得住自己》（板示课题）。

这则导语贴近儿童实际，以"轻风拂柳"般的柔和语句娓娓道来，一旦置身到这样的语言氛围中，学生既会感到老师亲切，又能孕育积极向上的内驱力。

2. 故事讲述语

设计要求：要口语化，儿童化；语言要生动形象，具有可视性，能把描述的事物和道德形象凸现出来。

例6 《自己能做的事自己做》一文中讲述"小喜鹊做房子"的教学语言。

"小喜鹊要做一间新房。因为它要离开妈妈，要自己做！"小喜鹊把这句话记在心里，他每天天不亮就起床，翻山越岭，从四面八方衔来石子和泥块，把它们堆积起来。小喜鹊越过多少座山，越

过多少座桥，连他自己也记不清了。时间过了一个多月，小喜鹊终于造好了自己的房子。妈妈见了高兴地说："孩子，你说干就干，自己的事情自己做，真棒！"（竖起拇指）

这则童话的"语言脚本"，形象生动，很富有表现力。它把道德形象勾勒得淋漓尽致，能使学生对小喜鹊产生好感。

3. 明理启导语

设计要求：要在"晓"字上下工夫，尽量把抽象的道理说生动，把静态的理解说"活"，能启发学生去探寻，去追问，去挖掘，由"此"想到"彼"，由"因"想到"果"，由"表"想到"里"。

例7 《讲卫生爱清洁》一课有关启导学生"明理"的教学语言。

（教师先在左手大拇指上粘上一个"苹果人儿"，然后竖起拇指，举到自己面前对学生说）我是一个大苹果，小朋友见了都爱我，请你先瞧自己的手，要是手脏别碰我。为什么手脏就不能碰苹果呢？老师告诉小朋友，因为脏手带有许多病菌，如果不信，你们就亲自看看。（组织学生用显微镜观察）小朋友都看到了吗？脏手上带有病菌，人吃了这种带有病菌的食物，就要生病。因此，饭前便后要洗手，要讲卫生，爱清洁。

这段教学语言生动形象，深入浅出，善于运用多种语言修辞技巧，使抽象的道理形象化、具体化，让学生听后能产生顿悟，留下深刻的感受。

（二）语文课教学语言的特点

语文是交流思想的重要工具，是人

们认识世界改造世界的必需工具，也是人们学习科学文化的重要和必要的手段。正是由于语文与其他学科相比具有基础性和工具性的特征，因此决定了语文课教学在教学语言的运用上有着更高的要求：即在教学语言的运用上，不但要讲清楚，而且要讲生动；不但要讲具体，而且要讲形象；不但要讲准确，而且要讲精炼；不但要讲流畅，而且要讲优美。简言之，教学语言的艺术性语文课应比其他学科表现得更充分，更典型。

1. 语言课教学语言艺术的要求

（1）准确性。教学有很大的一部分任务是传授知识，而语文课所传授的无论是文学、作家，还是语文本身的知识，如果不准确就既会妨碍语文课的学习，也会影响其他学科的学习，最终将影响学生科学文化素质的提高，这样的例子是不少的。所谓准确性，一是，指所教知识的客观性和符合历史的真实性，如四川人讲普通话要注意分辨清楚 n 和 l，z 和 c、s，zh、ch、sh，in、en 和 ing、eng，否则讲的普通话就不准确。再如文学史方面的，俄罗斯作家和苏联作家的关系，山水诗派和田园诗派的区分。二是，指遣词造句的准确性，如同义词的区别，褒义、贬义和中性词的正确运用，各种句子成分的搭配，复句关联词的配合等。因此，教学语言的准确性是语言艺术的首要因素。

（2）精练性。如果说准确性是语文课教学语言艺术的第一个基石的话，那么精练性则是它迈向艺术峰巅的第二步阶梯。语言精练来源于认识的准确、见解和独到，逻辑的严密，思维的清晰和

表达的明晰与层次的分明。讲朱自清先生的《荷塘月色》，理清作者思想感情的线索，只要紧扣开头的"心里颇不宁静"，中间的"自由的人"和结尾的无福消受，一波三折，曲径通幽，便可将作者"淡淡的忧愁和淡淡的喜悦的交织"揭示出来。可见，做到了精练性，就能纲举目张，重点突出，以一当十；反之，则旁逸斜出，拖泥带水，以致淹没了重要内容。

（3）优美性。这是最能体现语文课教学语言艺术的关键因素，也是语文课比其他课更容易做到或更应该做到的要求。优美的语言，不在乎形容词的堆砌，不注重于修辞格的多寡，而是要语言的抑扬顿挫、流畅悦耳、词汇丰富、生动形象，给学生以诗情画意的享受。语文特级教师于漪讲朱自清《春》的导入语是这样开讲的："我们一想到春啊，眼前就仿佛展现出阳光明媚、东风浩荡、绿满天下的美丽景色；一提到春，我们就会感到有无限的生机，有无穷的力量！古往今来，很多诗人用彩笔描绘过春天美丽的景色。"这段开场白无异于一则优美的赞美春的抒情散文。从表达看不仅是语言的优美，而且凝聚了老师满腔的激情。所以，语文课教学语言要有审美效果，教师必须先有内在的情绪体验，然后再形诸语言，所谓声情并茂。

2. 语文课教学语言的艺术境界

如果把语文课教学语言比喻为一座金字塔顶，那么，准确性是塔基，精练性是塔身，优美性则是塔顶。要登上塔"欲穷千里目"，就必得调动各种艺术手段来作为攀登的脚手架。

（1）相声般的幽默。相声是一种最具汉语特色的语言表达艺术。幽默又是智慧的火花闪现。语文课当然少不了幽默，它深入浅出，形象生动，活跃气氛，开启思维。20世纪30年代，鲁迅在上海给大学生讲"美学的阶级性"时，用了农民不娶"杏脸细腰"、弱不禁风的"美人"，而专讨"腰臂圆壮"、结实能干的农村姑娘做媳妇的比方，说明了人们审美观点的阶级性，使学生在笑声中顿开茅塞。

（2）小说般的具体形象。因为大部分语文课文都是文学作品，所以老师在讲授时要努力传达出作品本身的形象，同时，用自己的语言再现作品的内容。一般叙事类的老师较容易描绘得具体形象，抒情类的又怎样才能具体形象呢？上海的钱蓉芳老师在讲《周总理，您在哪里？》这首诗时，是这样介绍时代背景的："1976年1月8日，我们敬爱的周总理逝世了！'四人帮'不许人们开追悼会，可人们还是戴上黑纱，献上鲜花。许多优秀儿女被监禁……"这一段描述使学生顿时沉在那特殊环境中。

（3）戏剧般的矛盾冲突。"看又如山不喜平"，语文老师的讲课其实也应该巧设悬疑，引起矛盾，时时给人以："合情理之中，出意料之外"的感受。如讲海涅的《西里西亚的纺织工人》，既然是纺织工人的罢工起义，为什么全诗要反复咏诵"我们织，我们织！"老师在赏析前先提出这样一个疑问，最后得出解答：表明了工人们埋葬旧世界的战斗决心，也使全诗充满浓郁的回环往复的音乐美。又如小学课文《小蝌蚪找妈妈》，老师一步步启发学生小蝌蚪是怎样变成青蛙的。

（4）诗朗诵般的激情。语文老师的语言艺术不仅仅是各种技巧的掌握，还必须有内在的激情，即精神饱满，精力充沛，口齿清楚，声音洪亮，尤其是在制造气氛、渲染情绪、提示主题时更应浓墨重彩，铺陈排比。如鉴赏舒婷的抒情诗《祖国啊！我亲爱的祖国》，最后归纳全诗主题，表明诗人"既悲哀祖国贫穷的过去，又期盼祖国新生的现实，更表达了献身祖国的美好未来"。诗人的情感随着诗行的展开，一会忧伤，一会深挚，一会热切，最后在雄壮激越的气势中"将祖国啊，我亲爱的祖国"主旋律推向高潮。

语文课教学语言的艺术境界，几乎等于演讲所要求的最佳效果。注重自己的语言修养、语言功夫，乃是一个合格语文教师最不可缺少的关键要素。为此，就要求我们的语文教师努力做到书面语言的标准与口头语言的流畅相结合，哲人见解的精深与诗人情感的浓烈相结合，演说家的风度与教育者的修养相结合。

（三）数学课的教学语言要求

数学课的教学语言应有它自己的特点，就是要为数学课的教学目标服务，要适应数学课的教学规律。它的基本要求是：

1. 知识准确无误

数学课的教学语言要求教师吐词清楚、表达完整、条理分明、严密周详、确实可靠、无懈可击、干脆利落，不能拖泥带水、含混不清，或似是而非、模棱两可。特别对概念、法则、性质、定理、定律、公式等的表述中不能有半点差错，一字之差就可能把正确变成错误。例如说"0"除以任何数（0除外）得"0"是对的，说成"0"除任何数（0除外）得"0"则是错的。"去年产钢3万吨，今年产钢6万吨"说"产量增加了2倍""产量提高了2倍""产量提高了6万吨"都是错的。说多了不行，说少了也不行。说："除了1和它自身外没有其他约数的自然数叫质数"，这样说是错误的，少说了一个条件"大于1"。有时眼前好像正确，但在今后的学习中就会暴露出它的错误。如说："在加法算式中，和大于任一加数"，在正数范围内这样说好像对，当引入负数后，错误就暴露了。教师要语言正确，必须深入钻研教材，精通业务，在数学教学语言中做到言之有理，言之有据，言之无误，不能掺杂一点随意性。

2. 推理论证要合乎逻辑

数学知识本身具有很强的系统性、逻辑性。数学课的教学语言要适应这个特点，才有利于学生学习知识，提高能力。

如果推理不正确，就肯定要造成错误。

如，设 $a=b$，则 $a>-b$。

这个结论是错误的。因为 a 和 b 相等有三种情况：>0、$=0$、<0，在推理时，只考虑了第一种情况，第二、三两种情况显然不对，所以得出了错误的结论。

有时结论是对的，但推理错误，也是错的。例如："在 $\triangle ABC$ 中，a，b，c 是三内角的三条对边，则 $a:b:c=\sin A$

$:\sin B:\sin C$，试证明。"错误的推理：因为三角形中大角对大边，即角的大小随边的大小发生变化，可见：$a:b:c=A:B:C=\sin A:\sin B:\sin C$

正确的推理：

由正弦定理，设 $\dfrac{a}{\sin A}=\dfrac{b}{\sin B}=\dfrac{c}{\sin C}=K$，$(K>0)$。

则 $a=K\sin A$，$b=K\sin B$，$c=K\sin C$。

所以 $a:b:c=K\sin A:K\sin B:K\sin C$
$= \sin A:\sin B:\sin C$。

以上可见，在考察数学语言正误时，不只考察他的结论，而且要考察他全部讲述和推理的过程。在应用题的教学中也是这样，考察教师的教学不只是看他的得数，还要着重看他的分析过程。

3. 有鲜明的教育意义

不带有任何思想的语言是不存在的，语言的思想性和科学性紧密相连，认为数学语言是单纯传授知识的观点是不正确的。在数学课的教学中应该并可能进行政治思想教育，进行辩证唯物主义世界观的教育，培养学生创造精神和认真细致的作风。对学生的思想作风教育是结合教学进行的。比如计算时教育学生学习或工作都要认真细致，学习分、秒、小时时教育学生爱惜时间，解答应用题时培养学生逻辑推理能力等等。

4. 避免注入式语言，采用启发式语言

培养学生能力，开发学生智力是数学教学的重要任务。实现这个任务只有

启发学生思考，让学生主动自觉地学习才有可能。所以教师的语言贵在启发学生思考。

在导入新课时，讲授新课，小结练习都要启发学生思考。

例如，在学习异分母分数加减法一节，可先复习同分母加减法。

$\frac{1}{9}+\frac{4}{9}=$？怎样算？为什么？

改成$\frac{1}{3}+\frac{4}{9}=$？怎样算呢？

如果$\frac{1}{3}+\frac{4}{9}=\frac{5}{9}$或$\frac{1}{3}+\frac{4}{9}=\frac{5}{3}$，对不对？

对照图形，容易发现两种结果都不对。那应该怎样计算呢？由此引入新课题。前后知识衔接紧密，新课出现自然，处处引起学生的思索。

5. 注意语言的形象性、生动性、趣味性

数学课的语言要求要有很强的逻辑性，但并非枯燥干瘪，逻辑思维本身就有感人的力量。有经验的数学教师在讲课中，语言生动形象，妙趣横生，把科学性和艺术性有机结合起来，学生听的有趣，学的有劲。例如，一位老师在讲圆的周长一节课时，先叫学生量圆的周长，再问怎样量的？一个学生回答说是"把圆放在直尺边上，滚动一圆测出来的"，老师说："如果让你测一个大的圆形水池，你也能把水池立起来滚动测量吗？"学生都笑了起来，同时认真思索怎样测量才不受局限，这样学生求知的欲望被激发起来了。

教师的语言艺术是教师政治业务素质的综合表现。语言的艺术有赖于对教材的精通，对教法的熟练，还需要在教学中对语言的长期锤炼，优秀教师的语言如行云流水，自然，优美，快慢、轻重、音色、声调，样样动听，声声扣人心弦。

（四）历史课教学语言艺术

课堂教学是教学的基本组织形式，也是完成教学任务的重要环节之一，一个教师在完成备课后，主要是通过课堂教学来完成教学任务的。在课堂教学中，教师与学生之间，教与学之间的信息传递、情感交流是借助语言而实现的。因此，课堂教学语言实际上是教师向学生传授知识，进行思想教育和能力培养的工具和武器。课堂教学作为一门综合性的艺术（它要求教师集导演和演员于一身），语言艺术是其中的主要体现。"精心设计的，闪耀着智慧火花的教学语言，是把语言学家的用词准确、数学家的逻辑严密、演说家的论证雄辩、艺术家的情感丰富都集于一身而给以综合的表达。"历史课堂教学由于其学科的特点，内容丰富，古今中外无所不包，理论性强，对课堂教学语言有着严格的要求，除标准的普通话、基本的语速、音调和节奏外，还应做到：准、精、活、情、浅、理。

1. 准

历史课堂教学语言首先必须准确、客观，符合历史事实，否则教师教给学生的将是模糊甚至错误的东西。历史是客观的，是过去一定阶段的现实存在，是不可更改的。一个人名、地名的读法，一项事件的界定、表述都必须准确无误，一个结论、评价的得出也必须有事实依据，不能信口开河，用现实诠释历史。如对一些历史专用名称的读法，单（chán）于，可汗（kèhán），大月（ròu）氏（zhì），阿（ē）房（páng）宫等，都要交代清楚。同一事物不同时期有不同称呼，如今满族，周朝称肃慎，隋唐称靺鞨，辽宋至明称女真，讲解时虽说有其氏族的渊源关系，但其称谓又不能混淆。教学中语言界定，表述要准确，如"司母戊大方鼎是现今世界上发现的最大的青铜器"，说明可能有更大的尚未被发现；再如《齐民要求》是我国现存的一部最早、最完整的农书。要做到课堂教学语言的准确，教师必须在课前吃透教材，熟悉史实，还要掌握标准的普通话，切忌史实不熟、教材不熟悉，临场发挥，随意引申和满口方言、土语。

2. 精

历史课堂教学是针对特定的学习对象在特定地点、一定时间内为完成既定的历史教学任务而进行的活动，时间有限而任务较重，因此不能讲废话，说话应求得简练、干净。一忌口头禅，试想一句一个"是这样子的"、"这个，这个……"，会是怎样一种教学效果。口头禅的出现，往往是开始讲课时较紧张或对教学内容不熟悉，不能进行注意力的分配，为求得思维的继续而出现的掩饰性效应，一旦形成习惯便积重难返。再一种情况是重复，刚讲几句话就重复一句，重复有时是为了强调，但这时可以用放慢语速或加重语气的技术性方式强调，或换一个角度表达以避免简单的重复。

要使课堂语言简练、干净，少不了对史实进行概括，把要求掌握的内容概括成要点，清理出线索。如中英《南京条约》的内容可概括为"割地、赔款、开埠、派驻领事、关税协定"五个要点。更主要的则要求教师长期勤学苦练，锤炼出语言的精华。特级教师于漪执教初期，为求得一口准确精练的课堂教学语言，把每一篇课文的教案都写的尽量详细，然后逐字逐句推敲，把可要可不要的字、词、句删掉，把不符合语法、逻辑的地方改掉，然后把改过的教案读熟，再口语化，几年下来，于老师的教学语言不仅规范、精炼，且"丰而不余一言，约而不失一词"。这种做法对历史教师也是有启发的。

3. 活

不少人说历史是"死的"，枯燥无味，但历史本身是有血有肉，多彩多姿的，这就要求教师用生动形象、幽默风趣的语言把历史讲"活"，使学生在课堂上如见其人，如临其境，如闻其声，在轻松愉快的气氛中学到知识，受到教育，享受美的熏陶。为使历史课堂语言"活"起来，可适当引用古人说过的原话，古籍上的原文。如讲《虎门销烟》时，提林则徐一句"若鸦片一日未绝，本大臣一日不回，誓与此事相始终，断无中止之理"，就把这位民族英雄坚决禁烟的态度，对国家民族高度负责的精神突现了出来。幽默是一种高品位的文化，幽默的语言是使历史课堂教学语言具有艺术性的重要手段，如有教师讲北魏孝文帝采取汉化措施时说："学讲汉话，朝廷官员如再讲胡话者，降级。"学生心领神会，发出轻松的笑声，从而增进了教学效果。在讲伟大音乐家贝多芬时，说："有人把他译为'悲多奋'"，再讲他寂寞、悲奋、伟大的一生，学生印象十分深刻。历史课堂教学语言的"活"，是为调节学生心量、活跃课堂气氛、强化知识的形象记忆服务的，它不是课堂教学的目的，因此切忌追求所谓的"活"而偏离教学的既定计划和重点。

4. 情

历史课堂教学语言应有一定的感情色彩。"言为心声"，教师的讲述必须饱含感情，有爱有恨，爱憎分明，做到以言感人，以情动人，从而达到对学生进行思想教育的目的。要言而有情，教师必须热爱生活，热爱历史，对中国古代的辉煌文明要有自豪之情，对近代中国被奴役、欺凌的历史要饱含屈辱之情，对历史人物或敬慕，或惋惜，或愤慨，还要掌握一定的语言表达技巧，声音的抑扬顿挫、起伏变化要运用自如。如讲斯巴达思克起义时，讲到斯巴达克思的牺牲。"突然，从离他约二十步远的地方掷来一枝投枪，刺伤了他的右腿，他忍痛跪在地上，像一头怒吼的雄狮，用非凡的英勇精神，一次又一次地击退敌人的进攻。最后，从离他只有几步远的地方投来七八枝投枪，一齐刺中他的背部。"稍稍顿住，再用低沉、缓慢的语气说："他倒下了。"这样就能紧扣学生心弦，充分激发学生的情感，收到良好的教学效果。

5. 浅

历史课堂教学语言还要浅易，通俗，口语化，要符合学生的实际，特别是对低年级学生更是如此。浅易，要求教师必须深钻教材，消化教材，再用自己的语言讲授给学生，要深入才能浅出，通俗。口语化，要求教师少用书面语言，多用通俗、口语化的语言。书面语主要通过人的视觉作用于人，而课堂上教师讲述则主要是通过学生听觉引发学生思维的，书面语过多使人有背教案之嫌，不能使学生感到亲切，而通俗性、口语化的语言则有助于缩短师生之间、历史与现实之间的距离，有助于营造课堂气氛，增强教学效果。因为它具有好听易记和丰富多变的特点。如有教师讲《全面内战的爆发和人民解放战争的进程》的一段，"在临行时，毛泽东同志做好了一切部署，又让身边的警卫员把窑洞打扫干干净净，把书摆得整整齐齐，说'让他们（胡宗南的官兵）看看我们都是看什么书的'。这时，警卫员报告说：'胡宗南的军队已经到城门口了'，大家都为毛泽东同志和中央的其他领导同志的安全担心。毛泽东仍镇定自若地走到窑洞，对身边的同志们说，'大路通天，各走一边，他走他的，我走我的'。之后，领导同志就开始转战陕北了。"这样的语言，特别是引用毛泽东同志的一句口语，生动活泼，突出了毛泽东同志每临大事有静气的领袖气魄，富有强烈的表现力和感染力。

6. 理

历史是一门理论性强的科学，历史教学要通过对历史知识的讲述引发学生的理性思考，帮助学生树立正确的历史观，找到科学分析和解决问题的方法。

因此，历史课堂教学语言要说理透辟，富有哲理。如讲四大发明的火药时说，"火药，是从炼丹家那神秘的炼丹炉中得出来的。也许曾有炼丹家被夺去了生命，说他们无意为科学献身，但科学史上不会抹杀他们的功劳。火药在炼丹家那里诞生，可炼丹家始终也没给火药派上大用场，真是发明了它，又埋没了它……"炼丹得到火药，对炼丹家来说是偶然的，但在化学上看来却是一种必然，这样就讲出了历史是偶然性和必然性的统一这一道理。讲僧一行时说："僧一行是唐朝天文学家、和尚、科学家，科学与宗教奇妙地糅合在一行身上。"这样的语言，有助于揭示历史的多样性和复杂性。要使历史课堂教学语言有哲理性，离不开对历史事实的广泛占有，还有通过反复比较抓住历史的本质，多揣摩，勤思考。

历史课堂教学语言艺术主要包括以上六个方面。教学中要使之互相配合，相得益彰，对每一个历史教师都是严格的要求。这就需要我们在热爱职业这一基础上，充分掌握史料，注重历史知识积累，并认真备课，吃透教材，注重文学、哲学、美学等相关学科的知识修养和表达技能的提高，长期不懈地努力，使之不断完善、成熟，形成自己的历史课堂教学语言特色和风格。

（五）地理课教学语言应用

地理课教学的目的就是让学生获得自然地理、人文地理和区域地理的基础知识和能力，同时让学生受到思想政治教育和品德教育。地理课堂教学目的决定了地理课堂教学内容的广博：它包括了地图内容；自然地理和人文地理内容；它以人地关系为线索，阐明地球的宇宙环境，构成地理环境的水、大气、岩石、生物圈和自然带以及资源、能源、农业、工业、交通、贸易、人口、城市、人类与环境的基础知识和基本原理，使学生了解和认识地理环境的基本面貌和基本特征。人类应如何合理利用环境和保护环境，趋利避害，使地理环境向着更有利于人类生产和生活的方向发展。

教师怎样才能把上述丰富的地理基础知识和基本原理很好地传授给学生呢？答案肯定是多因素的。在此，主要谈谈地理课堂教学过程中语言艺术的应用。下面举一些在教学中的例子。

1. "流行语"的应用

可丰富、更新自己的讲话色调，沟通联系，赢得学生好感，同时，还可调料逗趣，增添生活情趣。如在上第一节课时，可这样说："……我从现在开始向你们'推销'我的产品，有人认为它是'豆芽科'，这'豆芽'可不一般呀，它大得可包括我们地球在内的很多球呢……"这样一下子学生对"豆芽课"发生兴趣，吸引了学生的注意力。

2. 利用谚语，让学生用熟悉的语句理解掌握地理知识

谚语是群众在实践活动中积累起来的经验，是在民间流传的成语，其中大部分有一定的实用性和科学道理。如在讲气象观测和天气预报时，就充分利用气象谚语。如"天上钩钩云，地上雨淋淋""鱼鳞天，不雨也风巅""日晕三更雨，月晕午时风""乌云接日头，天旱不

发愁""日落鸟去洞，明朝晒得背皮痛""扫帚云，泡死人""东北风，雨祖宗""小暑里走燥风，日日夜夜好天空""炊烟顺地跑，天气不会好"等，把抽象、难理解的天气知识变成通俗、易懂、"看得见"（大气及大气的运动是看不见摸不着的），让学生很好地"消化"这些难点知识。

3. 采用"仿拟"修辞

可以把生硬、很无味的"死"语言化成活泼、诙谐、幽默、妙趣横生、新颖奇妙而又耐人寻味的"活"语言。如讲我国年降水量 400 毫米等降水量线，即大兴安岭——阴山——贺兰山——巴颜喀拉山——冈底斯山一线时，讲成同学更易记住的一句话"大阴（英）雄，贺（霍）元甲巴（爬）岗"，这样无味的"木条"变成了很有味的"鸡翅"，学生易记好记。

4. 用诗句来记住内容多、顺序易错的内容

如学习二十四节气：立春、雨水、惊蛰、春分、清明、谷雨、立夏、小满、芒种、夏至、小暑、大暑、立秋、处暑、白露、秋分、寒露、霜降、立冬、小雪、大雪、冬至、小寒、大寒，可以把它整理成：春雨惊春清明雨，夏满芒夏暑相连，秋处露秋寒霜降，冬雪雪冬小大寒。

5. 利用语言的感情、音调等，激发学生的求知欲望和自豪感

如讲五岳名山、四大佛教名山、桂林山水、长江三峡等祖国大好河山时，就用激越的感情，铿锵的音调朗诵课文中的句子，还可不时用态势语言辅助，让师生一道进入一种无比自豪的意境之中。既完成了教学任务，又让学生受到爱国主义思想的感染。

6. 幽默

幽默的语言是师生课堂交流的润滑剂，是创造性思维劳动的结晶。课堂教学语言中善用比喻、拟人、夸张等各种修辞手法，可以吸引学生的注意力，益智明理。如讲地球概况，可指着自己的头说："×老师的头，像地球，有山、有树、有石油……"（边说边指鼻、发等）。又如讲锋面天气"梅雨"时，可设计如下一段拟人化的语言，并对照版图说："……且说春末夏初，冷暖两军（冷暖气团）在江淮地区相遇，双方对阵厮杀，由于势均力敌，各有进展，战争相持达一月左右，交战之处，无不烟雾弥漫，阴雨连绵……"这种类似"评书"的语言，听起来饶有兴趣，学生在轻松的气氛中掌握了准静止锋影响下的天气状况。结合教学内容，发掘幽默即恰到好处地搞点相关"外延"、一则材料、一个小故事、一句笑话都可能产生幽默，起到活跃学生思维的作用。如在讲生态平衡时，讲清生态平衡含义后，可以引用一个实例："澳大利亚牛业十分发达，但历史上曾遇到过牛粪的挑战……由于地质历史和生物进化两方面的原因，澳大利亚草原上生活着一些鸭嘴兽、袋鼠等一些低等哺育动物，那里的蜣螂（俗称屎克郎）专门去推滚当地动物的粪球，形成了当地的草场生态系统。后来殖民者从欧亚大陆带去的黄牛迅猛发展到几千万头，黄牛每天排出几亿堆粪，因没有蜣螂去推，于是绿色的草场上出现了一块块秃

斑，苍蝇滋生，寄生虫、病菌扩散，危及家畜……"那怎么办呢？学生自然会思考这个问题。可略微停顿后接着说："后来生态学家们巧妙地解决了这个难题，他们从我国长江中下游一带和其他国家引进了 500 万只蜣螂，这些蜣螂把牛粪滚成球团，以它独特的本领神速地把粪球运入地下，它们的'劳动'疏松了土壤结构，促进了牧草生长，控制了苍蝇滋生，几年之内使几乎消失的草场又出现了欣欣向荣的景象……因此，澳大利亚繁荣的养牛业少不了我国屎壳郎的一份功劳呢！"（学生听后大笑）这则材料新奇有趣，紧扣教学内容，对加深理解生态系统的存在和发展的客观规律以及生物与环境之间的相互关系起到了积极的。还可巧用谐音、谜语，创设幽默。如地壳物质组成按从多到少排列顺序为：氧、硅、铝、铁、钙、钠、钾、镁等元素，可教学生趣记为："养闺女贴给哪家美。"又如教"中国政区"时，将省级行政区人民政府驻地城市名称编成

谜语记忆，如"夸大话的嘴"——海口，"带枪的男人"——武汉，"圆规画鸡蛋"——太原（圆），"银河渡口"——天津，"夏秋冬短"——长春。这样做学生易记，又有激发智力之功效。妙解成语，融入幽默也是很有效的方法。在繁多的成语典故和谚语中，有很多蕴藏着丰富的地理科学知识情趣，如"星移斗转""沧海桑田""泾渭分明"……课堂中注意结合有关知识的讲授，运用成语巧妙地加以引发，表现出幽默感。如在分析"我国太阳辐射量分布图"时，讲四川盆地的太阳辐射总量为什么低于同纬度其他地区时，引用了成语"蜀犬吠日"，让学生弄懂原因："四川盆地云雾多，大气能见度低，日头出现的天数太少。"

总之，在课堂教学过程中，教师应用语言艺术，能使学生如乘春风，在愉悦宽松的教学气氛中接受营养丰富的知识信息，真是"寓教于乐"。

第 **7** 篇

课堂激趣艺术

一、兴趣的概述

（一）兴趣概念

激发学生的学习兴趣，以达到启迪智慧的目的，这是教学中一种很重要的艺术。

我们知道，兴趣是人们对一定事物有趋向性的心理特征，是带有感情色彩的一种积极的认识倾向。它表现为一个人力求接触、研究和认识某种事物和某种活动的心理倾向。这种倾向是在实践活动中发生和发展起来的。在教学实践中，学习兴趣是学生积极探究某种事物的认识倾向，它使学生对某些事物给以优先的注意，并具有向往的心情。学习兴趣表现出学生的内心倾向，是个性倾向性的组成部分。

学习兴趣是动机中最现实、最活跃的成分，它是力求认识世界、渴望获得科学文化知识和不断探索真理而带有情绪色彩的心理倾向，是学习活动中积极的心理因素和强大的推动力。学习兴趣与学习成绩之间是密切相关的。学生由学习兴趣进而取得了好成绩，会强化学习兴趣，使得学习兴趣产生更大的效能，为学习提供更强的推动力量；反之，学习兴趣水平低，积极性不高，学习效果就差，而差的成绩又会影响到学习兴趣，这样地恶性循环下去，会严重影响到学习活动，影响到学习能力的发展。

中小学生的学习兴趣的差异性主要表现在对不同学科的偏好上。1997年7月广东省有关部门进行的14岁儿童意向调查，结果表明：14岁儿童的学科兴趣呈现出十分明显的差异性。详情见表7.1。

由表7.1可见，按人数比例，目前广东省14岁儿童最喜欢的功课的顺序是：语文、数学、体育、音乐、美术、外语、政治、物理、化学、历史、地理、生物，有8.8%的14岁儿童不知道自己喜欢什么功课。掌握学生的兴趣情况是按照全面发展的方针做好教育和教学工作的重要条件之一。

随着教学改革和教学研究的不断深入，越来越多的教育工作者认识到，激发学生的学习兴趣是促进学生学好各门功课的保证，是提高教学质量的重要条件。对中小学生来说，学习的积极性首先来源于兴趣。兴趣是最好的老师，它促进学生追求知识，探索知识的奥秘。兴趣能使学生全神贯注，积极思考，使所学知识掌握得迅速、牢固。实践证明能激发学生兴趣的教学，会产生事半功倍的效果。

表7.1　十四岁儿童的学习兴趣差异表

调查人数	你最喜欢什么功课									
	政治	外语	语文	数学	体育	生物	物理化学	历史地理	音乐美术	不知道
总计1453	5%	5.4%	35%	23%	10%	0.3%	3.5%	1.2%	7.8%	8.8%

（二）产生兴趣的动因

心理学研究表明，学生对事物的兴趣，主要是大脑的情感区域即脑皮层下产生兴奋，由脑皮层下发出信号给大脑皮层，这时人就有意识地把注意力集中到被认识的客体上。那么，产生兴趣的动因是什么呢？

1. 趣味因

趣味具有使人愉快，使人感到有意思，有一定吸引力的特征。趣味因是诱发学生学习兴趣的一个重要因素。例如，有些学生对数学缺乏兴趣，正是他们没能很好地领悟和体会数学中的趣味性。很多同学一提起数学，常常会联想到：艰苦的思索、繁难的演算、复杂的逻辑推理。再加之，一些老师不恰当的教学方法、过重的学习负担等原因，使学生认为数学学科是枯燥无味的，毫无意思的。其实数学本身存在着许多趣味因素，只要教师注意挖掘教材本身的趣味因素，选择恰当的教学方法，采取生动活泼的课堂活动形式，学生就能学得轻松、愉快、主动、热情，越学越感到有意思，久而久之，数学就会对学生产生巨大的吸引力。

挖掘教材的趣味因素，就是把抽象

的数学概念形象化，把静止的东西动态化，以产生活泼的课堂教学形式，把数学本身的趣味因素表现出来。

2. 新颖因

诱发学生的学习兴趣，注意课堂教学的新颖性是一项有力措施。单调、机械的教学方法，枯燥乏味的课堂讲解，必然带来沉闷的课堂气氛，在这样的课堂情境中学习，有兴趣的学习会变得没兴趣，本来就没兴趣的学生长久发展下去就会导致厌学。因此，在课堂教学中，力求创造一个绮丽多彩情境，根据学生的认识水平和数学知识的内在联系，提一些新颖奇特的问题，把学生紧紧地吸引住，使他们有一种新鲜感，从而产生学习的强烈愿望。

例如有的教师以讲故事的形式拉开了学习新数学知识的帷幕。上课了，老师对同学们说：在脱贫致富的过程中，一对老夫妇盘算着自己的生产门路。老婆婆说："不是说有养兔专业户了吗？我们就来个养兔致富吧。先买一对长成了的兔子，它们能够每个月生一对小兔子，而一对小兔子长到两个月时又可以再生一对小兔子。你算算，经过一年，我们能有几对兔子？"这实际是个数列问题。即：

经过月数：1，2，3，4，5，…，12。

兔子对数：1，2，3，5，8，…？

由于问题提出有情节，有意境，可谓新颖奇特，所以紧紧地吸引着同学们，他们互相讨论，争先恐后地发表自己的见解，课堂气氛异常活跃。当数列的规律被发现后，终于找到了简便的方法，

同学们尝到了学习的乐趣，萌发了对数学知识的渴望和追求，引发了学习的极大兴趣。这正是"新颖因"在课堂教学中所起的作用。

3. 探索因

获取知识的过程与各种思维能力有着密切的联系。学习知识主要靠思维，思维是一种复杂的心理活动，任何知识的理解都是通过思维实现的。没有积极的思维，没有独立的思考和探索，就没有深刻的理解，更谈不上追求知识，勇于创新。因此，培养学生勇于探索、不断追求的可贵品质是诱发学习兴趣的前提。

每个学生心里都有渴望获得新知识的火种，只有老师正确引导，才可能点燃它。一旦学生这种渴望求得新知识的火焰被点燃，才能获得勤学好问、勤思善断的结果，真正体会"思考"是多么美好、诱人，从而产生强烈的求知欲望。这是诱发学习兴趣，促进思维活动的内动力，没有这种情感就不会有对知识的追求。创设探索的学习环境，学生从思考探索中得到充分满足时，才有可能最大限度地调动学习的积极性和主动性，保持学习的兴趣和热情。

学生通过艰苦的探索，发现了某一学科的规律和结论，常常会得到满意和愉快的情绪体验。得到心理上的补偿和满足，从而产生对新的知识追求和探索，欲罢不能。这是一种极为重要的学习成果的反馈所产生的积极效应。我们应利用这种效应进一步激发学生的学习兴趣。

4. 好奇因

亚里士多德曾经指出："思维自疑问和惊奇开始。"好奇心是中小学生重要的心理特征。它往往是对学习产生兴趣的导火线。因为，在课堂教学中，有的学生出于对某种问题的好奇，发生疑问，总想得知而后快，因而产生强热的学习欲望和兴趣。我们应变学生好奇心为求知欲，促使学生积极思维。

如在数学课教"能被 2、3、5 整除的特征"时，一老师改变了直接把结论告诉给学生的传统做法，而是做了一个小游戏"考老师"。由同学们任意说数，老师立即判断能否被 2、3、5 整除。同学们说的数一个比一个大，老师对答如流。同学们经过验证，老师回答的准确无误。同学们惊奇了，疑问出现了"怎么老师没有经过演算就这么准地知道了结果，到底是怎么一回事？难道真的有什么秘密吗？"疑问使学生产生了好奇心，好奇心又转化成强烈的求知欲望和浓厚的学习兴趣。这样从学习一开始，就把学生推到主动探索的主体地位，疑问、好奇激发了学生的求知欲望，明确了主攻方向，从而调动起学生学习的积极性和主动性，使学生在整个学习过程中充满兴趣。所以说好奇因是激发学习兴趣的导火线。

5. 成功因

心理实验证明：一个人只要体验一次成功的欢乐和胜利的欣慰，便会激起追求多次成功和胜利的信念与力量。

在教学实践中，以上实验结果同样被证明。学生对学习兴趣索然，尤其是差生平时不论是在学校或家庭，听到的多是批评，受到的多是歧视，他们普遍都很自卑，有的甚至破罐破摔，失去进步的勇气和信心。他们最缺少的是老师、家长的尊重与爱戴，其中不少孩子与老师在情感上已经有了一条看不见的"鸿沟"，他们很难领悟到老师的一片苦心，对老的批评常有戒心，不是回避便是沉默，甚至是抵触。他们几乎尝不到成功的滋味。在这种心理环境中学习，他们怎么会成功？一次次的失败，使他们心灰意冷，失去了学习、进步的信心，多次的失败，使他们丧失了学习的兴趣，导致了厌学情绪的滋长，严重的发展到辍学。

怎样唤起学生的学习兴趣呢？就要根据学生的心理特点和实际认识水平，为他们创设成功的条件，想方设法使他们成功，哪怕是微小的；使他们在成功中焕发出学习的兴趣。同时，教师要怀着真诚的爱，去温暖他们长期被冷落了的心，用爱去填平师生之间的"鸿沟"，使他们在爱的怀抱中，重新振奋精神，使之真正成为学习的主人。

6. 物化因

教学的物质活动或物化活动是诱发学习兴趣的重要保证，是学生智能活动的源泉和动力。

前苏联心理学家加里培林曾经指出："只有物质的（或物化的）活动形式，才能是完备的智力活动的源泉。"

小学生正处在长身体、长智慧的阶段，由于学龄初期儿童手指等部分小肌肉群的发育较迟，有些小学生常在课堂上做小动作，这是由于使小肌肉得到锻炼的一种无意识的动作。如果我们在课堂上适当安排动手操作活动，就可以使他们的手指肌肉得到锻炼，满足儿童的发展需要，又可以使他们的注意力集中到有意识的教学活动中来，对事物产生强烈的感知，而发生对所学知识的兴趣，经过手、脑并用，建立鲜明、清晰、正确的表象。

从目前的课堂教学来看，由于有的教师教学方法不得当，全靠死记定律、结论、性质、法则，靠增加题量来提高教学质量，致使学生的记忆、思维等负担过重，造成大脑各主要机能发展失调，严重挫伤了学生学习积极性和学习热情及兴趣，容易阻碍学生智力的发展。因此，要想诱发学生的学习兴趣，课堂教学中要增加物化活动的内容。如果课堂上只有老师的演示，学生永远是处于被动的地位。曾经有人对平面图形面积教学进行了"学生拼剪法"和"教师演示法"的等组对比试验，试验结果表明如表7.2所示。

表 7.2

效果组别	近期效果	后果测验
学生拼剪法	无明显差异	明显优于演示组
老师演示法	无明显差异	明显劣于拼剪法

实验证实了：学生只有靠他们自己动手，在学习实践过程中通过观察、思考、测量、操作、试验等一系列的物质活动或物化活动，才能真正唤起学习兴趣。在多种物质活动的激发下，手、眼、耳、脑等多种感官的参与下，大脑皮层中相应的"驻脑点"的活动丰富、频繁、精细，思维活动由低到高，由高而实，这样学生内在的学习动力就不会减弱，

智力的源泉也不会枯竭。

小学生具有好动、好强、好胜、好表现等心理特点，我们要抓住这些特点，遵循小学生思维发展的几个阶段"动作思维——具体形象思维——抽象逻辑思维"进行教学。在教学中尽可能地使抽象的概念形象化，静态的概念动态化，让学生尽可能地多多动手操作，在操作中发现抽象的学习规律。在操作中，高高兴兴地进入这个充满乐趣的知识王国。

（三）兴趣的分类

1. 直接学习兴趣和间接学习兴趣

按学习兴趣的产生与形成来分类，大体可将其分为直接学习兴趣和间接学习兴趣两种类型。直接学习兴趣是由所学内容和学习活动、学习过程本身直接引起的；间接学习兴趣有明显的自觉性，当一个人意识到学习兴趣的社会意义及与自己的关系时，学习兴趣就随之产生。例如，学习外语，最初觉得枯燥乏味，单词难记。但因认识到外语是交流的工具，是了解世界的钥匙时，自觉性骤然提高，并且在不断学习外语的过程中，产生了直接学习兴趣，由知学，到好学，进而乐学，甚至把学习外语作为自己终生的事业追求。我们认为，直接学习兴趣与间接学习兴趣融合在一起最为可贵。开始时的间接兴趣在学习过程中很可能转化为直接兴趣，而对学习的直接兴趣，若无特殊情况，大多能长期持续下去，并且愈来愈浓厚。实践证明，直接学习兴趣是提高学习质量和学习效果的重要因素。

2. 短暂学习兴趣和稳定学习兴趣

根据学习兴趣维持时间的长短分类，可以把它们分为：短暂学习兴趣和稳定学习兴趣。短暂学习兴趣，产生于某种学习活动中，并随着这种学习活动的结束而消失；稳定学习兴趣则与这相反，它会在个性上留下痕迹，成为个人学习的显著特点，具有高度的自觉性和积极性，并成为创造性劳动的重要条件之一。

3. 有趣、乐趣和志趣

按学习兴趣的层次和水平分类，一般是：有趣、乐趣、志趣三种，并依此阶梯，逐步升级。"有趣"是学习兴趣发展的第一阶段（低级水平）。人们对奇异的现象和新颖的对象，产生直接的学习兴趣，但这种兴趣随生随灭，并带有很大的直观性、形象性、随意性、广泛性和未分化性。所以这种有趣的学习兴趣水平是很初级的，但也是极可贵的。"乐趣"学习是学习兴趣发展的第二阶段（中级水平）。它是在有趣学习基础上发展起来的。当学习兴趣从有趣水平发展到乐趣水平时，其兴趣已不再停留在个别事物的表面上，而是要探索和研究事物及其现象的本质。这种学习就具有相对的稳定性和间接性，并能逐步趋向专一和集中，对某一客体产生爱好并成为乐趣。"乐趣"学习具有专一性、自发性和一定程度的坚持性。"志趣"学习是学习兴趣发展的第三阶段（高级水平）。它是在乐趣基础上发展起来的，并与个人的崇高理想和远大目标相联系的。"志趣"学习具有自觉性、方向性和坚持性，并产生社会价值。"志趣"是指学习和探求事物的客观规律和基本原理的兴趣，这时，人们形成了以广泛学习兴趣为背景的、具有自己性格特征的中心兴趣，从而升华到同一个人的信念和理想密切联系在一起的境界。

二、兴趣的作用

兴趣既然表现为人们力求接触、研究和认识某种事物和某种活动的心理倾向，那么这种倾向在人们认识和研究某种事物中起着十分重要的作用。因此，一个人如果对某种事物发生兴趣，他就可以持久地集中注意力，保持清晰的感知，激发丰富的想象和积极的思维，产生愉快的情绪体验，并能够在与它有关的活动中，用意志克服困难而不感到疲劳。所以说，有了兴趣，才能使人的智力开足马力；有了兴趣，才能使人的智慧放射出夺目的光辉。

（一）兴趣是学生渴望求知的内部动力

从心理学角度讲，学习兴趣是学生力求认识某种学习对象并参与某种学习活动的倾向和动力，是学习积极性中最现实、最活跃的成分。只有当学习者本身对学习发生浓厚兴趣时，才能使整个认识活动积极起来。具体表现为：学习情绪高涨，学习意志顽强，从而提高学习效率。孔子早在两千多年前就说过："知之者不如好之者，好之者不如乐之者"。追溯一下科学家或杰出人物的足迹，可以发现其中不少人的创造、成就都与他们具有某方面的兴趣分不开。不论是一位为人类科学做出贡献的尖端的人才,还是平凡岗位上的劳动模范都有一个共同的特征:对事业、学习和对工作的执著追求,对事业和生活的向往与酷爱。这就是兴趣,这就是进取、拼搏、成功的起点,这就是无可比拟的动力。

有一位教师就曾讲述了这样一个有趣的亲身经历。

一次,他接了一个新班。原数学教师介绍说,该班学生数学成绩较差,而且比较懒,有的连作业都不愿意写。他经过一番调查研究发现:这些问题的主要原因是缺乏学习兴趣。要改变这种状况首要的工作,也是最根本的工作就是诱发学生对数学学习的兴趣,调动学生学习数学的积极性、主动性,这是学习好数学的前提。于是,他这样设计了新接班的第一课。

9月1日,同学们走进教室,看到了黑板上画满了不同形状的几何图形,用彩色的粉笔向同学们提出了各种有趣的问题:"你认识我吗?""可别小看它——1""我是伟大的0""你知道阿基米德检验金冠的故事吗?"……讲台上摆满了大大小小的立体模型,有方方的正方形,圆圆的玻璃球,有棱有角的长方体,还有胖胖的圆柱,尖尖的圆锥。教室的四周挂满了红红绿绿的纸条,什么"数学迷宫""1+2+3…+100=?""你能把字母变成数字吗?"……真是琳琅满目,目不暇接。

同学们不再认为数学只是艰苦的思索,繁难的演算,复杂的逻辑推理,他们亲眼见到了数学中包含着这么多丰富而有趣的内容,从而诱发了学生对数学学科的兴趣。

由于兴趣的动力,使学生有了学好数学的勇气和信心。事实证明,兴趣是渴望求知的前提,是促进学生学习的内部动力。

(二)兴趣是发展学生智力的关键因素

皮亚杰说:"所有智力方面的工作都依赖兴趣。""智力兴趣"这一词,在苏霍姆林斯基的著作中到处可见,他总是把智力与兴趣联系起来,坚信兴趣具有促进智能发展的意义。卢梭在他的教育论著《爱弥儿》中,希望学生对待学习像对待游戏一样,做一切事情都是兴趣盎然,令人高兴。他认为,对学习发生兴趣,甚至产生热爱,不需教师要求便能积极愉快地完成学习任务。苏霍姆林斯基也说:"掌握知识和获得实际技巧是儿童在教师指导下进行的一种复杂的认识活动和强烈的学习愿望,掌握知识的愿望是这一活动的主要动因。在教学过程中产生儿童的良好情绪,对于培养学习愿望起着很大的作用。教师的任务就是不断地发展儿童从学习中得到满足的良好的情感,以便从这种情感中产生和形成一种情绪状态——即强烈的学习愿望。"

苏霍姆林斯基用简明的语言阐述了:"掌握知识和获得技巧的主要动因是——良好的情绪。""良好的情绪"即"强烈的学习愿望",也就是我们所讲的兴趣。

兴趣是发展学生思维智力的关键,学生对所学学科、所研究的问题感兴趣,才会积极思维,才可能发展思维,才能保证学习效果的提高。

为了验证有兴趣学习和无兴趣学习在课堂教学中不同效果,有人曾经做过这样一个实验：

在教正反比例应用题时，为了唤起学生对这部分知识的学习兴趣和求知欲，安排了这样的环节。

A课：上课了，首先出现在学生眼前的是一幅彩色幻灯图片，重叠的黄色方框可以上下移动，表示"烧煤总量一定"；重叠的红色方框可以左右抽拉，表示"每天烧煤量一定"。彩色的幻灯片、变换着的图形，深深地吸引着同学们。他们的思维在观察中发展，在对照、比较中完善。课堂教学中安排了大量的观察、比较、操作、讨论等环节。虽然本节课概念抽象、集中，但是由于教师注意把抽象的数学概念形象化，把静态的概念动态化，学生学得轻松、愉快、主动、活泼，效果很好。

B课：上课了，教师按照"学习新课，反馈练习"老师讲、学生听的传统课堂形式授课。在讲解中虽然也采取了"对照比较"的教学方法，但由于教法单一，概念本身又比较抽象，学生学习起来兴趣不高，效果欠佳。从表7.3可知兴趣是学习动机中最现实、最活跃的成分。爱因斯坦说过"兴趣是最好的老师。"试验结果表明：学生一旦对数学产生了浓厚的兴趣，就会使兴趣迅速转化为对数学这门科学的无穷钻研。兴趣的诱发，促进了学生思维的发展；思维的深入发展，必然促进智力的发展和取得良好的学习效果。

教学实践证明：数学尖子与数学兴趣的形成和乐于钻研是分不开的。智力与非智力因素中的兴趣是互相制约和促进的。兴趣、爱好吸引人们从事活动，反过来，活动又促进智力的发展。

兴趣，在青少年的智力发展中起着不可估量的作用。兴趣给孩子们带来了拼搏的勇气，兴趣使人们的智力得到了最大限度的发挥。

表 7.3　试验效果

课堂类别	学习兴趣	课堂形式	课堂气氛	教学方法	课堂效果
A课	兴趣高涨	多样化	轻松活泼	讨论比较	正确率 95%
B课	无兴趣	单一化	呆板沉闷	讲授比较	正确率 87%

（三）兴趣是开发学生大脑潜能的有效措施

科学试验表明，我们人类现在只使用了自己脑资源的 10% 左右，人们还有 80%～90% 的大脑潜能未被开发利用。而学习兴趣能使学习者在轻松、愉快的学习情境中，迅速使大脑兴奋中心达到最高点，并把左半脑与右半脑、有意思维与无意思维、机械识记与有意识记等充分均衡地调动起来，从而使大脑潜能得到大幅度的开发。

（四）兴趣是提高学生学习成绩的重要诱因

成功是保持兴趣的重要因素，反过来，兴趣又是成功的基本保证。学生对所学学科发生兴趣，才能使被动的"要我学"转化为主动的"我要学"。学生有了"我要学"的思想、感情、意识，必然会迸发出更大的学习动力。这种内驱力会促进他们在学习的道路上一步一步地接近成功，取得胜利。

美国心理学家拉扎若斯做了兴趣与智能对比的研究，认为兴趣具有促进努力学习的功能；他还认为，兴趣与智能相比，兴趣更重要，也就是说兴趣较浓的学生比智能较高的学生在学业上更占优势。他设计了这样一个实验：在语文课教学的情景中，将高中生按智能与兴趣分为两组，一组为智能组，另一组为兴趣组。智能组平均智商为120，但对语文和写作没兴趣，而兴趣组的学生平均智商只有107，可是他们喜欢阅读和写作。在这两组学生学习阅读与写作的过程中对他们进行同样的测验，到学期结束时对比两组的成绩，发现兴趣组优于智能组。由此可见，学生的学习兴趣是极为重要的，教师要珍惜学生已有的兴趣，调动学生学习的积极性，提高教学质量。

（五）兴趣是课堂教学改革的核心

课堂教学改革的核心是激发学生学习兴趣，实行启发式教学，发展学生的思维。这是与传统教学的根本区别之一。

中小学教学要适应"三个面向"的需要，为四化建设培养新型的人才打好基础，必须培养学生"实事求是，独立思考，不断追求，勇于创新的精神"，使之有较扎实的基础知识和较强的思维能力。而这个目标的实施，必须要改变传统的教学方法，从培养学生的学习兴趣入手。教学过程是使学生获得知识、技能，发展智力，培养良好品德的过程。

这个过程不是一个自发的、随意的过程，而是以学生为主体，教师为主导的双边活动的一个特殊过程。在这个过程中，首先应该唤起学生对所学知识的渴望追求，使他们热爱学习，乐于学习，主动学习，真正成为学习的主人。这是解决厌学问题的有效途径，是教学改革的核心问题。否则，学生对所学知识兴趣索然，学生总是处于被动的学习地位，那么"独立思考，发展思维"就是一句空话，教学改革就无法深入下去。

三、兴趣的培养途径

学习兴趣的培养，基本的途径有以下两条。

（一）学生的自我培养

学生自己要有意识地培养学习兴趣是十分重要的。有些学生意识不到这一点，他们以为学习兴趣都来源于教师讲课的感染力，来源于教师的启发。这一点固然十分重要，但学习者只片面地强调这一点，那么在培养学习兴趣的认识上便会带有盲目性与被动性。因此，他们中的许多人之所以未能真正培养出学习兴趣，其原因即在于此。心理学的研究表明：兴趣的自我培养有两个基本的要素。第一是需要，第二是目标、诱因和强化物。需要分生理需要和社会文化需要，刺激因素则分内在和外在因素。假如社会为广大学习者提供良好的学习环境、方便的条件，创造良好的机会，规定学习完成以后的学习的利益，那么，就能起到激发学者有目标学习的指向行为。诱因一旦获得，学习者学习行为将巩固和加强，继而向新的学习目标前进。相反，不提供诱因，没有促进学习者学习的强化物，那么"读书无用论"就会占领市场，导致民族文化和素质的倒退。

从这种观点出发，我们认为要促进学习兴趣的自我培养，必须要注意解决以下几个问题：

（1）学习目的必须明确可行，"放矢"必须瞄准方向，这才能够保证一个层次学习的成功。成功的学习反过来又强化学习动机，把学习过程推向一个更高层次。

（2）学习目标尽量要具体，千万不可华而不实，好高骛远，这山看着那山高。

（3）充分利用已有的动机和兴趣，但不要局限于此，应努力自我控制，使之健康发展。

（4）通过唤起求知方面的好奇心，通过采用吸引注意的材料，通过组织课堂教学确保学习的最后成功，最大限度地提高认知内驱力。

（5）学习时目标应具有可行性。太低则乏味，太高又不大可行，且易因挫折和失败较多而引起精神负担，减弱动机作用。

（二）教师和家长的培养

教师和家长对学生学习兴趣的爱护和指导具有重要意义，尤其是对小学生更为重要。教师和家长在培养学生兴趣中，应把握以下要点。

1. 不要粗心大意，而要善于发现

科学试验表明，一个发育健全的正常孩子，大抵都有某些"兴趣"和"天赋"，只不过表现形式，有的显著，有的不太显著；有的易被发现，有的易被忽略罢了。当父母的，做老师的，要善于发现潜存于孩子身上的"兴趣"与"天赋"，并为它呕心沥血，积极引导。

2. 兴趣需要发现，更需要栽培与扶持

对于孩子和学生的兴趣，一定要善于发现和栽培，否则，它就会像一个刚刚破土而出的幼苗，如果受到人为的或自然的摧残，会很快枯萎、凋零而变得无影无踪。

3. 不要搞家长意志或教师主观设计的模式，而要顺其自然，因势利导

时下，有的家长和教师把孩子的发展当做一团随意捏搓的泥团，按家长意志或教师主观设计的模式超负荷地"早期开发"。这种家长意志及其做法或教师主观设计的模式并不科学，不利于早期培养，只能适得其反。

四、兴趣的培养模式

兴趣发端于内部动机愿望，并在学习活动中获得满足而巩固、加深。虽有学习的动机和愿望，没有学习的行动，不会产生兴趣；有愿望也有行动，但行动结果没有得到满足感，也难以产生兴趣，即便产生也不能维持长久。学生学习行动的满足感受两方面因素的支配，因学得好而受到称赞、奖励，获得学习荣誉的满足，这是外在因素；通过学习，获得某种启迪和灵感，受到教益，思想开了窍，或学到某种技能，有了真本领，

从而获得知识与技能的价值感得到满足，这是内在因素。由此可见，学习兴趣不是孤立而存在的，它发端于学习动机、愿望之始，伴随于学习过程之中，固着在学习结果的满足之上。因此，要培养学生的学习兴趣，也必须从这几个方面入手：

（一）激发学习动机，培养学生的学习兴趣

人的各种活动，都是由一定的动机所引起的。学生进行学习也总是为一定的学习动机所支配。学习动机是直接推动学生进行学习的一种内部动力，它是一种学习的需要，这种需要是社会和教育对学生学习的客观要求在学生头脑里的反映，表现为对学习的极大兴趣，而且这种由强烈的学习动机产生的学习兴趣具有深刻稳定、持久的特性，是其他各种原因引起的兴趣所无法比拟的，它对学习所起的推动作用也更大、更广泛、更有效。因此，激发学习动机，培养学习兴趣，应该引起教师的高度重视。

当前，我国中小学生的学习动机，从直接动机和间接动机来分，有以下几种：直接的、迫切的学习动机，如为了升学和就业，为了得到家长和老师的表扬，为了班级、小组的集体荣誉等；间接的、长远的学习动机，如为了祖国的富强和建设等。在这里，直接的、迫切的学习动机应注意培养，间接的、长远的学习动机也不能忽视，而且在培养中还应注意因势利导，取消其中消极因素，培养积极因素。如学生为了升学和就业的学习动机中，有的为了将来建设社会主义祖国，也有的为了自己跳"农门"、

找饭碗，因此教师要对学生进行正确引导，使他们转到为建设社会主义祖国这一方面来。

1. 加强目的教育，激发学习热情

正确而又明确的学习目的是形成和提高学习动机的必要条件。"伟大的力量来自于伟大的目的。"只有学生明确地认识到了自己当前的学习与将来参加祖国的革命和建设的联系，体会到掌握文化科学知识、发展自己的智力才能是未来参与社会主义建设不可缺少的本领时，才能确立起远大的、高尚的、强有力的学习动机，才能产生强烈的而又持久的学习热情。相反，没有明确的学习目的常常是学生学习被动、落后的主要原因。因此，教师要经常对学生进行学习目的方面的教育。首先要注重根据学科的特点、所讲的知识特点、所进行的教学形式的特点以及学生的年龄特点有效地对学生进行理想教育、远景教育。不仅要使学生明确总的学习目的，同时还要使学生明确每一学习活动、每一学习课题的具体的学习目的，使学生把每一具体的"小目的"同实现"四化"的伟大理想联系起来。其次，要对学生进行义务感和责任心教育。苏联著名的教育学家赞科夫说："在高年级学生身上，意识到自己对祖国的义务感，这一点起着极大的作用。这种义务感是强有力的学习动机。"巴班斯基也说："学生的学习义务感和责任心动机特别需要。这些动机能够使学生克服学习中不可避免的困难，体验到由于克服学习中的困难而产生的愉快的满足感。"关于这种学习动机的形成，巴班斯基说："义务感和责任心的动

机是在运用一整套方法方式基础上形成的。这些方法方式包括：向学生讲解学习的社会意义和对个人的意义；提出要求，遵守这些要求意味着他们完成了作为学生的义务；教育他们执行要求；在他们顺利地认真执行自己的义务时予以表扬；随时检查他们执行要求的情况，在必要的时候，指出缺点，给予批评，以便使他们以更负责的态度对待学习。必须强调指出，培养学习义务感和责任心的方法和方式，要以教育学生的方法作为依据，不言而喻，这就是强调教学过程与教育过程的统一。"这就要求教师，在教学的同时，应根据教学内容中所体现出的"道"，对学生进行义务感和责任心的教育。如语文课，讲《柏林之围》《最后一课》，要对学生进行爱国教育，讲《崇高理想》要对学生进行理想教育，讲《为了周总理的嘱托》和《卓越的科学家竺可桢》，要对学生进行为建设社会主义祖国而献身的教育。地理课、历史课也可以进行这方面教育。理科，如数学、物理、化学也应如此，可通过我们祖先的伟大发明（如勾股定理）激励学生为国争光，通过我国与外国科学技术上的差距激励学生急起直追，以此激励他们更好地为中华民族的崛起而奋发学习。在利用课堂教学对学生进行学习的义务感和责任感教育的同时，还要注意利用其他各种方式，如课外活动、参观访问、实验实习、介绍科学家和劳动模范为中华之崛起而奋斗的光辉业绩以及组织学生与科学家、劳模见面等来丰富学生的切身体验和生活感受，使学生的学习动机在耳闻目睹的现实和亲身实践的活动中得到进一步强化。如果教

师不断对学生进行这方面的教育，学生就会更加热爱祖国、热爱生活、热爱未来，并为这种美的生活、美的未来，为建设社会主义祖国而努力奋斗与学习。或许有人说，这是远水不解近渴，现在已不是政治挂帅的时代。然而笔者认为，不论什么时代，政治的因素都不能忽视，学习上，学习动机更应注意培养。要知道，中学生正处在青少年时期，他们的胸中，对祖国前途、对四化建设，都怀有一腔热血，对生活和未来，都充满了美好的憧憬，只要对他们加强教育，积极引导，正确的学习动机是不难树立的。有一位同学的作文《（语文）教我爱祖国》写得好："上中学以来，三年的语文课本摞起来也有几寸厚了，它像一位良师益友，教给我做人的道理、生活的意义。更重要的是它教给我热爱祖国。我从这六本一千多页的文字中看到祖国两千多年来灿烂的历史，壮丽的山河；还看到了为祖国独立抛头颅洒热血的英雄，为祖国繁荣忘我工作的人们……它使我真正感受到祖国的可爱、祖国的伟大；使我更加坚定了为祖国而奋斗的信念。"学生树立了为祖国而奋斗的信念，学习还愁不努力吗？

2. 阐述知识价值，激发求知欲望

求知欲是对知识的热烈探求，是学生的好奇心和内在学习兴趣的集中反映。强烈的求知欲是学生正确的学习动机的重要表现。一般来说，每一个学生都具有求知欲，苏霍姆林斯基指出："在学生的心灵深处都存在着使自己成为一个发现者、研究者、探索者的愿望。"求知欲的基础是对知识的热爱，是对知识的意

义与价值的深刻理解。"没有对真理的热
爱，就不可能有对真理的追求。"因此，
在教学活动中，阐述知识的意义与价值
是激发学生求知欲望，培养学生良好的
学习动机的有效途径之一。比如数学学
习中，当学生了解到"一种科学只有在
成功地运用数学时，才算达到了真正完
善的地步"（马克思语），"数学是科学的
眼睛"（罗蒙诺索夫语），"宇宙之大，核
子之微，火箭之速，日用之繁，无处不
用数学"（华罗庚语），那么他们学习数
学的动机就必然会更加坚定有力。这对
于鼓舞学生求知的热情，激发他们对打
开知识宝库的渴望，引起他们对发掘知
识奥秘的兴趣都会产生极其重大的作用。
众所周知，陈景润之所以几十年始终不
渝地向"哥德巴赫猜想"攀登，正是由
于中学时代的老师在上数学课时关于
"哥德巴赫猜想"的意义与价值的那些激
动人心的阐述激起了陈景润强烈的求知
欲，从而推动他十余年攀登不止。以上
只是阐述知识的意义与价值的一个方面，
更为重要的是要向学生阐述知识在建设
精神文明方面的意义与价值。

苏联教育家苏霍姆林斯基曾说："在
绝大多数情况下，我们的学生在学校学
习的知识之所以必需，并不是直接为了
劳动，而是为了使每一个人在接受文化
财富之后，感到自己是一个真正的人，
使他体验到一个聪明的、天才的劳动者
的尊严感，使他感到自己的生活并不是
为了挣一块糊口的面包，从而感到幸
福。"（《个性全面发展教育的诸问题》）
这里苏霍姆林斯基所提出的知识的"双
重作用"——"不单是为了劳动""更重
要的是为了丰富人们的精神生活"的观

点，对于如何引导学生正确理解知识的
意义和作用正好给了我们深刻的启示。
因此，在教学活动中，一方面要强调、
突出知识在丰富人们精神生活方面的职
能，同时也要告诉学生现代社会日趋复
杂，现代科技、现代生产工艺日趋综合，
这就要求劳动者具有比较广博的知识、
全面的才能。

3. 创造问题情境，激发探求兴趣

学生的学习兴趣、学习愿望总是在
一定情境中发生的。离开了一定的情境，
学生的学习兴趣、学习愿望就会成为无
源之水、无本之木。然而并不是所有的
情境都能对学生的学习兴趣、学习愿望
起推进作用，只有那些带有探索因素的
问题性的情境，才能具有强大的吸引力，
才能对学生的学习兴趣、学习愿望起到
强烈的激发作用。

所谓问题性的情境，就是把那些不
知与知、浅知与深知之类的需要学生解
决的矛盾问题带到一定的情境（课堂作
业、课外活动等）中去。一般来说，这
些问题是具备一定的难度的，对学生来
说既是他们力所能及的而又必须是要经
过他们的努力或者说"起跳"才能解决
的。用苏联心理学家维果茨基的理论来
说，即这些问题必须是处于学生的"最
近发展区"的问题。实践经验和心理学
研究都证明，过难或过易的问题都会使
人失去兴趣。过易会使人无所用心，索
然寡味；过难也会使人失去信心，无所
追求。只有那些"半生不熟""高而可
攀"的问题才能激发起学生的兴趣，打
开他们探求的心扉，燃起他们对知识追
求的热情。

那么，怎样去创设问题情境，激发学生的探求兴趣呢？首先教师要深入钻研教学大纲和教材，了解新旧知识、纵横知识之间的联系；要充分地了解和把握学生（知识经验、智能水平等）的特点，这样创设的问题情境才能做到繁简得当、难易适度。既紧扣教学任务，又适合学生的情趣口味，使学生既有所得，又"乐在其中"。其次，创设问题情境应采取多种多样的方式，切不可拘泥于一种。既可以采取用教师设问的方式，也可以采用作业的方式；既可以面对全班，也可以面对个别学生或小组；既可以创设于课堂教学，也可以创设于实验室或课外活动等。教师提出问题引导学生思考，即所谓"激疑"是常见的方式之一。还可以采用课前布置作业，特别是活动性的作业（实地观察、参观访问、调查统计、采集和分析标本、自做小实验、查阅文献资料、课前预习等）。在作业的设计中使之具备一定难度，让学生在活动中产生疑难，需要在教学中得到解决，从而引起学生积极的思维准备，或者课后布置探究性的思考题和作业，作为问题情境，让学生自己去自行"发现"，让学生从中体验到"艰苦的脑力劳动后的幸福"（赞科夫语）和"自己作为发现者的权威感"（苏霍姆林斯基语），长此以往，学生的学习兴趣和探究热情就必然会得到不断的发展和提高。总之，经常性地创设问题性情境，引导和鼓励学生从事探究性的智力活动是激发学生内在学习动机的最有效果的途径之一。

4. 适当组织竞赛，激发外在动机

好胜心、不甘落后是青少年儿童共同的心理特征。竞赛正是利用了青少年这一心理特征而成为激发学生外在动机形成的最有效果的手段之一。组织得好的竞赛不仅能够调动学生的学习积极性，使他们"自我求成"的需要、积极向上的需要发展得更为强烈，而且有助于培养学生积极进取、敢于登攀、革命英雄主义和荣誉感等四化建设所需要的"主人翁"的思想品质；不仅能够有效地形成学生的外在动机，而且能够作为一种鼓励进取、反对懈怠的诱因去调动学生尚处于萌芽状态的各种内在的学习动机，并使其活跃起来、强烈起来。因此，适当而又组织得良好的竞赛在培养和激发学生学习动机中的作用是不可否认的。

但是，竞赛只能是培养和激发学习动机的一种辅助性手段，不能夸大它的作用。由于每个学生的基础知识不同，智力水平不同等，竞赛的指标不容易做到适当，不能企图通过频繁的连续不断的竞赛来调动学生的积极性以谋求教学质量的提高。频繁的、组织不适当的竞赛，其消极影响往往大于它的积极作用，正如美国心理学家索里所指出的那样："(1)使学习迟缓的人丧失信心（认为自己反正没有成功的希望）；(2)对知道自己不需努力就能成功的人缺乏激励；(3)对有些人产生过分的压力；(4)鼓励不合作或者对他人漠不关心（不惜任何代价要赢的态度）。"（转引自冯忠良著《学习心理学》第134页）尽管如此，也不能低估竞赛的意义，正如不能夸大它的作用一样，关键在于如何适当而又妥善地组织竞赛。

为了有效地发挥竞赛在培养和激发学生学习动机中的作用，首先，要加强思想教育，端正学生对竞赛的认识，把竞赛作为向党和人民汇报自己学习情况的一种方式，在竞赛中力争好成绩是自己对党和人民负责的一种表现。教育学生克服单纯的"竞争"心理，使竞赛成为激励学生的集体责任感的一种手段。竞争后要针对不同类型结果的学生进行集体的和个别的教育以使正确的动机得到强化，错误的动机得到及时纠正。其次，竞赛的类型和方式要多样，次数要适量。如类型：有文、史、哲的，数、理、化的，文艺的、体育的、劳动的等。如方式：可以是书面的、口头的，亦可以是活动性的等。次数要视学生的具体情况而定，切忌次数过多而造成对学生身心的压力。要通盘考虑让每一个学生都有在竞赛中表现自己才能的机会，都有取胜的可能。"让学习上不去的学生先在别的领域里取得成功，树立自信心和自尊感，进而再去改变学业落后的状态。"苏霍姆林斯基的这种见解对于有效地组织竞赛是有启发意义的。第三，竞赛标准应体现鼓励进步和团结互助，要把比学赶帮的良好学风纳入到竞赛之中，不仅先进更先进、后进变先进的竞赛者受到鼓励，就是那些有了进步的后进者也应得到表彰。那些不图名利、脚踏实地、乐于助人的学生也应给予肯定。这样是有利于防止产生自卑心理，滋长骄傲情绪和个人主义倾向的。

5. 运用反馈原理，强化学习动机

来自于教师对学生学习结果的种种正确的信息，对学生的学习动机起着重要的激励和强化作用。它不仅使学生从反馈的信息中看到自己的进步与成功，从而使自己的学习态度和兴趣得到加强，激起更进一步深入学习的强烈愿望，而且又能通过这种信息反馈使学生了解到自己学习上的弱点与不足，从而调动克服缺点，为争取好成绩而努力学习的积极性。同时，教师通过信息反馈能够控制和创造出教学活动的"热烈而镇定、紧张而有秩序的"良好的心理气氛，使学生感受到自己是在快乐而成功地从事着智力活动。这样，学生的学习兴趣也就必然会显得更加高涨、更加强烈、更加浓厚。

来自于教师对学生学习结果的反馈信息是多种多样的。可以说，教师对于学生的学习活动所做出的任何一个动作或行为都是一种反馈信息，比如点头、微笑、皱眉、眨眼、苦笑、挥手、摇头以及口头评价、批改作业、批阅试卷、书面评定等。并不是所有的反馈信息都能对学生的学习动机起激励和强化作用的；相反，那些不适宜、不妥当的反馈信息往往导致学生情绪消沉，失去学习的兴趣。

怎样运用反馈原理，才能激发和强化学生的学习动机呢？

首先，要坚持正面教育、表扬为主的原则。适当的而又是实事求是地对学习结果给予鼓舞或者表扬能够激发起学生对学习的热情。特别是对后进学生要多发现其学习的点滴进步，采用鼓励和赞赏的办法，使其对学习充满信心。对于他们存在的问题必须责备时应采取巧妙的方式，在表扬中指出不足，在批评中肯定其进步，并帮助他们分析原因，指出改进的措施。对于学生的评分既要客观公正，又要谨慎郑重，最好不要给学生不及格的分数，苏霍姆林斯基关于保留学生不及格成绩直至学生取得大的进步时才给予评分的方法值得我们借鉴。既要教育学生不能为分数而学习，又要教育学生为争取好成绩而努力。切忌对学生学习中的错误进行讽刺挖苦、体罚和变相体罚，这些都是严重挫伤学习积极性、影响学生学习动机的形成和强化的反馈信息。

其次，教师对学生学习结果所作的反馈信息必须客观、公正和及时。客观、公正和及时的反馈信息有助于学生客观地了解自己的学习情况，利用刚刚留下来的鲜明的记忆表象，进一步产生改进自己学习的愿望。因此，教师对学生学习的评定或者评价要尽可能排除主观臆断。要把评定和评价结合起来，在评定的时候要配合一定的分析评论，在评论时不仅要注意到学习结果，还要把学习的态度、目的、方法纳入到评论之中，使学生感到"确实如此"进而产生更大的求知欲。对学生的作业或者考卷要及时批改并尽早地发给学生，让他们尽早地看到自己的学习成果，并在较近的时间内或全班或个别地进行讲评，使学生从成绩中体验到"欢乐"，从不足中体验到"差距"，进而产生"学不可以已"或"知不足，然后能自反也"的思想情感。

第三，要照顾学生的年龄特点和个别差异。对于低年级的学生由于自我评价的能力不强，对学生学习成果的反馈信息应以教师的评定和评价为主，重在表扬鼓励。到了高年级由于学生的自我意识和道德评价能力有了很大的发展，除了教师所作的反馈信息外，还要经常通过集体舆论、集体评价作为反馈信息的方式。除了

表扬鼓励外，还可适当辅以批评指责，这对激发和强化学生的学习动机有时显得更为有效。对于自信的学生在表扬的同时，要更多地提出要求，指出不足之处；对于较为自卑的学生则应多鼓励，少指责；对于个性较强的学生，严厉的批评或一个坏分数可能激起他们奋发努力；而对于个性较弱的学生，应多用温暖、怜惜或者信任去滋润和激荡他们深藏在心底的上进心，过严的责备或坏分数的刺激过多则可能导致他们长期萎靡不振、自暴自弃。总之，善于运用信息反馈的原理来激励和强化学生的学习动机是教师的重要的教学艺术之一。

（二）从"兴趣点"着手，培养学生的学习兴趣

在教学中，常见学生对学习中的某些内容喜欢，对某些内容不喜欢，这种兴趣表现在教学中无时不在。所谓"兴趣点"，就是指能引起学生喜好的情绪的某个方面、某个部分。

学习兴趣点是客观存在的，但又不是固定不变的。如何以学生的兴趣点为突破口培养学生的学习兴趣呢？

1. 了解兴趣点

学生正处于心智蓬勃发展的阶段。他们的求知欲、好奇心很强烈。因此，内容新颖、引人入胜、富于情趣的新奇的东西，容易引起学生的兴趣。中小学语文教材内容丰富，题材广泛，知识性趣味性强，大多都能引起学生的兴趣，但并非篇篇都是饶有趣味的，有些内容是不能一下子引起学生的学习兴趣的。

要培养和激发学生的学习兴趣，前

提条件是要了解学生的兴趣，了解兴趣的差异和特点，分析造成兴趣大小和有无的主客观原因，进而制定培养激发兴趣的方式方法。

每学期新课本一发到学生手里，求知欲和好奇心就驱使他们先睹为快，这也正是了解学生阅读兴趣点的好时机。于是，可布置这样一个作业，让学生在浏览课本之后，列出自己喜欢和不喜欢的课文篇目，并简要地说明原因。学生很乐于这样做。收上来后，老师可按教材篇目、是否喜欢的人数以及理由，列出表格，进行归类，分析出学生的兴趣点、兴趣差异和主客观原因。以小学语文第12册教材为例：21篇课文中，《工人代表》《十六年前的回忆》《卖火柴的小女孩》《别了，我爱的中国》《夜莺之歌》、《养花》《景阳冈》《三人行》等课文被大多数学生喜爱，而《动物的远游》《穷人》《贝壳》等课文引不起学生的阅读兴趣，其他课文则是少数学生喜欢或不喜欢。

按学生陈述的好恶理由分类，喜欢的课文大致有以下几种情况：一类是以情动人，赢得学生喜爱，如《别了，我爱的中国》以浓浓赤子之情、拳拳爱国之心强烈地打动了学生；《鹌鹑》以小动物无私的爱，真切地感动着学生；《卖火柴的小女孩》《凡卡》中小主人的痛苦生活、悲惨遭遇，拨动了学生善良而富于同情的心。二是故事性强，引起学生阅读兴趣。《工人代表》《十六年前的回忆》《三人行》等课文，以生动感人的情节，塑造了革命领袖、革命英雄的形象，使学生产生敬佩之情；《夜莺之歌》《鲁班学艺》《景阳冈》则以紧张曲折的情节引

人入胜。三是文笔优美，博得学生喜爱。老舍先生的《养花》《草原》，学生都很喜欢，他们说老舍的作品文笔清新优美，让人读了亲切舒服。

不喜欢的课文大致有两种情况：一类是理解不了，读不懂，所以不喜欢。例如《穷人》这篇课文，学生不知道它要说明什么；一些学生不喜欢《贝壳》，也是因为摸不准课文要表现的中心是什么。可见学生阅读能力的高低影响着阅读兴趣。再一类就是提不起阅读兴趣。如《冬眠》、《动物的远游》、《渡船》等课文，学生不喜欢的理由是"平淡无味""没有感动人的地方""没劲"。

从学生陈述的理由中，还可以看出学生的阅读兴趣也明显受到爱好、志趣、性格的影响。"我爱看故事性强，有意思的""童话适合我的口味""我喜欢自然科学，对于这类课文自然就很喜欢""我不爱读外国的文章，不合我口味，人物的名字很长、很绕口、不好记""我不喜欢《贝壳》，是因为我不喜欢文中的主人公"。另外，喜爱《景阳冈》的全是男孩子，他们喜爱武松这个勇敢的打虎英雄。

2. 抓住兴趣点

学习内在的诱因是发自内心的求知欲。愉快地进行学习，扎实地掌握知识，是靠内在的诱因，靠情绪状态来达到的。而培养学生兴趣要通过寻找实施最佳教学手段的途径来实现。这就需要教师善于采用多种多样的教学方法，拨动学生的兴趣之弦，要把教学过程的各环节安排得能够激发学生对知识的渴望，让智力活动在情绪高涨的气氛中进行，让学习过程充满丰富的精神生活和积极活跃

的气氛。

老师在教学中要注意每节课都考虑兴趣的保证作用，依靠兴趣的积极的动机，消除消极的动机，使学生对喜欢的内容能保持并提高兴趣，对不喜欢的内容能产生兴趣，引发"诱因"，找到推动力，进行积极的学习。

3. 利用兴趣点

学生感兴趣的教材，是顺利进行教学活动的一个有利因素。但往往也存在这种情况，好的教材并没有得到预想的好的效果。学生读起来还蛮有兴味，老师教完后反倒索然无味。因此，对学生爱学的课文要充分利用兴趣点，使学生的思想和情绪在课堂上积极地活跃起来。所谓利用兴趣点，就是让某种情绪、兴致得到发挥、发展，而不是抑制。比如有些教材本身具有强烈的感染力，教师在教学中要充分发挥它吸引、感染人的作用，使学生的情趣得到发展。

如有一位老师在教《别了，我爱的中国》这篇课文时，已经了解到学生的兴趣点是在文章抒发的爱国之情上。她考虑到对于以情感人的文章，默默地看与琅琅地读，所带给人的内心体验是不同的，朗读是激发情感、加强情感体验的最佳手段，可以增强作品的感染力。在教学这篇课文时，她一方面用教师有感情地范读来"激情"，一方面指导学生有感情地朗读来使他们"入情"。朗读与品味词句结合，朗读中品味，理解后朗读。学生从中领悟到，这篇文章的段落层次体现了作者情感的发展，从而与作者在情感上产生共鸣，体验到一种崇高深沉的情感。

4. 激发兴趣点

兴趣点显露的，教师要利用；兴趣点若明若暗或完全隐蔽的，要靠教师来激发。当教师了解了学生对一些课文的厌学原因，就要利用教学刺激物来排除阻力点，调动起学生的学习情绪，打开其学习兴趣的大门。

激发学生学习兴趣的方法很多，但都要从学生实际出发，针对问题去具体分析，采取行之有效的方法。例如学生的求知欲很强，但如果知识的深浅度与他们的理解和接受能力不相适应，他们就会失掉学习兴趣。学生不喜欢《穷人》这篇课文就属于种情况。怎么才能激发起学生的学习兴趣呢？关键是要通过教学，变不懂为懂，变难为易，不但要使学生读懂这一篇课文，还要会读这一类课文。有一位老师教《穷人》时，就从学生不懂入手，让学生说出哪些地方读不懂。了解了难点，我们就一起来探讨研究这些难懂的地方。学完以后，看谁能说出是怎么懂的，方法是什么。学生的情绪高涨起来，建立了信心，就愿学；学习能"解渴"，就乐于学。疑惑点就转化为兴趣点，阻力变成动力。

接着，她组织学生一边选读对桑娜这一人物几种不同心理状态的描写，一边议论，分析出人物在不同环境下的不同心理。然后引导学生抓住主要的心理描写，思考为什么会产生这些矛盾心理。最后让学生谈谈渔夫和桑娜是怎样的穷人。

在学习过程中，她时常用鼓励的语气对学生说："这个问题你们探讨得不错，咱们再试着研究下一个问题。"激发学生不断地学习、探索。

学生在阅读实践中掌握了阅读这类课文的方法，感到阅读有成效，反过来又激发了学习兴趣，发展了阅读技能。

5. 挖掘兴趣点

学生喜欢探索问题，富于探索性的、新奇的、不寻常的问题，对于他们有很大的吸引力，容易引发他们求知的兴趣。只有学生发觉自己有的问题应该弄明白而还没弄懂，发现自己忽略了某些不该忽略的词语，他们的求知欲望和兴趣才会产生和增长起来。教师要善于从教材中挖掘这样的兴趣点。

《奇异的琥珀》既不是大多数学生喜欢的也不是特别不喜欢的课文。怎么设计这篇课文最优化的教学结构呢？曾有一位教师在备课时考虑到课文里讲的这块奇异琥珀形成的故事，是科学家推测出来的。如果只带领学生去学习别人推测的成果，被动接受这个"推测"，不如让学生经过自己的智力活动，运用已有的知识，也来"推测"一番，从中发现真知、探求真理。她就把阅读思维的兴趣点设在"推测"上，给学生创造探索的情境，引发探索兴趣，拨动兴趣之弦。

上课时，在解题质疑之后，她把问题引到"推测"上。解释了"推测"的词义和"推测"的根据这两个铺垫性的问题后，就让学生观察这块琥珀的实物图片，分小组大胆地推测一下，它的形成需要哪些条件和过程，看哪个小组的同学推测得合理。这种做法使学生顿时精神振奋，竞赛的形式更让他们兴致勃发。这种喜悦的情绪有助于学生开动脑筋，迸发出创造性思维的火花。各组代表各抒己见，互相补充、更正，不断充实完善他们共同的"精神成果"。

接着组织学生默读课文里"推测"的内容，画出要点，进行对照，看看自己的推测哪些与作者不谋而合，哪些地方不一样，谁的更合理；对于作者的推测，哪些自己没有想到，哪些地方不得其解，提到全班讨论。这个教学环节将学生自己推测引到学习借鉴、分析作者的推测并对照检查上，取优去劣，思维的层次又提高了一步。在这基础上，又组织学生进行第二次讨论。学生在把自己的推测与作者的推测放在一起分析、评论的时候，也就在自觉地学习作者的思维方法和表达方法。

最后，她让学生将写有琥珀形成条件的词语卡片，按一定顺序排列起来，并说说为什么这么排列，学生从中领悟到：推理既要有科学根据，又要有严密的逻辑性，这样，才具有雄辩的说服力。

6. 迁移兴趣点

有兴趣点的，可以利用；兴趣点不强的，可以激发；兴趣点隐蔽的，可以去挖掘。而对没有兴趣的教材内容，则可以使它和学生感兴趣的东西联系起来，通过一定的手段，把兴趣由彼物迁移到此物上。

《詹天佑》这篇课文，同学们的兴趣点在课文所写的人物上，他们很喜欢这位杰出的爱国工程师，但他们不大喜欢课文的描写，认为没有什么故事情节。学生只把这篇课文当做一个历史人物和事件看，重视他的爱国之心，忽视他的报国之技。对詹天佑为什么能建成和怎么建成京张铁路的，没有深刻印象。我

在分析教材时注意到，课文中叙述的
"测量线路""开凿隧道""设计'人字'
形线路"这三件事虽很典型，但因篇幅
所限，故事性不强，降低了可读性。课
文中还出现一些有关工程技术方面的词
语，学生不懂，也不感兴趣。如果以词
解词则更加枯燥、深奥。而这些段落和
词语又是这课的重点，不讲好，人物形
象不会生动鲜明，思想教育也苍白无力。
为了使学生爱学、学好这课书，可用
"迁移兴趣点"的方法来设计这堂课的教
学结构。

学生喜欢看电影、电视，因为生动、
直观、形象的东西适合他们的思维特点，
容易接受。有一位老师就设想用电教手
段将学生的兴趣引发、迁移到课文上来。
在电教老师的帮助配合下，找来詹天佑
建造铁路的录像带，根据课文的需要，
截取了相关的片断。读课文与看录像结
合起来，学生的情绪就被调动起来。他
们的注意力集中起来，带着满足的心情
学习课文。

为了让录像真正起到适时、适当地
引发学习兴趣的作用，她对放录像的时
机与方式做了不同的处理：学习"勘测
线路"一段时，精读之后放录像，画面
上的陡坡、深谷、狂风、黄沙，使学生
加深体会到建路条件恶劣、难度大，加
深理解了詹天佑不畏艰苦的精神和严谨
的科学态度。学习"开凿隧道"一段，
阅读之后，我让学生试着画一画"六个
工作面"的示意图，然后看录像与之对
照，再比较两个、四个与六个工作面的
不同效率，从中体会詹天佑卓越的智慧。
学习"设计人字形线路"一段她考虑到
录像片是对这段文字最形象的"解说"，

初读之后，就直接看录像，节省了时间，
免去了重复。

这种声音、图像、颜色、文字综合
搭配运用的方法，提高了课文的可读性，
帮助学生很好地理解了课文。

7. 发挥兴趣点的综合效益

学习兴趣不是固定不变的。有兴趣
和没有兴趣，兴趣点的出现与消失，在
一定条件下可以互相转化。激发学习兴
趣的方法不能单打一，或激发兴趣点，
或往新的兴趣点上迁移，或调动兴趣点
重新出现。要使学生学习兴趣在有效的
学习时间内得以保持，就要各种方法相
互结合，发挥综合效益。

《田忌赛马》是学生比较喜欢的一篇
课文。一位老师是这样安排教学结构的：

（1）审题诱趣。板书课题后，问学
生："看了课题，你们想知道什么？"然
后了解兴趣点，我问学生："你们对课文
中的哪部分内容最感兴趣？"再利用兴趣
点，先从最吸引学生的部分组织讲读，
以满足学生先睹为快的阅读心理。

（2）对比引趣。写比赛的情况是第
一段和第三段。她考虑到，学生初读了
课文，已经大体了解了比赛情况，如果
还只是让他们细读讲解怎么赛，学生就
会乏味，反倒觉得没什么可学的。为了
激发学生思维的积极性，培养其分析判
断能力，她打破按段落层次的顺序讲读
的常规做法，让学生把第一段和第三段
合在一起阅读，思考这两次比赛的异同。
这样学生只泛泛地读是不行的，促使了
学生深入地读书，开动脑筋去分析。

（3）质疑导趣。阅读第二段时，她
用启发质疑的方法把学习的兴趣点迁移

过来。问学生："阅读这部分时，你们想到哪些问题？"目的是让学生发现并提出新的矛盾，打破已有平衡，产生新的不平衡，以激发解决新问题的愿望。

（4）"投石"激趣。在学习快要结束、矛盾基本解决的时候，学习情绪也趋于低潮。而以文悟道，认识产生质的飞跃，也在课的最后阶段。如何调动学生兴趣点重新出现呢？我提出了一个学生意想不到的问题："你们想一想还有没有别的调换方法？""一石激起千层浪"，兴趣之火又被点燃，学生的学习积极性又被调动起来。

（三）利用课堂教学主渠道，培养学生的学习兴趣

课堂教学是教学的基本途径，因此要充分利用课堂教学培养学生的兴趣。课堂教学过程是一个复杂的认识过程，由多种要素构成，其中教师、学生、教学目标、教学内容、教学方法是主要的因素。系统论告诉我们，课堂教学是一个完整人工系统，要通过这个系统最大限度地调动学生学习的兴趣和学习积极性，就要靠挖掘各要素的潜力和各要素的有机协调来实现。

1. 充分发挥教师的主导作用，培养学生的兴趣

一位有丰富教学经验的教师，在谈到培养学生学习兴趣的问题时说，兴趣的来源有时是显而易见的，有时则是埋藏在深处，需要挖掘和探索。只有表面的、肤浅的知识不能培养起学生对学习的真正兴趣，唯有挖掘和探索自然万物的实质及其因果联系的过程本身，才能引起学生真正的兴趣。

有着丰富教学经验的校长都会发现，如果学校有一位优秀的数学教师，就吸引一些学生对数学的兴趣，如果有一位优秀的生物教师，则会同样吸引学生对生物学的兴趣，这可以说明教师在学生兴趣中的作用。

著名教育家苏霍姆林斯基提出了儿童对知识的兴趣的第一个源泉就在于教师对上课时要讲的教材和要分析的事实所抱的态度，在他讲授植物的根系及其在植物生命过程的作用时说："兴趣并不存在于认识一眼就能看见的东西，而在于认识深藏的奥秘。我对孩子们讲述说，那些很细的根须怎样在土壤里吸取植物所需要的物质。我把孩子们的注意力引到各种事实的这样一个接合点上来：在土壤里，有一种生命时刻在不停地进行着，无论冬夏，这种在土壤深处的生命永不熄灭，几万个微生物好像在为许多根须服务，如果没有这种复杂的生命，树木就不能活下去。想一想它是怎样依赖于从周围环境中提取的物质，微生物怎样变为构成生命的建筑材料？我把这一点讲清楚，把学生的注意力集中到这一点上，就在学生面前揭示了一种新的东西，激发起他们在自然界奥秘面前的惊奇感。这种情感越能抓住少年的心，他们就越发迫切地想要知道、思考和理解。"

这是一个教育工作者的教学体验，这种经验告诉每一个教师，都应自觉担负起培养学生兴趣的职责，都要尽量利用课堂教学唤起学生对自己所教科目的兴趣，使学生产生学习的欲望。

2. 深入挖掘教材，引发学生兴趣

美国心理学家布鲁纳说过："最好的学习动因是学生对所学的材料有内在的兴趣。"浓厚的学习兴趣和强烈的求知欲望，是一个人学习的推动力。有些学生之所以对学习不感兴趣，正是因为对学习对象知识缺乏需求的欲望，如果学生对学习对象的求知欲强烈了，学习兴趣也就浓厚了。他就能自觉地排除多种外界因素和心理因素的干扰，集中注意力，积极主动地进行学习，并把它当成一种乐趣。如一个对语文感兴趣的学生，就会爱好语文，不仅在课堂上注意听讲，努力完成作业，而且在课外也会想方设法去寻找语文读物，如饥似渴地去进行学习和钻研，甚至为此而放弃其他活动。这就是说，学生对学习的内容感兴趣，教学效果就好；反之，教学效果就低。因此，在教学中问题的提出、方法的使用、练习的设计、语言的表达等，都要有利于激发学生的学习兴趣，调动学生学习的积极性，使学生爱学、乐学。

如何深入挖掘教材，培养学生兴趣呢？

首先，要对学生讲清某一学科、某一知识在四化建设中的地位和作用，对自己的将来有什么用处，以提高学生的学习积极性、主动性。

其次教师要想方设法比如创造意境、制造悬念等，把教材中的静态信息变为动态信息，在课堂教学一开始就激起学生的好奇心。如一位物理教师讲阿基米德定律时先用块铁板做实验的情况，就属于制造悬念的方法，这样就激起学生的好奇心，求知欲便随之而产生。

第三，利用教材本身内容的"矛盾"，激发学生钻研的兴趣。如教学《陋室铭》，课文开头肯定说："斯是陋室"，结尾却反问道："何陋之有？"那么这究竟是不是陋室？这样可以激发学生的思考。

第四，从教材新旧知识的对比中，引发学生的兴趣。如教学"无理数"的概念时，可以以有理数的概念作为过渡，提问学生：人世间的事理有"有理"和"无理"之分，数为什么也有这种分法？有理数是指正负整数、正负分数和零，那么什么是无理数呢？这样就激起学生的好奇，引起他们的学习兴趣。

第五，要善于在教材平淡无奇处找出疑点，激起学生的兴趣。如《截肢和输血》一文有这么一段："白大夫和伤员的肘窝经过严密的消毒，用输血管插到静脉里，加拿大共产党 300 cc 的血液静静地流到中国人民的八路军战士的身上。"这句话再平淡不过了，然而仔细研究，也会找出疑点："加拿大共产党员"和"中国人民的八路军战士"这两个词组分别指多少人？指的是谁？学生答：都是分别指一个人，前者指白求恩，后者指伤员。教师再问："既然如此，为什么不直接写出白求恩和伤员而这样写？"这个疑问可以引起学生的极大兴趣。经过思考和讨论学生可以明白：白大夫和伤员分别代表了加拿大共产党和中国人民的八路军战士，这样写是为了突出白求恩的国际主义精神。

3. 改进教学方法，激励学生兴趣

大家都知道，教学有法，但无定法。课堂教学是教师、学生、教学内容、教学手段等多种因素构成的纷繁复杂的过程。一节课，因教材类型不同，课文体裁不同、师生水平有差异仅用一种固定不变的方法是不能很好地完成教学任务的。德国教育家第斯多惠曾指出"教学艺术不在于传授，而在于激励、唤醒、鼓励"。这就要求教师要根据教材特点和学生基础，让多种形式、多种方法见诸于阅读实践，用多种途径点燃学生心灵的火花。如一位教师在检查生字时，一改过去那种听写、抄写、拼认等形式，而采用小组竞赛的方法，以小组为单位，每人轮读一个字，读错一个字给所在小组去掉一分，最后累计，哪个组得分多，哪个组第一。这样，把自己的学习同小组的荣誉紧紧连在一起。人人都不愿因自己读错而影响小组的成绩，所以学得十分认真，就连平时最不认真学习的学生也瞪大眼睛仔细看，生怕自己读错了。因此效果很好。这种方法，不但培养了孩子们的责任心，也训练了学生的注意力、记忆力，也有助于学生良好学习习惯的养成。

一个好的语文教师，除了要有扎实而宽厚的语文基本功外，还要不断学习新的教学理论，不断改进教学方法，使自己的教学有时代信息，使学生爱学、乐学。因此就必须在"新"字上下工夫，只有做到"新"才能有"趣"，才能吸引学生。如李春富老师三教《小站》，三讲三新。第一次教《小站》用讲谈法，学生读读，老师按参考书的要求讲讲。最后总结中心，完成课后作业。这次教，是教师领着学生学，学生学完只知其表，不知其理，印象不深。第二次教《小站》为了加深对课文的理解，李老师在备课

时设计了一幅板画，教学时，教师边讲边画边提问，学生边听边看边回答，让学生从板画的"美"中体会到小站工作人员精心设计、布置月台，给旅客以温暖。同时让学生按板画顺序，理解本课按方位顺序记叙的写作方法。讲完课教师反馈学生学习信息时，同学们说："这节课教师讲得真有意思。"再让他们谈体会时，却什么也说不出来。这时李老师认真地进行了自我反馈，认识到这次改，只考虑到教师怎样教，而没有考虑学生怎样学，只是课堂形式的改变，实质上还是以教师为中心。第三次教《小站》，李老师根据教材（本课已由讲谈课改为看图学文）和学生特点，采用"民主辩解"的教法，即"预习（找疑难）—辩解（议论）—启迪（教师启发引导）—总结（谈收获体会）"。学生在教师指导下，自己动脑、动口、动手，主动去获取知识，课堂气氛活跃，满堂生辉。

4. 创设课堂情境，感染学生兴趣

在教学中，教师应根据教学的需要，充分利用现代教学手段，（如：幻灯、录音、录像等）创设情境，引人入胜，或音乐渲染，强化气氛，或图画再现，形象直观。使学生处于接受感知的最佳状态。体验到追求知识世界的无穷乐趣。

创设课堂情境，感染学生兴趣，是以心理学为依据的，人们获得知识主要是建立在感知的基础上。感受时，主管形象思维的大脑右半球兴奋；表达时，主管抽象思维的大脑左半球兴奋。这样，大脑两半球交替兴奋和抑制，就可以减轻学生的疲劳，在轻松愉快的气氛中学习。

比如，教学圆面积一课时，上课伊始，首先引用数学家毕达哥拉斯的话："一切立体图形中，最美的是球，一切平面图形中最美的是圆。"边说边出示彩色的实物图，此时激起了学生对圆的美感和好感，进而激起了学生感情的浪花。教师接着引导，像这样一个圆溜溜的玩意儿（指实物图），既没有长，又没宽能算出它的面积吗？教师肯定回答："能！只要我们有决心肯动脑筋就一定能把圆面积的计算方法学到手"。此时此刻在教师丰富多彩感情信息的强烈刺激下，学生的情感与教师的情感产生了和谐的共鸣，十分渴望获得新知识，于是他们把枯燥的数学学习视为一种享受，从而将全部的心理因素投入到学习中去。

创设课堂情境，感染学生兴趣应注意以下几点：

（1）刺激的新异性。教学中所创设的情境一定要让学生感到新鲜生动，这样才能吸引学生的注意力，使之产生兴趣，激发起观察、描绘情境的热情。

（2）方法上的启发性。情境的设置不宜过于直接和俗化，但也不能过于隐晦，应以能对学生起到一定启发作用为标准。过于直俗，学生会感到乏味；过于隐晦，学生会感到茫然，都会影响教学效果。

（3）情境要为教学目的服务。情境教学本身只是一种手段，而不是目的。因此，是否需要设置情境，设置何种情境，以何种形式来设置情境等，都必须服从教学的目的，适应具体教学内容的要求，切不可追求形式，或仅仅为刺激学生兴趣而设置。

5. 活跃课堂气氛，升华学生兴趣

课堂气氛，也可以称为课堂心理气氛，即班级集体在课堂上的情绪情感状态。课堂气氛有两种基本类型，积极、健康、生动活泼的气氛和消极、冷漠、沉闷的课堂气氛。

积极的课堂气氛的基本特征是课堂情境符合学生的求知欲和心理特点，师生之间、同学之间关系正常和谐，学生产生了满意、愉快、羡慕、互谅、互助等积极的态度和体验。而消极的课堂气氛的基本特征则是课堂情境不能满足学生的学习需要，背离了学生的心理特点，师生之间不融洽，学生之间不友好，学生产生了不满意、烦闷、厌恶、恐惧、紧张、焦虑等消极的态度和体验。

从教育的角度来看，良好的课堂气氛造成一种具有感染性的催人向上的教育情境，使学生受到感化和熏陶，产生感情上的共鸣。这种情感上的"预热"是思想品德教育的最为有利的条件。

从教学的角度来看，生动活泼、积极主动的课堂气氛使学生大脑皮层处于兴奋状态，易于受到"社会助长作用"的影响，引起学习兴趣，从而更好地接受新知识，并在新知识的基础上联想、综合、分析、推理，进行创造性学习。

怎样创造良好的课堂气氛呢？

（1）教师要有威信。教师是课堂教学的组织者和领导者，他的人格和威信，是一种巨大的精神力量，具有很强的教育作用，是影响学生情感体验，制约课堂气氛的重要因素。所以教师要在教学过程中处处严格要求自己，以身作则，为人师表，用自己的良好威望影响全班给全班学生以积极的情绪体验，创造良好的课堂气氛。

（2）教师要以自己的积极情感，感染学生。教师的情绪、情感具有感染性。教师本身的情感状态，可以产生共鸣，使学生受到潜移默化的影响，使课堂出现某种心理气氛。上海特级教师于漪同志说："作为一个教师，教学时总不能板着面孔进课堂。板着面孔进课堂，一进去就跟学生拉了一个很大的距离，学生一看到你就望而生畏，感情上就有了距离。教师上课应当和颜悦色，使学生感到可亲可敬。优秀教师的经验说明教师的积极的情感有助于良好的课堂气氛的形成。"

（3）教师的教学活动要有情有趣。教师在阐述教学内容时，以饱满真挚的情感来讲课，就会有效地唤起全班同学积极的感情。优秀的语文教师经常是在描述有爱国内容的课文时，洋溢着正义之情、爱国之心，以作者的爱国之情的曲折起伏去打动学生的心扉，让学生的心潮随着作者的感情激流澎湃。

教师教学的趣味性，同样也有助于激发学生的学习兴趣，创造良好的课堂气氛。

好奇好胜是青少年学生的一个显著的心理特点，他们喜欢新鲜的东西，奇异的刺激物对他们具有很大的吸引力。许多教师都善于从学生的这些心理特点出发，采用多种教学方法去唤起学生的学习兴趣，造成浓厚的学习气氛，让学生以积极、欢快的情绪去从事学习。

（4）教学的内容要难易适度。要使课堂学习气氛好，还要掌握量力性原则。所教的内容太浅，没讲几句，学生就早已一目了然，学生没有进一步的追求新知的情趣，学生就会精力涣散，无所事事，全班学习情绪就会松懈乏味。但是，如果所教的内容和所提出的要求难度太大，学生听不懂，啃不动，多次努力，总是几经挫折，依然看不到有所前进，没有收获，学生的学习就会丧失信心，学习情绪就会下降，全班就会产生学习厌倦气氛。所以教师所教内容和所提出要求要难易适度。要有一定的难度，但这个难度，不是不可逾越的。当学生们经过积极努力，终于克服了困难，取得了学习上的胜利，全班就会感到自己的智慧和毅力的力量，体验到一种刻苦努力得到胜利的幸福和喜悦，学习情绪和班级气氛就会为之大振。

（5）建立良好的人际关系。课堂气氛也受班级集体人际关系状况的制约。班级集体的人际关系主要是师生关系和学生间关系。师生关系融洽，教师热爱、信任学生，学生尊重、敬仰教师，这往往导致积极、健康、活跃的课堂气氛；不和谐、僵化、紧张的师生关系则容易酿成消极、沉闷以至一触即发的课堂气氛。从学生间关系看，也有类似的情况。同学之间团结、友爱容易使课堂形成互相尊重、体谅、友好的风气；同学之间如果不和睦，矛盾重重，四分五裂，课堂上就容易出现嘲讽、攻击、紧张等不健康气氛。所以教师首先要以身作则，首先热爱学生，尊重学生，关心学生，建立良好的师生关系。同时要经常注意发扬同学之间的团结、互助、友爱的精神，使全班的人际关系十分健康和谐，同学们在欢乐愉快的课堂气氛中生活成长。

6. 控制教学节奏，保持学生兴趣

巴班斯基说："兴趣所固有的基本成分中，应当强调的不只是情绪上的兴奋，还有情绪上的特征，这表现在认识的愉快上。"如果不考虑学生的接受能力，一味地讲课，课堂教学的弦绷得过紧，甚至故意用知识压学生，使学生感到学习压力太大，超过学生学习精力的负荷，学生从学习中感不到什么乐趣，久而久之就会丧失学习的积极性、主动性。同时教师在课堂教学时，要合理确定教学的密度、难度和速度，既不要太多、太难、太快，也不要太少、太浅、太慢；要注意课堂教学的节奏，做到松紧适宜，难易适当。学生一旦尝到学习的甜头，就会积极主动地去学习。

（四）遵循"直接兴趣与间接兴趣"相互转化的规律，培养学生的学习兴趣

如同其他事物的发展规律一样，引发学生的兴趣，不是杂乱无章的，而是有章可循，有规可依的，它也是有一定的发展规律的。只要我们探究、寻求、掌握了它的发展规律，我们就可以引导学生遵循它的特殊规律去培养兴趣、激发兴趣，保持旺盛、强烈浓厚的学习兴趣去从事学习，并以顽强的毅力去攀登科学的高峰。

所谓兴趣规律，从心理学上来讲，就是直接兴趣与间接兴趣的相互转化。直接兴趣是对事物本身的兴趣，间接兴趣是对事物未来结果的兴趣。这两种兴趣各有所长，各有所短，但相互补充，其作用特大。直接兴趣虽情感性强、吸引力大，短期效果好，但难以持久，不利于学生培养意志力和获得系统的知识；间接兴趣虽然理念性强，时间持久，有利于培养意志力和获得系统知识，但吸引力差，精力不易集中，容易疲劳。因此，运用兴趣规律，促进两者转化，乃是最优教法的最好表现。

如何方能做到这一步呢？一是要努力通过教学刺激学生对所学学科和材料的直接兴趣，使他们感到课上得有趣，喜欢这门学科，对这门学科的未来产生浓厚的兴趣，因而更加勤奋、更加细致地学习。这是促进直接兴趣向间接兴趣转化的好方法。这正如心理学家布鲁纳所说的："对学生的最好刺激，乃是对所学材料的兴趣。"二是当学生对这门学科缺乏学习兴趣的时候，就要通过巧妙的教学艺术，调动一切刺激因素，逐步触发他们的内在学习动机，使他们抱着一种坚定的信念去学习这门功课，使他们渐渐地对这门课程发生兴趣，并把学习这门课程当做他的生活需要和实现理想的目标。而此就是间接兴趣向直接兴趣转化——这些，正是选择最佳教法的根本目的所在。一些优秀教师，正是运用兴趣规律来教学的。他们通过"课始激趣、课中荡趣、课末存趣"的方法，促进两种兴趣的转化，使自己的教学取得很好的效果。

这些方法，如果要落实到某一学科，比如是语文学科，又该怎样来实施呢，有三个环节是值得很好注意的。

1. 上课伊始，导之以兴

伊始，有两种含义：一是每次上课之始，二是新生入学上第一课之始。这

都是两个很重要的环节，也可以说是诱导学生学习语文兴趣的第一个环节。例如有些教师在新生入学第一课，他并不讲课文，而只是以"读语文学习"为题，大讲领袖们关于语文学习的精辟论述，文坛名人的趣闻轶事，古今大师的名言佳篇，中外数理化名家爱文学的真人真事，乃至语文与行行业业、千家万户、日常生活的密切关系，旁征博引，深入浅出；不时还吟诵一些大家年轻时的轶事名句，如王勃的"孤鹜与落霞齐飞，秋水共长天一色"等，直讲得学生出神入化，啧啧赞许，点头称是，很好地激发了学习语文的兴趣。

而有些老师在上课之前，先给学生布置"一部前奏曲"，以激起好奇心、求知欲。如教朱自清先生的《春》时，他先给学生布置搜集描写"春"的诗句，教老舍的《济南的冬天》，先让学生搜集描写雪花的诗句，教杨朔的《香山红叶》，先搜集描写红叶的诗句等。这样，学生就分别摘抄了"春眠不觉晓，处处闻啼鸟""两个黄鹂鸣翠柳，一行白鹭上青天""满园春色关不住，一枝红杏出墙来""等闲识得春风面，万紫千红总是春"，"春风又绿江南岸""忽如一夜春风开，千树万树梨花开"等等，这样，在上课时既可用之来导入意境，又可渲染文章气氛，既可用来印证注疏，又可进行类比说明，很有裨益。

2. 讲课之中，兴趣正浓

要在讲课之中使学生保持浓厚的兴趣，这有很多方法是可以仿效的。如感染法、点化法、势导法、激励法、设疑法、示范法、比较法等等，都可运用。

如有一教师在教鲁迅先生的《纪念刘和珍君》一文，在讲到第一部分的第二段时，他提了这么一个问题：在这一节里，有两个"只能如此而已"，并且前面各有不同的状语："大抵"和"现在"，请同学们想一想，这两个状语有什么不同？它们后面的潜台词是什么？经过启发，学生思路顿时活跃起来，此一言，彼一语，谈了自己的看法，最终明确了用"大抵"就意味着并非肯定"只能如此"，还可以有其他更积极的方式来纪念烈士；用了"现在"，就意味着将来并非"只能如此"，将来，反动军阀必将被推翻，人们可以用革命胜利果实来告慰死者"在天之灵"。因此，这两句话表面上看似乎是消极的，实际上却蕴涵着强烈的战斗意义。但是在当时反动派高压统治下，鲁迅先生却只能写这样的纪念文章，用笔来战斗。他的内心是悲愤难平、激动不已的，因此用了反复的修辞手法，以尽情抒发愤懑之情，并激起读者思考。这样一来，学生不但对鲁迅文章的战斗性有了更进一步的认识，体会到有时就得咬文嚼字，一些看似细小的地方也不能放过，正所谓"在细微处见精神"，而且学习的兴趣也由此而激发起来了。

3. 一课结束，兴趣犹存

一课结束，但并不意味着一篇课文教学的结束，即使是结束了，也不能简单地说一句"现在就讲到这里为止"这样索然乏味的语言，而应是千方百计让学生留下无穷的韵味和趣味。

特别值得一提的是，这里兴趣犹存的"存"字，实质就是直接兴趣向间接兴趣的转化，使学生在课后仍然能保持学习语文的求知欲。因此，这个"存"字，不但只是兴趣的"存"，而应看做是学习的继续和深入。为此，教师也要注意在这方面下些工夫，把学生的深入从课内引向课外，保持一种乐于思索和勇于追求的精神。

怎么"存"呢？方法是很多的，除了上述一些以外，还可结合教学实践，实行"以读存趣""以疑存趣""以画存趣""以写存趣"，等等。如有一教师，他运用说书人给读者留悬念的手法，"以设置悬念存趣"，把学生的兴趣延续到课外，迫不及待地主动地去钻研未讲的课文，思考正确的答案。

这里值得提出让大家注意的问题是，引发兴趣，让学生保持较浓厚的兴趣去从事学习，切不可强求让学生从头到尾都保持越来越浓厚的兴趣。其实，这是根本办不到的。运用兴趣规律来激发学习兴趣，就是要遵循心理发展规律，遵循兴趣发展的特殊规律，遵循教材本身的内部规律，让学生在和谐协调的、一张一弛的两种兴趣的不断转换中，在张弛相宜中激发学生的求知欲和责任感。这才是符合辩证法科学的做法。

（五）运用"成功—兴趣—成功"的良性循环，培养学生的学习兴趣

心理学实验表明：学生极度疲劳往往是由于经常失望和失败造成的。如果能使学生看到成功和希望，他们便会爆发出蕴藏在自身的一股巨大学习力量。正如苏霍姆斯基所说："成功的欢乐是一种巨大的情绪力量。"学生在学习中，如果获得成功，又经常受到表扬和鼓励的强化，他们克服困难的劲头和学习积极性就会不断提高。在现实中经常可看到这样的情况：字写得好的人，反而经常练字，而写得差的人，却很少见他们练字；成绩好的同学，经常主动演算习题，找些课外书籍阅读，而那些成绩差的同学，却反而很少看到他们在学习。类似的情形还有很多，造成这种现象的原因就在于：前者由于在这方面获得过成功，激发了他们极大的兴趣，形成了"成功—兴趣—成功"的良性循环；而后者，尽管也想扭转被动局面，却由于某种原因未能如愿，使他们逐步丧失了兴趣，陷入"失败—厌恶—失败"的恶性循环。

教师当然希望更多的同学加入到成功的良性循环中来，而不希望他们掉入失败的恶性循环的"陷阱"。那么怎样才能做到这一点呢？

首先教师要善于根据学生的知识基础和个性特点，因材施教，帮助不同程度的学生开动脑筋，刻苦钻研，取得成功，让每个学生都得到不同程度的成功快感，使成功的欢乐激起学生再学习的愿望。在教学中，教员要面向全体学生，努力使每个学生在课堂上都有收获、有提高。教学设计要有层次、有梯度。比如，讲课时，老师可以先做示范，然后由学生模仿，让所有学生都能顺利地获得成功，因为一个人只要体验到第一次成功的喜悦，就会激发他一百次追求成功的欲望。当学生都体验到第一次成功的快感后，教师可适当设置障碍，但可经过一番努力后取得成功，使他们体会"跳一跳摘桃子"的快乐。最后，当学生有了足够的成功感和自信心时，再适当提高要求，全面培养他们的综合能力，

养成不怕失败，敢于攀登的自信心，从而激发一种持久的学习兴趣。如果班里有后进生，教师更应注意，当他们对教师的提问回答不畅时，教师要用期待、专注的目光使他们用心思索，鼓励他们努力回答问题。当他们对作业或学习有困难时，应耐心帮助，待他们经过努力完成任务时，教师应给予赞许的点头和会心的微笑或口头表扬，使他们感到自己具有成功学习的能力，一旦学生获得了这种期望的信息后，便会形成一种心理上的强化，从而在获得成功后，不断地追求更多的成功。

（六）根据学生心理特点，培养学生的学习兴趣

小学生从幼儿园进入学校，其心理特点仍有学前儿童的痕迹，感知觉具有无意性和情绪性；注意不易集中且不易保持；意志力比较脆弱，自治力差；思维仍以具体形象思维为主，抽象思维虽已开始，但还属过渡阶段；这个时期学生的行为特点是好奇、好动等。因此，学生学习往往凭兴趣。感兴趣的愿意学，注意听；不感兴趣的就走神，心不在焉。因此，捷克教育家夸美纽斯曾指出："每门功课都应该这样开始，使它能引起学生真正的爱好"；"应该用一切可能的方式把孩子们的求知欲望激发起来"；"教学的艺术的光亮是注意，有了注意，学生才能使他们的心理不跑野马，才能了解放在眼前的一切事物……假若一个教师想用知识去照耀一个置身在无知中的学生，他就必须首先激起他的注意。"

学生进入中学后，知识面广阔了，生活内容丰富了，这大大刺激了其心理的发展。此时，学生的感受性和观察力有了较快的发展；他们能够有意识地调节和控制自己的注意，使自己的注意指向和集中在要注意的事物上，而不为外来刺激所干扰；他们的情感也日益丰富起来，情感体验的内容更加多样化、复杂化；在思维上，形式思维开始占主要地位，并由经验型向理论型急剧转化，思维的独立性、批判性和创造性也有显著发展，但还容易产生片面性和表面性。中学生心理发展的日趋成熟，大大激发了他们的求知欲望，学习兴趣也一下子广泛起来。由于他们接触到的许多知识都是新鲜而又比较复杂，因此也就引起了他们的好奇、好问。他们由于性格开朗、单纯，因此对内容新颖的课文，知识奇巧的内容，很感兴趣，对教法灵活多样、教态富有表现力的教师，表示很大的热爱，而对那平淡无奇的课文和千篇一律的教法，往往感到厌倦，不想听，不想问。但是，也有这样的情况，由于教师教学质量的不同，加上学生的个性和社会、家长的影响，学生在初中的高年级，往往又对某些科目产生偏爱，兴趣也逐渐分化，有些人喜欢数学，有些人喜欢语文，有些喜欢阅读文艺作品，有些喜欢参加科技活动等等。这些分化，在很多学校是普遍出现的，这是初中学生的可塑性分化，我们应根据学生的这些年龄、心理特点来正确引导、培养学生的兴趣。

下面以数学教学为例，谈一下如何根据学生的心理特点来培养学生学习数学的兴趣。

1. 通过直观教学，激发学生学习兴趣

学习本身是一种艰苦的思维活动。人的头脑则是思维活动的机器，而兴趣和求知欲望是启动思维机器的动力。在课堂教学中，采取直观、生动形象、适合儿童心理发展的教学方式，可以激发学生的学习兴趣。因此，在教学中要坚持"直观性""启发性"原则，使学生看得见，摸得着。

低年级学生抽象思维能力差，他们对具体形象的内容、生动活泼的形式、新奇动人的事物比较敏感，特别是对那些能演示的过程更有兴趣。针对这一心理特点，教师在教学中应充分利用直观、形象的教具，把从现实抽象概括出来的数和形的概念，具体形象地重现在课堂上，引导他们从大量感性认识中逐步抽象出数学概念。

直观、形象化的教学手段，不断激发着学生的积极性，他们的注意力显得集中而持久。为此，教师在教学中要尽可能地多使用实物、图像或模型，进行直观、探索式教学。

直观教学不仅仅是实物图像的直观，也包含语言的直观，即通过生动形象的语言的描述，使学生在头脑中形成事物的具体形象。根据巴甫洛夫的观点，由具体事物作条件刺激物建立起来的条件反射系统叫第一信号系统，客观事物的具体属性如形状、颜色、大小等属于第一信号系统的信号。而由词、言语作条件刺激物建立起来的条件反射系统叫第二信号系统，由意、形、义构成的词、书面或口头语言属于第二信号。在教学过程中，只有让学生大脑中的第一、第二信号系统协同活动，才能使学生的知觉更迅速、更充实、更完整、更确切，为此，在课堂教学中要尽量使用语言直观与实物直观相配合。

当然直观、形象化的教学不是目的，它仅是作为向抽象思维概念过渡的桥梁，是逐步培养学生具有逻辑思维能力的手段，是诱发学生学习兴趣的重要措施。

2. 把静态的数学概念动态化，培养学生的学习兴趣

数学学科本身特点具有高度的抽象性、严密的逻辑性和应用的广泛性。数学知识内部的联系和规律就形成了数学知识结构。小学生学习数学的特点是通过观察、感知、操作、思维等心理活动形成认知结构。而这些认识的规律都是根据他们的心理特点，进行教学。要使学生在学习比较抽象的数学知识时感到有兴趣，就应该把抽象的数学概念形象化，把静态的数学概念动态化，以激发学生的求知欲望和学习兴趣。

除法应用题的两种含义——包含除和等分除，教材上是分别安排的。"包含除"与"等分除"同属一个事物的两方面，都具有"分"与"平均"的含义，只是分法上的不同，造成所表示的意义不同。为了让学生从本质上全面认识"除法"，把枯燥的概念课上得生动、活泼、富有趣味，可按照对立统一的辩证唯物主义观点，把两者放在一起来认识。

上课了，幻灯银幕上出现了六个又红又大的桃子和3个蓝色的盘子，由同学自己动手分桃子。

第一种分法：六个桃子，一个一个

地分放在三个盘子里，每盘放2个；

第二种分法：六个桃子，每次拿出2个放一盘，可以放在3个盘子里。

投影幻灯把分桃子的过程全部表现出来，使静止在纸上的图形活跃起来，静态的数学概念动态化。彩色的幻灯片，红红的桃子，蓝色的盘子，变换的幻灯图片深深地吸引着同学们。学生十分有趣地分着手里的桃子，兴高采烈地交换所得。抽象的数学概念在"动态化"的过程中，终于使学生领悟了"等分除"与"包含除"的区别与联系。"分桃子"的生活数学，很快被"总数量÷份数＝每份数""总数量÷每份数＝份数"的数学概念代替了。"动态化"的数学活动，诱发了学生的学习兴趣，兴趣又反过来促使学生去思维，去发现。

有这样一道题：如图7.1所示，求下面阴影面积。（单位：厘米）

图 7.1

这个题目，如果静止地看，比较抽象，难于解答。也可借助幻灯手段，完成从具体到抽象的认识过程，使学生始终是在兴趣中观察、思考。投影银幕上不时地变换着各种图形，如图7.2所示。

学生对这种"动态化"的教学过程十分感兴趣，思维呈现着高度的活跃。在兴奋的心境中，在愉快地观察中，同学们得到了启迪：不论图形千变万变，阴影部分的面积始终没发生变化。用正方形面积减去圆的面积就是所求。在由静态化到动态化的数学活动中，同学们

受到了"透过现象看本质"的辩证唯物主义基本观点的启蒙教育。同时使学生的观察能力得到发展，想象能力得到发挥。

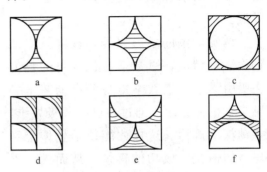

图 7.2

兴趣是观察的前提，观察是思维的窗口，想象是思维的翅膀，这是学生获得表象、形成整体感知的源泉，也是建立概念、获取知识的关键。因此，为了培养学生的观察能力和想象能力，诱发学生学习数学知识的兴趣，教学中要尽量把一些抽象的概念具体化、形象化、动态化。

3. 创设激疑情境，巩固学习兴趣

兴趣是人们力求认识世界，渴望获得知识探求真理的带有情绪色彩的意向活动。它是学习动机中最现实、最活跃的成分。学生一旦有了兴趣，就会产生巨大的求知欲望。但是诱发兴趣，不是靠空洞的说教，必须创造一定的激疑情境，用数学知识本身的魅力去吸引学生，使学生感到认识事物的乐趣，产生一种非寻求不可的意念，为新的数学知识的学习做好前导。

巧妙地导入新知识的学习，这是教学艺术，是诱发学生学习兴趣，激发求知欲望的极好时机。

数学知识蕴藏着一定的吸引力，一旦学生了解到所学知识的重要价值，自然就会产生学习的积极性和求知欲望。这种强烈的求知欲望将促进学生思维的发展。

诱发学生的学习兴趣，教师就应该创设激疑情境，以数学知识本身的魅力去吸引学生，以教学本身特有的艺术去感染学生。让学生通过自己的积极思维，主动探求规律。这样才能使学生体会到思考的愉快，成功的喜悦，从而最大限度地调动学生学习的积极性和主动性。使学生的学习兴趣在不断的探索中发展。

4. 通过教学的物化活动，提高学生的学习兴趣

心理学实验表明：思维往往是从动作开始的，切断活动与思维的联系，思维就不能得到发展。

要解决数学知识抽象性与学生思维形象性之间的矛盾，关键是教学的物质化活动。传统的教学方法只是老师讲，学生听；教师演示，学生看，学生总是处于被动的学习地位。仅有教师的演示，没有学生亲自操作，学生获得的知识是肤浅的。只有让每个学生都参与实践操作，变被动为主动，运用多种感官参加学习活动，才可能使所有的学生对学习获得比较充分的感知，从中发现和领悟新知。只有让学生的多种感官参与活动，才便于储存和提取信息。感觉的通道愈多，思维的联系就愈快。一个通道堵塞，其他通道可以通达。尽可能让学生动手操作，比教师反反复复地讲更富有吸引力和趣味。学生才可能在动手操作的物化活动中，培养兴趣，发展能力。

小学生的思维正处于以具体形象思维为主要形式向以抽象思维为主要形式逐步过渡的阶段。在这个阶段中，学生的逻辑思维正逐步发展，形象或表象正在逐步让位于概念，思维水平也在不断提高。但是，这种抽象逻辑思维在很大程度上，仍然是直接与感知经验相联系的，仍具有很大成分的具体形象性。特别是对抽象性、逻辑性较强的数学知识的理解和掌握，更需要借助具体的直观和学生的物化活动。

5. 挖掘教材与学生的潜在因素，诱发学生思考的兴趣

每个学生都有渴望求知的强烈愿望，一旦这种欲望被激起，他们才会感到思考的乐趣。如何激发起求知欲望呢？一是挖掘教材本身潜在的智力因素，二是挖掘学生本身潜在的非智力因素。为学生创造一个思考、探究的学习情境，使他们在探究科学知识的奥妙中，不断发现新问题，从中尝到甜头，享有快乐。这是激发学习兴趣的重要途径。

苏霍姆林斯基讲过："在事物的本质中，在它们的种种关系和相互联系中，在运动和变化中，在人的思维中，在人创造的所有一切都含有兴趣的无穷无尽源泉。"他认为："接近和深挖事物本质及其因果联系的实质，这一过程的本身乃是兴趣的主要源泉。"兴趣的形成与持续，与知识的掌握程度有密切联系。知识基础的巩固和知识的不断扩大与加深，兴趣就不断增加。

研究也表明：学生的学习不仅取决于智力水平、认知方式和学习能力等智力因素，也取决于动机、兴趣、情感、

态度、意志、性格等非智力因素。非智力因素在学习中虽不直接参与智力过程，但"对认知过程起着始动、定向、引导、维持、强化等作用"，也就是非智力因素对智力因素起制约作用。例如有的学生以极大的兴趣积极主动地学习，乐于接受教师教的各项学习任务；有的学生却不乐意接受老师布置的学习任务；有的学生在学习中思考较慢、理解能力较差，但由于有耐心、有恒心、有毅力，经过自己的努力，能获得较好的学习成绩；也有的学生大脑健全、聪明，但对学习不感兴趣、不用脑筋、蜻蜓点水、马马虎虎，因而得不到好的学习评价。这些差异与学习动机有关系、与个性特征也有关系。这些情况证明智力因素和非智力因素是在学习中紧密联系、协同作用的；对学生的学习活动，两者同时起作用，互相配合，互相促进。在非智力因素中，学习兴趣是具有强烈情感色彩的内部动力，它是引起、集中和维持学生的注意力，从而推动学生去获得知识、锻炼思考能力的有效动力。因此，教学中教师要善于挖掘学生的非智力因素，并充分利用其促进作，去激发和培养学生的学习兴趣。

挖掘教材的潜在智力因素和学生的潜在非智力因素，要从学生的年龄、心理特点出发。学生由于年龄的不同、思维水平的差异，他们对兴趣要求的层次就不同。低年级学生机械记忆和形象思维占优势，在教学中应多运用一些形象、色彩鲜艳图形，幻灯演示或实物等直观手段。高年级学生逻辑思维能力、理解能力、空间想象能力都逐渐形成，仅用简单的教学手段已不能满足他们的要求。

为了巩固和发展学生的学习兴趣，使兴趣富有持久性和稳定性，在教学中要给学生创造一些独立思考探究以及创造活动的机会。发展学生对问题进行分析、判断、概括的能力，使他们的技能得以表现，使他们在学习的征途上永远充满奋进拼搏的兴趣，把这种探究中诱发出来的兴趣转化为持久的、稳定的、内在的兴趣，把培养学生的兴趣和培养学生良好的思维品质结合起来，使兴趣达到较高的层次。

在教学"分数化有限小数"这一节时，有一位老师就是让学生自己探究和发现规律的。根据分数与除法的关系，将这组数 1/3、1/4、3/8、7/12、6/25、1/6、6/35 化成小数。（若除不尽，可保留两位小数）设置疑问："为什么有的分数能化成有限小数呢？这与分母有什么关系吗？你从中发现了什么规律？"问题的出现激发起学生强烈的求知欲望。学生在问题的情境中建立起猜想思考。学生的猜想思考过程就是探究的过程。当学生探索发现规律后，概括结论还有一定困难时教学应在引导过程中有意识地渗透结论中的术语，使学生理解其义，疏通他们思维上和语言上的障碍。整个教学环节中，减少了教师对学习的控制过程，学生在愉快的气氛中探求"分数化成有限小数的规律"，体会到了探究的兴趣。

平面几何、立体几何在小学数学教学中有着得要的地位，它是挖掘潜在智力因素的重要源泉。传统教学忽视了几何初步知识本身的智力价值，把这部分内容只看作是知识量的增加。由于这些传统观点的影响，教师在教学中忽视了学生的主体作用。教师在教学中过早地把公式、结论告诉了学生，使学生失去了重新探求的机会，学习感到枯燥无味。激发学习的求知欲望和学习兴趣，就要重新挖掘这部分知识本身的智力因素和学生本身的智力因素，给学生以"用武之地"。

在讲"三角形面积公式"时，可让学生带来了许多大大小小的三角形，用剪刀把三角形割、补、拼，转化成已学过的图形，找出三角形与其他图形的联系。针对学生喜欢标新立异的特点，鼓励学生不断打破原有的定势思维，从不同角度，推导出三角形面积公式，促进了学生创造性思维的发展。

三角形的面积公式的推导完全是学生自己动手、动口、动脑推导出来的。学生参与了整个概念的形成过程。他们积极探求，努力进取，并争先恐后地发表自己的见解，阐述自己的观点，表现出创造性思维的优秀品质。同学们好像重新走了一番当年科学家那样发现、发明、创造的道路，增强了学习的自主精神。

在数学教学中，可经常出一些思考性较强的题目，让学生思考、探究，不断激发学生思考的兴趣。在引导学生解题的过程中，老师们不难发现：一个个难题的攻克，一个个解题规律的发现，随之课堂教学情绪也沸腾起来了。一张张愉快的笑脸，一双双兴奋的眼神，说明学生的思维活动正处于浓厚的兴趣阶段。抓住"兴趣思维"高潮这一有利时机，使学生充分体会思考、探究的兴趣，学生也就越学越爱学。

"诱发兴趣"这个既"古老"而又"崭新"的课题，已经成为当前教育教学改革的热点。有人断言：未来的社会科学技术日新月异，知识不断更新，到那时候，不是不识字的是文盲，而是不会学习的就是文盲。这个断言不是没有道理的。要想不再生产新的文盲，培养四个现代化所需要的人才，必须全面提高学生素质，特别加强对学生非智力因素的培养，使之热爱学习，勇于进取和拼搏。激发学生的学习兴趣，调动学生学习的积极性，正是这千头万绪工作中的根本。在数学教学中尤应如此。

五、激趣的策略

（一）新奇激趣法

激励学生在学习过程中，刻意求新——求新意，求新解，探求新的知识领域，永远保持一种求新诱惑力，这可以说是引发学生学习兴趣，并把直接兴趣转化为意向兴趣的重要的教学方法和原则。一些著名的教育家们都认为，兴趣并不在于一眼就能看得见的东西，而在于认识深藏的奥秘。教学艺术的高超之处，就在于要善于在学生的面前揭示一种新的东西，激发他们在各种事物奥秘面前的惊奇感。这种情感越能抓住少年们的心，他们就越加迫切地想要知道、思考和理解，就越能奋发向上。这样，学习的兴趣就愈浓烈。

激励求新，使学生获得求新的乐趣，在教学过程中，我们可以从三个方面进行。

1. 时刻注意对学生进行求新意和求新解的思维训练

求新解、求新意的思维训练，不但可以帮助学生把知识学习得更深刻，而且可以使学生在学习中大展才能，有所发现、有所创见地探索知识、理解知识，这是激发智慧的一种重要方法。如有一小学语文教师在教《把牢底坐穿》中的一句："为了免除下一代的苦难，我们愿——愿把牢底坐穿！""坐穿"这个词，学生最初的理解是："指把牢底坐透""指革命烈士毫不动摇的革命意志——宁坐一辈子牢，也不向敌人投降。"这样的理解和解释，是否已到此为止了呢？还有没有新的解释和理解呢？通过这样的"求新"，大家进一步认识到："坐穿，是指革命烈士的革命必胜信念——只要革命到底，斗争到底，敌人必定有灭亡之日。至此，也就是把牢坐穿之时——敌人的监狱彻底毁灭了。"

2. 善于鼓励和发扬学生的怀疑精神

实践证明：怀疑常常是创新的开始。古人说："学起于思，思起于疑""尽信书，则不如无书""求学就应该有善于质疑的精神。"在教学中让学生从小就有敢于怀疑已成定论的东西，不迷信"常识"和权威，勇于追求真理，这是培养创造精神的一种很重要的教学艺术。

如有一语文教师在教《金杯之光》时，他要求学生认真弄清"天快亮了，袁伟民仍然坐在那里冥思苦想——中国女排……为什么却如此惨败呢？"这句话中"冥思苦想"的含义。这时，有一学生从《汉语成语词典》中查出，"冥思苦想"是形容不作调查研究，关起门来凭主观想象考虑解决问题的方法。这位学生觉得这个解释与这个成语的特定的语言环境中的意思不相吻合。如果按"词不离句"的原则，这句话中的"冥思苦想"，应是对袁伟民的热情赞扬，写他的彻夜不眠，探求女排在中美（秘鲁奇克拉约城）之战中失利的原因，应该是"深沉的思索"（《现代汉语词典》的解释）。为此，他大胆提出了怀疑——《汉语成语词典》的解释是不完善的。为什么呢？因为"冥思苦想"的本义是"深沉的思索"，在某些特殊的语言环境中，它含有"关起门来凭主观想象解决问题方法"的意思。《汉语成语词典》的解释，以特殊含义代替了本义，是有片面性。事实证明，学生的大胆怀疑是正确的。由此可见，对某些工具书，也不应该迷信。为了寻求正确的答案，我们一定要独立思考，要注意从多方面进行比较、琢磨，从矛盾中发问求解，以培养创造性的思维能力。

3. 努力为学生创造一个良好的求异思维的情境和条件

良好的求异思维的情境和条件是多方面的。例如，创造课堂民主气氛，鼓励大胆提问质疑，畅所欲言；或则，精心设计课堂提问，让好的提问激发学生智慧的火花；或者，向学生提供训练求异思维的必要知识和材料等。例如，有一教师教《食物从何处来》一文，他感到文章作者指出"一切活的生物，获得食物只有两种方法：一种叫自养，一种叫异养"的说法，不够全面，因为生物尚有第三种觅食途径和方法，即自养兼异养。为了让学生了解这一点，他为学生准备了下述材料：《吃虫子的植物》《吃荤的植物》《吃虫植物》等书籍，让学生阅读。学生通过独立阅读思考，对课文作者的观点提出了补正。这样，既激发了他们学习生物的兴趣，丰富了知识，又培养了他们求异的能力。

（二）悬念激趣法

著名教育家苏霍姆林斯基曾说过："所谓课上得有趣，这就是说，学生带着一种高涨的、激动的情绪从事学习和思考，对面前展示的真理感到惊奇甚至震惊；学生在学习中意识和感觉到自己的智慧力量，体验到创造的欢乐，为人的智慧和意志的伟大而感到骄傲。"（《给教师的建议》教育科学出版社 1984 年 6 月第 2 版，57 页）

这就是说，要引发学生的兴趣，就要在学生的心理上造成一种期待的情境，使他们带着一种高涨的激动的情绪从事学习和思考。而这当中一种很好的方法，就是要善于创设悬念，使他们带着一种心理上的期待情境从事学习。

悬念，就是在人们的心理上造成一种强烈的想念和挂念。它具有很大的诱惑力，给人造成一种跃跃欲试和急于求知的紧迫感和心情。这就如同古典章回小说中，在情节向前推进或是在高潮出现之际，突然中途打结，让暂时悬挂起来，给读者造成一种急切期待的情境，用"欲知后事如何？切听下回分解！"来吸引读者。在我们的课堂教学中，善于运用激起悬念的艺术来激发学生的兴趣，就是要使学生对问题或事情产生好奇心，

对课文的学习有一种"追下去"的悬念心理，使他们带着一种心理的期待情境去从事学习。这样，我们的教学就可达到启迪智慧的目的。

在教学过程中，如何方能达到这样的效果、达到这样的境界呢？如下几种做法，值得仿效。

1. 要善于在教学过程中，用巧妙的提问方法，激起学生急切地追根寻底的悬念心理，以引发兴趣

例如，有一教师在教《威尼斯商人》一文时，他有意识地将既惊险又新奇曲折的故事简介告诉给学生：威尼斯的年轻商人安东尼奥，为了帮助朋友而向犹太富翁夏洛克借了三千块钱，并答应了夏洛克提出的苛刻条件：到时如还不出借款，必须让夏洛克在他身上的任何部分割下整整一磅肉，作为处罚。其结果呢？恰好就是安东尼奥的生意亏了本，无法按期还清借款，他该怎么办呢？故事的结局和好心的安东尼奥的命运如何呢？这时，学生在心里对安东尼奥充满了同情和强烈的悬念，他们以焦虑的心情去阅读课文，循着教师的指导步步深入下去，一直持续到课的结尾……。又如有位教师在教《药》时，提出这样一个问题：同学们，你们见过用人血馒头治病的事吗？今天我们要学习的小说《药》，就是写用人血馒头治病的事。你们知道"药"是说明什么的吗？这样的课堂提问，一下子就引起了学生的浓厚兴趣，使他们产生了一种急于渴望了解事情经过和结局的悬念心理。

2. 要善于从课文内容令人不易理解的一些情节上提出些问题，让学生深思，以引起情绪上的激荡和悬念，以引发兴趣

有位教师在讲《失街亭》时，他先让学生预习课文练习中所附录的两则史料，说明诸葛亮在初出祁山时是节节胜利的，威震魏国上下，南安、天水等三郡均叛魏应亮，情况很好，前程也很为乐观。然而，就在这样的形势下，却出现了下述情况：

（1）正在诸葛亮节节胜利的时候，却出现了失街亭的严重情况，形势急转直下，反胜为败，这是为什么？

（2）一生谨慎的诸葛亮，在用将把守事关大局的险要关口——街亭时，为什么任用马谡，结果招致了失败？

这两个问题确实是令人费解难猜的，因而也就紧紧地扣住了学生的心弦，吸引着学生的注意力，形成他们心理上的极大悬念，以激发起学习上的兴趣。

3. 要善于从课文内容中引出一些令人担心的故事情节来激起学生的悬念，以引发他们的学习兴趣

例如，有位教师在讲解文言文《狼》时，先不接触课文，而是给学生讲了这样一种情况：有一屠夫，傍晚卖完肉后回家，在半路上遇上了两只狼。两只狼虎视眈眈，紧紧地跟在他的后面……这位屠夫到底会怎样呢？这就是我们今天要学的课文《狼》所描述的内容。这样，学生的心也就紧紧地随着屠夫的命运而跳动了。

4. 要善于从课文的深刻内涵及其对社会的巨大作用中，引起学生对问题的震惊和深入思考，以激起悬念来引发学习兴趣

如，在讲鲁迅先生的《孔乙己》一文，有位老师这样开讲：他说，过去有人说，希腊的悲剧是命运的悲剧，莎士比亚的悲剧是性格的悲剧，而易卜生的悲剧是社会的悲剧。悲剧往往催人泪下，但《孔乙己》这个悲剧呢，人们读后眼睛却不是往外流，而是感到内心的刺痛，可以说是泪往内流。那么，《孔乙己》究竟是怎样的悲剧呢？学习这篇课文，从这篇课文含蓄、深沉的描述中，细细咀嚼，深入领会，我们是可以获得解答的。

像上述这样的讲课，能结合课文内容的情节，精心设计一些问题来引起学生心理上的悬念，给他们的心理造成了一种巨大的诱惑力，这的确是能吸引学生去很好地钻研课文的。因为，它有一种很强的情感冲力，诱发了学生的学习兴趣，迫使学生集中注意，带着好奇和紧迫的心情去学习新课文。

当然，在布设悬念时，要注意所设的悬念要适度，不"悬"，学生不思即解，达不到进一步激发学习兴趣的目的。太"悬"，学生百思不得其解，也会挫伤学习积极性。只有不思不解，思而可解，才能使学生兴趣盎然。

（三）直观激趣法

鲜明生动的图像和实物，能集中学生的注意力；适当的直观教学手段对学生常常具有很大的吸引力，能诱发学生的学习兴趣。在教学中根据儿童好奇、好动的心理特点，借助实物、图片、模型、标本、幻灯等教学媒体，有目的地组织学生观察、操作，让他们通过动手摆一摆、画一画、折一折、量一量等实践活动，发现问题，在动手操作中获取新知识。

如讲"长方体的认识"，教师可准备一个土豆，先切一刀使学生见"面"，再切一刀见"棱"，三刀见"顶点"，这样既形象直观，又较快地突破了面、棱、顶点三个概念，然后通过观察长方体模型，进行抽象概括，学生记得清，学得牢。在进一步讲解长方体的表面积一课时，让学生课前自制一个长方体，上课时教师讲清表面积的概念，然后让学生把自制的长方体模型拆开放平，成为一个组合图形，让学生动手量出原长方体的长、宽、高，引导学生观察，并用多种方法计算表面积，再通过归纳比较，得出长方体的表面积计算公式。通过操作，学生既感兴趣，又真正理解了长方体表面积的计算公式，印象深刻，记忆牢固。又如在讲应用题时，教师可以用色彩鲜艳的图片来表示数量关系。"1头大象的体重等于6头牛的体重，1头牛的体重等于2匹马的体重，1匹马的体重等于5只羊的体重，1只羊的体重是50千克，1头大象的体重是多少千克？"在黑板上贴出自制的天平秤，秤的左边放1只大象的图片，右边放6头牛的图片，以此类推数量关系显而易见。通过这些色彩鲜艳的图片吸引了学生，点燃了学生的好奇之火，诱发了学生强烈的求知欲和浓厚的学习兴趣。同时，使数学知识化难为易，化抽象为具体，使枯燥的数学知识趣味化。

（四）提问激趣法

运用提问来激发学生学习的兴趣，这是课堂教学中经常使用的一种激趣方法。但是，教学的实践证明，简单的问答式提问法，不但不能激起学生的兴趣，反而会使学生的思维器官遭到抑制。一些心理学家认为，不能随便运用问答式。必须使提出的每一个问题都包含着矛盾。有了矛盾才有思维。因此，教师提问时，应在提出第一个问题让学生回答以后，就顺着思路逐层深入地追问第二个、第三个问题，采取"环环相扣、步步进逼"的方法，促进学生的认识一环扣一环，一步紧逼一步地随着提问趋向深化。

一位教师在教《荔枝蜜》时，他提出了一系列的问题让学生思考：作者对蜜蜂的感情有什么变化？开始怎样，后来怎样？他的思想感情变化的主要原因是什么？是什么样的东西触及了作者感情的极大颤动？为什么作者会梦见自己变成一只小蜜蜂？这样的记叙与文章的题目有什么关系？这一系列问题，一个比一个深入，一步比一步更接触到文章的内涵。循着这样的提问，学生的思维就可逐步深入到课文的精妙中去；而通过这样的寻幽探微，学生也就越学越有兴趣。

在运用这种激趣方法时，值得注意的一个问题是，环环相扣，要"扣"在教材内容的内在逻辑上，"扣"在学生学习的思路上；步步进逼，要"逼"在学生思维的琴弦上，"逼"在作品的精蕴上。只有这样，才能使学生在问题的诱发下，有节奏、有起伏地进行思维，才能奏出赏心悦目的乐章。

教《记金华的两个岩洞》一文，有位教师就是根据课文的逻辑层次设计问题，以引起学生积极思考，从而逐层深入下去的。第一个层次她提出"既然浏览两个岩洞，为何要提朝真洞？又为何要交代不去朝真洞的原因？"第二个层次她提出"由金华城到双龙洞一路上你见到那些景物？描绘这些景物时主要运用了什么写作方法？"第三个层次她提出"双龙洞的结构是怎么样的？你认为洞中最神奇之处是什么？文中着力描绘它的什么特点？怎样描绘？"第四个层次她提出"冰壶洞的瀑布最大的特点是什么？文中是从哪些角度描绘的？为什么从不同角度写？"正是由于这种层层设计提问，步步进逼课文精蕴，再加上教师的趁机点拨、趁热加温、顺势下推，学生就在一环扣一环、环环往前牵的诱导下，学习积极性不断得到调动，学起来兴味盎然，注意力始终处于高涨的状态，最后由衷地发现"虽在纸上看，却似身历其境"的赞叹！

环环相扣，步步进逼，既可看做是一个问题的两个方面，又可作为一个问题的深入发展。重要之点，是能使问题深入下去，使学生的兴趣得以保持，使学生的认识得到深刻的发展。

例如有一教师教《祝福》一文，他为了让学生能从具体的启发上升到抽象的概括、由感性的认识上升到理性的认识，能步步深入到课文艺术的境界中去让强大的艺术力量感染自己，他就抓住作者通过"祝福"这个细节描写来层层深入刻画祥林嫂性格和精神面貌的极大

变化，并提出一系列的问题让学生思考，引导他们步步进入课文的艺术意境中去，真切而形象地了解祥林嫂的悲惨遭遇。

第一个问题：课文在描写祥林嫂第一次到鲁家祝福时，她的表现和精神状况是怎样的？

第二个问题：祥林嫂第二次进鲁家后，祝福时她的表现和精神状态又是怎样的？

第三个问题：祥林嫂在捐门槛后，祝福时她的表现和精神状态又是怎样的？

第四个问题：祥林嫂最后是怎样惨死在祝福的爆竹声中？

这些问题，既抓住了"祝福"这个具体的情节，又层层深入地揭示了祥林嫂在罪恶的封建制度下，所受到的悲惨遭遇；既扣紧了课文的主要线索，又用紧逼的提问，把学生的思路逐步上升到理性认识，体会到这一作品的主题思想和社会意义，也在层层深入中激发了学生的兴趣。

（五）情感激趣法

苏联哲学博士杜布洛夫斯基在为《情绪与个性》一书撰写的序言中说："普遍流行着一种错误的观点，认为人的行为似乎只是逻辑推理和所得结论的结果。其实，情感支配人的行为的作用是巨大的，许多极其重要的决定是在情感的直接影响下采取的。这就突出了情感教育和情感自我修养的问题。"这种观点是颇为新颖和令人深思的。

情感几乎和一切心理品质相伴随。无论是动机、兴趣、需要、意志、注意，还是感知、观察、理解与思维，都不能

不在一定程度上伴随情感活动。情感的健康与否，直接影响着学生学习热情和学习兴趣的健康发展。同时，中学生正处于一种情感饥饿状态。这是一种无法忽视的客观现实。一般来说，这种情感饥饿状态从初中二年级开始出现，到高中阶段便十分明显。伴随着青春期的开始，锁闭型的心理状态把孤独感和渴望被人理解的欲望同时带来了，日益繁重的学习任务和名目众多的各种考试带来的心理压力，都使这种情感饥饿状态无法避免。如果教师不在教学的全过程中，充分重视对学生进行情感教育，就不能保证他们的学习热情和学习兴趣得到持续稳定的发展。

这里特别值得一提的是，从课程的本质特征来说，语文课是天然的情感教育课。它对培养学生丰富的情感，如同情心、利他精神、想象幻想的能力、创造意识和创造能力，都具有特别重要的作用。因此，在语文教学中加强情感教育，完全是天经地义的。

"文章不是无情物。"语文教材中的大量文章无不饱含着作者强烈的感情。首先，就作家的创作实践来看，情感在创作中起着重要的作用，这正如鲁迅先生所说："至于文人，则不但要以热烈的憎，向'异己'进攻，还得以热烈的憎，向'死的说教者'抗战。在现在这个'可怜'的时代，能杀才能生，能憎才能爱，能生与爱，才能文。"(《七论"文人相轻"——两伤》)其次，从语文教材的文学样式来看，篇篇文章就蕴涵着感情——诗有情、散文有情、小说有情、戏剧有情，这些都是语文课的优势，只要教师充分利用这个优势，晓之以理，动

之以情，就可很好拨动学生心灵的情弦，奏出优美的情感乐章。

怎样利用情感因素，并使文章情、教师情、学生情"三情合一"，来共同激发学生的学习兴趣呢？这当中的一个重要做法，就是教师要善于"以情传情"来感染和激荡学生的学习热情。

教学中的情感性特征，不是孤立的纯情感，也是与"理"紧密结合的，是情中寓理的情感。这样，教师在教学中既可以利用教材的情感因素来感染学生，同时又可以于情之中传授知识，讲明道理，受到教育，促进学习。因此，这当中的"以情传情"，就是教师要善于利用教材调动学生的情感，把学生的感情"移"到教材中，与作品中的人物同呼吸、共命运；又把作品中的"情"移到学生心上，让他们增智益志，受感染、受教育，达到"情感共鸣"，进一步激发学习的兴趣。

例如，讲《七根火柴》。教师通过范读调动学生的感情，接着抓住无名战士的"推""摇""指"三个动作，动之以情，晓之以理，打动学生的心灵：无名战士"推"开卢进勇给青稞面的手，示意要把这点粮食留给同志；卢进勇要搀扶他走路，他"摇"头，表示不能拖住同志前进的步伐；他积攒了浑身力量"指"自己左腋窝的党证，献出了党证里并排着的七根火柴。这三个动作，表明他对革命的耿耿忠心。学生们听到这里，屏住了呼吸，沉浸在悲壮的氛围之中，他们的眼前，似乎出现了无名战士"直指正北方向"的手，耳边回荡着他那刚强的声音："记住，这，这，这是，大家的！""好，好同志……你……你把它带

给……"学生的情感掀起了波澜,那矗立在草地上的英雄丰碑移到了学生的心坎里,那庄重的嘱托铭刻在学生的脑海里,那壮烈的牺牲场面展现在眼前……教师接着说:"同学们,中国革命的道路就是从雪山、草地走过来的,今天的胜利就是由无数的无名战士的鲜血和生命换来的。让我们记住他们吧!让我们接过他们手中的'火柴',照亮我们人生的旅程……"对这情景谁不动心?对这话语谁不动情?以情传情,情与理交融,化作春雨,"随风潜入夜,润物细无声",在不知不觉中把学生带入了学习之中。

对此,在实施"以情传情"激发兴趣的过程中,我们可以从如下两个方面去考虑做法:

一是创设情景。即渲染课堂气氛,创造浓厚的情景,让学生在此特定的环境中,似见其物,辨其形,嗅其味,闻其声,变作品中的"此情此景"为"我情我景",让学生触景生情,以达到情感共鸣,进而激发学习热情。

如讲《荷塘月色》,可选用"接天莲叶无穷碧,映日荷花别样红"等古诗启开学生的心扉,让他们一唱三叹、心往神驰地进入一个荷叶亭亭、荷花艳艳、荷香袅袅的境界,为学习课文作感情上的铺垫。在学习"荷塘月色"这一段时,引导学生依次找出荷塘的景物:月光淡淡,似"笼着轻纱的梦";荷叶田田,似裙裾飘展;荷花朵朵,那绽开的如明镜闪烁,那含苞的似少女羞涩;荷香缕缕,若断若续,仿佛歌声飘远;微风吹叶,犹如闪电传递过去;流水脉脉,好像情意缠绵,更见风致盎然。……这样,就可以让学生置身在荷塘的景色之中,从

视觉、嗅觉、听觉等方面,带入了"花香月色"的情景之中……

二是领略情调。"以情传情",在文学作品中还有个"情调"问题。因为不同的文章有不同的情调。自然对学习兴趣的影响也各不相同。教师要通过"以情传情"的做法,让学生吸收作品中健康积极的感情,抵制和摈弃消极颓废的感情,扩展他们的革命情怀,以形成坚定的无产阶级情操——这才能达到"情感共鸣"激发学习的内部动力的真正目的。因此,对于不同风格不同情调的作品,要善引导,善于吟唱。如同是散文,刘白羽的文笔热情奔放,杨朔的笔调清新隽永,秦牧的笔触哲理深邃,等等,各自展示出雄浑、豪放、旷达、飘逸、淡泊、含蓄、委曲、绮丽、浓艳、素净等。只要善于激发,善于传情,就可以很好地达到"情感共鸣"的和谐境界,促使学生全身心地投入到学习之中。

(六)设疑激趣法

疑,即是积极思维的表现,又是探索问题的动力。古人云:"学贵知疑""小疑则小进,大疑则大进。疑者,觉悟之机也。一番觉悟,一番长进。"由此可见,在教学过程中,妥善设疑不仅能牵一发而动全身,帮助学生把握作者思路,而且能在学生思维的平静水面,激起一连串思维的涟漪,促进学生进一步学习思考的兴趣。

如何在教学中设疑激趣呢?

1. 要在课文的重点难点之处设置疑难，使学生的思维知难而进，以激发智慧的火花

越是难点和重点，就越能激发学生思考，引起学生探究的兴趣。在这些地方设疑和引起学生思考，就越能叩开学生思维的大门，使学生在积极思维的活动中理解知识，把握重点，体味思路，使之觉悟，使之长进。例如有一教师教《挺进报》时，他了解这课课文的难点，是涉及的时间长、人物多、事件又不是发生在一时一地，虽然课文的重点是写办《挺进报》和陈然与许晓轩这些人物。然而，在第9节却又出现了黄显声这个人物。为此，他就设计了这样的疑难：黄显声的出场与本文的中心有否关系？他是不是可有可无的人物？他的报纸是从哪里来的？这些疑难一提出，一下引起了学生注意和兴趣，教室里的气氛就活跃了。同学们经过议论，回答说：黄显声的出场，将故事情节推向了高潮，与主题关系密切，不写这个人物，故事就不完整，也就不会引出敌人核对笔迹和查对消息来源的情节。至于黄显声的报纸来源，就更清楚了，他是赞同革命的民主人士，但也免不了被捕，敌人不肯放他，地下党团结争取他。他经常利用放风的机会到保密室去拿报纸，然后将它秘密转给陈然。可见这个人物与课文的线索关系密切，不能不写。

又如有位教师教《纪念刘和珍君》第6部分的第1自然段时，学生感到不易理解，疑惑很多。于是他就设置了三个疑难：第一个疑难，作者对徒手请愿持什么态度？第二个疑难，用煤的形成作比喻，说明了什么问题？第三个疑难，徒手请愿和"人类血战前行的历史"有什么关系？这三个疑难一解决，学生的思路就开通了，对知识和课文的理解也就深刻了。

2. 要在学生思路容易堵塞的地方设疑，解疑通路，顺路思考，畅通思路，开拓思维

例如在课堂命题作文中，有些题目是出得不错的，但有些学生还是感到无话可说，思路不通。在这种情况下，教师就要设法诱导、启发，从拓展他们思维的角度，使之不仅有话可说，而且非说不可，不说不快。有位教师谈了他这方面的体会。他说，有次他命题《论"拙与巧"》，有位学生硬是在一节课中没写出一个字来。这位学生对他说："老师，我多笨呀！我实在不知道怎样来写这篇议论文！"为了疏通这位学生的思路，他就针对这位学生学习外语比一些同学强的情况，启发这个学生想一想他在学外语时，为什么能比一些同学强，为什么一些同学外语成绩比不上他？这当中的优点和功夫是什么？然后让他写一篇关于这方面内容的谈话材料交给老师看。过后，他告诉这位学生：这样的谈话记录材料，就是一篇《论"拙与巧"》的作文材料，其中你引用的"勤能补拙""业精于勤荒于嬉"，就可以作文章的论点，再加上一些材料，就是一篇论说了。这个学生受到了启发后，便写出了一篇约600字短文。

3. 要在"无疑"处生疑

要在学生容易忽视而又与理解课文

有关的地方巧设疑难，使学生从未知无疑转化为渐渐有疑乃至过渡到节节有疑，这样，学生通过自己的思索，发现了疑难，就会在学习心理中激起兴趣，并满怀信心去解开疑窦，使学习过程变成一个在积极思维中存疑、释疑、长进的过程。

在语文教学中，往往会遇上这样的情况：许多文章，特别是现代文，学生自己能看懂，有些甚至可以无师自通。其实，这些学生仅读得课文的文字，知其大概，却不能真正理解和掌握课文中所包含的丰富内容和意义。在这种情况下，教师就要善于在无疑中巧设疑难，教会学生从课文中找出疑问，于平淡中见神奇，于平庸之中见绝妙。如有一教师教《挺进报》时，感到有些学生认为课文浅显，不甚了解陈然与许晓轩的大勇寓于大智之中。如此，教师在讲到第四节时，就巧设下疑难：有些同学在预习课文时，认为陈然勇而无智，你们认为这个意见正确吗？你们能从课文中找到陈然的"智"来吗？同学们经过认真思考和议论都说，课文中写到陈然突然听到一阵急促的脚步声后，先是"关上灯""接着拉开窗帘"，再接着"挂了扫帚"。写关灯时用了"轻轻地"这个状语，写挂扫帚加上定语"准备好的"，这些细节描写，正是说明了陈然的"智"，说他"有勇无智"是不确切的。这样的设置疑难又解决疑难，不仅能很好地引导学生去重视课文的内容和主题，而且能促使学生很好地注意到描写对课文内容的作用，收到了一石三鸟的效果。

（七）情趣激趣法

有这样一则生动的例子。一位学者曾满怀深情地谈起他的老师十多年前的一堂生动的课。

他说："这堂课讲的是《文天祥传》，虽然事已过去十多年了，但我还清晰地记得当时的情景。讲课一开始，老师就在黑板上工工整整地写下'人生自古谁无死，留得丹心照汗青'的著名诗句。不知怎的，同学们的情感就一下子被调动起来了。有的在低声吟诵，有的在默默思考……而当教师讲到文天祥在敌人面前死不下跪，在囚室里'放意文墨，在临刑时，'意气扬扬自若'时，老师的眼里闪着泪花，学生的情绪也异常激动。老师还告诉我们：文天祥是历史上有名的民族英雄，他宁死不屈，用他的豪情壮志，谱写了一曲慷慨激昂的正气歌……这堂课不但使我们学到了语文知识，而且激起了我们的爱国主义热情。"

十多年前的课，至今还记忆犹新，它的魅力究竟在哪里呢？这主要是老师的课，不但传授了知识，而且能结合课文，紧紧地扣住学生的心弦，成功地教出情趣、感情来。

情趣，就是既有情又有趣。情，就是感情，深沉浓厚的感情；趣，就是趣味、乐趣，饶有风趣或妙趣横生。而教学的情趣，正是调动学生学习积极性的重要因素，是激发兴趣的重要催化剂。苏霍姆林斯基说："上课要有趣。课上得有趣，学生就可以带着一种高涨的、激动的情绪从事学习和思考，对面前展示的真理感到惊奇甚至震惊。……"特别是语文课，如果教师能把课上得感情充沛、趣味盎然，那么学生就会情绪高昂、印象深刻、难以忘怀；就会产生一种强烈的求知欲，内心总是充盈着跃跃欲试的冲动。这样，我们的教学，就会获得很大的成功。反之，讲课味同嚼蜡，兴致索然，那么，学生就不可能有什么积极性，效果也自然是不好的。

那么，教学的情趣从何而来呢？人们常讲："情随心动""趣从内生"。这个"心动"与"内生"，在教学过程中，来源主要有三：

1. 从教材的潜在内容上去寻求教学的情趣

这就是说，一定要通过深挖教材内容的精妙之处去吸引、调动和激发学生的情趣。古人曰："夫缀文者情动而辞发，观文者披文而入情。"一篇佳作传诵千古，是因为作家文人，笔墨饱蘸着自己丰富的感情，甚至凝聚着心血和生命。因此，教师就应该"披文而入情"，把课文丰富的感情和内蕴，用自己生动的语言再现出来。如《长江大桥》这篇课文，是郭老的一首散文诗。全诗浮想联翩，热情洋溢。学生粗看似懂，而真地想要领略其深义，又觉得十分不易。有位老师教的时候，先惟妙惟肖地讲了诗中引用的神话典故，以丰富学生的历史知识，使他们感到很有味道。然后，从大桥的今昔对比，讲到新旧社会两种制度的不同；从大桥的迅速建成，颂扬了千百万群众战天斗地的革命精神；又借助毛泽东同志"一桥飞架南北，天堑变通途"的著名诗句，举一反三发，对这座中国人民引以为自豪的大桥进行了生动的描绘，使学生如临大桥，印象十分深刻。

2. 从教师的内在因素去寻求教学的情趣

教师教课时，内心一定要充满激情，某些课文，能进入角色的，要进入角色；讲话要饶有风趣，富有感情，要用精言妙语来拨动学生感情的琴弦，激发他们学习的情趣。如有位教师教《周总理，你在哪里？》时，她抓住一个"我"字，生发开去带着学生和作者一起，到处寻找着，寻找着。从高山、大海，到森林、边疆；从五洲四海，到祖国的心脏。急切地寻找，深情地呼喊："周总理，我们的好总理，你在哪里啊！你在哪里？"山谷回音，大地轰鸣，松涛阵阵，海浪声声……同学们的心啊，随着诗句激荡。当读到全诗最高潮的时候，师生的感情再也抑制不住了，课堂里响起了悲痛哭声……

3. 从学生的内心体验去寻求教学的情趣

在教学中，要千方百计地使学生的内心充满着喜悦，使他们体验到上课的愉快，体验到学习中取得进步的欢乐，从而保持一种高昂的学习兴趣。这当中，重要的是把学生的心抓住，使学生产生一种孜孜以求、锲而不舍的学习愿望。语文学科的教学，是通过一篇篇课文语言文字工具千变万化的运用接触学生思想情感的，有它独特的引人入胜的特点。教师在教学中，就要充分发挥祖国语言文字的魅力，让学生体会到文章的"味"，激发他们内在的积极性，使他们在思想、品格、情操等方面受到陶冶。然而，这当中一个很重要的因素，就是要力求使学生亲自去发现兴趣的源泉，使他们在这种发现中，感到自己付出了劳动，得到了进步。这是一个最重要的兴趣源泉。这正如苏霍姆林斯基所说：没有积极的脑力劳动，学生的任何兴趣、任何注意力，都是不可思议的。

（八）情境激趣法

积极创设能诱发学生发现问题和解决问题的情境，促使学生展开思维的翅膀，在知识的海洋里，尽情吸取，并饶有兴趣地探求未知的世界，这是激发学生兴趣的一个很重要的方法。

情境，也可说是感情的境界。这种感情境界，一般来说，可分为三：一是由"愤""悱"引起的情境；二是由激奋引起的情境；三是由悬念引起的情境。这样的情境，一旦在教学过程中形成，势必激起学生的积极思维，导引智慧火花的迸发。如此，善于创设诱人的学习情境，乃是引发兴趣，激发思维的好措施。

1."愤""悱"情境的创设

愤悱的意思，来源于孔夫子的"不愤不启，不悱不发"。意思是说，老师的教学要讲究艺术，要得法：不到学生因愤激而决心努力的时候，不去开导他；不到学生想不出的时候，不去启发他。这也就是说，教学不是单纯的传授现成的知识，也不能满足简单地解决一些问题，而应该给学生提出具有一定深度的课题，使他们不只单纯地依靠已有知识和习惯就可解决，而是应该进一步探究、思考，这就是"愤""悱"的学习情境。

为什么这种学习情境能激发起学生智慧的火花呢？因为，这样的教学，是教师与学生共同学习的过程，又是以学生为主体、以内因起决定作用的过程。教学的实践告诉我们，要使学习取得成果，关键之处，就在于开启学生思维的门扉。而思维门扉的开启，主要还是在学生主观上认为有必要有意义的时候，在跃跃欲试的时候，处于愤悱境地的时候，教师这时去启发、去引导、去点拨，就能激起学生思维的波澜，使思维处于最积极的活动状态。

2.激奋情境的创设

激奋的情境，也可称之为激情，用教学的语言来讲，就是激发感情，唤起学生学习的激情。从教育心理学上来讲，学生一旦有了学习上的激情，他们就会把繁重的学习任务，当做一种乐趣，内心会感到由衷的高兴，并产生一种巨大的内部推动力，以对待学习，从事脑力劳动。可以这样说，激情是一个强大的学习原动力。

激发学生的感情，一些有经验的语文教师，往往是抓住课堂开讲的时候，也就是在导入新课的时候，用充满激情的语言，拨动学生心灵的琴弦，以激发感情。例如有一教师在讲《刑场上的婚礼》时，她就对学生说："我们每一个青年都有责任积极参加祖国的精神文明建设，在当前，特别要积极参加'五讲四美'的活动。你们认为'四美'的核心是什么呢——心灵美。每个学生，都在自觉或不自觉地塑造自己的心灵。是使自己的心灵美好高尚，闪耀着青春的光辉？还是发出利己主义的恶臭？我们都必须作出回答。那么，什么是心灵美呢？现在让我们怀着对陈铁军与周文雍二烈士的崇敬心情，认识他们美好的心灵，学习他们高尚的情操，从他们的身上吮吸珍贵的精神养料吧!”就这样，一开始讲就把学生的感情激发起来了。

3. 悬念情境的创设

悬念，就是给人们的心理上造成一种强烈的想念和挂念，造成一种期待的情境。给学生创设悬念的情境，主要是激起学生的好奇心，使他们对事物产生一种急于追下去的悬念心理，带着一种心理上的期待情境去从事学习。而这他们学习的积极性和求知欲，就会加倍增强，注意力就会格外集中。这样，对训练他们的优良的思维品质，是大有好处的。

激起悬念，作为教师，重要的一环，就是要善于提出问题来引起学生思考，并且，这些问题一定要蕴涵着矛盾。只有蕴涵着矛盾，才能激起学生的悬念，才能激起思考的乐趣。有位教师讲《梁生宝买稻种》，在讲到梁生宝下车的几个段落时，他是这样激起学生的悬念和思考的：

“几乎全部旅客都进了这旅馆或那个旅馆，‘几乎’和‘全部’这两个词怎么能够放在一起呢？”

“几乎全部旅客都进了旅客，只有梁生宝一个人站着，他为什么会并不怎么着急呢？”

……

这样一些问题，既含着矛盾，又能激起悬念，可以很好地引起学生的深入思考，激发思维创设学习情境，最重要的一环，就是要善于在教学中，激起学生学习的内在动力。如果学生的学习没有内在的动力，而只靠力外来维持，那么，即使是创设了再好的学习情境，也是不能持久的，学习的效果也是不会太好的。

学生学习内在动力的形成与发展，是在矛盾斗争中进行的。一方面，是从不成熟到成熟，从低级到高级发展；另一方面，是从两种不同的思想斗争中得到发展。因此，教学的艺术，就在于根据教材的内容和学生的年龄特征，注意联系实际，引导他们认识社会，了解生活，认清四化建设的前景，注意把学生强烈的求知欲与酷爱文化科学的思想感情联系起来，把学生个人的学习与祖国的建设、四化建设联系起来，使他们的学习动机日趋成熟，逐步明确，具有为祖国富强和人民富裕而献身的精神和远大目标，具有严肃认真的学习态度和高度的学习责任感。这样，他们学习的内在动力就会巨大而持久，就会产生一种持久的奋发向上、孜孜不倦的学习激情，并经过自强不息的努力，以求取得最大的成就，而造福于人类。

(九) 知识激趣法

著名教育家苏霍姆林斯基指出，兴趣的源泉之一，就在于认识新的事物，求得新的知识。他说：“认识本身就是一个激发生动的、不可熄灭的兴趣的最令人赞叹、惊奇的奇异的过程。自然界的万物，它们的关系和相互联系，运动和变化，人的思想，以及人所创造一切，——这些都是兴趣取之不竭的源泉。"

这就非常明确地告诉我们，兴趣与求知欲是紧密地联系在一起的。而教学的实践也证明，当教师把学生兴趣唤起之后，学生便会被兴趣所引，突破课堂的界限，走向课外的广阔天地，涉猎更广博的知识领域，一直向学问的苍穹进发，以焕发出灿烂的智慧光芒。

在教学过程中如何通过激发求知的兴趣来达到启迪学生智慧的目的呢？

1. 要善于在教学过程中，用惊奇感来激发学生的"情感区域"，通过具体事物与抽象概念之间的相互关系，揭示它们之间的一定联系

教育心理学告诉我们，惊奇感的引起，是由于在那些最一般的、没有任何特点的事物中，包含着意义重大的世界观真理的源泉；而"情感区域"的激发，正是由于揭示了具体事物和抽象概念之间的一定联系。因此，要激发求知欲，就要善于用教学的艺术，引导学生揭示事物之间的联系，探求科学的秘密，以激发"情感区"。

有一位特级教师在教《数星星的孩子》一课时，正是这样激发学生智慧的火花的。上课时，她先让学生自学课文，看看小张衡是怎样观察星空、数星星、是怎样成为天文学家的；然后，通过电化教具，把学生带进绚丽夺目、变幻莫测的星海、星云之中，使学生兴趣盎然。在此，再结合课文，讲解小张衡是怎样通过观察，琢磨到星星的运行规律的，并因势利导启发学生：星星是无穷无尽的，现在我们肉眼看得见的，只三千多

颗，还有很多的离我们太远，并没有发光，因此，没有被我们发现。那么，为什么天上的星星没有被我们发现？这都是科学秘密，希望你们仔细观察，认真探索。知识青年段元星，就是这样发现了一颗新星，张衡也是这样，才成为伟大的天文学家的。

正由于这样，学生的求知欲被激发出来了，他们怀着浓厚的兴趣，去观察星空，记录月亮的新月、残月，有几个小朋友还合作绘制了一幅月亮在一个月内的变化图，并发现了好几个星座，等等。这样的教学，正是开阔学生视野、激发求知欲、点燃智慧之火的一个范例。

2. 要善于揭示未知的东西同新材料、新知识之间的内在联系，以获得求知、求新的能力

心理学的知识和教学的实践还告诉我们，启发学生的兴趣，秘诀就在于揭示未知的东西同新材料、新知识之间的内在的深刻联系，让学生拿着教师教给的思想砖头，在谋划筹建新大厦的时候，知道应该放在哪里，并了解到整个大厦的结构及建筑起来的全貌。这是最重要的学习兴趣。因此，教师教学，就要善于启发学生在已有知识的基础上，经过分析、综合、判断、推理，揭示未知的东西同新内容之间的联系，以获得求知、求新的能力。这也就是平常所说的"举一反三""问一得三"。

例如有位教师在教《梁生宝买稻种》《分马》这个小说单元时，根据单元教学的重点，把《梁生宝买稻种》是怎样根据中心思想选择、安排材料，什么地方

详写,为什么详写;什么地方略写,为什么略写等等,告诉给学生,让他们掌握这个"一"。然后,以这课文为例,在《分马》一文中自己求得"反三"——分析《分马》是怎样通过运用材料、安排详略来表现主题思想的。学生由于有了上面这节课的"一",因此,顺着问题,自己求知、探索,得出《分马》的"三",并由此懂得:写一个人、一件事,不应面面俱到,而应根据中心思想的需要来选择材料,安排详略,这样才能突出主题。

3. 要善于在教学过程中设置疑难,引导探究,激发求知欲,并鼓励学生敢于质疑,以激发兴趣,启迪智慧

"学贵有疑",激疑问难,创设愤悱的问题情境,可以很好地激发学生的求知欲和学习兴趣;为此,一要善于设疑,通过留下悬念,引发情趣。如有一教师在讲《孔雀东南飞》时,有意识地把一堂课结束在"鸡鸣外欲曙,新妇起严妆"这一自然段上,并向学生提示:这个细节在诗中起"一石三鸟"的作用,让学生第二天的课上谈自己的看法。结果,"一石激起群鸟飞",答案异乎寻常的丰富。二要善于质疑、析疑。如有一教师教《故乡》时,一学生突然提问,"一轮金黄的明月",这色彩描绘得不大对头吧?李白的诗不是说:"床前明月光,疑是地上霜"吗?这应作何解释呢?教师不但表扬了这位学生敢于质疑的可贵精神,而且进而要求他在月圆之时考察一下究竟,这个学生经过仔细考察,得出结论:圆月初升确实色彩金黄。在老师

的点拨启迪下,他进一步把鲁迅的月与李白的月做了比较,进一步明确,李白的"明月"着重写月光,而鲁迅的"金黄明月"则着重写色彩,它与"深蓝的天空"、"碧绿的西瓜"构成一幅色彩绚丽的图画,从而烘托了小英雄闰土,并表现出"我"对闰土的崇敬之情。

(十)导语激趣法

学生学习的兴趣是在自身的学习活动中形成和发展的。当学生通过努力获得某种成功时,就会表现强烈的学习兴趣,教师的责任就在于通过指导语相机鼓励、诱导、点拨,帮助学生学习获得成功。

1. 鼓舞性导语

当要求学生独立地探索新知识时,应适时辅之以口头鼓舞:"这个问题你准行!""……仔细观察,其中的规律你一定能发现!""再仔细看一下条件,你很快就能明白!""这个问题大有研究的必要,谁来发表见解?"……这样,学生便能最大限度地运用旧知识,使思维进入"竞技"状态,一旦成功,他们就会得到一种心理上的满足,在探究成功的喜悦之中,对学习产生兴趣。

2. 点拨诱导性导语

当学生的学习遇到困难时,特别是后进生泄气自卑之时,要特别注意给予及时的语言点拨、诱导,使他们产生"跳一下能摘到果子吃"的学习勇气。"画张图看看""与×××题对照一下,会有启发的""反过来想想""再举个例

子试试""换句话谈谈",在教师语言的调控下,半扶半放地让学生自己走向成功,形成"成功—生趣—再成功—再生趣"的良性循环。

3. 桥梁性导语

当学生的学习停留在一定的水平上时,教师的语言要发挥"跳板"的功能,使他们成功地到达知识的彼岸。"从这个判断你能推想出其他结论吗?""这只是问题的一方面,另一方面呢?""试试看,再从×××角度分析一下!""你已经做得很好了,但还有更妙的方法等待着你!""你能把这几句话概括成一句话吗?"当学生作出成功的探索后,对学习的兴趣会油然而生。

学习兴趣是乐于接近、寻求和获得知识的一种认识倾向,教师通过丰富多彩、活泼生动的指导语,发挥其维持、控制和调节功能,学生定会产生愉快的学习情绪和浓厚的学习兴趣。

(十一) 以美激趣法

指充分挖掘教学中美的因素来激发学生的学习兴趣。

美育本身是教育的一个重要组成部分,它教育人们以美的概念去获取对自然和社会的认识,这种认识过程不同于其他认识过程,它要求教师首先把握住审美客体(教材所蕴涵的内在美),然后将美渗透到教学的各个环节之中,使学生在审美的意识下充分感受美,深刻鉴赏美,真实表达美、积极创造美。爱美之心人皆有之,美是生动的前提,美是兴趣的来源,是诉诸直觉的感受,故可

以说,生动有趣是美的再现、塑造和扩展。

因此,在教学中,就要求:教师要善于挖掘教材的内在美,将美渗透到教学的各个环节之中。同时,在教法上贯彻审美的原则,这样师生才会共同形成一种和谐优美地教与学的默契。从而达到寓美于教,以美引趣的目的。

再从教学过程看:教学是一种特殊的审美过程,这种过程从审美的主、客体的关系看,教学美包含着欣赏因素和创造因素;从审美对象看,教学美包含着内容因素和形式因素。综合以上因素,在教学中,以美引趣应从以下三方面下工夫。

1. 注重"开讲"艺术

一堂课的成败,一半是取决于教师的开讲艺术。上课伊始,当老师面带微笑、衣着整洁、精神饱满地走上讲台,目光和善、言语亲切、动作大方,这时学生立刻就会在情感上产生一种愉悦感,教师首先就成了学生的审美对象。同时,作为一个教师,若不能深刻领会教学中美的内容,不能心领神会,不能首先激起自己的美感和冲动,那么这位教师的开讲,就会使学生无精打采,学习情感立即发生变化,而且会抑制学生的审美能力以及思维的发展。美妙的开讲艺术,既是完美的组织教学过程,又是将教学推向最佳情境的启动过程,它融知识、情趣于一体,一开讲就紧紧抓住学生的注意力,使学生产生一种心灵的愉悦,为整个教学过程打下良好的基础,所以课程的开讲尤为重要,是一个值得研讨的课题,纵观目前许多优秀教师的开讲

艺术，可谓是五彩缤纷，诸如：情趣式、激励式、诱导式、悬念式、观察式、提问式，等等。这些开讲方式都具有真实可信、诚挚深沉、新颖独特的共同特点，以自己的美感去激励学生的情感，使学生的学习兴趣在审美中自然形成。

2. 提供审美材料

美的东西多是新奇的、形象的、直观的、具体的，可以凭借人的感官（主要是视觉和听觉）直接感受到的。因此，要使学生充分感受到教学中的美，就必须给他们提供一些审美材料，这些审美材料必须具备形象性和可感性，它既有生动直观的感性形象成分，又有理性思维的抽象规定，这样，一方面把抽象的问题形象直观化，从而促进学生的感知速度；另一方面把"枯燥"的知识传授溶在美的感受、鉴赏、表达与创造之中。如此，不仅加强了学生对学习的兴趣，促进了注意力的集中，更重要的是刺激了学生的思维活动，调动了学生主动探究事物真谛的积极性。例如在讲述比例线段中黄金分割时可提供审美材料：舞台上的报幕员站在什么位置报幕给人以美的感受？正五角星格外美观、大方、庄重，给人以神往、有气魄之感，这是什么原因？诸如此类的问题会使学生以一种浓厚的兴趣去探究其实质。

3. 创设审美环境

学生认知结构的形成过程也是与知识结构同化的过程，课堂教学则是完成这种同化过程的一种中间媒介，审美的目的是感受美、鉴赏美、表达美、创造美。要将学生的认知结构在审美的过程中形成，就必须把教学过程创设为审美环境。情知教学论者认为，课堂教学应在教师的主导下，使课堂结构形成一个纵横交错的信息交流网块，使美的信息在师生之间来回流动，这样，有利于密切师生的关系，造成愉快的课堂气氛，把教学搞活，克服那种死记硬灌的现象，并毫不拘束地进行听、答、辨、练。更重要的是增加全班学生的学习活动量，促进各类学生积极思考，有机会表现自己，有利于开发智力，培养思维能力，做到省时、高效。通过个人与集体的多次交往，相互启发、切磋，可扬长避短，激发合作与竞争精神，加速知识的转化和应用，从而使学生达到感受美、鉴赏美、表达美、创造美的目的。

除上述三点外，在教学过程中，教师还要认真注意影响以美引趣的几种因素：

（1）语言不规范。语言是课堂教学的主要手段，它是道授业解惑的主要信息传播工具。课堂上的语言应在如何传输信息内容、让学生理解其语言（语言信息）和传输信息的实际效果（价值信息）上下工夫，课堂上的语言美主要表现在层次清楚、条理分明、形象生动、风趣幽默，富有启发性，富有感染力。反之，只会使学生进入"麻木"状态，当然更谈不上以美引趣了。故切忌语言不规范。

（2）表情冷漠。表情是属于身体语言，它与口头语言一样，能被理解，试想在课堂上的交往仅限于口头语言，那将是乏味之极。事实上，口头语言只是教学过程的一部分，以姿态助说话，如眼睛的神韵、手臂的轻挥等等，态度活泼、表情丰富将会造成轻松愉快的学习环境，使学生无时不受着美的感染。

（3）比喻牵强。教学中的比喻具有加强理解基础知识、基本技能，扩大知识领域，促进认知速度的效果。牵强的比喻，只能把学生搞"糊涂"，甚至引向"歧路"。比喻的本身就是优美的、崇高的艺术精品，所以比喻要做到言简意咳，通俗易懂，耐人寻味，而且比喻要与教学内容具有相似性、和谐性，这样，才能达到趣味性和引人深思的效果。

（4）提问不切。有目的的、有对象的适时地提问，可以引起和调动学生的思维活动。教育心理学认为："思维总是从提出问题开始的。"教师的提问应是美的交融，寓美于教。精心设问，其目的是以美去诱发学生的学习欲望，促进实现教学过程中的目标，它要求针对学生年龄特征、个性差异、已有知识水平、能力大小以及所提问题目的明确，内容具有相似性、和谐性、逻辑性。切忌提问不切，违反审美原则。

（5）板书草率。好的板书就是优美的图画，是美的形象性、可感性的再现。板书应字迹工整，笔画均匀，合乎规范。从内容上看，应准确无误，内容精当，线索分明，重点突出；从形式上看，应布局合理，排列有序，条理清楚。这样，具有内容美、书法美、形式美的板书不仅给学生笔记带来方便，而且给人一种优美的艺术享受。故切忌板书草率。

在教学中，我们体会到：一个教师若能寓美于教，以美引出趣来，学生就能带着一种高涨的、激动的、喜悦的心情去从事学习。人爱美的天性在青少年时期尤为突出，在教学中只要教师深入

挖掘并艺术地展示出美的特征，同时，在教学活动中，努力创设审美环境，为学生提供感受美、鉴赏美、表达美、创造美的良好条件，则对学生的能力培养是会收到事半功倍之效。不仅如此，对陶冶他们的情操，促进他们的全面发展以及思想品德教育都会收到成效。

（十二）操作激趣法

对少年儿童的研究表明，大多数儿童对力所能及的，既动脑又动手操作的学习活动有较高的兴趣。因此，在教学中，教师应尽可能的多为学生提供实际操作的机会，引导学生对所学的知识进行大量的充分感知，调动学生的多种感官，让学生动手、动脑、动口，使学生通过自己的实践主动地去理解和掌握新知，并从中品尝思维的甜头，增强学习的乐趣。

如，教"圆锥体体积"一节时，可组织如下操作：教师首先让学生分小组进行倒水实验，这时学生兴趣浓厚，积极按要求进行操作，操作后学生发现三杯圆锥形容器的水正好倒满一个圆柱形容器（与这圆锥等底等高）时，很容易得出"圆锥的体积等于圆柱体积的三分之一"。这时教师拿出一个新的圆锥形容器，让两个学生与原圆柱容器做倒水实验，结果发现1：3的关系不存在，在学生感到奇怪时，教师又拿出一个新圆柱形容器（与新圆锥等底等高）进行第三次倒水实验，学生再次发现1：3的关系存在。教师这样安排，又一次唤起学生的求知欲，此时教师及时组织学生思考讨论：什么样的圆锥和圆柱的体积大小

存在 1∶3 的关系呢？学生动手量两组圆锥和圆柱的底和高后，很容易的得出了圆锥体体积公式。这样，通过学生操作、思考，多种感官参与学习，使学生饶有兴趣的参与了公式的推导过程，培养了学生的动手操作能力和思维能力。

（十三）游戏激趣法

低年级学生的特点是好奇好动，仍保留学前期儿童具有的对游戏的兴趣，甚至企盼游戏活动；他们的注意（有意注意）只能保持 15 分钟左右，但是，要组织他们做游戏，就能吸引注意力，几小时都能保持。心理学研究也表明：游戏是儿童最熟悉、最乐意参加的活动。儿童主要是通过游戏来认识社会、熟悉自然、获得信息、增长才干的。因此，在低年级的教学中，设计一些他们喜闻乐见的游戏，常能使课堂气氛妙趣横生，使学生对学习产生浓厚的兴趣，教学收到很好的效果。

在数学教学中，经常采用的游戏活动有：开小小运动会、打数学扑克、评选优秀邮递员、猫捉老鼠、夺红旗、一把钥匙开一把锁、开数学医院、放风筝、摘苹果、开火车、接力赛、找朋友、对口令、小动物找家、拍电报、击鼓传花、数学谜语等数十种。为了使游戏更有趣味性，制作几十种小动物头饰，做游戏时，让同学戴在头上。无论是一面红旗、一个头饰，还是一幅色彩鲜艳的图画，都增强了练习的趣味性，使学生兴趣益然，争先恐后地做数学游戏。

为了使学生保持比较持久的注意力，设计情节有趣的练习，是非常必要的。

例如：为了巩固"倍"的概念，老师和学生一起做拍手游戏，老师首先拍了 2 下，然后拍了 4 个 2 下，让学生回答第二次拍的是第一次的几倍？接着，按要求师生对拍，进而同桌同学互拍。这样的教学过程，学生始终精力集中，情绪高涨，甚至很少有人出错。这种简单易行的游戏，深受学生喜爱。

数学课上，为了加深学生对"倍"的概念的理解，老师带着学生一起"逛动物园"。一幅画着许多动物的画卷展开了，同学们顿时被画面上的小动物吸引住了，个个眉开眼笑，情不自禁地鼓起掌来，课堂气氛达到了高潮。老师让学生根据画上各种动物的只数，准确地表述了两种数量之间的倍数关系。大家争先恐后地发言，有的说："小鸟和熊猫比，熊猫有 2 只，小鸟有 5 个 2 只，所以小鸟的只数是熊猫的 5 倍"等等。同学们的回答，可以看出他们已初步建立了倍的概念，为学习倍数关系应用题上的这节准备课，达到了预期的目的。以后学习倍数关系应用题时，教师无须多讲，学生便独立地学会了。

又如：在学习 20 以内进行加法和退位减法之前，必须巩固"10 的组成"以及"和是 10 的加法及相应的减法"。为此，有一位教师上了一节游戏课。"同学们，你们会打扑克吗？"一双双小手都举了起来。"今天我们上课要打扑克，不是一般的扑克，而是数学扑克。"教室里鸦雀无声，几十双惊讶的目光投向老师。她拿出每种花的一至九张牌，一共 36 张。洗牌后，找一位同学任意抽出其中一张藏在课桌里。她又找两名同学，将剩余的牌摊开，取出每两张相加之和是

10的牌，最后仅剩一张。这时老师立刻说出刚才藏起来的牌是几。学生从课桌里将牌拿出一看，果然对了，大家不约而同地鼓起掌来。"同学们，你们想一想，老师为什么能猜对呢？"大家展开了热烈的讨论，最后，一位同学准确地答出："这36张牌中，每两张牌的数可以组成10，最后剩下一张和藏的那张也能组成10，所以能知道藏的牌是几？"大家明白了道理，同桌的二人便开始做"猜数"游戏，玩得开心。在玩中学，在玩中复习巩固了所学的知识。

再如"连减法两步应题"为了进一步理解和巩固两种解法，做练习时可设计这样的游戏，请两名同学扮演售货员和顾客，第一次顾客给售货员5角钱买一个3角钱的格尺，售货员找回2角钱，顾客再用2角钱买一块1角5分的橡皮，学生很容易列出第一种解法的算式 $5-3=2$（角），$20-15=5$（分）；第二次顾客给售货员5角钱，买一个3角的格尺和一块1角5分的橡皮，售货员一次找回5分钱，学生也很自然地列出第二种解法：$30+15=45$（分），$50-45=5$（分）。又如教四则混合运算时需要学生能够准确熟练地进行计算，在巩固练习时可安排"攀登高峰，夺红旗"的游戏，选两队同学当登山队员，分别从两侧向顶峰挺进，其他同学当裁判，为了正确判分，其他同学高度集中计算式题，通过游戏活动形式，使学生在疲倦乏味时振奋精神，在愉快的氛围中巩固了知识，保持延续了学生的学习兴趣。

（十四）竞赛激趣法

是指在教学中创设比赛情境，规定适当规则，让学生利用已掌握的知识、技能进行竞赛性练习，从而达到巩固知识、技能，提高能力，激发学习兴趣的一种教学方法。

现代生理学和心理学研究认为，当前人脑的功能，只有10%左右被利用，还有90%的潜力有待发挥。通过竞争可以引起大脑某些部位紧张，使处于"休息"状态的部位进入工作状态。学生都有争强好胜的特点，竞赛为学生积极参与竞争创造了条件。引导学生适当开展一些竞赛性活动，能促进学生用全部精力和智慧投入比赛中，唤起学生的内驱力，激发学习兴趣，调动学生学习的积极性和主动性。同时，还可培养学生果断、顽强、坚毅和合作的精神，收到教学中意想不到的效果。

如有的数学教师每学期初发给每位同学一幅画，画上印有一棵大苹果树，平时，根据不同情况在学生的练习题纸上盖上小苹果或大苹果。同学则陆续将苹果剪下来，贴在苹果树上。为了激励学生争取得到苹果，编写了一首儿歌："苹果树上结硕果，辛勤劳动才收获，成绩优秀结个果，看谁苹果多又多。"同学们将这首儿歌写在图画纸上。期末进行了评比，得苹果最多者，获"数学小博士"称号。

在小学教学中，许多老师还结合教学进行：速算比赛、争夺小小巧算家、智力竞赛、计算接力赛和师生比赛等竞赛活动，通过竞赛，学生学习起来兴趣盎然，不仅爱学、会学、而且学得生动活泼，学得积极主动，明显提高了课堂教学效率和教学质量。

（十五）练习激趣法

练习是巩固所学知识，形成技能技巧的必要途径，是教学的一个重要环节。因此在教学时应不惜下大工夫，花大力气，精心设计练习内容、练习形式，提高学生的学习兴趣。

练习的种类很多，不同学科有各自不同的练习要求和练习方法。语文课和外语课有文字语言和口头语言的练习，数理化课则有解答问题的练习、运算的练习等，美术课中有素描、写生等多种绘画练习，地理课有识图、填图、绘图的练习，音乐课有识谱独唱及演奏的练习，体育课有各种体育运动技能的练习等。运用练习法，要注意以下几点：

1. 练习要精心设计

（1）练习题的设计要针对学生的特点。以小学生为例：①儿童往往不善于把注意力分配到各个方面。根据这个特点，在设计新授课练习时，采用在一段时间里集中注意力练一个项目，让学生缩小注意范围，把注意力集中于解决一个关键问题的方法。当然，在集中训练一个项目之后，也要逐步把一些同时要注意或解决的问题都提出来，培养学生善于分配注意的能力。②儿童理解力比较薄弱，他们所谓的"懂"有时只是满足于会解一些，往往会做而不知其所以然。因此有必要把有联系的知识连贯起来设计有关的练习。③儿童抽象概括能力较差，不善于辨别同类事物的不同表现形式。因此，要有目的地设计变式练习来发展儿童的抽象概括能力。④儿童

解答应用题，常常不能使分析法与综合法恰如其分地统一起来，引起解题思路混乱。教师设计练习时要把分析应用题的问题和条件结合起来。

（2）练习题的设计要讲究层次性。让不同层次的学生都有自我表现的机会，练习应循序渐进，由易至难，由简单到复杂，从模仿性基本练习开始，适时提高到发展性和创造性练习，不断提高要求，使学生保持旺盛的表达欲望。如多位数减法练习，从不退位到隔位退位再到连续退位三组练习，要求逐步提高。

（3）练习题的设计要讲究多样性和趣味性。要针对学生活泼好动的特点，把口头练习、板演练习、书面练习和实际操作练习多种形式相结合。同时还要多设计一些趣味性的练习，如猜谜语、对口令、邮递员投信等。让学生在玩中学，趣中练，乐而不疲。

（4）练习设计要有思考性。没有思考，没有一定的难度，就没有学习的兴趣和积极性。设计有一定难度的思考题，让学生"跳一跳摘下果子"，有利于提高学生的学习积极性和培养学生的能力。根据各节练习课的要求可以设计这样一些题目，如①一个数扩大 100 倍以后是 0.8，这个数是多少？②4 个 0.1 千克是（　　）千克，如果把它的小数点向右移动一位，就扩大了（　　）倍，增加了（　　）克；如果把它的小数点向左移动两位，就缩小了（　　）倍，减少了（　　）克；③0.4<（　　）<（　　）<（　　）<（　　）<（　　）<（　　）<（　　）<（　　）<0.5 等。这类练习学生很感兴趣，有利于学生思维能力的

提高。

（5）练习设计要针对实际。练习题的设计要针对学生的实际。学生容易混淆的概念、计算容易发生的错误等等，应在练习设计中充分注意。学生在进行小数大小比较时，往往与整数大小比较混淆起来，如 $0.86 < 0.869$；小数点向右移动两位错认为是扩大 2 倍；以及 $4.03 \div 100 = 0.403$，等等。针对学生的情况可以设计下面一些判别题和选择题。

判别题：判别下列各题是对还是错？为什么？

①$0.418 > 0.51$；

②$0.43$ 千克 $= 43$ 克；

③$25.35$ 扩大 2 倍得到整数；

④$8.06 \div 1000 = 806$。

选择题：将正确的答案填在括号里。

①$0.5$ 吨（　　）0.50 吨。[等于，大于，小于]

②$0.18$ 等于（　　）个千分之一。[18，1800，180，18000]

③$17.46$（　　）就得到 0.1746。[扩大 100 倍，扩大 2 倍，缩小 2 倍，缩小 100 倍]

（6）练习设计要突出重点。练习课的安排要突出重点，指两个方面：一是指每节练习课要突出练习的重点。根据教材的要求及学生学习中存在的问题确定练习的重点内容。例如，"小数的意义和性质"这一单元共安排了五节练习课。对前三节练习课的重点是这样考虑的：第一节，根据教材的要求要理解小数的意义，而学生对"相邻两个单位间的进率是十"在灵活运用上困难很大，因此确定这节课的练习重点是，通过练习使学生进一步理解小数的意义及相邻两个

单位间的进率是十的正确运用。第二节，因为小数的大小比较学生感到困难，所以就确定把小数的大小比较作为练习的重点。第三节，根据教材的要求确定"小数点位置的移动引起小数大小变化"作为练习的重点。二是指本单元的重点知识，学生学习的难点，应作为练习安排和设计的重点。例如，小数的意义是本单元的重点，因此在整个单元的五节练习课中都始终安排这些内容进行练习。又如，学生对 100 个 0.01 是（　　），0.3 里面有（　　）个 0.001（　　）个 0.001 是 0.01 等题目感到非常困难，在练习课中就注意加强"小数相邻两个单位之间的进率"都是"十"的练习，五节练习课中有四节课都穿插了这类练习题。这样，学生对较难的知识进行经常、反复的练习，就不感到困难了，成绩也显著提高了。

（7）练习设计要纵横联系。所谓"纵"的联系，是指本单元知识的系统联系。如学习了"小数的意义""进率""数位顺序""小数的读法"等知识后，可以设计这样一类练习题：一个数由 5 个 10，5 个 1/10，3 个 1/100 组成，这个数是（　　），读做（　　），表示为（　　），它的计数单位是（　　），包含了（　　）个这样的单位。这里把小数的意义、读法、计数单位等知识都联系起来了。

所谓"横"的联系是指各单元知识之间的联系。把新学的知识与以往学过的知识尽量地"串"起来。例如，学习了把较大的数改写成用"万"或"亿"作单位的数后，可以设计这样一道题目：三十亿五千六百七十四万写做（　　），

改写成"亿"作单位的数是（　　），省略亿后面的尾数约是（　　），这时既复习了"改写数"的知识，又重温了写数和"省略尾数"等知识。通过练习，引导学生发现"改写"与"省略"是按四舍五入法进行的，尾数省略，大小改变，是个近似数。又如，在小数大小比较中，把分数与小数联系起来进行练习。对"0.1和1/100哪个大？为什么？"这样一道题，学生思维很活跃，提出三种解法：

①0.1是把整体"1"平均分成10份，取其中的一份，1/100是把整体"1"平均分成100份，取其中的一份，因此，0.1＞1/100。

②0.1就是1/10，1/10与1/100相比，分子相同，分母小的那个分数反而大，所以1/10＞1/100。

③1/100就是0.01，数0.1的十分位上是1，0.01的十分位上是0，1比0大，所以0.1＞1/100。这样学生不仅对小数的大小比较得到了练习，也复习了分数的大小比较，并把小数、分数挂起钩来，加深了知识之间的理解，开阔了学生的思路。

2. 练习要选择材料

练习的目的在养成工作和生活上所必需的种种习惯、技能和知识概念。只有值得练习的教材，才能练习，不能滥用练习的方法去学习一切教材。所以练习的材料，应当依据生活上实际需要而加以选择，例如算术上的四则运算，在生活上应用的机会最多，应当多多练习，而开方和繁分数在生活上应用的机会较少，练习的次数就不必太多。凡是以后

学习活动中所必需的习惯、技能和知识概念亦当练习纯熟。

3. 要布置练习的情境

练习某种技能，若和将来应用这种技能的生活情境相似，就可增进练习的效果。例如练习讲演，最好在有听众的情境中举行。练习数学，除了练习试题之外，还要练习实际生活中所用的到的应用题。

4. 引起学生练习的兴趣

在指导学生练习之前，先要引起学生练习的兴趣。教师若没有引起学生练习的动机，而强迫学生去练习，这种练习作业就会成为枯燥无味的负担，而且不会有良好的效果。教师若能引起练习的兴趣，然后学生才会集中注意于练习作业。

引起学生练习兴趣的方法有二：

（1）在练习之前，使学生感觉某种技能或某种教材有练习的必要，使他自动地想去练习纯熟，以备将来应用。例如为参加歌咏比赛而练习唱歌，为准备就业而练习珠算、打字等。学生既有明确的学习目标，为达到这一目标，自然会集中注意力于练习工作。

（2）使学生在练习之后立即获得满足的体验，以激发其练习的兴趣。例如用比赛的方法，练习之后即可决定胜负，因而练习时兴趣浓厚，或者在练习之后，对于成绩优良的学生予以奖励，或者把优良的作品展览出来，以资鼓励。成功的经验，是激发学习兴趣的重要因素；长期的失败，最容易摧残学习的兴趣，降低学习的效能，因此，练习的作业，

须适合各个学生的能力和程度，使每个学生都有成功的可能。教师的任务，在于选择适合于学生能力的练习材料，指导学生练习的方法，使每个学生能够由努力练习而得到成功。

此外，各种学科中还有许多其他技巧，用以引起学生的兴趣。例如：①限定练习的时间，例如在算术课内，教师限定学生在五分钟内做完一个练习；或者要学生在做完练习后记明所费的时间共有多少。时间限定之后，学生便好像有一种压力感，就积极努力练习。②采用练习性质的游戏。练习性质的游戏，可以增加练习的兴趣。例如数学游戏，语文科的造句游戏，猜字游戏，联句游戏，体育的竞技游戏，英语课的会话游戏等，既可以增加练习的兴趣，又可以收到练习的效果。③举行学业竞赛。利用比赛的方法、做练习作业，也可以增加练习的兴趣。例如速算比赛、珠算比赛、作文比赛、书法比赛、拼字比赛、打字比赛、体育竞技比赛等，都可以收到练习效果。④采用练习测验。语文、英语、数学等科，可以采用练习测验。例如俞麦二氏合编的算术练习测验，分为甲乙两类，两类的题目虽不相同，但其难易和分量却相等。⑤利用卡片练习。例如教学英语，可以把生字新词或句子写在卡片上，作为练习读音造句、释义的材料；教学算术，可以把试题写在卡片上，作为练习心算的教材，卡片练习的方法很多，使用时要常常变化。

5. 练习要明确要求

（1）要使学生明确练习的目的要求，并在有关理论指导下去进行练习。没有

正确的理论指导，虽然也可能掌握一定的技能，但这种盲目的机械性的练习所掌握的技能，很难在日后的工作中进一步发展。

（2）练习时，既要使学生知道自己练习的目的要求，又要在练习后知道自己的练习结果，注意培养学生自我检查、自我分析、自我改正的能力，并养成这种良好的学习习惯。

（3）要注意练习的经常性、循序渐进性，逐步提高。其速度也要由慢到快，逐步加速。

（4）给学生的练习作业题要难易适度。太难了，学生会丧失信心；太容易，则不用思考研究，就不能促进学生智力的发展。练习的要求应有一定的难度，又是在经过克服困难后可以做到的，才能在克服困难的顽强斗争中，锻炼才干并培养克服困难的精神。

此外，练习课中常常暴露出学生知识和能力的缺陷，教师要及时发现，注意讲评，务必要做到当堂练习的内容当堂巩固、消化。

6. 练习方法要正确

（1）学会正确的反应然后练习。因为在开始学习一种技能时，若不注意反应的正确，则经过练习之后，就会培养成错误的习惯，以后若要改正过来，就很困难了。例如学习英语，先要学会正确的发音，然后作反复的练习；若是发音不正确，则养成习惯之后，就不易改正过来。

（2）先求正确后求迅速。在练习作业上，应当以正确为主，而迅速次之。在反复练习的过程中，一面注意正确，

一面力求迅速。倘若只注意迅速，而不注意正确，其结果错误多，这和练习教学的目的并不符合。

（3）要避免无谓的手续。练习的时候应当避免无谓的手续，以免浪费时间。

（4）练习的时间要短。练习的工作，往往是单调乏味的。练习的时间若太长，学生的兴趣就渐渐消失，其注意力也要分散。所以长时间的不断的练习，是有害的无益的。据心理学实验的结果，每次练习的时间，以20～30分钟为宜，练习时间太长，学生容易厌倦。

（5）练习的次数要合理。练习的时间应当平均分布在一星期当中，而不宜集中在一两天。换句话说，分布的练习比集中的练习来得有效，因为"一日曝之，十日寒之"，是不会有什么好效果的。不过练习的时间，也不能相隔太长。否则，第二次练习时已经把第一次练习的材料遗忘，反不经济。因此，开始练习时，前后两次练习的时间，要稍稍靠近，以后可逐渐隔开。而且一种技能或练习纯熟之后，每隔相当时间，还要复习一次，以免遗忘。

（6）练习的方法要有变化。倘若在一节课的时间内，全部做练习工作，那么，练习的方法就要改变几次，以免学生感觉厌倦。例如一节音乐课，要用全部时间练习唱歌，就可以时时改变练习的方法——时而齐唱，时而分组唱，时而表情唱，时而独唱。一种练习方式应用的次数太多，学生也会厌倦。因此，练习的方式也要力求多种多样，如口头的、书面的，发展智力技能为主的、发展动手操作技能为主的、个人的、集体的，单项知识技能的练习、综合各种知识技能的综合性的练习，半独立性的练习、完全独立性的练习、简单模仿性的练习，复杂多变具有创造性运用知识技能性的练习，等等。要依据实际情况，尽可能使练习多样化，这既可以引起学生练习的兴趣，又可以培养学生灵活运用知识的技能。

7. 练习要加强指导

盲目的练习是没有什么效果的，许多小学生练习写字，不知道握笔的方法，不知道笔顺，不知道字的间架结构，其结果，进步很慢。在练习过程中，必须由教师随时加以指导。教师的责任，一方面在指示良好的工作方法，供给良好的模范，一方面在帮助学生发现错误，解除困难。练习时，教师若善于指导，可以使学生减少尝试错误的机会，避免养成不良习惯，促成学习的进步。特别需要提出的，要注意以下两方面的指导：

（1）指导学生学习一种正确的反应。练习的兴趣引起之后，就可以指导学生学习一种正确的反应。在这一个步骤当中，包括三种教学活动：一是教师示范；二是学生模仿；三是批评和矫正模仿的错误。这种教学过程的目的，就在于先使学生学会一种正确的反应，然后才加以练习，以免养成错误习惯。例如学习英语最好在开始学习的时候，就注意发音正确，然后作机械练习。如果开始学习时不注意发音正确，而贸然加以练习，以致养成错误的发音习惯，将来就要费许多时间去破除这种错误习惯。因此，在开始"练习"之前，先要指导学生"学习"正确的反应。指导学生学习正确反应的方法是：

第一，教师示范。教师示范的目的，在给予学生一个正确的榜样，作为要达到的目标。例如教师要学生学会唱一首歌，他先要唱给学生听（示范），再由学生照着唱（模仿），然后指出学生什么部分唱得不正确（分析和批评），再由教师唱一遍（再示范），由学生照着唱（再模仿），教师依照这个过程去教学，然后才能够使学生唱得正确。

示范的方法有多种，视教材的性质而定。有时可以用实物或样本示范，由教师拿"范本"给学生看，例如教学生写字时用"字帖"示范，教学生绘画时用"画帖"示范，有时可以用"动作"示范，由教师做一个榜样给学生看。例如教体育时，教师一面表演给学生看，一面口头说明游戏的方法；教英语时，教师发音给学生听，并且指示学生某字发音的部位；教写字时，教师表演执笔的方法，表演笔顺的次序，在黑板上指示笔画的间架结构。

有些简单动作，是容易示范的，只费几分钟的时间，就可以使学生知道怎样去练习。但是有些复杂的技能，如写字、唱歌、弹琴、学画、打字等，教师除了拿范本给学生看，或是自己做给学生看以外，还要用口语加以说明，使学生知道练习的方法，练习时应注意之点，以及这次练习所应达到的标准。有时教师要把难做的部分指出来，使学生特别注意。例如指导学生练习英语发音，要把难读的部分特别指出来，使学生注意练习；又如指导学生练习写字，有时要把难写的部分写在黑板上给学生看，指出应当怎样写，因此，学生可以获得一个正确的印象，模仿时也较易成功。

倘若一种教材，自成一个整体，以采用全部练习法较好。例如背诵一篇语文，若课文不太长，以采用全部练习法较好。又如练习写字与其练习字的笔画，不如练习写整个的字。全部练习法之所以较优是由于：①全部法可以使学生了解全部材料的意义和各段之间的关系；②学生既了解全部教材的意义，就更易于记忆；③采用分段练习法，于各段练习纯熟之后，还要把各段联络起来，而全部练习法，则不必费时在这种联络的工作上。

有些材料是宜于采用分段练习法的。例如记忆生词；背九九乘法表，练习打字等，就可以采用分段练习法，而且各段之间，不必加以联络，因为我们在应用生字或九九乘法表时，并没有先后的次序。

有些材料是可以同时采用分段练习法和全部练习法的。例如练习唱歌，教师先要说明歌词的意义，指导学生认识曲谱；教师再弹琴，令学生倾听，以了解乐曲的内容；教师离琴范唱全曲，学生倾听（分段法）。然后教师范唱全曲，学生摹唱全曲（全部法）。在这个教学过程中，同时用到全部法和分段法。

第二，学生模仿。教学示范之后，便由学生模仿。学生若仅仅知道怎样做法，并不算学会了一种技能，而必须依照教师所指示的方法去尝试一下。学习唱歌，教师示范和说明之后，学生还要模仿着去唱，然后才能够学会。学习算术，教师在黑板上演算之后，学生还要演算一下，然后才能够学会。学习生字读音，教师示范之后，学生要模仿读音，然后才能够读得正确。

由模仿而学会一种正确的反应，必须反复尝试。反复尝试与反复练习不同，反复练习的目的，在于造成机械的反应，而反复尝试的目的，则在于继续不断地求改造。因为一种技能，经过教师示范之后，看起来好像容易做，但是学生做起来常常发生错误。所以教师要使学生设法试一下，如果发现学生对于练习的方法还不明白，则须加以说明，如果发现学生有错误的地方，即刻加以矫正。

学习一种技能，应当继续不断地尝试模仿，直至反应正确。

第三，评价模仿的成绩和改正错误。学生模仿之后，教师还要对学生的成绩分析评价一下，指出学生某一部分尚欠正确，某一部分与范本不符，然后指示他们矫正的方法。

评价学生成绩的时候，应当先讲优点，再指出改进的意见，先使学生知道自己进步的情况，再指示他们有什么缺点，以及怎样改进。评价的标准，也只能依照学生的程度逐渐提高，因此技能的进步是逐渐得来的，教师要有耐心，循循善诱。

至于矫正错误的方法，若是共同错误，可用共同订正的方法；若是个人的错误，应当予以个别指导。最初可由教师评价，并指示矫正的方法，使学生获得正确的反应，以后教师要指导学生自己去分析评价，使他们把自己的成绩和范本相比较，让他发现自己的错误而加以矫正。分析评价是获得正确反应和提高工作标准的必要方法。

学习一种技能，唯有经过示范、模仿、批评矫正、再模仿等步骤，始能学习成功。

（2）指导学生作注意练习。指导学生练习的时候，一定要学生集中注意力去练习。学生的注意力若不集中，不但进步很慢，而且容易发生错误。不过，若要学生集中注意力去练习，一定要先引起他们练习的兴趣。在练习的过程当中，要遵守适当的原则。每次练习之后，也要让学生知道自己进步情形，以激发他求进步的决心。

一种技能或一种联想，必须继续练习，直到成为机械的反应，始能停止。倘若没有达到纯熟的程度而中断练习，一定会前功尽弃的。所谓机械的反应，就是说不用思索，就能够正确而迅速地表现出来。例如算术，背熟了九九乘法表，以后看见 3×9 就会立刻说出 27 的得数，用不着加以思索。造成了种种正确而迅速的机械反应，然后能够用以适应生活环境，研究高深学术。

不过，指导学生记诵一个公式或原则、一件事、一篇教材，还要注意下列几点：

①强记或盲目的记忆，易致遗忘，所以教学方法应当注意理解，而不是机械的记忆。在记诵之前，先采用思考教学法，使学生对于所学的教材，彻底了解，然后始能记诵。

②采用尝试回忆法。所谓尝试回忆法，就是把材料阅读几遍，即行尝试回忆，背不出来，再行阅读，然后再加背诵，直到能全部背诵为止。

③采用全部练习法。一篇完整的材料，宜用全部练习法，不宜用分段练习法。例如，背诵一首诗歌，背诵一篇短文，都是以采用全部练习法为佳。

④多给学生应用所学的机会。多方

应用比单纯背诵有效。例如记忆生词的有效方法，是用这些生词来造句，或是多多阅读书报；记忆句子构造和文法规则的有效方法，是依靠佳句或改正文法错误；记忆公式和算式的有效方法，是多做应用题；记忆英语会话成语的有效方法，是多练习会话；记忆重要原则的有效方法，是应用这些原则来解答问题。

⑤要减少遗忘，有时需要过度学习。所谓过度学习，就是学习到刚能背诵之后，再继续学习。多学习若干次，变为若干次的过度学习。凡是需要学生记忆的材料，一定要练习得十分纯熟。半生半熟的学习最易遗忘。

⑥记诵一篇教材之后，最好有一段休息的时间，不宜立刻开始学习另一种教材。有人研究，在学习之后即睡眠，可以减少遗忘的速度；倘若继续从事另一种学习工作，这插入的学习活动，往往妨碍他回忆前一教材，这种后一种学习活动妨碍前一种学习活动的作用，称为倒摄抑制。倘若后一种学习活动和前一种学习活动相类似，这种倒摄抑制表现得更为明显。有人实验，令被试者诵读三位数字 10 组，连续 8 次。然后读报 20 分钟，再行回忆，则错误平均为 6%。倘若读 8 次之后，不令阅报，而且另读三位数若干组，则回忆的错误为 29%～33%。所以记诵一种教材之后，不要接着记诵一种性质相近的教材。

⑦学生记忆的能力与学生的智力及健康有关。聪明的学生，能够了解教材的意义，把握教材的要点，因而保持较久。健康的学生的记忆力也较强，贫血疾病或睡眠不足，均足以妨碍记忆。

（十六）图示激趣法

图示激趣法是教学中常用的激趣方法。如在教《明明上学》一课时，教师首先提出这样一个问题：同学们，今天的语文课我们学习《明明上学》一文，回忆一下你们平时在上学的路上干了些什么事，有像明明这样的事吗？明明在上学的路上干了什么事呢？结果怎样？问题提出后，接着出示挂图（文中插图）四幅。因为要将自己与明明比较，学生兴趣盎然，急于观察图画。学生在愉快的气氛中自觉地获得了对课文内容初步整体的理解，"明明在上学的路上，听见了蛐蛐的叫声，轻轻地走过去扒开了草丛找蛐蛐，正找得起劲，小文喊明明赶快去上学，结果明明和小文都按时赶到学校，没有迟到。最后明明看着小文笑了'"。在学生获得对四幅图整体理解的基础上，再指导学生学文，学习作者是怎样把观察到的事物有顺序、有重点、准确生动地用语言文字表达出来的。

（十七）表演激趣法

一年级学生年纪较小，在学习的过程中，特别是语文学习中，面对枯燥无味的字词句教学，注意力的持续性较差，教师可采用模仿表演的形式进一步激发学生的学习兴趣。如在分析《明明上学》课文内容时，重点应抓住明明的动作形态来分析，反映明明在这么喜爱蛐蛐的情况下，还能坚持上学，做到不迟到的表现。为此，课文的重点板书是描写明明捉蛐蛐时的动作形态的词语。如"听、走、扒、看、捂、追、扒来、扒去、喊（小文）走、拍、跑、看、笑"等。为了进一步理解这些词语以及理解课文内容，突出重点，教师组织两位学生到讲台一个扮明明，一个扮小文，按板书中这些词语，联系课文内容，有顺序地进行模仿表演。要求将这些词语尽量表演准确，如发现有演得不够准确的，教师加以指导后再演。通过这样的模仿表演，不但使学生进一步体会明明对蛐蛐的喜爱，还渗透了写作知识。教师可强调：今后我们说话、造句、作文等用词都要确切，表达要言之有序。

（十八）讨论激趣法

讲课将要进入尾声，或要掌握内容学生已经基本掌握。这时，学生易出现疲劳或松懈的现象，为了让学生提起精神，教师可运用讨论问题的方式进一步发展学生的思维。仍以《明明上学》一课为例，可讨论：

（1）小文明知明明正在捉蛐蛐，为什么还要喊明明上学？小文是个怎样的孩子？（遵守纪律、团结友爱。）

（2）明明跑到学校进到课室时，为什么看了看小文笑了？学生发言热烈。有的说明明虽然没有捉到蛐蛐，但玩得很痛快，笑了；有的说明明为自己及时赶到学校，没有迟到笑了；也有的说明明很有礼貌，感谢小文的帮助笑了……。这时教师对学生的发言给予鼓励和点拨："'明明看了看小文笑了，这一句表达了明明对小文感激的心情和两个人均未迟到的喜悦心理。"

（3）学了本课课文，我们应该向明明学习什么？学生有的说学习他遵守纪律；有的说学习他喜爱蛐蛐；有的学习他和同学团结友爱，听从同学的劝告……。最后教师总结点拨："我们应该学习明明遵守纪律，没有因为贪玩而影响学习。"这一问题的讨论，不但揭示了文章的中心，还渗透了思想教育。

（十九）实验激趣法

有些知识可在教师的指导下，让学生动手动脑实践，主动地去探究，引导他们把探究活动中所获得的感性认识和所形成的"内部语言想法"，用各自的语言表达出来，再通过互相交流、启发、补充、争论，使感性认识上升到理性认识，形成一定水平层次的科学概念。如讲"圆周率"时，可让学生准备大小不同的圆。先用线绳围绕圆周量出一周长度，然后用圆周长度除以直径，通过实验，发现得数都是比 3 多一点，再通过讲述我国古代数学家祖冲之算出圆周率的故事及"山巅一寺一壶酒"谐音记忆的强化，不但使学生知其然，而且知其所以然，更为学生创设了强烈的求知情境和兴趣。

（二十）迁移激趣法

在教学中根据整体原理，弄清知识结构体系和编排体系，运用迁移规律，在渗透一些后继学习的知识后，作些必要的"顺水推舟"，让学生"顺流而下"，可使他们的知识、能力、智力都获得最佳发展。如在学习乘法分配律后，教师出示 $0.25 \times 0.28 + 0.75 \times 0.28$，并宣布这是五年级的知识，看谁最聪明，能做出来。因学生刚学乘法分配律，很快便

得出 $0.28 \times (0.75 + 0.25)$，又因他们知道任何数和 1 相乘大小不变，所以都能算出结果是 0.28；当学生陶醉在兴奋之中时，教师再出示六年级题 $1/8 \times 3/4 + 7/8 \times 3/4$ 让他们试做，学生们个个精神振奋，沉浸在作为一个四年级学生会做五、六年级的题目的亢奋之中。这样，既巩固了所授内容，又为今后的学习做了正迁移。

六、学科教学中的激趣方法

（一）思想品德课教学中的激趣方法

兴趣在学生思想品德教育中也具有巨大的作用。因为兴趣是学生心理活动的起点，是他们学习的内部动机，是推动人们成长发展的内部动力。激发了学习兴趣，调动了学习的主动性、积极性，就可以提高学习效率和教学水平，使学生向着成才的方向尽力冲杀。为此，大科学家爱因斯坦说："兴趣是最好的老师。"蒲松龄在《聊斋·阿室》中说："性痴则志凝。故书痴者文必工，艺痴者技必良。"讲的都是兴趣对人才成长的巨大作用。

如何在思想品德教学中激发学生的兴趣呢？教学实践告诉我们要注意以下几点：

1. 生动讲述，唤起兴趣

思想品德课教学要完成向小学生进行系统的、初步的共产主义思想品德教育的任务，需要教师以丰富的感情和生动的讲述感染学生，把道理寓于形象化的叙述之中，以情激情，以情动人。一位教师在讲《做有礼貌的好孩子》一课时，绘声绘色地讲了一个《再次上门》的故事。讲到小山羊第一次上门找熊猫老师时，教师抓住了"咚咚咚""大叫'开门！开门！'"等词句，惟妙惟肖地勾画出了小山羊不懂礼貌、粗野无知的情态；在讲小羊第二次上门请教熊猫老师时，则抓住了"轻轻敲门""尊敬地说：'熊猫老师，请您给我讲讲这道数学题'"等词句，表现出小山羊受到教育后截然不同的礼貌行为。这样通过生动形象的讲述，创设了对比强烈的两个情境，使学生受到了具体、形象的礼貌教育。

2. 形象演示，提高兴趣

在思想品德课教学中，教师围绕教学中心，引导学生观察一些图片，接触一些实物，进行一些小实验、小操作等，不仅能丰富学生的感性认识，而且能促进学生从感性认识到理性认识的转化。一位教师在给三年级学生讲《团结起来力量大》一课时，拿出一盘散沙和一块水泥板，使学生从对比中认识到"一盘散沙松散无力，而加上水泥和水，搅拌凝固后就坚硬无比"的道理。接着又给学生做了用棉线拧绳，用积木搭房，分别用一个指头和五个指头举皮球的小实验，创设了"团结起来力量大"的教学情境，使学生眼有所观，心有所悟。又如讲《破除迷信》一课，这位教师针对学生中存在的迷信鬼神的糊涂观念，演示了一些化学药品的变化作用，戳穿了一些"巫婆""神汉"的骗人伎俩，消除了孩子们幼小心灵上的封建迷信阴影，也进行了初步的辩证唯物主义教育。

3. 组织活动，增强兴趣

在教学中，有计划有目的地组织一些活动，在学生面前展现出一种具体形象的教学情境，有助于激起学生思想感情上的共鸣，增强教育效果。如一位教师在给四年级学生讲《女排姐姐真光荣》一课时，讲到我国女排力挫群雄，顽强拼搏，夺得世界冠军时，就在黑板上展示出一幅鲜艳夺目的五星红旗，并打开录音机，播放出雄壮、激昂的国歌，同学们不约而同地站起来，向国旗行队礼，感情无比真挚。此时在他们的心灵上激发出长大也要为祖国争光的强烈愿望。教师再因势利导，组织孩子讨论"怎样以实际行动向女排姐姐学习？"这就完成了从情到理、从理到行的深化。

4. 设置疑问，引导兴趣

思维是由问题引起的。在思想品德课教学中，不仅要使学生有所感，而且应该使学生有所思，即要善于引导学生探究问题，展开积极的思维活动，进而使学生形成并强化道德观念。如一位教师在给二年级学生讲《助人为乐》一课时，配合挂图，讲了雷锋冒雨送老大娘的故事，然后指图提问："这位刚下车的老大娘，在人生地不熟的情况下，心里会怎么想呢？""当雷锋叔叔送老大娘到家，和老大娘告别时，老大娘的心里又会怎么想呢？""雷锋叔叔全身都淋湿了，为什么还笑地那么甜？他心里想什么呢？"老师提出这些问题，让学生运用所学的知识展开想象，揣摩人物的情感，预感事物发展的结局，对强化学生的道德认识，开发学生智力，是十分有益的。

5. 联系实际，巩固兴趣

思想品德课教学还应注重培养学生自我教育的能力，联系学生的思想实际和生活实际，使学生通过实例的比较、判别，逐步形成正确的道德观念，提高其道德认识。如一位教师在给五年级学生讲《主动帮助有困难的人》一课时，讲了本班一个学生的事例。一次，这个学生因为给军属张大娘上街买菜而上课迟到了。在讲述中，老师引导学生进行评价分析，既评价行为，又评价动机，使同学们认识到：热心帮助他人是美德，而上课迟到只是一种因故失误，不应该与"不守纪律"相提并论，这就帮助学生逐步提高了道德评价和自我教育的能力。

在思想品德教学中激发学生兴趣，需要多种教学手段的综合运用，来激发学生的内心体验，调动学生学习的积极性。在思想品德教学中激发学生兴趣，应遵循以下原则：

一是要有明确的教学目的，并结合学生的思想实际，有的放矢，切忌单纯追求形式上的热闹；二是要力求形式新颖，不落俗套，内容健康有益；三是创设的情境要有感染力，要围绕教学中心；四是在现实活动中要重视讲清道理，让学生在情景交融之中领悟道理，完成由情入理的深化。

（二）语文教学中的激趣方法

兴趣是人们力求认识某种事物或爱好某种活动的心理倾向，它能激发和引导人们在思想感情和意志上去探索某种事物的底蕴,直接影响一个人的智力发挥和工作效率。科学家做过这样的研究,一个人做他感兴趣的工作,他的全部才能可发挥80%以上;做不感兴趣的工作,只能发挥20%,学习活动也是如此。从教育心理学角度看,兴趣是学生学习积极性中很现实、很活跃的因素,是完成学习任务的重要前提。特别是在语文教学中,由于语文课内容丰富,语言博大精深,学生学习语文时,兴趣的作用更大,其学习往往随兴趣而迁移。语文教师都有这样的体会,什么时候激发了学生的兴趣,课就上得轻松,学生就学得生动活泼,乐而忘返;反之,则沉闷,事倍功半。

既然如此,激发学生学习语文的兴趣就成了语文教师的一项重要工作。然而,怎样才能让学生的学习兴趣激发出来,让一个个枯燥的文字符号变为学生喜闻乐见的生动形象和信息载体呢?

1. 激发求知欲,培养学生兴趣

青年学生,一般都有强烈的求知欲望,无论是赢得同龄人尊重的需要,还是为了以后的工作和前途,他们都非常希望多学一些有用的知识。课堂教学如果充分挖掘课堂教学潜力,加大知识信息量,充分满足学生的求知需要,则会激发学生兴趣,受到学生欢迎。在教学高中第五册诗歌单元时,有的老师用一根"悲剧"的线索贯穿始终,丰富了教学内容,提高了学生的兴趣:《〈诗经〉两首》包含有奴隶们深受剥削的悲剧,《涉江》是屈原壮志难酬的悲剧,《孔雀东南飞》是古代青年男女忠贞爱情的悲剧,《陶渊明诗两首》隐含有陶潜怀才不遇的悲剧。这样的知识讲授,既源于课文,又加深加宽了课文内容,满足了学生求知的需要,调动了他们学习的积极性。记得有一篇《十个"最"字驱严寒》的文章,作者说他讲《鸿门宴》之前跟学生说,今天讲中国古代最伟大的历史学家写的最杰出的历史著作,其中最著名的篇章最精彩的片断……这里用了个"最"字把有关的文学常识凸现出来,知识点具体而鲜明,制造了悬念,激发了兴趣,效果很好。著名特级教师于漪说过:"要启发学生学习语文的兴趣……就是要以知识本身吸引学生,使学生感到学习语文的乐趣,体验在学习过程中克服困难的喜悦。"这是非常有见地的。

当然,激发求知兴趣,决不等于只让学生被动地接受老师用知识点燃的兴趣之火,更为重要的是引导学生自己去学习,去发现,去获得知识,那样的兴趣才是深层的、持久的。苏霍姆林斯基说:"让学生体验到一种自己在亲自参与掌握知识的情感,乃是唤起少年特有的对知识的兴趣的重要条件。当一个人不仅在认识世界,而且在认识自我的时候,就能形成兴趣,没有这种自我肯定的体验,就不可能有对知识的真正的兴趣。"特级教师魏书生的语文教学,注意引导学生钻研课文,概括分析各类文章中的一般规律,又把它运用到分析新的课文中去让学生发现知识,总结知识,运用知识,形成能力,所以他的学生有长盛不衰的学习语文的浓厚兴趣,甚至到了结束上一次语文课,又盼望下一节语文课的程度。

2. 运用直观形象，培养学生兴趣

这一点，在小学生语文教学中更为重要，尤其是一年级学生，他们从家庭、幼儿园来到学校，学习成为他们的主要活动，为了使他们尽快地将游戏、玩耍兴趣，转变为学习兴趣，就需要运用直观形象，积极培养学生学习语文的兴趣。

（1）运用教具。在儿童教育中，应按其心理特点，尽量使用直观教具，如：教"上，中，下"课时，要使用有三个格子的教具，分上、中、下格，每个格内应有一个小玩具。当教师展示教具时，学生注意力一下子被吸引过来了，于是教师开始教三个字。在复习巩固时，教师将三个玩具变动位置，并进行说话训练，学生能正确说出：××在下，××在上，××在中间……。

（2）语言直观。教一年级的教师，在教学中要尽量使用儿童习惯的语言，借助形象比喻及表情动作，把抽象事物形象化。如学拼音，可将字母编成儿歌，目的是引起兴趣，提高记忆效果。

正六 b，反六 d，六字倒头就是 e；

正九 q，反九 p，九字拐弯念成 g；

一门 n，二门 m，小马快跑 d，d，d；

拐杖 f，雨伞 t，一支钢笔是个 l。

采用此法，可将抽象字母形象化。

（3）制作学具。学拼音时，在教师和家长的帮助下，制作拼音卡片，进行拼读练习，让学生去玩"卡片"，随着教学的深入，利用卡片可以拼音、组词、组句。

3. 说文解字，激发学生的兴趣

学习生字、生词，对学生来说既十分重要又枯燥无味，难学易忘。如何变枯燥无味为有趣，变难学易忘为"忘不了"呢？

有一位曾执教二十多年的老语文教师，谈过这样一个生动的例子。有一次他在课堂上讲了"豢养"一词，又叫同学们连写三遍，并让一个学生上黑板造句，认为，这个"豢"字，大概学生该懂了。然而，事与愿违。有位学生在作文中，却又把"豢"字写错了。这是为什么呢？他大动肝火，狠狠地训斥了这位学生。这位学生眼里含着泪花恳求地说："老师，我也是想学好的，您能不能给我举个例子，具体说说怎么个学法？"于是，这位老师想起了他的老师曾经教给他的一个"陷"字，于是一边画着，一边对他讲："上面是人的变形，下面是'臼'，人的一只脚踏进坑里，就'陷'下去了。记住这个字，再想一想韵母是'an'的'焰''诌''馅'等字，不也就好记了吗？这样，也就跟韵母是'ao'的'滔''稻''蹈'等字区别开来了。"这么一讲，学生破涕为笑，指着"滔"字又问："这上面为什么不是'人'呢？""这上面是一只手（爪）的手指捏着'臼'的边，就成了臼水的'舀'字了。"学生听后，如获至宝，高兴地朝这位老师深深鞠一个躬，走了。

几天后，这位学生在纸上写"豢""眷""拳"三个字来问这位老师："老师，我思考了几天，咱们学的'豢养'的'豢'字，是不是也跟人的两只手有关？有的话，我就不会再把它写三道横了。"查了《字源》，果然与手指有关。原来"搿"就是两手靠一起。这位老师简直不敢相信站在他面前的就是那个曾被他训斥的"笨"学生。当老师把答案告诉他时，他激动地说："老师，这次我真正理解了这三个字的意思了。两个手赶猪就是'搿'，两手靠眼就是'睠'，三手对打就是'拳'。我一辈子也忘不了啦！"

这则生动的例子说明：说文解字，促使学生深入理解字义，是启迪学生智慧，激发学习兴趣的良方。孟子曰："心之官则思。思则得之，不思则不得也，此天之所以我者。"前面这位学生由原来一无所得，而到后来的"三得"，并"一辈子忘不了"，正说明了他发挥了思考作用，发挥了大脑的功能，是思考使他真正理解了字义，是思考沟通了他智慧的桥梁。因此，在教学中积极促进学生深入理解，不断砥砺学生的思维是教学的根本宗旨。

4. 巧设提问，激发学生兴趣

有一位教育家曾说过这样的话："阅读教学的艺术全在于如何恰当地提出问题和巧妙地引导学生作答"和"中小学教师若不谙熟发问的技术，他的教学是不易成功的"。

在语文教学中如何巧设提问呢？这个"巧"字应表现在能否激发学生的学习兴趣和求知欲上。能否把握学生的学习心理和促使学生达到最佳的学习境界上，总之一句话，就是要有的放矢，真正激起学生的兴趣，点燃心灵的火花，做到"巧问能使思维升华"。教学中应注意在以下几个关键之处"巧"问：

(1) 在问题的突破口处。何谓"突破口"？它的意思是指一旦突破入口，就能所向披靡，层层深入，打开局面。为此，突破口的选择，是很重要的。而也正由此，在这些地方激起学生深思、多思，就必然能很好地砥砺学生思维。例如有一教师教《廉颇蔺相如列传》一文，他感到这课文的主要问题是"易璧"。于是，他就提出这样的问题让学生思考："一块宝玉，一不能吃，二不能穿，为什么秦赵两国争得那么厉害？你从课文的什么地方看出这个问题的重大？"这一提问连着课文的主要内容和易璧问题的实质，既能激起思维，又能把问题引向深入，确实是教学的突破口。

(2) 在问题的关键之处。抓住关键问题引起学生思考，能很好促使学生对重大问题认真思维，并谋求解决实质性问题的妥善办法，这对于提高学生思维的深刻性是很有好处的。例如有一教师教《威尼斯商人》一文时，他提出这样的问题引起学生思考：为什么贪婪成癖的夏洛克竟不要三倍数目的还款而要"一磅肉"呢？这与他的性格矛盾吗？这的确是个关键问题，关系到对夏洛克弃小贪大、极端贪婪性格的认识，理解了这一问题，也就抓住了人物性格的关键之处。而在这个地方引起学生深思，也就必然会使他们的思维由现象向本质、由表及里地深入下去。

(3) 在知识的延伸联系处。在知识的延伸联系处、新旧知识的交接处，提出问题引起思考，让学生通过温故知新、由此及彼、归纳整理等进行思维，可以使他们头脑中的知识链条新旧联结、环环相扣，向新的方面发展。这是我们教学取得成功的表现。例如有一教师在讲到逻辑知识复合判断中的假定判断和选定判断时，他考虑到复句知识前面已经学过，于是提出了如下一些问题：

下面复句的分句间是什么关系？句子有毛病吗？

①如果加强营养，身体就会健康。

②只有缺乏氧气，动物才会死。

③他学习成绩不佳，不是方法不对头，就是不努力。

学生通过回忆思考，回答了这些问题后，教师顺水推舟，提出新课题——学习逻辑知识"复合判断"，这就显得环环相扣、联系很紧了。

（4）在问题的加深加难处。加深问题的理解程度，引导学生对问题的深一层思考，这是调动学生思维积极性的好方法，也是砥砺思维的好措施。这正如苏霍姆林斯基所说的，要使学生的思维、思考成为名副其实的脑力劳动，就必须使学生的思维要有明确的目的性，要使学生负担着具体的任务。学生的思维活动赋予解决任务的性质，学生的智慧力量就会越加积极地投入到完成任务的活动中去，这样，学生的学习过程中的障碍和困难，就暴露得越明显，学生的脑力劳动就成为一种克服困难、积极开展思维活动的过程。为此，一位教师教《岳阳楼记》时，提出这样一个问题让学生思考：读课文第三、四节，有人认为感极而悲者与其喜洋洋者的思想感情不协调不相同，也有人认为是协调、相同。请你提出自己的看法和理由。这问题不能只是简单回答一下就可了事的，它有一定的难度和深度，要说明理由，要使人信服，就要经过深入、周密的思考。

这种"不愤不启，不排不发"的学习气氛，对砥砺学生思维，的确是很有好处的。

（5）提问应层层深入。教材内容是有层次的，逐步展开的，课堂讲授自然也需一层层讲解引导。因此，我们设计提问要能引导学生层层分析，逐一理解，一环扣一环，引向深入。如在教《装在套子里的人》第一段时，可先画一张别里科夫的肖像画，然后让学生一边看图，一边思考三个问题。第一个问题：别里科夫为什么在最晴朗的日子，也穿上雨鞋，带着雨伞、表、小刀都用套子套上？第二个问题：作者这样写的目的是什么？第三个问题，别里科夫为什么"用棉花堵住耳朵"呢？这三个小问题，小而具体，却又抓住肖像描写的三个要点，逐个深入到人物性格的本质上去。因此，能很好激发学生解疑的兴趣，并在发现矛盾和解决矛盾中，真正领会肖像描写的讽刺意义。而这样的提问，又是采取了画图发问的方式，学生感到新鲜有趣；况且，问题又提得小而具体，有一定的难度，需要学生"跳一跳"才能真正解答。因此，学生思考的积极性就比较高。正是由此学生要"跳一跳"，要开动脑筋才能解决问题，因此，就容易迸发出智慧的火花。

5. 鲜明对比，激发学生兴趣

对比，也可称为比较，就是将两项或多项事物，通过类比揭示其异同，探索其间联系和规律的一种科学方法。用这种科学方法进行教学，从学生学习心理上来说，它可以在比较中揭示事物个性，概括其共性，因而符合学生从特殊到一般的认识规律；从发展学生智力上来说，它可以在短时间内，同时从事两篇甚至多篇同类课文的学习，有利于启发学生思维，激发他们从知识的广度和深度钻研课文；有助于学生注意鉴别和把握事物的本质特征，形成鲜明的观点，提高分析、概括的能力，防止思想方法上的片面性和绝对化；有利于调动他们的学习积极性和主动性，激发他们的创造精神。因此我们说，对比、比较教学法，是课堂教学的一种重要方法。

在课堂教学中，教师如何通过鲜明的对比来深化学生的认识，发展学生的智力呢？教学的实践告诉我们：

（1）要注意通过作品立意谋篇不同的鲜明对比，使学生层层深入到课文的精蕴和本质中去比较其高低，衡量其优劣，了解其新意，认识其精妙，促使学生智力的提高。如中学语文教材中，选了四首唐人送别的诗歌，三首七绝，一首七律。这四首诗，虽都以送友为题材，但各首立意尽不相同。王昌龄《芙蓉楼送辛渐》，借送别对自己"一片冰心在玉壶"的人格做了表白，把临别赠言变作诗人的誓言，笔法可谓新颖；王维《送元二使安西》，借送别抒发了"西出阳关无故人"的情谊，淡淡的哀悲隐寓于挚诚的情感之中；高适的《别董大》、王勃的《送杜少府之任蜀州》，也都借送别抒发了诗人的胸怀。这四首诗，通过对比教学，可使学生看到，高适的"莫愁前路无知己，天下谁人不识君"的立意，就比王维的"西出阳关无故人"为高；而王勃的"海内存知己，天涯若比邻"，更是出类拔萃、千古绝唱。所以刘勰说："意翻新而易奇。"从这些比较中，学生

可以看到这样的情况：尽管这些作品的题材、体裁相近，然而，作者若能独出心裁，也会写出新意，因而各有机抒，各极其致，各尽其妙。所以，这样的对比，既可使学生提高欣赏作品的能力，也可开拓思路，避免写作中千篇一律的弊病。

（2）可以通过正反方面文章的鲜明对比，揭示对立面，加深比较，使学生看到美者变美，丑者变丑，以更加激发他们对美好事物追求，对丑恶东西的憎弃。我们知道，对立统一规律是事物发展的根本规律。运用这个规律于教学，既可增长学生对精华、美好事物的认识，也可使学生加强对糟粕的了解，从而提高鉴别能力。鲁迅曾说过："比较是医治受骗的好方子""我是主张青年也可以看看帝国主义者的作品的，这就是古语的所谓'知己知彼'。青年为了看虎狼，赤手空拳地跑到深山里去固然是呆子，但因为虎狼可怕，连用铁栅围起来的动物园里也不敢去，就不能不说是一位可笑的愚人。"由此可见，运用对比，特别是鲜明的正反方面的对比教学，可以收到人们意想不到的效果。

（3）可以通过用词造句优精拙劣的鲜明对比，深入了解作者用意的深浅和感情的浓淡，加深对作品的理解。"夫缀文以抒情，情牵而辞发"，这是文人名家写作时的真实感情的反映。为此，在教学过程中，我们紧紧扣住"字字未宜忽，语语悟其神"这一重要环节，通过用词造句的鲜明对比，帮助学生很好地进入作品的意境中去。如鲁迅的《为了忘却的记念》一文中，有一首七律，其中五、六两句原稿是"眼看朋辈成新鬼，怒向

刀边觅小诗"，定稿时，鲁迅将它改为"忍看朋辈成新鬼，怒向刀丛觅小诗"。这里的"眼"与"忍"、"边"与"丛"，虽然只是一字之易，但感情、气氛、爱憎都大不一样。这样一比较，既可以帮助学生提高字词的锤炼功力，更可以加深学生对此文写作时的社会背景和作者倾注的思想感情的理解，提高分析水平。

（4）可以通过作品的对比、比较教学，加深学生对作品意境和艺术创造才能的深切理解。例如在语文课散文单元教学中，有的教师把茅盾《白杨礼赞》与陶铸《松树的风格》的结构，加以分析对比，了解到这类因物联想式的散文，它的结构基本式是：引出——→描绘——→联想三部分。第一部分，从作文的角度说，是引出作者的文思；从表意角度看，是将读者的思想感情引入文章的意境，这部分贵在自然；第二部分的描绘是散文的基础，没有描绘，联想就没有起点，感情也就无所寄托，这部分贵在精妙；第三部分的联想，是散文的灵魂。文章立意的深浅，情趣的高下，主要就是看联想是否创造了艺术意境和创造了怎样的艺术意境，这部分贵在深远。因此，鲜明的对比，就能使学生步步深入到文章的精蕴中去，认识到文章的精妙；贵在创造意境的深远，好比人们的认识，一定要深入到本质和灵魂去一样。唯此，才能真正达到哲理的升华。智慧的闪光点，也就表现在这里。

6. 调动学生情感，激发学生兴趣

心理学表明，青年学生的内心世界是一片汹涌的大海，从来也没有平静过，他们渴望丰富的情感体验、强烈的情感共鸣、适时的情感宣泄。语文教材中有大量情景交融、情理兼备的好作品，语文教师要充分利用它们去调动学生的情感，激发学生的兴趣。一个老师在教学《最后一课》时，这样对学生讲："同学们，当你的母亲就站在你的面前，而有人不准你喊她的时候，你的心情如何？当你的祖国母亲有发达的语言文字，而法西斯不让你学习的时候，你的心情如何？课文中的小弗郎士，就经受着这样的遭遇！同学们，不要以为这是小说故事，解放以前，日本帝国主义者在我国东北三省就是这样做的，它们是想从文化意识上毁灭我们中华民族！"这席话，像洪钟在学生的心灵敲响，使学生产生强烈的激情般的情绪体验，学习兴趣也激发起来。于漪老师讲《诗八首》时，用这样一些话来激发学生的情感："……诗，像种子一样，有一股顽强的爆发力。好的诗歌破土而出以后，它的芳香会和民族精神融合，长久地滋润大地。今天，我们读的古诗八首，有的距今九百年，有的已距今约一千五百年，然而，诵读咀嚼，仍可闻到其中的芳香。"于老师说，这样引发，使"学生情弦被拨动，胸中充盈着民族自豪感，带情诵读，效果很好"。

目前的语文教学，在从情感入手、激发学生兴趣方面存在的问题，一是忽视基础情，如骨肉情、友谊情、人道情等。读了《我的叔叔于勒》，不能引导学生对于勒寄予人道的同情；读了《负荆请罪》，也不能使学生对廉颇的耿直和真诚产生敬意。二是只注意表层的以情激趣，没有将情感内化为长久的兴趣和执着的追求。无论是低层次的各种基础情，

还是高层次的如爱国情、利他情，都可以内化为学生的情感，从而成为他们发自内心的志趣，这里有大量的工作可做。

7. 探索真理，激发学生兴趣

中学生，尤其是高中生，抽象思维能力已相当发达，他们已不满足于只接受一般的知识，以及对事物表象的描述，而非常乐意探讨事物的真相，来龙去脉，前因后果。数理化知识那样枯燥而抽象，他们学得趣味盎然，就证明了这一点。因此，语文教学要适时地引导学生去寻求规律，探求真理，这不仅不会泯灭学生的学习热情，相反，还会大大激发学生的学习兴趣。教学《项链》，要分析人物的心理、人物的形象特征和典型意义，这是必要的，但每篇小说都一个教法，学生会兴趣减退。如果引导讨论路瓦载夫人悲剧的偶然性和必然性问题，从哲学高度对人物进行研究，会大大激发学生的阅读兴趣。试想，他们从政治课上（或课外）学的一点哲学常识，正是"英雄无用武之地"，现在在课堂上，向老师、向自己的同龄人，对著名作家笔下的人物作辩证分析，该是多么令人兴奋的事！通过分析，学生一般能得出以下列结论：既是偶然的，又是必然的。如果借项链时就问明真假，如果晚会上稍微注意一点，如果丢失项链后及时向好友说明原委，或者干脆不借项链，悲剧就不会产生，所以是偶然的；但就人物严重的资产阶级虚荣心理和整个社会浓厚的虚荣空气而言，她不可能不借项链，也不敢向好友承认丢失了项链，晚会上她难以控制自己极度满足的如醉如狂的心理和行为，这样，悲剧就不可避免地

发生了。这样的分析，既紧扣课文情节和人物性格，又有强烈的理性色彩，自然符合中学生抽象思维的心理需要，学习兴趣就随之而生。

理论的深刻性和思辨性，理论的高度概括性和广泛适用性，都会使学生产生极大的兴趣。遗憾的是，这种引导学生向思维的领域作纵深开拓的做法，往往容易被人指责为"架空分析"，于是，课堂上，随处可见的是字词句的枯燥而琐碎的讲解和练习，学生变成了繁琐知识的容器和重复练习的机器，这样，思维呆板、能力低下就不足为奇了。忽视语言因素固然不妥，但在重视形象、重视情感和语言的前提下，给文学作品教学增加一点理性色彩，有何不可呢？更何况高中阶段还有不少说理深刻的议论文呢！

8. 创设情境，激发学生兴趣

学生的学习活动，尤其是课堂学习活动是在一定的情境条件下进行的。学生大脑高级神经活动的兴奋，固然与学习内容的刺激有关，同时也与环境条件的刺激有关。过强或过弱的刺激，单调呆板的刺激，都不易引起大脑神经的正常兴奋，自然不可能激发学生的兴趣。只有那些深浅适度、难易适中的刺激，新颖生动富于变化的刺激，才能收到理想的兴奋效果，才有利于学习兴趣的激发。

小说教学，多篇"一贯制"的环境、情节、人物分析，会使学生生厌。有位老师在教学《春蚕》时，出了一组作文题，让学生从不同角度对这篇小说进行探讨评论，然后交流、小结，学生带着

一定的目的读书，对有关内容研究得比较深入，而且在交流中对其他问题也有所了解，学与思结合，读和写结合，个人探讨与集体交流结合，师生活动结合，教学活动具有动态感、立体感，而且满足了高中学生独立探讨问题和表现自己的欲望，再加上命题也一改老面孔，尽量做到具体而活泼，如《老通宝"似通非通"》《阿多"多"了一点什么?》《热、桑、蚕……——老通宝心理轨迹浅谈》《一个膨大而绚丽的肥皂泡——〈春蚕〉情节谈》、《丰收成灾，灾来何方? ——〈春蚕〉主题谈》《巧借"春蚕"写风云——〈春蚕〉写作特色谈》，学生在这样的教学情境下学语文，会体会到尊重、探讨、表现的乐趣。

又如教学《打开知识宝库的钥匙——书目》(高中语文第六册)一文，学生感到"书目的使用"一节内容很枯燥，不想多看，而这个内容又很有用。带到图书室去实践吧，校图书室太少，"展不开手脚"，借阅手续又不规范，有位老师让学生"就地取材"，把课本前面的目录虚拟为图书馆的书目，他跟学生说："假如你走进了北京图书馆，你走进了宽敞的大厅，走进了二楼的借阅厅，眼前是书的海洋……你面前的课文目录就是北京图书馆的书目，查鲁迅的某篇文章怎么查? 查《琵琶行》怎么查? 查一篇散文，但不知篇名和作者怎么查?"学生兴趣盎然地从"作家卡片""书名卡片"和"分类卡片"中找到了。教师又问到查找《涉江》怎么查? 学生回答："北京图书馆没有。"于是师生又以高中语文第五册课文目录为"联合书目"，最后终于查找到了。整个教学过程，学生动手动眼动

脑，笑声不断。

教学情境可以是虚拟的，如上面的教例，也可以是实在的，如直观图片和实物，走出教室进入某个场地。两种情境的设置各有长短，前者方便易行，但真实感不强，后者具体实在，但时间空间的制约较大。无论设置哪一种教学情境，一定要与教学内容紧密相关，为教学服务。二是要注意趣味性。现在，情境教学已成为热门话题，我想，这应不只具有认识论意义，还应有设境激趣的心理效应。

9. 利用语言，激发学生兴趣

语言是信息的载体，是课堂教学中师生之间交换思想、交流感情的桥梁。教师语言具有趣味性，能造成生动活泼的课堂气氛，这是不言而喻的。因此，语文教师要努力使自己的课堂语言像火种，去点燃学生心里的兴趣之火；像石块，去激起学生心灵海洋的兴趣之浪。特级教师朱显驹教学《六国论》时，介绍作者苏洵，他就避免了有些老师老套呆板的介绍方法和语言，他说："本文作者有两点值得同学们知道：第一，古代有一本启蒙读物《三字经》，上面说'苏老泉，二十七，始发愤，读书籍'，这个苏老泉就是苏洵，他后来成为散文大家，可见此君大器晚成；第二，他养了两个好儿子，苏轼和苏辙，唐宋散文八大家苏家独占其三，这一点，大概只有曹操能与他媲美。"这样风趣的作者介绍，学生怎么会不感兴趣呢? 钱梦龙老师执教《愚公移山》，讲到"京城氏孀妻有遗男，始龀，跳往助之"时，问学生："这个孩子的父亲同意他去吗?"这一问，不仅设

问别致，语言表达也饶有趣味，所以学生乐于思考。刘清涌老师讲作文时说，作文选材千万别"两个黄鹂鸣翠柳"（各唱各的），围绕中心时更忌"一行白鹭上青天"（离题万里），运用材料可古今中外，五湖四海——"窗含西岭千秋雪，门泊东吴万里船"。恰当融入杜甫的诗句，真是妙趣横生。

教师语言的生动，对学生学习兴趣的激发往往更加直接，效果立竿见影，所以，当教师平实说明的时候，当进行抽象分析的时候，当学生情绪不佳的时候，当教学起承转合的时候，尤其需要调节教师的语言，使学生的学习劲头保持在最佳状态，千万不能和尚念经，不看对象，更不能一味埋怨学生。当然，教师的语趣决不等于抛开教学内容，旁逸斜出地讲什么"趣味故事"，更不能用肤浅甚至庸俗的语言去迎合某些低层次的口味。语言的趣味性主要在于生动形象幽默，要求健康和纯洁，它与鄙俗和污秽是毫不相干的。

邹韬奋在《工程师的幻想》中说过："一个人在学校里表面上的成绩，以及较高的名次，都是靠不住的，唯一的要点是你对于你所学的是否心里真正觉得很喜欢，是否真有浓厚的兴趣。"因此，我们每个教师都不能仅以学生的高分高名次为满足，而要把功夫下在培养学生浓厚而持久的学习兴趣上。另外，兴趣有一个由有趣到乐趣再到志趣的发展过程，只有把有趣和乐趣与崇高的理想和远大的奋斗目标结合起来，才能产生经久不衰的具有理性色彩的高层次的志趣。所以，苏霍姆林斯基提醒每一个老师说："如果你所追求的只是那种表面的、显而易见的刺激，以引起学生对学习和上课的兴趣，那你就永远不能培养起学生自己去发现兴趣的源泉。"我想，这个源泉就是一个人高尚的需要和追求，而这也就是我们每一个语文教师激发学生兴趣的最高境界和终极目标。

（三）作文教学中的激趣方法

写作练习往往使学生感到枯燥无味，用一些灵活、巧妙的方法会激发学生的兴趣。下边介绍几种有趣的写作练习方法。

1. 艺术命题

郑板桥曾经说："作诗非难，题为难。"这就是说，好的题目常常给人以未饮先醉的感觉。学生的习作命题也是这样。《一件小事》《难忘的一件事》《春游》……这些作文题目都是老掉牙的了，学生自然没有兴趣，哪能生出新意？可在命题上搞了点艺术加工，让学生写：《这事可不小》《生活多像海洋！》《听、听、春姑娘的脚步近了》……学生就觉着新鲜愿写。有时讲一个故事，让他们写写看法；有时让他们写一段最美好的故事；有时替他们保密，说悄悄话……作文命题真得讲点艺术性，要扣住孩子们的心灵，启发他们写丰富多彩的生活。

2. 借助诗画音乐

诗、画、音乐常常给人以美的享受，所以也最容易晓理动情。让学生写秋天，品尝秋的声、秋的色、秋的味，那是在教室里进行的。先让学生看几幅秋色浓浓的风景画，使他们陶醉在金秋中，再介绍几首古人、今人的诗，就会勾起他们对秋的美好回忆，最后让他们欣赏外国作曲家音符里的秋天，激起了学生的写作情思。结果，他们争先恐后地要用自己的笔，写出祖国美好的秋天。

3."猜谜"评判

用"猜谜"的方式来判断描写的成败。比如，在进行人物肖像、动作、语言等写作训练时，事先限定为大家所熟悉的老师、同学，要求突出个性特征，不能在文中透露姓名。成稿后，教师组织学生开"人物猜谜"会，当众念文。人物个性描写突出，文笔好，并能立即被大家猜中所描写的对象是谁的，是写得成功的。难度再大一点的，可写某一同学、某一教师的一天的生活，要突出个性，在"猜谜会"中，如果被猜中，应当是成功的。

4.推测性心理描写

根据所发生的事情，来推测某一个参加者的心理状态，然后进行描写，看是否合乎逻辑，并征求参与者本人的意见，看是否合乎实际。如老师在分析考卷时，批评了甲，因马虎成绩不理想，又表扬了乙，成绩有进步，学习刻苦。甲与乙正好有矛盾，他俩会有什么想法呢？引导学生进行合乎逻辑的分析，进行描写，还可以征求甲乙两同学的意见，然后念给同学听。

5.即兴观察描写

在日常生活中，或进行某种活动时，教师可向学生提出要求，如注意观察事物的某一方面或某一点，做即兴描写，然后做评比，看谁写得好。比如，班上

组织讲演比赛，布置学生观察某几个同学的动作、神态、细节等，即席描绘，和讲演比赛一起进行评比。

6.寻觅性观察描写

有些事物的变化比较细微，引导学生去寻找、去发现，进行描写。比如，早春时节，出现了一些春的信息，诸如柳条的泛青，小草的萌发；又比如初夏的来临，早秋的来到……都会出现种种信息。可以组织学生去"觅春""探夏""寻秋"。这也可以组织比赛，看谁的眼睛最尖，耳朵最灵，笔头最快，描写最美。

7.接力观察描写

把一件事情的全过程分成几部分，把每一部分分给一个小组，要求各个小组把自己那一部分记好，并且要求过渡自然。看几部分连接起来是否能成为一体，过渡是否理想。比如校园内有一株海棠树，可把海棠花的含苞待放、初绽、盛开、败落几个层次给各个小组去观察描写。

8.作文课要走出课堂

现在学生的生活一般是"两点式"——从学校到家，又从家到学校。他们的生活缺少七色阳光。没有丰富的生活为基础，作文课就难上好。怎么办？还是带领他们到生活中去作文吧。《请你来当小记者》的作文活动。每个同学都是一名小记者，请他们参加"记者招待会"，听取了老教师的"答记者问"，了解了北平女子师范大学光荣的斗争历史和鲁迅先生在这里任教的情形。会后还

瞻仰了刘和珍、杨德群烈士的纪念碑，仔细观察了楼墙上精美的雕花艺术，欣赏了木楼巧妙的设计……学生在老师的带领下，走入了生活，出现了可喜的现象，"小记者"们如饥似渴地捕捉着作文的材料，写出了许多质量高的文章。同学们说："在鲁迅先生任教的学校上学怎能不感到自豪呢？我要把我们学校的历史告诉大家！"

9. 给学生一块习作园地

自古以来，学生的习作大概都是由老师批改。老师在灯下苦心写下批语并给了分数，可发到学生手里，他不一定看上一眼，老师这份辛苦是白费了。给学生一块发表习作的园地，让他们自己"评头论足"；运用班里的"作文角"，把学生优秀作文录上音播放给他听；编"作文选"；把出色的文章推荐给报刊发表；给些适当的奖励……

这些办法，使得许多学生从"要我写"变成了"我要写"。

（四）数学教学中的激趣方法

北京师范大学实验小学纪晓村老师十多年来在小学数学教学中，根据六七岁儿童的生理、心理特点，创造了一套讲求趣味性，能够激发学生学习兴趣，调动学生学习积极性的教学方法，从而培养了学生学习数学的兴趣，开发了学生的智力，提高了学生的能力，使学生取得了优异的成绩。归纳起来，她的教法有以下八条：

1. 灵活多变的数学游戏

低年级学生的特点是好奇好动，仍保留学前期儿童具有的对游戏的兴趣，甚至企盼游戏活动；他们的注意（有意注意）只能保持15分钟左右，但是，要组织他们做游戏，就能吸引注意力，几小时都能保持。基于这种认识，纪老师重视做好"幼小衔接"，通过灵活多变的游戏活动来组织学生学习数学，使学生对学习产生浓厚的兴趣，教学收到了很好的效果。

多年来纪老师发明和坚持使用了许多种教学游戏，有：开小小运动会、打数学扑克、评选优秀邮递员、猫捉老鼠、夺红旗、一把钥匙开一把锁、开数学医院、放风筝、摘苹果、开火车、接力赛等等。

纪老师在教学中组织游戏有以下五个特点：

（1）寓教于游戏中。例如讲"倍"的概念。为了加深对"倍"的概念的理解，她带着学生一起"逛动物园"。一幅画着许多动物的画卷展开了，可爱的小动物深深吸引着孩子们，他们数着、算着，争先恐后地发言："小鸟和熊猫比，熊猫有2只，小鸟有5个2只，所以小鸟的只数是熊猫的5倍""……小鸟的只数是猴子的2倍。""小鸟的只数是大象的10倍"……孩子们在愉快、幸福中，在玩中学到了知识。

（2）游戏形式活泼新颖，易于吸引学生参加。

（3）游戏方法简单易行，能使每一位学生参加到活动中来，调动他们参与学习过程。

（4）纪老师还特别注意及时发现和纠正学生在游戏中的错误，引导学生互相帮助，共同提高。

（5）注意游戏的密度、速度，以提高游戏的教学效率。

2. 手脑并用的实际操作

纪老师在倡导"手脑并用的实际操作"时，是有其理论依据的：

（1）以教学认识论为依据。认为"人们首先是利用感知的材料进行思维的。学生在接受前人总结的知识时，也要充分运用感觉器官，直观形象地感知学习材料，然后由感知到表象，再逐步内化成自己的认识"。在数学概念、运算法则、应用题、几何初步知识、代数初步知识的教学中，纪老师都要用学具、教具，让学生动手动脑去摆一摆、量一量、画一画、剪一剪、拼一拼、做一做等实际操作，使学生充分获得感性知识，形成感知表象，并动脑思考，形成抽象概念，掌握计算法则和数学规律等知识。

（2）以脑科学研究成果为依据。认为学生实际操作有利于大脑两半球及其机能的协调发展。根据对大脑的研究表明：人脑的左半球"监管"抽象思维，右半球"监管"形象思维，而左脑和右脑，具有互补优势。由于它们的互补，才使大脑的思维功能得到最大的发挥。这就告诉我们，在教学中只强调"抽象思维"，只由教师讲，学生听，不重视学生实际操作，不提供直观形象思维的机会，也就是右脑活动过少，左脑负担过重；或者相反，都不利于左右两半球及其功能的发展，不利于智力的全面和谐发展。

美国学者布莱克斯利，在他的《右脑与创造》一书（傅世侠、夏佩玉译，北京大学出版社，1992年2月第一版，第43～61页）中讲到："教育上的右脑革命"，他认为"到目前为止，教育则主要都是使自己与言语能力（左脑）的发展相联系。既然两个大脑半球在生理学上几乎等同，那么，现在适用于左脑的教育学基本原则，为什么不能同样适用于右脑呢？这是没有道理的……""我们希望的正是这种右脑的革命，尤其能够以对右脑的过分强调来弥补我们当前左脑的过分强调"。当然，我们不主张"矫枉过正"，但是，重视实际操作和言语表述的结合，重视手脑并用、左右脑协同，我们认为是正确的，因此，纪老师倡导手脑并用的实际操作，是正确的，实践也证明教学效果很好。

（3）以教学法理论和教育心理学研究为依据。现代认知心理学研究证明实际操作的教学效果较好。皮亚杰在"记忆的结构与继续保持和行动图式与运算结合在一起"的研究中，有这样一个实验，即让三组儿童记住许多正方体木块是怎样集合在一起实验：第一组只是观看（视觉感知）集合在一起的小正方体木块；第二组是儿童亲自把正方体木块搭配起来（实际操作）；第三组是成人搭配起来（演示）儿童在旁边看看。实验结果第二组儿童亲自搭配的，即儿童实际操作的组记忆得最好；第一组只看现成的集合在一起的木块，只用简单知觉，记忆最差；第三组（看演示）比第一组记忆得略好些。皮亚杰指出："这再一次证明：当着儿童面做实验而不让儿童自己做实验，就丧失了由动作本身所提供的那种知识与培养性格的价值。"（皮亚杰：《教育科学与儿童心理学》，文化教育出版社，1981年11月）就是说这个实验证明了学生实际操作，动作本身在感知和记忆上有重要的价值。皮亚杰非常强调感知运动依赖于一个人的整个活动，认为感知运动的活动乃是相应的观念与知觉的共同来源。他说："这是教育所不能忽视的一个根本的和一般的事实。"

从小学数学教学法理论来讲，"手脑并用的实际操作"是完成教学任务的重要途径之一。小学数学教学的目的不仅要使学生获得知识而且还要培养学生的智能。采用什么途径来实现呢？纪老师倡导的手脑并用的实际操作就是一种重要途径。让我们来看纪老师教"11～20各数的认识"（一年级上学期）一课。教学时，纪老师先发给学生每人10张数学卡片（写有11～20各数）和每人20根小棒，两根皮筋，然后边提问学生边操作：①把尺子竖着平放在桌面中间，让学生在直尺的右边摆出10根小棒，问学生"这是几个1？"（10个1）；再把10根小棒用皮筋捆成一捆，放在直尺的左边，使学生明确10个1是个10。②让学生表示出11。讨论左边的1表示什么？（1个10）右边的1表示什么（1个1）11是怎样组成的？（由1个10和1个1组成）然后再让学生用小棒表示出12，13…③摆到20这个数时，又出现"10个1根"的情况，该怎么办？当每个学生又动手把"10个1根"捆成1捆后，讨论这一捆小棒该放在哪边？现在表示多少？20怎么写？为什么左边写2，右边写"0"？右边的"0"不写行不行？为什么不行等问题。这样用学具通过学生实际操作，把数位、数的组成、数的个位与十位的关系用学具体现出来，学生可以直接感知，再经过提问，引导学生思考，促进脑的思维，把"11"是由"1个10"和"1个1"组成的，"12"是由"1个10"和"2个1"组成的，"20"中，是"2个10"组成的，对20以内的数有了理解和认识，既有表象的"桥梁"作用，又有语言的概括表达，形成了良好的认知结构，较好地达到了掌握知识、培养能力（特别是培养了动手能力），发展思维能力等教学目标，学生的智力因素和非智力因素（包括学习兴趣、意志等）在教学的同一过程中得到了培养和发展。

纪老师除研究一般常用教具、学具的操作教学外，还创造了手脑并用的"打手势算""盖红花"等学生感兴趣的操作方法，在教学中起到了很好的作用，提高了教学质量。

我们在实际教学中看到有些教师也应用实际操作的方法，但教学效果并不令人满意。如课堂操作乱哄哄，老师讲自己的，学生做自己的，操作后讨论，得不出满意的结论。这说明实际操作还有一个如何正确指导的问题。我们在听纪老师的课时，看到她指导学生操作，做到了以下三点：①有明确的操作目的要求；②有可行的操作步骤；③提出思考讨论的问题。

因此，学生的操作紧紧围绕教学内容，使操作有方向，使手脑相通，由感知到思维，由直观到抽象，而不停留在直观形象上，做到了理解数学概念，掌握知识和方法。学生根据问题自己思考，互相讨论，找到规律，得出结论，学会了如何学习。

3. 举一反三的探索活动

小学数学教学中的探索活动是指在教师创造条件下，引导学生自己去探索掌握知识的规律，并运用这些规律，举一反三解决学习的新问题的活动。纪老师采用了以下探索活动的组织方式：

（1）由旧知识中探索掌握新知识。如由已学习的等分除法，引导学生从探索活动中理解和掌握求"平均数应用题"的特征，学会解答这一问题的方法。

（2）用直观操作的方式探索新知识。如长方形和正方形周长的教学，先用红蓝纸条摆长方形的两条长边和两条短边，再摆成一条线段，并观察这一条线的长度与长方形四条边的关系，理解长方形周长的概念是"四条边长的总和"，再引导学生量长方形的周长。由量长方形的长和宽的长度，探索出求长方形周长的计算公式。

（3）用对照比较等方法引导学生理解和掌握新的概念和法则。如从两步混合运算式题与三步混合运算式题的对照中，学会三步混合运算式题；从整数加法计算的比较中学会小数加法的计算法则等等。纪老师这样教学，不仅有利于发展学生的智力，培养学生的能力，还有利于培养学生探索精神，大胆发表自己的意见，从而培养学生的创新精神和开拓精神。

4. 鲜明直观的电教手段

纪老师充分利用投影进行辅助教学，收到了很好的效果，成为她提高课堂教学质量的有效措施之一。她利用电教手段的突出特点有两条：

（1）坚持经常使用，而且密切结合教学内容来进行。在教例中不仅引入新课时使用，而且在新知识的讲授中，在巩固练习和练习课中也使用，方便了教学。

（2）力求鲜明直观。如在"直线和线段"的教学中，她先用投影打出"小灵通和小机灵带我们去漫游数学王国的图画"，在简短讲述后，提问，"你们愿意去吗？数学王国里有许多数学知识等着你们来学习。看，今天我们学习什么？"她用投影打出两组"线的对比图"，同时提问："左右两组线有什么不同？""直线是怎样的？"接着又用投影引导学生认识直线。她生动地说："小灵通和小机灵给你们变一个小魔术。"这时，又用投影进行演示：先出现一个亮点，由这个亮点出发，亮光逐渐向左右延伸，成为一条直线。这时老师讲述：由一点，向左向右延伸成了一条直线。这一电教手段的演示，由静态变成动态，再变成静态，比起用棉线绳的演示来，要更为鲜明直观和有趣。

5. 能享受到胜利喜悦的学习竞赛

学习竞赛是指数学教学中，创设比赛情境，规定适当规则，在比赛中利用已掌握的知识、技能进行竞赛性练习，从而达到巩固计算技能、分辨易混概念、提高解题能力、激发学习兴趣的一种教学方法。

纪老师从实践中总结出的经验是：小学生都有好胜好强的特点，低年级尤为突出，引导学生开展竞赛性练习活动，能唤起学生学习的内驱力，激发竞争意识，调动学习积极性。因此，纪老师在教学中经常组织学生速算比赛、争当数学小博士和巧算家、计算接力赛、夺红旗、智力竞赛和师生竞赛等。这些竞赛可分为个人之间、小组之间、男女生之间来组织。纪老师在教学研究中经常在新课的练习中和复杂练习中适当地插入，并做到生动有趣。竞赛有很强的竞争性，能促使学生用全部精力和智慧投入比赛中。它可培养学生果断、顽强、机智、坚毅和合作的精神，培养集体主义精神。因此，它的应用促进了数学教学具有趣味性，从而激发了学生学习的兴趣。

纪老师为了培养学生的创造性，她还鼓励学生积极思维"一题多解"。例如，在长方形的教学中，让学生认识长方形后，发给学生每人一张长方形，要求大家用折纸的方法平均分成4份，看谁折的方法多。一时间，就有5种折法，有些学生还想出了第6种、第7种折法：这样越想越多，一年级学生竟想出了11种折法。学生思维的发散性、创造性得到了充分发挥。

6. 形式新颖的练习方式

纪老师研究了数学课中练习的意义和作用，认为要把数学知识变为技能，形成计算能力，需要反复练习。而单调重复的练习，学生容易疲劳，产生厌烦情绪；如果练习中有多种分析器参加活动，就可以大大提高大脑皮质的兴奋性，使注意力集中并保持持久，从而提高练习的效率。基于此，她创造了用打手势的方法进行口算练习，一边用脑计算，一边用手势表示出口算结果；为了让左右脑都得到开发，她让学生用左右手的手势表示100以内的数，左手表示几个

10，右手表示几个1，合起来就是"几十几"；由于适合学生的年龄特点，使练习做到"面向全体""及时反馈"，现在"打手势"不仅用来表示数，还用来表示对错（用在判断题上）和用来表示"<"">"或"＝"（用来练习比较数与数、数与式、式与式的值的大小），这是对"手势算"的发展。

纪老师还用"悄悄算"的方式进行口算练习。由老师出示口算题，先让单号组的同学把口算结果告诉"同桌"，"同桌"认为正确就点点头，不正确就摇摇头，再计算，双方不统一就举手报告老师。这种练习，课堂既安静又活跃，利用了学生好奇的特点，集中了学生的注意力，增强大脑皮层的兴奋，既培养了学生的计算能力，又锻炼了学生的思维。

当前，许多学校老师的练习课不同程度地存在以下"四重四轻"的现象：

（1）重计算，轻算理；

（2）重结果，轻过程；

（3）重数量，轻质量；

（4）重课外，轻课内。

我们总结了纪老师的教学实验研究成果，她提高课堂练习的效果，有五点很有价值，值得推广：

（1）注重激发学生练习的兴趣；

（2）练习设计要新颖创新；

（3）练习方法要灵活多变；

（4）练习安排要由浅入深；

（5）练习要有目的性、针对性和实效性。

以激发学生练习的兴趣为例，纪老师认为六七岁的儿童练习易于疲劳，精神容易分散。为了使学生保持比较持久

的注意力，设计有情节的练习是非常必要的。她从儿童年龄特点出发，结合教学内容，编了多种数学练习的游戏，如摘苹果、放风筝、拔萝卜、送信、捉老鼠、过桥、配钥匙等。比如1991年元旦前夕，她在练习中，设计了一项练习，内容是新年老人来到我们班，带来了一棵智慧树，树上的红花要奖给10名红花少年。而每朵红花上都有一道数学题，每位少年都有一个编号。这实际上是以游戏的形式让学生进行口算比赛。这新颖有趣的练习形式，激发了学生的练习兴趣。在讨论数学题时，学生为了得到新年老人的奖励，人人争先恐后地发言。这种形式的练习，也提高了练习的密度，提高了计算的正确率和计算的速度，大大提高了学生的口算能力。

7. 表扬为主的学习评价

心理学认为对儿童学习的评价，一般讲应表扬、鼓励、肯定多于批评和指责，这样可以激发起儿童积极的学习动机。心理学家赫洛克对106名四五年级的学生作了难度相同的练习实验，内容是加法，共练5天，每天15分钟。他把学生分为4个组，在4种不同评价（诱因）下进行练习实验。其中一组为控制组，只练习不予评论；其余3组，甲组为受表扬组，每天由主试宣布受表扬的名单；乙组为受训斥组；丙组为受忽视组，只让他们听其他两组的表扬和训斥。结果表明受表扬组的练习成绩明显提高，受训斥组其次，控制组成绩不仅没有提高反而有所下降。

纪老师在教学中认真以表扬为主来评价学生的学习成绩和学习表现。她采

用评分数配合奖励红花、小红旗、口头夸奖（计算小博士、红花少年等）、全班鼓掌，甚至投以微笑、点头等，对学生的进步给予肯定，激励学生不断进步。

8. 丰富多彩的趣味数学课

纪老师认为开发人的创造力是教育、教学工作的核心问题。培养有创造性的学生要从启蒙时期抓起。这一时期，学生的脑神经细胞的成长和智力发展很迅速，是培养创造力的基础阶段。她说，小学低年级增设趣味数学课，是活跃学生思维的好渠道，有利于学生创造性思维的提高。为此，纪老师在数学课内，每周增设一节趣味数学课，引导学生学习数学趣味题，进行简算和巧算，搞别开生面的教学活动和数学竞赛等，使学生学到在课本上学不到的知识，培养了学生对学习数学的兴趣，锻炼了学生的创造性思维及优良的思维品质。

以上八点是纪老师为进行趣味性教学，调动学生学习数学的主动性和积极性，而创造的一套比较全面的教学方式方法，使学生成为课堂学习数学的主人，不仅学会了应该学会的数学，而且逐步掌握了学习数学的方法和学习的技能，会学数学，乐于学数学。

（五）物理教学中的激趣方法

"兴趣是最好的老师。"学生对物理课感不感兴趣，愿不愿学，是学好该课程的前提。一些学生对物理课不愿学学不好，原因是多方面的，这里有主客观原因。从客观来讲，物理课教学中那种长时间枯燥无味的讲授和学生似懂非

懂、朦朦胧胧学习的传统教学方式是造成这一结果的直接原因。

那么，物理课讲授是否只能是枯燥乏味的呢？回答是否定的。

首先，物理课知识自身的形成完善过程中充满着传奇色彩。生动的故事、精巧的实验、惨痛的教训、成功的喜悦，所有这些事例都能给学生极大的启迪和激励。

其次，更重要的是，物理学与人类的生产、生活息息相关，特别是现代的生产和生活，无不与物理知识紧密联系，这要求每个人都要有较高的科学素质；尤其是科技的高速发展，信息化、电子化的各种成果给培养学生浓郁的学习兴趣提供了丰富的资料。同时，青年学生对许许多多未知事物具有强烈的求知欲和好奇心，只要引导得法，他们对学习物理知识是有很大的积极性的。

因此，在物理教学中，应采用多层次多角度的教学手段，合理设置合乎学生认识规律的教学情境，不断地刺激和激活学生学习的兴奋点，以"大信息，全开放，多媒体，高效益"为目标，精心设计好每堂课的讲授计划，变灌输式为启发式，变训练式为开发式，将严谨的理性的定理、定律讲活，讲得有血有肉，津津有味，将复杂的物理过程用生动的实验显示出来，将绮丽多姿的自然现象与物理知识联系起来，尽最大努力培养学生的创造能力、动手能力，做到听得懂、看得见、摸得着、做得成，在轻松和谐的气氛中，使学生始终保持浓烈的学习兴趣，自觉主动地探求和汲取物理知识，并利用它解决一些实际问题。

那么，在物理教学中如何激发和培养学生学习兴趣呢？具体可从以下几方面着手：

1. 必须使学生明确学习物理的目的和意义，激发他们的学习动机

教师在教学中必须渗透思想教育，把本学科的教学与学生的培养目标，与对21世纪对学生的基本要求联系起来，与党的科教兴国方针，提高全民族的科技素质的历史使命联系起来。事实上，中小学生担负着跨世纪的历史使命，而提高全民族的科技素质，首先要提高全体中小学生的科技素质。这是一项非常光荣的使命，应使每一个学生都意识到这一点，进而产生强烈的责任感，从而迸发出热爱科学技术、认真学习科学技术、努力提高本身科技素质的热情，形成持久的学习兴趣和坚强的学习毅力。只有彻底从认识上解决了为什么要学，才能进一步探讨如何去学的问题。因为多重因素的影响，要允许学生在认识上的反复，学习目的的思想教育不可能一蹴而就，必须贯穿在整个教学过程的始终。要讲清道理，又不能单纯说教。因此，通过多条途径引起学生的直接兴趣就显得异常重要了。基于"应试教育"的影响，不少地方初中物理教学是以公式、定律的记忆和背诵为主，并进行大量的解题训练。学生入高中后，我们特别强调上好第一课，使学生耳目一新，终生难忘，找到学习物理课的全新的感觉。如在上"绪论"课时，将自制的机器人，各种自控、遥控设备，本校学生的小发明、小制作作品搬上课堂演示，使学生一开始就处在五光十色、神奇变

幻的科学迷宫之中。觉得物理课有学头，这样就激发了学生的直接兴趣。

2. 深入挖掘教材自身激发兴趣的因素，讲好、用好，使其达到预期的效果

新编教材的信息量较大，以往由于时间紧，教师往往采取去肉存筋的办法，留下的就是一些条条，挫伤了学生学习的积极性。我们要求，教材规定要读的一定要读，要做的一定要做，通过这些"读"和"做"，既丰富了学生知识，又培养了学生的动手能力，使他们从中体会到"趣"，体会到物理学学了有用。

3. 突破传统的教学模式，充分设置教学情境，增强教学过程的趣味性

目前，我们归纳整理的设置教学情境的方法有：设置物理悬念、制造物理气氛、设置认知冲突、展示物理现象、提出趣味问题、讲述物理故事、演示趣味实验、讨论或争论、假设或猜测物理问题等等。配合教材，我们搜集整理古今中外物理故事、有趣的物理试验及大量有丰富物理内涵的诗词成语、生动比喻等等，将以上内容或穿插在教学之中，或点缀在讲授之内，使学生动情、惊喜，起到画龙点睛的作用。整个课堂妙趣横生，一改过去消极沉闷的课堂气氛，师生共同探讨，趣味盎然。

如设置物理悬念激发学生兴趣的教学程序，可采取如下步骤：

第一步，课题的引入要引起学生的兴趣。"好的开端便是成功的一半"，教师应在讲课开始阶段，就要紧紧抓住学生的心，使他们的学习兴趣很快形成。

一般的做法是，先巧妙地铺设悬念。比如，在讲浮力一课时，教师可先拿出三个鸡蛋，分别置于三杯"水"中，这时展现在学生面前的是一个奇特的现象：一个沉在水底，一个浮在水面，一个则悬于水中。当学生大惑不解之时，教师再往杯中分别加进一些"水"。这时，学生又观察到更为奇怪的现象，沉底的鸡蛋慢慢地浮起来，漂浮在水面上的鸡蛋却沉入水底，而那个悬浮水中的鸡蛋可听任随意摆布，让上就上，让下就下。这几个平平常常的鸡蛋立即成为学生思考和议论的中心，迫切揭开浮力之谜的学习积极性也随之被调动起来了。

第二步，教师可充分利用学生的好奇心逐步揭开悬念之谜。比如，当学完沉浮条件之后，教师可以先向学生提出一个问题：鸡蛋重量并未改变，那么促其上浮下沉的原因是什么？在得出是浮力改变的答案之后，教师可继续发问：是什么因素促使浮力改变呢？由此可直接导出一个公式：$F = \rho GV$，G 和 V 是不变的，那么肯定是 ρ 即"水"发生了变化。经过几步深入引导，谜底揭开了。原来第一个鸡蛋是熟鸡蛋，所以它沉入水中。当往杯中注入盐水时，ρ 增大了，浮力随之增大；当 $F > G_1$ 时，鸡蛋上浮。第二只"鸡蛋"是在空蛋壳内填满石蜡的假蛋，由于石蜡密度小于水，所以它必然浮在水面上。当往杯中注入酒精时，由于 ρ 变小，浮力减小，当 $F < G_2$ 时，石蜡蛋便沉入水底。第三只鸡蛋则是在空蛋壳里装满水后密封的"水"蛋，这时，它的平均密度与水的密度相等，故悬于水中。如果往杯中注入一些酒精，使杯中溶液的密度变小，那么这

只蛋便立即下沉；如果往杯中注入盐水，使溶液密度增大，那么这只蛋便立即浮于水面。所以，这只鸡蛋可以听任摆布。

第三步，要想不断地调动学生的求知欲，教师可再铺设悬念。比如，学完浮力之后，教师可以再拿出那个熟鸡蛋，将其平放在桌子上，然后用力使命其高速旋转，让学生注意观察，几秒钟之后，这只鸡蛋竟然神奇般地直立起来。面对这种奇怪的物理现象，教师不需作任何解释，将这个问题留给学生思考。引导学生把问题展开，加以分析、类比、推理，挖掘教材的内在联系、本质特征，展示知识自身的魅力，使学生产生积极的求知欲望，并就问题展开讨论。在热烈讨论的基础上，教师就各种解答方案引导学生归纳推理，选取较好的答案做出初步总结。这种引导一定要适中，问题过于浅显，学生会有乏味的感觉；问题太深奥学生会感到茫然，高不可攀。因此，在教学中，教师应注意以下几个问题：①条件重要、易混淆的问题，教师可采用错误尝试法。对学生错误回答，不必马上否定，可按其逻辑进行正向或逆向的推理，引导得出明显的错误结论，从而弄清原因。这样，不但对知识理解得深刻，久而久之可以形成一套分析问题的方法。②对学生分析的问题，切忌简单的肯定或否定。教师要耐心地指出哪儿分析得当，哪儿不正确，应该怎样思考，使之逐步掌握一般的分析方法。尤其对那些智慧上的闪光点，教师一定要给以充分肯定，使之认识到自己的能力和价值，培养起自信心和上进心。这在心理上将会产生深远的影响。③帮助说话。学生回答问题时，由于表达能力差，心里想的嘴里说不清，同学往往听不懂，但老师能听懂。在这种情况下，教师可以把他的意思讲给大家听，然后讨论意思是否正确，有几层含义，怎样才能表达清楚、准确，语言简洁，从而使学生的分析能力和表达能力都得到相应的提高。

4. 开展物理科技活动，增强学生的物理兴趣

物理科技活动是物理课堂教学的延伸，是学生巩固知识、运用知识、拓展视野、培养能力极重要的一环，也是增强学生物理学习兴趣不可或缺的重要阵地。学生直接兴趣的培养，间接兴趣的形成，无论是课内还是课外，只有处处、事事注意培养，久而久之才能形成稳定的兴趣。

课外科技活动的主要内容有：举办系统科技讲座，设立科技展览室、科技长廊，定期举办科技节、科技晚会，参观工厂和科技馆，放映科教片，开展科技课外小组活动，组织各种类型的科技竞赛活动等等。

开展物理科技活动，可分三个阶段：

第一阶段：主要是重点抓物理课外小组活动，抓组织落实、人员落实、活动内容和活动时间落实，并鼓励制作物理教具和小学自然教具，培养学生的动手能力，加深对物理的认识，提高学习兴趣。

第二阶段：开展小制作和科技竞赛活动。引导学生从最简单的做起，从课本要求的做起，从仿造作品做起。小制作和科技竞赛可分为初、中、高三个档次，形成台阶，包括力、热、光、声、

电各部分内容。如一学校，通过开展这一活动，大大调动了学生的物理兴趣，一时间，学生参加科技活动的积极性调动起来，研讨之风、动手之风久盛不衰。并经过筛选举办了以"三飞"（飞板、飞盘、飞机）为主要内容的小制作竞赛。比赛后，教师深有感触地说："飞机上天，物理课好教。"科技活动对课堂教学的积极影响可见一斑，兴趣对教学质量的影响尤其明显。

简单的制作活动在初期阶段有很大作用。但是，科技活动决不能停留在原有的水平上，否则只能成为短暂兴趣。因为，兴趣教学绝不是浅易教学，科技制作也决非浅易制作，尤其是在科技高速发展的今天，更是如此。学生兴趣的维持，必须建立在多种能力的培养之上。

第三阶段：逐步贴近新科技，把单纯模拟引向逐步创新。可要求每学期每位学生制作2～3件作品，如：弹力小车、电动跑车、音乐门铃、光控开关、亚超声开关、无线话筒、调频调幅收音机等等。通过制作活动，使学生的创造力逐步得到锻炼和提高。

总之，采用兴趣教学法进行物理教学，可以将枯燥变有趣，创设一种轻松愉快的学习氛围；可以将消极接受变积极思考，创设一种不断提高创造性思维能力的活跃气氛；可以将单纯灌输变为既动脑又动手，创设一种学以致用的学习环境；可以将封闭变为开放，创设一种课内外、校内外接受熏陶的全新局面。

兴趣教学法还物理学生动、激人奋发的本来面目，它可以全方位地激发学生的浓厚兴趣；不断变换手段，增添信息，维持学生长久的稳定的学习热情。

它要求教师具有良好的素质，强烈的事业心、责任感；要有渊博的知识，占有大量的信息；要有过硬的表达能力、实验能力、制作创造能力；要有开拓精神，并倾注大量的时间和精力。只有在此基础上持之以恒，不断归纳总结，才能取得理想效果。同时，培养学生的兴趣，是一种教学方法，不是终极目的。目的是传授知识，培养能力，提高素质。

在激发学生学习兴趣的手段上，一般要注意以下几个问题。一要将各种激趣方法、手段交替使用，切忌单一；二要根据教师自身的特点，扬长避短，有所取舍；三要注意不同班级、不同对象的接受情况，予以调整；四要及时听取学生反馈意见，不断校正；五要注意引入知识的难易程度。

学生兴趣形成后，要不断强化其良性循环，要始终如一地把培养学生兴趣作为一桩大事来抓，只有如此，才能有效地提高物理的教学质量。

（六）化学教学中的激趣方法

化学是研究物质的组成、结构、性质、变化规律及其合成途径的一门自然科学。而兴趣则是探索化学变化奥秘的内部驱动力。在化学教学中如何激起学生的兴趣呢？

1. 实验演示激趣

化学实验既是学习化学这门学科的基础和媒介，也是激发学生学习兴趣的最重要的方法。无论是化学元素的发现还是自然界存在的化学物质的发现，无论是物质变化规律的认识，还是化学理论的建立和发展，无一不通过化学实验完成。在教学中，教师正是通过实验才使抽象的化学知识具体化、形象化、直观化，学生也只有通过实验，才进一步巩固所学化学知识，并逐步学会运用实验手段分析和解决问题。有人说，没有实验的化学教学是空洞的教学，没有实验的化学学习是无用的学习。这实在是对化学实验在化学教学中的媒介作用的生动描述。

在化学教学中，要充分发挥实验的媒介和激趣作用，就必须搞好化学实验设计。

（1）观摩与提示——观察实验。学生开始学习每一章时，对该章内容一无所知，却对实验有直觉感知的兴趣，喜好观察实验中鲜明有趣的现象及变化。此时学生怀着好奇心，想看、急于知道是什么，为什么，急迫要求解惑。因此，每章开始时设计若干实验，给学生演示，给他们以直觉感知。设计的实验应从已知实验入手，层层深入，配备未知实验（本章即将学习的实验或与本章有关的实验）强化刺激他们的感觉器官。学生在观察过程教师提出若干问题，调动学生感官去观察生动有趣的实验，提高学习兴趣。有了兴趣，可以转化为学习的内驱力。在观察中启发学生积极思考，引起学生的疑问，产生解惑的需要。

（2）读书与思考——准备实验。直接感知的诱导激发起学生求知激情，而处于愤悱状态，学生急于想知道第一程序演示的实验为什么产生那些现象，老师抓住学生此时的心理活动，引而不发，及时指导看书，要求学生带着所要迫切解决的问题，按照阅读提纲读全章。一

读，粗知大概，对全章知识和各节之间的内在联系有初步的了解；二读，圈点摘记，细读全章，抓住重点，做到画、勾、批，把全章重点问题摘录下来，记笔记；三读，突出研究实验，对本课中规定的实验应明确目的，了解操作过程，估计可能出现的现象、形成的结论，为独立操作实验做好准备。本程序的目的是培养他们自学能力，掌握解惑的方法，学生在读书、思考中增加知识，发展智力，开阔眼界。

（3）讨论与演示——操作实验。学生在观察与提示的诱导下，通过读书思考，初步掌握了全章内容，此时学生的心里是想动手操作实验，教师因势利导，让学生在第三程序中自己演示实验。凡实验涉及的概念及理论，要进行讨论。演示时，演示的同学精神高度集中，一丝不苟，一有错误，师生给予指正，演示者记忆深刻，其他同学也受到教育；同学操作实验并分析正确时，老师给予肯定。一人操作，启发大家；单兵教练，集体提高，操作中发现问题就进行讨论，对基础知识抓紧落实。在实验及讨论中，老师要穿针引线，启发诱导。这个程序目的是学生在讨论中明辨正误，掌握知识；在演示中提高操作能力。

（4）总结与练习——串联实验。通过读书、讨论、实验，学生获得了一定的知识，他们已不满足对实验的观察、模拟，而是想把这些零散实验按照一定规律（例如价态变化）串联成一系列实验，既能对某些单个实验再次研究，又能抓住各处孤立的实验的内在联系，这一程序中要引导学生对单个实验进行概括、总结，结合实验的串联总结，把学

过的"知识环节"串联总结成"知识链"，使知识系统化、实验串联化。同时，配备一定数量，广度和深度适宜的练习题，做到一学二练三提高，目的是培养学生的概括、总结能力。

（5）创新与考核——创新实验。在前四个程序中，学生获得一定知识和技能，学生内心会产生一种创新欲望，他们想以获得的知识和技能来探索未知。在模拟、串联实验中的某个疑难，需要通过实验加以解决，因而设计了第五程序，要求学生进行实验创新活动。学生熟读课本，阅读参考资料，独立设计一个创新实验方案，老师协助修正方案；学生进行实验操作，老师进行操作辅导。实验完毕，学生写出小论文。本程序的目的是在学生的兴趣高、求知欲强之际提出新的目标，以培养学生探索精神，锻炼学生创造思维能力。

2. 问题情境激趣

"问题"是指学生迫切希望获得解答的关于化学教学内容的疑问。所谓问题情境是指在新奇未知事物刺激下学生形成认知中突然提出问题或接受教师提问，产生解决此问题的强烈愿望，并作为自己学习活动的目的那样一种情境。

（1）上好绪言课，创设总的问题情境。第一次化学课给学生的印象很深，甚至会决定他对化学课的好恶感。有经验的老师都重视第一次绪言课，充分发挥前因效应的积极作用。他们总是要做几个饶有趣味的实验，在学生面前展示发生化学变化时的那种妙不可言、喜不胜收的情境。由此把学生带入新的知识天地，通过一系列发生在学生身边的有

趣问题，让学生概括地了解化学课的教学内容，创设一个化学课的总的问题情景；通过丰富的例证（借助幻灯）、录像等方式，使学生了解学习化学课的意义，初步产生学好这门功课的愿望，还可以通过介绍以往的学生好的学习方法，让他们初步认识化学课的学习特点与方法，以至所涉及的基础知识，让全体学生都信心百倍地开始学习。

（2）精心设计，创设具体问题情境。思维发端于问题，又通过问题来展开，始终和一定的问题相联系。在教学中不断用有趣的问题为教学过程引路，创设覆盖每一章每一节，特别是每一具体课题的情境。

问题的情境由问题的背景与问题的体系系列共同构成。问题不断明确着认识活动的远近目标，推动着学生认识活动的发展。

现象是入门的向导，也是问题的源泉。从介绍典型而新奇的事实入手，引出的问题最生动。处于学生"最近发展区"的问题，对学生最有吸引力，因为思维最愿与难题交朋友。

例如，在氧气的性质教学中，教师演示了木炭、硫、磷在氧气中燃烧的实验后，进而提出"铁可以在氧气中燃烧吗？"一下子就把所有学生带入问题情境之中，在演示分析实验过程中，还要通过一系列的具体问题不断地激发学生深入探索的需要，把学生的认识步步引向深入。

（3）引导学生，主动创设问题的情景。在教学过程中，经常引导学生自己发现问题，鼓励学生质疑提出问题，把创设问题情境的主动权交给学生。

例如,胆矾受热分解的教学过程,学生处理信息时,不满足于教材已有的结论——实验现象上,而发现胆矾受热分解除了生成白色粉末外,还有黄色的物质,管口的水呈现浅蓝色。学生提出这是为什么?并对这意外的现象产生的原因主动进行探究。

引导学生自己发现问题、提出问题,有两个好处:一方面能为教师带来宝贵及时的教学反馈,为教学提供更加切实的问题情境;另一方面也有利于学生兴趣向更深层次发展。因为学生自己发现问题、解决问题的意识从无到有,不断增强,必然引起兴趣的自我强化。

(4)注意策略,灵活设置问题情境。设置问题情境的策略主要有如下几种:

①提出一个对学生有意义的问题,学生不能或很难运用已知的知识去解决,只有学习新课后才能解决。

②根据学生对某一学习对象认识上的差异(正与误、深刻与肤浅),挑明矛盾,摆出对立的两种看法,要学生作出选择,并述说理由。

③结合科学发展史,讲述科学家当时遇到此问题是如何探索的,把学生的思维带到当年科学家进行探索的情境之中。

④把验证性实验变成探索性实验,或提出假说,引导学生推测,然后设计实验予以验证。

(5)组织交流,创设讨论、争辩的情境。这是一种由讨论题和对同学发言的评价构成的问题情境,能造成紧张而热烈的学习气氛。但只有比较复杂,学生普遍投入思考,而个人智力又难以胜任的问题,才有必要和可能进行讨论与争论。

例如,分析实验现象,得出实验结论;讨论物质鉴别方案;比较物质的化学性质;总结归纳化学知识,形成认识结构等都是有价值的讨论题。

(6)讲求落实,创设实践的问题情境。化学作业是学习化学、训练技能的主要实践活动。化学作业的活动内容与形成要新颖,尽量用具有实践意义的化学题来代替机械记忆题。如在"启发—讨论式"教学中,有的化学教师让学生在章节内容复习后总结成小论文;有的让学生参与检查题的编拟;有的让部分较优秀的学生担任"小先生"。问题的情境激发学生对具体目标的认识需要,形成暂时兴趣;只有成功的情境才能使即时兴趣向稳定兴趣转化。

3. 成功情境激趣

学生成功的学习,使他们的好奇心与学习愿望获得满足,从而体验到化学认识活动的快乐,感受到"自我发现"的愉快情境。

(1)强化感知,浇铸成功的基石。感性知识既是问题情境的基础,又是成功情境的基础。为了使学生直接地、间接地感知到全部所学化学事物,要进行多方面的努力;要千方百计地多做实验,要作必要的直观教具(模型、图表);要充分联系学生日常生活,联系乡镇化工企业、环保状况、农村土肥生产条件,有条件的要尽可能开展电化教学;而最不可少的教师形象生动的直观描述等。通过以上一些活动,从而使学生的理性认识建立在坚实的感性认识基础之上。

(2)教给方法,掌握成功利器。教

给方法，最根本的是教给思维方法。要教会学生注意积累化学感性知识，并通过仔细观察实验现象，发现问题；要使学生掌握化学知识结构；要教会学生理清分析问题的思路，学会从比较中抓特性，从联系中综合分析出共性。学生掌握了学习方法，就容易通过独立思考，进行成功的学习。

（3）传授真知，构筑成功支柱。教给学生有内在联系的知识系统，有利于帮助学生建构起合理的认识结构。传授真知关键在于抓好"双基"教学。因为双基是在以后的学习中反复运用的基本知识和技能，它们是进一步成功学习的基础，是教学内容的重点。

化学基础知识——基础概念、基本理论为化学提供总的框架，在分析各类物质的性质时要反复应用。化学实验、书写化学用语的技能，每节课都离不开。这些知识和技能都抓好了，以后的教学就节节顺利；抓不好就会事事困难。因此，教师要做好整体构思和安排，针对学生的知识准备状况和教学目标的要求，精心组织教学过程，用多种方式让学生学好重点知识，力争突破难点，减少学生学习化学知识的分化。另一方面要发挥教学目标的导向作用，是使学生理解教学内容、把握主次之分的关键所在。

（4）引导参与，架设成功桥梁。在教学过程中，给学生学习的主动权，让学生充分参与教学的全过程。实践证明学生学习上是否成功在于积极参与教学的程度。

我们积极进行"启发—讨论"式教学法，用富于一定结构的感性材料和具有一定难度的问题，引导学生课堂学习

活动；阅读教材，动手试验，相互议论，质疑问难，使学生主动参与；在教师统一指导与学生群体活动的交替进行中使教与学都成为即时可控过程，学生和教师及时主动调节行为，真正成为教与学的主人。

（5）及时评价，激励成功斗志。让学生及时了解学习的结果，得到及时信息反馈，有利于学生本人改善学习行为。对不同学生提出不同的要求，让所有的学生能达到最好水平；巧用分数杠杆，让努力掌握了最基本内容的差生得到及格以上的分数。教学过程中具体帮助学生学会与提高积极性同时进行。在为积极上进的学生设"创见奖"，激励上进学生的同时，还要为学习困难的学生设置一些易于解答的梯度题，使这类学生有表现他们点滴进步的机会，并及时予以肯定评价，以不断唤起他们成功的斗志。

问题的情境与成功的情境互为条件，学习化学的兴趣在两种情境反复呈现中形成发展。

4. 审美情感激趣

化学课所讲的知识，多是抽象的原子、分子、电子、离子等，学起来枯燥，不易产生兴趣。如果教师有一种造情艺术，对课程恰当的美化和润色，使之带上"美"的色彩，学生就会兴趣盎然。因为，美最能呼唤情感，对人有巨大的吸引力。审美教学法正是依此而设计的。主要内容有以下几点：

（1）教师在教学前，应认真对教态进行审美设计。教师的教态应严肃、端庄、和蔼、大方；衣着、发式、姿态、手势，都应当符合审美规范。

（2）教师在上实验课时，也应当对化学仪器进行认真的审美设计。化学仪器，应物见本色，铜铁见光，清洁度要高，透明度要强。组装仪器时，连接搭配要合理、标准、大方、美观。学生分组实验时，教师应要求学生注意实验台上仪器的装饰、形状、色彩以及物品的摆放错落有致，使人一望而生快感。

（3）实验操作的审美设计。在实验操作中，教师应程序规范，动作利落，节奏清晰，造成一个"形美"，使学生受到文明与娴熟的教育。

（4）语言的审美设计。教师在讲课时，要进行精心的语言审美设计，使自己的语言富于美感，一要精炼，有逻辑性；二要生动幽默，包括恰当的比喻和形象的词汇；三要发音标准，节奏要明快，造成一种"音美"效应。

（5）板书的审美设计。教师的板书应当突出重点，合乎逻辑，布局均匀，字迹工整，还应有适当的色彩和符号贯于其中。这样会给学生一种美的感受。

5. 讨论激趣

讨论是学生根据教师所提出的问题，在集体中，相互交流个人的看法，相互启发，相互学习的一种形式。由于在讨论中，以学生自己的活动为中心，参加活动的每个学生都有自由表达自己见解的机会，每个学生都要听取他人的发言，都要准备个人的发言，学生在活动中处于主动地位，因而能很好地激发学生兴趣，发挥学生学习的主动性和积极性。

在讨论激趣中，要注意以下几点：

（1）讨论前师生都要做好充分准备。教师要向学生提出讨论的课题，指出注意事项，布置一些阅读的参考资料；每个学生都应按照要求，做好发言的准备。

（2）讨论题要简要明确，抓住认识中的主要问题。问题要深浅适当，是学生感兴趣并有言可发。

（3）讨论中，教师要注意引导学生围绕课题中心进行发言，不要离题太远。要根据讨论发言的进展情况，随时抓住和深入理解与主题有关的其他有争论的课题，引导学生深入展开讨论，以求讨论步步深入。因此，要鼓励学生大胆发言，普遍发言，引导学生发言要抓住主要矛盾，言之有理，论之有据，勇于表达自己的创见，又善于追求真理，修正错误，有所收获。

（4）讨论结束时，教师要做出小结。对疑难问题或争论的问题，教师要阐明自己的看法。指出讨论中的优缺点，对某些有争议的问题，学生一时想不通，要允许保留自己看法，不能强求学生接受。

（七）地理教学中的激趣方法

学习兴趣是调动学生学习积极性的直接动力。学生对所学的东西有了浓厚的兴趣，才能把全部精力投入其中，才能认真上课，积极思考，变不想学为想学。因此，在每教一节新内容前，都要认真考虑如何把课上得活些，上得生动形象些。可以从以下几个方面去激发学生的兴趣，提高其学习地理的积极性：

1. 设计导言，唤起兴趣

学生学习新的一节课充满好奇心，这种好奇心就是思维的起点。教师应据此设计趣味性导言，以唤起学生的兴趣。课前的导言既要起到新旧衔接作用，又要起到引趣的作用。一般可设计悬念导言、情境式导言、激情式导言等。例如，在教"杭州西湖和钱塘潮"一课时，可设计情境式导言："由我国第一大城市上海，通过通向西南的沪杭铁路，又连接了另一座举世闻名的旅游城市杭州。'上有天堂，下有苏杭。'杭州名闻天下，因为有美丽的西湖和高达数丈的钱塘潮。"画龙点睛，展现意境，这样几句话就能唤起学生极大的学习兴趣和好奇心，学习动机由潜伏转为活跃状态，起到以趣促思，以思增趣的作用。

2. 精巧设疑，激发兴趣

设疑是地理教师经常运用的一种教学手段。教师每设计一个高质量的"疑"，都能激发学生浓厚的学习兴趣。教学中，教师要根据不同的内容，运用不同的设疑方式激发学生的学习兴趣。一般可采取"争取诱发式设疑""对比式设疑""悬念式设疑"等形式。例如，《长江中下游平原》一课，在讲述气候特点和农业生产特点时，可运用悬念式设疑：在巫山以东的长江中下游地区，冬季与北方有着明显不同；那儿的六月人称"梅雨季节"，土壤肥沃，河流众多，是著名的鱼米之乡。那么，这个地区冬季的气候究竟是怎样的？"梅雨季节"有什么特点？鱼米之乡的美称又是怎样来的？教师这样设疑，制造悬念，就为其后的课文内容展开，埋下了伏笔。学生产生疑问，就想要迫切地知道学习内容，因此，课堂上学生会始终处于一种积极思维的探求状态。

3. 教法新颖，巩固兴趣

学生在课堂上能否学到知识，在很大程度上取决于教师的教法是否新颖、灵活，取决于学生已被唤起的兴趣的巩固程度。因此，教师要特别注意教学方法的趣味化、多样化。如，教师可以在课堂上讲地理故事，引用或自编诗歌、民谣、谜语、谚语、对话、顺口溜等；可以创设某种情境，如带儿童去"旅行"，去探索大自然的奥秘……教师还要特别注意现代化教学手段的运用，如运用彩色景观图、幻灯投影、录像等多种手段，把活生生的地理环境展现在学生的面前，使之有身临其境之感。

4. 设计练习，保持兴趣

在新课结束时，学生的头脑容易从积极的思维转向松弛，出现精神不集中现象。因此，教师要精心地设计练习形式，以保持学生的学习兴趣。如可设计改错、判断、选择、填空、填图、竞赛、抢答、导游等。

5. 运用直观，吸引兴趣

地理与其他学科不同，要教好这一学科，必须借助于教具，充分发挥教具的直观性作用，增加地理感性知识，促进学生对间接的地理知识的真正理解。直观教学有不同的方式，常见的有：模型、挂图、电影、幻灯等。但是，在一些农村普通中学，往往连一般的最起码的挂图都难以备齐，更别说比较完备的其他各种各样的教具。这时，可以根据课文内容的需要，自己动手，制作一些教具。如用小黑板做成常用的暗射填充图，用硬纸板做成中国及欧、亚、非三洲分区地理拼图，用三合泥做成比较复杂的地形模型，并配之以铁丝做成的相应的等高线等。用这些教具，给学生讲清一些抽象的概念和原理，使学生消除畏难情绪，利于其理解。

例如，"等高线和地形图"一节是中学地理教学的五大难点之一，在讲这部分内容时，可以让学生对照地形图，仔细观察地形模型，认识什么地方是山谷、山脊等，然后，把铁丝等高线一圈一圈往地形模型上放，让学生从旁边看，线条与线条之间都是平行的，由此得出结论：把海拔高度相同的各点连接成线，就是等高线。这样把图形和地形融为一体，学生豁然开朗了，理解了，开始尝到了甜头，觉得学地理也很有趣味。

讲黄河中游含沙量大时，某教师把从内蒙古河口镇取回来的黄河水给学生看；讲褶皱断层和外力作用时，把从河北兴隆、辽宁大连考察时的放大照片拿到课堂上让学生传阅。对此，他们如身临其境，兴趣极高，增强了感性认识。

在讲高中地理地壳的结构和植物组成时，把野外考察时采来的动植物化石、矿物、三类岩石的标本，拿到课堂上让学生观察、分析、研究，他们很感兴趣。

6. 考察乡土，激发兴趣

组织学生考察家乡地理，也是激发学习兴趣的极好办法。例如在讲"地形"这一节时，某教师结合家乡实际，把学生带到野外，视察内力作用所引起的断层和褶皱，弄清哪样的是断层山，哪样的是褶皱山。当学生的观察和认识得到了老师的肯定时，同学们就会兴奋不已。

又如在学习了"美国"这一节后，带领学生观察家乡的地理环境，引导他们从地形、气候、水文、土壤、植被、生物等方面进行综合分析，同学们认为我们鄂西也应该像美国那样，实行"作物带"的方针。因为我们这里是以山地为主的山区，不适宜种低产的粮食，而应该发挥山区的优势，将坡田全部辟为草场，在荒山种植经济林木，把比较平整的田地种上白胁烟（本县为全国白胁烟出口重点基地县）和药材等特产，在大力发展林木、畜牧业和经济作物种植业的基础上，就地取材，发展林木的畜产品为主的加工工业。这样的教学活动，有利于学生了解乡土地理，引导他们为建设家乡做贡献。

7. 进行实验，调动兴趣

为了讲清地理的基本原理，使学生了解地理事物的规律及成因，可以进行一些地理实验。例如在讲亚洲气候特征之一——季风气候的形成，其主要原因是由于海陆之间的势力差异引起的。为了证明海陆之间是否有热力差异，上课前，让学生分别在两个瓷盆里装上沙和水，放在太阳下边。下课后，学生去测量温度，发现沙的温度高，水的温度低，由此证明：在同样的阳光照射强度下，陆地增温快，海洋增温慢。随后，又让学生把沙和水放到阴凉地方冷却，过一节课后，学生再去测量时，就发现沙的温度降得很低了，而水的温度还只是略有所降。由此又证明，陆地降温快，海洋降温慢。学生进行这样的实验，书本上的知识在实践中得到了证实，能使学生信服，更能使学生在心目中留下较深的印象。

8. 联系事件，引起兴趣

把新课题和当时国际国内发生的重大事件联系起来，也是引起学生学习兴趣，调动学生学习积极性的有效办法。

例如，某教师讲到"东北各河流中最迫切需要治理的是辽河"时，便引导学生回忆几天前电视中播放的辽河洪水暴涨，淹没房屋庄稼，解放军英勇抢险的场面。课堂气氛顿时活跃起来了。经过积极的思考与分析，不仅理解了治理辽河的迫切性，而且弄清了造成辽河洪水暴涨的原因和治理辽河的措施。又如在讲到非洲发展中的民族经济的时候，联系了当时非洲正经历着本世纪以来最大的一次干旱；讲南非的白人种族主义者奉行的种族歧视和种族隔离政策时，联系了南非当局疯狂屠杀黑人的暴行。

例如，在讲苏伊士运河地理位置的重要性时，可以举这样一个例子：在1905年日俄战争中，俄国调波罗的海舰队去日本作战，当时英国控制着苏伊士运河，英国不让俄国舰队通过，俄国军舰只好绕道非洲南端的好望角，向东进发，由于航程太远，结果不仅耽误了战机，而且在一夜之间被日本的联合舰队击败；反之，若能通过苏伊士运河，就可缩短航程，争取时间，俄国部队有可能夺取胜利。这样，学生在听历史故事时，就认识到苏伊士运河地理位置的重要性。

9. 编写歌谣，促进兴趣

在记忆地理名称时，编些便于吟诵的口诀，或借助一些情深意切的古今诗词名句、民谣或自编的地理诗歌等，就能更好地帮助记忆。

利用地理歌谣记忆地理名称，由于视觉器官、听觉器官、发音器官等共同活动，在大脑皮层中建立暂时联系，既有趣味性，又能帮助记忆。

在教《长江中下游六省一市》一章（约需6课时）时，曾用此法做过如下要点构思：①课题伊始，先引导学生背诵一两首描写江南景色的古诗（如李白的《送孟浩然之广陵》、王安石的《泊船瓜州》、杜牧的《江南春》等）作为创设情境的铺垫。接着，教师直引"江南好，风景旧曾谙。日出江花红胜火，春来江水绿如蓝。能不忆江南？"借此脍炙人口的名句，把对江南风光的意境引入纵深。当此一幅令人心驰神往的"春江岸花图"随诗句的吟哦而活脱脱闪现在师生脑海之际，教师当即点化："试看为历代诗人所讴歌的江南美景，离得开这山、水、春几个字吗？这几个字正是表述本区自然地理特征的关键所在。"旋即转入对本区自然地理特征之一的"密布河湖低平川，江南丘陵多名山"的学习。②教材中说：庐山、黄山等名山以风景优美著称。在"小字"段注中又补充："庐山犹如平地拔起，格外险峻。"如在此引用苏轼的《题西林壁》，则补充了对千姿百态云雾缭绕的庐山的认识，又增进了学生对祖国山水的爱慕之情。③此间能有几人见过誉满天下的钱塘潮？借"慢慢平沙走白虹，瑶台失手玉杯空。晴天摇动清江底，晚日浮沉急浪中"等诗句则可添补感性之缺欠。④梅雨是江南气候中的一大特色，除借本区常见的绵绵秋雨帮助理解外，求助于"黄梅时节家家雨，青草池塘处处蛙""绿遍山原白满川，子规声里雨如烟。乡村四月闲人少，才了蚕桑又插田"等生动写照，对理解梅雨天气大有裨益；且诗中有关繁忙农事的勾画，又为学本区的农业埋下"伏笔"。⑤通过对"千里江陵一日还""烟花三月下扬州""漫江碧透，百舸争流"等句的引用，恰能加深对古今长江繁忙的航运和"东方黄金水道"的理解。⑥本章城市部分提及"杭州的山水美，苏州的园林美"，若在此融入"水光潋滟晴方好，山色空蒙雨亦奇。……""江南忆，最忆是杭州。……"等名句，其作用则已远超出辅助熟悉地理事物的范围了。

又如让人散记我国的 30 个省级行政区名，这既枯燥，又难记。可采用周总理自编的诗歌："两湖两广两河山，五江云贵福吉安，四西二宁青甘陕，还有台内北上天"来帮助学生巧记，不仅朗朗上口，妙趣横生，而且收到了事半功倍之效。

师生协力将有关地理知识编成歌谣，既有利于调动学生学习地理的积极性，对克服死记硬背、变机械识记为意义识记也有裨益。如"黄河"一节，教材以多达 2400 余字的篇幅来描述，虽分列有 5 个小标题，仍不便于记忆和掌握。可将其凝练为如下几段诗歌，把黄河的多泥沙、凌汛、"地上河"等突出特征以及植树种草、梯级开发、引黄淤灌等重点措施简明概括于内，教学中还辅之以地理略图，学生既感兴趣，又觉好记。

"黄河之水天上来"，万里奔腾入渤海。
卷走黄沙十六亿，充填华北沉降带。
"黄河之水天上来"，滚滚泥流多危害。
淤塞河道高筑堤，造就悬河飞天外。

"黄河之水天上来"，走南闯北弯大拐。
南北冬春水温异，凌汛汹涌亦成灾。
"黄河之水天上来"，引黄蓄水和灌溉。
植树种草保水土，梯级开发放光彩。

自编地理歌谣常用于概括或小结一事物、一区、一国的地理特征，从而为形成单独的或区域的概念创造前提条件，这在地理教学中是颇为重要的一环。如，对《黄河中下游五省二市》全章的概括：高原阔野太行分（太行山东西地形不同）。

水运风搬皆粉尘（黄土高原、华北平原的成因）。遍地青纱遍地宝（富饶的农、矿产），万里长城万里春（生机勃勃的经济建设）。

对非洲地理特征的概括：海岸平直湾岛少，高原大陆起伏小（高原大陆）。

气候干热呈带状，南北对称季节反（热带大陆）。

生物水力资源富，矿藏齐全储量丰（富饶的大陆）。

政治地图生巨变，民族经济大发展（觉醒的大陆）。

埃及、苏丹的地理特色：三洲要冲地，运河一勾通。古老文明国，棉优质长绒。面积非洲最，两源归一水。平川棉田处，堪与邻媲美。

利用歌谣设置疑问，有助于使学生集中注意力和保持好奇心，从而通过激发其求知欲给思维以动力，并促进创造性思维的发展。如：维族聚居地边陲，君知此有几多最？（新疆）刚果盆地刚果河，瀑布比比水滂沱。热带雨林举世著，"中非宝石"何其多？（扎伊尔）坦噶尼喀桑给巴，盛产丁香与剑麻。非洲之最有三个，最高最深和最大？

此类质疑性歌谣给学生留有思考余地，因而具有一定启发性。通过导其释疑，转教为学，课堂气氛也会活跃得多。

10. 相互对比，激发兴趣

比较法是一切理解和思维的基本方法。作为认识问题方法的比较法，在地理教学中更有其特殊的功效和作用。

在地理教学中常用的比较法有以下几种：

（1）类比法。有同类地理事物的比较和不同类地理事物相同属性的比较。前者是确定同类地理对象的异同点及其本质的一种比较方法。如：东部季风区秦岭——淮河线南、北农业的不同特色，如表 7.4 所示。

表 7.4

秦淮线以南	秦淮线以北
耕作制度为一年两熟或一年三熟等	耕种制度为一年一熟或两年三熟
耕地以水田为主，水田面积占全国水田总面积的 90% 以上	耕地以旱地为主，灌溉多用水浇的形式
粮食以水稻为主，玉米、甘薯等种植也很多	粮食主要是小麦和杂粮

后者，是舍取事物其他特点，只取属性相似之点进行比较。这种方法有助于培养学生理解抽象的地理概念，发展想象力。如：东京、平壤、北京、乌兰巴托的气温、降水等气候资料。

（2）纵比法。是将同一地理对象在不同历史阶段的不同状况加以比较的方法，借以揭示地理对象在历史发展过程各阶段上矛盾的共性与个性。如大陆漂移过程中，不同阶段的海陆分布状况；地形演变各阶段上的不同形态；河流演变上各阶段的不同状况；气候演变各阶段上的不同特点；某国、某地区各时期经济发展的不同状况等，都可运用纵比法加以比较，有助于学生对地理过程的理解。

（3）横比法。是把同类地理对象同一发展阶段上矛盾各方面加以比较的方法。如我国四大高原、四大盆地、三大平原的海拔、分布、地表特征的比较；四个边海的位置、深度、海水温度、含盐量和海洋资源的比较；世界或我国各地区自然与经济特征的比较。横比法最能显示地域的差异，是地理教学中最常用的比较方法。横比和纵比结合起来，既能显示地域差异，又能显示这种差异的历史过程。

（4）对比法。是正反比较，能使对立的地理事物和地理区域的特征等鲜明有力地显示出来，通过对比，形成鲜明的对照。例如，西风和信风的对比（见表 7.5）。

表 7.5

西风	信风
分布在南北纬 40°～60°度之间	分布在南北半球的副热带高气压和赤道低气压带之间
风向偏西	风向偏东
影响大陆西岸多雨，大陆东岸少雨	影响大陆东岸多雨，大陆西岸少雨

（5）联系比较法。是揭示地理对象内在联系和相互联系的比较方法。例如讲黄河中下游五省二市时联系东北三省的地理位置、自然地理环境、经济概况，逐一进行比较，把新旧教材联系起来，各地理要素联系起来，使两个或多个地区不同的地理特征更加鲜明突出。

在地理教学中，对比较方法的运用，有不同类型形式的出现，如单项综合比较、列表比较、地图对照比较等，都是常用的有效的方式和手段。地理课通过各式各样的比较法教学，首先有助于学生感知地理知识。为了取得地理感性知识，就要对观察对象进行比较和鉴别，去粗取精，去伪存真，从而抓住观察对象的主要方面和主要特点。例如：通过对各类代表性的岩石的比较，才能区别主要岩石的不同特点，获得岩石的感性知识，同时有助于学生理解地理知识。中学地理教材，主要由地理概念、地理判断和地理推理所组成。而学生理解任何地理概念、地理判断和地理推理，都要运用比较的方法，由表及里，由此及彼，确切掌握，举一反三。例如讲授"内应力"和"外应力"的概念，就要对其进行比较，指出其异同点，把重点、难点分析对比清楚，才能使学生理解和掌握；其次，有助于学生记忆地理知识。地理教学内容复杂，不易记牢，运用比较法对加强学生记忆地理知识，可收到事半功倍的效果。例如讲世界地理时，把加拿大和苏联比较，把美国同中国比较，可收到温故而知新的效果。特别是在复杂课中，可将所学的地理知识，分门别类地进行比较，既有助于学生牢记和巩固地理知识，还有助于使知识系统

化。运用比较法，特别有助于培养学生分析问题、解决问题的思维能力。在形成地理概念时，要对有关地理对象进行综合分析比较，然后进行概括归纳。它能调动学生独立思考、积极思维的主动性，从而培养学生联想问题、解答难题的能力。此外运用比较法还是对学生进行思想政治教育的有效方法之一。尤其是通过新旧社会对地理环境的利用状况进行比较，可以加深学生对社会主义制度优越性的认识，增强四化建设的信心。因此提倡在地理课教学中，要重视运用比较法教学。

11. 开展活动，加强兴趣

第二课堂是地理教学工作不可缺少的组成部分，抓第二课堂，有利于激发学生学习地理的兴趣。

某学校课外地理小组开展了气象观测和野外考察活动。三年多来一直坚持活动，积累了不少资料。学生对野外考察活动兴趣极浓。有一位同学说："我想去泰山观日出，到桂林去游览，到漓江去划船，想去攀枝花开采铁矿，想去舟山渔场捕鱼……"在领导的支持下，地理小组利用暑假，先后去了河北兴隆、北京市门头沟区三家店、天津蓟县盘山等地，采集了50多种矿物、岩石标本。在河北兴隆煤矿还采集到二亿五千万年前古生代石炭纪的植物化石，写了几十篇小论文。通过野外考察活动，进一步调动了学生学习的积极性。

（八）历史教学中的激趣方法

兴趣是非智力因素，但对智力的发

展有重要影响。教学实践说明，学生对某一学科兴趣如何，直接影响着学习的效果。因此，深入研究和探索历史教学中激发学生兴趣的特点、方法和发展规律具有重要意义。

1. 历史教学中学生兴趣发展的特点

教学过程是学生的认识过程。学生学习知识、认识事物的收效大小，与学生在学习和认识过程中的心理基础直接相关。古人云："知之者，不如好之者；好之者，不如乐之者"，实际讲的就是这个心理基础，而突出的要求，是指一个"乐"字，也就是兴趣。在发展兴趣这个问题上，不同年龄和不同年级的要求是不一样的。

小学阶段，心理学上一般指"学龄期"。在生理发展上，低年级学生的中枢神经和大脑两半球尚未发展完善，还不具备抽象的概括的思维能力。从知识上讲，掌握了一些词句和片断的知识，对赞赏、批评、竞争及其他荣誉事物，均可产生兴趣，是为间接兴趣。进入小学高年级时，形象思维逐渐丰富，思维处于从具体思维向抽象逻辑思维过渡的开始阶段，领会抽象的概念还比较困难，在教学中要加强故事性，但与低年级不同之处就在于，不能停留在就故事谈故事，而是要适当地选择具体形象作为支柱，帮助他们初步分析事物的一些本质特征，初步领会一些抽象概念的含义，使他们有着形成逻辑思维的满足。如对历史人物是好人还是坏人，是明君、忠臣，还是昏君、奸臣，有着做出结论的要求。这种反映，表明了对事物的直接

兴趣。

初中阶段，学生的学习兴趣与小学明显的不同，正处于心理上的转化时期，一方面仍对形象、生动、具体的东西感兴趣，这一点初中前期与小学高年级学生的心理特征几乎一致。但由于知识量和学习经验的增加，即除历史教科书外，还从历史读物、电影、电视、评书等渠道大量吸收到历史知识，这就丰富了他们的想象力，逻辑思维也随着年龄和班级的增长而逐渐占主要地位，他们的学习兴趣已不再受事物的具体情节所局限，能超出直接感知的事物，进行一些推理和阐述。如对历史事件的因果关系的探求，对历史现象的比较等等，这是一种带有智能性的心理特征。但是由于他们掌握知识的质量不高，是从各种渠道中无选择、无目的吸收来的，把那些在流传中失实，在戏曲、评书中进行艺术加工甚至杜撰的东西都一律视之为历史，故在初中学生中常出现对历史人物褒贬失当、对史实真伪不明、对历史事件叙述失真、判断问题缺乏主见的问题。因此，在这个阶段培养学生学习历史的兴趣，要重视简明历史知识之间的逻辑关系，向他们提供生动形象的历史教材和切实具体的史料，通过丰富他们的感性认识，对历史背景、性质、意义等实质性内容进行分析、抽象和概括，从而培养运用知识进行判断推理的能力，发展辩证思维能力。还要引导他们理解事物的复杂性和规律性，进一步激起和发展他们学习历史的兴趣。中学生到了初中后期，学习历史的兴趣又在原有的基础上发展，进入到一个更高层次，即注意探究人际间的关系（阶级关系、民族关

系等）和社会性的交往，对学习和运用科学理论知识分析和论述学习上和现实中的问题开始发生兴趣，乐于发表自己的见解，不喜欢教师把现成的结论端出来。因此，这阶段发展学生学习历史的兴趣，要注意学导结合，为学生创造自己动脑、动手、动口的条件，在教师提供材料（教材范围内）和进行提示下，由学生自行概括内容，理解概念，自由地想象历史，探索历史的规律。对于文科班学生，或是在中学高年级还要上历史课的学生，仍有着发展学习历史兴趣的问题。这个阶段的学生，历史知识无论从数量上和质量上都超过了以往的阶段，在学识上也初步有了一些理论基础，在辩证思维上较之过去有了更快的发展和较大的提高，眼界和思路更加开阔，对于通过形象思维形成概念仍有较浓的兴趣，但已不满足于这种一般性的感知，他们学习历史的兴趣更重要的是要求了解历史知识的价值，能据教材内容和自己掌握的知识经验，对历史知识内容的统一性和斗争性进行探索，进行一定高度的抽象概括和较为严密的逻辑推理，试图作出自己的分析。因此，在这阶段发展学生学习历史的兴趣，应深化教材内容，发展学生的辩证思维和理论思维，形成学生学习历史的基本观点，引导学生对历史知识内容的统一性和斗争性进行探索，要通过对历史事件的进程和人物的思想、品德、行为的展示，以促进学生良好意志品质的形成。通过学习、思考、探索，使学生学会运用已学的基本理论去探索历史的本质，学会思维的方法。同时还要引导他们加强历史学习与语文、政治等有关学科的横向联系，

使文科知识有着形成整体构架的趋向，以促进理论思维的发展。

高中阶段，学生智能发展初步形成理论型的抽象思维能力，辩证逻辑思维能力得到发展，观察、感知、记忆和想象诸智力因素均已进入较高水平，自尊、自信、自我意识极强。在学习上，肯于思考，勇于探索，追求新知，乐于捕取信息，自己发现问题和独立解决问题，敢于发表自己见解，渴望成才。在学习历史知识时，思想比较活跃和敏感，对社会问题比较关注，热衷于探索人生真谛，对国家的命运和人类的前途，往往借鉴于历史，有着很强的社会政治的参与意识，强调自我价值的作用，世界观正在形成。但高中生的年龄和社会阅历，决定了他们思想的不成熟性和矛盾性，表现为他们虽有强烈的自我意识，但自我监督、自我约束和控制的能力不足。通过学习历史知识，将有利于他们塑造世界观。因此，如何发展高中学生学习历史的兴趣，应有一较高的层次。要看到高中学生对历史现象、历史事物不只是要知其然，而且对知其所以然及其方法和规律有着浓厚的兴趣，因此在历史教学中，必须根据上述特点引导学生学习掌握和树立马克思主义科学的世界观和方法论，引导他们深入历史，寻求历史的结论，并在这一过程中进一步发展辩证思维能力。

2. 历史教学中激发学生兴趣的原则

兴趣的发展尽管有着不同的阶段，但就兴趣而论，从教育心理的角度讲，总的精神是一致的，不过不同的学科、

不同的学习阶段，有着各自不同的特点。

（1）发展兴趣要引导学生注意历史知识之间的纵横联系。历史知识之间的纵横联系，指新旧教材之间的联系、新旧经验之间的联系，用以揭示历史知识之间的内在联系，从而认识历史发展的趋向，形成知识网络，通过学生智能发展的收效以发展学生的学习兴趣。如某中学教师在初中讲《元朝的统治》这节课中的"元朝统一的意义"时，不是就教材讲教材，而是联系唐朝灭亡后我国处于长期分裂状态和魏晋南北朝时期民族大融合的情况，使学生通过旧知识的复习，从历史的总体上具体地认识教材所提出的结论："促进了我国统一的多民族国家的发展，促进了民族的融合。"还是这位教师，她在高中文科班讲《元朝的统治》这节复习课时，对"元朝统一的意义"的复习，是与学生一起联系东汉崩溃后与唐朝覆亡后中国两次出现分裂和民族融合的情况进行比较，进一步从历史的总体上具体、深刻地认识元朝统一的历史意义。这样就能促使学生把以前所学得的知识，应用于目前的学习之中，体会知识间的内在联系；并使他们充分认清新旧知识的联系是怎样深化了自己的认识，新旧经验的联系又是怎样促进了自己智能的发展；更看到了现今所学习和已掌握的知识，又将与今后所学的知识的联系。这种新旧知识和新旧经验的联系所表现出的使旧材料具有新趣味，使新材料与旧材料融于一体，从开发学生的学习智能以发展学习历史的兴趣，应是发展兴趣的重要原则之一。

（2）发展兴趣要不断运用适当复杂的刺激。在学生学习过程中，不断刺激学生的学习活动，为当代教学法所重视。引起学生学习活动的最好刺激，既不能太简单，也不能过于复杂。这里所提出的适当复杂的刺激，指的是要能引起学生适当的心向，引起求知的好奇心，激起学生进行创造性的学习活动；也就是说，既要让学生进行创造性学习活动，也要让学生感到解决这些疑难确是力所能及，因而急于想得到答案，乐于从探索中欣赏自己学习的效能。例如《西安事变》一课的课堂教学，要求通过西安事变的发生及其和平解决的过程，说明抗日民族统一战线的初步形成。教师们在解决这个教学难点上，一般都采用通过使学生了解西安事变的历史背景、事件经过和各个方面的反映，组织学生讨论蒋介石是该杀还是该放、如何解决对抗日更有利的问题。学生们根据已有的知识，独立思考，进行分析、概括，得出结论，从而理解中国共产党提出释放蒋介石，和平解决西安事变的正确主张。

引起学生学习的好奇心，目的是要刺激学生思维，激起学生创造性的活动，这也是有多种多样的方式或做法。如让学生按历史事件、历史现象的背景、过程和结局分析历史事件；按问题性质分出类别，如从农业、手工业、商业、城市来分析中国古代经济；从政治、经济、军事、外交、民族政策、思想等方面来分析历史人物；按照教材的内容分出类别，理出层次，自成体系等等。"适当的复杂刺激"和"一定的难度"体现在问题的提出和解决之中，因此都要从历史的总体去思考。而这一思考又建立在旧有的知识和旧有的经验的基础之上。通过对史实的学习与回忆，建立起新旧知识之间的内在联系，经过整理、提炼，概括出结论来，或是具体、深入地理解教材上所提出的结论。这对历史学习来说，在不同的学习阶段都有这方面的需要，故也是历史学习中发展学习兴趣的重要方面。

（3）发展兴趣要广阔而有中心。教育社会化已成为教育发展的趋势。作为历史知识的学习，如何适应社会发展的这一需求，就在于在教学中不能单就历史讲历史，这样虽然也能激发学生的学习兴趣，但由于视野受到限制，思维的开发受到影响，就难以进一步发展学习历史的兴趣。我们说，发展学生学习历史的兴趣，要求广阔而有中心，就是鉴于学习历史不只是为培养学生成为全面发展的人应具备的基础知识，还在于进行民族和社会的道德教育。因此，要扩展学生已有的经验，培养学生广阔的兴趣。例如讲"奴隶社会"，在初中教学中，教师用生动的语言、典型的实例讲清教材中的内容，使学生掌握中国奴隶社会的阶级关系、奴隶的劳动情况和受残酷的剥削和压迫的事实，这里激发学生学习兴趣，不是表现在乐趣上，而是激发起一种心向，即通过知识的占有，提高认识，产生对奴隶主阶级的愤恨。但是奴隶社会毕竟距离现在的时代太远，学生的年龄、已有知识和经验，都不足以使他们对奴隶社会有深切的理解，为了他们更好地学习和理解奴隶社会的实质，应联系新中国成立前中国少数地区的奴隶现状，尤其是西藏农奴制下的农奴的惨景，通过参观、影视或图片加以反映，进一步使学生的形象思维发展到抽象思维，巩固已有的兴趣，并为这一

兴趣的发展提供基础和条件。如果在高中讲"奴隶社会"，根据学生理论思维迅速增强，特别是求异思维的存在和发展，思维形式从经验型向理论型转化，因此在学习西方奴隶制时，可与中国社会的奴隶制进行比较找出他们之间的异同，得出相应的结论。从此可见，在不同的学习阶段，发展学生学习历史的兴趣有着不同的起点、不同的要求，但都是建立在旧的知识和经验上，激起进一步的思维，以保持长久的注意，不断地发展学习历史兴趣。但是在发展学生学习历史的兴趣上，不能随心所欲，而要以国家制订的教学大纲和使用的教材为根据，始终不能离开这个中心。在进行教学时，又不能照本宣科，要做到以教科书为中心，既要跳出教科书，又要再回到教科书，激发、引导和指导学生开展课堂内外的学习活动，开阔视野，爱护和支持学生的某些特长，注意发展间接兴趣，使间接兴趣能变化为自然的直接兴趣。

（4）发展兴趣要让学生了解学习活动的目的与价值。历史讲的是过去的事，距离现实生活很远，历史现象又包罗万象，头绪纷繁，过程曲折，年代、地名、人名又多。因此，学生在历史学习中产生了难记、怕学的心理。为了解除学生的这一心理负担，除了选用适合学生学习历史的合适内容外，同时要有有效的学习方法，在激起学生兴趣的基础上发展学生学习历史的兴趣。而要做到这一点，就要让学生在学习活动中了解活动本身的目的，并具体感到所取得的价值。例如让学生记忆历史年代和地点，采用单纯背记的方法，深以为苦，采用口诀、

谐音、年代特征、排列年代数字顺序等方法记忆，它们之间虽然缺乏内在联系，但能引起兴奋，激发学习的兴趣，达到较易记住的目的。为了从这方面发展历史的兴趣，若是采取按时空联想史实而又有一定内在联系的方法进行记忆，将起到发展学生学习兴趣的效果。以讲元朝的统一为例，教师向学生提供有关元朝统一过程的一些年代，让学生自行在1206年、1227年、1260年、1271年、1276年等年代后填写出当时发生的大事，通过考察元朝统一的过程及其因果关系记住这些年代。又如讲元末农民起义，向学生提供元末农民起义过程中的主要地点，让学生在空白图上标出颍州、濠州、蕲水、亳州、汴梁、安丰的地理位置，记下所发生的大事，考察史实发生演变的地点和空间的关系，这样在学生头脑中这些地名不再只是一个一个的符号，而是在各自的空间位置上有着相互联系的人和时、事，在理出头绪的过程中找到了相互之间的联系，从而在理解中加深记忆，体会出了在这一学习活动中的目的和价值，从而进一步发展了学习历史的兴趣。这种按时空联系史实的学习以发展学习的兴趣，是通过由教师提供尽可能充分的想象根据，发动学生积极开展想象活动，在头脑中再现历史过程。通过这种再造想象形成历史观念，来体现学习的目的与价值。对于高中高年级以上的学生，在他们形成历史概念以后，还要求运用所掌握的历史概念进行判断、推理，对历史作出规律性的结论。根据这个层次学生的这一要求，必须在激发学生学习历史知识兴趣的基础上，发展他们的学习兴趣，即在他们已得到再造想象的基础上，发展他们的创造想象，启发他们创造性的思维。为此，要在向学生提供再造想象根据的基础上，引之以思，启之以疑，导之以问，教之以法。历史现象无所不包，有着各种纵横之间的联系，从不同的角度、结构和层次去观察，能得出不同的结论。因此在依据教材叙述进行思考之时，可适当介绍史学界对某些问题的不同看法，以激发学生多维型思维，引导学生运用马克思主义的基本观点进行分析、综合，从多种可能性中求得正确的结论，并用自己的语言或文字来阐述自己的意见，寻找历史的真理。通过创造性思维活动，从获得正确认识之中得到成就的愉快，从而进一步发展学习兴趣。

3. 历史教学中如何激发学生的兴趣

（1）对一些历史教材要善于进行故事化的讲述。所谓故事化，绝不是为了迎合学生爱听故事的心理而讲故事，而是通过有细节、有场面的具体描述，诱发学生对史实的想象力，使历史事件鲜明起来，使历史人物形象生动起来，从而给学生以深刻难忘的印象。

（2）要善于把历史现象和一定的时间、地理环境联系起来。通过对历史事件产生的典型环境的描述，说明历史事件的前提条件及发生、发展的过程，指出这一历史事件发生的各个阶段的年代，确定这一历史事件的地理上的范畴。

（3）要善于为学生选择能揭示历史时代的、事件本质的历史文献资料，增强叙述的具体性和充实论断的说服力，帮助学生增进史实的时代感。培养学生阅读历史文献资料的能力，使学生在增长知识和获得能力中形成学习历史的兴趣。

（4）引用适用的诗歌、民谣，以增强叙事的形象性和真实感。

（5）要善于抓住学生好奇这一心理特点，提出富有启发性的问题，激发学生的求知欲。思维总是从问题开始的。问题的提出，应该从历史学科所具有的过去性、具体性的特点出发，坚持史论统一的原则，抓住教学内容中的实质问题，利用旧知识与新课题之间既有联系又有区别的矛盾，提出叙事中寓论断的问题，吸引学生注意，激发学生思考，培养学生持久的兴趣。

（6）要善于结合现实，激发学生的求知欲。联系现实是为了说明现代事实的历史根源，或已经发展而表现出来的新特征，培养学生"以古鉴今"的认识能力，激发学生学习历史知识的热情。

（7）要善于启发和培养学生发现问题和提出问题的能力，鼓励学生大胆质疑，逐步养成爱动脑筋思考问题的习惯，进一步巩固学生学习历史的兴趣。

（九）音乐教学中的激趣方法

兴趣在音乐教学中起着重要作用，是学习音乐的内部驱动力。因此，在音乐教学中要注意和调动学生学习音乐的兴趣。在音乐教学中常用的激趣方法有以下几种。

1. "画画"联想法

依据音乐作品的内容，用讲故事的形式描绘出一幅幅画面，使学生随着音乐的进行产生联想，把听觉印象转化为视觉形象。借助"画画"的直观启示，结合启发式提问，引导学生正确的感知音乐，提高学习兴趣。当然，只强调"联想"是不够的，还应当授予音乐欣赏知识，才能产生创造性的想象，做到理智性的欣赏。

2. 熟悉主题法

音乐主题是音乐作品的核心，是乐曲结构与发展的基本要素。熟悉音乐主题，是提高欣赏水平的前提。为此，在欣赏前要把学生的注意力集中在到音乐主题上。把音乐主题写到黑板上，由教师范唱或用乐器弹奏，也可要求学生朗读一二遍。还可以用分段听、复听的方法，不断加深学生对主题的印象。

3. 对比欣赏法

运用对比的方法，学生较易理解。比如：先后播放《二泉映月》和《瑶族舞曲》《义勇军进行曲》和《渔光曲》《欢乐颂》和《跳蚤之歌》等两类不同情绪的音乐作品，把音调悲哀的与欢快的，雄壮的与抒情的，庄严的与诙谐的进行对比，然后指出它们在音乐表现手法上有哪些不同之处；说明为什么音乐会造成这些情绪变化的道理，讲授有关的音乐知识。

4. 内心节奏法

内心节奏感的训练和音乐欣赏的结合，是一种容易被学生接受的好方法。在进行欣赏教学时，启发学生随着音乐的律动，轻轻地用手指击拍（不可出声），培养学生的内心节奏感。还可让学生欣赏二、三遍后，要求他们在黑板或作业纸上写出主要节奏音型。低年级学生可以启发他们随着乐曲的节奏、律动，即兴设计动作，边听边舞，这样不但培养了他们的节奏感，也培养了想象能力和创造能力。

5. 音乐律动法

根据学生活泼好动的特点，在教学中进行乐动教学，采用旋律欢快活泼的歌曲，适当配以简单的动作，学生边唱边跳，无拘无束，通过人体体现音乐内容，有表情动作形式或造型，揭示音乐美，以陶冶人们美的情操。

音乐内容是由整个乐章的规律、节奏、音的时值、音调高低等要素有机组合起来的，所以音乐内容能够作为互相连贯、不可分割，而且有内在规律的统一过程被人们所感受，从中吸取各种美好的和高尚的情感。而"音乐律动法"正是把音乐动作的表情形式与音乐内容联系起来，把原始的动作表现，按音乐内容改编为具有丰富表情色彩的动作形式，从而从心理上对音乐形象产生共鸣，汲取美的感受和教育。

每次新课，学生在他们从未听过的音乐的伴奏下做动作，启发他们直接运用动作来表达自己对音乐的原始印象。随后经过进一步指点，乐动者对每一个动作和音乐本身特点的联系进行重新认识，使身心处于高度统一状态，达到美学教育的目的。实践证明，音乐律动法教学可以培养学生的节奏感和协调能力，提高他们学习的积极性，并促进身体健康地发展。

6. 填唱游戏法

这种游戏是以五声音阶中的任一单音开头，即兴填唱（或填写）乐句。为了能迅速地填唱，并填唱得多，就需要靠平时认真地去练习、积累。一次，以"sol"音开头，请同学们填唱，时间安排在两、三分钟左右。大家纷纷抢答，一下子就填出了十余首歌，气氛非常热烈。进行这种游戏教学可起到激发学生的学习兴趣，启发学生的思维活动，增强记忆力，开阔音乐视野，扩大知识面的作用。

7. 手势练习法

学生在学习音乐中急待解决的问题是音高问题。如果让学生反复地进行听、唱、记的练习，势必使他们感到枯燥无味而损伤了学习积极性。在学习匈牙利的柯达伊的手势教学中，可自行设计一套五声音阶的手势，如：do——掌心向下，手指向前；re——母指向上，四指向前；mi——握拳，拳心向前方；sol——掌心向前，手指向上，la——掌心向下，手指向左。

具体做法是：

（1）定时值反应练习。在学生学会手势并较熟练后，教师一手出示动作，另一手挥拍，学生边看手势边吹奏出该音的时值，并把它记录下来，亦可由教师弹琴，学生一边出示动作，一边准确地唱出该音，各音的时值相等，练习的顺序是二分音符→全音符→四分音符。

（2）快速反应练习。教师迅速出示手势，学生准确地奏出该音，或教师较快地弹奏出单音或音群，学生准确地边唱边出手势。

（3）中心反应练习。以五声音阶中的任何一音为中心，其他音与该音交叉进行，各音的时值均相等。如教师左手手势为 mi，右手不停地交换 do、sol、re、la 四种手势，则要求学生唱（奏）成 do、mi、sol、mi、re、mi、la、mi。练习的速度可由慢变快，亦可作若干次反复练习。

手势练习，将视与听有机地结合起来，课内外均可进行，因而大大地提高了学生的学习兴趣，锻炼了听觉，较快地掌握了音高，并使他们的反应能力和思维能力受到良好的科学的训练。

8. 综合练习法

为了培养学生良好的音乐感，在教学中，采用"听、唱（奏）、记、练、表现"五个方面的能力培养和"音高、时值、节奏、力度（速度）、音色"五个方面的音乐素质综合训练，如图 7.3 所示。

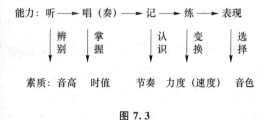

图 7.3

如在进行缓呼吸口琴基础练习时，可用《牧羊姑娘》这支乐曲，教学程序是：

（1）教师先弹奏全曲，再分句弹奏，让学生反复听，辨别旋律的音高。

（2）学生用口琴分句模仿吹奏，要求音准，时值准确。

（3）分句练习记谱，认识节奏型，并边听旋律边念出全曲的节奏。

（4）进行全曲吹奏练习，要求按旋律的起伏而变换力度。

（5）在学生吹奏较熟练的基础上，进行简单的曲式分析，让学生认识乐曲的完整的音乐形象，选择音色以表现其感情。

综合练习可根据内容的深浅而安排一课时内完成，或课内外结合，几课时完成。总之，通过综合练习，可以对学生的音乐素质进行全面的训练和提高，尤其是对增强学生的乐感有较好的效果。

9. 集体上课法

当学生们在个别课上初步掌握了基本演奏方法和一些简单的乐曲时，需要集体上课，练习合奏。可以让不同程度的学生们一起上课，这样才能互相激发，提高兴趣，加快进度。集体课中，学生们可以感受到个别课所得不到的音乐体验和感受。集体课应当和个别课交叉进行。教学到一定阶段，应组织音乐会，让他们进行独奏和齐（合）奏的演出，提高他们的信心和集体感。

10. 引导创作法

引导学生对所欣赏的乐曲进行分析，从而激发他们对音乐创作的兴趣。例如，听完一首进行曲后，要求学生根据进行曲的体裁特点，写一首由两个乐句或四个乐句组成的单乐句组成的单乐段乐曲，接着老师选取一两首作品，进行试唱或试奏，让学生自己来评价他们的作品，最后老师评议总结。这里要说明的是，音乐创作不是目的，而是欣赏教学的辅助手段，尽管学习的作品是不成熟的、幼稚的，但通过这类训练，有助于学生对音乐体裁认识，发展音乐思维。

11. 课内外结合法

要培养学生音乐欣赏能力和习惯，单靠音乐欣赏课是不够的，还必须在课外进行各种欣赏活动。比如：学校广播站有选择地播放一些音乐作品，组织专题音乐欣赏会，举办单位知识黑板报，组织音乐兴趣小组活动等等。

（十）美术教学中的激趣方法

1. 运用直观教具，引发学习兴趣

直观性教具，可以帮助学生更好地掌握、领会教学内容，所以，在教学要注意中通过收集、自制等方法展示教具，引发学生学习美术的兴趣。

收集的教具，一般是指图片和小型工艺品，特别是层次较高的名家之作和民间工艺精品。这种教具对开拓学生视野、培养学生高雅的审美情趣，有极大帮助，学生可以从中获取许多有益的精神食粮。但这些精妙的工艺品容易使学生产生一种"可望不可即"的心理，所以，教师在传授除"欣赏"以外的课题时，要配有另一形式的教具进行教学活动，即自制教具。

自制教具在绝大多数教学活动中占有很重要的地位，这种形式的教具有图片等所没有的"真实"感，学生很容易在心理上接受。如一位教师讲授《立体构成——纸塑》，自制了《傣族少女》，学生马上被吸引住，赞不绝口，并且产生了亲自动手制作的冲动。这一方面提高了学生对教师的敬佩心理，正所谓

"信其道而乐学也"；另一方面，引起了学生极大的求知欲和好奇心。"知识是一种快乐，而好奇则是知识的萌芽。"在好奇和兴趣的支配下，他们主动、愉快地接受基本技巧训练，从而为以后的创作打下坚实的基础。再则，由于这是教师亲自制作的，在教学中融入了自身的体会，那么教学活动将会更加生动。

2. 创设课堂情景，激发学习兴趣

课堂情景教学，就是让学生通过教师所创设的某一命题场景，设计并完成作业。比如：有位教师讲授《装饰色彩基础——色彩渐变》，上课时挂出用色彩渐变构成的挂图，先布置"装扮海底世界"这一作业，然后讲授知识点，请学生欣赏、总结、归纳鱼的外形、鱼身的装饰图形，再做作业。这几大步骤全都处在教师所设计的场景中。不仅激发起师生之间情感的交流，而且促进了学生主动、积极地吸取知识。

3. 利用求新心理，提高审美情趣

中、小学生普遍存在着一种求新心理。他们注重学习中的一切新动态，希望通过自己的努力掌握新的东西，来点缀自己的生活，那么，美术教学就可以利用这一心理提高学生的审美情趣。

比如，教学生做《工艺人物》，启发他们的扩散思维，帮助他们做成各具特色的精美工艺人物来装饰自己的小书房。再如，教他们用自己灵巧的双手制作精美的立体卡片，用来馈赠亲朋、好友、师长。学生在学习中学到了实用知识用于美化自己的生活，何乐而不为呢？所以，课题的设计首先就引发了他们的学

习兴趣，而且在作业制作过程中通过思索、体验、尝试之后，实现了自己的愿望，有了更多发挥个性和创造性的余地，他们会为自己的劳动成果而激动、自豪，教与学双边活动搞得有声有色。

4. 活跃课堂气氛，升华学习兴趣

教师上课一般重视讲解、学生练习，而不重视学生智力发展。这种教学方法不能吸引学生，不能集中学生的有意注意力，而机械地练习又使学生觉得枯燥乏味，容易产生厌学心理。在这种情况下，教师应注意活跃课堂气氛，时时调配学生的有意注意力，来升华学生的学习兴趣。

学生的竞争心和自尊心都很强，把竞争机制引入课堂有利于活跃课堂气氛。比如上《立体构成——累积结构》这堂课时就可相对引入竞争机制，使学生们的作业处于竞争状态，要求每个同学完成三个立方体，然后分八组进行累积造型，制作建筑模型，看哪个组的建筑模型重心最稳，造型最新，结构最美。这种竞争不仅使学生主动、愉快地获得了知识，加强了技能训练，而且使学生在学习中培养了创造能力和集体主义观念。

营造课堂气氛，还可以借助于旁类艺术。例如传授《装饰色彩基础——色彩的感情与印象》时，让音乐贯穿整个

教学过程。从欣赏音乐到回忆与音乐内容相关的自然环境以及启发学生归纳和指导学生作业，整个教学过程全处于一曲《秋日的私语》伴奏的欢快游戏状态中。良好的课堂气氛，有助于激发学生学习的内在动力和智慧潜能的发挥，使他们在学习中更好地发挥自己的想象力和创造力，从而达到预期的教学效果。

5. 及时评价反馈，巩固学习兴趣

学生在学习过程中要付出辛勤的劳动。他们需要教师的理解，所以教师在评价时不要一味地寻找缺点，而是要多鼓励，使学生在心理上得到满足，在学习中体验到成功的喜悦，并且获得学习动力。

教师评价学生作业，要做到及时、恰当，多用鼓励性的语言。《立体构成》的作业空间大，所以，可采取下课前十分钟开始为已完成作业的学生批改作业，批改作业时及时指出优缺点，并且听取学生对教学的反馈意见，学生可以根据教师评价保持优点，改掉缺点，重新制作，作业效果相当理想。

加强美术课兴趣教学的手段多种多样，而且可以相辅相成，相得益彰，这还需要我们在美术教学中不断探索和完善。

第 **8** 篇

课堂反馈调控艺术

一、反馈教学艺术基本理论

（一）何谓反馈教学艺术

反馈教学艺术就是在课堂教学中创造性地运用反馈教学法的反馈—调控的基本原理，诱发和增强学生的审美感，实现课堂教学同步，师生情感共鸣，使学生在积极愉快的求知气氛中获取到知识的营养和美的享受。

何谓反馈教学法？反馈教学法是运用系统论、信息论、控制论"三论"原理建立的新教法，是师生双方在融洽、合作的气氛中，由教师引导（控制）学生进行系统的、创造性的学习，以应用知识和发展能力为目标，突出教与学之间信息交流的信息反馈的及时性，提高课堂教学质量的一种新颖科学的，集各种教学法的优点于一体的综合教学法。其特点是：把学习结果返回教师和学生中，从而调整教与学，重新组织第二次学习，查漏补缺，使绝大多数的学生能够掌握所教内容，并把教学与评价结合起来。这种教学法对学生来说，反馈信息可以强化正确，改正错误，找出差距，改进学习方法等；对教师来说，可以及时掌握教学效果，有利于及时调控，改进教法。在教学中应用反馈教学法，能使师生的信息相互及时传递，使信息量得以控制，取得最佳效果。

反馈教学运用在学习中，学生通过一定的努力可以获得一定的学习结果（表现为教师的评价和考试的得分等等），而学习结果又返回传入学习者的意识中，成为调节学习过程的新信息，这叫学习反馈。所以，了解学习结果，会对学习者的学习过程起调节的作用，使其获得好成绩；可以提高其学习热情，促其增加努力的程度；同时，又可以看到自己的缺点，便于及时进行纠正。

学生得知自己的学习结果，会激发学习兴趣和强化学习动机，这正是学习结果的反馈作用。从积极方面讲，学生在学习过程中看到了自己的成绩，精神上得到某种满足，伴随而来的是兴奋感、轻松感和愉快感，同时，也会产生一种自信感，信心增强，从而进一步引起兴趣，提高学习的积极性，对学习表现出极大的热情。这种对知识的渴望所表现出来的学习动机，是由于利用反馈教学艺术激发起来的。下面是一篇学生的回忆，很好地说明了反馈教学艺术的魅力。

例1 上课铃响了，余老师走进教室，指导我们写"记一件有意义的事"的作文。我作文很差，心还沉浸在上学途中捉黄鳝的紧张、激动的情绪中，因此，根本无心听课，又去轻轻地拨弄那条大黄鳝。突然，"嗖——"的一下，黄鳝从书包里滑了出去，落在一个女同学脚上。

"啊——蛇——"她惊叫了起来，全场哗然。

"是蛇！""是黄鳝。""是毒蛇？！"
……

教室里议论纷纷。我怕极了，低下了头。不是怕蛇，因为它是黄鳝，而是怕余教师的训斥、处罚。

"同学们，这是一条水蛇，但不是毒蛇，更不是黄鳝，蛇与鳝的区别是：蛇有鳞，而鳝无鳞……"教室里马上安静了下来，我慢慢地抬起了头，想起刚才捉的竟然是蛇，心里更是怕极了。

"徐晓草，你说说捉蛇的经过吧。"余老师手中的教鞭挑着已被同学们踩死的水蛇，神情和蔼地说。在余老师的鼓励与同学们的再三催促下，我真的把抓蛇的始末，仔仔细细地说了一遍，时而引来同学们的阵阵大笑。

"同学们，今天的作文题目稍微改动一下，把'有意义'改为难忘，变为记难忘的一件事，就以今天课堂上发生的事为题材，好不好？"

"好！"同学们齐声回答。

这次作文的成绩，我居然名列全班前茅。自那以后，我开始爱好写作了。

余老师对作文课上发生的玩蛇事件的处理，表现出她教学的机智，出乎意外，合乎情理。事实上，是运用信息反馈，及时地调控了课堂教学激励，并充分地协调了课堂教学系统，使系统的响应效果达到了最佳化。

（二）为何要倡导反馈教学艺术

教学过程是极其复杂的。在课堂教学上，教师面对数十位学生（活生生的主体），要根据每位学生不同的状况（包括知识基础、心理发展水平、智力因素与非智力因素等），使他们各有所得，逐步提高，这的确不是件易事。在教学过程中既有教师的独立活动，也有学生的独立活动，既有师生间的双向活动，也有学生间的双向活动。所有这些活动怎样在一个"闭系统"(指课堂教学的全过程)内得到和谐与协调,使之发挥有效的功能,这正是反馈教学法不同于传统教学法的主要优点,也是反馈教学艺术致力研究的重点。下面就当前课堂教学的弊端,谈谈重视反馈教学艺术的必要性和重要性。

1. 从反馈信息的意义看倡导反馈教学艺术的实效性

在中小学教育领域里,可以断言:"不存在不顾反馈信息的教师。"事实上,一个教师不管他多么不重视信息反馈,学校教学管理机构也会组织考试或考核来了解每个学生的成绩和每个教师的教学效果。在学校教学管理机构获取教学反馈信息的同时,教师也就同样得到了反馈信息。此外,教师在教学活动中,只要稍微留心观察,就可以获得大量的反馈信息。那么,反馈信息对教师的教学有何意义呢?

首先,教师获取反馈信息可以了解学生掌握知识和技能的程度。这种程度,包括了处于各个不同层次学生的原有程度和现在的程度。了解学生的学习程度,对于教师制订教学计划,选择教学方法等都具有决定性的意义。如果教师不了解学生的程度,就去上讲台,那只能是无的放矢,很难达到预期的教学目的。

第二,获取反馈信息,可以检验教师的教学方法和教学效果,从而使其根据实际教学情况随时修改教学计划。实践是检验真理的标准。一个教学计划制订得是否完善,是否能达到预期的目的,不是看纸上的安排和文章写得如何,而是要看大多数学生是否确实接收并储存

了信息,具备了某种技能。这就要求教师密切注视短距反馈和瞬时反馈,以便满足教学的需要。

有经验的教师不仅十分重视教学信息反馈,而且能积极创造条件,抓住各种机会,获取各种反馈,特别是短距反馈和瞬时反馈。上课时:他们一边讲课,一边注视每个学生的表情,观察学生的眼神,随时收集反馈信息,对自己的讲课内容作必要的修改、补充和删节;在学生做课堂练习时,他们认真巡视学生作业的情况;在与学生对话时,能随机因势利导地向学生提出问题;在课后,他们常常深入学生中与学生交朋友,主动收集反馈信息;在批改作业和试卷时,他们收集反馈信息,对每一个学生的思想状况、学习基础、理解能力、学习方法、身体素质以及家庭情况都有充分的了解,也对每一堂课的教学效果心中有数,然后对症下药,灵活执教,使教学有针对性,能发挥最大效益。

有些教师则对收集反馈信息的重要性还缺乏足够的认识,他们最多只对长距反馈稍感兴趣。因此,我们往往看到:上课时,很多学生皱眉摇首,目光呆滞,甚至鼻子朝天或者闭目养神,嗡嗡声不绝于耳,而教师视而不见,听而不闻,仍然按老套套怡然自得地讲下去。因此,在这些教师的心目中,这是学生不用功的表现,而没有意识到这正是学生对自己教学的负反馈。这样就很难在教学上取得成功。

由此可以看出,能否重视和收集处理教学反馈信息,既是教学指导思想的问题,又是教学能力的问题,还是教学艺术的问题。我们大力提倡重视教学信

息反馈，同时，还可考虑将收集和处理教学反馈信息的能力作为评价教师课堂教学艺术水平和考核教师业务水平的一项重要内容和指标。所谓收集和处理教学反馈信息的能力，是指既会收集又能针对不同的反馈信息找出适当的对策，使教学适应大多数学生要求，也就是使教学信息能为大多数学生有效地接收、贮存、放大的能力。

2. 从传统教学法的结构看倡导反馈教学艺术的必要性

（1）传统教学法不能充分激发起学生的学习兴趣。复习导引的一般信息传递形式，是教师通过提问来进行的，目的在于达到复习旧知识，在新旧知识之间架设桥梁。

（2）传统教学法一切为了掌握知识而不能形成智能。正如图8.1所示，传统的课堂教学，有的过程还不完全。它缺乏思维转化过程中至关重要的两个步骤：分析——改造；启发——联想。例如：教师一讲到底，学生囫囵吞枣，这就是不完全理解的表现。教师只改了作业中的错误，而在教学中没有让学生自己对错误进行分析批判，使学生缺乏判断错误的能力；教师指定的作业着重于复习，学生只能依样画葫芦，缺乏灵活运用的能力。由此可见，传统教学法在教学中的思维过程是不完全的，而且互不联系，因而，不能形成完整的思维转化运动，不能产生智能。

图8.1 传统教学法师生互动关系

（3）传统教学法养成了学生的依赖性。当前，学生为什么会出现"一听就懂，一丢就忘，一做就错"的现象？主要是注入式的教学法造成的。传统的教学模式是：老师讲，学生听；老师写，学生抄；老师问，学生答；老师考，学生背。这种课堂教学模式，学生主要通过感性进行学习，即使有少量的思考活动，也是在教师事先设计好的路线引导下完成的，缺少独立的认识活动。长此下去，就慢慢养成了学生的依赖性。

当然，新课离不开教师的讲解，但关键在于如何讲，讲什么。对于易混概念和原理，要讲深讲透，讲清概念的来龙去脉，揭示问题的核心所在，但不能包办代替，一讲到底，可讲可不讲的，一定不讲。关键在于把学生引入思维情境，留出更多时间让学生自己看书、思考、相互争辩和讨论，最后，得出老师要讲的结论。这样的讲授，才能克服思维的依赖性。

（4）传统教学法信息量小，思维深度不够。传统教学常把完成数量较多的练习，解答典型习题等活动称为新课的巩固。传统教学的巩固主要是通过模仿练习领悟新知，记忆新知，复习旧知的，这种来自老师的信息，因未经学生的"理性（思维）车间"的加工处理，只能以感觉、知觉、表象的形式贮存在学生的"信息库"里，这还是感性阶段，因而易忘。有效的巩固必须多次反馈，多次循环，将所学知识应用到新情况中方能达到巩固加深的目的。

另外，从小结来看，小结分为知识和学习两方面。知识方面指出观点和关键所在及它们之间的内部联系；学习方面在于学习态度和学习方法上是鼓励好学，激发兴趣，而这些侧重于非智力方面的教育。其形式分两种：一种老师小结学生听，这种空洞的说教，学生不感兴趣；另一种是老师让学生进行自我小结，但由于学生听课时没有独立思考活动参与，所以变成抄结语，背条文，或重复老师讲的话。这样的小结，徒有形式，不能培养学生综合概括能力。实验证明，中小学生（特别是男生）非常重视同伴对自己的评价。对他们来说，同伴的评价甚至比教师的评价更能影响自己的行为：一是知识方面的概括和归纳，根据知识的结构指出解题中应用知识的关键，揭示应用知识的规律。二是非智力因素的激发，根据学生的心理发展水平和个性特点，从不同角度来激发他们的上进心、自尊心和荣誉感。对自信心较差的学生，要善于发现他们的积极因素，多加鼓励，及时表扬；对信心强的学生，应提出更高的要求，让他们懂得山外有山，天外有天，表扬时要指出不足。三是学习方法的评价与指导。

（5）传统教学法的反馈功能薄弱。从信息学角度看，教学过程是个信息流通过程。教师传递信息——学生接受信息——教师接受学生的反馈信息这一回路必须始终畅通无阻。在传统教学的课堂上，教师主要通过察言观色了解学生听课时的心理状态和学习状况。由于教师的主要精力放在讲解上，上课回答问题的人数有限，学生的表情与心理活动有时又不一致，诸多因素，使得教师在课堂上获取的反馈信息量少，可靠程度低，对吸收到的有限信息也难作出适当而及时的教学调节。

传统教学中，教师在教学任务支配下的单方信息输出超量现象还时常出现。教学中，有的教师认为只要把教学内容讲正确，按自己设计的教学步骤完成任务就行了。教师只顾自己信息的大量输出，不注意学生能接受多少信息，以致出现图 8.2 所表现的现象。从图 8.2A 中可以看出，教师输出的目标水平是很高的，但没有与学生形成共振点，尽管输出的信息量多，但学生输入的有效信息量却少，致使整体目标失控。纠正的办法是必须根据信息论原理，运用反馈教学艺术对症下药（见图 8.2B）。

$$教学效率 = \frac{学生输入有效信息量（平均数）}{教师输出信息量} \times 100\%$$

在这个公式中，教师在一定时间内输出的'信息量是有限的，所以，关键在于增大学生有效信息输入量，才能提高单位时间内的教学效率。

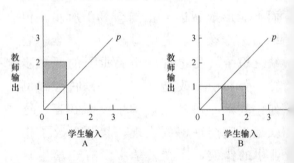

图 8.2　传统教学教师-学生，输出-输入关系

在传统的教学法支配下的教师输出信息单调或不足现象也比较严重。据调查，传统教学中，一节课学生回答的机会仅占 20% 左右，而主动质疑的机会则更少。这种单调的信息输送形式，使学生接受有效信息量更少。

为了改革传统的教学观，确立学生的主体地位，不断获取反馈信息，及时进行整体调控，必须根据"三论"原理，加强反馈教学艺术，从整体控制上发挥信息传递的高效应。

（6）传统教学法不利于因材施教。传统教学不利于因材施教，将全班四五十个学生集于一体，进行"三同教学"——同一速度，同一要求，同一水平，无视学生们认识水平的参差不齐和情感志向的种种差异，势必造成优生"吃不饱"，差生"吃不了"的两极分化逐渐加剧的局面。

（7）传统教学法忽视学生的学。传统教学中，教师的讲支配一切，以教懂为中心，贯穿全过程，而不是教师要求学生理解教材，牢记教材，运用教材，以教促学（这种能懂、牢记、会用的能力，人们称为掌握）。它只能使学生在现有的教材中打转转，而不能运用自己的智慧自觉地探求解决纷纭繁复的问题。

（8）传统教学法忽视能力的培养。传统教学重视知识结构的讲解、记忆、运用，而忽视过程的分析和推导、启发和联想；重视题材的归类而忽视解题思想方法的概括和整理。从传统教学观念和实际来看，它没有把在课堂教学中培养学生能力放在应有的位置上。

为什么传统教学法不能培养学生的创新能力呢？由于传统教学法没有按照思维转化运动的过程和发展进行教学，所以不能培养学生创新能力。现在我们来分析一下传统教学法的教学程序：用传授教学让学生接受知识；用讲解教学让学生理解知识；用示范教学让学生模仿知识；用复习教学让学生牢记知识（储备）；用作业教学让学生运用知识；用批改教学排除学生的错误。归根到底，只能是教学生把教材学懂会用，只能把人类已有的基础知识继承下来，即只能

继承，不能创新，所以，传统教学法不能培养创造能力。

3. 从现代教学论看倡导反馈教学艺术的重要性

现代教学论认为，教学过程就是教师不断把学什么（知识）与怎么学（方法）的信息传递给学生，学生接受了这些信息，通过大脑，进行感知学的过滤（即分析思考），形成记忆，从而获得知识，再通过知识输出（讨论、作答、操作、考试），从同学、教师中吸收反馈信息，调节学法，发展思维，同时，教师又不断从学生那里搜集反馈信息，有效地调整自己新的信息的输出，有效地调控课堂教学。学生根据教师对他的回答所给予的评价和指导意见，调节自己的学习，从同学的讨论获得启发来发展自己的思维，这种师生多边的信息传递和相互反馈，构成新的思维关系。

根据以上现代教学论的思想，可以看出，传统教学法显然不能适应当前教改发展的需要，已到了非改不可的地步。传统教学法的信息反馈与反馈教学法的信息反馈流程比较如图8.3所示。

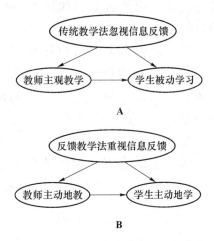

图8.3 传统教学与反馈教学信息反馈流程

（三）反馈教学艺术的基本原则

教学过程是"教学活动"的过程，它是具有确切功能的若干要素（包括教师、学生、教材以及辅助性的教具等多种因素）相互作用和相互依赖的一个复杂的可控制系统。在这里，教材、教具、教学技术手段等因素具有相对不变性，因此，教学过程呈现的主要是教师为主导、学生为主体的这一对主要矛盾的辩证关系。但是，教师是教学进程的组织者和导向者，在教师、学生这一对主要矛盾中，教师是矛盾的主要方面，教师的自身机制是教学过程这个可控系统中的主要变量，因此，教师的自控状态极大地影响着这个系统的状态。

控制论的创始人维纳曾说过："一个有效的行为必须通过某种反馈过程来取得信息，从而了解目的是否已经达到。"作为教学过程控制者的教师，就必须通过教学反馈来把知识信息的系统输出转变为系统的输入，促使教学恰到好处地适合学生的学习水平，使学生对知识的好奇心理和探求欲望能够在自己设置的情境中被激发出来，顺利地按照目标要求形成学生的思维活动，从而呈现以教师为主导、学生为主体的相互作用的辩证发展的教与学的最佳状态。因此，可以说教学反馈是影响教学质量的极其重要的因素，是活跃于师生之间的重要媒介，是教师执行教学计划过程中或执行后把系统状态的真实情况反映出来，从而对知识信息再传递发生影响的过程。

1. 反馈的交往性原则

学习论研究表明，组织学习活动的

任何一种形式都是由学生和教师的相互关系的性质决定的。教学应是师生双方共同活动的统一体，在信息的传递、加工、储存和应用的流程中，师生之间的信息交流，可以看成是"映射"的两个方面，他们都以对方为自己自下而上的前提，失去任何一方，反馈效应就不复存在。同时，双方都是对方反射的"回音壁"，尽管它不是一一对应的，但总可以从一方找到反馈"点"，得以检查到反映的外显行为和内隐变化的外显标志。信息在师生之间的这种循环往复的影响，就是反馈的交往性。

通常，教师一方的信息反馈是指教师通过一定的手段（观察、提问、练习作业、考试等）了解学生学习的现有水平与预定的教学目标进行比较，找出差距及原因所在，并对反馈信息作出反应（评析），从而决定下一步的策略，调整信息输出的节奏和步骤。学生一方的信息反馈是指通过教师获取学生反馈信息后的情感反映（言语词汇、手势、面部表情、问题的变换等）与测试的分析评价，引起自身的思考，并鉴别同学之间信息的反映，从而了解自己的学习效果，诊断自己的学业水平，以调整自己的学习行为和学习态度。这样，双方的反馈形成一个闭合回路，各自对来自对方的反馈信息均进行不断的加工整理，并反射给对方，往返影响。反馈的这种有效的交往，决定着教与学的效果。部分教师习惯于注入式的"满堂灌"讲解，其教学效果不理想的原因正是忽视了这种交往性。作为主导者的教师，应充分把握交往的词语，以符合逻辑与清楚明确的说话方式，用学生能理解的语言传递再加工的知识信息，表达学生能够会意的信息意图，做到信息和信息意图间协调一致，达到交往和谐的境地。

2. 反馈的情感性原则

列宁说："没有'人的感情'，就从来没有，也不可能有人对于真理的追求。"教育心理学研究表明，任何活动必须促进活动者内部的体验，引起对认识的需要，对创造的需要，对顽强独立工作的需要，也就是引起对学习活动的浓厚兴趣，才能取得活动的好的效果。教学中，对信息反馈的体验，教师和学生是不相同的。由于年龄和知识上的距离，教师一般是学生崇拜的偶像，教师的言行对学生往往有震撼作用，学生心扉的启闭随着学生所受刺激的领悟不同发生变化。据调查，许多年轻教师能与学生打成一片，有说有笑地生活在学生中间，学生的心扉是敞开的。尽管他们的教学经验不足，但他们常常能与老教师平分秋色，或效果可能超过老教师，这正是情感的作用。因此，教师应特别注意理解学生，对反馈要有灵敏的反应能力，不但能辨别言语反馈，而且能分辨学生对你传递的教材信息是否已经理解或尚未理解的非言语行为，并体验学生发出反馈信息的心情，灵活应用而不受固定期待的"参照系"影响来衡量学生给予的反馈，使学生体验到由于完成任务或有一定进步而满意的情感，体验到克服困难而产生的喜悦，以，增强自我调节的能力。反之，学生会以同样的情感回报教师，教师提出的要求他们能乐于接受，即使教师偶尔出点差错，他们也会给予谅解和合作，这就是反馈的情感效应。

评价是反馈的伴生物，是反馈活动的重要组成部分，没有评价的反馈是无效的：评价形成受到客观和主观两种因素的影响。客观因素是反馈信息与预定目标比较的实际结果，主观因素是教师（或学生）对被评价对象的态度以及评价的目的。在日常教学中，我们发现教师习惯于采用"规范"的评价方式，即把学生的学习行为与标准模式进行对比，这种做法是欠妥当的。事实上，学生在某一时空对教师输出的信息进行接受、加工、储存及运用的水准是不可能一致的，对班级中后进生如果始终用规范方式评价，他们就很难一下摆脱"不及格"的命运，若长期受到这种刺激，在心理上的创伤就很难治疗，致使其采取消极抵制的态度对待学习，这是任何一个教师都不愿见到的事情。所以，反馈的评价应从学生发展、进步的方面出发，宜采用"个人的评价方式"（与这个学生的过去相比），知识技能上给予矫正，情感上给予鼓励，哪怕是微小的进步。在这一特定的情境中，教师较好地控制对发生之事的情绪参与，克服主观随意性的诱惑，才有可能增强有益于学生进一步发展的潜能。另外，应用情感性原则，还易于培养学生个人对反馈信息进行自我评价的意识，教师非言语的含而不露的某种暗示，常能导致学生的内省，会增强反馈的效应。规范化评价适宜于终结性考试或总结性的综合评价，它对调控下一阶段的教学是有指导性意义的。

3. 反馈的时空性原则

控制论研究表明，人的感官在接收

外界信息时，对不同的外界信息有不同的反映时间，且总是存在反映时间，信息不可能连续进入人体的大脑。这即是说，教学中必须控制好单位时间内的信息传递量。同时，学习中要吸收信息并保持信息，没有保持就不可能有学习，而保持和遗忘总是同时发生的。德国心理学家艾宾浩斯研究的遗忘曲线指出，任何材料，熟记过后遗忘都是很快开始了，并且它的发展是先快后慢。这即是说，教学中还应控制好信息强化的周期，使必须保持住的信息，真正保持住。根据信息的传递与保持的规律，教学中的反馈必须留出时间，留足空间，边讲边练，讲练有机结合，使师生都有思考的时空，回味调节。我们常常发现有的教师得知学生对某个问题理解并不深刻，却怕完不成教学任务，就连珠炮式地答复学生的疑问，或三言两语地一带而过，殊不知，对这个问题学生还没反应过来，对下一个问题他又怎能深刻领会呢？他们忘记了反馈的目的正是为了"调节"。反馈的效益与反馈的时间间隔和空间相关联，这就是反馈的时空性。

上述三个原则联系紧密，但又不能相互取代。交往性原则是反馈的基础，也是前提；情感性原则是反馈的动力，也是关键；时空性原则是反馈的方法，也是途径。反馈教学艺术必须充分地把握上述三个基本原则，并恰当地运用于教学之中。只有这样，才能增强反馈教学艺术的综合效应，提高反馈教学艺术的效益。

（四）反馈教学艺术的特征

卢梭曾说："教育的艺术是使学生喜欢你所教的东西。"反馈教学艺术就是运用反馈教学法再现求"实"与艺术表现求"活"的完美统一。其特点是：运用反馈——调控，把学习结果返回教师和学生中，从而调整教与学，重新组织第二次学习，查漏补缺，使绝大多数的学生会学、好学、乐学，能够掌握所教内容，并把教学艺术与评价艺术结合起来。这种教学艺术对学生来说，可以强化正确性，改正错误，找出差距，改进学习方法等；对教师来说，可以及时掌握教学效果，有利于及时调控、改进教法。在教学中应用反馈教学艺术，能激发学生学习兴趣，使师生的信息相互及时传递，信息量得以控制，取得最佳效果。其具有三种特征。

1. 准确性

反馈教学的根本目的是解决学习中的各种问题，这就要求反馈的信息必须准确，即要求"对症下药"。要抓住问题的症结所在与教学目标之间的偏离程度，并予以弥补。

2. 巧妙性

反馈教学过程大量的策略技巧，如方法巧、时机巧，既能因势利导，又能掌握分寸。只有做到适度、适时、适情，方能巧中见奇，奇中见效。

3. 晓谕性

反馈的最终目的在于弥补学生知识上的缺陷，开通其思路，启迪其思维，并与学生取得认识上的一致，使之心悦诚服而产生内化反应。

由上可知，反馈教学作为一种艺术，

其独创性是教师在长期观察学生情绪和行为变化的实践中,培养出来的一种心理能力。它要求教师从宏观上能敏锐地感觉到课堂内各种细微的变化及矛盾统一的关系,从微观上能观察学生性格内在和外在的表现,从宏观与微观的联系中,从表象与本质的统一中,生发出巧妙的反馈策略来。

二、反馈教学艺术基本方法

(一)教学反馈艺术

课堂教学的成功在于对学生反馈信息量的利用和调控。学生答问的好坏可以由于尽快告诉他们答问的成绩而有改进。反馈教学法经过 10 多年反复实验,实践证明,学习者只有吸收并输出信息,通过反馈和评价知道正确与否才能顺利学习。一些学生学习效率低,答问不积极,往往是由于花了时间学习,但结果不知道是否正确,不知道对知识掌握得如何,不能得到及时强化,久而久之,信心和兴趣都失掉了。这就是失败的开始。

下面就学生答问的各种表情归纳整理如下,供教师提问、导答时参考,并有针对性地选择运用。

1. 眼神反馈律

眼睛是心灵的窗户,不同的眼神传达不同的感情。眉开眼笑,表示欢乐;目眦尽裂,表示愤怒;目不转睛,表示专注;不屑一顾,表示轻蔑。

内心的感情和体验是眼神表意的基础和前提。例如,

表示勇气和决心:两眼向上注视——坚定无畏;

表示高兴和希望:眼皮轻轻上抬——情不自禁;

表示惭愧和悔恨:两眼视线朝下——心力交瘁;

表示失望和悲观:两眼茫然凝视——表情木然;

表示憎恶和反感:两眼向一侧看——嗤之以鼻;

表示喜悦和幸福:两眼微闭——沉浸陶醉;

表示惊恐和大怒:两眼圆睁——怒不可遏;

表示激励和兴奋:两眼光芒闪烁——万分喜悦;

表示怀疑和轻蔑:横眼斜视——不屑一顾。

2. 面部反馈律

人的面部表情是内心态度的显示。学生在课堂上的表情变化,可以从五官和面部肌肉的活动变化中反映出来。例如:学生心情愉快时,眉毛微弯,眼睛下睑向上扬起,眼角边出现皱纹,开口,上齿露出,嘴唇的尾端向后收缩,脸部肌肉上涨;学生心情不愉快时,眉毛向下斜,呈八字形,眉目紧蹙,眼睛部分或全部闭合,嘴下垂,脸部肌肉下沉等。学生经常反馈出来的面部表情有平静、愉快、狂喜、羞怯、快乐、怀疑、悲伤、难受、憎恶、敌意、苦闷等。国外心理学家曾对学生的各种面部表情变化进行观察研究,发现课堂上学生的注意、情绪、意志等心理变化表现出的规律。

课堂提问时,教师如果能通过学生

的面部表情变化规律，准确判断学生心理活动，调节问题的深度和难度，进行导答，就会取得最佳效果。

3. 体态反馈律

人往往运用臂、肘、腕、指的动作来表情达意，传递信息，这是态势语言中的手势语言。它和眼神一样，是最常见、用途最广的一种体态语言。人们平常说话，总是离不开手来帮忙，如击掌表示坚决，挥手表示再见等。掌握这些含意，在提问和导答中就能事半功倍。如：

含笑举手，眸眼炯炯者——"不成问题！"（胸有成竹）

频频举手，目光祈求者——"快叫我答！"（急不可耐）

笑得娴静，不求发言者——"这题早会！"（隔岸观火）

佯装走神，智求召唤者——"犯纪律，看你叫不叫！"（以假乱真）

手举又止，三心二意者——"答？没把握"（举棋不定）

双唇翕动，温诵答案者——"演习一遍，求个把握！"。（有备无患）

急问左右，迅速补漏者——"不行，还欠火！"（临阵磨枪）

握手翻眼，随便举手者——"最好别点我！"（仓促上阵）

愁云满面，眼神飘忽者——"怎么答？从哪儿想？"（一筹莫展）

4. 反馈需求律

人们做任何一项工作，都希望知道它的效果。对于教学中的师生来说，教师希望知道的是学生对自己的教学工作的评价和要求，学生希望知道的是自己学习的效果和老师对自己的看法。因此，无论从教师还是从学生角度来看，都需要来自对方或其他方面的反馈信息，这就是反馈需求律。

我们知道，在课堂中老师希望看到学生聚精会神的姿态，渴求知识的目光乃至会心的微笑，也就是希望看到瞬时正反馈。正反馈使得教师精神振奋，意气风发，更加热情地去从事教学；教师情绪又反过来感染学生，使得学生信心倍增，更加努力。学生在听课时对教师传授的信息会发出各种各样的反馈信息，他们希望教师对自己的答案、新奇的想法给予鼓励称赞，给以正反馈，并且越是低年级，这种需要正反馈的心理活动越是强烈。学生对待作业也是如此。如果教师不给学生批改作业，学生得不到再反馈，或者"×"，或者改得太厉害，得不到正反馈，学生就会表现出明显的不快，下次作业就拖沓潦草甚至不交或不做。

教师获取反馈信息的渠道是众多的，所以，一些教师并不觉得自己具有强烈需求反馈信息的欲望。这些教师由于得不到反馈信息，因而效果不佳。而学生也与此相似。学生需求再反馈的心理通常是难以得到满足的，其原因是学生人数多，而教学时间又有限，教师不可能对每一个学生的短距反馈信息作出评价，这无疑使一部分学生的再反馈欲望受到压抑，是十分可惜的。教师应当尽可能地估计到反馈信息的不同情形和类型，并且设计好对可能出现的类型进行再反馈。对于超越教师想象的反馈信息，也应及时加以评价和鼓励。另外，教师应该尽可能多地对反馈信息进行评价。例如，叫两名学生板演，其他学生在下边做练习。这时，老师不能只就板演的两名学生的反馈信息进行再反馈评议，而应趁学生板演的时间尽可能多地巡视其他学生的练习，一边收集更多的反馈信息，一边对有价值的反馈信息及时进行评价，对学生进行个别指导和公开评议相结合。这样，很多学生得到了直接的再反馈，其他学生也因为老师的公开评议而得到再反馈，特别是对有超乎常规的反馈信息也要做到鼓励或疏导，这就能够使绝大多数学生再反馈的欲望得到满足。

目前，很多地方推广的电影教学和录像教学，优点是能充分利用视觉器官展示各种实物和图形，增加信息发布量；缺点是违背反馈需求律，所以，无法取代课堂教学。

5. 反馈谐振律

教师给学生的信息频率必须调谐在学生的固有频率上。所谓固有频率就是指学生的知识水平和能力水平，而信息频率应该是学生的固有频率再加上一个提前量。当教师的信息频率稍稍超前于学生的固有频率时，就产生教学谐振。在教学谐振的情况下，信息接收的效率是最高的，通常是产生正反馈的。

每个学生的固有频率是不同的。最高固有频率与最低固有频率之差叫频宽。上面说的学生固有频率指的是中心固有频率。

教学取得成功的关键是教学信息频率与学生的中心固有频率大致相近、同步，并且保持一定的提前量。通俗地说，就是使教学要求要适合学生实际水平，

还要稍微超前于学生的水平，使学生在教师的启发帮助下，经过自己的努力能完成任务。提前量不能太大，必须是学生跳一跳就能摘到桃子的那个高度；但也不能太小，太小了就使学生感觉到没有意思，不能发展学生的能力。

教学信息要有一定的频宽，是指教学要求要适应各种不同水平的学生。但是，教学频宽过大，虽然能够较好地覆盖学生固有频率范围，却会降低教学要求，因为教学频宽过大，必然要延长教学周期，影响教学向深度和广度发展。所以，教学频率过宽乃是教学上大忌。要避免教学频率过宽，就应调整固有频率的频宽，使得一个教学班级中不致有高低频相差悬殊的学生。一个教学班级的学生频宽小一些，教学频宽也可以随之缩小。当然，教学频宽不能太小，因为学生总有高低频之分，我们的教学要求也不能众人一律，总要对高低频学生都有所照顾，使低频学生能够听懂，高频学生有问题思考，这就是教学的艺术。

根据谐振律，到一个新的教学班级任课的教师，其首要任务是尽快地根据反馈信息判断确定学生的固有频率，然后，根据学生的固有频率确定自己的教学信息频率和频宽。在以后的教学中，'应该不断地收集反馈信息，判断学生固有频率的变化情况，不断地调整自己的教学信息和频宽，使之适应教学的需要。

6. 反馈情绪律

从事和参与教学活动的师生，都是具有丰富感情的人，我们万万不可忽视情绪在教学中的巨大作用。好的情绪可以产生正反馈，坏的情绪可以产生负反

馈，这就是反馈情绪律。

教师在整个教学活动中起着主导作用，因此，教师的情绪对教学有直接影响。教师在语言、仪表、行为等各方面都应尽量给学生以美的感受。教师与学生应该建立互相信任、亲密无间的师生关系。教师若把学生看作弟弟、妹妹、儿女，对学生有火一样的热情，学生就会觉得教师是可亲可敬的长辈、朋友，对教师所授的课程也就特别感兴趣，学起来就津津有味，教师得到信息总体上是正反馈。即使教师在教学上产生某些失误，学生也能从积极的意义上来理解。如果教师对学生总觉得不顺眼，对学生缺乏同情心，他就会常常伤害学生的自尊心，有时对学生讽刺、挖苦、嘲弄，有时过分严厉地斥责学生，而学生就会畏之如鬼神，避之唯恐不及，师生关系成了剑拔弩张的敌对关系。在这种情况下，教师难以收集到反馈信息。不仅如此，学生一旦对某教师反感，那么，他对教师就不会体谅，对教师的过失同样不会原谅，这样，教师所能得到的反馈信息只能是负反馈多于正反馈。根据情绪律，教师应该尽量以公正、友善、慈爱的态度对待学生。在教学中，要多给学生以正反馈。即使是对于后进生，也要多指出他们的进步，让学生感到学习是一种快乐的事情，在愉快的情绪中进行学习。对学生的缺点错误，要像对待自己亲人的缺点错误一样进行帮助，让学生感到老师是真心待他好。教师绝不可以疾恶如仇的态度粗暴地伤害学生的心。那样做，会产生与愿望相反的效果。许多优秀教师和教育家在介绍他们的教学经验时都提到他们如何重视与学生的

关系和运用情绪律的经验。情绪律是教学反馈系统中的一个重大问题，值得每一位教育工作者注意。

在教学过程中，如果兴奋点长期固定的学生大脑皮层的某一个点，学生就会感觉厌倦疲劳，在这种情况下，教学谐振状态就无法出现，当然，也无法取得正反馈。所以，要使教学取得成功，应使兴奋点围绕着某一目标不断有效地转移。

就拿教师来说吧，一个教师如果连续在三个平行班教同样内容的课，就会感到音调无味；如果连续上5节同样的课，就会感到厌烦无聊，有的教师觉得简直无法忍受，巴不得早点结束了事。教师愿意上新课，讲授新内容，学生也是一样，他们盼望接触新知识，探讨新问题，这种心理状态用转移律来解释是很自然的。

以前流行过这样一种理论，叫做"重复是记忆之母"。诚然，反复刺激大脑皮层的某一特定部位当然会使印象深刻。但是，如果刺激过多，反而会使脑细胞麻木僵化，脑神经会拒绝接受信息，根据情绪律，会导致负反馈的产生。有的文章说，同一内容的信息至少要重复7次才能使人完全记住而不会忘记。如果对所有信息都这样去做，那会使学生产生严重的心理障碍。

现在，许多中小学拼命压缩正式授课时间，花上一学期甚至一学年的时间进行迎考复习，翻来覆去地把某些内容讲了又讲，使学生疲惫不堪。学生是反对这种做法的，因为，这种做法违反了转移律。

复习不应该是单纯地重复旧知识，

应该从不同的角度用不同的方法加深对知识的理解，使学生对旧知识产生新的感受。苏轼《题西林壁》诗云："横看成岭侧成峰，远近高低各不同。不识庐山真面目，只缘身在此山中。"走出庐山之外来看庐山，而且还要从不同的角度来看，才会看出庐山的真面目；再进一步，把庐山与黄山、华山进行比较，才能更进一步认识庐山。从转移律的观点来说，就是应该转移刺激与该点相关的另外多个点，而不能多次重复地刺激大脑皮层的同一个点。

刺激相关点的转移律与重复刺激同一点的重复论不同之处还在于有利于培养学生的发散性思维，而后者则助长了学生模仿的机械，禁锢了学生想象能力的发展。

教师在组织教学时，应注意变换教学方法，灵活转移传输信息的刺激点，使之呈现兴奋状态。

（二）反馈矫正的艺术

什么是矫正？根据反馈的信息，采取科学、易懂、多样的方法调控输出信息，使错误得到纠正，提高再输入信息的效果的过程是矫正。通过矫正学生的知识缺陷，为下一步学习目标的实施提供了条件，所以，矫正是实现课堂教学目标的关键环节。因此，必须利用高效的反馈手段，尽可能多地获得课堂反馈信息。主要方法是教师在课堂教学的全过程中。必须细致观察学生的面部表情、做题情况、学生间相互交流的态度和内容。如果学生对知识已经明白了，其表现是乐观的、开心的；如尚未完全弄懂

知识时，其表现是紧锁眉头，甚至会有哀叹声。总之，学生的种种表现，都给教师提供一系列反馈信息。教师要根据掌握的信息对学生全体或个别给予帮助，使得学生存在的问题得到及时矫正。

1. 矫正的主要任务

（1）引导学生分析学习存在的普遍性问题及产生差别的原因。

（2）采取多种形式矫正学生产生的学习误差。

（3）讨论总结防止错误发生的方法。

（4）帮助学生总结规律性的知识，使知识系统化，逐步完善与发展学生的认识。

（5）开拓学生的思维，发展学生的智力，使上中下学生都能得到发展。

2. 矫正的主要方法

（1）选择矫正。学习上的思维定势，常常引出错误的判断。在矫正时，可利用负迁移的干扰，有意识设置一些模棱两可、似是而非的备选答案，混在正确答案中，让学生选择，这对加深理解概念和熟练掌握基本技能很有好处。常见选择矫正的方法有：

①名同实异。针对学生往往把日常生活中的术语用来代替数学概念，产生错误的判断，进行选择矫正。

例2　一条（　　）长25米。

A. 直线　　　B. 线段

C. 射线

学生在日常生活中常常听说两点之间以直线的距离最近，故选（A），这就忽视了直线是没有端点的，是不可度量的，所以不能说它有多长。

②似是而非。针对相似概念，容易在学生的头脑里互相干扰和混淆，由此产生错误，进行矫正。

例3 25 除 5 的商减去 1/5 所得的差是（ ）。

A. $4\frac{4}{5}$　　B. 0　　C. 2/5

针对学生对"除"和"除以"两个概念分不清，容易混选（A）项，进行矫正。

③错误联想。学生往往对概念的条件不加分析，把过去的知识错误地运用到新知识当中去，造成解题错误。

例4 $41.3+5.87=$（ ）

A. 100　　　　B. 47.17

C. 92.14　　　D. 10

这是根据低年级学生初学小数加法时，容易受整数加法的数位对齐所产生的联想而误选（A）项进行的矫正。

④忽视条件。针对学生只顾结论，不考虑条件而产生错误进行矫正。

例5 与圆柱等底等高的圆锥体的体积，是这个圆柱体积的（ ）。

A. 1/3　　　　B. 3 倍

C. 2/3　　　　D. 2 倍

学生容易把比较的标准搞错，造成选择（B）项。求圆锥的体积，是与它等底等高的圆柱体积的几分之几，正确答案应是（A）。

（2）说理矫正。通过说出算理，来矫正学生轻算理、重结果、轻过程的缺点。

例6 一条公路长 120 千米，第一次修了全长的 25%，第二次又修了全长的 1/5，还剩多长没有修?（ ）

A. $120 \times 25\% \times 1/5$

B. $120 \times (1-25\%) \times 1/5$

C. $120-120 \times (1-25\%) \times (1-1/5)$

D. $120-120 \times [(1-25\%)+(1-1/5)]$

（3）列表矫正。在教学四则运算时，为了矫正学生因计算法则相互干扰而做错题，可经常收集学生错题，进行归类列表矫正，如表 8.1。

表 8.1

例	错　题	错　因	矫　正
①	$5\frac{8}{4} \times \frac{1}{8} =$ $5\frac{1}{4}$	带分数不能直接约分	$5\frac{3}{4} \times \frac{1}{3} =$ $23 \times \frac{1}{3} = \frac{23}{12}$
②	$25\frac{5}{8} \div 5 =$ $25\frac{1}{8}$	整数部分也应缩小 5 倍	$25\frac{5}{8} \div 5 = 25 \div$ $5+\frac{5}{8} \div 5 = 5\frac{1}{8}$
③	$5\frac{5}{6} - (\frac{5}{6}$ $-\frac{1}{2}) = 5\frac{5}{6}$ $-\frac{5}{6} - \frac{1}{2}$	根据运算顺序，括号前面是减号，去括号后，括号内的数应全部变号	$5\frac{5}{6} - \frac{5}{6} +$ $\frac{1}{2} = 5\frac{1}{2}$

（4）配对矫正。它要求学生用一个一个答案去跟各个前提进行"对号入座"，格式有拉线式和对号式两种。

例7 把下面应用题中各问题与正确的算式选择配对。

一项工程，甲独做 6 天可完成，乙独做 8 天可完成。

①两队合做一天，完成工程的几分之几?

②两队合做两天，完成工程的几分之几?

③两队合做两天后，完成工程的几

分之几?

④两队合做几天可完成?

可供选择答案:

A.（1/6＋1/8）×2

B.1÷（1/6＋1/8）

C.1/6＋1/8

D.1－（1/6＋1/8）×2

题 号	①	②	③	④
答 案				

（5）归类矫正。给出几个已知条件；再列出相关的对应备选题，要求学生按所属关系进行归类。

例8 把下面的数填在合适的方框内－9，15，17，25，40，45，49。

被5除无余数　　　被8除余"1"

被5和8整除的数

3. 矫正的主要形式

（1）自我矫正。每次集中反馈练习后，通过教师批改或同学间相互批阅，练习的正确答案用小黑板或幻灯片反馈给学生，让他们自己认真审题，仔细思考，独立矫正。

（2）互相矫正。有的错题具有欺骗性、隐蔽性，可以取小组矫正的方法。一般情况4人一组（优差搭配），一起分析错题，展开讨论。这样可以引起学生兴趣，使其争先恐后说出自己的想法，主体意识得到最好发挥，在互相帮助、互相学习中得到共同提高。这种方法既调动了全体学生学习积极性，又训练了学生的语言表达能力，同时，也发展了学生思维的批判性，培养了思维的广阔性和深刻性，而且为差生提供了更多的学习机会，有利于大面积提高教学质量。

（3）集体矫正。每次集中反馈后，要求学生找出存在的问题，造成错误的原因，改进措施（如何矫正）4和造成错误的关键是什么；然后，采取与课堂讲授有别的方法进行集体矫正。

（4）个别矫正。后进生基础差，理解能力低，对常规教学应会的知识往往掌握不了，教师应针对每个后进生的不同情况进行个别辅导。通过这种矫正方法，解决了统一教学与个别需要之间的矛盾。

（5）复习重读矫正。对个别没能达标的学生，要求他们复习重读，达到教学目标的要求。

（6）辅助练习矫正。针对教学目标出一些练习题，通过学生对这些习题的自测练习，达到他们应达到的目标。

（7）变式训练矫正。根据学生接受问题能力不同和得到的不同层次的信息，使学生们都可得到第二次学习机会，一部分学生完成教学目标最基本的保底题目，另一部分学生则可适当延伸发展，让优等生得到发挥。

（8）强化自学矫正。根据教学目标，指定学生自己选择课外题目进行强化训练。

4. 反馈矫正的优化结构

通过长期教学实践证明，在反馈矫正中形成环环紧扣，层层相关，逐步巩固、强化和发展的教学趋向，使教学信息网络化，认知结构整体化，智能发展双优化，突出了教师的主导作用、学生的主体作用和教材的指导作用，体现了以教学目标为主线，按"信息定向—反馈—矫正—发展"的程序，形成优化组合、有序发展的课堂教学结构如图 8.4 所示。

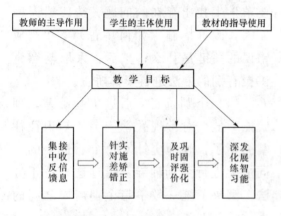

图 8.4　反馈矫正教学优化结构组合图

5. 反馈与矫正的关系

（1）反馈是矫正的前提。无反馈的矫正就是无的放矢，是没有意义的。只有当反馈的信息及时、准确、有价值时，才能使矫正的内容正是学生知识的缺陷，使矫正不失时机，取得事半功倍的教学效果。

（2）矫正是为了更高层次的反馈。通过矫正使所学知识扎实了，为新知识的学习打下基础，做好准备；于是，又开始新教学内容的反馈，即较高一层次的反馈。这样，学生在不断的反馈和矫正中，知识和能力逐步得到提高。

（3）反馈和矫正既紧密联系，又相对独立。在教学中，反馈和矫正既紧密联系，又相对独立。说它紧密联系是因为它同时存在于教学过程之中。学生回答教师的提问是一种反馈，教师给予肯定或纠正是一种矫正；学生之间通过对某个问题进行争论，选出正确答案或找出最优解法，既有反馈又有矫正。学生在讨论中讲述自己的理由，这是对问题的反馈；听取其他同学意见，又是对自己想法的矫正。经过这样反馈——矫正，使学生明白了算理，提高了分析能力。每节课教师巡视练习，是接受反馈信息；与此同时，对个别学生个别辅导，对普遍问题进行全班订正，又是矫正。反馈和矫正同时存在于教学之中，但又有相对独立的阶段性。如每小节或单元测试，是集中反馈；根据反馈信息上的矫正课，又是集中矫正。也就是说，它们虽然同时存在于教学之中，但每个教学阶段的重点不同，侧重也不同。

6. 在反馈矫正中应注意的问题

（1）反馈教学目标贯穿于反馈矫正的始终。反馈矫正的教学过程是围绕教学目标进行反馈—评价—矫正—调整—强化的有序过程，教学目标的制定要量化、目标化、结构化。教学目标是主线，是衡量矫正是否达到目标的依据；矫正的各个环节是教学目标的具体实施，编拟矫正的练习题，应依据教学目标。

（2）重视教学信息及时反馈与矫正，充分发挥科学评价的作用。变注入式的教学为开放式教学，变单向信息传递为多向信息传递；在信息反馈中了解学生的智能发展水平，在组织学习评价活动中发展学生的各项能力，在学习误差的矫正过程中强化思维训练，是反馈矫正的特点。

（三）反馈调控的艺术

反馈教学艺术重要环节在于不断吸收反馈信息，不断调节调控，使教与学一致。目前，课堂教学失控现象依然不同程度地存在，这是反馈调控的主要对象。

1. 教学失控现象分析

教学失控是指课堂教学中受教学主观因素的影响，使教学机制不能正常运行，导致课堂教学未能达到预期的教学目标。教学失控大致表现在量、度、法、情、知的失控等方面。

（1）量的失控。指教师在安排课堂教学内容的数量和质量方面引起的教学不足。解决办法：教师在备课时，首先要根据课本内容认真钻研大纲，抓重点、难点，紧扣教学目标要求，在合理设计教学结构和选择最佳教法的同时，要考虑到教学内容的数量密度适中，巩固练习题组设计有层次、有梯度，不出偏题、怪题和过深或过浅的题。

（2）度的失控。指教师在课堂教学要求和程度（教学速度和训练强度）方面引起的教学不足。解决办法：教师在教学中，导入新课要快，讲授新课稍慢（15分钟），巩固练习的训练阶段的强度要既能达到符合学生认知规律所能承受的程度，又不至于过分超重，并根据信息及时反馈的原则；使课堂教学达到有效控制。

（3）法的失控。指教师在课堂教学中由于教育、教学方法方面的因素，延误教学正常进行。解决办法：教者在教学中一旦遇到违纪或偶发现象，要及时简短地正面教育或者冷处理——课后解决；在教学方法上要真正体现"教学有法，教无定法，贵在得法，重在启发"的原则。教者如何将书本的信息通过媒体输入学生？主要通过先进的教学手段，新颖灵活、多媒体传导信息的教学形式，使课堂教学丰富多彩。

（4）情的失控。指教师调控课堂教学情境方面的因素出现教学"失态"。解决办法：教师在教学中，应有意识地发挥学生非智力因素的潜在功能，让学生口、脑、手等多种感官参与练习，捕捉学生哪怕一闪即逝的闪光点或某种良好的学习习惯等，给予及时的鼓励，最大限度地激发学生的求知欲望，使学生始终心情愉快，精神饱满，力争达到教师情绪高涨，学生兴趣盎然，师生情感融洽和谐共振的佳境。

（5）知的失控。指由于教师传授知识的失误方面的因素而引起的教学"脱轨"。解决办法：教师课前备课，要吃透教材，注意教材内容与建构之间的联系，全面掌握教材知识的纵横结构，形成知识网络，真正理解每节课内容的内涵和外延，做到横有广度，纵有深度，成竹在胸，教学中运用自如，不乱方寸，驾驭教学。师生的演示与操作，教师课前必须熟练掌握，切不可似懂非懂，全凭临场发挥，真正做到讲授知识准确，教学演示及操作正确熟练，使教学效果产生增益效应。

2. 反馈调控的方法

反馈教学法的重要环节在于不断吸收反馈信息，不断进行调控，使教与学一致。

控制论视控制对象为"黑箱"。黑箱理论认为，控制过程，其实是控制者沿着控制方向（目标）对黑箱进行的信息的输入和输出的连续不断的过程，直至到达控制目标。因此，丰富多彩、千变万化的教学控制过程，可简化为教学信息的输入和输出两个过程。然而，如何对教学对象进行信息的输入和输出，就要求控制者（教师）非常熟悉自己的控制对象（学生），如此方能选择适宜于控制对象的控制方法，这就是传统教学中所谓的教学艺术。小学生正处在智力大发展而情绪又'不稳定的时期，一方面思维"耗散"性强，好奇好问，想象无边无际；另一方面调节机能不完善，自控能力差，想到什么就付诸行动。那么，教师在教学过程中，如何根据学生的思维特点和情绪的变化进行有效的调控，使教师、学生、教材三大基本要素处在最佳组合状态，是提高教学质量的关键，也是反馈调控的主要目的。

（1）根据眼神进行调控。没有反馈就没有控制，这是控制论最精髓思想的表述。在教学中，教师要经常注意到学生的反馈信息，以便对整个教学控制过程实现准确及时的动态调节，以期使教学过程沿着控制的方向直线前进。有经验的教师可从学生的眼神变化听到他们无声的语言。"眼睛是心灵的窗户。"达尔文在《人和动物的表情》一书中，曾把眼睛的活动变化作为人类情绪的象征。美国芝加哥大学的赫斯博士，又用瞳孔变化的大小和规律，来测定一个人对事物的兴趣、爱好、动机以及对异性的爱慕和心理变化，这些都说明人的眼睛是能够表达思想情感的。在讲课过程中，教师要特别注意学生的眼神变化，并通过它来不断调节课堂上的教与学。长期的教学实践告诉我们，学生的目光功能有四：一是传递反馈信息，听不懂而百思不得其解时，往往紧皱眉头，目光黯淡；听懂了而心欢意畅时，则常常眉开眼笑，目光炯炯有神，这就为教师调控提供了依据。二是反映自己心理。三是显示对教师的态度，正视中含有尊重，注意中含有敬仰，斜视中含有不满，逼视中含有对立。四是监督与鞭策，正如加里宁所说，教师每天都在一面镜子里，外面有几百双精细的、富于敏感的、善于窥视出教师优点和缺点的孩子眼睛在不断地盯视着他。学生的这种监督是对老师的鞭策。

实践和研究表明，学生在课堂上的眼神变化十分复杂，其主要现象有以下几种：

①眼睛的清浊度。学生如果两眼无神、呆滞淡漠，表明学生心不在焉。这种情况一般是有心事，如家庭或同学中发生的不愉快事情而使得心神不定，或因教学过难听不懂，致使"卡壳"。如果学生紧锁双眉，说明老师讲得过快，学生听不清楚，心里很着急。此时，教师应当机立断，调整自己的教学进度、难度，以改变这种被动局面。

②视线的变化。人心底深层的欲望和情感最主要是从视线里透露出来的。观察学生的视线活动变化可以从各种不同角度去进行。

有的学生一直不看教师，表明学生对老师所讲内容毫无兴趣。

有的学生偶尔看上老师一眼，和老

师的视线一接触，又会马上将视线躲开，有的甚至极力逃避老师的目光，这些学生大多数有自卑感，也可能由于学习基础差，害怕提问。教师应态度和蔼，先让别的同学回答提问，然后让他作补充，以缓解其紧张情绪感受，维护其自尊心。

有的学生一直注视着教师讲课，当老师提问后眼睛直盯着老师，这表明他对这个问题很有把握，很希望老师叫他回答问题，这时如叫他回答，他则会感到特别高兴。这样，学生会更加认为老师理解和信任他，会更加尊敬老师。

有的学生一直盯着老师，当老师的目光移向他时，他却将视线垂下，接着又朝上看，这种学生可能属性格内向，并不是注意力不集中。对这种内向型学生要多鼓励，多表扬，多给他表现的机会，让他大胆亮相。

有的学生视线胆怯躲闪，不断朝左右活动，或者视线的方向变化得很快，这种学生多怀有不安的警戒之心，可能是在搞什么小动作，或者是周围有别的同学在搞小动作。

有的学生眼光游移不定，左顾右盼，似听非听；有的目光斜视，不屑一顾，这些都是注意力不集中的表现。

师生之间目光的交流，是一种体态语言的"对话"。不熟悉和了解学生的眼神是盲目的，而光停留在熟悉了解学生眼神的基础上，不运用自己的眼睛"说话""传情""解惑"，教学将是呆滞的。教师如何用眼睛"说话"，用眼睛"传情"，用眼睛"解惑"，使其达到课堂调控的目的，是运用反馈教学艺术的一项基本功。

（2）教师运用目光调控。教师要善于察言观色。有的课之所以上得生动，学生爱听，原因就在于讲课时，老师经常注意学生的脸色，探寻学生投来的目光，迅速掌握教学现状，找出教与学之间的差距，及时地运用无声的语言——目光传递信息，进行课堂调控。教师利用目光调控的功能有：①组织教学。热情的目光，可以激励学生大胆发言，冷峻的目光可以提醒学生遵守纪律。②是智慧。深沉的目光发人深省，闪烁的目光催发灵感。③进行思想教育。审视中有了解，凝视中有压力，直视中有责备，巡视中有检查，关切中有期待，欣赏中有嘉奖。④进行审美教育。那精心编织的目光中有温暖的阳光，理智的闪光，引导的烛光，希望的曙光；它以美好的形象撞击学生的心灵，陶冶学生的性情。

教师利用目光调控的方法有以下几种：

①和蔼的目光。教师走上讲台，切忌匆忙开讲，而应稍停片刻，用和蔼的目光注视全体学生。这样，可安定情绪，把学生的目光吸引到课堂的学习上，使之自然地对所学课程产生信心，对老师产生亲切感。

②严肃的目光。对那些上课不守纪律，甚至无理取闹的学生，教师应让其从自己的眼神中看到严肃的批评，使其感到无趣而不再继续犯错；也可以突然停顿讲课或降低声音，用眼睛给学生以劝告的信号。切不可大发雷霆，用剑一般的目光审视学生，伤害学生自尊心，造成感情对立。

③爱护的目光。当学生在公开课上回答问题，由于心慌而回答不大胆，声音很轻时，教师应投去肯定、鼓励和期

望的目光，使学生从老师眼光中获得爱的力量。

④信任的目光。当学生积极举手回答问题时，老师应马上投去赞许的目光，使学生受到鼓励，获得的知识得到很好的巩固和发展。

⑤鞭策的目光。当学生上课不听讲，思想开小差，玩小东西时，教师可以通过眼神传递信息，提醒学生认真思考，勤奋学习。

⑥轻视的目光。当学生做错了事反以为荣时，教师应通过眼神表示对此种行为的否定，使学生立即改正。

总之，教师要当机立断，用自己目光及时调控。要像小学语文《穆老师的眼睛》一课中的穆老师一样眼睛会说话。

课堂上当"我"把手伸进书桌里要去摸一摸漂亮的新橡皮时，从穆老师暗示的眼神里能看到善意的提醒和严格的要求；当"我"在公开课上回答问题，由于心慌而回答的声音很轻时，穆老师投来的目光是肯定、鼓励和期待；当"我"胆子大了，声音也响亮起来的时候，穆老师马上投来赞许的目光，使"我"获得的知识得到巩固和发展。

教师会说话的眼睛在不同的情景下，能表达不同的意见，起到及时调节的作用，使学生受到教育与鼓舞。教师的眼神如黯淡无光，学生会受到感染而情绪低落，学生的低落情绪又会影响教师的情绪，这样，师生双方不良情绪相互感染，以致形成恶性循环。

目光可以传递教师潜在的心声，披露心灵深处微妙的感受。教师要善于运用眼神、手势、神态、声调和位置的变化，让学生领悟和觉察到教师的情感，

获得老师对自己的反馈信息，体会到教师的真诚、爱护、信任、鼓励和责备之情。同时，教师还要经常将全班学生纳入自己的视力范围内，使每个学生都感到教师在注视他，从而产生学习和责任感受。

著名京剧演员程砚秋在谈到"四功五法"时说："上台全凭眼。"当然，这是对表演艺术家的要求，然而一个优秀的教师又何尝不应如此呢？

运用目光调控要注意：①目的性。眼神的变化要有一定的目的，没有目的的变化会乱意坏情。特别要克服故弄玄虚、神秘莫测的眼神，这些眼神不仅使学生反感，也使学生难于理解其意，这样就失去调控的意义。②常态性。眼神变化之后，要立即恢复正常，保持常态，否则就会产生形不达意的后果。③协调性。课堂上眼神要和有声语言、手势、姿态密切配合，协同作战，方能收到更大的效果。如果配合不当，不相协调，将产生负效应。④特殊性。在课堂上配合教学内容，有时采用特殊的形式，即视线消失，也就是闭目，可起到特定的作用。如果用之得当将收到良好的效果。如表达哀悼之情，短暂的闭目，会使学生的精神高度集中，并沉湎在怀念和敬慕之中，此种情景无声胜有声，无视线胜有视线。

（3）运用手势进行调控。传神的目光再辅以适当的手势，能使教师讲课更富有活力。课堂上，教师自然而安详的手势，可以帮助学生稳定情绪，增强学习的兴趣；柔缓而舒展的手势，可以帮助学生进入特定的情景，抒发美好的感情；急剧而有力的手势，可以帮助学生

升华感情，迸发激情的火花。教师的课堂手势，实际上是第二语言，应给学生以错落有致、刚柔相济的视觉美，做到动静结合：该动的地方，动若春风剪柳；该静的地方静如月下幽兰。

教师课堂教学的手势，在整个教学系统中，具有具体、鲜明、形象和效应快的特点。若能恰当运用手势，进行课堂调控，将收到事半功倍的作用。其方法有：

①运用指示手势进行调控。指示手势有指示具体对象的作用，一般适用于讲述概念及阐述道理或原理的具体内容。用之得当，能把讲授的对象和知识内容有机结合起来，有助于学生对知识的理解和掌握。

②运用形象手势进行调控。形象手势是一种简单而常用的手势，主要是通过模型状物，给学生一种形象、'具体的感觉。形象手势具有媒介作用，能够搭起学生由未知到已知的桥梁，使抽象的内容具体化，深奥的道理浅显化。这就要求教师善于根据教学中的重难点内容，画龙点睛地采用形象手势，使之起到牵一发而动全身的作用。

③运用象征手势进行调控。象征手势主要用来表示抽象的意会。就其表现内容而言，象征手势通常体现在讲授结论上，给人以昂扬的情绪，具有鼓动性。就其表现方式而言，象征手势多表现理想的、宏大的、张扬的内容和情感。因而，象征手势活动的区域较大。

④运用情意手势进行调控。情意手势主要用来表达教师的情感，并使这种情感形象化、具体化，关系着教学质量。教师授课，实际上是把自己置于设置的课堂情境之中，因此，教师的情感随课文内容而波动，学生的情感则随教师的情感而起伏，教师的情感会对学生产生潜移默化的影响。作为表情达意的情意手势，是教师内心情感的外化，是其品格的体现。

⑤根据仰头的角度进行调控。学生的头的仰起，角度可以毫无隐瞒地反映出他们的心理状态。美国教育官员罗兹。博伊森提出，使用一种新方法来检验学生是否专心听讲，即如果学生听课时头向前低俯不超过 $45°$ 角，就可能是专心听讲，教师可以按原计划讲下去；如果头向前低俯大于 $45°$ 角，就可能是在打瞌睡，教师需要改变教法，注意教学的趣味性和行动性；如果头向后仰，就是表示不耐烦听讲了，教师可教学生动动手，调节用脑形式；如果头正直达到 $90°$，就表示师生关系紧张，学生过于严肃，支持不久，教师最好用诙谐的故事进行气氛调节，使学生轻松愉快参加学习。

⑥根据坐姿进行调控。学生的坐姿反映学生听课的心理状态。在凳子上深坐的学生，有的伏案而坐，昏昏欲睡，表明学习情绪不太高；在凳子上浅坐的学生，无意中表现出对老师的讲课很感兴趣，听课精力旺盛；当一个学生坐在课堂上逐渐被老师所讲的问题吸引住的时候，他很可能塌下双肩，摊开双脚，挠着头皮，并且做出许多无意识的动作，总是在问题解决之后，他会坐正身体，整整衣服，再次回复到正常的姿态；坐姿歪斜，或跷着二郎腿的学生，往往注意力不集中，也有的对教师怀有对抗意识。另外，有些课程有时需要全班进行，对这门课程感兴趣的和学习好的学生，

往往都会提前到达课堂，并会坐在前面的位置上；反之，对这门课程不感兴趣的学生，常常坐在教室后面。这时，讲课的开场白就显得特别重要。用别具一格的精彩导语进行开讲，可以吸引学生的注意力，改变学生的看法。

课堂上，学生的神情和坐姿变化复杂多样，一个神情，一个姿态只反映一种意义，如果不能系统地了解学生一连串配合的神情姿态变化，没有把握学生前后表情或姿态变化的寓意就下结论，难免会犯断章取义的错误，造成误解。所以，教师必须注意学生各个神情姿态的前后一致性，准确判断，及时调控，以取得最佳效果。

⑦通过设疑解惑进行调控。课堂上，用问题调控是教师常用的方法，设置问题在教学中具有极为重要的作用。高质量的问题可以指导学生观察，启发学生的思路，调动学生的学习兴趣。教学是一种心灵的微妙撞击，教师要敏锐地注意那些影响学生心理的细枝末节，提问中要保护学生的自尊心。有经验的教师设计问题时，讲究正确、严密、灵活多样，集启发性、趣味性于一炉，还能视预习、新授、复习不同要求，设计出不同层次、不同深度的习题，从而较好地引导学生进入

一个教师在教《唐打虎》一课时是这样提问导入的：

师：同学们，大家对虎都比较熟悉，你们觉得老虎怎样？（板书：虎。）

（这个问题提得好，学生很感兴趣，注意力很快就集中起来。）

生：老虎厉害，凶猛……

师：（小结）是的。总的一句话老虎十分可怕，它是兽中之王。有句成语叫"谈虎色变"，意思是说一谈起虎脸色都变了。（渲染老虎的可怕，也就对祖孙俩的勇敢机智进行衬托。）但是，尽管老虎这样可怕，还是有人敢与它搏斗，并且打死它。（板书：打，写在"虎"字前。）武松打虎的故事我们都知道，今天我们学习的是另外两个人打虎的故事。这两个人都姓唐，（板书：唐，写在"打虎"前面。）一个是白发驼背的老头，一个是不满 10 岁的小孩，他们是祖孙俩。据说，这家姓唐的祖祖辈辈都是打虎的能手，所以，人们称这个姓唐的大家族叫唐打虎。

（老师指着黑板，一字一顿地读，不知不觉中解了题。）这就是今天我们要学习的课文，请同学们把书打开……

在课堂上，常常看到这样一种情形：当学生情绪饱满、思维活跃时，他们往往敢于探索，容易偏离教师的"控制"，出现一些教师意想不到的"偶然事件"；当他们遇到了疑难或思维受阻时，常常左顾右盼，皱眉苦思，有的教师对此无所适从，要么控制失当，造成信息流通渠道不通，甚至阻塞中断，要么把握不住重点、难点，偏离"定向""定度"的要求。面对这种情况，机灵的教师应根据新的意外的情况快速作出反应。或设矛盾，改变讲述角度，帮助学生解难；或设置波澜，捕捉恰当的时机来诱发。其方法归纳如下：

第一，不要先点名后提问搞突然袭击。提问最好要能启发多数人的思维，因此，提问时不要先叫名后提问，造成被答者紧张卡壳。应先提问，要求大家都思考，再举手，然后点名回答，这就

可避免"卡壳"。

第二，不要把提问当成惩罚学生的手段。苏霍姆林斯基主张不要轻易叫"差生"，"不要向儿童要求他不可能做到的事"，在叫差生答问时一定要注意适度、适量原则，千万不能把提问作为一种惩罚调皮学生的手段。要尊重学生的自尊心，尽量鼓励他们，哪怕是微小的进步。

第三，不要提大而空的问题。问题的难度要适度，符合学生的心理阶段，在他们的就近发展区。如果所提问的问题大而空，学生无所适从，感到茫然。一旦提出问题后没有反响，教师就要考虑是否需要缩小问题的范围，使问题更为具体，或换换角度，或搭个梯子，减缓坡度，使学生跳一跳摸得到。总之，教师提出的问题一定要做到清晰、明了、通俗、生动、言简意赅。

第四，提问要变换角度，要及时变换问题和对象，使所提出的问题与对象相适应。问的方式和角度不同，效果大不一样。问题过难，无从答起，需要变换；有时问题不难，学生因思维定势可能"卡壳"，也应变换角度，换一种提法，克服这种定势。

第五，提问要有启发性。提问切忌简单化。那种好不好、是不是的一问一答，表面热闹，实际没起到启发思维的作用。好的提问，能引起学生的兴趣，而且具有思维价值。

有位老师讲《壁虎》一课时是这样提问导入的。

师：同学们，谁见过壁虎？是在什么时候见到的？是白天，还是晚上？是夏天，还是冬天？……

（这位老师寥寥数语，就抓住了学生的注意力，使他们开始思索。随即老师又紧紧跟随学生的求知欲，出示了壁虎的标本。）

师：大家观察壁虎有什么特征？

（问题引起了学生浓厚的学习兴趣，促使大家仔细观察，认真思考，积极答问。）

这样提问很好，诱发了学生学习兴趣，为深入学习课文奠定了基础。

第六，提问要有发散性。教师要注意挖掘和利用教材中一些知识点，巧妙地设计问题，以利于打开学生思路，引导学生思考，训练发散思维。

第七，提问要有针对性。教师提问只注意普遍性，而忽视针对性，会使学习好的学生吃不饱，后进的学生消化不了。要针对不同水平的学生采取不同的方式发问。

（4）通过评价实行控制。课堂教学活动是师生之间信息的双向交流活动。在课堂教学活动中，教师不仅是信息的传播者，而且还是出色的评价者，对来自学生的反馈信息能及时作出正确的评价，使学生及时纠正学习中的错误，强化学习效果，起到调动学生学习积极性，发挥非智力因素的作用。

①评价的意义。评价是根据一定的标准，对一种行为、观念或理论，指出对在哪里，为什么对，或不对在哪里，为什么不对。它通过对学生良好品质和行为的肯定，能给学生以精神上的满足，使其增强自信心，进一步发扬自身的优点，克服缺点。批评，是从否定方面告诉学生，什么是错的，会产生什么后果，从而使其自觉克服缺点，改正错误。在

教学过程中，教师对学生的评价具有重要意义，是一种最基本、最有效的控制方法和手段，可以使学生从教师的评价中幡然悔悟，产生积极的情绪体验，起着导航作用。

②如何搞好课堂评价。对学生的回答是否迅速正确地评价并非易事，这与教师的道德情操、教育思想、教学经验、教育技巧，以及随机应变能力有着直接关系。同时，还受学生的思想状况、认识能力、行为习惯、意志品质以及气质、性格等特点的制约。因此，教师在评价时不仅要从教师的角度考虑如何运用表扬和批评，而且还要从学生的角度设想评价可能产生的诸多反应及心理效果。搞好课堂评价应做到如下几点：

第一，适时性。教师对那些回答较好的学生及时加以肯定，并指出不足之处。信息评价要及时，课堂上的信息要在课堂上评价，每个环节信息的评价也不可拖延到下一环节。所以，优秀的教师对那些回答较好的学生及时加以肯定，并指出不足之处；对那些后进生答错了的，及时给予纠正，使其知道错误的原因。这种评价也不是越早越好。为了贯彻"以学生为主体"的教学原则，教师不能只当评判员。首先，应启发学生积极参与评价活动；其次，对重难点问题要留足时间，允许不同意见的发表，要让学生明辨是非，判别优劣；最后，教师给出简短而正确的评价。

第二，准确性。对来自学生的反馈信息，是对是错，教师的态度要明朗，不能含混不清，对那些似是而非的意见，要善于指出错误所在，切不可含混其词。

第三，鼓舞性。好的评价要给人以

力量，给人以鼓舞，一般通过语言技巧来实现。如对学生正确的回答，常用"答得非常好""说得很正确！""真聪明！""有创见！"等鼓舞性的语言；对学生错误回答，可用"请你再想一想""我相信你下次能答好！"等暖人心扉的语言。

第四，双向性。好的评价应从实际出发，根据不同情况，采取不同的评价方式。

维纳说过："一个有效的行为必须通过某种反馈过程来取得信息，从而了解目的是否已经达到。"课堂教学中的调控也是如此，教师要根据学生的反馈信息进行"及时评价"，肯定或否定学生的答问，严密精确地回答学生的质疑，引导学生评价订正同学的板演，公布课堂练习答案，让学生相互批改或自我评定课内作业的质量，学会自己纠偏。此外，教师还应经常依据学生的反馈信息，设计诱发学生自己探索的问题，引导学生自己寻觅解决问题的途径和方法，发展思维，改进完善学习方法。但是，一堂课中对学生反馈信息并非一律都得作"及时评定"，有时候，过早的评价反而会扑灭学生智慧的火花，扼杀学生创造性思维的发展。科学研究表明，新颖、别出心裁、有创造性的见解，常常出现在思维过程的后半部，这就要求教师在开拓学生创造性思维的教学阶段，应灵活运用美国创造学家奥斯本的智力激励法中的"延迟评价"原则，给出充裕时间，让学生和谐而自由自在地开展积极的思维活动，达到互相启发、集思广益、获得更多的有创造性见解的目的。

课堂教学中，在引导学生通过探索

发现规律，引导学生进行发散思维或探究一道问题的众多解法及最佳解法的时候，对学生的反馈信息一般采用"延迟评价"。这种评价能激励学生创造性思维得到最大限度的发挥。因此，课堂教学评价，根据不同对象和不同情况，从实际出发，采取双向性评价原则，效果最好。

③评价中应注意的问题。目前，许多教师不善于科学地评价学生的学习活动，而且也不重视"评价"这种控制手段，他们对学生回答的问题不认真听，听完后不置可否，既没有表扬又没有纠正，听之任之，走过场，流于形式，挫伤了学生的学习积极性，造成师生间信息交流的阻塞。防止的办法如下：

第一，防止遗漏。在课堂上不要单纯为完成任务而完成任务。在各教学环节，对学生的反馈信息要认真研究分析，不要遗漏，特别是对非智力因素的评价不能忽略。

第二，防止面面俱到，一堂课来自学生的反馈信息很多，教师的评价不应面面俱到，要紧扣课堂教学这个中心，抓住主要矛盾进行评价，使学生牢固地掌握所学知识。对学生在非重点方面的信息，则不可多加纠缠，以便引导学生集中精力学习好新知识。

第三，防止失误。一些教师对来自学生中的不同意见，不知所措，评价语言含混不清，诸如"都正确"（实际上有些见解有明显的错误）或"都不对"（实际上某些见解很有参考价值），这样的评价就失去了评价应有的作用。

第四，防止一刀切。对学生反馈信息的评价应贯彻因材施教的原则，对不同学生有不同要求。如对优等生要求从严，在优点中要找缺点；对后进生从宽，在缺点中找优点，这样才能使后进生学习有信心，优等生学习有方向，做到后进生不气馁，优等生不骄傲。

第五，防止简单粗暴。学生由于知识浅薄，认识片面，常常出现这样或那样的问题。评价时不能简单硬性，更不能讽刺挖苦，挫伤其学习积极性。要热情鼓励，启发引导，对学生通过正确的评价，增强其信心，使其勤学好问。

（5）通过错例辨析实行调控。传授新知识后，要了解学生掌握新知识的程度，就必须当堂安排练习。通过练习，及时发现教与学中存在的问题，采取补救措施。通过对错例辨析进行调控的方法有：

①把错误率高的试题提到课堂上，教师用另一种教学方法讲解。

②把错误率高的试题，通过投影或板演，让学生集体纠正，再讲出道理。

例9 5：（ ）＝4/（ ）×3＝（0.16）÷（ ）＝4。分析学生错误的原因是不懂得解题的关键在于最后结果4，然后讲解题思路，用逆向求解的方法，让学生不仅懂得怎样解，还要懂得为什么要这样解。最后，拟些近似题型，进行强化。

③针对不同题型采用不同的纠正方法。如主观题，让学生讲座补充，甚至争论，求得答案的完善与周密；客观题可用反馈板演、投影仪纠正。

④利用同类题练习。原题乏味，教师可以拟定一些与错误率高的试题内容相同、结构相似、形式有别的习题，进行针对性练习。

⑤以小组为单位，互相帮助，交流解法。

（6）运用负反馈进行调控。在科学研究中，人们常把特性、结构和功能都不清楚的研究对象称"黑箱系统"。其研究过程，就是依靠负反馈调控，＋对"黑箱系统"进行不断深化的认识、评价。这类"辨识"的过程，也就是通过一定手段使"黑箱系统"逐渐变为"灰箱系统"，最后再变成某个层次上的"白箱系统"。其程序如图8.5所示。

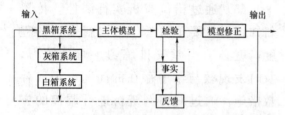

图 8.5 负反馈调节模式

研究者首先给黑箱输入信息，待反应后，再依次输出信息，提出模型。由于人们认识水平的限制，模型可能是错误的或部分错误的，因此，要将模型放到事实中检验，肯定其合理性，再次改进方法和手段，把经检验后的主体模型从另外的角度在更高的层次上输入实际中，再一次取得反馈信息并与主体模型比较，修正主体模型。这样，从不同角度，不同层次不断循环往复，螺旋递进，便可使理论模型逐步合理、完善，逐渐逼近真理。这种不断反馈控制后果，及时调节主体模型，逐渐减少模型与客体间的目标差的行为叫做负反馈调节。

负反馈调节，起着桥梁纽带作用，它能使课堂教学系统得以有效控制，为教学中完成师生自我评价、测量和能力培养，开辟了一条新路。其优点如下：

第一，反馈调节过程是自建模型——发展能力——获得知识的过程。在这个过程中，学生接受教师的指导，又利用反馈信息选择、完善和发展主体模型，直到模型和理论知识特定内容完全一致。经验表明，这类作法，避免了机械、盲目和被动地接受教师模型造成的种种弊端，为独立获取知识打下了基础。

第二，学生利用负反馈调节，自建模型，是对新知识的认识、图式、同化、顺应和平衡，对已有知识的一次探索、运用和评价过程，无疑也是对思维多向性的培养和非智力因素的激发和调动。教师若在教学的每一层次和各环节中，都能引导学生适时、适量地反馈调控，对发展能力和形成有机的知识网络，都具有特别重要的意义。

第三，从认识论的角度说，负反馈调节是"实践—二一理论——实践"的具体运用，坚持下去，对结合本学科，培养学生的世界观和科学的方法论有积极的意义。

在运用反馈调控时，要引导学生适时地完成从师控到生控的转化（见图8.6）。完成这种转化，才能达到反馈自动化，使学生自建学习模型的高级阶段。要完成这种转化，必须培养学生自觉能力和自治能力，如魏书生所教的班级就实现了这种转化。

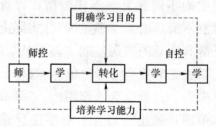

图 8.6 从师控到生控的转化

（7）利用刺激原则进行调控。教育心理学研究成果认为，教学过程中，善于组织学生注意是完成教学任务的重要手段。约翰·洛克也说："教师的巨大技巧在于集中和保持学生的注意。"所以，反馈教学法的目的也在于吸收反馈信息，及时调控。

调控的目的，在于集中学生的注意；调控的方法，在于采取有效的刺激。巴班斯基建议："有必要把刺激学生学习和启发学生学习动机的方法作为教学法上一个新的类型予以专门分析研究。"

在反馈教学的过程中，根据学生心理特征，采取艺术性、形象性、鲜明性、趣味性的方法和手段，刺激学生的学习动机，激发学生学习兴趣，将会达到调控的目的，收到良好的教学效果。主要有以下几种形式：

①语言刺激。运用语言来组织学生的注意，调动学生的学习热情，是一种有效的刺激方法。学生上课注意力分散，往往是教师枯燥无味的讲述造成的。因此，教师应充分发挥清晰、生动的语言的作用，使语言有立体感，抑扬顿挫，快慢张弛，以唤起学生的注意。

②情境刺激。在教学过程中，为学生创造"引人入胜"的情境，是刺激学习兴趣的有效方法，能使学生在最佳心理状态下学习知识。

③内容刺激。为了使教学内容起到刺激作用，必须使内容更加符合儿童的认识规律，更为儿童喜爱，更加乐于接受，以激发学生的学习兴趣。

④直观刺激。在教学中，充分发挥图示、教具的直观刺激作用，使学生提高对所学问题的兴趣，激起战胜疲劳的

动志，以帮助其理解抽象的数学概念。

⑤操作刺激。根据低年级学生好动好玩的特点，在课堂上，让学生亲自动手，做一做，拆一拆，比一比？量一量，掂一掂，剪一剪，使之起到刺激学生学习兴奋点的作用。

⑥问题刺激。问题探索具有重要的刺激作用，有经验的教师发挥自己的语言艺术，结合教学内容，巧妙地设计一些思考性较强的问题，引导学生积极思维，激发学生学习兴趣，使之产生强烈的学习欲望。

⑦练习刺激。小学生的好奇心强，但注意力不稳定，不持久，他们对机械单一的练习内容、练习形式不感兴趣。因此，低年级教师一般很注意在练习上下工夫，往往采用多种练习形式，满足学生的好奇心，集中学生注意力。

⑧奖励刺激。对学生奖励是激发学生再努力的一种最有效的刺激方法。

⑨情感刺激。教师热情的关怀，关注的眼神，循循的诱导都能激励学生学习的积极性。

（8）运用"定向""反向"进行调控。定向控制就是把控制的过程始终规定在一定的范围内，通过对反馈信息的合理处理，达到所控制的目的。反向控制就是运用先前的经验，不受外界的信息干扰，作自我个体控制，发出反馈信息，然后，评判自我控制的效果。

定向控制与反向控制各有不同特点。在解决单项问题时，一般采用定向控制。在定向控制过程中，教师始终起着"按电钮、发信息"的主导作用，这种方法使学生的思路往往随着教学控制的过程进行发散、思考。因此，这种控制方法

对新旧知识联系密切的课较为适宜。而反馈控制是学生在学习的过程中，始终以自我控制发出反馈信息为主导，自己在控制过程中获得新知识，从而达到自己探索知识内在联系的目的。在一堂课内，合理调配"定向控制"与"反向控制"是研究新授课教学的关键。

应采用定向控制的课——讲解概念、法则等来龙去脉，培养定向思维。

应采用反向控制的课——复习巩固新知识，培养发散思维等。

事实上，从整堂课的全过程来看，均可作"定向控制"来看待。但在一堂课内，没有绝对采用单一的"定向控制"或单一的"反向控制"进行教学，往往根据教材内容和学生实际情况，把定向控制和反向控制合理调配安插在整个课堂教学过程之中。只有合理调配，才能发挥其控制的优点，取得较好的课堂教学效果。定向控制和反向控制的优点是：①有利于提高学生解决问题的能力，促进智能的发展。重视定向控制调配，变学生被动地听为主动地想，杜绝了学生思维的惰性，培养了学生勇于思考，大胆设想、创新、质疑、问难的能力，使学生在日常的学习过程中，逐步形成独立解决问题的能力，从而促进智能的发展，激发了学生的学习兴趣。②有利于培养学生掌握知识的整体化，形成知识网络。重视定向控制调配，引导学生在控制的过程中进行发散思维，使学生从整体上去认识组成知识的各部分的内在联系，这样，学生所获得的新知识不是孤立的而是相互联系的，不会导致迅速遗忘。③有利于提高课堂教学效率，减轻学生负担。师生双边活动加强，课堂

气氛活跃，反馈信息及时，教师评判处理及时，不需要用课后过多的作业巩固，提高了课堂教学效率，减轻了学生负担。

（9）课堂反馈调控的运用。①课堂讨论中的信息调控。课堂讨论中，信息的传递、交流、反馈，往往出现许多复杂的情况。因此，对课堂讨论的信息的调节与控制十分重要。

在教师输出信息——学生接受信息——开展课堂讨论反馈信息——教师再次输出信息的过程中，调控有两个作用：初次调控是教师对课文信息的选择或制作，使课文信息成为激发学生思维、开展讨论的诱导性信息；进行加工与变换，要求调控信息成为再次激发学生思维，展开课堂讨论，趋近教学反馈的目标性信息。例如：在分数四则混合运算中，有这样一道判断题：

$$3/4 \times 0 + 1 \div 3/4 = 0 + 3/4 = 3/4$$

不少学生认为是正确的，其理由是零乘任何数得零，1除任何数不变。教师立即从这一反馈中提取出有益于揭示教学重点的问题，让学生议论。这样，课堂就在教师的组织调控下，向着既定的教学目标进行。

课堂讨论时，教师要发挥主导作用，使课堂讨论有收效，做到收放适度。当讨论冷场时，教师要及时启发，打开思路；当讨论偏离了主题时，教师要及时引到正题上；当讨论正处于非常热烈的时候，而时间不够用，问题又是牵一发而动全身的，可将讨论情况给予小结，指出进一步深入讨论的思考方向，让组长负责继续讨论，再让组长汇报讨论结果；当意见有分歧时，教师要及时组织评议，肯定正确的，否定错误的；当认

识缺乏深度时，可停止讨论，提出知识的内在联系，让学生进一步探索。

②复式教学中的信息调控。近几年来，复式教学正迅猛发展，而复式教学中"动""静"调控，也就显得更加重要。为解决这一矛盾，可运用反馈教学法进行调控。

第一，时间分配上的调控。复式教学要在教学环节上控制时间才能突出重点。要保证重点年级的直接教学时间多于非重点年级；保证在最佳效率时间（一般在前半节课）解决主要问题；尽量避免时间上的浪费；为重点年级创造良好的探索环境。

第二，自动作业中的调控。一是注意打好定向的基础。学生根据教师布置的思考题或尝试题进行自学，第一次自学要注意打好定向的基础。教师检查自学时，要看对新知识是否产生了疑问，是否有弄清新知识的欲望。这次自学的质量是影响全节课的，教师可利用"静"中的

"短动"分别了解几个学生的学习情况，取得反馈信息后，决定终止或引申的措施。二是注意学生情绪的波动。学生在自动作业时若有倦怠情绪，说明作业形式学生做厌了，或说明学生解决此问题还有一定困难，教师可改变作业形式，利用"动"将问题改得更明确些，或在关键处点拨一下。三年级的复式班每节课都有"动静"年级（该年级一次自动作业时间等于两次或两次以上直接教学时间），教师要注意学生的学习状态，作业不能单一，且要分步布置。发现学生感觉枯燥时，可能是作业量不足，要及时补充作业。三是将干扰减少到最

低限度。如果自动作业年级的出声音量超过常规音量，教师以手势使其轻一点。如果甲年级有形声干扰，乙年级的作业形式就要考虑采取有特别的吸引力或高度注意才能完成的作业。这样才能以有意注意去控制无意注意。

第三，动静搭配上的调控。动静的组合方式要考虑突出重点，根据实际需要可随机改变动静方式。如直接教学年级需要较短时间的查阅资料、观察、思考、默读等动手动脑的活动，教师就要在"动"中插入"短静"。如自动服务年级做一段时间作业，需要教师来检查一下、辅导一下或再布置一些作业，那么，就要在"静"中插入"短动"。"短动"和"短静"一般是同步的。二是动静衔接要力求紧密。"动"前的"静"要有辅导性、探索性，"静"后的"动"要体现验证性、深化性，"动"后的"静"要有检查性、巩固性、迁移性，最末一"动"要有总结性，这样，"动""静"衔接才会自然。教学中要根据这些原则调控。三是时间分配上要基本同步。如果出现"动"的年级在"动"，而"静"年级的作业还没做完，这时要看哪个年级是本节课的重点年级，或延长"动"，或延长"静"。在延长时间中，指使小助手指导一个年级的学习。四是课堂内要有张有弛。如果课堂内的有声练习和教师的讲解时间过长，会使学生大脑疲劳。因此，每节课最好有两三分钟"齐静"时间，即"动"的年级进行"短静"时，"静"的年级也做无声作业。这时，教室里会很安静，这样有利于形成有节奏的课堂结构。

（10）教学中的心理调控。教学是师

生心理的不断调节和控制的过程，也是儿童心理的发展过程。教学的过程就是知识、技能、方法不断迁移的过程，这就是"为迁移而教"的实质。为促进迁移，必须加强基础知识的教学和基本技能的培养。从某种意义上讲，教学的过程是始终处于不断调节、不断平衡的过程。要充分发挥教师对教学的主导控制作用，利用反馈充分调动学生学习积极性，使教与学相互促进，提高教学效率。

从心理学原理讲，如果只用音调一种形式反复刺激学生，便会形成思维定势，即用固定不变的思路和方法看待问题，以偏概全，形成认识的片面性。如果在教学中善于根据学生课堂心理气氛进行调控，将会起到事半功倍的作用。其方法如下：

①设疑。疑问是引起思维的第一步。学起于思，思源于疑。清代学者陈献章认为："学贵有疑，小疑则小进，大疑则大进。疑者，觉悟之机也，一番觉悟，一番长进。"在课堂上，教师首先要善于设疑，创设问题情境，用疑问开启学生思维的门扉。设疑时，一要适合，即适合教材内容和学生实际；二要适度，即难度得当；三要适时，即所提问题与学生想法吻合。老师的设疑使学生"心术通，口欲言"时，老师再当堂解疑。另外，要鼓励学生质疑解难。

②猜想。课堂上学生有了疑问，便会根据个人所有的知识经验对所认识的事物的情形和事理展开猜想（是怎么样的），对解决问题的办法进行探究（该怎么办）。通过猜想，在头脑里形成一种求知的心理定势。

③困惑。学生个人已有的知识经验总是有限的，在与当前遇到的新问题发生矛盾自己又无力解决这个矛盾时，便产生了困惑，出现了"愤""悱"状态。"愤者，心欲求而未得之意；悱者，口欲言而未能得之貌。"

④期待。学生遇到问题感到棘手，就期待老师帮助，给予适时点拨。

⑤惊讶。学生的迷惘在经过老师的点拨后，茅塞顿开，心里由惊讶转为高兴，脸上表现出说不出的喜悦心情。

⑥争议。反馈教学过程中有一个环节就是讨论，讨论既是信息输出，又是信息输入的过程。教学上的疑难问题，除了教师分析、对比、突出个性的讲解外，要启发学生大胆质疑问难。争议讨论是让学生充分发表自己意见，把问题弄明白，把疑虑消除掉。

⑦沉思。学生对一时难以理解的问题和弄不明白的疑点，需要费心地思考、琢磨，教师应留出一点"空白"时间，让学生沉思，进一步深刻领会。

⑧联想。课不要讲绝，应留有余味，要透过有限去展现无限，要启发学生运用已有的知识经验展开各种联想，以"不全"引出"全"的结果来。

⑨微笑。老师的讲述生动有趣、幽默、诙谐，使得学生不时发出会心的笑声，这会增加学生的学习兴趣。1988年，海梅·埃斯卡特获得了美国总统教育奖，在白宫受奖后回到他执教的学校时，受到凯旋般的欢迎。他把他的哲学归纳为爱的微笑，这是他多年来征服数以千计的学生的诀窍。目前，有的老师对学生缺乏爱，缺乏微笑，在课堂上板着一副铁青的面孔，体罚学生，指责学生，造成课堂上师生情感交流受阻，使

学生产生逆反心理,没有学习兴趣,上课交头接耳,谈天说地,注意力不集中,学习效率低,效果差。

(11)暗示调控艺术。

①语言暗示。运用语言进行暗示,首先,要注意语言的准确性,把要表达的思想最简明地表达出来,做到言简意赅;其次,要使暗示的语言具有激励性和启发性,使受暗示者乐于接受;再次,要注意暗示语言的语气、声调,同一句话用不同的语气表达,效果就会不同,甚至截然相反。

②环境暗示。环境暗示主要是利用具体的环境来实施对学生的暗示。心理学研究证明:课堂环境布置要坚持三个适宜。首先,是采光适宜,即光线强度适当;其次,是布局适宜,即教室布置要对称整齐;再次,是色彩适宜,即颜色要协调和谐。此外,教师教学时的情感状态的变化等都构造了一种具体的教学情境;无不对学生产生各种不同效果的影响。因此,教师在运用环境暗示的时候,既要当好一名"导演",又要善于耐心地让每个学生做好"演员",在热而不闹、活而不乱的课堂气氛中"演"好每一台"戏"。

③表情暗示。表情暗示是师生之间沟通情感、交流思想、建立联系的过程。这就要求教师在研究运用有声语言艺术的同时,充分运用。自己的面部表情,作用于学生的视觉器官,以形成知识信息、情感信息对学生的综合性"多项辐射"。为此,教师的面部表情,一要自然。要让自己的内心活动与外在表情相一致,使学生看到教师表里如一的坦诚自然的真实形象,从而赢得学生的充分

信任。二要适度。主要指表情的变化不可过分,不可过频,要恰如其分。三要温和。教师的面孔如同一面镜子,各种情绪和心态都可以从这里毫无保留地透露出来。

④目光暗示。教师通过丰富多彩的目光,使学生能够窥见教师的心境,从而引起相关的心理效应,产生或亲近、或疏远、或敬重、或反感的情绪体验,进而形成这样或那样的师生关系,导致或优或劣的教学效果。因此,教师应恰当正确地使用"目光暗示",有意识地让自己的"目光暗示"为教学服务。

⑤姿态暗示。仪态端庄,稳重大方,不但给学生以美的享受,产生心理舒适感,而且可以使学生对教师产生信任感,有利于威信的形成。教师上课身体正直、挺拔、自然、轻松、收腹,能给学生以有力、洒脱和自信的暗示,从而让大脑主动动员各个器官,使之处于思维活动的最佳状态,对教学内容产生浓厚的兴趣。

⑥风度暗示。教师在教学中,着装朴实整洁,举止稳重端庄,谈吐文雅谦逊,态度善良和蔼,就会使学生在课堂上深深地佩服这个教师,从中感到力量、意志、修养、个性的具体的美,让学生陶醉在知识和审美的海洋里。

⑦情境暗示。运用情境调控,应该使教育的内容与情境相一致、相吻合,才能收到好的效果。一方面,教育者可以根据情境进行与此有关的教育;另一方面,教育者可以根据教育的内容来创设教育情境。如解决学生厌学的缺点,可举办演讲会、展览会等活动。

⑧信誉暗示。青少年对领袖、英雄

和有威望的人物十分崇拜，所以，要充分发挥信誉暗示的教育作用。信誉暗示要在注意其典型性和权威性的同时，注意权威性和典型性的新颖性，使信誉暗示更有实效性。

⑨行为暗示。教师是对学生经常的和直接发生影响的教育者，教师的行为如何，更被看做是学生的榜样，所以，教师的带头作用是不可忽视的。要求学生做到的，教师首先应该做到；同时，教师还可以利用典型人物、优秀学生的行为进行暗示教育，使学生感到真实可信。但应注意行为暗示教育不是一般的、表面的模仿，而是让学生自觉地将高尚的品德和行为体现到学习和日常生活中去。

⑩衣着暗示。教师职业的衣饰打扮，不但可以对人的形体、容貌、仪态、风度起衬托作用，而且会给学生某种暗示。这就要求教师的穿着应按照朴素、整洁、得体的标准去要求，于朴实大方中见高雅的情趣，于整洁得体中见丰富的涵养，给学生以质朴美的熏陶和感染。

⑪手势暗示。手势在教学中的运用，可以使教师的主体形象更加鲜明，使有声语言更能传情达意，使学生透过视觉获得具体形象，增强美感。教师在进行手势暗示的时候应注意：一要区分手势的含义，加以选择使用。一般来说，只有在突出重点和难点，加强语言的威力，表达关键词语和意图时才使用。二要注意教师的手势不宜过多，过碎，否则就显得烦琐，会压抑语言表达的作用。三要注意手势自然、舒展、大方，给学生以美的享受。

⑫自我暗示。教师根据反馈的信息，适时点拨，让学生进行积极的自我暗示，使学生暗示自己在德智体诸方面还可以更好，以自我激励，朝着健康向上的方向发展。

（12）反馈调控的几种形式。教师指导学生学习和学生进行自学的过程中，要根据系统控制原则，根据反馈教学法的四段八步的内在联系，充分发挥及时反馈和系统控制作用，从而克服教学活动和学习活动中的无效劳动，不断提高学生的学习效益。

在反馈教学法的教学过程中，实现系统控制，通常采取以下几种形式：

①直接反馈控制。这种控制系统指的是采取基本教学形式进行系统控制。即自学—作业—检查—小结，进行直接的反馈控制。

②综合反馈控制。这种控制系统指的是采取综合阶段的教学形式进行系统控制。这种控制的形式多种多样，要根据学习内容的特点和具体学习情况确定。

③连锁反馈控制。这种控制系统是上述两种反馈控制系统的扩展和延伸。

④阶段反馈控制。这种反馈控制系统主要指的是进行了一个阶段（学习了若干个单元）的教学活动后，为了检查学生对知识的掌握情况而采用的方法。

著名作家老舍曾说过这样一段话："一个作家，他箱子里存的做的或没有做成的衣服越多，他的本事就越大。他可以把人物打扮成红袄绿裤，也可以改扮成黑袄白裤。他的箱里越阔，他就游刃有余，箱子里贫乏，他就捉襟见肘。"一个作家如此，教师又何尝不是如此呢？教师要在课堂上顺利调控，只有长期坚持不懈地收集资料，积累知识，这样，用时才有可能泻珠吐玉，呼之即出，居高临下，左右逢源。正如苏东坡所说"厚积而薄发"，没有厚积，是不可能薄发的，没有厚积，也是不可能搞好调控的。

（13）培养反馈自控能力。学生本身是自控系统，能够对自己的学习活动进行反馈调节。当某种教学信息刺激感受器官（如眼、耳）传入大脑，对效应器官（如手、口）发出反应指令，效应器官在执行脑的指令时，又将反应情况回报给脑，大脑据此调节控制机体的活动。

我国古代教学实践积淀的"反省"思维模式——"博学之，审问之，慎思之，明辨之，笃行之"，便是一个通过层层反馈进行学习的成功经验。据《论语》记载，一天，"子路、曾皙、冉有、公西华侍坐"，孔子启发他们谈出自己的志向，并分别加以评论。从这"问志""言志…'评志"的过程中，也可以看出教育家孔子不但重视学生的反馈信息，而且善于培养学生的反馈自控能力。

实践证明，学生了解自己学习结果比不了解学习结果积极性高，通过反馈看到自己的缺点和不足，促使自我激励，自我检索，自我矫正，自我完美，产生胜任感，体验到依靠自己力量取得成功的快乐。因此，在反馈教学的过程中，教师应当重视并积极培养学生自我反馈和自我调节控材的能力，使学生自觉地验证所学的知识，自查学习成果，改进学习方法，调整学习活动，养成良好的习惯。

（四）反馈调控——矫正策略

反馈教学艺术是指教师针对学生的学习情况，迅速地作出反应，并巧妙地给予解决，使学生能有效地学到老师所教的知识。如何使反馈教学达到最佳效果，是有许多技巧和对策的。

1. 课堂调控——矫正的一般方法

（1）幽默法。幽默法就是根据学生课堂信息，用语言提示学生专心学习。如一位教师在课堂上发现许多学生的目光都被窗外的喜鹊所吸引，影响了上课，这位教师幽默地说："刚才大家上课很认真，把喜鹊感动了，它高兴地说：'多好的小朋友啊，上课真专心啊！'"经老师这么一说，学生都集中精力学习了。

（2）激励法。教师可以根据学生的具体情况，适当地表扬遵守课堂纪律、专心听讲的学生，号召大家向他们学习，使学生的精力集中起来。

（3）提问法。临时让不注意听讲的学生回答教师提出的较难问题，以此来点醒他，使他自觉地纠正错误，专心学习。

（4）分身法。如果遇到突发事件，教师可以采用分身法。如布置一些与本节教学有关的思考题或习题让学生思考练习，自己去处理课堂上的偶发事件。

（5）暗示法。在课堂上，如个别学生精神不集中，教师可以在讲课的同时，用眼神、手势等暗示学生使他们集中精力学习。

（6）停顿法。当教师发现学生听课不专心，思想开小差，影响学习时，可以突然停顿片刻，把学生的精力吸引到教师这边来，然后继续上课。

（7）提醒法。有的学生在上课时看课外书或玩小物件入了迷，教师用停顿法不奏效时，可以边讲课边走到该生身边，亲切地摸摸他的头，或用手轻轻地敲击一下他的书本或课桌，使其把精力转移到学习上来。

（8）转移法。根据心理学原理，学生课堂注意力持续时间不会很久。如学生课中疲劳时，精神不易集中，可以让学生做相关的事情，如开展讨论，背诵诗歌等，以转移他们的注意力，然后再继续上课，可以收到较好的教学效果。

（9）议论法。当教师讲到学生感兴趣的问题时，学生往往自发地在下面议论纷纷，这时，教师可以让学生自由议论，然后，选出代表发言。这样做，使全体学生的意见都能表达出来，能够调动他们的积极性，也能防止冲击原定课堂结构。

（10）复查法。教师在授课过程中，如发现学生的面部露出迷惘的神情时，可以采用复查法。就是教师对自己的教学过程做一下回顾，检查是否自己的知识出了错，然后，采取相应的补救措施。

（11）共探法。如果教师出现错误，采用复查又没检查出来，可以请同学们帮助查找错误，这样有利于调动学生的兴趣，又能为教师赢得宝贵的时间。

（12）休整法。有时课堂上大部分学生精神疲劳，可以进行课间休整，让学生闭目养神两三分钟，或唱一支歌，或做游戏，使学生紧张的神经松弛一下。

（13）嫁接法。当学生的注意力被课堂无关的事件干扰时，教师可将该事件引导到课堂上来。如地理课学生交谈声音大，教师可问："谁能说说多少分贝的声音为噪音？"同学们答："60。""对，噪音也是一种环境污染，你们可不要破坏环境啊！"这样，学生的注意力就被引导到学习上来了。

2. 课堂调控——矫正的基本策略

（1）目光注视。当教师捕捉到有行为不当学生的眼神时，即刻以一种表示不满的、强烈的、连续的目光接触该生的目光，同时，辅以皱眉、扬眉以示提醒，使之意识到教师已经感觉到他的那种不良行为。使用该法的优点：在教师既不使该生窘迫，又不使课堂混乱、教学节奏出现停顿的情况下，把不良行为遏止在萌芽状态。

（2）明断暗收。对学生提出的有价值、颇有见地的信息，教师作出明确肯定判断后，暗中加以吸收，并适当调整原来预想的教学方案，使授课更严密、科学，既鼓励了学生，又使教学过程自然而流畅。运用此法的关键是教师能否迅速正确的判断其见解的正误。只有判断迅速准确，才能及时吸收。

（3）助产分娩。对学生提出的错误观点不是立即加以正面批评和纠正，而是先给予由浅入深的暗示，再予以轻轻点拨，使之自然地得出教师所期待的结论。这里，教师扮演了"助产士"的角色，帮助学生"分娩"出正确结论的"婴儿"。

（4）旁敲侧击。学生提出的问题，教师不是作正面的回答，而是巧妙地避开，从侧面提出看似与主题无关的话题，帮助学生作势能积储，即引导他们去形成一种解决问题的动力准备状态，以此来达到启示、提醒之目的，让其在思考中自寻答案。此应变策略通常是针对某些正面回答很难解释清楚，且容易造成观点的对立和拉锯战，但又不能回绝的问题。

（5）身体逼近。此策略是指教师逐渐向行为不当的学生逼近。事实上，教师只要表露出开始向行为不当学生走近的意向，就会使该生的不当行为迅速改变。

（6）短暂沉默。此策略适应范围较广。当教室里出现窃窃私语现象，或出现低级趣味的言语时等，均可以采用此法。因为，沉默能引起学生的注意，激发思维，又可起到维持教学秩序的作用。

（7）有意忽视。此策略适合于某个学生的破坏性行为中暗藏着想赢得他人注意的愿望。这种情况一旦发生，如果教师采取言语反应，可能会正巧迎合了该生寻求的目的。采用此法实际上是向该生表明，教师对他的攻击完全可以保持泰然自若，无须用同样的方式回敬他，使之自讨没趣而改变这种行为。

（8）启发诱导。借助于比较、分析、综合、归纳等方法，以引路、搭桥、开窍、点拨之作用，使教师的"讲"诱导出学生的"想"，教师讲的"点"带动学生学的"面"，使之平中出奇，难而可及。此策略适用于学生因章节的内容理论性强且抽象、枯燥乏味而兴趣不浓，造成注意力下降、昏.昏欲睡的课堂场面。运用此策略，可调动学生身心的部分能量，引起其感情和理智上的共鸣，变枯燥无味为兴趣盎然、精神振奋的教学氛围。但教师的教学风格一定要是民主开放型的，如果师生心理不相容，势必会启而不发，诱而不导。

（9）变换音量。教师运用多种音量技巧，如声调的变化，语音的高低、强弱，以及速度和停顿等，来控制、捕捉和保持学生的注意力。此策略适用课堂内有个别学生精力分散、注意力转移现象。

（10）设悬激奇。悬念往往在人的心理上造成一种强烈的想念和挂念，使人对所讲内容产生一种急于追问下去的心理。当学生产生精神上疲倦、兴趣降低时，教师可以迅速调整授课角度，创设悬念情境，以此造成学生企盼、渴知的心理状态，加速其思维。采用此法应变，要寻找最佳设悬时机进行，使教材的内容与授课情境浑然衔接。

（11）情理渗透。此策略运用情绪感染与理性思辨相结合的原理，使情绪和理智有机的统一在反馈教学过程中。教师要洞察学生的心情，寻找能够引起其情绪转变的因素，并将这些因素化作言辞的感染力以创设激奋情境，唤起学生的激情，产生一种巨大的推动力，然后由理生情，情寓理中，取得了策略的最佳效果。反馈的情感作用和认识作用往往是同时出现的。例如，学生在进行数学学习练习时，知道了自己哪些题目做对了，会因为练习的成功带来满意和愉快的情绪体验，同时，在认知方面，他也证实了自己的认识；如果知道自己哪些题目做错了，他或许会产生不愉快的情绪体验，在下一次练习时会努力避免因再次失败而带来的不愉快之感，同时，在认知方面也纠正了他的错误认识。

（五）反馈练习设计艺术

练习的信息反馈，可以为改革教学工作提供可靠的信息。通过练习的反馈信息，一方面暴露了平时教学中的薄弱环节，另一方面提高了对学生的认识，特别是对学生思维特点的认识。

1. 反馈练习的重要性

反馈练习是教学的基本方法之一。通过一定数量的练习，不仅可以加深学生对基础知识的理解，而且有助于形成熟练的技能和发展学生的逻辑思维能力。

就当前课堂练习的盲目性、随意性来看，必须应用系统论的整体原理和控制论的反馈原理，在反馈教学过程中，充分发挥教师的主导作用、学生的主体作用和练习的主线作用，进一步提高课堂练习的效益。

2. 设计反馈练习的原则

（1）目的性原则。每次反馈练习要有一个重点，要把练习的意图集中强烈地体现出来。"宁愿断其一指，不愿伤其十指。"要突出每次反馈的重点和特点，决不面面俱到。

（2）阶梯性原则。练习的设计要由易到难，由浅入深，要有层次，有梯度。一堂课，一般分为三次集中反馈。

①第一次集中反馈是在导入新课前进行的。必须做到：第一，复习新课所需的基础知识，排除学生因遗忘造成的思维障碍；第二，分散新课的难点，使新课中难的推理变得顺畅，从而更好地突出重点；第三，做好新旧知识的衔接，使旧中孕新，新生于旧，不致使学生思维断裂。

②第二次集中反馈练习是在讲完新课后进行的。可分两个层次：第一，可练基本的、单项的、模仿性的题目，这

是知识转化的过程；第二，可设计综合性的、变式性的练习，把知识转化为技能，纳入认识结构；这是知识同化的过程。

③第三次集中反馈是在第二次反馈的基础上，针对所学知识的缺漏和练习中的差错进行补讲后的练习，重在发展思维，培养能力。可设计一些思维性、创造性的题目，使知识结构向智能结构转化，这是知识强化和优化的过程。

（3）量力性原则。练习设计要考虑学生的基础、年龄特征，否则会挫伤学生的积极性。第一次集中反馈目的在于引旧探新，铺路架桥，它虽然重要，但毕竟不是主体. 复习量过大有喧宾夺主之弊，过小又达不到目的，所以必须适量。

（4）典型性原则。反馈练习设计要从班级的实际出发，以教材为基本内容，要讲究精当和典型。质数与互质数是学生容易混淆的两个概念，可以设计一些用以检测和提高对概念的辨析能力的题目。

例10 因为两个不同的质数是互质的，所以互质的两个数也必都是质数。

这题的特点是前半句正确，后半句不正确，意在通过后半句迷惑那些对这个概念混淆不清的学生，为其设下"陷阱"。

贯彻典型性原则，能"以一当十""以少胜多"，练在关键处，克服随意性和题海战术。

（5）趣味性原则。反馈练习的目的在于使学生在愉快中获得知识，有利于提高学习和教学效果。特别是导入新课与结束新课的集中反馈题设计得好，能

激起学生学习的强烈兴趣。

例11 讲分数时，用数学儿歌开讲："细白布，印红花，妈妈买回一丈八，六分之一姐做裙，三分之一做窗纱，余下花布有几尺，谁算得对送给他。"

例12 在结束新课时，有位老师是用小白兔的数学故事结束的。

"小朋友，今天是小白兔的生日，她请来了很多客人。快到进餐时，它数了数有几位客人还未到。就自言自语地说：'怎么该来的还不来？来的客人一听，心疑了，'这么说，我们就是不该来的啦，于是，有一半人走了。小白兔一看人走了，又说：6嗨！不该走的倒走了。剩下的客人心想。'噢！这么说，我们是该走的了。'于是，又有三分之二的人走了。小白兔急得直拍脑袋，'这，这，我说的不是他们！'最后剩下的三人一听，心想：6那是说我们喽。于是，气愤地都走了。同学们，请你算一算，一开始小白兔家请来了多少客人？"

这样开头与结尾能把学生带入快乐的数学王国。除练习内容精心设计外，练习形式也要新颖多样，以增强趣味性。除故事、儿歌外，还可设计填空题、选择题、匹配题，也可设计求同求异练习、类比对比练习、顺向逆向练习、静态动态练习等，让学生做练习的主人。设计改错题让学生当"医生"；设计判断题让学生当"裁判"；设计操作实验题调动其各个感官参与学习。针对学生好胜的特点，还可设计竞赛式练习。低年级要寓学于乐，设计游戏性练习。

（6）伸缩性原则。学生水平有高低，反馈练习也应有伸缩，设计要照顾不同层次的学生。练习中要有一些具有弹性的题目，这样的题目优等生能做得好些，后进生也能做出几种。特别是训练技巧的反馈练习，由于各种程度的学生知识差距大，要是布置作业一刀切，必然会导致优生"吃不饱"，差生"吃不了"。因此，在组织课堂练习时，对各种程度的学生必须通过有的放矢的不同练习，充分调动其学习积极性，使全体学生都能在原有基础上得到提高。

现代心理学研究证明，作业的难度应略高于学生的知识水平，这样学生感到新颖、有趣。因此，练习题目中应根据不同层次的学生设计具有一定难度、富有思考性的题目，以满足优等生的要求。对于中下生，应该鼓励他们在完成基本题的前提下，力争完成部分综合题，使各种层次的学生各有所得。

除了因程度而异设计不同层次的练习外，还可以精心设计适合不同程度学生的同一练习题目，这样，同一道题目既有基本要求，又有提高要求，具有较强的吸引力，在思考解题过程中，促使学生产生不满足感，进而达到理想的训练效果。

3. 设计反馈练习的目的性

设计反馈练习必须服务于相应的教学内容和一定的教学目的，这样才能有的放矢。根据不同的目的，可分为基本反馈题、变式反馈题、比较反馈题、改错反馈题、操作反馈题、综合反馈题和发散反馈题等。

（1）基本反馈重在明理。基本反馈练习反映了新知识的基本原理，而"基本的东西往往是最重要的"。基本反馈练习是刚学完新课后的集中反馈，他是学生把刚刚获得的概念、性质、法则、规律首次应用于个例之中的模仿性练习，因此，必须通过有效的指导，使学生牢固掌握获得的一般原理，并将其纳入原有的认知结构，成为后面"发展""综合""发散"等练习以及向新知迁移的基础。

（2）变式反馈重在固本。变式反馈练习可安排在基本反馈练习之后进行，即在不改变知识的本质特征的前提下，变换其非本质特征，让学生在不同情境的知识应用中，突出对本质特征的理解，提高对知识的概括能力。变式练习，一要认真设计好变式题，可以在位置、方向及形式等方面变换非本质特征，保持本质特征不变。二要通过变式练习"固本"，引导学生更深地挖掘共同的本质特征。三可在变式题中适当穿插反例，使学生通过对变式的概括与反例的辨析，提高对知识的本质特征的掌握水平。

（3）比较反馈重在思辨。对相近易混的概念或相反的不易分清的知识，组织比较反馈练习，以把握知识间的联系和区别。要注重在比较中引导思辨。一是设计的比较题要典型，让学生思辨具有代表性的问题。

例 13 一种商品提价 20％ 后，再按新的价格降低 20％，这时的价格比原来价格（　　）。

A．提高了　　　　B．降低了

C．没有变化

这是通过提价前后的对比，使学生明确，标准发生变化，结果也发生变化。

二是要抓住关键，画龙点睛地引导学生比较思辨。

（4）改错反馈重在扶正。把学生可能出现的错误设计成改错题让学生练习。如在讲完分数四则混合运算时，可设计 $-5×4/5÷5×4/5=4--4=1$ 让学生辨析，这样，就可使学生在改错中强化正确认识。

设计改错题或改错练习，一是应具有典型性和针对性，要在学生普遍易错的地方设错，让学生改错；二是应着重引导学生找错议错，挖出错"根"，从中扶正；三是应在基本练习、变式练习、比较练习之后安排，便于学生用已获得的正确认识去检验错误，同时，通过改错从反面强化正确认识。

（5）操作反馈重在内化。实践操作，可使学生置身于运动中，强化感知，进而把外部的动态过程内化为内部语言形态的概念、性质、规律，展开"动作思维"，以深化理解。实践操作练习，一是要提出明确的操作要求，以保证操作程序和过程能够内化为有意义的信息，促进对概念的理解。二是要在学生操作时或操作完成后，让学生说说操作过程和所得的结论，把动作时展开的思维外显出来。三是操作可安排在学习新知识时作准备用，也可安排在学习新知识后巩固深化。

（6）发展反馈注重层次。发展练习是在学生较好地掌握了基本原理和一般方法后向纵深发展的练习。在有层次、成梯度的发展练习中，学生思维得以由简单到复杂的发展，深化了对知识的理解。发展练习的设计必须遵循循序渐进的原则，在基本练习题基础上逐步发展，要积极地、审时度势地把学生引向他们的"最近发展区"，切不可急功近利，基础未牢或梯度过大都不利于发展。

（7）综合反馈重抓联系。综合练习是在学生较好地掌握了基本原理和一般规律以后，一与以前学过的知识实行横向沟通有机结合在一起的练习。

例14 一个数除以纯小数，所得的商（　　）这个数。

A. 大于　　　　B. 等于

C. 不能确定

这道综合练习题把多种知识交织在一起，增加了难度。要引导学生把刚学的新知识与原来有关知识联系起来思考，告诉学生，这里的已知条件"一个数"具有隐蔽性，它不是具体数。当这个数是不等于1的自然数、小数、分数时，所得的商就都大于这个数，这是一般学生想到的，所以，他们选（A）；如果题中的"一个数"是零，所得的商就等于这个数，则应选（B）；综合以上几方面考虑，所以应选（C）。如果解题遇到困难，常常是因为新知识掌握得不牢，应用得不活，或相关知识的"可利用性"不够，就需要在新知识上加温，提供旧知"原型"，唤起对旧知的重视，促成把新知与旧知联合起来思考。

（8）发散反馈重在引发。教学时常用的一式多算，一题多议，一题多解，一题多变，一错多改，一式多编，一题多验等都是引导学生发散思维的好方法。发散反馈练习首先要重视引发，在引发上下工夫。发散练习要重视数理的剖析，在多种解法中评佳比优。

4. 反馈练习的科学性

（1）铺垫性。针对新旧知识的内在联系设计铺垫性练习。新知识总是在旧知识的基础上发展而来的。因此，教学新知识之前，要安排一些与新知识有联系的练习，为知识迁移作准备。

（2）对比性。针对易混淆的知识设计对比性练习。教学中把既有联系又易混淆的知识汇集成组，让学生分析对比，找出异同，可以防止互相干扰和思维定势产生的负迁移。如 $5+5/12$ 与 $5 \times 5/12$，说明其意义。这便是针对除数是分数的除法易受分数乘法的负迁移影响而设计的。

（3）趣味性。针对学生注意的心理特点设计变式练习，激发其学习兴趣。新异的刺激物很快地成为学生注意的对象；而音调机械重复地刺激；则使学生感到枯燥无味，不能保持注意的稳定性。进行变式练习，可使学生始终有新鲜感。通过变式练习既可以使学生进一步理解和深化所学知识，又可以激发学生学习兴趣，培养思维的灵活性和深刻性。

（4）综合性。针对知识的系统性设计综合性练习。在一个或几个单元教学之后，为了使所学内容融会贯通，提高学生综合运用知识的能力，要设计综合性练习。如在讲完小数、分数、百分数、比后可设计：

$3 : (　　) = (　　) / 8 = 75 \% = $（小数）$ = $（分数）

这样的练习可起到一题多用、一题多得的作用。

（5）层次性。针对不同程度的学生设计不同层次的练习。练习的要求不能"一刀切"，要针对不同程度的学生，设计不同层次的练习，以满足他们各自不同的需要。

（6）基础性。针对双基设计练习题。反馈练习设计应着眼于双基，目的在于通过练习，当堂巩固所学的基础知识，并形成基本技能。如数中间或末尾有零的数的读法和写法易错，可以设计反馈题。

例 15 下面哪个数写得对？哪个数写得不对？请亮反馈牌。

①一百零五　写作 1005　　（　　）

②五千二百　写作 5200　　（　　）

③30050　读作三万零五　（　　）

④400063　读作四千零六十三

（　　）

⑤3164　读作三千一百六十四

（　　）

（7）连贯性。数学知识逻辑性很强，练习设计一定要前后衔接，通过练习使学生获得系统而连贯的知识。

例 16 下列各种说法中，错误的说法是（　　）。

A. 自然数有无数多个；

B. 一个自然数不是奇数就是偶数；

C. 自然数中有一个并且只有一个偶数质数；

D. 整数都可以做除数。

（8）理解性。练习的目的在于让学生更好地理解所学的内容，以便灵活地运用。

（9）检验性。练习要起到及时检验教学效果，及时反馈教学信息的作用，以便及时调整。

（10）记忆性。练习要有利于学生将书本的概念、法则、公式等牢固掌握，灵活运用。

（11）创造性。从练习的整体或部分来看，应有利于学生自己去探索和发现规律，使他们有机会去进行创造性的劳动。

（12）思维性。为了促进学生数学思维能力的发展，在设计练习时要突出思维训练，做到：第一，练习的内容多系列，学习数学，往往需要经历一个纵向归纳演绎——横向类比——逆向转换的学习过程，教师在教完新课后要围绕这个过程展开练习。第二，练习的设计要形式多样。教师在设计练习时，不能老是一个腔调唱到底，这样使学生不仅感到枯燥乏味，而且会导致产生厌学情绪，因此，在设计练习时形式要灵活多样。第三，练习的设计要多层次。为使学生掌握所学知识，在新课后的练习时，要围绕所学知识的重点和难点设计不同层次的练习，使上中下学生各有所得。

5. 反馈练习的系列化

（1）反馈教学法的系列训练的教学结构。按照系统论的观点，一堂课也是系统。课堂教学一旦形成了系统，它就具有整体性，就应发挥它的整体功能。

课堂教学系统虽然是由若干要素组成的，但不能直接表现出教学系统的功能，必须通过系统的结构，才能显示出它的功能来。

所谓课堂系统结构是指课堂教学系统各要素相互联系与相互作用的内在组织形式或秩序。这种教学系统的结构和功能是相互制约的，没有结构的功能和没有功能的结构都是不存在的。有什么样的结构，就有什么样的功能。所以，要使课堂教学产生好的教学功能，不仅要优化每种教学要素，更要在各个要素的有机结合上下工夫。

课堂教学可组成多种多样的结构，如传授知识与发展智力，传授知识与思想教育等，这是就反馈教学法的系列训练所谈的教学结构（见图 8.7）。从图 8.7 流程图可以看出，反馈教学法把一节课分为三段：第一段为引入新课即准备阶段，这段着重复习训练和导新性训练，时间约 5 分钟；第二段是展开新课即学习探索新知识阶段，此段着重探索性训练和巩固性训练，时间约 15 分钟；第三段是巩固加深即结束新课阶段，此段着重检验性训练和发展性训练，时间约 20 分钟。

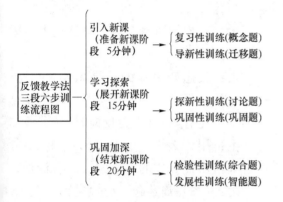

图 8.7　训练流程

教学结构不同将导致系统功能的改变，这对教学工作有着重大意义。因为，在同一个教学系统中，有时在相同教材和教学设备的条件下，只是由于教学组织的方式不同，就可能产生极不相同的教学效果。所以，在课堂的训练中一定要注意系统结构，教学一旦形成了系统，它就具有整体性，就能发挥它的整体效能。

（2）加强练习的信息反馈。

①加强反馈信息的收集，及时掌握错误率。练习后必须及时迅速地统计练习错误情况。统计时，一方面记下每题错误的人数；另一方面根据错误人数的多少，进行个别谈话，了解错误原因，摸清思维过程。

为了不使反馈信息失真，要做好学生的思想工作，使其懂得查出问题真实反映学习情况的重要性和必要性，懂得练习的目的在于查出、问题、解决问题的道理，明确把真实可靠的信息提供给老师的重要性。如果师生双方对练习错误的统计的目的明确，方法得当，每次练习后都能及时进行练习错误的统计，找出共性的错误，就为纠正错误，提供了依据。

②注意反馈信息的加工，做好对练习错误讲评工作。练习错误统计后，要对反馈信息进行加工，分析错误人数的多少，找出产生错误的原因，判别出错是态度问题还是基础问题，是个性问题还是共性问题，在分析的基础上搞好练习错误的讲评。

讲评重点要以学生的练习错误为出发点，根据所学知识的内在联系展开；要设计教学片断，使学生得到的知识不是零碎的，而是完整的，不是孤立的，而是相互联系的。

讲评的方法：一是教师评定。如对练习正误给予肯定或否定，对板演的批改与订正，给出练习的最后答案等。二是集体评定。如相互批阅练习，对其他同学错误的回答或错误进行订正，由全班学生作出肯定或否定的齐答。三是自己评定。如通过另外解法途径加以核对，或运用已学过的知识来检验，由学生作出自我判断。

③加快信息反馈，及时调节练习方案。学生练习讲评之后，效果如何；只能是通过及时调节练习方案，借助练习再设计，进行再一次的练习进行检验。

调节的方法是：第一，根据学生的错误及时调节练习程序，如错例辨析、教学医院等；第二，根据练习效果及时改进练习设计，再设计的练习要专项、系列，这样才具有重点性、针对性，达到反馈的目的；第三，根据学生的反馈速度，及时调节练习节奏、练习数量和练习难度；第四，根据不同类型完成练习情况，及时调节学生的注意力。

三、反馈教学艺术实践——首届全国反馈教学艺术大赛，十佳青年教师，教例评析

（一）语文教例评析

《董存瑞舍身炸暗堡》课堂纪实
（第二课时）

师：上课，同学们好！

生：老师好！

师：请坐。

师：同学们，今天我们学习第十一课，大家看题目，课文写了一件什么事？

生：通过题目我知道这篇课文写了董存瑞炸暗堡的经过。

师：说得好，再看题目。

（教师用红粉笔在炸暗堡下面画线）。

师：炸暗堡是这篇课文的……？

生：（齐）内容。（板书：内容）

师：（画董存瑞舍身炸暗堡）董存瑞舍身炸暗堡反映了这个人物的什么？

生：反映了董存瑞的思想品质。

师：今天这节课，我们就来学习如何从内容中体会思想以及体会时思考的方法。

师：下面大家齐读课题。

生：（齐）董存瑞舍身炸暗堡。

【点评】

唐老师从题解入手，抓住"炸暗堡"内容与"董存瑞舍身"的品质，导入这节课的学习任务，也是单元重点训练项目，激发学生的学习需要，明确学习目标，直插关键，开门见山。

师：（红笔点"炸"字）围绕这个炸，大家想知道些什么？

生：我想知道董存瑞为什么炸？（板书：为什么炸）

生：我想知道董存瑞怎样炸的？（板书：怎样炸）

生：我想知道炸的结果怎样？（板书：炸的结果）

师：还有吗？（生无反应）

生：用什么炸？

师：用什么炸的，大家一起告诉他。

生：（齐）炸药包。（全场笑）

【点评】

围绕课题中的"炸"的线索，鼓励学生质疑，打破了师问生答的老传统，调动学生主动探索的积极性，促进主体性发展。

师：好，今天这节课，我们就来解决大家刚才想知道的问题。

师：请同学们打开书，回忆一下这篇课文分为几大段。

生：五大段。

师：好，下面请同学们用你手中的反馈器来选择。第一个问题，为什么炸在课文的第几大段？开始。

生：举1号牌。

师：大家选择正确。下面请同学继续选择，"怎样"是课文的哪几大段？

（生有举 2，3，4；有举 3，4；有举 4；答案不同）

师：好，同学们的选择不太统一，没关系，大家认为这几段都是，那么这几段我们都学，学完了，大家就清楚了。

师：炸的结果呢？

（生举 5 号牌）

师：好，大家都选择完了，下面就让我们一起来解决大家问的第一个问题吧。请同学默读第一大段，找一找为什么炸的原因，（师出示幻灯片）然后，请大家按老师所给的幻灯来回答。

幻灯内容

因为＿＿＿＿＿＿＿所以必须炸

由于＿＿＿＿＿＿＿因此必须炸

师：老师给了大家几个因果关系的词语，同学如果还知道其他因果关系的关联词语也可以用。

（生默读勾画）

生：因为封锁了我军的前进的道路，所以必须炸。

生：由于我们前进部队被压在一个小土坡下面，抬不起头来，因此必须炸。

【点评】

①以学生质疑的问题，依次学习，尊重主体，开发主体。②反馈器使用，面向全体，及时准确得到反馈信息。③以读文连因果句式的训练方式，将学语言、用语言与理解课文巧妙地融为一体。④先练习因果单句，再综合训练因果复句，循序渐进。

生：因为冲在最前面的一个战士倒下了，所以必须炸。

师：大家找得非常好。（总结幻灯）因为封锁了我军前进的道路，前进的部队被压在小土坡下面，冲在最前面的一

个战士倒下了，所以必须炸掉它，才能保证战斗的胜利。敌人的暗堡对我们威胁太大了，所以必须炸掉它。（板书：必须炸）

师：那么为什么炸这个问题同学们我们一起解决了吗？

生：（齐）解决了。（师用红笔勾一下为什么炸）

师：那么谁请求炸的呢？

生：（齐）董存瑞。

师：好，下面让我们一起看看他是怎样炸的，我们来学习第二段。自由读这一段，把董存瑞是怎样请求炸的有关句子画下来。

（生自由读，标画）

生：我找的句子，董存瑞瞪着敌人的暗堡，两眼迸射出仇恨的火花。他跑到连长身边坚决地说："连长我去炸掉它。"

师：找的对吗？

生：（齐）对！

师：好，下面请同学看幻灯，（师出示幻灯片）

幻灯内容：

（1）"连长，我去炸掉它。"（2）"连长，我去/炸掉它。"

师：同学们，比较一下两句话有什么不同？

生："我"字下面多了一个重音符号，

师：说明"我"字要重读。

【点评】

①抓住重点处，培养学生连谈边画的技能。②紧扣"连长，我去炸掉它。"这句人物语言，教师导演这段精彩的朗读训练。通过重音与停顿的比较，运用反馈器理解了董存瑞主动坚决请战的态

度，在似乎没有什么难懂的"我"与
"去"的词语品味中挖掘出深刻的内涵，
足见教师钻研教材的匠心。

生："去"字后面划了一条斜线，表
明去字后面要有停顿。

师：好，下面老师分别读两句话，
其中第二句，我就按符号来读，大家听
听哪句好，为什么？大家用反馈器选择。

师：（读两句话）开始。

（生有举2号牌，有举1号）

师：大家有举1号，有举2号，为
什么？

生：我认为第一句读得好。因为第
一句话说得很坚决，第二句说的话好像
董存心里有些矛盾。（全场笑）

师：那么刚才老师读的两句你注意
听了吗？我再读一遍你们注意听。（再范
读）

师：哪句好？

生：第二句好，因为第二句读的重。

师：重，老师为什么读得重？

生：因为第二句说我，强调了
"我"，表明董存瑞强调自己去。

生：去字后面停顿，表明他请求时
态度是坚决的，坚决要求连长把这个任
务给他。

师：好，大家按幻灯片练习朗读。

（生自由练读后，师指名范读）

师：同学们再看幻灯片

（1）"连长，我去/炸它。"

（2）"连长，我去/炸掉它。"

师：两句有什么不同？

生：第二句比第一句多了一个"掉"
字。

师：老师读两句，大家再选择哪句
好，为什么？

【点评】

这是上面朗读训练的深入，似以董存
瑞语句的范围，采用删"掉"比较的形式，
表示董存瑞一定完成任务的决心，精细而
深刻，只有深钻教材，才会深入浅出。

[师读后说开始，生选择（2）]

生：因为第一句只说去炸，但是并
没有说要炸掉它，第二句就说了要把暗
堡炸掉。

师："掉"什么意思？（同学们不同
解释）你们看看能换成什么词。

生：连长，我去炸没它。

生：连长，我去炸毁它。

生：连长，我去炸完它。

生：连长，我去炸垮它。

生：连长，我去炸飞它。

师：大家说得非常好，还有吗？

生：从"掉"还可以知道，董存瑞
虽然还没炸，但他一定要把它炸掉。

师：体现他完成任务的决心非常大。
大家练读这句话，既要体现出董存瑞请
求时的决心大，还要表现出他坚决完成
任务的决心。 （生练读；师指名展示）
（板书：请示炸）

（生读这句话，没有感情。）

师：你这样能炸得掉吗？（全场笑声）

（生再读有感情）

师：你读得好，就让你去炸掉它吧！
（全场笑声）

【点评】

①以换词的方式理解"掉"的意思。
将运用语言与理解语言结合起来，优化
了语文训练。②检查朗读效果，师生关
系和谐，课堂气氛宽松，充满笑声。要
知道，教学过程不仅是认知过程，而且
是生命碰撞过程。

师：连长同意了他的请求了吗？

生：同意了。

师：好，我们一起来看看第三段，这次老师跟你们一起读这一段。凡是有董存瑞怎样做的句子，大家来读，其他的句子老师来读，'我们一起配合，把董存瑞那种英勇的品质读出来。

【点评】

第三段课文篇幅长，但是非重点段，教师采取引读办法，快速省时有效，长文短叙。

（师引读，生接读）

师：董存瑞趁着腾起的黑烟猛冲到桥下，准备炸暗堡。（板书：准备炸）

师：同学们，董存瑞来到桥下，遇到什么情况呀？你们想看看吗？

生：（齐）想。

（师放录像：董存瑞来到桥下，没有地方放炸药包）

【点评】

放录像展现当时情况很形象，感染力。

师：同学们，现在到了什么时刻，请你们用书上的一个词来说。

生：（齐）万分危急的关头。

师：好，你从哪看出万分危急，读书上的内容。

生：炸药包放在哪儿呢？他想把炸药包放在桥沿上，试了两次都滑下来，要是放在河床上，又炸不毁暗堡。

师：停，这是一处，危急在哪儿？

生：没有地方放炸药包。

师：对！再想是没有什么？

生：没有支炸药包的架子。

师：好，再往下读。

【点评】

巧妙导入本节的重申之重，董存瑞在关键时刻的表现。

生：这时，嘹亮的冲号吹响了，惊天动地的喊杀声由远而近。

师：好，这是没有什么？

生：没有时间。

师：好极了，在没有支架，没有时间的情况下，董存瑞是怎样做的呢？大家默读下面的内容，画出董存瑞的动作、神态、语言的句子。（生默读，动笔画；读所画句子）

师：请同学们看幻灯。（幻灯片内容：董存瑞炸暗堡时动作的句子）

师：同学们看这句话，请看第一步（师出示学习步骤：①画一画，体会董存瑞动作的词语。）

生：我画的表现董存瑞动作的词语有：站、托、顶、拉。

师：大家看第二步。（②想一想。这些动词中你能看出什么？表现了什么？）

生：我从这个"站"字看出董存瑞要用自己的身体做支架了。这样他就可以炸毁敌人暗堡了。

师：好，他这个"站"字理解得非常好。他从两方面去理解的，一是说出了董存瑞怎么样了；二是又说出了他这么做对炸暗堡有什么作用。他从两个角度去说的。一会儿大家学习的时候也从这两方面去考虑。

师：大家讨论讨论学习其他几个动词。

生：我从托、顶、拉看出，董存瑞当时非常着急，他想抓紧一切时间，使炸药包挨近暗堡，并且顶住，下留一点缝隙，使炸药包发挥最大威力，彻底炸毁暗堡。

师：大家说得非常好，通过这些动作表现了什么呢？

生：表现了董存瑞爱国的精神。

师：爱国？现在董存瑞是用自己的身体做支架，要炸毁敌人的暗堡，说明他怎么样？

生：品质高尚。

师：对，什么品质高尚呢？

生：舍己为人的精神。

师：好，是一种不怕牺牲的精神。

师：下面看第三步。（③读一读，读出感情。）

（生练读）

师：同学们，看一看刚才我们是怎样学的。（师总结出学习步骤）请同学按刚才的学习步骤学习神态、语言的句子。

师：同学们，你们愿意先学哪句都可以，如果学完一句还有时间的话，你还可以再学另一句。大家可以互相讨论。

（生互相讨论，师行间巡视）

生：我学的是神态的句子，我找的词语是"钢铸""坚毅"（生边说师边板书）从"钢铸""坚毅"可以看出董存瑞在最后马上就要牺牲了，但他还是那么坚定，坚决完成任务，表现出他不怕牺牲的精神。

生：我学的是语言的句子，我找的词是"为了新中国"。董存瑞在牺牲前，他想到的是自己祖国的解放，完全没有考虑自己的生死。

师：也就是把生死置之度外。说得非常好，那么，董存瑞这种不怕牺牲的壮举大家想看吗？

生：（齐）想。（师放录像：董存瑞炸暗堡时的情景）

师：下面让我们师生再次合作，齐读这部分内容，把董存瑞不怕牺牲的精神读出来。（生合作有感情朗读）

师：同学们，"怎样炸的"应该包括炸暗堡的全过程。那么，"怎样炸"应该是哪段呢？我们再来选择一次，开始。（生举起2，3，4三个牌）

师：大家这次就选对了，"怎样炸"这个问题解决了吗？（用红笔勾一下）那么，董存瑞不怕牺牲的精神难道仅仅是在舍身炸那一刹那才有的吗？

生：不是。

师：那哪些内容还有体现？看老师板书。

（生看老师板书思考）

生：在"必须炸"中有体现，必须炸，有战士倒下说明有牺牲，那董存瑞积极请求必然也可能有牺牲，但他还是坚决地请求。

生：在"准备炸"也有体现，当时董存瑞受伤了，但他还是坚决地完成任务不怕牺牲。

师：大家说得好，那么，这种不怕牺牲的精神只是董存瑞一个人有吗？

【点评】

①"学会学习"是跨世纪人才的需要。唐老师在引导学生理解董存瑞关键时刻表现及品质的同时，着眼于渗透学习方法：画一画，想一想，读一读。不仅指导学会，更在导引会学，朝着叶圣陶先生倡导的"教是为了达到不需要教"的境界迈进。②让学生回顾学习过程，体会学习方法，展示学习步骤，体现了教为学服务。③这是应用学法，至此，这段教学在学法指导上展现了渗透学法、领悟学法、运用学法完整的三步过程。还值得一提的是，在选用学法时，教师

激励学生自选内容学习，这是尊重个体的新观念。开头的悬念并不急于解决，此时已到火候，水到渠成。④一波束平一波又起。董存瑞不怕牺牲精神，仅仅是在舍身炸的一刹那才有的吗？这个问题又一次引向深入，由局部带回整体，从董存瑞在炸暗堡的全过程中捕捉英勇献身的闪光点。理解深刻，耐人寻味，导入自然。

生：（齐）不是，他这种精神鼓舞着每一位战士。

师：齐读最后一段。（生读最后一段）

师：结果怎样？

生：胜利的道路炸开了。

师：那么炸的结果这个问题解决了吗？

生：（齐）解决了。

师：我说还没有。为什么有这么好的结果？

生：因为有董存瑞不怕牺牲的精神鼓舞大家，所以才会有这么好的结果。

师：说得好，那么这回炸的结果解决了吗？

生：解决了。

师：好。（用红笔勾画一下）

师：今天这节课，我们不仅学会了如何从内容中体会思想，还学会了体会时思考的方法，完成了我们教学的任务。

（铃⋯⋯）

师：下课，同学们再见！

生：老师再见！

附 板书设计

【点评】板书设计结构清晰，事情线、内容线、人物线熔为一炉，并展示出学习目标，利教又利学。

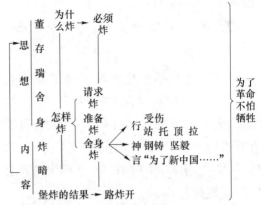

（执教人：北京市崇文区树人学校唐伟；评析人：赵景瑞）

作者简介

唐伟，男，小学一级教师。1994年被评为区苗子，1995年为区研习生（区青年教师培养的最高层次），多次在全区做公开教学课，并数次在全区的语文竞赛中获一等奖，获北京市优胜奖，1997年参加全国反馈教学法大赛获一等奖。现被聘为区业余教研员。

《灰雀》第二课教学过程

1. 第一次集中反馈——复习导入

上一节课，我们学了第一自然段，这段主要写了在公园里，一棵高大的白桦树上有一（三只灰雀），两只胸脯是——（粉红的），一只胸脯是——（深红的）。它们还在树上——（欢蹦乱跳地唱歌）。［注：以上指贴图，师生合作复述］。你们看，（由CAI出现动画图）它们在枝头叽叽喳喳地唱得多欢啊，它们那么讨人喜欢，难怪列宁常来看它们。你看，还常给它们带来什么？（面包渣和谷粒）从这，我们可以知道列宁——

（爱灰雀）。（板书）

2. 第二次集中反馈——学习第二段

（1）还从哪些地方看出列宁喜欢灰雀？请一个同学读从"一天"开始到"第二天"前面的这部分内容，其他同学边听边把你认为能看出列宁喜欢灰雀的句子找出来，然后在句子前面打上"√"，想想理由。

第一句："他在周围的树木中找遍了，也没有找到。"

①为什么说这句能看出列宁喜欢灰雀呢？（要是不喜欢，就用不着到处去找）

②哪个词最能看出列宁喜欢灰雀呢？（找遍）

③找遍是怎么找？（他把每一棵树都仔细地找了）

第二句："孩子，你看见过一只深红色胸脯的灰雀吗？"（理由：因为喜爱才关心，才打听）

第三句："那一定是飞走了或者是冻死了，天气严寒，它怕冷。"（理由：这句写列宁在担心灰雀的生死去向，要是不喜欢就不会担心）

①渲染：是啊，要是灰雀飞走了，那以后来公园就——（再也看不见它了），要是冻死了，列宁的心里会——（更难过）。

②谁能把列宁对灰雀的担心读出来。（朗读训练）

第四句："列宁自言自语地说，多好的灰雀呀，可惜再也不会飞回来了。"

①哪些词最能看出列宁喜欢灰雀？（"多好呀""可惜"）

②那我们读这句时，这两个词就要读得特别有感情。（指导朗读）

③我们再来看列宁是怎样说的？（自言自语）

④什么叫自言自语？（就是自己对自己说）

⑤你们试试把列宁的话自己说给自己听听，谁愿意说给老师听听。（朗读训练）

⑥下面比较一下这两个句子，说说有和没有括号里的词，句子意思有什么不同。

谈话导入，既检查了学生对第一自然段的学习情况，又帮助学生通过进一步认识列宁对灰雀的喜爱，为学习后面的课文打下基础。运用CAI，可以较好地吸引学生的注意力，调动学生的学习积极性。进一步激.疑，引起学生阅读的愿望。

在学生反馈的基础上，不断提出新的问题，引导学生扣词扣句，展开讨论，寻求结论。

此环节最精彩的是指导学生从整体上把握列宁对灰雀的喜爱。

教师指导学生读列宁自言自语的话，打破常规，未让学生读，而是让学生"说"。这一个"说"字，为学生的朗读定了调，较好地突破了难点。

① 列宁说："灰雀，再也不会飞回来了。"

② 列宋（自言自语地）说："（多好的）灰雀呀，（可异）再也不会飞回来了。"

（第一句没有"自言自语"这个词，这是说给别人听的；第二句有"自言自语"这个词，是说给自己听的。多了

"多好呀""可惜"这两个词，更能写出列宁对灰雀的喜爱之情。）

⑦读第二句话，把列宁对灰雀的思念牵挂、喜爱之情读出来。（朗读训练）

（2）小结：从以上这些句子，我们确实看出列宁很喜欢灰雀。

（3）下面我们看看男孩的表现是怎么样的。

第一次对话：

①当列宁看见男孩，问他有没有看见过那只胸脯深红的灰雀时，男孩是怎么说的？（没看见，我没看见。）

②他要告诉列宁什么？（告诉列宁他没看见灰雀。）

③既然他要告诉列宁没看见灰雀，干吗他还要强调一次"我没看见"呢？你们看这是不是有点问题呢？不过我们不着急，把这个问题先放下来，等学完后就会明白了。

第二次对话：

①接下来列宁说了什么？男孩又是怎么想的呢？大家把这两句话读读。

②在这，列宁在猜灰雀可能是——（飞走了），也可能是——（冻死了）。可男孩却想告诉列宁什么？（灰雀没有死）你们说，他知不知道灰雀的下落？（知道）他是不是真的知道灰雀的下落呢？我们继续往下看。

【点评】

教师在这里设置了一个大悬念。妙就妙在不要学生回答。如果急于让学生回答，不利于对小男孩的认识定位，也会破坏教学节奏。以下这个环节，教师表面上指导学生理解小男孩说的话，实际上是在帮助学生认识小男孩听了列宁的话而产生的心理变化，为认识小男孩

的诚实作好铺垫。

第三次对话：

①当列宁因为思念灰雀，情不自禁自言自语的时候，男孩又说了什么？（学生读）

②这句话，男孩告诉列宁几个意思？（两个，一是灰雀会飞回来的；二是灰雀没有死。）

③学到这，你说小男孩是不是确实知道灰雀的下落？（是的）

第四次对话：

①当列宁问："会飞回来？"男孩又说了什么？（一定会飞回来的!）

②同样是"一定会飞回来"，你们说是第一次语气肯定，还是第二次语气肯定，为什么？（第二次是"坚定地"说，并且多了个"!"。）

③谁能把这两句话读好？（朗读训练）

④他说得那么肯定，可见他确确实实知道——（灰雀的下落）。

（4）小结第二段（师生合作）

下面我们再回过头来看看男孩的变化过程：当列宁问："孩子，你看见过一只胸脯深红的灰雀吗？"，男孩说——（没看见，我没看见）；当列宁猜想灰雀可能是飞走了，也可能是冻死了，男孩却想——.（告诉列宁灰雀的下落）；当时列宁因思念灰雀自言自语时，男孩说——（会飞回来）；当列宁再问："会飞回来？"时，男孩坚定地说——（一定会飞回来的!）

3. 第三次集中反馈

（1）过渡语：男孩说灰雀一定会飞回来的，是真的飞回来了吗？第二天，

（音乐起，鸟叫声）听，那是什么声音？（鸟叫声）是那只灰雀飞回来了吗？听老师读一（第 11 节的第 1 句）。

（2）灰雀真的飞回来了吗？（真的）从哪看出？（第 11 节的第 1 句）特别是哪个词语说它真的飞回来了？（果然）

（3）我觉得"果然"这个词用得特别好，你知道为什么吗？（男孩说会飞回来的，现在真的飞回来了，用得准确）

【点评】

"果然"一词看似平常，教师却扣住不放，除了帮助学生认识用词准确外，更重要的是帮助学生认识到小男孩说话算话，是一个诚实的孩子。让学生放开去说，意在制造矛盾，导致争论，在学生之间编织反馈的网。在争论中，获取和处理信息。

（4）是啊，灰雀飞回来，本来应该高兴才是的，可那男孩却怎么啦？（低着头）

（5）（看图）你看他，低着——（头），红着——（脸），一副不好意思的样子，这是怎么回事呢？（这让学生根据自己的理解去讲）

（6）我们一起读读列宁说的话，看看主要的原因是什么。

（7）这句话是问谁的？（灰雀）灰雀会回答吗？（不会）列宁明明知道灰雀不会答，干吗还要问灰雀呢？实际上问谁？（男孩）列宁在说这句话时，有一个很微妙的动作，你们发现了吗？（看看男孩，又看看灰雀）

（8）你说列宁知不知道灰雀让男孩提去了，从哪些地方知道呢？（让学生讨论）

① "会飞回来的，一定会飞回来的，它还活着。"

② "一定会飞回来的！"

（9）这是列宁从男孩的话中听出来的，还有一个地方更明显，我们也能看出来，是什么呢？（男孩站在白桦树旁，低着头）

（10）为什么说"低着头"就能看出灰雀是他捉的？（因为要不是他捉的，看见灰雀真的如他所说的飞回来了，那不是很高兴的事情吗，干吗要低着头呢？）一般什么情况下，才会低着头？（做错事了）

（11）列宁说这句话的目的是什么？（教育小男孩不该这么做）

（12）男孩错在哪？（错在不该说没看见，不该撒谎，不该把鸟捉了）

【点评】

教师未把思想教育定位于"撒谎"，而是放在社会公德上，既把准了作者的意图，也极具时代感。

（13）小男孩为什么要把灰雀捉回去？（因为他喜欢灰雀）列宁喜不喜欢？（喜欢）到公园去的人喜不喜欢？（喜欢）要知道这些灰雀都是非常——（惹人喜爱的），是啊！他还错在不该把灰雀捉去，因为美丽的东西是供——（大家欣赏的），不能一个人独赏。

（14）现在我们回过来看男孩一开始回答列宁的这句话是不是实话？（不是）

（15）既然没说实话，想想说话时神态会怎样？语气会怎样？（朗读训练）

【点评】

这里教师对学生发出的信息作了反馈。问题是教师提出的，但这却是学生心中的疑问。此举也可进一步端正学生对小男孩的认识。

（16）我们一起读最后一句话。

①列宁为什么没再追问那男孩？（因为他已经知道男孩是诚实的）

列宁不想伤害男孩的——（自尊心），可见，列宁爱这位男孩吗？（板书：爱）

②最后，为什么说男孩是个诚实的孩子？（板书：诚实）

联系课文：A. 他说灰雀会飞回来，果然就把灰雀放回来；B. 知错能改。（板书：放）

4. 第四次集中反馈

（1）朗读全文。叙述部分全班读，一人读列宁，一人读男孩。

（2）谈谈学了这课后知道了什么。

【总评】　游彩云老师深谙语文教学必须把教师的教路、学生的学路与作者的思路结合在一起，故而设计教学是沿着作者的思路进行的。由引导学生了解列宁爱灰雀——找灰雀——思灰雀，到小男孩捉灰雀——打算放灰雀——放回灰雀——知错，进而认识到列宁的善教，男孩的诚实可爱。整个线索清晰可辨。此设计清楚地反映出小男孩转变的过程，使学生对小男孩有了全面的认识。

游老师根据反馈教学法原理，把学生真正放在主体位置，通过一个个问题的设计，引发学生的思维，激起学生的争论，完成师生间、学生与学生之间的信息交流，进而达到教学目标。一篇看似浅显的文章，让游老师教得峰峦叠嶂，波澜起伏，使学生受到了较严密的逻辑思维训练和语言表达的训练。在教学中，教师尽展本地区及本人所长，将 CAI 技术巧妙地运用，起到'了画龙点睛的作用，而朗读训练更是摆脱了技术上的指导，以范读和放手让学生尝试着读为主要手段，较好地训练了学生的朗读能力。

教风朴实，训练扎实，目标落实是游老师的成功之道。

（执教人：广州市天河区体育东路小学游彩云；评析人：高松）

作者简介

游彩云，1989 年毕业于广州市师范学校中文大专班。上公开课达 100 多节，屡屡获奖。其中《瀑布》获得全国语文教学研讨会小学语文中青年教师不同风格、不同流派阅读观摩课优胜奖；《大海的歌》受到原国家教委领导及专家斯霞的交口称赞；在澳门上的《小猴子下山》一课反响热烈，《澳门日报》《华侨日报》曾多次进行报道，并给予充分肯定。先后获得文东省南粤教书育人优秀教师等荣誉称号；1998 年 9 月，被评为广东省特级教师、全国优秀教师。

"看图读拼音识字 5"教案

1. 教学目的

（1）复习巩固汉语拼音。会拼读或直呼音节，重点复习前、后鼻韵母音节，重点指导读准翘舌音。

（2）学会本课 5 个生字。

（3）通过观察和朗读纯拼音句群，知道耳、目、手、足是人体的重要器官，了解它们的用处，并懂得要注意保护它们。

2. 教学重点

巩固汉语拼音，认识 5 个生字。

3. 教学准备

（1）教具：电脑、电脑软件、投影仪、时钟、葡萄（实物）。

（2）学具：课文插图、生字卡片、音节卡片。

4. 教学过程

（1）猜谜激趣，导入新课

①上课前，请小朋友们猜两个谜语，谜底是我们人身体的器官的名称。

第一则：上边毛，下边毛，中间一颗黑葡萄。

第二则：左一片，右一片，隔座山头望不见。

②请小朋友猜一猜谜底是什么？（眼睛、耳朵）

③眼睛、耳朵都是人体的器官。这些人体器官有什么用呢？这节课我们就看图学习5个生字，了解人体器官的用处。

（2）指导自学，了解内容

①请同学看书，自由地朗读纯拼音句群。要求：读准每个音节，再数数这一课的句群中共有几句话？

②再请同学们看图，数一数共有几幅图？看一看每幅图上都画了什么？

③最后请同学们借助拼音读准生字的音。

④检查自学情况：做"找朋友"游戏。（生字和音节交朋友）

（3）看图识字，理解句群

①教学"目"字。

A. 看图，说说图上画了什么？（眼睛）为什么给它找的生字朋友是"目"？

B. 字音：开火车读，小组读，全班齐读。

C. 字形：说说你是怎样记这个字的？（联系学过的"日"字记忆。）

D. 字义：

a. "目"有什么用呢？请同学读句子"mù néng kàn"。

b. 说说目能看到什么？

c. 再读句子。

②教学"足"字。

A. 看图，说说图上画的是什么？

B. 脚又叫什么？

C. 字音：让学生反复练习拼读，注意它是半舌音。

D. 字形：

a. 看电脑中所示画面"足"的笔顺。

b. 然后书空练习。

c. 师在田字格中范字。

d. 学生学写"足"。

E. 字义：

a. 组词。

b. 看电脑显示的画面，说说足能做什么？

c. 结合生活实际说说足还能做什么？

d. 出示句子：zú néng pǎo。让学生练读。

③按照学习"目""足"两个字的方法，指导学生自学"耳、手、人"三个字。

A. 学习"耳"字。（字音、字形教学略）

a. 听录音，说说你听到了什么？

b. 将时钟用毛巾蒙住，让学生听声音，判断里面是什么。

c. 小结：无论声音的大小，我们的耳朵都可以听到，这就叫"耳朵灵"。

读句子：ěr duo líng。

B. 学习"手"字。

a. 字音：读准翘舌音"shǒu"。

b. 字形：自己看书后，书空写笔

顺。

c. 字义：组词后结合生活实际说说手能做什么？

d. 小结：手可以做很多事情，所以说 shǒu ér qiǎo。

e. 读句子：shǒu ér qiǎo。

△休息。（听《健康歌》）

④教学"人"字。

A. 字音：开火车读。

B. 字形：和"八"字进行比较，并指名上黑板前板演。

C. 用"人"字练习组词和说话。

D. 比较"人"和"从"的不同。

⑤教学句群的第二句话。

A. 自由练读后再指名读这句话。

B. 说说我们怎样保护人体的器官。

C. 指导朗读这句话，注意长句子中间的停顿。

⑥朗读本课句群的两句话。

（4）复习巩固，总结练习

①（学生拿出学具：生字卡片）先让学生自己认读生字，然后同桌的两个人互相认读生字。

②教师出示生字的音节，请学生找出相应的汉字，举字卡反馈。

③游戏：摘葡萄

A. 师拿起一串葡萄，先让学生说说要想摘到葡萄，需要用什么器官？再让学生按自己说的（用手摘）去做。但要将摘葡萄的学生眼睛蒙住。

B. 启发学生思考：要想摘到葡萄，不但要用到手，还要用哪些器官？

C. 让学生再次摘葡萄。（将葡萄的位置提高）

④总结：要想将事情做好，光靠一种器官是不行的，要靠多种器官的密切配合，才能把事情做好。生活中，如果我们大家能密切配合，就能把事情做得更好。

附　板书设计

看图读拼音识字5

（执教人：深圳市石岩公学王倩）

作者简介

王倩，女，小学高级教师，深圳市小语会会员。1985 年毕业于长春师范学校，到东北师大附小任教。1987 年，被评为长春市教学新秀；1991 年被破格评聘为小学高级教师。1993 年，执教的《院子里的悄悄话》获"全国优化课堂教学结构整体改革研讨会"优秀课奖；1994 年，执教《称象》的录像在中央教育电视台播放；1995 年，获长春市评优课一等奖；1996 年到深圳市石岩公学任教；1997 年 8 月，获全国教学艺术大奖赛一等奖。

《海滨小城》第二课时课堂实录

1. 导入新课

师：（边出全景图边热情洋溢地说）这是一座美丽的整洁的海滨小城，那里景色宜人，令人神往。今天，我们继续学习 15 课《海滨小城》，随着作者我们再一次走近这座小城，观赏它，领略它迷人的风光。

上节课我们按照作者的观察顺序理清了课文的层次，谁愿意告诉大家作者先写什么，再写什么？

生：作者先写"海滨"，再写"小城"这样写很有顺序。

（师板书： 海滨

　　　　　小城）

师：这节课我们进一步了解海滨小城的美丽整洁，并通过感情朗读来体会文章的美，同时，注意学习作者观察景物的方法。

2. 指导学习第一段

师：自由轻声读"海滨"这部分，看看这段作者写了几处地方？哪几处？

生：写两处地方，一处是大海，另一处是沙滩。

（师板书。出示磁条一，初读，理清层次。）

师：默读这一段，想想从小城看大海、沙滩，见到怎样的景色？用"··"画出描写颜色的词句。

①出示训练题1，要求学生先自言自语，再指名说大海的美丽景色。

写大海时，作者写了（　　）的天和海，（　　）的机帆船和（　　）的军舰，（　　）的海鸥，和（　　）的云朵，还有帆船上的（　　）和军舰上的（　　），表现了大海的（　　）。

②出示训练题2，要求学生先同桌互说，再指名说沙滩的美丽景色。

写沙滩时，作者写了（　　）的贝壳，（　　）的船队，还有（　　）鱼，（　　）的虾和蟹，（　　）的海螺，表现了沙滩的（　　）。

（老师读描写景物的部分，学生读描写颜色的部分，共同努力读出海滨的美）

师：描写海滨时，作者用得最多的是什么样的词？

生：用得最多的是描写颜色的词。

师：作者正是抓住景物颜色多而美这一特点，表现了海滨的美丽。

（师板书：美丽。出示磁条二，再读，抓住特点。）

师：再自由读这一段，看从哪些词句可以体会到海滨的美。（出示磁条三，细读，品词析句。）（学生纷纷举手发言）

生：我从"出海捕鱼的船队一靠岸，海滩上就喧闹起来"一句可以体会出海滨的美。

师："喧闹"一词在这里怎样理解？

生：喧哗热闹。

师：请一位同学读这句话，（出示"捕鱼归来"幻灯片）请同学们借助画面想象出海捕鱼的船队一靠岸，海滩上会出现哪些声音呢？

生：有汽笛声、马达声、海浪拍击岩石的哗哗声。

生：有海鸥声、活鱼活虾的蹦跳拍打声。

生：亲人的欢呼声、锣鼓声、小商贩讨价声。

师：这些声音交杂在一起，海滩上就喧闹起来。

师：（出示训练题3）同学们，你们能用自己的话描绘海滩上的"喧闹"的景象吗？

（　　）的船队一靠岸，海滩上的（　　）声，（　　）声，（　　）声，还有（　　）声就交织在一起，呈现一派（　　）的景象。

（师指导朗读，要求学生用朗读表现

出海滩上"喧闹"的景象；学生有感情朗读，再次体会到了海滩上喧闹的景象。）

（师出示磁条四，朗读，体会感情。）

师：（总结学法）刚才我们用"四步读书法"学习课文第一段，请同学们读出学习步骤：初读，理清层次；再读，抓住特点；细读，品词析句；朗读，体会感情。现在，我们就用这种步骤来学习课文第二段。

3. 指导自学第二段

（1）执教第4自然段。

①一读：自由读第2段，看看"小城"这部分作者写了哪几处地方？

生：庭院公园街道

（师板书：庭院

　　　　　公园

　　　　　街道）

②二读：默读第2段，想想庭院、公园、街道各有什么特点？

生：庭院的特点是树多，叶香，花红。

生：公园的特点是榕树大，景色美。

生：街道的特点是干净。

③三读：自由读第4自然段，看看哪些词句都在写树多？（学生纷纷举手发言）

生：我从"凤凰树开了花，开得那么热闹，小城好像笼罩在一片片红云中"，体会到树多，因为只有树多，花才多得连成一片，好像一片片红云笼罩在小城上空。（师用幻灯打出这句话），

师："热闹"一词在这可以换成哪些词语，句子还是通顺完整的？

生：（纷说）灿烂、美丽、绚丽、艳丽。

师：作者为什么偏要用"热闹"？请读一读这句话，体会后说一说"热闹"一词写出了花开得怎么样？（学生读、议、说）

生："热闹"一词写了花开得很多。

生："热闹"一词写出花开得很艳，一朵还没有谢另一朵又开了，呈现一派热闹的景象？

生："热闹"一词写出了花争芳吐艳的样子。

生：花争先恐后地开放，呈现出一派热闹的景象。

师：谁能读出花儿争先恐后开放的热闹景象？

④四读：指导朗读——学生齐读。

（2）放手自学5~6自然段。

师：请大家自己继续用这种学习步骤来自学5~6自然段。可以提出不理解的问题，也可以说说懂了什么内容。（学生自学，同桌讨论）

生：课文描写榕树时为什么说"绿绒大伞"而不说"绿色大伞"？

生：课文中"甚至"一词是什么意思？（学生读、议、说）

师：现在说说你学懂了什么内容？

生：用"绿绒大伞"写出了树叶的柔软和新鲜，比用"绿色大伞"更加形象生动。

生：我从"人们把街道打扫得十分干净，甚至连一片落叶都没有"一句可以体会出小城的街道十分干净。

师："甚至"一词可换成哪些词呢？

生：甚至可以换成"好像""几乎""似乎"。

师：先把甚至换成"好像"和"似乎"读一读，体会体会行吗？

生：不行。

师：为什么不行呢？用"因为……所以"句式来说。

生：因为换成"好像"和"似乎"就是说，不能确定还有没有落叶，所以不行。

师：再把甚至换成"几乎"读一读，想一想，说一说。

生：换成"几乎"不行，因为换它们，就是说街道上的落叶虽然很少，但还有几片叶子，不是十分干净，所以不能换。

师："甚至"在这里究竟是什么意思？

生：（读、议后）是进一步的意思，可换成"就"，更说明小城的街道十分干净。

师：我们一起来读出十分干净的样子。（学生齐读）

师：通过对"庭院、公园、街道"的描写，突出了"小城"什么特点？

生：美丽整洁的特点。（师板书：整洁）

4. 回归整体，总结全文

师：学到这里，你觉得这座海滨小城怎样？用赞美的语气来说一句话。

生：海滨小城是我心中最美的地方！

生：海滨小城，我爱你！

生：海滨小城，你真美！我一定要去你那里旅游观光！

师：我们看看作者是怎样赞美海滨小城的？

生：海滨小城真是又美丽又整洁。

师：要读出赞美的语气，我们一起再赞美海滨小城。

（学生有感情齐读课文最后一句话）

师：作者为什么能把海滨小城写得这样美呢？

生：因为作者观察有顺序，描写抓特点，所以能把海滨小城写得这样美。

师：还有一个原因，请同学读一读课文的第一句话。

生：我的家乡在广东，是一座海滨小城。

师：这次你们知道了吗？

生：海滨小城是作者的家乡，因为作者热爱自己的家乡，所以才能把"海滨小城"写得这样美。

师：正因为描写时融入了作者对家乡的热爱之情，文章才能写得情景交融，给读者留下深刻的印象。

师：学了这篇课文，你说说你的家乡在哪儿呢？过去是怎样的？现在怎样？你喜欢吗？（学生纷纷发言）

生：我的家乡在福建，过去那里的情况很不好，自从改革开放以来我的家乡变了。高楼一幢连一幢，马路上的汽车来来往往，我真喜欢我的家乡！

生：我的家乡在深圳，现在有高楼大厦，有宽阔整洁的街道，马路上有各式各样的车辆来来往往。我喜欢我的家乡。

附板书设计

15. 海滨小城

海滨 ｛ 大海
　　　 沙滩

美丽整洁

小城 ｛ 庭院
　　　 公园
　　　 街道

【点评】　习生活中处处充满了美，然而并不是每个人都会从生活中，从艺术中，发现出美，寻找到美，感受到美。同样，课堂教学也处处充满着美，然而并不是每位学生、老师都会从教材、教学或学习中发现出美，寻找到美，感受到美。因为美只对那些具有审美能力的人才有价值。宁夏陈革英老师在全国反馈教学艺术大奖赛深圳市讲《海滨小城》时，善于从教材中发现美，从教学中发现美，从课堂信息反馈中抓住学习中的疑点，从课文中突出重点字：词、句，配合多媒体教学，把课上得很美。她运用板书美、语言美、情感美启发诱导学生去观赏海滨的自然风景美，激起学生对小城的爱。陈革英在教学中用简笔画，配合朗诵使学生去感知美、领悟美、创造美，借助美术、音乐等直观形式去品读课文，感受课文的意蕴美。运用情美兼备的教学方法，寓泣物无声的育人规律，培养学生的感知力、深刻的理解力、丰富的情感和独特的审美意识，即升华为一种感悟能力。

小学生情感的最大特点是直觉性和不稳定性。学习中，他们对自己感兴趣的内容总是听得津津有味，而对自己不感兴趣的内容常常感到索然无味。陈老师针对这一特点在讲《海滨小城》时运用多媒体，调动学生的情感，拨动学生的心弦，从而造成活跃的课堂气氛，使学生积极学习海滨的美，主动探索小城的美，培养学生审美能力。

（执教人：银川市第二十一小学陈革英；评析人：刘显国）

作者简介

陈革英，女，宁夏回族自治区银川市第二十一小学语文教师，1987 年开始进行自治区首届"注音识字，提前读写"实验，初步形成

"发展语言、培养思维、陶冶情操"相统一的教学特色。撰写的《如何在阅读教学中充分发挥学生的主体作用》等多篇论文获省级论文优秀奖；参加编写《小学语文教学助读手册》一书；多次代表学校外出示教。1996 年，参加银川市青年教师优质课大赛获一等奖；1997 年，参加自治区（省级）青年教师优质课大赛获一等奖；1998 年 7 月，被评为银川市优秀教师。

《鸟的天堂》第二课时教案

1. 教学目标

（1）认识大榕树的奇特和美丽，掌握榕树"大"和"茂盛"的特点，受到热爱大自然、热爱美的教育。

（2）理解 5～8 自然段的新词和含义深的句子。

（3）学习课文描写景物静态的方法。

（4）有感情地朗读课文，试背课文第 8 自然段。

2. 教学过程

（1）声像引路，激趣入题

同学们，请大家听一听，这是什么声音？（鸟的叫声）猜一猜，今天老师将要带大家去游览一个什么地方？（鸟的天堂）好，现在老师带大家去游览鸟的天堂。

【点评】 用鸟的叫声和猜题引入，集中了学生的注意力，激发了学生的学习兴趣。

（2）讲读第 5～7 段，引出学法

①看录像，边看边思考，请同学们

一边读一边想，这株榕树有什么特点？
（大）

出示学法：抓住特点。

【点评】 运用多媒体，创设了符合课文原意的特定情景，让学生感受大自然的美，激发了学生的学习兴趣，为下面理解课文创造条件。

②水中的榕树是静止不动的，而作者是坐着小船由远及近地驶近了榕树，因而作者对于榕树的观察点不断地在变化着，这也就使得作者对于榕树的观察更加细致具体。下面我们就看看作者从远处对榕树进行观察，产生了怎样的感受。请三位同学分别朗读课文 5，6，7 段。

出示学法：体会情感。（指导朗读第 7 自然段）

③回忆学法：抓住特点、品析词句、体会感情。运用这种方法，学习课文的第 8 自然段。

（3）扶用学法，学习第 8 自然段

①请同学们默读课文第 8 段，想一想，榕树的另一个特点是什么？（茂盛）

②在这一个自然段中，哪些句子写出了榕树"茂盛"这一特点？请学生按三步学法，学习这一部分，自学后汇报。

【点评】 边指导学生学习课文，边出示学法，再运用学法去学习下面的段落，这种渗透学法的做法，培养了学生自我读书的能力，值得提倡。

③品析词句：

A. 榕树正在茂盛的时期，好像把它的全部生命力展示给我们看。（理解：茂盛、生命力、展示等词语，品味句子意思）

B. 那么多的绿叶，一簇堆在另一簇上面，不留一点缝隙。（理解：一簇、缝隙等词语。利用多媒体展现树叶堆砌照耀的过程，从而体会出榕树的茂盛）

C. 那翠绿的颜色，明亮地照耀着我们的眼睛，似乎每一片叶上都有一个新的生命在颤动。（理解：翠绿、照耀、似乎、颤动等词语，品味出句子的含义。知道：前半句写实——写看到的树叶翠绿耀眼；后半句写感觉——写榕树充满了勃勃生机。利用多媒体展现绿叶颤动的情景，通过想象体会句子的意思。）

【点评】 运用多媒体，以特定的镜头让学生理解"颤动"的意思，为突破难点作铺垫，媒体运用恰到好处。

D. 这一句仅仅是表达了作者的这种感觉吗？（这表达了作者对榕树的喜爱和赞美的感情。）哪一句最能突出表达这一点？（这美丽的南国的树。）

E. 变换句式：谁能把下面的句子变成另一种说法？

这美丽的南国的树。

南国的树真……

对比朗读，哪句感情更深？（理解把"美丽"放前更强调了树的美丽。）

F. 指导感情朗读：

那翠绿的颜色，明亮地/照耀着我们的眼睛，似乎每一片树叶上/都有一个新的生命/在颤动，这美丽的/南国的树。（在通过反复练读的基础上，指导学生看着每句的第一个词——树叶的颜色是翠绿的，而翠绿的颜色本身就给人新鲜的感觉；树叶的光泽又是明亮的，因而榕树的叶子是鲜亮的，才给人以耀眼之感；树叶绿得耀眼，绿得发亮，充满活力，一闪一闪的，使人感受到榕树充满蓬勃生机。）

④思考：请勾画出能表现榕树"大"的特点的句子。

A. 在一个地方，河面变窄了。

B. 看不出主干在什么地方。

C. 这样大的还是第一次看见。

D. 枝干的数目不可计数。

E. 从远处看，就像一株大树卧在水面上。

下面我们就联系课文来品析其中一句话。

出示学法：品析词句。

出示：枝干的数目不可计数。

请同学们结合"枝干的数目不可计数"这句话的意思，选择"数"的正确读音。[查字典可知，"计"是计算，"数（shu）"是查点（数目），也有计算的意思，连成"计数"还是"计算"的意思。课文原文是"枝干的数目不可计数"，如果读（shù），当"数目""数量"讲，就跟前面的"数目"重复了，所以，正确的选择应该是数（shǔ）]（同学的答案正确与否，举牌表达意见）

【点评】 这里采用全班同学选举红、绿两种颜色的牌子，表达自己意见的方法，进行知识理解的反馈。反馈及时，信息量大。

⑤对于初来乍到的我，第一次看到这么大的榕树，是怎样的感情呢？（惊奇惊讶）带着这种感情朗读课文。

【点评】 教师设计了找词找句、解词解句、品词品句、换词换句、朗读、背诵、填空一系列训练，目的是使语言文字训练落到实处，以提高课堂教学质量。

（4）总结填空

作者在描写榕树的一段中，按照从（远）到（近）的顺序，从（整体）到（部分）地抓住了榕树的（树干）、（树根）、（树叶）进行了生动的描写。（看到夕阳下的这株大榕树，风不吹，叶不摇，静止不动把这种状态描写出来，就叫事物的静态描写）

（5）配乐朗诵

找出两位学生与老师一起，配乐朗诵。

【点评】 使用背景音乐，创设一种特定的环境，师生享受语言和音乐美的熏陶，课在高潮中结束，这是结篇的艺术。

【总评】 该课以培养学生的自学能力为宗旨，以强化语言和朗读训练为重点，以多媒体优化课堂教学效果为手段，在课堂教学艺术和信息反馈等方面作了大胆的探索，取得了较好的效果。

附板书设计

12. 鸟的天堂

{（傍晚）大榕树 {（远）大（近）茂盛 静态美

学习方法：

（一）抓住特点

（二）品析词句

（三）体会感情

3. 让学生走进鸟的天堂—— 《鸟的天堂》教学设计

《鸟的天堂》是巴金先生写的一篇著名散文。作者以生动形象而富有韵味的语言，记叙了和朋友两次经过"鸟的天堂"的所见所闻，以优美的文字、活泼的笔调、先抑后扬的写法，对傍晚静态中的大榕树和早晨动态中的群鸟活动进行了热情洋溢的描写，充分展示了大自然的美妙，抒发了作者热爱美丽的南国榕树的思想感情。

对于这篇课文的教学，我安排了三个课时，第一课时初读课文，扫除学习障碍并学习课文的第一大段；第二课时教学课文的前一部分，即描写大榕树的段落；第三课时教完余下的部分。教学时交给学法，先扶后放。这样处理教材，旨在培养自学能力。

下面，以第二课时为内容，谈谈这节课的教学设计。

（1）由扶到放；指导学法

由于课文体裁是抒情散文，根据这一体裁特点，我所设计的学法是指导学生如何读懂写景文章的学法。我将这种学法分为三步：第一步是抓住景物特点，第二步是品析重点词句，第三步是体会作者情感（简称"三读"的学习方法）。在本课时的教学中，我采取从扶到放的顺序是：在第二大段的5，6，7自然段学习中逐步渗透这个学习方法，给学生一个心理准备；接着扶着学生用这种"三读"学法自学课文第二大段中的第8自然段，教师检查效果；最后，全课总结时，再次强调学法的实践意义。我这样设计教法，是希望"三读"学法能成为整堂课的能力训练主线，其发展过程是：渗透学法——扶用学法——总结学法。

（2）加强朗读和语言文字训练

①加强朗读训练。朗读是学生理解课文的重要手段。在本课时的教学中，设计了五种朗读形式：第一种，三人轮读；第二种，含别读；第三种，学生当老师，指导读；第四种，齐读；第五种，配乐朗读。特别是第三种方法，更是看学生是否理解了课文，能否指导他人读好课文的一种反馈形式。有了不同方式的朗读训练，使学生既可在读中品味语言文字的优美，又能抒发一种发自内心的情感。这种读法设计在教学课文的第8自然段时采用。当学生品析了词句后，便让某个学生当小老师，指导全体同学读好这个段落。

②强化语言训练。语言训练是语文教学的重要任务。在设计这节课时，以"品析词句"的形式对课文中部分词句进行专项训练。训练的方式有四种：第一种，判断多音字的读音，并理解其字义；第二种，采用录像形象地启发学生弄懂词义；第三种，以找近义词的形式体会词语在句子中的作用；第四种，以讨论的形式体会句子的含义。不管采用什么形式，都是在训练学生正确理解词的能力，为将来正确运用祖国语言文字打下扎实的基础。

（3）多媒体组合，优化课堂教学

教学媒体如何组合，如何为教学目标服务，这是在这堂课的设计中所做出的大胆探索。将挂图、投影、录音、录像这些传统的教学媒体有机地组合，在现代科技的配合下将这些繁杂的媒体组合在一个新的载体——多媒体电脑中。这样，不但使教学媒体更加简洁，便于操作，而且使阅读教学效果得到优化。这一系列媒体的使用，既直接为学生理解课文起了辅助作用，又有效地创设了符合课文原意的特定情境，激发了学生学习兴趣。

综上所述，这堂课教学设计的指导思想是：以培养学生的自学能力为宗旨，以强化语言和朗读训练为重点，以多媒体优化教学效果为手段，从而达到提高课堂教学质量的目的。

（执教人：深圳市深圳小学韩海鑫；评析人：萧桂林）

作者简介

韩海鑫，男，深圳市深圳小学高级教师。1988年参加工作，从事小学语文教学9年。分别承担过"注音识字，提前读写""多媒体指导小学生说话""多媒体指导小学生作文""计算机'四结合'辅助小学语文教学""计算机参与小学语文阅读课教学"等多项教改实验课题。曾先后获得全国首届中青年教师不同风格、不同流派阅读课教学比赛优胜奖；全国首届小学语文青年教师阅读课教学比赛优秀奖；广东省南粤优秀教师称号。

（二）数学教例评析

"简单的条形统计图"教学实录

1. 铺垫学习

师：（启发谈话）同学们，金秋时节的上海已是凉风习习了，可深圳却依然是夏天的感觉，宋老师有点不习惯。说到天气，老师这儿就有一张关于天气情况的统计表，让我们一起来看一下。（电脑显示《某地区一月份天气情况统计表》）

某地区一月份天气情况统计表

天气情况	☀	☁	🌧	❄
天数	12	10	7	2

师：请问，你看懂些什么？

生：这是某地区一月份天气情况统计表。

师：谁还有补充？

生：我还看懂了晴天有12天，多云有10天，雨天有7天，雪天有2天。

师：这张统计表所统计的天气情况，我们也可以用学过的统计图来表示。（出示统计图：直条由格子组成）

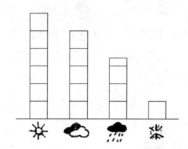

师：仔细观察，你又看懂些什么？

师：请同桌两人把看懂的内容互相说一说。（同桌交换看懂的内容）

师：哪位同学来试着说说看。

生：每小格表示2天，晴天有12天，就用6小格表示；多云有10天，用5小格表示；……

师：从这幅统计图上我们一眼就看出晴天最多，下雪天最少，这就是这种统计图的优点。（统计图直条上的格子消失）

师：现在你们发现有什么变化吗？

生：每小格表示2天和格子没有了。

师：像这样用一条一条的直条来表示的统计图，我们叫它条形统计图。今天，我们就要学习"简单的条形统计图"。（板书课题）

2. 探究新知

师：（又出示统计图）这个统计图上又发生了什么变化？请4人小组讨论一下。（小组讨论）

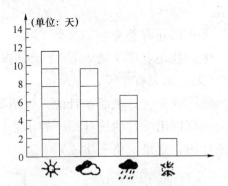

师：哪个小组愿意汇报？

生：这个统计图上出现了两根带有箭头的直线。

师：其他小组还有补充吗？

生：这个统计图上还出现了数、刻度和单位名称。

师：嗯，你们的观察能力可真强，通过观察与讨论，我们发现在简单的条形统计图上有两根带有箭头的直线，一根是横的线，上面有我们需要统计的项目；一根是竖的线，上面有刻度、数和单位名称。

（1）学生自学

师：那么，竖的线上每一小格表示几？我们怎样才能找出表示的数量呢？带着这两个问题，我们一起自学书本第85页的例1。

问题：

①竖的线上每一小格表示几？

②怎样找出每一直条所表示的数量？

（2）同桌讨论

师：看完后，同桌两人交流一下自己的看法。

（3）学生汇报

师：哪位同学愿意来讲讲你的看法？

生：竖的线上每一小格表示1。

师：为什么呢？

生：因为竖的线上０～２之间有两小格，所以一小格就表示1。

师：嗯，有道理。

生：每一直条所表示的数量是从直条的最高处和竖的线上对应的数之间连上一条虚线找到的。（根据学生回答，教师操作演示）

师：利用这个统计图我们还可以进行比较，就拿晴天来为例。晴天比多云天气多几天？

（女同学说给男同学听）比下雨天呢？（男同学说给女同学听）和下雪天比呢？（全班齐答）当然也可以用多云、下雨天、下雪天分别和其他三种天气进行比较。

（4）点拨

师：那么，究竟什么样的统计图叫条形统计图？请把书翻到第86页，默读"练一练"上面的两行文字。（出示这段文字，请同学们再默读一遍。）

3. 突破练习

（1）出示"电视塔高度统计图"

师：这幅统计图统计的是什么内容？

生：这幅统计图统计的是四座电视塔的高度情况。

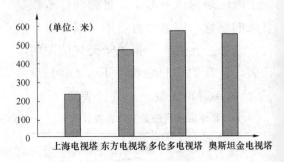

电视塔高度统计图

师：横的线上表示的这四座电视塔从图上可以知道分别是上海电视塔、东方明珠电视塔、多伦多电视塔和奥斯坦金电视塔。那竖的线上有什么？

生：竖的线上有刻度、数和单位名称。

师：这儿的一小格又表示多少呢？

生：这儿的一小格表示100。

师：你们能不能一眼就看出哪座电视塔最高，哪座最低？

生：多伦多电视塔最高，上海电视塔最低。

师：老师还要告诉你们，奥斯坦金电视塔是澳洲第一，多伦多电视塔是美洲是第一，东方明珠电视塔是亚洲第一，世界第三，真了不起！

师：每座电视塔究竟有多高，我们一起来看。

师：每个直条所表示的数量的多少是怎么找出来的？

生：每个直条所表示的数量的多少是通过直条的最高处和对应的

竖的线上的点之间连上一条虚线找到的。

（2）完成练习第1，2两题

师：这幅图上没有虚线，谁有好办法能很快找到每个直条所表示的数量？

生：可以用尺。（学生汇报后，用直尺上讲台演示。）

师：你真会动脑筋，想到这个好办法！其他同学呢？哦，这么多同学想到了，真不错！请大家完成练习的第1，2两题。

（用实物投影仪出示某一学生的练习答案，众校对）

师：和他一样的朝老师笑一笑，打个☆。

4. 加固练习

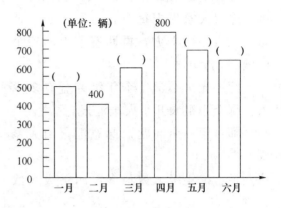

练习第1题

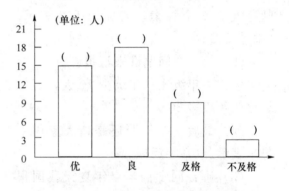

练习第2题

（1）完成第86页"练一练"

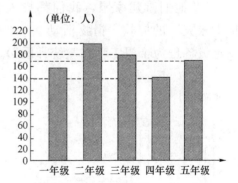

观察上面的条形统计图，回答下面的问题。

①哪个年级人数最多？哪个年级人数最少？这两个年级人数相差多少？

②一年级比三年级少多少人？五年级比四年级多多少人？

③全校共有学生多少人？

师：请把书翻到第86页，找到练一练。建议大家先把每个直条所表示的数量写在直条的上方，再回答书上的三个问题。

师：光华小学每个年级究竟有多少人？哪个小组来开小火车汇报。

师：第一个问题谁愿意汇报给大家听？

生：二年级人数最多，四年级人数最少。

师：这两个年级人数相差多少，老师这儿有3个答案，请你用手势表示。（举手反馈。）

师：第二个问题谁来汇报？

生：一年级比三年级少20人，五年级比四年级多30人。

师：最后一个问题还是请大家用手势来表示。（举手反馈。）

（2）师：同学们，今年夏天我国很多地区遭受了百年未遇的特大洪水，很多灾区小伙伴失去了自己的家园、校园。为了帮助他们重建家园，我们都投入了"抗洪赈灾"的捐款、捐物活动。（出示"三年级各班为希望工程捐款统计图"）

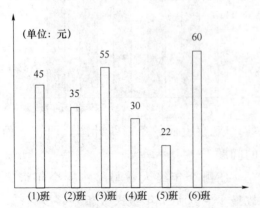

师：仔细看看，这张图上还缺少什么？

生：这张图上还缺少刻度、数。

师：每一小格表示几比较合适？（同桌讨论）

生：每一小格表示"5"比较合适。

师：钱虽然不多，但表达了我们的一片爱心。

5. 综合练习

师：看！谁来了？

师：这些蔬菜想和我们交朋友，你们认识它们吗？

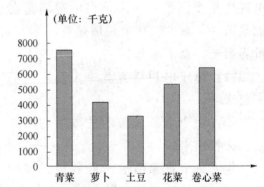

生：它们是青菜、萝卜、土豆、花菜和卷心菜。

师：它们还有一个问题想请教大家，你们能解决吗？哪几种蔬菜的销售量大于5000千克？（同桌两人轻声讨论）

师：谁来说？

生：青菜、花菜、卷心菜的销售量大于5000千克。

师：咦？萝卜先生和土豆老弟怎么不高兴啦？原来它们的销售量不到5000千克。

6. 拓宽练习

师：刚才我们了解了蔬菜朋友的销售情况，接下来了解一下动物朋友的体重情况。

师：动物的体重是以什么为单位的？

生：动物的体重是以千克为单位的。

师：咦，动物们跑哪儿去啦？别着急，只要我们能够根据条件作出正确的判断，动物就会出来和我们见面。条件：①海豚比老虎轻，但比熊猫重；②梅花鹿比熊猫轻；③猴子比梅花鹿还要轻；④人小组开展讨论，组长做好记录并汇报。

师：你们认为最重的是哪个动物？

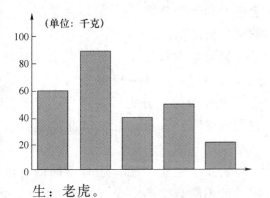

生：老虎。

师：老虎应放在什么位置合适？最轻的呢？其余3个直条分别代表的是哪几种动物？（分别出示各种动物，或伴有动作，或伴有鸣叫声）

师：让我们用热烈的掌声欢迎所有的动物和我们见面。

7. 小结

师：今天我们学习了"简单的条形统计图"，其实，统计图的种类很多，用处也很大。（逐一出示复式条形统计图、扇形统计图、折线统计图等，一晃而过）

师：像这些都是统计图，我们以后还将继续学习。

8. 布置作业

师：请大家回家后，完成练习十八的看图填表。

（执教人：上海市长青学校宋鸣晨）

作者简介

宋鸣晨，女，1988年毕业于上海市第二师范学校。现任上海市长青学校教导副主任，上海市小学数学青年教师联谊会理事。1996年，被破格晋升为小学高级教师。参加上海市级重点课题"认知再建"教学模式研究工作。曾获上海市中青年教师教学评比二等奖，上海市小学青年教师新星竞赛一等奖，上海市教学评优活动一等奖，华东六省一市小学课堂教学评比一等奖，虹口区园丁奖；被评为虹口区三八红旗手。

"除法的初步认识"第一种分法教案

教学内容：六年制小学数学第三册第45页例1和例2。

教学目的：

（1）使学生理解除法的意义，建立平均分的概念，知道把一个数平均分成几份，求一份是多少，用除法计算。

（2）使学生学会除法算式的读法和写法。

（3）通过学生实际操作，培养学生动手动脑、探索新知的能力。

教学重点：使学生懂得把一个数平均分成几份，求一份是多少，用除法计算。

教学难点：使学生掌握第一种分法的操作过程。

教学过程：

1. 讲授新课

（1）揭示课题，明确教学目标。

师：小朋友，以前学习过哪三种计

算方法？今天我们要学习一种新的计算方法——除法。（板书课题）关于除法，你们想知道些什么？

（归纳学生所说：在什么情况下用除法计算，怎样读写除法算式）这就是今天我们要学习的内容——除法的初步认识。

【点评】 揭示课题，开门见山，语言简练。结合课题，引导学生联想，有利学生明确学习目标，积极参与教学。

（2）故事引入，初步建立"平均分"的概念。

①师：（放录音讲故事，打投影片，创设情景）兔妈妈带2只小白兔去森林里采蘑菇，兔妈妈妈采了6只蘑菇。要把这6只蘑菇分给2只小白兔，也就是把6分成2份，有几种方法？

生说，师板书：

师：请同学们仔细观察这三种分法。你认为哪种分法比较合理？为什么？

引导学生得出：分东西有两种分法，一种是每份分得不一样多，一种是每份分得同样多。在生活、生产中，我们经常需要用到每份分得同样多，也就是平均分。（板书：平均分）

②反馈练习。

从下面分东西的结果来判断是不是平均分。为什么？

△△△｜△｜△△△　　⊗⊗｜⊗｜⊗⊗⊗　　▭▭｜▭

【点评】 平均分是学习除法的关键，教师运用故事导入，让学生在不同的分法中，理解平均分的含义：每份分

得同样多。既能使学生在比较中掌握平均分的概念，也有助于对除法的初步认识。

（3）动手操作，掌握第一种分法。

①动手操作，探究新知。

师：（出示例1）8个▱，平均分成4份，每份几个？

师：平均分成4份是什么意思？8个▱分成4份，每份要分得同样多，你会吗？动手分分看。（生分，师巡视，了解学生分的情况）

请一生在投影机上分，大家注意观察他分的过程：（一般都是两个一份地分，分成四份）分完后，检查，每份分得同样多吗？每份是几？请此生说说自己是怎样分的。

启发学生想一想：还有不同的分法吗？请不同分法的一个学生演示分的过程。大家注意看他又是怎样分的，分得的结果每份是几，每份分得同样多吗？

师指出：同学们通过自己动手分东西，知道每份分得同样多有两种分法，前面一个小朋友是两个一份地分，这个小朋友是怎样分的呢？（按照份数，一个一个地分，直到分完为止）今天我们就学习这个同学的分法，按照份数一个一个地分。（板书：第一种分法）前面那个小朋友的分法是第二种分法，下节课再学。

②学习第一种分法：

请刚才用第一种分法分的小朋友做小老师，带同学们用第一种分法再做一次例1，边分边口述分的过程。（学生：先把正方体每份放一个，再把剩下的正方体每份放一个，直到分完为止。）

生自己再以最快的速度分一份，得

出：把8个正方体平均分成4份，每份是2个。

阶段小结：像这样，按照份数一个一个地分，直到分完为止，就是第一种分法。

③练习。

用第一种分法练习：把10个O平均分成2份，每份几个？

审题：要分的总数是几？平均分成几份？

大家动手分，请一生上来演示，师讲评。

【点评】 掌握第一种分法的分的过程和特征是学生理解除法的第一种分法意义的基础。引导学生动手操作，同学之间探索分的方法，在不同的分法中，理解第一种分法的特征。学生融汇在操作、比较、讨论的氛围中，促进了知识的迁延，学习兴趣盎然，充分发挥了学生动手、动口、动脑的作用，体现了其主体地位。

（4）教学例2，认识除法。

①指导学生自学课本第45页例2。

书是我们最好的朋友，我们要学会看书。请学生翻开书45页看例2，边看书边思考问题：

A. 图上有几个桃子，几个盘子？（生回答，在电脑屏幕上依次显示6个桃，3个盘）

B. 要求怎样分？（生回答，在电脑屏幕上显示：把6个桃平均分在3个盘里，每盘（　　）个？）

C. 图上的小朋友是怎样分的？（生回答，在电脑屏幕上演示分桃的过程：每盘放1个，再把剩下的每盘放1个，正好分完。指出用的是我们刚学的第一

种分法）

D. 分得的结果怎样？（每盘2个，也就是每盘分得同样多。这种分东西的方法叫平均分。）

②讲解除法的含义。

像上面把8个▱平均分成4份，6个桃平均分成3份，都是把一些物体平均分成几份，求每一份是多少的问题。我们都是通过动手分得到每份是几，如果给一大堆东西让你动手平均分，求出每份是几就会很麻烦，在数学里，可以用一种新的计算方法——除法来计算。那我们就要认识一位新朋友，你看，它来了。（电脑屏幕用一组鼓乐队动画把除号请出来）同学们，你们认识它吗？谁来说一说你的新朋友是什么模样儿？除号有什么作用呢？我们来听它夸一夸。（电脑讲述："一条横线平又平，两个圆点两边分，我呀表示平均分。"同时，电脑屏幕的除号的横线和两个圆点分别随着电脑话音闪动。）

把6个桃平均分在3个盘里，每盘2个。这道题的除法算式怎样列呢？$6 \div 3 = 2$。6、表示什么？（电脑屏幕上6个桃闪动）把要分的总数6写在除号的前面。3表示什么？（3个盘子闪动）平均分成3份的3写在除号后面。2呢？（每盘2个桃子闪动）表示每份是2个，写在等于号后面。这个算式叫做除法算式。怎样读呢？（一生读，全班读。）

这道算式表示什么意思呢？（引导看书，互相讨论：表示把6平均分成3份，每份是2。请生单独说，相互说，齐说。）

（课中操）

【点评】 例2的教学是本节课的重

点。教师运用电脑演示，结合思考，引导学生自学课本，学生在看书中联想，在电脑动画演示中思考，深化了对第一种分法的认识。同时初步学会了除法算式的写和读，懂得了除法算式所表示的意义，由于采用了现代化的多媒体手段，使教学更具体、更生动、更有效地促进了学生的学习积极性。

③变式练习，加深认识。

请同学们观察例2图的变化。什么变了，什么没变？（电脑动画演示：桃子不动，3个盘子消失了1个）要分的总数不变，平均分的份数变了。

把6个桃平均分在2个盘子里，每盘几个？用什么方法分？（电脑演示分的过程）用什么方法来计算？为什么？怎样列式？（生相互讨论，得出：6÷2＝3。电脑屏幕演示除法算式的6，2，3。）6，2，3各表示什么？（读除法算式，说其含义）

比较例2及其变式的算式：6÷3＝2 6÷2＝3为什么除号后面的数字不一样？

④强化练习。

采用个人回答、抢答的形式练习。

8÷4＝2 表示：把8平均分成4份，每份是□。

10÷2＝5 表示：把10平均分成□份，每份是□。

15÷5＝3 表示：把□平均分成□份，每份是□。

15÷3＝5 表示：＿＿＿＿＿．

阶段小结：把一个数平均分成几份，求一份是多少，用除法计算。除号表示平均分，要分的总数写在除号前面，平均分成几份写在除号的后面，每份是几写在等于符号的后面。

【点评】　教师并不满足于学生例2的学习，而是注意把知识进一步再拓展巩固。在变式练习中，活用例题，放手让学生利用刚学过的知识列出算式，口述算式的意义，在比较两个算式的异同点中深化知识；接着在强化练习中，又着重在理解算式的意义上，循序渐进地培养学生的口头表达能力，做到及时反馈，及时纠正。

2. 巩固练习

（1）摆一摆，写算式。

第46页第1题：先摆一摆，再写出算式。

①把12根小棒平均分成3份，每份是几根？

12÷□＝□

③把12根小棒平均分成4份，每份是几根？

＿＿＿＿＿＿＿

让学生先审题，明确题意；动手操作后，在书上写算式。比较、强化按份数分。

师问：为什么第①题除号后填3，第②题除号后是4呢？

（2）连一连，写算式。

第46页第2题：把8个皮球平均放在2个盒里，每盒几个？（图略）请生列式，读算式，说含义。

（3）游戏。

做"放鞭炮"游戏。将装有题目的塑料装饰鞭炮挂在台上，依次请一名同学上来取出题目并回答。答对，生拍手"砰砰啪"表示祝贺；答错，生"嘘"表示哑炮。

题目：

①10÷5＝2 表示：＿＿＿＿＿＿。

②14÷2＝7 表示：＿＿＿＿＿＿。

③9÷3＝3 表示：＿＿＿＿＿＿。

④16 个本子平均分给 8 个小朋友，每人 2 个。列式：＿＿＿＿＿＿。

⑤12 盆花平均放在 6 个房间里，每人房间放 2 盆。列式：＿＿＿＿＿＿。

⑥把一个数平均分成几份，求一份是多少用什么方法计算？

【点评】 巩固练习安排很有特色，既考虑小学生的年龄特征，又有针对性地巩固深化。练习形式多样，新颖有趣，一层比一层深入。摆一摆、连一连的练习，使学生在操作中较系统地回顾知识，加深理解。在放鞭炮的游戏中，形成学习的高潮，让学生在愉悦的氛围中分享成功的乐趣，使教学留有余味。

3. 全课总结

师：小朋友，这节课我们学习了什么？通过学习你学会了什么？

师：（归纳）我们知道了什么是平均分；学会了第一种分法；还学会了把一些东西平均分成几份，求一份是多少用除法计算；懂得了除法算式的读、写及其表示意义。

【点评】 全课小节，教师注意从学生的回顾中理出知识的脉络，起到了画龙点睛的作用。

【总评】 本节课有以下几个特色：

（1）**教学内容精**

全节课紧紧围绕着教学的重难点，开展教学活动。为使学生更好地掌握除法的第一种分法，教师在精心钻研教材的基础上将新授阶段分为：平均分的意义——理解第一种分法——认识除号，

掌握除法算式的写法、读法和所表示的意义等三个环节，环环紧扣，逐层深入，精讲精练，讲练结合，内在联系严密，体现了由浅入深、由易到难的原则，渗透了比较思想、发展思想、转化思想、形变质不变的思想等，使学生受到辩证的唯物主义的启蒙教育。

（2）**教学思路清**

整个教学，层次清楚，结构严谨，根据教材的编排意图，运用比较迁移的教学思路组织教学。充分运用教材，活用教材，结合二年级小学生的认知规律，让学生在比较中思考，在比较中分析；在比较中概括，在比较中拓展，一使学生在新旧比较、正反比较、正确和错误比较中，把新知同化或顺应于原来的认知结构，促进知识的迁延。练习设计具有针对性、目的性、思考性、阶梯性、反馈性，有利于调控教学。同时教师通过摆、议、画、练的教学过程，注意培养学生的动手能力、口头表达能力、分析能力和概括能力，引导学生自我发展。

（3）**教学方法活**

教师努力为学生创设一种宽松、活泼、和谐的教学环境，教学中教师重视学生的主体地位。在故事导入中，在分的操作活动中，在电脑演示中，在比较思考中，在游戏的愉悦中，融故事、观察、思维与学习为一体。

放开学生的手、脑、口，让它们敢想敢说，充分暴露自我的思维过程，造成一种师生间真诚、信任、愉快的课堂氛围，发挥学生的学习主体性，教师教得活泼，学生学得活泼，适应素质教育的要求。

（4）**教学手段新**

教师积极采用现代化的教学手段开展教学活动，适时运用录音、投影、电脑等多媒体。在新课导入、第_种分法的学习、除号的认识、理解除法的含义、变式练习等环节，有科学性、针对性、艺术性地设计画面引入教学，声情并茂，充分发挥了多媒体辅助教学的作用，融教学艺术为一体，既激发学生学习兴趣，又增强参与意识，取得了很好的教学效果。

（执教人：桂林市榕湖小学桂华；评析人：杜玉坤）

作者简介

桂华，女，广西桂林人，中共党员。1991年毕业于桂林市师范学校，现任桂林市榕湖小学教导处主任，教学教师。1997年8月，执教《长方体的认识》获全国首届语文、数学课堂教学艺术大奖赛优秀课一等奖；获1997年桂林市小学数学教师基本功选拔赛一等奖；并代表桂林市参加"1997广西小学数学教师基本功大赛"，荣获一等奖。

1991年，被评为桂林市双拥先进工作者；1992年和1993年获桂林市优秀辅导员称号；1994年，被评为1992～1994年度的桂林市优秀青年教师；1998年，被评为1996～1998年度的桂林市教育先进工作者。1992年编导的儿童广播剧《未来世界我们开辟》被中央广播电台和中国少儿活动中心评为三等奖，并在中央广播电台播放；1992和1993年曾先后三次在全国少先队活动中获优秀个人组织奖。

"数据的收集和整理"教案

教学内容：九年义务教材六年制小学数学第十册1～2页。

教学目的：

（1）初步认识统计的作用和意义。学会用画正字的方法收集数据，进一步认识统计表和条形统计图。

（2）通过小组合作学习，培养学生观察、比较分析的能力及动手制作能力，培养学生的合作精神及解决问题的能力。

（3）激发学生热爱家乡的情怀，培养学生良好的学习习惯。

教具准备：计算机及相关电脑软件、实物投影仪、录像带、统计图表若干张。

学具准备：水彩笔一支，练习题一份。

教学过程：

1. 情境一：复习铺垫

师：今天，学校请来了校外辅导员——交警张叔叔准备组织同学们到户外进行数学实践活动。准备出发。

（1）放录像（乘车去长沙世界之窗）。

师：看，现在我们到哪儿了？（引导学生看世界之窗前坪停车场）前坪停车场上停着各种各样的车，张叔叔想考考同学们，把停车场上各种机动车的辆数统计一下，你们会吗？

（2）电脑画面出示停车场。

①对四种车进行分类、归类。

师：这是一处停车场画面，有些什么机动车？

生：有摩托车、小轿车、的士、面包车、大客车、货车。

师：我们把这些车归类为四种：摩托车、小汽车、客车、货车。（依次显示四种车的名称）

②要求学生根据画面完成统计表和条形统计图。（电脑画面显示统计表）

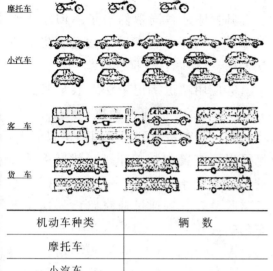

机动车种类	辆　数
摩托车	
小汽车	
客　车	
货　车	
合　计	

师：首先根据画面一起来完成统计表。

生：摩托车 3 辆，小汽车 15 辆，客车 8 辆，货车 6 辆，合计 32 辆。

（生回答，电脑显示正确答案）

师：（电脑画面显示统计图）能根据统计表完成条形统计图吗？观察条形统计图，图中的一格表示几辆车？

生：图中的一格表示一辆车。

师：那么，小汽车的辆数要用几格来表示？客车、货车呢？（生回答，电脑显示正确答案）

【点评】　教师运用现代教学媒体，创设"校外辅导员张叔叔带同学们到户外进行数学实践活动"的情景，引起学生的有意注意，使学生在一种轻松、愉快的气氛中自觉进入课堂学习。不仅很好地复习了旧知，而且激发了学生的"乐学""好学"情趣。

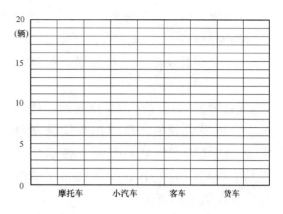

2. 情境二：探求新知

师：张叔叔看到同学们以前学过的统计知识掌握得很好，把同学们带到张叔叔工作的地方——交通指挥中心，准备交给同学们更艰巨的任务。

（1）数据的收集

①放录像（改革开放后的城市新貌）。

师：通过监控电视，看到美丽的长沙城，到处高楼林立，交通网络四通八达，车水马龙，好一派繁荣景象。瞧，公路上车来车往。注意，都有些什么机动车？

闻：你们都看到了一些什么机动车？

师：交通指挥中心为了便于调控长沙市区各条路段的车流量，需要收集 1 分钟通过迎宾路口的小汽车和客车的辆数。刚才张叔叔已经派了两名同学站在迎宾路口，准备进行统计了。我们大家一起参加，好吗？

②探讨数据收集的方法。

A. 请同学们拿出练习纸和笔，找到表格，在表格内用自己熟悉的方法把经过的小汽车和客车逐辆记下来。

小汽车	
客　车	

B. 放录像。（1分钟小汽车、客车通过迎宾路口的车流量）

C. 学生看录像并进行记录，收集数据。

【点评】 通过动态录像演示，让学生进行数据的收集。教师把数学课堂教学和生活实际紧密联系起来，使学生认识到生活周围处处有数学，培养了学生自觉运用数学的意识。

D. 师：你是用什么方法收集数据的？结果怎样？

生甲：我是用画"√""×"的方法记录的。小汽车16辆，客车3辆。

生乙：我是用画"O"的方法记录的。小汽车16辆，客车3辆。

生丙：我是用画"正"字的方法记录的。小汽车16辆，客车3辆。

（用实物投影展示学生收集数据的方法）

师：请同学们比较一下，哪种数据收集的方法较好？为什么？

生甲：用画"正"字的方法收集数据较好。因为"正"字的一笔就表示一辆车，容易记。（师展示画"正"字的方法）。

生乙：用画"正"字的方法收集数据便于统计结果，因为一个"正"字是五笔，统计结果时只需数有多少个"正"字，再乘以5就行了。

师：说得真好，同学们觉得用画"正"字的方法较好，我们来看看站在马路边的两位同学，他们是怎样收集数据的。（放录像）

师：实践证明，"正"字记录法是一种比较好的收集数据的方法。不但容易进行记录，而且记录较准确，便于统计

结果。"

师：刚才，同学们当了一回小小统计员，大家还一起探讨了数据收集的方法。（板书课题：数据的收集）

③应用"正字记录法"收集某路口3分钟通过的4种车的辆数。

师：张叔叔看到同学们确实很能干，已可以帮交警叔叔工作了，就有更重要的任务要交给同学们——交通指挥中心还需收集3分钟通过迎宾路口的这4种车的辆数。

A. 小组合作。3～4人一组，小组长分工，小组内每人记一种车的辆数。

B. 放录像。（3分钟通过迎宾路车流量）学生根据分工，用"正"字记录法进行记录。

摩托车	
小汽车	
客　　车	
货　　车	

C. 小组汇总汇报结果。

板书：摩托车正

小汽车正正正正正正正

客车正正

货车

D. 放录像订正结果。

（2）数据的整理

师：同学们，怎样才能把刚才收集到的数据更清楚地表示出来呢？

生：可以整理制成统计表、统计图。

师：接下来，我们进行整理。（完整课题板书：整理）

①学生完成统计表。

A. 同学们把数据整理填入统计表

中。

B. 指定一名学生板演, 再订正。

②小组合作学习完成统计图。

A.（显示两幅格子图）

师：先在第一幅图上尝试画, 画错了可在第二幅画上重新制作。遇到问题, 小组内想办法解决。小组合作完成统计图。

学生小组合作学习, 完成条形统计图, 教师巡视进行指导。

B.（投影展示学生作品）

师：有的组为什么第二次才画好, 遇到了什么困难？

生：在第一次作图时是用1格表示1辆车, 发现在填小汽车那一栏时, 格子不够；第二次作图, 就用1格表示2辆车, 问题就解决了。

师：怎么出现了半格, 半格又表示几辆车？

生：在填摩托车那一栏时, 填了3格还剩1辆车, 1格表示2辆车, 用半格就表示1辆车。

师：有的组第一次作图时, 就发现了问题, 并想好了解决的办法, 一次成功, 真不错。（评一评各组作图情况, 提出作图时注意准确和美观。）

③看图回答问题（出示老师制作的图）。

师：你能从这幅条形统计图中知道什么？

生甲：能清楚各种车的辆数。

生乙：能比较各种数据的多少。

生丙：能看出迎宾路口车流量较大, 交通秩序较好。

生丁：还知道了一格可表示两辆车。

师：那么, 可不可以用一格表示5

辆、10辆……甚至更多的辆数呢？

④看书1—2页。（指导学生看书）

【点评】 学生通过小组合作的交流、讨论, 不仅进行了第二次数据的收集, 成功地制出了统计表、条形统计图, 更重要的是提高了学生观察、比较、分析和解决问题的能力, 加强了学生的合作精神。

3. 情境三：拓展思维

由于工作需要, 张叔叔还收集了芙蓉路口2小时通过的各种机动车的辆数, 并制成了统计表。（先出示统计表, 再出示统计图）

师：如果要根据这张统计表制成统计图要注意些什么？

生：注意一格表示几辆车比较合适。（小组讨论）

代表发言：一格表示100辆车比较合适。（学生完成统计图）

4. 全课小结

通过这次活动, 你有些什么收获？（进一步学习了数据的收集和整理）

芙蓉路口2小时机动车流量统计表

机动车种类	辆 数
合 计	2650
摩托车	350
小汽车	1600
客 车	400
货 车	300

【总评】 "数据的收集"由学生根据静态的、较简单的停车场画面用数数的方法收集, 发展到在动态的、较复杂

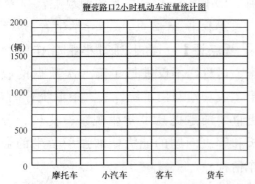

芙蓉路口2小时机动车流量统计图

的交通路口用"正字法"收集;"数据整理"的统计表和条形因由简单到复杂,学生最后掌握了根据选定单位(一个方格表示多少)制作条形统计图的方法。知识的呈现顺序合理,使学生形成了有结构的知识,教学过程做到了前有铺垫和引发,中有探究和构建,后有总结和发展。这说明教师较好地贯彻了结构教学的思想和过程教学的思想。

复习阶段,教师放"乘车去世界之窗"的录像后问:"现在我们到哪了?你们看到了些什么?"数据收集阶段,教师放"美丽的长沙城"录像后问:"你们都看到了些什么机动车?"数据整理阶段,教师在让学生小组合作应用"正字记录法"收集某路口通过的四种车辆数后问:"同学们怎样把刚才收集到的数据更清楚地表示出来呢?"学生完成条形统计图后,教师问:"你能从这幅条形统计图中知道些什么?"最后教师出示芙蓉路口2小时机动车流量统计图,问:"如果要根据这张统计表制成统计图要注意些什么?"所有这些问题都需要学生认真观察、思考才能解决,而且教师也给了学生比较充足的时间观察、思考,这样就培养了学生的联想能力、观察能力、探究能力、发散思维能力和抽象概括能力,

使学生的智能得到了较好的发展。这说明教师很好地贯彻了发展教学的思想。

教学过程中,教师组织学生开展了三次主要活动:一是使学生根据世界公园停车场画面独立完成统计表和条形统计图;二是学生用自己最熟悉、喜欢的方法记录通过交通路口的小汽车和客车的辆数,并通过小组讨论确认"正字记录法"较好;三是小组合作,用"正字记录法"纪录某路口通过的四种车的辆数,并根据收集的数据制成统计表和统计图。这些活动的开展,使学生的独立自主性、自觉能动性和积极创造性得到了较好的发挥,促进了学生智慧潜能的开发和健全个性的形成,并培养了学生的协作精神。这说明教师较好地贯彻了活动教学和主体教育的思想。

总之,何晓老师的"数据的收集和整理"一课较好地贯彻了现代教育思想,促进了学生认知水平和个性的发展;同时还把教学内容与学生所熟悉的现实生活很好地结合起来,实现了教学内容的现实化,使学生乐学。再加上现代教学手段的运用,使教学效率更高。我认为这是一堂优质课。

(执教人:长沙市麓山国际实验学校何晓;评析人:曹晓南 贾腊生 李一鸣)

作者简介

何晓,女,1976年生,1994年7月毕业于湖南省宁乡师范学校,并分配到麓山国际实验学校工作,任小学数学教师。1995年,参加长沙市小学数学教师观摩活动,获优胜奖;1996年,参加长沙地区教改实验优秀课观摩活动,获优秀奖;1998

年，在长沙市青年教师教学比赛中获一等奖，并获市电化教学比武二等奖；1998年7月16日，参加中国教育学会小学数学教改研究会第十四届年会教学比赛，获一等奖。

"分数的意义"教案

教学内容：六年制小学课本第十册（人教版）。

教学目标：使学生知道分数的产生，理解分数的意义，掌握分数各部分名称、含义和分数的读写；培养学生学数学的兴趣和注意力、观察力、思维力及思维品质。

教学重点：分数的意义。

教学难点：理解分数意义。

教学用具：计算机、贴纸等。

教学过程：

1. 新知学习准备

同学们，在上新课之前，让我们复习一下三年级学过的分数，用分数表示下面图形的闪烁部分（图略）。（个别学生口答，其余学生用红、绿反馈牌示意，表示反对或赞同）图中的闪烁部分，能不能用分数1/4表示，为什么？

小结：这是我们在三年级学习时，掌握的分数的一些初步知识。从今天起我们将进一步系统学习分数。

【点评】 因分数的意义是分数初步认识的深化和发展，故在新课前复习再现已认识的几分之一、几分之几的分数及平均分的初步认识是必要的。一是旧知迁移的需要；二是形成学生新的认知结构的需要。在复习中尤其用红、绿反馈牌对答题对、错进行示意，学生参与面广，教者可根据人数及时了解学生对

旧知掌握的程度和水平；并可针对不同的错误及时反馈校正，完成旧知迁移的准备。特别是采用计算机辅助教学，将原来用分数表示的图的阴影部分的静态画面，加工成滚动显示，对图形的平均分，用闪烁示意图中的阴影，这种科学、生动、形象的动态画面不仅深深吸引了学生的注意力，而且能引发学生对教学材料极大的兴趣，使课的一开始就创设了一种进行新知学习的良好氛围。

2. 新知学习

（1）板书课题，提出目标

首先我们学习分数的意义（板题）；通过对这一节内容的预习，你们想学习什么呢？

概括本节知识学习目标：①知道分数的产生；②理解分数的意义；③掌握分数各部分名称、含义和分数的读写。

（2）教学分数的产生

①计算的需要。看分苹果的电视。第一，把2个苹果平均分给两个小朋友，每人分得几个？怎样列式？（2÷2＝1）小结：这个计算结果能用整数表示；第二，如果把1个苹果平均分给两个小朋友，每人又分得几个？算式怎样？这样的计算结果还能用整数表示吗？小结：这样的计算结果不能用整数表示，可用分数表示。

②测量的需要。看用米尺度量黑板长度的电视。这是一把米尺，用它怎样量黑板，量得的结果怎样？〔3米多一些（对着米尺某一刻度），不足4米，即不是整米数〕

小结：从上面两个过程我们可以看到，分数是由于计算和测量得不到整数

的结果而产生的。

（3）教学"分数的意义"

①理解平均分。

A. 观察理解。请同学们看电视，你们看到了什么？（一块饼）（板贴）把这块饼怎样呢？（平均分成 2 份）每份是它的几分之几呢？（$\frac{1}{2}$）（板书：2 份，1 份，$\frac{1}{2}$）你们是怎样知道它是平均分的呢？（因为它分得的两份完全叠合，即每份一样多。）

B. 操作理解。下面我们来做一个折纸的练习，看看我们是不是理解了平均分的概念。请同学们拿出一张正方形纸，把它平均分成 4 份，有几种折法？（学生折后，与电脑演示的三种折法，如图 ⊞ ⊠ ☰ 或 ⫴ 比较，并用红、绿反馈牌示意反对或赞同）对其他的折法师生分析、评判并强化仅有这三种折法。

C. 识别理解。再看电视屏幕上这两个图，△ 的每一份能用 $\frac{1}{3}$ 表示吗？ ◑ 的每一份能用 $\frac{1}{2}$ 表示吗？为什么？

D. 结语：平均分就是分得的每一份都一样多。

②正确认识单位"1"

A. 表示一个物体或一个计量单位。

a. 用电脑显示一张正方形纸。接着演示并提问：这个图表示什么意思？（把这张正方形纸平均分成 4 份）表示这样的 1 份，是这个正方形的几分之几呢？3 份呢？

（板书：4 份，1 份，$\frac{1}{4}$，3 份，$\frac{3}{4}$）

b. 用电脑显示一条线段，表示一个计量单位。接着演示并提问：把这个计量单位平均分成几份？（5 份）每份是它的几分之几呢？4 份呢？

（1 份是它的 $\frac{1}{5}$，4 份是它的 $\frac{4}{5}$）

小结：一块饼或 1 张正方形纸等都可以看作一个物体。一个物体、一个计量单位我们都可以看作一个单位，叫做单位"1"。将其平均分成若干份，它的一份或几份可以用分数来表示。单位"1"除了表示一个物体，一个计量单位以外，还可以表示什么呢？

B. 表示由一些物体组成的一个整体。

a. 电脑显示 4 个苹果图。接着演示并提问：这里是将 4 个苹果组成的一个整体看作单位"1"，平均分成 4 份，每份有多少个苹果？每份的一个苹果是这个整体的几分之几？（板书：1 份，$\frac{1}{4}$）3 份是这个整体的几分之几呢？（板书：3 份，$\frac{3}{4}$）小结：把 4 个苹果组成的一个整体，可以看作单位"1"。

b. 电脑显示 6 只熊猫图。接着演示并提问：这里把什么看作一个整体呢？（6 只熊猫）、把 6 只熊猫平均分成了几份？（3 份）每份是多少只熊猫？（2 只）每份的 2 只熊猫是这个整体的几分之几呢？（板书：2 只，1 份，$\frac{1}{3}$）2 份是这个整体的几分之几呢？（板书：2 份，$\frac{2}{3}$）如果把 6 只熊猫平均分成 2 份，每份是它的几分之几呢？如果把 6 只熊猫平均分成 6 份，每份又是这个整体的几分之几？

小结：把 6 只熊猫组成的一个整体，也可以看作单位"1"。

c. 让学生联系实际举由许多个物体组成的一个整体的例子。

总结：单位"1"不仅表示一个物体，一个计量单位，还可以表示由许多个物体组成的一个整体。

③归纳分数的意义。

A. 讨论概括这些例子的共同点：同学们，我们举了这么多例子，都是为了说明什么样的数叫分数，请同学们想一想这些例子有些什么共同点呢？请前后桌 4 人为小组讨论。

B. 尝试归纳：请小组代表回答，什么叫分数。

C. 与课本对照找差距：打开课本 85 页，看看课本是怎样概括的：请一个同学回答。老师边板贴（把单位"1"平均分成若干份，表示这样的. 1 份或者几份的数叫分数），边抑扬顿挫地重复这句话。

D. 找出并解释分数意义中的关键词：这句话的关键词语是什么，请同学们找一找。（"单位1""平均分""这样的"）"这样的"是什么意思呢？"这样的"和三年级学习的"其中的"有什么区别呢？

学生讨论后，结合分数直观图归纳："这样的"和"其中的"在份数的表示上前者是没有限制的，后者是有限制的。

（4）教学分数各部分名称和含义。

①自学：请同学们看书本 85 页最后一段。

②检测：请同学们看电视，说出 t $\frac{3}{5}$ 这个分数各部分名称和它们的含义。

（5）教学分数的读和写。

①读分数。

A. 尝试：请同学们看电视，这里有一组分数，即 $\frac{1}{2}$，$\frac{3}{4}$，$\frac{8}{5}$，$\frac{5}{7}$，$\frac{9}{11}$，$\frac{21}{13}$，$\frac{23}{30}$，它们是怎样读的呢？请同学们自己读一读，请某组开火车读下去。

B. 小结：分数是怎样读的？先读什么，再读什么？

②写分数。

A. 实践：请同学们在自己的练习本上写 3 个分数，看会不会写；同时，请同学出来板演。

B. 总结：说说分数正确的写法。先写什么，再写什么，最后写什么？

【点评】 在新知学习这个教学重头戏中，设计有 5 个教学活动。为首的是板书课题，提出目标。这个根据学生心理需求，由学生提出知识目标的活动很重要。它可使课堂教学行为步调一致，便于学生主动的探索和参与。其次是教学分数的产生、分数的意义、分数各部分的名称和含义、分数的读和写。整个过程的展开条理清楚，层次分明，主次恰当。特别是教学策略明确，具体体现在：其一，对学生通过自己努力能够学会的材料，尽量让学生自学、合作、讨论、尝试、自测、总结来完成。即用逼迫学生主动学习、主动反馈、主动总结的办法，以提高学生从课本获得知识的能力。譬如，教学分数各部分的名称和含义、分数的读和写等就是这样做的。

其二，对学生学习有困难的材料，譬如"分数的意义"，则采用抓住其关键要素，利用计算机辅助教学的优势，采取启发诱导递进反馈调控或分散难点各个击破两种方式。譬如，理解分数意义中的平均分则采用的是第一种方式，具体做法是在观察理解中调控，在操作理解中调控，在识别理解中调控，最后小结，完成理解平均分概念。又如，正确认识分数意义中的单位"1"，则采取的是第二种方式，即先认识单位"1"可表示一个物体或一个计量单位，再认识单位"1"可表示由许多物体组成的一个整体，然后进行变式，举例，总结。同时，又紧扣反馈调控，使学生对单位"1"的认识不断得到深化。另外，对新知认知过程的设计，还特别注重学生的主体性和参与的全面性，注重利用认知过程去培养学生观察、分析、比较、综合、抽象、概括等各种能力。这是值得称道的。

3. 新知巩固与发展

我们已经知道了分数是怎样产生的，学习了分数的意义，知道了分数各部分名称及意义，还会读写分数。现在，我们来做一些练习。

（1）基础练习。

①书面练习。

A. 用分数表示下面图形的阴影部分图（图略）。

B. 用分数表示下面图形的红色部分和蓝色部分（图略）。

②口答校正。学生做完后，电脑依序显示题目，请个别同学报答案，其余同学用红、绿反馈牌示意反对或赞同，师生作必要的评析校正。

（2）综合练习

①变式练习。

A. 分组摆出 8 个苹果的 $\frac{1}{8}$，$\frac{1}{4}$，$\frac{1}{2}$。

B. 分组摆出 3 粒棋子，6 粒棋子，9 粒棋子的 $\frac{1}{3}$。

总结规律：A 题的单位"1"不变，即将 8 个苹果看作单位"1"，平均分的份数有变，即 8 份、4 份、2 份，表示的份数不变即 1 份，因此，其结果分别是 1 个、2 个、4 个；B 题的单位"1"有变，即分别将 3 粒、6 粒、9 粒棋子看作单位"1"，平均分的份数不变即 3 份，表示的份数不变即 1 份，因此其结果分别是 1 粒、2 粒、3 粒。

②发散练习。

看花朵说分数，看谁说得多。

总结规律：先将花朵的总数组成的整体看作单位"1"，说各色花 j 朵占这个整体的几分之几；然后，将花朵的总数续次递减 1，再说各色花朵占这个整体的几分之几。

4. 总结

这节课我们学习了什么？（呼应本节开头的知识目标）

【点评】 该练习设计的指导思想是明确的，即通过再现性题型和综合性题型的训练，形成学生新的知识结构和技能，培养学生分析问题和解决问题的能力，同时发展学生的思维力和思维品质。在具体运作时下列几点是值得肯定的：其一，选择的这些题具有一定的思考性，这就为培养学生的思维能力和思维的灵活性、变通性、发散性等品质提供了契机。其二，整个题目分为基础题和综合题，每个层次的题又按梯度、层次排列，这样，可满足上中下三种学生不同的需求，并使思维不断推向高潮。其三，练习样式较多，有书面的、口答的、听摆的、看说的，使手、口、眼、耳、脑协调一致，配合学习活动，这样可避免单一的刺激给学生带来厌烦感和疲劳感。其四，通过解题规律的总结可促进学生学会学习。其五，整个练习题用计算机辅助显示，省时省力。

【总评】 本课从教学艺术角度看，有如下几个特点：一是根据学生的心理需求，让他们自己提出认知目标。这不仅使课堂中师生教学行为步调一致，且可使学生主动的探索和参与，显示出新课学习时前，导的教学艺术。二是对学生通过自己努力能够学会的材料，如分数各部分名称及含义等，尽量让学生通过自学、合作、研究、讨论、尝试、自测、总结来完成；对那些学有困难的材料，如对分数意义中的要素，如单位"1""平均分""这样的"等，则采用启导、点拨的方法来完成。这不仅体现出教师为主导、学生为主体的教学思想，而且显示出教者较高明的教学策略和教学艺术。三是利用多媒体计算机辅助教学技术，对旧知复习、新知认识以及新知巩固和发展这三部分教学内容进行加工处理，使呈现的教学信息动静结合，图文并茂，声色俱全，形象鲜明，生动直观，使学生学有兴趣、爱学、乐学，显示出处理、加工教学信息的艺术。同时，还利用多媒体计算机辅助教学技术对一些重难点的教学内容采用重演、重放或对学生感受体验的内容及时反馈显示，如1张正方形的纸，将其平均分成4份的几种形式的显示等，

显示出对教学信息强化的艺术。四是本课采用三环节、三阶段的课堂教学结构。三环节是新知学习准备、新知学习、新知巩固与发展。三阶段是每环节中都有三个阶段。新知学习准备的三阶段是：旧知再现、旧知重组、导入新知；新知学习的三阶段是感知体验、理解诠释、抽象概括；新知巩固与发展的三阶段是基础练习、综合练习、发展练习。显示出这种课堂教学结构的艺术风格及较强的教育教学功能。五是针对这样的课堂教学结构，本课采用了三次大的反馈：第一次反馈看分数初步知识掌握的程度和水平，调整对分数意义学习的对策；第二次反馈看对分数意义及相关知识理解程度及概括水平，调整对新知的认知策略；第三次反馈看新知掌握的程度和技能形成的水平，调整对新知练习的策略。特别是对每个环节中的重点知识还设有递进层次的反馈系统，如理解平均分概念，将其划分成四个反馈层次即观察理解、操作理解、识别理解、归纳小结，并通过调控使学生的认知逐步到位。对信息的反馈还设有对答、讨论、代表发言、反馈牌示意等多个反馈窗口，显示出对教学信息反馈的艺术。总之这是一堂有价值的好课。

附 主板书设计

分数的意义

把单位"1"平均分成若干份，表示这样的一份或几份的数，叫做分数。

（执教人：广州市天河区云山小学温丽芳；设计人：陈立伟，龚美卿；评析人：陈立伟，苏堪英，邓福棠）

作者简介

温丽芳，广州市天河区云山小学一级教

师，毕业于广州市师范学校大专数学系。多次承担学校内外的公开课。曾获区数学竞赛课一等奖，区青年教师基本功大赛一等奖。设计的计算机数学教学软件《两位数加两位数的进位加法》《长方体和正方体的认识》等得到专家的好评。论文《计算机动画在低年级几何图形教学的运用》获区一等奖。

"相遇应用题（例 5、例 6）"教案

教学目的：使学生初步理解相遇问题的意义，学会列综合算式解答相遇问题中路程和时间的应用题，培养学生解题的能力。

教学重点、难点：重点是学习求相遇问题中路程和时间的应用题；难点是使学生理解速度、速度和的含义及应用。

教学用具：投影仪、投影片、微机以及软件。

教学方法：反馈教学法、读讲精练教学法。

教学时间：一课时。

教学过程：

1. 复习旧知

今天，在学习新知识以前，我们先把与新知识有关的旧知识做一下简要的复习。请大家看投影：

小猴、小兔到森林里参加联欢会。

（1）小猴每分钟走 8 米，走到联欢地用 6 分钟。这段路长多少米？

（2）小兔子也走这段路，每分钟走 12 米。几分钟走到联欢地？

（出示 2）师读题。谁会做？（8×6

=48）这个题中有几个数量？

（3 个）每分钟走 8 米，这是什么？（速度）6 分钟是什么？（时间）48 米是什么？（路程）

谁能用一个等式把它们之间的数量关系表示出来？

（速度×时间＝路程）

（出示 2）师读题。谁能把这道题解答出来，并用一个等式把它们之间的数量关系表示出来？（48÷12＝4 路程÷速度＝时间）

小结：通过这两道题的解答，我们知道在速度、时间、路程这三个基本数量中，只要知道了其中任意两个量，就可以求出第三个量。

【点评】 复习与新知识联系紧密的行程问题的最基本数量关系，有利于知识的迁移，为学习相遇问题做好心理准备，使学生一上课，思维就处于一种积极、主动、有序的兴奋状态。复习简洁，富有趣味。

2. 导出新课

前面，我们研究的都是一个物体运动，如果两个物体同时在一段路上运动，一般来说有几种情况呢？请大家看微机屏幕：（图略）（演示同时同向）（用教鞭指着）这是一条马路，两个人在马路上走。请大家注意观察，看他们是怎么走的？（同时相向）[演示同时相对（相向）]请大家继续观察，谁能用最简短的语言说说他们是怎么走的？

（同时相对）（演示相遇）请大家再观察，出现什么情况了？（相遇）对，他们相遇了。（演示）

【点评】 通过微机动画演示，化抽

象为具体，化枯燥为有趣，启发引导学生概括、理解"同时同向""同时相对（相向）""相遇"等教学概念。引进新知识形象生动，主题鲜明，激发兴趣。

3. 揭示课题

这节课我们就来研究这样的相遇问题。（板书：相遇问题）

4. 讲授新知

请大家看投影。（出示准备题）

> 张华距李诚家 390 米。两人同时从家里出发，向对方走去。张华每分钟走 60 米，李诚每分钟走 70 米。

谁来读题？这道题有哪几个已知条件？（路程 390 米，张华 60 米/分，李诚 70 米/分）

说得非常好。请大家看微机屏幕：（图略）

（1）这是一条线段。这条线段代表一段路程，是张华距李诚家的路程。

（2）请大家观察：两个人之间的距离是多少？（390 米）

（3）请大家继续观察，他们是怎么走的？（同时相向走）他们同时走了多长时间？（1 分钟）两人所走的路程的和是多少？（130 米）这时，两个人之间的距离是多少？（260 米）

（4）请大家继续观察：现在两个人一共走了多长时间？（2 分钟）张华和李诚走的路程分别是多少？（120 米、140 米）

（5）请再继续仔细地观察：现在出现什么情况了？（相遇）对，相遇时一共走了多长时间？每个人各走了多少米？（3 分、180 米、210 米）这 180 米和 210

米分别是怎么得出来的？（速度 x 时间一路程 60×3＝180 70X3＝210）

（6）请大家认真观察并思考：相遇时，两个人所走的路程的和与两家距离是什么关系？（相等）

谁能完整地说一遍？（相遇时，两个人所走的路程的和与两家距离相等。）

小结：通过以上研究，我们知道两个人或者两个物体同时相向行走，相遇时，他们所走的路程的和就是他们之间的距离。

【点评】 引导学生逐步观察微机动画演示，诱导点拨学生逐步探究相遇问题的数量关系，进而归纳总结出相遇问题的基本解题思路，为放手让学生独立解决例 5 和例 6 奠定基础。紧紧抓住准备题，通过演示、探究、表述、归纳，突破教学难点，胸有成竹，匠心独具，磨刀不误砍柴工。

下面，我们运用这个规律来解决一个实际问题。

> 小强和小丽同时相对从自己家里走向学校。小强每分钟走 65 米，小丽每分钟走 70 米。经过 4 分钟两人在校门口相遇。他们两家相距多少米？

谁来读题，并说说已知条件和所求问题？这道题求的是什么？（路程）

对。这是一道典型的求路程的相遇应用题。大家只要会运用刚才我们共同研究的规律，就肯定能把这道题做出来。请大家拿出练习本试着做一做。

（教师巡视）谁来说说你是怎样列式计算的？

板书：65×4＋70×4

＝260＋280

＝540（米）

答：两家相距 540 米。

问：65×4 和 70×4 分别求什么？谁来说说这道题的解题思路是什么？还有没有别的解答方法？

板书：(65＋70)×4

$$=135×4$$

$$=540（米）$$

答：两家相距 540 米。

问：65＋70 求的是什么？（速度和）

(65＋70)×4 求的是什么？

（4分钟两人走的路程）谁来说说这种解法的解题思路？（先求速度和，再求路程）

通过速度和求路程，怎么求？谁能用一个等式把它们之间的数量关系表示出来？

（速度和×时间＝路程）

请大家比较一下，这两种解法哪种更简便些？（第二种）

对。用速度和乘以相遇时间求路程，这种方法比较简便，希望同学们解这类应用题时多用这种解法。

（手指等式）请大家往前看，这也是三个量：速度和、时间、路程。

在这三个量中，我们知道速度和、相遇时间，能求出路程。如果我们知道速度和和路程，能不能求出相遇时间呢？（能）怎么求？（路程÷速度和＝时间）

小结：例5是同学们独立解答出来的，不仅解答的正确，而且还能说出道理。下面我们再做一道练习，看谁做得又对又快。

（出示第59页做一做）

> 志明和小龙同时从两地对面走来，经过 5 分钟两人相遇。两地相距多少米？〔用两种解法解〕

（用教鞭指练习题）请大家默读。看明白没有？（明白）注意：①用两种解法解这道题；②只列综合算式不计算。（巡视）请大家坐好。

（出示答案）有没有与这个同学列式不一样的？（没有）

（指做题的同学）请你说说为什么这么列式？（①求各自路程，再求总路程。②先求速度和，再求路程。）

【点评】　运用准备题，归纳出解题思路，放手让学生运用两种方法独立解答例5。重点抓住第二种解法，在引导学生理解"速度和"这一基本概念的同时，归纳总结出相遇问题的基本数量关系。通过比较与说理，培养学生分析、判断、推理和概括的能力，通过一题多解，培养学生的创造性思维能力。

> 两地相距 270 米。小东和小英同时从两地出发，相对走来。小东每分钟走 50 米，小英每分钟走 40 米。经过几分钟两人相遇？

这还有一道题。请大家默读题。这道题求什么？（相遇时间）老师相信大家通过前面学习的规律一定能解答出来，请大家拿出练习本列综合算式并解答出来。（巡视）谁来说说你是怎么解答的？

板书：270÷(50＋40)

$$=270÷90$$

$$=3（分）$$

答：经过 3 分钟两人相遇。

问：括号里求的是什么？（速度和）第一步不求速度和行不行？（不行）

小结：对。必须先求出速度和，只有用总路程除以速度和，才能求出他们相遇的时间。同学们真聪明，不用老师讲，就把这道解答出来了，这就是书上的例6。做对的同学请举手。既然这道题的解题思路我们已经掌握了，下面做个练习，请大家拿出练习本，要求只列综合算式不计算。

> 两人同时从相距 6400 米的两地相向而行。一个人骑摩托车每分钟行 600 米，一个人骑自行车，每分钟行 200 米。经过几分钟两人相遇？

（出示学生的列式）有没有与这个同学列式不一样的？请你说说第一步求什么？（速度和）为什么先求速度和？（路程÷速度和＝时间）

【点评】 充分相信学生，大胆地把例 6 作为练习题让学生独立解答并说明根据，使学生对相遇问题的基本数量关系有了更深的理解，同时发展学生举一反三、触类旁通的能力，从而促进其创造思维能力的提高。

看书：请大家把书打开，看一看第 58～60 页，我们这节课学习的例 5 和例 6 及其解法。有没有不懂的地方？

请大家比较例 5 和例 6，在题的结构和解法上有什么不同？（已知条件不同，求的问题也不同；例 5 通过速度和求路程，例 6 先求速度和，再求时间）

小结：请大家放下书，坐好！以上，我们学习了相遇问题中求路程和求相遇时间的应用题。在这类相遇问题中，一共有几个数量——速度和、相遇时间、路程，我们只要知道其中的两个量，就可以求出第三个量。

下面，我们运用这节课学习的知识来做综合练习，请大家看投影。

【点评】 在读书的基础上，充分运用比较，使学生对相遇问题的基本结构、基本数量关系和解题思路加深理解。

5. 综合练习

（1）判断题。如果你认为解答是正确的，老师说请表态时，请你站起来。

> 1. 小军和小宏同时从两地相向走来。小军每分钟走 65 米，小宏每分钟走 60 米，经过 6 分钟两人相遇。这段路长多少米？
>
> $$65+60\times6$$
> $$=65+360$$
> $$=425（米）\qquad(\times)$$
>
> 答：这段路长 425 米。
>
> 2. 一段路程长 400 米。两人同时骑自行车相向行走。甲每分钟行 110 米，乙每分钟行 90 米。几分钟可以相遇？
>
> $$400\div(110+90)$$
> $$=65\div360\qquad(\times)$$
> $$=2（分）$$
>
> 答：2 分钟可以相遇。

（2）选择题。每道题有三个列式，这三种有对有错，请你选择正确的一种，用伸手指的方式表示出来。老师说表态时，如果选择第一种就伸出一个手指……听懂没有？

> 1. 甲乙两地相距 738 千米，两辆火车同时相对开出。甲车每小时行 64 千米，乙车每小时 59 千主。几小时相遇？
>
> （1）$(738-64)-59$
> （2）$738\div(64+59)$
> （3）$738-(64+59)\qquad(2)$
>
> 2. 李强和赵亮同时从学校出发向相反的方向走去。李强每分钟走 50 米，赵亮每分钟走 60 米，经过 3 分钟，两人相距多少米。
>
> （1）$(50\times3)+60$
> （2）$(60+50)\div3$
> （3）$(60+50)\times3\qquad(3)$

第一题为什么选（2）？第二题为什么说（3）是对的？

小结：通过判断和选择题，看出大家对这节课的内容理解得比较好。下面我们做个游戏，名字叫"夺红旗"。

（3）游戏。要求：男女生各选3名代表，分别做1，2，3题。第一个同学做完第一题后，把粉笔和题签一起传给第二个同学；第二个同学做完第二题后，把粉笔和题签传给第三个同学。哪组做得又对又快，哪组就能夺到红旗。听清了吗？

好，下面请竞赛的同学到前面，各站一行。请第一名同学拿粉笔听老师指挥。其他同学坐好，认真看他们列的算式对不对。准备好！开始！

> ①甲乙两地相距 600 米，甲每分钟走 80 米，乙每分钟走 70 米。甲乙同时相向行走，几分钟相遇？
> ②甲乙两船同时相向开出，甲船每小时走 36 千米，乙船每小时行 40 千米，8 小时相遇。两地相距多少千米？
> ③两个工程队合开一条 390 米长的隧道，同时从两端开凿。甲队每天开 12 主，乙队每天开 14 米。这条隧道多少天才能开通？

请大家评论一下哪组做得又对又快？（大家评哪组做得又对又快，教师给该组帖一面小红旗）

【点评】　练习少而精，形式多样，富于变化，反馈方式新颖多样。微机动画演示相背运动练习和小游戏夺红旗，使学生加深对知识的理解和灵活运用，培养学生想象力，逆向思维能力和思维的创造性、敏捷性，同时，调动学生的积极性，吸引学生，体现了愉快教学的精神。

6. 课堂总结

这节课我们学习了什么内容？（相遇问题）

对。这节课我们学习了相遇问题中求路程和求相遇时间的应用题。在相遇问题中，不管是求路程，还是求相遇时间，都有三个基本数量，那就是速度和、时间、路程。只要知道其中的任意两个量，就可以求出第三个量。

7. 作业

（出示投影）这是今天的作业。老师把它印成题签，现在发给大家，希望回家认真做。

> 小鸡和小鸭同时相向走，5 分钟走 50 米，小鸭每分钟走 4 米，小鸡每分钟走几米？

【点评】　结尾富于思考性。通过一道求速度的题，告诉学生运用知识灵活地分析问题、解决问题的重要性，进一步发展学生的创造性思维，把课内学习和课外研讨有机结合起来，使学生认识到学无止境。

【总评】　这是一节非常成功的改革课。这节课把教学内容、教学方法和教学手段的改革综合到一起，具有以下几个突出的特点：

（1）通过教学手段的改革促进教学内容和方法的改革。运用微机动画软件和投影相结合突破教学难点，节约大量时间，加大课的容量，从而把基本数量关系和解题思路相同的例 5 和例 6 放到一节课讲解（一般至少用两节课时学习），使学生学到完整的知识。运用先进的教学手段在准备题中突破教学难点，从而可以放手让学生独立解决例 5 和例 6，使课堂教学方法体现以自学和探究为主。

（2）充分相信学生，逐步放手让学生分析解决问题。准备题师生共同探讨，以学生为主归纳规律；例5先让学生独立用两种方法解答，然后教师引导学生总结基本数量关系；例6以练习题的形式出现，放手让学生独立解决。教师在关键之处疏通点拨，引导学生对比、分析，加深理解。这节课真正做到了以学生为主体；同时，体现了教师的主导作用。

（3）通过观察、分析、比较、推理、归纳、自学、探究、举一反三、一题多解，培养学生运用知识灵活分析、解决问题的能力，进而使学生创造思维能力得到提高。

（4）边学边练，学练结合。例5和例6之后分别安排几道基本练习及时巩固，加深理解。全节最后的巩固练习层层深入，有变化，有一定的坡度，而且让学生适当评讲算理，既可了解学生掌握知识的情况，又能培养其语言表达能力，使学生在变化中学知识，在评讲中辨是非。

（5）精心设计、安排微机动画片，以动画演示为手段，以相遇问题的基本数量关系为主线，通过自学、探究、表述、练习、游戏等多种方式，不断创设最佳的学习情境，调动学生学习的积极性，激发学生求知的欲望，鼓励学生大胆的探究。

总之，整节课设计新颖，引发自然，重点突出，环环相扣，层层孕伏，高潮迭起，使学生在观察中寻规律，在自学参与中求收获，在欢声笑语中长智慧。

（执教人：长春市南关区西五小学丁国君；评析人：张希濂）

作者简介

丁国君，女，回族，小学高级教师。1982年毕业于长春师范学校，1996年毕业于吉林省教育学院。先后获南关区最佳课奖，长春市优秀课奖；被评为南关区教改积极分子，长春市教学新秀；1997年8月，获"全国首届课堂教学艺术大奖赛"一等奖。在各级刊物上发表文章28篇，有4篇论文获区奖，3篇论文获市奖，3篇论文获省奖，1篇论文获国家级奖。编辑出版了《典型题·题型题典》《小学毕业及升学总复习指导》等书。

第 **9** 篇

掀起课堂教学小高潮艺术

一、掀起课堂教学高潮的作用与功能

掀起课堂小高潮的艺术是指教师在课堂教学中，遵循教学和学生心理发展的规律，采取某种措施，把课堂教学的某一阶段推向高度发展的富有创造性的教学活动。

用艺术性的手法掀起课堂教学的小高潮，能有效地调动学生学习的积极性和主动性，活跃课堂气氛，有助于课堂教学目标的实现。掀起课堂的高潮艺术在教学中具有以下功能和作用。

（一）强烈的激励功能

教师用艺术性的手法掀起课堂教学的小高潮，总是以娴熟的技巧，生动的语言，巧妙的形式，触动学生的心弦，使学生兴奋、激动，产生一种奋发向上，深入钻研的内驱力，这种内驱力将成为学生刻苦学习的动力和加速器。

（二）鲜明的愉悦功能

用艺术性的手法掀起课堂教学的小高潮，必然要改变陈旧的教学方式和呆板的教学手段，以及过于严肃的面部表情。教师的教学活动将采用新颖活泼的方式，运用奇妙有趣的表现手段，亲切温和的教学态度，使学生在一种新奇、亲切的氛围中学习。学生在学习中感到惊讶、有趣、轻松、舒畅，认为学习是一种艺术享受。这既能引起学生的有意注意，又能提高他们的学习兴趣，使他们在轻松愉悦中顺利地完成学习任务。

（三）有效的促学功能

用艺术性的手法掀起课堂教学的小高潮，教师的教学活动往往是独具匠心的。他们总是精心设计每一个教学环节，用学生最愿意接受的方式，最生动的语言，最巧妙的启示，最恰当的演示，最形象的板书等，促使学生主动学习并积极参与教学过程。它可使教学变抽象为具体，变枯燥乏味为生动有趣。这种艺术化的教学活动，学生的思维就容易被激活，课堂的学习气氛就容易活跃起来。学生就易学、爱学、乐学。

（四）潜移默化的审美功能

用艺术性的手法掀起课堂教学的小高潮同样蕴涵着美。这种美是由教材内容、教学形式和具有审美价值的教师体现出来的。教材中所描绘的美丽的山川、英雄的壮举、科学的发明与发现等和教学形式所出现的新颖巧妙的一招一式都是具有美的价值，都在学生的头脑中留下美的印迹。教师的外在的仪表美、教态美、语言美、动作美、板书美以及内在的理性美、机智美、人格美都会给学生以深刻的影响。这些美的种子会随着课堂教学高潮的出现深深地植根于学生的心里。

（五）掀起课堂小高潮的要件

要实现用艺术的手法掀起课堂教学的小高潮，并充分地发挥作用，教师必须要潜心研究教育科学，掌握最先进的教育思想，树立创新意识，不断开拓进取。要孜孜不倦地研究教学业务，自觉认真地探索教学的新经验、新路子。要丰富自己的知识，不但要有系统的专业知识，还要涉猎相关学科知识，不断扩展自己的知识系统。要善于从各种艺术表现形式中，大量吸取有益于教学的营养，努力提高自身的艺术修养。只有这样，教师才会具有掀起课堂教学小高潮的潜力，他的教学才有可能带有艺术魅力。

要掀起课堂教学的小高潮，课堂上有一种民主、和谐的氛围是前提。教学活动是师生双向的活动，师生间的关系应该是坦诚的、融洽的。课堂里应该始终洋溢着教师乐教、学生乐学的气氛。尤其要注意，教师每提一个问题，或做一个演示，都要让学生听懂、看准，要给学生充分的思考和发言的时间，要鼓励学生说，组织学生讨论或争论，允许学生有不同的意见、见解，还要引导学生发散思维和创造性思维，培养他们敢想、敢说、敢做，敢于创新的精神，提高他们独立地分析问题和解决问题的能力。只有学生的积极性都被充分地调动起来，学生都进入一种非常投入的学习状态，才有可能掀起课堂教学的小高潮。这种教学的小高潮才会有实在意义，才会有艺术生命力。

要掀起课堂教学的小高潮，还必须掌握教学的艺术技巧。

二、巧妙提问掀起课堂教学小高潮

它是指教师用新颖、奇妙的方式，生动、简洁的语言，准确鲜明的设问，激活学生的思维，活跃课堂的气氛，提高课堂教学的质量，使之形成教学小高潮的教学活动。它会增强学生的学习兴趣，激发学生的学习欲望，诱导他们将思维引向深入，使他们在和谐的教学环境和学生的主动探索中完成学习任务。

（一）由浅入深巧提问

用巧妙的提问掀起课堂教学的小高潮，关键在于提问的"巧"。提问要在抓住教材本质内容的前提下，问题要准，问题要明，时机要巧。还要注意，提问题要有情趣，能诱发学生的学习欲望；提问要难易适度，与学生的智力和知识水平的发展相适应，即问题在学生的"最近发展区"内；提问要有针对生，有助于实现教学过程的各个具体目标；提问要有科学性，有利于学生探索知识，发展能力。

例1 一位教师在教圆的概念时，是这样设计提问的。

教学中，教师非常庄重而又认真地问学生："车轮是什么形状？"

同学们觉得这个概念太简单，便笑着回答："圆形。"

教师又装作不地解追问："为什么车轮要做成圆形呢？难道不能做成别的形状？比方说，做成三角形、四边形等？"

同学们一下子被逗乐了，争先恐后地回答："不能！""它们无法滚动！……"

教师皱皱眉头，似乎非常动脑筋，再问："那就做成这样的形状吧！（教师在黑板上画了一个椭圆）这行吗？"

同学们开始茫然，继而大笑起来："这样一来，车子前进时就会一忽儿高，一忽儿低。""车子不是跑，而是跳了。""这样的车子既不能坐人，也不能运货。"

教师进一步问："为什么做成圆形就不一忽儿高，一忽儿低呢？"

同学们议论纷纷，课堂气氛异常热烈。学生经过充分地讨论终于统一了答案："因为圆形车轮上的点到轴心的距离是相等的。"由此，教师很自然地引出了圆的定义。

这位教师的提问，巧妙地选择了一个切入点，即，从一个最浅显的生活现象问起。问题既滑稽，又没有思维难度，使学生在学习的初始阶段，就觉得有趣，而无任何压力。随后，教师加大了设问的思维力度，在一步步的似乎可笑的设疑中，逐步把学生的思维引向深入，直到水到渠成地由学生自己悟出圆的定义为止。这期间，学生是在教师巧妙的"问题情境"中轻松愉快地学习的。学生学得主动、学得扎实，在不知不觉中领悟了知识的真谛，顺利地完成了学习任务。

（二）通过故事巧提问

例2 袁容在她教学《刻舟求剑》时，问："学习这篇寓言告诉了我们一个什么道理？"尽管小朋友争相热烈发言，但很少能够讲到点子上。显然，这个问题对八九岁的小学生来说，是具有一定的难度的。这时，袁老师就讲了一个小故事，巧妙地引出了一个浅显的问题：

"小朋友请静下来，听老师讲个故事。一个孩子经常烧饭，一家三口用两碗米，天天这样。有一次，家里忽然来了客人，而孩子烧饭时仍旧还量两碗米。吃着吃着，饭不够了。这时孩子才发现自己不对了。那么，不对在什么地方？为什么不对呢？"

这一问，一石激起千层浪。小朋友们都抓紧时间，认真思索，随后争相发言，课堂气氛异常活跃。小朋友们说：

"他少量了一碗米。"

"他按老办法办事。"

"他不懂得多一个人吃饭，烧饭的米也应该增多的道理，四个人也烧两碗米，是他看不到情况的发展变化。"

"那么，以烧饭这件事联系到'刻舟求剑'的那个人，是不是说明一个道理呢？"

小朋友们顿时恍然大悟，都笑着点头称是。

袁老师引导学生领悟寓言故事的道理，针对八九岁的小学生逻辑思维能力弱的实际，巧妙地运用一个浅显有趣的生活小故事，设计了一个深入浅出的问题，作为学生理解的桥梁，将学生的思维水平与教学的要求衔接起来，使学生饶有兴趣地越过了理解障碍，并由此及彼，认识到了寓言的道理。这种设计符合低年级小学生的认知规律，而且角度新、形式活、带有科学性。

三、巧设置悬念掀起课堂教学小高潮

它是指教师巧妙地设计一个有一定难度，但通过努力又能解开的悬而未解的"谜团"，以引起学生的高度注意，积极思考，从而形成教学小高潮的教学活动。它能够激发学生强烈的求知欲望和积极的参与意识，激励学生主动深入思考，自己去寻求解决问题的办法和正确结论，培养学生良好的心理品质和思维品质。

巧设置悬念，要在"巧"和"悬"上下工夫。"巧"，就是要求新、求异、求活，要在学生的"意料"之外。"悬"，就是要让疑点突出、鲜明、耐人寻味，有一定的思维价值，而且要只设疑，不回答，把思维的空间留给学生，引导学生自己去深入思考，寻求答案，发展学生思维的敏捷性和深刻性。

例3 一位教师教自然中的《磁铁》，在讲了磁铁的性能后，就巧妙地设置了一个悬念：

"一天，小英帮妈妈拿米做饭，不小心把一盒大头针翻在米缸里。她很着急，这米怎么能做饭吃呢？没办法，请大家帮她想个好主意吧。"听了老师的话，同学们一下子就议论开了，课堂气氛立刻活跃起来。同学们跃跃欲试，纷纷举手发言，有的说："慢慢拣，不着急。"有的说："不要忙，妈妈帮助她。"但是，有的学生经过细心思考，非常自信地说：

"用磁铁把大头针吸出来!""对!""这样吸得又快又干净!""好办法!"同学们眉开眼笑地呼应着。这时,老师笑着,拿出实物,立刻演示了一遍吸大头针的过程。转眼间,教师就把米缸里的大头针都吸出来了。同学们高兴得拍手叫好。

教学中,这位教师非常巧妙地设置了一个疑团,强化了学生的有意注意,激发了学生强烈的求知欲望。这个悬念导向性强,引导学生联系生活实际,去深入地观察、思考、探索,运用学到的知识去解决问题,生动有效地巩固了学生学习的知识,发展了他们认识问题的能力和解决问题的能力。

例 4 宋雨章在教《坐井观天》时,是这样巧妙地设置悬念的。

《坐井观天》这篇寓言故事,运用了拟人的手法,在描述了飞翔的小鸟和井底蛙关于天的大小争论之后,末尾写到小鸟劝井蛙跳出井口便戛然而止了。教学时,宋老师设一悬念:"后来,青蛙有没有跳出井口来看天呢?"问题一提出,学生异常兴奋,一番思索后,便争相举手,各陈己见。有的说:"青蛙露出自信的神色,半睁着眼睛,摇了摇手,仍然坐在井底。因此,它看到的天还是井口那么大。"有的说:"青蛙听了小鸟的话,狠狠地吸了一气,撑起两只手,两脚猛地一蹬,跳出了井口。它把眼睛睁得大大的,一看,'哎呀'了一声,惊奇地说:'小鸟姑娘,你说得对,天果然无边无际,大得很哪!我要是不跳出井底,怎么也不会相信你们的话。'"

学生们依据教材提供的内容,发挥了自己丰富的想象力,各自述说着自己的见解,发言热烈极了。

教学中,这位老师设置的这个悬念,非常巧妙地扩展了教材的内容空间,继续在青蛙身上找到了话题,延续了青蛙的有趣故事,激发了学生学习的兴趣,为发展学生的认识和语言创造了条件。教师设置的这个悬念符合教育科学,适合学生心理的发展规律。学生在对课文的学习中,已经具有了对井底之蛙的形象认识和较为深刻的理解,教师再沿着教材内容线索,设置一个展开性的问题,就为学生创设了一个巧妙的最近发展区,使学生通过深入地想象和思考,运用自己的语言生动地描述了青蛙的保守或变化,从而便学生愉快地、轻松地步入"发展区",有效地发展了他们的想象能力、思维能力和语言表达能力。

四、辨析错题掀起课堂教学小高潮

这种方法是指教师利用学生的错题这一"反面"教材,引导学生广泛深入地分析和讨论,得出正确结论,从而形成教学小高潮的教学活动。它能够吸引学生的高度注意,激发学生的学习情趣,发展学生逻辑思维能力和准确的语言表达能力,培养学生思维的批判性和辨证性,从而达到教学目标。

辨析错题,首先要选好错题,要选典型的,有普遍意义的,能反映错误的"症结"的,有思维价值的,能"一石激起千层浪"的错题作为辨析的对象。教师要在辨析进程中,时刻把握"辨"的方向和"析"的深度,始终处在主导地位,发挥好"导"的作用;更要在辨析当中,让学生当主角,给他们充裕的时间思考和讨论,让他们充分发表意见,引导他们分析起来，争辩起来，使他们始终处于主体地位。

如一位数学教师在教学三位数乘法时，就用了这种方法。

教师在学生学习了三位数的乘法法则、例题，做了简单的练习后，就从学生的作业中选择了一个带有普遍性、典型性的错题出示给学生：

$$\begin{array}{r} 286 \\ \times 357 \\ \hline 2002 \\ 1430 \\ 858 \\ \hline 873002 \end{array}$$

教师要求学生找出此题的错误，并将错误改过不，并且比一比，看谁找得准，改得快。

学生情绪高涨，精力集中，兴趣颇浓，一个个争分夺秒认真思考，快速地口算，并且在短瞬间争相举手发言。有的同学指出这道题是对位错了，乘数中百位上的数，乘得的数的末位没有和百位对齐。有的同学说："乘得的数相加时。没有加对。"有的同学马上抢着说："前面的数对位错了，乘得的数相加，对不对都没用，因为它一点意义也没有。"教师肯定了学生的判断，又要求学生将错题改正过来。课堂的气氛又活跃起来，学生在找到了错题的症结后，都争先恐后地把错题纠正了过来。教师在检查了学生纠错无误后。又引导学生回忆三位数的乘法法则，学生非常认真地一字一板地背诵起来：

①从低位到高位分别用乘数每一位上的数去乘被乘数；

②用乘数哪一位上的数去乘，乘得的数的末位就要和哪一位对齐；

③然后把三次求得的数加起。

这位教师选择错题很准确，找到了学生学习三位数乘法的难点、误区，并且利用了带有竞赛的形式，激励学生寻找错误，积极思维去辨析错误，主动动手去改正错误。最后，教师又引导学生复习了乘法法则，使学生完成了实践—认识—再实践——再认识的学习过程，加深了学生对乘法法则的理解、认识和记忆，发展了学生逻辑思维能力和语言表达能力。

五、鼓励发散思维掀起课堂教学小高潮

它是指教师引导学生开动脑筋，深入思考，独立地寻求解决问题的不同思路和方法，使学生的思维充分地活跃起来，形成教学小高潮的教学活动。它能够利用学生好胜的心理，为他们创造表现的机会；能够挖掘学生的智慧潜能，培养他们勇于创新的精神，发展他们思维的独立性和创造性，使他们养成对中求异、求新、求简的好习惯。

鼓励学生发散思维，教师要选择有充分发散余地的内容，引导学生多角度、多方面、多层次地思考问题、认识真理、分析问题、解决问题。教师要对学生发散的思路、方法及时给以适当的引导，并要热情地鼓励学生创造性地寻求解决问题的办法。

例5 一位教师在一节美术课的教学中，是这样启发学生发散思维的。

教学中，教师发给每个学生印有20个椭圆形的白纸一张，请同学们在椭圆形上加一笔或几笔，使其成为另一个图形，并且看谁画得多，画得有趣。同学

们兴致勃勃，异常兴奋，非常投入，课堂气氛也非常活跃。五分钟后，同学们画出了很多有趣的图画：眼睛、小鸡、小兔、小狗、小猪、荷叶上的水珠、乌龟、卫星、火箭、地球……真是数不胜数。其中，一个叫肖丽的同学把20个椭圆形全部框起来，在每个椭圆形上加上几笔。在她的笔下，椭圆形有的变成荷花、荷叶、有的变成小鱼，有的变成蝌蚪，有的变成莲藕，有的就成了小船，再加上几道波浪线表示水，画面上立刻有了变化：荷叶儿亭亭玉立，鱼儿、蝌蚪在水里快活地游，船儿在水上轻轻地划，莲藕在水里静静地躺着，加上荷花衬托，好一幅意境丰富的图画。像这样的内容丰富多彩的画面有许多许多。

这位教师一改教学常态，教学不求"集中"，重在"发散"。他要求学生在一个简单的形体上勾画创造，创作出一个个新的形象来，而且比"谁画得多，画得有趣"。这一石就激起了学生的情感的波澜，一开始就引起了学生高度的兴趣和极大的热情。教师对发散思维的基点和要求确定得好，简单易做，发散的空间大，要求适度，接近学生的最近发展区。学生在教师的导向下，挖掘生活的积累，通过深入的思维和合理的想象，创造性描绘出了多姿多彩的画面，从而发展了自己独立思维的能力和创新意识。

例6 李吉林在指导学生列《我们的老校长》作文提纲时，同样注重了发展学生的发散思维。

教学时，李老师先和学生讨论了一般提纲：

（1）简单介绍老校长；

（2）以几个事例具体写老校长；

（3）赞美老校长。

然后，李老师引导学生回忆老校长忘我工作的那些动人场景，各自独立思考：可以用哪些结构形式来组织安排材料？学生兴趣盎然，纷纷皱眉思索，随后踊跃发言。有的学生提出用小标题形式写老校长的故事，有的学生想通过人物间的对话带出老校长，有的学生准备写某一场景，引出老校长。于是，李老师因势利导，启发学生从自己所熟悉的有关老校长的某一场景写起，学生集思广益，发言热烈，分别想出各种各样的开头。

（1）以写老校长参加党的十二大回来后的欢迎场面写起；

（2）以每日中午放学，老校长站在校门口，目送我们回去的情景写起；

（3）从阳光下，老校长去家访的身影写起；

（4）从校长桌上的饭盒写起；

（5）从傍晚，老校长办公室的灯光写起；

这样，每个学生作文开头不同，全文的布局也就各异了。

李老师教学生列作文提纲，在求同的基础上，没有止步，又向着求异这高一层次发展，既培养了学生思维的独立性，又发展了学生思维的灵活性，使学生在求异创新的成功中，体验到了文章的思路是自己理出来的，自己的思想是可以自由驰骋的创作思想。

六、通过生动活泼游戏掀起课堂教学小高潮

它是指教师利用适合学生年龄特点，令人愉悦，活泼多样的娱乐活动，寓教

于乐，激发学生的学习兴趣，使学生在欢快的氛围中，通过多种娱乐活动掌握知识，发展能力，形成教学小高潮的教学活动。它能够满足学生爱玩好动的心理需要，促使学生在愉快和谐的气氛中，动脑、动手、动口，以趣促思，发展多种能力。

要组织生动活泼的游戏，就要注意游戏的对象。要根据学生的年龄，生理特征，认知结构以及教材的个性特点选择不同的游戏方式，要做到适宜、活泼、新颖、有趣。

具体的游戏方式很多：有巧用童谣、争戏花、夺红旗、找朋友、谜语猜字、数字排队、接力赛、演课本剧等。

例如角色表演，即把游戏引进课堂，让学生扮演教材中的角色，即兴表演，亲身体验教学内容，以增加学习兴趣。

例7 小学一年级语文课《小山羊》。老师在看图理解词句的基础上，为了进一步提高认识，加深对课文的理解，消除疲劳，搞了《小山羊请客》的游戏。

老师先黑板的正中贴上事先准备好的图片——小山羊，在黑板下方出现"六盘菜"（有虫、鱼、骨头、青草、胡萝卜、桃子）（彩图片），然后，老师兴致勃勃地走上讲台，指着板书说："今天是小山羊过生日。同学们立刻瞪大眼睛，聚精会神地望着老师。接着老师指着黑板下方的"六盘菜"说："它准备了许多好吃的，准备请朋友来做客。请同学们看看这些菜，想一想，猜一猜，小山羊会请谁来做客呢？"同学们你看看我、我望望你。老师接着说："谁猜对了，老师就给他戴上头饰，请他做小客人，你们愿不愿意做小山羊的小客人？""愿意！"

同学们异口同声地回答。这时同学们人人争先恐后地举手，个个跃跃欲试。老师指定一个女孩。她说："小山羊请的客人有小鸡，因为小鸡喜欢吃虫子。"老师和同学们一阵掌声。老师又指定一个男孩，他说："小山羊请的客人有小猫、小狗、因为小猫喜欢吃鱼，小狗喜欢吃骨头。"又一阵热烈的掌声。同学们的情绪十分高涨。一会全猜出来了，老师分别给他们戴上头饰，准备做小客人。

这时老师宣布："小山羊请客开始。"接着老师放起了轻音乐录音。头戴小山羊头饰的同学走到场中央向大家敬个礼说："今天是我生日，我请朋友来做客，我去看看哪位客人先来呢？"接着老师又放起了配乐朗读，里边出现"叽叽""叽叽"的声音，小鸡扮演者随即出场，随着音乐声，即兴舞蹈。音乐停，小鸡敲门："山羊哥哥，我是小鸡。""快请进，小鸡妹妹。"小山羊把小鸡带到青草的菜盘前；接着音乐响起，里边出现"咪咪"的小猫声，"汪汪"的小狗叫，扮演者即兴舞蹈，然后敲门，报名；……六名扮演者都到位后，小山羊端起青草送给小鸡，小鸡摆摆手说："谢谢你，我不吃青草。"小山羊又端起小虫送给小猫，小猫摆摆手说："谢谢你，我不吃虫子。"小山羊端起胡萝卜送给小牛，小牛摆摆手说："谢谢你，我不吃萝卜。"小山羊同样端起骨头、鱼、桃子，分别送给猴子、小狗和小兔，他们都摆摆手说："谢谢你，我不吃……"小山羊摸了脑门，忽然计上心来，它对小客人说："对不起，请小客人们自己选自己所喜欢吃的菜吧！"于是小客人们便来到自己所喜欢吃的菜盘边，端起菜盘（图片）围成圆圈，一边唱着《祝你生日快乐》，一边跳起集体舞。台下的同学们随着音乐声也跟着拍手，摇头边唱边舞。舞毕，老师问："为什么小牛和小山羊一同吃青草？"同学们回答："因为他们，都是吃草的小动物。"

同学们兴趣盎然，在游戏中老师并没有枯燥的讲授，生硬地灌输，而是引导孩子们始终在快乐愉悦的气氛中活动，通过游戏使他们进一步认识到不同的动物吃不同的食物，同时，无意中掌握了动物的不同叫声，生活习性也不同。这样既传授了知识，又明白了道理，还训练了他们的听力，表演能力，真可谓一举几得。

例8 小学一年级数学课。老师在教室前面事先准备一棵大苹果树。树上挂满了写有各种算式的"大苹果"。讲桌上放着写有数字号码的小篮子。

当讲完新知进行复习时，老师说："现在老师和小朋友们一块做摘苹果游戏。要注意：第一，苹果上的算式得数要与篮子里的号码数相同，这样的苹果算成熟的苹果；第二，摘完苹果要到墙下"检验员"那里验证后，才能把成熟的苹果放进篮子里；第三，最后算出谁的篮子里成熟的苹果多，谁就被评为摘苹果能手，或能手小组。"这时，同学们的情绪立刻高涨起来，他们都把小手举得老高，都想亲自试一试。老师先指定第一小组去摘，其他同学给加油。这样一场激烈的摘苹果游戏开始了，只见第一组同学争先恐后地来到讲桌前挎上篮子，又迅速地到苹果树上去摘苹果，摘下后与篮子里的数字号码相对照，而后马上到检验员那里去认定。就这样来来

往往如穿梭，台上台下一起动……一会一树苹果摘光了。经检验员测定，老师宣布李佳为摘苹果能手，同学们一阵热烈的掌声，接着第二组、第三组……

这样的游戏与教学内容融为一体，将学生置于紧张愉快的氛围之中，激起学生高涨愉悦的学习情绪，在一场紧张的"摘苹果游戏"中，巩固了知识，发展了智力，提高了速算技能，将教学再次推向高潮。

例9 玩中悟理——记一节小学自然课"空气的性质。"

一上课老师问："同学们，我们生活的空间有没有空气？"（学生四处张望）老师又说："空气在哪里，大家找一找？"（学生左顾右盼），"噢，没找到。"老师说完让学生拿出事先准备好的塑料袋，用橡皮套扎住口，"怎么样？"老师问。同学们响亮地回答："塑料袋都鼓来了。"老师让同学们用手拍一拍，同学们一齐拍了起来，只听"劈啪，劈啪"鼓起来的塑料袋一个一个地破碎了。教室里一片笑声。老师问："塑料袋为什么会破碎？我们听到的响声又是怎么发出来的？"学生齐声回答："塑料袋有气。"老师又问："这是什么气？""是空气。""我们为什么看不见，也闻不到呢？"老师接着问。这时同学们情绪十分高涨，注意力高度集中，一位男孩抢先回答说："因为空气没有颜色，也没有气味。"一阵热烈的掌声。

就这样，空气的性质的难点，便在活泼的游戏中迎刃而解了。同学们自始至终处在欢快愉悦的氛围中，在玩中悟理，在乐中授知，似乎有"山穷水尽疑无路，柳暗花明又一村"之感。

七、有趣的实验操作掀起课堂教学小高潮

它是指教师引导学生在积极活跃的气氛中，为探索者检验某种科学原理，或教材中的有关知识而进行的实践操作活动，从而促使学生的智能发展，形成教学小高潮的教学活动。它会极大地调动学生学习积极性，促使学生多种感官密切配合，使他们操作、观察、思维、表达相结合，从而达到深入理解教材内容，牢固掌握各种知识，发展智力，培养动手能力和热爱科学等思想品质。

实验操作要选择可操作性强，有一定的趣味的项目进行实验，要有针对性，要针对教材的重点、难点及关键内容。

实验操作的材料，尽可能运到学生身边，教师要对实验操作中都做些什么，怎样做，应注意哪些事项等都应有周密的考虑。同时，在实验前，要给予学生必要的指导。实验中要有适当及时的提示和调控，实验后还要让学生总结和交流。

实验操作的形式有很多。如形成概念导出规律的演示；巩固新概念和规律的实验；求解问题的演示实验……

例10 小学自然中的《磁铁的性质》。

上课开始，老师拿出懒小鸭钓鱼的教具，对同学们说："懒小鸭想吃鱼又不想去劳动，它想，要是坐在河边，用嘴把鱼钓上来那该多好哇！大家看看懒小鸭能不能钓到鱼呢？"老师说着开始演示，当孩子们看红鲤鱼自动移向懒小鸭的嘴巴时，都惊异地叫起来。老师停止了演示，问："想知道懒小鸭钓鱼的道理

吗？请大家打开你面前的教具袋，看看里面都有什么？"同学们一样一样地拿出来，有磁铁、布条、塑料、铜丝、铁钉、木条。"现在我们来做小实验。"老师说完，同学们两人一组，一个实验，一个记录。在能被磁铁吸起的物品名称下画"√"，反之画"×"。经过亲手实验，同学们发现，磁铁能吸起铁钉，铁钉，不能吸起铜丝，布条，纸条，塑料。突然一个同学问道："老师，磁铁还能吸起纸？"一石激起千层浪，同学们立刻目瞪口呆，几十双迷惑不解的目光望着他。"磁铁真的能吸起纸吗？请你再做一次实验好吗？"老师没有否定他的结论，而是耐心地请他再给大家演示一遍。结果这次没有成功。"想一想是什么原因呢？请你拿一个铁钉放在纸下面再做一次。"结果磁铁又将纸吸了起来。老师请同学们仔细观察，这时这位同学又叫起来："哎呀！原来是这样，老师，我懂了，磁铁吸起纸的原因是纸下面有铁钉的缘故。"为了得到彻底的证实，老师让全体同学做一遍吸纸的实验，结果谁也没有成功。这时老师问："磁铁能吸纸吗？"同学们异口同声地回答："不能！"同学们刚松一口气，老师又说："那么除了铁以外，磁铁还能吸起其他东西吗？""不能！"学生随口说出。"这个结论是否正确呢？我们再做一次实验，用磁铁找一找你文具中哪些是铁制成的？"老师话音刚落，同学们渴求新知的情绪又上来了，一个同学手疾眼快，马上用磁铁吸起了塑料铅笔。"这是怎么回事？难道磁铁只能吸铁的结论错了吗？"正当这个同学疑惑不解时，老师请同学们打开塑料铅笔，发现塑料铅笔的笔芯是铁做的。至此，磁铁

只能吸铁的概念在同学们的头脑中彻底得到落实。这时，老师又给两名同学发一个玻璃杯，杯中装着水，水中有铁钉。老师请同学捞出水中铁钉，不能用手捞，磁铁也不能着水，同学们有的用铁在水杯外面吸，有的将磁铁包上塑料去吸铁钉。正当同学兴趣盎然的操作时，教师问："懒小鸭钓鱼的道理弄懂了吗？"同学们愣住了，随即茅塞顿开，大声说："弄懂了！一定是懒小鸭嘴中有磁铁，鲤鱼的背后有铁片。"……同学们七嘴八舌，老师让两位同学看看懒小鸭的嘴和鲤鱼的背，果然如此，同学们个个脸上露出会心的笑容。他们为自己又增长了新知而自豪。

这节课采取"欲收故放"的手段，换取茅塞顿开的艺术效果，讲磁铁的性质却不告诉学生磁铁的性质是什么，而精心设计一个寓磁铁性质于懒小鸭钓鱼的演示中，寓概念的形成于一次次的实验操作之中，这是"收"。让学生亲自动手实践，在实践中探索、求知、悟理，这是"放"，老师收得巧，放得妙，一次又一次地将课堂教学推向高潮，学生自然茅塞顿开，领悟新知。

例 11 物理课讲"摩擦力随着压力而增大"的知识点时，老师左手拿起一个用米粒塞得紧紧的杯子，右手拿起一根筷子，将这根筷子使劲插进杯子里，接着对同学们说："现在老师要拿起这根筷子，你们说装米的杯子会不会也跟着提上来？""不会"同学们毫不犹豫地回答。"那我试试看"，说着老师迅速提起筷子，同学们亲眼看到装满米的杯子也跟着提了上来。"啊！真稀奇！"同学们小声议论着。"想知道什么原因吗？"老

师故做神密地问。转身写下了"摩擦力随着压力而增大"几个字。"是什么原因使杯子连同筷子一声提了起来呢？"老师又问。"是筷子对米粒的摩擦力把米连同杯子一块提了起来。"同学们轻快地回答。

一个科学小实验打开了同学们的智慧的天窗。近而"摩擦力随着压力而增大"的知识迎刃而解了。

八、创设动人情境掀起课堂教学小高潮

（一）绘声绘色朗读和形态动作

它是指教师引导学生用富于感情和感染性强的声音，配合形象的动作，反映教材的内容，表现教材的意境。通过有感情的朗读，富有感情的体态等，培养学生的朗读能力，表演能力和形象思维能力，形成教学小高潮的教学活动。它能够充分地调动学生的情感因素，激发学生的学习兴趣，和谐地发展学生动口、动脑、动手的能力，促使学生更加深入地体会教材的思想感情，提高朗读的技能。同时，面向全体学生，使每个学生都有尝试的机会，都能分享到成功带来的欢乐。

用绘声绘色的朗读并辅以形态动作掀起教学小高潮，要选择那些内容好、语言生动、感情色彩强的课文或段落进行训练。教师要引导学生准确理解教材内容，认真体会作者的思想感情，想象教材所表现的具体形象，揣摩好语气的轻重，音调的高低，语速的快慢，语音的长短，在抑扬顿挫的朗读中，将头、

眉、眼、手、臂、身、腿、脚等部位协调地活动起来，再现教材所描述的意境和形象，对学生的动作不要强求一致，只要符合教材的意境就要给予肯定和表扬。

例12 小学语文中《鹅》这首诗，全文共用十八个字，但生动地描绘出一幅白鹅戏水的美丽图画。诗中有声有色，有景有情，情景交融。深刻表达了诗人喜爱白鹅的情感。教学这首诗，教师结合投影帮助学生理解词句，使学生亲眼看到鹅那白色的羽毛，浮在绿色的水面上，水里还呈现出那游动着的红色的脚掌，三种颜色衬在一起的美丽情景。在此基础上教师还利用绘声绘色的朗读辅以形体动作将教学再次引向深入。当学生看完白鹅浮绿水的投影后，立即问学生："这情景美不美？""美！"学生异口同声地回答。老师接着说："我们要一边读一边加上动作，想象白鹅浮在绿水上愉快的戏耍那种生动可爱的形象。"这时同学们的情绪马上高涨起来，个个跃跃欲试。老师先放起了轻音乐，随着乐曲声的响起，老师又让学生学他的样子，先伸出弯曲的右臂，再将右手高高抬起，做出像鹅的头朝天点头示意高歌的动作；并读出"鹅，鹅，鹅，曲项向天歌。"的诗句；接着将两手平放两则做"浮"的动作，并读出"白毛浮绿水，"最后再将两手下垂在身后，做"拨"的动作，并读出"红掌拨清波。""请同学们再练读几遍。"这时同学们的情绪更加高涨，一边动作一边读一边想象，脸上露出甜美的笑容，好像看到一只只活生生的鹅在水面上嬉戏玩耍的情景。这时老师问一位女孩："你读的时候有什么感觉？"她

说："读着读着，仿佛自己也是一只小白鹅置身于水中。"一位男孩说："我读着读着仿佛听到鹅的叫声，看到鹅的姿态和那美丽的颜色，给人一种美的享受。"这样同学们越读越爱读，越读对课文内容体会越深刻。

就这样，通过绘声绘色的朗读，创造出迷人的意境，把教学推向又一个高潮。

（二）创设动人情境引入高潮

它是指在教学过程中，教师为实现教学目标，依据一定的教学内容，创设出一种以形象为主体的，具有很强感情色彩的场景和氛围，以引起学生一定的态度体验，把学生的认识过程置于特定环境中，促使学生积极主动地理解教材内容，深入体会思想感情，从而形成教学小高潮的教学活动。它通过教师创设的悦目、悦耳、悦心的情境，调动学生的多种感官参与，从而激发学习兴趣，促进思维和认识的发展。苏霍姆林斯基指出："学习愿望的源泉——就在儿童脑力劳动的特点的本身，在于思维的感情色彩，在于智力感受。"这表明，教学情境是建立在儿童心理特点基础上的。他还指出："所谓课上得有趣，这就是说，学生带着一种高涨的、激动的情绪从事学习和思考，对面前展示的真理感到惊奇，甚至震惊，学生在学习中感受到自己的智慧力量，体验到创造的快乐，为人的智慧和意志的伟大而感到骄傲。"可见，学生是在一种高涨的激动的情绪推动下来思考、感受和体验的。所以说，创设动人的情境是成功的教学不可缺少

的环节和艺术媒介。

要创设动人的情境，教师必须吃透教材，深刻地挖掘教材中的"情"与"境"的因素，在教学过程中，准确、鲜明、形象、生动、适时地创设出符合教育规律和学生认识规律的情境来，以利于叩击学生感情的闸门，激起学生强烈的求知欲与情感共鸣，激活学生的思维。创设情境有实物演示情境、图画再现情境、音乐渲染情境、表演体会情境、语言描绘情境等。

例13 小学语文中《草原》，描写了内蒙古大草原特有的秀美景色及生活在草原上的蒙古人民热情好客，反映了伟大祖国辽阔富饶，各族人民团结友爱这一深刻主题。一位教师在教学中充分运用多种方法创设情境，收到了良好的教学效果。

师：（让学生看表现草原天空的录像片）同学们，请看画面，这里的天空多么明朗啊！天是湛蓝湛蓝的，显得那么高，那么深，就像蓝色的大海一样；它还像一块巨大的蓝玻璃，好像被刚刚擦过一样，显得那么明亮。天空中飘着一朵朵白云，就像一团团雪白的棉花，还像大海中的点点白帆……这里的空气是那么清爽、新鲜，你闻一闻，空气中还有一股淡淡的青草的芳香，野花的芳香，泥土的芳香……假设此时你就在这样的大草原上，在这样的天底下，呼吸着这么清新的空气，你想怎样来表达自己的感情呢？

生1：我想站在草原上，张开双臂，大声喊："真美呀！"（笑声）

生2：我想静静地躺在草原上，仰望天空，张开嘴巴，把空气足足地吸个够。（笑声）

生3：我想放声歌唱，来表达我的愉快。

师：那你现在就尽情地唱吧！（笑声）

生：（唱）"蓝蓝的天空白云飘，白云下面马儿跑……"（笑声，掌声）

生4：我太激动了，都不知道该怎样表达我的感情了。

师：哦，看一看，作者是怎样表达的？

生："既使人惊叹，又叫人舒服，既愿久立四望，又想坐下低吟一首奇丽的小诗。"

师：对。作者又看到了哪些景色，产生了这样的感受呢？你们找一找。

生1：看到了草原"一碧千里而并不茫茫"。

生2："四面都有小丘，平地是绿的，小丘也是绿的。"

生3：羊群给"无边的绿毯绣上了白色的大花"。

生4："到处翠色欲流，轻轻流入云际。"

师：你们找得很准，此时。我们就在这里，在这柔美的小丘上，在这雪白的羊群旁。现在，就请你当一次导游，向你的亲人、朋友们描绘一下草原的美景。注意，要结合上面那几句话来讲，好，你们准备一下。

生1：朋友们，请跟我往前看，这里的草原一眼望不到边际，满眼看到的都是一片翠绿，尽管草原很辽阔，一眼望不到边，但是，天地相接处也那么绿那么清楚，一点也不模糊。

师：这就叫一碧千里……（生接）

而并不茫茫。

生2：朋友们，你们看，这儿的草原多像"无边的绿毯呀！"草这么绿，又很柔软，多像绿色的地毯呀！不信，你躺一躺，非常的舒服。（笑声）

生3：这块地毯太大了，无边无际，真是太棒了，朋友们，快来吧！

生4：（指画面）这块大绿毯上还有几朵白色的大花呢！你们看，这白色的大花是什么？

师生齐答：羊群。（笑声）

师：真是一名出色的导游员。我也来补充，这几朵白色的大花还很神奇呢！你们看，它们一会飘到这儿，一会儿又飘到那儿，它们飘到哪儿，就给哪里绣上了……（生接）白色的大花。

生5：这里的草太绿了，绿得就像一位画家用画笔蘸上浓浓的墨画上去似的，翠色欲流，都要流下来了。

师：是浓浓的"墨"吗？那可就成"黑色欲流"了。（笑声）

生：是蘸上了浓浓的绿颜色。

师：对了，翠绿的颜色流到了哪了呢？

师：这几位小导游说得真好！下面，大家就来练习朗读这部分内容，自己先练一练。（生读）

师：谁愿意读？（生纷纷举手）

师：（指名）请你来读，老师要给你配上优美的曲子，大家放下书，边听他朗读，边欣赏着美丽的草原风光，（指画面）来体会一下作者当时的心情。

从以上的教学过程中，在老师生动形象的语言的引导下，配以优美的乐曲和生动的画面，并让学生充当教材中的角色，使景、情、理交织在一起，学生

因感官的兴奋而强化了感知，因情感的升华而深悟其理。这样的情境创设，使艺术手段与教学内容融为一体，将学生置于紧张愉快的氛围之中，激发了学生高涨愉悦的情绪，掀起了课堂教学的小高潮，同时发展了智力，锻炼了技能。

例14 小学语文中《荷花》的第四和第五节是全文的难点，写的是作者想象了荷花的动态美，字里行间充满了赏花爱花的无限情趣。一位教师在教学中通过创设令人心驰神往的情境，使学生入境入情，达到了神化的境界。

在教学中教师播放了录像资料片，对学生说："面对一池荷花美景，我们产生了怎样的联想呢？"随着悦耳的水乡乐曲声，荧屏上出现了赏花人幻化为荷花的情景。微风轻拂，荷花摇曳如起舞；轻风稍停，荷花便悄然玉立。蜻蜓点水，小鱼遨游……多么令人陶醉的荷塘美景！学生们都看入迷了，爱花之情愈来愈浓。接着教师放音乐，在优美动情的轻音乐中老师让学生微闭双眼，娓娓诱导："我忽然觉得自己怎么啦？一阵微风吹来，我怎么啦？风过了，我又怎么啦？蜻蜓飞过来，告诉我清早飞行怎么快乐？小鱼游过告诉我昨夜做了什么好梦？"学生在教师充满柔情的点拨之下，张开想象的翅膀，生动地描述着："我也成为荷花了，穿着洁白的衣裳，随风舞蹈，风过了，我在荷花丛中休息，和蜻蜓小鱼谈话。蜻蜓闻到荷花的清香，看到了荷花的娇容，落在花瓣上不愿离开呢！""小鱼昨夜梦见下雨了，荷叶微微抖动，为它遮挡雨滴……"

学生边诵读边赏析，气氛十分活跃，不仅使学生得以美的享受，美的熏陶，

而且还发展了学生听、读、说技能，培养了学生欣赏、想象、思维等诸方面的能力。

九、运用直观形象手段掀起课堂教学小高潮

它是指教师运用生动的语言或形象性教具等符合学生年龄特征和心理特点的直观手段，选择恰当的时机和方法，引起学生的好奇和注意，充分调动学生多种感官参与学习，使教学形成小高潮的教学活动。它能够直接给学生提供形象的感观材料，把客观事物的形、声、色直接作用于学生的感官，具有强烈的直观性。它能够集中学生的注意力，激发学习兴趣，突破教学难点，扫除学习障碍，加速学习进程。

用直观形象的教学手段，要根据教学目标及教材的特点及需要，同时考虑学生的年龄特征及认知结构，采用实物、图画、音像、模型、标本、投影等直观教具及教师的语言等适宜的形式，变文字为图画、变静为动、变无声为有声、变抽象为具体，由枯燥乏味到生动形象，充分发挥直观教学手段的作用。

例15 小学语文中《圆明园的毁灭》介绍了被称为"万园之园"的圆明园当年的盛景以及它是如何被美法联军毁灭的。文章字里行间渗透着作者对祖国灿烂文化的无比热爱和对侵略者的无比仇恨；揭示出不忘国耻，振兴中华的深刻主题。一位教师在教学中先用一幅表现圆明园当年辉煌景观的复原图，辅之一些实物为直观教具，指导学生联系课文内容，抓"众星拱月"理解其布局之精巧；抓"金碧辉煌""玲珑剔透"

"各地名胜""诗情画意""西洋景观"体会其景壮观、秀丽，风格各异，如诗如画的特点；抓"最珍贵""上自……下至……"领会其收藏的珍贵。通过运用直观手段理解词语，学生对圆明园美景有了完整的印象，使学生有身临其境之感，理解了圆明园的景美、物珍，激起了学生喜爱、赞美圆明园的美丽、辉煌和对祖国灿烂文化的热爱之情。正当课堂气氛高涨之时，教师话锋陡然一转，他用缓慢低沉的语调讲到："昔日，这美丽、辉煌、无与伦比的圆明园不见了，现在只剩下这几根光秃秃的石柱，枯黄的衰草在瑟瑟秋风中哀号着，仿佛在控诉英法联军的暴行。这是我们每一个中国人的奇耻大辱！"接着，教师让学生看《火烧圆明园》电影片断，让学生亲眼看到英法联军的暴行，看到我们美丽的圆明园是怎样被掠夺和被烧毁的。观看完毕，教室里鸦雀无声，师生们眼里泪光点点。看得出，师生们都被画面中的内容深深感染，在这种气氛中，不需要任何语言的表达，每个人的心里都自然地产生了对侵略者的痛恨之情。

例16 教学小学数学《三角形的认识》时，一位教师通过直观实验、动手操作使学生认识三角形的意义，三角形的特性。不仅调动了学生的学习积极性，激起了学生求知欲，而且明确了思维方向，加深了对概念的理解，又激发了学生成功的喜悦感。

师：在我们的日常生活中，你见过哪些物体的形状是三角形的？投影出示：红领巾，小三角旗，房架。（翻折复合片）师：它们的大小，颜色，材料全不相同，但它们的外形全是三角形。（留下

三角形框架）那么，你认为什么样的图形叫三角形呢？

生1：有3个角的图形叫三角形。投影出图9.1。

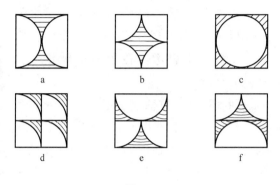

图 9.1

让学生讨论是三角形吗？

生2：有3个角3条边的图形叫三角形。

投影出示（图略）：让学生讨论是三角形吗？

师利用投影演示：三条线段，每两个端点连接，围成三角形。启发学生说出并板书：三条线段围成的图形叫做三角形。

投影出示：自行车，电线杆。

先引导学生指出图形中三角形的部分。

师：同学们，你们有没有想过，这些物体中为什么采用三角形的形状，而不采用其他图形呢？下面我们请四位同学来做个实验，看谁最先回答这个问题。

四位同学到前面分别任意拉三角形和四边形。

师：（问学生）发现了什么？

生：四边形一拉就变形，不牢固；三角形不变形牢固。

师：因为三角形有不变形的特性，所以起到了对物体稳定的作用。

从上面的教学实例中，我们感觉到：在课堂教学中恰当合理地使用形象直观的教学手段，能使学生获得生动而直观的感性知识，形成正确而深刻的印象，减少学生在学习中的困难，提高他们的学习兴趣和积极性，使课堂教学在一种活跃高涨的气氛中进行，从而掀起一个又一个课堂教学的小高潮，有助于发展学生观察力，想象力和思维能力。

十、课堂辩论掀起课堂教学小高潮

它是指教师引导学生围绕学习中的某个重点、难点或似是而非、含混不清的问题，各抒己见，展开争论，从而使学生明辨是非，得出正确结论，形成教学小高潮的教学活动。它能够激发学生浓厚的学习兴趣，调动学生积极参与的意识，使学生一直处于一种兴奋的学习状态和热烈激动的情境之中。它通过学生间的交流作用，能增强学生思维的逻辑性、敏捷性、深刻性，培养独立的分析能力和解决问题的能力，并能够在辩论中强化对知识、方法的理解和记忆，同时，也发展了学生语言的表达能力。

要让辩论热烈地开展起来，首先要选好论题。论题要在"三点"上选择，即教材的重点、难点，学生的疑点。组织辩论，教师的主导作用异常重要，要引导学生始终沿着一个目标——分析问题、解决问题的方向辩论。要发扬民主，尤其要注意，时时刻刻鼓励学生，保护学生的积极性，允许说错，允许有不同意见，鼓励学生论起来，辩起来。

例17 在一节小学语文活动课上，一位教师针对刚刚学完的《两个铁球同时着地》一课，个别学生认为："只要两个物体是同一种材料，那么不论大小，让它们在同样的高度往下落，结果也会同时落地"的错误结论，又带着学生们做了一次实验。在课堂上，让学生充分发表自己的见解，在激烈辩论中，高潮迭起，学生的思维、语言得到了最大限度的发展。请看教学片断：

师：（拿出两张同样大的纸，将其中一张揉成一个纸团，然后，用一只手握着一个纸团，另一只手拿着一张纸，双手举向空中）同学们，你们讨论一下，说说这两张纸会同时落地吗？

生1：纸和纸团同时落地，上次学了语文课，伽利略拿着两个大小不同的铁球也是同时落地的！

生2：不！铁球是铁球，纸是纸，一个重些，一个轻些，怎么会一样呢？

生3：我们做的纸飞机，能在空中飞行一段时间，而一个纸团却不能飞。

生4：我也经常看到楼上的人把一张纸扔下来，纸是慢飘下来的，而一个纸团是直接往下落。

（老师继续了刚才的实验，结果纸团先落地）

生5：（抢着说）老师，我发现这张纸从高处往下落时，像老鹰的翅膀一样。

生：（纷纷地）我也是这样想的。

师：为什么纸团直接落，而一张纸却是像老鹰的翅膀一样往下落呢？

（学生讨论，四人一组，争得面红耳赤）

生1：因为有空气，纸下落时，被空气挡住了。

生2：张开的纸像降落伞，被空气托住了，下落得慢。

生3：纸越大，就落得越慢。

师：（时机成熟，进行小结）这说明受空气阻碍的物体，表面越大，这个物体在空气中下落就越慢。

从这个教学片断中，看出了学生们学得积极主动，思维活跃，争论热烈。学生在辩论中思考，在思考中辩论，并发现了真理。

例18 一位教师在讲《金色的鱼钩》时，有个学生提问："课文写老班长他们将要走出草地时说'挨了一天又一天'，把'挨'换成'过'行不行？"教师马上问大家："你们说行不行？"这时教室里议论纷纷。一位学生说："行，因为'挨了一天又一天'就是过了一天又一天的意思。"教师又反问："照你这么说，我们每天在学校里学习、生活，也是'挨了一天又一天'了?"大家都笑了，课堂气氛活跃起来。"不行，不行。"学生们都反对。教师又追问："为什么不行？"有的学生说："挨了一天又一天，好像学校生活多么艰难似的。"这时教师小结："是的，'挨'和'过'虽然都有'过去'的意思，它们表达的感情却不一样。'挨'有表示艰难的意思。"又经过一阵思考和辩论，一位学生马上站起来说："那么可以把'挨'换成'熬'。因为它们都有'艰难'的意思。"一位学生立刻反驳："按你的说法，课文可以改成'老班长他们在草地上熬了一天又一天'啦？"这时又有一位学生补充："这样一改，好像老班长他们很苦恼，很不情愿似的。"大家又笑了，辩论的气氛使课堂高潮迭起。这时教师总结："虽然'挨'和'熬'都含着'难'的意思，但是'熬'在这里有一种思想情绪。所以课文用'捱'字是很准确的，我们要学习这种'炼字'的功夫。"

可见，课堂辩论达到了一定的火候，必然会掀起小高潮，而组织高潮，是以教师深入钻研教材，真正吃透教材为前提的。学生在这样的课堂辩论中，理解了课文内容，强化了语言文字的训练。

十一、运用综合手段掀起课堂教学小高潮

它是指教师运用巧妙的提问，创设动人的情境，设置悬念，组织实验操作、课堂辩论、错题辨析以及运用直观教学手段等，推动课堂教学向纵深发展，激活学生的思维，活跃课堂气氛，使教学形成小高潮的教学活动。它能够发挥多种教学手段的整体功能，形成合力，加大课堂教学的信息容量，强化感官的刺激力度，增强学生的学习兴趣，发展学生的智能，提高教学质量。

运用综合手段掀起课堂教学的小高潮，要遵循恰当、实用，有利于突破教学的重点和难点，在教学实践中，往往是创设动人的情境与教师巧妙地提问和运用直观形象的教学手段分不开的；在错题辨析的过程中常常需要热烈地课堂辩论和组织实验操作；优美动人的朗读又常常利用音像等直观教具的辅助等等。这样，把各种教学手段巧妙地加以提炼、糅合，综合地运用，才能营造出一种积极融洽、高涨热烈的氛围，掀起一波又一波课堂教学的小高潮。

例 19 小学作文指导课——画鼻子。

上课铃响，教师走上讲台，一言不发，先用粉笔在黑板上画了一个小丑：圆圆的脑袋，圆圆的眼睛，圆圆的耳朵，高高挑起的眉毛，笑呵呵的大嘴，脖子上扎着一个领结，显得很滑稽，可是教师却没有画小丑的鼻子。教室里出现了一阵阵笑声，而后学生们议论纷纷，猜测着老师为什么要画个没鼻子的小丑。教师通过巧设悬念，激发学生兴趣，使得课堂气氛活跃了起来。这时，教师转过身来，微笑着说："我们一起来做个游戏，同学们愿意吗?""愿意!"学生们异口同声地回答。"好，下面就请几名同学为小丑画上鼻子。"学生们纷纷举手，教师先找了一名学生上前，用毛巾给他蒙上眼睛。并让他在原地转几圈，然后，让他自己去画鼻子。这名学生却把鼻子画到了小丑脸的外面；第二名学生把鼻子画到了小丑的领结上；第三名学生更可笑，把鼻子画到了小丑的左耳朵上；最后一名学生把鼻子画到了右眼睛下面。在游戏过程中，教室里笑声此起彼伏，学生们情绪十分高涨。

游戏结束，教师抓住时机，巧妙地提问："刚才这四名同学在画鼻子过程中，你们都看到了哪些动作? 大家先讨论讨论，然后学着做一做动作，并把动作说出来。"学生们经过热烈充分地讨论，纷纷举手，跃跃欲试。教师找了部分学生做动作，说动作，并诱导学生们展开辩论：哪些动作学得像，说的准? 经过归纳，教师用投影出示了一些动词：转、迈、抬、挪、蹭、踢、伸、摸、按、量、举、勾、挥、圈、捂、掀、拽、跑、挂等等。接着，教师又启发学生："同学们把动作学得很像，用词也很准，可是，如果用这些词语表示刚才的动作，还欠具体。比如，'摸'是怎么摸的，'迈'

又是如何迈的？同学们再讨论讨论，把这些动作说得具体些。"学生们你一言我一语，讨论得十分热烈。经过再次归纳，教师又用投影出示了一组词语：摇摇晃晃地转了几圈；向前探着身子，伸出双手，左摸摸右摸摸；轻轻地挪着步子，小心地向前移动着；前脚不停地点来点去；轻轻一踢，左脚慢慢向上一迈，右脚随后一抬，登上了讲台等等。通过出示两组词语进行比较，学生们领会了人物动作要写具体，文章才有血有肉的道理。

接下来，教师让学生接着画鼻子的经过，把这些词语按顺序重新排列，说一段话。课堂气氛又活跃起来，学生畅所欲言。在说话训练过程中，遇到用词不准，表达不具体，次序混乱等问题，教师又让学生们或演示动作，或课堂辩论，使得每个学生都积极参与，都得到发展。

例 20 请看一名学生当堂写的片断：

朗朗同学画鼻子最有意思了。教师先用毛巾蒙上了他的眼睛，又轻轻地扶着他的肩，让他原地转几圈。他好像转迷糊了，摇摇晃晃地停了下来。只见他弯着腰，伸出双手，左摸一下，右摸一下，双脚小心地挪着步子，一点一点地向前蹭着，还不停地用前脚左右点来点去，好像在探路似的，突然，他碰到了讲桌，于是他一手扶着讲桌，一手仍旧摸来摸去。啊，他摸着黑板了，只见他一手按着黑板，另一只手摸着黑板中间的缝隙，伸开拇指和食指量来量去。他抬起拿着粉笔的右手，刚要画，又停了下来，看样子，他好像还拿不定主意，大家都笑了，他没办法，只得在黑板上随意地一勾，大家笑得更欢了，这时朗朗赶紧扯下毛巾，仔细一看：哈哈！原来，他把鼻子画到了小丑的耳朵上，好像小丑戴上了一个耳环。朗朗也不好意思地捂着嘴跑回了座位。

从这一则教学实例中，我们看到：在教学过程中，教师依据学生的好奇心强，爱说好问，活泼好动等年龄特征，并结合教材特点和教学需要，恰当地运用综合艺术手段，来激发学生的学习兴趣，充分调动学生的学习积极性，能够使课堂教学始终处在一种积极、融洽、活跃、高涨的氛围之中，从而掀起一波又一波的教学小高潮。这样，不仅使学生学得愉快，掌握得牢固，教师也能从自己的创造性的教学艺术中体味到成功的快乐。

第 *10* 篇

练习设计艺术

一、练习设计的意义

练习是教学过程中学生自我学习的主要形式，根据认知心理学的理论，学生的学习过程，是把教材知识结构转化成自己的教学认知结构的过程。完成这个过程，仅靠新授课的教学是不够的。因为，在新授课中，学生虽然能形成新的教学认知结构，但这种结构基本上处于初步的框架状态之中，还需从内容和组织结构上进一步充实、完善。通过练习，学生可以把新的知识同原有认知结构紧密的融为一体，并储存下来，从而，使所形成的认知结构更加充实和完善。

练习是学生主动学习的有效形式；练习是学生掌握知识，形成技能的必要途径；练习是提高学生能力，发展学生智力的重要手段；练习是引导学生教学认知结构外化的一种信息反馈活动；练习是培养学生良好的心理品质和思维品质的重要方法，在教学中它具有重要的作用。

(一) 巩固强化作用

从心理学的角度讲，学生的能力是经过由掌握基础知识和基本技能，并将其广泛迁移而逐步形成的一种稳定的个性心理特征，它是基础知识和基本技能掌握的进一步概括化、系统化、具体化的结果。显而易见，知识是发展能力的客观基础和必要前提。但是，这并不是说学生掌握了知识就必然会形成相应的能力，能力只有通过练习才能逐步发展起来。通过练习，学生能广泛而有效地把在新授课中所掌握的有关知识运用于分析和解决实际问题的活动中，这样才有助于能力的形成和发展。美国心理学家加涅认为，掌握与运用规则，可能是人类最主要的一种智慧技能。要把规则掌握牢固，运用纯熟，就必须反复练习。如何练效果最好，这就要讲究练的艺术。

（二）因材施教作用

新授课由于必须在一定的教学时间内完成规定的教学内容和任务，教师所采取的教学措施一般只能建立在对多数学生都切实可行的基础上，所以它很难解决好优等生尚未满足的求知欲望与低差生能达到的教学要求的矛盾。而练习则为我们科学地解决这一矛盾提供了一个最有效的途径。它可以通过安排不同层次的练习题目和提出不同程度学习要求，去满足不同水平学生的学习需要。同时，练习还为我们提供了关心、辅导差生的机会和时间，它可使在不增加学生学习负担的前提下，把转化差生的工作落到实处。因此，我们认为练习是一种比其他任何课型都更有利于提高差生，发展优生，真正落实因材施教原则的课堂教学形式。

（三）信息反馈作用

学生的练习活动从不同角度向教师提供了他们掌握知识，发展能力的反馈信息。通过这种信息反馈，教师不但可以比较准确地了解学生"学"的情况，还可发现教师"教"所存在的缺陷，从而为教师进一步改进教学方法、调节教学结构提供有力的科学依据。因此，教师要充分注意学生在练习过程中所反映出来的各种反馈信息，并准确判断出他们掌握知识的实际水平，采取相应的教学措施，强化他们已经形成的认知结构，使其更加巩固和完善。要注意纠正学生在学习中被其主观歪曲所造成的错误，避免其错误习惯化。

（四）非智力因素培养作用

通过练习可以培养学生认真负责，有始有终，一丝不苟，按时完成任务等优良品质。从中也能培养学生具有克服困难的顽强意志和主动积极完成任务的精神。这种良好的心理品质对学生将来参加工作是极为重要的。

二、练习设计的原则

练习是教学过程的重要组成部分。优化课堂教学必须优化课堂练习。设计好练习，必须遵循以下原则：

（一）目的性原则

练习必须要有明确的目的，不能笼统，更不能含糊。例如，教学三角形面积，在推导出三角形面积计算公式后，传统的做法是出如表 10.1 所示的习题。

表 10.1

三角形	底（cm）	36	47.8	……	
	高（cm）	18.6	56.5	…	
	面积（cm²）				

这样的练习，要求太笼统，学生的主要精力易放在乘除法的计算上，对于巩固三角形的面积公式作用不大。要使学生在理解的基础上掌握三角形的面积公式，必须使学生明确认识什么是三角形的底，什么是三角形的高，以及底和高的对应关系，三角形面积跟平行四边形面积的关系等。练习就要围绕着上述目的要求进行。在基本练习中，可以设计各种非标准图形（底不一定在水平方向，高不一定在垂直方向）的三角形，让学生运用公式求面积，还可设计已知三角形的两条边但缺高，或高和底不相应的题，如：你能算出下面三角形的面积吗（见图 10.1，其中图①是不能算的）？还可以让学生自己画一个三角形，作出三条高，然后自己量出必要的数据，求出面积（通过这个练习，学生还可以初步感知三角形三条高交于一点的知识）。

后一阶段的练习，也应紧扣三角形的底和高进行。如比较图 10.2 中两个三角形哪个面积大？为什么？

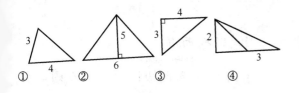

图 10.1

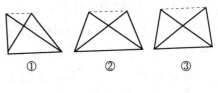

图 10.2

（二）整体性原则

整体原理认为，任何系统（整体）都是有结构的，在整体内部，部分与部分之间是相互联系的而不是彼此孤立的。因此，在设计数学练习时，要从整体考虑，抓住知识间的内在联系，建立完整的知识结构。如"工程问题"的练习设计可以通过题组来帮助学生理解和掌握其数量关系与解题方法，并沟通与分数应用题的联系。

例1 一段公路，甲工程队单独修要 20 天，乙工程队单独修要 30 天。①甲乙两个工程队合修一天，完成这段公路的几分之几？②甲乙两个工程队合修 5 天，完成这段公路的几分之几？③甲乙两工程队合修 5 天后，这段公路还剩下几分之几？④甲乙两工程队合修几天，能完成这段公路的 $\frac{1}{4}$？⑤甲乙两工程队合修 3 天，可以修完这段公路的几分之几？⑥甲乙两工程队合修几天，可以修完这段公路？⑦甲乙两工程队合修 3 天后，剩下的由乙队单独完成，乙队还要修多少天？⑧甲队先修 4 天后，乙队才加入，两队还要修多少天？⑨甲乙两工程队合修 4 天后这段公路还剩下 30 千米，这段公路一共长有多少千米？

（三）针对性原则

练习题的设计要针对学生的实际，

特别是学生容易混淆的概念，容易发生的错误等等，应在练习设计中充分注意。

练习题的设计要针对教学的重点和难点，对难度较大的问题要分散处理。可以设计有针对性的单项练习帮助学生过渡。

例2 "求a比b多百分之几，b比a少百分之几"这类题，学生常感困难也容易发生错误。错误的主要原因在于分不清两个量比较时要以哪个量作标准（"1"或100%）。针对这种情况可以设计如下单项练习：

第一步：教学生把题意分作两句话说："15比10多百分之几？就是15比10多几，多的数是10的百分之几？"10比15少百分之几？就是：10比15少几，少的数是15的百分之几？

第二步：结合"超产""节约"等生产实际事例练习。如：棉花去年亩产56千克，今年亩产66千克，今年超产多少千克？超产百分之几？

（四）层次性原则

有序原理认为，系统由较低级的结构转变为较高级的结构，总是遵循一定顺序，具有客观规律。

发展心理学指出，少年儿童的智力发展是有连续性和阶段性的。连续性表现为智力发展量变和循序渐进性；阶段性表现为智力发展的质变和年龄阶段的特点。这两方面的结合就产生了智力发展的一定客观序列，这个客观序列是一个连续而又有质变的过程，是不能逆转的。教师只能是在了解学生智力发展的最近区间的基础上，引导他们较快地从前一阶段过渡到后一阶段。因此，知识的传播、智力的发展和能力的培养，应有一个通盘计划，要"有序"进行。所谓练习设计的"有序"就是按照一定顺序练习习题，使每个习题都有特定的目的和作用。因此，教师必须有目的、有顺序地进行习题设计。习题内容要多样化，不同类型有不同的效度和信度，而且，题型的选择要根据教学大纲的要求进行安排。习题的难度要适宜，要有基础题，也要有适量的灵活题，还要有较大难度的综合题，以适应不同层次学生的学习需要。各个章节选编的有序化习题从整体上看要相互衔接、有连续性，还要有难有易，具有层次性。

（五）适度性原则

课堂练习设计要适度，这个度就是教学目标，不能随意提高或降低。若反复练习模仿题，学生不假思索地解答，会降低他们的学习兴趣；若练习过深过难，学生会感到望而生畏，丧失学习信心。因此，所设计的练习题一定要与教学目标相对应，充分体现目标中的要求。即使是综合题和提高题，也一定要贴近儿童的"最近发展区"使他们"跳一跳，能摘到桃子"。

把准这条原则，教师要注意以下两点。

1. 因人而异

由于学生掌握知识的水平不同，在布置练习时应注意到学生的个别差异。能力较差的学生应注意练习的数量略少一些，坡度小一点，让他能够在指定的时间内完成，但内容的针对性和目的性要强；对能力较强的学生的学习量要多一些，坡度大一点，让他尽量"吃饱"，不至于使他停留在一般的水平上。

2. 因"材"定"度"

由于数学教学内容本身具有一定的差异：重要与次要，或者培养学生能力，或者对后面学习有影响等。练习要因"材"定"度"，对那些较难的不易掌握而又很重要的，或有利于学生能力的发展或对后面学习有重要影响的教学知识，在练习量上略大一点，质要高，使学生能够消化和掌握所学的知识，从而引起学生对该数学材料足够的重视。如应用题的练习就是如此。相反量略小点。

(六) 适量性原则

课堂练习的数量要适宜。太多，学生在预定的时间完不成，教师就不能及时得到反馈信息，学生也会乏味；太少，则达不到启发检测、巩固的目的。教学信息的反馈也是不完整的、不全面的。教师要从优化教学过程的总目标出发，按照教材内容，学生的实际，适量安排练习，保证绝大多数学生能在课内完成。

目前，存在着下面几种把握不好练习量的情况。一是练习量过大。有不少教师认为练习越多越好。有些家长也认为学校应该给学生很多的作业。这种盲目多练基本上是重复劳动，耗费了学生和教师大量时间和精力。据心理学研究表明，"保持大脑皮质的兴奋性，就必须保持刺激的新异性和恰当性"。所以，这种盲目多练容易引起大脑皮质抑制的扩散，使大脑疲劳。长期下去，自然使学生产生厌倦情绪，易引起对教师、家长的抵触情绪，这也不利于学生品德的培养。二是练习量不足。是指练习的质和量不足。有的教师不负责任，课后不布置作业或应批改的作业也不予以批改和讲评，这对学生掌握所学的知识是不利的，学生容易形成散漫的学习作风，同样不利于人才的培养。三是量够质不够。这种现象在数学教学中占的比例也很大。有的教师由于对教材不熟或没有吃透"大纲"精神，在教学中没有把握住教材的重点和难点，体现它们的练习自然也就没有把握住。

(七) 少、精、活原则

少——练习分量要恰当，不加重学生负担，符合教学计划规定的要求，能收到预定训练目的。练习效率并不是同练习数量成正比的。一般来说，练习效率是练习效果与练习次数的比。用简明公式表示：

$$练习效率 = \frac{练习效果}{练习次数}。$$

可以理解为，练习次数少，练习效果好，那就是练习效率高。因此，安排教学练习时，不能单纯追求数量，而应该讲究质量，要考虑科学性、合理性，用较少的练习次数、取得较大的练习效果。

精——练习精当，选材要具有典型性，示范性，能举一反三，启迪思维，培养能力。

活——作业练习形式灵活多样，活动活泼，能激发学生的想象与思维，调动学生的学习兴趣。灵活是指分类设计一些练习，由学生选做，做到因人施教；多样是指练习类型有变化，变中求活。

（八）趣味性原则

兴趣对学生学习可起到定向、持久和强化作用。提高练习的趣味性，可以从新的形式，新的题材，新的要求等途径入手。

在指导学生练习之前，先要引起学生练习的兴趣。教师若没有引起学生的练习兴趣而强迫学生去练习，这种练习作业就会成为枯燥无味的负担，不会有良好的效果。教师若能引起练习的兴趣，学生才会集中精力练习作业。

引起学生练习兴趣的方法有二：一种方法是在练习之前，使学生感觉某种技能或某种教材内容有练习的必要，使他主动地想去练习纯熟，以备将来应用。例如为参加歌咏比赛前而练习唱歌，为准备就业而练习珠算、打字，或簿记等。另一种方法就是使学生在练习之后立即获得满足的乐趣，以激发其练习的兴趣。例如用比赛的方法，练习之后即可决定胜负，因而练习的兴趣浓厚，或者在练习之后，对于成绩优良的学生予以奖励，或者把优良的作品展览出来，以资鼓励。成功的快慰，是激发学习兴趣的重要因素。长期的失败，最容易丧失学习的兴趣，降低工作的效能。因此，练习的作业，须适合各个学生的能力和程度，使每个学生都有成功的可能。教师的任务，在于选择适合于学生能力的练习材料，指导学生练习的方法，使每个学生能够由努力练习而得到成功。

学习竞赛活动是激发学生兴趣的一种有效手段。通过竞赛，既可培养学生的竞争意识，又能把学习引入竞赛获胜的欲望之中，从而提高学习效率。如在小学数学教学中，"看谁算得又对又快""看谁编得最巧妙""夺金杯""接力赛""抢答赛""百题无差错比赛"等竞赛形式，可激发学生的求知欲而提高学习效率。竞赛成绩的评价，对成绩优秀的学生侧重横向评价，鼓励创优争第一；对中差生，则侧重纵向评价，自我比较，激励不断提高。即使成绩出现波折，时好时差，也要以"失败是成功之母""错误是正确的先导"来鼓励并指导学生敢于竞争、善于竞争，精心激发并维护学生的求知欲。

（九）典型性原则

练习设计要从学生实际出发，以教材为基本内容，要讲究精当和典型。例如质数与互质数是学生容易混淆的两个概念，可以设计一些用以检测和提高对概念的辨析能力的题目。如判断题：

"因为两个不同的质数是互质的，所以互质的两个数也必都是质数。"这题的特点是前半句迷惑那些对这个概念混淆不清的学生，为其设下陷阱。能"以一当十""以少胜多"，练习在关键处。克服随意性和题海战术。

（十）启发性原则

通过练习，要学会方法，掌握思路，发现规律，对解答其他的问题要有所启发，把知识的应用价值和智力价值结合起来。

例3 已知一个四边形的两条边的

长度和三个角，如图10.3所示，那么这个四边形的面积是_____。

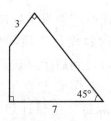

图 10.3

分析：如果把原图进行分割，很难找到答案。不妨把它分割成如下几个我们所熟悉的图形来看看。

无论如何分割，根据题中给出的条件，用小学所学过的知识还是很难找到答案。如果换一个角度，把原图看做是某个图形的一部分来分析，情况就不同了。已知四边形的两条边和三个角，下面的一条边长是7，这条已知边与相邻的两条边所构成的两个角分别为一个直角，一个是45度的角。上面的一条已知边长为3的边与邻边构成的角，其中一个是直角。不难想象，把与已知边长是7的两条邻边沿上方延伸可以得到一个直角等腰三角形（见图10.4）。已知的四边形则是这个直角等腰三角形中的一个部分。

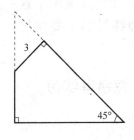

图 10.4

于是有：大直角等腰三角形面积－小直角等腰三角形面积＝四边形面积。

列式：$7 \times 7 \div 2 - 3 \times 3 \div 2 = 24.5 - 4.5$（个平方单位）。

原四边形面积为20个平方单位。

设计这样的题，具有很强的思考性和启发性。它打破了常规的解题模式：一般把原图作为整体来处理，进行分割（见图10.5）。此题则相反把原图看做是某一图形的一部分来分析，终于求得解答。通过此题，启发学生的解题思路，不仅从正面思考，还要从反面去思考。解一题，学一种方法。

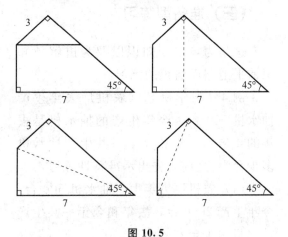

图 10.5

三、练习的类型

数学练习从学生做作业的时间上来划分有两种：课堂作业和家庭作业。

（一）基础型练习

基础型练习是最基础的内容。例如100以内口算，基本应用题，简单图形的求积计算，计量单位的化聚和换算等，这些知识必须使学生熟练掌握，才能进一步学习其他数学知识。因此，这些练习要作为基本性练习经常训练。这种练习虽然简单，但却能影响小学数学教学的全局。一般是采用卡片形式，在一堂课开始的基本训练阶段采用。

（二）迁移型练习

学生掌握的基础知识越多，越牢固，越容易产生迁移，越容易顺利地掌握新知识。为此，在教学新旧知识有密切联系的内容时，新课前总要组织单独的迁移型练习，为学生学好新知识作好知识的铺垫。

（三）准备型练习

这是为导出新知识以及为讲解新知识铺平道路而组织的练习。

例4 教学例题（农机厂去年生产抽水机500台，今年生产的抽水机是去年的4倍。去年和今年一共生产抽水机多少台？）之前，先出示准备性练习：

（1）农机厂去年生产抽水机500台，今年生产2000台，去年和今年一共生产抽水机多少台？

（2）农机厂去年生产抽水机500台，今年生产的抽水机是去年的4倍，今年生产抽水机多少台？

从以上两例看出，准备性练习是运用学生已经学过的旧知识，根据讲解例题的需要而设计的准备，题是为例题铺路架桥的。学生掌握了准备性练习，解决例题也就水到渠成了。从知识的迁移作用理论上来分析，运用准备性练习，就是充分发挥知识的正迁移作用。因此，讲解例题不能就事论事，依题讲题，而要精心设计准备性练习，它能收到事半功倍的效果。

（四）启发型练习

进行新课时，如果学生碰到了困难，可根据教学内容设计些诱导性练习，使学生通过练习得到启示，进而理解知识。

例5 一个煤矿上半年原计划产煤66万吨，实际每月比原计划多产煤4万吨。照这样计算，完成上半年计划要用几个月？

此题，学生一时难以找到解题思路，教学时，先设计如下两个习题让学生列式：

（1）一个煤矿原计划6个月产煤66万吨；平均月需产煤多少万吨？

（2）一个煤矿原计划每月产煤11万吨；实际每月比计划多生产4万吨，实际每月产煤多少万吨？

通过上述两题的练习，再让学生解上述一题，他们就感到容易了。

（五）单一型练习

它是围绕某一具体内容编排同一类型的练习。例如，教过小数乘法后，安排一组小数乘法计算题；教过长方形面积计算后，安排一组同类型的练习题。课本上的题目大都是属于这一种性质的练习。这种练习的主要作用在于巩固新知识。

（六）综合型练习

把新旧知识安排在一起的练习。例如，教过除法应用题后，把乘除应用题综合在一起练习；教过计量单位"吨"以后，把吨、千克、克综合在一起练习；这种综合性练习，能经常以新带旧地进行复习，克服混淆不清的现象，有利于发展学生的思维。所以，在一般情况下，尽可能安排综合性练习。

（七）对比型练习

数学教学中，我们常常会遇到貌似质异的问题，学生在解题时，稍有疏忽便会发生错误。为区别异同，提高学生的分析辨别能力，教学时，设计些对比型练习，使学生从练中理解算理。例如，学生在计算 $1.25 \times 7 \times 0.8$ 与 $(125 + 1.25) \times 0.8$ 时，发生混淆，将 $1.25 \times 7 \times 0.8$ 算成 $(1.25 \times 0.8) \times (7 \times 0.8)$。而计算 $1\frac{3}{7} \div 3\frac{3}{7} \div 6\frac{2}{3}$ 时，误简算成 $1\frac{3}{7} \div (3\frac{1}{3} \div 6\frac{2}{3})$，宜对比练习，以纠正错误。

（八）针对型练习

它是针对知识的难点、学习中的某些缺陷而专门设计的一种练习。例如，小数除法中的难点是小数点的处理，针对这个难点，可以作小数点处理的专门练习：

0.25/75   2.5/75   25/7.5

0.25/0.075 2.5/0.0075 25/0.75

0.25/7.5   2.5/7.5   25/0.075

上面的练习，不让学生把时间花费在复杂的除法计算上，而是把注意力集中在除数和被除数的小数点处理上，通过这种针对性的练习，可以帮助学生熟练掌握小数除法中小数点的处理方法。

又如，针对学生容易把"增加"和"增加到"两概念混淆，也可以设计专门

性的练习。教学中必须十分重视这种针对性练习，它能够对症下药，集中全力打"歼灭战"，练习效果好。

（九）尝试型练习

在讲解新课前让学生先作与新课内容相同的题目，进行尝试，教师根据学生难点再进行讲解，目的是培养学生的思维能力和创造精神，这种练习一般采用少数学生上黑板演算，全班学生同时在练习本上演算。尝试性练习一般是跟新知识同类型的基本题。

（十）发展型练习

它是根据教学需要，从易到难，由浅入深，有系统地安排的一种练习。

例6 （1）小芳三天看完一本小说，第一天看 20 页，第二天看 30 页.第三天看 50 页，这本小说一共多少页？

（2）小芳三天看完一本小说，第一天看 20 页，第二天比第一天多看 10 页，第三天比第二天少看 5 页，这本小说一共多少页？

（3）小芳三天看完一本小说，第一天看 20 页，第二天比第一天多看 $\frac{1}{5}$。第三天看的是前两天看的总和，这本小说一共多少页？

（4）小芳看一本小说，第一天看全书的 $\frac{1}{5}$，第二天看了剩下的 $\frac{3}{10}$，还剩下 50 页，这本小说一共多少页？

（5）小芳看一本小说，第一天看全书的 $\frac{1}{5}$，第二天看 30 页，还剩下 50 页，这本小说一共多少页？

上面这组练习从基本题发展到复合应用题，再发展到分数应用题。这样可以把整数应用题和分数应用题串联起来。把新旧知识串联起来。

这种发展型练习可以使学生清楚地看出应用题变化的来龙去脉，弄清解题思路的脉络。同时，这种练习是以新带旧，像滚雪球一样，越滚越大。使知识系统化、条例化。

发展型练习用通俗的话来说可叫"一条龙练习"。编拟这种练习要求较高，教师必须掌握教材之间的联系。这种练习一般用于练习课或复习课中。

（十一）变式型练习

学生在解题过程中，常常会出现一种定势，即按习惯思路思考问题，碰到常规题型，解题速度快，思路比较清晰，而对叙述形式稍有变化的题，便无从下手。为使学生理解题意，提高学生的解题水平，可设计些变式题，让学生来列式计算。

例 7 变换叙述方式。

基本题：水牛有 20 头，黄牛比水牛少 5 头，黄牛有多少头？

变式题：水牛有 20 头，水牛比黄牛多 5 头，黄牛有多少头？

两道题的数量关系是同样的，叙述方式不同。如果只练习基本题，会造成学生看到"比多"就做加法。上面的变式题虽然是"比多"却要做减法。因此，重视变式题的练习，可以提高学生的分析能力。

（十二）诊断型练习

它是为了检查发现学生的知识缺陷而设计的一种练习。根据教学需要，有局部性诊断，也有全面性诊断。

诊断性练习的特点，主要在于分步细，便于查出学生在哪一步上出了问题。

（十三）创造型练习

它是在学生掌握了有关数学知识、技能的基础上，用以培养学生灵活应用知识的能力，发展学生的智力的一种练习。例如，一题多解，自编应用题，自编式题和文字题、实际测量计算等都是属于创造性练习。

例 8 （1）一个国有农场有水稻 1200 亩，原计划 6 天收割完，结果提前 1 天完成，这样每天比原计划多收割多少亩？（用几种方法解答）

（2）根据学校里所观察到的事物编五道应用题。

（3）写出能被 3 约分的 5 个分数。

（4）不用尺怎样测量课桌面的大概面积（已知课本的长约是 18 厘米）？

课本中的思考题也是属于创造性练习。

（十四）实践型练习

它是要求学生动手操作，以及用数学知识解决实际问题而设计的练习。例如，测量教室的面积，测量操场的面积，测量旗杆的高度，回家测量家里房间的面积，方桌的边长，用秤计量各种物品的重量等。通过这些练习培养学生操作能力，发展空间观念。

又如，布置学生到商店、粮店、菜场进行物价调查，并用调查得来的数据自编应用题。到居民区进行调查，了解购买自行车、缝纫机、收音机、电视机的情况，根据调查得来的数据制成统计图表。这些练习可以培养学生解决实际问题的能力，用生动的事实向学生进行热爱社会主义祖国的教育。

以上十四种练习设计不是孤立的，是互相联系，互相配合的，它们有各自的特点和作用，把这十四种练习组成一个练习系统，可用图10.6表示。

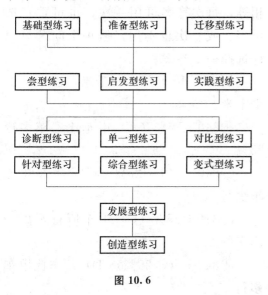

图 10.6

四、练习题设计与技巧

（一）选择题的设计

1. 选择题的特点

当前，在标准化考试中，选择题是最受重视、应用最广泛的一种题型，它大有压倒其他诸种题型的趋势，甚至选择题变成了标准化考试的代名词。因此，了解选择题的特点，掌握选择题的解法，是练习设计的重要任务。

一般选择题的特点：选择题又叫汇选题，此种题型在结构上有两部分：题干和选项。所谓"题干"是用陈述句和反问句，创设解题情景，发出指令；所谓"选项"，是试题中列出三至五个备选答案，正误混杂排在一起，其中有一或两个以上为正确答案，供考生选择。这样不仅可以考查学生对简单事实的认识能力，而且可以考查学生的分析、判断、推理等能力。

例9 题干：一个分数分子与分母（ ），这个分数是最简分数。

选项：（A）相等 （B）是互质数 （C）都是质数

这道题起干扰作用的有两项，其中（C）项与正确答案（B）项较近似，学生容易出错。因此，一道题中，起干扰作用的错误答案，越是同正确答案近似，难度就越大，考生的注意力应集中于此。

在试题结构上，选择题比其他类型的试题多出一部分——备选答案部分。故选择题的解答只要求考生从已给答案中做选择。而不要求另写答案，这是选择题的基本特点，也是它之所以称作选择题的原因。

2. 选择题的分类

从选项来分，选择题分单项选择和多项选择两类。

单项选择。一般备选答案，有正确与错误之分，也有最优和不优之别，要求考生选其中一个

（1）正确的，最优的。答案是唯一的。

例 10 甲数比乙数多 $\frac{4}{5}$，乙数比甲数少（ ）

(A) $\frac{4}{5}$ (B) $\frac{5}{4}$ (C) $\frac{4}{9}$

这里有三个备选答案，其中（C）是唯一正确的。

（2）多项选择。一般给出四个以上备选答案，其中有两个到三个是正确的答案，但不告诉考生试题正确答案的个数。有时给出的选项，也可以全错，相比之下，多项选择题比单项选择题难度要大些；要逐一比较异同，才能做到无遗漏。

例 11 选择正确的答案填在括号里。

仓库里有化肥 45 吨，用大车 10 小时可运完，小车 15 小时运完，两辆车同时运，多少小时可以运完？（ ）

(A) $45 \div (45 \div 10 + 45 \div 15) = 6$（小时）

(B) $45 \div [45 \times (\frac{1}{10} + \frac{1}{15})] = 6$（小时）

(C) $1 \div (\frac{1}{10} + \frac{1}{15}) = 6$（小时）

(D) $(45 \times 3 : 15) : (10 : 5) = 6$（小时）

多项选择题的答案不能似是而非，在正确与错误上绝不能模棱两可，是就是"是"，非就是"非"。不能选用那种"以上都不是""以上都是"作为备选答案。因为考生对选择题的备选答案是分别判断对错的，而不是通过比较择其优的。

（3）最佳选择题。此种类型的题目，在备选答案中总有一个是最佳的，即符合题意的答案。

例 12 整数 a 乘以 $\frac{3}{4}$，所得到的数（ ） a。

(A) 大于 (B) 小于

(C) 等于 (D) 小于或等于

当 $a=0$ 时，得到的数应等于 a，当为自然数时，得到的数均小于 a，所以应选 D。

（4）配对选择题。此种题型的特点是几个问题共用一组答案，备选答案放在问题的前面，问题与答案的数目可不相等，每次答案可用一次，也可重复选用多次或一次也不用，但每个问题只允许选择一个答案。

例 13 甲车行 840 千米，乙车行多少千米？

①$840 \times 25\%$（A）甲车比乙车多行 25%

②$840 \times (1 + 25\%)$（B）甲车比乙车少行 25%

③$840 \div 25\%$（C）甲车所行距离是乙车的 25%

④$840 \div (+25\%)$（D）乙车比甲车多行 25%

⑤$840 \div (1 - 25\%)$（E）乙车行的路程是甲车的 25%

⑥$840 \times (1 - 25\%)$（F）乙车比甲车少行 25%

（5）比较选择题。主要考查学生对两种类似情况的鉴别能力。试题形式与匹配题类似，也是在一组问题之前或之后，列出一组备选答案，要求考生给每一问题选择一个最适合的答案。由于此种题型只对两种情况进行比较，因此只存在四种可能的选择；A，B 代表比较的两项实质内容；C 代表二者都正确（有关，均有等）；D 代表二者都不正确（无关，均无等）。

例 14 在下面的□中填上"＞""＜""＝"符号

①A＋0.5＝B－1　　（A□B）

②A－0.5＝B＋0.1　（A□B）

③A×0.5＝B÷5　　（A□B）

④A÷0.5＝B×5　　（A□B）

（6）改错选择题。主要考查学生的辨别能力。其题型有：①整句话或一部分下边画线，表示需要改正错字，然后给出一组备选答案，让考生选出认为最好的答案；②给出一组答案让考生指出其中一个或几个答案的错误。

例 15 下列各种说法中，错误的说法是（　　）

（A）自然数有无限多个

（B）一个自然数不是奇数就是偶数

（C）自然数中有一个并且只有一个偶质数

（D）整数都可以做除数

（7）数列选择题。主要考查考生观察、分析、类比和概括能力。从一列数字的关系分析中，找出规律，然后从所给的数字中选出一个加入该数列，使其与原来的关系相一致。

例 16 在横线上填上适当的数

1，2，3，5，8，13，…，34

（A）15　　（B）18　　（C）21

（D）25

（8）类推选择题。主要考查考生的概括能力和推理能力。根据给出的条件中的数量关系，从备选答案中选出一对，使它符合给定的关系。

$$3\triangle - \square = \frac{5}{6} \quad \triangle = \frac{1}{2}$$

$$\square - \bigcirc = \frac{1}{18} \quad \bigcirc =$$

（9）分类选择题。主要考察分析综合能力。题型特点是给出一组相近易混的概念，叫考生按一定条件进行分类。

例 17 下列各数中，哪些是质数？哪些是合数？哪些是偶数？

1，2，3，4，9，10，11，18，19，20

①质数＿＿＿＿＿＿＿＿＿

②合数＿＿＿＿＿＿＿＿＿

③偶数＿＿＿＿＿＿＿＿＿

（10）组合选择题。其特点是在题干后面，列出四个用数字标明的选择答案，其中可以包括一个、二个、三个或四个正确的选项。在排除错误选项或认定正确选项后，按规定组合格式，选择一个字母作答。

约定的组合形式及答题的方法是：如果①②③是正确的，选字母 A；如果①③是正确选字母 B；如果②④是正确的，选字母 C；如果只有④是正确的，选字母 D；如果①②③④都正确，选 E。如下表：

A	B	C	D	E
①＋②＋③	①＋③	②＋④	④	①＋②＋③＋④

（11）填空选择题。形式灵活多样，考查的面广量大，是当前选择题中运用最广泛的一种类型。此题的每个空处或每题后提供 3～5 个备选答案，要求考生从中选出最合适的内容用代号填空。

例 18 圆的半径和圆的面积（　　）

（A）成正比例　　（B）成反比例

（C）不成比例

（12）因果选择题。有利考察学生的逻辑思维能力。此题型的特征是每个问题都由结果或判断、原因或条件两部分组成，答问题使用字母（A）～（E）其含义如下：

（A）结果和原因的叙述都正确，并且能用原因正确解释结果。

（B）结果和原因的叙述都正确，但不能用原因正确解释结果（或两者无关）。

（C）结果是正确的，但对原因的叙述是错误的。

（D）结果不正确，但以原因的叙述是正确的。

（E）对结果和原因的叙述都不正确。

例如：

等边三角形属于锐角三角形，因为它的三条边相等。（C）

（13）阅读选择题。有利于考查学生的阅读概括能力。题型的特点是通过阅读一段文字，然后回答一些选择题。

例 19 仔细阅读下面一段话，请回答以下几个问题。

一个分数的分子和分母，同时除以或乘以相同的数（零除外）分数的大小不变。

① $\dfrac{3\times4}{4\times4}$ （　）$\dfrac{3}{4}$

② $\dfrac{3\div8}{4\div8}$ （　）$\dfrac{3}{4}$

③ $2\dfrac{3}{4}\times0.1$ （　）$2\dfrac{3}{4}\times0.01$

④ $2\dfrac{3}{4}\div0.1$ （　）$2\dfrac{3}{4}\div0.01$

⑤ $\dfrac{3\times a}{4\times a}$ （　）$\dfrac{3}{4}$

⑥ $\dfrac{3\div a}{4\times a}$ （　）$\dfrac{3}{4}$

（A）大于　　　　　（B）等于

（C）小于　　　　　（D）不能确定

（14）多解选择题。有利于考查考生的求思维能力和分析能力。此题型的特点是：在题干后面列出多个备选答案，其中正确答案可不止一个，考生只需指出符合题意的答案不必按一定方式组合。

例 20 一本书 180 页，小红读了 15 天，读了全书的 $\dfrac{5}{9}$，照这样阅读，剩下的还要几天才能读完？（　　）

（A）$180\div(180\times\dfrac{5}{9}\div15)-15$

（B）$(1-\dfrac{5}{9})\div(\dfrac{5}{9}\div15)$

（C）$15\div\dfrac{5}{9}-15$

（D）$1\div(\dfrac{5}{9}\div15)+15$

（E）$180\div(1-\dfrac{5}{9})\div180\times\dfrac{5}{9}\div15$

（15）异项选择题。这是近年突起的一种选择题形式，多从数学概念的某一角度，选出异项，也就是与其他不同类的。此种测试题，考查学生知识面是否广博，头脑是否灵活，对知识是否善于归类。

例 21 在 $\dfrac{7}{8}$，0.67，67，67.5％和 0.673 五个数中最大的数是（　　），最小的数是（　　），相等的数是（　　）和（　　）。

（16）辨句选择题。是指从一组意义相同或相近句子中，选择出唯一正确的句子，此种选择题一般说难度较大，在辨别正误时，通常采用误句排除法，淘汰有明显毛病的句子，再者，要比较各句相异之处，找出细微区别。

例22 请在正确句子后面的括号里打"√"

（A）在小数后面添上零或去掉零，小数大小不变。（　　）

（B）在小数点的后面添上零或去掉零，小数的大小不变。（　　）

（C）在小数的末尾，添上零或去掉零，小数的大小不变。（　　）

（D）在小数的右边，添上零或去掉零，小数的大小不变。（　　）

3. 选择题的编制方式

选择题，知识覆盖面大，能全面地考查学生对基础知识和基本技能的掌握情况。这类题目前已被广泛采用，故如何编好选择题，已成为值得研究的课题。

（1）选择项数适当，要求清晰明确；

（2）题干应包含答题时所必需的因素，最好不要把选项夹在题干中间；

（3）错误答案应对考生有迷惑性和针对性；

（4）各选择项应协调一致，中心突出，避免各种暗示；

（5）各选择项之间不应相互重叠、包含、依赖；

（6）各题干中的正确选择项的位置不要固定顺序；

（7）所有选择项在逻辑和语法上都要与题干相衔接；

（8）用词准确，编选择题要正确地构造和表达不同类型的语言，不要出现用语不清、模棱两可的情况；

（9）避免暗示，编选择题时，各选项在形式上应协调一致，防止对正确答案提供线索，一般是把学生在解答时常见的错误解答列入选择项，以达到一定的干扰作用，但要注意避免暗示作用；

（10）扑朔迷离，错误答案对考生有迷惑性。让学生在各种扑朔迷离的错误与正确的混淆中，区分出概念的确切含意；

（11）简单明了，使人一看就清楚，不要冗长，避免看叙述后叫人不知所云；

（12）条件隐蔽，一个好的选择题，给出选择项一定是蔽而不显，这对那些粗心大意的考生是很好的检查；

（13）围绕中心，在选择题的备选答案中，往往包括了由于概念模糊和推证不当而产生的错误判断，解答选择题的目的，在于要求学生能将各种隐蔽形式出现的概念辨认出来，从各种正误的混淆中，区分出概念的确切含意，这样，就要求在编制选择题时，要围绕一个中心，否则就不能达到上述目的；

（14）名同实异，不少学生往往把日常生活中的术语用来代替数学概念，产生错误的判断；

（15）似是而非，教材中有很多相似的概念，在学生的脑子里往往互相干扰，混淆起来，由此产生错误。

（二）判断题的设计

判断题又叫是非题，学生按题干中限定的条件、对需判断正误的各项，作出肯定或否定的回答，是非题的形式有三种：

第一种：是非项为一判断句，要求

学生对这一判断句作出是非判断。

第二种："是非项"在后，也是一个判断句。

第三种：包括多项知识内容，具有综合性的复杂判断，多项陈述有正有误，而只要有一项有误就要求在整体上作出否定的判断。

判断题的广泛性程度仅次于选择题，它的分类包括是非判断题和分析判断题。

1. 是非判断题

（1）是非判断题的特点。这种类型的题目，一般是给出一个含义完整的命题，让学生判断这个命题的是与非，这种类型的题的优点是：试卷取样多考查面广，是非判断题一般只有一句话，且是较简单的陈述句。其缺点是：考生猜测得分的可能性比较大。对同一个题目而言，凭猜测得分的可能性高达 50%。为了避免这一缺陷，增大试题的客观性，对考生得分要进行矫正。一般采用；答对一题给一分，答错一题扣半分，放弃不答不给分。是非判断题的适应性和考查深度高于填空类型的试题，使用判断题的信度与选择题一样很高。

（2）是非判断的解法。解答是非题，首先要确定此题是哪一类，以便区别对待答题正确与否，知识记忆的多寡起决定作用，但是，只凭知识记忆也是不够的，设题者往往在正确的叙述中，加入某些貌同实异的错误内容起干扰作用。因此，稍不留意，即判断有误，学生应特别提防干扰因素。只要注意了这一点就不会判断有误了。

从判断题中的最关键的概念开始，利用有关知识，进行判断。先抓主要矛盾，然后再抓次要矛盾，逐一进行判断。

例 23 在小数点的后面添上零或去掉零，小数的大小不变（　　　）。

根据小数的基本性质，在小数末尾添上 0 或去掉 0，小数的大小（小数值）不变，这里的基本概念"小数"不能说成"小数点"，"末尾"不能说成"后面"。因 0.5≠0.05，所以应填"×"。

2. 分析判断题

（1）分析判断题的特点。它通常是给出一个断言和说明这个断言的一条理由，让学生分析判断这个断言的正、误或理由能否说明断言，并将判断的结果用规定的符号表示出来。

（2）分析判断题的解法。其解法与是非判断题差不多，只不过用符号判断罢了。

例 24 判断并说明理由：锐角三角形的内角和小于钝角三角形的内角和，对不对？

解：不对。因为锐角三角形和钝角三角形都是三角形，其内角和等于 180 度。

分析判断题比是非判断题更便于学生理解运用，考查的准确性更高，猜测得分的可能性也较小。

例 25 被除数扩大 2 倍，除数缩小 2 倍，商有什么变化？

（A）不变　　　　（B）扩大 4 倍

（C）缩小 4 倍

这是一道多项判断题，具有多项性、综合性、整体性的特点。解答时，必须具有全局观念，上下左右，各项条件均考虑周到，要慎之又慎。

（三）填充题的设计

填充题是删去关键字、词或数字的句子组成的。这些删去的地方代之以横线或括号，要求学生将简短的答案填在上面。填充题分为填图题和填空题两种。

1. 填图题

就是给出一个不完整的图形，如

如乙长 25 米，乙比甲少 $\frac{1}{5}$，甲长____米。

要求考生根据图形的数量关系进行填写。

它是线段图和几何图形考试中常采用的题型。

2. 填空题

就是给出一个不完整的句子，要求学生把不完整的部分补充上去。

例 26 ①某班女生与男生人数的比是 $3:4$，那么女生比男生少 $\frac{(\quad)}{(\quad)}$。男生比女生多（　　）%。

②在 13.0，600，4.2，1，2 中，除了____以外，都是自然数，除了____以外，都是整数，除了____以外，剩下的都不是自然数。

填空题的优点：占卷面小，答案正误分明，主要用以考查数学概念、法则。编制填充题时要注意两点：一是题目要求有思考性，避免死记硬背，二是避免给学生暗示。题目留出的空白的长度不能随答案的长短而变化。

填空题可分自由填空题和选择填空题。

（四）改错题的设计

改错题，就是给出一个有知识性错误的题，让学生找到错误处并把错误改正过来。

在四则运算时，为了防止有关计算法则的相互干扰，可以经常收集学生错题进行分析、订正，很有好处。

例如，整数与小数相加减时，要注意相同数位对齐，防止受整数相加减时末位对齐的影响。

（五）配对题的设计

配对题，就是给出几个已知条件，再列出相关的一列备选答案，要求考生将具有对应关系的事物正确地搭配，联系起来，实质上是一组选择题的题干和一套备选答案，它要求学生用一个一个答案去跟各个前提进行"对号入座"。对号时要学生将各个答案的序号，填入相应的前提后面，或者将前提的序号填入相应的答案前面。

例 27 把下面应用题中各问题与正确的算式选择配对。

一项工程，甲独做 6 天可完成，乙独做 8 天可完成。

①两队合做一天，完成工程的几分之几？

②两队合做两天，完成工程的几分之几？

③两队合做两天后，还剩下整个工程的几分之几？

④两队合做几天可完成？

供选择答案

(A) $\left(\frac{1}{6}+\frac{1}{8}\right) \times 2$

(B) $1 \div \left(\dfrac{1}{6} + \dfrac{1}{8} \right)$

(C) $\dfrac{1}{6} + \dfrac{1}{8}$

(D) $1 - \left(\dfrac{1}{6} + \dfrac{1}{8} \right) \times 2$

题号	(1)	(2)	(3)	(4)
答案				

配对题的优点：它既可考查学生对有关知识的掌握情况，又可以考查学生驾驭这些知识的能力，并且可能促使学生注意这些知识的内在联系，形成良好的认知结构。

设计配对题要注意三点：一是既要注意共性，又要注意个性，答案对每个前提来讲都要具有似真性质；二是一个备选答案可以使用多次，也可以一次不用；三是题目的所有文字最好安排同一版面内，便于做答和阅卷。

（六）分类题的设计

分类题，就是给出几个已知条件，再列出相关的对应备选题，要求考生按所属关系进行分类，解答此类题要仔细观察，认真分类，找出共性进行合理分类。

例 28 把下面的数填在合适的括号内：9，15，17，25，32，40，45。

被 5 除无余数（　　）被 8 除余 1（　　）被 5 和 8 除都无余数（　　　）

① 被 5 除没有余数即 5 的倍数，根据能被 5 整除的特征可得 15，25，40，45；

② 被 8 除余 1，即减去 1 后应是 8 的倍数，故只有 17，25，49；

③ 被 5 和 8 除都无余数，即是 $5 \times 8 = 40$ 的倍数，也只有 40。

（七）连接题的设计

连接题的特点是列出几组相对应的数量或事物，用线条把有关的数量或事物连接起来。此题型主要考查分析思维能力。

例 29 把相对应的问题用线段连接起来。

（1）一个自然数一个真分数合并而成的数是　　A 真分数

（2）分子比分母上而数是　　B 假分数

（3）分子比分母大或分子和分母相等的数是　　C 最简分数

（4）分子分母是互质数的分数是　　D 带分数

（八）简答题的设计

简答题是答案极简短的问答题，其答案均由学生自己提供。猜测、一知半解均不易得分，但它评分的客观性比起选择题要差。

五、练习设计应注意的问题

（一）理解编排意图　依据大纲教材

课本上的练习题是整个教材的有机组成部分，每一个练习题都有它特定的目的，只有深刻地明确了编排意图，才能正确地发挥练习题的作用，在练习中值得注意的问题有：

（1）孤立的练习，把新课与练习

"一分为二"，讲课是讲课，练习是练习，分割开来互不联系，一个课时专门讲，一个课时专门练，或半个课时讲，半个课时练，讲练脱节，教师只考虑练习解答是否正确，不全面考查学生对概念明确的程度，是否达到了练习题预定的目的；

（2）题号性练习，如这一次作1，2，3，下一次作4，5，6等，只是布置方便，练习的目的不明确，层次不清楚；

（3）平均性练习，所有题目都均等对待，没有重点，反正全部做完，以为这样就完成了任务，不了解重点题的代表性、发散题的培养性；

（4）难题型练习，在练习中指定几个较难的题叫学生做，以为难的会了，简单的就没有问题了，忽略了练习的层次性、全面性。

纠正以上偏向，首先要提高对练习的认识，苏联教育家赞可夫说过"在教学中要抓好两件事，一是讲清基本概念；二是精心安排练习"。精心安排练习的前提是理解课本的编排意图，练习的配备与概念的应用、例题的讲解是紧密相关的，在练习中一定要结合概念，例题下工夫，备好练习题。要根据教学目的要求，练习题的编排意图，在备课中写明练习的作用，指导的方法，在教学过程中把讲解与练习，结合起来，讲讲练练，以讲带练，以巩固加深讲。根据练习的目的，练习安排顺序大致为：第一，复习性练习。其目的是熟练巩固旧知识，为迁移新知识铺路架桥，并为引入新课准备条件，使新课题的出现合理自然。第二，形成性练习。即在讲解新概念的同时，为了学生明确概念，清除糊涂认识，采用判断题、选择题等，主要从反面入手用练助讲。第三，巩固性练习。这是在讲授新课后，为理解巩固新概念设计的练习，这类练习在习题中占主要地位，应有充足的数量。练习新学的知识，要求学生独立思考，以便发现问题，及时反馈，及时矫正。第四，综合性练习。把新旧知识结合起来，解决一些较复杂的问题，深化概念，沟通联系，组建知识结构，这在新知识巩固后，必须由此发展。这类题在习题中都有配置，要充分利用。第五，思考题。为了开发学生智力，可设计一些难度较大的思维训练题。教材中思考题都安排在每个习题的最后。

不同题型，具有不同目的，在使用课本习题时首先要区别这些目的，根据编排的意图合理地安排，包括顺序——出现的先后；时间——题目的多少；对象——哪些学生做哪些题，以便在练习中能最充分地发挥作用。

（二）强化针对意识　练习注重实际

美国心理学家贝桑代克对动物进行了练习的试验，认为人类学习某个动作和动物相仿，只要把这动作重复多次，就会变得熟练，这就是著名的"练习律"，这个学说对教学工作影响甚大，在教学中的重复练习，题海战术，就是练习律的表现。

如果"练习律"对简单的动作，对传统的死记硬背的知识还有一定的正确性，那么，在科技迅猛发展的今天，要求培养学生的能力，开发他们的智力，仅用练习律来指导教学就十分不够，其至有害了。在练习中要避免机械重复，做到灵活、合理、高效，就要实事求是，加强"针对意识"。

针对知识的系统性设计练习。任何知识都不是孤立的，它都是"系统"中的一个环节，在设计练习时要了解它的来龙去脉，发挥它承上启下的作用。

针对知识的运用设计练习。练习的实质在于把一般的规则运用到个别情况中去，在教学中为了深入地理解概念，掌握法则，就需要把学习的定义、定律、法则、性质进行运用，以解决具体的问题这就是练习。

针对学生的实际设计练习。课堂练习的设计还要注意内容的适度性。所谓适度是练习的内容要与学生的实际认知水平相吻合。既要考虑学生的知识环境，又要顾及学生的智力背景，甚至对学生的趣味、耐力等等方面也要考虑。

（三）明确教学目的　突出练习重点

设计好课堂练习利于学生消化巩固知识，形成技能技巧，既可以减轻学生负担，又可以提高教学质量，能够起到事半功倍的效果。在练习中要明确教学目标，突出教学重点，才可做到少而精，如果把握不住重点，就会形成多而杂，时间用得多，效果却不好。突出重点，首先是明确重点，其次是落实重点。明确重点需要认真分析教材，哪些是旧知识，哪些是新知识。突出重点不是要突出新的部分。

（四）练习形式多样　激发学生兴趣

课堂练习的形式要多样。有口头练习、有单项练习、有综合练习、有分散练习、有集中练习，等等。机械和单一的练习只能使学生疲劳，降低学习兴趣，要提高学习效率和学习兴趣，就要在教学中随机应变，因人制宜，采用多种练习形式。

练习形式的多样化，除了题型的多样化，还有练习方法的多样化，特别是低年级小学生注意力不易集中，通过艺术手段（课中操、游戏、唱歌、舞蹈、儿歌等）把学生的注意力引入最佳学习状态，在课堂教学中，既唱又舞，学生感到新鲜，在游戏中，快乐地获取知识，收到更好的效果。

（五）加强对比练习　克服思维定势

对比是人们认识事物的重要方法，俗话说"不比不知道，一比吓一跳"，说明对比的作用很大。在数学练习中，运用对比是克服思维定势的有效方法。教育心理学认为，逆转心理过程能力，即从正方向思维转到逆方向思维是学生学数学能力的重要组成部分。然而，教学中常常出现这种情况：当学生学习顺向型内容时，掌握了这类题型的结构特点及解题规律，学生思维呈现正向思维的定势；当学习逆向型内容时，他们又掌握了这类题结构特点及解题规律，学生又呈现逆向思维的定势，这样往往在教学中造成一种假象，一些教师反映学习顺向题学生掌握得很好，一学逆向题后，两者就混淆不清，这在应用题教学中尤其突出。如"比多"与"比少"应用题，"直进归一"与"返回归一"应用题，正、反比例应用题，分数乘除法应用题等等。因此，在正逆两种题型的教学后，可设计练习采用正逆交错，双向齐下，加强对比训练，目的是克服思维定势的消极影响，培养学生灵活的思维能力。

（六）结合实际操作 加深意义理解

遵循儿童的认识规律，从具体到抽象，通过观察或操作建立表象，明确概念，这样的教学就可以取得良好的效果。从练习中适当结合实际操作也能加深认识，促进知识内化，更好地培养能力。

（七）学习编题技巧 掌握解题规律

在练习中组织学生编题，可以开拓学生思路，了解知识联系，训练学生思维，培养创造精神，提高解题能力。为了增强编题自觉性，就要掌握编题的方法，下面作一些介绍：

1. 纵向变形

又分成收缩与推广，收缩是运用演绎法从一般到特殊。这种方法常用于对学生学过的概念、定理、法则、公式的强化训练和提高学生推理能力。

例30 在掌握了长方形性质和周长求法的一般规律后出示竞赛题（见图10.7），谁先到终点？（按箭头符号所方向行走，即大圆、中圆、小圆的半圆周，从甲到乙）

上图运用了直径相等，周长相等的普遍规律，粗线和细线相等，下图是运用长方形对边相等的性质，粗线与细线相等。这样从一般到特殊的编题方法都中收缩。

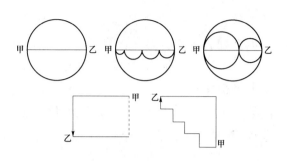

图 10.7

2. 逆向变形

这种方法主要是交换条件与结论的位置，设计出新的题目。这种变形又分成倒推与逆变两种。

倒推是利用逆向思维从结论反求原题的条件。

例31 （1）已知扇形面积是 9.42 平方米，$n=120°$ $r=?$

就是 $S=\dfrac{n\pi r^2}{360°}$ 中，已知 $S=9.42$，$n=120°$，求 r 的逆推。

（2）如果 ABC 是等边三角形（见图10.8），则 $\angle A=\angle B=\angle C=60°$，其逆命题真，可设计这样的逆命题。

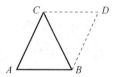

图 10.8

已知 $\angle A=\angle C=60°$，$AB=8cm$，求平行四边形 $ABCD$ 的周长是多少？

3. 组合分解

（1）组合。把几个问题综合在一起而形成的新问题称为组合。

例32 学习了倍数、质数、合数、奇偶数、位数、小数的意义后，设计一个填空题。

一个数的万位上是最小的质数，千位上是最小的奇数，百位上是最大的一位数，十位上是最小的合数，个位上的数是千位上数的 2 倍，这个数写作（　　）读作（　　）。

（2）分解。这是与组合相反的过程，是把一个综合题分解成多个小题，或把一个较难的题分解成阶梯式小题，以减少难度，可把一个较繁的分解成为一个考查多个基本概念、公式的填空题。

例 33　加油站存的汽油第一天取出 $\frac{1}{2}$，第二天取出剩下的 $\frac{2}{3}$，第三天取出第二天剩下的 $\frac{3}{4}$，还剩 720 升，原有汽油多少升？

分解成下列分步问题化难为易。

①加油站的汽油第三天取出 $\frac{3}{4}$，后还剩 720 升，第二天剩有汽油多少升？

$$720 \div (1 - \frac{3}{4}) = 2880（升）$$

②加油站汽油第二天取出 $\frac{2}{3}$ 后，还有 2880 升，第一天剩下汽油多少升？

$$2880 \div (1 - \frac{2}{3}) = 8640（升）$$

③加油站汽油第一天取出 $\frac{1}{2}$，还有 8640 升，原有汽油多少升？

$$8640 \div (1 - \frac{1}{2}) = 17280（升）$$

（八）掌握时间维度　适当练习密度

练习的编制要考虑质量，命题要科学，还要考虑数量，不能太少以致学生吃不饱，影响学习的积极性，也不能太多。练习的密度与教学效果之间不一定成正比，不一定就好，更不是越多越好，学生的心理活动有自己的规律。

在练习过程中如果没有一个缓冲思考的过程，学生没有时间激发思维与清理自己的思路，在不间断的练习中，造成心理紧张与失控，不仅影响教学质量，而且影响学生的身心健康。

毫无疑问，练习是课堂教学中一个必不可少的环节，目的是为了让学生回忆旧知，学习新知，激发思维促使学生消化、理解知识，调动学生学习的积极性与主动性，以培养学生掌握、运用知识的能力。因此，练习是必不可少的。但是一味地讲究课堂练习的密度，盲目的加大练习量的倾向反而影响学生的消化和思考，挫伤学生的主动性和积极性，学生知识的内化，练习量过大，就走向了它的反面，把积极作用变质成消极作用了。

课堂练习一定要遵循客观规律，学生练习过程中应把握。"第一等待时"与"第二等待时"。"第一等待时"是教师安排出一个练习题后，要等待足够的一段时间，而不能马上让学生出示练习结果，"第二等待时"是指学生在解答了练习后，教师还需要等待足够的一段时间，以便学生分析练习题，判断正误。

人的思维是间断性，跳跃性的。小学生的思维特点是在思维过程中出现一个高潮后，要稍有停顿，才出现另一高潮。因此，教师在出示了一个练习题后，要有一个必要而适时的停顿，才有利于学生练习。

此外，练习还应考虑中差学生，即要考虑到差生能否"吃"得了，还要考虑优生是否"吃"得饱。毫无疑问，那种高"密度"的练习，很少能使中等学生或差生真正达到练习的要求。因此，课堂练习中的"维度"对顾及全班学生，也是完全必要的。

由此可见，课堂练习的密度要合理，要把"密度"和"维度"结合起来。从儿童心理特点出发，恰当地安排练习数量的多少，以求得教学的实效。

（九）复习题注意"六性"增强复习效果

复习题的编制必须具备"六性"。

1. 综合性

一个题中尽可能覆盖多方面的知识，以提高复习的效率和提高学生综合运用知识的能力。

例 34 八成 $=\dfrac{(\quad)}{5}=8:(\quad)=(\quad)\%$

通过一个填空题，搞通了分数、比、百分数、的关系。使学生的认知结构网络化。

2. 针对性

针对学生学习的难点，或容易混淆疏忽的地方设计复习题。如：

判断题（对的画"√"，错的画"×"）

（1）如果甲比乙多 20%，那么乙比甲少 20% （　　）

（2）根据 $36 \div 0.9 = 40$，可知 36 能被 0.9 整除 （　　）

（3）把单位 1 分成 5 份，每份是 $\dfrac{1}{5}$ （　　）

（4）圆的半径都相等 （　　）

上列 4 题都是错题，需要复习时查漏补缺。

3. 系统性

复习题的编制要按照所学内容，分门别类，由简到繁，由易到难。但不能照课本走老路。

4. 灵活性

复习题应在教材知识范围内，适当灵活，以启迪学生思维。例如在复习三角形面积时，可加入下题：

图 10.9 是长方形，阴影部分和空白部分谁大，大多少？

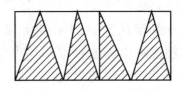

图 10.9

此题初看颇难，实际简单，因二者同底等高，因而面积相等。

5. 多样生

题型多样，如填空、判断题、选择题、计算题、应用题等，在每一种题型中也要避免题型的僵化，有所创新，以便更好地调动学生的积极性。

6. 思考性

不能简单重复过去内容，要有新的提高和发展，用以培养学生思维。使学生有新的收获，不然学生认为是老一套，就没有复习的积极性。

六、练习指导的技巧

（一）在练习中做到有序

当前，有的教师在进行课堂教学时，存在一种倾向，只注重学生获得新知的过程，而忽视新知教学后的练习过程。认为课堂练习过程只是学生做一做，教师批一批。这种把课堂练习简单化的想法，严重影响了练习基本功能的发挥。运用"五先五后"顺序方法指导学生进行练习，可改变这种局面，收到良好的效果。

1. 先回顾，后作业

作业是运用知识的一种实践活动，知识掌握的不牢固就很难运用得好。所以在指导学生做作业之前，不妨先回顾一下本节课所学的有关知识，等真正消化、理解、掌握了这些知识后，再下笔练习。小学生自控能力弱，任务观念重，常常是新知识学过后没有复习消化就进行作业，以致边做作业，边查公式，边看例题，效果很差，应予纠正。

2. 先审题，后解题

有的学生做练习时有一种坏习惯，拿到题目不认真审题，往往是一眼掠过，就动手做，结果常常是题意不明，一做就错。要改变这种状况，就必须先认真审明题意，再解答题目。首先，应指导学生充分认识审题的意义。审题是理解

题意、把握数量关系、寻求解题途径的一种思维活动，是解题的前提。其次，应教会学生审题方法，如图解法、列表法、读表法、读一划一批注法等。最后，应逐步培养学生良好的审题习惯。

3. 先作题，后想题

从学生的学习过程来讲，题目作的解答只能算是完成了作业的一半任务，另一半任务是想题，即想想练习题的特点，各步的算理，求解的规律与关键是什么。力求通过想题，把解题过程中的心得与体会提高到一个理性认识的高度。这个要求对小学生来讲是较难了些，但是可能的，只要坚持经常这样做，形成作题后"想题"的习惯，学生的解题能力就会逐步增强和提高。

4. 先互评，后送批

作业批改前应留出一定时间，让学生相互讲评。一评解题是否正确，二评算理是否优化，三评是否另有解法。通过评题，既可让学生及时了解自己的练习成果，品尝成功的喜悦，增强自信心。又能使学生及时修正自己的解题失误，加深理解教学内容。评题后再送老师批改，以便及时强化正确，纠正错误。

5. 先自馈，后小结

有的老师认为作业已经批发完毕，学生的练习过程就告结束。其实不然，通过互评、批改环节，学生只是了解了老师对自己练习结果的评价信息，怎样根据这个评价信息来调整我和改进自己的学习，使自己的知识水平由同化阶段发展到内化阶段，还要有一个自馈小结

的过程。作业批改后，教师应指导学生认真看一下作业的批改结果。看看、想想自己的解题过程是否合理、优化，作业出现了哪些错误，错误原因是什么、怎样订正。这一自馈过程，实质上是学生对知识深入地理解过程。接下来，还要引导学生进行小结。想想练习内容间的联系和区别，在同中求异和异中求同中理解新知的实质。

（二）发挥主导作用

练习是一种有目的、有步骤、有指导的活动，是学生巩固知识、训练技能技巧、发展思维的基本途径。要掌握教师练习的指导方法。

1. 示范法

示范法就是教师给学生举出准确、严密、规范、简明的范例，使学生看到解题的全过程，要求学生仿例进行练习的教学方法，让学生在练习过程中，巩固知识，摸索规律，掌握技巧。

2. 诠释法

就是引导学生复习基本概念，理解定义、法则和定律，然后独立地完成练习。例如，为了使学生会求解平均数的应用题，在学生做练习之前，可采用提问的形式，使学生知道每个问题的总数量和份数，以及如何求平均数问题等。

3. 提示法

就是当学生遇到困难而百思不解、一筹莫展时，老师适时提示，能使学生思维豁然开朗。例如，小学数学有这样一道习题：

仓库里有面粉若干吨，运出 $\frac{1}{3}$ 后，又运进 140 吨，这时仓库里的面粉比原有的面粉多 $\frac{1}{4}$，仓库里现有面粉多少吨？

学生在解这道分数应用题时，很难找出 $\frac{1}{3}$，$\frac{1}{4}$ 与 140 吨之间的关系，教师提示学生画出图形。学生从图中可以看出：运进的 140 吨相当于仓库里原有面粉的 $\frac{7}{12}$，这样学生就能较顺利地找到解题的突破口。

$$140 \div \left(\frac{1}{3} + \frac{1}{4}\right) \times \left(1 + \frac{1}{4}\right) = 300$$

（吨）。

4. 引入法

就是当学生遇到较复杂的问题，难以寻找到突破的地方时，教师将复杂的问题进行"分解"，化整为零，步步引入，让学生在老师的指导下，"跳一跳，摸得到"，能独立地有创造性地完成较复杂的练习的教学方法。

（三）处理好练习中的几个关系

练习是培养学生能力，巩固知识和提高技能的主要方法。学生在练习过程中，利用所掌握的概念，并且把这些概念运用到新教材中去，由此使概念更加精确。这就是说练习是学生形成科学概念过程的延续。为了提高练习的教学效果，在练习中要处理好五个关系。

1. 要处理好量与质的关系

练习要有一定的量，但要避免过量

与机械重复，以免增加学生不必要的负担。同时，练习也要注意习题的质量。

2. 要处理好易与难的关系

安排练习要根据大纲和教材要求，从学生实际出发，由浅入深，由易到难，逐步提高。在由易到难的过程中，应有一个恰当的坡度。

3. 要处理好练与评的关系

练习后要进行评讲，发扬好的解法，纠正错误，使学生进一步理解所学的知识，只练不评，往往会使练习走过场，不能收到实效。

4. 要处理好扶与放的关系

学生的学习能力和知识应用能力的提高，是一个发展变化的过程，这个过程的演变大体上分为三个阶段：第一个阶段：着重依赖教师，第二阶段：带有半独立性，第三阶段：基本独立。这是学生学习能力发展的一个规律。为了适应这个规律的需要，练习的设计应根据教材的特点，分为教师讲解为主，师生共同解题和学生独立练习，相互地体现搀→扶→放的精神。这里的扶，主要指导方法，点要领，引思路，与所谓"抱着走"有根本区别。如讲授"列方程解应用题"时，分析数量关系，寻求解题的关键是抓等量关系，教师应对找等量关系式这一关键环节进行示范性讲解。启发学生思考，师生共同解题，教师针对实况及时点拨指导，最后让学生独立解题。

这就是练中扶着走，边扶边放，直到放开自由走。

5. 要处理好统与分的关系

教学中的统一时间、统一内容、统一方法及统一步调是班级授课制度的特点。但是，学生的天赋、素质、能力和基础等存在着差异，随着教改的发展要求统中有活，使程度好的学生"吃得饱"，程度差的学生"吃得了"，一般学生"吃得好"。因此，在练习上要求分类练习，分别对待，既有共性，又有个性，不要"一刀切"。在设计课堂练习上，有很多教师采取"基本题统一练，基础好的补充点、基础差的少练点"的办法。做到统中有活，分三类区别对待，这种改进是值得肯定和倡导的。

七、搞好练习反馈

教育的成功在于对教育反馈信息的利用和调控。学生的成绩可由尽快告诉他们的作业成绩而有改进。事实上，学习者只有吸收并输出信息，通过反馈和评价知道正确与否才能顺利学习。一些学生学习效率低，往往是由于花了大量时间做作业，但结果不知道是否正确，不知道对知识的掌握程度如何，不能得到及时的强化。反馈教学法的主要目的就是及时测量及时反馈学生是否学会所教内容，并根据存在的问题及时给学生"第二次学习机会"，有针对性地再讲述有关内容。

（一）反馈在练习中的作用

反馈是练习的一个极为重要的变量。桑代克、斯金纳和其他行为主义心理学家倾向于把反馈的效果主要归因于强化，或归因于直接加强内驱力的还原对作为获得奖励手段的那些反应的作用。

反馈的情感作用和认识作用往往是同时出现的。例如，学生在进行数学练习时，知道自己哪些题做对了，因为练习的成功会带来满意和愉快的情绪体验。同时在认识方面，他也证实了自己的认识。如果知道哪些题目做错了，他或许会产生不愉快的情绪体验。在下一次练习时他会努力避免因再次失败而带来的不愉快之感。同时，认知方面也纠正了他的错误认识。

练习的信息反馈，可以为改革教学工作提供可靠的信息：一方面暴露了平时教学中的薄弱环节，另一方面提高了对学生的认识，特别是学生思维特点的认识。

（二）设计反馈练习的目的

设计反馈练习必须服务于相应的教学内容和一定的教学目的，这样才能有的放矢。根据不同的目的，可分为基本反馈题、变式反馈题、比较反馈题、改错反馈题、操作反馈题、综合反馈题等。

1. 基本反馈题重在明理

基本反馈题反映了新知识的基本原理，而"基本东西往往是最重要的"。基本反馈练习是刚学完新课后的集中反馈，他是学生把刚刚获得的概念、性质、法则、规律首次应用于个例之中的模仿性练习，因此，必须通过有效指导，使学生牢固掌握获得的一般原理，并将其纳入原有知识结构，成为后面"发展""综合""发散"等练习以及向新知迁移的基础。

2. 变式反馈重在固本

变式反馈练习可安排在基本反馈练习之后进行，即在不改变知识本质特征的前提下，变换其非本质特征，让学生在不同情景的知识应用中，突出对本质特征的理解，提高对知识的概括能力。变式练习，一要认真设计好变式题，可以将位置、方向及形式等方面变换非本质特征，保持本质特征不变。二要通过变式练习"固本"，引导学生更深地挖掘相同的本质特征。三可在变题中适当穿插反例，使学生通过对变式的概括与反例的辨析，提高对知识本质特征的掌握水平。

3. 改错反馈重在扶正

把学生可能出现的错误设计成改错题让学生练习，如在讲分数四则混合运算时，可设计：$\frac{5}{8} \times \frac{4}{5} \div \frac{5}{8} \times \frac{4}{5} = 4 \div 4 = 1$ 让学生辨析，这样就可使学生在改革中强化正确认识。一是改错题应具有典型性和针对性，要在学生普遍出错的地方设错，让学生改错；二是改错练习应着重引导学生找错议错，挖出错"根"，从中扶正；三是改错练习应在基本练习、变式练习、比较练习之后安排，便于学生用已获得的正确认识去检验错误，同时，通过改错从反面强化正确认识。

4. 比较反馈重在思辨

对相近易混的概念或相反的不易分清的知识，组织比较反馈练习，以把握知识间的联系和区别，要注重在比较中引导思辨。一是设计的比较题要典型，让学生思辨具有代表性的问题；二要抓住关键，画龙点睛地引导学生比较思辨。

5. 操作反馈重在内化

实践操作，可使不生置身于运动中，强化感知，进而把外部的动态过程内化为内部语言形态的概念、性质、规律，展开"动作思维"，以深化理解。实践操作练习，一是要提出明确的操作要求，以保证操作程序和过程能够内化为有意义的信息，促进对概念的理解；二是要在学生操作时或操作完成后，让学生说说操作过程和所得结论，把动作时展开的思维外显出来；三是操作可安排在学习新知识前作准备用。也可安排在学习新知识后，起到作巩固深化的作用。

6. 发展反馈注重层次

发展练习是在学生较好掌握了基本原理和一般方法后向纵深发展的练习，在有层次成梯度的发展练习中，学生思维从简单到复杂的发展，深化了对知识的理解。发展练习的设计必须遵循循序渐进的原则，在基本练习题基础上逐步发展，要积极地、审时度势地把学生引向他们的"最近发展区"，切不可急功近利，基础不牢或梯度过陡都不利于发展。

7. 综合反馈重抓联系

综合练习是学生较好地掌握了基本原理和一般规律以后，与以前学习过的知识实行横向沟通有机结合在一起的练习。例如：

一个数除以纯小数，所得商（　　　）

这个数。

（A）大于　　　　　（B）等于

（C）不能确定

这道综合练习题把多种知识交织在一起，增加了难度，要引导学生把刚学的新知识与原来有关知识联系起来思考。告诉学生，这里的已知条件"一个数"具有隐蔽性，它不是具体数，当这个数不等于零的时候，是自然数、小数或分数，所得的商就都大于这个数，这是一般学生想得到的，所以他们选（A）；如果"一个数"是零，所得的商就等于这个数，则应选（B）；综合以上几方面考虑，所以应选（C）。如果解题遇到困难，常常因为新知识掌握得不牢，应用得不活，或相关知识的"可利用性"不够，就需要在新知上加温，提供旧知"原型"，唤起旧知的重视，促进新知与旧知联合起来思考。

8. 发散反馈重在引发

教学时常用的一式多算、一题多议、一题多解、一题多变、一错多改、一式多编、一题多验都是引导学生发散思维的好方法。发散反馈练习首先要重视引发，在引发上下工夫。发散练习要重视数理的剖析，在多种解法中评佳比优。

（三）反馈练习的方法

设计反馈练习题的思想是学生在学习一个新的概念、新的性质、新的计算法则时，往往会产生一些错误，把这些易犯的错误用选择题或是非题的形式编入反馈练习题中，在教了新知识以后，及时让每个学生做一做，以便发现问题，及时补救。反馈练习题的不同答案用不同的颜色表示，一般只有一个答案是正确的，其他几个答案分别代表了不同的错误，多数题目还给出纠正的办法。教师备课时事先心中有数，这样，上课时就能一目了然的了解全班有多少学生掌握了新知识，有多少学生错在哪一点，有多少学生在哪里混淆了，该怎样纠正这些错误。

对每个新知识，一般只配备 1～3 道反馈题，每次仅需花 3～5 分钟，而且每个学生都开动脑筋，因此，有利于提高课堂效率。

使用时，可事先请每个学生准备好五张硬纸板（约手掌大小），分别涂上红色、黄色、蓝色、白色、黑色。教师把反馈题抄在小黑板上，用时挂出，向学生讲清题意，然后请学生把选定的答案颜色举起来。有些题目的选择可以慢一步出示，先让学生做，然后看自己的答案与哪一些颜色答案一致，如发现某一种错的学生较多，则应作些讲解，并注意下次教学时改进教法。

八、练习批改的技巧

（一）练习布置的方法

1. 怎样布置练习

布置课后练习是教学过程中的一个不可忽视的重要环节，是学生巩固知识的途径，是检验教学效果的依据。那么，应怎样合理、科学地布置练习呢？这需要做到以下几点：

（1）选编的题目难易要适当。如果太难，学生百思不得其解，影响学生学习的积极性；如果太易，达不到练习、巩固知识的目的。一般说来，练习题要能体现教学的重要内容或学习方法、准确地检验教学效果为宜。

（2）练习的数量要适中。如果题太多，容易产生"消化不良"现象；如果题少，则会出现"营养不足"。当然，题的多少和题的难易程度可根据学生的实际情况而定。

（3）练习的题型要灵活。题型的单一化影响着学生做练习的兴趣及练习质量，所以必须注意练习题型的多样化，让学生多变换做练习的方式。

（4）练习要有针对性。由于学生的认识水平和掌握知识的情况不同，所以布置练习应针对学生的学习实际进行布置。对差生应布置一些掌握基础知识的习题，对于较复杂的习题，要给差生设置台阶，减缓坡度。对一般学生除了布置一些基础知识习题外，还应考虑少量的思维发展题和简单的能力训练题。对优等生，应布置一些思维发展题，能力强化题和探索性题目。

2. 布置练习要注意的几个问题

（1）质与量。设计和布置练习，要做到目标明确，形式多样，不搞简单重复，最大限度减轻练习量，而要努力提高练习质量。

（2）课内与课外。课内是完成练习的"主战场"，课外是其延伸，不要颠倒二者的关系。应增大课内练习量，或在新授前进行发现性练习，或在新授中进行达标性练习，或在新授课后进行检测性练习，每堂课至少应有 10～25 分钟练习时间，课外练习则适宜在 15 分钟以内。

（3）统一与灵活。各班级教学的内容、进度是一致的，因此学生的练习大体上也是统一的，但由于学生的知识基础以及接受知识的能力不同，造成学生的知识水平有一定的差异，因此，可在统一中有灵活，即因"材"施"练"，分层布置，区别对待，减少无效劳动。

（4）主动与被动。对学生布置一定量的练习是十分必要的，尽管学生还处于被动完成状态。然而主动和被动既是对立的，又是可以互相转化的，教学的责任在于促使学生由被动练习向主动练习转化，如采取竞赛、展览等形式，让学生尝到练习的甜头，学生就会主动积极地去完成练习，甚至自己找练习做。

（二）练习批改的原则

为了提高批改练习的效率，增强学生学习的自觉性，批改练习必须遵循以下几条原则：

1. 主体性原则

充分发挥教师的主导作用，学生的主体作用，让学生参与练习批改的全过程。在参与过程中，逐步提高学生对自己练习质量的评价能力。重视学生的主体作用，表现在批改练习时不要用教师的思考代替学生的思想，如一道应用题有多种解法，应对他们的解法，认真分析研究，不要以教师讲解的方法作为衡量错对的标准。也不要用教师的观点去代替学生的观点，传统的练习批改方式，不是以培养学生的高度责任心和自我评价能力为指导思想，而是以教师当"裁判"的方式，督促学生，学生是处于被动、被裁判的地位。

2. 实效性原则

练习批改要从实效出发，不要流于形式。通过练习批改，使学生真正受益。不能以"精批细改""全批全改""多做多改"作为评价老师是否负责的标准。事实证明，这样的要求并不切合实际。由于教师精力有限，难以每次做到，即使做到，学生未必认真看、反复想、细致改，结果削弱备课和讲课，造成教学中的恶性循环。所以批改练习的关键应讲求实效，从实际出发，使学生真正受益。

3. 启发性原则

批改练习要注意开拓学生思路，调动做练习的积极性，让他们看到进步所在，明确自己的缺点所在，从而不断改进学法提高学习成绩。批改练习不能隐入固定的模式、教师不应该机械地完成批改任务。应启发学生，自己学会批改练习。能够自己对练习的正确性和质量作出评价。

4. 因人而异原则

教师批改练习要根据不同情况区别对待，因学科的不同而不同，学生的不同而不同，才能取得良好的效果。批改不同程度的学生练习，要掌握分寸，对好、中、差的不同学生，应有不同的要求。从实际出发，因科而异，因人而异，体现练习批改的层次性、差异性和灵活性。

（三）练习批改的方法

批改练习的方法应是多种多样的，常见的方法有：重点批改、当面批改、全批全改、只批不改、只改不批、符号批改、典型批改、小组批改、同桌互改、学生自改等。

1. 重点批改

批改时，教师先依据本次练习的要求，通览学生练习的全部，了解并掌握其梗概，然后根据练习中的一些问题选出具有代表性的练习作为本次批改的重点（数量可占全班练习的三分之一）。进行重点批改。但对那些没有定为重点批改的练习则略改。最后，教师根据略改和重点批改的情况向学生概括出本次练习中的主要优缺点以及下一次如何努力，上好讲评课。让那些没有得到重点批改的同学也能从比较中了解自己的成功与失败，受到启发。这种批改，可使教师节省时间和精力。同时也可使学生在比较中争先。

2. 当面批改

在当面批改时，老师可以直接了解学生思路及时指导，当面批改可以采取对单个学生进行个别指导。也可以选出一些具有相同的优缺点的学生，多几个人在一起进行当面批改，并加上讲座，然后教师指出共同性的问题，使他们改正。

3. 小组批改

即前后左右 4 人组成一个小组，批改时，前面 2 人转回身去，机动、灵活、方便，组长负责，人人参与集体批改，其优点，活跃了民主气氛，为学生主动、积极的学习和能力的发展创造了良好的条件。

4. 全批全改

教师对学每份练习所出现的错误缺点都进行认真的改正，对每一份练习的优缺点都给予一定的评价。练习的全批全改可使学生大面积地受益。

5. 只批不改

教师先浏览一遍学生的练习，使自己有一个大略印象，然后根据这个印象写下批语，指出优缺点，然后要求学生自己去改正。这种批改方式，有利于养成学生独立检查错误和自觉改正学习中的缺点的良好习惯。

6. 只改不批

教师对学生练习中出现的错误缺点进行认真的修改，并在旁边留下空白，让学生深思后再补充进去。然后注明教师的改正日期。这种批改，有利于培养学生的自我评价能力。

7. 同桌互改

教师提出批改要求，然后，同桌之间交换练习相互批改。这种批改能促进学生养成互助互学的好习惯，因为学生要了解自己的练习情况，就不得不向同桌的同学学习。

8. 符号批改

适用于大面积批改，批改时间少，

周期短，能及时反馈。批改的方式，常常在练习本上画一些学生熟知的各种符号，自己对练习再次审查，从而纠正自己的粗心大意的不好习惯。

9. 典型批改

这种批改也叫集体批改，教师挑选出一份或几份具有代表性的练习，组织全班学生集体修改和评论，最后由教师归纳学生意见，作示范批改。一般应在学生练习中选择那些问题较多的或较集中的练习来向学生作示范批改，也可选择一些较好的或较差的而其进步较大的学生的练习来作示范批改。

10. 幻灯批改

可以使学生人人参与批改过程，发挥学生的主体作用，其方法是将选好的练习及其正确答案通过幻灯显示出来，然后让学生对照自己的练习进行批改。这种批改方式直观性强，可大大增强批改效果。它既减轻了教师的负担，又易于学生接受。

11. 学生自改

学生自改，要在教师辅导下进行。批改前教师要向学生提出具体的评改要求和重点，并要进行合理的组织和有效及时的指导。如批改所用的符号，改正的方法等。正确的答案，开始时可由教师直接公布或学生讲出，以后逐渐地由学生自己确定验证正确答案后评分。

上述批改方式并不是截然分开的，也不是固定不变的。教师应根据实际需要，选择使用。当前随着教育改革的发展、教学改革的深入以及教师智慧的不

断涌现，还将创造出更多更好的批改练习的方式方法。

（四）练习批改注意的问题

1. 形式多样　启发反思

教师批改练习所使用的符号，切忌单调。批改练习时，教师对学生练习正误的指出通常是用是非符号，即以"√"表示正确，以"×"表示错误。批改练习采取这种方式便可使学生一目了然。但一些不求甚解的学生，往往只关心"×"和"√"的符号，从不细察练习中教师的批注。为了克服这样的弊端，教师可以在"√"和"×"符号的旁边加上其他一些符号，如"?""!"等；在错误的地方，不仅表达了否定的意见，而且还要作出改正启示和提出改正要求。另外，在给学生练习作总批时，要把计分法（对学生的练习评分计分）、级差法（把学生的练习分类评价，常用 A、B、C、或甲、乙、丙表示好中差）交叉起来使用。如此多样，将会吸引学生对照教师批改自己练习的结论进行检查对比，并可启发他们反思。如果学生进行自我批改，样式多一点，也有利于增强学生对练习的兴趣，还可以培养学生自我检查和改正练习的良好习惯。

2. 评语公正　多加鼓励

教师把练习批改后，一定要做出正确的评价。一般采用计分和评语相结合的方法。教师对学生练习的评语评分，可使学生正确认识自己，从而推动他们下一步的学习，有力地激发他们的学习

动机。正如叶希波夫所说："问题不仅在于评分，研究的结果证明，如果评分的时候教师同时做出评语，则教育意义就会更大。"因此，教师评语评分，一定要针对实际，公正合理。要客观地反映学生的学习情况，必须旗帜鲜明地把分数的高低与知识掌握情况的好坏结合起来，必须坚持以鼓励为主，切忌采用消极指责的做法来给学生练习写评语，只有这样才能维护学生的自尊心，增强学生的自信心，而收到较好效果。正面入手，多加鼓励。教师批改练习时，常常发现一些学生练习马虎，好像应付差事那样。此时，有些教师往往要求"重做"或罚学生多做几次，以告诫其他学生必须认真对待自己的练习作业，争取一次做好。教师对学生的要求一定要从正面入手，多加鼓励，不能说空话。教师在布置练习之后，应当进行检查，如有不自觉的学生，要作一定的监督，如果要惩罚学生重做或多做，一定不能超负荷，要有限度。须知：罚只是手段，而不是目的。这些都要在热爱学生、尊重学生的心理的基础上进行，才有利于后进生的转化。

3. 认真记载　分析正误

每次练习批改后，都要认真记载，分析学生产生错误的原因并设想解决问题的办法。同时，还应思考学生对基础知识掌握得怎样，哪些是普遍存在的问题，哪些是个别存在的问题，这些问题反映了教师教学中哪些不足等等，都要做好记载，并进行分析研究。记载必须准确和具体。教师根据记录材料进行分析研究后，还必须作为讲评工作和下一步改进练习设计的有力依据，否则，练习的批改就会失去意义。

有的教师不认真思考，在学生的练习批改中表现得粗略，对一些两可的问题，对一些无可厚非的问题，往往主观判断，没有发现学生在习作中的微弱光亮，抹杀他们前进中的积极性。教师必须不断提高自己的文化科学知识水平，以妥善地处理学生练习中的正误问题，如果遇到学生练习中有拿不准的地方，必须通过教研活动后加以确定。在未确定前，在练习批改中，应提出问号，供大家思索。只有实事求是地对待学生，对待学生练习，才能取得好的教学效果。

九、练习讲评的技巧

（一）练习讲评的意义

练习批改的目的在于对学生练习中表现出来的优缺点和存在的问题进行综合分析，并上升到规律上来认识，以便帮助学生克服缺点，发扬成绩，不断提高知识和技能水平。

练习后讲评的目的，是反馈练习的结果，让学生了解自己掌握知识的情况以及能力水平所达到的程度，以发扬成绩，纠正错误，弥补缺陷，激发求知欲。

练习评讲也是教学工作中的组成部分，是提高教学质量的重要环节。实践表明，许多学生都喜欢上练习评讲课，他们都想认识自己和别人。如果教师对这项工作做了充分的准备，学生从中就会得到很多益处。

练习讲评是批改练习的继续和深入，练习设计→练习布置→练习指导→练习批改→练习讲评→写练习批改录，构成了辅导教学的全过程。每次练习的目的要求应贯穿在这一全过程中。特别是批改后的讲评，又使练习的目的和要求落到实处，比批改本身的作用更有力、更概括、更提高，因而更具有科学性和指导性，更能增强学生从事练习的效果。

（二）练习讲评的方法

一堂好的讲评课，首先应该发现和肯定学生的成绩，鼓励和表扬学生的进步，以此使学生处于爱学的最佳状态，激发学生学习的积极性。一位德国教育家说过："教学的艺术不在于传授本领，而在于激励、唤醒、鼓舞。"所以练习后讲评的重点必须放在肯定和激励上，特别是对差生，更要因人而异，要从解题思路、运算过程、运算结果和书写格式上细心寻找他们的"闪光点"，给予充分的"表扬和鼓励"，使他们感到自己已有进步，从而增强他们学习的上进心。总之通过讲评，要充分调动各类学生学习数学的情感、意志、兴趣爱好等多方面的积极因素，促进智力因素与非智力因素的协调发展，以实现大面积提高教学质量的目的。

练习讲评的方式多种多样，有效的常见的方式如下。

1. 综合讲评

这是讲评的基本方式，这种方式要求教师对全班学生进行概括分析，肯定优点，指出缺点，并举例说明。综合讲评要注意个别和一般的关系，在解决普遍问题的同时，还必须留出适量时间来解决个别问题，这就是说要有点有面，点面结合。

2. 专题评价

教师抓住学生中的一两个主要问题，结合有关的知识进行深入细致的评价。例如在应用题中常常出错，教师可以结合普遍性问题——解题思路进行评价，使学生明白解应用题的思维顺序、解题的重点、难点及关键。专题讲评由于内容集中，分析就较深刻，因此能收到好的效果。

3. 典型评价

教师选出一个或几个具有代表性的练习进行深入分析，用典型来指导一般。教师在讲评时先应提出本次讲评的目的和要求，并允许学生发表意见，最后才由教师总结。

4. 对比讲评

在一定的时期可以将学生的练习与课本中提供仿照的部分作对比；可以将好的练习和差的练习作对比；可以将练习的原稿和修改稿作对比，等等。进行对比练习讲评时，教师应当利用具体材料，使用简明的语言，讲清练习中的优缺点。进行比较也要慎重，勿使学生自尊心受到伤害，更不要使学生的积极性受到打击。

5. 展览讲评

开展学生优秀练习的展览活动，从中取长补短。这是一种无声的练习讲评，对学生有潜移默化的作用。凡参展的练习，必须具有榜样性，应在学生练习中有推动促进作用。通过练习展览，对那些练习完成较差的学生应当是一种鞭策，促使他们争取进步。同时，还应使练习参展的学生在学习上、练习上都不苟且、松懈、慎戒落后。这种讲评方式，有利于学生之间的学习竞争。

（三）练习讲评须注意的问题

练习讲评，要注意以下一些问题。

1. 注意突出重点

讲评要针对练习所反映的问题和学生实际，突出重点，切忌面面俱到。例如，学生对列方程解应用题这类题目错误较多，教师在讲评时应把重点放在列方程上，如学生所设未知数是否恰当、方程列得是否合理、是否有更好的方法等。而对于学生解方程中出现的错误，只需略加指点。由于考查的知识点和数学思想方法分散在各类题中，如果逐题依次讲评，学生不欢迎，效果也不佳，因此教师应按练习中的知识点和数学思想方法，根据学生的"常见病"和"多发病"适当进行归类讲评，查漏补缺，对症下药，对有创见的解题方法，要加以肯定。

2. 注意联系实际

练习讲评课的内容要密切联系其相关的知识和学生练习实践中所表现出来的具体问题，把学生练习中所反映出来的问题上升到理论角度来认识。讲评要以一定的事实作依据，要有科学性，同时，应当凭借练习实践来加强和巩固教师所讲授的东西。练习讲评，不要空洞无物地作泛泛之谈，而要字字句句落到实处。讲评必须以人们认识事物的规律为前提，从实践理论，再用理论来指导实践。

3. 讲评要有学生参与

通过讲评，要更好地发挥数学习题的"教学功能"和"发展功能"。讲评时，教师应根据学生的答题中的实际，精心设疑、巧妙提问、恰当引导、耐心启发、让学生参与讲评，通过独立认真的思考获取知识和方法。这种让学生参与的讲评，可以使学生变被动为主动，养成认真思考的习惯，还可以使他们体会到成功的喜悦，增强信心。所谓启发性不单体现在知识的讲授中，而且也体现在考试后的讲评中。

4. 注意启发诱导

对学生的练习进行讲评，目的是让学生从自己的实践中吸取经验教训。所以，不论讲评采取什么方式，涉及什么范围，都要使学生的思维处于积极的状态中，使他们有所悟有所得，从讲评中悟出规律性的知识，帮助他们学会举一反三的思路，具有触类旁通的思维品质。如果达不到这一点，练习讲评就没有生命力。

练习讲评后，还须要求学生做类似的练习。这样做，实际上是学生对批改和讲评的消化，促使学生在教师诱导下对练习中反映的问题的再认识。这些都有助于提高学生辨别问题、分析问题和解决问题的能力。

5. 注意热情鼓励

练习讲评要采取一分为二的态度，从鼓励出发，必须对学生的成绩和进步给予充分的肯定。表扬和肯定要恰如其分，实事求是，特别是对于平常成绩较差的学生，更要注意发现他们的优点，即使点滴进步，都要给予热情鼓励。对于学生练习中的缺点和不足之处，也要适当指出，但不可苛求、挖苦讽刺。从育人艺术上讲，就是要表扬得体，批评心服。

6. 注意写好练习"批改录"

教师批改练习时，要特别注意学生练习中的错误的性质和数量，也要善于分析这些错误产生的原因。为了搞好讲评工作和改进教学，提高练习设计的针对性，教师应当把这些东西记录下来，以作日后研究的素材，同时，还备遗忘时查对。讲评要把握好主要环节，掌握具体情况，每次练习好、中、差各占多少要心中有数。对典型错误的学生，对有创见性及相应的学生，对基础好而解答不佳的学生，对基础不好而本次练习成绩提高幅度较大的学生等，教师都应分类统计，要充分利用成绩统计表，把每一栏的数字都落实在具体学生身上，这样讲评就会起到积极的作用。

分析典型事例。对于典型题，在讲评时，教师首先要注意展现思路，使学生切实掌握解决问题的方法；其次，要突出和探索过程，教师可通过问答"得什么、为什么、怎样想到的"。在失败到成功的过程中，暴露学生的思维过程，暴露方法择优过程和解题偏差的纠正过程，使学生了解解题的思维方法。

（四）如何写好练习批改录

"批改录"所记的材料是教师直接从学生的练习中挖掘出来的，是学生在学习中、练习中所存在问题的实实在在的记载。因此，它能为教师课堂讲评和改进教学提供切实可靠的依据，这些依据有利于教师工作时能抓住主要矛盾，做好工作。在讲评时，教师心中才能有数，才能够确切地给学生指出优点和缺点，并能对症下药帮助学生改正错误，发扬长处，这样，既能节省时间，又能提高效率。

根据"批改录"的材料，教师可以对今后的教学进行大胆的改进而避免盲目性。凡是学生已经掌握了的知识，教师在以后的教学活动中就可以根据地做到不讲或少讲。根据"批改录"，教师可以掌握若干学生的学习情况，今后的教学就有了主动权。此外，如果从"批改录"发现学生的错误纯属教师教学方法不得当，便可以促进教师在今后的教学中自觉地改进以前所采用的教学方法。

现将写好批改录的方法概括为如下几方面：

1. 抓主要问题，突出重点

教师对学生练习中存在的问题，并不要求全部记录下来，必须分清主次，记那些主要方面。凡是学生普遍存在的问题都应当把它记录下来，但不要面面俱到。

2. 抓特殊问题，突出难点

教师批改练习时如果发现学生出现

一些令人费解的错误，就是特殊性的问题，教师必须把它记录下来留待以后研究解决，因为，这种情况的出现，多半是学生对某方面的知识的理解还有一定的难度。

3. 记录要清晰，语言要简练

教师写练习"批改录"必须如实记载，要准备鲜明地反映学生所存在的问题。记录语言必须简洁、凝练。不论采用什么方式写"批改录"，都要注意这一点。

4. 分类登记，建立档案

教师先把学生练习涉及的内容分类，然后将所掌握的情况归类记录下来，装入"档案袋"，待需要时使用。建立学生练习档案不仅能加强教师指导学生的针对性，而且还有助于探索辅导学生的规律，促进教师教学的科学化管理。例如，有的教师在批应用题的练习后，将其情况分审题问题、思路问题、列式问题、计算问题以及答语问题等几项，后又分列优缺点，以便于作为讲评的依据。这种方式也常用于不同的学科、不同的年级中。

教师写练习"批改录"的目的是为了进一步指导学生，改进教学，提高教学质量。因此，写了"批改录"还要注意保存和运用。否则也将会流于形式，为写"批改录"而写"批改录"。

教师养成了经常查阅"批改录"和运用"批改录"去指导学生培养良好的学习习惯，实际上也是掌握了一门教学的艺术。

十、总复习的艺术

（一）总复习设计的艺术

1. 总复习的意义和目的

总复习是指学期结束或某个阶段结束后进行的复习。总复习要从"横""纵"角度将已学过的基本概念、基本原理、基本方法加以分类、合并，使这形成网络，通过复习，要使学生获得全面系统的提高，达到教学大纲的要求。

2. 总复习的功能

（1）巩固功能。心理学的实验表明，遗忘是难免的，记忆和遗忘在人的学习和生活中并存，及时地加以复习，使学过的知识得以重现，记忆更加牢固，能有效地防止遗忘。

（2）补救功能。总复习不仅使学过的知识更加深刻和巩固，同时，还使它更加系统完整，遗留的问题得以解决，常见的错误得到纠正，能有效地缩短后进生所掌握知识与教学大纲要求的差距，使全体学生都能够完成教学大纲的基本要求。

（3）深化功能。通过总复习可以满足不同水平学生的学习需要，使不同层次的学生的分析、综合、抽象、概括、判断、推理的能力得到提高，智力和非智力因素获得和谐发展。

3. 总复习设计的原则

总复习是教学过程的重要组成部分，

要科学地组织总复习，设计时应遵循以下原则：

（1）目的性的原则。总复习的设计必须符合教学大纲所规定的各年级的教学内容和教学要求，准确地掌握各部分知识结构中的重点和难点，必须符合学生的实际和认识发展的客观规律，确定好总复习的目的，克服复习中的盲目性。如复习《四则运算加减法法则》时，其目的是通过整数、小数、分数加减法法则的复习，明确他们之间的内在联系。因此，复习时应围绕上述目的进行，首先复习法则：

①整数加减法的法则（相同数位对齐）。

②小数加减法的法则（小数点对齐）。

③分数加减法的法则（同分母分数相加减）。

然后分析、比较、讨论：整数、小数、分数加减法有什么共同特点（相同单位上的数相加减）？这样复习，就能使学生学一点懂一片，学一片会一面，从而达到复习的目的。

（2）整体性原则。整体原理认为，任何系统（整体）都是有结构的，在整体内部，部分与部分之间是相互联系的，而不是彼此孤立的。因此，在设计总复习时，要从整体考虑，抓住知识间的内在联系，建立完整的知识结构。如复习《相遇问题时》，设计如下题组，帮助学生认清题目的结构，把知识前后连贯，纵向引申，达到系统复习之目的。

例35 基本题：两地相距 60 千米，甲乙二人从两地同时出发，相向而行。甲每小时行 6 千米，乙每小时行 4 千米，经过几小时两人可以相遇（求相遇时间、同时行）？

变式题：

①改变问题：相遇时，甲乙二人各行多少千米（求路程）？

②同时改变条件和问题：

两地相距 60 千米，甲乙二人从两地同时出发，相向而行。经过 6 小时相遇，甲每小时行 6 千米，乙每小时行多少千米（求一个速度）？

③两地相距 60 千米，甲行完全程需 10 小时，乙行完全程需 15 小时，甲乙二人从两地同时出发，相向而行。2 小时后，剩下的路程由乙行走。乙还要行多长时间与甲相遇（先同行，后分行）？

④两地相距 60 千米，甲行完全程需 10 小时，乙行完全程需 15 小时，若甲先行 3 小时后，乙再开始与甲相向而行，甲乙还需多长时间才能相遇（先分行，后同行）？

如上设计，虽然它们的内容、已知条件、所求问题不同，但解题依据的基本数量关系相同，都是速度×时间＝路程。学生已经学习过简单的行程问题，若从整体入手，运用迁移规律，适当地引导、点拨，让学生对比各题的条件、问题及解题过程，揭示相遇问题的结构特点和解题规律，学生就会从整体上认识相遇问题。通过复习，学生会很容易掌握此类问题的解题方法。

（3）针对性原则。总复习的设计要从教材内容和学生的实际两方面去考虑，对知识的重点难点，以及学生容易混淆的概念、技能上容易发生的错误等，有针对性地进行复习。如复习"一个数比另一个数多（少）几分之几（百分之几）"的知识时，学生容易产生甲比乙多几分之几（百分之几）就是乙比甲少几分之几（百分之几）的错误。其原因在于没有准确判断出谁是单位"1"。针对这种情况，设计如下复习题：

例36 5 比 3 多几分之几？把（ ）看作单位"1"，求 5 比 3 多几分之几，就是求（ ）是（ ）的几分之几？

3 比 5 少几分之几？把（ ）看作单位"1"，求 3 比 5 少几分之几，就是求（ ）是（ ）的几分之几？

然后进行分析、比较：

5 比 3 多的数和 3 比 5 少的数是相同的，而不同的是：5 比 3 多几分之几是把"3"看作单位"1"，用"3"作除数；3 比 5 少几分之几是把"5"看作单位"1"，用"5"作除数，所以 5 比 3 多的分率和 3 比 5 少的分率是相同的。

（4）层次性原则。有序原理认为，系统由较低级的结构转变为较高级的结构，总是遵循一定顺序，具有客观规律。因此总复习的设计，从时间和内容上要有阶段性和连续性。每个阶段都要由低到高，像台阶一样。在总复习中实现较高层次的目标，必须以在总复习中实现较低层次的目标为基础条件，较高层次的目标要求包含了较低层次的目标要求。

（5）趣味性原则。教育心理学认为，在学生学习的整个过程中，兴趣及其他非智力因素始终发挥着动力、定向、引导、维持和强化等一系列相互联系作用。在总复习的设计中，充分发挥这些作用，可以提高复习效率和效果。因此，总复习中，要采取灵活多样的形式，激发学生积极参与复习的兴趣，提高复习质量。

如复习"能被2，3，5整除的数的特征"时，为了防止学生枯燥无味地去背特征，教师可设计如下游戏进行复习：

根据全班学生的学号，提出：

①学号能被 2 整除的请举手；学号能被 3 整除的请举手；学号能被 5 整除的请举手；

②学号能同时被 2，5 整除的请起立；学号能同时被 2，3 整除的请起立；学号能同时被 3，5 整除的请起立；

③学号能同时被 2，3，5 整除的请到前面。

通过这组游戏，不仅使学生深刻了解了能被 2，3，5 整除数的特征，而且让学生在愉快的学习气氛中完成了复习任务，从而提高复习效率。

4. 总复习设计的几个阶段

（1）全面复习阶段。全面复习阶段是总复习中基础知识复习阶段。要抓好以下两个环节：

①总复习前的准备阶段一是明确目的。在总复习之前，要明确总复习的目标，内容和要求，在确定目的要求时，要从知识、能力等多个侧面去考虑，使各方面的任务都有所体现。二是了解情况。由于学生智力水平不同，所以掌握知识的程度也不同，因此，总复习前教师要了解情况，摸清底数，找出存在问题。三是制订计划。总复习计划是对整个复习的整体设计，根据总复习的目的、任务、时间及学生实际，制定出复习内容，复习策略，复习进度以及预期达到的目的。四是安排内容。总复习要实现目标，完成任务，主要是通过复习的内容来实现。因此，安排复习内容要依纲

靠本，抓知识点及其相互联系，把它分为几大块，使散落的知识点系统为一个整体。同时，还要发展智力、培养学生能力，设计具有相应深度、广度的心题。五是选择方法。选择方法是圆满完成复习任务的前提，如何使总复习中的教法、学法达到最优化？教师可根据复习内容、课型及学生实际，选择谈话法，讨论法等灵活多样的方法。切忌老师包办代替或学生放任自留。六是设计教学过程。确定了内容和方法后，教师要根据每课的目的、计划，设计出每节课的教学过程，动手编制复习课的教案。

②整理归纳，构建知识网络。这是总复习实施的开始。复习绝不是仅对学过知识的简单重复和温习，而是对学科知识结构的再组织、再认识、再深化，应该有新意、有新角度、有新提高。学生在教师的引导下进行知识的梳理，把相关知识串起来，形成知识网络，在整体中确定知识的要素，找出联系各要素的主线索，形成一个完整的纵横知识系统。

（2）专题复习阶段。在全面系统复习的基础上，对于知识的重点、难点等可安排专题复习。

①突出重点代表性的复习。总复习面临众多知识点，虽然已经构建了网络，但构建网络的知识点并不全在同一层面上。其中必然存在着体现知识结构主要矛盾的核心知识点。揭示这些知识点的内在的本质的联系，是突出重点复习的关键。分数乘除法应用题的重点是："一个数乘以分数的意义"，这一点在复习"分数乘除法应用题"时，要贯穿始终。

例 37　a. 体操队有 60 名男队员，

女队员比男队员多 1/5。女队员有多少人？

b. 体操队有 60 名男队员，男队员比女队员多 1/5。女队员有多少人？

a 题中要求女队员有多少人，就是求 60 的（1＋1/5）是多少，根据一个数乘以分数的意义列式是 60×（1＋1/5）。

b 题中要求女队员有多少人，仍利用一个数乘以分数的意义，列出等量关系：

女队员人数的（1＋1/5）＝男队员人数

解：设女队员有 X 人。

（1＋1/5）X＝60。

通过以上对比练习，突出了"一个数乘以分数的意义"在"分数乘除法应用题"中的核心位置。

②围绕难点针对性复习。教学难点是指学生难以理解或容易产生错误以及掌握起来比较困难的学习内容。难点的形成既有教学内容的客观因素，又有师生教与学上的主观因素。因此，在总复习中，教师要通过多种渠道，把难点控制在手，进行针对性复习。列方程解应用题重点是建立等量关系，而等量关系的建立又恰恰是教学难点。因此，围绕这个难点，设计如下一组反应几个量之间关系的句子，让学生找出等量关系。

a. 男生比女生多 10 人。

男生人数－女生人数＝10，

男生人数－10＝女生人数，

女生人数＋10＝男生人数。

b. 白兔的只数比黑兔的 2 倍少 5 只。

黑兔只数的 2 倍－白兔只数＝5，

黑兔只数的 2 倍－5＝白兔只数，

白兔只数＋5＝黑兔只数的2倍。

c. 去年的产量是今年的5/6。

去年的产量÷今年的产量＝5/6，

今年的产量×5/6＝去年的产量，

去年的产量÷5/6＝今年的产量。

通过以上的复习，学生能够熟练地找出题中的等量关系，突破了难点。为列方程解应用题铺平了道路。

③针对弱点矫正性复习。由于学生的认识水平不同，在学习中，不仅常出现对概念、性质、法则理解上的模糊，而且，在运用这些知识解决实际问题时，也常出现障碍。这些问题是导致学生在学习中不断"欠账"的原因。因此，在总复习中，教师要及时抓住这些薄弱环节进行矫正性复习。利用判断、选择、改错等辨析形式来纠正错误。如复习四则混合运算时，针对学生审题不认真，常出现运算顺序上的错误，出示判断题（判断对错，并分析错因）。

a. 1/2×2÷1/2×2＝1（　　　）

b. 3.6－3.6÷2＝0（　　　）

c. 5－3/4＋1/4＝4（　　　）

d. ［1.9－1.9×（1.9－1.9）］÷1.9＝0（　　　）

又如在复习求平均数应用题时，针对学生在理解"总数量"和"总份数"之间的对应关系上出现的偏差，设计一组选择题：

小亮读一本书，前4天共看25页，后3天平均每天看8页，小亮这一星期平均每天看多少页？列式是（　　　）

a.（25＋8）÷（4＋3）

b.（25＋8×3）÷（4＋3）

c.（25×4＋8×3）÷（4＋3）

d.（25÷4＋8）÷（4＋3）

通过矫正性复习，为学生提供了第二次学习机会，达到了转差、促中、保优的复习目的。

（3）综合复习阶段。这一阶段的复习是在学生对所学概念、法则、性质有了较深刻理解的基础上，综合运用所学知识解决实际问题的阶段，是巩固知识，发展智力培养学生综合能力的重要环节。这一阶段设计的复习题要有较大的知识覆盖面，题型要灵活多样。

①知识性综合复习。知识性综合题是在一题中运用了多方面的知识。

例38 学校把植树任务按5：3分给五年级和四年级，五年级实际栽了108棵，超过原分配任务的20％。原计划四年级栽树多少棵？

108÷（1＋20％）÷5×3

＝108÷120％÷5×3

＝54（棵）。

答：原计划四年级栽树54棵。

解答此题既用到分数知识，又用到比的知识。

②结构性综合复习。结构性综合题是由两个或两个以上的基本题组合而成的综合题。

例39 3部插秧机一天可以插秧4.8公顷；手工插秧，5个人一天可以插秧0.25公顷。手工插秧工效是插秧机的几分之几？

（0.25÷5）÷（4.8÷3）

＝0.05÷1.6

＝1/32。

答：手工插秧的工效是插秧机的1/32。

一艘轮船从甲港开往乙港，3小时

行 96 千米。以后每小时行的是原来的 $1\frac{1}{6}$ 倍，支行了 2 小时到达乙港。求这艘轮船的平均速度。

$$(96+96\div3\times1\frac{1}{6}\times2)\div(3+2)$$

$$=(96+32\times2\frac{1}{3})\times1/5$$

$$=34\frac{2}{15}（千米/小时）。$$

答：这艘轮船的平均速度是 $34\frac{2}{15}$（千米/小时）

在此题中，解决后面的问题这要用到前面的结果。这类综合题可称为递推式综合题，也属于结构性综合题。

③方法性综合复习。方法性综合题即解一题可用多种方法。

例 40 学校买来一批儿童读物，按 4∶5 分给五年级甲、乙两个班，甲班分得 20 本，这批读物一共有多少本？

解法一：把这批读物按 4∶5 分给甲、乙两个班，可以看做是把这批读物平均分成（4＋5）份，甲班分得 4 份，乙班分得 5 份，甲班分得的本数与读物总数的比是 4∶（4＋5），比例解为：

解：设这批读一共有 x 本

$(4\times5)∶x=4∶(4+5)$

$4x=20\times9$

$x=45。$

答：这批读物一共有 45 本。

解法二：把这批读物按 4∶5 分给甲乙两个班，可以看作是一共分成了（4＋5）份，把这批读物的本数看做单位"1"，甲班分得这批读物的 4/9，正好是 20 本。用分数解：

$20\div4/4+5=20\times9/4=45（本）。$

答：这批读物一共有 45 本。

解法三：把这批读物按 4∶5 分给甲乙两个班，可以看做一共分成了（4＋5）份，其中甲班得 4 份，是 20 本，可以先求出每一份是多少本，再求一共有多少本。用整数解：

$20\div4\times(4+5)$

$=5\times9$

$=45（本）。$

答：这批读物一共有 45 本。

这样，有效地利用一道题的价值，充分发挥其效益，不仅能使学生运用多种方法解题，而且能培养学生综合运用知识的能力，提高学生的思维灵活性、深刻性和创建性。

（二）总复习组织的艺术

1. 总复习反馈的艺术

（1）反馈的意义。反馈是总复习的一个极为重要的变量。它以信息论、控制论、系统论为理论基础，利用输出信息和给定信息的差异来调节和控制教学的一种手段，使课堂信息由单项传递变为多项传递，以便师生不断沟通，以检验复习效果和掌握程度。反馈伴随着总复习的进程，贯穿始终。

（2）反馈在总复习中的作用。总复习的反馈必须以一定数量的不同层次的复习题作为载体，通过信息交流，反馈学生对复习内容进行分析和综合的能力，使反馈的艺术在总复习中发挥更大的作用。

①通过反馈，使学生对知识结构的建立有一个完整地认知形成过程。

②通过反馈，使学生对知识的本质特征理解得更加深刻。这一层次的反馈要在不改变知识本质特征的前提下，变换非本质特征，让学生在不同情境的知识应用中突出对本质特征的理解。如复习反比例应用题：

例 41 某工厂原计划每天烧煤 16 吨，存煤够烧 35 天。实际每天烧 14 吨。实际可以烧多少天？

解：设实际可以烧 x 天，

$14x＝16×35$

$x＝40$。

答：实际可以烧 40 天。

改变其中的一个条件：

a. 实际每天比原计划少烧 2 吨。

解：设实际可烧 x 天，

$(16－2)x＝16×35$。

b. 实际每天烧的吨数是原计划的 7/8。

解：设实际可烧 x 天，

$(16×7/8)x＝16×35$。

c. 实际每天烧的吨数是原计划的 87.5%。

解：设实际可烧 x 天，

$(16×87.5\%)x＝16×35$。

d. 实际每天烧的吨数和原计划的比是 7∶8。

解：设实际可烧 x 天，

$(16÷8×7)x＝16×35$。

e. 实际每天比原计划少烧 1/8。

解：设实际可烧 x 天，

$16×(1－1/8)x＝16×35$。

通过变式训练的反馈，使学生在"变"中看到了"不变"对反比例应用题本质属性有了进一步的认识。

③通过反馈，学生的综合能力得到提高。把各方面的知识结合在一起进行复习，抓反馈，使学生把有关知识联系起来思考，提高学生综合解题能力。

例 42 一个底面周长是 3.14 分米的圆柱形玻璃杯，内盛有一些水，恰好占杯子容量的 2/3，将两个同样大小的鸡蛋放入杯中，浸没在水里，这时水面上升 8 厘米，刚好与杯口齐平，求一个鸡蛋的体积和杯子的容量。

解：①一个鸡蛋的体积：

$[31.4÷(2\pi)]^2\pi×8÷2＝314$（立方厘米）。

②杯子的容量：

$314×2÷(1－2/3)＝628×3$

$＝1884$（立方厘米）。

答：一个鸡蛋的体积是 314 立方厘米，杯子的容量是 1884 立方厘米。

（3）反馈的形式。

①研讨反馈。教师学生一起参与总复习的整个过程，尤其让学生参与复习题的设计，解答，讲评。在这个过程中，教师和学生可直接、及时，有针对性的研究探讨出现的问题和规律性的东西。交流各种信息进行反馈，使学生对知识的掌握更加牢固完整，思维活动得到进一步激活，能力得到进一步的发展和提高。

例 43 a. 用铁皮制一个圆柱形油桶，底面周长 31.4 厘米，高 80 厘米，至少需要多少铁皮？

b. 用铁皮制一个圆柱形水桶，底面周长 31.4 厘米，高 80 厘米，至少需要多少铁皮？

c. 用铁皮制一个圆柱形通风管，底面周长 31.4 厘米，高 80 厘米，至少需要多少铁皮？

提问研讨：三道题的已知条件相同，结果相等吗？为什么？

通过研讨，学生明确：这三道题都是求表面积的。

a 题中表面积＝两个底面积＋侧面积

b 题中表面积＝一个底面积＋侧面积

c 题中表面积＝侧面积。

通过研讨反馈，进一步培养学生灵活运用公式的能力。

②纠错反馈。为了纠正认识上的错误，把学生可能普遍出现的错误，设计成改错题，让学生找出错误，分析错因，从反面强化正确认识。

例 44 a. 一条射线长 5 厘米（　　　）

b. 小于 180 度的角叫做钝角（　　　）

c. 平角是一条直线（　　　）

d. 不相交的两条直线叫做平行线（　　　）

e. 圆锥体的体积，是圆柱体体积的 1/3（　　　）

通过纠错反馈，引导学生用正确的知识去改正错误，澄清认识。

③检测反馈。检测反馈是总复习阶段对学生学习质量评价的重要手段之一。通过检测反馈，了解学生对知识的深度、广度、智力强弱程度，综合应用能力的大小和思维能力的敏捷度。同时，对学生复习的薄弱环节及时发现，及时补救。

2. 总复习评价的艺术

（1）评价的意义和功能。评价是总复习的组成部分，是提高教学质量的重要环节。布鲁姆认为：评价的主要功能是取得反馈的信息，以便调整教学过程；评价的意义在于检查教学目标的达成度，以便针对缺陷和问题进行补救和矫正。通过评价，可以改进学生的学习，引导学生把握学习方法，养成良好的思维品质，形成较高的智能素质；通过评价还能促进学生的学习兴趣、动机、情况、意志、性格等非智力因素的培养，形成健康的心理素质。

（2）评价的方法。

①自我评价。学生的自我评价是学生主动获取知识的途径。通过自我评价，让学生正确地了解自己，不断调整自我心理活动，做到自己的问题自己解决，使学生在自我评价，自我矫正，自我调整的过程中，逐步认识到自身价值。

②相互评价。总复习中，同学之间相互评价是取得良好的复习效果的行之有效的手段，在这个过程中，同学之间互为"先生"，又互为学生，通过相互评价，彼此交流，互相矫正，学生既敢于坚持自己的意见，又善于吸收别人的意见，在讨论、争辩、比较、鉴别中，取长补短，进而培养学生良好的思维品质。

③教师评价。在总复习中，教师对学生评价是改善复习过程，提高复习效率一种特殊的反馈交流形式。这种评价，教师要针对复习中知识的重点、难点和普遍存在的问题进行有指导性的评价。通过评价，一方面可以使学生体会到成功的喜悦，增强自信心。另一方面，又可以使学生及时了解自己的缺陷，改进学习方法，提高复习效率。

（三）总复习操作的艺术

1. 全面复习阶段课堂操作的艺术

（1）梳理知识，构建网络。全面复习阶段对所学知识进行归类、整理，使学生把所学的基本概念、法则、性质搞清楚。通过对基础知识的复习，沟通知识之间的联系使之条理化，系统化。

例 45 《数的整除》首先复习知识要点：

①整除与除尽，约数和倍数；

②奇数、偶数、能被 2，3，5 整除的数的特征；

③质数合数，分解质因数；

④公倍数，最小公倍数，公约数，最大公约数，互质数。

通过对知识要点的整理，构建知识系统。

又如复习除法、分数和比的比较时，首先整理各部分的要点。

①除法：意义、名称、性质；

②分数：意义、名称、性质；

③比：意义、名称、性质。

（2）比较、辨析、形成技能。在全面了解知识内在联系的基础上，以为训练为主线，通过比较，辨析形成技能。

在复习数的整除要点的基础上，设计如下训练题。

A. 填空题：

①$36 \div 4 = 9$ 则（　　）能被（　　）整除，（　　）能整除（　　），（　　）是（　　）的约数，（　　）是（　　）的倍数。

②能同时被 2，3，5 整除的最小两位数是（　　）；能同时含有 2，3，5 的最大三位数是（　　）既有含约数 2，又能被 5 整除，同时又是 3 的倍数的最大两位数是（　　）

③最小质数与最小合数的积是（　　）

④$a = 2 \times 3 \times 5$，$b = 2 \times 5 \times 7$，a 和 b 的最大公约数是（　　），最小公倍数是（　　）

⑤$18 = 2 \times 3$，$60 = 2 \times 2 \times 3 \times 5$，18 独有的质因数有（　　），60 独有的质因数有（　　），10 和 60 公有的质因数是（　　），18 和 60 的最大公约数是（　　），最小公倍数是（　　）。

B. 判断题（判断正误，并改错）：

①有公约数 1 的两个数，叫做互质数。（　　）

②所有的自然数不是质数就是合数。（　　）

③所有的奇数都是质数，所有的偶数都是合数。（　　）

④一个数的约数都比这个数的倍数小。（　　）

⑤两个质数的乘积一定是合数。（　　）

C. 选择题：

①已知 a 是自然数，能同时整除 $6a$，$8a$，$12a$ 的最大数是（　　）

[2，a，$2a$]

②一个合数，至少有（　　）个约数 [1，2，3，4]

③下面（　　）是分解质因数

[$2 \times 3 \times 3 = 18$，$18 = 3 \times 5 + 3$，$18 = 2 \times 3 \times 3$，$18 = 1 \times 2 \times 3 \times 3$]

④1，2，4，8，16 都是 16 的（　　）[质因数，因数，约数]

⑤既是奇数，又是合数，同时又能被 3、5 整除的数是（　　　　）〔60，45，55〕

通过集中反馈，主要反映学生对"数的整除"的基本概念的掌握程度，同时通过思辨，培养学生的鉴别能力。

2. 专题复习阶段课堂操作的艺术

（1）剖析典型例题，掌握解题思路与方法。典型例题能反映某个数学知识块的共性的东西。因此，选择典型例题，从数学知识的整体联系中，抓重点，突出关键或针对每个班级和学生的薄弱环节，着力进行比较，分析，提炼，弄清结构，分清数量关系，理清解题思路，明确解答方法，举一反三，提高复习效率。

例 46 学校举办的美术展览中，有 50 幅水彩画，80 幅蜡笔画，蜡笔画比水彩画多几分之几？水彩画比蜡笔画少几分之几？

想：两个问题一样吗？它们有什么共同点和不同点？

它们的共同点是两个问题中所比较的两个数都是相同的，不同点是两个问题中把哪个数看作单位"1"不同，因此，在算式中，用哪个数作除数不同，所以

$(80-50) \div 50$
$=30 \div 50$
$=3/5$
$(80-50) \div 80$
$=30 \div 80$
$=3/8$。

答：蜡笔画比水彩画多 3/5，水彩画比蜡笔画少 3/8。

接着讨论：

①根据"蜡笔画比水彩画多 3/5"这个条件：

如果已知水彩画有 50 幅，怎样求蜡笔画有多少幅？

$50 \times (1+3/5) = 80$（幅）。

如果已知蜡笔画有 80 幅，怎样求水彩画有多少幅？

$80 \div (1+3/5) = 50$（幅）。

②根据"水彩画比蜡笔画少 3/8"这个条件：

如果已知水彩画有 50 幅，怎样求蜡笔画有多少幅？

$50 \div (1-3/8) = 80$（幅）。

如果已知蜡笔画有 80 幅，怎样求水彩画有多少幅？

$80 \times (1-3/8) = 50$（幅）。

这两道经过改编的题，是把两个求得的结果作为已知数，再加上其中的一个数作为条件，求另一个数。由于所求的数是或者不是做为单位"1"的数这一点不同，所形成的应用题或者是求一个数的几分之几是多少，或者是已知一个数的几分之几是多少，求这个数的应用题，通过这样的联系比较，使学生弄清稍复杂分数应用题的数量关系，提高辨别能力。

（2）完善思路，统一认识。在典型例题引路的基础上，对彼此相近或相似的知识，解题思路，解题方法加以练习，辨析，达到纠正错误，总结规律，统一认识的目的。针对分数应用题设计的辨析题。

例 47 ①判断下列各解答算式是否正确，错题加以分析：

a. 光明制鞋厂去年六月份计划生产

鞋 24000 双，实际生产了 25200 双，增产百分之几？

[25200÷24000；（25200－24000）÷24000；（25200－24000）÷25200]。

b. 光明制鞋厂去年七月份实际生产鞋 27500 双，比原计划多生产了 2500 双，增产百分之几？

[2500÷27500；（27500－2500）÷27500；2500÷（27500－2500）]。

c. 光明制鞋厂去年八月份计划生产鞋 26000 双，实际比计划多生产 1300 双，实际完成了计划的百分之几？

[1300÷26000；（26000－1300）÷26000；（26000＋1300）÷26000]。

②说说下面各题有何异同？

a. 桃树 60 棵，杏树比桃树多 1/5。杏树有多少棵？

b. 桃树 60 棵，桃树比杏树多 1/5。杏树有多少棵？

c. 桃树 60 棵，杏树比桃树少 1/5。杏树有多少棵？

d. 桃树 60 棵，桃树比杏树少 1/5。杏树有多少棵？

（3）练习反馈，提高技能。这个层次的反馈是提高技能的反馈，因此，这个层次的习题设计应有典型性，针对性，层次性。

例 48 ①一种蛋糕，原来每千克 4.5 元，现在每千克 5.4 元，价格提高了百分之几？

②某厂 6 月份实际生产 27500 个零件，比计划多生产 2500 个，增产百分之几？

③小龙的身高比小丽高 1/9，小丽身高 1.35 米，小龙身高多少米？

④仓库里有 15 吨钢材，第一次用去总数的 20%，第二次用去总数的 1/2，还剩多少吨钢材？

⑤一辆汽车从甲地开往乙地，第一小时行了全程的 1/9，第二小时比第一小时多行了 16 千米，这时距离乙地还有 94 千米，甲乙两地间的公路长多少千米？

⑥王师傅加工一批零件，第一天加工 120 个，第二天加工余下的 2/3，这时剩下的正好是总数的 1/8，这批零件有多少个？

⑦两堆煤，甲堆运走 20%，乙堆也运走了 20%，乙堆余下的是甲堆余下的 7/9，已知甲堆运走的比乙堆运走多 2.4 吨，求原来的两堆煤的重量各有多少吨？

3. 综合复习阶段课堂操作的艺术

（1）综合复习训练，提高学生灵活解题能力。综合训练题的设计要着眼于知识的综合，方法的综合，结构的综合等多角度的综合，培养学生对一个问题从事物的不同方向和不同联系去考虑，联想，训练思维的灵活性，广阔性和独创性；训练题的设计要依据学情，以不同层次的学生做出不同层次的要求，进行不同的评价，这样，既能面向全体，又能因材施教，有利于差生的转化，中等生的提高，优秀生的培养。

例 49 ①填空题：

a. 二亿五千零四万零七百九十写作（　　）；改写成用"万"作单位的数是（　　）；省略"亿"后面的尾数约是（　　）。

b. 以最小的自然数作带分数的整数部分，最大的一位数作分母，最小合数作分子，这个带分数写作（　　），它的分数单位是（　　）；它有（　　）个这样的分数单位，它至少要减去（　　）个这样单位，就得到整数。

c. 从 0、1、3、5 中选出三个数字，组成能同时被 2、3、5 整除的三位数中，最小的是（　　），最大的是（　　）。

d. 2.5 千克∶250 克化成最简单的整数比是（　　）∶（　　）比值是（　　）。

e. 一个长方体，所有棱长的和是 72 厘米，长、宽、高的比是 4∶3∶2，这个长方形的体积是（　　）立方厘米。

f. 在下面的图中用阴影表示出 2/3 平方米。

2平方米

g.（　　）%＝$\frac{5}{8}$＝（　　）＝$\frac{15}{(\quad)}$＝$\frac{(\quad)}{16}$＝（　　）∶（　　）。

h. 杨树的棵数是松树的 3/5，松树与杨树的棵数比是（　　）∶（　　），松树的棵数比杨树多（　　）%，杨树的棵数比松树少（　　）%。

②判断题：

a. 整数就是自然数和零（　　）。

b. 边长是 1 米的正方形的面积与棱长为 1 米的正方体的体积相等（　　）。

c. x 和 y 都是自然数，基若 $x > y$，则 $1/x < 1/y$（　　）。

d. 所有自然数，不是质数就是合数（　　）。

e. 王师傅加工了 102 个零件，全部合格，合格率为 102%（　　）。

③选择题：

a. 不能化成有限小数的分数是（　　）。

[9/25；9/40；9/35；9/16]

b. 1 克药放入 100 克水，药和药水的比是（　　）。

[1∶99；1∶100；1∶101；100∶101]

c. 一个能盛 96 升水的圆柱形桶，装满水后，将一个与桶等底高的圆锥放入桶中流出的水是（　　）。

[32；64；96]

d. 用三根同样长的绳子分别围成长方形，正方形和圆，（　　）面积最大。

[长方形；正方形；圆]

e. 一种商品提价 20% 后，不久又按新价降价 20%，这时商品的价格和原来的比较（　　）。

[没有改变；提高了；降低了]

④计算题：

a. 脱式计算，能简算的要简算。

$36 \times (1/9 + 1/6) - 1.5$，

$8.65 - 3.47 - 2.53$，

$2157 + 14030 \div 46 \times 23$，

$(1\frac{3}{7} - 0.005 \times 80) \div \frac{4}{5}$，

$[2/3 + (4\frac{1}{6} - 2\frac{7}{8} \div \frac{7}{8})] \div \frac{2}{3}$。

b. 求未知数 x。

$16 - 0.75 + x = 30x$；$\frac{2}{5} - 2.4∶0.5$

b. 列式计算。

5 除 2.5 的商，加上 0.2 再乘以 1/3，积是多少？

一个数的 2 倍比 45 的 2/5 多 0.5，这个数是多少？

⑤操作题：

a. 以顶点 A 的对边为底，画出下面图形中的一条高。

b. 再量出计算面积时所需要的数据，写在图形上。

c. 求出图形的面积。

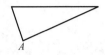

⑥应用题：

a. 某自行车厂前年生产自行车 16 万辆，比去年生产自行车的总数少 20%，去年生产自行车多少万辆？

b. 一件工作，甲单独完成需要 6 天，乙的工作效率是甲的 2 倍，两人合作几天完成任务？

c. 甲乙两地相距 1350 千米，一列火车从甲地开往乙地，14 小时行驶 700 千米，照这样的速度，剩下的路程还需要几小时？（比例解）

d. 甲乙两个书架，甲书架的存书是乙书架的 5/9，如果从乙书架拿出 120 本放入甲书架，则两个书架存书数相等，甲书架原来存书多少本？

e. 一个圆锥形稻谷堆，高 1.6 米，底面直径 3 米，每立方米稻谷重 650 千克，这堆稻谷重多少千克（得数保留整千克数）？

f. 小红在课间踢毽子，前三次共踢了 360 下，第四次踢的下数比四次踢的平均数还多 13.5 个，问：小红第四次踢多少下？

（2）学生讨论评价。这是解题后的自我反馈和自我评价，要针对不同层次的训练题，引导学生讨论，发现习题中的知识信息，去联想、归纳、类比、以寻找解题的最佳方案。通过基本题的讨论，强化对基础知识和基本技能的认识。通过变式题的讨论，深化对知识的理解，促进技能的形成，通过发展题的讨论，培养学生综合运用知识的能力和灵活解题的能力。

（3）教师讲评。教师对试卷进行讲评，对学生练习中表现出来的优缺点和存在问题进行综合分析，并上升到规律上来认识，以便帮助学生克服缺点、发扬优点，不断提高知识和技能水平。

第 **11** 篇

课堂结尾艺术

"结尾艺术"与"开讲艺术"一样，是课堂教学中的有机组成部分。成功的"结尾艺术"，可通过对一节课的教学内容梳理、概括、规律揭示、画龙点睛、提炼升华及引导探索等形式，把一个完整的知识交给学生，使之在学生头脑里留下一个深刻的印象。课堂结尾艺术主要体现在继续保持并且能够激发和扩展学生对新知识的兴趣，强化学生对新知识的记忆，培养学生归纳概括的能力，促进学生智力的开发。因此，掌握新课结尾的方法，讲究结尾艺术是十分必要的。

一、课堂结尾的特点

一堂课的结尾是整个课堂教学的有机组成部分。画龙点睛的结尾，对于帮助学生总结重点，理清脉络，加深记忆，巩固知识，活跃思维，发展能力具有重要的作用。其特点如下：

（一）目标性

好的结尾是为实现课时教学目标服务的。因此，课前备课时，教师要潜心钻研教材，吃透精神实质，有的放矢地设计出符合既定教育教学目标、体现教材本身特点的课末小结。例如，教学"正比例"的教学目标是：使学生从实践中认识两种相关联的量；使学生理解并掌握正比例的意义；使学生初步学会判断成正比例的量。在这三个目标中，以第二个教学目标为主要目标。在小结时，教师必须以主要目标为依据，重点引导学生概括归纳成正比例的量的三个条件："成正比例的两种量必须具备哪三个条件？"引导学生说出：两种量相关联；一种量随着另一种量的变化而变化；相对应的量的比值（即商）一定。这样的课堂小结，着重于学生理解和掌握正比例的意义和实质，培养学生归纳概括能力。

（二）引导性

结尾不能由教师包办代替，要立足于引导，让学生参与，展现出获取知识的思维过程，以充分体现教师主导作用和学生主体作用的有机结合。例如，教学分数的基本性质，课末教师出下面两道思考题，引导学生回顾小结：①分数的基本性质是怎样推导出来的？②分数的基本性质有什么作用？学生通过阅读教材，相互讨论，各抒己见，使同学们弄清了这两个问题。他们说："我们先通过用大小相等的 3 张正方形纸和 3 个大小相等的圆，用折纸的方法分别折出 1/2,2/4, 4/8, 3/4, 6/8, 9/12 并涂上颜色，从而我们直观地看到 1/2＝4/8，3/4＝6/8＝9/12，接着找出分子、分母的变化规律，概括出分数的基本性质。运用分数的基本性质可以把分母不同的几个分数化成分母相同的分数，也可以把分子不同的几个分数化成分子相同的

分数等等。"

这样进行课末小结，学生借助于原感知的内容，展现出对新知的抽象概括过程，学生对分数的基本性质，是通过自己动手动脑得到的，由感性上升到理性认识，因而可以更好地指导练习实践。

（三）针对性

结尾必须针对教学内容和学生特点，因文因人制宜，具有鲜明的针对性。凡是学生难记、难理解、难掌握及容易发生错误的地方都应阐明。具有针对性的课末小结应做到以下三点：

1. 抓住主要矛盾

教材的重点、难点、关键都是每一课的主要矛盾，课末小结就要通过揭示矛盾的实质，使学生进一步巩固所学知识，提高综合运用的能力。例如，除数是两三位数的除法，重点是两位数除多位数的计算法则，难点是掌握试商的方法，教师抓住几点来进行小结，就能使学生形成正确清晰的表象。

2. 教给方法

对于一些带规律性的学习方法要进行小结。例如，"求两个数的最大公约数"的课末小结要突出按 3 种情况进行有序思维，即：先看它们是不是倍数关系，若是，较小的数即是它们最大公约数；若不是，再看它们是不是互质数，若是，它们的最大公约数即为 1；若不是，即用除法求出它们的最大公约数。这样，解题的方法步骤明确，思维操作有序，效果就会更好。

3. 预防错误

学生易错的概念、法则、公式可通过小结加以强调，引起重视，防微杜渐。例如，解"求圆锥的体积"时，学生在计算时常要漏掉乘以 1/3。为了克服这种错误，教师在小结时应强调乘以 1/3 的道理，这样就会防患于未然。

（四）激励性

即教师根据周密筹措的授课进度与内容，进行设悬断课，使学生的欲望得到激励。比如教学《跳水》，猴子摘下孩子的帽子，爬到桅杆顶端，孩子爬到桅杆上去追猴子，遇到危险。故事发展到此，根据教学设计，应在此断课。于是教师提问："在这千钧一发的时刻，孩子是怎样脱险的呢？我们待会儿看看。"这样的断课，能将学生留住，学生也急于了解孩子是怎样脱险的。

（五）粘连性

这种方法，是指将所授内容无直接关系的外界因子灵活恰当地引入课内，教师借题发挥，粘连断课。运用这种方法，需要教师具有较强的洞察力和应变力。恰到好处地粘连，不仅可以活跃气氛，而且能增强课堂教学的完善性。如教完《麻雀》，教师设计了这样一道作业题：猎人带着猎狗走开以后，小麻雀和老麻雀会说些什么？做些什么？同学们纷纷举手回答。这时下课的铃声响了，窗外雀声四起，教师灵机一动："同学们你们到窗外去听听，老麻雀和小麻雀到底会说些什么。"孩子们蜂拥而出，看那天真好奇的样子，使教师感到断课的无穷魅力。

二、课堂结尾的原则

好的结尾，能给人以美的艺术享受，但绝不是教师凭灵机一动就能达到的效果，而应该增强对结尾的设计意识，不断提高结尾的艺术水平。因此，教师进行教学结课时应遵循如下基本原则：

（一）精要原则

一条龙画好了，最后是"点睛之笔"。最后这一笔点好了，整条龙才活灵活现。课堂教学的结尾也是整堂课的"点睛之笔"，是很重要的。正像演戏很讲究演透而不演绝，只有演透，思想内容才能发挥得淋漓尽致，人物的性格、情感才能刻画得充分。课堂教学艺术也是一样，不能讲绝，讲绝失去了"启发"想象的效果。这就要求教师的教学以"不全"求"全"，在有限中追求无限，突破课堂教学的时空局限。即在一堂课结束时，注意浓郁的色彩，艺术的含蓄，使学生感到"言已尽而意无穷"，课后引起咀嚼回味，展开丰富的联想。

例如，在教学能被 2、3、5 整除的特征之后，下课铃响了。老师说："同学们，现在下课铃响了，先请学号是 2 的倍数的同学离开教室。"当学号是 2 的倍数的同学离开教室后，又说："请学号是 3 或 5 的倍数的同学离开教室。"最后问道："同学们，老师这时候应该说哪一个数的倍数，大家都可以离开教室。"学生们齐答"1"。"大家说得对，请学号是 1

的倍数的同学离开教室。"余下同学都开心地走出教室。这样的结课新颖别致，饶有趣味，余音绕梁。

（二）呼应原则

课的结尾应当紧扣教学内容，使其成为整个课堂教学艺术的有机组成部分，做到与导课遥相呼应。

例如，教学"一个数除以分数"一节课，课末小结时，问："哪位同学能帮助老师小结一下这节课的主要内容?"帮助老师小结这句话能最大限度地调动学生的积极性，学生们跃跃欲试。有的说：通过学习我懂得了一个数除以分数，可以用这个数乘以原分数的倒数；有的说：通过学习我懂得了前面讲的分数除以整数和一个数除以分数的法则，可以统一分数除法法则，即甲数除以乙数（0 除外）等于甲数乘以乙数的倒数；有的说：当被除数与除数的分子或分母相同时，可用商不变的性质进行计算。这样的结课，首尾呼应，它好就好在通过一番简要的回忆和整理，不仅使学生知道用同一种手段可以解决不同的问题，而且使学生运用知识解题时的思路更加清晰，学生整理知识的能力得到了培养。

（三）多样性原则

课堂教学结课的形式与方法丰富多彩，教师要因教学内容和学生实际情况的差异，结课的方法也应随之有所变化。结课的方法很多，要从教学效果出发，视教材特点、教学实际、学生状况而定，有时还要随机应变。

三、课堂结尾的 42 种方法

（一）复述式结尾

就是由教师把本节课的主要内容梳理复述一遍，让学生再一次明确本节课学了什么。这种方法能迅速指明要点，节省时间，易于控制教学过程，一般适用于数学概念较多的教学内容和语文课的记叙文。例如"数的整除"，第一课时，包含有整数、自然数、倍数、约数等概念。这些概念既有联系，又有区别，易于混淆。在举例讲解和解答练习之后，若能加以梳理，复述一遍，则能达到澄清概念，醒人耳目之效果。

（二）自然式结尾

按文章顺序，由前而后，讲读最后一节甚至最后一句时，自然地收尾。

（三）回应式结尾

所谓回应，是指与教学的起始阶段相呼应。回应的内容一是"开讲"中的悬念；二是预习中的疑问。这都与理解文章的主题有关，到结束阶段化问号为句号或感叹号，并给以强调。

（四）发散式结尾

在学生理解内容的基础上，掀起波澜，发散开去。这种结尾方式一定要讲究自然贴切，不要搞成画蛇添足，运用得好，可以诱发学生创造思维的火花。

（五）练习式结尾

有的老师在课尾安排练习，这种练习并不是一般的作业，它既是对学生学习本课情况的检查，又是让学生在练习中完成对课文的总结。如学了同分母分数加减法后可设计这样的练习：请根据学过的同分母分数加减法的知识把得数用加法、减法算式表示：

用加法算式表示：$9/17 = (\quad) /17 + (\quad) /17$。

次用减法算式表示：$9/17 = (\quad) /17 - (\quad) /17$。

用连加法表示：$9/17 = (\quad) /17 + (\quad) /17 + (\quad) /17$。

再用加减混合算式表示：$9/17 = (\quad) /17 + (\quad) /17 - (\quad) /17$。

进行思维练习：$9/17 = 11/34 + (\quad) /34 = (\quad) /34 + (\quad) /34$。

通过有梯度的练习，让学生掌握并巩固所学知识。

（六）迁移式结尾

适时地提供与课文内容相仿的训练材料，让学生举一反三，在新的训练中巩固新学知识，并促进知识向能力转化。

（七）推测式结尾

有些课文是言已尽而意无穷，在讲读结束时引导学生进行推测性想象，有助于培养学生形象思维和逻辑思维能力。

（八）假想式结尾

这种结尾并非前面情节的延伸，而是作为一种设想，培养思维的求异性。

（九）谜语式结尾

巧设谜语让学生动脑猜谜，在猜谜中结束一节课。

如教"钟面的认识"，课尾出示谜语：①兄弟两个比竞走，哥哥倒比弟弟短，弟弟跑了十二圈，哥刚好跑一圈（猜一物名：时针、分针）；②说上午不是上午，说下午不是下午，太阳当空照，两针合一处（猜一钟点：12点）；③公鸡喔喔催天明，大地睡醒闹盈盈，长针短针成一线，请问这是几点整（猜一钟点：6点）

（十）游戏式结尾

这是适合小学生和初中英语教学的一种结课形式。在新课结束时，以教室为舞台，以课文内容为剧本，教师指导学生根据课文内容进行表演。学生在扮演不同人物的过程中入情悟理，深化对课文的理解，进一步掌握新知识。如表演《你们想错了！》。学生们在自导、自演过程中，加深理解了方志敏同志与敌人针锋相对作斗争，勇敢无畏的革命精神，受到深刻的革命传统教育。

（十一）归纳式结尾

小学生的思维处于无序思维向有序思维过渡，所以，往往缺乏有序地迫近目标的思维能力。为此，结束语应指明规律，结出思维顺序，促进学生有序思维的完善与发展。

例如，教学"组合图形面积计算"和"组合体体积计算"，结束语就可归纳其解答步骤：仔细观察；分解图形；分别求出；求和或差；验算与答句。

结尾的归纳总结，既可以教师根据教学的重点难点进行归纳，也可以引导学生归纳，还可以师生共同归纳。教师归纳纲要，学生复述内容。这种结尾艺术主要表现在能用扼要的语言较短的时间，让学生在轻松的气氛中明确重点，掌握主线和关键内容，产生提纲挈领的效果。

（十二）朗读式结尾

深化主题，再现作者思想感情。《别了，我爱的中国》，连续三次齐诵中心句"别了，我爱的中国，我全心爱着的中国"。在这样激越昂扬的爱国之声中下课，课尽情未尽，诚挚而壮美的爱国之情仍在学生老师脑际萦绕。

（十三）抒情式结尾

借景抒情，给学生美的想象。如教学《第一场雪》的结束语是："雪花，不负秋色，在严冬舒展花瓣；雪花，不争春光，一夜东风，落花遍野；雪花，不择土壤，飘到那儿，就在那儿开花。隆冬里，雪花已为我们展示了春华秋实的未来，难怪老农说'瑞雪兆丰年'呢。雪花啊！我赞美你。"抒情法转让给学生，要学生抒发对所学课文中的人或物热爱之情（怎么爱？为什么爱？）用书面语交流，教室只有沙沙的写字声；用口头语交流，小手如雨后春笋，兀立桌面。

（十四）点睛式结尾

在讲完课堂内容的基础上，结课时用几句话点明课的精华所在，可以一语破的，使学生对关键问题豁然开朗。如讲解《药》，分析完全篇之后，末尾点明这篇课文为什么以"药"作为题目，这样有什么深刻含义，能较好地起到画龙点睛的作用。

（十五）概括中心式结尾

课堂结课时用几句简练的话把这一堂所讲的知识中心概括出来，可以帮助学生删繁就简，把握中心。这样做，有利于学生理解、记忆和应用所学知识。如语文教师经常在讲课结尾时指导学生总结课文的中心思想，数理化教师也常给学生点明"今天我们这堂课讲的中心是……"这样，学生可以明确一堂课的中心是什么，以便集中精力理解和记忆。

（十六）提炼式结尾

如果说概括中心式是就讲授内容进行概括、总结，那么提炼升华式就是对讲授内容进行挖掘、提炼，以揭示其深刻的内涵。如有位政治教师讲"一国两制"，在讲完一国两制的提出、内容、意义之后，末尾又着重阐述"一国两制"对马克思主义理论的新贡献，这样就使所讲内容升华到一个新的高度。

（十七）提问式结尾

根据这节课所学的教材的重点和难

点进行提问，以强化学生对它们的理解和记忆。如教"平行线"一课，课尾总结时，可提问为什么要强调同一平面？又如"分数"一课，可提问为什么要平均分？"互质数"一课，可提问：互质数一定是质数吗？

（十八）讨论式结尾

当教师讲完课本内容后，课尾提出一个问题让学生讨论，教师不急于表态，在讨论中发展学生思维，得出正确的结论。如教学 $16 \times 1/2$，$16 \times 3/5$，16×2，$1/2 \times 16$ 时，提了问题：哪几道题的积大于被乘数？哪几道题的积小于被乘数？为什么？这几个问题一提出，立刻引起学生的注意，很快进入热烈讨论中。

（十九）激发式结尾

如列方程解应用题的练习题，很多同学经过几个题组的练习，很自然产生了"题目问什么就设什么为'x'"的错误认识。这节课尾总结时，出一个题目：某班买数学练习册和连环画13本，付款4元8角4分，练习册单价4角，连环画平均每本3角1分，两种书各买了多少本？（方程解）。如问什么，设什么，现在题目的两个问，是不是设个 x 呢？这样给出矛盾，既让学生自己推翻自己的片面认识上的矛盾，更能加深学生对所学知识的理解。

（二十）悬念式结尾

一节课好的结尾，可以使学生急于求知下面的内容，如同章回小说或电视连续剧一样，故事情节发展千钧一发的

时刻，人物生死存亡在旦夕之间，戛然而止，教学课尾之时，运用此法，效果颇佳。如新授小数除以整数，除了总结好课本内容外，提出启发性问题，造成悬念，预示新课，$21.45 \div 15$ 这道题是小数除以整数，请同学们观察，如果把15缩小100倍，（$21.45 \div 15 \rightarrow 21.45 \div 0.15$），小数除以小数，怎么计算？如此结尾小结，既总结了本书的教学内容，又造成悬念，激发学生去探索新的问题。

（二十一）渗透式结尾

如教同分母分数的练习课，在课尾除了总结好同分母分数加减法则外，还设问：①2斤＋3米＝？②同分母分数相加减，为何分母不变？③1/2 和 1/3 有什么不同？这些问题不仅激发了学生学习兴趣，而且为下一节课"异分母分数加减法"做了渗透。

（二十二）铺垫式结尾

教师引导学生把课堂上学到的知识，在课尾做适当的延伸发展，为学习后面的内容做好铺垫。它使学生思前，隐线纤纤，觉余音绕梁；想后，兴趣盎然，欲奋力再攀。如教学圆面积计算，课尾教师可做如下谈话：今天你们学会了什么？随机拿出一张圆形纸片，问：怎样求出它的面积？再随意一折，问：现在呢？学生思考这些问题既复习了课堂上所学的知识，又为后面学习扇形面积做好了准备。

（二十三）音乐式结尾

根据教学内容和儿童欣赏能力，课前教师可将教材的核心内容，谱写成儿童歌曲，录制成音乐磁带，课尾播放给学生欣赏，既有利于教学内容的回顾和强化，又使学生受到了美的教育和陶冶。如教"11～20各数的认识"，课尾教师打开录音机，让学生欣赏音乐。这是一首电子琴伴奏的儿童歌曲，非常优美动听："一个十，一个一，合在一起是十一，……一个十，十个一，合在一起是二十。"歌声完了，下课的铃声也响了。

（二十四）儿歌式结尾

根据教学内容和学生实际，教师可在课前编成儿歌，课尾指导学生诵唱，有利于学生概括知识，揭示规律，简化思维，强化记忆。如教"除数是小数的除法"，课尾可让学生诵唱儿歌："除数是小数，移位要记住；移除小数点，使它变整数；除数移几位，被除数同样移；数位若不移，添零来补位。"

（二十五）竞赛式结尾

把所学知识化为竞赛试题，在课堂教学结束时用小组竞赛或个人抢答的方法，使学生在热烈的竞赛抢答中巩固所学知识。这样可以激发学生的学习兴趣，增强学生的参与意识。如学了"名"的几种含义后，可让学生列举带"名"字的成语，然后解释"名"在成语中的意思，看谁列举得又快又多。

（二十六）激发式结尾

课堂教学结束时，用饱满热情的话语激发学生的感情，使学生从思想上受到启发鼓舞，进而变成探究学习新知识的动力。如学了《白杨礼赞》《松树的风格》等课文，末尾可用一些简短而又充满激情的话激发和鼓励学生像白杨树、松树那样百折不挠、坚忍不拔，形成良好的个性品质。

（二十七）展现式结尾

课堂教学结束时根据课前或堂上所布置的作业练习，展现学生的学习成绩，这样可以增强学生的成功感，激发他们的求知欲。如讲《对称图形》结课时把学生设计的对称图形选出最好的，贴在黑板上，表彰、鼓励。

（二十八）观察式结尾

课堂教学结束时，着意引导学生运用所学知识观察有关事物或社会现象，以培养学生的观察能力。如学了《看云识天气》，可引导学生观察天空中云的变化；学了《水的循环》，可引导学生观察水在不同气温下的变化等。

（二十九）联系式结尾

课堂上学习了理论，结束时引导学生将所学理论与具体实际相联系，以解决懂、信、用的问题。政治课应多采取这种方法。如学生学了比例后，叫学生测量树高、塔高。

（三十）探索式结尾

课堂教学结束时，有意留下一些疑难问题，启发、引导学生自己去探索，以培养学生分析思考问题的能力。

（三十一）拓展式结尾

课堂教学结束时，有目的地把所讲知识延伸到课外，以便沟通课内课外的联系，为课外学科活动创造条件。如《画鸡》结束时，提问："先有鸡，还是先有蛋？"让学生争辩，但不作结论。然后，叫学生去阅览室读《十万个为什么》。如对"多种方法解应用题"，课堂上可只讲一种，结束时布置学生课下用别的办法解。物理、化学、生物课等牵扯到实验、采集标本的，可以布置学生课下进行实验、采集标本等，这样可以利用课外活动培养学生的发散思维与实践操作能力。

（三十二）暗含式结尾

课堂教学结束时，不把某些问题的现成答案告诉学生，而是在稍微启发之后让学生课下去思考。如讲完《七根火柴》一文后，可以布置学生写一篇读后感——《七根火柴的启示》。结课前可以暗示一下学生从哪些方面去思考，这样既把教师的意图体现出来，又能启发学生思维。

（三十三）寓意式结尾

讲课结束时揭示讲授内容的象征意义或其包含的深刻寓意，以帮助学生加深对所学知识的认识。如《雨中》一课，在讲述了放学的小学生及各色行人帮助一位姑娘捡翻落在地上苹果的故事后，末尾写道：那满满的一筐苹果，又回到姑娘的货车上，闪着亮晶晶的光芒。显然，这"亮晶晶的光芒"别有一番象征意义——关心他人、助人为乐思想的美好和精神的高尚。讲授结束时给学生点明这一象征寓意，可以加深学生对课文的理解。

（三十四）异峰突起式结尾

在课堂教学结尾时有意制造一个小高潮，使其异峰突起，以加深学生的印象。如讲授"质数"时，一位教师在课尾说：我国著名数学家陈景润研究哥德巴赫猜想，在国际上享有很高的声誉。现在我们根据已学知识也来做一道"哥德巴赫猜想"题。出示 $24 = (\quad) + (\quad) = (\quad) + (\quad) = (\quad) \times (\quad)$。请找出不同的三组质数，使它们的和分别是 24。学生积极动脑，争着发言，结课前形成一个小高潮。

（三十五）照应式结尾

以板书为线索，引导学生总结概括新授要点，以准确、精要、生动的语言，提纲挈领地复述新授内容。例如，《荔枝蜜》一课结尾（板书，见图 11.1）。

总结：《荔枝蜜》一课，作者运用了借物抒情的写作手法，由蜜蜂联想到农民，由蜜蜂辛勤劳动酿造荔枝蜜联想到农民辛勤劳动正在酿造生活的蜜，借赞美蜜蜂不为自己专为他人的精神，赞美劳动人民无私奉献的精神。作者颇具匠

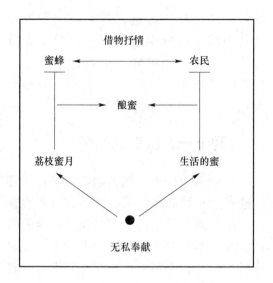

图 11.1

心，细致地描写了蜜蜂生活劳动的场面，借以烘托主题。作者还细致地刻画了自己讨厌蜜蜂——不觉对这小东西动了情——夜里梦见自己变成了一只小蜜蜂。这同样是借物抒情，抒发了一个知识分子思想感情变化的经历（这也是文章的线索），表达了自己愿意同劳动人民打成一片，也成为普通劳动者的真情实感，读来令人叹服。

（三十六）总结式结尾

把讲授内容按一定逻辑顺序或按知识体系串成线，结成网。例如：复习平面图形的知识结构可归纳为：平面图形知识结构图（图略）。

（三十七）类比式结尾

将同类知识或不同类知识进行比较，找出事物之间的相同点或不同点以及它们之间的相互联系，加深对新知识的记忆。一般运用表格。老师引导学生将所学知识归类然后填到表格里进行比较。例如，讲方根的性质，可归纳为如表

11.1 所示。

表 11.1　方根的性质

a	方根的性质	
	偶次方根	奇次方根
正数	有两个偶次方根并且它们互为相反数	有一个正的奇次方根
负数	没有偶次方根	有一个负的奇次方根
零	零	零

（三十八）质疑式结尾

针对新授内容或与下一个学习目标有联系的内容，提出一定层次和一定难度的问题引起同学们争论，以巩固深化新知并为下一个学习目标铺垫。例如，初一代数，讲完有理数乘方时，可提出下列问题请同学们思考、讨论：5^2-4^2 =（　　　）^{2}，13^2-12^2 =（　　　）^{2}，25^2-24^2 =（　　　）^{2}　41^2-40^2 =（　　　）^{2} 留下同学心中的"愤悱"，为讲勾股定理做好铺垫。

（三十九）想象式结尾

这种结课形式一般适合于散文、诗歌、小说等。通过欣赏，引发同学们丰富的想象力，形成对课文更深层次地理解和更深入地探究。

1. 情景式想象

例如：小学二年级讲《所见》时。下课前老师又打开了录音机，请孩子们闭上眼睛听音乐，要入境，尽情地陶醉自己，展开丰富的想象。不一会儿，悠扬的牧笛声，小河流水声，小鸟的欢叫声，还有一阵阵的蝉鸣……在教室里回荡起来，孩子们静静地在倾听、遐想，

仿佛置身其中。"牧童骑黄牛，歌声震林樾，意欲捕鸣蝉，忽然闭口立。"诗的美丽意境深深地刻在了孩子们的记忆中。牧童"意欲捕鸣蝉"，为什么"忽然闭口立"呢？通过展开想象、亲自体会，孩子们说出了十几种答案，在争论中，下课铃响了。

2. 提问式想象

例如讲《穷人》时，老师给同学们留下了这样的思考题："渔夫和桑娜是怎样将两个孩子拉扯大的？孩子们长大后知道了自己的身世，他们将如何报答渔夫一家呢？"通过引导学生展开想象，加深了对课文的理解，课堂气氛又出现了高潮，这样结课会使学生永远记忆犹新。

3. 迁移式想象

教者抓住学生兴趣特点和教学内容结合指导复习，使学生的认知能力同学习兴趣一起向知识的深度和广度迁移。如《放风筝》一课，下课前几分钟，老师打开录音机，请同学们闭上眼睛听音乐，一边听一边想天空中各式各样的风筝随风飘舞的情景……想自己的风筝是什么样了？音乐停，教师和同学们将自己想象中的风筝画出来，再把自己的风筝在天空中飞舞的情景说给大家听。下课了，还有很多同学没发言。老师说：留个作业，大家回去把自己画的风筝图做出来，星期天老师和大家一起去放风筝，好不好？好！同学们欢呼起来，下课铃声响了。

（四十）比赛式结尾

根据学生好胜和乐于表现的心理特征，围绕教材内容选择题目，使学生在比赛中结束一堂课的学习。如教了异分母分数比较大小的知识后，让学生分组比赛，比较 4/15 和 8/9 的大小，看哪个组用的方法多，并讲出道理与最佳方法。

（四十一）故事式结尾

在新课结尾中，结合教学内容，讲述一些科学童话和科学家、文学家、思想家的故事，激发学生的学习兴趣，培养爱祖国、爱科学的道德情操。告诉学生，要攀登科学高峰，必须从现在起好好学习，打下坚实的知识基础。如《江雪》的结束语，唐代有位进步思想家和散文家，他参加了当时比较进步的政治斗争，被帝王贬出京城，到永州当司马，他被贬后，不怕恶势力当权，不甘心斗争的失败，常写诗抒发自己的感情。这堂课学的《江雪》就是他的名作。作品中那位顶风抗雪，独钓寒江的老渔翁就是他的形象，这位作者是谁？就是柳宗元。

（四十二）结课有法，而无定法

教师在教学艺术实践中，既可根据教学内容、学生情况或课堂临时出现的情况灵活运用，机智应变；更应根据实际需要探索创新，创造出各种有效的结课形式。

课堂结尾的艺术表现的形式丰富多彩。没有固定的形式。在教学中，教师要根据课文内容和学生的需要来设计。应特别注意精当，突出重点，主次分明。形式要新、疑、奇。防止轻描淡写或哗众取宠。结课艺术要不断推陈出新，创造自己的学科特色。

第 *12* 篇

选择教学方法的艺术

教学方法是为了完成一定的教学任务，师生在教学过程中所采用的手段。它包括教师教的方法，也包括在教师指导下学生学的方法，是教的方法和学的方法的统一。

教学方法的基本问题，实际上是如何选择的问题。教师面对众多的教学方法，哪些方法对自己当前的教学情境来说是最好的？这些方法又如何有机地结合在一起？这既是理论问题，又是实践问题，也是艺术问题。其艺术性表现在教师要在整个教学法体系中，根据具体的教学目的和任务、教材内容的特点、学生的年龄特征和教师的特点进行综合分析，把多种教学法有主有从地结合起来，创造性地加以运用，达到最佳组合。

教法选择，一般包括选择标准和选择程序两个方面。

一、选择教学方法的标准

（一）依据教学原则

教学原则反映了教学过程的客观规律，是长期教学实践经验的总结。它对确定教学计划、使用教材、选择教学方法等都有指导意义。教师只有深入理解各项教学原则，掌握教学原则的体系，有机地结合教学活动，恰当地选用教学方法，才能有效地完成教学任务，提高教学质量。

（二）依据教学目标

各门学科都有一定的教学任务，但教学任务都是对教学内容的高度概括，对选择教学方法仅具有方向意义而无直接意义。对教学方法的选择直接起作用的应是教学目标、学期的目标、单元的目标、课时的教学目标。教学目标将学科教学的一般性任务具体化了，便于操作和检测。不同的教学目标，就需要选择不同的教学方法。

（三）依据教学内容

依据教学内容选择教学方法，就是依据学科的性质和教材特点来选择教学方法。学科的性质不同，所要求的教学方法也就不同。比如说，同样是传授新知识，数学课一般用讲解法，而语文课一般用讲读法。即使是同一学科，由于教材的特点不同，所用的方法也有差别。比如语文课讲记叙文和科学性的说明文的方法就不能用同一种方法。记叙文一般采用讲读法，而说明文在讲读过程中就要结合讲解或演示，才能使学生理解课文中反映的科学知识。

（四）依据学科特点

在教学方法与教学过程的依存关系中，教学内容起着基本的、决定性的作用，因为方法乃是内容的运动形式。某些教学方法具有较强的学科特点，例如，小学数学中的三算结合教学法就是如此。

小学数学是一门基础性学科，这门课操作的对象是很抽象的数字和图形。要有比较强的抽象思维能力，才能学好。但是，小学生处在具体运算阶段，他们的思维方式以具体、形象为主。数学学科的抽象性与学生思维方式的具体形象性构成了一对矛盾。因此，教师在考虑选择教学方法时，一定要顾及到这一点。现在，小学生学习负担过重，原因是多方面的，但教师不能正确处理这一对矛盾，是一个重要原因。同时，小学数学教学方法的选择，一定要有利于学生思维的准确性、敏捷性、灵活性、逻辑性、深刻性和独立性等思维品质的发展。

（五）依据学生特征

学生的年龄不同，学习心理是不相同的，采用的教法也不相同。低年级学生的形象思维占优势，对于他们就要较多地运用演示直观手段；中、高年级学生的抽象思维有了一定的发展，教学中就可以较多地运用语言描述，运用讲解法或谈话法进行教学。学生的知识基础不同，对新知识学习的迁移作用也不同。即使教同一年级，不同班所采用的教法也是不同的。

（六）依据教师特点

教学方法的选择是受教师的教学经验和个性特点影响的。一般而言，教师常常使用那些自己掌握得比较好的教学方法。新教师宁肯多用讲授法，而不轻易使用谈话法，这是完全可以理解的。性格活泼的教师，可以采取游戏的教学方法。擅长使用教具的教师，可以多采用形象化的教学方法，等等。从一定意义上说，教学方法只是一种工具，教师在实践中总是以自己独有的特性去影响教学方法的选择，教师本身的特性可以着重运用某些方法。

二、选择教学方法的程序

选择教学方法的程序，大致包括以下几个大的步骤：

（1）明确目标。明确选择的标准。标准要具体化，切忌抽象。

（2）把握精华。尽可能广泛地了解有关的教学方法，把握各种教法之精华。

（3）比较分析。对各种可供选择的教学方法进行各种比较。包括比较各种具体教学方法的可能；比较各种供选择的教学方法的适用范围和条件。

（4）进行筛选。在既定的教学任务、教学内容、师生特点、教学时间等条件下，对各种方法进行筛选，作出最后决定。

（5）综合运用。从教学实际情况看，教师单纯采用某一种教学方法的情况是很少见的。一般是几种方法有机地组合或几种方法交叉运用，具有一定的综合性。巴班斯基曾形象地讲过："用多种颜色来调色，将会使教学过程这幅图画显得更加美丽。"

（6）反馈调控。在教学过程中，对照教学目标和学生学习实际情况，要不断反馈，不断调控，使教与学同步共振，使师生情感共鸣。

三、选择教学方法应注意的问题

（一）注意反馈调控优化课堂结构

1. 选择教法要注重信息反馈

传统教学简单地把课堂教学过程当做一个信息单向流动过程，严重阻碍了课堂教学结构整体功能的发挥。因此，要实现课堂教学结构最优化，提高课堂教学效益，在选择教学法时，必须充分利用信息反馈对教学的调控功能，保持信息畅通，使教学活动处于动态平衡之中。针对过去的教师→学生单向信息流通结构，要建构一种多向信息流通结构（见图12.1），在这种课堂教学结构中，既有教师、学生的信息交流和反馈，也有学生和学生的双向信息交流，学生成为课堂教学的主体，教师只起点拨和引导作用。其教学过程是一个由学生提问题（教师辅导）到学生分析问题（教师点拨）再到学生解决问题（教师与学生共同评价）的过程。在整个教学过程中，教师把学生的学习情况反馈给学生，使学生随时调整学习活动，提高学习效率。同时，教师也可根据获得的反馈信息调整自己的教学，充分发挥教对学的促进功能，提高教学质量。

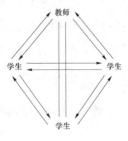

图 12.1

从系统论观点看，课堂教学结构是一个信息流动过程，要保持这个过程畅通运行，必须有信息反馈。所谓信息反馈，简单说就是通过教学评价把学生学习的情况反馈给学生和教师的过程。比如美国教育、心理学家布卢姆提出的掌握学习理论，就是通过教学过程中的形成性评价，把学生的学习结果与预期的教学目标进行比较，对那些没有掌握教学任务的学生进行矫正性教学，然后再作评价，这个过程就是一个信息的反馈和强化过程。课堂教学结构各个环节之间，以及课堂教学结构之间的转换，都以信息反馈作调节手段。可以说，没有信息反馈，就不可能有教师对学生学习活动和教师自己的教授活动环节中教师、学生教材、教学方法等因素之间达到合理组合；也不可能合理实现教学过程之间的转换，最终难以保证完成教学任务。因此，课堂教学结构诸因素的优化组合，要靠信息反馈加以保证。

2. 选择教法应着眼于教学效果

教学方法多种多样，我们在选择教学方法时，应着眼于教学效果。课堂教学的整体优化，需要多种教学方法的有机组合和协调，正确做法是以一法为主、多法为辅或兼顾多种方法的综合运用。在课堂教学过程中，不可能是绝过的单一的教学方法，而是各种方法和手段的综合、交替运用、互相渗透、相互融通、相互补充、形成合力，产生整体效应和作用。

（二）注意灵活性和调控性

教师选择教学方法要注意灵活机动，

绝不要机械地照搬。从"三论"的理论认识，教学过程是个动态的可控制的系统。教师应预测到教学过程可能遇到的问题，从多方面做好准备，以解决可能发生的问题，以获得课堂教学的最佳效果。

（三）注意积极性与整体性

选择教学方法，应有利于教育与教学的统一；有利于教法与学法的统一；有利于充分发挥教师的"主导"作用和学生的"主体"作用，尤其是能使学生在教师的引导下，积极动脑、动口、动手，积极主动地学习，自觉地参与学习过程，促使学生知、情、意、行的整体发展。简言之，使学生的素质得到全面提高。

（四）注意科学性与艺术性

任何教学方法的确定和选择，教师不是随意的，是有科学根据的，其根据在于教学目的、教学内容、教学对象等。同时，教学是有规律可循的。这一"规律"就是普遍适用于各门学科的教学原则，确定和选择各种教学方法，都是在充分地贯彻教学原则。任何一条教学原则都不是万能的，脱离总的体系来应用这些原则，是不会收到应有的教学效果的。在实际教学活动中，教师所采用的各种教学方法，如果有成效的话，可以说都是教学原则在实际中正确运用的体现，不管是自觉的或者是不自觉的。

教学方法具有艺术性，教学方法的确定和选择尽管要有科学依据，有规律可循，但在实际教学工作中，却不是像机械转动一样，按照一个固定的程序进行运转，而要根据条件和需要，善于对教学方法进行艺术性的再创造、再加工，灵活地运用于教学实践中。这是因为教学方法受多种因素制约。教学因素的复杂性、多样性，决定了教学方法也应具有多样性。

在实际教学中，教师的工作对象是具有主观能动性的人，随着教学活动的发展，学生的心理活动和学习表现也会有新的变化，教学方法就要适应这种变化。当学生对所学的课题不重视时，要采用能够激发学生的求知欲、引起学生兴趣的教学方法；当学生注意力分散时，就要善于采用能够集中学生注意力的方法；当学生在学习中感到疲劳时，就应采用能够使学生身心放松的方法。教学中，教学方法要能够适应教学对象的这种变化，不要执意采用一种教学方法，而不顾学生的表现。

不同课型，是不能运用一种固定的教学方法的，如上新课、上练习课、上复习课，应各有各的教学方法。教学方法的运用，往往包含着教师信念、情感和风格等因素。这样，同样一种教学方法，不同的教师运用，可以收到不同的效果。

教学方法不能搞划一模式，也不能搞一些形式主义的东西，那种不分学科、年级、教学内容、学生实际，一律推行的某种教学方法的做法，是不妥的。教学实践证明，教学方法永远不可能有一种固定的一成不变的模式和程序，也永远找不到一种能成为教学上的"灵丹妙药"或"百宝箱"的教学方法。如果不考虑制约教学方法的各种因素，企图提出一种"绝对化""最优化"是不恰当的。

（五）注意教法与学法的统一

过去我们对学法问题认识不足，研究得不够，但是，如果把学法从教学中游离出来，把过去单纯教知识变成单纯教方法，也是不行的。教法和学法不是孤立地存在于教学过程中，而是相互制约，相互影响。

1. 教法对学法具有制约和示范影响作用

优良的教法会促进学生良好学法的形成，提高学生学法的水平。学生某些有效的学法是直接从教师具有示范价值的教法转化而来，在这个意义上，二者是相通的，有时是同一的。教师是教学活动的主导者，他控制着教学活动的目的、方式和过程，因而也就制约着学生的学习方式和过程；学生要在教师的主导下发挥学习的主体作用，小学生一般难以自己确定或选择学习的方法和过程，教师怎样教他就怎样学，小学生的学法具有明显的依附性，所以教法制约和影响学法。

2. 教法也受学法的制约

我国古代教育史上"以学论教"的传统在一定程度上体现了这种制约关系。因为判定一种教法的优劣，主要是以教学效果作为标准的，而学法是影响教学效果的重要方面。布鲁纳曾指出："在可能的范围以内，教学的方法应以引导儿童自己去发现目标。"教师往往根据各学科基本内容的各个年级段不同的学法特点来制定、选择相应的教法。如果只顾教法，不作任何学法指导，势必影响教学质量。所以教法也受学法的制约。

3. 教法服从学法

学习主要是学生自身的认知活动，

他们只有采用符合自己年龄、知识水平和认知规律的学法，才能有效地促进自身知识、智能的发展。教师的教法首先要考虑学生怎样去学。教法服从学法有三方面意思：一是教法要服从于学生宏观的、微观的、最优化学习方法。二是教法服从于学生。三是教法服从于学法。

4. 设计教法要围绕学法

其原则是：有助于探索学习规律，使学生进行创造性学习；有助于让学生发现学法，使学生把学习活动提高到理性上加以认识；有助于完善学法，使学生对学法的掌握运用向系统化、序列化、完整化的方向发展；有助于指导学生创造性地运用学法，培养灵活应变能力；有助于优化学生，从而优化学习过程，提高学习效率。

5. 寓学法于教法之中

教师要善于把自己在教学生认识过程中所运用的一些最基本的、有效的学法，寓于教法之中。同时，也要善于抓住学生自己学习中带有典型意义的好的学法，来改进自己的教法。这样，在教学过程中，就能为学生提供具体形象的材料，渗透学法的指导，引导学生探取知识，学会方法，形成能力，为学生的发展创造条件，从而提高教学效益。

四、教学方法的选择比较与评价标准

（一）教学方法选择比较

教学方法多种多样，针对不同的学科和不同教学内容，以及不同的学生不同主体，选择不同的教学方法，效果也不尽相一般地来说，教学方法的选择有其规律性，现将教学方法选择比较列于表 12.1。

表 12.1　教学方法比较

方法	发现法	反馈教学法	尝试教学法	六因素教学法	自学辅导法	三算结合法	程序教学法	情境教学法
解决哪些任务效果最好	发展思维的独立性	培养学生的创造精神	培养探索精神和自学能力	培养学生自学能力	培养学生自学能力	提高计算能力启迪思维	培养学生逻辑思维能力	培养学生的观察、理解能力
特别适用哪种教材内容	新旧知识联系密切，新知识又不太难	复习巩固新旧知识联系紧密	前后有联系的教材，后继教材效果最佳	计算法则、概念、公式等基础知识	前后联系紧密较为具体的内容	整数小数四则计算	系统性较强的内容	教具体的内容
适用哪些学生	中、高年级学生，对课题的发现有所准备	中、高年级以上	中、高年级采用效果较好	中、高年级	高年级学生	中、低年级学生	高年级学生	抽象思维能力较弱的学生

续 表

方法	发现法	反馈教学法	尝试教学法	六因素教学法	自学辅导法	三算结合法	程序教学法	情境教学法
教师应具备哪些可能性	教师为导，精心设计：学生为体，探索发现	及时反馈，及时矫正，及时调控	引旧尝新，学本试练，生议师解	自学是基础，启发是关键，练习是主线，改错要及时	要有专门的自学教材	三算交叉相互作用，发挥珠算教育的功能	根据学生思想设计教学卡片	丰富的经验，善于设计有利于突破关键的情境
该教法有哪些局限性	带有一定的随机性，运用范围是有限的	不适于教学新概念	实践性较强的教材内容不宜应用此法	低年级儿童较难适应	易混概念	分数部分不适用	较抽象的概念较难，不能激发学生的创造性，主动性	比较抽象的新概念不宜用此法

（二）教学方法的评价标准

教师在选择和运用一定的教学方法之后，要对教师教学方法的选择和运用做出科学的评价。对教师所用的教学方法做出的科学的评价，会有力地促进教师的教学方法向最优化方向发展。否则，优劣不清，是非不明，是不利于教师研究和改进教学方法的。

教学方法的选择和运用是否恰当，其评价标准有两条：

1. 是否有效地促进教学实现教学目的

如是否使学生正确地领会和系统地掌握了教材，没有造成混乱和歪曲的印象；是否使学生掌握了相应的技能技巧；是否激发了学生的学习欲望，使他们生动活泼主动地学习，培养他们的创造精神。在具体评价教学效果时，切忌脱离具体条件，孤立评价教师运用某一教学方法的好坏，还要看教师当时的种种具体条件。例如，学生原有的知识水平，原有的班纪班风等，不能用一个统一的分数来简单地衡量教师运用某种教学方法的效果，应全面考虑各种情况。

2. 看这种教学方法的效率如何

看教学目的和效果是一个重要方面，但不能仅限于此，还要研究教学效率。有时教学效果虽然不错，但由于它是教师和学生花费了过多的时间和精力与过高的物质消耗取得的，从教学效率看，却是不高的。一种好的教学方法应该是投入较少的人力、物力、时间，而获得良好的教学效果。

五、有特色的教学方法简介

（一）邱学华尝试教学法

我国当代有成效的典型教学法之一，又叫五步教学法、小学数学尝试教学法。此法倡导者是邱学华（江苏省常州市教育科学研究所高级讲师）。

尝试教学法的核心是"先学后教，先练后讲"。即学生先在旧知识的基础上通过尝试题进行尝试练习，在尝试的过程中教师指导学生自学课本，引导学生讨论，尔后在学生尝试练习的基础上教师再进行有针对性的讲解。邱学华本人则将其概括为"一个兴趣两基本，三个为主四当堂，五步教学六结构"。

尝试教学法的一般操作规程为：出示尝试题；自学课本；尝试练习；学生讨论；教师讲解。由于地区、班级、学生、教材、教师的不同特点，可有增有减，相互调换、合并。如第二步与第三步可调换；第二、三步，第四、五步可合并；不澄清概念上的模糊认识和计算上的错误，可在第五步后增加"第二次尝试练习"；为使学生对尝试题认真理解，可在第一步之后先让学生讨论等。下面对尝试教学法的每步操作程序作一说明。

1. 出示尝试题

即提出问题。每堂课的开始，教师要向学生明确提出学习内容和基本要求，最后出示尝试题。具体要求如下：尝试题一般应同课本例题同类型同结构；出示尝试题后应提出使学生感兴趣的启发性问题。如"教师还没有教，谁会做这道题目？"等。

2. 自学课本

在学生产生好奇心的基础上，引导学生阅读课本例题，从而学会尝试题的解答方法。本步骤应注意以下几点：先提思考性问题，如教一道工程问题，可提为什么要设"1"，这个"1"代表了原题中的什么？教师应鼓励学生提出问题。

3. 尝试练习

从各种不同水平的学生中抽样板演，其他同样在草稿本上练习。实施本步骤，教师要随时了解练习情况，学生可对照书上的例题边看边做。

4. 学生讨论

即板演者讲清算理，其他学生对板演的情况进行分析，评析谁对谁错，不同看法展开争论。

5. 教师讲解

教师运用评讲尝试题的方式，对难点、重点、关键点进行讲解，讲解时应多采用直观手段。

（二）刘显国反馈教学法

这种教学法是四川省大竹县教育科研室主任、特级教师、中学高级教师刘显国根据现代教学论思想和"三论"原理，吸收国内外教学法的最新成果，经过多年的教学实践，不断改进，不断完善，逐步创立的一种新教法。目前全国已有20个省市近一万个实验班在进行此项实验。全国成立了反馈教学法研究会。1991年经中国教育学会数学教育研究发展中心批准为本"中心"所属学会。正式名称为：中国教育学会数学教育研究发展中心反馈教学法研究会。

1. 反馈教学法的特点

反馈教学法是运用"三论"原理，通过精心设计教学结构，使受教育者在短时间内摄取最大而有效的信息量，并实现信息的高速传递和交流的一种教学法。这种教学法是以信息反馈为主线，把自学研讨贯穿始终。它改变了传统的教师讲、学生听的注入式教法，使课堂信息的单向传递变成信息流通的双向性传递。它把学生自己学习的成果利用各种通道输送出去，然后收回外界对它的评议，从而检验学习效果和学识深度，并在原有知识基础上进行调节和改进。反馈教学法强调老师引导下的学生边学习、边思考、边总结、边创造，再将所掌握的知识输出。输出的目的在于对学生的学习进行检查、调节、选择、控制，从而利用反馈来达到巩固旧知，学习新知，培养能力的目的。

2. 反馈教学法的优点

（1）有利于信息反馈和调控。学生彼此之间，师生和教材教具之间形成多向教学信息联系，保证反馈信息的转换和畅通。

（2）有利于因材施教和个性发展。反馈教学法所强调的不是研究教师如何去教，而是研究学生如何去学，它最基本的特点与要求，是教师把课堂上获取知识的主动权交给了学生，让他们充分挖掘自己的意愿和兴趣，去安排自己的学习，去发展自己的个性。

（3）克服了思维定势。通过及时反馈及时矫正，避免误差的积累和前后误差的混合，克服思维定势的负迁移的形成。

（4）能顺利达到预定目的。从心理学来看，运用反馈教学法，学生可以及时得到练习结果，了解成败原因，能提高练习效果。大多数学生经过频繁及时的反馈——矫正后，能使正确的得到及时肯定，错误的得到及时纠正，提高了自身学习的自信心，增强了教师的信任感，能顺利达到教学目标。

3. 反馈教学法的程序

（1）导入新课过程——第一次反馈作好铺垫。为迁移而教。新课的导入，主要是考虑如何促进知识的正迁移。导入过程是从新旧知识的联系，学生熟悉的生活实际出发，通过问答、练习、讨论研究等方式，把学生从旧知识引向新知识。导入过程一般分两步：基本概念复习题和学习新知识的尝试题。目的是了解学情，促进知识的正迁移。其后，便组织学生讨论，即第一次反馈。教师获得一次反馈信息，利用小结及时进行调控。

（2）学习探讨过程——第二次反馈作好迁移。导入新课后，及时出示讨论题，学生对旧知识产生联想，对新知识产生兴趣，带着强烈的求知欲去阅读课本、实验、观察、思考、认真探索，最后通过讨论研究掌握新知识。第二次反馈成功的关键在教师。教师要善于设问，造成师生双方在知识的重点区域展开讨论，反复研究，以获新知。这一段一般是按两步进行教学的。通过对可以进入新知识范围的尝试题的练习；通过课本阅读和讨论。通过讨论研究，进行第二次知识反馈。教师掌握学生对新知识的理解程度和逐步应用情况，及时小结，进行第二次调控。

（3）巩固加深过程——第三次反馈深化知识。通过多种形式的练习，动员多种感官参加活动，使学生能灵活运用知识，达到深化新知的目的。教师听取学生的分析，获得信息，并利用小结，及时调控。这就是新知识的第三次反馈，目的是了解学生掌握新知识的深度，培养智能。

（三）魏书生语文六步教学法

魏书生把语文教学与思想教育紧密、自然地结合起来，教书育人，建立起了一整套培养学生自我教育能力、自学能力及提高差生、提高课堂教学效率的新的教学体系。人们把他的课堂教学中"定向、自学、讨论、答疑、自测、自结"的六个步骤称之为"六步教学法"。

魏书生认为，他贯穿于语文教学中的六个方面具有重要意义。这六个方面是：

（1）强调教学民主的思想。

（2）培养学生自我教育和自学的两个能力。

（3）将教给知识、培养能力和发展智力三个方面相结合。

（4）坚持提高认识、激发兴趣、教给方法、培养习惯四个过程。

（5）增加教育心理学、国外科技动态、科学的学习方法、其他相关学科的知识、名篇时文等五方面教学内容。

（6）课堂教学分为定向、自学、讨论、答疑、自测、自结六个步骤。

例如，他在青海省讲学时给初二学生讲了说明文《死海不死》，在经过他那种独特的组织教学和导入新课后说：这一课完成的任务有三个，并板书：①三个字，一个词；②了解死海的特征和成因；③传说在说明中的作用，数字在传说中的作用。学生欲记笔记时魏老师说，我们班学生不用做笔记积极思考就行了，于是学生也不做笔记了，集中思考。魏老师又问学生，你们平时学一篇课文用几节课？学生回答用二节课，魏老师说今天用一节课学完，从现在开始（让一学生记住上课时间）。在解决第一个任务三个字一个词时，魏老师让学生推荐一名班上爱写错字的学生，该生在黑板上写出，然后老师让学生用半分钟把一个词照书上的解释回答。第二个任务，魏老师为让学生理解死海的特征和成因，提出了一个问题：死海不死矛盾不矛盾（还提醒如白纸不白矛盾不矛盾）？在老师的引导启发下，学生通过自学课本完成了第二个任务。在完成第三个任务时，魏老师提出问题：传说去掉行不行？我认为去掉可以，但放上更好还是更糟呢？学生回答：更好、更生动、更有说服力，能吸引读者。魏老师说现在看数字在说明中的作用是什么？第4段和第6段一堆数字都是为哪一句话使用的？学生回答……三个任务完成后，魏老师说此课就上完了，还有8分钟，看练习。把书后练习逐一解决了，最后还剩下3分钟，魏老师让全班学生齐读课文最后一句话：那时，死海真的要死了！让快读，慢读，再快读，再慢读；悲哀地读，高兴地读。一节课45分钟就这样轻松愉快地上完了。

魏老师在教学方法特点是：①教学目的明确，重点突出，教学过程按三个任务先后顺序组织教学，思路非常清晰。②教学中除了字词基础知识外，主要重在培养学生听说读写的能力和思维能力。如在培养思维能力时不要求学生做笔记，而要学生积极思考老师提出的问题,积极动脑,自己分析问题,自己解决问题。重视读的能力培养,老师提出的问题,让学生读书时找关键句,这就教活了读书方法,提高阅读能力。③魏老师在课前很重视学生的心理稳定,他告诉学生消除紧张的办法至少有一百种,今天介绍一种:请大家坐直,两脚与肩同宽,闭上眼睛……做完后问学生还紧张吗?之后就上课,这时学生喊老师好后欲坐,魏老师说我们班学生不要坐下,做什么?做口头作文。你们愿意吗?学生回答愿意。于是魏老师出的题目是一小段说明文口头作文,说明一下今天讲台(会场)四周的情况,要求先从正面开始说,并鼓励学生:人做事要忘了别的,解放自己,大胆说。这种课前组织教学的形式既稳定了学生的情绪,消除了紧张心理,又进了行了口头作文练习,培养了学生说的能力。④魏老师上课时让学生知道讲课内容和讲课时间。教师把讲课要点先揭示出来,使学生即使遗漏了某一点,思路也能跟上讲课进展。如魏老师一上课就提出本节课完成的三项任务,使学生紧紧围绕三个任务积极主动学生。

(四)黎世法六课型(因素)单元教学法

我国当代有成效的教学法之一。中学称"六课型单元教学法",小学称"六因素单元教学法"。倡导者为湖北大学心理学教授黎世法。

六课型单元教学法,即将现行教材分成若干教学单元,每单元均按"自学课→启发课→复习课→作业课→改错课→小结课"六种前后紧密联系的课型进行教学。六因素单元教学法,是把教学内容划分为若干个单元,每个单元按"自学、启发、复习、作业、改错、小结"六个步序进行。六课型(因素)单元教学法,旨在从学生的学情出发,培养学生的自学能力。

六课型(因素)单元教学法构建在科学的研究基础之上。调查表明,优秀生学习知识皆经过八个环节:制订计划—课前自学—专心上课→及时复习→独立作业→解决疑难→系统小结→课外学习。本教学法即根据以上八个环节中的六个主体环节分别提出相对的六种课型。黎世法概括了学生学习书本知识的十条心理规律:内因律,学习是内因起作用的主动过程;基础律,从自己的实际起点上开始学习并逐步提高;理解律:掌握知识结论的推理过程;运用律,形成基本技能,将知识具体化;改错律,发现、分析错误并及时改正;结合律,脑和手、课内和课外、理论和实践相结合;精学律,重在掌握基本的事实、理论、技能和思维方法;智能律,概括知识、综合技能,培养自学能力;脑效律,遵循学习规律,提高学习效益;勤奋律,严格要求,克服困难。

六课型(因素)的含义如下。

1. 自学课(自学)

学生在教师指导下,主动自觉地获取知识和技能,从而发展能力。其基本程序是:布置自学提纲;自学指导谈话;根据需要组织学生进行现场观察、实验和社会调查;学生自学,教师巡视;做练习参考题,加深对教材的理解。

2. 启发课（启发）

从学生实际出发，澄清自学过程中难以解决的共同性问题，对关键点给以指导，使学生全面深入地了解教材。本课型（因素）应注意以下几点：讲解简明扼要；让学生带着问题学习；鼓励提问；学生可以发表独到见解，教师进行补充。

3. 复习课（复习）

学生在教师引导下，对所学知识进行独立复习，使知识系统化。步骤有：布置复习提纲，进行复习指导谈话；学生复习并写笔记；教师个别指点，解决共同性问题；若干学生讲解复习笔记并对其进行评论。

4. 作业课（作业）

教师指导学生将学习的知识运用于实际，培养其分析问题、解决问题的能力。它应注意以下事项：作业有代表性；有作业指导谈话；学生独立作业时，教师巡回指导；注意技能的综合化。

5. 改错课（改错）

教师引导学生分析作业错误的原因，改正错误，从而掌握正确的作业方法。学科不同，改错的方法也不同。如数学改错课包括以下几个步骤：教师进行改错指导谈话；互改作业；学生演示并讲解作业，其他学生与之对比，并进行讨论；在重作本上重做自己做错或改错了的题目；根据缺陷在教师的指导下制定课外自学计划。对以上作业评分。

6. 小结课（小结）

学生在教师指导下，通过复习和练习，独立思考，使所学知识系统化、概念化，使所学技能综合化、熟练化。它应注意：布置小结提纲并进行指导谈话；学生根据提纲作独立小结；教师小结前，让学生讲述自己的小结内容；小结后进行测验。

六课型（因素）单元教学法的实验，自 1979 年开始，已经历十余年时间。截至 1988 年，全国 29 个省市自治区有 3 万多所中小学进行实验，十多万教师运用此教学法。实验规模之大，发展速度之快，是空前的。实验有助于大面积提高教学质量，培养学生的自学能力和创造才能。实验对全国的教学法改革起到了极大的推动作用，十余年间，各地纷纷召开实验研讨会、举办实验培训班，有的地方还成立六课型（因素）单元教学法研究会。与此同时，它也在国外有一定反响。六课型（因素）单元教学法立足于"学决定教"的思想，构建了教与学相互结合的教学新体制，突破了传统课堂教学的格局，是对教学结构的系统改革，具有一定的理论价值。

（五）纲要信号图示教学法

前苏联教育学家沙塔洛夫在近 30 年教学实践的基础上总结提出的一种教学方法。

沙塔洛夫认为，既然人们能借助于各种新的生产工具减轻体力劳动的负担，作为一个教师就必须创立一种科学的教学方法以减轻学习负担，提高教学质量。

他发现，有的学生很善于利用教师的板书，同时又发现按板书要点复习功课的学生学习效果较好。于是他想到如果能用一种简明的信号代替繁杂的板书，效果势必会更好。循着这一思路，他创立了"纲要信号"图示法。

所谓"纲要信号"图示，就是一种由字母、单词、数字或其他信号组成的直观性很强的教学辅助工具，它通过各种"信号"提纲挈领、简明扼要地把需要重点掌握的知识表现出来。该方法把课堂讲授和复习巩固分成六个阶段：①教师按教材内容详细讲解；②出示"纲要信号"图表，进行第二次讲解，突出重点，分析难点；③把小型"纲要信号"图表分发给每一个学生进行消化，然后贴在各自的手册里；④要求学生回家后按教科书和."纲要信号"图表进行复习；⑤第二次上课，让学生根据记忆，在各自的练习本上画出前节课上的"纲要信号"图表；⑥让学生在课堂上按图表回答问题。这种教学方法是一种有效地组织学生学习的途径，可减轻学生负担，提高教学质量。应用此法时，采取一些辅助措施，效果会更好。

（六）目标教学法

这是一种把教学、评价、反馈矫正三种教学手段有机结合起来的教学方法。具体说分三步进行：一是确定教学目标。依据大纲，把知识点的教学目标具体化，划分为"识记""理解""简单运用""复杂运用""创见"等不同层次，并让学生明确学习目标。二是围绕目标教学。在教学中，激发学生兴趣，授以学习方法，

围绕目标进行启发式教学。三是测试与矫正。对应目标编制形成性检测题，对学生进行测试，根据反馈情况及时矫正和补救。这种教学方法的理论基础是布鲁姆的"教学目标分类学""教育评价""掌握学习"等理论。采用这种教学法有利于因材施教和帮助学生及时巩固知识，旨在大面积提高教学质量。

这种教法的特点是教者的教育目标明确，以利于采取最有效的措施，并通过信息反馈及时调整，以优化课堂教学结构；学习者的学习目标具体明确，有助于加强求知的内驱力。此法能充分地发挥教学目标的导向、激励、评价等功能。采用此法的课堂教学结构是：亮目标、议目标、练目标、测目标、评目标。环环紧扣教学目标，信息反馈及时，矫正有效，评价准确。

（七）政治五步教学法

政治五步教学法是四川省教科所在国家教委政治课改革试点之一——成都七中提出的。教学的程序如下。

1. 自学

根据教师拟订的阅读（或思考）提纲，学生自学教科书，通过独立阅读获取新的知识，思考领会其内容；在此基础上，学会质疑，实现教学的第一次反馈。

2. 讨论

教师在学生自学、思考的基础上，根据学生存在的一般问题，或多数的同学感兴趣的问题，或教师认为有利于学

生提高思想认识、思想觉悟的问题，采用小小组（前后左右 4 人一组）、小组或全班课堂讨论的形式进行教学，实现教学的第二次反馈，从而促进学生思考，相互取长补短，达到共同提高的目的。

3. 精讲

在学生自学、讨论的基础上，教师对课堂讨论中的问题，进行归纳、精讲教科书中的重难点和学生认识上存在的一些带普遍性的问题，或解答自学讨论中提出的问题，使学生真正弄懂教科书的重难点，提高思想觉悟。

4. 练习

通过口头或书面练习、测验等形式，使学生巩固已学知识，同时获得一定的能力、技能，实现教学的第三次反馈。

5. 小结

通过教师或学生批改作业、讲评等方式，肯定学生成绩，指出存在的问题，分析原因，进一步发展学生的思维能力，开发智力，努力使全体学生达到教学规定的要求。

（八）语文问题导读法

这是一种从提出问题入手，组织学生自学的教学方法。它的特点是：重视学生的自学，体现以教为主导、学为主体的教学思想。理论根据是：儿童不善于集中自己的注意力，好奇心和好胜心较强。教师通过提问和诱导，就能培养学习兴趣和爱好。有了兴趣和爱好，学生的注意力就会集中，学习效果就会提高。教学步骤是：

第一步，出示问题。这是最主要的一环，教师提出的问题要体现课文的重点、难点、疑点，体现知识的内部联系，体现分析问题的思路，由易到难，帮助学生循序渐进地理解课文，并进一步发现问题。

第二步，自学讨论。出示问题后，学生通过自己动脑筋，读读、写写、议议，逐步解决问题。对难度较大的问题，可展开充分的自由讨论。这样，不仅有利于解决问题，还可以克服学生个人学习活动过多的缺陷，形成学生互相负责和互相依存的关系，做到每个学生在同一时间内，既应当是学生，也应当是先生，一人教大家，大家教一人。教师做巡回指导，并做扼要点拨，促使学生深入理解，解决问题，还可以了解学生的掌握程度，做到心中有数。

第三步，质疑答辩。学生自学后，可能还会有一些不明白的问题，这时，应鼓励他们大胆地提出，采用全班大讨论的形式，教师做必要的提示，最后达到悟透或统一。另外，对学生忽视的问题或易误解的问题，教师要围绕重点、难点再问学生，通过问答讨论，使学生能纠正错误，全面掌握。

第四步，集中讲解。对课文的重点、难点，决不能一带而过，教师最后要做总结性的讲解、分析，突出重点、难点，加深学生的印象，取得良好的教学效果。

第五步，作业练习。为了巩固学生的学习效果，还要适当给学生布置作业，强化所学知识。

（九）数学引疑五步教学法

教师在课堂教学的每个环节里，用引疑来创设积极的学习心境，使认知、情感都得到积极发展的一种教学方法。它有一个显著特点是通过暧昧的、矛盾的激疑，使学生产生强烈的探求感，进而在教师引导下积极思维、尝试，通过比较、分析与综合使学生获得正确的结论。因此，每个环节的教与学的基本方法是：创设情境引疑，积极感知尝试，引导形成认识。这样的学习是由被动的承受变为主动的感受，调动了主动积极性，学习能力、心理品质也得到了协调的发展。教学过程就是教师与学生、知识与能力、智能与品德矛盾统一的运动过程。教学中的错与对，疑与思，多与少，情（情感）与识（认识），求异与求一，本质与非本质，教材与用教材教等等对立统一关系都是辩证法的具体应用，所以它的理论基础是辩证唯物论的方法论。

通常把课堂教学分为 5 个环节：引入—设疑，新授—激疑，回授—质疑，扩展—立疑，课终悬念—激疑。

（十）物理悬念教学法

这是一种旨在激发学生学习兴趣的教学法。主要特点是教师在讲课中不断铺设悬念，来激起学生的好奇心和学习兴趣，其教学基本程序可分为以下 3 步：

1. 课题的引入要引起学生的兴趣

教师应在讲课开始阶段，就要紧紧抓住学生的心，使他们的学习兴趣很快

形成。一般的做法是，先巧妙地铺设悬念。比如，在讲浮力一课时，教师可先拿出 3 个鸡蛋，分别置于 3 杯"水"中，这时展现在学生面前的是一个奇特的现象：一个沉在水底，一个浮在水面，一个则悬于水中。当学生大惑不解之时，教师再往杯中分别加进一些"水"。这时，学生又观察到更为奇怪的现象，沉底的鸡蛋慢慢地浮起来，漂浮在水面上的鸡蛋却沉入水底，而那个悬浮水中的鸡蛋中听任随意摆布，让上就上，让下就下。这几个平平常常的鸡蛋立即成为学生思考和议论的中心，迫切揭开浮力之谜的学习积极性也随之被调动起来了。

2. 利用学生的好奇心揭开悬念之谜

比如，当学完沉浮条件之后，教师可以先向学生提出一个问题：鸡蛋重量并未改变，那么促其上浮下沉的原因是什么？在得出是浮力改变的答案之后，教师可继续发问："是什么因素促使浮力改变呢？"由此可引导学生探索规律。

3. 不断调动学生的求知欲再铺设悬念

比如，学完浮力之后，教师可以再拿出那个熟鸡蛋，将其平放在桌子上，然后用力使其高速旋转，让学生注意观察，几秒钟之后，这只鸡蛋竟然神奇般地直立起来。面对这种奇怪的物理现象，教师不需做任何解释，将这个问题留学生思考。

悬念教学法是一种适合于学生心理特点的科学教学方法，它既可以提高学生的学习兴趣和主动求知的精神，又可以减轻学生学习的紧张感。

（十一）化学程序启发教学法

这种教学法是广西师大创立的。它继承了我国传统的启发式教学原则，批判地引进了美国心理学家斯金纳的程序教学法。它运用现代教学规律和整体、有序、反馈原理，按照中学化学知识的逻辑发展程序、学生的认知程序及教育心理学规律，编写了试验教材与课堂练习册，寓程序于教材之中。其教学程序如下。

1. 动员启发（5分钟）

激发学生学习兴趣，创造出"心求通、口欲言"的探求知识情境，引发学习活动。使学生怀着强烈的求知欲望学习新课。

2. 自学探究（20分钟）

学生通过读、做、练、议、知，归纳总结找出知识的纵横关系；教师对学生自学中的各种反馈信息要及时收集分析归纳，为精讲打下基础。

3. 整理提高（10～15分钟）

若自学时视为"撒网"，则这阶段可视为"收网"。教师根据自学的信息及知识的重点、难点用准确生动的推理和扼要的板书将学生从各程序中学到的零散知识结构网络，纳入原有知识整体中，并对新知识的价值、地位有一个准确的认识、正确的运用。

4. 发展深化（5分钟）

让有余力的学生做一些思考题，鼓励一题多解，培养求异思维能力；对差等生加强面批，并肯定优点，激励上进。

（十二）物理四环节启发教学法

这是一种旨在发挥教师的主导作用和学生的主体作用的教学法。该法采取启发、诱导方式，激发学生学习物理的兴趣，逐步培养学习的主动性、积极思维的品质和解决实际问题的能力。该教学法由"预习，提疑，解难和练习"四个环节组成。

1. 预习

学生的知识和能力发展的根本原因在于自身内部的条件和矛盾性。为了激发学生的主动精神，课前，教师出示预习提纲，指导学生结合教材内容进行预习，并写出预习笔记，记下基本概念和发生疑问部分。教师应定期评审学习的预习笔记，以促其看书，培养阅读能力。要求学生在预习中能够发现各种各样的问题，并记录下来。这是逐步培养学生的发散思维能力的有效途径。

2. 提疑

教师在讲课时，首先让学生提出预习中产生的各种疑问，然后将其中重要的、带有普遍性的书写于黑板一侧。这一环节，虽然时间不长，但作用较大，它一方面可以激发学生兴趣，调动其积极思考问题，另一方面能促使学生完成预习环节，同时也为增强下一步听课的注意力起到承上启下作用。

3. 解难

学生提疑，说明其具有较强的求知

欲。教师应抓住这个时机，通过演示实验等启发引导之。解难是关键的一环，教师要本着教材的重难点，有意识地讲解学生的疑问，要避免"蜻蜓点水"现象。

4. 练习

教师组织学生练习可以采取多种形式，如"知识竞赛"等。

（十三）英语双调控教学法

英语双调控教学法是南昌市实验中学教研室所创立。其课堂教学程序如下。

1. 课前预习（信息前馈）

这一程序由教师在上一节课根据课文内容预先布置中文会话材料，让学生在预习中模仿教材，并联想以前学过的旧知识，进行自我会话准备，并以书面形式记录下来。

2. 同桌会话（信息交流）

上课后，即开始同桌学生自由会话，进行第一次信息交流，相互纠正错误，并进行第一次自我信息调控，做好公开会话准备。

3. 公开会话（信息输出）

由教师指明好、中、差3对学生进行公开会话，即第一次信息输出也是学生对教师教的第一次信息反馈，使教师了解学生在预习中对新知识掌握情况，做到有的放矢，及时纠正。

4. 指导会话（信息输入）

这一步，教师第一次向学生进行信息输入，教师要加强英语对话，有意识有计划地把会话内容中的词语、句子纳入语法规范。在教学过程中要注意词不离句，句不离文，不要孤立记单词，应尽量使用体态语和表情，达到刺激——反映——强化的目的。

5. 课内讨论（信息交流）

对会话和课文内容进行研究辩论，发现自身知识缺陷，进行第二次自我信息调控。这时，教师就可以利用学生相互会话的机会，深入学习中，为差生辅导答疑，为优生提供较高层次内容。

6. 再次公开对话（信息输出）

通过第二次对话，既是学生信息输出，又是教师信息反馈，为教师小结提供情况。

7. 新课小结（信息输入）

师生一道对本堂课进行浓缩纲要小结，提出重点，突出难点，如果学生尚有未掌握的难点，应采取补救措施，使学生获得评价信息和头脑里固有信息达到和谐并储存起来。

8. 布置练习（信息储存）

老师可对会话和课文内容所归纳的文法和句型，采取变式练习，以使学生举一反三，增长见识。

（十四）自然课情境激励教学法

这是从自然学科的特点和小学生的心理特征出发，根据所授知识的需要，精心创设教学情境，开展课堂智力激励，激发学生探索和发现的热情，求得教学的"长期效应"的一种高效教学方法。

创设教学情境，一般要遵循以下3个原则：一是以问题意识观察具体事情；二是在观察中逐步提出设想，并使之成为指示学生探索研究的方向；三是不断将设想与具体事物对照修正，经过分析与综合的思考，形成符合客观事物的概念。在创设课堂教学情境后，教师应立即引导学生开展课堂智力激励。所谓"智力激励"，就是要求学生对问题情境，积极迅速地设想出解决的各种可能性，这里，教师要特别注意发挥学生间的交互作用，以引起思维共振，诱发创造性设想，并不断摒弃心理障碍，去进行新奇、独特和别出心裁的创造性思维。

开展课堂激励必须注意：追求数量——设想越多越好；严禁批评——对他人的设想不加以肯定或否定的评价；延迟评价——获得全部信息后，再根据问题需要，经过筛选过滤，寻求最佳设想；结合改善——对更佳设想进行再加工，使之趋于更加成熟，并具有实用价值。

课堂激励，可以采用的具体形式是：教师将学生分成6~8个智力激励小组；给予问题情境；每人循环地提出自己的设想，多多益善，越多越好；每组组长详细记录每一个设想；小组自行评价筛选，找出最佳设想；进行大组交流；教师评价。

学生的探索研究活动是以"问题→设想→实验→结论"的主线展开的，通过情境激励教学，使学生在实验的感知过程中，看到事物的表象；这些表象与已掌握的旧知识相联系，就形成联想；再将联想经过变序、重组的加工处理，

即头脑的想象，寻到科学的结论。因此，采用情境激励法教学，有利于学生创造性思维的训练和培养，有利于学生在学习自然科学知识的同时，受到良好的科学思想和科学方法的操作训练，极大地激发学生探索和发现的热情。

（十五）历史读评练教学法

这是在教师指导下，学生把读、评、练几个环节有机结合起来的教学方法。教师把一堂课分为学生精读教材、学生和教师讲评历史现象和事件、学生复习巩固与练习3个阶段进行。

第一阶段，学生精读教材。首先由教师联系旧知识导入新课后，出示本节课的阅读思考题，指导学生阅读本节教材。阅读思考题必须反映教材的重点，并带有一定的趣味性。学生根据思考题目边阅读边划书。老师要组织学生展开讨论、争辩。这个阶段的主要任务是培养学生独立感知历史知识的能力，初步弄懂教材，促进思考。

第二阶段，讲评历史现象和事件。在学生初步感知历史知识的基础上，教师可以逐个将思考题向学生提问，学生凭借自己的记忆和理解，回答教师的提问，然后在教师的启发、点拨和讲评中，与教师共同活动。之后教师可出示本节课的板书提纲，对教材知识结构进行串线整理，使学生能够牢固地掌握科学的知识。这一阶段教学活动的主要任务是：让学生较准确地掌握教材中的基础知识，培养概括问题的能力。

第三阶段，复习巩固与练习。教师在完成以上两个阶段教学任务的基础上，

对本节课的内容应进行轻重缓急的精讲，从而使学生对科学的新知识有一个加深、巩固的机会。

"读、评、练"教学法，既为发挥学生的主体作用提供了时间上的保证，也为学生进行创造性思维提供了良好的环境。

第13篇

学法指导艺术

一、学习的基本原理

(一)学习概述

1. 学习的概念

学习的概念有广义和狭义之分。

广义的学习指人和动物在生活过程中获得个体经验的过程。凡是以个体经验的方式所发生的个体适应变化都是学习。它是动物和人类生活中的普遍现象。从低等动物,如变形虫,到高等动物,如灵长类的猿猴,从婴儿到成人,都经常以个体经验的改变去适应其周围生活环境的不断变化。所以,学习的这种广义的概念,既包括动物的习得行为,也包括人的行走、言语、知识、技能、习惯和道德品质等学习。当然,动物的学习与人的学习是两种本质不同的学习,动物的学习不管多么高级、多么复杂,它们都是个体对外界环境的自然适应或平衡,只是一种生物现象,它们是受自然的、生物学的规律支配的。而人的学习是社会现象,是受人类社会历史发展规律支配的。

狭义的学习指学生在学校里的学习，是学习的一种特殊形式。它是在教师的组织指导下，有目的、有计划、有组织进行的学习。学生的学习是以掌握人类所积累的经验为主要任务的一种学习，它不仅同人类历史经验的形成过程有很大区别，而且也和在一般条件下人们所进行的学习有所不同。

本书所说的学习是指狭义的学习。

学习这两个字最早是两千多年前我国著名教育家孔子首先把它联系在一起的。他说："学而时习之，不亦说乎？"意思是说，学过的知识和技能，要经常去复习它，应用它，是一件很高兴的事。在这里，孔子虽然把学与习联系起来了，但还未组成一个复合词。后来在《礼记·月令》中"鹰乃学习"一语把学与习结合在了一起。不过这里的学习仍然是两个单词，学是指小鹰向老鹰学飞，习是小鹰自己练习飞的意思。真正把两个单词组成一个复合词，那是以后人们在使用中形成的。

从根本上说，学习是人类认识和改造世界继续生存和发展的重要条件。一个人不学习就是一个愚昧无知的人，就不能适应客观环境，求得生存和发展，更不能创造新的生存条件。一个民族不学习，就是一个野蛮落后的民族，就不能自立于世界民族之林，就不能求得进步和发展。所以，古今中外，一个人，一个民族，一个国家，要想生存和发展，莫不对学习寄予十分的重视。

2. 学习的特点

学生在学校的学习，不同于其他学习，有其自身的特点：

（1）教师的指导。学生学习是在教师的具体指导下进行的，教师掌握和控制着教育目的、方向、进程，支配着学生的学习活动。教师教的好坏，对于学生的学习质量有着重大影响，由于教师的教，使学生学起来容易、简捷，少走弯路，能够节省时间。因此，教师在教与学的活动进程中起着主导地位。但是，主导并不是主宰。从本质上说，教师的教是一种条件，是外因，学生的学才是内因，教师教得再好，没有学生的愿意学，是不起作用的。因此，从根本上说，学生学好学坏，主要原因在于自己的愿学不愿学上。

（2）认识的间接性。在学习过程中，学生所学的内容主要是前人所创造的间接知识，是前人经过实践检验过的真理。这些知识具有浓缩性和逻辑序列性的特点，是按照学科的发展逻辑结构排列成的。这样，学生去认识这些知识时，虽然总的来说要遵循马克思主义的从感性认识到理性认识，再从理性认识到革命实践这样一个认识过程，但是，并不一定机械照搬，在认识具体对象时，也可能是从感性认识开始，也可能从理性认识开始。而且不必像创立这些知识时那样，花大量的时间和精力去摸索，甚至经过许多挫折和失败。学习比创立要容易得多，这就是马克思所说的"知识的再生产（指学习）所必需的劳动时间同最初生产科学所需要的劳动时间是无法比拟的"。

（3）集体交往性。学生在校学习是一种集体交往活动。教师要向几十个人为班级的集体讲课，要把自己的知识、技能、情感、意志向学生传递，学生要接受这种传递才能使自己获得发展。同时，学生之间在学习、生活、情感等方面，时时处处都在发生联系，进行交往。譬如不懂的问题互相请教，多人参加的练习、实习，班级上树立的典型，开展的比赛活动，生活上的互相帮助，情感上的交流，与学校各类保障人员的交往和联系等等。这就是说，学习不仅是在教师指导下的个人活动，而且是一种集体活动，即学习是在一种集体环境中进行的。这种环境对任何人都提供了两种作用：一是互相帮助学习的作用；二是互相竞争的作用。这两种作用的充分发挥对学习十分重要。但是这两种作用并不是均匀的、等效的，而是具有极大的偏袒性，它像地心引力一样，指向那些在学习群体中的活跃者，谦虚者，上进者。由此看来良好的学习环境，密切的人际关系，对学习起着重要的激发作用。

（4）自我作用。学习不像农民种田，工人做工，科学家、艺术家创造物质和精神财富那样，作用于他物，而是作用于自身，"创造"自己，使自己获取知识，掌握技能，发展智力，提高能力，并同时在思想品德、身体、心理等方面得到健康发展。如果说，人类其他的活动更多地带有"为他性"，那么，学习则更多地带有"为己性"。因此，要学习好，就应有强烈的自我发展意识，自我完善要求，充分认识到学习与自己的利害关系，按照规定的目标，最大限度地挖掘自己的生理和心理条件与潜力，顽强拼搏，全面锻炼提高自己。没有这种内省的自我发展和自我完善的愿望，就没有学习的内驱力，就不可能学好。当然这种自我发展和自我完善的要求是受

社会的发展要求制约的，一个人不可能违背这种制约而自由的发展，相反，必须自觉服从和适应这种制约，才能获得顺利发展。其实学习的"为己性"是被表面现象掩盖着的，从根本上说，学习的目的是为推动人类的进步，促进社会的发展。因此，学习不可能脱离社会的需要和制约。从某种意义上说，社会需要和制约也是学习的动力和源泉。

（5）独立性。教师的教，同学的帮，学友的助，家长的诲，都是通过学生自身的学才起作用。俗话说，外因是变化的条件，内因才是变化的根据，强灌硬塞是办不到的。世界上除了学习之外，其他事情几乎都可以找别人代替，学习不行，别人无法代劳。因此，学习具有独立性特点。这就要求学生学习时，要尽量独立钻研，独立完成作业，最大限度地开发自己的思维，把学习搞好。当然也不能拒绝别人的帮助，搞关门主义，独处独学，这样又会应验"学而无友，则孤陋而寡闻"的古训。所以，要把位置摆对，独立学习是第一位的，别人的帮助是第二位的，任何时候都不能颠倒。

3. 学习的过程

学生的学习过程是个复杂的认知加工过程，一般来说，要经过四个具体阶段。

（1）感知阶段。这是对事物认识的最初阶段，它是通过人的各种感觉器官，对事物一般的表层的了解，尚未把握事物的本质和规律。在学习中，学生对所学内容的初步的表象的认识阶段，就是感知阶段。没有感性认识，便不可能向更高阶段的认识即理性认识发展。但是，

感知阶段又是需要发展的，不发展，只停留在感知阶段，便不能深刻认识事物，把握事物规律。在学习中，学生的感知越丰富，越具体，进一步学习就越容易，越深刻。

（2）理解阶段。理解是感知阶段的发展和深化，是通过思维和想象把感性知识提高到理性知识的阶段。在学习中的理解是指对教师所讲内容，通过思考、练习、讨论等学习方法，已经完全懂了，掌握了重点、难点和规律。理解是学习的关键一步，因为它有承上启下的作用。它既是感知阶段的自然发展，又是巩固和应用的前提和基础。因此，在学习中要尽最大努力实现理解。为此：第一，要有真切的、丰富的而不是虚假的、孤陋寡闻的感知。第二，要精力高度集中地听教师讲课。第三，要由表及里、由浅入深、由此及彼地深入思考，把握知识之间的联系和结构。这是实现理解的关键。第四，要与同学讨论，交换看法，互相切磋，加深对问题的理解。切忌"独学无友"，"孤陋寡闻"。

（3）巩固阶段。巩固就是加强记忆。感知的，理解的，如果记不住，那等于没学。一般说来，理解了的东西是最容易记忆的。但是，如果不采取一些记忆措施，很快也会遗忘。记忆最好的办法就是通过各种练习以加强记忆，通过复习以巩固记忆。为此，应做到以下几点：第一，凡是老师布置的作业，要按时保质地完成，要在理解的基础上作业，要对作业的方法、步骤进行通盘思考后动笔，不要把作业视为负担，敷衍塞责，马虎潦草，更不要让别人代做，抄别人的作业。第二，除了老师统一要求的复

习外，自己要有计划、有目的地复习。复习要在遗忘之前进行，不要待遗忘后再重拣。这样能节省时间，提高学习效率。第三，要善于把课程内容串起来复习，找出规律。

（4）应用阶段。应用就是把所学的知识用于实际中去，形成技能和技巧，发展自己的智力，培养自己的能力。学习阶段的应用，不像实际工作的运用以创造出成果为主，而是以发展自己为主，是为将来到实际工作中去的创造做储备，打基础。因此，学习中的应用带有两个特点：一是带有模仿性；二是带有巩固性。应用不仅对于巩固所学知识、培养自己的能力有直接现实的作用，而且对于提高学习兴趣有很大好处。

（二）学习的规律

学习规律就是在学生内化知识、技能和能力的认识过程中反映出来的本质的、普遍的、必然的关系或联系，它决定着学习发展的必然趋势。

学习规律不但是客观存在的，而且是可以认识的。学习的规律主要有以下几种。

1. 学习的不可替代规律

人的学习与发展过程，就是人们在意向心理活动的主导控制下，能动而有选择地感知、加工、输出信息，并通过反馈信息，对其不断进行评价、修正、重组，创造新的信息，同时与环境有序地进行物质、能量、信息交流的过程。换句话说，人的学习与发展过程，就是获取科学文化知识，提高思想认识，发

展各种能力，形成科学的世界观、方法论及相应的道德品质和行为习惯的过程。人的学习与发展过程，任何人都不能、也不可能代替。这就叫做学习的不可替代规律。

对学习不可替代规律的揭示或发现，对于提高教学效率和教学整体效益，提供了科学的思想理论和指导原则。

对于教师，如果对学习的不可替代规律有了深刻的认识，认识到这是不以人的主观意志为转移的客观规律，那他就能自觉地端正教学思想，主动摒弃陈腐的教育观念，充分发挥自己在教学中的主导作用，启发诱导学生充分发挥其学习的主体作用，进而最大限度地挖掘学生的身心潜力，促进学生的德、智、体、美、劳全面发展，提高教学效率及其整体效益。

对于学生，如果对学习不可替代规律的客观性、必然性有了深刻的认识，就会自觉地克服学习的依赖思想和侥幸心理，增强自我教育、自我评价、自我修养、自我完善与发展的主体意识，自觉地以百折不挠、坚韧不拔的顽强意志，战胜学习中遇到的各种困难，在不断的求知探索中，发现真理，增长才干，促进自身的全面发展与成长。

根据学习的不可替代规律，提高教学效率及其整体效益，首要的问题就是处理好学生的意向心理品质发展与发展学生认知心理的关系。教师通过精心设疑，激活学生的意向心理活动——调动学生学习的积极性和主动性。因为人的认知心理活动总是在人的意向心理活动的主导下，相互促进，交织发展的。如果学生的意向心理活动尚处于消极、懈

怠状态，对学习没有明确的目标，缺乏战胜各种困难的顽强意志和信心，学生的认知心理就不可能得到发展，就不可能获得坚实的基础知识，并掌握熟练的基本技能及科学的思想方法。至于发展智能更是无从谈起。所以，教学中教师的首要工作就是深入、具体地研究教学内容和学生，从教学内容和学生的生理、心理特点，以及学生的认识、知识、技能的实际发展水平出发，密切联系生产、生活实际，创设无意识心理与有意识心理高度和谐统一的教学情境，激活学生的意向心理活动，使学生想学、爱学、好学。

学习的不可替代规律，还为坚决废止注入式、满堂灌的陈腐教学观念与方法，牢固树立教为主导，学为主体的教学思想观念，提供了科学的思想理论依据。

根据学习的不可替代规律，必须坚决克服以讲代练的主观主义教学方式与方法，变以讲代练为讲练结合，以练为主。讲之精要在于从实际出发，精于设疑，善于诱导。练既要程序科学完整，层次分明，又要少、精、活、变。练的程序，应该是先模仿后变式，先简单后综合，先温故后创新。

自觉遵循学习研替代规律，充分发挥教师的教育主导作用和学生的学习与发展的主体作用。主动地变以教代学为以教导学；变以讲代练为讲练结合，以练为主；变以教抑思和以记代思为学思结合，以思促学，深思精记；在加强基础知识与基本技能教学的同时，注重培养学生的能力，发展学生的智力。

2. 学习的循序发展规律

在学习知识技能的过程中，人的认知心理总是随着有效智力劳动的增加而循序发展提高，并呈周期性变化。这一规律，叫做学习的认知心理循序发展规律。简称为：学习的循序发展规律。其循序发展程序是：感知—理解—识理—顿悟—会通—灵慧。

研究学习的循序发展律对学习与教育实践的指导意义在于：有助于人们遵循学习的循序发展规律，制定科学的学习程序。学习掌握规律性的系统知识、技能与方法，科学的学习程序应该是：感知学习—理解学习—识理学习—顿悟学习—会通学习—灵慧学习。

（1）感知学习。就是在感知具体事物或前人积累的知识、技能与科学方法时，应首先学会观察、听讲、阅读等感知方法，以及形象思维、记忆方法，在"学"中"习"，同时还要在"习"中"学"，并通过模仿练习，进行感知应用学习。

（2）理解学习。就是在感知的基础上，在认识事物的抽象逻辑思维过程中，应该优先学会分析、综合、概括等抽象逻辑思维方法和理解记忆方法，并及时进行变式练习应用，在应用新学到的知识、技能、方法进行变式练习中，进行深入的学。

（3）识理学习。就是在理解的基础上，在进一步认识事物的内在本质联系、进行综合练习的过程中，同时学会分析、综合、比较等抽象逻辑思维方法和规律记忆方法。

（4）顿悟学习。就是在学习掌握新的知识、技能与方法时，如果遇到困难，百思不得其解时，就应暂时放一放，另寻契机。积以时日，便有可能顿悟。

（5）会通学习。就是在学完一个相对独立的知识单元后，应用顿悟时形成新思想、新观点、新认识；对已学过的知识技能进行系统化的综合复习时，同时学会综合归纳方法、结构化方法，以及系统记忆方法等。

（6）灵慧学习。就是在应用已经掌握的知识技能进行评价、分析与解决问题时，学会科学的评价方法及分析与解决问题的辩证逻辑思维方法，以至变得更加灵敏聪慧。

研究学习的循序发展规律对教育实践的指导意义在于：在教育指导学生学习掌握系统知识时，应该自觉遵循学习的循序发展规律，按照科学的学习程序，组织、指导教与学，并坚持教学的程序性、程序结构的完整性，既要教知识、技能，更要教方法。使学生越学越灵敏，越学越聪明。

3. 学思结合律

学习的实质是用脑的过程，思维的过程，是学与思相互作用，相互促进和循环递进的过程。学思结合律揭了学与思密不可分的辩证关系。

学是信息的输入和认知，思是信息的处理加工，即对所感知材料的内化理解、编码、贮存、加工，使学习的知识升华。所以，学与思是学习过程不可分割的两个阶段。通过学习，引发疑问，促进思考，经过思考解决不了问题，便会去请教别人或自己深入研究，最终使问题解决。这样互相促进，使学习更深入，更细致，更透彻。

著名古代教育家孔子对学与思的辩证关系有一精辟的论述："学而不思则罔，思而不学则殆。"一针见血地指出了二者密不可分，相得益彰的关系。明代学者王夫之在《四书训义》中对学与思论述的更为详尽，他说"致知之途有二：曰学曰思。学则不恃己之聪明，而一唯先觉之是效；思则不徇古人陈迹，而任吾警悟之灵。……学非有碍于思，而学愈博则思愈远；思正有功于学，而思之困则学必勤"。他们二人深刻地提示了学思结合的内涵，说明了只有学思结合，才能提高学习效率。

在学习中，如何以学引思，以思促学呢？

（1）深钻生疑，以疑引思。学习过程是一个由不知到知、由知之甚少到知之甚多的认识和发展过程。在这一过程中，不知和疑问是普遍存在的，但在学习中能否发现不知或疑问，起决定作用的是学生是否深思。深思了，问题就会自然地蹦出来。否则，浮光掠影，即使问题摆在那里，也会从眼前溜掉。因此，在学习中，人们通常以能否发现问题来衡量深思的程度。那么，在学习中通常有哪些问题呢？

其一，尚未领会的问题。这类问题比较肤浅，一般是书上写了，教师讲了，但自己尚未理解，其产生的原因大体上有：一是由于自己的经验不足，对教学内容不能很好理解；二是由于教师所讲问题与前边所学内容或别的课程有密切联系，但因前边未学好或因时间过久产生遗忘造成的；三是由于学习精力分散，未认真听讲造成的；四是教师讲得不深

透，或教学方法不当造成的。一般来说，对于这样的问题比较好解决，只要经过一番认真钻研即可。但是不能积累过多，长期不解决，那就会堆积如山，"积劳成疾"了。

其二，"举一反三"的问题。课文所写和教师所教都不会把所有的问题都写到、讲到，不留一点余地。而在大多数情况下，只是举其一，说典型，而另外的和典型的普遍化，则依靠学生自己去深思，去触类旁通。

学习中需要自己去"反三"的事处处都有，时时都在。譬如说教师讲各种题材的写作方法，也只能讲一般规律，所举范文最多一两篇。这就需要学生自己去"反三"。能否在学习中"反三"是能否发现问题学得深入的重要标志。学生应时刻记住教师讲课不会倾盆而注，而是涓流细淌，留有余韵，需要自己去寻找品味。有如此的心理准备，发现问题就是功夫问题了。

其三，内涵的问题。表面看来很容易懂的课程，并不说明它没有深刻的内涵。老子说的牙齿与舌头，是再浅显不过的了。但其内涵却只有孔子理解，而弟子中一个也不理解，道理何在？还是一个用脑深思的问题。苹果从树上落下来，恐怕很多人都看见了，但只有牛顿从中悟出万有引力定律。

德国心理学家韦特海默，去听一位教师的数学课。这位教师讲平行四边形面积的求法。教师先引导学生复习了长方形面积的求法，然后在黑板上画了一个平行四边形，并在四角上写上 a，b，c，d，接着又在平行四边形的左上角和右上角分别引出一条垂直于底边的垂直

线，并把底边线向右延长，使之与所作的垂线相交，然后分别标出 e 和 f。

作好图后，教师证明了平行四边形面积等于底乘高的积，即 $ab \times de$，或 $ab \times cf$。证明以后，教师又举出各种大小不同的平行四边形面积的求法，下课前还指定了十多个这类问题作为家庭作业。

一天后，这个班的下一堂数学课，韦特海默又去了。

课开始时，教师叫一位学生到黑板上证明平行四边形面积是如何求得的，学生正确地回答了问题。

但是，韦特海默征得教师同意后，走到讲台上，在黑板上画了一个图 abcd。有的学生一看这个图吓了一跳。

一个学生说："教师，我们还没有学过这个。"另外的学生忙起来，他们把图抄在纸上盲目地像教师那样作辅助线，然后他们迷惑、发窘，不知从何着手解题。

为什么会出现这种现象？问题在于学生只从表面上去理解教师讲的，模仿教师做法，对教师讲的实质并未真懂，因此，情况稍一变化就不知所措。

其四，外延问题。所谓外延的问题，就是说要从内容的前后联系或人物经历、时代背景等方面去发现问题。不管什么样的课程，前后内容都是紧密联系的，前边为后边服务，向后边发展，后边是前边的延续和承接。从它们之间的联系上去思考，就容易发现问题。譬如唐朝柳宗元的诗《江雪》：

千山鸟飞绝，万径人踪灭。

孤舟蓑笠翁，独钓寒江雪。

要想很好地理解此诗的含义，应该对作者的经历和写此诗的背景有个大概的了解。

柳宗元 20 岁时考中进士。唐朝规定，考中进士不能直接授官，还要经过吏部考试，合格后才能任命。可巧，柳宗元考取进士后父亲去世，为了尽孝，他不能参加吏部考试，由此耽误了仕途。26 岁时他才通过吏部考试，被授集贤殿书院正字，负责校勘经籍图书工作，是个小官。在此期间他结识了改革派王叔文等人。唐德宗去世，顺宗即位，王叔文等改革派被重用，柳宗元也被任命为礼部员外郎。但是，由于藩镇势力强大，王叔文等改革派很快失败，柳宗元被贬任永州司马（今湖南省零陵县）。在永州度过了十年拘囚生活。在此期间母亲又去世，给他重大打击。自妻子杨氏去世后，柳宗元一直与母亲相依为命，如今唯一的家庭主持去世，使他更为孤苦。政治上的失意，生活上的家破人亡，反对派的落井下石，亲朋故友的不与来往，使他郁积于心，才写出这样的诗句。了解了柳宗元的经历，对此诗就不难理解了。

那么作者是如何表达自己的心情的呢？

就写作技巧来说，可以提出这样的问题：一是前边的千山、万径与后边的孤舟、独钓有何关系？二是前边写山写径，为什么采用远望掠影写法，后边的写江写人为什么采用近景特写手法？等等。经过一番思考以后，就会发现，作者这样写，把自己当时的寂寞、孤独、冷怆的心情，惟妙惟肖地表达了出来。前边是远眺，后边是近看，这不仅符合当时的自然环境，如实地写出了社会的真实，而且能细微地刻画出渔翁的孤寒，让人看到他在那寂静冰冷的雪江中正在发抖的身影。

这是从前后联系上去思考时可能想到的问题。如果像前边提到的，从字面背后去思考，那可能会提出更深层的问题。如作者为什么用渔翁垂钓而不是用别的来表现自己的失意呢？是不是其中除了寂寞、孤独、冷怆以外，还有什么寄托呢？不难看出，这是有的。至此我们会联想到姜太公钓鱼的事。但是，既然"千山鸟飞绝，万径人踪灭，"这样的期待是很渺茫的，不可能像姜太公遇到周文王那样的知音，只能把这变为自己的清高、孤傲和愤俗。再者，作者为什么写雪天、而不写雨天、风天呢？因为雪天较之雨天、风天更能表现政治气候的寒冷和无情。

从内容的前后联系上去思考和发现问题，可以帮助我们深刻理解课业内容，掌握事物的规律。因为任何事物都不是孤立的，而是有紧密联系的。这一能力的培养，对于将来到工作中避免孤立地看问题，注意历史地发展地看待事物，是有极大作用的。

（2）求异思维，引发思路。上一个问题提到，任何事物的发展变化都是与其他事物密切联系的，不是孤立。课业内容的表达也是如此，必然是多角度多方面的，单线条的时候很少。即使是逻辑十分严密的数学也是如此，勾股定理的证明就不是一种。据说在有些国家，教师批改学生的数学作业，不仅看最后得数，更重要的是看演算过程，看思路。这恐怕就是出自多角度思考问题，从而培养学生的思维能力考虑的结果。数学如此，语文、政治等社会性很强的课，

更是如此。因此，引导学生求异思维（或发散思维），打开思路，从多角度去分析问题，从而加深理解，任何时候都是可能的。

从不同的角度去思考，可以丰富想象力，全面把握课业内容。这一点犹似平时所说"锣鼓听音，说话听声"。当然，也不要去节外生枝，故意曲解。林黛玉见到贾母给了姐姻一件皮大衣，就想到自己受冷落，看到人家团聚，就想到自己孤单，由此生出不少悲伤。宋朝苏轼写过一首《惠崇春江晓景》一诗：

竹外桃花三两枝，春江水暖鸭先知。

蒌蒿满地芦芽短，正是河豚欲上时。

对其中的"鸭先知"有人就提出为什么不写鹅先知，或是其他先知呢？这样的提问自然是一种非难，对理解诗意无任何好处。

（3）分析综合，实现深思。上面谈到要生疑发问，多角度思考问题，这自然是深思的重要途径。但还必须运用分析综合的方法，才能更好地实现深思的要求。

人的思维有形象思维和逻辑思维。不管哪种思维，都离不开分析综合。所谓分析就是在头脑中把事物的整体分解为部分或者把整体的个别特征、个别方面分解出来。所谓综合就是分析的逆过程，是在头脑中把事物的各个部分联合起来，或者把事物的特征方面综合起来。分析和综合是密切联系的，不可分割的。只分析不综合，就会只见树木、不见森林，犯瞎子摸象的片面性；反之，只综合不分析，就会只见森林，不见树木，犯浮光掠影的表面性。

学习任何一门功课，任何一个问题，

都要用分析综合的方法，才容易把握课业内容。

在运用分析综合时，应注意以下几点：

第一，注意全面性。事物是由多方面的因素构成的，又是与其他事物联系的。因此在分析综合时，要注意到它的所有方面和与其他事物的联系。不要抓住某点或某几点得出片面结论。

第二，要围绕主线和中心去分析综合，否则可能会偏离方向，造成错觉。如前面提到的有人对"春江水暖鸭先知"提出质疑，这就脱离了主线，此诗是苏轼为别人题画而作，画中是鸭，又如何改为鹅呢？

第三，分析综合的思路要清楚，要把握事物的内在联系，注意层次性，同时，也不要把分析综合的起点搞错，不可把基础环节和中间环节互换互混。

总之，深思既是学习的方法问题，又是学习的态度问题。离开它，即使是最简单的问题，也不可能学好，更不可能学活。请记住爱因斯坦的话："学习知识要善于思考，思考，再思考，我就是靠这个学习方法成为科学家……"。

（三）学习的理论

1. 王夫之的学习过程理论

王夫之的学习过程论是我国教育思想中最重要最具有代表性的一种学习理论。它是在继承前人五步学习阶段基础上，从深化其意义方面进行发展的，不仅集学习研究精华之大成，而且具有"推故而别致其新"的特色。他说："学之弗明仍须问，行之弗笃则当更以学问思辨养其力，而方学问思辨之时遇着当行，便一力急于行去，不可曰吾学问思辨之不至而俟之异日。若论五者第一不容缓则莫如行。"（《读四书大全说》卷三）。

在王夫之看来，学习过程五阶段的任务，不是孤立的，而是紧密相连的。学、问、思、辨、行之间，既有一定的逻辑顺序，又有轻重缓急之分，既有学与辨的内在联系，又有学与思、思与学、辨与问之间的内在联系，更有"行"靠"学问思辨养其力"的功夫，五者是彼相关，互相作用，相得益彰，交错往复进行的。但前四者又以"行"贯穿其中，"遇着当行，便一力争于行去"，"行"是"五者第一不容缓"的。这就讲透了五阶段学习过程的辩证关系。可见，王夫之阐发的学习过程诸阶段的关系，是以辩证唯物论的认识论为依据，从分析学习心理入手的，所以具有"推故而别致其新"的特色。他认为，各阶段互相作用、彼此交错的关键是：学的阶段——强调博学必须与专精结合；问的阶段——阐述它是由无疑到疑，再由疑到无疑的矛盾运动过程；思的阶段——着重讲学与思的关系，并且把思又分为"明辨"（思其当然）和"慎思"（思其所以以然）两个步骤；行的阶段——论证了行在整体过程中的意义。

王夫之特别强调学习过程中的"尚志为先"，认为"志"是"心之所期"，"人之所主"，立志在学习中起着统率作用。他指出："志立则学思从之，故才日益而聪明盛，成乎富有。"（《张子正蒙注》卷五）。

王夫之又很重视学习过程中的"时习"作用。他认为，"时习"能使人"知旧进不已"，如果能做到"于所效（模仿）而服习（时习）之"，就能收到"能日熟而不息"的效果。他把学习中的有序性和"时习"中的"不息"精神结合起来，这不仅是对学习过程论的深化，也是对循序渐进内含的进一步阐发。

由此观之，王夫之的学习过程论，是以孔子、朱熹的理论为基础，以揭示各阶段的内涵及其联系为侧重的学习理论，因而独具特色。其模式可归结为（立志）—博学—审问—慎思—明辨—（时习）—笃行七个阶段。

2. 联结学习理论

这是美国心理学家桑代克提出的一种学习理论。他把人和动物的心理过程，特别是学习过程，用刺激和反应之间的联结的概念加以说明。他认为，感觉印象和反应间的联结的形成是学习的基础。他根据对动物的研究，认为学习的基本方式就是尝试与错误式的学习。所以，学习的联结说又称尝试与错误说（简称试误说）。桑代克由于受到德国生理学家冯特和美国生物学家摩尔根著作的影响，从1896年，开始从事动物心理的实验研究，1898年，他提出了名为《动物的智慧：对动物联想过程的实验研究》的博士论文并获得通过。该论文阐述了他关于学习问题的见解和理论。

桑代克对猫的学习实验是著名的。他把一只饿猫关入笼中，笼外放有鱼或肉。猫在笼中用爪求食而不可得，于是在笼内乱咬、乱搔、乱摇……后来偶然碰到门钮，笼门被打开，猫逃出笼外，

吃到食物。如此反复连续进行实验，可以看到猫的无效动作逐步摒除，打开笼门取得食物所需的时间逐渐减少，最后，猫一入笼就能转动门钮开门而取得食物。根据这类实验的观察，他认为学习是一种渐进的、尝试与错误的过程。随着错误反应的逐渐减少，正确反应的逐渐增加，终于形成固定的刺激与反应之间的联结。他认为学习并不是由于领悟或理解，而是一种尝试与错误的过程。

桑代克根据对动物的研究，提出了三条基本的学习规律。

（1）效果律。在情境与反应间建立一个可以改变的联结，如果并发或伴随着满意的情况，联结力量就增强；如果并发或伴随着烦恼的情况，联结力量就削弱。

（2）练习律。包括应用律和失用律。应用律：一个已形成的可以改变的联结，若加以应用，联结就会增强。失用律：一个已形成的可以改变的联结，若不应用，联结就减速弱。

（3）准备律。是效果律的从属规律，即当任何传导单位准备传导时，给予传导就引起满意；当任何传导单位准备传导而不给予传导，或任何传导单位不准备传导而勉强要它传导，就引起烦恼。

1930年以后，桑代克修改了早期提出的某些规律。主要的改变是：

第一，练习并不能无条件地增强刺激与反应之间的联结力量，单纯的练习不一定能引起进步，必须同时引起满足的效果才能增强联结的力量。所以他把练习律从属于效果律，练习律实际上已不成为一条主要的定律。

第二，赏和罚的效果并不相等，赏

比罚更有力，烦恼不一定使联结减弱，所以，后来就不强调烦恼情况所导致的效果，实际上只承认罚的间接作用。因此，后期他认为效果律是学习的主要规律。同时，他还提出了相属性的规律以代替练习律。他还同伍德沃思一起进行了有关练习的迁移的实验，提出了关于迁移的理论——"共同因素说"。

第三，桑代克的联结说是第一个提出的较系统的学习理论，并提出若干学习规律。他所提出的理论和规律，引起了当时和以后许多心理学家的实验研究，成为学习心理学中争论的主要问题之一。他不仅建立了学习法则，而且还把它运用于教育实践，尤其是效果律、练习律对教育实践有较大的影响。他所提出的理论和主要法则，为以后的行为主义、新行为主义所发展。对桑代克的学说，有各种批评。主要指出它是原素主义的、生物学的、机械的；他忽视理智的作用，把人的学习与动物的学习相混同而归之于试误，是不科学的。

3. 经典的条件反射学习理论

指美国和西方心理学家对巴甫洛夫关于条件反射形成的学说而言。为了和美国心理学家斯金纳的操作条件作用说相区别，西方心理学家就把巴甫洛夫的条件反射形成的学说，称为经典的条件作用说。

20世纪初期，巴甫洛夫在研究消化生理的过程中，观察到被试动物——狗，不但在吃到食物，即食物直接刺激口腔时会分泌唾液，而且在看到曾经吃过的食物的外形，闻到食物的气味、甚至听到盛过食物的器皿的响声或饲养者的脚步声时，也会分泌唾液。这种现象被称为"心理分泌"现象，它引起了巴甫洛夫的极大的注意。巴甫洛夫创造了在精确的实验条件下研究高级神经活动的方法，并发现了条件反射形成的基本规律，提出了条件反射学说。在巴甫洛夫的条件反射实验中，以狗做实验对象的典型程序和过程是，首先呈现中性的、无关刺激（如灯光或铃声），同时或紧接着分别给予能引起唾液分泌的食物或退缩反应的电击等无条件刺激。在一般情况下，如此反复进行若干次之后，仅仅灯光或铃声的出现就能引起唾液分泌反应或退缩反应了，也就是说形成了条件反射。在巴甫洛夫的实验条件下，为了形成条件反射，必须使用以形成条件反射之中性的、无关刺激物的作用与无条件刺激物的作用同时发生，或者更准确地说，必须使它稍早一些发生。如果铃声以足够的次数与狗的喂食同时发生，它就会变成条件性食物刺激物，变成喂食的信号，而只要有铃声的时候，狗就分泌唾液。如果灯光以足够的次数与给予狗腿上的伤害性刺激物同时发生，它就会开始引起举脚的退缩动作。无条件刺激物能使在它的基础上形成的条件反射加强起来，所以就把这种手段叫做强化。巴甫洛夫的实验研究指出，条件反射不是天生的、种的反应，而是后天所获得的一种个体反应，并且它是在一定的条件下对一定的刺激所发生的一定反应，所以称它为条件反射。条件反射是大脑皮层的机能，是在大脑皮层中形成了一种暂时神经联系。条件反射是一种信号活动，它可以使每一个个体更好地适应其生活条件，达到与周围环境取得更加精确的平衡这样一种可能。巴甫洛夫指出："显然，我们的一切培育、学习和训练，一切可能的习惯都是很长系列的条件反射。"巴甫洛夫系统地研究了条件反射形成的基本规律和各种抑制（内抑制和外抑制）产生的规律。并以条件反射作为方法研究了高级神经活动过程的扩散和集中、相互诱导等运动规律和大脑皮层机能的系统性等，提出了著名的条件反射学说。

巴甫洛夫的条件反射学说，对研究学习的心理学家有很大的影响，尤其是对美国的行为主义心理学的影响更大。1919 年，行为主义的创始人美国心理学家华生在他的《行为主义心理学》中，就采用了巴甫洛夫的条件反射概念，系统地阐述了他的行为主义心理学的理论体系。他从行为主义的立场出发，认为心理学的研究对象是行为，而行为的基本构成因素就是刺激和反应。他把行为和反应分为遗传的反应和习惯的反应。他采用了条件反射的概念来说明习惯反应，认为一切复杂的习惯行为都是通过条件作用而逐渐形成的，他把它叫做条件反应、交替反应，并且把条件反射形成的程序和过程总称为条件作用，这就是华生关于学习的条件作用说。从此以后，特别是自巴甫洛夫于 1927 年发表了《条件反射》以后，条件反射的研究就在美国盛行起来，许多行为主义心理学家都以条件反射的概念和方法来研究和说明行为的学习问题，把条件作用作为学习行为的基础。1930 年以后，美国的新行为主义理论开始形成，这些新的理论的核心也是所谓的"条件作用"论。应当指出，华生等人只是把巴甫洛夫的条件反射学说看成是条件反射形成的程序和过程而已，而其条件作用说同巴甫洛夫的条件反射学说在基本理论观点是不同的。例如，巴甫洛夫的条件反射学说是研究和探索高级神经活动的生理规律的，他不否认意识、心理，他认为人因有第二信号系统的活动而与动物存在着本质的差别；而华生等人则根本否认意识，把它归之于行为，他们仅仅注意肌肉和腺体的生理学而忽视大脑皮层的生理学，混淆人与动物的界限，抹杀其间的本质差别。所以，行为主义在条件作用的名称下，实际上把巴甫洛夫学说变成了行为主义的一个变种。

正是由于华生否认遗传在人的成长中的作用，所以他特别重视学习对人的发展的作用。华生认为学习过程是刺激与反应之间联结的过程，人们通过学习形成习惯。他反对桑代克颇具影响的效果律，而用桑代克以前的较古老的联想主义学习规律像拉近律、频因律和近因律解释学习。他坚持正确的反应是最近的反应，在学习过程中，这种反应发生得越来越频繁。华生的这种学习理论显然不能令人满意。

然而，华生行为主义的教育主张却引起了教育界的许多争议。华生否认遗传的作用。片面的夸大环境和教育的作用，是一位典型的教育万能论者。他有一段著名的话充分地反映了他的这一教育观。"给我一打强健而没有缺陷的婴儿，让我放在我自己设定的特殊环境中教育他们，那么我可以担保，随便挑出其中一个婴儿，都可以把他训练成为我所选定的任何一种专家、医生、律师、艺术家、商界首领乃至乞丐和盗贼，而不管他的才能、嗜好、倾向、能力、天资和他们祖先的种族。"

华生最初并不反对本能和遗传，只是后来才只承认一些简单反射来自遗传。华生在否定了遗传对人的发展的作用之后，开始片面地夸大教育的作用，认为人的行为完全来自环境教育，特别是早期训练。把人的成长看成是后天条件反射的建立过程，把人视为环境和教育的产物。

华生的这种教育主张由于片面的夸大了教育的作用，也就否认了学习过程中人的主观能动性的作用，因而是一种机械论的观点。

4. 接近学习理论

是美国教育心理学家格思里在桑代克、巴甫洛夫以及华生的学习理论基础上提出的具有自己特色的学习理论。他的理论观点有其独到之处，体系更为实用，在行为主义教育心理学中有重要地位。

格思里认为，学习的实质就是刺激和运动的同时结合。他的这一学习理论是建立在 1953 年他所提出的一条最基本的假设基础之上的。这条基本假设是："刺激的一组合，如果有某种运动伴随它发生，它再次出现时，那一运动将会随之而产生。"1942 年，他又进一步对这假设进行了补充："一个刺激模式第一次与一个反应相结合，就获得了充分的联结力量。"这就是说学习是一次完成的，要么完全学会，要么学不会。据此，要特别强调"接近学习"这个原则。他把接近学习原则解释为："在呈现一组刺激时发生的最后动作（最新近），将会在这

组刺激再次出现时复现。"在几十年的时间里，他始终是一位只是以这个接近学习规律为基础的学习理论的强有力的提倡者。认为学习仅仅依赖于刺激和反应的接近性。

既然格思里认为学习是一次完成的，那么对重复练习带来的进步作何解释呢？格思里以为学习的进步：一是由于给反应呈现的精确刺激一次次尝试时发生了变化；二是由于结合在一起作为"反应"的整体行为的复杂性。他认为练习带来的进步是就动作、学习结果，而不是运动细节而言的。他用实例来加以说明一项技能，如：篮球赛的投球，并非单一动作，而是一种复合的动作系统。它不仅依赖单一的肌肉运动，而且也需要在多种不同条件下的多种运动。一次尝试可以学会单一的动作，但要学会复杂的技能，所需要的全部运动则必须在各种情境中进行练习：如近距离投篮，远距离投篮，从这一侧投篮，从另一侧投篮，有人在身边防守时投篮，无人防守时投篮，等等。这样个体由单一的一个个动作的学习，就逐渐学会了投篮的整个动作系统。格思里的这种解释解决了其一次尝试完成学习假设与掌握技能之前实际经历逐渐提高之间的矛盾。

格思里还用他的假设解释了遗忘现象，他认为遗忘的产生是由于干扰的结果，如果不干扰原先的学习，遗忘就不会发生。研究表明条件反应即使在某些方面看起来很微弱，但实际上很可能对抗遗忘。大多数在实验室形成的的条件反应和长久保持性可被理解为内在的学习。而一种针对特殊线条的学习，在条件作用情境之外，学习者在日常生活中

碰不到这种线索。如果学习者生活在条件作用的情境中，他的反应必将受到很大的干扰。

此外，格思里还对驱力、意向、奖励、惩罚、迁移和习惯改变等学习的几个基本问题进行了研究，也大都有其独特的见解。他用自己简单的假设试图把这些问题一一地加以剖析、解释和说明，丰富了行为主义学习理论比较狭隘的理论观点。

格思里可称得上是一位学习心理的理论家，并表现出某种重理论构建，而轻实验研究的倾向。从以上论述也可以看出，他更多地从事的是理论探讨，而不是行为主义十分流行的实验研究。他把其学习理论的概念观点全部建立于接近学习的假设之上，对学习理论中的一些典型问题，也用这一简单的假设进行解释，并且似乎大都能自圆其说，这充分体现了他惊人的思辨能力。

格思里的学习理论，在教育心理学中之所占有重要的地位，还应归于他的理论体系的简明性。浅显易懂是格思里一贯主张的写作和理论建设特色。如格思里认为，科学规律若要有用，就必须接近真理，但也必须表达得通俗易懂。然而，许多心理学家也指出，格思里学习理论的简明性可能只是假象，格思里建立在其接近学习原则上的简明理论似乎是完美无缺的，但我们知道即使是最先进的科学也不是从科学家脑子里迸发出来的，格思里的体系对学习问题作出肯定无疑的回答，并在经历了 40 多年之后，仍坚持不变，这不能不使人们对其产生怀疑。格思里学习理论的简明性因此被一些心理学家指责为不完整性。认

为格思里没能解决学习中的某些主要问题。他们认为格思里的学习理论还需要其他的假设和假想来作为补充，才能更好地解决学习心理问题。尽管如此，格思里作为一位一流的学习理论家，为了表彰他对学习理论所做出的突出贡献，美国心理学基金会于 1958 年授予他金质奖章。

5. 操作条件作用学习理论

美国心理学家斯金纳提出的一种学习理论。斯金纳是一个新行为主义者，他宣称自己的学习理论是一种纯描述性的行为主义，在性质上是非理论的。他认为一切行为都是由反射构成的。他从操作主义的立场出发，把反射定义为刺激与反应间的一种可能观察到的相互关系。他说，心理实验者的任务就是给予已知的刺激，观察学习者的反应，从而探究学习规律。他不满意桑代克的满足论和赫尔的内驱力说，坚持只研究刺激和反应的关系，而不参与建立介于刺激和反应之间的生理或生理环节的任何假心理学。

他的操作条件作用理论，是由观察动物在他发明的实验装置（斯金纳箱）中的操作行为而提出的。他设计的一种实验装置是以箱内装一个杠杆，小杠杆与传送食物的机械装置相连接，杠杆一被压动，一粒食物丸就滚进食盘中。把饥饿了的白鼠放到箱中，白鼠自由活动，当它偶然间跳上杠杆时，就有一粒食物丸滚入食盘，白鼠便吃到食物。它一旦再按压杠杆，就又吃到食物，经若干次的强化，这种条件反应就形成了。

斯金纳认为，行为可分两类：应答

性行为和操作性行为。前者是由已知刺激所引起的反应；后者则没有可觉察的刺激，而是由有机体本身发出的自发的反应，亦称自发性行为。他把条件反射也分为两种类型：刺激型条件反射和反应型条件反射。巴甫洛夫和经典条件反射属于刺激型条件反射，因为在这一实验中，刺激在前，反应在后，强化物同刺激相结合。斯金纳的操作性条件作用属于反应型条件反射，因为在这时反应发生在刺激之前，强化物同反应相结合。所谓操作性行为就是那种作用于环境而产生结果的行为。在这个过程中，行为是自然现象，是获得刺激的手段和工具，所以这种条件作用又称工具性条件作用。虽然斯金纳承认有两种行为和学习，但他更强调操作行为。他把大多数人的行为，甚至几乎所有人类的条件作用或学习都看做是操作。他认为操作行为更能代表实际生活中人的学习情境，因此，他认为行为科学最有效的途径就是去研究操作行为的条件作用和消退作用。

斯金纳用其所设计的实验装置研究了老鼠、鸽子和人的行为，总结出了习得反应、条件强化、泛化作用与消退作用等学习规律。他把学习的公式概括为：如果一个操作发生后，紧接着给予一个强化刺激，那么，其强度就增加。所增加的不是某一特定的反应，而是使反应发生的概率增强了。他认为，使条件作用的速率增加，练习固然重要，但关键的变量却是强化。练习本身并不提高速率，只能为进一步强化提供机会。他指出，行为之所以发生变化是由于强化作用，因而直接控制强化物就是控制行为。在斯金纳看来，教育就是塑造人的行为，

有效的教学和训练的关键就是分析强化的效果以及设计精密操纵过程的技术，也就是建立特定的强化。

斯金纳对学习理论的贡献，首先，在于他的客观研究精神，以及尊重事实的科学态度，他并不主张先有理论假设，然后再推演假设的正确性，而是以事实为根据，注重对研究事实的描述，并从大量的事实中总结概括出规律性的东西。其次，他对操作条件作用进行了深入细致的研究，并把操作条件作用作为他行为学习理论的基石，把其他很多的概念、原理的解释置于操作条件作用之上，使人们能够比较成功地预测和控制行为。再者，斯金纳的强化理论研究是对教育心理学，乃至整个心理学的一大贡献，他的研究成果，至今仍为有关的研究奉为经典。并且他对强化问题研究的成果已被广泛地应用于教育、商业事务中。最后，斯金纳基把他的理论和具体研究广泛地运用于教学机器和程序教学中去，在教学上有较大的影响，他提出的程序教学理论观点已被当今的教育、教学所普遍采用，并且随着电子计算机、家用电脑的进一步发展与普及，它将发挥出更大的威力。

然而，斯金纳学习理论研究也不是完美无缺的，和他所受到的褒奖一样，他也同样受到种种的攻击。对斯金纳的批评之一是他的学习理论中所包含的明显的极端实证主义、操作主义倾向。斯金纳虽然声称他抛开一切先入为主的理论，但他实际上是把操作条件作用作为其理论的基本框架的，从他的论述中可看出，他试图用操作条件作用原理来解释人类的学习行为，甚至在 20 世纪 80

年代还不断撰文来捍卫自己的严格行为主义的立场，并对认知主义提出指控。斯金纳把人类广泛的心理现象、行为用单一的操作条件作用来解释，显然是过于褊狭的。对斯金纳的批评之二主要集中于他明显的动物化倾向。他把意识排除在科学之外，把意识和行为等同起来，否认意识是客观世界的反映；不承认人类学习具有特别属性，把人的学习同动物的学习等同看待，把从动物实验所得到的规律简单地用来解决人的学习问题，显然是忽略了人与动物的本质区别。斯金纳有关人类行为的经济的、社会的、政治的和宗教的事务方面的见解也带有明显的动物化倾向。

正像人们所说的，在科学领域内，批评是一种形式的颂扬，只有在一种理论引起人们的广泛注意的时候，它才会引起人们的争论。对斯金纳的批评毫不影响他在教育心理史上的重要地位。

6. 程序学习理论

旨在帮助教师将课堂的集体情境改变为个人的学习情况，而把学习材料分成许多小的步子，并系统地排列成便于学习的程序。它要求学生对每一步所提出的问题作出反应，确认反应正确以后，再进入下一步。如此逐步前进，以至教学目标的达成。其基本过程如图 13.1 所示。程序学习开始于美国教育心理学家普雷西 1924 年设计的第一台自动化教学机器。20 世纪 50 年代，美国行为主义心理学家斯金纳根据操作条件反射的原理，在普雷西教学机器的基础上提出学习材料程序化的思想，并设计教学机器。以后又发展成为可以不用教学机器，只

用程序教材的程序学习（或教学）。

学习程序的编制一般遵循下列诸原则：

（1）小步子原则。为了能循序渐进，由易到难地掌握材料，达到目标的序列由小步子组成，每次只给一步。

（2）积极反应原则。为了提高学习的主动性，学习者要作出积极反应，如"书写""按键"一类的外显反应。

（3）及时反馈原则。为了学习的进行迅速而准确，学习者反应以后，要及时获得信息反馈，明确正误。

（4）自定步调原则。为了适应个别差异，学习者要确定符合自己的能力和水平的进度。

（5）低错误率原则。为了提高学习的正确率，在编制程序过程中除按照材料性质划分序列外，还要根据学习者可能产生的错误考虑补充程序和反复修改，使错误减至最低限度。

在学习程序中，有斯金纳型的直线程序和克劳德型的分支程序，前一种模式的程序、学习的目标不是再认而是重现，要求学习者对程序作出构思反应（如填充或写答案）。后一种模式的程序则要求作出多重选择反应，即根据学习者的反应在分支上作下一步提示。所以，编制程序要预先估计学生的各种典型反应。

现在程序学习（和教学机器），在向学习与教学手段现代化的方向发展，在步子大小、序列、反应方式以及信息反馈等问题上，尚需进一步研究和加以妥善解决。一般说来，它是掌握许多学科领域里已确定的知识内容的一种有一定成效的方式，但它不是学习科学方法、

讨论有争议性的问题、表达思维的独立性与创造性的适宜而有效的"策略"。它照顾到个别差异，便于自学，但对培育良好的人们之间的社会关系却少有助益。

程序学习还在不断发展过程之中，其技术装置已发展到了计算机辅助教学（简称CAI），但在理论和技术上尚处在探索的阶段。深入研究它的各个方面吸取其中有用的部分，这对提高学习和教学的质量，将会有一定的作用。

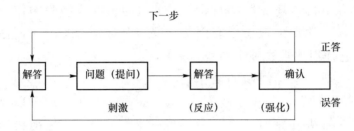

图 13.1

7. 格式塔学习理论

格式塔心理学派关于学习的理论学说。其代表人物是德国心理学家韦特海默、苛勒、科夫卡。格式塔学派认为人类和高等动物的学习，根本不是对个别刺激作个别的反应，而是对整个情境作有组织的反应过程；学习并不是依靠"尝试"，而是由于"顿悟"的结果。所以，格式塔心理学派的学习理论又称"顿悟说"。格式塔心理学说是一种反对元素分析而强调整体组织的心理学理论，该派认为任何心理现象都是一个"格式塔"。"格式塔"是德文的音译，又译"完形"，意即形式或图形，在格式塔学说则是指某种被分离的整体而言。他们认为心理现象的最基本的特征是在意识经验中所显现的结构性或整体性。整体不是由个别部分拼凑而成，它先于部分而又决定部分的性质和意义，所以整体比部分之和大。知觉并不是感觉相加的总和，思维也不是观念的简单的联结，理解乃是已知事件旧结构的豁然改组或新结构的豁然形成。

格式塔学派最早是从韦特海默研究知觉问题开始的。后来他们把在知觉研究中形成的观点扩大应用到一切心理现象中去，就逐渐形成了关于学习的"顿悟"理论。格式塔学派关于学习的学说，最初是由苛勒提出来的。他于1913—1917年在大西洋加那利群岛中的特内里费岛对黑猩猩进行了一系列的观察和实验研究，1917年，出版了《类人猿的智力》一书。他在这部著作中，竭力反对和抨击美国桑代克的试误说，初次提出了顿悟的学习说。他认为桑代克的结论由于其实验方法太难，动物不能看清整个场面，其实验结果是可疑的；如果让动物看清整个场面，就可看到动物能发生何种水平的行为。为探讨黑猩猩是否具有智慧行为，他设计了迂回道路和实验（即通向目的物的直接通路被堵塞，但还留有一条迂回的间接通路）。他对黑猩猩的智力测验分为"迷路""工具的使用""工具的制造""建筑"等共16种。如，把黑猩猩放在栅栏中，把香蕉放在栅栏外黑猩猩直接取不到的地方，但栅栏内有一根手杖或两根短竹竿，黑猩猩可以用手杖或把两根竹竿接起来而取得水果。苛勒把动物引进这种场面观察动物是怎样取得目的物的，即如何解决课题的。他在实验中发现：黑猩猩的活动总是针对一定的目标和参照整个情境来进行的，很少表现出与情境无关的盲目的尝试行为；黑猩猩常常出现一个窘困或安静的时期，它仔细地观察整个情境，最后忽然贯通，出现一个不间断的动作序列，正确地解决了问题，取得了水果。一般来说，动物在解决问题时，没有多次的尝试，而是立即成功了。苛勒根据这类实验观察的结果，断言动物的学习是一种突然的领悟和理解。他认为，学习不是由于盲目的尝试而偶然获得成功，而是由于对整个情况有所顿悟的结果。他认为尝试错误除了干扰外，对学习并不起作用，学习的成功完全是由于顿悟的结果。

格式塔学派认为，学习同知觉一样乃是一种组织作用的结果。所谓组织作用，就是指知觉经验中旧结构的豁然改组或新结构的豁然形成。学习是对心理环境的重新组织和重新的构造。这种组织作用乃是一种先验的原始的机能，是与知识经验无关的。组织作用的发生，不需要任何过去的经验作基础能直接地被体验到，因此特别强调直觉。

格式塔心理学派的学习理论，对以后的认知心理学有较大的影响。在美国托尔曼的符号学习说以及瑞士皮亚杰和美国布鲁纳的认知发展说中，都可以看到这种思想的影响和发展。20世纪20年代初，格式塔学说传入中国，一些学者先后翻译了《格式塔心理学原理》《儿童心理学新论》《拓扑心理学》等著作，

对中国心理学的发展有一定的影响。

格式塔派的学习理论，重视整体，强调顿悟和理解，看到了人的智慧作用，比桑代克的学说更少机械性，较符合人的学习特点；但是，它把学习看成先验的机能，排斥经验的作用，把顿悟与尝试错误对立起来，是不正确的。

8. 场学习理论

德国拓扑心理学家 K. 勒温提出的一种学习理论。他把物理学的场概念引入心理学，认为个人的心理行为是在一种心理场或生活空间中发生的，是由所在场作用于他们的力决定的；学习也是依存于生活空间而产生的，它是场的认知结构的变化。他反对美国心理学家 E. L. 桑代克的试误说和俄国生理学家巴甫洛夫的条件反射说，而特别重视顿悟和认识。

勒温虽也认为心理学的主要研究对象是行为，但他以为行为或心理事件都"取决于其人的状态及其环境"，用公式表示就是 $B = f(PE)$。公式中 B 代表行为；P 代表人；E 代表环境。用数学的术语来说，B 等于 PE 的函数，用通俗的话来说，就是行为随着人和环境这两个因素的变化而变化。勒温鉴于以往的心理学没有一个相当的名词，于是就创造了一个新词叫做生活空间。在他看来，每一个人在每一瞬间都有一独特的心理环境，而当时的个人与当时的心理环境就合成了当时的生活空间。他认为包括学习在内的个人的心理行为，是在这种心理场或生活空间中发生的。然而，勒温所指的是心理环境，即个人当时意识到的和没有意识到的心理事实，而不是

指客观的环境；他所说的人也是当时具其有某种需要的个人。勒温认为人是一种复杂的能量系统，具有各种各样的需要。当心理环境中的事实被人感知时，就可产生一定的引拒值。凡能满足人的需要或愿望的，具有正引拒值，有吸引力；凡不符合需要或愿望的，具有负的引拒价值，有排拒力。吸引力使人趋向某一事物，排拒力则使人背离某一事物，因此这些力都是向量。这些力彼此交涉而产生的动力结构就构成为动力场。在动力场中人的活动有所趋就、有所退避，并随着动力结构的变化，人的行为也变化。

勒温反对行为主义把学习简单化为尝试错误或刺激反应的直接联结，倡导顿悟学习。勒温用动力场来解释顿悟学习，认为有效学习必须具备的三个条件是：领悟，目标和认知结构。目标是人们注意的结果和客体。个人一旦知道了吸引他的目标，就试图寻找到它的方法，并据此调节自己的行为。顿悟的产生则是生活空间的认知结构的形成或改变。勒温认为学习是由四种变化构成的：认知结构的变化；动机的变化；团体属性和思想意识的变化；肌肉的随意控制及熟练的长进。而认知结构的变化是具有特殊意义的概括或领悟。他认为在认知范围内，学习就是一个获得新的认知结构或改变旧的认知结构的过程。

美国教育心理学家比格认为场论心理学在教学上的应用是很有成效的：

（1）场论认为，人既非依赖环境，也不独立于环境之外；人既非环境所创造，也并非与它无关。

（2）勒温的学习理论是以"目的"为中心的，他认为行为是有目的的，所有的学习活动都由目的指引。

（3）场论心理学家把学习集中在"认识"上，他们试图使学习者通过自己的眼睛观察世界，而不是让环境和教师把知识灌进自己的头脑。

（4）强调学习情境的重要性。勒温认为教师在教学中的作用是为学生树立一个榜样和创造一个学习情境，启发学生学习的内在兴趣。

（5）勒温强调当前的情境，集中注意于同时发生的情况。在他看来，场论心理学的一个基本特征应当是描述影响个人的心理场，如果教师不学习了解个别学生生活的心理世界，他将永远不能给儿童以恰当的指导。例如，教室里学生的物质环境相对地说尽管是一样的，但各人的心理场（即生活空间）却是独特的。比如甲生被教师讲课和作业所吸引，对于其他一切事物都不在意；乙生半心意的听课，注意力主要还在其他儿童身上；丙生好交际，希望全班都注意她；丁生身在教室，但"心理上"却已为学校新开来的拖拉机所吸引了，等等。

勒温的学习场论只是一家之说，他用生活空间解释学习，片面强调心理事实的实在性及其影响，从而排除客观现实的作用，就陷入了主观唯心主义错误。

9. 信息加工学习理论

加涅在论述学习的类型和学习的结果时，都把学习作为一个过程，每一过程都有开端和结尾。因此，可以把这些过程分成若干阶段，每一阶段需进行不同的信息加工。在各加工阶段中发生的事情，即学习的事件。在他看来，这种学习的加工，形成了学习的信息加工理论的基本结构。这些都是学生内部加工的过程。与此相反，教学过程既要根据学生内部加工过程，又要影响这一过程。因而，教学阶段与学习阶段是完全吻合的。在每一教学阶段中发生的事，称为教学事件，这是学习的外部条件。教学就是由教师安排和控制这些外部条件构成的。而教学的艺术，就在于学习阶段与教学事件是否完全匹配。

（1）学习的模式。加涅认为，学习的模式是用来识别学习的结构与过程的，它对于理解教学和教学过程，以及如何安排教学事件具有极大的应用意义。现有的学习模式各式各样，加涅认为，最典型的学习模式是信息加工的模式（见图 13.2）。

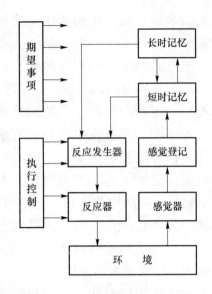

图 13.2

从图 13.2 中可以看到信息从一个假设的结构流到另一个假设结构中去的经过。

学生从环境中接受刺激，刺激推动感受器，并转变为神经信息。这个信息进入感觉登记，这是非常短暂的记忆贮存，一般在百分之几秒钟内可以把来自各感受器的信息登记完毕。有些部分登记了，其余部分很快就消逝了，不再影响神经系统。为什么有些信息登记了，有些消逝，这涉及注意或选择性知觉的问题。

被感觉登记了的信息很快进入短时记忆。信息在这里可持续二三十秒钟。短时记忆的能力很有限，一般认为只能贮存 7 个左右的信息项目。一旦超过了这个数目，新的信息进来，就会把部分原有信息赶走，若欲保持信息，就得采取复述的策略。但复述只能有利于保持

信息以便编码，并不能增加短时记忆的贮存量。

当信息离开短时记忆进入长时记忆时，信息发生了关键性的转变，即要经过编码过程。所谓编码，不是把有关信息收集在一起，而是用各种方式把信息组织起来。信息是以编码形成贮存在长时记忆中的。一般认为，长时记忆是个永久性的信息贮存库。

当需要使用信息时，需经过检索提取信息。被提取出来的信息可以直接通向反应发生器，从而产生反应；也可以再回到短时记忆，对该信息的合适性作进一步考虑，结果可能是进一步寻找信息，也可能是通过反应器作出反应。

期望事项是指学生期望达到目标，即为学习的动机。正是因为学生对学习有某种期望，教师给予的反馈才会具有强化作用。换言之，反馈所以有用，是因为反馈能定学生的期望。执行控制即加涅所讲的认知策略，执行控制过程决定哪些信息从感觉登记进入短时记忆、

如何进行编码、采用何种提取策略等。由此可见，期望事项与执行控制在信息加工过程中起着极为重要的作用。加涅所以不把这两者与学习模式中其他结构联结起来，主要是由于：①这两者可能影响信息加工过程中的所有阶段；②它们之间相互联结的关系目前还不很清楚。

在加涅看来，学习与记忆的信息加工过程是密切联系在一起的。因为不断的反馈，使信息流在学习者与环境之间形成一个环路，两者不断地相互作用。根据上述信息流程图，加涅认为学习过程可以分为八个内部操作。因此，从操作的变化，可以作出学习已经发生的结论。

反馈是学习的最后阶段，这是通过强化过程发生的。加涅说，一个学习活动为了它的完成，需要一种自动的或者设计造成的反馈。当反馈是由操作本身提供的时候，它是自动的。教师们的主要作用，是以信息反馈的形成，提供人为的强化物，例如，他们回答说："那是对的"，"正确的"，"是的"。强化起作用，是因为在动机形成的阶段学习心向已经确立的时候建立起来的期望，在反馈阶段，得到进一步肯定。"可以假定，强化过程对人起作用，不是因为实际上提供了报酬，而是因为报酬的预期被进一步肯定了"。所以，教师的工作，首先是通过答应对学生的们的学习给以"报酬"来形成他们的动机，然后学习完成时给以"报酬"。

反馈阶段显然是外部事件影响的，而且，信息反馈也并不一定要使用"对""错"、"正确"或"不正确"这类词汇。在课堂教学中，教师可以使用许多微妙的方式反馈信息，如点头、微笑等。此外，需提醒注意的是，反馈并不总是需要外部提供的，它也可以从学生内部获得。例如，学生可以根据已学过的概念和规则，知道自己答案是正确的。

加涅认为，教学是一种外部事件，教学设计的目的，是要影响学习的内部过程，学习的阶段以及学生内部活动过程，都是与教学阶段相吻合的。

加涅学习理论的一个主要特点，是博采各家各派之长。他吸收了行为主义、格式塔心理学、人本主义以及控制论等观点，并把它们融合进自己的理论中去。在他的论著中，广泛引证了从桑代克、巴甫洛夫、华生到斯金纳；从韦特海默、勒温到皮亚杰、布鲁纳和奥苏伯尔；从布卢姆到班杜拉等人的观点，但几乎没有对他们进行任何批判性分析。不过，从加涅对学习问题的论述中，我们还是可以看到他的基本立场是从行为主义走向认知学派。由于加涅通过利用他人的研究成果来阐述学习理论，所以有人甚至认为，加涅的理论还"不足以构成一种真正的学习理论"。

但是，加涅学习理论的最大优点在于注重应用，即把学习理论研究的结果运用于教学实践。在加涅看来，对人类学习研究的目的，就是为了丰富教学理论的知识。教学理论与学习原理是联系在一起的。几乎每个教师都可以在他的学与教理论中发现一些与自己经验相符的东西，同时又可以根据加涅的学习模式作出各种新的尝试。

加涅提出了八个由简至繁的学习层次，对每种学习的内部条件和外部条件一一作了分析，教师可以此安排教学内容和选择教学方法，以保证教学活动顺利进行。此外，加涅把学习过程、学习结果和教育目标有机地联系在一起，都是由低级到高级累积而成。每一层次的学习决定了学生将会得到什么样的结果（即学生会形成什么样的能力），而对学习结果的分类，实质上就是对教育目标的分类。在这点上，加涅与布卢姆是很相似的。然而，加涅的累积学习模式也有过于简单化之嫌，因为各种理智技能除了有上下递进的关系外，还有前后左右的相互关系或交叉关系。

应该承认，加涅对学习的内部条件和外部条件的论述是颇具辩证法的。他认为教学过程既要根据学生内部加工过程，又要通过教学指导并影响这一过程。简单的地说，影响学生学习的因素是由教学决定的，但教学若要有效，一定要依据学生的内部条件。

加涅教学理论集大而成的特点，最明显地表现在他对学习阶段和教学阶段的论述上。

（2）学习的阶段。从学习模式中可以看到，学习是学生与其环境之间相互作用的结果（图 13.3）。学习过程是由一系列事件构成。加涅认为，学习无论有时多么简单，有时多么复杂，都包括八个阶段，方框上面是该阶段的名称，方框里面是在该阶段学生内部的主要学习过程。

从图 13.3 中可以看到，学生内部的学习过程一环接一环，形成一个链索；与此相应的学习阶段把这些内部过程与构成教学的外部事件联系起来。这里有两点需要注意：第一，在日常教学中，每一学习阶段并不一定都能观察到，有

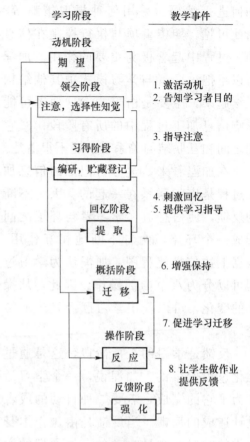

图 13.3

时，其中某些阶段是组合在一起的。第二，学生并没有意识到或不可能意识到其中大多数内部过程。学生对自己在学习过程中内部发生的事往往知道得甚少。

下面，分析学习过程的八个阶段：

①动机阶段。加涅把动机分成三类，即诱因动机、操作动机和成就动机。诱因动机是个人力求达到某种目标的力量，这种目标的实现可以获得某种方式的报酬。这种动机反映了人要操纵、支配和掌握他们的环境的自然倾向。操作动机则是强调内在的积极参与（包括好奇、探究和征服）的力量。如学生有长大成人的愿望，因此要参与成人的活动。成就动机是指个人可能在某种程度上追求

成就品质，这是一种较高追求的动机，它引导学生向着教师、学校和社会所期望的方向发展。加涅认为，动机与学习的关系是相互促进的，动机可以促进积极的学习，而成功的学习也可促进动机的发展。因此，学习的首要阶段是调动学生的学习动机，使学生积极主动地参与到学习活动之中。

②领会阶段。这个阶段主要包括学习者对刺激的注意和察觉。在学习过程中，学习者必须对与学习有关的刺激区分开来。如若是在听人讲话，就必须注意句子的意义，而不是讲话人的声调、口音等。加涅认为，在学习的早期阶段，应对学生的注意控制能力作专门的训练，使学生形成自觉的受口头或书面语控制的行为。

在学习过程中，由于学生的知觉具有选择性，要使刺激物受到注意，这些刺激的各种特征必须明显而可区分。

③习得阶段。加涅认为，学习者感知外部刺激之后，学习活动就开始了。习得阶段包括学习者把他的感知的东西编码储存在中枢神经系统里面。从信息加工原理来看，这个过程就是感觉知识经过编码进入短时记忆后过程。

由感知到的知识进入短时记忆中暂存的知识，这个过程中的编码在知识获得阶段是很重要的。加涅根据认知研究的成果，认为所记住的（即编码了的知识）与最初呈现的材料是有一定出入的，学生所储存的并不是所学的东西的真实翻版。编码过程是把刺激组合起来，根据以前学过的概念、规则把它们分类、组合、系统化。

④保持阶段。它是指短时记忆中编码了的知识再进入长时记忆储存起来的过程。加涅认为，长时记忆的储存方式大致有三种：一是所储存的知识永久保存，就像储存在永久的磁带上一样；二是某些储存的东西会随着时间的推移而逐渐"消退"；三是新记忆的东西可能对已储存的知识起"干扰"作用。

⑤回忆阶段。这个阶段是指搜寻记忆库，并使学习过的材料得到复现的过程。回忆过程往往使用一种检索线索，这种检索是指学习变化得到回忆以致能表现为一种操作活动过程。加涅认为，检索过程和我们所知的大多数学习过程一样，受外界影响，人们在使用一些检索线索的情况，易于回忆起先前所学的知识。

⑥概括阶段。概括阶段是指把学到的知识推广到更广泛的范围之中，使其具有更广泛的意义。在这个阶段中，学习者关键在于使学到的知识发生迁移，也就是把所学的知识用到新的不同场合。

⑦操作阶段。操作阶段按照学习的信息加工过程来说，就是反应发生器组织学习者的反应，并让他对已习得的知识进行操作。操作可以证实学习者是否真的已掌握所学的知识，因此，它也可以起到一定的强化作用。学习行为的操作为下一步反馈作了重要的准备。

⑧反馈阶段。它是学习过程的最后阶段。加涅把学习比作一个圆环，认为这个"学习的环节"是由反馈来联结的。动机阶段确立的期望直到肯定这种期望的反馈，组成了整个学习过程。反馈是通过表现出由学习获得的新操作而实现的。这种反馈具有一种强化作用。加涅认为，反馈对人类的行为，特别是对人

类的学习具有广泛的意义，因为反馈使动机阶段确立的期望得到证实。反馈是学习过程不可缺少的重要一环。

以上论述了加涅有关学习过程的八个阶段，整个学习活动由这一系列的阶段组成。教师可根据学习过程的这些规律来组织教学，使学习的每一阶段都顺利通过，直到整个学习活动的圆满完成。

加涅的学习理论是教育心理学史上的重大转折，这代表着教育心理学研究的一种新起点。这主要表现在两个方面：一方面，加涅的学习理论一改长期统治教育心理学的刺激反应传统，提出一种新的信息加工认知观。另一方面，加涅的研究对象是人类复杂的学习行为，而不是传统的简单的动物实验研究。

加涅的学习理论的主要不足之处在于他的理论观点缺乏系统性，对于许多概念大都只停留在分类之上，没有强有力的理论基础把它们统一起来，并进一步深化。其次，他的理论缺乏必要的实验证明，大多处于经验思辨水平。再者，他的学习设计原则难以操作，难以推广。

10. 布鲁纳的学习理论

布鲁纳处在美国心理学由行为主义向认知主义转变的大环境之中，他的教育心理学观点反映了这一发展趋势。布鲁纳的结构主义学习理论的基本观点概括起来主要有以下几点：

（1）认为学习的过程包含"三种几乎同时发生的过程"。第一，新知识的获得过程。他认为，人们在学习中所获得的新知识往往是同他以前似乎知道的知识相违背，或者是它的替代，至少可以说是学习者先前已有知识的重新提炼。

但这过程中获得的知识可能是不详尽、不确切的。第二，知识的转换过程。他认为，这是学习者处理知识使它们适合面临要解决的新任务的过程。这种处理、改造需要我们采取使知识超越它的范围的处理方式，即运用外推法、内推法、或变换法把知识转换、整理成另一种形式。转换包含着学习者处理知识的方式，目的在于学到更多的知识。第三，对知识的评价过程。他认为，这是核对一下我们处理知识的方法是不是适合于这个新任务的过程。主要是看一下经过概括、外推、内推得到的知识是否恰当，这样一种评价，常常包含对知识合理性的判断。

布鲁纳还认为，任何一门课程的学习都包含着一连串的情节，每一小节的内容学习都涉及获得、转换和评价三个过程。学习情节运用得最好时，可以反映以前已经学过的东西，而且可以举一反三，超过前面的学习。

（2）认为学生的认知经历着"动作表征、映象表征、符号表征"三个发展阶段。第一，动作表征阶段。他认为，儿童最初的认知结构是动作表征象，大约5岁以前的儿童都处于这个阶段。这一阶段的儿童多数是从动作中认知的。这种认知结构是刺激和反应的直接联结。第二，映象表征阶段。大约6～10岁的儿童处于这种认知发展阶段。这一阶段的儿童常把事物当做视觉或听觉的想象或动作掌握或表现的状态，这是以内在意象为基础的。例如若问"这里有5个和3个苹果，一共有几个苹果？"处于行为表征阶段的儿童要用手指具体地数一数之后，才回答得出。而处于映象表征阶段的儿童，只消看一眼，就可以作出回答。他认为这是映象表征简约了动作的缘故。第三，符号表征阶段。这是以抽象的、任意的和更灵活的思想体系为基础的阶段。它是依靠语言符号来表征事物的认知方式。符号表征比映象表征更具概括性。处于这一阶段的儿童已能够把握事物的本质，并理解事物之间的逻辑关系。所以，符号表征是最高级的认知阶段。

（3）强调学生学习各学科的"基本结构"。所谓"基本结构"，即各种基本概念、基本原理以及它们相互之间的规律和联系。他认为，对学科基本结构的学习，有助于迁移，有助于举一反三。为此，强调使学生参与知识的建构，结构的学习过程，掌握知识的整体与事物之间的普遍联系，而不是让学生去学习和掌握零碎的经验或知识的结论。

（4）强调发现学习的方法。发现学习是指让学习者自己去发现教材的结构、结论和规律。这种学习方法要求学生像科学家那样去思考、探索未知，最终达到对所学知识的理解和掌握。不过，布鲁纳对发现的界定是比较宽泛的，它不仅包括人们探索未知的行为，还包括用自己的头脑亲自获得知识的一切形式。发现学习的基本过程是：掌握学习课题、制定设想、提出假设、验证假设、发展和总结。运用发现学习的要点是：要有适当的设计；提供必需的资料和条件；不断地提问、引导和耐心的等待。为了把原发现改编成适合学生进行再发现过程的教材，就要做到以下几点：①缩短原发现的过程；②简化原发现过程中出现的启示期的思维过程；③把原发现过程中出现的大量的可能性，精简为少数几个主要的选择。

他认为，发现学习有许多优点；首先，有助于开发利用学生的智慧潜力。由于学生亲自发现事物的关系和规律，能使学生产生兴奋感、自信心，从而促使学生智慧的发挥和效率的提高。其次，有利于调动学生的内部动机。发现学习是以自我奖赏来自行进行的学习活动。研究发现，在发现学习中，学生会在积极地处理他的环境、解决问题过程中获得他的报酬，从而提高学生内部动机的作用。第三，有利于学生掌握发现的方法，以培养学生提出问题、解决问题的能力和端正其创造发明的态度。第四，有利于保持学生的记忆。由于学生自己把知识系统化、结构化，所以能更好地理解、掌握和保持学习内容，也能更好地运用所学的知识。

（5）注重激发学生的内部动机。布鲁纳把内在动机分为四种：好奇心，上进需要，自居作用和伙伴间的相互作用。他强调要根据学生的兴趣来组织教学，引发学生学习的内在动机，使学生对所学的材料产生积极主动的兴趣。在教学中，努力把所要传授给学生的东西变成学生自己的思维对象，创造必要条件，发展学生才能和进行创造性思维的能力，使教学过程积极化。他反对奖赏或竞争等外在动机的作用。

布鲁纳从结构主义的出发对学习理论进行了深入的研究，其研究成果对教育心理理论影响深远，引起了教育教学的一系列改革运动。但是，他的学习理论也受到一些的批评，主要有是两个方面：一是片面强调知识结构的重要性，忽视知识内容的学习。如果没有实际知识内容的学习，知识结构的掌握只能是空洞的和抽象的，也难以用于解决实际问题，更难以培养学生的适应能力和生活能力。良好的学习理论应能处理好有关知识、技能和智力发展三方面之间的关系，如果忽视知识、技能的学习，学生智力的发展也必然落空。二是片面强调发现学习方法，忽视教师在教学中的主导作用。发现学习往往过分强调学生学习的主观能动作用，使教师的主导作用难以发挥，这必然造成教学活动"学"与"教"双方的互动作用的失调。这种方法还常常忽视学生的个别差异，年龄差异等。一味地强调"像科学家"那样的去发现，去探索，把高深的东西教给与之不相符合的年龄阶段的学生，这种与客观规律相悖的观点，必然造成学习的失败，学生学习兴趣的降低等。因此，发现学习作为一种学习方法要想发挥其作用应"因时因地"而制宜。

11. 接受学习理论

这种理论是与发现学习相对的一种学习理论。即学习者把已现成的定论的形式呈现给自己的学习材料与其已形成的认知结构联系起来，以实现对这种学习材料的掌握的学习理论。接受学习理论不依靠学习者的独立发现。美国教育心理学家奥苏伯尔是倡导这种学习理论的代表。

接受学习常被人认为是鹦鹉学舌式的机械学习。奥苏伯尔用有意义学习理论加以科学的分析，指出它不能与机械的学习画等号，而完全可以是有意义的。接受学习是机械的还是有意义的，取决于学习发生的条件。有意义学习需要具备两个条件：一是学生要具有意义学习的心向，即把新知识与认知结构中原有的适当观念关联起来的意向。二是学习材料对学生具有潜在意义，即学习材料具有逻辑意义，可以和学生认识结构中的有关观念联系。这两个条件缺一不可，否则会导致机械学习。这就是说，不论学习的材料内容有多大潜在意义，如果学生的心向是要逐字逐句记住它，学习就可能是机械的；反之，不论学生有怎样的有意义学习心向，如果学习的材料内容纯属任意的联想，学习也不能是有意义的。然而，倘若符合上面提到的条件，教师能将有潜在意义的学习材料同学生已有的认知结构联系起来，学生也能采取相应的有意义学习的心向进行学习，那么在这样条件下发生的学习将是有意义的。奥苏伯尔的接受学习故特称为有意义接受学习。

有意义接受学习是一个积极主动的过程。它要求学习者进行一系列活动：第一，在决定新知识登记到已有的那些知识中去时，需要对新旧知识的"适合性"作出判断。第二，当新旧知识存在分歧和发生矛盾时，需要进行调节。第三，新的命题通常要转化为个人的参照系与学生个人的经验背景、词汇、观念结构趋于一致。第四，如果找不到作为调节新旧知识分歧或矛盾的基础，需要对更有概括性、容纳性的概念进行再组织。然而，这里的学习任务实质上是呈现而不是发现，上述活动限于要求理解学习材料的意义，新旧知识趋于一体化。

许多学科的材料都是有一定的组织体系的，其中的大部分内容，特别是一些理论性材料，不一定需要亲身实践和独立发现，通过有意义接受学习就可以掌握。在这一点上说，有意义接受学习是一种有效的、首要的手段。它比发现学习更为经济实惠。但是，实际生活中的许多问题，学生技能与学习方法的掌握则需通过发现学习才能解决。因此，在论述有意义接受学习为主时，重要的是注意并发挥"组织教材使清晰、稳定而明确的意义得以出现，并作为有组织的知识体系长期坚持下去"这一职能。它要求教师进行创造性劳动，不是照本宣科。

总之，奥苏伯尔的接受学习理论，推动了教育心理学的发展，被人们公认的主要有以下两点：一是提倡有意义接受学习，使学习理论的研究迈上了一个新台阶，从而摆脱了机械学习研究的旧框。过去以动物为被试，或以无意义的学习材料所进行的学习研究都是机械的学习形式，把从中得出的结论应用于人类学习，未免忽视了人与动物学习的本质区别。奥苏伯尔以有意义的言语学习材料进行的课堂学习研究是真正的人类学习研究，它有助于揭示人类学习的本质特点。二是奥苏伯尔的认知结构同化理论揭示了有意义学习的心理机制。同化理论中对新观念的三种同化形式：类属、总括、并列结合反映了知识获得的过程与方式，这对于认清学习的实质提供了理论基础。

尽管奥苏伯尔学习理论代表了现代教育心理学的主流，是认知教育心理学的集大成者，但他的理论观点还存在着不足之处。人们对奥苏伯尔的学习理论指责最多的主要集中于两个方面：一是

奥苏伯尔的观点不少还停留于假说阶段，没有可靠的实验数据加以论证，因此，还需要进一步的研究来证实。其次，他的学说只是学习理论的一种，其学习模式也并不是对所有的学习内容及学习对象都适用，事实上也正是如此。

12. 活动学习理论

苏联加里培林学派提出的一种学习理论。心理学家加里培林和塔雷金娜等，从心理学家列昂节夫的活动心理学理论出发，反对学习理论问题上的官能主义与行为主义观点，对学习的实质、学习的类型、教学与发展的关系、教学的最佳方式等方面，提出了独特的见解。

在学习的实质方面，该学派认为，人类的学习是主体为了适应社会生活的需要，以获得处理事物的社会经验为目的而进行的一种活动。学习不同于游戏，同生产性劳动也有区别。只有当活动是满足认识性需要时，此活动才是学习。学习活动是由一定的动作来实现的。动作和活动一样，具有对象性和主体性，具有复杂的内部结构。从动作的组成要素来说，除了具有目的及动机之外，还包含动作的对象、定向基础以及操作。从动作的实行方面来说，它是由定向（控制机构）、执行（工作机构）和反馈监督（监视和对照机构）环节所组成的可控系统。

加里培林学派认为，学习中的定向环节直接制约执行环节而对学习成效具有决定性意义。因此，学习中的定向基础是划分学习类型的主要依据。学习的定向基础的建立，包含三方面的任务：①建立保证新的动作得以正确执行的客

观条件系统；②使这种条件系统在学生意识中反映出来；③选择合理的定向映像的建立过程。在实际学习中，由于解决这三方面任务的方式不同，可能造成定向基础的概括性、完备性与独立性方面的差异。由于这三种因素不同的结合造成多种不同的学习类型，具有不同的成效。教学上必须注意选择与创造最佳的学习类型。

在教学与发展的关系问题上，学习的活动理论支持维果茨基关于教学在儿童心理发展中起主导作用的观点。但是该学派认为，教学上如果仅仅考虑到针对"最近发展区"的教学内容，不考虑掌握这种内容所必需的新的动作，不把这种新的动作包括在教学内容之中，则此教学内容不可能直接获得教学的发展效果。在教学中，必须使学生在掌握新教材的同时，掌握必需的新动作，才能引导学生的心理发展。学生在学习新教材时掌握新的认识动作越多，则教学的发展效果就越好。

为了能更好地完成教学应有的任务，该学派认为必须选择最佳教学方式。塔雷金娜认为，控制式教学最能体现学生掌握知识与技能的规律，可以避免种种偏离掌握要求的现象，因此主张实施控制式教学。

13. 认知结构学习理论

用认知结构及其组织特性解释学习的心理机制的一种学习理论。所谓认知结构，就是学习者头脑里的知识结构。广义地说，它是学习者全部观念的内容和组织。狭义地说，它则是学习者在某一知识领域内观念的内容和组织。个人

的认知结构是在学习过程中通过同化作用，在心理上不断扩大并改进所积累的知识而组成的，学习者的认知结构一旦建立，又成为他学习新知识的极重要的能量或因素。

格式塔派的德国拓扑心理学家勒温在20世纪30年代曾指出，学习是认知结构的变化。这个变化表现为分化、概括化与再组织三种方式。认知学派心理学家瑞士的皮亚杰、美国的布鲁纳和奥苏伯尔也都强调认知结构的重要性，他们一致认为，学习含有使新材料或新经验结为一体这样一个内部的知识组织机构，即认知结构。皮亚杰指出，这个结构是以图式、同化、顺应和平衡的形式表现出来。布鲁纳在皮亚杰的影响下，将结构理论应用于美国的学校课程改革。奥苏伯尔则系统地阐述了认知结构及其与课堂学习的关系。

奥苏伯尔明确指出，过去不少心理学家往往优先研究非认知的、机械的与动作的学习，偏重注意当前情境和个体本身的因素，如工作任务、练习、内驱力、诱因和强化等对学习的作用，而对认知结构的重要性却估计不足。过去经验对当前学习的影响，一般都置于正、负迁移标题之下；而对这种迁移通常又是用两个学习任务中刺激与反应属性的直接相互作用解释的。其实，就课堂学习而言，学习者需要将新概念和新信息融入已有的认知结构之中。在这里，上述的迁移即过去经验对当前学习的影响仍然存在。不过，所谈的过去经验是一个逐渐获得的、按层次排列的、与新的学习任务存在着有机联系的概念化的知识体系；而不是一连串刺激与反应的联

结。再者，过去经验的重要方面，是学习者学科知识的各种组织特性，即认知结构的变量，如为新知识提供理想停泊地点的可利用性，供停泊的观念本身的稳定性与清晰性，以及新的学习材料与已有观念体系的可辨别程度；而不是两个学习任务中刺激与反应的相似或相同程度。此外，过去经验之所以影响当前的学习，只是由于它改组了认知结构的有关特性或变量，而不是由于它同新的学习任务中刺激与反应的成分有直接的相互作用。

近年来的教学实践和实验研究表明：采取一定手段有意地控制学习者的认知结构，提高认知结构的可利用性、稳定性与清晰性，以及可辨别程度等，对于有效的学习和解决问题是有作用的。

14. 掌握学习理论

学习者以最佳教学、足够时间条件下掌握学习材料的学习理论。美国心理学家布卢姆是这一学习理论的代表，其中心思想是：只要提供最佳的教学并给以足够的时间，多数学习者能获得优良的学习成绩。

许多教师相信学习者学习能力的分布是正态的。他们预计在所教的学生中，大约只有 1/3 的人学习良好，另外的 1/3 是不及格或勉强及格，其余的 1/3 则介于上述两部分学生之间。布卢姆认为这个假设缺乏代表性。他声称只要提供最佳的教学条件、足够的学习时间，学生的成绩将不是正态分布，绝大多数学生会完成学习任务，获得良好成绩。研究证实，学生学完一个设计良好的学习单元后，根据客观评定，约 $60\%\sim70\%$ 的

人显然能够掌握，其余的学生中大多数人经过再学习该单元的全部内容或部分内容，也会通过，只有少数几个人也许需要插入补充材料，然后再回过去学习该单元。因此，采用掌握学习方式的学习，成绩分布往往是多数学生都可以得到优良的高度偏斜曲线。这就是说，通常能力和成绩之间的相关极低。当教学是最理想之时，能力仅仅是学习者所需要的时间量。学生成绩的差异，主要表现在掌握所需的时间数量上。

布卢姆提出，有助于掌握学习的几个良好条件：①学习者必须清楚地理解教学目标，即学习任务；②学习者必须具备能顺利地进行该项学习任务所必要的知识与技能；③学习者必须具有掌握该项学习任务的意愿，不惜花费时间与精力；④教师对于学习者要学习的材料提供有关线索，保证他们主动积极地投入学习过程，对他们的成就给以强化、反馈和校正。⑤适当采用"小学生教学"，鼓励学生互教互学。

掌握学习假设学生个个都有可能掌握教材，强调的是合作，因而，课堂的竞争气氛相应减弱。它能给学生的学习增添趣味，使他们产生终身进行各种学习的情趣。它还帮助学生增强自尊心，有益于心理健康。不少人认为，掌握学习注意真正掌握学校规定的各学科内容，破除分数、等级观念，是可取的。但它对学生独立学习的训练较少助益，尤其是为了促进合作和学生的自尊心，可能使学生的灵活性和创新精神受到损害。

15. 智力动作按阶段形成学习理论

苏联心理学家加里培林提出的一种

学习理论。加里培林与塔雷金娜等，从心理学家维果茨基的人类心理本性的社会、历史主义观点，心理的文化、历史发展论观点与心理活动的内化说出发，从 20 世纪 50 年代初开始，对智力活动的本质及其形成问题，进行了一系列的实验研究，于 1953 年创立了智力动作按阶段形成的理论。

加里培林认为，智力动作的本性来源于外部的物质动作，是外部的物质动作的反映。智力动作的形成是外部物质动作向知觉、表象和概念转化的结果。其转化过程是通过一系列阶段来完成的。在每个阶段都产生新的反映和动作的再现以及它的系统的改造。智力动作必须按照这些彼此相连、逐步提高的阶段来形成。

加里培林提出，任何新的智力动作形成，必须经历下列五个基本阶段：

（1）动作的定向阶段。这一阶段的主要任务在于使学习者了解动作的原样，从而建立起调节动作执行的定向映象。首先要把所要形成的智力动作"外化"为一定的物质化形式，使学习者能了解这种动作原样的实际内容。其次，要以学习者能独立审查和独立完成为原则，把动作的原样划分为各个组成部分，建立起学习者既能看懂，又能独立完成的操作程序。此外，在建立定向基础教学过程中，要注意选择最佳的学习类型。

（2）物质或物质化动作阶段。这一阶段也叫做动作以物质或物质化形式形成的阶段。在物质与物质化动作阶段上，所有的操作都是通过肢体运动来完成的，是外现的。物质动作与物质化动作的区别在于动作的客体。前者为实物，后者

为实物的模拟品，如模型、图表等。由于智力动作是外部活动的反映，因此，加里培林强调，物质或物质化动作是完备的智力动作的源泉。在动作的定向基础建立以后，就应使学习者从事物质或物质化动作。这时，学习者首先要注意使动作展开，对操作本系中的每个操作都要切实完成，并要对每个操作进行客观检验。其次，要不断变更动作对象，使动作方式得以概括。当学习者初步掌握了这种展开的动作并得了概括之后，就要使动作缩简，即省略或合并操作，使动作方式简化。为了使形成起来的动作方式能顺利地向下一阶段过渡，需要在学习者从事于物质或物质化动作的同时，同言语结合起来。

（3）出声的外部言语动作阶段。这一阶段的特点是动作开始离开它的物质或物质化客体，以出声的外部言语来完成各个实在的操作。这是动作由外部形式转化为内部形式的开始。加里培林认为，没有言语范围内的练习。物质性动作根本不能在表象中反映出来。要使动作离开其直接的物质或物质化依据，首先要求有言语的作用，使动作得以抽象化和简化，并进一步保证动作的高度定型化以及自动化。为了充分发挥出声外部言语活动应有的作用，首先要使言语能确切表达活动的实在内容。其次，言语动作的方式同样要注意由自觉的展开、概括到简化的不断改造。

（4）不出声的外部言语动作阶段。这一阶段同前一阶段的区别在于言语减去声音，在于言语机制方面的改造。加里培林认为，智力动作本身最初是以不出声的言语动作方式形成的，因此，这

一阶段是动作转向智力水平的开始。由出声的外部言语动作转向不出声的外部言语动作时，最初的学习同样必须以展开动作的形式进行练习，然后注意概括与简化。

（5）内部言语动作阶段。这一阶段是随着外部言语过渡到内部言语而到来的，是动作在智力水平上形成的最后阶段。由外部言语过渡到内部言语，言语的机能与结构都发生了重大变化。内部言语是"为自己用的言语"，是为固定智力动作的个别因素与调节智力动作的进行而存在的。

16. 数学模式学习理论

运用数学方法，即建立一定的有关学习的数学模式，对学习过程进行研究的理论。

关于学习过程的数量分析的理论，在美国心理学家赫尔著作中已有某些纲领性叙述。但是，数学模式论则是20世纪50年代初期由美国埃斯蒂斯等人所创立的。1951年，埃斯蒂斯发表了关于刺激样本理论的第一篇文章，以后又继续进行了大量的研究。一般认为，埃斯蒂斯是数学模式论的代表人物。

数学模式论只是用来探讨学习的理论结构的一种特殊方法，并非一种新的关于学习的基本原理。

在学习的研究中运用数学方法，可以发现实验数据之间的丰富联系。数学模式既可用简洁地表示关于学习过程的资料，又可用来解释这些资料。因此，在一定的条件下，运用数学模式可以精确地预测学习的进程。例如，我们可以预测对复合刺激物的反应。如果我们 S_1

以表示复合刺激物中的一组要素与反应 A_1 就相联系；S_2 与 A_2 相联系；S_3 表示第三组要素，其中，任意的 1/2 要素与 A_2 联系，1/2 要素与 A_2 联系。这样，如果考查由 S_1 中的 N_1 要素，S_2 中的 N_2 要素，S_3 中 N_3 要素组成的复合刺激，那么，预期 A_1 反应的比例是 $P = (n_1 + n_3/2) / (n_1 + n_2 + n_3)$，斯科弗勒尔在1954年用实验检验了这一预测。他在一次测验中分别从 S_2、S_2、S_3 中提取8、2、8个要素，这个预测值是 $P = (8 + 8/2) / (8 + 2 + 8) = 0.67$，与观察所得值相同。因此，有些主张在学习的研究中运用数学方法的人认为，某些学习的数学模式的精确性甚至可以与最佳的物理理论相比。

但是，当前所采用的数学模式也有一定的缺陷。现在还没有一个在任何情况下都能适用的模式。往往是在 A 情况下所得到的数学模式不适合或不完全适合情况 B；而且，现在所得到的模式是杂乱的，不连贯的，缺乏一个全面的联结系统用以控制众多类型的模式。

在心理学中运用数学模式已经渗透到许多研究领域之中，所以，在学习的过程中运用数学模式这一潮流还将继续下去。

17. 卡洛尔的学习理论

20世纪60年代卡洛尔提出，研究学生学习活动，一要准确叙述学生所学的东西；二要判断出学生掌握所学知识的程度。卡洛尔认为，学生活动的几个主要变量均可用"时间"表示。他将学习活动分为两种时间量，一是学习某课题时需要的学习时间，二是实际花费的学习时间。

学生需要的学习时间量受三个因素制约。第一，学生对所学课题的能力倾向。能力倾向是学生在理想条件下学习某课题时集中注意的时间量。这一时间量越大，学生的能力倾向值便越高。第二，学生的理解能力。理解能力是一般智力和言语能力的结合，与教学质量互相作用。第三，教学质量。教学质量受教师的言语、学习内容的次序、教科书的质量等因素的影响。教师的教学质量越好，学生的理解力越强，那么学习时间就越短。

学习活动的第二个时间量，即学生实际花费的学习时间，决定于两个因素，一是计划学习某课题的总时间量，或是学习机会。二是学习持续力，即学生主动学习的时间量，受动机、情感或注意力等因素的影响。

综上所述，卡洛尔的学习模式共有五个变量：能力倾向、理解能力、教学质量、计划学习某课题的总时间量和学习持续力。前三个变量决定了学习某课题时需要的学习时间，后两个变量决定了学生实际花费的学习时间。实际花费的学习时间与需要的学习时间之比，即学习达成度，这便是学生最终的学习成果。

卡洛尔学习理论模式的主要贡献是从概念上提出了学习认知成果的达成度问题。他逐个研究了影响学生实际花费的学习时间与需要的学习时间的各个变量，开辟出学习理论的新领域，以后的许多学习模式都或多或少地受到了它的启迪。

18. 布鲁姆的学习理论

布鲁姆认为，卡洛尔的学习理论的新意在于他将时间的作用放在了学习过程的中心位置，并提出了五个影响学习的主要变量，但是卡洛尔没有进一步论述教育者在学生学习过程中的作用。于是，在卡洛尔学习理论的基础上，布鲁姆提出：第一，卡洛尔学习理论中几个影响学习的主要变量是可以控制的；第二，如果给不同学生安排适合于他的长短不同的学习时间，那么教育者就可以控制学生的成绩水平，使绝大多数学生掌握学习内容。这就是布鲁姆的掌握学习理论。

在论证卡洛尔学习理论中几个影响学习的主要变量可以控制时，布鲁姆指出，首先恰当的学习环境、足够的学习时间和良好的教学质量可以改善学生的能力倾向，提高学习能力。第二，修改教材和改进教学可以提高学生的理解能力。第三，学生的学习态度、兴趣和学校对学生的奖惩直接影响着学生的学习持续力。最后，教师改进教法、精心组织教学可以缩短学习时间、提高学习效率。因此，教育者如能系统地控制这些变量，就可以提高学生的成绩水平和能力水平，使学生学会学习。但是，鉴于学生的理解力不同，所以教育者还要根据学生的情况安排适合于他的、长短不同的学习时间，以便理解力不同的学生都能有足够的时间去充分理解教材，都能有反馈——矫正的时间。同时，还要随时检查学生的学习情况，及时纠正错误，这样绝大多数学生就能掌握所学内容。

布鲁姆在班级教学中运用了掌握学习的理论，结果学生的认知成绩大面积提高，学生普遍增强了学习信心和兴趣。难怪掌握学习的理论一经问世，很快便在许多国家得到了推广和应用。

与卡洛尔的学习理论相比，布鲁姆的学习理论是动态的、发展的模式。布鲁姆认为，在学生学习的初始特征与学习成果之间贯穿着一系列学习任务，前一个任务的结果构成下一个任务的初始特征。其中，有一个基本的因果关系链，在这个关系链中，影响学习结果的因素有三：初始的认知行为，初始的情感特征和教学质量。初始的认知行为是学生在学习前所必备的预备知识。初始的情感特征是学生对学校、教师、学习等的兴趣、态度以及学生的自我概念和个性特征。教学质量的高低取决于教师的教学方法、学生的练习和作业情况以及教师给学生的个别辅导等因素。以上三个因素影响学生的学习成绩和他学习下一课题的情感特征。

在上述三个因素的影响下，学习结果也表现为三方面：学生各科成绩的分数、学习进度和情感状况。

综上所述，布鲁姆认为卡洛尔学习理论中几个影响学习的主要变量是可控的，只要教学人员和物质条件符合不同学生的不同需要，那么绝大多数学生都能掌握所学内容，提高学习兴趣和自信心，达到学会学习的目的。

19. 库勒-隆尼斯的学习理论

库勒（Cooley）和隆尼斯（Lohnes）认为，卡洛尔学习理论对分析单个学生和单项学习很有效，但作为一个评价模式，它在分析班级课堂教学方面还有待深入。因此，他们侧重于课堂教学过程的研究，提出四个概念：学习机会、动机激发物、课程结构和教学事项。

学习机会是指学生学习规定课程（包括教材规定的内容和临时补充的内容）所花费的学习时间。动机激发物分内部和外部两种：内部动机激发物系指促成学习活动高效率的一组行为和态度；外部动机激发物系指构成教育环境的部分因素，如教师的强化作用和学生感兴趣的教材等。课程结构指课程的编排、连贯性、课程和学习需要时间的匹配等等。教学事项指教师讲课的内容、节数、课时和质量。

以上四个因素便构成了师生的课堂活动，学生的初始成绩通过课堂活动间接地影响学生的标准成绩（最终成绩），所以课堂活动是库勒-隆尼斯研究的中心。

库勒—隆尼斯模式可用于评价教学方案，尤其可以在评价不同教学方法的预试—后试的实验设计中使用。对于需要使用标准统计技术进行分析的那些数据而言，该模式简便易行。

20. 哈尼切革-威廉的学习理论

哈尼切革（Harnischfeger）和威廉（Wiley）通过研究小学教学，建立起课堂教学的综合模式。这个模式是围绕着学生的学习活动展开的，因为他们认为影响学生成绩的那些变量（如教师的教学、课堂活动、学生的家庭背景等）只有通过学生本身的活动，即只有通过学生在教学过程中的行为（包括主动行为和被动行为）才能发挥作用。也就是说，学生只有去观察、听讲和感觉等，才能学到知识，教师和学校等因素只能通过学生的活动间接地影响学生的成绩。

测量学生学习活动的标准是时间。其中学生积极主动学习的时间量是决定成绩的首要因素，它受两个变量制约：一是学习所用的时间量；二是学生对时间的利用率，即学习速度。只有学生认真主动学习的那部分时间才能直接提高学习成绩。另外，学生理解力和学习水平受本人能力倾向和预备知识、教师的教学技巧和教材等因素的影响（图13.4）。

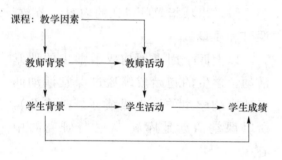

图 13.4

图中有三类变量：①背景，包括课程、学校、教师和学生几方面情况；②教——学过程，包括师生的双边活动；③学生成绩。

直接影响学生成绩的学生背景特征是三个影响学习进度的变量：预备知识、能力倾向和学习动机。其他背景特征（如社会经济地位等）可直接影响学生的活动，但不能直接影响学生的成绩。课程和学校特点等变量影响教师的活动，而教师的活动在学生的预备知识、能力倾向和学习动机三个因素的作用下又影响学生的学习成绩。

综上所述，哈尼切革-威廉学习理论给卡洛尔学习理论中学生"实际花费的学习时间"和"需要的学习时间"等涵义模糊的概念注入新意，提出"学生的活动"和"学习速度"等新概念，在这方面发展了卡洛尔学习理论。与布鲁姆等学习理论不同的是，哈尼切革-威廉学习理论认为教师的教学过程不能直接影响学生的成绩，而只有通过学生自身的学习活动才对学习成绩发挥作用。最后，该学习理论不仅使用了与学习成绩直接有关的变量，如学习活动等，而且引进了一些与学习成绩间接有关的变量，如家庭背景等，从而为我们提供了一个从心理学到社会学内容广泛的研究体系。

二、学法指导概述

（一）学法指导的含义

学习方法指导，简称学法指导，它是教育者通过一定的途径对学习者进行学习方法的传授、诱导、诊治，使学习者掌握科学的学习方法并灵活运用于学习之中，逐步形成较强的自学能力。用图13.5表示：

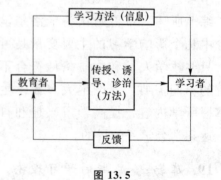

图 13.5

通俗地讲，学法指导即教学生学会学习，或者说是教育者对学习者的学习方法信息进行的一种反馈控制。学习方法指导包含两方面的含义：一是在具体的学习情境中引导学生掌握学习方法；二是引导学生获得有关学习方法使用价值的认识，即充分认识具体学习方法适用范围，使学生在一定的学习情境中能选择并运用恰当的学习方法。

学法指导从范围上讲属于教学论的范畴。教学论归纳起来可分两大部分：学习内容的指导和学习方法的指导。教师的课堂行为应包括这两部分，应该同时完成这两方面的任务。前者在于使学生理解外在的内容，后者在于使学生理解内在过程（即赞可夫提出的"使学生理解学习过程的原则"）。这应该成为教学论的重要的原理或原则。所以，研究学法指导，对于补充和完善教学理论来说是必不可少的。

加强学生的学法指导，在当今被突出地提出来，是有客观的原因和时代背景的。

从宏观上说，它是人类社会及其文明发展的客观需要。当前随着经济建设的高速发展，世界现代化生产和新技术的飞跃发展，人们越来越认识到以知识和新技术取胜的时代已经到来，开发智力，提高民族素质是极为重要的迫切任务，提高人口素质是我国必须采取的基本国策。现代科学技术日新月异，知识更新过程加快。学生在学校的知识再多也赶不上新科学技术的发展速度。信息的激增，向人们陈旧的学习方式提出了严峻的挑战，要求变革学习方式以适应信息激增的特点，产业结构的变革，预示未来人们主要从事创造性的劳动，这就向人们提出了培养创造能力、自学能力的更高的要求；未来社会将使人们更

看重真才实学、而对学历、文凭等则不过分看重，因为光有学历没有能力、光有知识没有方法是适应不了社会的发展的。这迫切要求我们在教学中培养学生主动进取的学习态度，掌握好的学习方法，明确学习规律，让学生在学习过程中自己去探讨、去理解、去发现、去创造。

从微观来说，教育是一种双边性的活动，其成功取决于教、学双方的积极活动。从教的角度而言，不仅要教给学生知识，更应教会学生学习。因为，忽视学法，教法会失去针对性，减弱其实效性；没有学法的教法，是不完善的、不科学的教法。只有激发学生学习兴趣、创设最佳学习情境，促使学生由不想学到想学，由不会学到会学，培养学生良好的自学能力，缩短学生掌握知识的时间，才能提高学习效率，变"苦学"为乐学，取得事半而功倍的效果。

（二）学法指导的性质

现代学校是通过分科教学，分项活动来贯彻教育方针，实现教育目标的。中小学教育中的教育计划、教学大纲、教学内容等改革，是个严肃的、影响较大的问题，在改革过程中应稳妥慎重。目前，中小学开展学法指导是在现行教学计划和大纲要求下的一种补救办法，也是一种有力的改革措施。

从中小学现行课程结构看，一般说课程中包括有三大类性质的课，一是学科知识类，如物理、化学、生物、史地、以及语文、数学部分内容。这种课以学科知识为主。二是技能、能力训练课，

如小学的说话、写作、音乐、体育、美术，中学的实验、实习等。这种课以训练技能、技巧为主。三是品德修养课。如各级学校中的政治课、品德课，各种集体活动等。当然，这种课的性质划分只是表明各有侧重而已，实际上学校的课是同时具备这三种性质的。现在在学校课程表上两条线较明显：一条是知识课，占大量学时，备受重视。另一条是品德修养课，这条线的课时不一定多，但由于教育目的、教育的阶级性决定了它的重要地位，历来学校教育都很重视它。只是另一种性质的课即技巧训练课总是若隐若现，极不稳定，很难形成一条线明显地表现在课程表上。学习指导课应该是这条线上的一个点。它主要讲授学习机制、规律和方法，并且主要目的是提高学习能力。任何一门都需要这方面的知识和能力，都具有这方面的要求，因此学法指导课在课程结构中具有综合指导的性质，带有方法论的作用，有较强的指导性和公共性。

由以上性质，决定了下面的两个特性：其一是应用性，再一是实践性。学法指导课的应用性是由"学法"本身的特殊属性所决定的。"学法"是人生存的基本技能，人要学会生存和生活，并把这种基本技能逐渐社会化、科学化、理论化，需要学校教育的指导和培养，并与学习其他知识和技能配合，融成人的素质，适应社会发展的需要。因此，学法指导课是应用性的公共课。要应用，就需要形成能力，而能力的形成离不开大量的实践，这也就产生了学法指导课的另一特性——实践性。人的能力是一种把外在信息经过自身的输入、储存、转化、输出而表现出来的行为，是自身个性的外化表现的心理状态，或称行为特征。能力的形成是一个极为复杂的心理过程，论述的文章很多，但无论哪家哪派都得承认能力必须经过自身大量的反复的实践才能形成。学生只听讲，不实践就不能把知识内化，不能形成能力。

（三）学法指导的要求

中小学的学法指导就是通过现代的学习理论，树立正确的学习观点，掌握科学的学习方法，逐步提高学习能力，培养优秀的学习品质，形成良好的学习习惯，有效地提高学习质量，使学生在德、智、体、美、劳等方面都得到全面发展，成为社会主义的建设者和接班人。因此，学法指导要遵循以下基本要求。

1. 依据学校的性质、任务，进行学法指导

中小学教育是义务教育，其任务已从原有的双重任务转变为提高全民族素质，为培养社会主义建设者和接班人奠定初步基础；其培养目标要求中小学生在德、智、体、美、劳方面得到全面发展，并要"初步掌握正确的学习方法，发展独立思考能力和动手操作能力"。

高中教育仍然是基础教育，肩负着为高等学校培养合格新生和为社会主义现代化建设培养后备力量的双重任务；其培养目标要求高中学生在德、智、体、美、劳方面得到全面发展。其中还包括要求高中学生培养能力，发展智力，"扎扎实实打好基础，特别要打好语文、数学和外语的基础。在此前提下既要注意自然科学的教育，又要注意人文科学的

教育。要使学生掌握基础知识和基本技能。同时培养他们的学习能力，发展他们的智力"。

由上可见，各级各类学校都把学法指导列为重要任务，不同性质类型的学校，其具体要求是不同的。

2. 依据学生的年龄特征进行学法指导

年龄特征是指某一年龄阶段学生共同的生理、心理特点。从小学、初中、高中阶段到大学阶段，学生将经历一个儿童期、少年期、青年初期到青年中、晚期的生理、心理发展过程。不同年龄段具有不同的生理、心理特点。这些特点，将直接影响学习指导内容的广度和深度。就以智力的核心思维能力而言，小学生是以形象思维为主．初中一年级学生的抽象逻辑思维很大程度上也是属于经验型，仍需得到感性经验的直接支持。从初中二年级起，开始由经验型水平逐步向理论型水平发展。到了高中二年级便基本形成这一转化过程，即能够摆脱对感性材料的依赖，而应用理论作为自己的抽象思维活动。这就大大发展了思想的深刻性、独立性和批判性。大学生是处于智力发展的高峰期，抽象逻辑思维得到比较充分的发展，已经具有相当高的抽象逻辑思维能力，并具有一定的独立性、判断性、独创性。因此，我们在确定学习指导的目的及内容的广度、深度时，就不能不考虑到不同阶段学生的年龄特点和接受能力。

3. 依据教学的工作特点进行学法指导

教学过程是一个师生双边共同活动的过程，是一个不断发展、变化的过程，其方向是不断地"从教到学"。在这个转变过程中，教师教的作用和学生自学的作用所占的比重也在不断地变化着。根据实验统计，在正确方法指导下，如果说上小学时教师讲授知识是100％的话，到了小学高年级，学生自学就要占20％～30％，教师教的比重便开始下降；到了中学高年级，教师的教和学生的学各占一半；而到了大学、双方的活动差不多为3∶7；临近大学毕业，学生的自学几乎接近100％，这就是叶圣陶先生所说的"教是为了不教"。

当然，要促使从教到学的转变，需要一定的条件。这个条件就是加强学习指导。指导学生掌握正确的学习方法，才能加速从教到学的转变过程。

4. 不同学段的学法指导

决定学习指导要求的直接因素是学校的性质、任务、学生的年龄特征和教学的工作特点。各学段的学法指导的具体要求为：

（1）小学阶段。要求学生养成在一定地方、一定时间开始迅速学习、不拖延时间的习惯，养成心平气和、耐心学习的习惯，养成注意集中精力，不为外物分心的习惯。对小学生的学法指导，可由浅入深，分三个层次由低向高进行。

①指明——尝试。先由教师指点、提示、说明后，由学生照教师指明的那样去试着做。诸如怎样发言答问、怎样执笔写字、怎样拼读音节、怎样组词造句等，都需要教师在向学生提出要求的同时，一一讲解学习的方法，然后由学生反复进行练习。

②示范——模仿。根据小学生善于模仿的心理特点，教师用教法为学生的学法做榜样，然后由学生领悟，并模仿运用它学习新的同类知识。

③回顾——概括。通过学生反省自身运用过的学习方法，自我发现，自我体验，并对其进行评价、加工，然后自觉地把它纳入自己的学法之中。

从"指明"到"尝试"，从"示范"到"模仿"，从"回顾"到"概括"是一个辩证统一的初步学习和掌握学法的发展过程，它们相互依存，不能分割。在小学学法指导中，要依据不同学生的具体情况，不同的学习内容具体选用，有时也可相互渗透，交叉使用。

（2）初中阶段。要求学生初步掌握正确的学习方法，即要求学生系统地掌握制订计划，课前预习，认真听课，及时复习，独立作业，总结提高，课外阅读等常规的学习方法。同时，结合分科的教学工作，进行初步的分科学习方法指导。

（3）高中阶段。要求学生在系统掌握正确的常规学习方法的基础上，重点学习语文、数学、外语等分科学习方法，结合学习一点学习心理及思维科学常识，培养学习能力，发展智力。

（4）大学阶段。要求学生在掌握正确的学习方法和科学的思维方法的基础上，懂得大学生学习或学习学的一般原理、原则和方法，掌握各自所学专业的专业学习方法，提高自学能力，提高分析和解决问题的能力以及一定的创新能力。

三、学法指导的意义

随着学法指导研究和实践的不断深入，已有越来越多的教育工作认识到加强中小学生学法指导的重要意义。

（一）学法指导是转变教学观念的突破口

学法指导体现了教学思想的转变，是以学生为主体这一现代教育观念的体现。上海著名特级教师钱梦龙曾提出过"学生为主体，教师为主导，训练为主线"的教学思想。所谓"学生为主体"，就是确认学生在整个教学过程中始终是认识的主体和发展的主体，教师在教学过程中的作用，只是为学生的认识和发展提供种种有利的条件即帮助、指导学生学习，培养学生自学能力和习惯。既要授之以鱼，更要授之以渔。在教学中提倡以学生为主体，古今中外，早有论及，如我国宋代的朱熹就曾说过："某此间讲说时少，践履时多。事事都用你自去理会，自去体察，自去涵养。书用你自去读，道理用你自去究索。某只做得个引路底人，做个证明底人，有疑难处，同商量而已。"我国著名教育家叶圣陶先生也反复强调指出，教学"无非教师帮着学生学习的一串过程"，使"学生能自为研索，自求解决"。美国心理学家罗杰斯也说过："每个教师应当忘记他是一个教师，而应具有一个学习促进者的态度和技巧。"总之，"学生为主体，教师为主导"正确地揭示了师生在教学中各自的地位和作用。但是这个正确的理论并没有在教育实践中体现出来。我们常常发现，当强调教师的主导作用时，就会出现"满堂灌""填鸭式"，学生被动地接受学习的现象；当强调启发式，反对注入教学时，就会出现教师的主导作用被削弱的现象。造成这些现象的原因除了上述两种错误的影响较深以外，最重要的就是教与学没有找到一个结合点，使"教师为主导，学生为主体"的理论无法在教学实践中体现。综观近几年教学改革成效大、效果好的教师，可以从中得到一条重要经验，就是找到了教与学的结合点——学法指导，他们认真研究学生的学习，并把教会学生学习作为突破口，使教师的主导作用与学生的主体地位有机结合起来。学法指导一方面要求教师不仅是知识的"引路人"；另一方面要求学生不仅要学会，而且要会学，起着承教启学的作用。在教学加指导学生学习，标志着教学思想由以往的单一传授知识传授知识与传授学习方法二者结合上转变。

（二）学法指导是培养学生学习能力的重要手段

学习方法的知识，是学生知识体系的重要组成部分，也是能力结构的重要组成部分。日本教育评价专家桥本重汉认为，学力结构的基本要素是：认识要素，主要包括理解能力、解决问题能力、记忆能力；情感要素，主要包括兴趣、爱好、意志等；技能要素，主要包括阅读、书写、笔记、口语表达、听、计算、实验、积累资料的技能及良好习惯。这学力结构的三要素中，语文学法起着基础作用，在认知、情感、技能等方面都离不开语文学法。如果语文学法掌握得好，学生的自学能力就能日益增强。正因如此，古人才说，"学贵有方"。达尔文曾强调要掌握学习方法的知识，他说："最有价值的知识是关于方法的知识。"学法指导，就是要最大限度地调动学生学习的主动性和积极性，激发学生的思维，帮助学生掌握学习的方法，培养学生的学习能力，为学生发挥自己的聪明才智提供和创造必要的条件。

（三）学法指导是发挥学生内因作用的有力措施

毛泽东指出："外因是变化的条件，内因是变化的根据，外因通过内因而起作用。"在教学过程中，学生要接收信息，理解、消化知识，而教师的学法指导，只不过是重在充分发挥学生这个学习内因的作用罢了。学生学习能力形成和发展的规律大致是：由模仿性学习到独立性学习再到创造性学习，由被动地学习到主动地学习再到积极探索，由不会学到会学，即掌握了学习的方法，形成了学习的能力，养成了学习的习惯。学习能力形成和发展，正是教师调动学生的学习积极性，在规律和方法方面予以指导，在理想意志方面予以磨炼的结果。而起决定性作用的当然是学生自己这个内因。不少伟大的教育家都强调发挥学生这个内因在学习中的积极作用。例如鲁迅先生就曾主张让学生"自己思索，自己做主"。叶圣陶先生认为，教师"不是教学生，乃是教学生学"，并要求"要极力地锻炼学生，使他们得到观察、知疑、试验、实证、推想、会通、分析正确种种能力和态度，去探求真理的源泉"。毛泽东同志也提倡"要自学，靠自己学"。"引导学生自己去学，并且会学，这应该是教学的更高的目的。"（张志公语）总之，教师要采取各种方式，让学生做学习和探讨。北京八中，曾把"有较强的自学、自理、自教、自强能力"作为评选特优学生的条件之一，正是重视学生这个学习内因在学习中的决定性作用的具体表现。

（四）学法指导是实施素质教育的重要途径

多年来，我国的教学都是在"考试"这个指挥棒之下行事的，师生的全部活动都是是为应付形形色色的考试而奔忙。如何实现由应试教育向素质教育的转轨，有大量工作要做，其中加强学法指导是一重要途径。从学生指导看，其本身就是素质教育的重要组成部分，它具有智育和德育的双重职能。首先，学法指导可以提高学生的能力素质。它通过指导学生培养自己的观察力、思维力、想象力、注意力等，教给学生科学的学习方法，使学生不仅掌握学习教科书的基本技能，而且学会自学教科书以外知识的能力。其次，学法指导还可以提高学生的道德思想素质。它通过指导学生形成正确的学习动机，引起浓厚的学习兴趣，增强学习毅力，调非智力因素的积极性，培养学生明辨是非的能力；通过使学生由厌学、弃学到愿学、会学的参与教育过程，提高学生的道德思想素质，使学生按教育方针要求成长，达到教书育人的目的。三是从学法指导的双重职能上来说，它是教育思想转变的一个标志，也正是因为如此，学法指导是促使应试教育向素质教育转轨的重要途径。

（五）学法指导是国内外教学改革的发展趋势

我们正处在科技迅猛发展的时代，新的科技知识在成倍地增长。人们只有具备获取新知识和新能力的自学能力，不断更新头脑中的知识结构，才能促进社会的发展。因此，世界各国为了培养开拓型、创造型的人才，都在进行教育教学改革，都在注意培养学生的学习能力。美国的理科教育委员会（SAPA）认为，掌握获得知识的方法比掌握现成的知识更为重要。苏霍姆林斯基明确主张要教会儿童学习。巴班斯基则强调"教的最优化必须落实到学的最优化"。赞可夫在他的教学实验新体系中，把"使学生理解学习过程"作为五大原则之一。就是说，学生不能只掌握学习内容，而是要自我观察、分析自己的学习过程，要学生对如何学、如何巩固进行自我检查、自我校正、自我评价。日本经济学家花田米津在《信息社会》一书中预言，未来信息化社会"自学系统将扮演主要角色，现行教育制度是单向的，教师教学生。电脑辅助教育普及后学生可以自己攻读，教师退居咨询地位"。日本东京都教育委员会根据日本国宪法和教育法的精神制定的本部的培养目标中有关中小学的培养目标的内容中，就有"活到老，学到老"的规定，以便"推进家庭教育、学校教育和社会教育互相配合的终身教育"。日本东京都的这种规定，体现了终身自学的要求，埃德加·富尔在《学会生存》一书中也说："未来的文盲不再是不识字的人，而是没有学会怎样学习的人。""教会学生学习"已成为当今世界流行的口号。就当前教育改革来看，随着教改的不断深化，教学观念的不断更新，新的教学方法不断涌现，如课堂六步教学法、引探教学法、自学辅导教学法等，这些新的教学方法的一个明显特征就是注重对学生学习方法的研究，强调学习积极性的调动，并以学生的学习方法为基础，使教法与学法结合起来，授学法于教学的全过程。这种现象的出现并非偶然，它是教育改革深化的必然反映。正如上海特级教师钱梦龙所说，它标志着"教学研究的目标与内容的一次重大的'战略调整'，即由教师和'教'为重点转到教师的'教'与学生'学'并重的研究方向上来"。这种调整反映了近十年教育研究的新进展。

四、学法指导的过程

（一）学法指导过程的实质

学法指导过程实际上是师生之间学习方法信息的交换过程。它包括以下几个环节：

1. 了解学生的学法（或学情）

了解学生学习方法的情况，是搞好学法指导的重要前提，否则学法指导就是盲目的、无效的。了解学法情况，最简单的办法可通过让学生叙述自己的学习方法和学习过程来直接了解。也可以通过调查问卷、检查作业、考试检查、平时观察等途径侧面了解。了解情况后要进行根源分析，可通过谈话、家访、观察、检查表核对等方法来分析。比如

日本教育心理学家辰野千寿 1971 年曾制定一个《学习适应性检查项目》表，初高中部分共 15 项，包括：学习积极性、学习计划性、课堂表现、读书与笔记方法、记忆与思维方法、应考方法、家庭物质环境、家庭心理环境、学校环境、朋友关系、独立精神、毅力、焦虑倾向、神经质症候、身体健康状况。学生可逐条对照检查，发现问题及原因。

2. 制订计划，做好准备

制订计划就是根据学情，选择学法指导的途径、方法、时机，明确指导的目标和方法，并作好相应的准备。俗话说："要给学生一杯水，教师要有一桶水"，对教师知识的要求如此，对教师在学法指导上的要求也是如此。在学法指导中，教师一定要注意探索和积累科学的学习方法，既要学习传统学法的精华，也要学习国内外新鲜学法的经验，在积累中广见多闻，然后根据实际教学的需要，择善而施。比如，培养学生口头表达能力的方法有答问、解说、复述、致辞、交谈、口述见闻观感等，拟写提纲的方法有按段落结构拟提纲、按情节发展拟提纲、按论点论据拟提纲、按人物分析拟提纲等。在培养学生的口头表达能力和拟写提纲能力时，就要根据实际情况指导学生采用适当的方法，不能单纯使用一种方法。

3. 实施指导

实施指导是把指导计划机动灵活地付诸实施。指导时必须贯彻指导的一系列原则（或原理）。如在学法指导中，要注意根据实际情况，进行分类指导。众

所周知，不同的学生在知识、能力和非智力因素等方面，均存在着差异；不同年级的学生对学法的重要性以及探索和总结学法的能力也有所不同。因此，教师要兼顾这些差异，有针对性地进行辅导，对不同条件、不同年级的学生提出不同的要求。如对刚入学的初中学生，应先指导他们了解初中学习的特点，继而对他们进行树立正确的学习动机、培养良好学习习惯和学习态度的教育，再指导他们制订学习计划，掌握预习、听课、复习、做作业的方法；而在初二、初三年级就要侧重指导学生掌握一定的培养能力的方法。对具体的学生，也应针对其薄弱之处有针对性地给予指导；听课效率不高的，就导之以科学的听课方法；完成作业不得法的，应寻其不得法之处，加以纠正；如果是思维方面的原因，就应侧重于思维方面的训练，开其思维之窍。

另外，学法指导中要注意引导学生走由仿到创的路子。掌握良好的学习方法是一种能力，它和其他能力的培养一样，也必须经过模仿和创新两个阶段。在学法指导中，教师应根据由浅入深、循序渐进的原则，先给学生提供适当的范例或基本模式，并通过一定量的训练，以促使学生把教师所教给的学习方法内化为自己的学习方法，逐步建立起具有个人特色的学法体系，形成自学能力，施教者不可操之过急，跨越模仿阶段，苛求学生一下子就具有良好的学习方法和科学的学法体系，也不可满足于学生对范例和模式的模仿，而窒息了学生的创造性，不能有效地培养学生的自学能力。

4. 反馈控制

实施指导后，要经过一段时间才显效果。学习效果一般以学习成绩作指标评价指导的实际效果，并与计划指标相对照，找出差距，进行"再指导"，努力达到目标。关于学法指导的效果的评价问题，还有待深入探讨。

（二）学法指导过程的谐振

教育实践告诉我们，任何成功的学习，必定是在积极的情感伴随下进行的，积极的学习情感对学生的学习行为有着强烈的促进作用，能使他们动机增强，情绪高涨，行动积极，从而获得认知深化、实现高效的理想效果。

在教学过程中，教师如能顺利满足学生的求知欲望，他们就会产生满足、愉快的情感体验，这样就产生了学生在学习上的情感谐振，这是学生掌握学法和搞好学习的重要情感动力。

在学法指导过程中，可注意促进以下诸方面的谐振，以引发学生在情感上的共鸣。

1. 性别谐振

性别在一定程度上影响着学生的学习心理。学法指导时，要考虑性别特点，实施有针对性指导。例如，女生自尊心较强，遵守纪律，重视别人对自己的看法，较擅长形象思维和记忆，感知和观察也较男生细致。针对这些特点，教师可从传授记忆方法入手，引导女生在做到"知识重现"的基础上，逐渐学会归纳和演绎，能从个别、特殊情况归纳出一般结论，又能根据一般原理去执因素果。对要求自己不严的男生，要抓预习、纠错和培养及时复习的习惯。学法指导符合性别谐振的规律，一定能被学生顺利接受。

2. 年龄谐振

不同的年龄段，会形成各自典型的心理特征，这是形成情感谐振的基础之一。欲使学法指导获得理想效果，必须以年龄特征为依据制定学法指导的方案。例如，对10～13岁的学生，要注意纠正其"听课、作业、突击应考"的被动学习习惯，要培养他们"主动预习、带问题听课、及时复习、独立完成作业、及时总结知识"的良好学习习惯；对14岁以上的学生，则应加上"制订计划、搞好课外学习、发展个性"的要求。学法指导只有体现出发展观点，才能满足学生不断提高的要求，才能与学生的年龄同步发展，才能起到诱导、激励作用。

3. 气质谐振

气质是指人的稳定的心理特征，表现为情绪和行为发生的速度和强度，它受先天影响较多，变化较难。按古希腊希波克利特的划分，气质基本分为胆汁质（热情、易冲动、心境变化剧烈，具外倾性）、多血质（活泼、反应迅速、兴趣易变，具外倾性）、黏液质（稳重、反应缓慢、注意稳定但又难于转移，具内倾性）、抑郁质（孤僻、行动迟缓、精神体验深刻，具内倾性）。不同的气质，是不同神经的反映，在学习上有不同的行为表现。了解气质特点，可实施有特点的学法指导，以引发气质谐振，激励学

生积极学习。如胆汁质的学生，学习努力，但一遇困难就易心灰意懒，做作业和答卷求快，常犯粗心、虚浮的错误，对待这样的学生要在保护其积极性的基础上，引导他们深化思维，培养意志。在具体操作上，应指导他们先思考后答题、先复习后作业、先检查后交卷（或作业），还可指导他们建立"纠错薄"，有计划有重点地消灭错误。又如，黏液质的学生遵守纪律，理解问题较迟缓，听课时常跟不上教师的指导和内容的转换，对待他们，则要加强预习指导，减少听课时的困难，对注意品质的培养，要特别关注"注意转移能力"的培养。

4. 信念谐振

信念是受人生观支配的稳定的精神寄托，它对人的心理状态有很重要的影响。对学生而言，信念受学习观、学习目的支配。教师欲对学生施加有效的学法指导，必须同时进行目的教育，使二者有机结合起来，这样才能使师生在共同的信念下形成情感谐振，使学法指导顺利地被学生所接受。例如，一位外语教师要求学生在课堂上利用每秒钟去看、读、听、写、想，努力争取单位时间内的最高学习效益，并将此种奋斗精神延伸到每秒、每天、每月，直至终生，这样就把"秒秒必争"的技巧与信念巧妙地结合起来了，获得了良好的思想教育和学法指导的效果。

5. 兴趣谐振

兴趣是学生对事物、活动有选择地、愉快地接受和探究的心理倾向。如果教师了解学生的兴趣，就可先从学生感兴

趣的学科、活动入手，努力引起师生间的兴趣谐振，这样对学生的学法指导就会受到欢迎。例如，一位当班主任的语文教师，很善于发现学生的兴趣，他从关心学生兴趣入手，建立感情，指导学法，并逐渐把已有的学习兴趣迁移到别的学科上，促进了学生的全面发展。这位班主任班上有部分同学爱好写作，但理科学得不好，他就先从指导写作开始，要求学生提高观察能力和积累写作素材，丰富写作源泉，写好观察日记。待学生有一定进步时，他就表扬、鼓励，举办讲座，引导学生"学啥写啥、做啥写啥、见啥写啥、想啥写啥"。经过半年指导，学生的观察能力和写作能力有了长足进步。在此基础上，这位班主任又引导学生观察物理现象，以促进物理学习。例如，他问学生，为什么水壶里的水开时，从壶嘴里冒出的气总和壶嘴保持一定的距离（夏天这个距离长，冬天这个距离短）？这样就把对语文写作的兴趣迁移到了物理学习上，对学生的全面发展甚有裨益。顺乎自然的兴趣谐振，能为学法指导提供极有利的条件。

6. 动型谐振

人脑对一定刺激系统所形成的反应系统，叫动力定型。对学生而言，动力定型就是一系列的学习习惯。动力定型构成了学生学习活动的主要内容，对学习质量的优或劣起着决定性的影响。要想形成动型谐振，第一步是找到学生学习活动中合理的成分，把其点滴长处加以培育和引导，使之逐步形成优势和好习惯，这样就可在动型谐振之中形成新的好习惯。例如，英语教师可在课堂上

拿出几分钟帮助学生预习下课单词，晨读时再加以指导，有了这两次准备学习，学生一定能在课堂上把单词、句子学得较好，能体验到预习的积极作用。如此实践多次，学生慢慢就有初步体验并养成习惯，这时进一步讲解预习有"提高听课效率、加强记忆效果、培养自学能力和主动精神"等作用，学生马上就能与自己已形成的习惯联系起来，在动型谐振之中深刻理解教师的学法指导。

7. 智能谐振

智能水平相近的人容易在思想情感上互相沟通，他们认识、分析问题的能力相差无几，对彼此的思维方法、行为方式容易理解和互相支持，这些都是沟通心理引起情感谐振的因素。作为教师，要以心理位置互换来了解学生的智能情况，根据其接受能力进行学法指导，这样才能讲其所需，导其所盼。例如，对不同阶段的学生应依其接受能力实施不同的学法指导。对小学高年级学生可进行先预习后上课、先复习后作业、先分析后做题、先理解后记忆、先检查后交作业的学法指导；对初中（特别是初二以上）的学生则应进行"带着问题听课，课堂上自由提问，先密后疏复习知识，将知识纳入体系。

从当前学生的学情看，由于长期以来受升学教育的束缚和传统教法的影响，现在学生的学习相当部分是被动的，而不是主动的。相当一部分学生没有掌握科学的学习方法，不知道怎么处理好学习的每一个环节。有的学生忙于应付作业；有的学生分不清功课主次，各科平均使用力量；有的学生学习无计划，平

时不复习，考试临时抱佛脚，等等。大部分学生为面临这种"学习困境"而苦恼。因此，为使学生在学习上少走弯路，就必须教会他们掌握科学的学习方法。"课内外学习结合发展个性"的学法指导。

8. 需求谐振

当人的需求得到满足时，必然会有夙愿以偿的满足感，这时极易引发需求谐振。需求是人人都有的一种心理活动，在学生中当然也是如此。在教育实践中不难发现，如果师生间形不成需求谐振，学生就缺乏学习内驱力，就会厌学，往往对教师的教育和指导无动于衷，甚至"视而不见，听而不闻"。与此相反，教师如能就学习方法导其所需，学生就会振奋，就能按教师的指导积极学习。一位历史教师掌握了许多记笔记的方法，他用"分散记忆"指导学生记忆知识取得了事半功倍的效果，他用"不同的彩笔、不同的符号来记某一方面的知识和问题"的方法，指导学生记好笔记，减轻了学生的学习负担，提高了成绩，这种以满足学习需求为内容的情感谐振对提高教与学的质量起到了很大的作用。

9. 期望谐振

教师对学生的期望值如果同学生对自己的期望值相接近，二者之间就会形成期望谐振，教师对学生的期望就会变成巨大的动力，诱导学生按教师的期望去改进学习和掌握学法。罗森塔尔的"皮格马利翁效应"，钱致榕教师的"成功的荣誉班"都证明了期望谐振的巨大作用。形成期望谐振须有几个条件：一是期望须具合理性，为社会、学生所需要；二是期望须具可行性，使学生通过努力可以实现；三是期望须具鼓励性，能在心理上激励学生奋发向上。只要创立上述条件，学生必然会按教师的期望去用科学的方法搞好学习。

10. 价值观谐振

当人的价值观相同或相近时，就容易形成心理相容。对事物的评价一致或相近时，人们就有相同的语言和情感，就能形成情感谐振。作为教师，首先要引导学生形成正确的价值观。例如引导学生崇尚高尚的精神文明，珍惜人类遗产，追求健康的发展和美好的情操。有了这样的价值观，学生自然会立志攀登科学文化高峰，这样才可能接受教师的指导而努力学习。

学法过程的各种情感谐振是客观存在的心理现象，我们只有认识它，驾驭它，才能更好地发挥教师的主导作用，也才可能使学生成为真正的主导作用，也才可能使学生成为真正的学习主体。

(三) 学法指导过程的控制

学法指导用控制论的观点来分析是个非线性的可控开放系统。它由学习目标、学习内容、学习方法、学习心理、学习条件、学习结果等要素组成。要使学法指导的整体功能达到最优，就必须使各个要素达到最优。如果其中一个要素发生"故障"，就会破坏整个系统的功能。因此，必须对"学法指导"过程的各个要素进行严格控制，从而发挥最佳功能。

1. 学习心理的控制

传统教学法"重教轻学"，即只重视对教法的探索和总结，而忽视对学法的研讨和实践。这种情况导致多数学生习惯于听教师讲授和记笔记，而不习惯自己花大量精力去探索学习方法，掌握知识。换言之，学生对自学不感兴趣，这是自学指导获得成功的一个重要障碍。针对当前教学中存在的问题，反馈教学法特别重视在指导学生掌握学法的实践中，有效地控制学生的心理状态，激发和培养学生"喜欢自己学"的动机，其控制手段是：

（1）明确学习目的。让他们逐步认识"学会自学方法"的社会意义。让他们懂得：任何一个学生，从老师那里直接获得的知识及技能是极其有限的，自己掌握了"学法"并能进行有效的学习，这好比有一根点金棒一样，知识将会如流水一样源源不断地涌来。

（2）培养自学兴趣。利用少年儿童的好胜心，适当开展一些自学竞赛活动，激发他们的自学热情。心理学研究表明，竞赛是激发儿童学习积极性的有效手段。在竞赛活动中，少年儿童的自尊心和自我求成的需要更为强烈，因而有利于激发少年儿童积极向上，你追我赶的热情，有利于调动他们自学积极性，培养他们克服困难的意志。

（3）落实自学措施。懒惰是自学大敌，学生常常易被惰性所驱使，只愿死记现成的知识，不愿自己去探索。所以，反馈教学法采取"自学—反馈—矫正—小结"的自学模式，通过学生自学，克服了传统教学法中因学生不习惯自学而

"心慈手软"——用自己讲授去代替学生的自学活动的弱点。

2. 学习目标的控制

在学法指导上，由于目标不当造成偏高、偏难而失控者不乏其人，这种做法，其愿望固然是好的，但它不符合循序渐进和发展性原则，其结果必然是"欲速则不达"。应当指出，学习方法的形成往往不是一次完成的，而是一个从无到有，从少到多，由简单到复杂，由生疏到熟练的循序渐进的发展过程。因此，与学习内容的安排一样，学习方法的掌握，不同年级，不同阶段也应该有不同的要求和目标。

3. 学习态度的控制

（1）端正学习态度是运用学习方法的前提。一个人学习不努力，即使方法再好，也不能把学习搞好。学习的态度主要有以下几个方面：①讲究科学，一丝不苟；②勤奋学习，不怕困难；③谦虚谨慎，不懂就问；④胜不骄傲，败不气馁。

（2）掌握学习原则是探索学习规律的必要条件。学习原则是根据学习的一般规律而提出的学习法则，是学习的基本要求和根本方法。学习原则可归纳为以下几个方面：①循序渐进，打好基础；②集中精力，专心致志；③专博结合，多少结合；④多动脑筋，学思结合；⑤学习双基，发展能力；⑥联系实际，学用结合；⑦持之以恒，坚持不懈；⑧科学用脑，讲究卫生。

（3）把握学习的过程是研究学习方法的中心问题。在各科学习环节中要注

意及时反馈调节，保证顺利进行。科学 的学习程序如图 13.6 所示。

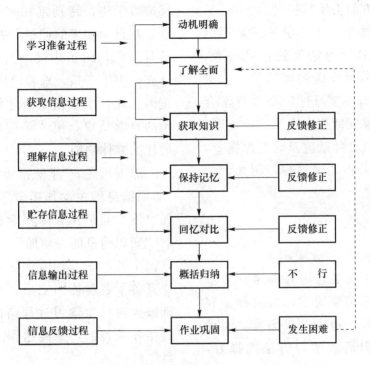

图 13.6

（4）创造良好的学习环境是提高学习效果的重要保证。学习需要有一个好的环境，这是影响学习效果的重要因素。内外环境有很多因素，这些因素与学习效果之间的内在关系需要最佳组合，需要做大量的工作。内部环境有：健康、情绪、生理、食物营养状况等；外部环境包括：光线、通气、温度、色彩、学习设备、学习工具等。

4. 学习活动的控制

目前，有不少教师受传统教学"重结果、轻过程"的思想影响，只注重学生通过自学掌握了多少知识，只满足于学生能说出多少正确的结论，而忽视让学生认识自己的学习活动是否合理。如何控制学生的学习活动？

（1）运用示范实行控制。榜样的力量是无穷的。教师通过典型示范——预习方法示范、作业方法示范、复习方法示范，使学生掌握学习方法。例如：

$53 \times 48 + 53 \times 50 + 106 = ?$ 教师可以引导学生用乘法分配律把 106 分解成 53×2，然后进行简算：

$53 \times 48 + 53 \times 50 + 53 \times 2 = 53 \times（48 + 50 + 2）= 5300$，通过这样思考方法的示范，让学生借助模仿作台阶，逐步掌握简算方法。最初阶段，都是借助模仿为"阶梯"的。因此教师的示范很重要，尤其在学法指导的开始阶段，这种示范显得更为必要。

（2）运用反馈实行控制。控制论者认为，反馈就是控制者知道其控制结果，并以此调节下一步控制过程。反馈是一种重要的控制手段。为此，在学生学习过程中，教师要根据各种反馈信息，及时调节、控制学生的学习活动，具体地说，可从两个方面去实行控制：

①从学习结果入手。学习结果不但能使我们了解其学习结论的正确与否，而且还使我们通过反馈洞察其学习方法的选择是否得当，学习过程是否科学合理。因此，如果反馈信息表明结论正确，学法恰当，那么教师就应及时发出指令，强化正确的结果和处理过程。例如，学生在计算练习题：

$$(\frac{3}{4} \times 0.7 + 0.3 \times \frac{3}{4}) \times \frac{7}{8} (\frac{1}{4} - 0.25) \div 78\% = ?$$

一种是按四则混合运算顺序一步步繁琐的计算得出结果为零；另一种是利用零的性质口算，得出结果为零。两种结果均正确，但后者学习方法选择好，应在两种计算方法的对比中表扬强化后者，使自学过程达到优化。

②从学习活动的各阶段入手。在学生学习活动的各个阶段必然会反映出各种各样的学习状态或方法正确，结论也正确；或方法正确，结论却错误；或方法不当，结论却正确；或方法错误，结论也错误。这就要求教师不断巡回观察，掌握学生自学情况，根据反馈信息，随机调控，使自学活动始终趋向科学化、合理化。

5. 学习结果的控制

传统的教学法"重结果、轻过程"。他们面对学生的回答，或一概肯定，或随意否定，或模棱两可，而很少考虑为何正确，为何错误，因而往往使学生不知道自己究竟对在哪里，错在何处。这既不利于学生掌握知识，发展智力，提高能力，也不利于调动学生自学积极性。反馈教学法，特别重视完整性反馈，所以，在自学结果的控制上做到肯定正确，及时强化，纠正错误，找出错因，引导补充，引申开拓，求异求佳，培养智能。正因如此，反馈教学法才能不断优化学生的自学结果，使"学法指导"发挥出最佳的整体功能。

综上所述，"学法指导"把学生看作"知识信息的主动加工者"，但绝不是放任自流，而是在教师科学控制下的学生对"知识信息的主动加工"，只在当学生掌握了各种学习的方法之后，只有当学生具备了各种能力之后，教师才能够逐渐减少对学生学习过程诸因素、诸环节的指导及控制，才能达到"教是为了不教"的目的。

（四）学法指导过程中应注意的几个关系

1. "主"与"辅"

学生是学习活动的主体，要想取得好的学习效果，学生就要掌握学习的主动权，在学法指导过程中，要特别注意这一点。要尽量避免"我讲你听"的方式，可采用和学生共同研究和探讨的方式与学生"交换"思想。并且要引导学生主动学习，在学习科学的学习方法的同时，主动联系自身学习实际，通过对比总结自己的学习方法，找出自己学法中的缺陷和不足，并用科学的学习方法进行纠正和完善。

另外，要正确把握"学法指导课"的地位，使学法指导名副其实地起到"指导"作用，其一，开设了这样一门课,就要使学生学有所得,要让学生从中学到对有用的东西,确实对学习有指导,有帮助。其二,不要把调定得太高,不要让学生产生过高的期望或错误的认识,要向学生讲清,学法指导不是万能灵药,不能包治百病,真正好的学习方法是适合自己的方法,这要靠自己在科学方法思想的启迪下,自己去探索,去总结,离开刻苦努力的学习实践,再好的方法也是一句空话。所以,学法指导是"辅"而不是"主"。

2. 学习别人方法建立自己方法

学法指导向学生介绍各方面的许多方法,应强调对任何方法都必须对它进行"内化"。也就是先把它变成自己的东西,就像吃了牛肉以后,经过消化吸收,成为人体的营养,最后成为人体的有机组成部分一样,而绝不能原封不动地还是牛肉。学习别人的科学学习方法,不管这种方法多么好,首先要考虑对我适用不适用,结合自己的学习基础,学习习惯及特点,在自己原有的学习方法的基础上吸取其精华,变成具有自己特色的方法,"变他法为我法",最后在学习实践中要做到"我用我法"。同时,要培养学生大胆质疑和敢于批判的精神,教导学生不要迷信名人、洋人、古人,要对自己多一点自信,多一份执著。当然,这丝毫不意味着盲目自大,自以为是,不虚心向别人学习。

3. 指导学习内容与指导学习方法

从广义上讲,学习方法都是针对一定的学习内容而存在的,如果学习方法脱离了学习内容,学习方法再好,也就失去了其存在的价值。因而,常常是不同的学习内容有不同的学习方法,各学科有各学科的学习方法。课堂教学是学生注意力最集中,求知欲最强烈的时刻,是教师完成教学任务的重要环节,也是学生学习知识,促进智力发展的主要方式。因此,在课堂教学中,既要改变以往那种只重传授学习内容,不重传授学习方法的现象,也要防止把学法指导课变成脱离学生学习内容、学习实际的空洞说教。常见的问题是一些学法指导介绍的学习方法听起来很有道理,也很科学,可是很难转化为学生的学习能力,学生在各科学习中用不上,或学不了,只好把它视为"珍宝"而束之高阁。因此,最理想的做法是既传授学习内容,又传授学习方法,寓学习"方法"于学习"内容"之中。这可通过把学法指导课讲稿发给各科教师,并邀请他们一起听课,使他们了解基本学习方法的内容和要求,结合各科特点加以运用来实现。基本要求为:一是根据基本学习方法的要求,各科教师要转化为学科学习方法。二是从改进学生学习各科内容的实际方法入手,搞好课堂设计,对学生起到启迪、示范作用。三是加强对理论联系实际的指导,鼓励每个学生在学习实践中吸取、借鉴别人的经验,通过反复实践摸索,逐步形成适合自己的独特而有效的学习方法,进而促进对学习内容的掌握,提高学习效果。

五、学法指导的内容

概括来讲学法指导的内容,就是指导学生创设良好的学习条件和环境,使学生掌握科学的学习方法，逐步形成独立学习的技能。学法指导是一项综合性的系统工程，它的内容不仅仅是指导学生掌握科学的学习方法问题，而且还包括指导学生掌握对所有影响学习的因素进行有效调控的方法。

（一）创设学习条件的方法指导

主要是指影响学习的外界条件的指导。学习离不开一定的条件，良好的学习条件能促进提高学习效率和质量。相反，不好的学习条件会对学习产生消极的影响和干扰，甚至影响学生身心的健康和成长。

1. 创设良好的学习环境

学习环境包括学校和家庭，也包括物理环境和人际环境。物理环境主要是温度、光线、噪音、布置等要符合学校卫生标准。人际环境主要是指要建立平等、融洽的师生关系、同学关系、父母与子女关系等。

2. 创设良好的学习条件

学习条件包括笔墨纸张、学习用具、教材书籍等个人的学习条件和图书馆藏书、报刊、实验设备等学校的学习条件，要求齐全、省时、方便。

3. 进行体育锻炼

包括各种体育活动方法和保健方法训练等，使学生具有健康的体魄、良好的身体素质，以充沛的精力投入到学习之中。

（二）心理调节的方法指导

主要是指对影响学习的非智力因素的调节方法的指导。心理调节的指导对学法指导有特殊的意义，是极为重要的组成部分。因为非智力因素对学习起着启动、指向、推动、维持、支持和强化的作用，是影响学习的动力部分。此外，学法指导的教书育人的职能也是在心理调节的指导中实现的。心理调节的方法指导主要包括指导学生如何培养浓厚兴趣；如何形成正确的学习态度和动机；如何养成良好的学习习惯；如何增强学习毅力；如何调节和控制学习情绪；如何克服学习中的困难与挫折；如何克服学习中出现的生理疲劳、兴趣衰退；如何排除心理障碍，怎样科学用脑等。

（三）掌握知识的方法指导

主要指对影响学习的智力因素的指导。掌握知识包括知识的获得、巩固和应用三个阶段，即信息论意义上的信息输入、贮存和输出。因此，掌握知识的方法的指导也主要是指这三个阶段的方法指导。主要内容包括：在知识的输入阶段，指导学生如何观察，如何思维，如何想象，如何集中注意等。在知识的贮存阶段，指导学生如何记忆，如何理解，如何强化，如何系统化等。在知识的输出阶段，指导学生如何分析，如何概括和综合，如何创造，如何解决问题等。这种指导有利于发展学生的智力，提高学生的学习能力。

（四）学习各环节的方法指导

这是指对学习过程的指导。学生的学习过程主要包括自我规划，课前预习，认真上课，课后复习，课外作业，课外学习和系统总结等。要求各环节不可忽视和遗漏，要形成周期性的良性循环。同时，各环节都要讲究方法、技巧。主要是指导学生遵循学习规律和学习原则，制订符合自己实际的学习计划，合理安排学习时间，养成良好的学习习惯；指导学生掌握预习、听课、记课堂笔记、复习和做作业的方法；指导学生解决问题的能力，明了解决问题的步骤；指导学生课外自学的方法；指导学生使用工具书、积累资料及应考的方法；指导学生在图书馆查图书目录、找参考资料的方法；指导学生组织材料和表述的能力，使他们把自己从阅读和实际经验方面所得的知识加以系统地组织并报告给全体同学，相互学习，共同进步。

（五）学习各具体学科的方法指导

主要是指将一般的学习方法应用到具体学科上去的指导。包括指导学生学习语文、数学、物理、化学、生物、地理、外语等各门学科的方法。

六、学法指导的原则

学法指导原则是指导学习方法规律的主要反映，是指导学生学习方法必须遵循的基本要求。

（一）针对性原则

所谓针对性原则就是针对学生的年龄差异、心理特征、学生类型、学习条件和实际问题来进行对症下药式的指导。这是学法指导的最根本的原则。

1. 针对学生的年龄特征

一般来说，初中生知识面较窄，思维能力较差，注意不很持久，学习技能不很熟练，因此，对初中生的指导要具体、生动、形象，多举典型事例，侧重于具体学习技能的培养，使学生养成良好的学习习惯。高中生则不同，知识面较广，理解力较强，学习技能比较熟练，思维力较强，因此，可向学生介绍一些学习科学知识、心理科学知识、侧重于学习能力的培养，开设学法课的学校，应在选择讲课内容时已考虑到这一点。

2. 针对学生的心理特点

学生的心理发展水平是进行学法指导的依据。实践证明，学习方法能否发挥应有的作用，学习能力能否提高，与学生的心理倾向，即学生的需要、动机、兴趣、情感、意志、理想、信念、世界观等方面有密切关系。一方面学生的心理倾向制约着学生的学习目的、学习习惯、学习态度、学习作风和学习精神，另一方面掌握和运用良好的学法，又必然增强学生的学习信心，激发他们的学习热情。两者相辅相成。如果学法指导脱离学生的心理特征的实际，再好的学法也难于发挥作用。因此，在学法指导中必须充分考虑到学生的心理发展水平。

要贯彻这一原则，首先，必须开展心理调查，了解学生心理发展现状，摸准学法指导的依据，这是进行学法指导的前提。其次，学法指导应从简单的、基本的、具体而易掌握的学习方法入手，逐步加深，循序渐进，绝不能搞"法海战术"，一下子把许多学习方法都硬塞给学生。第三，学法指导要积极适应学生的心理发展，既不能落后于学生的心理发展，也不能操之过急，急于求成，搞拔苗助长。而应该既看学生心理发展水平的现状，又考虑到学生心理的"最近发展区"。

3. 针对学生的类型差异

学生学习的类型大致有四种：第一种，全优型。双基扎实，学风踏实，学习有法，智力较高，成绩稳定在优秀水平。第二种，松散型。学习能力强，但不能主动发挥，学风不够踏实，双基不够扎实，学习成绩不稳定。第三种，认真型。学习很刻苦认真，但方法较死，能力较差，基础不够扎实，成绩突不上去。第四种，全劣型。学无兴趣，不下工夫，底子差，方法死，能力弱，学习成绩差，处于"学习脱轨"和"恶性循环状态"。对不同类型的学生，指导方法重点不同：对第一种侧重于帮助优生进行总结并自觉运用学习方法；对第二种主要解决学习态度问题；对第三种主要解决方法问题；对第四种主要解决兴趣、自信心和具体方法问题。

4. 针对学生的学习环境和条件

学法指导一方面要努力为学生创设良好的物质环境和条件，另一方面又不能过分强调物质条件的作用，而应从实际出发。对条件好的学生，要激励他们珍惜优越条件，充分利用条件，发挥更大的主观能动性。对条件差的学生，要激励他们克服困难，在逆境中前进。

（二）操作性原则

学习方法实际上是一种操作技能，具有明显的外部特征。要使学生真正掌握学习方法，就必须进行方法训练（即操作），使之达到自动化、技巧化的程度。有的学校每堂课都有定量的练习思考题，让学生做，效果不错。因此，指导中切忌讲一些知识，讲一些理论，学而不用。因为尽管学法的理论指导可以使学生知道有关学习方法的知识，对学习方法产生感性认识，但这不是学法指导的目的，学法指导更体现在实践上，通过实践达到由感性认识到理性认识的飞跃，从而真正掌握学习方法，达到学习的目的。贯彻这一原则应遵循以下要求。

1. 理论指导必须符合学生的实际

学法的理论指导应突出实用性特点，强调实际可行和具体的方法，具有可操作性，适合学生的特点和需要，便于学生接受和掌握。在理论指导的过程中，要做到深入浅出，有理有据，学以致用，具有一定程度"立竿见影"的功效。另外，在一般规律性阐述的同时，还要对不同学科学习方法的特殊性进行必要的提示或渗透，以便引导学生结合具体的不同学科的特点，进行有效地拓展和深化。

2. 理论与实践应同步

从某种意义上说，学法指导实际上是在教与学的实践中的指导。

3. 理论与实践结合点是应用

要贯彻理论与实践统一的原则就必须强调运用，理论在运用中掌握，方法在运用中熟练，认识在运用中升华。进行方法训练时，最好能和各科的具体内容结合起来，使学生在具体运用中来掌握学习方法。

4. 重视学法操作程序的设计

学法操作程序的设计是教师根据学生学习的规律和年龄特点，把有关学习方法的概念和理论，科学地变为学习过程中可供学生实际操作的具体步骤。让学生在学习过程中一步一步按程序进行学习。例如，编制《小学阅读主要学法一览表》，对阅读学法的序列、阅读学法操作程序进行系统读者设计。如"审解题目的方法"，可设计以下操作程序：①认真读题，了解题意。②扣住题目中的中心词。③抓住题目的重点词。④弄清题目提示的体裁。⑤分析题目所给的条件。⑥把握题目提出的问题。⑦推敲副标题或所提要求。⑧明确全题的重点和要求。⑨读文章时，想想题目与文章内容有什么关系等。

（三）系统性原则

系统性原则是指对不仅要对学生进行系统的学法知识传授，而且要对学生学习和全过程和各方面都要进行指导，并且和家庭相互配合，全体教师协调一致地共同进行指导，以达到学法指导的目标。贯彻这一原则的要求如下。

1. 对学生进行系统的学法知识传授

学法指导是一门有其自身规律和特点的科学，因此，学法指导的安排，应该包括学习规律、学习原则、学习过程、学习心理、学习修养、学习环境和学习方法等相对完整的内容。学生只有在较完整地掌握系列的具体内容之后，才能对其要点和精髓心领神会，运用自如。在学法指导中，既要突出宏观上学习修养、学习环节、发展智力等内容的系统性，又要注意微观上的学习计划、预习、上课、复习等内容的系统性，从而使学法指导本身达到完整的系统性。学法指导实践证明：系统性的学法指导，优于局部的零散的指导。

2. 对学习的全过程进行指导

学习的各环节是相互制约的，所以，每个环节都要加强指导，正如陆世仪所说的"学思行齐行，步步着力，便全无渗漏"。此外，学习活动涉及态度、基础、能力、身心因素、环境因素诸方面，对这诸多方面也要同时指导。影响学习成绩的因素是多元的、相关的，所以指导也应渗透到各环节、各方面。

3. 各方面相互配合协调一致

学校和家庭要相互配合，班主任和各科教师要协调一致。尤其要利用各种机会向家长传授有关知识，以便学生在家庭学习中获得有效指导。班主任可传授一般的方法，而各科教师必须予以配合，在各科教学中结合学科内容，进行具体学法（学科学法）的指导。学习方法既是一门独立的学科，又是和具体的学习内容不可分割的，所以，开展这一活动，真正广阔的天地，在于全体教师都在自己的教学中有意识有目的地传授学习方法，同时，还应帮助学生经常自己去探索、试验、总结、建立自己的学习方法。从教师来讲：既授之以"鱼"又授之以"渔"。从学生来讲，既得到"鱼"又学会了"渔"。这样可以从根本上解决"高分低能"问题。

4. 充分发挥学法指导系统的整体效应

学法指导是一个系统工程，在充分发挥各子系统作用的同时，还要注意发挥学法指导系统的整体效应。

（1）使教师和学生融为一体，为主导和主体的双向和谐渗透充实了内容，创造了条件，为建立新的教与学的关系奠定了基础。

（2）使知识与技能有机结合，为培养能力，提出了切实措施，从而使知识和能力得到和谐发展。

（3）使智力因素与非智力因素同步提高，为寓教于学、教书育人的新教学观和方法提出了实施措施。

（4）使学校和家长在教育学生的方法上找到了共同语言，发挥不同方面的作用，为学生的转变开创了外部条件。

（四）点面结合原则

学法指导受两个因素制约，即指导的对象和内容。一是指导对象。学法指导既要对全体学生普遍进行，又要结合每个学生不同的特点个别指导。二是指导内容。既有普遍的一般方法的指导，又有特殊的不同学科具体方法的指导。普遍指导可以面向全体学生，使全体学生掌握学法最一般的常识和常规性的学习方法，如指导学生掌握计划学习法、预习学习法、听课学习法、复习学习法、学习某一学科的学习方法等。集体指导有利于大多数学生掌握最基本的学习方法，按照学习常规，形成良好的学习习惯。这既容易被学生、教师和家长认同，又便于教师和家长进行指导。而个别指导，有利于有的放矢，针对学生各自的特点和各自知识、经验水平，解决实际问题，寻找科学的学习方法，合理运筹学习时间，提高单位时间的利用效率，充分发挥方法的功效。因此，只有采取普遍的指导与特殊的指导结合起来，既有"面"上的指导，又有"点"上的指导，才能达到良好的效果。贯彻这一原则应注意：第一，要了解普遍的学习状况和个别的学习差异，做到因材施教与普遍传授相结合。第二，要对学生学习各学科的情况进行了解，找出有代表性问题进行有针对性的具体学科的普遍指导。第三，要对个别差生进行了解，找出问题所在，对个别学生的个别学科进行特殊指导。

（五）情感意志原则

情感意志原则是指在学法指导过程中，要调动教与学的积极情感，进行情感性教学，提高学法指导的效率。积极性情感对教、学双方都具有重要的作用。

带着积极的情感教，可以使教者心情舒畅，充分发挥教育者的聪明才智，激发出智慧的火花。带着积极的情感学，可使学者精神振奋，激励学习热忱和探索欲望，使注意力集中，思维活动处于最佳状态，获得知识快，保持记忆久。积极的情感，往往成为教与学双方最好的原动力和催化剂。

积极情感能促进情感知觉和理智知觉的和谐。当人的无意知觉与有意知觉趋于和谐时，精神系统的活动能力就能达到最顺畅的境界。积极情感对意志行为具有调节和强化作用。如果能用情感的火把去燃烧学习者的热忱，不仅能提高当前的学习质量，而且对长远发展也会产生深远影响。

情感性教学能对师生产生互感效应，使双方情感交融，互为激励，教学相长。由此可见，情感性教学是师生学法指导过程中的共同精神支柱，充分利用积极情感，既是学法指导活动本身的要求，也是提高指导效果的有力措施。

七、学法指导的模式

随着学法指导研究和实践的不断深入，我国中小学广大教师探索出了一些行之有效的学法指导模式。其中，在中小学课堂教学中广泛使用的有以下几种模式。

（一）课程传授式

课程传授式是通过开设学习方法课，向学生系统传授一般学习原理和方法的模式。其具体做法是教师要像其他各科课程一样研究教材，进行备课，学法指导纳入班级教学计划，列入课程表，学生有教材和笔记，一般不考试。这种模式多适用于起始年级（初一、高一）。据不完全的统计，近几年来，全国已有约500所中学开设了学习方法课。其中，高中开设学习方法课的典型代表是北京八中和福建龙岩一中等校。北京八中龚正行从1982年开始就在该校高一年级开设了学习方法课，并且总结出《指导高中学生学习的初步探索》的经验文章，重点介绍了高中学习方法课开设必须注意的"五个讲"，即"一要结合学习方法方面的正面和反面的例子讲；二要结合各科的具体知识讲；三要结合学生的思想实际讲；四要结合各科学习方法上的特点讲；五要边讲边实验"。由于龚正行学法指导的效果显著，中央电视台还聘请他作为全国中学生学习方法指导节目的主持人，对全国中学生进行系列学法指导，在全国中学界产生较大影响。

课程式学法指导的最大优点是能引起学生对学习方法的高度重视，并使学生系统地掌握基本的学习理论和学习方法，对他们建立正确的学习观、培养良好的学习习惯和掌握四环式的基本学习方法都有很大好处。但是，它也有明显的不足之处：一是容易和各科学习脱节；二是学习方法不够具体，训练落实有一定难度。至于学习方法课的教材问题，经过几年实践，已经基本解决。比较实用和质量较高的有：上海人民出版社出版的《高中生的学习方法与能力培养》，北京工业大学出版社出版的供初中学生使用的《中学生科学学习方法指导读本》（第二版）。这两本教材，已由全国中学学习科学研究会首届年会审定推荐，可以作为各地区普通中学开设学习方法课选用。当初一、高一学生升入初二、高二以后，学法指导又该如何继续和衔接呢？较好的方法是，用讲座形式使课程式学法指导得到延伸和拓宽。也就是说，进入初二、高二以后，可以根据学生实际和学科特点，定期进行分科学法指导专题讲座，这是实现学法指导经常化、系列化的一种好形式。

（二）专题讲座式

这是学法指导经常采用的模式之一。它是根据学生学习的需要，采取专题形式定期或不定期地举办学法指导讲座。这种模式既可以班为单位进行，也可以一个年级或全校统一进行；可以是报告会形式的，也可以利用校刊、校报、班级学习园地等形式进行。它的优点是比较符合学生实际，形式比较灵活，可以使学生学到某一方面较丰富、较深入的知识。它的缺点是缺乏系统性，容易被其他工作所冲击，理论与实践容易脱节。

开学法讲座，一般应考虑如下几个问题：

第一，在哪个年级进行、讲多长时间为宜？一般应在初一、初二开设，到初三时再采取以交流为主的方式进行学法指导。

第二，讲些什么内容？学法讲座的内容一般应包括：①求知应用法：即计划法、预习法、听课法、复习法、作业练习法、总结法、应考法、课外学习法等；②启迪智力法：即观察法、记忆法、想象法、思维法等；③增强修养法：即

对理想、兴趣、意志、习惯等方面的培养方法。

第三，学法讲座教材怎么选择？目前尚没有统一教材。有关部门应针对不同阶段学生的学习特点，选择或组织人员编写学法教材。编写教材要注意教材的科学性、针对性、层次性和可行性。

第四，学法讲座应怎样上？总的讲，学法讲座要做到有的放矢。为此，要认真备学生、备教材、备方法，写教案。教学方法要灵活多样，如讲述、讨论、选读、经验评论、调查分析、总结等。还可精选学生中学习方法好的实例充实教学内容，结合正反例子讲；结合各学科的具体知识讲，结合各学科学习方法的特点讲；结合学生的思想实际讲；要边讲边实验边训练；要面向全体学生，注意进行个别辅导。要进行学法课反馈，及时了解学生及家长对开学法讲座的意见，了解学生对教师教学的评价，对教材的评价，了解学生的学习情况，以便探讨开学法讲座的有关问题。

（三）学科渗透式

这是学法指导经常采用且效果较好的一种模式。它是教师根据自己所教的学科渗透学习方法，一般由任课教师进行。这种模式要求教师既要对所教学科的知识有坚深的基础，又要对学法知识熟练掌握。它的优点是能结合学生实际，又能结合学科特点，还能兼顾学法指导知识体系。因此，这种方式讲起来有具体内容，言之有物。学生既可以学到学习某一学科的具体方法，又能找到自己的不足，克服学习上的缺点，还能使学

生掌握学习各环节的技巧。这种模式很好地体现了理论与实践相结合的原则，很受学生欢迎。缺点是有时过于繁琐，大量的学习规律方面的知识也不可能完全在学科渗透中掌握。

搞好学法渗透，教师应做到如下几点：

第一，树立为学而教的思想，力求把自己的"教"建立在学生"学"的基础上。第二，研究学习方法理论。第三，根据学生掌握学法的需要设计教学程序，确定教学方法。第四，教师在备课中要认真钻研一系列问题，如不同教材之间的联系；同类教材之间的异同；举例向学生揭示学习规律；教给学生一些最优的学习方法。第五，教给学生四个基本环节，即预习、听课、复习和作业的学习法。

学法渗透要反对注入式，做到相机诱导潜移默化。在这方面，优秀教师的经验有五种具体方法，即肯定（对学生已掌握的学法加以肯定）、纠正（帮助学生找出未能掌握学法的原因给予纠正）、温故（引导学生不断复习学过的学法）、引导（不断给学生提出新问题，引导学生带着问题去学）和归纳（将某种学法渗透到教学过程中，待学生用此法掌握了新知识后，把它归纳出来）。

（四）学法诊断式

这是一种个别指导的模式。它是指教师通过科学的办法对学生进行学习动力、学习方法、身体健康状况、师生朋友关系和家庭环境等方面的诊断，在了解学生学习上存在的问题基础上，有针对性地加以治疗，从而使学生逐步掌握科学学习方法的一种模式。由于学生情况千差万别，影响学生学习的因素也不止一个，学习的效果又是多种因素综合作用的结果。所以，运用学法诊断模式对学生进行学法指导就具有针对性强，适应学生差异的独特优势，它可以具体帮助学生分析影响学习效果的因素，寻找主要的问题，指出具体的解决办法，使学生的学习方法逐渐走向科学化的轨道。武汉市49中的为了探索这种学法诊断模式，帮助学生克服学习上的心理障碍，曾对中学生常见的心理障碍的表现进行过深入的调查研究，归纳出了常见中学生学习心理障碍14种表现。并针对14种心理障碍，在学法指导的过程中，进行会诊治疗，总结了不少值得借鉴的对策。其中，有五条体会是比较深刻的；即良好的社会环境是防治的基础；净化社会文化是预防的条件；合理的家庭教育是必备的因素；正确的学校教育是重要的措施；加强学生自身的学习品质和修养是治疗的关键。

至于对一个教师而言，应用学法诊断模式进行学法指导的方式是很多的，诸如谈话式、讨论式、咨询式、答辩式等。一般说来，教师在对学生进行学法诊断中，首先应当建立学习个体档案，随时记载和查看"病历"。再根据"病因""病况""病的变化"，采取相应的有利于调动学生积极性，克服其学习上的心理障碍的方式进行疏导、沟通，使学生们在学习上向科学健康的方向迈进。这种模式一般来说，具有较好的效果。它的优点是结合学生的实际，能及时有效地解决学习上的问题。但它缺乏系统的指导，而且只能适用于小范围内，对人员素质要求较高，耗费人力也多。

（五）经验交流式

这是学生之间通过自己的实践和学习过程的反思总结出自己的学习方法，并互相交流经验的模式。

其常有的形式有：召开主题班会，组织优秀学法报告会，介绍咨询会，座谈交流会，作品展览会和出优秀学法专刊、专辑等。这种模式的最大优点是有利于从同学身上获取符合自己胃口的经验，进而产生竞争心理。同时，组织学生定期总结和交流通过学习实践活动自己悟出来的学法，具有鲜明的个性特征和亲切可接受性的特点，对于学生增强自信心、自豪感、成果喜悦感都起着很大的推动作用。这样将有利于学习方法异彩纷呈，向着多层次、多规格、多渠道的方向发展。上海市卢湾中学和福建省福州市、龙岩市的许多学校在学法指导的实践中，摸索创造了不少交流式的好方法，例如，召开在校生学法研讨会，组织毕业生返校介绍学习经验，优秀学生学法答题咨询会，自我总结学习过程会和举办"优秀学法"征文活动等。开展这种形式多样的活动，能使学生发展多种思维，探索适合自己个性的学习方法。这种方式可以在教师的指导下进行，也可以不在教师的指导下学生独自进行。它的优点是具有较强的实用性，可以随时随地进行，不受时间、空间的局限，比较符合学生实际，易于被学生接受。缺点是由于学生的经历和经验有限，交流的内容也就十分有限，而且学生的认

识水平较低，很难从科学的高度来总结。因此，这种方式不宜作为学法指导的主要方式，它作为一种辅助方式效果会更好。

（六）自学辅导式

中国科学院心理研究所研究员卢仲衡开创了"自学辅导教学"的实验研究。自学辅导教学模式的基本点是：教学不是教书，而是教学生学，教学生自己学，教学生"会学"。总的原则是自学辅导，但又不是无师自通，而是在指导和辅导下以学生自学为主，培养学生自学能力。其课堂教学结构由"启、读、练、知、结"五个环节组成。自1965年始至今，经过全国数百所中学30多年的反复试验，证明自学辅导模式对提高学生学习数学的能力，掌握学好数学的方法成效显著，因而获得了中国科学院1983年度重大科技成果二等奖。

（七）学习规程式

这种模式的特征是把规定学习的程序和方法的材料（学习规程）传授和印发给学生，要求学生按照既定的学习规程进行训练和实践，进而形成习惯，掌握方法。显然，这种指导模式有着很大的强制性和规定性。当然，也存在容易流于形式和不能贯穿始终以及忽视学生个性心理品质等弊端。例如，湖北中学在数学学法指导中，就拟定了五个方面的学习习惯规程；即阅读教科书的习惯规程；专心听讲的习惯规程；思考质疑的习惯规程；认真作业的习惯规程；检查订正的习惯规程。为了训练这五个方

面的学习习惯形成规程，他们又制定了"三先三后"（先预习后听课，先复习后作业，先小结后应用）总的学习习惯训练规程；以此来指导学生不断克服学习的随意性，增强计划性，进而提高学生运用基本学法的科学性和自觉性。

（八）过程渗透式

这是一种把学法指导渗透到学生学习过程各个环节之中的模式。它的特点是看得见、摸得着、用得上。因为构成学生学习过程的基本学习环节有三个层次、十个方面。第一层次是获得积累知识环节：看、写、问、听、思。第二层次是巩固掌握知识环节：练、习、记。第三层次是目的学习环节：用和创。这十个学习环节都有各自丰富的学法指导内容。也就是说，要通过指导学生如何看、写、问、听、思；如何练、习、记、用、创来渗透更具体、更有效、更实用的学习方法，这也是进行学法指导系列化的一条根本途径。例如，在指导学生"听"的方法时，重庆市41中学就摸索出了"专心听、当堂懂、思路清"九字指导秘诀。又如齐齐哈尔市35中学的老师在指导学生"看"的学习环节中，提出了达到"精"看（书）和"精"读（书）的五字诀："懂、会、熟、新、巧"。再如辽宁省阜新市的老师们在"记"的学习环节的方法指导上提出了"定向社会、横纵相携、统筹兼顾、优选求新、持久不懈"的记忆二十字法，进行训练，引导学生科学记忆，提高记忆效率，也是较为成功的一种尝试。

（九）专项训练式

所谓专项训练式，就是利用典型单元或结合期中、期末复习的契机，把前一时期学过的学法及时归类，形成"学法链""学法集""学法树"或"学法库"等整体的学法结构。如结合编写段意的单元，可以搞编段意五法的专门训练课。这五种编段意的方法是：摘句法；缩句法；串联法；取主法；连接关键语句法。具体训练过程，应注意：第一，激兴导向，提出目标。第二，回忆学过的编段意的方法，教师交代注意事项。第三，导一：用一篇几种方法均可以用的典型课文，教师指导学生讨论选法、归纳段意。同时着重解决学生在组织语言，表达段意不准确、不简明的技能训练难点。第四，扶二：用较易的同类型课文，让学生自由组合练习，一部分上黑板填写。鼓励一段用多法编写，大部分在作业本上选编，以进行大面积强化。第五，反三：用再容易一点的同类课文进行自身选法编段意比赛，决出前十名，给予奖励。第六，教师总结，授奖。

这种专题训练课，由于目标单一，方法导向从难到易，从导一扶二反三学生易学，并易形成编段意的能力，又由于竞赛贯彻始终，还能激发学生兴趣。另外，这种专题训练式，对其他学科也可以借鉴。如数学的"解题思路"就可以。

（十）点拨指导式

所谓点拨指导式，就是以强烈的学法指导意识为前提，结合教学，抓准最佳契机，用画龙点睛留有余味的方法点拨学习方法。这一模式实际早已运用，关键在于运用的目的性不明，力度不够，不够巧妙，低效罢了。

采用这种模式要注意：第一，不光要有强烈的点拨学法意识，而且要有稳妥周密的点拨计划，要设计几个点拨点，精心点拨，点出实效。最后，结合总结课文，专门进行总结深化，决不能从头点到脚，无主次、轻重，或蜻蜓点水、浅尝辄止。第二，要十分注意点拨思维方向；教给思维方法。因为思维训练、发展思维能力是各科教学的共性目标，是提高学生基本学力的重要保证。学法指导要把传授指导学生的思维方法作为指导核心。因此，在采用点拨式时，要十分注意点拨学生思维方向，优化学生的思维过程，提高学生的思维品质，这样就可以使学生越学越会学，越聪明，学习效率和质量都会提高。学生答问题时，由于受模仿与单向思维习惯定势的影响，总是沿着前一个学生发言的思维方向思考问题。例如，让学生用"挂"造句时，第一个学生讲："又大又黄的香蕉挂在树上。"则第二个学生很自然地说出："又大又红的苹果挂在树上。"这样的顺势思维是低层次的，教师要恰当地点拨：除水果以外，除这些说法以外，还可以怎样说，看谁说的不一样。这时就会出现新的句型。第三，选准时机，力求适度。点拨时机是至关重要的，在学生最易忽略的地方，或百思而无一解时，都是点拨的最佳契机。力度也十分重要，该轻则轻，该重则重。

（十一）转换迁移式

所谓转换迁移式，就是教师把以前教的一篇课文或本节课教的首段或重点段课文的教法，让学生通过上述的"操作、反思、迁移"转换为学习同类或相近课文段落的学法。简言之，是教法转换成学法的模式或称之为：教法举一，学法反三模式。

教法和学法只有在一定条件下，才可以相互转化，这已为大家所熟知，并广为运用。如一类课文教法举一，二类课文学法反三；例子举一变成学法，练习扶二反三，形成学习能力；首段或重点段举一变成学法，其他段扶二反三，运用、强化学法，等等。

这种模式实施较早，不过没有从学法指导这个角度上升总结罢了，也可以说是不自觉的学法指导渗透。

用这种模式要注意：第一，作为要迁移的主教法要具备可转化、可操作（如"找、读、填、说"）。第二，使这种主教法与其他辅教法优化组合。转换后的主学法，亦要同其他辅学法优化组合。第三，在转换过程中要反复让学生理解，适度深化。最好启发学生在转换中思考：下一步应怎样学？为什么这样学？教师伺机点拨使学生真正理解。否则"照葫芦画瓢""生搬硬套"会使指导不到位，方法一知半解，影响学生用法的积极性和效果。还可以结合自学环节，及时深入到学生中去，通过答疑、问难，批改作业、夸奖等手段激发学生用好学习方法的成功欲、成就欲。

（十二）领悟发现式

这是通过让学生不断按教师的教学思路去领悟、去发现新的学法，特别是通过辩论引发出思维的火花或灵感即顿悟，从而使学生发现新的知识和学法的模式。这比教师教授学法、转换学法、点拨学法更好。

领悟式在一般教学活动中也有，但是在无意识或意识性不强的情况下采用的，创设学生领悟的氛围，精心设计顿悟的程序、坡度也不够，因而，实际上是未广泛地真正采取。在教学中如何进行领悟式学法指导呢？具体形式有。第一，在学习过程中，由教师引导逐步领悟。第二，在集体讨论、交流一个时期各自积累、使用的学法中领悟。第三，除了在总结课文这个环节专设一个本课学法小结并加以强化以外，还可以在没有专门学法讲授的课文中，在总结课文这个部分，加一个"纯顿悟"的小环节，让学生思考，并回答，通过本课学习，学到或"悟出"哪些学习方法，让学生自觉养成在完成一课或一种学习任务以后，对采用的学法进行反思和"自悟"。讲得好的，特别是一些差生讲出新意的要不惜"重奖"。

这些模式各有利弊长短，适用范围，因此，我们必须进行有效地选择和综合运用。随着学法指导研究和实践的广泛深入，将会探索出更多更优的模式或变式。以学法指导理论、模式、评价系统为主要基础框架的中小学学习学将会创设完善起来。

八、学法指导的方法

教给学生学习方法，除了系统介绍一些科学学习方法的知识而外，主要途径还是教学过程要渗透方法指导。教师要多做具体方法的操作设计，解决某一问题，应用什么样的方法，应给学生提出 ABC 的操作程序，应做出典型示范。这样的方法指导，学生才能真正得益，并最终获得一种良好的自学能力。

长期以来，教学改革总是把"教什么""怎样教"和"学什么""怎样学"分割来研究。其实，教和学是辩证统一的，应以研究学生的学习现状作为出发点，把培养学生的自学能力作为归宿点，用学法决定教法，教法渗透学法，即把学法指导渗透于教学过程之中。

（一）讲授指导法

许多知识、规律和方法，教师要直截了当地告诉学生，让学生照法实践。例如，指导分段，有按时间为序分段法、按空间为序分段法、按事情发展为序分段法、按事物类别为序分段法及分段标准的规律等，向学生具体介绍，指导学生在分段训练中，对号入座，以逐步形成技能。

（二）示范指导法

有的学法，光讲授解决不了问题，一定要教师做出示范，学生才能效法。例如，指导学生感情朗读，有关速度、停顿、语气等朗读方法，教师在讲授的基础上示范，让学生模仿训练。

（三）提示指导法

有的学法，只要教师在适当时间加以点拨、提示，学生便能抓住要领，迎刃而解。例如，教学生用扩充课题法归纳课文主要内容，就可用提示法进行指导。以《我的心事》为例，教学中，教师根据课题提出几个提示性的问题："我"指谁？他有什么心事？为什么有这心事？启发学生按这条思路归纳。就成了课文的主要内容：大林答应给同院从乡下来的姐弟俩电影票，却违背了诺言；而姐弟说回乡后给大林捎玉米，果真捎来了。为此，大林感到很愧疚。

（四）思路指导法

学习方法很大一部分属于思维方法。所以，理清思路，教给正确思维的方法是学法指导的基本内容。

学生学习任何知识内容，总是循着一定思路。思路可能进入曲折的小胡同，也可能钻入牛角尖或陷入错误境地。这种时机，正是教师理清思路和解剖思路的时机。比如说，学生回答这样的问题：放在水里的 1 立方厘米的木块和铁块，备受到多大浮力？很多学生认为它们有同样的体积，因而就有同样的浮力。这说明学生虽然记住了浮力的公式，但并未理解它的意义。学生思维过程中，把物体的体积简单的看成与浮力大小成正比的关系，忽视了浮力大小只与浸没在液体中的体积有关。这样理清思路，学生就立即发现失误的地方，加深了对浮力概念的理解。

（五）归纳指导法

主要有两个因素：其一，学生在阅读实践过程中得到的学法比较零散。学不同的文章得到不同的学法，今天一点，明天一点，不引导归纳整理，就会边学边丢，荡然无存。例如概括段落大意方法，有摘用课文原句概括法、层意归并概括法、取主舍次概括法等。这些方法不可能在学一课中全部获取。所以到一定的时候，就要引导总结归纳段意概括的方法，使学生得到的学法系统完整，以后运用起来，可自由选择，灵活自如。其二，后面提到的"渗透法"，运用此法指导，往往开始不会也不必直接点明学法。"渗透"之后，经过一段实践，学生初步形成了感性认识，这时教师就要抓住时机，引导学生从学习步骤和技巧加以归纳，找出规律性的东西。仍以《卖火柴的小女孩》一课为例，学完第一段就可帮助学生归纳理解句子含义的方法：先理解句子表面意思，再体会句子包涵的意思。学完课文之后，结合读写例话，启发学生归纳体会文章含义的方法：①读懂课文，了解主要内容；②抓住含义较深的词句段，边读边想，由表及里地理解含义；③掌握文章中心思想，体会文中蕴涵的意思。

（六）程序指导法

有些方法，只有笼统指导，很难见效。比如要学生观察某种事物，只强调睁大眼睛，要细心认真看，结果什么奥秘也未发现；或者只看到一些表面的、次要的东西，如入宝山，空手而归。如果变为一种具体的指导，使学生按照一定的程序一步一步观察和思考，其效果就大不一样。

一位教师让学生写《秋天的落叶》，出示了这样的观察提纲：①秋天到了，哪些树的叶子先落，哪些树的叶子后落；②就一棵树，是底部叶子先落还是顶部叶子先落；③就一个树枝，是靠近主干部位的叶子先落还是梢头的叶子先落；④早中晚落叶有何不同；⑤刮风天与无风天落叶有何变化；⑥下雨天与晴天落叶有何区别。学生根据这个提纲，日日观察、天天记录，结果，每个同学都写出了与往日不同的佳作，同时，也养成一种良好的观察习惯和观察方法。

（七）对比指导法

良好的学法，不一定学生都能自觉接受。有时将两种正反方法进行对比指导，让学生明辨择用。例如背诵，一种是死背法，逐字逐段死记硬背，花时多，收效低；一种是活背法，有依照文章结构记忆背诵；有"化整为零再化零为整"背诵；有借助想象记忆（把课文内容变为一幅幅画面印在脑子里，以帮助记忆）背诵。两方面的背法同时交给学生实践检验，方法不同，效果两样。对比法可教育大家，抛弃死背，运用活背。

（八）渗透指导法

学习方法是一种包含动作技能因素的心理技能。既然是技能，就必须通过实践操作来掌握，"自学能力是在学习语文的实践过程中形成的"。重视实践，在指导学生学习过程的中渗透学法，是学

法指导重要的方法之一。学习方法一般包括两方面：一是学习步骤，二是学习技巧。教学中就要注意渗透这两方面的内容。例如教学《卖火柴的小女孩》，就可用渗透法教给学生分析句段含义进而达到领会文章含义的方法。课文第一段有含义较深的语句："她从家里出来的时候还穿着一双拖鞋，但是有什么用呢？那是一双很大的拖鞋——一向是她妈妈穿的。"先引导理解句子表面的意思：寒冬腊月，小女孩穿着一双一直是妈妈穿的大拖鞋在街上走。再引导学生一边读一边想：小女孩为什么穿妈妈的大拖鞋？小女孩为什么没有鞋穿？解决这两个问题，得到语句的含义：说明小女孩家里非常穷。接着教师要学生按照"先理解句子表面意思，再想想这是为什么，然后体会句子含义"的步骤和方法，去理解课文中其他含义深刻的句子。渗透的过程就是学法指导的过程，学生通过潜移默化的多次训练，方法也就自然掌握了。

（九）求异指导法

培养创造思维品质，培养创造的方法与才能，寻求标准答案是不行的。创造的火花多产生于求异之中，产生于浮想联翩的发散思维之中。这种创造品质需要多角度思维的方法去训练。请看北京宁鸿斌老师的一个教例：

《执竿入城》一文的教学已近尾声。

教师指导学生读懂课文的文字之后对大家说："一个事物从不同的角度去观察、分析、评论可以得到多种不同的正确结论。"说罢，教师拿出一个茶杯请学

生观察，第一次使茶杯的正面对着学生，第二次使茶杯的侧面对着学生，第三次使茶杯的顶部对着学生，第四次使茶杯的底部对着学生。然后，教师在黑板上依次画出了茶杯的正视、侧视、俯视和仰视的平面示意图。画毕，教师问学生："这四个示意图哪个正确？"学生异口同声回答："全正确。"教师接着说："《执竿入城》这则笑话虽然很短，但是如何从不同的方面进行多角度的分析，也会得出多种正确的结论，使我们得到多方面的教益。下面，就请同学们从不同角度分析这则笑话，说说这则笑话说明了什么。"

学生专注阅读，凝神思考。接着，一个个同学举手发言，从不同角度分析了这则笑话的寓意，启发学生的思维，培养了学生的创造意识。

（十）歌诀指导法

史地化等学科，要求记忆的内容很多，很需要借助歌诀、顺口溜加以编排。歌诀、顺口溜节奏鲜明，顿挫有致，朗朗上口，化繁为简，变乱为序，便于记忆。如：

历史朝代歌：

夏代商代与西周，春秋战国乱悠悠；

秦汉三国晋统一，南朝北朝是对头；

隋唐五代又十国，宋元明清帝王休。

化学元素化合价歌：

一价氢锂钠钾银，二价氧镁钙钡锌

碳锡铝在二四寻，硫为负二和六四

负三倒五氮和磷，卤素负一三五七

三价记住硼铝金。

编歌诀要达到简化、序化、韵化，

否则，就失去了记忆，反而影响记忆。

一般教育理论在谈到记忆方法时，只说韵语有助记忆。教师指导学生就不能停留在这种一般说教上，而应该编写收集分科的记忆歌诀，给学生提供大量的例证，这样才能达到指导的有效性。

（十一）教授指导法

所谓教授式，就是根据教材，学法指导的操作方案和学生的学情，以教授学法为主要目的的教学形式。上海市特级教师万永富的课大都是这种形式。具体程序为：①开课时注意激发兴趣，进行思维定向。明确教学目的：除完成学科学习任务以外，还要学习和掌握 $1\sim2$ 种学习方法。②把教材进行科学处理，变成可操作的部分。边讲解学习方法，边组织实践，这里其一是提示法，就是用小黑板出示学习方法，让学生照做。其二是发现法，即开始讲授时不明确提出学法，只是暗示，学完这一部分以后，让学生反思发现教师带我们学这一段的具体方法。采用这种方式要注意：①不能搞架空式分析的学法指导，那样会导致指导"越位"；②方法的总结要力求简练、准确、科学、易记；③要交代清楚具体学法的使用范围。

（十二）规律指导法

某一类知识，某一种事物，总是有其共同性的特征，或者共同的活动规律，教学中充分揭示这些东西，不仅能加速学生的理解过程，而且能巩固记忆。

汉字教学一向被视为基础教育的难题，认为汉字繁难复杂，难教难学，在小学语文教学中有"分散识字""集中识字""拼音识字""随课文识字"等不同识字法。无论用哪种方法，都要运用汉字的构字规律，如果教师不能揭示这些规律，就无法提高识字效率，也使学生不能最终掌握识字的方法。

汉字构字规律之一，是依类象形，义音结合，即许多字由表示事物种属意义的偏旁（义符）和表示事物性状的独体字（音符）相结合，组成一批又一批有精确意义的汉字。

用"木"作偏旁的字，表示乔木植物类；

用"扌"作偏旁的字，表示手的动作；

用"忄"作偏旁的字，表示人的心理活动；

用"禾"作偏旁的字，表示与农业生产有关；

用"酉"作偏旁的字，表示与酿造技术有关……

许多知识（一篇课文、一个事件、一个定理、一个公式）单个地去看它，好像没有什么规律可言，但是，如果你站得高一点去看一个单元、一本书、一个学科这个整体，看一个学科与其他事物的联系，就比较容易揭示出特征或规律。

（十三）比拟指导法

有些知识概念比较抽象，给学生理解记忆带来困难，有些知识概念与其他概念比较相似，容易混淆，也给学习带来不便。解决这类问题的好方法就是特征比喻方法。通过联想比喻，化抽象为具体，变枯燥为生动。比如，上海地理教师周振国就用了此法：

（1）图形比拟法：把某一国某一地区画成简单几何图形。如欧洲大陆像个平行四边形；亚洲像个不规则菱形；非洲大陆像个三角形加上半圆形；大洋洲像个五边形；南北美洲像个直三角形。

（2）特体比拟法：罗马尼亚像紧握的斧头，意大利像只皮靴，贝宁像把火炬；湖南像个人头，甘肃像水泡眼金鱼。

（3）数学比拟法：多哥像1字，越南像8字，朝鲜像5字，索马里像7字，日本九州像9字等。

联想比拟，是记忆的钓钩，当记忆表面下沉的时候，联想这个钩能把它钓上来。

（十四）说理指导法

解答说理是各学科都会经常遇到的课题。提出一种现象一个问题让学生分析这现象联系，寻求正确答案。这种课题教材中较多，考试也出现得较多，将来走上社会用场也较多。所以，各科教学应着力培养学生解答说理的分析能力。在解决某些重要问题时，不但要求学生能正面理解知识，而且还要求他们能从侧面和反面去掌握知识，做到融会贯通，灵活运用。例如，解答"为什么无论气温怎样，冰水混合物的温度一定是零度"这一问题时，既要从正面阐述，又要从侧面和反面论证，只有这样，才能使学生对知识获得透彻的理解。

（十五）反复指导法

有的学法学生一时不容易掌握，要

多几个反复，强化指导。例如，朗读、预习、分段方法，需要反复指导，反复训练，学生才能掌握，独立运用。

（十六）矫正指导法

在学习过程中，由于学法失当，出现错误结果，发现这种情况，教师要及时引导学生找原因，帮助矫正学法。例如，有的学生归纳《我的战友邱少云》第三段的段意为"邱少云严守革命纪律"，老师帮助学生找出这是没有选好归纳角度的原因。记叙文的段意不能从思想角度归纳，从思想角度归纳就不能扣住段落的主要内容。一经矫正，学生便能运用从内容角度归纳段意的方法了。

（十七）兴趣指导法

按照教材特点，设计兴趣指导法，让学生在快乐的气氛中接受学法指导。例如，有位教师教《一张珍贵的照片》一课，采用了以问激趣指导法。

教学起始阶段，教师启发谈话并提出趣闻：《一张珍贵的照片》这篇课文，课文原题是《小桂花》。有个学校小朋友读了课文，觉得文不对题，给人民教育出版社的编辑叔叔写信，建议改题，并谈了改题的理由，你们读一读课文，想一想改题的理由是什么？教师这一开场白，点燃了学生兴趣的火花，认真读文，弄清了文章主要写什么和《小桂花》不适合作课题的理由，并了解了题目与文章内容的关系，初步掌握读文辨题的学习方法。

（十八）比较指导法

俄国教育家乌申斯基说过："比较是一切理解思维的基础。"每个学生都有自己的不同经历和体会，都尝过因学习有方而事半功倍的甜头，也吃过因学不得法而事倍功半的苦头。教师可结合教学实际，启发他们回顾、比较、辨析，从而不断改进学习方法。在运用这一指导法时应注意：第一让学生把自己成功的经验和失败教训进行比较，从中领悟到研究和运用学习方法的好处，提高学生研究和改进学法的积极性。第二，在新旧知识的比较中，让学生在同中求其异，在异中求其同，诱导学生掌握学习方法。如比、除法、分数的相互关系可列表比较（见表13.1）。

表 13.1　比、除法、分数的关系

联系类别	相互关系				基本性质和商不变规律的比较
比	前项	比号"："	比值	表示数量关系	比的前项和后项都乘以或除以相同的数（零除外）比值不变
除法	被除数	除号"÷"	商	一种运算	被除数和除数都乘以或除以相同的数（零除外）商不变
分数	分子	分数线"——"	分数	一个数	分数的分子和分母都乘以或除以相同的数（零除外）分数的值不变

有比较才有鉴别，通过分类比较，使新旧知识自然地联系起来，引起了学生的有意注意，这为学生分析、解决问题打下了思想基础，同时，也激发了学生探索的兴趣。学生带着问题思考、质疑、探索，从而诱发了学生的学习方法。

（十九）模仿指导法

在学法指导中，模仿学习是人类不可缺少的学习方法，是不宜用其他学习方法来代替的，有的不可能用其他的学习方法来代替。有的模仿学习是具有强制性的。社会的道德品质，行为规范，生活习惯，对学生是具有强制性的。模仿学习是学习技能的捷径。人们学习技能特别是各种基本技能一般都是通过模仿来进行的。如手工、体育活动技巧、乐器训练、唱歌练声等，都需借助模仿学习。在指导模仿学习中，教育者必须注意：一要引导学生的模仿指向正确的方向，一分为二地看待所模仿的对象，学其所长，防止仿效其缺点。二要分析模仿对象特点，说出模仿的要领、步骤，指明达到的要求。三要提示学生，模仿虽是一种基本的学习方法，但它有比较明确的局限性和保守性，往往是只注意按照学习对象进行模仿，而不大注意创新。

（二十）概括指导法

学习的基本经验是思考。怎样思考才能收到最佳的学习效果呢？一种最基本的方法就是对学习对象进行分析、综合、抽象、概括的思维加工。学法指导同样应该指导学生对所学的学习方法进行思维加工，把学习方法加以剖析，分成若干层次、部分或步骤，使其简单化，然后分别加以认识和思考，以区别本质和非本质的属性、偶然的和必然的联系、内部和外部的联系，从而舍弃那些偶然的、外部的、非本质的东西，获得那些必然的、内部的、本质的东西。

（二十一）操作指导法

实际操作能力的培养是学生一般发展的一个重要方面。如何训练学生的操作能力，这需要学生掌握一定的操作方法。

关于学生在教学过程中的动手操作活动，还未受到足够的重视。教学过程的常用模式是教师讲学生听，学生动手操作机会较少，因而学生的动手能力也较低。同时，这也是教学论研究的一个薄弱环节，对于学生操作活动的分类，更缺乏从实践到理论的研究。胡克英先生很重视这个问题，曾有过专门论述。他曾指出：儿童动手操作活动是具有特殊性的学习的实践形式。并把动手操作活动分为三类：第一类是为掌握新的规律性知识特设的操作活动，其特点大多是有物体作为对象和工具的，又称工具性操作活动；第二类是常见的书面作业和口头作业，把动手和动口的操作结合使用或交替使用，以便使儿童运用概念、原理形成特定的技能技巧；第三类是脑力劳动与体力劳动相结合的制作活动和生产活动。

无论哪一种操作活动，在操作过程中，必须训练学生操作的学习方法，而操作的学习方法的掌握，应该注意以下指导。

1. 要学会使用操作工具

包括①文具、笔、尺、圆规等，现在小学生的握笔方法和姿势，很多都不正确，有的甚至达到四分之三，这不能不引起人们的注意。②音、体用具，乐器、球类等。③劳动工具，剪刀、针线、钳子、斧头等。要在操作过程中学会使用工具。

2. 明确操作程序和方法

要制作某物，必须掌握制作步骤，先做什么，再做什么，最后做什么，以及每一步骤怎样动手去做。教师都要讲明白，学生都要记清楚。如解剖青蛙，操作程序中作如下要求：①准备好青蛙及解剖工具，并将青蛙固定在木板上；②开始动手解剖前，教师要指导解剖方法，在教师做示范解剖时应讲清楚、看明白。学生动手解剖时，要边解剖边指导，并要求仔细观察内脏各部分的形状、部位，以及解剖时的反应；③解剖结束，整理工具，写出解剖报告。

3. 指导实际操作

一般是教师首先进行示范操作，边示范边讲解工具的使用方法和操作要领，然后，让学生独立操作，教师指导检查，纠正不正确的工具使用方法或操作程序。一遍操作不成功，可让学生反复训练，直到逐步形成某种技能和技巧。

(二十二)读书指导法

读书是人类学习间接知识的重要方法。学生在校学习，主要是靠读书，尤其是学习语文更离不开读书。在指导学生学会读书中，首先要指导学生学会理解。读书不求甚解读而无用。指导学生理解什么？当前的语文教学大多是从头到尾分析内容，停留在理解课文内容上，如果学习语文仅停留在理解内容上是很不够的，因为，学生不能在语言上受益。学习语文除理解内容外，还要进一步通过理解语言，理解作者的表达思路和语言表达方法，就是理解作者为什么这样写，这样理解才能达到一定的深度与广度。

读书理解之后还要掌握。掌握语言就是彻底了解达到会运用语言的水平。使所读内容经过思考、消化、记忆，在头脑中发生作用。这种作用表现在：能具体、形象地理解语言表达的深刻含义；能概括出文章要点及大意；能将所学语法、章法规则在口头和书面练习中运用，会举一反三。同时，还要熟读，达到熟练水平。读书达到这个程序，才算真正掌握了读书方法。

(二十三)问题指导法

学习就是解决问题的过程，因为思维活动产生于问题，"学起于思，思起于疑"。学生的求知欲常从疑问开始，提出问题之后，就产生应探索的目的和内容；为了解决提出的问题，就要寻求一定的知识，分析知识间的关系和联系；思维过程有了结果，问题得到解决，就会明确获得了什么知识，学习就有了收获。

解决问题的学习方法，可以将学习者的已知和未知联系起来，学习者要获得新知，一般以已知为基础，那么"问题"就是在已知和未知之间，架起一道桥梁。在已知基础上提出问题，通过问题的解决获得新知。也就是在已知和未知之间建立起一定的逻辑体系，以扩大已掌握的知识结构，并形成新的知识结构。

在学生运用解决问题学习方法时，应注意指导学生：第一，要善于质疑问难。只有用心读书，认真思考，才能提出问题。要带着问题去读书、去听讲，课后还要继续提问，加深理解。第二，问题的目的性要明确。凡提出的问题，就是学习中必须解决的矛盾，只有解决矛盾才能理解和掌握所学知识。第三，解决问题要有一定的难度、深度。所探索的事物之间的联系越隐蔽，思维过程越紧张。因此，问题有了深度和难度，才能调动学生积极思维。至于问题的多少、深浅、难易程度，当然要以学生的实际水平和学习时间长短而定。一般由学生自己提出问题，必要时教师启发。

问题多种多样，要根据不同目的提出。有的问题是自学的思路指导；有的是要搞清一个概念、一个词、一句话或一段话；有的是学习中的重点或难点；有的是为加深理解；有的是要展开想象或训练逻辑思维能力……有时一个内容可以从不同角度提问；有时还可以从某一角度提出若干问题；以训练思维的灵活性和语言表达的丰富多样性。

（二十四）设疑指导法

古人云，"为学患无疑，疑则有进"。现在，有一些学生的学习，只是装进现成的知识和结论，既无疑，又不问，学习如一潭死水，这样只能扼杀自己的智慧和才能。

有人曾评价说，鲁迅的成功，归结于他伟大的怀疑精神。这在某种意义上说明存疑之重要，知识浩如大海，谁敢于对海底的奥秘生疑，辛勤地探索，就会不断得到新的发展和收获。如果教师根据课文实际，能提出一些连锁性的问题，揭示一个完整性的认识过程，训练学生的学习方法，引导学生思索事情的结果，探索事情的本质，学生从联系中得到启发思维，方法明确，因而能连锁思考下去，这样就能培养学生的良好的学习方法。

在教学中，注意引导学生自己从课文中提出问题，经师生归纳，再要求学生从课文中寻找解决这些问题的答案。这是引导学生探索学习方法的重要手段。

（二十五）研究指导法

指导学生采用研究性的学习方法，由被动变主动。

通过自己独立地深入地思考，认真地分析，努力克服学习中的困难，避免学习的盲目性和死记硬背的现象。这样，所获得的知识能够在记忆中保持得更加牢固，并在实践中正确地运用，同时能培养学生的学习兴趣、热情的情感和独立自主的性格，有效地促进了智力因素和非智力因素的和谐发展和自学能力的形成。拉普拉斯说过，认识一位巨人的研究方法，对于科学的进步，并不比发现本身更少用处。说明了学习和研究别人的方法是非常重要的。指导学生运用研究性的学法时应注意：第一，在探索过程中要舍得把时间交给学生。第二，教师要巧妙设计问题和启发、引导，过程如图 13.7 所示。

图 13.7

第三，培养独立思考的习惯。在学生遇到疑难的时候，不要急于把正确答案或现成结论告诉他们，可以通过暗示或点拨，提供解决问题的途径，让他们去探索，以便在探索的过程中力求自己得出结论，以提高解决问题的能力。

（二十六）结构指导法

良好的学法能帮助学生形成良好的认知结构。同样，建立良好的认知结构可以培养学生良好的学习方法。因为良好的认知结构要求学生通过看书、听讲、作业等教学活动所获得的知识不应是杂乱无章的堆砌，而应当根据知识之间的内在联系形成一定的树状形、网络式立体结构，组成互相联系的完整体系。因此在教学中应注意使学生明确并建立如下知识结构。

1. 纵向结构的系统性

对于内容上下紧密联系的知识，应根据互相关系掌握知识的来龙去脉，弄清排列的逻辑顺序。

2. 横向结构的融合性

对各部分平行的或相关联的知识之间，应了解其相互融合，彼此连贯的情况。

3. 竖向结构的连贯性

在一定的学习阶段结束时，对于某一部分知识与其他教学分支中有关知识之间，应了解其互相利用、相互沟通，彼此贯通的情况。

4. 知识结构的形成与扩展

每个新知识的出现，总是和旧知识发生一定的联系，通过恰当的思维活动，可把旧知识一起纳入到一个广泛的体系中去，使知识结构不断形成，不断拓展，在这一过程中，思维活动主要有"同化"与"调节"两种方式。

九、学法指导的应用

（一）语文教学中的学法指导

语文学习方法的指导是整个中学学法指导的"前沿阵地"，它范围广、内容多、途径宽，可以说，这是语文这个"基础和工具"所决定的。近年来，语文教育工作者对语文的学法指导进行了大量的研究和探索，取得了显著的成效。

1. 进行语文学法指导的意义

（1）学法指导是语文学科教学的一项重要任务。小学语文是一门重要的基础学科，小学语文教学的目的，是指导学生正确地理解和运用祖国的语言文字，使学生具有初步听说读写能力；在听说读写训练的过程中，进行思想政治教育和道德品质教育，发展学生的智力，培养良好的学习习惯。帮助学生打基础，最主要的就是教会学生学习。要教给学生一些学习方法，让学生主动地进行学习。

（2）学法指导是课堂评价的一条重要标准。认识论告诉我们，事物是在矛盾中发展的。学生是认识的主体，有着极大的主观能动性。学生按照要求掌握一项知识并具有了相应的能力，就取得一次平衡。当提出新的学习要求时，学生的原有能力就与之产生了不平衡，需要适应新要求。学生达到了新要求，知识得到扩展，能力得到提高，实现了新的平衡。在学习矛盾解决的过程中，学法起着杠杆作用。学习方法是构成学生学习能力的要素之一。学生在学习中有两个系统在工作，一是认知系统，一是动力系统。这两个系统工作得怎样，和学习方法的优劣直接相关。教师学法指导得好，学生掌握学法，自然就会在学习活动中表现得活跃而主动。因此，学法指导应作为课堂评价的一条标准。这不是原有标准的增加或更改，而是对原有标准被忽视部分的重申。它强调在教学中注重"学"，进一步摆正教与学的关系，在教师主导下，确立学生的主体地位。

（3）学法指导有助于学生的知识向能力转化。学生学习能力的水平受到学习方法的制约。学习方法概括化水平越高，迁移的范围越大，能力就越强。可见，学习方法对学生学习能力的发展具有重要作用，它可以指导学生在练习中形成技能，又可以指导学生调节学习活动形成能力，并进而形成良好的学习习惯。这一切都是通过教师的传授、示范

和点拨来实现的。由此可见，学法指导的重要。

（4）学法指导是培养学生具有终身学习能力的需要。学生是祖国未来的建设者，面对社会发展和科技进步，他们要学会思考，学会灵活地处置各种新问题，需要掌握理解、表达、记忆、观察、思维等许多有效的方法。当今世界知识总量翻一番所需的时间越来越短，学生在学校学得的一点知识很快就会落后。不掌握学习的方法，很难适应世界飞速发展的严峻形势。从某种意义讲，学法指导正是通过对学生学习方法的指导，培养他们具有自学能力，具有终身学习能力，以使其适应未来发展的需要。学习方法有丰富的内涵。仅就语文学科的识字、阅读、作文几个方面来说，学法就有：①学习程序；②学习技能；③学习规律；④学习心理（情感、意志）；⑤学习习惯等。正确的学法指导可引导学生走向成功，错误的学法指导会使学生的学习活动停滞不前甚至步入歧途。因此，强化学法意识，把学法指导的优劣作为一条评价标准十分必要。

2. 进行语文学法指导的要求

从当今教学的现状看，许多学校的教师精心设计教学程序，把教法和学法结合起来，改进教法，渗透学法，取得了可喜的成果。但是，目前也有相当一部分教师依然重教轻学，存在下面七种现象①概括不准。学法概括不科学，有的和课本中的阅读指导、作文指导矛盾。②捅而不语。学法由老师作为结论捅给学生，忽视学生领悟、掌握的过程。③法不导学。学一课总结一种学习方法，

学一个丢一个。④法不对点。只重视教给学生方法，而忽视应用的针对性，时常发生错用或混用的现象。⑤生填硬灌。不顾学生实际水平"满堂灌"，搞"学法填鸭"，学生记下来，用不上，学法成了毫无用处的死知识。⑥给法不用。只注意学法的概括，忽视指导学生应用，学用脱节。⑦完全忽视。在教学中根本没有指导学法的意识，从不教给方法、领悟学习规律。

为此，在语文教学中必须重视学法的指导，进一步从以下几方面抓好语文学法的指导：

（1）语文学法指导要抓住特点。进行语文学法指导，必须抓住语文教学的特点，才能从本质属性上，找出学习它的规律与方法。语文教材中的文章体裁有记叙、议论、说明。记叙有顺叙、倒叙、插叙；议论有立论、评论、驳论；就说明方法来说，有从构造上说明，有从功用上说明，有从整体上说明，有从部分上说明，有从形态上说明，有从色彩上说明。就一篇文章来说，有内容上的不同，有字、词、句、段、篇的表达形式上的不同。如果让学生只学习一些读懂各方面知识的学法，而不使学生知道其所以然，学生只能是知其一，而不能反其三。所以，进行学法指导，要教会学生抓特点，从概念上明确各类知识的特征；要教会学生运用比较异同的方法，对各类知识进行认真分析，细致区别，以达到正确认识。如教学生学习四种句型，要使学生知道：由于人们认识事物和表达思想的需要，才运用了各种不同的说法去说，所以从说话目的和语气上产生了疑问、陈述、祈使、感叹，让学生从说话目的和语气上区别四种句型的异同。只有学生学会了这种学法，学生才能对各类知识进行科学理解和牢记。

（2）语文学法指导要考虑全面。唯物辩证法认为，世界上的事物都是复杂的有机体、矛盾的统一体。只知其一，不知其二，只见局部不见全体，只观现象不察本质，都不能算认识事物。就小学语文的阅读学法指导来说，不仅要使学生学会识字、学词，读懂一句话、一段话、一篇文章，而且要让学生知道文章是怎样形成的，作者为什么能写成文章。现实中的一些教师教语文，只在作者的写作方法上研究，而没从作者认识事物的方法上探讨，去教给学生学习方法，所以达不到通过语文教学培养提高学生认识能力的育人目的。如教学生学习《饲养员赵大叔》，就要让学生知道这一课是作者到赵家沟参观访问后，有真情实感才写的。文章开头的"赵大叔喂牲口真有意思"，是发自肺腑的感言。不仅使学生知道，这样开头，逗人爱读，而且使学生知道，这样开头，统领全篇，让学生从所写事物，写作方法，妙用语言等方面，全面了解它们都是围绕"真有意思"来写的，学会运用全面观点去学习。只有这样，才符合整体性改革语文教学的原则。

（3）语文学法指导要着眼联系。唯物辩证法认为，要正确认识事物，不但要看到事物的全面，还必须着眼于事物外部、内部的联系。教学生阅读的学法指导，也必须让学生从学会运用文章的联系上学习。如识字、学词、理解句、段、篇意，就要根据中国语言文字的字不离词、词不离句、句不离篇这一部分与整体的联系上去学习。再如指导学生学习《草原》，当学生知道文章结构，一写草原景美，二写草原人更美后，就要引导学生根据访问记特点，探讨访问过程，各个过程写了哪些内容，运用了哪些语言，使学生学会从语言上了解内容。当学生学会了这一用联系的方法去学习时，他就能从各篇文章的语言上读懂内容，再从内容上划分段落。可我们当前的语文教学，不大注重教给学生从什么学什么，以及使学生明了从什么联系什么等，所以学生触类旁通能力较差。

（4）语文学法指导要掌握规律。由于文章是客观事物的反映，客观事物的发生、发展是有规律的，所以文章也是有规律可循的。如果在学法指导时，运用辩证唯物主义掌握规律的方法去指导，就能使学法指导走向科学型。如指导学生读懂一段话，就可按小学语文教材中的八种组段规律（一是以事情发展为序，二是以时间转移为序，三是以空间变换为序，四是由总体到部分，五是讲原因和结果，六是并列式，七是转折式，八是递进式），教学生去读懂。如《松鼠》第四段是以时间推移为序，从松鼠平常、秋天、冬天吃的东西和方法，表明松鼠的机灵。《李时珍》的第四段，是递进式结构，用"不但"一转"还"字承接，详写了李时珍为了写好《本草纲目》做的三项准备工作。这一转折，表现了他立志学医，解除病人痛苦，救死扶伤的精神。可见，只要在学法指导时教给学生按照认识事物和学习语文的规律，去掌握文章的立意、选材、谋篇、用语上的规律，就能使学法指导的实验走上科学化。

（5）语文学法指导要重视实践。实践出真知。要使学生学到学法，必须要让学生进行实践。这样一可检验方法是否可行、有效，二可使方法转化为自己的技能。如学生掌握了八种组段规律后，就可指导学生在阅读文章时，经常运用各种段式的特点，分析认识各段的结构形式，以加深、巩固对各种段式的认识和记忆。可运用语句重组的方法，指导学生根据组段规律进行重组，以提高学生对组段规律的认识和组段能力的培养。

3. 进行语文学法指导的目标

为了防止和克服教学的盲目性和随意性，我们在目标上做了一些研究。以小学语文学法指导为例，制定了小学语文学法指导目标（见表 13.2），小学各年级语文学法指导重点（见表 13.3）。每篇课文学法指导建议，使学法指导落到了实处。

为了保证由应试教育向素质教育的顺利转轨，配合学法指导，我们着手将大纲提出的教学要求逐项进行分解，编制出各年级的《单元教学目标》，发到教师和学生的手里，强化师生的目标意识，提高教与学的实际效果。每个单元的目标，既是可以独立操作的，又是横纵联系的，力求准确、恰当、具体。

4. 进行语文学法指导的教学设计

教学设计体现教师的教学观念和教学构思，直接关系到教学的效果。

语文课教学设计要时刻着眼于能力的训练，一切活动都要有益于提高学生的自学能力，而能力需要训练，训练需要方法，因此，设计课堂教学结构要注意训练和方法指导的统一。

教学设计，一般是在深钻教材明确学法内容和操作程序之后进行。它的步骤首先是提出目标，接着是落实目标、检查效果。

（1）提出目标。教学目标一般包括三项。即思想教育目标、智能目标和学法目标。

学生如何透过语言文字的理解，感受课文作者的思想情感，学生如何在语文课上获得知识，提高能力、增长智力，这都需要有效的学习方法。因此，使每个学生明确学法目标是十分重要的。

（2）落实目标。落实目标是课堂结构设计的重点，要在学生已掌握的学法基础上，突出新学习方法的指导。又以对九年义务教育教材的讲读和阅读两种课型为例，谈谈如何进行学法指导。

表 13.2　小学语文学法指导目标

目标类别	目标项目	应掌握的重点学法
思想教育目标		以文悟道的种种方法
语言文字训练	汉语拼音	直呼音节法
	识字写字	分步识字法 音序、部首、数笔画查字法 定音、选义法 铅笔、钢笔书写法
	听话、说话	听话法 说话法
	阅读	预习法、答问法、质疑法、解词法、懂句法、默写法、朗读法、复述法、读段法（包括自然段和意义段）、读篇法
	作文	造句法、改句法、写段法、理段法、改段法、写片断法、写各种类型的简单记叙文法、写常用应用文法、使用标点符号法、修改文章法

表 13.3　小学各年级语文学法指导重点

年级	学期	应掌握的重点学法
一	上	看图学字母、读拼音识字、学词学句法、铅笔写字法、按序观察法、听话法、说话法、背诵法、看图学文法
	下	查字典识字解词法、朗读背诵法、口头造句法、按方格写字、抓重点词造句法
二	上	按一定顺序观察图画和简单事物、正确断句、朗读课文法、边读边想法
	下	查字典结合生活实际理解词句法、造句法、简单复述法、听懂话转述法
三	上	理解词语法、数笔画查字法、读句法、写句法、具体观察法
	下	读自然段法、细致观察法、读段法、写话法、据词选字法、联系上下文理解句子法

续 表

年级	学期	应掌握的重点学法
四	上	给课文分段法、概括段意法、归并段意法、带着问题读书法、写片断法、默读法、改被动句法
	下	分段法、概括段意法、摘句法、写事法、写物法、写片断法、初步完成写篇法、复述法、连句成段法
五	上	理解文章主要内容法、概括文章中心法、理清文章思路法、创造性复述法、重点观察法、审题、选材篇章作文法、围绕中心作文法
	下	读懂一篇文章法、感情朗读法、确定详略法、理解难句法、连段成篇法、修改作文法、编写作文提纲法、独立成文法
六	上	看拼音写字、写词、写句法、字的正确书写法、简短发言法、独立预习阅读法、标点使用法、修改作文法
	下	联想想象法、写读后感法、体会文章思想感情法、写人写物写景写事法、写应用文法

讲读课，是学生在教师指导下，学习阅读方法，受到阅读训练。一般结构为：①初读用学法了解大意。这一步是学生运用已经掌握的一些学习方法进行预习。如运用三种查字法、据词定义法、联系上下文理解词语法，自学字词，运用已掌握的读书方法，初读课文，了解大意。从学生实际出发，教师对诸如辨析字义、分段起止等难点做些点拨和学法揭示工作。②细读悟学法深入理解。这一步，以学法为线，讲读课文，进行思想教育和学法的渗透，让学生知其义懂其法，不仅明白写的是什么，还要明白是怎么写的，为什么这样写。调动学生广泛参与，悟出方法，以文明道，文道统一。实现教路与学路的统一。小学语文第七册第二组教材要求学生学会分段。讲读时，应就按分段步骤安排课堂环节。明确关键，组织讲练。第一步，读全文粗知大意。第二步，逐段读，知段（自然段）意。第三步，抓联系作归并（意相近归并，意相异独立）。第四

步，再思考求合理。以帮助学生循文求义，悟出方法，提高能力。③熟读总结学法赏析试练。这一步，是在分段细读的基础上，总结全篇，总结学法，抓住特点组织赏析和练习。帮助学生获得学习方法的"招"很多。例如"回顾总结""议论交流""设问探询""分步尝试""仿例反三""温故知新""教程示范"等。总结学法要特别注意表述的准确性，学法步骤的可操作性。无论是单项学法，还是综合学法，都要在训练中引导学生自己动脑。防止"总不准，点不明"的现象发生。要"总"和"用"结合，不能空谈空议，总而不用。④再读用学法检验效果。悟出了学法，就要在使用中检验正误，显示效果。像教学《美丽的小兴安岭》，讲春、夏季节的景物总结学法。然后，引导学生试着去读秋、冬季节的景物描写。讲解举一，试练反三就是一个例子。

阅读课，要在教师引导下，复习学法，运用学法。全课主要是学生运用讲

读课所学方法，独立或半独立完成阅读任务。步骤是：先复习讲读课所学方法，由学生进行阅读，接着集体交流学习结果，由老师点拨、提示，解决疑难，最后，学生进行巩固性阅读。

阅读课尤其要突出训练，尽量把时间交给学生，调动他们的学习积极性，引导学生运用学法，读懂课文，提高阅读能力。

有关作文程序的学法，按低、中、高三个年段，分别抓以下方面：

低年级着重词和句的训练，主要形式是看图说话、写话。一般程序为看→想→说→写。即看全面、想清楚、说具体、写连贯。

中年级以片断练习为主，程序一般为七步：看题→观察（或回忆）→列纲→试作→学例→读改→誊清。

高年级主要形式写篇（命题作文）。其程序是审题→立意→选材→列纲→试作→借鉴课文→修改→誊清。

5. 进行语文学法指导的针对性

学法指导有很强的针对性，进行学法指导的最终目的，是为了提高学生的自学能力。绝不是为指导而指导。

那么，针对什么指导，又怎样进行指导呢？

（1）针对课堂教学的全过程进行学法指导。教是为了达到不需要教，好的教学过程应该是渗透学法、展示学法、掌握学法的过程。包括这样几步：①备准学法。课前备准学法是进行学法指导的前提。备学法应做到三个明确：即明确所教学法的操作步骤；明确适用范围；明确学法表达中所使用的有关概念。其

过程为：找出方法——选出最佳——正确表述。②导悟学法。学法，是学生要在实际活动中应用的，只有领悟了才行。必须坚持学生为主，自学为主，读练为主，让学生在多次感性认识和反复实践中去领悟，在理解字词段篇和学习听说读写的过程中探索。指导方法很多，如"过程回忆法""关键探索法""总结明示法""组织交流法""教程示范法"。③点拨学法。悟出学习方法，只是获得知识，要让学生把悟出的学法转化成能力，必须安排训练，尤其要注意练习的设计和关键处的指导。练习设计要做到"六定"即定好时机、定好目的、定好内容、定好要求、定好步骤、定好方法。关键处的点拨，是教学的着力点，要兼顾教材、学生两个实际，准确确定点拨的重点和方法。④启发学法。每个学生在学习中所经历的过程和所使用的方法不尽相同，可以启发他们谈谈，特别是那些学习优异、思维活跃的学生，都会有些学法方面的创造。要不断地启发他们去探索，去总结。例如，一个学生在谈到自己是怎样把文章写清楚时说：每次作文，都努力把写的材料按顺序分解。有时分成一个阶段一个阶段的；有时分成一个方面一个方面的；有时分成一个部分一个部分的，写时注意语句的连贯。作为一名小学生能做出这样的归纳，难能可贵。⑤串联学法。语文学法有着广泛的内涵。具体说，它包括字法、词法、句法、篇法；听法、读法、说法、写法等；而且每项方法中又有许多具体内容，像字法中仅"查字"一项就包括多种方法。平时课上学法指导只能是点点滴滴地渗透。到一个阶段，要进行系统归纳，将它们

串起来以便学生掌握。具体方法可以按单元、学期、整个小学阶段，分项归纳，或以列表等方式进行。

（2）针对不同课型的特点进行学法指导。在学习方法的指导中，不同类型的课文起着不同的作用。一类课文，即精读课文，主要是指导学生悟法、学法；二类课文，即阅读课文，主要是指导学生练习使用学法；读写例话，主要是在悟练的基础上点明学法；课后作业、基础训练和习作，主要使学生在使用中熟练，形成技能。要很好掌握不同类型教材的教学特点，发挥它们各自指导学法的作用。一类课文以教学生悟法为主，而二类课文则应放开手脚，让学生练习，适当点拨。不可不加区别一律对待。

（3）针对课文的文体特点进行学法指导。课文文体不同，学法指导的方法也要有所区别。各种文体课文的学习程序为：

童话：揣摩词语→体会形象→了解大意→拟人朗读。

散文：理解语言→弄清内容→明白结构→抓住中心。

寓言：读懂语言→感知形象→积极联想→了解寓意。

古诗：弄懂字词句→融和情与景→分析入境界→体会情与理。

常识性课文：读懂内容→理清结构→明白道理。

习作例文：悟出特点→找出方法→练出效果。

（4）针对新旧知识连接的关键进行学法指导。引导学生学会分段，要联系分层的旧知识。分层、分段的标准是相同的，皆为这样几条：①按内容；②按时间；③按空间；④按事情发展顺序；⑤按行文结构。但是，新旧知识也有不同，要注意它的连接关系。段内分层时，要解决"哪几句是一个意思"；篇章分段，要解决"哪几个自然段是一个意思"的问题。它们的连接点在于归并的方法，学生在读懂内容的基础上，只要掌握"同时间、同地点、同内容则并，不同则分"的同并异分原则，分层分段的学法问题皆可迎刃而解。

（5）针对语文学科的特点进行学法指导。小学语文，是一门思想性很强的基础工具学科，要求文与道结合。应该把学法指导过程，不仅作为学习听说读写的过程，而且作为悟道、明道、行道的过程。语文作为基础工具，要靠训练。在学法指导中，要坚持"练中导"，让全体学生参与全过程的操作，在理解的基础上运用，在运用语言的活动中加深理解。并从中掌握学法，形成能力，养成习惯。

（6）针对学生存在的实际问题或弱点进行学法指导。学生掌握学法的目的，就在于完成学习任务，提高能力。经验告诉我们，只有把训练落到实处，学生才能会学习。学生学习过程中遇到的问题，或表现出来的弱点，就是我们指导的重点。学生由于掌握了学法，而使遇到的困难或弱点得到克服，这就是学法指导的成功。如有一个教学班，教师虽几经指导，音序查字的速度却一直上不去，一调查是学生没有熟记字母顺序，后来，一经老师指点熟记字母表，全班查字典的速度明显提高。

6. 学习语文教材目录的学法指导

在语文学法指导中，通过语文教材目录进行学法指导，可以说是一种生动可行，且简便有效的学法指导形式，其步骤如下：

（1）教师简介新教材，引导学生阅读目录，粗览全册学习材料，在脑海中形成新的知识、框架，唤起学生的新奇感和求知欲。指导学生阅读目录的基本步骤为：第一，浏览，了解"框架"。拿到一册课本，先要把目录粗略地过目一遍，在头脑中建立起这本书是"写什么"的第一印象，即大致的"框架"，从而产生学习需要，激发学习兴趣，并决定打算读到什么程度。第二，细研、推敲"部件"。这主要是揣摩编者（或作者）的写作意图，成书思路及过程，内容容量及知识体系。语文教材现在一般按文体分项组织单元，并且，先现代文后文言文，将重点单元与一般单元相间，知识短文均附在相应的单元后面。这样，就可以从目录上抓住这个"容量"和"体系"，弥补学习中的缺陷和"断层"，避免盲目性，有目的地轻松自如地游泳于书海之中。第三，根据自己的求知欲望、知识基础和实际学习条件（如时间、精力、环境等），从目录中窥探出与自己相宜的学习内容，从而对正文决定采取何种读书方法（常有通读、速读、跳读、精读、研读、疑读、评读、展读等），并提出对新教材的总体质疑问难，以待教师解答，接受知识和能力上的各种信息。第四，读目录，不仅在期初读，在刚拿到一本新书时读，在期中期末复习时更要读，在把一本书读完后还要回过头来读目录。这种读目录，是以目录作"纽带"，连缀平时学习中或局部、分散地读书中的零星知识和印象，使零散的知识系统化、链条化。复习时读目录，使记忆有方向，归纳知识有线索，能够掌握知识的迁移规律，缔结"知识之网"。第五，比较分析同类书本的不同目录，从中琢磨出"目录"。如中学语文教材就有许多个版本，内容不同，目录也就各异，倘若一并拿来认真加以比较研究，就不难发现，每种版本的"个性特色"。第六，自编"目录"。这包含有两层意思：一是先编选自己的习作集或别人的范文集，再拟写该集子的目录，要体现其一定序列；二是故意将某书的目录打乱次序，重新整编，可在师生间或学生之间进行，一方打乱，另一方整编，最好以课外阅读书本为训练例子。

可以说，上述前三项侧重于"读"，属于步骤范畴，解决读的基本程式问题；后三项侧重于"用"，属于方法范畴，是"读"目录的深化和运用。

（2）教师逐单元、逐篇目分析目录，并结合教学大纲讲述自己的教学计划，讲解语文教材的编写思路，教师运用教材的教学思路，进而使学生形成一条与之相应的学习思路。

（3）运用目录内容，指导学生总结上期学习情况，帮助他们根据自己的学习思路拟订新教材学习计划，包括本册教材的学习目标、要求、措施、具体方法和要克服的困难等，并做好学习准备（如时间、资料、文具等）。

（4）组织学生具体讨论和消化目录，把目录作为完善知识结构，拓宽学习知识领域，并和同学交流经验，进行信息传播和反馈的主要措施。

通过目录进行学法指导，只是语文教学中进行学法指导的一种具体方法。要真正搞好语文的学法指导，还必须结合语文教学实际，加以灵活运用。

7. 语文阅读的学法指导

课堂阅读教学，不容忽视学法指导。必须意识到位、训练到位。训练什么？叶圣陶说："多年来我一直认为，语文课的主要任务是训练思维，训练语言，而思维能力和语言能力儿童时期打下基础极其重要。"何为到位？即时时处处注意科学系统地指导方法，扎扎实实训练学生运用学法，使学生掌握技能技巧活学活用。

（1）阅读学法指导的要求。

①口脑并用指导读。阅读教学"读"为主线。叶圣陶老先生在谈到阅读教学时强调："阅读总得'读'。"因为"读得好，可以深切地传达出课文的思想感情，同时也就是领会它的思想感情"。这就是说，在阅读教学中，对那些情感充盈的课文或片断，要指导学生体会其中的思想感情，务必要充分发挥"读"的作用。这里强调"读"，就是强调"口脑并用、声情交融"。要达到这一点，"导读"是一种比较好的指导方式。如何"导"呢？"或者扶其肩，或者携其腕。……诱导并启发，讲义并示范。"叶圣陶老先生的以上两韵，巧喻重理。其意大致有三：其一，"导"要讲"法"，要根据不同对象、儿童的学习心理及阅读过程中遇到的不同困难，运用多种方式进行指导，该扶肩则扶其"肩"，该携腕则携其"腕"；其二，"导"要根据儿童认识规律来办

事，扶着走要循序渐进，不可拔苗助长；其三，"导"要坚持"诱"与"启"的原则，逐渐由"扶"到"放"。

②瞻前顾后点拨思路。阅读学法指导的关键是什么？关键是要教给学生思维的方法。阅读离不开思维，科学的思维方法是良好阅读方法的核心，从某种意义上说，学法指导实际上是思维方法的指导。

在阅读教学中，指导学生思维可要求学生阅读时"瞻前顾后"，"上挂下联"，并在学生思维过程的关键处予以适时的点拨。所谓"点拨"，即当学生处于"心欲通而未达，口欲言而不能"时加以点化。所谓"适时"，就是寻求最佳时机，点拨在学生失误时、犹疑困惑时、课文关键处、以小见大处及平中见奇处等，以促使学生及时排疑纠偏，打通思路，准确理解。

③发散思维诱发议。思维有两个翅膀，一是求同，一是求异。二者缺一不可。求同，发现规律，认识事物共性；求异，发现特点，认识事物的个性。二者之间互相联系、互相转化。因此，在阅读教学过程中训练思维，不仅要"求同"，还要善于"求异"。为了使学生的自学能力在阅读实践中得到培养，可将自学训练环节分两步走，即先自学，后讨论。自学是讨论的基础，而讨论是自学的深化和发展。许多问题可在讨论中得到圆满解决。讨论过程既是学生互相交流的过程，又是接受教师指导，纠正错误，提高认识的过程。通过讨论，学生思维更加活跃，对课文内容的理解逐步加深。

④运用语言训练说。提高语文教学

效率，应以语言训练为主线，在指点读书方法的同时，强化听说训练。具体方法是：首先，加强朗读和背诵。朗读既是理解语言的有效手段，也是培养情感、积累语言的有效手段。读书朗朗上口，熟读成诵，运用时就能脱口而出。其次，重视复述练习。复述能将课文中语言转化为自己的语言，从而丰富自己的语言，促进语言发展。再次，设计运用语言的练习。教学中，创设情境让学生充分表达，以激发学生表达的欲望，逐渐培养口头表达能力。

（2）阅读学法指导的方法。

①预习的学法指导。课前指导学法，使学生在预习过程中有法可依，少走弯路。既可促使学生积极主动地学习，又可提高预习的效果。到了高年级，可指导学生运用"审、读、画、查、注、分、提、答"的方法预习。"审"就是学文先审题，注意课题与内容的关系；"读"就是通读全文，整体感知内容；"画"就是"不动笔墨不读书"，圈点生字新词、关键语句；"查"就是查字典，扫清字词障碍；"注"就是注上自己的理解，画出不理解的地方；"分"就是尝试给课文分段、归纳段落大意；"提"就是"质疑问难"；"答"就是尝试回答课后思考题。每次预习，可以有所侧重。养成预习习惯，不仅能提高自学能力，而且有利于教师及时反馈，加强教学的针对性。

②阅读教学中的学法指导。首先，明确阅读步骤，注重整体阅读。阅读可分为"四步"，一是初读知大意；二是思读重理解；三是细读理思路；四是美读集佳句。教学中还要注重整体阅读，一方面要从课文整体入手，不可"只见树木，不见森林"；另一方面要把大部分时间交给学生，教师要引导学生"潜下心来"读书，集中精力思考，不可用频繁琐碎的提问代替学生读书。其次，鼓励质疑问难，引导学生释疑。"疑"乃思之始，学之端。学生在学习过程中发现了"疑点"，就有了学习的主动性和积极性。课堂上，他们带着期望而来，教师就必须让他们满意而去。要使学生"满意"，教师就要有计划地进行教学调控，有针对性地点拨，诱导，疏通，释疑。第三，抓住课文题目和关键句、段，指导阅读。题目是文章的"眼睛"，凝聚着文意之精华。往往从理解文题入手，破"窗"而入，可以窥到作者写作的目的、课文的中心。另外，一篇课文总有重点的词句，重点的段落，着重抓住这些地方，引导学生理解，往往事半而功倍。抓住中心句、总起句、过渡句、总结句，并注意与段、篇的联系，不仅有助于理解课文，而且可以在表达上受到启发。第四，抓住特点，掌握规律。比如，小学语文教材文体甚多，特点各异。抓住文章特点指导阅读，省时而高效。以记叙文为例，读写人的文章，可指导学生抓住人物的语言、动作、神态、心理刻画，了解人物品质。读记事的文章，可以引导学生在理清事情的前因后果的基础上，认识事情所反映的意义；读写景状物的文章，可引导通过抓住景物的特点，体会作者表达的真情实感等。再比如，分段是理解课文的一种手段。它也是有规律可循的。在指导分段和学生练习分段的过程中，引导学生逐渐对分段的方法有所领悟，不仅教给了读书的方法，而且培养了阅读能力。

上述几种导读方法，只是阅读学法指导的一部分。教学的方法很多，不会定于一，也不需要定于一。每一位真诚的有经验的老师都有各自的风格、特点、独到的本领。最好是大家在总结自己经验的基础上，取长补短，不断提高。教学有法，又无定法。只要教师引导得法，就可以提高课堂教学效率，大面积提高教学质量。

（二）数学教学中的学法指导

随着以发展学生能力为主体的教学思想的确立，新的教学方法不断出现，它们有一个共同的特点，就是充分调动学生的学习积极性，激发学生学习的兴趣和求知欲，强调教学应该教学生如何学，发展独立学习能力，使学生主动地、积极地参与整个教学活动，促进学生个性发展。

根据数学学科系统性逻辑性强、教材编写条理清楚的特点和小学生的年龄特征与认识规律，在数学教学中，应遵循先总、后分、再归总原则，据此，培养和发展学生独立学习能力过程中，可着重进行如下四个步骤的学法指导。

1. 浏览，初知梗概

所谓浏览，指阅览其梗概。其目的是：①初步了解学习内容，明确知识重点。②阅后联想有联系。

2. 细读，理解教材

所谓细读，即逐句逐层阅读。其目的是进一步理解概念、法则、定律；明确算理；掌握解答方法。要求学生细读

时做到：①心到。对书上每一个重点词句，每一种运算符号，每一种解法，都要细心领会，寻根究底。分别采用不同思考方法分析、理解各类数学知识。②手到。在关键知识、重点知识、疑惑之处标上符号或加以说明，以引起重视。

细读应用题，重在理解数量关系，学会分析与解答方法。阅读时设问、思考的顺序一般为：已知条件和所求问题分别是什么？题里哪一句是重点句？书上怎样分析应用题的数量关系？用几种方法解答？为什么？对哪些知识有疑问？边阅读边用"——，～～～、……"分别表示"已知条件、问题、重点句"。

3. 回忆，总结规律

探索知识规律，是学习的最终目的。通过细读后，学生对新知识有较深刻的理解，教师应指导他们学会回忆，重现知识主要内容，学会概括概念、法则、定律、计算法则及解题规律。

4. 尝试，掌握规律

一旦掌握了规律，就能运用规律，向能力转化。学生通过以上三步阅读，已初步掌握了知识。教师应抓住时机，让学生从练习题中选择相应的题目，进行尝试练习，并逐步学会自我检验的方法。

在教学过程中，培养学生自学能力应注意以下三点：第一，循序渐进，持之以恒。学生的自学能力是随年级不同而显示差异的，故教给自学方法应视不同年级提出不同要求。一年级一般在教师启发讲授后让学生看书，只要求初步看懂书上插图，了解内容大意。二年级

可由教师提问，学生边看书边回答问题，初步感知设问的方法。三年级则由教师拟写若干问题让学生自己设问、阅读。四五年级学生已较熟练掌握阅读方法，有一定的设问、思考能力，应放手让其独立阅读，而后教师检查并重点讲解。第二，教师要制定长期的培养目标和具体要求。要做到课课重视，持之以恒，指导学生熟练掌握自学法，形成自觉运用的习惯。第三，指导方法，灵活选用。数学知识各类有异，难易程度有别，因而，指导学习的方法亦不是一成不变，应视不同教材，灵活选用授课方法。具体浅显的教材，以学生为主体，让学生作自学尝试，教师从中加以启发指点。教材中的难点，则应由教师引桥架梯，帮助学生突破难点。做到具体问题具体分析，灵活应用。

（三）物理教学中的阅读指导

联合国教科文组织出版的《学会生存》一书中指出："未来的文盲不再是不识字的人，而是没有学会怎样学习的人。"在课堂教学中，认真进行阅读指导，培养学生良好的阅读习惯，提高学生的阅读能力，不仅有利于学生亲身感受书本知识的熏陶，掌握更多的知识，更是教会学生掌握一种重要的学习方法，是教人以渔受益终身的大事。不少学生学习物理，没有读书习惯，也不懂怎样读书，因此，在物理教学中加强阅读指导尤为重要。

1. 通过阅读指导，使学生理解教材

学生读书，首先要读懂，这样才会逐渐产生阅读兴趣，才会越读越想读。如果教师忽视了对阅读的指导，学生没有掌握读书的方法，不但阅读的效果不佳，而且也无法坚持下去。因此，在物理课堂教学中应加强阅读指导。

（1）对叙述型教材要指导学生读懂叙述的思路。对一件事情的叙述，一般有三种思路：第一种是按时间顺序叙述；第二种是按空间位置的顺序叙述；第三种是按构成事物的各个方面的顺序叙述。从而加深学生对物质微观结构的理解。

（2）对论证型教材要指导学生读懂推理思路。明确每一步推理的大前提是什么，小前提是什么，结论是什么，共计推了几步，最后结论是什么。

（3）物理学对定理、定律、定义、法则理论，叙述严谨，逻辑严密，用词准确语言简练，往往使学生难以理解，在阅读指导时，教师要使学生懂得其中各个物理概念之间的关系。在物理理论中，各个物理概念之间的关系大体有空间关系、时间关系、逻辑关系和数量关系四种。

（4）读书无疑须使有疑，有疑须教无疑。物理教材中有些论述，粗看好像懂了，但仔细咀嚼就会发现疑难。

2. 通过阅读指导，使学生加深记忆

人的记忆可分为瞬时记忆、短时记忆和长时记忆三种。瞬时记忆保持时间为 $0.25 \sim 2$ 秒；短时记忆保持时间比瞬时记忆长，一般是 $5 \sim 20$ 秒或 1 分钟左右；长时记忆保持时间在 1 分钟以上，以至多年。知识的巩固主要是通过长时记忆系统来实现的。但这三种记忆系统

不是截然分离的，瞬时记忆的材料如果受到特别注意，它就能转入短时记忆。长时记忆是通过对瞬时记忆及短时记忆材料的注意及加工复述而来的。知识的巩固过程起源于瞬时记忆，再经过短时记忆而达到长时记忆。教师讲课，语言稍纵即逝，学生听课往往比较容易形成瞬时记忆或短时记忆，而不易获得长时记忆，教师讲十句，一般学生能记住四至五句已属不错，一些重要内容，难免有听错或疏漏，基础差的学生，一课下来甚至毫无收获，听课效果等于零。因此在学生对教材理解以后，指导他们对其中的重点部分阅读若干遍，使他们对这些经过理解加工后的材料多次复述，以达到长时记忆、当堂巩固的目的。

3. 通过阅读指导，培养学生思维能力

孔子曰："学而不思则罔。"阅读中的思维活动是对阅读材料加工贮存和灵活运用的过程，是一种带有创造性的学习活动，因而它只能靠学生自己积极努力才能完成，教师的讲解和教材的现成结论只能促使和指导而不能代替学生的思维，因而培养学生的思维能力，是阅读指导不可忽视的一个重要方面。

（1）培养学生的分析能力。分析是把构成事物的各个要素分解出来并对它逐一进行研究的思维方法。

（2）培养学生的理性概括能力。理性概括是对感性知识的改造和理性知识形成的过程，它建立在分析的基础上，对分析得到的各个因素进行比较，找到其中共同的本质要素，然后抽象概括而得到理性知识。要使学生顺利地进行概

括思维，指导学生科学地组织阅读材料很重要。

（3）培养学生的综合能力。综合是把研究对象的各个部分和各个因素联系起来考虑，从整体上认识事物的一种思维方法。华罗庚说，读书要从薄到厚，从厚到薄。要做到厚积薄发，一要靠概括，二要靠综合。

（4）培养学生的想象能力。想象是大脑对过去感知的形象进行加工改造而创造新形象的过程，是大脑皮层上已经形成的暂时联系经过重新配合而构成新的联系的过程。想象必须有思维的积极活动。在阅读指导中开发学生的想象力，一是要求学生把阅读的文字材料与所表述的具体形象联系起来。例如，学生读了有关问题情境或实验情境的材料后，要求他们作图以训练想象力。二是当学生读了有关物理理论的论述后，要求他们举例说明。

（5）培养学生求异思维能力。阅读中的求异思维是从教材中同一信息源出发，沿着各种不同方向变化、产生为数众多的输出，以探索尽可能多的答案的思维方式，由于它不拘泥于常规方法和现成答案，追求独特的设想，因而常常导致新的发现和创造，被看做是创造思维的核心。求异思维有横向求异和纵向求异两种，横向求异是对同一道理举出尽量多的例子加以说明，或对同一难题寻找尽量多的解决办法或得到尽量多的答案。

纵向求异是对一个事物多问几个"为什么"或"是什么"。

以上所举的五种思维能力的培养，仅是为了说明教师在阅读指导时要加强

这方面的工作，事实上，除此而外的其他各种思维能力，也是可以而且应该通过阅读指导进行培养训练的。问题在于要加强这个方面的意识性，要多动脑筋。

4. 运用科学方法，培养良好的阅读习惯

学生学物理，由不读书也不会读书到具有良好的阅读习惯和较强的阅读能力，需要教师运用科学的方法精心地培养。

（1）教师对学生阅读的每一次指导，都要有明确具体的目的。例如，为了使学生理解教材，还是为了加深记忆，或者是为了培养训练某种思维能力，当然，这三者也有联系，思维能促使理解，理解能帮助记忆。但在指导时，须要根据具体要求加以区别。学生明确了阅读目的，就能激发阅读动机，从而更加主动积极地阅读；教师明确了目的，不但有利于提高阅读指导质量，而且能根据既定目标，检查学生阅读的效果，并对完成得好的或比以前进步的加以表扬，差的进行评讲并酌情批评，以促使学生积极参与，认真阅读。

（2）徐特立说，不动笔墨不看书。教师应该要求学生阅读时对教材中的重点或难点用色笔做上记号，把阅读中想到的问题和对这些问题的意见写成眉批和总批，对于需要作图或制表的内容要求并指导学生边阅读边作图或边阅读边制表，读完一节以后要写出内容提要，做好警句的摘录等等，使学生养成记阅读笔记的良好习惯。

（3）逐步提高阅读要求。对学生阅读要求的高低，一要根据学生的阅读能力，逐步由低到高循序渐进。第一步可以教师先讲然后让学生读；第二步边讲边读，学生读容易的，教师讲难的，最后可以学生读教师问或者教师读后启发学生提问。二要根据教材内容由易到难逐步加深，让学生先读通俗易懂的教材，后读深奥难懂的内容，先读警句、重点，后读全文，先由教师列出提纲让学生按提纲阅读，后让学生通读后自己列出提纲等。

总之，为了加强物理课堂教学中的阅读指导，教师在备课时应充分考虑阅读指导这一教学环节，对教材中哪些部分应该让学生阅读，花多长时间、读几遍，达到什么目的，怎样指导，怎样检查，都应有周密计划，以便上课时付诸实施，取得理想的效果。

（四）化学教学中的阅读指导

合理安排和指导学生阅读是提高化学课教学质量的重要环节。笔者在教学指导中发现，不少教师在安排学生课内阅读时，存在以下问题：①目的不明确，采取"放羊式"的做法，让学生泛泛而读，无的放矢；②阅读时间较短，达不到阅读目的和要求；③阅读内容不适当，即把一些靠阅读不能理解的知识叫学生去读，占用了时间而获益不大；④对阅读情况未及时反馈，即不了解学生哪些已经读懂了，哪些还没读懂；⑤阅读与讲授脱节。

化学教学中怎样安排和指导学生阅读课本，以取得最佳效果呢？

1. 确定合适的阅读内容，把握阅读时机，是保证阅读质量的前提

阅读是学生学习化学最基本的方法之一，指导学生阅读是培养自学能力，提高认识水平的重要手段。实践证明，如果阅读内容安排得恰如其分，可使学生的学习收到事半功倍之效。

进行阅读指导，要根据教材内容的不同，选择不同阅读方法。如关于元素化合物等较易理解的描述性教材，一般安排在讲授前阅读，教师可精心设计阅读提纲，重点指导，利用心理上的迁移规律，启发学生去探索、去发现。对物质结构、化学平衡等理论性强、抽象、难于理解的教材，一般采用边讲边阅读或讲完后阅读的方法，目的在于深入思考，加以巩固，发展认识能力。

无论阅读哪一部分，教师都应精心组织，设置一些阅读问题或阅读提纲，让学生带着问题去阅读。否则，"眉毛胡子一把抓"，把握不住教材的关键点，得益甚少。设置的问题要有启发性、概括性、针对性，形式可以多种多样，一般采用表格式、填空、问答题、阅读提纲等。如在学习金属的腐蚀和防护时，设置以下阅读思考题：

①什么叫电化腐蚀？其本质是_____。

②为什么钢铁在潮湿的空气里易腐蚀？

③在什么条件下发生析氢腐蚀？腐蚀过程中_____作正极，_____作负极，电极反应为_____。

④什么条件下发生吸氧腐蚀？这时负极_____电子，正极上主要是_____，电极反应各为_____。

学生带着这些问题读书，眼看、口读、脑想、手写，能集中精力，积极思维，问题便不难解决。

值得注意的是，有的教师虽然在课堂上也安排了阅读，但时间太短，结果学生来不及看书想问题，使阅读这一重要环节流于形式，搞成了花架子。如果阅读时间合理，学生不但能记住，而且还能加深理解。要做到这一点，教师就要对阅读内容了如指掌，估计好阅读内容所用的时间，最好在备课时先"试读"一遍。

还应注意，要根据学生年龄和知识水平的不同安排阅读，即对阅读能力较差的低年级学生采用教师引读学生仿读、讲读或给他们设置的阅读提纲较为明细，按照他们阅读能力的逐渐提高，从引读、讲读、有详细提纲到精简提纲，减少讲读逐步放开至独自阅读。

2. 指导学生科学地阅读，是提高阅读质量的关键

化学是一门自然科学，化学课本的叙述比较科学、准确，条理清晰，逻辑性强，语言简练。它处处显示出科学性和准确性，需要字斟句酌，反复推敲。

阅读方法大体分为精读和粗读两种。精读就是对那些重要的难理解的概念和理论要仔细地读，抓住关键的字和词，集中精力，重点突破，务求弄通。必要时用笔做各种符号，加上理解说明，促进理解和记忆。例如，在阅读电解质的概念时，标出概念（凡是在水溶液里或熔化状态下能够导电的化合物叫做电解

质）中的"或"和"化合物"，在阅读非电解质的概念时，标出概念（在上述情况下都不能导电的化合物叫做非电解质）中的"都"字和"化合物"，想一想，为什么用"或"不用"和"？为什么用"都"？如果不用"或"，不用"都"，结果又会怎样呢？如果不是"化合物"还符合概念含义吗？结合具体实例如铜、氯化钠溶液、固体氯化钠、蔗糖的导电实验，逐字逐句的体会这两句话的含义，就会抓住重点，吃透这两个概念。

粗读就是指对那些浅显易懂，一般了解的知识而言。例如物质的物理性质、用途等可以粗读，但也要切忌一目十行，走马观花而没效果的阅读。

阅读中要善于思考和联想，在现有学习的基础上不断发现新问题，并探求解决问题的途径，让"思考"插上翅膀。例如，读"化学平衡"的概念时，在深刻理解概念的基础上，一些同学还产生联想：如果条件不定，能否达到平衡状态呢？在读关于改变反应的平衡体系中的压力时，平衡不发生改变，善于联想的同学就会产生"反应速度是不是也不改变"？的疑问。这种联想阅读，一能加深对概念的理解，二能增强记忆，还可以达到举一反三的目的，值得大力提倡。

$$2HI（气）=I_2（气）+H_2（气）$$

阅读过程包括设疑、生疑、存疑、释疑。有的同学在阅读某些内容时，就是精读、细读也难以理解，这时可暂停阅读，把问题记下来，待老师讲解时解决。这实际上也是抓住了听课的"拦路虎"，为听课铺平了道路。

总之，阅读时要眼到、手到、心到，通过"阅读——解答问题——再阅读"

的方法，把课本知识化为己有。

3. 及时反馈阅读信息，把阅读与讲授有机结合，以达到阅读目的

阅读实际上也是一个练的过程，从讲练结合的观点看也要对阅读情况及时反馈，可采取提问、做题、互相讨论等方式对阅读质量进行检测，如前面所举金属的腐蚀和防护一例，学生阅读完后，让他们回答有关思考题，在黑板上书写电极反应式等对阅读质量进行检测。有的教师恰恰忽视了这一点，他们让学生看完书后，不进行检测，不了解学生阅读情况，便径自讲起来。

古人语："授鱼"不如"授渔"，"授人一鱼，只供一餐"，"教人以渔，终身受用"。意思是说掌握求知的过程比掌握现成知识更重要。但是，长期以来，偏重于研究教法，即研究"教什么"，"如何教"，却较少或轻视了研究学法。随着科学、教育事业的发展，从20世纪90年代起，国际学术界提出了"学习策略"的问题，相信对学法问题的研究将进入新的阶段。

（五）历史教学中的学法指导

在教学过程中，学生是认识的主体。在好学上进的学生中，学习方法往往成为影响学习效果的主要因素，因此，必须重视教学中的学法指导问题。

在历史教学中如何进行学法指导呢？

1. 课前备课兼顾学法

备课就是对教学各环节的策划，也是教学中的起始环节，它是上好课的先

决条件，为使学法指导既具针对性，又具实效性，必须在备课中兼顾学法指导，并对此作精心设计，这是搞好学法指导的先决条件。

（1）揭示知识体系。布鲁纳说：务必教给学生以基本结构。这就要求在备课中，必须对教材的知识点加以组织或重组，使历史知识结构化，并最大限度地揭示它们之间的内在联系。这样就可以把庞杂、散乱的历史现象变得简化、序化、网络化，使之构成一个基本的历史知识体系。这是学生宏观上把握历史规律及时代特征的前提条件。

（2）精心设计教学方案。历史教学的目的之一，就是教会学生掌握探求历史真理的方法，使之能多角度、深层次地认识历史现象，解决历史问题，从而为提高历史认识创造前提条件。这就要求在备课中，根据典型材料改进教学设计，加强学习和研究方法的指导，这是学好历史的基础之一。例如，《鸦片战争》的备课中，传统的教学设计是：①战争前中西方社会的对比。②鸦片的输入及危害。③中国的禁烟运动。④第一次鸦片战争。⑤中国战败的原因分析。这样的组织虽然面面俱到，但既不能充分激发学生的兴趣，体面学生的主体作用，也不能使学生掌握历史分析的基本理论和方法，也就是不能发展学生的智力，提高学生的能力。

如果改为这样的设计：①中国落后于西方的根源是什么？体现了什么样的哲学原理（传授生产力与生产关系的辩证关系）？②林则徐是地主阶级的代表人物，为何称之为民族英雄（传授评价历史人物的基本理论）？③当时的阶级矛盾十分尖锐，人民群众为何会支持林则徐的禁烟斗争和以后的抗英斗争（传授阶级矛盾服从于民族矛盾的原理）？④是否可以认为没有禁烟运动就不会发生鸦片战争？鸦片战争的根本原因是什么（传授偶然性与必然性辩证关系的观点）？⑤是否认同"鸦片战争中中国战败是必然的"观点（传授现象与本质辩证关系的观点）？⑥"落后应该挨打"、"落后必然挨打"的观点中，你赞同哪一种？为什么（引导学生理解历史定论）？通过这样的"政史结合"，既加强了方法的指导和理论的传授，又为学生的学习与思考创设了一个良好的氛围。

对教材中的非重点内容当然也不能忽视，因为随着问题分析角度的转换，重点与非重点也将随之发生变换，备课中要加强知识点的概括、归纳、综合等，以理顺知识线索，强化基础知识的掌握。

（3）注重学法指导的整体性和形式的多样化。历史教学的内容包罗万象，因而学法指导的方法不可能公式化，不同的章节、不同的内容就需要用不同的方法和手段去指导。学法指导必须渗透于每一节课堂教学之中，从而使已掌握的方法得以强化，使未知的方法得以学习，这就是所谓的整体性。掌握历史学习的方法也不是只有一种途径，这就需要在学法指导中注重形式的多样化，如精心设计课堂提问，选择典型史料以供学生阅读思考和讨论，提供历史定论要求学生整理历史知识等。这样长期坚持下去定能使学生的历史观得以加强，使历史学习的方法得以掌握和应用。

（4）以典型材料来激发学生的学习兴趣。"好之者，不如乐之者"，学习动力是能否学好历史的根本问题，教学中应充分利用有关材料，最大限度地激发学生的学习兴趣。历史学科在这方面的优势是得天独厚的，备课中必须充分考虑到这一点，具体可以从四方面着手：①利用直观手段（如实地参观、图像资料等），以生动传神的课堂描述、加强历史与现实的联系、合适的乡土材料等培养学生的兴趣爱好——进行情感教育。②利用著名历史人物的优秀业绩、高贵品质、治学态度等——进行意志品质教育。③史论结合，传授辩证唯物主义和历史唯物主义的基本原理和基本观点——进行方法论教育。④利用典型材料，培养学生正确而高尚的人生观、世界观、价值观等——进行思想素质教育。学生一旦形成了崇高的思想境界，就必须表现出崇高的责任感，学习知识、钻研学法也就有了更高的自觉性。

2. 课堂教学渗透学法

课堂教学是教学诸多环节的中心环节，它是师生之间进行信息传递与反馈、情感交流和行为相互作用的主阵地，备课中的教学设计需要通过课堂教学来完成，因而学法指导的成败在某种程度上讲决定于这一环节。

在课堂教学中，如何渗透学法指导呢？

（1）指导学生抓住学习的基本环节。学习的基本环节主要有预习、上课、复习、作业等方面，其中以上课一环为最关键。

从智育的角度说，上课就是学生在教师指导下学习知识，并在这个过程中发展自己的认识能力。中学生每天学习

的大部分时间就是在课堂里度过的，因此，提高课堂效率十分重要。学生上课时应做到：第一，专心听讲，积极参加教师在课堂上安排的自学、讨论等活动。第二，积极思考，力争在课堂上初步理解教师讲的内容，掌握重要的概念和知识。第三，学习教师如何进行科学思考的方法。第四，记好课堂笔记。

所谓教会学生听讲，就是指导学生会听开头、会听讲授新知识、会听结尾。一般学生对讲授新知识还是比较重视的，但对开头和结尾却不够重视。开头，就是导入新课。它要概括旧知识，引出新课的课题，有承上启下的作用。结尾是一节课的总结，往往概括性很强，很重要。教师要用实例让学生认识听开头和结尾的重要性。

虽然学生比较重视教师对新知识的讲授，但也存在着不会听讲的问题。要求学生听讲时注意四方面：第一，在听教师讲述和分析重大历史事件时，要注意听背景、经过和影响。例如在听第一次世界大战这一重大事件时，就要从这三方面去掌握：①背景是什么？②经过了几个阶段，哪几个著名战役？③影响。第二，在听历史事件、政治组织、政治理论产生的背景时，要注意听经济形势、阶级关系、思想基础和其他（如历史人物的主观努力等）四个方面。例如在听科学社会主义理论诞生的背景时，就要从这四方面去掌握。第三，在听历史事件的经过时，要注意听时间和地点。在多数情况下，通过掌握时间和地点，就可以掌握起义和战争的经过。例如在听古罗马斯巴达克起义的经过时，就可以把下面的六个地点贯穿起来加以掌握：

卡普亚（角斗士）→维苏威火山（爆发）→波河流域（北上）→半岛南端（南下）→克拉苏防线（突破封锁）→布林底西附近（决战失败）。又如在听俄国1905年革命的经过时，就可以把下面的三个时间贯穿起来加以掌握：1月（彼得堡大屠杀，革命开始）→10月（全俄政治总罢工）→12月（莫斯科武装起义，革命被镇压）。第四，在听革命或改革的意义时，要注意听政治性结果、经济性结果和影响。

（2）指导学生掌握学习历史的方法。研究历史教学法的许多专家都把学生学习历史的方法分为基本方法和具体方法两种。学习历史的基本方法可以分为三个步骤：第一，搜集历史资料，了解历史现象；第二，对所获得的历史资料进行分析、比较、加工和整理；第三，通过综合、概括，上升为理论，揭示历史发展规律。学习历史的具体方法主要有以下四种：第一，要理清历史发展线索，学会抓重点；第二，学会阅读历史教科书；第三，学会回答历史问题；第四，掌握科学的记忆方法，提高记忆效率。

①教会学生理清历史发展线索，抓住重点学习。在开始讲世界史时，首先要指导学生看世界史教科书前的目录，教师要讲好世界史的概述，即世界史的分期、每个社会阶段的特征、基本内容等等。另外，在授课过程中，要不断揭示众多历史事件的内在联系，用一条线贯穿起来，帮助学生对世界历史的发展有个总体认识，掌握历史发展的脉络。

在理清线索的基础上，还注意引导学生掌握每一章、节教材的重点。重点就是对历史发展有重要影响的历史人物和历史事件。可以从四方面去确定教科书的重点：一是能够说明历史唯物主义最基本观点的内容。例如，"为什么工业革命首先在英国发生？工业革命的后果如何"？"结合法国资产阶级革命三次起义的概况，分别说明人民群众在革命中的作用"。二是对历史发展有重大影响的历史人物和事件。例如，要讲清美国独立战争，就必须讲华盛顿。同样的道理，如果不了解明治维新，就讲不清日本是怎样走上发展资本主义道路的。三是属于"世界之最"的内容或是具有代表性的东西。例如，古埃及人制定了世界上最早的太阳历；古印度的达罗毗荼人最早培植出棉花；西方的"历史之父"希罗多德虽然不属于"世界之最"，但具有代表性，因此也很重要。四是教科书上有插图、课后有练习题的也属于重点内容。

学生掌握住了上述原则，就比较容易抓住教材的重点了。

②教会学生阅读历史教科书。历史教科书是学生学习的主要材料，是使学生获得系统知识的主要依据。所以，指导学生学会阅读教科书是教会学生学习方法的最重要内容之一，也是培养学生自学能力的最重要的内容之一。在指导学生阅读教科书时，应该注意五点：第一，指导学生阅读教科书上编章节的标题，从而掌握历史知识的内在联系。例如在讲世界古代史时，通过阅读目录，学生就能明白世界古代史包括三个社会阶段，第一章是原始社会。第二、三两章是奴隶社会，其中第二章是东方（亚非地区）奴隶制国家，第三章是西方（欧洲）奴隶制国家。第四章至第八章是

封建社会，其中第四章和第八章分别叙述了西欧封建制度的形成、发展和解体的情况。第五、六、七三章则分别介绍了亚洲、非洲和美洲古代的社会情况。第八章中的六个子目虽然介绍的是意大利、西班牙、葡萄牙、德国、英国等许多国家的情况，但其中心内容则是从经济、政治和文化各方面说明西欧封建制度的解体和资本主义的兴起。这样，学生就能弄清历史史实的内在联系，克服死记硬背的毛病，便于加强理解和记忆。第二，在阅读教科书正文时，要指导学生做到"读""思""划"三个字。读书一般分三个层次。"续"，第一遍是粗读，目的是了解这一节材料的大意。第二遍是细读，了解这一节讲的具体内容。第三遍是重读，深入了解这一节的重点和难点。"思"，就是边读边想，对史实进行分析、综合、比较、概括，从而得出结论。"划"，就是边读书，边在课本上画符号，写边注。例如在讲世界近代史《美国内战》时，第一遍粗读，学生了解了这一章的大意；第二遍细读，学生了解了美国内战的时间，战事爆发的原因，战争的双方，战争的经过，战争的影响；第三遍重读，则紧紧抓住内战爆发的原因，北方胜利的意义以及对林肯的评价等问题进行深入的分析和思考。在这里，"读"和"思"要紧密地结合起来。在"读"和"思"的同时，还要在课本上做一些符号。第三，指导学生阅读教材上的历史地图和插图。历史教科书中有大量的历史地图和插图，这些地图和插图是历史教学内容的重要组成部分，与文字材料同样重要。指导学生阅读历史地图和插图可以帮助学生形成历史概念中

的地理空间概念、人物形象、文物样式等，使教材内容具体化、形象化，让学生获得较为清晰的印象，促进历史知识的识记。因此，教学中要注意指导学生阅读教学中的历史地图和插图的作用，提高教学效率。如《金田起义》一文，讲到太平军金田起义后，进军南京的经过时，让学生看课本中的《太平军进军南京路线》图，先看地图的概貌，有一个总的印象，再看图例中的符号，然后教师根据教材内容与要求，讲解进军路线及太平天国的主要活动地区，要求学生边听、边看、边理解，取得较好的效果。第四，指导学生阅读教材上的注释。指导学生阅读注释，有三个好处。一是，教材中引用了不少革命导师的论述以及一些原始资料，注释指明了这些论述和资料的出处。对历史感兴趣同时又有余力的学生，可以循此去查阅。这对于全面领会革命导师的论述和拓宽知识面有很大好处。第二，有些注释有助于学生更完整地掌握教材的知识体系。第三，阅读注释可以开拓学生的知识面。指导学生阅读注释时，要使学生认识到注释与教材正文一样，都是教科书的重要组成部分，应该充分重视。要恰当地选择阅读注释的时机。即遇到有注释符号的地方及时看注释。用注释的内容加深对课文的理解。对注释掌握到什么程度要因人而异。对学习水平较高又有余力的学生，可以引导他们根据注释提供的线索去查阅原始资料。对学习感到吃力的学生，则要求他们首先去掌握教材的重点，而不要求他们过多地掌握注释。第五，指导学生阅读教材的大事年表。大事年表所集录的都是重要的历史事件。

每件大事发生的时间、地点以及牵涉的人物在年表中都有明确的交代。认真阅读大事年表，可以帮助学生掌握历史的发展线索。看年表要注意纵横联系，即看同一事件在不同时期发展变化；或在同一时期内不同地区、不同国家都发生了哪些大事及它们之间的彼此联系。

另外，还应注意培养学生口头表达能力（如复述教材和回答问题）与书面表达能力（如编制读书提纲和写读书心得）。

3. 课外辅导点拨、强化学法

一方面课外辅导是对课堂教学的补充和延伸，另一方面学生对课堂教学中教授的学法，去实践或自我探求学法一般也要在课外进行，因此，课外辅导中点拨和强化学法是学法指导中的又一重要步骤和手段。

（1）提供实践材料。主要是针对课堂教学中的传授的有关学法，向学生提供有关预习复习的内容或提纲，提供精选的历史材料或有关学法指导的参考书籍等。

（2）教师设疑与学生质疑相统一。教师的设疑主要指把教材中的重要和关键部分提炼成有一定深度，但又适合学生实际水准的问题，引导学生去思考，鼓励学生去争论，同时向学生示范切入问题的角度。学生的质疑是指鼓励并指导学生多问"为什么"，并要求做到质疑要注重前提，解决要注重方法，以此来促进学生做到"学思结合"。

（3）细致地做好解题指导。发现问题是为了解决问题，解决问题不仅需要知识、理论，同样需要方法和技巧。而方法和技巧的形成和掌握，需要训练和指导。

首先是审题能力的指导。通过指导来提高学生对与习惯表达不一致的已知条件的等效转换能力，对解题起关键作用的隐含条件的挖掘加工能力；排除无效信息，提炼有效信息的扬弃能力等。

其次是深刻理解题意的指导。通过指导使学生对问题外露的能分清题型、要求、限制等，对问题内藏的能找准切入角度、分析层次及所用的知识点、理论或历史规律等。

再次是指导学生养成反思答题过程的习惯。主要是反思答题是否正确、全面，以此来不断提高学生思维的缜密性、辩证性和创造性。

4. 学法指导中应注意的问题

（1）切实体现学生的主体作用。教师是知识技能的传授者和解决问题能力的培养者，为此，教师在教学中必然起主导作用，但教学是培养人的活动，是以培养学生能力，提高学生素质为目标的，因而教学中必须以学生为主体。教学中创设一个让学生自己去发现并分析、解决问题的情境，是这种作用体现的途径之一。

（2）注重循序渐进。学生对历史认识能力的形成需要三个条件，即知识、方法和理论。学法指导也就需要在这三方面有序进行。首先要指导学生加强对基础知识的理解和基本技能的训练，为学生创造供思维形成和发展的天地。其次是要加强历史思维形成的指导，使之能历史地、唯物地、辩证地分析、认识历史问题。再次是通过题型的变换，知识的迁移去拓展学生思维的灵活性和深刻性。

（3）加强引导教育。教师向学生讲方法固然重要，但从效果上看，引导学生正确认识学习历史的重要作用也十分重要，只有当学生明确了学习历史的意义，激发了学习的内在动机，在这种情况下，教师讲方法，学生才能听得进，用得上。另外，引导学生自己总结学法，相互交流经验，会更容易为学生所接受，收效会更大。

（六）地理教学中的学法指导

"学法指导"的概念，是一个广泛的概念，包括指导学生会学、会思和会用。下面结合地理教学谈谈如何指导学生会学、会思和会用。

1. 指导学生会学

"会学"是在"学会"知识、技能的过程中形成的，如果没有"学会"，"会学"也就失去了存在的依据，也就无从谈起。下面通过掌握知识和积累知识的过程，来分析在地理教学中如何指导和促进学生"学会"向"会学"的转化。

从掌握知识的过程看：掌握知识是形成学习能力的基础。掌握知识的过程，通常按照以下程序进行：识记教材—理解教材—运用知识—评价知识，这四个求知的基本过程（或环节）需要自始至终贯穿在每一个知识单元的学习上。因此，教师在进行地理教学的过程中，要有意识地指导学生如何学习，学生也要在求知过程中，逐渐领悟较好的学习方法，最后达到"会学"。教师的责任就在

于促进和缩短学生由"学会"到"会学"的领悟过程。

从积累知识的过程看：任何一门学科组成的各部分（方面）知识，都是由事实和概念所组成，即：

$$事实1＋事实2＋事实3 \xrightarrow{形成} 概念1$$
$$＋事实4＋事实5 \xrightarrow{形成} 概念2＋事实6＋$$
……

例如，高温＋多雨——热带雨林气候＋高大茂密常绿阔叶林木——热带雨林＋动物（大象、河马、猿猴类）＋红壤——热带雨林带（自然带）。又由于从某一概念中还会引申出其他概念，如从热带雨林分布规律中引申出分布地区、气候特点的形成原因、气温降水的定量定性分析和动物特征等。从而看出，掌握概念的过程是知识拓宽、充实的过程，也是知识更新的过程。一旦掌握的概念逐步达到深刻化（按科学观点，掌握概念的内涵与外延）、丰富化（空间概念、时间概念、数量概念、质量概念……）、系统化（按照概念本身进行抽象概括），进而综合起来，就构成从部分到整体的知识体系。

知识的广度、深度、难度如何，标志着学生学习能力提高的水平高低。因此，在地理教学中，教师要积极指导和促使学生利用已知来学习新知，形成"已知—新知—新知变已知—再学新知"的循环，从而不断提高学生的学习能力。

2. 指导学生会思

思维活动是学习的基本活动，"会思"是"会学"的基本支柱。因此，要指导学生"会学"，必须注意指导学生

"会思"。

在地理教学中指导学生"会思"的方法是多种多样的,主要的可从以下几个方面入手:

(1)指导学生多角度思考。对同一问题转换不同角度去思考。如热带雨林高温多雨气候特点的成因,可从纬度、气压、气流、气团的角度分析。

(2)指导学生多侧面理解。对同一概念转换不同方面去理解。如四季更替,既可从天文现象方面理解,也可从候温、植物生长方面去理解。即从其中任何一个侧面都可以说明这一问题。

(3)指导学生多层次阐述。对同一理论或原理根据难易程度展开不同层次的阐述,如世界森林一般分为热带森林与温带森林。但按较高要求,热带森林又可分为热带雨林、热带季雨林;温带森林又细分为亚寒带针叶林、温带落叶阔叶林、亚热带常绿阔叶林、亚热带常绿针叶林。

(4)指导学生多方位剖析。对同一原理、规律可以整体、部分、纵向、横向、顺向、逆向研究。如信风西风对气候的影响,首先考虑风的性质,其次风从海或陆吹来,再谈影响东海岸还是西海岸。这样全方位的剖析,才能说明某一个问题。

(5)指导学生挖潜引申。从同一规律或原理中,挖掘潜隐着的内涵,从而引申出其他的规律或原理。如:

地壳下降——内力作用(破坏作用)
泥沙堆积——外力作用(建设作用)
→形成华北平原

上式中看出:①地表形态在内外力共同作用下形成是一个规律。②从地壳

有下降,又有补偿,显示出地壳的破坏作用与建设作用也在同时进行的另一个规律。当然,内力作用并不都是破坏作用,外力作用并不全是建设作用。

(6)指导学生抽象概括。地理事物千差万别、错综复杂。为了便于知识编码、储存、检索、迁移,可指导学生将存在因果关系、从属关系、平行关系的事物组成知识链;或将存在交叉关系、相互制约关系的事物归并成知识网。例如图13.8。

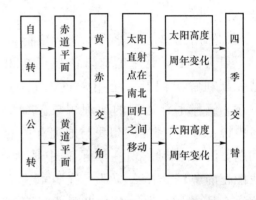

图13.8

也可以将"集成化"引入到教学中来,就是以最少的语言文字或简明的图像符号,吞吐尽可能多的知识信息量的一种求知方法。运用的方式有缩写式(国家、政区简称)、序列式、数字式(西亚位于五海三洲之地)、口诀歌谣式(中美香蕉巴、洪、哥,咖啡产地危、萨、哥)等。

3. 指导学生会用

学是为了用,地理学科包括自然地理、人文地理,综合性强,应用范围广。

(1)用在生产(工作)上。自然条件、自然资源与工农业生产密切相关,布局原则、布局因素关系生产配置尤为

重要。掌握地理知识参加祖国和家乡建设，懂得如何按照自然规律、经济规律，因地制宜，发挥地区优势，建立起与当地生态条件协调一致的生态系统。不会再干出那些找煤炭见黑就挖，甜菜南下甘蔗北上等劳民伤财的蠢事。

（2）用在生活中。人们的衣食住行，听广播、看电视、旅游等，常用到地图和地理知识时，表现得有文化修养。不会闹出像有些人接到大学录取通知，却不知道走什么交通路线去报到入学的笑话。

（3）用到解决问题上。遇到实际问题，眉头一皱，计上心来，能运用知识技能顺利解决问题。运用学过的原则、规律，解释平常遇到的地理现象。有学生曾说："以前邻居问到我与地理有关的问题，无言以对。现在学了高中地理，我能正确解释为什么 6 月天气阴雨连绵达一个月之久，为什么常出现北旱南涝等问题，心情愉快多了。"可见灵活地运用知识还可获得心理上的满足。

（4）用在学习和研究上。运用已知获取新知，使知识不断得到更新不断得到充实，为接受终身教育奠定基础。

学一点用一点，不断学不断地用，各种形式的用，不同水平的用，可以大大促进学习能力的提高。

（七）生物教学中的学法指导

生物学科的任务，不仅要使学生学到一定的基础知识和基本技能，而且要使学生掌握生物学科的学习方法，培养学生自学生物学知识的能力。这也是由生物学自身发展的特点决定的。在生物学迅猛发展的今天，生物科学的新知识、新成就日新月异，信息量极大，不可能要求学生学到这么多的新知识、新概念和掌握这么多的新信息，关键问题是使学生具有多方面的能力，以便为他们一生中不断获取新知识和将知识运用于实践创造条件。只有这样，才能培养出社会主义现代化建设所需要的合格人才。这就要求教师在教学中，既要注意知识、技能的传授，又要注意学生学习方法的指导。

在生物学的教学实践中，我们感到，对学生生物学的学法指导，应主要进行以下几方面的指导。

1. 指导学生学会阅读生物教科书

生物教科书是学生在学校中获得生物学知识的重要依据，是学生接触最多、利用最广的书籍。通过阅读生物教科书，使学生理解和掌握所学的主要教学内容和生物学基础知识。

为了帮助学生读懂生物教材内容，教师要帮助学生分析教材，使学生了解生物教材的知识结构，知道哪些是基本知识、重点、难点，哪些是次要内容。要求学生按照教师所发的自学提纲或提出的要求，来认真阅读教科书，做到边阅读、边思考、边在书上划出重点内容，真正理解和掌握内容。

2. 指导学生重视和看懂生物教科书中的插图

生物教科书中有大量的插图，这些插图是生物教学内容的重要组成部分，与文字教材同样的重要，绝不应该忽视。因此，生物教师必须指导学生正确理解生物教科书中插图的内容，培养学生的识图能力，从而帮助他们更好地掌握生物学基础知识。

生物教科书中的插图，从内容来说，可以分为生态图、形态结构图、生理功能图、生活史或发育过程图、比较解剖图、进化系统树图等。从图的表现方式来说，可以分为示意图、模式图、图解、坐标曲线图等。教师要帮助学生对于不同内容和不同表现方式的插图，掌握好识图的方法和重点。例如，对于水螅的生态图，要求学生从中理解水螅生活在淡水中，附着在水草上生活。对于形态结构图，首先要分清是整体解剖图，某个器官的形态结构图，还是显微镜放大图？同时，还要分清是自然位置图，还是纵剖面或横切面图？然后，要正确理解图中所表示的知识内容。对于示意图、模式图和图解，主要是从中理解具有共性的、规律性的、综合性的知识，要注意前后知识之间或各种因素之间的联系。

3. 指导学生会查阅生物学参考书和工具书

学生在生物学习和生活中，常会遇到生物教科书中没有学到的知识、现象和问题，他们迫切要求尽快找到答案。解决问题的最好办法，是让他们自己从参考书和工具书中找到答案。因此，生物教师要指导学生会针对自己存在的问题，去寻找有关的生物学参考书和工具书，并且会查阅和使用参考书和工具书。例如，有的问题可以按照动植物的门、纲、目的分类系统去查，而有的问题则可以按照归类问题去找。一定要让学生逐渐学会和熟悉查阅生物学参考书和工

具书的方法，不断扩大参考、使用参考书和工具书的范围。

4. 指导学生正确理解和掌握名词、概念

生物教科书和生物教学中，名词概念较多，有的容易混淆，不容易记住，这是学生学习时的难点。教师指导学生阅读中遇到的名词、概念时，一定要进行剖析，主要包括弄清楚内涵是什么？外延是什么？同类的概念有哪些？要求学生将同类概念加以联系和对比，加以区别。例如，动脉和静脉，动脉血和静脉血，完全变态和不完全变态，留鸟和候鸟，光合作用和呼吸作用等概念。这样，学生就容易理解和掌握了。

5. 指导学生学会归纳和掌握生物学的一些基本原理

生物的发生、发展有其自身的规律，在教学中，要注意让学生逐渐学会归纳并掌握生物科学的一些基本原理：

（1）"进化"的原理。生物起源后，其运动是沿着从水生到陆生，从简单到复杂，从低级到高度的进化历程向前发展的。这个原理在各年级教材中都有突出的体现。

（2）"统一"的原理。生物体与其生活环境的统一；生物体与其功能的统一；生物体局部与整体（包括微观与宏观）的统一；生物个体与群体的统一。这几个"统一"集中反映了生物的"适应性"和"整体性"，它贯穿了整个生物教材的始终。

（3）"矛盾"的原理。它体现在许多重要的生理功能上，如生物新陈代谢中同化作用与异化作用；绿化植物的光合

作用与呼吸作用；生物的遗传与变异；神经的兴奋和抑制等等。所以，在教学中注意上述几个基本原理的引导、归纳、总结，将有助于培养学生举一反三、触类旁通的能力。

6. 指导学生掌握几种学习识记的方法

教师在教学中，要指导学生掌握几种科学的学习和识记方法，主要有图解法、表解法、联系实际法、理解记忆法等。图解法是用简明的文字和箭头，把复杂的内容表示出来。教师要使学生理解、运用书上的图解，又要指导学生学会自己编制图解，学生通过编制图解来进一步掌握知识，既可以比较相同之点，也可以比较不同之点，从中找出相互之间的联系与区别。综合表是以括号或表格的形式将知识加以综合，每讲完一章教材，教师要指导学生将全章的教学内容用综合表加以概括、小结。

7. 指导学生学会细致观察

观察是学生认识世界、增长知识的重要途径。英国博物学家、进化论的奠基人达尔文说过："我既没有突出迅速的理解力，也没有过人的机智"，"我觉得对事物进行仔细观察的能力上，我是超过中等水平的人们的"。俄国生理学家巴甫洛夫在他实验室的建筑物上刻着"观察、观察、再观察"的警句。可以说，观察是检验科学理论的手段，踏进科学殿堂的起点。

生物学是实验科学，观察是生物科学基本的研究方法之一。无论是在自然环境中识别动植物，了解动植物的生活环境、生活习性和外部形态，还是在教室和实验室内观察标本、模型和解剖动物，都必须采用观察的方法。应该说，进行生物科学研究，随时随地都要运用观察的方法，观察的方法是时时刻刻都离不开的，因此，培养学生学会细致观察，在生物学科中有着特别重要的意义。

学会培养学生观察，有多条途径和多种方法：

（1）要有明确的观察目的。观察是一种有目的、有计划的感知活动。人的周围环境是复杂的、千变万化的。由于知觉具有选择性，因此，人要从周围环境中优先分出要感知的对象，在没有明确的知觉任务时，对象往往是肤浅的、不完整的。明确了目的任务以后去知觉某一事物，知觉对象就比较完整、清晰。特别是年龄较小、年级较低的初一、二年级学生，由于他们的知觉的无意识性、情绪性比较明显，注意力往往容易被无关的部分所吸引。因此，组织学生观察以前，一定要有明确的观察目的。教师必须说明观察的目的要求，并且经常提醒学生，使他们的注意力集中到所要观察的对象上。例如，在观察蝗虫的外部形态时，教师要求学生按头部、胸部、腹部在顺利进行观察，目的是让学生掌握蝗虫身体各部分的特点、器官名称及其数目。这样，学生才能有的放矢地细致地进行观察，才能有清晰的感知，可以收到事半功倍的效果。

（2）要有实事求是的科学态度。培养学生以实事求是的科学态度，进行观察、实验和其他生物科学研究，这是中学生物课程向学生进行思想政治教育的重要内容之一。教师在全部生物教学过程中，尤其是组织学生进行观察和实验等实践活动时，一定要重视培养学生的实事求是的科学态度，要求他们逐步学会真实地、系统地、周密而精确地进行观察，强调应该根据自己所观察到的实际情况填写观察记录、实验报告以及绘生物图，而不允许照抄生物教科书的课文、实验指导和照课本中的插图绘图。否则，将影响生物科学研究所必须具备的重要素质的形成。

（3）教师要积极提供丰富的观察材料。增加观察和实验内容，是培养学生观察能力的前提。要使学生学习好生物学基础知识，培养学生的观察能力，教师一定要尽量让学生多接触动植物和大自然，以此作为学生生物学知识的起点。因此，教师要千方百计地、不辞辛劳地去采集、培养、制作，为学生准备和提供大量的观察材料。

为了事先准备好各种观察材料，生物教师在一个学期开学以前，要有周密的计划和安排。要根据生物学教学大纲所规定的演示实验和学生实验，以及讲清楚生物教材内容的需要，列出应该准备的观察材料的清单，而且要密切配合好教学进度，结合当地物候情况，制定好《采集历》，不要错过随季节准备观察材料的时机，以便在上课以前做好准备。

观察材料的准备工作，可以组织学生协助教师准备。有的观察材料事先布置学生自备，要选择本地常见的种类，在其生长季节，在讲这部分内容的上课前一天，让学生去采集新鲜的材料。有的观察材料则要比学习进度提前几个月或几周就要采集来，例如昆虫和桃花就要提前在合适的季节采集。不容易采集

到的材料，需要制成标本永久保存。

（4）加强对学生观察中的指导。学生观察力的培养，在很大程度上取决于教师的正确指导。教师的正确指导主要包括：①明确观察的内容、步骤和用具。在学生观察之前，要向学生指出观察的内容和重点。观察的步骤和顺序，要求学生做到先看整体、后看部分，先看上面、后看下面，先看前面、再看后面，先看外面、后看里面。观察的用具和方法，可以先用肉眼观察，进一步用放大镜观察，有的还可以用显微镜观察，这要根据观察的材料和要求来决定。②为了具体指导学生进行观察，可以向学生印发"观察提纲"。观察提纲包括观察的目的、要求、方法、步骤和注意事项等项目。在观察提纲中，要设计一些思考题，让学生边观察、边思考、边填写观察记录。在观察结束时，观察记录也就填写完了。这样的观察提纲，可以指导学生观察，培养初步的观察、记录的能力。③指导学生运用对比的方法进行观察。观察两种或两种以上的动物标本时，可以指导学生运用"对比观察法"，例如观察对虾和河蟹的外形，观察蚕蛾和菜粉蝶的外形与生活史。通过对比观察，要求学生找出乍看相似、而实际存在的不相同的特点；或者初看差别很大，而实际存在的基本相同的地方。这样，能促使学生认真观察，抓住重点和关键，而且记忆牢固。④一般指导和个别指导相结合。对于每一项观察内容，先要采用一般指导的方式，引导学生逐步地、逐个器官系统地进行观察。但是，对于每次观察的难点，例如蝗虫的心脏和马氏管要看清楚比较困难，需要教师采取

个别指导的方法解决。教师可将解剖好的蝗虫作为示范标本，具体指导和鼓励学生自己找到蝗虫的心脏和马氏管。⑤在课堂教学中，可以采用分发材料观察和演示观察的方法。教师可将观察材料连同放大镜同时发给学生，让他们边听边观察。同时，还可以根据教学内容的需要，采取课堂上演示标本、显微镜演示观察和显微投影仪观察等方法。

（5）要求学生观察时做到眼、手、脑并用。教师要对学生提出明确的观察要求，即真正做到眼、手、脑并用。例如，蚯蚓大部分体节上环生着刚毛，刚毛不容易看清楚。因此，要求学生用手摸摸蚯蚓的体表，使学生确实感到刚毛的存在，还可以让学生观察蚯蚓是如何借助刚毛运动的。教师还要要求学生在观察时积极思考，多问几个"为什么"。诸如：这是什么形态结构？它有什么功能？这种形态结构特点与生活环境有什么关系？说明这种动物或植物在进化上的位置如何？只有这样，才能使学生将对生物的直观观察与抽象思维结合起来，进一步认识事物的本质。通过感性材料进一步抽象思维，这样形成的正确概念、判断和推理，才能印象深刻。

（6）通过课堂教学和课外活动两个渠道来培养学生学会观察。通过课堂教学来培养学生学会观察，这是一条重要的途径。与此同时，通过组织课外活动来培养学生观察的方法，也是不可忽视的另一条重要渠道。学生在课外活动中，通过做生物实验，采集和制作标本，饲养小动物，嫁接植物，栽培植物，进行生物资源调查和生态观察等，可以观察到大量的丰富的感性材料，这不仅能扩大学生的知识视野，还能够培养学生的观察兴趣。教师要充分地利用课堂教学和课外活动这两个渠道，并且使这两个渠道有机地结合起来，达到培养学生学会观察的目的。

8. 指导学生学会概括和分类

在被比较的事物中划分出共同的东西，并且把它们综合起来，这就是概括。概括是一种特殊形式的综合，它是关于事物共同点的综合。为了把事物的共同特性、因素等综合起来，首先要把特性、因素等从个别事物中划分出来。因此，概括活动也是和分析活动密切联系着的。分类是指把事物的共同本质特性抽取出来，并且把具有这种本质特性的事物联系起来，以区别于具有另一种本质特性的事物。由于进行了分类，因此，可以做到系统化。例如，动物学家把动物分为无脊椎动物和脊椎动物两大类，而无脊动物包括原生、腔肠、环节、节肢等许多门，脊椎动物包括鱼、两栖、爬行、鸟和哺乳等纲，整个动物界就可以按照门、纲、目、科、属、种的分类单位系统化起来。

9. 指导学生学会抽象和具体化

人对客观事物进行概括，从中分出本质特征时，也在思想上舍弃了非本质的特性。例如，"花是植物的繁殖器官"，这是概括了花的本质特性，而舍弃了花的颜色、形态、大小和香味等非本质的特性，这种分出本质而舍弃非本质特性的过程就是抽象。抽象和概括是密切联系着的。具体化就是把概括的知识用于具体的、个别的场合，这和抽象过程相反。具体化使一般的、抽象的东西和直观的、感性的或熟悉的东西联系起来，从而变得更加容易理解。

总之，对学生进行生物课学法指导的方法是多种多样的，上述几点仅是一些粗浅的体会。相信随着学法指导研究和实践的广泛开展，对学生生物学法的指导将会更深入、更有效。

（八）英语教学中的阅读指导

《全日制中学英语教学大纲》指出："要提高学生阅读英语的能力，单纯通过教科书中的课文教学是远远不够的，还要按年级和学生的具体情况，有计划地指导学生在课外阅读一定数量的读物。"

1. 课外阅读指导的目的

英语课外阅读的目的是指提高学生的阅读能力。教师对学生进行分阶段课外阅读指导，紧密配合课文教学巩固所学语言知识，以激发学生学习英语的兴趣，培养学生自学英语的习惯，调动学生的主观能动性，不断提高他们阅读英语的能力。

（1）要坚持自学为主的原则，指导学生认真阅读，积极答题，在阅读答题实践中熟练阅读技巧，提高阅读速度和理解率。

（2）要保证训练时间，完成任务指标。每周安排两个单位时间，每个单位时间为 15 分钟，共半小时。每学期按 16 周计算，共训练 32 次，8 个小时，其中，学生阅读答题 6 小时，教师指导评讲 2 个小时。学生每次阅读一篇 600 个单词左右的短文，全学期要阅读 24 篇，

总词汇量约 1500 个单词。

（3）要建立实验成绩档案。档案用于登记每个学生各次训练的读速和理解率，不断积累原始资料，及时写出阶段小结，分析利弊，提高改进措施。

2. 课外阅读指导的要点

实践证明：在课外指导学生阅读一定数量易于自然吸收的短文或文章片断，课文中的词语、句型和语法现象必然会反复出现，既能熟化所学知识，激发学习兴趣，又能锻炼思维方式，提高阅读能力。

（1）坚持阶段侧重循序渐进的原则选取阅读材料。①初级阶段（初中一二年级）侧重训练理解率，以训练学生识记基本语言点的能力，可直接从课本选材，或改写课文，每次阅读量约 300 个单词。②中级阶段（初三、高一年级）侧重训练阅读速度，以训练运用词语和句型的能力，可选用趣味性较强的小故事或与课文相关的文章片断，每次阅读量约 500 个单词。③高级阶段（高中二三年级）综合训练阅读速度和理解率，以培养学生的整体阅读能力，可选用一些语言点较多、内容较生疏的科技短文、史地知识短文等，每次阅读量约 700 个单词。

（2）坚持开发智力培养能力的观点，精心设计理解测试题。每篇阅读短文后面都要围绕短文内容设计 5～10 道有助于提高理解率的测试题。理解测试题可分为客观的和主观的两大类。客观理解题要遵循语言点的原则，如完形填空，综合填空，选词填空等，侧重了解学生对语言点的熟记程度。主观理解题要依

据能动性的原理，如判断正误，选择主题句，推论结果等，侧重了解学生对文章深层意思的理解。要从不同的角度巧妙地提出问题，使测试题的设计具有针对性、科学性和答案的唯一性，有利于学生阅读能力的培养和智力的开发。要避免自己的题隔段时间自己也解答不准的粗制滥造的现象发生。

（3）坚持分类指导综合评讲制度，让学生读有所依，练有所得。阅读能力是一项综合技能，包括语音、词汇、句型、语法、专业知识、背景知识、逻辑知识等。指导教师只有根据上述诸方面事先做好准备，才能导在方向上，评在点子上。从三个方面进行了分类指导，即①进度上分阶段，即中初级阶段要详导，高级阶段要略导。②内容上分专题，即对一般交际会话和故事传说可略导，对科技史地等难读的短文可详导，并努力寻找各类知识短文的行文特点。③程度上分小组，即对优生严格要求不迁就，对中差生坚持鼓励多帮助。

3. 课外阅读的指导原则

（1）要充分相信学生，鼓励阅读。阅读效率是通过学生来体现的。指导教师要采取各种行之有效的方法鼓励学生多读多练，相信学生能够学好外语。要竭力激发学习兴趣，使学生心情舒畅地与教师去游览丰富多彩的知识王国。

（2）要适当点拨学生，指导技巧。学生在阅读中不可避免地要遇到困难，犯些错误。教师要不失时机地对学生分解难点，强调重点，指导阅读技巧。①熟记知识点。"熟能生巧"，熟记知识点应是阅读中最基本的一种技巧。要使学生明白：不熟记一定量的知识点就很难进行阅读，反之，通过阅读能帮助熟记知识点。②沟通联系点。要指导学生养成良好的阅读习惯，学会以意群乃至以句段为单位进行整体阅读，形成整体观念，提高阅读效率。要在短时间内把词与词、句子与句子、段落与段落之间的联系点沟通起来，确立对应性，发现相似性，区分差异性，使各种信息符号听从调遣，为我所用。③选准突破点。短文阅读中的突破点往往与理解测试题有关。要指导学生学会利用上下文暗示和排除上下文干扰，不断获取新信息，迅速抓住主题句，正确把握中心词，灵活运用逻辑常识进行推断，寻求符合短文内容的理想答案。

（3）要热情帮助学生，全面提高。中学英语教学的目的是要培养学生综合运用语音、词汇和语法进行听说读写的交际能力。课外阅读指导应有助于这个目的的实现，提高英语教学的质量。

十、学法指导的研究

（一）学法指导研究的指导思想

成功的实践离不开理论的指导，没有理论指导的实践，只能是盲目的实践。中小学学法指导和研究的实践，也必须以科学的理论为指导。

首先，应以马克思主义哲学思想为指导。马克思主义哲学思想是普遍的原理，是放之四海而皆准的，学法指导也必须遵循这些基本原理，这样才能沿着正确的轨道前进，少走弯路，早日取得辉煌的成就。

其次，要以当代世界三大教学改革理论为指导。美国布鲁纳的"结构主义"课程论，前苏联赞科夫的"教学与发展"理论和西德根舍因的"范例教学论"被称为当代世界三大教学改革理论。其中尤以前两种理论在世界范围内影响最大。这三大教学改革理论，对于中小学学法的指导和研究也有重要的理论指导作用。例如布鲁纳的"结构主义"课程论认为：学生学习任何学科，主要是使学生掌握这门学科的基本结构；学习最好的动机是对本课程的兴趣，不要过分重视奖励、竞争之类的外在刺激。又如赞科夫的"教学与发展"理论认为：教学不仅要传播知识，更要重视发展学生的能力和品质；教师要把教学的重点，从过去研究如何教，转向研究学习的主体——学生是如何学习的，注意纠正学生不正确的学习和思考方法，发扬学生好的学习和思考方法。这些观点，都是布鲁纳和赞科夫经过反复而科学的实验得出来的，不仅是当代先进的教学理论，而且是当代科学的学习原理。积极将这些理论运用于中小学学法指导和研究，必将有助于早日走上现代化、科学化的道路。

第三，西方有关学习的理论也可以借鉴。西方有关学习的理论大致分为两大类。一类是各种联想主义的学习观，如桑代克、巴甫洛夫及斯金纳等人的理论；另一类是各种认识论的学习观，如苛勒、托尔曼、布鲁纳及奥苏伯尔等人的学习理论。这些理论中既有精华也有糟粕。进行中小学学法指导和研究，可以用辩证唯物主义的观点和方法论对它们进行分析，吸取有用的东西，为改革

中小学的教学做出贡献。

（二）学法指导研究的制约因素

多年来，我国中小学的学法指导和研究工作进展速度还不够理想，究其原因，主要有六个方面的制约因素。一是舆论宣传不够。还没有引起中小学行政领导和广大教师、教育行政和教育科研部门的普遍足够重视。二是还没有从根本上转变只重视教法研究，忽视学法研究的传统观念，还没有牢固树立起教法改革和学法改革一起抓，以学法改革为突破口，促进教学改革的思想。三是由于片面追求升学率的压力很大，一些中小学的行政领导和教师不愿大胆进行学法指导的实验和进行学法的研究。四是缺乏理论的指导和科学的方法，使学法指导和研究进展不快。五是自发和个体研究多，基本上没有统一的机构和明确的目标，缺乏横向联系和通力协作。致使一些学法指导和研究处于盲目之中。六是理论型和经验型的研究多，而将二者结合起来的研究少。

上述六个方面的制约因素，有中小学外部的，也有其内部的。当前要加强中小学学法指导和研究工作，首先必须积极消除内部的不利因素，努力克服外部的阻力，要广泛宣传中小学学法指导和研究的意义、作用，使广大中小学行政领导和教师积极投身于有目的、有组织的中小学学法指导和研究中去；要运用辩证唯物主义和系统论的观点看待教学过程，牢固树立起教法研究和学法指导一起抓的思想，由只重视教法改革转为教法与学法同步改革，由应试教育向

素质教育迈进。有关部门要进一步加强对学法指导和研究的组织与领导，尽快建立起多形式、多层次、多学科的中小学学法指导和研究组织，并加强联系和协作，使指导和研究工作有组织、有计划、有步骤地顺利进行；要在理论研究的同时，注重实践、实验和调查研究，努力克服和纠正学法指导和研究工作中的主观主义和经验主义的作风。并在此基础上，努力争取外部的支持。这样，中小学的学法指导和研究工作就能得以蓬勃开展。

（三）学法指导研究的方法选择

当前中小学学法研究中存在一种普遍的倾向，那就是不少教师只是从自身的学习经验和方法去研究，结果使自己局限于狭窄的天地里，出不了科学的成果。

任何一门科学的理论，都是人类社会和自然界运动变化的普遍规律，它的一切结论必须具有一般性、普遍性，在实践中有可重复性和广泛的适用性，否则就不能称为科学理论。学习作为一门科学当然也不能例外。如果只从自己或几个人的学习经验出发，只从自身的观察出发推断出的结论，那就不能叫做科学理论，而只能称为假说。因此，可以说主观主义和经验主义是一切科学研究的敌人，而学法的研究必须努力克服主观意识的束缚和自身经验的影响，注意采用科学的方法。

各门学科研究的方法都离不开人类对客观世界的认识法则，即实践——理论——实践的法则。中小学学法的研究

亦应如此。在研究中，应当加强观察和实验，要根据观察和实验的资料，找出现象问题的联系和规律，并用以预言新的现象，指导实践活动；通过实践活动，推翻一切与客观不相符合的理论，最终形成一套经得起实践检验又适用于中小学生的科学学习方法。

（四）学法指导研究的基本问题

目前，中小学学法指导的研究与实践，在全国已引起人们的重视，特别是随着素质教育的深入发展，呈现出蓬勃发展的势头。但是，在学法指导的具体实践中，我们发现一些基本认识问题，因受主、客观多种因素的影响，还很不明确，亟待进一步澄清，以解决学生实际的认识和需要，推动中小学学法指导更深入的发展。

1. 间接知识与直接知识

马克思主义认为：人类的知识可以分为直接知识和间接知识。直接知识，是个人亲自实践获得的知识；间接知识，是从书本上或别人那里获得的知识。学生的学习，主要是通过课堂学习掌握书本上的各种定理、法则、概念等间接知识，并通过这些知识求得未知，认识事物。人类的物质活动，包括生产斗争、社会斗争和科学实践，学生却涉及甚少，基本处于闭锁状态，十分缺乏直接知识。这是与全面发展的教育方针目标背道而驰的。但在目前的学法指导和学生的学习中，一方面是有些教师受传统教学观的影响，把教学过程看成是一个由课堂和教材组成的封闭系统，轻视甚至排斥

学生的实践活动；另一方面是有些学生在"应试"教育的激烈竞争中，错误地认为："万事皆下品，唯求分数高。"因此，严重存在着重书本的间接知识，轻实践的直接知识的倾向。教育界很多有识之士呼吁：我国青年学生缺乏科学实验能力，解决实际问题能力差，要求在学习间接知识的同时，加强学习性的实践活动，多学习一些直接知识，丰富感性认识，把书读"活"，从而获得较完全的深刻的知识。

2. 被动学习与主动学习

中小学生的学习是在教师指导下的学习活动。但是，在教师指导或讲授过程中，学生必须充分发挥主观能动作用。目前由于受到以分数高低量人才，以考试成绩定终身的影响，很多学生把自己封闭在所学知识的蛋壳里，不遗余力地按教学内容的轨迹旋转，不愿也不敢越雷池半步，存在着被动地学习的倾向。这种被动学习的主要特点是：没完没了地补课，无休止地"训练"，大量的死记硬背，杜绝课外活动，不重视发展智力，培养能力，使学生成为被一堆杂乱无章的知识所充塞的书呆子。如此学习，不仅成为学生的严重负担，而且成为降低学生智力的"灵丹妙药"。因此，这种学习方法，必须坚决反对，它是学习的大敌。为了战胜这个大敌，就必须努力促进学生主动地探求知识的自觉性。首先，要加强对学生非智力因素的指导和培养。其次要指导学生运用科学的学习方法和创设积极主动地探求知识的学习环境。美国心理学家布鲁纳提出并倡导的"发现学习法"，强调学生自己通过观察、实

验去发现知识、解决问题。这种学习方法，有利于培养学生的自学能力和创造思维能力。另一种方式就是"讨论式学习法"。学生通过讨论"交换"思想，使一个人有了两个人或更多人的智慧。讨论就是智慧的"震动"，促进学生思想的迅速飞跃。不论是"发现学习"或是"讨论学习"，都要培养学生大胆质疑和敢于批判的精神。教师还要通过一定的手段，如提供预习提纲、准确"设疑"等，创设"发现"、讨论、质疑的环境，开辟学生积极主动地探求知识的广阔天地。

3. 掌握知识与发展智力

在目前的学生学习中，由于受中、高两考指挥棒的指挥，死抠知识，有急功近利的效应。因此，尽管发展智力的呼声一喊再喊，但重知识、轻智力的倾向仍很严重。某些教师和学生，甚至把知识型的"教"和"学"看成是具有立竿见影的功效。显然，这种状况与"素质教育"的思想是十分背离的。因此，在学法指导过程中，必须把掌握宽厚的知识基础和发展智力、培养能力有机地结合起来。

（1）在掌握知识过程中努力发展智力。首先，必须肯定学习知识是学生学习、认识客观世界的主要内容，同时，也是发展智力、培养能力的基础。学生必须牢固地掌握各学科的系统的知识结构。不仅要掌握每个知识点，而且要形成整个知识网。其次，学生要在掌握、运用知识过程中，发展以思维能力为核心的记忆力、观察力、想象力等等。在学习中重要的是养成思考的习惯，并善

于独立思考，不断地用知识之"水"，浇灌思维之"花"。

（2）在发展智力的同时积极促进学习迁移。首先，智力是掌握知识的条件，学生学习和掌握知识的程度，直接依赖于他的智力发展水平。一个人的智力愈发达，获取知识和运用知识的能力就愈强。一个思路开阔，思维敏捷的学生和一个思路狭窄、思维迟钝的学生同解一道题，后者所用的时间是前者的三倍。智力水平比较差的学生，做综合题尤感到困难，就是因为不善于相互联系地看问题。其次，发展智力培养能力，促进学习迁移。学习迁移，在很大程度上依赖新旧事物的联系和概括化，常常通过分析、概括来实现。综上所述，学生在学习过程中，一方面要牢固地掌握宽厚的知识基础，同时，更要在掌握知识的过程中积极发展智力。掌握知识与发展智力是相互促进、相辅相成的辩证统一。只有具有丰富的知识和较高智力发展的人，才能适应现代社会所面临的高科技发展的挑战。

4. 研究教法与研究学法

学校为了提高教育质量，繁荣教育事业，近年来对教育科学的研究普遍比较重视，强调："向教育科研要质量；依靠教育科研兴教。"教育科研的内容很丰富，有教育体制、教育方针、教育结构、教师队伍和教材教法等的研究。但就一般的教师来说，一个经常遇到的也是很重要的课题，就是不仅要研究教师的教法，而且应研究学生的学法，教学生如何提高学习效率。因此，有经验的教师在教育科研中，总是把学法同教法一样

列为重要的课题。笔者从多年来的实践中也深刻地体会到，随着形势的发展，时代的进步，为了适应当前经济建设步伐和科学发展水平的需要，学法的研究尤为重要。教学是"双边活动"，只有教师与学生共同努力，学生的学习任务才能出色地完成。因此，教育科研必须全方位地研究，既要研究教法，又要研究学法，由只调动教师一方积极性改为调动教师、学生双方积极性。无论教法的研究还是学法的研究，都要明确的中心就只一个，就是研究教学现象及教学活动，解决"教什么与学什么，怎样教与怎样学"的问题；研究的目的也只有一个，就是如何探讨教育规律，提高教学效率。就教师来说，就是如何采取"启发式"，教育学生明确学习任务，掌握学习方法；就学生来说，就是如何提高学习的自觉性，学会学习方法，完成学习任务。无论教法的研究还是学法的研究，都大有文章可作，就当前而言，学法的研究是个薄弱环节。而学法研究的内容却是很广阔的，有学法指导的原则、形式和步骤等的研究，也有学法内容的类别的研究，一般分常规学习法、通用学习法、特殊学习法和创新学习法等。

5. 学习方法指导与学习问题指导

学校工作带有明显的周期性，为了使我们的工作不断地深入，不断地前进，应当认真总结历届优秀生的成功经验，并把这些经验上升为理论，然后结合每届学生的特点，采用适当的方式，如开设学习方法课，搞讲座，开经验交流会等，把有关学习方法的宝贵精神财富，传递给每届新生。做好了这项带有继承

性的工作，就可以使新生少走弯路，减少盲目性，增加自觉性，使新生的学习有一个比较高的起点。当然，对学习的指导，不应当仅仅局限在学习方法课上，更重要的是要通过各学科的课堂教学来进行。如果把学习方法课上讲的内容叫"总论"的话，那么，各学科老师在课堂上讲的学科学习方法，就可以叫"分论"了。这两方面的有机结合，就初步完成了对学生科学学习理论的一般性指导工作。这样通过一定的教育手段，使学生先懂得了什么是科学的学习方法，学生才可能与自己现行的学习方法进行比较，才可能产生变革和完善自己学习方法的愿望，早日摆脱学习上的盲目性。

另一方面，在漫长的中小学学习生活中，经常会出现各种学习问题。有的问题在某一个时期带有普遍性，如果不解决，会在一个时期内影响集体的学习效果；有的是个别的学习问题，如果不解决，会影响一个人或几个人的学习效果。针对上述两类问题，应采用不同的指导方法。①对于普遍性的学习问题的指导。主要采用针对问题，摆事实讲道理，进行正面引导的方法。不搞空洞的说教或简单的训斥。②对于个别的学习问题的指导。学生的学习效果一般是显而易见的，但形成这种效果的原因是复杂的。学生学习效果是多种因素综合作用的结果，这些常见的因素有：学习动机、学习目的、意志品质、勤奋程度、专注水平、情绪状态、学习基础、教师和家长的德才水平、学习环境、集体影响等等。而对一个学生来讲，不同时期阻碍学生学习的主要因素又经常在变动着，往往不易捕捉，较好的办法是有经验的老师对学生进行具体的个别指导。

对学生学习问题的个别指导和帮助，实质上正是在学习过程中进行因材施教的具体体现。坚持这样做，不仅可以大大减少集体学习中的两极分化，而且对后进学生改进学习，促进身心的健康发展等，都会带来很大的好处。

第 *14* 篇

课堂说课艺术

　　说课，就是授课教师在备课之后，向同行系统介绍自己关于某课的教学设想（意图）及其理论依据，而后听者评议、交流切磋的一种教研形式。实践证明，说课活动是提高教师教学水平生动、经济有效的方式。

一、说课的主要内容

1. 说教材

说本教材目的地、联系、教学目标、重点、难点和课时安排。

2. 说教法

说本课选择何种教学方法、教学手段及其教育理论依据。

3. 说学法

说本课拟教给学生什么学习方法，培养哪些能力。

4. 说教学程序

说本课的教学思路课堂结构及板书设计等。

说本课不仅要回答"怎样教"的问题而且要以现代教育理论为依据阐明"为什么要这样教。"有利于促进教师积极主动地学习教育理论，用教育理论指导教学实践，改进教学，不断提高教学水平。

说课活动有说又有评，特别是课后的说评结合，围绕这课的教学怎样落实素质教育要求，怎样提高课堂教学效益，各抒己见，相互交流，不仅锻炼了参与者说与评的能力，而且促使教师在理论与实践的结合上有了新的认识，新的提高。说课一定要抓住、难点，突出教法的特点，说出与众不同的教学新意，这就是说课的艺术。

二、说课的类型

1. 研究性说课

这种类型的说课，一般以教研组或年级组为单位，常常以集体备课的形式，先由一教师事先准备并写好讲稿，说后大家评议修改，变个人智慧为集体智慧。这种说课可以一星期搞一次，教研组或年级组里的教师可以轮流说课，这是大面积提高教师业务素质和研究能力的有效途径。

2. 示范性说课

示范性说课一般选择素质好的优秀教师上，先向听课教师示范性说课，然后让说课教师将课的内容付之一课堂教学，最后组织教师或教研人员对该教师的说课及课堂教学作出客观公正的评析。听课教师从听说课、看上课、听评析中增长见识，开阔眼界。示范性说课可以是校级或乡（镇）级的，也可以是区级或县（市）级的，一般一学期可以举行一次。示范性说课是培养教学能手的重要途径。

3. 评比性说课

要求参赛教师按指定的教材，在规定时间内自己写出说课讲稿，然后登台演讲，最后同听课评委评出比赛名次。评比性说课有时除了说课外还要求说课内容付之课堂实践，或者把说课与交流有关"说课"的理论和经全结合起来，以便把"说课"活动推向更高的层次。这是培养学科带头人和教学行家的有效途径。

三、说目标

教学目标包括三个方面：《大纲》提出的总目标、年级教学的分目标、单元及课文教学的小目标。说目标，要紧扣总目标，掌握分目标，说清课文教学的小目标，如知识目标、智能目标、情感目标、学法目标等。如说《直线、线段》的目标。

1. 知识目标

使沉重初步认识直线和线段，知道线段有两个端点，直线没有端点，并能区别直线和线段。

2. 技能目标

使学生学会用刻度尺量和画整厘米数的线。

3. 教育目标

培养学生观察比较能力和动手操作能力，注意学生良好的学习习惯的养成。

本课的教学重点是直线与线段的认识和区别。教学难点是正确量一段长度和画线段。

说好教学目标，一是要科学地制定教学目标，使目标体现《大纲》的要求，反映教材的特点，符合学生的学情；二是要阐述清楚制定目标的依据，做到言之有理。现以第六册《飞机遇险的时候》为例谈谈怎样说目标。

一说思想教育目标。在理解课文内容的基础上，学习周恩来同志临危不惧、舍己为人的高尚品德，这是这篇课文的精髓所在。在教学过程中，要引导学生学习周恩来同志这种崇高的精神、高贵的品质。

二说基础知识目标。学会本课的生字新词，读写和积累有关词语，能用"过"、欢腾"造句，能抓住关键词语，理解句意。基础知识的掌握是学生学好文必备的"硬件"，而词句的训练是整个小学阶段阅读教学的重点。本课的基础知识目标主要是依据课后的有关训练题设计的。词达意的训练主要是在理解的基础上注意积累和运用，句子的训练是抓关键词语理解句意。

三说基本技能目标。根据课后的提示，给课文分段，掌握按事情发展顺序分段的方法。中高年级的基本技能目标

主要是根据读写倒话中提示的训练重点来确定。本组教材没有安排读写倒话，读写训练还是承揽前一单元"练习给课文分段"这一训练重点。《飞机遇险的时候》这篇课文是按事情的发展顺序来写的，因此可能把这一目标定为学习安事情顺序的分段方法。

四说情感培养目标。抓住课文的有关段落，在理解、体会飞机遇险的险境的基础上，培养学生对周恩来同志临危不惧、舍己救人的高尚品德的崇敬之情。

语言是情感的载体，情感语言的内蕴。阅读教学有着语言训练的情感熏陶的双重功能，因而，在进行本课教学时，要让学生深入其中，体会飞机遇险时的险情，激发对周恩来同志崇敬之情。

四、说教材

教师要读懂教材，了解课文"写什么"、"为什么写"、"怎样写"，弄懂作者是怎样动用语言文字表达思想情感。还要思考本课文与其他课文有什么不同，根据大纲要求和学生的实际，哪些知识是教学重点，哪些知识学生学起来感到困难。这样才能说准说清教材的地位作用、教材的特点、教学重点及难点。说教材主要是说教学课文的特点、重点，难点及课文在单元中的地位和作用。

这里以语文《小珊迪》为例，谈谈怎样说教材。

1. 说教材的编排意图

《小珊迪》是第六单元第一篇讲读课文。这个单元共有四篇写人记事的文章，有很强的可读性、教育性。这个单元的

训练重点是"归纳段落大意"，《小珊迪》是"读写例话"中的例文，以篇带篇，引导学生掌握此篇的读书方法，带动学好其他三篇课文。

2. 说教材的特点

教材的特点是教材内容与表现形式特有的"个性。"《小珊迪》是写人的文章。写人离不开记事，在事情的发展过程，人物的语言表现人物优秀品质是课文突出的特点。课文中出现了四种对话形式：一是提示语在前；二是提示语在中；三是提示语在后；四是无提示语。课文中人物的对话表现人物的感情起伏变化。例如小珊迪卖火柴时的语言："先生，请买盒火柴吧！"（恳求）"一盒火柴只要一个便士呀！"（哀求）"请您现在就买吧！先生。我饿极了！"（可怜的乞求）教材的这些特点决定教学目标，教学的方法。

3. 说教材的重点

教学重点一般包括两个方面：思想道德教育和语文基础知识、语文基本功训练。《小珊迪》教学重点：第一是学习小珊迪诚实、善良的美好品质，认识资本主义的罪恶。第二是学习归纳段落大意的方法。

4. 说教材的难点

教学的难点往往与教学的重点相联系。难点就是学生学习起来感到困难的方面。上述教学两方面的重点，也是教学的难点。

教学本课是第一次提出归纳段意的要求，难度很大，可以结合"思考、练习"、指导训练，还可以结合"读写例话"进行教学，帮助学生逐步掌握归纳段意的方法。

又如小学数学《时、分、秒》。本课题教学前，学生已认识时、分、秒这三个时间单位，知道了时间单位之间的六十制关系，并学会了看钟表的方法。本课题也是今后学习"年、月、日"等有关时间知识的基础。

教材分两个层次呈示时间计算。例子是时间单位间的简单换算，教材只出现数字比较简单的，能够用加法计算，把较大单位变换成较小单位的换算。例2是有关经过时间的计算，教材联系学生较为熟悉的学习生活，利用钟面上表示的3个时刻来确定有关时刻和时间的长短，从而加深对时间单位实际大小的认识，分辨时刻和时间的区别，发展学生的时间观念。

说教材必须注意三点：其一，紧扣教学大纲。大纲对各年级从宏观上提出了教学的目标和要求。熟悉大纲精神，明确小学素质教育内容、途径，避免教学离位或越位。其二，说教材，教师先要钻研教材，把教材真正弄懂弄通，才能说清编排意图，才能说准特点。其三，教学的重点、难点是从学生实际确定的。所以全面了解学生至关重要。

五、说教程

教程就是教一课时或一课书的教学活动展开的过程。说教程要说教学前的预备、教学中的安排、教学后的延伸。下面就以第十册第五课《灯光》为例，谈谈怎样说教程。

在教学《灯光》前布置学生做好以下预备工作：一读，读准生字的字音，读通课文；二查，利用工具书，联系上下文弄懂生字词的意思；三想，想正文预习中提出的问题、要求——本课的作者对灯光有着特殊的感受，什么感受，为什么会有这种感受，认真读读课文，想想这个问题，再试着把课文分成三段，写出每段的段意。之所以要求学生在课前做到以上几点，这不仅具有预习的一般意义，主要是教学目标的导向上能引起学生对课文重点的注意。

教学中的安排指的是教学课时的划分和环节的安排。在说课时一定要介绍课时的分配和分配的内容，也就是要说清一课书分几课时教，为什么这样分？每课时要完成哪些任务，也就是要说清一课书分几课时教，为什么这样分？每课时要完成哪些任务，为什么这样安排？《灯光》这篇课文所在单元的重点训练项目是分辨事物和联想，在老师的点拨下学生容易读懂课文，并且文章篇幅不长，因此可以用两课时教。第一课时初读课文，划分段落，概括段意，完成"思考、练习"1（课文主要讲了一件什么事）作者怎么会想起这件往事的？）第二课时细读课文，品词品句，归纳中心思想，完成"思考、练习"2（"多好啊！"这句话在课文中出了几次？分别是在什么情况下说的？他们说这话时，看到的是什么，可能想到些什么？）和"思考、练习"3（课文第二段是回忆往事的。把这一段分成三层，写出第一层的主要意思）据此来理解作者为什么对灯光有特殊的感受？宋安排遵循了由易到难的学习过程。第一课时着重于初步感知课文内容。第二

课时在品词品句的过程中着重提炼人物的思想品格。这样，就做到了依据课后思考课，抓住课文重点段，贯穿单元训练重点。

课后，布置同学们写本课的人教社配套练习册及把课文第二段缩写成一百字左右的短文。这种课后的延伸，使学生复习巩固了课文，训练了概括能力，也是学生对本课学习的反馈。

六、说教法

有位教师在教学《白杨》一文之前，是这样向该备课组的同志谈教法设计的。

《白杨》是一篇语言纯朴，蕴涵深长，充满诗意，耐人寻味的散文。作者袁鹰在文中运用借物抒情的手法，通过赞扬戈壁滩的白杨来赞颂建设边疆的人们，赞扬他们服从祖国需要，来到边疆并为开发、建设边疆做出奉献的崇高精神。如何使学生领悟这一中心思想，是这篇课文的重点和难点。根据教材的特点和中高年级学生的认知水平，可以选用中心突破法进行教学。中心突破法是在初步了解课文后，一开始就引导学生直奔中心。从中心词、中心句、中心段切入，然后紧扣中心，抓住联系，层层深入，领悟思想内涵。这种教法的特点是重点突出，目标明确，有利于培养学生创造阅读能力和逻辑思维能力，特别是逆向思维能力。

1. 抓住重点，直插中心

学生初读课文后，引导思考：（1）白杨树有什么特点？（2）爸爸为什么要介绍白杨的特点？继而引导学生思维直

插中心段（14 小节）。通过对这一节的读读议议，使学生懂得：①白杨树的外形特点：这么直，这么高大；②白杨树的精神气质：哪儿需要就在哪儿生长，不论在什么情况下，总是那么坚强，接着提出问题：爸爸赞美白杨，是想表白自己什么样的心愿？在老师启发下，学生联系下文，进而明白爸爸服从党的需要，扎根边疆，不畏艰难建设边疆的崇高志向。

2. 抓住难点，体会中心

爸爸介绍白杨，一是为了表白自己的心愿，二是启发教育孩子。孩子究竟懂得了多少？受到哪些教育？这是教学难点之一。教学时，要引导学生反复品味最后二个小节，特别是最后一句："在一棵高大的白杨树身边，几棵小树正迎着风沙成长起来。"从而体会中心，知道孩子们在爸爸的教育和影响下，将来也会像爸爸那样扎根边疆，建设边疆。

3. 抓住特点，深悟中心

课文讲完后，启发学生谈自己的感受和体会，探索文章主旨和谋篇布局的方法，看看作者是怎样表达中心的。在讨论基础上，教师小结，本文的写作特点是借物喻人，以物寓理。

教无定法，重在得法，贵在用法。教法设计怎样才科学合理？一般应遵照这样几个原则：①从学生出发，注重学生能力的培养。教法设计要有利于激发学生的学习兴趣，调动学生主动学习的积极性；②从学生认知特点出发，遵循循序渐进的学习规律；③从教材出发，因材施教；④从教师自身素质出发，因

人而异各显其能。

说教法。一要讲运用什么教法；二要讲为什么要运用这种教法，从理论和实践上讲明依据；三要讲具体的教学程序。重点是第三个问题，不一定按课时说，可以说一篇课文的整体教学路子，也可以重点说某一课时的教学结构。

七、说学法

在教学过程中，从教材的特点出发，结合学情，渗透学习方法的指导，让学生掌握方法，自能读书。主要说三个方面：一说指导什么学法；二说为什么要指导这个方法；三说指导学法的具体方法，重点说可操作的科学指导方法。如语文课怎样指导学生理解词语；怎样指导沉重读懂句段；怎样指导学生听话、说话、写话；怎样指导学生查字典、作笔记、做练习等等，详细说清指导的步骤、指导方法，切切实实教给学生的学习方法，扎扎实实提高学生的素质。

以《大海的歌》一文为例。这是一篇写景抒情的短文，文中可指导的学法较少，教师在教学中着重指导学生掌握联系上下文理解词语的学习主。做法分"三步走"：第一步，在教学课文第二自段时提出"瞭望"一词是什么意思，让学生先读读上文，想想谁在哪儿"瞭望"，（"船长和游客们在海轮的驾驶室里瞭望"）再让学生读读下文，想想他们"瞭望"到了什么？（瞭望到了海港两岸的装卸吊车、海轮）老师接着问"站在海轮的驾驶室里往海港两岸瞭望，那么瞭望是什么意思"，学生会很快理解"瞭望"指"远远地望"，老师归纳出这是一

种"联系上下文理解词语意思"的学习方法。第二步，当教师教到"飘着各色旗帜的海轮有如卫队，密密层层地排列在码头两边"时，问："请你们运用刚才学习的'联系上下文理解词语'的学法说说'密密层层'是什么意思。"学生通过读上下文，会理解到"密密层层"是形容海港两岸停的海轮很密很多。第三步，在教学课文第四自然段时，老师提出"极目瞭望"是什么意思，（眼睛用力往最远的地方看）老师又问"你是用什么方法理解这个词的?"，引导学生回答："运用了联系上下文理解词语的方法。因为上句有人指着前方叫他看，下句讲他看到了海平线上的石油钻探船。由于海无边无际，海平线距离他们太远，加上有层雾气，朦朦胧胧的，所以眼睛要用力往最远的地方看才看得到。"

在学生独立运用联系上下文理解词语的学法基础上，教师进一步引导提问："极目嘹望"是行驶在大海上看两岸的景色，这节中的'极目嘹望"是行驶在大海上看远处的海平线。所以'极目瞭望'不能换成瞭望）。由于运用了换词比较的方法，深化了联系上下文理解词语的学法。

八、说练习设计

练习是巩固知识、掌握知识、培养能力的重要环节。练习设计的好坏将直接关系到练习的质量与效果。现以小学数学一位数除两位数为例，说练习设计。

（1）教材中的"做一做"。这是一道图画和算式相配套的题目。考虑学生刚学习有余数的除法，难以抽象出计算的

思维体系。这样安排，便于有困难的学生借助直观图，进行有余数除法的联想，可以使全体学生学好这方面的知识。

（2）书面练习，教材练习三十五第1题第一横行。学生边练，老师边巡视，发现问题及时纠正。这是例2的平行性练习，通过书面操作，旨在提高学生的计算能力。

（3）爬山游戏。出示山路情景图，每个阶梯配置一道题目（$19 \div 3$，$36 \div 5$，$39 \div 4$，$47 \div 5$，$35 \div 7$，$52 \div 9$，$30 \div 5$，$62 \div 8$），边放音乐，边组织学生齐练，比一比，哪些同不爬得快。

一般来说，学生在下课前几分钟注意力容易分散。老师设计游戏性练习，能使学生在亢奋的思维善下巩固新知，同时又使他们对数学学习产生浓厚的兴趣，促进学生想学、乐学、善学。

（4）遨游数学宫。伴随轻快的音乐，教师投影出示神秘的数学宫图。教师：下面我们一起去数学宫游玩好吗？瞧，数学老爷爷打开门热情地欢迎我们了。老爷爷听说小朋友学会了有余数的除法应用题，他想来考考大家，做对的小朋友还得到一个小小的奖品。出示教材上练习三十六第1、2题，学生独立完成。

九、说课应该注意的几个问题

为了使说课有实效，必须做到几个结合。

1. 说课与作课结合

说课往往是教学的一种主观愿望，是否科学，还要通过作课这一实践来检验。

2. 说课与评课结合

说课者固然要充分准备，听说者、看课者也要作一定的准备，评才有发言权，评才能评到点子上，不走过场，不流形式，集思广益，相互交流，共同提高。

3. 说课与写课结合

参与活动者写课，记下自己的真切感受，积累宝贵经验，有利于促进教师业务素的提高。

说课是一项十分有益的教研活动，可以在不同层次的范围内开展。备课组、学校、乡镇、县市等，各级都有可选优秀骨干教师登台说课，组织全员参与。坚持数年，教师业务素质必将上个新台阶。

十、说课实例

（一）实例1——小学数学

小学数学《时、分、秒的认识》

本课题是九年义务教育六年制小学数学第四册第五单元的教学内容。拟用两课进行教学，第一课时教学时、分的认识，第二课时教学秒的认识。

1. 说教材

时、分、秒时间单位的一部分。时间单位比较抽象，不像长度、重量单位那样容易用具体事物表现出来。时、分、秒的认识是学习年、月、日中24时计时法的重要基础。

教材先从学生生活、学习、劳动中的实例引出时间单位时、分、秒，这样就把抽象的时、分、秒和学生所熟悉的生活事例紧密联系起来。教材从反映作息时间的连续三幅情景图进入课题，通过观察钟面、认识时针、分针、秒针，12个数以及60个小格，为认识时、分、秒提供感性材料。认识时、分、秒，并通过学生熟悉的生活事例，体会时分秒的长短，从而建立1分、几分，1时、几时；1秒、几秒的时间观。然后揭示1时＝60分，1分＝60秒。在此基础上，教材安排钟面上所表示的时刻——几时几分的读写。

本课题的教学目标：

（1）认识时间单位时、分、秒。知道1时＝60分、1分＝60秒。初步建立时、分、秒的时间观。

（2）能正确说出钟面上指示的时刻。

（3）养成遵守和爱惜时间的良好习惯。

本课题的教学重点是认识时间单位时、分、秒和相邻单位间的率，难点的时、分、秒时间观念的建立。

2. 说教法和学法

（1）联系实际。本课题借助教材提供的实例，充分联系学生已有的生活学习经验，把时间概念从积累的感性材料中抽象出来。初步认识时间单位和经过时间，是符合低年级学生认知水平的。

（2）演示法。通过教具、实物的演示的操作，使学生在感性认识基础上，通过教师的启发引导获取新知，以发展学生观察力和分析解决问题的能力。

（3）愉快教学法。把活动、游戏贯

穿于课堂教学中，最大程度地调动学生学习的主动性和积极性。

3. 说教学和程序

第一课时。

教具：投影片，模型钟，卡片。

学具：模型钟。

（1）谈话激趣、导出课题。儿童学习动机中最活跃的因素是兴趣，通过有趣的提问及投影图片激发兴趣，集中学生"注意力"。

上课开始教师谈话："小朋友，我们休了一晚上，睁开眼就会想，我该起床上学啦！谁能说一下你都是几点钟起床的？"（回答后，投影出示小明起床、上课、睡觉三幅图片，让学生观察逐一回答。）

教师继续谈话："小明是三好学生，有良好的生活学习习惯，他每天都按时起床、上学、吃饭、锻炼。我们要像小明那样，掌握时间，做时间的小主人。今天就要学习时间单位时、分、秒。"

通过这样的启发谈话，教育了学生要遵守和爱惜时间，融思想品德教育于知识学习之中，又导出了课题。

（2）启发引导、获取新知

①认识钟面。

出示钟面模型，告诉学生钟表的面叫钟面。观察后提问："谁能说一下钟面有哪些部分构成？"

这一问题概括性较强，它不但要求学生有较强的观察力，还要求学生有较强的口语表达能力，如果回答有困难，教师适当引导，根据学生的回答教师指出：

a. 钟面模型中有两根针，粗短针叫时针、长针叫分钟。

b. 钟面上有从上 1 到 12 共 12 个数字，是用表示时间的。

c. 钟面上共有 12 个大格，每个大格又分成 5 个小格，钟面上共有 60 个小格。

整理板书如下：

钟面针时针粗短分针：粗长数：1，2，3，…，12 共 12 个数格：12 个大格，每大格分 5 小格共 60 小格（5×12）。

通过老师的启发引导，学生自己分析归纳，掌握了钟面结构，为下面认识时、分打下良好基础。

②认识时、分。

a. 拿出钟面模型，边演示边讲解：时针从一个数字走到下一个数字是 1 小时。比如：从 1 到 2，从 2 到 3。那么时针从 4 走到 6 走了几个数字？是几小时呢？让学生理解从一个数字走到下一个数字的含义：时针走 1 大格的时间是 1 小时（板书）。

b. 继续让学生观察钟面分针行走情况。指出分针是一格一格地走。分针走一格是 1 分钟。（板书）

提问："分钟从 12 走到 1 走了几小格？（5 小格）是几分？（5 分）分针从 12 走到 3 走了几小格？（5×3＝15 小格）是几分？

c. 时、分间的进率。

教师用钟面模型演示，让时针、分针同时从 12 走，使学生清楚地看到：时针和分针是向同一方向走得慢、分针走得快。

时针从一个数字走到下一个数字，（同时让学生观察分针、得出结论）分针正好走一圈，所以 1 小时＝60 分。（板

书)

上述三个步骤,根据循序渐进的原则紧扣重点,由浅入深,能够得到举一的效果。

③体会时、分的长短。

小学生注意力不易持久,通过上面连续思考回答,容易疲劳。此时恰当地变换教学活动方式,让学生在游戏、娱乐中体会时、分的长短。

a. 提问:1节课有多少分?课间休息有多少分?再加几分就是1小时?

b. 教师:一分钟有多长呢?请同学们听一分钟的音乐。(学生随音乐做律动)

c. 教师看表计时,学生按脉搏,看1分钟跳多少下?

④教学例1。

a. 教师演示钟面模型讲解:钟表上分针指着12,这时的时刻就是几时,如时针指8,就是8时,可以写作:8:00,如时针指3,就是3时,写作3:00。

b. 学生完成教材填空。

c. 教师拨时针,学生说出表示的时刻再写出来。

2时,5时,9时,12时。

⑤教学例2

a. 教师讲解:

钟表上时针刚走过数几,分针从12起走了几个格,这时的时刻就是几时几分。

出示钟面模型中的10时15分。写作10:15。

b. 学生完成教材例12填空。

c. 贴出卡片上标有时刻的钟表图形,让学生写。

4时45分,6时零5分,8时55分,4时45分。

例1、例2的教学主要通过教师的讲解,认识时刻,学会写法,适当的练习有助于掌握。

(3)巩固练习,形成技能。学生的智力能力是在练习中得到发展和提高的。有针对性地设计好练习题,有助于时间观念的形成。

①基础练习。

a. 教材上的"做一做"。

b. 教材练习十九第1题、第3题。

②竞赛练习。

抢答:老师拨钟,学生抢答,优胜者奖小红花。

③投影显示不同时刻的钟表,依次指名说出时刻。

上面两组练习,根据具体情况,指名不同程度学生回答,体现了面向全班,因材施教的原则。

(4)课堂小结(略)

(河南内黄县六村乡中心小学 马爱红)

(二)实例2——秋天

1. 说教材

(1)教材简析。《秋天》是小学语文一篇看图学文。这篇看图学文,由一幅色彩艳丽的秋景图和一篇短文组成。图画反映了课文的内容,课文描绘并丰富了画面。图上画的是:蓝蓝的天上飘着几朵白云。天底下是一眼望不到边的稻田,呈现出一派丰收景象。近处稻田的旁边有个池塘,池塘附近有一棵梧桐树。

树上的叶子已经变黄，一片片黄叶在秋风中飘落下来。有的落在水面上，一群群小鱼聚集在落叶下；有的落在岸边，小蚂蚁把它当做活动场所。天空中有两只燕子，它们好像在说话呢。这些景物构成了一幅秋天野外的风景图。课文充满童真乐趣，以简练的文字，生动的比喻，逐层深入地描绘出秋天动人的美景。教学中，教师要结合本课图文并茂的特点，引导学生图文对照，有顺序地学习课文，使文中插图起到促进、帮助学生理解课文的作用，同时要利用各种教学方法和手段，激发学生热爱大自然的情感。

（2）教学目标。根据《小学语文教学大纲》对小学一年级的阅读要求，结合本教材特点，可确定以下教学目标：

①学会9个生字（飘、望、稻、铺、金、落、底、作、报）和由这些生字组成的新词；了解"金子、运动场、伞、电报"所比喻的事物。

②读懂句子，理解课文内容。了解秋天田野的景色特点，感受到秋天的美。

③学习从上到下、由远到近的观察方法，有顺序地细致地观察图画。

④能正确、流利地朗读课文、背诵课文。

（3）一教学重点、难点。了解秋天景色的特点，或者说，从哪些地方可以看出这幅图画的是秋天的景色，这是教学的重点。课文第三、四自然段中的比喻句，对于低年级学生来说，较难理解，应把理解本课的比喻句及"稻"字字形的掌握作为教学难点。

（4）课时安排。整课计划三课时完成。第一课时，初步看图，感知课文，讲读第一、二自然段，并学会这段中的生字词；第二课时，继续指导看图，讲读课文三四自然段，学会这两段中的生字词；第三课时，背诵训练，发展想象，完成课后练习。

2. 说教法、学法

（1）教法。图画展示法、重点突破法、情感朗读法、想象练说法。这是一篇看图学文，应充分展示图画，抓住重点词句，引导学生学习课文。同时，采用有感情的朗读激发学生情感，并结合课文第三、四自然段的教学，发展学生的想象能力和表达能力。

（2）学法。通过"看图说话——读文品词析句——想象练说"的方法，逐步深入学习，达到理解课文，体会文章感情的目的。初步培养学生自己识记生字的能力，用各种方法学习、掌握生字。

3. 说教学程序

（1）看图入手，整体感知。

①看图引入。出示插图，指导学生从上到下、由远到近地观察。提问：图上画了什么？画的是什么地方、什么季节的景象？你从哪些地方可以看出？看清图意后，揭示课题。

以看图形式引出新课，比较符合低年级学生的心理，这可使他们一开始就对本课产生浓厚的学习兴趣。

②范读课文。要求学生：听清不认识字的读音。低年级老师一定要对学生多作范读，发挥其示范作用。

③看图自读课文。要求：

a. 画出本课生字词，注意读准字音；

b. 标出自然段的序号；

c. 找找课文写了哪些景物。

④读后检查。

a. 出示生字卡片，检查读音。

b. 分自然段指名试读课文。

c. 提问：课文写了哪些景物？

（2）图文对照，品词析句，理解课文。在这一教学程序中，教师要将指导看图、理解课文、指导朗读等方面融会贯通，恰当、灵活地运用教法，并指导学法，使课堂教学紧凑而有效。

①观察图画，学习课文第一段。

a. 先看天、云。

男生看，女生读第一段。（再对调）

思考：第一段写了哪些景物？它们是什么样的？

（板书：天高、云淡）

b. "天，那么高，那么蓝"这句话中的"那么"可以换个什么词而意思不变？

c. 比较句子。

蓝天上飘着白云。

高高的蓝天上飘着几朵白云。

使学生明白，在蓝天、白云前面加上"高高的""几朵"，能使意思表达得更准确、具体。

d. 指导读好这两句话，注意"那么、高高"的读法。

e. 随机识字"飘"，记法：电影票被风一吹，飘起来了。

②继续看图，学习课文第二段。

a. 再看稻田。

男生看图，女生读第二段。（再对调）

思考：第二段写了哪些景物？（板书：黄澄澄的稻田）

b. "一眼望不到边"还可以怎么说而意思不变？

c. 这里的"金子"指的是什么？为什么能把成熟的稻子比做金子？

把稻子比做"金子"，不仅形象地表现了稻谷金黄的色泽，更表现了丰收在望的喜悦之情。

d. 指导读好这两句话，读出喜悦之情。

看图试背一、二两段。

e. 随机识字：稻、望、铺、金，启发学生说说你是怎样记住这几个字的，哪些地方最容易错。

重点指导"稻"的笔顺。

f. 布置作业：

抄写这节课学的生字词；做书后第2题的1、2两小题。熟读课文1，2两自然段。

让学生在课堂内做作业、写字、读书，对他们巩固知识很有益，也体现出了"精讲多练"。

③学习课文第三段。

a. 看近处的池塘、梧桐树。

同上，看图与朗读轮换。

b. 第一段描写了哪些景物？（板书：池塘、梧桐树、落叶、小鱼、蚂蚁）

c. 秋天的梧桐树有什么特点？找出文中有关句子。

通过朗读、看图，比较句子：

黄叶从树上落下来。

一片一片的黄叶从树上落下来。

问："一片一片是一片吗？是两片吗？是什么意思？"让学生明白：黄叶的前面加上"一片一片的"，能把黄叶很多、连续不断地落下来的样子写得真实、具体。

d. 小鱼为什么把落叶当做伞？小蚂蚁为什么把落叶当做运动场？

让学生展开联想，想象，找出落叶与伞、运动场相似的地方。

一片落叶，能够"当做伞"、"当做运动场"，说明动物很小。

e. 指导学生读好这一段。

"一片一片"要稍慢。写小动物的句子要读得活泼些、欢快些。

④学习课文第四段。

a. 指名读第四段。

提问：电报是做什么用的？这里的电报指什么？燕子为什么说落叶是电报，催它们赶快到南方去呢？

启发学生想象：这里是把燕子当做人来写，是人们见树叶往下落，燕子边飞边叫，想象出来的。

b. 指导学生读好这一自然段。注意读好感叹句，体会小燕子愉快的心情。

c. 随机识字：落、底、做、报。让学生自己说出识记方法，容易错的地方。重点指导：底、落。

区别：底——低，报——服。

d. 布置作业：抄写这节课学的生字词；做书后第 2 题的 3、4 两小题。熟读全文。

（3）总结全文，体会感情。对照板书总结：这篇文章描写了秋天的景物，先写天空景色，再写天底下的景色，从上到下，由远到近地描写了高而蓝的天空，淡淡的白云，金黄色的稻田，正在落叶的梧桐树，快活的小鱼和蚂蚁，准备南飞的燕子，一幅秋天的美景展现在我们眼前。（板书：从上到下，由远到

近）然后，要求学生声情并茂地朗读全文。要读得准确、流利、较有感情。

（4）想象练说。

①看图与朗读轮换。

思考：课文中哪些句子图上没画出来，是作者想象出来的？学生讨论后回答。

②想象练说。

老师在插图上贴蜻蜓、小鸭、小朋友与落叶。

指导学生看贴图：一片一片的黄叶从树上落下来。

有的落到（哪里？），谁把（谁）把它当做（什么？怎么样？）

有的落到（哪里？），谁把（谁）把它当做（什么？怎么样？）

教师边操作边提问，按上述句式指导学生练说，既能拓展学生思维、发展学生的想象，又能培养说话能力。

（5）复习生字。

①复习生字。抽读字卡：飘、望、稻、铺、金、落、底、做、报；用上述字分别请学生口头组词、扩词；并书空笔顺：稻、望。

②检查书写。提醒学生写时应注意的地方。如"落"是上下结构，不能写成左右结构。"稻"的右下部不能写得太大。

（6）指导背诵。在学生熟读课文的基础上，启发学生看图（或想象图）按顺序背诵，不要死记硬背。

（江苏省金坛市教育局教研室汤海燕）

第 *15* 篇

电化教学艺术

一、电化教学概述

（一）电化教学的特点

1. 媒体的电子化和形声化

电教媒体是硬件和软件的统一体。硬件具有电子化的特点，软件则具有形声化的特点。声像并茂，视听结合，情、声、意俱在，使之接近事物本身，有利于学生感知和理解。

2. 媒体功能的多样性、再现性和广泛的适应性

电教媒体多功能的特点，使它具有极丰富的表现力。它可以根据教学的需要，对教学内容进行多样性的显示。如在动与静、大与小、快与慢、虚与实之间的相互转化，突破时间、空间、宏观、微观的限制，从而使教学内容中涉及的事物、现象和过程再现于课堂。

电教媒体不仅适用于学校集体教学，也适用于个别化教学。

3. 应用知识的综合性

电化教学涉及的理论和学科领域广泛，具有多学科知识相互渗透与综合的特点，例如编制学科电视教材，除懂得教学和学科知识外，还要懂得编制技巧、了解跟拍摄有关的摄像、灯光、美工、音乐等方面的知识和技能。教师在电化教学过程中除懂得教学、掌握教学规律外，还要掌握电教媒体的操作技术和使用电教教材的规律，因此，只有单一学科的知识和技能，是难以胜任电化教学工作的。

4. 教学过程的优化

电教媒体传播教学信息质量高、容量大、速度快、效率高。它介入教学过程后，优化了媒体结构、教学手段和教学方法，有利于教学过程的优化，有利于教学目标的实现。

(二) 电化教学的作用

1. 丰富学生学习资源

电化教学以其特有的幻灯、投影、录音、录像、电影、广播、广播电视、卫星电视、电子计算机、语言实验室、激光视盘和唱盘等各种现代教育技术手段，突破了时间、空间、宏观、微观等限制，使教学信息传递的质量、容量、速度、效果都达上乘状态，数量、品种都相当丰富。因而使学校教学有可能成为利用各种学习资源的系统工程。电教软件可以互相交流、全国通用，突破了传统教学信息源的局限性（个人、地区等局限）。电教软件的丰富多样，也有利于学生对知识广采博收，拓宽知识视野。广播、电视、录像等电教手段能迅速、直观地反映远离自己的世界与社会的最新信息，使学习资源能拥有巨大的环境信息和最新信息成为可能。同时也弥补了学生不可能对大千世界的五光十色、千变万化都去亲身体验一下的不足（这又是十分必要的）。可见，各种电教手段、电教软件为学校全面组织、利用、开发学习资源提供了物质基础，可以积木式地扩大学生的知识量，扩大学生的知识背景。电化教学为系统地开发、利用学习资源提供了极好的物质条件，开辟了无限广阔的前景，有利于智能型、开拓型人才的造就。

2. 提高教学信息传播的质量和效率

传统教学手段，内容的传播主要凭语言、文字刺激大脑皮层，易造成脑细胞活动疲劳（这是为使脑细胞遭同一种刺激的过多、过强、过久的作用而受到伤害的一种保护性抑制状态）；加上传输通道狭窄、传输速度慢、信息容量小，更大大削弱了有意识心理活动的兴奋度。电化教学手段具有声音和图像并茂的特色，刺激不单一，这就促使左、右两个脑半球或同时或交叉处于兴奋状态，脑细胞活动不易疲劳。加上传输通道宽，传输速度快，信息容量大，使刺激物内容引起的有意识心理活动始终处于优势兴奋状态。

传统教学手段往往受时间、空间、

宏观、微观等条件限制，使有些教育内容表现不尽如人意，勉强的表现很难使受教学者在大脑皮层产生优势兴奋中心。而电化教学可以突破时间、空间、宏观、微观等限制，生动、形象地表现教学内容，满足受教育者的求知欲望，利于受教育者迅速感知、充分感知、高容量感知和深刻理解，大大活跃了学生的思维活动，易在大脑皮层产生和保持优势兴奋中心。

电化教学能有效激发和协调学生有意、无意两种心理活动，使学生心理活动处于最佳状态，有利教学信息的接受，提高教学质量、教学效率。

3. 有利于学生"个性"的发展

传统的教学方法中教师讲，学生听，教师写，学生抄，教师做，学生看或模仿，使学生成了被控制的机械，不但抑制了"个性"，而且养成了学生的依赖性，滋长了人本来就固有的惰性。电化教学使单一班级授课形式转变为开放教学、小组教学、个别教学等多种形式，并使教学手段和方法由口授为主转变为多样化（即电教的与传统的手段、方法相结合），使学生自己进行操作练习，自己掌握学习进度的机会增加了，也使教师在指导学生学习方面发挥更大的作用。这些改革有利于学生学习积极性发挥，有利于学生个性的发展。电化教学又特别适宜于个别化教学，每个学生都能不受时间、空间、形式的限制而充分地、自主地发展。

电化教学在丰富学习资源，协调学生有意、无意两种心理活动，发展学生"个性"等方面的突出作用，有利于人的

"潜力"的开发，有利于开拓型创造人才的培养。

4. 扩大教学规模

利用广播电视、卫星电视，向学校、社会、家庭传输教学内容，凡是有电视机的地方，都可以成为课堂，大大节省了师资、校舍和设备，扩大了教学规模。目前不少国家都用办"空中学校"的办法，以远距离办学来扩大教学规模。

二、电化教学的基本原则

（一）明确目的，讲究实效原则

电化教学的过程，是采用多种教学媒体、运用多种教学方法、分阶段地推进、多层次地展开、最终达到教学目标的复杂过程。当这个复杂过程呈现有序状态时，可以保证教学目标的达到；当这个复杂过程呈现无序状态时，则不利于教学目标的达到。而教学过程呈现哪种状态的关键，取决于它的各个环节有无明确的目的。具有明确的目的，不仅可以规范师生教与学的行为，而且可以调动师生教与学的积极性，并排除各种干扰。因此，明确目的、讲究实效是电化教学的一个重要原则。贯彻这一原则的基本要求是：第一，认真进行教学设计，明确教学目标。教学目标是教学活动的出发点和归宿，是教学目的性的集中表现。因此，明确教学目的，首先要用科学的方法明确教学的目标。教学设计，是一种科学、系统、客观的方法，运用这种方法可以设计出明确的、妥当

的教学目标的途径和方法。所以，学习和掌握教学设计的方法，是贯彻这一原则的根本。第二，围绕着教学目标的实现选择教学媒体。运用教学方法，明确教学目的，还体现在教学的各个环节上的媒体选择和方法的运用上。选用教学媒体和教学方法，一定要有明确的和具体的目的——是为了创设学习情景，还是为了引起学习动机，或是为了解决学习中的难点；是为了创设学习情景，还是为了训练技能，或是为了思想品德教育等。针对这些具体问题采用教学媒体，运用教学方法，才能获得令人满意的效果。第三，以教学的目的性作为教学评价的重要根据。以教学的目的性作为教育评价的根据，以教学评价的结果调整和改善教学活动，也是贯彻这一原则的重要途径。

（二）科学性和趣味性相结合原则

在教学过程中，当由智力因素构成的操作系统与由非智力因素构成的动力系统相协调时，教学活动就可以获得良好的结果。科学性与趣味性相结合的原则，正是教学的这一内在规律的反映，其实质是协调两种因素、两个系统的关系，使学生在轻松愉快的情感体验中有效地掌握知识，形成能力，受到思想品德教育。贯彻这一原则的基本要求是：第一、艺术化、程序化、游戏化的处理教学内容，增强教学内容的趣味性。以文字材料表达的教学内容，抽象而呆板，不容易引起学生的学习兴趣。因此，在教学过程中，针对教学内容的特点，分别进行艺术化、程序化、游戏化的处理，

使抽象、呆板的教学内容变得形象具体、生动活泼是必要的。这样处理教学内容，不仅实现了教学内容表达形式的多样化，还增强了内容的趣味性，可以调动学生的非智力因素参与学习的积极性，使教学获得理想的效果。第二，以多种媒体和多种方法传输教学信息内容，增强学习方式的趣味性。科学性与趣味性相结合，还体现在多种媒体和方法的应用上。多种教学媒体的变换应用，可以使学生以多种感官参与学习活动；多种教学方法的变换应用。可以使学生以多种方式参与学习活动，从而可以提高学生对教学活动的新奇感，使学生产生浓厚的兴趣。第三，创设参与形态和机会，增强教学活动的趣味性。学生对教学活动的浓厚兴趣，产生于对教学活动积极参与的过程中。因此，在教学过程中，教师为学生创设更多的参与形态和机会是重要的。所谓参与形态，是指让学生以听、说、看、想、做等多种方式积极参与学习活动。所谓参与的机会，是指给予学生把参与结果表现出来的机会。如果说学生的参与是个过程，那么表现就是这个过程的结果。恰当地为学生创设表现的机会，不仅教师可以及时获取关于教学状况的反馈信息，为调整教学活动提供依据，而且学生也可以从中获得满足感，为更积极地参与学习产生动力。

（三）媒体选择与组合最优化原则

各种各样的教学媒体，既有各自的特点和功能，也有各自的缺欠和不足。各种各样的教学内容，既有本身的特点，也有对传输媒体的不同要求。只有教学

媒体的特点和功能与教学内容的特点和要求相适应时，信息内容的传递才能获得良好的效果。

媒体选择与组合最优化原则含有两层的意思：一是电化教学媒体的选择和组合是当前所处条件下最佳的；二是选择与组合的结果最好地适应教学内容特点和学生知识发展水平的需要。贯彻这一原则的基本要求是：第一，深入地了解和掌握各种教学媒体的功能和特点，明确它们在信息传播中各自的优势和不足，做到按照需要准确进行选择和组合。第二，媒体的选择和组合要考虑到教学内容特点。例如，教学内容如果是静态的现象，那么就应该选择提供静止图像的媒体；教学内容如果是动态的过程，那么就应该选择提供连续活动图像的媒体。第三，要根据教学对象的知识发展水平和思维习惯选择和组合教学媒体。例如，小学低年级学生习惯于静态形象思维，而高年级学生则习惯于动态的抽象逻辑思维，要从适当和发展的角度考虑媒体的选择和组合。第四，教学媒体的最优化组合。不仅仅是各种电媒体的组合，也包括电教媒体与语言、文字媒体的有机组合。

（四）直观与抽象相结合原则

认识论告诉我们，认识过程有两个阶段，一是直接感知客观世界的感性认识阶段，二是在直观感知的基础上，通过思维、判断、推理形成正确的概念，掌握科学的规律的理性认识阶段。认识过程的这两个阶段，是相互联系，紧密结合的。没有感性认识，理性认识就失去了基础；没有理性认识，感性认识就得不到发展。作为学生认识活动的一种方式的电化教学，在它的实施过程中，必须依据科学的认识论，贯彻直观与抽象结合的原则。贯彻这一原则的基本要求是：第一，在电教教材的编制中，要体现直观与抽象的结合。电教教材利于表现各种形象具体的事物，是向学生提供生动的、直观的主要媒体。但是电教教材在教学中应用的目的，却不仅仅是提供生动的直观，还要引导学生对直观的结果进行抽象的思维。因此，电教教材的编制注意直观与抽象相结合，是必要的。为了做到这一点，一是要做到词与图像的有机配合，处理好画面与解说词的关系；二是要有良好的结构设计，为学生把直观的结果进行抽象的思维创造条件。第二，在教学媒体的选择上，体现直观与抽象的结合。各种教学媒体在传递教学信息内容时，在直观、抽象的程度上有较大差异。语言和文字不直接反映事物本身的固有属性——大小、形状、色彩等等，所以比较抽象。现代教学媒体以反映事物本身的固的属性来表现事物，所以比较直观。因此，在电化教学过程中，要根据直观与抽象的具体需要恰当地选择教学媒体。第三，在教学方法的应用上，体现直观与抽象的结合。各类教学方法两倍语言的方法、直观的方法、见习的方法，也有直观和抽象的差异，单纯运用哪一类方法，都很难使学生实现对事物本质和规律的深刻认识，所以，在电化教学过程中，要从具体与抽象结合的需求出发，综合地运用各种教学方法。

（五）及时准确的反馈原则

电化教学过程，是一个采用多种教学媒体、运用多种教学方法、通过多种教学形态进行信息传播与接受的复杂过程。在这个复杂过程的任何一个环节、任何一个方面出现的疏漏都会给教学结果带来不良影响。不仅如此，电化教学中的远距离教学、个别化教学往往不容易对其教学过程进行同步的监控，及时准确地反馈在这里更具有重要意义。贯彻这一原则的基本要求是：第一，教学过程的反馈活动，其实是始于教学过程之前。例如，电视教材的编制过程，在教材的选题确定以后，就要利用多种方式了解使用对象关于这个选题内容的已有知识经验水平、兴趣和需要等等，这样才能恰当地处理电视教材的类型、结构、节奏以及特技和动画的应用。在电视教材的编制初步完成，投入试用以后，也要对试用结果进行反馈，以便根据反馈的结果对电视教材进行必要的修改。这类反馈活动是在教学过程之前进行的，但它的作用会在教学过程之中表现出来。第二，及时准确的反馈活动，不仅要集中地进行，还要分布地进行。集中地进行反馈活动——例如伴随着教学环节、教学阶段的完成进行的考察、考试等等，对于调控教学活动是重要的。同样重要的是争取在教学过程中随时和随机进行的分散反馈活动，通过这样的反馈活动，及时地对教学过程进行调控，以不断的连续调控最终实现教学过程的最优化。第三，及时准确的反馈活动，不仅针对学生的学，也要针对教材的教。教师的

教和学生的学是同一过程的两个方面，反馈活动获得的结果不仅仅反映着学生学的情况，也反映着教师教的情况。因此，应当根据反馈结果，从教与学两个方面作出诊断和判断。并根据诊断和判断的结果，有针对性地改善教与学的活动。偏离教与学的任何一方，都不可能根据反馈结果对教学进程作出有效的调节和控制。

三、课堂电化教学过程的最优化

课堂电化教学以电教媒体为标志，融传统教学媒体和电教媒体、传统教学手段和电教手段的优化组合于教学整体的系统之中，优化了教学信息的传递和反馈，有利于实现教学过程最优化。

在课堂电化教学过程中，教师仍起主导作用，学生仍然是学习的主体，教学媒体起着中介作用，其中电教媒体的作用则是很重要的。因此，课堂电化教学过程最优化的实现，有赖于充分发挥教学过程三要素的作用，并使之协调；也有赖于充分发挥信息反馈作用，并调控教学过程。

（一）充分发挥教材的主导作用

课堂电化教学中，教师主导作用主要体现在：确定教学目标，制定和实施教学策略，获取反馈信息和调控教学过程，组织和指导学生学习活动。

在课堂进行的教学活动中，教师发挥主导作用的方面有：

掌握教学目标、实施教学策略。以教学设计确定的教学目标指导，根据教

学设计制定的教学策略实施教学活动，保证教学活动定向、有序地进行，以优化课堂教学过程。

获取反馈信息，及时调控教学。反馈信息的获取需正确、及时，并且应及时评价和以此调控教学过程。要充分利用电教媒体、电教手段获取信息反馈和调控教学的长处，如投影、电子计算机。也要注意克服某些电教媒体在信息反馈和调控教学方面的功能性弱点，如录像可以采用跟传统的教学媒体、教学手段结合或跟电子计算机联机等方法克服这方面的缺点；或应用录像进行教学实录，不但可克服自身在反馈方面的部分弱点，还开拓了其他媒体不具备的"微格教学"的功能。

处理好教师和媒体的关系。教师和媒体是主从关系：教师选择媒体和对多媒体优化组合，并根据设计在课堂教学活动中使用媒体，充分发挥媒体中介作用，为优化教学过程服务；应注意避免媒体支配教师、教师围着媒体转的被动情况的出现。

处理好教师和学生的关系。电教媒体加入课堂教学以前，从宏观意义上说，教师备课、上课主要在讲清上下工夫，精力和时间主要集中在对知识的"讲授"，重在授学生以"鱼"；电教媒体介入课堂教学以后，极大地提高了教学信息传递的效率，发展学生智力、培养学生能力等方面加强"主导"作用的发挥，强化授学生以"渔"的主导作用。

（二）充分发挥学生的主体作用

积极、主动地从媒体获取教学信息。

课堂电化教学的教学，使学生从各种媒体获取信息的机会大大增加。对于媒体传播的教学信息，学生不应该是被动的接受者，而应该是积极主动的获取者。学生从媒体获取教学信息，不像从教师的讲授中获得信息那样带有"强制性"。因此，学生的积极性、主动性显得尤为重要。

电化教学为学生提供了众多电教媒体，通过电教媒体的学习，不带"强制性"，而且电教媒体还是个不知疲倦、不厌其烦的"教师"，为学生自主学习创造了更好的条件。例如，电视录像、计算机、辅助教学、语言实验室等，特别适宜于学生进行自主学习。学生要自觉地充分利用这些学习资源，善于从多种媒体，特别是电教媒体的选择与优化组合中学习，以获得更为系统全面知识。

准确、及时反馈教学信息。准确、及时的反馈，也是发挥学生主体作用的重要方面。教学过程是双向系统过程，是师生间的双向活动过程。因此，必须保证传和受双方信息的沟通，这就需要反馈。建立和保证畅通的反馈通道，不但对教师很重要，对学生也同样重要。因此，正确、及时反馈有利于教师调控教学；有利于学生更多、更及时地取得教师的具体帮助，提高学习效果。

（三）充分发挥媒体的中介作用

教学媒体在教学过程中介作用，主要是改善信息的信源和传播方式，提高信息传播效果。根据特定的学习内容、教学目标、教学对象的需要，从传统和电教媒体中选择适合的媒体，并使不同媒体优化组合，使信源得以改善；各种语言和非语言的传播方式可以适应不同教学信息的传播需要，提高传播效果。

正确选择媒体和多种媒体优化组合以及对媒体演播的优化控制，是媒体在优化教学过程中充分发挥作用的关键所在，也是媒体在课堂电化教学过程中能否体现其自身优势的标志。这就必须根据教学的需要，选择能发挥这种作用的最佳媒体。根据不同媒体的功能互补性和组合效应原则，有机地组合多种媒体，需要对媒体的使用、演播的方式、方法、时机、节奏、信息量、反馈、干扰等进行优化控制。

避免和排除干扰（噪声）是充分发挥媒体在教学过程中中介作用的另一个重要方面。干扰或噪声是指使媒体传播的信息产生失真的各类因素。主要有来自信源方面的（如信号质量不好、图像晃动、声音不清等）；有来自信道方面的（如电教设备出现故障、教师操作不当、课堂环境噪声等）；有来自受教育者方面的（主要是学生的生理、心理影响，如注意力不集中等）。不管来自哪一方面的噪声都会干扰信息的传播，影响传播效果，教师必须设法从各方面排除干扰，保证信息传播过程的顺利进行。进入课堂的电教设备必须完好，在课堂里布置需合理。教师应能熟练地掌握媒体操作技术和技巧，能正确调节电教设备。播放时机恰当、声音清晰、音量大小适宜、避免啸叫；图像亮度、清晰度、色彩、对比度等满足学生的学习需要，并符合学校卫生要求，教师还必须具有迅速纠正或排除播放过程中出现的非正常现象的能力。

四、运用电教媒体

（一）电教媒体在教学中的应用

1. 幻灯和投影

（1）幻灯是一种视觉媒体，也是最早介入教学过程的电教媒体。幻灯片能真实地再现所要表现的内容。根据教学的需要，呈现的时间可长可短，呈现的速度可快可慢；幻灯能紧密配合教师的讲解，随讲随现，帮助学生理解和巩固知识。

幻灯和挂图一样，主要应用于认知领域的教学活动，提供有关视觉刺激物的认识和鉴别。在动作技能领域的教学活动中，只能提供动态过程中的静态画面。幻灯对情感领域的教学也有一定的辅助作用。但幻灯毕竟是静止画面，效果远不如活动图像。

（2）投影也是一种视觉媒体。投影能提供比较鲜明、反光理想的影像，能较好地吸引学生的注意力。投影可以代替黑板，课前教师将需要板书的文字、图表、图画等画在投影片上，这样教师能把宝贵的 40 分钟尽可能用在创造性教学上，以提高课时利用率；教师随堂板书时可以面向学生，而不必背向学生，便于随时掌握学生情绪，授课气氛。

投影教学为理解教材的重点、难点提供直观性、形象性和情节的联想，跟幻灯一样，图像可根据教学要求的时间停留，直到学生理解。

投影能代替黑板显示需要板书的内

容，特别是预制一些复杂的图形、文字内容或需逐步显示或需渐次消失的图表等。

实物投影能放大某些形状较小的物体，便于学生看清。

（3）幻灯、投影教学注意点：幻灯和投影提供的是静止画面，教师需配合讲解以培养学生的观察力、想象力、思维力、记忆力。

幻灯片使用需适时、适量、适度，时间不宜过长、数量不宜过多、速度不宜过快。否则易造成学生眼睛疲劳。

放映幻灯片时，教师站位需适当，既能看到幻灯片，便于讲解，又能与学生目光保持一定的接触，便于掌握学生情绪。不要使自己身体挡住学生的视线或幻灯、投影的投射光线。

教室的光照需合理、适度、既能看清影像，又便于学生看书、笔记。

不要把投影器当做随便乱写的黑板，凡随机的板书一般还是使用黑板，以免降低投影效果。

要设法引导学生的注意力，可以把暂不显示的部分遮掩起来或开个窗口显示即时显示的部分；可以用复片逐次叠加，由简到繁组成一个完整的图形；可以用笔指示注意的部分，但要防止握笔的手投影在屏幕上产生一个很大的影子而分散学生的注意；使用完需及时移走灯片或关闭机器。

2. 录音

录音属于听觉媒体。第一，录音不受时间、空间的限制，可以在课内课外、随时随地录放任何声音信息，录音可以反复播放、时间可长可短、紧密配合教师讲课和学生自学，还可配合幻灯解说。

录音可以长期保存，也可以根据教学需要重新修改录制。第二，不同类型的录音带在教学中有不同的应用：

讲解带。有主题内容带和课文带。应用于某些课题内容的解释，以帮助学生理解。

示范带。有主题内容带和课文带。应用于示范、模仿的教学活动，如朗读、说话、演唱等。

测验带。用以检查学生学习质量。

练习带。用以帮助学生提高熟练程度和运用能力。

程序教学带。提供系统有序编制的学习材料，供学生自学用。第三，录音教学注意点：需明确录音、放音的目的。录音是为了讲解还是示范、测验、练习或供学生自学？放音是为了示范，供学生模仿还是记忆等都应事先明确。

放音速度力求使学生能听清、听懂。在教学方法上，要安排好学生的练习和作业，帮助学生理解和掌握录音内容。

录音机的扬声器应面向学生，教师操作时，应注意不使自己的身体挡在录音机和学生之间而影响收听效果。

3. 录像

录像是一种听觉媒体。第一，录像能提供感知材料：真人、事实、实物、实景、实地（往往是学生无法亲自看到的）及其变化的实录；演示实验或实验情景实录，尤其是那些实验装置复杂、庞大、耗资昂贵，或者有毒、易爆等危险性较大，或者实验过程受某些因素影响，仅可观察而无法控制的实验；替代现场参观等。这些实录可以重复使用，省时、省钱。

演示一件事情的决策过程；演示与空间、时间、运动有关的原理以及这些原理在实际工作、日常生活中的应用等。

提供视听资料，可以丰富学生学习资源，扩大学生经验范围。

第二，录像在教学中的应用。替代教学。用录像代替教师课堂教学。主讲教师出现在录像画面上进行各种教学活动，如讲授、板书、示范、演示实验等，或穿插一些视听资料，以增强教学效果。主要应用于整门学科的电视教学。

辅助教学。在课堂教学过程中，插播录像片断，配合教材解决教学的一些重点、难点和某些必须用录像手段表现的知识内容。

示范教学。动作技能性强的学科或教学内容，可以使用录像提供示范，供学生模仿和练习。

个别化教学。一课一片的系统型、过程式系列录像教材特别适宜于个别化教学。

第三，录像教学的注意点。观看录像前应做好视听指导，使学生能将注意力集中在节目的要点上，并能更加认真地观看。观看录像时，教师应当积极地参加，并注意学生的反应，为下一步的教学活动作准备；不要用看录像代替教师的教学管理，更不能教师不在场，给学生留下教师不重视的印象；也不要在学生观看时喋喋不休讲个没完，干扰学生的注意力。观看录像后，应采取复习节目要点、讨论、练习等形式，巩固知识，应用知识。还要关心和帮助仍有困难的学生。

要安排好收看环境，座位、声音、光线等都要适宜于收看，以保证视听效果。第一排座位与电视机距离在 1.5 米，学生观看的仰角应低于 13 度；电视机音量不得超过 95 分贝；荧屏应背对窗户或拉上窗帘。

注意收视的卫生保健，控制演播时间，不应该长时间连续播放。

4. 电影

电影也是一种视听觉媒体。电影的特点、作用以及应用中应该注意的问题跟录像相类似。但两者比较，电影画面大，清晰度比录像更高，但投资比录像大，还需要专门培训放映员。电影放映过程中不能停下来，教师常常比较难于将放映内容与教学活动紧密配合。另外，用于教学上的电影片源有限。上述诸方面都影响了电影在教学中的发展。

如果我们能充分利用大众传播媒介的软件，如科教电影、新闻电影、故事电影等为教学服务，充分发挥电影的独特优势，电影仍是教学中的重要媒体。特别是青少年喜爱看电影，利用电影对他们进行思想政治教育，组织课外活动，可以收到理想的教学效果和社会效益。

5. 语言实验室

语言实验室是一种训练学生听、说能力的多功能的学习系统。在语言实验室里，教学信息能反复呈现，通过强化刺激，使学生的学习效率大大提高；每个学生还能根据自身情况安排学习进度，选择适合自己的学习材料，并且都能得到教师的个别指导，加强个别化学习。目前，中小学的语言实验室主要用于外语、语文、音乐等课程的教学活动与课外活动。

第一，语言实验室的类型和特点。语言实验室根据其教学功能及设备的多少一般可分为如下四种类型：

听音型（A·P型）语言实验室只有单向通话的功能，学生只能听音不能与教师对讲。

听说型（A·A型）语言实验室学生既可以收听各种录音教材，也可与教师通话，请求解答问题；教师可监听、监录任何一个学生的语言练习，加强个别指导。

听说对比型（A·A·C型）语言实验室除具有听说型功能外，还可以进行听说对比，即学生可以将自己的跟读、回答等录制下来，同教师的示范或录音教材进行对比，便于纠正错误。

视听型（A·V型）语言实验室除具有听说对比型功能外，还增加了视频系统（如录像、电影等），可以在教学过程中，提供丰富的视听形象。

第二，语言实验室的应用及注意点。应根据不同课型的特点和要求选用不同类型的语言实验室，并准备好相应的录音教材。

对于以训练听力为主的课型，教师需根据学生实际选择听力教材。教师教学过程中采用分句、分段播出的方式整篇播放给学生听，通过提问和学生复述等检查听的效果，并给以个别指导。

对于以掌握正确的语音、语调为主的课型，可以在听说型（最好是听说对比型）语言实验中进行。教师先要准备好各种训练材料供学生练习。教学过程中要监听、监录学生的发音，进行个别辅导；把学生的反复听、反复模仿、反复练习有机结合起来。

对于以掌握不同句型为主的课型，可在对比型语言实验室中进行。录制教材时，可根据句型的难易程度，采用不同的方法录制。如对于简易句型，采用"二步式"录制，即训练教材由练习要求和学生练习组成；对于稍难的句子，采用"三步式"录制，即在学生练习后还编有正确答案和留有学生复述正确答案的空隙。

对于以会话练习为主的课型，可以在听说对比型语言实验中进行。如果有提供会话情景的视觉材料，则在视听型语言实验中进行。其方法是将会话教学材料制成录音带，分三组录制：第一组按正常口语语速从头至尾录制；第二组是分句录制，每句留有间隙，以供学生模仿、记忆；第三组是采用角色替换方式录制，即先录A角色讲话，B角色讲话不录，留着空隙由学生担任B角色，然后换角色，录制B角色讲话，A角色由学生担任。

对于以口译训练为主的课型，最好在听说对比型语言实验中进行，便于学生对比和纠正错误。如果能在视听型语言实验中进行，结合视觉材料，让学生边看、边听、边译则效果更佳。教师课前将口译材料逐句或逐段间隔录音，以便在间隔中将学生口译录制下来，以检查校正。

口试可在听说对比型或视听型语言实验中进行。将学生的回答逐个录下来，进行评价。

学生在语言实验室的学习活动既要在教师的有效控制下，也要注意让学生能自主地安排自己的学习活动。

6. 计算机

计算机是一种具有交互作用的媒体，即媒体呈现刺激材料，学生对之作出反应，媒体再作出反应……这种连续的刺激——反应构成了媒体和刺激对象的交互作用。

计算机能大量存储、快速处理和多通道传递教学信息，且准确可靠。计算机呈现的教学信息主要是文字、数字和模拟的图像等。计算机具有人——机对话功能。有利于个别化教学。计算机还具有模拟仿真功能。

计算机在中小学的应用，主要形式是计算机辅助教学，常用 CAI 表示。它的辅助对象主要是学生，通过计算机与学生的"对话"来完成教学任务。计算机辅助教学的过程是：学生在终端通过键盘向中央主机提出学习请求；中央主机接受信息后，通过显示装置向学生提供学生所需信息——文字、数字或图形等，中央主机还可要求学生回答问题；学生通过输入器作出反应。

CAI 在教学中的应用有如下几种模式：

个别辅导模式。在这个模式中，计算机能够部分地代替教师的作用，学生可直接与计算机进行对话。这种模式适合个别化教学，适合于学生自学。它的基本原理是基于分支式程序的教学思想。教学内容被分成一系列小单元，以问题的形式逐步呈现出来，计算机对学生的反应作出分析并给予适当的反馈和强化，如果学生出现错误，通过已设计好的分支程序，为学生提供不同分支的补习内容。设计的计算机程序的分支越多，预

想的情况越丰富，就越能适应差别各异的个别化教学。

练习和训练模式。这个模式主要是为了学生练习所学知识、训练基本技能提供学习资源，供学生在掌握了某些概念、规则以及定理之后使用。在这个模式中，强化起到了十分重要的作用，计算机可以不断地强化所有正确的反应，直到学生达到学习的目的为止。这个模式最适合于数学的练习、外语的翻译训练以及词汇练习等方面的教学活动。

发现模式。在这个模式的学习中，学生利用归纳推理的方法，通过不断地尝试与错误纠正，在没有现在答案的前提下，依靠自己的力量寻找克服困难的办法，最终解决问题。

模拟模式。在这个模式中，计算机模拟真实的情景，为学生提供大量的感性经验，主要是那些不可能亲身体验的教学内容，真实练习花费过分昂贵，并有一定危险性的教学内容，譬如很难做出的教学实验，实验中看不到的微观现象和快速变化的运用过程等，用以帮助学生理解抽象概念，提高学习积极性。

游戏模式。用于激发学生的学习动机，调动他们的学习积极性。这种模式对那些枯燥乏味的训练显得尤为重要。

控制模式。计算机可以控制多种教学媒体，能与各种教学媒体相连接，赋于其他教学媒体以交互性。例如，计算机与视听觉媒体相结合构成交互式视频显示系统。控制模式能够在教学中综合利用各种教学媒体以实现自动化教学。

计算机辅助教学。技术比较复杂，操作需专门训练；软件编制比较困难，而且通用性差。因此，在中、小学教学

中普遍应用计算机还存在一定的困难。随着计算机技术的迅猛发展，计算机辅助教学水平和质量不断提高。在教学中的应用定会更加普遍。

以上介绍的只是中、小学教学中最常用的几种电教媒体。实际上，唱片、有声卡片、广播、广播电视、卫星电视、激光视盘、激光唱盘等也在教学中崭露头角。此外，还有将多种媒体结合在一起的多媒体组合系统，例如录音和幻灯结合的配音幻灯；录像机和计算机结合在一起的交互式视频显示系统等。

（二）运用电化教学手段的艺术

电化教学手段进入教学领域以后，使整个教学发生了根本性的变化。在某些方面，特别是电脑贮存的信息量之大、判断推理之准确、传递信息之迅捷、操作之自动化和规范化等方面，都远远超过了教师的力量，甚至代替了教师的竞争劳动。但是，任何先进的现代化教学手段都不可能完全取代教师的作用，特别是不可能代替教师的主导作用。因此，要充分发挥现代化教学手段在教学中的作用，还得靠教师的主导作用，讲究运用的艺术性。

1. 选择电教教材要符合教学大纲要求

要根据教学目的的需要，在培养激发学生的学习动机和兴趣，促使学生感知教材理解教材、巩固知识、运用知识、检查学习效果等阶段中，恰当地运用电教手段，要正确地处理好以下两个关系：

（1）电教教材与文字教材的关系。文字教材（即教科书）是师生教学双边活动的基本依据。而电教教材在目前还主要是抓住了文字教材中的某个重点、难点，以一片一题作阐述。因此，电教教材带有局部性，对文字教材起补充、扩延、深化的作用，不能脱离文字教材自成体系。它是配合文字教材，提高学生感知、理解文字教材的主导线。两种教材互不排斥、互不代替，而是互相配合，恰到好处。

（2）电教教材与教师课堂教学的关系。目前，课堂教学仍是教学工作的基本组织形式，电教教材不能代替课堂教学，而是利用现代化的手段提高课堂教学效果。

因此，制作和选用电教教材要有明确的课堂教学意识，注重课堂教学的特点。

2. 认真搞好课堂教学设计

哪一课用什么器材，要事先做好准备，要真正用在解决教材重点和突破难点上。对电教教材的取舍要做到心中有数，要依据教学目的，对电教教材进行必要的剪接、编辑等技术处理，以便取得最佳的教学效果。

3. 要加强对学生视听的指导

不论运用哪种电教手段，教师都要充分发挥主导作用，对学生的视听要加强指导。那种让学生自己看幻灯、电影、电视或听录音而教师撒手不管的做法是绝对错误的。有了电化教学手段，虽然可以减轻教师的一部分劳动，但绝不是让教师不负责任，让学生放任自流。相反，对教师的要求也高了，在运用电教手段的过程中，教师要精心组织，细心指导。如果使用幻灯、无声影片，教师要指导学生注意观察对象的主要特征，了解画面表现了什么事物，画面各部分之间、画面与画面之间的内在联系，从而完整而准确地把观察对象，全面而深刻地理解学习内容。教师还要指导学生把观察与思考结合起来，对观察对象进行比较、分析、综合，区别所观察事物的异同以及该事物在发展过程中各个阶段的不同特征，从而认识事物的本质，把握规律。

总之，不论运用哪种电教手段，都要伴随教师的讲解和指导。教师讲解的语言要精练，讲在当讲之处，有利于学生增强感知、理解和巩固知识，起到画龙点睛的作用。

4. 努力学习，不断提高自身素质

电教手段技术性强，任课教师必须具备声、光、电等方面知识，对器材装置要有良好、熟练的动手操作能力，同时还要有相关学科的专门知识，如书画、美工、剪辑、电脑软件设计、制作幻灯片、电视片等，以便丰富自制电教软件的内容。这些都是指导学生实践，提高电化教学效率效果的必要条件。因此，教师必须努力学习，不断提高自身素质，使自己成为一名掌握现代教育技术和现代教学艺术的优秀教师。

五、电化教学的十四种方法

(一) 积累资料法

知识在于积累。平时要留神捕捉一点一滴稍纵即逝的生活小浪花，把它摄入镜头，存作资料。如庆祝会、开学典礼、授奖仪式等值得纪念的时刻，电视电影中优美的自然风光、精彩的故事情节等与教学有关的资料，要注意收集、整理，分类存档。教学时，根据需要选择其中的一两个镜头或片断在课堂上播放，会起到单纯"粉笔加黑板"的教学所起不到的作用。

(二) 充实内容法

把教学媒体作为补充、扩展教学内容的手段。如小学讲解"文明礼貌"时，由于这个道德概念比较抽象，小学生不易弄懂。有的教师把事先摄录的中央电视台播放的《广而告之》中相应的节目放给同学们看，使大家很快理解了"文明礼貌"这一道德概念。

(三) 再现过程法

把教材中抽象的过程通过教学媒体展示出来，以帮助学生理解、掌握教材。如讲授《称象》一课时，有位教师为帮助学生理解曹冲称象过程的那段话，预先制作了一个活动投影片，把曹冲称象的过程演示给学生看。开始，先找出船舷在哪，并想一想为什么能漂在水面上，接着请一位同学按曹冲说的称象方法说，教师配合操作：先把大象牵到船上，船下沉了，在船舷上做个记号；然后再把象牵下去，往已经浮上来的船上放石头，放一块石头，船稍稍下沉一点；再放石头，船再下沉，直到水面上达到了原来的记号。这样学生就形象地感知了曹冲是怎样利用水的浮力来称象的，并在欢

快的气氛中理解了称象的过程。

(四) 快速展示法

所谓快速展示，是把教材中写的、实际生活中要很长时间才能做到的事，通过教学媒体快速展示给学生。如水的电解实验用霍夫曼电解器进行需 20 分钟才能完成，而采用投影演示只需几分钟，省时间、效果好。

还有一些稍纵即逝的实验，可利用电教媒体放慢镜头或定格的特技，拉长实验过程，便于学生仔细观察。如氯化亚铁与氢氧化钠的反应现象是先有白色沉淀生成，接着迅速转为灰绿色，最后变为红褐色，这些现象都需要学生掌握，然而由于"迅速"，发生在瞬间的"白色沉淀"学生无法看到，如将此录制成电视片，用慢镜头放映，关键部分"定格"，学生就会感知清晰、理解深刻。

(五) 激发兴趣法

通过教学媒体的直观、形象来激发学生的学习兴趣。如在初一语文《美猴王》中，单凭文字介绍，美猴王的形象不具体、不鲜明、不生动，如运用教学媒体，放映有关的录像片断，或制作幻灯片演示，配合播放课文朗读的录音，美猴王的形象就会活现在眼前，这样就可以激发他们的学习兴趣，教师也不必过多地花费精力去指点，按常规教学需两课时才能完成的人物形象分析，一课时就完成了。课后的作业也一气呵成，既节省了教学时间，又提高了教学效果。

(六) 创设情境法

借助教学媒体，创设与课堂教学有关的情境，以增强学生的学习情趣。如教小学美术《树木中的鸟》一课时，一位教师先教给学生画鸟的基本方法，当讲到鸟的种类及特征时，利用幻灯机陆续放出 10 多种鸟类，分别向学生介绍其形态、色彩、特征，与此同时打开录音机播放《百鸟朝凤》，鸟声婉转悠扬，小学生们感到仿佛置身于大自然中，画鸟的欲望大增，教师因势利导，讲述鸟类与环境的关系，对学生进行爱鸟教育，启发学生如何组织画面，教学效果很好。

(七) 推陈出新法

所谓推陈出新，就是将以往常规教学的东西，改由电化教学媒体进行教学，使其翻陈出新，更具吸引力。如进行"火车转弯"的习题教学时，按常规得"在黑板上开机器"，教师口头讲习题。有一位教师采用电化教育媒体，他首先用投影仪放出"火车转弯"的画面，师生问答完成"受力分析"之后，他又在画面上放出复合受力示意图；为突破火车以不同车速运行时对内外轨的侧向压力变化这一教学难点，他结合讲解和板书，不断地抽动着投影片面的可动装置……电教媒体的独特魅力使他的习题教学大为增色，听课学生啧啧称赞。这堂课取得了非常好的教学效果。

(八) 拓宽形式法

通过教学媒体拓宽教学的渠道和形式，使课堂教学内容更充实，形式更灵活。如教《关心体贴父母》一课时，教师可先用幻灯投映出陈毅元帅的画像，使学生肃然起敬，产生探求革命领袖光辉事迹的好奇心；然后投映陈毅元帅为母亲洗裤子的画面，这就为学生树立了榜样，使学生懂得了应该关心体贴父母。在讲父母的养育之恩时，可放采访家长如何哺育子女的录音，使学生明白父母养育儿女不容易，明白为什么要关心体贴父母；在讲怎样关心体贴父母时，可投映各种家庭生活场景，指导学生练习，必要时可让学生表演一下。这样不仅拓宽了讲授的内容和形式，还给学生提供了理论联系实际、躬身实践的机会。

（九）理清文路法

使用教学媒体分析教材内容的思路，使教学由一个内容自然地过渡到另一个内容。如一位教师的作文教学，在组织学生参观某农村敬老院后，要求学生写一篇参观记，按参观顺序写出敬老院的特点，反映老人们晚年的幸福生活。指导课上，这位教师先播放了按参观顺序剪接的录像资料，据此学生很容易理清作文的思路；通过一些特写镜头，学生又很轻松地确定了写作的重点，运用电教媒体起到了常规教学所起不到的作用。

（十）启迪思考法

通过教学媒体启发学生思维，使启发式教学融进丰富的内容。如《向沙漠进军》一文时，一位教师把依据课文要点设计的一组启发性问题用投影仪打出，教学过程中图文并茂，启而有发，教师层层诱导，学生学得生动活泼，顺利地解决了"征服"并"利用"沙漠的重点和难点。

（十一）强化重点法

通过教学媒体把教学重点突出出来，使其得到强化。如一位教师教《荷花》一课中写花的三个句子，他先打出那三句话的投影文字："有的才展开两三片花瓣儿，有的花瓣儿全都展开了，露出嫩黄色的小莲蓬。有的还是花骨朵儿，看起来饱胀得马上要破裂似的。"然后把"展开"、"展开"、"破裂"三个关键词用彩色片覆盖上，再打出三个相应的词和原词比较，这种学习形式使学生在比较中认识了原词的准确性、形象性，强化了教学重点。

（十二）点化难点法

通过教学媒体把教学难点突现出来，以便化难为易，逐步解决。如化学教学中讲解"2H，H_2，H_2O"中"2"的不同含义时，传统的教学是靠教师加重语调不厌其烦地强调来解决难点，学生只靠听觉的重复加深记忆，结果不可能理解很深。如果采用电化教育媒体，先在两张玻璃纸上分别画上一个氢原子 H 和 2，在第三张纸上画上氧原子 O，尔后把这三张玻璃纸通过幻灯机投影进行抽拉以反复组合（如图 15.1 所示），学生视听结合，眼耳并用，多种感官同时接受刺激，把"2"字的不同含义提示得淋漓尽致，难点很快化解。

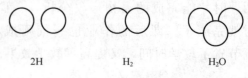

图 15.1

(十三) 直观演示法

把一些原来只靠嘴讲的东西通过教学媒体直观演示出来,以帮助学生理解教学内容。如在小学美术课中讲解"哪些东西是绿色的"时,要使一年级小学生理解原色和间色之间的色彩关系显然很困难。教学中,一位教师预先自制了移动式复合片:在底片上画上浅黄色的青蛙、西瓜、黄瓜和青椒,在活动片上用浅蓝色颜料画上大小、形状完全相同的图案。上课时,这位教师先把两张幻灯片完全重合放出,学生们看到的是绿色的青蛙、西瓜、黄瓜、青椒,然后移开动片,屏幕上出现的是黄色的青蛙等东西,这时候小朋友们睁大了惊奇的眼睛,好像在问:为什么刚才那些绿色的东西一眨眼变成了黄色的?这时教师对学生说:"我们再把绿色的东西变回来,好吗?"学生们异口同声地说:"好!"于是这位教师将动片慢慢与底片重合,先重合的地方变成了绿色,没重合的地方仍为黄色,待两张片子完全重合,又呈现绿色的青蛙、西瓜等。小朋友们立即恍然大悟,原来黄色、蓝色一重合就成了绿色,他们脑海里深深地印下了"黄+蓝=绿"的色彩关系。

(十四) 视听结合法

通过不同的教学媒体教学内容声形并茂,学生眼耳并用,视听结合,以达到最优化的课堂教学效果。如教《惊弓之鸟》一课时,一位教师在指导学生理解"弓"和"鸟"的基础上,利用投影图像和模拟雁声响,区别群雁和孤雁的不同,从而使学生了解了大雁生活在集体里,心情舒畅,叫声也欢快;而离开雁群的大雁却孤零零地,叫声也非常痛苦,听了让人伤心。这样投影与音响配合使用,再现了学生从课本上无从观察到的实际情景,使学生理解了那只受过箭伤的大雁"孤单失群",叫声"悲惨"的含义,并为认识更赢得"射"雁前的观察和推想做了有力、可信的铺垫,为学生创设了理解、运用语言的良好情境,大大提高了课堂教学效果。

第16篇

目标教学艺术

目标教学是根据美国教育家布卢姆的"教育目标分类学"和"掌握学习策略"，并借鉴世界现代先进理论，继承发扬我国教学的优良传统，广泛融合当代教育学改革的成功经验，并结合各地教学实际所进行的一项教学的整体性改革。它是全面提高教学质量的有效机制，是一种经实践证明较为科学的教学模式。它以系统的教学目标为核心，以群体教学、个别帮助为基础的基本形式，以目标教学的基本模式与多种方法的最佳组合相统一为桥梁，以科学的教学评价为手段，以反馈、矫正为保证，以绝大多数学生掌握目标，开发智力，获得最佳发展为目的的一种教学体系。它的教学结构形式为制定目标，前提测评，认定目标，导学目标和目标测评。

目标教学艺术，是指教师用科学的态度和方法，对目标教学进行富有创造性的教学活动。用艺术的手法进行目标教学，能够更好地激发学生的学习兴趣，激活学生的思维，开发学生的智力，活跃课堂的气氛，促使学生进入最佳学习状态，从而全面地提高教学质量。

目标教学艺术，包括制定目标艺术、前提测评艺术、认定目标艺术、导学达标艺术和达标测评艺术。

一、制定目标艺术

教学目标是教师通过教学活动，预期学生应该达到的程度，是对学生学习行为的一种规定性要求。它最终以学生学习结束时的行为变化显示出来。

教学目标要依据大纲的要求、教材内容和学生实际来制定。因为教学大纲规定了教学总的目的、总的要求和总的原则，规定了学生必须掌握的知识内容、范围和程度。它是指导教学的方向，衡量教学的尺度。教材是大纲的载体，它系统地、具体地承载着大纲规定的各项教育、教学的任务，不仅构建了自己的知识系统，还融入了先进的思想和科学的方法。它是教学的凭借。学生实际是教学的基点。只有了解了学生的思想面貌、学习基础及个性特点，才能找到学生的"最近发展区"，才能有的放矢地进行教学活动。因此，要制定有科学性、有针对性的切实可行的教学目标，必须准确地把握大纲、教材的要求，深入地研究学生的现状，这是制定教学目标的前提。

制定教学目标，要有科学性、整体性和可操作性。所谓科学性，是指制定的教学目标，要符合教育学的规律，符合学生认知的规律，适合学生的发展需要。所谓整体性，是指制定教学目标要挖掘教材内容的全部潜能，把握教学要求的内在联系，从学生的情感领域、认知领域、技能领域等各方面制定系统的目标。所谓可操作性，是指制定的教学目标明确、具体，重点突出，难易适中，操作性强，便于检查评价，具有实用价值。科学性蕴含在整体性和可操作性之中。没有科学性、整体性和可操作性就失去了意义。没有整体性和可操作性，科学性也就无从谈起。

怎样制定具有科学性、整体性和可操作性的教学目标呢？

（一）教学目标要有整体性

教学目标的整体性，首先表现在它的结构是一个整体。要包含着情感、认知、技能三个领域。具体说，它包含思想、知识、能力、非智力因素四个方面的内容。同时它是一个具有内在联系的整体。它的每一方面的内容，都相互依赖、相互影响，相互作用、互为条件。因此，制定教学目标必须要全面、深入地研究教材，找出教材中隐含的思想、非智力因素、知识、能力等方面的要素，再依据大纲的要求、学生的实际，经过教师的思维和语言加工，浓缩出几个要点表述出来，形成教学的子目标。不仅如此，还要理清各个子目标间的内在联系，挖掘它们之间相互作用的潜能。

例如，一位教师在教小学语文《飞夺泸定桥》时，通过认真分析教材理出了它所包含的各要素，制定了教学的各项目标：通过了解红军飞夺泸定桥的英雄行为，理出了思想教育的目标，即，说说这篇文章表现了红军怎样的精神；通过比较语言文字承载信息量的轻重，在文中所起作用的大小，确定了学习知识的目标，即，解释"抛在后面"、"更加奋不顾身"等词语；又联系学生不了解"北上抗日"、"大渡河"、"铁索桥"、"水流湍急"等知识的现状，确定了学习知识的另一个目标，即，了解"北上抗日""大渡河""铁索桥""水流湍急"等社会和自然知识；根据大纲提出的小学四年级会编写作文提纲，有条理地写作文要求，以及教材的写作特点，确定了发展学生读写能力的目标，即，给课文列写作提纲，学习按事情的发展顺序记叙的方法；考虑到课文内容中所表现的红军非凡的毅力，顽强的意志，确定了发展学生非智力因素的目标，即，说出这篇文章表现了红军怎样的毅力和意志，你对此有什么感想。

这位教师不仅全面地确定了教学目标，还认真分析了各个目标间的联系，以此确定教学的着力点。他认识到红军的大无畏精神，顽强的意志和毅力，是通过"抛在后面""更加奋不顾身"等一系列表现英雄行为的语言文字表现出来的。课文的记叙方法，也是通过语言文字记录的内容显示出来的。学生了解了"北上抗日""大渡河""铁索桥""水流湍急"等知识，就对红军飞夺泸定桥的历史背景，自然环境了解得更清楚，从而能够更准确地理解红军的革命精神。而要理解这些知识，也同样凭借着语言文字。因此，无论是进行思想教育，知识教学，还是进行能力的培养，都要凭借语言文字进行扎扎实实的训练。教学的着力点必须放在语言文字的训练上。否则，不但知识教学落不到实处，思想、能力、非智力因素的各项目标也是空中楼阁，形同虚设。

（二）教学目标要明确、具体

所谓"明确、具体"，是指教学目标要尽量避免流于形式的空泛地表述，而应根据教材的内容和学生的特点，把某一方面的目标具体化。因为学生的内部心理过程只能通过教学活动中的外显行为表现出来。这就要求教学目标必须具体、简洁、明了、操作性强，要尽量用明确的外显行为动词来表述。

运用外显行为动词表述教学目标，具有明确性和具体性。用它来制定教学目标，无论是"说出"、"划出"，还是"背诵"、"默写"，都对学生提出了鲜明的、直接的、具体的要求，都对教师提出了明晰的、具体的、便于操作的标准。

运用外显行为动词表述教学目标，在选择外显行为动词时，要选得准，要有区分度，要能够满足教学中的不同层次的要求。如同样是读，要明确、具体地提出是默读、朗读，还是速读；同样是学习知识，要明确、具体地提出是了解、理解，还是掌握、运用。

运用外显行为动词表述教学目标，要注意选得准，还要注意词语搭配合适，使教学的要求和教学的内容和谐地统一起来。例如：运用公式计算体积、应用比例知识求出平面图的比例尺、能够绘制简单的统计图表、解释词语的意思、背诵课文、默写古诗、概括段意、归纳主要内容，列出作文提纲、改写寓言故事等。

例如，一位语文教师是这样制定《苦柚》一文的教学目标的。

第一，说说这篇文章表现了卖柚子的小姑娘怎样的高尚品质。

第二，学会生字新词，了解"旅居"、"华侨""郑重其事""山珍海味"等词语的意思和"智利""圣地亚哥"

"太平洋彼岸"等知识；准确说出"一毛""肉不多""有点苦""少买一点吧""说什么也不肯要"和"凭着你这颗……""在这个世界上……"两句话的含义。

第三，给课文列提纲，能有条理地叙述一件事。

第四，朗读课文正确、流利、有感情。

这样用准确的外显行为动词表述的教学目标，就做到了目标具体、明确，学生便于遵循，教师也便于操作。

（三）教学目标要突出重点

所谓突出重点，是指在教学目标的设计时，强化突出诸多目标中占主导地位的某个或两个目标。确定重点目标，要依据大纲的要求，教材的重点内容和重点训练项目及学生的实际进行。就一节课来说，要根据课型的特点，选择不同的教学重点。例如，新授课，一般来说应以掌握知识为主；而复习课或基础训练课，一般是以培养能力为主。就一课书来说，要根据教学内容所处的地位，选择出起统师或制约作用的内容作为重点；要依据学生掌握教学内容的难易程度，把学生认为难度偏大的内容作为重点，要依据一个单元或一组教材的重点训练项目，把重点训练的内容作为重点。

例如，小学语文第八册《苦柚》课文中，有两句话含义很深。"凭着你这颗善良的心，诚实的心，苦柚子也会变甜的。""在这个世界上，金钱可以买到山珍海味，可以买到金银珠宝，就是买不到高尚的灵魂啊。"这两句话对表现文章

的中心思想起着很重要的作用，又是学生理解的难点。而教学大纲又明确要求小学四年级学生要理解含义深刻的句子，所以，根据大纲的要求，两个句子在教材中所处的地位，以及学生的实际，教师就确定理解这两句话的含义为重点教学目标。

又如，小学语文第十册《月光曲》中，记述了贝多芬在创作"月光曲"时，由实在的事物产生了联想的内容。教师根据这篇课文所在的单元的重点训练项目——分辨事物和联想，确定了这课书的教学重点：说出课文中哪些是实在的事物，哪些是由实在的事物引起的联想。

这样，教师根据大纲的要求，教材的重点内容或重点训练项目和学生的实际，确定出教学的重点，教学就有了着力点。

（四）教学目标要难易适度

所谓难易适度，是指教师制定的教学目标能使大部分学生接受，使教学目标接近学生的"最近发展区"。学生在学习时，"跳一跳"就能够到"桃子"，就能享受到成功的快乐，就能有所收获，有所发展。如果我们制定的目标过高，学生有可能知难而退，如果目标过低，学生又会觉得乏味。

要制定难易适度的教学目标，必须要三看，即，看大纲的要求，看教材的练习标准，看学生的实际能力。三者统一起来，就是我们制定难易适度的教学目标的依据和尺度。

例如：小学三四年级的学生，同样是学习讲读课文，而对他们提出的阅读

要求则是不同的（见表 16.1）。

可见，学生的年龄特点，认知结构，思维能力不同，大纲的要求就不同，教材的练习难度就不同，教师制定的教学目标也要不同。这个难易程度不同的"点"，就要到大纲、教材、学生中去找，就要把这三者结合起来，精心的选择外

显行为动词，精细地确定要求的内容范围，准确地制定出难易适度的教学目标。

教学目标是目标教学的核心和灵魂，制定具有科学性、整体性、可操作性的教学目标是进行目标教学的首要前提。为此，我们要认真做好这一步工作。

表 16.1　关于阅读方面的教学目标

册别		五册	七册	八册
课别		手术台就是阵地	古井	白杨
教学目标		会分析自然段，能说出每段有几句话，每句话什么意思，每段话的主要意思是什么	说出课文分几段，并说出段落大意和课文的主要内容	说出课文分几段和各段段意，以及文意主要内容和中心思想。并说出作者是用什么内容说明中心思想的
依据	大纲要求	学习分析自然段，归纳自然段的主要内容	能给课文分段，归纳段落大意和课文的主要内容	能给课文分段，归纳段落大意和课文主要内容，学习概括中心思想
	课文练习内容	读下面一段话，说说白求恩共说了几句话，每句话的意思是什么，这几句话主要说的是什么	给课文分段，归纳段落大意，再把段意连接起来，说说课文的主要内容	概括课文的中心思想，再说说作者是怎样围绕中心选择材料的
	学生实求	词句基本功比较扎实，已建立自然段的概念	词句基本功比较扎实，已建立自然段的概念，并且已有了初步的归纳段意的能力	词句基本功比较扎实，已有归纳段意和文章主要内容能力，并且已具备初步的抽象概括能力

二、前提测评艺术

（一）前提测评的意义

前提测评是目标教学课堂教学程序的起始环节，"测"即诊断，"评"含有补偿的意思，指对者予以肯定，错者予以纠正，缺者予以补偿、补救。前提测评是教师在教学新知识前，对学生学习新知识时所必具的基础知识和能力进行诊断性测试，找出学生学习基础中的缺

陷和错误，并针对所存在的缺陷给予及时补偿。

测评的目的在于唤起与强化学生对有关知识与技能的注意。发现遗忘和缺陷，予以及时的补救，使之处于接收新知识的最佳状态。通过测评，为授新课扫清障碍，为学生顺利实现新目标提供有效的前提条件，是保证每个学生都具有学好新知识的前提基础。

（二）前提测评的特点

前提测评的特点可归为"四性"。

1. 作用的助学性

前提测评是为学生学习新知识铺路搭桥，是为全体学生进入最佳的准备状态服务的，是为学服务的。

2. 内容的针对性

作为本节新知识"生长点"的知识与技能要去诊断，但有时对新目标中通过预习能自述的简单目标也可加入测试内容。

3. 对象的全员性

前提测评是要每个学生都进入学习新知识的准备状态，必须面向全体学生，反馈整体信息，其中特别注意差生，它不是传统教学中只对一些好学生的提问，以便顺利过渡。

4. 形式的灵活性

传统教学的复习提问只用口头问答式，前提测评既要面向全体学生，除口头问答式外，还经常用问卷笔答等形式。

（三）前提测评的原则

1. 目的性原则

前提测评要从既定的教学目标出发，必须有明确的目的，不能笼统，更不能含糊。它可以为导出新知识、讲授新知识而设计，也可以为使学生将旧知识向新知识过渡而设计，或者为了让学生加深理解并牢固掌握已经学过的知识而设计。不论设计哪一种前提测评，都要为既定的教学目标服务。

2. 整体性原则

整体原理认为，任何系统都是有结构的，在整体内部，部分与部分之间是相互联系的而不是彼此孤立的。因此，我们在设计前提测评时，要从整体考虑，抓住知识间的内在联系，建立完整的知识结构，把前提测评作为目标教学的一个有机组成部分，并为全面完成课堂教学任务服务；不能把前提测评当做课堂教学的"补丁"，也不能为测评而测评。

3. 针对性原则

设计前提测评应从教材和学生两方面实际出发，根据教学内容要求及学生接受能力，使其有针对性；要符合学生的认识规律、思维特征和知识水平，既不拔高，又不降低，测评内容要不脱离学生生活实际和理解所及的限度；要针对教学内容的重点、难点及关键设计测评内容，尤其是对容易出错的内容要强化测评，以便通过测评掌握教学的重点、难点。

4. 层次性原则

有序原理认为，系统由较低级的结构转变为较高级的结构，总是遵循一定的顺序，具有客观规律。因此，前提测评要有层次，有梯度，使学生循序渐进，逐步提高。测评内容多样化，不同的类型要有不同的效度和信度。而且题型的选择要根据教学大纲的要求进行安排。测评的难度要适宜，要有基础题，也要有适量的灵活题。

5. 典型性原则

鉴于课堂教学的时间有限,课堂讲授、导学达标就要少而精,那么前提测评就更应少而精。这就要求前提测评要具有典型性,既能集中体现课堂教学内容的精华,做到题量适当恰到好处,又能通过测评达到举一反三,触类旁通,启迪思维,培养能力的目的。测评的形式力求做到灵活多样,变中求活。

(四) 前提测评的形式

要搞好前提测评,先要确定好测评内容,它包括本节课新目标所涉及的旧知识,以及学生能力、情感的测定与激发,有时对新目标中通过预习,到达的简单目标也可列入测评内容。前提测评一般在简单的开场白之后进行。简短有力的开场白起到领起全文,振奋精神,奠定基础等多方面的作用,是一节成功课的起步。前提测评的内容要符合前提测评的原则。在实际教学中教师要采用灵活多样的形式进行前提测评,如采用提问或让学生依据教师提前准备好的题目(可用投影、小黑板或印在纸上每人一份)进行口答或笔答的方式进行。测试题可参考以下几种题型的形式进行设计。

1. 选择题

选择题是当前最受重视、应用最广泛的一种题型。它不仅可以考查学生对简单事物的认识能力,而且可以考查学生的分析、判断、推理等能力。

选择题知识覆盖面大,能较全面地考查学生对基础知识和基本技能的掌握情况,编好选择题,应注意以下几点:

(1) 选择项数适当,要求清晰明确。

(2) 题干应包含答题时所必需的因素,最好不要把选项夹在题中间。

(3) 错误答案应对学生有迷惑性和针对性。

(4) 各选项之间不应相互重叠、包含。

(5) 各选项应协调一致,中心突出,避免各种暗示。

(6) 所有选择项在逻辑和语法上都要与题干相衔接。

(7) 用词准确,不要用语不清,模棱两可。

(8) 要简单明了,不要冗长,避免叙述后叫人不知所云。

请看下面一道题例:

仔细阅读下面一段话,请回答以下几个问题:

一个分数的分子和分母,同时除以或乘以相同的数(零除外)分数的大小不变。

① $\frac{3 \times 4}{4 \times 4}$ (   ) $\frac{3}{4}$

② $\frac{3 \div 4}{4 \div 8}$ (   ) $\frac{3}{4}$

③ $2\frac{3}{4} \times 0.1$ (   ) $2\frac{3}{4} \times 0.01$

④ $2\frac{3}{4} \div 0.1$ (   ) $2\frac{3}{4} \div 0.01$

⑤ $\frac{3 \times a}{4 \times a}$ (   ) $\frac{3}{4}$

⑥ $\frac{3 \div a}{4 \div a}$ (   ) $\frac{3}{4}$

这是一道阅读选择题。题型的特点是通过阅读一段文字,然后回答一些选择题。有利于考查学生的阅读概括能力。

2. 判断题

判断题又叫是非题，学生按题干中限定的条件，对需判断正误的各项，作出肯定或否定的回答。是非题的形式有三种：

（1）是非选项为一判断句，要求学生对这一判断句做出是非判断。

（2）是非项在后，也是一个判断句。

（3）包括多项知识内容，具有综合性的复杂判断，多项陈述有正有误，而只要有一项有误就要在整体上做出否定的判断。

判断题的分类包括是非判断题和分析判断题，请看下面题例：

判断并说明理由：锐角三角形的内角和小于钝角三角形的内角和，对不对？解：不对。因为锐角三角形和钝角三角形都是三角形，三角形的内角和等于180度。

这是一道分析判断题，它便于学生理解运用，考查的准确性更高，猜测得分的可能性也比较小。

3. 填充题

填充题是删去关键字、词或数字的句子组成的。这些删去的地方代之以横线或括号，要求学生将简短的答案填在上面。它的优点是占卷面小，答案正误分明。填充题分为填空题和填图题两种。请看下面的题例：

例(1)

$$乙 \overbrace{\hspace{2cm}}^{25米} \overbrace{\hspace{1cm}}^{\frac{1}{5}}$$
$$甲 \underbrace{\text{- - - - - - - - - - - -}}_{(\quad)米}$$

（1）如乙长 25 米，乙比甲少 $\frac{1}{5}$，甲长（　　）米。

（2）一个三角形的三个内角度数的比是 5：3：1，这个三角形三个内角的度数分别是（　　）、（　　）、（　　）。

设计填充题时要注意：①题目要求有思维价值，避免死记硬背；②避免给学生暗示，如题目留出的空白的长度不能随答案的长短而变化。

4. 改错题

就是给出一个有知识性错误的题，让学生找到错处，并把错误改过来，如表 16.2 所示。

5. 配对题

就是给出几个已知条件，再列出相关的一些备选答案，要求学生将具有对应关系的事物正确地搭配。例如：

一项工程，甲独做 6 天可完成，乙独做 8 天完成，

①两队合做一天，完成工程的几分之几？

②两队合做两天，完成工程的几分之几？

③两队合做两天后，还剩下整个工程的几分之几？

④两队合做，几天可完成？

供选择答案：

（A）$\left(\frac{1}{6}+\frac{1}{8}\right) \times 2$

（B）$\frac{1}{6}+\frac{1}{8}$

（C）$1 \div \left(\frac{1}{6}+\frac{1}{8}\right)$

(D) $1-\left(\dfrac{1}{6}+\dfrac{1}{8}\right)\times 2$

题号	(1)	(2)	(3)	(4)
答案				

配对题既可以考查学生对有关知识的掌握情况，又可以考查学生驾驭这些知识的能力，并且可以促使学生注意这些知识的内在联系，形成良好的认知结构。

6. 连接题

连接题的特点是列出几组相对应的数量或事物，用线段把有关的数量或事物连接起来。此题型主要考查分析思维能力。

例如：把相对应的问题用线段连接起来。

（1）一个自然数和一个真分数合并起来的数是 　　 A、真分数

（2）分子比分母小的分数是 B、假分数

（3）分子比分母大或分子和分母相等的数是 　　 C、最简分数

（4）分子分母是互质数的分数是

D、带分数

除此之外，还有简答题、排列题、框图题、表格题、口算题、简算题、估算题等题型，这些题型在前提测评中都可以有针对性地运用。

（五）前提测评应注意的问题

1. 及时反馈矫正

表 16.2

例　　错题	错因	改正
(1) $5\dfrac{4}{5}\times 5\dfrac{1}{4}=5\dfrac{1}{5}$	带分数不能直接约分	$5\dfrac{4}{5}\times\dfrac{1}{4}=\dfrac{29}{20}=1\dfrac{9}{20}$
(2) $25\dfrac{5}{28}\div 5=25\dfrac{1}{8}$	整数部分也应缩小5倍	$25\dfrac{5}{8}\div 5=5\dfrac{1}{8}$
(3) $5\dfrac{5}{6}-(1\dfrac{5}{6}+\dfrac{1}{2})$ $=5\dfrac{5}{6}-1\dfrac{5}{6}+\dfrac{1}{2}$ $=4\dfrac{1}{2}$	运算顺序：括号前面是减号去括号后应变号	$5\dfrac{5}{6}-(1\dfrac{5}{6}+\dfrac{1}{2})$ $=5\dfrac{5}{6}-1\dfrac{5}{6}-\dfrac{1}{2}$ $=3\dfrac{1}{2}$

目标教学强调反馈矫正要贯彻教学过程始终。学生学习新课前，已有知识与技能的储备要通过测评来检查，又要及时对出现的问题进行补救和矫正。由于课堂教学时间有限，对个别学生通过补救、矫正仍不能掌握，可采用个别补偿办法。

2. 评价要明确具体

指出学生所测内容的优缺点。力戒不做具体分析的"错了""对了"之类的笼统语。更不能挖苦讽刺答错的学生。

简单、草率的结论往往会失去矫正训练的机会，因此，教师不能轻易放弃训练的契机。对于答得好的同学，可以追问"为什么这样答""说说理由"，等等，这样，既体现教学民主性，又富于激励性，教学效果不言而喻。

3. 掌握变通原则

前提测评应该有变通、有取舍。有时可强化延长，有时则需简化、缩短，总之，要根据学生实际情况，根据教材特点，通过教师的实践经验来灵活掌握。

4. 要做到有渗透

前提测评作为目标教学课堂结构的一部分，在设计时也应结合教学内容对学生进行思想品德教育，良好的行为习惯教育以及辩证唯物主义世界观的启蒙教育等。

三、认定目标艺术

认定目标，是指学生知道自己在这一节课中学习的目标。这一环节，对学生来讲是一个认可的过程。为了充分发挥认定目标对教与学的导向、激励、调控作用，就必须克服认定目标方面较为普遍地存在着的形式主义的弊端，努力探求认定目标的艺术。

认定目标的艺术是指富有创造性的认定方式和方法。

（一）主要的认定方式：口述认定和书写认定

书写认定在教师中广为使用，而口述认定却被人们所忽视。事实上口述认定是非常可行的认定方式。魏书生在讲课前常常运用口述的方式和学生一起"定向"，并取得了很好的效果。

选择认定方式的原则是简化认定方式，方便教师操作。

（二）主要的认定方法：课前集中认定和课中分层认定

"课前集中认定"就是在上课的开始阶段，师生共同认定本节课需要达到的目标。这种认定的方式适合于教学内容比较单一的课型。

比如，在初中代数第三册《积的算术平方根》一节的教学中，就可以在教学前用"口述"或"投影"等方式认定本节的三个目标：①牢记积的算术平方根公式，并能叙述出来。②知道积的算术平方根推出的依据，认清积的算术性质限制的条件。③能熟练运用积的算术平方根性质进行计算和化简。这种认定的方法似乎有些"俗套"，但能够一下子集中学生的注意力，发挥激励作用和导学功能。

对于教学内容比较复杂的课型，其教学目标往往是多项目标组成的目标系列。认定系列目标时，如果采用"课前集中认定"的方式，即在上课的开始阶段将全部教学目标一下子端给学生，学生不仅难于记住，而且会主次不分，影响他们在学习过程中对主要问题的注意力。因此，可以选用"课中分层认定"的方法。

"课中分层认定"是把目标系列分层，在讲课中逐层认定。武镇北先生在初中语文中的《荔枝蜜》的教学中，就是运用的这种认定目标的方法。根据

《荔枝蜜》这篇课文的内容及大纲的要求，武老师制定了 15 个教学目标，在认定教学目标的时候，则分"学词、阅读、写作、听说"这四层。而这四层又在讲课中逐步认定。这种认定目标的方法适合于所有的学科，有着较广泛的应用。总之，选择认定方法的原则是：自然灵活，便于教与学。

四、导学达标艺术

导学达标的核心和关键在于一个"导"字，在这个教学过程中，教师充分发挥主导作用，通过对各个环节的调控，完成不同层次的教学目标。

导学是教师在达标教学过程中的基本任务，也是教师在教学过程中发挥主导作用的基本途径和有效方法。教师必须按照确定的教学目标，根据教材的特点，学生的认知水平，采取必要的教学手段。最大限度地组织学生参与学习过程，充分体现学生是主人。做到：新知识让学生主动探索；课本让学生阅读；问题让学生思考解答；结论让学生概括；规律让学生寻找。因此，教师要采取灵活多样的教学方法，巧妙地组织导学。

（一）实验法

心理学认为：儿童的思维活动必须先接受感性认识，再发展到理性认识。由于学生经验少，缺乏充分的感性材料，给教学造成了一定的障碍。因此，根据学生的认知规律，在教学以形体变化为内容的知识时，通过一些实验演示，客观地反映事物之间的联系，帮助学生从感性认识上获得规律性的东西。

例 1 在教学《圆锥体的体积》时教师要通过实验演示揭示等底等高的圆锥体与圆柱体的关系。通过实验，要落实两项目标。第一，建立等底等高的概念。第二，通过揭示圆锥体与等底等高的圆柱体的关系，推导出圆锥体的体积公式。

落实第一项目标：

建立等底等高的概念。

（1）教师出示等底等高的空圆柱和空圆锥，把两个底合在一起。

师：你们发现了什么？

生：这两个形体的底相等。（等底）

（2）把这两个形体水平的放在一个平面上，上面放一把尺子。

师：观察一下，尺子是水平的吗？如果是水平的说明什么？

生：尺子是水平的，说明这两个形体的高相等（等高）。

师：通过比较，我们发现这两个形体是等底等高的。

那么它们体积之间有什么关系呢？落实第二项目标、实验操作，发现规律。

（1）老师往空圆锥内倒满水，然后倒入空圆柱里，直至将空圆柱倒满水。

师：用空圆锥装满水倒入空圆柱内，倒了几次正好倒满？

生：倒了 3 次。

师：从倒的次数看，你们发现圆锥的体积和它等底等高的圆柱的体积有什么关系？

生：圆锥的体积等于和它等底等高的圆柱体积的 $\frac{1}{3}$。

（2）老师把空圆柱内的水，再倒回

空圆锥内（每次倒满）。

师：把空圆柱内的水倒入空圆锥内，几次倒完？又说明了什么？

生：仍然分3次倒完，说明圆柱的体积是和它等底等高的圆锥体积的3倍。

（3）师：是不是所有的圆锥和圆柱的体积都是具备这样的关系呢？

老师出示底和高各不相等的圆柱和圆锥，让学生观察实验。

师：在什么条件下，圆锥的体积和圆柱的体积才是具备这样的关系呢？

生：只有在圆锥与圆柱体等底等高的条件下，圆锥体积才等于圆柱体积的 $\frac{1}{3}$。

（4）根据实验结果，推导公式

圆锥的体积＝和它等底等高的圆柱的体积 $\times \frac{1}{3}$ ＝底面积 $\times$ 高 $\times \frac{1}{3}$

用字母表示圆锥体积的公式是

$$V_锥 = \frac{1}{3}SH$$

（5）观察公式，使学生进一步加深对公式的理解。

师：公式中的 SH 求的是什么？为什么乘以 $\frac{1}{3}$？

采用实验教学法，学生经过了一个由感性认识归纳出一般规律上升到理性认识，形成新知识的理性概念的过程。

（二）操作法

操作法是利用学生的多种感官和已有的经验，通过各种形式的感知，丰富学生的直接经验和感性认识，使学生获得生动的表象，在大脑的指导下协调工作，发挥整体功能，参与学习，从而比较全面、深刻地掌握知识，并使能力得到发展。

例2 在教学《长方形面积的计算》时，要让学生通过摆1平方分米的小正方形，揭示长方形面积与边长的关系，引导学生推导出计算长方形面积的公式。

运用数方格的方法，数出面积：

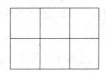

师：在这张长方形的纸上，每一个小方格的边长是1分米，那么这个长方形的长是多少？宽是多少？数一数面积是多少平方分米？

生：这张长方形的纸长是3分米，宽是2分米，面积是6平方分米。

感知操作，建立表象：

（1）摆一摆。师生拿出准备好的一张长是5分米，宽是3分米的长方形的纸和15个1平方分米的正方形。

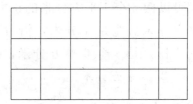

师：这张长方形的纸长是几分米？沿着长边摆，正好摆几个1平方分米的正方形？是几平方分米？

生：长是5分米，沿着长摆，正好摆5个1平方分米的正方形，是5平方分米。

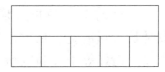

师：宽是几分米，沿着宽可以摆几

个 1 平方分米的正方形，可以摆几排？

生：宽是 3 分米，沿着宽可以摆 3 个 1 平方分米的正方形，也就是说，可以摆 3 排。

师：要求这张长方形纸的面积是多少？也就是求几个 5 平方分米？怎样列式？是多少平方分米？

生：要求面积是多少，也就是求 3 个 5 平方分米，列式是 5×3＝15 平方分米。

（2）学生用操作获得的感性认识，进一步感知面积与边长的关系。

出示图形

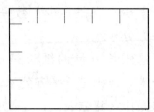

师：图中边长上的每一小段代表 1 分米，怎样较快地说出它有几平方分米？

生：这个长方形的长是 6 分米，沿着长摆可以摆 6 个 1 平方分米的正方形，是 6 平方分米。宽是 4 分米，沿着宽摆可以摆 4 排，是 4 个 6 平方分米，列式是 6×4＝24（平方分米）

引导讨论，抽象概括：

通过操作，提问——

师：长方形的面积和长方形有什么关系？有怎样的关系？

生：长方形的面积与长方形的长、宽有关系。

生：每排摆的个数是长方形的长，摆的排数是长方形的宽。长方形所含的平方分米数，正好等于长和宽所含分米数的乘积。

师：那么，谁能说出长方形面积的计算公式？

生：长方形的面积＝长×宽。

动手操作，使学生亲自参与了知识形成的过程，清楚地看到了知识间的内在联系。不仅落实了知识目标（（1）理解面积与边长的关系（2）掌握面积的计算公式）同时也落实了能力目标（培养了学生的动手操作能力和逻辑思维能力）。

（三）发现法

发现法是指教师根据学习的课题，给学生创设一个研究问题的情境，对研究的问题提出各种假设，组织学生从理论上和实践上对提出的各种假设进行实验、检验等探索性活动，让学生自己通过探索、发现，直至掌握科学结论的一种方法。

例 3 教学《商的变化规律》时，通过观察、比较、抽象、概括，从而发现规律。

观察比较，感知操作：

被除数	24	120	240	2400	4800
除数	4	20	40	00	800
商					

出示思考题——

（1）第 2、3、4、5 组，同第一组比较，被除数和除数、商有什么变化？

（2）第 4、3、2、1 组，同第 5 组比较，被除数和除数各有什么变化？

通过观察、讨论第一个思考题，引导学生回答问题：

生：第 2、3、4、5 组，同第一组比

较，被除数和除数都扩大了 5 倍、10 倍、100 倍、200 倍，商都是 6。

师：如果不是具体的倍数还能怎样说？

生：第 2、3、4、5 组，同第一组比较，被除数和除数同时扩大相同的倍数，商不变。

（接着回答第二个思考题）

生：第 4、3、2、1 组，同第 5 组比较，被除数和除数同时缩小了 2 倍、20 倍、40 倍、200 倍，商都是 6。

生：第 4、3、2、1 组，同第 5 组比较，被除数和除数同时缩小相同的倍数，商不变。

抽象概括，形成概念：

师：从上面的例子，你发现了什么规律？

生：在除法里，被除数和除数同时扩大（或缩小）相同的倍数，商不变。

在这个教学过程中，教师采用了两次发现法，首先运用发现法感知概念，逐步建立起一般表象，然后仍然采用发现法由表象概括归纳出本质属性，形成概念。

（四）阅读法

教材是学生学习的第一手材料，是学习知识的凭借。阅读法是在教师的指导下，以学生独立阅读教材获取知识的一种方法。

例 4 教学《长方体的认识》时，教师充分利用教材中的阅读提纲，让学生通过提纲的内容进行看一看，摸一摸，量一量，数一数等一系列活动，从而认识长方体的特征。

要求每人准备一个长方体模型和一个长方体框架。

阅读第一组提纲：

（1）长方体有几个面？每个面是什么形状？哪些面完全相同？

（2）什么叫做长方体的棱？长方体有多少条棱？量一量每条棱的长度，哪些棱的长度相等？

（3）什么叫做长方体的顶点？长方体有几个顶点？

学生边阅读边指出自己的长方体的面，棱和顶点，同时回答提纲中的问题，最后概括出提纲中的问题。

阅读第二组提纲：

（1）它的 12 条棱可以分成几组？怎样分？为什么？

（2）相交于同一顶点的三条棱的长度相等吗？

采用提纲阅读，观察长方体的框架，使学生理解了 12 条棱的关系。同时建立了长、宽、高的概念。

阅读法可以使学生凭借教材，凭借学具，独立思考，获取知识，培养了学生的自学能力。

利用阅读法导学时，阅读提纲要体现教材的编排意图，要有针对性、恰当地出示阅读思考题。思考题的起点不能过低，学生读起来乏味，但又不能过高，否则学生摸不着，失去信心。阅读的提纲不能过长，教师要根据学生的年龄特点，及时调控。

（五）矛盾法

矛盾法是根据知识本身的矛盾而发展，通过新旧知识的密切联系，在唤醒学生原有知识结构的同时，造成新旧知识的矛盾冲突，产生了新知识的生长点。使学生感到即有熟悉的一面，同时又会产生不一致，不协调，不满足的情绪体验。为了实现这种情绪体验与原有认知结构的平衡，就会产生进一步学习的需要，从而产生学习的动机。

例 5 教学《乘法的初步认识》时，首先出示口算题。

利用矛盾，创设情境：

① $\begin{cases} 3+2+5= \\ 4+3= \\ 6+2+1= \end{cases}$

② $\begin{cases} 5+5= \\ 4+4+4= \\ 2+2+2+2= \end{cases}$

引导学生观察比较提问：(1) 第一组算式与第二组算式相比较有什么相同点？有什么不同点？

（相同点是：都是求几个加数的和；不同点是：第一组是求几个不同加数的和，第二组求的是几个相同加数的和。）

(2) 在算式 $5+5$ 中"5"表示什么数？（相同加数）有几个相同的加数？（2个）

"2"表示什么数？（相同加数的个数）这个算式表示什么意思？（2个5相加）……

通过提问，创设一种"求几个相同加数的和"的情境。接着设置悬念，求几个相同加数的和，可以利用加法计算，也可以用比加法更简便、更好的方法——乘法来计算。

通过训练，设疑，造成新旧知识的矛盾冲突，为新课做好心理和知识的准备。激发学生的学习兴趣，产生学习的内在动机。

利用矛盾，抽象概括：

(1) 感知操作，建立表象

师：请大家摆小红花，要求两个两个的摆，摆 3 次。

师：每次摆几朵小红花？摆了几次？要求一共摆了几朵？用什么方法计算？怎样列式？等于几？

生：每次摆了 2 朵，摆了 3 次，求一共摆几朵，用加法计算 $2+2+2=6$。

师：观察这个算式有什么特点，表示什么？

生：加数相同；相同的加数是 2；有 3 个相同的加数；这个算式表示 3 个 2 相加。

师：3 个 2 相加，还可以用乘法计算（2×3）。

(2) 学生用小正方形纸摆 4 个 3。

□ □ □ □
□ □ □ □
□ □ □ □

师：每次摆几个？摆了几次？求 4 个 3 是多少？怎样列加法算式？怎样改写成乘法算式？

生：每次摆 3 个，摆了 4 次，列式是 $3+3+3+3=12$（3×4）。

师：想一想：相同的加数是几？有几个相同的加数？怎样读？表示什么意思？

生：相同的加数是 3，有 4 个相同的加数，读作 3 乘以 4，表示 4 个 3 相加。

师：请同学们用圆片摆 5 个 4。

（略）

生：（略）

（3）抽象概括

师：我们已经求出了 3 个相同加数的和，4 个相同加数的和，5 个相同加数的和，还可以求 6 个……相同加数的和。

要求 100 个 6 的和，用加法怎样列式 $\underbrace{6+6+6+\cdots 6}_{100个6}$，用乘法怎样列式（$6\times100$）。此时，加法算式无论是读还是写都比较繁琐，学生心理产生了新的矛盾，教师利用矛盾，抓住时机，加强比较。

师：比较 $\underbrace{6+6+6+\cdots 6}_{100个6}$ 和 6×100 这两个算式，哪个算式读和写比较简单。

生：乘法算式简单。

从而揭示了求几个相同加数的和用乘法计算比较简单，使学生在矛盾中看到了知识的发展。

（六）达标四种方法

达标训练是运用目标，对当堂课中教师输出的全部信息的回收，以便对学生学习中出现的不足进行及时矫正。无论是简单的直接运用还是复杂的综合运用，都需要有计划的练习，以达到课堂教学的最佳控制。因此，在导学之后，要围绕着各项目标设计具有目的性、阶梯性、多样性的练习题，达到既巩固基础知识，又开拓思路的目的。

1．基本练习

基本练习是指学生在学习新知识后，教师设计的以新知识为基本内容的练习。这类练习的设计要保持结构的稳定性，

具有例题特征，数量不多，但是要求要严格，使全体学生都能做到。

如学习了《商的变化规律》后，出示下面一组题。

从上到下，先算出每组题中第一个算式的商，然后很快写出下面两道题的商，再说为什么？

$$(1)\begin{cases}72\div9=\\720\div90=\\7200\div900=\end{cases}$$

$$(2)\begin{cases}36\div3=\\3600\div30=\\360000\div300=\end{cases}$$

$$(3)\begin{cases}8000\div400=\\800\div40=\\80\div4=\end{cases}$$

这组基本练习题的出示，不仅可以加深学生对商不变规律的理解，而且能将这一规律运用在整十整百数除法口算中，提高口算能力。

又如：学习《角的初步认识》之后，出示判断题。

判断下列图形是不是角，为什么？

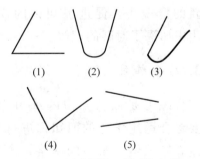

（1）　　（2）　　（3）

（4）　　　（5）

通过这组判断题，使学生从正反两个方面加深对角的初步认识的理解。

2．变式练习

变式练习就是改变所学知识的非本质特征，从而突出本质特征的练习。这

类练习题的设计要以新为主，在保持新知识本质属性的前提下，改变思维训练的角度，将例题变更，以加深对新知识的理解。

如：学习了《求平均数》的应用题，学生掌握总数量、总份数的对应关系后，安排下面一组变式题。

一个修路队修一条公路，6 月份的前 12 天修了 2400 米，后 18 天平均每天修了 10 米，6 月份平均每天修多少米？

小红期末考试语文、数学、自然三科平均成绩是 92 分，语文成绩为 90 分，自然成绩是 91 分，数学成绩是多少分？

通过练习，从不同的角度理解"平均"的意义。

又如：学习《圆的认识》后，在基本练习的基础上，出示下面的图形，说出圆的半径和直径。

 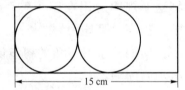

变式练习把新学到的圆的知识，运用到新的情境中，促进了知识的迁移，在运用中加深了对圆的理解。

3. 综合练习

综合练习是以新知识的练习为主，同时要综合运用学过的旧知识进行的练习，使新知识纳入知识的网络。这类练习的设计更注意知识的系统性，新旧知识相互搭配，从而达到巩固应用所学的知识，形成能力的练习。

如：学习了《比的应用》后，设计综合练习题。

商店运来橘子 125 千克，橘子和苹果的比是 $5：6$，犁的重量是苹果的 $\frac{3}{10}$，橘子比苹果多多少千克？

甲乙两地相距 360 千米，客车和货车同时从两地相对开出，4 小时相遇，客车和货车的速度比是 $5：4$，相遇时客车和货车各行多少千米？

又如：学习长方体、正方体的体积之后，设计综合题。

把一块棱长是 8 厘米的正方体钢坯，锻造成长是 16 厘米，宽是 5 厘米的钢板，这块钢板有多厚？

综合练习不仅要注重新旧知识的综合运用，还要着眼于方法的沟通，例如学完用比例知识解应用题后，设计综合题。

水是由氢和氧按 $1：8$ 的重量比化合而成的，5.4 千克的水中，含氢和氧各多少千克？

$0.6 \times 1 = 0.6$（千克）

（解法 1）归一法：

$5.4 \div (1 + 8) = 0.6$（千克）

氧：$0.6 \times 8 = 4.8$（千克）

（解法 2）份数法：

氢：$5.4 \div (1 + 8) = 0.6$（千克）

氧：$0.6 \times 8 = 4.8$（千克）

（解法 3）分数法：

把氧看做单位"1"

氧：$5.4 \div (1 + \frac{1}{8}) = 4.8$（千克）

氢：$4.8 \times \frac{1}{8} = 0.6$（千克）

（解法 4）按比例分配解：

氢：$5.4 \times \frac{1}{1 + 8} = 0.6$（千克）

氧：$5.4 \times \dfrac{1}{1+8} = 4.8$（千克）

（解法 5）正比例解：

设：氢的重量为 x 克

$\dfrac{x}{1} = \dfrac{5.4}{41+8}$ $x = 0.6$（千克）

氧：$0.6 \times 8 = 4.8$（千克）

4. 发展练习

发展练习是在新知识理解的基础上，把新概念、原理、性质，置于更广阔的背景关系之中，实行转换和迁移水平上的练习。练习的设计难度适当，不要超越学生的认识能力。要具有认知的可行性。

如学生在学习了三角形内角和等于 $180°$ 之后，设计发展题。

计算下面各个图形的内角和，找一找求任意一个多边形的内角和有什么规律。

这组题运用了三角形内角和是 $180°$ 这个性质，四边形内引一条对角线，可以看作 2 个三角形，所以四边形内角和是 $180° \times 2 = 360°$，以此类推，最后发现 n 边形的内角和是 $180° \times (n-2)$。

五、达标测评艺术

达标测评艺术，是指教师遵循教学和学生心理的发展规律，娴熟地运用各种技能、技巧，对学生实行达标情况进行全面考察的富有创造性的教学活动。

达标测评是教学活动的一个有机组成部分。用艺术性的手法进行达标测评，不仅会检测学生学习的达标度，给教师以反馈信息，使教师有的放矢地进行矫正、强化工作，还能消除学生疲劳，愉悦学生的身心，提高学生学习的热情，激活学生思维，活跃课堂气氛，强化对知识的理解、巩固、记忆，以至创造最佳的学习效果。

目标教学的核心是掌握学习。掌握学习的关键在于运用"反馈—矫正"机制。达标检测的目的就是要完成"反馈—矫正"这一转变，最终实现目标的达成。

（一）编制测试题的艺术

编制一套科学的测试题，能够使教师正确地确定教学效果，准确地获得反馈信息，为教师的评价、矫正工作提供可靠的依据。

第一，依照大纲的规定，教材的内容，学生的实际，紧紧对应课时的教学目标。

第二，全面考查学生已学的知识以及理解运用知识的能力，重点突出。

第三，编制测试题的形式是新颖或巧妙的。

第四，题目来自检测内容，而不是照抄、照搬教材的原题。

第五，难度适中，又有较高的区分度，满足全体学生的需要。

第六，语言准确、简洁、要求清楚、明了。

第七，以客观型测试题为主，如选择题、填空题、是非题、排列题、改错题等；以主观型测试题为辅，如：分析题、说明题、论述性的问题等。

（二）达标测评的方式

第一，谈话。用师生间的谈话考查学生回答的内容，从而了解学生的达标度。

第二，提问。用师生间的一问一答，考查学生应答的时效和准确率，从而了解学生的达标度。

第三，游戏。组织学生参与某种游戏活动，考查学生动手、动口、动脑的能力，从而了解学生的达标度。

第四，竞赛。组织学生参加竞争性的活动，考查学生的记忆，运用知识的能力，从而了解学生的达标度。

第五，讨论法。组织学生参加集体讨论，考查学生理解运用知识的能力，从而了解学生的达标度。

第六，笔答。组织学生参加容量适当，难易适中的小型考试，考查学生记忆或运用知识的状况，从而了解学生的达标度。

达标测评的"测"与"评"是紧密联系在一起的，施测之后，要立即评析，及时矫正。

（三）评价、矫正的艺术

准确的评价，及时的矫正，是目标教学的重要任务。它可使掌握的知识得到强化，疏漏的知识得到补救，错误的认识得到矫正。实质上，它是面向全体，使学习的"落伍者"赶上学习的进程，成为学习的达标者。

1. 要迅速、准确地判断

达标检测后，教师应迅即做出准确判断。学生对，对在哪里；错，错在哪里。错的根源是什么？症结在哪里？这都要求及时做出评价。

2. 要对应目标

评的依据是学生的检测结果，评的标准是课时目标。要紧紧抓住一个个目标，用它们做尺度去衡量学生的达标度，明白无误地讲出学生学习的"目标差"。

3. 要评到关键处

学生检测中出现的目标差，有的是带有关键的、实质问题，它往往是大部分学生理解的"误区"，学习的障碍。教师要紧紧抓住这个症结问题，集中时间，集中精力，悉心指导，细细讲解，突破难点，使大部分学生都能顺利达标。

4. 要评出积极性

对达标成绩好的同学，评价不虚，恰到好处，使被评的学生享受到成功的快乐；对未达标的同学，不讽刺，不挖苦，多鼓励，多引导，使他们充满信心，迎头赶上。

5. 要边评边矫正、强化

评不是目的，评是要让学生明白，达标度究竟有多少，"目标差"究竟有哪些。而对学生已掌握的知识，已提高的能力，予以强化，对错误的认识给以矫正，对疏漏的知识给以补救，才是教师追求的目标。因此，在测评时，教师要一边评价，一边分析，一边强化，一边矫正或补救，使未达标的学生通过教师的引导点拨，以及自身的努力，有充分的达标机会。

怎样在教学实践中用艺术性的手法进行目标测评呢？

一位地理教师在教学《中国的疆域》一课时，为了检测学生对有关中国沿海知识的掌握情况，就设计了这样的问题：请同学们在张贴黑板上的大地图上，用这只轮船（玩具）演示一下：沿中国海自北向南航行，说明都经过哪些中国海，都和哪些国家隔海相望，沿途你所看到的中国海岸线有多长？同学们兴致勃勃，课堂气氛非常活跃。教师指名同学到地图上演示。学生边演示，边说。既反映了学生的达标度，巩固了已学的知识，又激发了学生学习的热情，消除了学习的疲劳，增强了他们学习的愉悦感。

总之，目标测评是目标教学的极为重要的一个环节。这个环节落实得好，教师既能准确、全面地"测"，又能及时、准确地"评"和"矫正"，目标教学的达标率就会有一定的提高。

第 17 篇

教学的人际关系艺术

　　教学是以教师的教与学生的学行为方式以及全面提高学生素质为根本目的人际（人与人之间）互动的社会行为。教学中人与人之间处于协调合作的活动状态，才有助于教学目的的实现。因此，教学中为实现教学目的、目标，而使人与人之间关系处于协调合作的活动状态，则是教学的人际关系的艺术的范畴所要解决根本问题。所谓教学的人际关系的艺术，则是指教学中，为实现教学的根本目的与目标，而使人与人之间的关系处于协调合作的活动状态的方法与技巧。

一、教师的人际关系

　　人是社会化的人，教师是社会化的职业。在社会生活实践中，每一个人都不可能孤立于社会之外，与世隔绝。教师人际关系是指教师在学校教育与教学工作中通过直接交往而建立起来的人与人之间的比较稳定的心理关系，它可以表现为一种动态的个人与个人、个人与群体之间的交往过程。教师的人际关系包含三个层次的意思：第一，教师人际关系存在于现实的人际交往中，表现为双方思想和行为的互动。第二，教师的人际关系是交往过程的感情凝结。人都是有感情的，随着交往的深入，彼此相互沟通，就会产生出浓重的感情色彩，如喜欢、厌恶、失望、满意等等。其中亲近与疏远，热情与冷淡，都可以反映出人际交往的感情程度。第三，教师人际关系是社会交往的联结点。教师不能脱离社会，而每一个教师都从属于一定的阶级、民族、团体、家庭，通过人与人之间的联系和接触，就把个体同社会群体组织直接或间接连接起来。

1. 教师人际关系的特点

教师的人际关系，作为宏观社会关系的一个特定的层面，除了具有社会性，潜在性和情绪性等一般的共性特征之外，还具有自身的独有的特点。

（1）教师人际关系的文化性特点。教师在一定程度上代表着社会文化，他们是向少年一代传播文化知识的过程中，进行着人际交往的，随之而建立的人际关系就必然处处打上文化的印记，同时，也体现了一定水平的文化修养。因此，教师在具有较丰富的知识和较高的分析能力的情况下，要同什么人建立关系，建立什么样的关系，都比其他人有着更明确的目的。教师人际关系的调适也应密切结合文化因素与教学业务进行，并在创设一定文化心理氛围的基础上来强化教师积极愉悦的内心体验。

（2）教师人际关系深层次性特点。由于长期历史原因和工作性质的特殊性，很多教师养成了"外圆内方"的性格。一方面，他们希望与我和谐相处，另一方面他们又具有很强的自尊自重的个性特点，从而表现为对人对事虽有自己的看法和见解，但总不表露出来，也不愿别人随便评价自己。这种深层次性的特点在人际交往中就会产生一定的障碍，如果处理不当，则很容易出现交往的误区，导致交往的不和谐，以致影响教师与教师、教师与学生、教师与家长以及教师与社会之间产生矛盾，影响正常的工作。

（3）教师人际关系教育性特点。学校是以培养社会主义一代新人为教育目的，学校良好的人际关系，是促进和保证学生全面发展的重要的心理环境，善于处理复杂的人际关系，是现代新型人才应该具备的教育素质之一。

（4）教师人际关系的多维性特点。学校本身是一个多种人际关系构成的综合体，即有纵向的上下交往，又有横向的彼此沟通。这种纵横交错的人际关系具有多维性。在多维的关系中，师生关系是主导，并且，这种以师生关系为主导的多维结构，在不同的情境下，又常有不同的内容和变化，这就更增加了多维关系的复杂程度。教师要准确把握这种人际关系的多维性，而且要善于扮演多种角色，同时，又是要全面履行自己的职责，以便及时有效地调节纵横关系，机智巧妙地解决冲突。

（5）教师人际关系的示范性特点。教书育人，为人师表，是教师的神圣职责。教师人际关系的内在心理因素——认知、情感和行为，大都要在学生面前展示出来，并对学生产生种种影响和作用。捷克大教育家夸美纽斯指出，教师的职务是用自己的榜样来教育学生，无论教师是否意识到，事实上教师的言论行为，为人处世的态度和方式，都被学生视为榜样，起着示范作用。即使在校外，教师这一特定的社会角色，也要求他处处为人表率，起示范作用。

2. 教师人际关系的类型

教师的人际关系是一种典型丰富的心理环境和错综复杂的社会现象。在学校教育教学工作系统中，根据不同的审视角度和教师人际关系多维性的特点，一般可划分为以下类型：

（1）从心理距离的角度审视划分为：

①同事关系。学校的工作，主要是教书育人，教师为了达到教书育人的目的，就必须与同事、领导自然而然地形成这样成那样的人际关系。

②朋友关系。教师在日常工作中，因为教师之间由于思想素质，个性爱好，专业特长具有相通性，在交往中会形成一种高于同事关系的朋友关系，这种关系是建立在心理距离接近的基础上的。

③知己关系。在心理距离远近的趋势上，其中还有一种更为亲近的人际关系。那便是教师之间形成知己关系，但这种关系在整个教师志趣爱好、性格、知识层面等诸多方面因素的限定，所以形成的机会不是很多，范围也比较狭小。

（2）从人际交往的角度审视划分为：

①平行关系。它包括两个方面：教师与教师之间的关系，教师与学生家长之间的关系。

②垂直关系。包括教师与学校各级领导之间的关系，教师与学生之间的关系。

平行关系的融洽化和垂直关系的正常化是教师人际关系所追求的目标。因为只有处理好人际关系，教师才可全身心投入教育事业中去，否则对教学将会产生不良的后果。

（3）从人际关系的内在属性角度审视划分为：

①选择性关系。这种关系也叫情谊性关系，它的外在表现不是正式而是非正式的群体。

②公务性关系。它是指在教育活动中所建立起来的工作关系，它具有责任依从的性质。

③集体性关系。这种类型则是指在公务关系的背景上渗透情谊性关系，并做到两者较为完善的结合。

学校内教师的人际关系如果以"选择性关系"为主，则往往会出现一盘散沙的局面；如果过分强调"公务性关系"，则教师的精神生活容易陷于枯燥与贫乏；只有把"选择性关系"和"公务性关系"结合起来，才能逐步实现民主、平等而又团结协作的集体性关系。由于集体性人际关系具有巨大的作用，因此教师之间就会形成既心理相容，又相互负责的心态，即使出现了矛盾，也会因自我调节力量的增强而较快地得到解决。

二、教师之间的协调艺术

当前学校教学是分学科分年级进行的，从学校教学整体而言，特别是从学校对学生的施教行为而言，教学不仅仅是教师对学生施教的个体行为，而是教师们相互配合，分工合作的群体行为。对实施素质教育而言，尤其如此。学校的教学活动是一个系统工程，需要各学科各年级教师分工合作，统一实施。为实现教育教学的根本目标，教师之间人际关系的协调则是一个基本条件。所谓教师之间的协调艺术，则是指教师之间分工合作，相互沟通，团结友善的个体关系，以及为实现这样的个体关系而采用的方式方法。

如何使教师之间关系协调发展呢？这首先要建筑在为实现教学的根本目标的基础上和前提下，亲近和睦。讲求共性，尊重个性，求同存异；相互学习，相互帮助，取长补短；相互交流，相互支持，分工合作。毛泽东同志讲："我们都是来自五湖四海，为了一个共同的革命目标走到一起来了。一切革命队伍里的人，都要互相关心，互相爱护，互相帮助。"这条原则对为实现教育教学的根本目标而共事一校的教师们依然适用。当然，教师的职业特点，个性差异，业务专长等不同，在人际关系的协调上又有着一定特殊性。具体说来应注意以下几点。

1. 讲求共性，尊重个性，求同存异

教师的职业特点，要求教师本身的知识水平较高，具有很高的修养。教师的劳动方式具有较强的个体性，"独当一面"，一个人担任并完成某门学科、某个年段，某个班级的教学工作。教师以自身的文化知识、专业、才能、思想道德修养，"润物细无声"，潜移默化地培育学生成长。教师的劳动成果是以教学质量和学生的学习成绩等近期效果和远期效益而间接地体现出来。教师的职业习惯，使他们习惯于默默耕耘，埋头奉献，而不愿意在众人面前过多地显露自己，然而他们有着高尚的职业追求，渴望人们理解、尊重他们的辛勤劳动。教师们相聚一校，有相同相似的劳动环境，有相同相似的劳动对象，有相同相似学历、

文化修养，有相同相似的教学目标，有相同相似的职业特点，相互之间有很多的共同语言和谈论的话题，这是教师人际关系协调发展的基本条件。然而由于教师之间在专业、性别、年龄、性格、才能、兴趣、爱好等方面的差异，每位教师除共性特点之外，又有鲜明独特的个性，以及特有待人处事方式方法。因此为有效地协调教师之间的人际关系，必须充分尊重个性特点的前提下，讲求共性，以共同的教学大目标来增加教师之间的凝聚力，协调教师之间的关系。求同存异，不求整齐划一。这不仅是对人本身的尊重，也是从实际出发，协调教师之间人际关系，实现共同的教学大目标的需要。这是从教师之间的性格的异同方面着眼。

2. 相互学习，相互帮助，取长补短

从教师们的业务分工而言，虽然有相同的职业特点，相同的工作环境，相同相似的学历等相同相似的一方面，然而又有专业不同的一方面，有文理科之分，文科有文、史、地、政之分，理科有数、理、化之分。所教学科不同，专业知识不同，性格特点、思维方法也有所不同。同是教一个学科的，由于专业主攻方向不同；教学经历、经验不同；老教师经验丰富、沉着稳健，新教师接受新事物快，反应灵敏，各有所长。所以，要使教师之间关系协调发展，不同学科，同一学科不同年龄段的教师，都要充分地看到对方的长处，相互学习，取人之长补己之短；并且充分地发挥自身的专长，相互帮助，做到优势互补。

这样，不仅可以密切教师之间的关系，而且合成教育教学上的合力。

3. 相互交流，相互支持，分工合作

教师的劳动方式大都以个体方式进行的，然而从学校教育教学而言，是一个系统工程。是分学科分年段分班级，分"兵"把守，各负其责，形成教学合力，才能有效地提高学生的全面素质。因此，需要同班级，同年段，同学校的教师互通信息，相互沟通。同时需要教师们在思想上业务上相互交流，这种交流可以是以有组织的方式，以年级组或教研组的方式，介绍经验，讨论问题，集思广益，群体攻关，协调行动，齐抓共管；更多的是以教师个体之间交流的方式进行，积极主动地与他人交流，谈意见，通情况，或讨论，或求教。交流的内容丰富多彩，可以是思想交流，通过交谈讨论达成对问题的共识；也可以是感情交流，畅谈对生活或工作的感受，表达对对方给以自己关心、帮助、支持的谢意等。通过交流，求得对方对自己工作的支持和配合，或主动了解情况，给以对方工作应有的支持和配合。思想上、业务上、生活上的相互关心、相互帮助，都会密切教师之间的人际关系。有时生活上一些事情，似乎与教育教学工作不沾边，然而教师本身也是血肉之躯，同样也有大量的生活问题与困难需要解决，教师之间互相关心，互相帮助，会温暖同事的心，增加同志之间的友谊和亲情。这对协调教师之间人际关系，分工合作，团结一致，实现教学的根本目标，都是大有益处的。思想上相互交流，有利于消除误解，增进了解，统一认识，协调行动；行动上的相互帮助，相互支持，有助于增进团结和友谊。既利人利己，又利国利民。教师们的团结、友爱以及亲情，有助于促进学校精神文明建设，也有利学生全面素质的提高。

4. 教师之间交往的特点

教师的工作主要是培养人，是从事精神生产的，他们既是学校的集体成员，又是独立的劳动者。教师工作的特殊性，便决定了教师与教师之间交往具有其本身自有的特点：

（1）有限性特点。教师整天忙于上课、备课、加上大量时间要与学生接触。因此，教师与教师之间的来往，在时间上就显得非常有限。一般性的接触往来，也多数限于会议上，由于有些教师身上"文人相轻"的旧习没有完全根除，有时还会出现"鸡犬之声相闻，老死不相往来"的现象。

（2）独立性特点。教师是个体脑力劳动者，对别人的依赖程度明显有别于其他行业。所以，教师之间交往的自由度很大，主观性较强。即交往对象以及关系的确定，在很大程度上取决于主体所作的主观选择。也就是说，交往与不交往，完全取决于教师本人。

（3）层次性特点。教师的工作主要是"传道、授业、解惑"，因而比较注重精神上的交往，但由于教师知识层次不一，或者同一层面上，方向各异，所以，教师之间的交往常常表现出在知识、学科、思想、情感等精神内容方面的志同道合，显现出同声相向、同气相求的层次特点。

5. 教师之间交往应遵循的原则

教师与教师交往的类型大致有：目的型、学科型、协作型、互补型、情感型、兴趣型、互斥型等几种，它们的划分是以事业上的合作，知识结构以及情感上的交流为基础的。而且这种划分只是相对的，不是绝对的。而且，各种类型之间也常常有交叉的情况。比如，既是学科型，又是兴趣型，既是目的型，又是情感型，等等。

了解了教师交往的类型后，教师在与同事打交道的同时，就应根据不同的类型来进行交往，但必须遵循以下原则：

（1）互尊原则。尊重他人，是教师人际交往的前提，也是一个教师道德境界的体现。尊重他人，首先要有对自我的清醒的认识，能够冷静地分析，评价自己；其次是对他人也要有全面、客观的评价。要理智行事，宽容大度，虚怀若谷，真正做到文人相重。

（2）互补原则。教师间的交往，应该是一种较高层次的沟通。其交往内容更多侧重于思想、情感、知识等精神领域，这是一个博大精深的世界。每一个教师都有其自身的优势，同时亦有自身的不足。因此，无论从教师交往的内容，教师自身的特点以及当代知识发展的趋势来看，教师人际交往的价值在很大程度上就在于互补功能。这种互补，是一种思想上的帮助，信息上交换，情感上的融合和知识上情感上的整合。它对于提高自我，促进群体，实现职业目标，都有关深刻的意义，我们应珍惜这种交往。

（3）互助原则。如果说互补更多的是从交往的主体来说的话，那么，互助则更着重于交往的客体。即教师在交往中应有助于对方。学校的工作是一个整体，学生的教育更是一个复杂的系统工程，这是任何一个人无法完成的，它必须依靠整体人的帮助和支持。这种合作的性质就决定一教师在交往中必须给同事以真诚的，积极的和有效的帮助和推动。这种帮助和推动，无论是在精神上或业务上，或在生活上都显得十分必要。

（4）互动原则。互助只侧重于交往的某一方，而互动则是从交往的双方，从关系的整体来说的。互动，就是追求一种系统的最大功能；互动，就是促进交往的动态平衡和发展；互动，就是达到每个人价值的最大实现。一个人有一个苹果，两个人交换之后，每人还只是有一个苹果。然而一个人有一种思想，两人的思想经交换后。一个人便有了两种思想。显然，互动不是简单的交换，它是由个人的追求所导致的整体效应。

三、师生之间的融洽艺术

教师与学生之间的关系，是一种特殊的社会关系，是教育者和受教育者的关系。教育就其本质而言，是根据一定社会的要求，培养为一定社会所需要的人的活动。教育的本质决定了教师与学生的社会角色、联系方式。教师肩负着培养社会所需要的人才的任务，这就要求教师本身具有较高的科学文化知识水平，专业才能，和较高的思想道德修养。才高为师，德高为范。唯此才能担负起教书育人的重担。在教师的有效指导下，注重掌握学法，增长才干，完善道德观念，提高思想水平，使德、智、体、美、劳等方面得到全面发展，从而成为社会所需要要的建设者和接班人。在社会主义制度下，就政治和法律而言，教师与学生之间的人际关系又是民主和平等的新型关系。具有以往社会的师生之间关系所未有的全新内容。然而，就教育教学活动本身而言，在施教者与受教者之间差异所构成的矛盾关系中，教师始终处于主导地位。建立良好的师生关系是提高教育教学质量的前提和保证。在教育教学中，如，何建立良好的师生之间的关系呢？

1. 以"爱"为基础

社会主义社会新型的师生关系，要求教师为社会培养合格的建设者和接班人，首先必须关心爱护教育对象，给学生以真诚的、满腔热忱的"爱"。以"爱"作为施教的基础，以爱打开学生的心扉，以爱温暖学生的心灵，以爱塑造学生的灵魂。良好的师生关系的建立必须以纯洁美好的情感做基础才有可能实现。教师唯有发自内心对学生的关怀、热爱、坦诚和期待，才会换取学生的信赖、热爱、坦率和尊敬，学生才会乐于听从教师的教导。对先进的学生是如此，对后进的学生更须如此。火热的心才能融化冰冷的心。所以说，教师给以学生们以伟大无私的"爱"，是建立良好的师生之间关系，提高教育教学的效益的前提和基础。

2. 讲求教育教学方法

在教育教学活动中，教师必须讲求教育教学方法，才有可能获取最大效益。以先进的科学方法论为指导，从实际出发，讲求教育教学方法的科学性和艺术性。教育学生，待之以诚，动之以情，晓之以理，示之以行。施以言教和身教，使学生口服并心服。对所有学生一视同仁，对所有学生都一分为二，坚持两点论，全面公正地看待学生。设身处地地关心体贴学生。从思想、学习、生活、身体方面给以学生无微不至的关怀和爱护，加深师生之间的理解和沟通。学生自然就会把教师当做亲人和知心朋友，增加了学生对老师的亲和力。这样以教师为核心，也就增加了班集体的凝聚力。在教学中，教师除了有较高的文化素养和专业才能之外，还要有高超的教学方法。循循善诱，深入浅出，善于发挥学生的学习主体的作用，调动学生的学习积极性，指导学生掌握学习方法，引导学生把知识变为才能。教学本身具有趣味性和艺术性，对学生具有很强的吸引力。这样由教师的善教，则引来学生的乐学。学生则会对教师产生由衷地敬佩之情。产生对学科的兴趣和学习动力。教师与学生之间的人际关系也就达到最佳的和谐状态，这对全面提高学生的素质是大有裨益的。

3. 发扬教学民主作用

在教学活动中，教师起着主导作用，只有在充分发挥学生的主体作用的前提下，才能实现教学目标。因此，教师在教学过程中必须充分发扬教学民主作用，启发学生思维，引导学生动脑、动手、动口，认真听取学生的意见和建议，对学生的正确意见和建议给以充分的肯定，对学生认识上的不足和偏颇给以必要的引导和点拨，对学生的创造精神给以应有的尊重。并且以讨论的方式，引导学生各抒己见，联合攻关。这样，不仅创造了民主和谐的教学气氛，而且有助于通过实践提高学生分析问题、解决问题的能力，以及有关的才能。教学相长，而不是搞教师的"一言堂"。这样，教师与学生之间的人际关系也无疑是和谐、融洽的。

4. 师生交往的手段

师生之间的交往，古已有之。师生交往超越了一般的交际含义，它不仅具有人类文明延续的作用，而且具有塑造灵魂，净化社会，开一代新风的意义。一个与学生建立了良好的人际关系，赢得学生尊敬的教师，自然会被学生引为楷模。这时，教师的思想作风，品德修养、治学态度，做人准则及至行为举止，都会成为学生效法的榜样，并产生潜移默化而深远的影响，实际上，这也是一种有效而巨大的教育力量。因为，学生从教师那里学到的知识总是有限的，而从教师那里学到的治学与做人的道理的态度却很可能陪伴他终生。因此，一代教师的积极进取，奋发向上，锐意拼搏，严于律己，自强不息，正派无私的品格，通过代代相传，将会对我们整个民族的未来产生不可估量的影响。

在师生交往的过程中，彼此之间的沟通是通过语言的或非语言的符号实现和完成的。

（1）语言交往。语言交往是最基本、最普通的一种形式。教师主要借助语言传授知识，表达思想，而语言表达一般又分为口头语言和书面语言两种。口头语言主要用于直接的面对面的讲述，如授课、讲演、谈话等。书面语言主要用于墙报、书信、评语等。

（2）非语言交往。教师除了使用语言同学生交往外，还必须借助情态手段和时空手段等非语言形式进行交往。情态手段包含教师的面部表情，体态表情和手势等。面部表情是人类最主要的表情动作，在人际交往中起着十分重要的作用。对于学生来说，教师的面部表情是一个十分敏感的区域。在大多数情况下，师生沟通就是借助面部表情实现的。如眼睛，美国心理学家摩尔就曾说，你越喜欢的人，你就越愿意用眼睛和她接触。因此，适当地运用面部表情可以收到语言难以达到的效果。

（3）体态手势。在师生交往中，教师的体态及手势语言也很重要。教师的一举手一投足，都能体现特定的态度，表达特定的含义。如教师是以潇洒的风度还是以委琐的动作上课，都会影响交往的效果。教师的衣着、饰物、手势、动作，在某一特定的场合也能起到沟通的作用，尤其是恰到好处的手势，具有很强烈的感染力和表现力。

（4）时空手段。时空手段在教师与学生交往之间也起着不可忽视的作用。由于时空的特殊组合，常常能为师生的交往提供"最佳时刻"——机遇。这种机遇，往往可以创造出意想不到的效果。时间，包括教师对时间价值的认识。如要求准时、守时、适时等。而空间，则指地理位置对教师与学生的交往和沟通的影响。为空间距离的变化，对师生心理会产生一种"距离效应"。如教师向学生提问时，或是居高临下，直呼其名；

或是走下讲台，稍加示意，情状显然是不相同的。总之，师生进行交往，必须借助这种语言与非语言的沟通媒介，要善于运用不同的手段，只有多种手段同时使用，才能增强效果，从而在师生交往中达到教育的目的。

四、学生之间的合作艺术

学生与学生之间的关系，是指在教育教学活动中，学生之间由于共同学习、生活、训练以及从事社会实践活动而相互交往、接触所结成的社会关系。这种社会关系叫做同学关系，是一种类似与有别于兄弟姐妹关系与朋友关系的社会关系。同学之间相互合作，有助于完成集体活动，学习与掌握社会行为准则，提高自身思想文化道德素质。使学生之间相互合作的方式方法有很多，教师要创造条件并给学生们以指导。

1. 给学生创造交往与合作的机会

在学校的共同学习和集体生活中（不同于在家庭生活和社会生活中），学生是行为的主体。除了同学之间日常接触之外，教师可以创造条件，给学生以交往和合作的机会。如，教学中组织学生分组讨论，建立学习小组，开展"手拉手"活动；或建立课外兴趣活动小组，科技活动小组，体育活动小组，学雷锋小组等。让学生自己组织、主动交往，相互合作，在实践中学会相互交往的方法和规则，体验相互合作的必要性和重要性。在共同的活动中相互学习，相互关心，相互帮助，相互促进，加深了解，增进友谊，领受合作的愉悦，认识朋友对自己、自己对他人的价值。

2. 给学生的接触、交往、合作的指导

对学生之间的接触、交往与合作，教师给以必要的指导，使学生之间的人际关系向健康的方向发展。教学生学会社会交往的规则，礼貌待人，消除误解，调整关系，化解矛盾，学会正确地处理同学关系（人与人之间关系）的方式方法。对主动关心、帮助同学，为同学排忧解难的学生，善于组织和调动同学团结合作的学生干部，对团结合作而取得优异成绩的集体，及其起骨干作用与做出重要贡献的学生，给以当众表扬，使之成为同学们学习的榜样。榜样的感召，荣誉的激励，是对同学之间团结合作的最好的与有力的导向。这对学生认识个人在集体中的位置和作用，小集体与大集体之间的关系；促进同学之间的团结合作，发展友谊；增加集体的凝聚力，形成团结战斗的集体；提高今后在社会生活中正确恰当地处理人与人之间关系的能力，都是大有益处的。教师的指导和引导，是有效地协调和促进学生之间合作关系的基本方法，是实现教育教学目标，全面提高学生的素质的必要措施。

五、教师与家长的人际关系

在教师的人际交往中，教师与家长的关系是教师人际关系的一个重要组成部分。它是教师职业所必需的，因为学生不仅生活在学校环境中，还生活在家庭环境中，要做好教育工作，教师就必须取得家庭的紧密配合，把两股教育力

量汇成合力，才能共同培育好下一代。

教师与家长交往，可以说是教师人际关系的一个重要组成部分。自从孩子进学校后，教师便与家长发生关系，这种关系是通过学生作为纽带而形成和建立的。因为，教师在与学生的交往中，也间接地了解了家长；父母在与孩子的交往中，也间接地了解了教师。即在教师与家长直接交往之前，通过学生这个"信息媒体"，彼此已有了一定的了解。

教育目标与任务的统一性、共同性，决定了教师与家长合作的客观要求。教师和家长对青年一代负有共同的教育责任，利益是一致的。因而，能够做到互相支持，共同配合，为学生的健康成长尽力尽责。在互相交往中，教师若能受到家长的尊重与期待，便可使教师更加热爱学生，增强责任感；家长若能得到

教师的尊重，家长便会更加关心与支持教师的工作，从而形成和谐合作的人际关系。

教师与家长由于对学生了解的侧面不同，深度不同，情感联系不同，因而容易产生对学生不同水平的要求与期待。由于教师与家长地位不同，文化修养不同，教育观念教育方法不同，因而在培养教育学生方面不可避免地会产生这样那样的矛盾，这时就需要及时地沟通，调适和协商。

教师只有与家长保持良好的人际关系，才可以互相配合，共同教育学生进步与发展。反之，如果教师与家长处理不好人际关系，那么对于教育学生将会产生不良的影响，从而影响正常的教学工作。

第 *18* 篇

活动课教学设计艺术

一、开设活动课的意义

活动课的本质属性是"课"。它不像以往的"课外活动"或"第二课堂"那样处于从属地位，而是与学科平起平坐的一个不可分割的组成部分。它具有一般学科课程的基本属性，是课程计划之内的、必须列入课表的、全体学生都要学习的必修课程。同时，活动课又是以"活动"为主要教学形式的课，离开"活动"这一突出特点，它就很可能变成为学科课，甚至有纳入应试教育轨道的危险。

1. 德智体全面发展必不可少的途径

新课程计划改革过去以学科为主的单一课程结构，提出包括学科、活动两部分的课程总体结构，把活动课作为我国中小学整体课程不可分割的部分，是使学生德智体诸方面得到全面发展的必不可少的教育途径。

2. 培养和发展学生的能力

小学教学不仅要让学生掌握必要的基础知识，同时要发展他们的智力，培养他们的能力和良好的意志品质、学习习惯。要完成这一任务,一方面要搞好课堂教学,大面积提高教学质量,另一方面要开设活动课程,以激发学生学习兴趣,引导学生学会应用所学的知识和方法去观察、分析、研究问题,从而明确学习的根本目的在于应用,养成善于思考的习惯,同时在解决问题的过程中,学会思考方法,使他们想干、巧干、能干,从而培养和发展学生的能力。

3. 减轻学生课业负担,提高不生素质

小学劳动课,从广义上说是指在教师的指导下,以学生为主体,采用丰富多彩的活动形式,并通过现实生活和社会实践的体验,以获得直接经验的课程。具体地说,是培养学生的兴趣,扩展学生对基础知识的运用以及智能的综合训练课程。因此,开设活动课,对于全面贯彻党的教育方针,加强学生的思想政治教育、道德品质教育、发挥学生的学习主动性和创造性,扩大视野,增长才干,提高素质,创设愉快和谐的教学环境,减轻学生的课业负担都具有重要的意义。

二、活动课的教学特点

1. 活动性

活动课,顾名思义,教学＋活动。活动是形式,是教学内容的载体和实现目标的手段。也是区别课堂教学的主要特点。因此,必须摆脱课堂教学中惯用的教师讲例题,学生练习题的模式,让学生真正"动"起来,使学生在动手、动脑、动口的活动中,发现问题,探索规律,解决问题。

2. 渗透性

活动课必须体现学科的特点,注意渗透教学的思想和方法。所谓渗透是指不作系统讲授,不出或少出名词术语,凭借生动、形象的直观手段和学生熟悉的具体事例来反映近代教学的某些基本概念,并使学生在不知不觉中受到教学思想方法的熏陶和感染。如数学活动课中的"小鸡、小鸭、小兔排队"这一课,启发学生去摆摆、放放、想想,找出规律:小鸡排第一,有两种摆法,小鸭或小兔排第一,又各有两种排法。这样一方面训练学生按照一定的顺序,有条有理的枚举,另一方面又自然而然地渗透了"排列"的概念。

3. 参与的自主性

活动课是为了适应学生的兴趣爱好设置的,因此,学生可以根据自己的兴趣和愿望自愿参加。课上更应把学生推到活动的主体地位上。如安排游艺会,让学生介绍自己设计的游戏,有时让学生表演自己的节目,如数学相声、语文中的课本剧等,不拘一格,各尽所能。就是教师规定内容的活动课,也可以学生独立或半独立的活动为主。

4. 组织的立体性

活动课的组织完全可以打破班级界限,建立立体网络。活动课虽也是班级授课制,但它可以根据生学智力水平的差异编排,智商较高的学生参加校一级

的活动课，中等的学生参加年级组的活动课，较差一些学生参加班级组织的活动课，从而使所有学生都能根据自己的知识水平参加某级的活动。

5. 内容的丰富性

活动课的内容可以超过课本，它不受大纲的局限，这样决定了活动课有着丰富的内容。只要有利于学生知识的提高，能力的发展，情操的陶冶，均可以开展。

6. 活动的实践性

这是活动课又一重要特征。活动课力求让学生接触生活实际，强调通过活动过程的实践，使学生亲身体验获得的直接经验。如通过"剪一剪、量一量、拼一拼、估一估"等实践，由感性认识上升为理性认识。

7. 伸缩性和多向性

活动课把教材上的知识和课外知识结合起来，构成了一个完整的教学整体。它能使学生产生浓厚的学习兴趣，学到课本以外更多的知识，思维受到深层的启迪，能力得到综合训练和开发；在知识领域和思维深度等方面都比学科课程教学有较大的伸缩性和多向性。

8. 教学思想的先进性

在教学思想上，活动课能较好地体现分类教学、问题研究、轻松学习、自我发挥的思想。

9. 教学形式的灵活多样性

活动课在教学形式上是灵活多样、

趣味引导、操作获取，新、奇、趣统一，班、组、个结合。

三、活动课的教学目标

由于活动课是在教师的指导下，学生综合运用知识，拓宽思维，拓广知识，发挥技长，强化操作，自动、自觉、创造性地学习，获得直接经验的一种课程。仅以数学活动课为例，其的教学目标是：

（1）使学生学习数学学科教材以外的一些拓广性知识、操作性知识、趣味数学知识和最新科技信息。

（2）使学生提高整数、小数、分数四则计算和综合计算能力，提高逻辑思维能力和发展空间观念，能够综合运用学过的知识解决一些简单的实际问题和稍复杂的问题。

（3）使学生培养学习兴趣，发展学习个性，增强民主、合作、交流、竞争、奋斗的意识。

（4）使学生受到良好的思想品德教育，培养良好的行为习惯，发展良好的思维品质。

四、活动课的教学内容

按照教学大纲的规定，活动课是一种课程，跟学科课程是并列关系，所以活动课不是学科基础课的课外活动或第二课堂。课外活动是为了丰富学生的课余学习生活而设，可以是课堂学科课教学的延伸，是第二课堂，学生可以自愿自由参加。活动课是每个学生都要参加学习的一种课程，其内容是学科课程内容的延伸。所以，活动课应该编有自己的教材，师生按照选定的教材来上课。跟学科课比较，活动课更能体现因材施教和能力发挥、个性发展，所以，教师要根据学生的年龄特点和身心发展规律，按学期和学周合理安排活动课的教学时间和教学内容。各地已编有多种活动课教材，例如有《小学数学活动课智趣读物》《数学活动课指导》等。内容的安排有多种，例如，可以分为下面类型：

①看图操作，包括摆一摆、想一想、填一填、写一写、算一算、做一做、比一比、认一认、数一数；

②智力游戏；

③数学谜题；

④数学儿歌；

⑤看图认数；

⑥名家故事；

⑦认识图形，包括巧摆图形、剪拼图形、变动图形、辨认图形、巧数图形；

⑧数学游戏；

⑨数学史话；

⑩．推理计算；

⑪数学趣题，包括趣题巧解、智能题解、一题多解；

⑫看图数数；

⑬分析推理；

⑭辨认判断；

⑮错例分析；

⑯填数游戏；

⑰计算技巧，包括数数技巧、读数技巧、等数技巧、填数技巧、摆算技巧、口算技巧、速算技巧；

⑱概念理解，包括概念对比、概念分析、概念运用；

⑲趣味几何；

⑳数学歌谣；

㉑知识梳理；

㉒生活中的数学；

㉓数学游艺会，包括数学谜语、数学魔宫；

㉔竞赛园地；

㉕问题讨论；

㉖学习交流，包括学习方法、学习经验交流；

㉗方法介绍，包括计算方法、解题方法介绍；

㉘当今教学；

㉙未来数学。

教师可以根据上面的课题类型填进有关知识，每次课教学一个类型或两个类型内容。如果某个类型内容较多，可以两次课教学一个内容。也可以以学科课各册教材的单元标题为线索，选择上述课的类型，填入合适的有关内容来教学。

五、活动课的教学方式

活动课的教学方式是多种多样的、有大有小的。学生的学习应该是生动活泼、轻松愉快的。

1. 在课型的方式上

（1）室内学习课。包括上述内容提出的课题形式。

（2）室外实践课。包括实地测量、数学行军、模拟买卖活动、布置数学环境、编写"智趣报"、出数学墙报等。

（3）专题讲座课。选定某些专题，由数学教师主讲或请专家主讲。

2. 在组织方式

（1）班级教学。以原班为单位组织活动课教学。

（2）年级教学。全年级学生集中进行联班教学。

（3）小组教学。在小部分学生中进行教学，进行某个方面培训或研究某个专题内容。

（4）课类教学。按照课的类型进行教学。学生来自相同班级或不同班级，人数按实际情况确定。

六、活动课的教学方法

学科课采用的教学方法，基本适用于活动课的教学。根据活动课的特点，选择一个合适的课堂教学结构、教学方法来教学，以体现现代教学要求，为提高学生的素质水平服务是十分重要的。下面提出一种活动课的室内学习课的课堂教学结构流程图（见图 18.1），供参用。

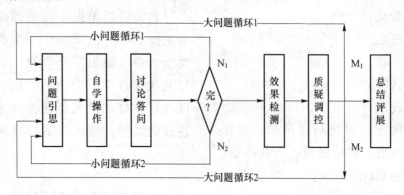

图 18.1

如果一堂数学活动课有两部分内容，每部分内容有两个小容，那么，先用小问题循环 1 的问题引思、自学操作、讨论答问完成第一部分内容的第 1 个小内容（N1）的教学，再按同样的三个环节（小问题循环）完成第一部分内容的第 2 个内容（N2）的教学，接着进行效果检测，质疑调控，完成第一部分内容（M1）的教学（体现大问题循环 1）。用同样的五个环节完成第二部分内容的教学。最后，进行总结，总结本节课的教学要点，评价学生的学习表现，展示学生在实际操作中做出的成品，这样做，既体现教师在活动课中的指导作用，又体现学生在活动课中的积极参与，主动探求精神，体现了着力培养学生的思维能力、操作能力和创造性学习能力。

七、活动课的教学要求

为了上好活动课，体现活动课的教学特点和教学艺术，要求教师在教学时，做到下面几点：

1. 诱发不同的认知兴趣

一是使学生对教材内容感兴趣；二是鼓励学生在实践活动中引起直接兴趣；三是让学生回答能力所及的问题，从满意的回答评价中对活动课发生兴趣；四是讲究活动课的引入例子，激发学生的求知兴趣。

2. 发挥个体的主动作用

小学数学活动课教学，仍然是教师为主导，学生为主体。教师要根据学生的学习需要给予具体指导，积极引导合使学生参与学习，尊重学生个体的思维方式和活动方式，给他们较多的自由发挥空间，为他的自我认识，自我检测、自我表现、自我发挥提供较多的机会，使他的真正成为活动课学习的主人。

3. 教给完整的思考方法

学生思维素质的培养，学科课堂教学要抓紧，活动课教学也要抓紧。要注意教给学生观察事物的方法、推理想象方法、创造思维方法，特别要注意教给学生完整地思考问题的方法，让学生明确地、完整地、有条有理地讲述自己的思考过程和操作过程。

4. 启迪多向的发散思维

发散思维是从多角度思考同一问题的多种变化，得出多种解决办法，使用多种办法解决同一问题的认识过程。由于活动课比较注意让学生拓广知识、增长才干和发展个性，所以，活动课里的发散思维训练的机会较多。教师的态度应该是允许、疏理、发展和启迪，鼓励学生的正向思维、逆向思维、创造性思维和多向思维，逐步培养学生良好的思维品质。

5. 强调多样的实践活动

活动课教学很强调"做"，要求学生在做中想、做中学、做中说，所以，活动课教学要强调多样的实践活动。教师要积极引导学生广泛接触事物、感知事物、自己提出解决问题的办法，争取道过自己的操作实践活动解决问题，从中获得亲身体验和直接经验。

6. 加强向上的竞争意识

学科课的课堂教学提倡竞争意识，活动课的课堂教学也要提倡竞争意识。在活动课的教学中，教师要激励学生奋发向上、拼搏进取，要比较学生的答题，比较学生的解题，比较学生的操作，要表扬做得好的学生，进步大的学生，使学生在表扬中加强信心，在竞争中获得动力。

7. 磨炼学习的意志毅力

活动课要求学生的学习自觉性较强，刻苦钻研的精神较高。活动课教学，要培养意志的自觉性、果断性、自制性和坚持性，使学生能够自觉学习、自觉思考、自觉完成学习任务，遇到困难能知难而进，不完成不罢休，不做好不放手。要培养毅力的必要性。使学生懂得，只要具有坚韧的毅力，要做的事就会成功，学习就会进步，即使受到挫折，也能重新振作起来迎接新的胜利。

为了开展好数学活动课，就要根据少年儿童的好胜、好动、好奇等心理特点，编好教材，选好教材，以"趣"切入，以兴趣为中心，贯穿数学活动课的始终，最后达到掌握和获得知识的目的。

第一，活动课的内容要从学生喜爱的游戏中引出。按照一二年级学生的年龄特点，他们特别喜欢充当一种角色，比如扮演售货员、小动物等，对所学内容有"千克、克"已经有所认识，再结合学过的"元、角、分"的知识，就能设计一节"争当食品店售货员"活动课，让学生在自己所喜爱的一种角色中获取知识，而且能让所学的知识在实际中得到应用。第二，活动课的内容从学生的实际生活中引出。时间是每个学生都要珍惜的，学完了时、分、秒后，就设计了一节"谁来当报时员"的活动课，闹钟挂在教室的正中央，随着嘀嗒嘀嗒的声音，现在几点了，离上课还有多少时间，假如9时上课，上40分，到几时就下课了，等等。诸如此类的问题者能从生活的实际中引出，收到很好的效果。第三，活动课的内容从学生的愿望中引出。每个学生都有一个愿望，就是不愿意让老师过多地限制和束缚自己，而愿意按照自己的想象动脑，做自己愿做的事，如上完了第二册里的"认识图形"后，让他们自己剪、自己拼，看谁能拼出一个新颖、别致、漂亮、美观的图形，尽管拼的大小不一，图案各异，但学生的想象力得到了发挥。

数学活动课能够为学生创造一个良好的教育与发展的环境，使学生在和谐、轻松而愉快的气氛中学有所乐、学有所得，不仅能让那些智力水平发展较好的学生得到训练，而且能使那些中下生受到启迪，充分挖掘学生的潜力。因此要充分利用数学活动课这一阵地放手让学生自主、自理，给学生以学习、创造、表现的机会，发展个性，增长才干，从

而在整体上提高学生的素质。

八、小学数学活动课教学设计实例

现实生活中，学生以常会遇到一些合理分配的问题。例如：

小猫和老猫再次相约去钓鱼。老猫钓到5条，小猫钓到4条。它们在河边生火烤着吃时，小熊来了，便邀小熊一起吃，各吃了3条。分手前，小熊执意留下1.8元钱走了，小猫要把1.8元钱给老猫，可老猫要小猫合理分配后才肯收下，你认为这钱怎样分才合理呢？想一想？

（1）一堆仙桃，令悟空三兄弟馋涎欲滴。悟空眼珠一转说："且慢，我们三人分了吃。我先拿走一半后，再沙僧拿走一半，然后八戒拿走一半；最后将剩下的分成3份，我们每人还可得2个。"这堆仙桃共有多少个？你认为悟空分得合理吗？

（2）丈夫临死时对怀孕的妻子说，如生下的是男孩，就把2/3的财产给他，你得1/3；如生下的是女孩，就把1/3的财产给她，你得2/3。丈夫死后不久，妻子却生下了一男一女的双胞胎。这下可难坏了妻子，该如何遵照丈夫的遗嘱分财产呢？

提示：

因为老猫把2条鱼、小猫把1条鱼给了小熊吃，所以钱数1.8元应按2∶1来分配。

可把仙桃看作整体"1"，则算得仙桃总数是 $(2 \times 3) \div (1 - 1/2 - 1/4 - 1/8)$。

因为遗产给男孩的是给妻子的2倍，

给女孩的是给妻子的一半，所以：

男孩得遗产数∶妻子得遗产数＝2∶1

妻子得遗产数∶女孩得遗产数＝2∶1

所以，男的∶妻的∶女的＝4∶2∶1

因此，男孩得遗产的 4/7，妻子得遗产的 2/7，女孩得遗产的 1/7。

2.火柴盒（五年级数学活动课设计一例）

活动目标：

（1）通过观察、操作、比较，掌握火柴盒的形状，结构特征，发展学生的空间观念。

（2）灵活运用长方体表面积公式，培养学生解决实际问题的能力。

活动准备：

教具：放大火柴盒立体图一张，放大火柴盒内、外展开图各 1 张，火柴盒 1 个。

学具：8 开纸板一张、剪刀一把、透明胶一卷、笔尺一把、火柴盒 2 个。

活动过程：

（1）观察思考

①出示火柴盒挂图，让学生观察图形的形状，接着结合实物（火柴盒）分析火柴盒形状，最后要求学生拿出自己的火柴盒，结合放大图引导学生认真观察并回答问题。

火柴盒是什么形状？有几个面？制作火柴盒应分成几个部分？

火柴盒外部有几个面？（并在火柴盒外部标出上、下、前、后）有没有左右两个面？

火柴盒内部有几个面？（并在火柴盒内部标出下、前、后、左、右）它缺哪一个面？

火柴盒共有几个面？

②小结过渡。（略）

（2）操作感知

①度量：师生将火柴盒平放在桌面上，先引导说出火柴盒的长、宽、高。师在立体图上标出长（a）、宽（b）、高（h），然后量出火柴盒内、外部的长、宽、高分别等于 4.6 厘米、3.6 厘米、1.6 厘米（内、外部的厚度忽略不计）。

②展开：要求沿着火柴盒的棱剪开，得到展开图（图略）：

然后引导观察展开图，验证火柴盒内、外部分的面数，并看一看，想一想，外部缺什么面，内部缺什么面。

③制作：

画：根据度量结果，分别在纸板上画出火柴盒内、外部分的展开图，与上面火柴盒实物展开图对比。

剪：沿着展开图外围的线段剪下。

折：沿着展开图各条虚线段对折。

制：用透明胶制成火柴盒。

④小结（重在比较自制与购买的火柴盒，且交换配对）。

（3）运用变异

①引导观察、分析展开图，让学生独立计算火柴盒内、外部长方体的表面积。

$$S_{外部}＝ab×2＋ah×2＝4.6×3.6×2＋4.6×1.6×2＝47.84（平方厘米）$$

$$S_{内部}＝ab＋ah×2＋bh×2＝4.6×3.6＋4.6×1.6×2＋3.6×1.6×2＝42.8（平方厘米）$$

②把火柴盒表面积计算方法，进行变异，发散学生思维。

外部，展开后是一个长方形，求出长方形的面积就得出火柴盒外部表面积：

$S_{外部} = a \times (h+b+h+b) = 2a (h+b)$

内部展开后是两个长方形，一个是以高和长宽组成的侧面积和一个底面积：

$S_{内部} = S_{侧} + S_{底} = h \times (a+b+a+b)$

$+ab = 2h(a+b) + ab$。

③做一个火柴盒至少需要多少硬纸皮？综合归纳：

$S_{表} = S_{外} + S_{内} = 2a(b+h) + 2h(a+b) + ab = 2bh + 3ab + 4ah$。

第 **19** 篇

演示实验艺术

一、演示实验的意义

中小学课堂教学中，经常要进行各种实验操作。实验操作是中小学生理解概念、明确问题的一个重要途径。实验操作可以分为两类，一类是操作方法简单易行，实验设备价廉易得的，这一类实验则应当尽量让学生自己动手操作，以增强他们的感性认识，训练动作技巧，提高操作能力。另一类是操作方法复杂、困难，学生难以掌握，或实验设备难以配备，因而只能由教师或主要由教师来操作、演示给学生观察，这就是演示实验。例如，小学数学中验证等度同高的圆锥的体积是圆柱体积的 1/3 的实验，因为对于绝大多数农村学校来说，实验所用的圆柱和圆锥的模型难以做到学生人手一套，因而只能由教师演示出来供学生观察，这就是一种演示实验。概括地说，所谓演示实验，就是在课堂教学中，以教师操作为主，用以配合讲解，以帮助学生理解的实验。演示实验虽然是由教师来做和实验，但也并不排除学生的参与。

演示实验是教学的重要手段之一，对于提高教学效果，保证教学质量、培养学生的学习兴趣、提高学生的学习能力都有十分重要的意义。

1. 能激发学生的学习兴趣

中小学的各个学科都具有一定的抽象性，有的理论知识还是相当枯燥的。学生由于自身的心理特点，对这类知识难以引起兴趣，而喜欢直观、具体、形象的事物。演示实验则能将抽象的概念、问题、过程直观化、具体化、形象化，从而激发他们的兴趣和求知欲，调动他们学习的积极性。因此，演示实验是引导学生学科学、爱科学的有效途径之一。

2. 能大大提高教学质量

演示实验一般是针对教学的重点和难点来设计的，具有典型性。自然科学中许多内容具有抽象性和复杂性，单凭讲解很难说清楚。而这些实验由于设备要求高、技术要求高，不可能让学生自己做。在这种情况下，教师设计出演示实验，以演示配合讲解，使抽象的概念、问题变成看得见、摸得着、清楚明白、直观形象，能够极大地帮助学生的理解。

演示实验由于设计科学、精细，操作熟练、准确，因而实验效果好、效率高、能以较短的时间、很少的设备取得良好的教学效果。

3. 能有效地培养学生的观察能力和思维能力

观察能力和思维能力是学习各门科学必具备的极具重要的能力，有些能力是不能通过教师的讲授来培养的，而必须在相应的实践活动中才能得到发展。演示实验则为学生提供了观察和思维的实践。在教师的演示过程中，学生注意力高度集中，对实验的条件和实验过程中产生的各种变化现象进行严密精细的观察，用精细敏锐的感和力去及时"捕捉"实验过程中出现的重要现象，因而能够大大地提高他们的观察能力；通过对实验设计的理解，对实验过程中各种变化现象之间的联系的分析、对实验结果的预测等思维活动，也能够有效地培养他们的思维能力。

4. 能教给学生科学的学习方法

掌握科学的学习方法比掌握现成的知识更为重要。掌握了科学的学习方法，就等于得到了一片打开知识宝库的金钥匙。当代是一个知识爆炸的时代，新学科层出不穷，知识、信息迅猛增长。只有掌握科学的学习方法，才能迅速过、最大限度地吸取新知识，确保站在时代科学的前列。科学的学习方法能对学生未来的发展产生积极影响，使他们终生受益。

演示实验能够引导和培养学生像科学家那样去观察周围的事物，寻找事物的相互关系和变化规律，并用实验的手段去验证它们，从而懂得实践出真知，实践是检验真理的唯一标准的深刻道理。并通过演示实验学会探索问题、发现规律的科学方法，从小就把积压识的获得建立在科学实验的基础上，在认真观察演示实验，亲身参与演示实验的过程中掌握科学的学习方法，学会从实践中获取真知的本领。

二、演示实验的分类

演示实验因性质和作用的不同，可以大致分为以下几类。

1. 导入性演示实验

这类演示实验的主要目的，是通过教师的演示和讲解，引出亲的学习内容，并激发学生对新内容的学习兴趣，引起学生思考并提出问题。例如，在学习大气压力时，教师先将杯子注满水，杯口覆盖一张平滑的纸。小心地把玻璃杯翻过来放在光滑、平坦的桌面上，然后将杯子移开桌面。学生会惊奇地发现，纸张依然覆盖在玻璃杯上。这一奇特的现象引起学生极大的兴趣，他们急于知道这究竟是什么原因。教师在这时引入学习内容，无疑会收到很好的效果。

导入性演示实验应尽量新奇、有趣、生动、以促使学生产生强烈的学习动机，从而收到良好的教学效果。

2. 发现性演示实验

这类实验的主要目的在于为学生提供学习的感性素材，展示事物的发展、变化过程及各事物之间的联系，引导学生思维，帮助学生发现事物的本质和变化规律，形成正确的概念。例如，化学中分析空气里氧所占的比例，教师可用点燃一根蜡烛，插在大玻璃碗的平底上，用一只烧杯扣住蜡烛，用手压住烧杯，再将水慢慢注入大玻璃碗内。由于蜡烛燃烧用掉了烧杯里空气中的氧气，所以，大玻璃碗内的水被吸进烧杯中，烧杯中的水位上升，其高度约为烧杯高度的1/5。通过对这一现象的分析，学生可以发现，氧气在空气中的比例约为1/5。

3. 巩固性演示实验

这类演示实验的目的是对已经得出的概念、规律等知识进引证实和强化。例如，对大气压强学生一般设有感性认识，在学完大气压强的值等于76厘米高水银柱的压强后，教师可以作马德堡半球的演示实验。在将两个空心半球中的空气抽出后，让几个学生尽力拉这两个半球。当学生们看到两个半球紧贴在一起怎么也拉不开时，就生动地体会到大气压强的存在和强大了，从而大大强化了他们对大气压强的认识。

4. 求解性演示实验

这类演示实验的目的是针对某个需要解决的问题，借助实验来得出结论。例如学了大气压以后，学生知道大气具有压强。但大气压强究竟是多大呢？就需要用实验来测量。这时教师可以演示托里拆利的实验：将一根1米长的装满水银的玻璃管，开口向下迅速地倒立在水银槽中，玻璃管中的水银柱只下降一部分，仍有76厘米高的水银柱面在玻璃管内，这是大气压强作用在水银柱上的结果，由此得出大气压强的值约等于76厘米水银柱的压强。这就解决了求大气压强值的问题。

三、演示实验的原则

1. 科学性原则

演示实验首先必须是科学的，这样才能传授给学生正确的知识。要保证科学性，教师必须遵循科学原理，正确设计实验。教师还必须透彻理解实验的原理和过程，以便为学生作出正确的分析和解说。

2. 准确性原则

演示实验除了应科学设计外，还必须操作准确。只有操作准确才能得正确的结果，产生预期的效果。因此教师应当认真练习操作过程，做到准确、熟练。

3. 启发性原则

要使演示实验充分发挥它的教学功能，还应遵循启发性原则。演示实验的目的不仅是让学生观察它的过程和结果，还在于启发学生的思维，后者甚至更为重要。因此，教师在演示过程中，不应只是原原本本按部就班地操作一遍，而应在演示开始时和演示过程中的恰当时机，提出问题让学生猜测实验中会出现什么现象？思考为什么会出现实种现象等，以启发学生的思维，从而收到良好的教学效果。

4. 参与性原则

演示实验虽然以教师的操作为主，但并不排除学生的参与。相反，学生的参与更能提高演示实验的教学功能。首先，学生的参与可以激发他们的学习兴趣，活跃课堂气氛；其次，学生的参与能使他们更好地观察和理解实验；再次，通过参与还能培养他们的操作能力和实践能力。演示实验虽然一般教比较复杂，但也有部分操作是学生能够胜任的。教师应尽可能地挑选学生作为助手参与实验，提高学生的参与率。

四、演示实验的基本要求

1. 明确演示实验的目的、地位和作用

演示实验是一种教学活动，像其他教学活动一样，都是在演示实验前应当深入钻研教学大纲和教材，明确每个演示实验的目的、地位和作用。教材中为什么要安排这个实验？这个实验要解决什么问题？它在教材中的地位和作用是什么？它与教材中其他内容有何联系？该实验要求学生掌握哪些知识？培养学生哪些能力？教师对这些问题教应作透彻的研究，做到心中有数，这样才能达到演示实验的目的。

2. 实验前做好充分的准备

作好充分准备是保证演示实验成功的重要一环。准备工作一般有以下几项：

（1）透彻理解实验原理。实验原理是设计、进行和改进实验的依据。只有透彻理解实验原理，才能准确操作、成功演示并正确地分析、解说实验。

（2）充分准备实验设备。实验设备应当预先准备齐全，并仔细检查每件设备的性能是否完好。实验场地也应预先布置安当。

（3）以真研究学生情况。演示实验是供学生观察，学习，以解决教学中的问题的，因此在演示前，教师应当认真研究学生的情况；学生要理解这一实验应具备哪些基础知识？实验中哪些地方是他们理解的难点？他们对实验可能出现哪些疑问？不同层次的学生对实验会有哪些不同的理解？不同的问题？等等。对学生的情况研究得越详细、越深入，实验的教学效果也就越好。

（4）精确安排实验过程。实验过程的安排电话设计演示程序、安排操作流程以及怎样激发学生兴趣，指导学生观察、启发学生思考、引导学生分析、帮助学生归纳等等，对这些问题，教师在实验前都要认真思考、充分准备，做到心中有数，才能确保演示实验收到应有的效果。

（5）教学之前先作预演。演示实验在教学前一般都应进行预演，对于较复杂的实验，即使是有经验的教师或者已经做得相当熟练的实验，也应进行预演。通过预演可以排除课堂上可能出现的偶发事件、意外故障和其他不利因素，并取得最佳数据、最优组合、最好配方，改进操作，提高演示水平。

3. 突出实验重点

像其他教学内容一样，演示实验也有它的重点。因此，演示实验也像讲解一样，切忌均匀分配，平铺直叙，必须抓时关键，突出重点。在重点地方应及时提醒学生注意，并放慢演示速度。能重复的，还可重复演示，以使每个学生都获得充分的信息。还应配合讲解，帮助学生观察、分析。能让学生参与的，应尽量扩大参与面和参与时间，多让学生观察、体验、操作。

4. 紧密结合教学内容

演示实验是教学的手段之一，是为教学目的服务的，因此，演示实验必须与教学内容紧密结合。要力戒单纯为演

示而演示，为活跃课堂气氛而演示等脱离教学内容的做法。要做到与教学内容紧密结合，除了教师本人应明确实验与教学内容的关系，注意与其他教学手段相配合外，还应使学生的确实验的目的、意义、作用，并向学生提出通过实验应达到的学习目标和要求。

5. 操作准确熟练

操作准确熟练是演示实验成功的关键。因此教师一定要求因掌握操作方法，并反复练习。演示实验与一般的实验不同，在演示过程中还要配合讲解、板书等教学手段，并需注意观察学生的反映，给以针对性的指导，因此，其熟练程度要求更高，一般应做到不假思索，自动进行，得心应手，形成技巧。

五、演示实验应注意的问题

1. 灵活掌握演示实验与其他教学手段的关系

每一个演示实验都要配合分析、推理、归纳。分析、归纳、推理可以放在演示实验之前，也可以放在演示实验之后，还可以放在演示实验之中。究竟采用哪一种更为恰当.，是演示实验艺术的一个重要方面，应当根据实验的类型和教学内容的特点灵活掌握。

一般来说，导入性演示实验宜于先演示，再进行分析、推理、归纳；发现性演示实验应当一边演示一边分析、推理，最后作归纳；巩固性演示实验则应在分析、推理、归纳之后；而求解性演示实验则在实验前后实验后都应作分析，

推理和适当的归纳。但也不能一律照此办理，还应根据具体情况灵活掌握。

具体来说，演示实验在先，分析、推理、归纳在后的实验主要有：

（1）为激发学生兴趣，增强学生的感性认识的实验。

（2）一些概念和定理的教学，需要从实际出发，通过观察、分析、比较，归纳才能得出结论，导出规律的实验。

（3）有的新知识虽然可以根据旧知识从理论上推出，但这样做不够具体和生动，学生印象不深，就应该先从演示实验入手，然后再从理论上加以分析、推导。

（4）定性地发现规律的实验。例如初中物理在讲解"气体压强与气体体积的关系"时，为了推出体积变化引起压强变化的规律，可以利用气体压强与气体体积的关系的演示装置来进行演示实验，探索"在温度不变的情况下，一定量的气体，如果气体体积减小，气体压强就增大；如果气体体积增大，气体压强就减小"这一规律。

（5）验证定理、定律、公式的实验。

（6）测量某种数学、物理、化学的量的数值的实验。

（7）认识物质的性质或模拟自然现象的实验。

分析、推理、归纳在先，演示在后的实验主要适用于下列情形：

（1）有些实验现象比较复杂或不那么明显，没有理论知识的指导就不容易观察和发现。

（2）对理论上的分析，推理所得到的结论加以验证的演示实验。

（3）对一些自然现象和实际问题研

究，也常常先从理论上分析，再用实验验证。

（4）从旧知识中引出新知识，也常常先从理论上分析，再通过实验引出新问题。

对上述演示实验，应当地握好分析与实验相结合、直观与抽象相结合。否则，实验可能只能达到发展学生观察能力的目的，而达不到认识事物本质，形成概念和知识体系，培养分析能力和思维能力的目的。

一边演示、一边分析推理的实验主要有以下几种：

（1）以培养、训练学生的实验观察能力和实验技术的实验。这类实验教师应当一边演示，一边引导学生观察，讲解实验的操作方法，技能、技巧。

（2）实验的技术要求不高或探索性的实验。

（3）用实验证实某种想法或结论是错误也需要也演示、边分析。

对这类实验，教师应精心设计好指导方法和演示程序，充分发挥教师的主导作用，调动学生思维的积极性，把教师的指导，师生的分析讨论与演示实验有机地结合起来。

2. 尽力提高观察效果

演示实验是做给学生看的，学生主要通过观察来学习，因此，提高观察效果是演示实验的基本艺术之一。提高观察效果的方法主要有以下两方面：

（1）提高视觉效果。演示实验一般是教师在讲台上做，学生在座位上观察，观察的距离较大；实验的设备一般不大，许多实验观象并不的显，这些都影响到视觉的效果。看不清就无法感知实验的过程和现象，因此，教师必须设法提高演示实验的视觉效果。例如将实验中所用的水染上颜色；对于要作定量观察的实验，在量杯或试管上作出醒目的标记等。

（2）扩大观察面。由于学生多、实验燃具小，演示实验的观察面一般都不够。为了扩大观察面，教师可将实验中的某些环节拿到教室中间去演示，对于不能拿动的器具，则可让学生轮流上讲台观察。

（3）扩大参与率。有的实验可以让学生参与的，应尽量让理会多的学生参与，可以让学重复做，轮流做。参与实验的观察效果一般是最好的。

3. 演示实验要做到操作规范、简明

演示实验不仅要求操作准确、熟练，而且要规范。演示过程中各个环节的时间、操作的方式方法等，都应有确定的标准，甚至教师的一举一动都应要严格

按操作程序进行。

演示实验为了使全体学生看得清楚，听得明白，形象直观，实验的仪器和装置应力求简单（在不影响实验效果的前提下），操作力求简易，过程力求精练，突出主要现象，说明主要问题，总之，力求简单、明白，这是演示实验的又一项重要艺术。

4. 演示与讲解要精确配合

许多演示实验时间短、变化块，实验中的一些现象转瞬即逝。而为了使学生看清楚，教师又必须加以讲解。这时演示与讲解的配合就必须十分精确。教师必须在某种现象即将发生时及时提醒学生注意观察；在变化过程中又要及时提醒学生注意观察哪种现象，怎样观察效果好。因此教师对实验的过程必须十分熟悉，对实验中出现的各种现象要了若指掌。教师应当对各种实验现象出现的时间作出精确测量，并仔细组织好讲解的语言。

第20篇

思维训练的艺术

思维训练的艺术是指教师娴熟地运用综合的教学技能和技巧，按照思维的规律和美的规律而进行的一种富有情感性、形象性、独特性、创造性的思维训练活动。这里着重谈两种思维训练艺术，即单一性思维训练艺术和组合性思维训练艺术。

一、单一性思维训练艺术

即在思维训练的艺术总思想的指导下，教师要善于捕捉时间，选择或利用合适的内容，创设情景交融的意境或乐学的氛围，在反复的训练中让学生学会、掌握一些基本类型的思维，并使训练的内容和训练的艺术和谐统一。

1. 有序思维训练

有序思维是指思维的过程具有严格的顺序，沿着一系列的阶梯展开思维活动，去思考一系列问题。对有序思维，可从以下方面进行训练以"找规律排序"为例：

（1）使教学内容组织有序。

例1　□△○□△○□△○……

例2　●

○○

●●●

○○○○
●●●●●
○○○○○○○
......

例 3 9，7，5，…

例 4 学生按自己确定的某规律排序。

例 5 将正向排序：2，4，6，8，10 反过来排。

例 6 按规律填空：1，3，5，（　　），（　　）。

即第一层次是三种几何图形按规则变化排序；第二层次是两种颜色的点子图与数量变化相结的排序；第三层次是抽象数字按数量变化排序；第四层次是让学生自己选用实物、图片、几何图形或数字卡片按某规律排序；第五层次是找规律反向排序；第六层次是按规律填空。这样组织教学内容，由简到繁，从具体到抽象，形、色、数结合、正向、反向排序结合，构成了一个有序的训练整体，这就能促进学生思维的条理性、有序性、层次性的发展。

（2）使学生的认识有序。

①观察有序。即引导学生从整体上去观察每组排列的特征；譬如，可先观察它是由几个什么样的图形、几种什么样的颜色或几个什么样的数字排列起来的，再观察它是从左到右排的还是从上至下排的，排列顺序怎样，颜色变化怎样，递增递减的变化怎样。

②比较有序。对于不同的排列可采用不同的比较方法。如例1，可着重引导学生采用分组比较的方法。即将例1中的□△○作为一组，从左到右依次划分为第一组、第二组……让学生比较每组的排列顺序。对于例2、例3可着重引导学生采用后面的和它前面的相比较的方法。如例2中，将后面的两个黄点和它前面的一个红点比较、后面的三个红点和它前面的两个黄点比较……让学生比较它们的数量和颜色上的变化。

③分析有序。可着重引导学生去分析排列的顺序关系，颜色的变化关系或分析数量的增减关系等。如例2，首先引导学生从整体上分析（即它的特征是红黄相间，逐次多1的递增关系）；再引导学生局部分析（即同色的点是逐次多2的递增关系，且红色点的顺序是1，3，5，…；黄色点的顺序是2，4，6，…）。

④概括有序。引导学生先局部概括，再全面地整体地概括，并得出排列的规律。如例3，首先让学生分析比较9和7，概括出9后面的7比它前面的9少2，再让学生分析比较7和5，再概括出7后面的5比它前面的7少2，……最后让学生全面概括出从第二个数起后面的数比前面的数少2的递减规律。

⑤操作有序。第一步由教师按某一规律排序，即分别排出例1，例2，例3，例5，例6等；第二步让学生分别概括出它们的规律，然后按得出的规律继续排序或反过来排序。在排序中使个别学生的排序和小组排序结合，对范例的排序和学生自己选用材料按某规律排序结合。

通过这样的数学安排，有力地训练了学生有序思维。

2. 形象思维训练

形象思维属于感性认识活动，它以表象为中介物，通过对表象的分析综合，从而构成新的形象。表象是指头脑中所保持的客观事物的映像，也就是记忆或储存在人的主观世界中的客观事物的形象。

小学生的认知特点，是以形象思维为主的，逐步向抽象思维过渡。在数学教学中，必须注意发挥教、学具的表象作用，利用实物、模型、图形等进行演示和操作，增强学生的感性认识，提高形象思维的能力。在此基础上，通过启发点拨促使学生的形象思维向抽象思维发展。下面以"长方体的体积公式推导"为例，着重谈以"感知—表象—想象—抽象"为认知模式的形象思维训练的艺术。

（1）提供进行形象思维较丰富的感知材料，初步形成表象：让学生用 12 个棱长为 1 厘米的小正方体任意摆成长方形，并说出摆出的长方体的体积及相应的长、宽、高（见表 20.1）。

表 20.1

长方体的体积（立方厘米）	长（厘米）	宽（厘米）	高（厘米）
12	12	1	1
12	6	2	1
12	4	3	1
12	3	4	1

通过这样的操作感知活动、表述活动、观察活动等让学生感知并初步形成："长方体和体积就是它包含体积单位的个数"。

（2）具体形象的概括建立表象：将学生拼成的如下长方体的空间图形（见图 20.1），引导学生分析概括：这个长方体每排有几个 1 立方厘米的体积单位，每层有几排，共有几层，并说出它一共有多少个 1 立方厘米的体积单位。

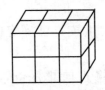

图 20.1

（3）点拨、启发、想象：变图显示体积单位为不显示体积单位，如图 20.2 所示。引导学生想象长方体的每排有几个体积单位，每层有几排，共有几层，并说出它一共有多少个体积单位，它与长方体的长、宽、高的度量单位的度量数有何关系。

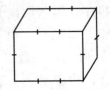

图 20.2

（4）具体形象思维向抽象思维发展：在讨论中引导学生揭示每排个数与长方体长的量数的关系、排数与长方体宽的量数的关系、层数与长方体高的量数的关系，最后归纳出长方体的体积计算公式（见图 20.3）。通过这样模式的认知过程，不仅可使学生深刻理解长方体的体积公式，而且可使学生的形象思维得到同步的发展和培养，体现出认知的内容与形象思维训练的协调性和艺术性。

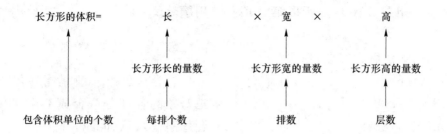

图 20.3

3. 归纳思维训练

归纳思维是从个别事实中，概括出一般原理的一种思维方法，即从特殊到一般的思维方法。根据归纳过程的特点，归纳思维可分为两类：一类是不完全归纳法；另一类是完全归纳法。

小学数学中的概念、定律、定理、法则、公式等内容，一般都是通过具体事例的观察、分析和比较归纳出来的，其中很多是通过解应用题直接总结出来的。它属不完全归纳中"经验归纳法。"它是小学数学学习中常用的一种方法，有着广泛的应用。对归纳思维，可从下列两方面进行训练：

（1）在认知的过程中进行训练。如认识"乘法分配律"，可采用发现法与归纳思维同步训练的方式：

①启发→发现

应用题："做一张桌子需要 10 元钱，做一把椅子需要 5 元钱，做 4 套桌椅一共需要多少钱？"

要求学生用两种方法求解：

方法I：$(10+5) \times 4 = 15 \times 4 = 60$（元）

方法II：$10 \times 4 + 5 \times 4 = 40 + 20 = 60$（元）

学生发现：$(10+5) \times 4 = 10 \times 4 + 5 \times 4$

②探究→发现

$(6+7) \times 10 = 6 \times 10 + 7 \times 10$

③再探究→再发现

$10 \times (6+7) = 10 \times 6 + 10 \times 7$

提问：两式有何不同？你又有什么发现？

④概括式→概括语

提问：你能用字母 a，b，c 表示上面三个等式共同的意思吗？

$(a+b) \times c = a \times c + b \times c$

或 $a \times c + b \times c = (a+b) \times c$

$c \times (a+b) = c \times a + c \times b$

或 $c \times a + c \times b = c \times (a+b)$

提问：什么叫乘法分配律，你们说一说，再看书上是怎样说的？最后归纳出结语：两个数的和与一个数相乘，可以把两个加数分别与这个数相乘，再把两个积相加，所得的结果不变。

（2）在练习的过程中进行训练。

①利用归纳法解智力训练题：

A 2，5，8，11，…

分析与解：因 5 比 2 多 3，8 比 5 多 3，11 比 8 多 3，由此归纳出一般规律是：后一个数比前一个数多 3，所以空处应填 $11+3=14$。

B 15，13，12，11，9，9，…

分析与解：第 1，3，5 项，经过比较发现：$15-12=3$，$12-9=3$ 因此可归纳出：奇数项以相差 3 递减，所以第 7 项填 $9-3=6$；又考察第 2，4，6 项发现：偶数项以相差 2 递减，所以第 8 项应填 7。

②利用归纳法解趣味题：

$7+9\times9=88$

$6+98\times9=888$

$5+987\times9=8888$

$4+9876\times9=$

分析与解：根据前三个算式，经过分析比较发现："数字 8 的个数等于 9 减去第一个加数。"因此，第 4 个算式应填 88888；第 5 个算式应填 888888；第 6 个算式应填 8888888。

值得指出的是，归纳与演绎常常是联系在一起的，上述两题，用规律填数，就是用的演绎思维。

4. 演绎思维训练

演绎思维是从一般到特殊的思维方法。它是在被确认的一般事实的基础上进行的思维，从而导出某个正确的特殊的结论。三段论是演绎思维的主要形式，但不是唯一的形式，凡是从一般到特殊的思维方法就是演绎思维。在小学数学教学中广泛的应用着演绎思维：如根据理论对某特殊问题说理；利用运算定律进行简算；利用法则进行计算；利用公式进行解题；利用规律或原理进行判断等。对演绎思维训练的方式很多。

如用整、小、分四则运算等概念或几何形体的概念进行判断练习、改错练习、选择练习、填空练习等；用整、小、分四则运算性质进行整算练习；用整、小、分四则运算法则进行整、小分四则混合练习；用求积公式（面积的、体积的）求几何形体的面积与体积等；用整、小、分四则应用题解答方法求解有关应用题等。

5. 综合法思维训练

综合法思维一般是指在思维过程中把对象的各部分联合成一个整体。其解题思路是从已知条件出发，根据数量关系，先选择两个已知数量，提出可以解答的问题；然后把所求出的数量作为新的已知条件，与其他的已知条件搭配，再提出可以解决的问题；这样逐步推导，直到求出应用题所要求的问题为止，即由因索果。对综合法思维，可在认知的过程中进行训练，如认识小学数学中各类应用题，如整数、小数、分数的各类应用题、比和比例的各类应用题、几何形体的各类应用题、统计图表的各类应用题等，在认识和解答这些应用题的过程中，使综合法思维得到同步训练。

6. 分析法思维训练

分析法思维一般是指在思维过程中把整体分解为几个组成部分。其解题思路，是从应用题的问题入手，根据数量关系，找出解答这个问题所需要的两个条件；然后把其中的一个（或两个）未知的条件作为要解的问题，再找出解答这一个（或两个）问题所需要的条件；这样逐步逆推直到所找的数量在应用题中都是已知的为止，即执果索因。

7. 类比思维训练

类比思维是指两个（或两类）思维对象之间的某些方面的相同或相似，从而推出它们在其他方面也相同或相似的一种思维方法。在具体操作时，总是首先在思维对象间进行比较，尽可能多的找出它们的相似点或相同点；然后以此为依据，把其中一个（或一类）对象的性质，推移到另一个（或一类）对象中去，由此可见，它是一种由特殊到特殊，由此类到彼类的过程。其所得出的结论具有或然性。在小学数学中类比的内容是很丰富的，按属性分：有范例类比、解释类比、因果类比、结构类比、系统类比等。类比思维训练的方式很多，如：

（1）导出某些性质。让学生由除法的"商不变"规律，类比推出"分数的基本性质"和"比值不变"的规律。

（2）导出某些规定。让学生从除式（被除数÷除数＝商）和分数（分子/分母＝分数值）中各组成部分相互对应，类比推出"除式中除数不能为0，则分数中分母不能为0"。

（3）导出某些公式。圆柱体的侧面积公式的推导。先在学生认识圆柱的侧面部位的基础上，然后将侧面展开（教具上事先用颜色纸做好准备），使曲面转化成平面，使学生直接感知到圆的侧面展开图是一个长方形。同时，结合教具引导学生分析长方形的长、宽与圆柱体的侧面的关系，进而进行类比：

长方形的长（a）→圆柱体的底面周长（$2\pi r$）；

长方形的宽（b）→圆柱体的高（h）；

长方形的面积（$S=ab$）→（$S=2\pi rh$）。

8. 逆向思维训练

逆向思维是相对于顺向思维（或叫正向思维）而言的，它是从顺向思维相反的方向进行的一种思维活动。小学数学教学内容有些多可逆成分：如定义、定律、性质、法则的可逆性；又如数量关系式与计算公式的可逆性；再如，推理与计算过程的可逆性等。这就为训练逆向思维提供了丰富的材料。逆向思维方式多种多样，可通过顺向、逆向叙题，顺向、逆向观察，顺向、逆向口述，顺向、逆向数量关系分析等讲叙经过。

9. 直觉思维训练

直觉思维就是人脑对于突然出现在其面前的新事物、新问题及其关系的一种迅速的识别、敏锐而深入的洞察、直接的本质理解和综合的整体的判断。按照布鲁纳心理学家的观点：直觉就是直接了解和认知。它是指这样一种思维过程，人们对某一问题长久沉思后，还未能得到严格的逻辑证明，突然想到问题的本质或者解答的关键。在小学数学中有很多内容可用于直觉思维训练。

10. 创造性思维训练

创造性思维是指超越思维主体现有的知识层次，超越常规的认识水平，自觉地，积极地探索未知世界的认识活动中的思维。它是指对每一个思维主体的思维成果具有新颖性和开创性。创造性思维有两个主要成分：一是发散思维；二是集中思维。发散思维又称求异思维。它是从同一来源的材料中探求不同的，（包括特异的）答案的思维过程和方法。思维方向分散于不同方面，即向不同方向进行思考。发散思维要求善于联想，善于分解、组合，善于从同一对象中产生多种分化因素，善于引申、开拓、发展、灵活变通等。集中思维又称求同思维，收敛思维。它是从多个来源的材料中探求同一答案的思维过程和方法。思维方向集中于同一方面，即向同一方向进行思考。它种思维可使人的思维条理化、逻辑化、严密化。

在小学数学教学中，用于训练创造性思维的内容是极其丰富的，它几乎涵盖了课本中的所有知识：如整、小、分的概念、定律、性质、法则等；如简易方程的有关概念、列方程、解方程等；如几何初步知识的有关概念、性质、公式及有关计算等；如比和比例的有关概念、性质、解比例等；如统计图表的概念及计算等；以及有上述知识对应的各类简单的、复合的应用题等。培养学生创造性思维，是数学教学的"重点工程"，具体地，可抓住发散思维和集中思维，并把它们有机地结合起来进行。

二、组合性思维训练艺术

即在思维训练艺术总思想的指导下，教师要善于选择内容，创设思维训练的意境，将一些基本类型的思维巧妙地组合起来，发展学生的思维能力和思维的品质。对组合性思维，可从下列两方面来进行训练：

1. 在认知的过程中进行训练

例 7 "小数点位置移动引起小数大小的变化"，一位教师根据课本给出的四个等式：

0. 004 米＝4 毫米

0. 04 米＝40 毫米

0. 4 米＝400 毫米

4 米＝4000 毫米

是这样进行组合性思维训练分析：

教师问："把第二个等式与第一个等式相比较，你们能看出什么？"学生回答："小数点向右移动一位，这时小数扩大了 10 倍"。教师又问："还可以从哪些等式的比较中得到这个结论？"让学生回答："从第三个等式与第二个比较，第四个等式与第三个比较，都可得出这个结论。"（这就培养了学生观察能力）教师再问："经过上面三次比较，你能得出什么结论？"让学生回答："任何小数的小数点移动一位，小数都会扩大 10 倍。"（这就培养了学生的归纳推理的能力）仿此进行，让学生得出"小数点向右移动一位、二位、三位、……小数就扩大 1/10、1/100、1/1000、……"（这就培养了学生的概括能力）然后，教师提出新问题："怎样观察才能得出小数点向左移动时小数大小变化的规律？"让学生回答："要对上述四个等式从下往上看，也就是把第一至第三个等式都和第四个等式比较。"（这就能培养学生的逆向思维能力）教师再问："那么，小数点向左移动时，小数大小变化的规律是什么呢？"要求学生仿照小数点右移时的思考过程，直接说出最后的结论："小数点向左移动一位、两位、三位……小数就缩小十倍、百倍、千倍……"（这就能培养学生类比推理的能力）讲到这里，教师要求学生用一句话概括上面的两个（左移与右移）结论，要求学生回答："小数点向右或向左移动一位、两位、三位……小数就扩大或缩小十倍、百倍、千倍……"（这又再次培养了学生的概括能力）然后，教师又问："这个结论中的省略号表示什么？"要求学生答出："一位、两位、三位后面的省略号表示四位、五位，以至无穷多位；十倍、百倍、千倍后面的省略号表示万倍、十万倍，以至无穷多倍。"（这就培养学生的想象能力）最后，教师问学生："怎样把 2.3 扩大 1000 倍？"要求学生根据已有的一般结论"要把一个数扩大 1000 倍，只在把小数点向右移动三位"来解决这个特殊问题，答出"只要把 2.3 的小数点向右移动 3 位"。（这就培养了学生的演绎推理的能力）在此基础上，教师引导学生总结出"位数不够时，要用'0'补足"的结论。（这又能培养学生运用一般性的知识解决特殊问题的能力）

这个教学片段是按照结论的发现过程，教师向学生提出一系列有思考性的问题，然后引导学生思考，帮助学生自己去发现结论。这样教，教师较充分地显示了教材的智力因素，学生进行了高水平的智力活动。可见，学生的各种思维得到了较充分的培养和发展。

又如，一位教师教现行小学数学教材第一册上的一道题："要拿出 8 分钱，你能想出哪几种拿法？"如图 20.4 所示。

⑤② ②② ②①①①①①①①①

图 20.4

是这样进行组合性思维训练的。

很显然，这道题不是从加数想出和数，而是从和数想出加数，可培养和训练学生逆向思维；且要求想出两种或两种以上的拿法，可培养和训练学生的发散思维。当学生在老师的启发下：学生你想出一个，我想出一个，一共想出 7 种拿法时，教师要求学生回答"你是怎样想的？"学生必须这样回答："先想拿伍分的，拿伍分的时候，又想要先拿贰

分的，再想不拿贰分的，即⑤②①；⑤①①①。有 2 种拿法。不拿伍分的时候，我想拿 4 个、3 个、2 个、1 个贰分的，即②②②②；②②②①①；②②①①①①；②①①①①①①。有 6 种拿法。最后想拿壹分的即①①①①①①①①，有 1 种拿法。合起来共有 7 种拿法。"在此过程中又培养和训练了学生分类的思维、有序的思维、分析的和综合的思维等。

2. 在练习的过程中进行训练

（1）集中思维与分析思维结合。如图 20.5 所示，外圈哪个数和里圈哪个数相加得数是 807

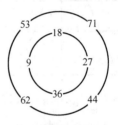

图 20.5

（2）顺向思维与逆向思维结合。如，把下面（见图 20.6）各题中"☆"换成适当的数字。

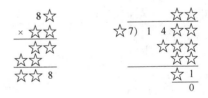

图 20.6

再如，把一个长、宽、高分别为 9 厘米、7 厘米、3 厘米的长方体铁块和一个棱长是 5 厘米的正方体铁块，熔铸成一个圆柱体。这个圆柱体底面直径是 20 厘米，高是多少厘米？

（3）发散思维与集中思维结合。如，

用 3，6，4 三张数字卡片，可以排成几个不同的三位数；写出其中最大和最小的三位数？

（4）发散思维与有序思维结合。

①下面图形（见图 20.7）有几个平行四边形？

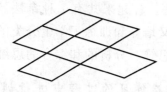

图 20.7

②下面图形（见图 20.8）中有几个梯形？

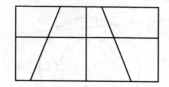

图 20.8

（5）归纳思维与演绎思维结合。如，找出相邻两数的关系，发现规律，并依次填写其余各数。

①1，4，7，_____，_____，_____，19。

②_____，_____，_____，15，17，19。

（6）发散思维、逆向思维和有序思维结合。如，在下列括号内填上适当的数，使等式成立。

①（　　　）＋（　　　）＝10；

②（　　　）×（　　　）＝12。

（7）多种思维结合。在整数内，周长是 20 分米的长方形钢板。

①有多少种？

②每种的长、宽各多少？

③有条理地说出符合条件的全部答案。

④从这些答案里你发现了什么规律？

⑤每种钢板的形状大小是怎样的？

这一练习中的第一、二问，可以培养学生逆向思维、发散思维；第三问可培养学生有序思维；第四问可在探索运动变化规律过程中培养学生的辩证思维，同时有机渗透函数思想；第五问可培养学生空间想象能力。

第 **21** 篇

培养记忆能力的艺术

记忆是以识记、保持、再认和回忆的方式对经验的反映。一个人记忆力的强弱固然与天赋有关，与生理上大脑的生化机制有关，但后天的培养与训练是不可忽视的。如何培养记忆力呢？概括起来为明确一个目的；做到两个科学，培养三类能力；弄清四个记忆；并用五个器官；搞好六个结合，掌握七种方法。

一、明确一个目的

实验证明：识记的目的任务是否明确，其效果是不一样的。比如：某人住在五楼，每天从楼梯上上下下，但是要问他家的楼梯共有多少级，他答不出来，因为事先他没有给自己提出记忆楼梯级数的目的任务，只管上下就行了。后来，他患眼病，双目失明，他却把他家的楼梯级数一级不差的记住了，因为他不记住就找不到自己的家。因此，要增强记忆力，一定要有鲜明的识记目的任务，根据"用进废退"的原理，教师经常给学生提出一定的识记任务并说明主要记些什么，记到什么程度，使学生心中有数。"识记有目标，引导学生每天记一定数量的内容，日积月累，持之以恒，既能丰富学生的知识经验，又能锻炼记忆能力。

二、做到两个科学

1. 科学地讲授新课

（1）根据"先入为主"的规律，首次印象要强烈。对学生第一次学的新知，要使学生产生强烈的印象，印在头脑中产生鲜明，生动、深刻的表象，这有利于学生记忆。

（2）根据学生的年龄特征和大脑活动的规律要讲练结合。教师讲学生就要记忆，如果连续讲的时间稍长，学生大脑就会疲劳，记忆效果差。学生应用自己学的知识练习，既能巩固刚记忆的知识，又能使大脑中记忆部分得到适当的休息与调整。所以讲新课应讲练结合，使学生大脑有关部分劳逸结合，有利于记忆。

2. 科学地组织复习

马克思对他的学生狄慈根说："复习是学习的母亲。"要通过复习，让学生记住应记忆的知识。

（1）恰当的安排复习时间。第一，要及时复习。遗忘规律是先快后慢，因此最好是当堂或当天通过练习和复习达到熟记。第二，要经常复习。对于要记忆的知识要分散多次复习，这样效果明显。第三，要合理复习。根据记忆规律和遗忘规律对同一内容的多次复习中，首次复习时间应长些，以后逐次适当缩短。两次复习之间的间隔时间恰好相反，开始间隔应短些，以后逐次适当延长。

（2）恰当安排复习内容。第一，内容相似的安排在一起复习，有利于知识的迁移，易混易错的内容对此复习，有利于概念的辨析。第二，突出中间部分。学生在连续记忆一系列材料时，往往互相干扰，由于前后两部分只受单方向干扰，记忆效果较好。中间部分由于受前后两个方向的干扰，记忆效果较差。所以复习时对中间部分的复习次数与时间应多于两端。

（3）恰当设计复习方式。单一的复习方式会使学生大脑皮层活动受抑制，影响学生记忆，所以复习方式应灵活多样。

三、培养三类能力

1. 培养准确记忆的能力

准确地记忆就是根据不同知识本质特征不同，规律不同，让学生记得准不混淆。

（1）规律记忆。规律体现事物运动相互联系的特点。抓住规律可以加深对事物本质特征的认识；可以加强记忆。例如语文学科知识构成的规律是：生字词、文学常识、篇章结构，表现手法、主题（或中心思想）五大知识板块，不论讲什么体裁，什么文章，都离不开讲这五大块的知识，在数学中把这个规律教给学生，学生学起来就轻松，记起来也容易了。

（2）特征记忆。特征记忆是一事物区别于它事物的标志和兴趣。鲜明的特征会给人留下深刻的印象。例如，1917年十月社会主义革命，1918年第一次世界大战结束，1919年中国"五四"运动爆发，其时间特征是三年是连续的；

1921 年中国共产党成立，1917 年到 1919 年到 1921 年，时间间隔是两年。

（3）分类记忆。分类记忆是按知识的相同或相近的特点进行分类，使之系统化。例如化学知识，以物质为例，按其性质可划分为物理变化和化学变化；按结构分类的原子、分子、离子；按物质的量分类的原子量、分子量。学生掌握了这样分类的方法，分门别类地去记忆就容易多了。

（4）比较记忆。比较就是根据两个对象在一些属性上相同或相似，抓住其相似或相同点进行比较，将其易记忆之点，印入脑海。例如，日本最高的山峰为富士山，高 12365 英尺，把这个数与一年的天数相比较，刚好是 12 个月 365 天。

2. 培养快速记忆的能力

记得快才能提高学习效率，记得快才能促进智力的发展。怎样才能记得快呢？

（1）概要记忆。对于复杂的材料和大块的文章，要记得快是不能一字一句去背记的。要教学生抓住关键字句、段落，把复杂的材料简单化，把大块的文章缩小。即概括要点，就像语文课的扩句和缩句。一个复句简单化并可以简到只留主语、谓语和宾语。记重点段落可先记重点词语，再把重点词语连成段；记课文（背诵）可先背重点段再将段落连起来背课文。

（2）联想记忆。由一事物想到另一事物，再由另一事物想到别一事物，由此传递下去便成为一串。联想可分为：接近联想、相似联想、对比联想、关系联想等四种。把需要记忆的材料与相应的旧知识，或已熟悉的事物联系起来。只要有利于记，尽管有时候的联想近乎荒唐也是可行的。如从秦末农民起义的原因、结局联想到其他农民起义的原因、结局，记忆农民起义和农民战争的一般规律。

（3）编码记忆。各种不同事物分别与编码挂钩，构成一个记忆链，使之有序，这样记忆快。例如，生理学人体的脑中有 12 对脑神经，不仅要记名称，连排列的顺序也得记清楚，很不容易记，这时可采用编码记忆，迅速可以记入脑海。一嗅（嗅神经）、二视（视神经）、三动眼（动眼神经）；四滑（滑车神经）、五叉（三叉神经）、六外展（展神经）；七面（颜面神经）、八听（听神经）、九舌咽（舌咽神经）；速走（迷走神经）、副神（副神经）、舌下完（舌下神经）。又如，有人把集合的有关知识归纳为四句话：一个概念要弄清（集合的概念），两个关系莫打混（从属关系、包含关系），三种方法表集合（描述法、列举法、图氏法），四个运算牢记心（并集、交集、差集、补集）。

（4）口诀记忆。将所要记忆的材料编成口诀或顺口溜的形式，这样符合青少年的心理特点，学生愿意记。例如，做氢气还原氧化铜的实验，记住酒精灯的操作要求是关键。为了记得快，老师编成这样一个口诀。"H_2 早入晚归，酒精灯迟到早退。"又如，在给学生复习简单几何图形的面积公式后，编成口诀："长田容易算，田长乘田宽；梯田也不难，腰间去量宽；若是遇上三角田，底与高积取一半；有时田形象个圆，π乘半径平方完；若有扁田量面积，多量几次长和宽，各将结果归几遍，相乘便得几多田。"

3. 培养牢固记忆的能力

记得牢才能巩固记忆效果，记得牢才能理解和应用。怎样教学生记得牢呢？

（1）理解记忆。理解是记忆的基础，只有理解了的东西才能长久地保持在记忆中。理解记忆要引导学生了解知识的来龙去脉，结合生活实践和直观形象理解材料的内涵进行分析，在分析的基础上去记住材料的内容。例如生物课讲"虫媒花"的特征，老师引导学生理解虫媒花是依靠昆虫传粉的花，而昆虫具有发达的感觉器官和强烈的趋化性，对于花香花色特别敏感。因此，虫媒花应具有鲜艳的花冠，芳香的气味，甜美的花粉和花蜜等特征，才能吸引昆虫前来觅食花粉、花蜜，为花传粉。

（2）验证记忆。对语文课一些字词，文学常识、文言句式，通过查字典和工具书进行验证，对数、理、化、生物学科一些定义、定律或规律、公式，通过动手实验和演绎推理、公式推导等方法验证其正确性。这样记忆非常牢固，可以经久不忘。如等底等高的圆锥的体积是圆柱体积的三分之一。凡做了这个实验给学生看的学生都没有忘记过。

（3）图表记忆。借助图表进行对照，一目了然帮助记忆。例如，地理课让同学们一边看书一边看图，借助地图或图表引发学生，兴趣，扩展思维，加强对地理概念、地理事物和地理成因的理解和记忆。地图或图表具有形象、生动、真实、准确地概述地理知识，利用它可

以记忆地理位置特征、地形地势特点、气候特点、降水特点、气温变化特点、季风变化规律、矿产分布规律、河流特点、铁路、公路分布情况等。

（4）推理记忆。推理是从已知的一个或几个判断推出新的判断的思维形式。有时为了记住一个知识，可将要记的知识通过推理得出易记的知识。这样记忆牢固，即使忘记了也可以再进行推理得出。例如，爱因斯坦的女友告诉他，她家的电话号码为 24361，爱因斯坦一下就记牢了。原来他迅速地用了推理记忆法。"24 为两打，361 为 19 的平方。即为 2 打 192。"

四、弄清四个记忆

在教学过程中，要教学生按知识类型，有区分地运用机械记忆、意义记忆、形象记忆逻辑记忆。

1. 机械记忆

按学习材料的理解程度可分为机械记忆和理解记忆。有些知识要求在理解的基础上逐字逐句机械记忆。例如，语文教师指导学生课外阅读时，按爱国、苦学、攀登、惜时……分类摘抄一些警句、格言、谚语，制成卡片，随身带着，挤零散时间每学期背熟五十到一百句。古今中外的名言记多了，语言能力就强了。但机械记忆效果远不如理解记忆。所以必须大力促进学生由机械记忆向理解记忆过渡。

2. 意义记忆

意义记忆是在理解的基础上加以记

忆的知识。例如有些学生常常把"戒躁"的"躁"误写成"燥"或"噪"。我们可以启发他们,"躁"从足,又性急,不冷静;"燥"从火,又干燥;"噪"从口,又吵嚷;"戒骄戒躁"是防备、警惕骄傲和急躁情绪。弄清了这三个字音同、形异、义不同和"戒骄戒躁"的解释,写错"躁"字的情况就少了。

3. 形象记忆

是根据要记忆的东西的形象去加以记忆。如在语文教学中要学生抓住作品中的生活图景和丰富多样的特征来记。例如,讲到孔乙己就想到分茴香豆时"多乎哉?不多也!"的音容,从而记住一个没有考取秀才,寒酸气十足,满口之乎者也的腐儒——孔乙己的性格特征。又如数学老师告诉学生:"见到两圆相交就想公共弦、公切线"。"见到 3 平方关系想到勾股定理、余弦定理、圆幂定理、射影定理等"。

4. 逻辑记忆

有些知识可以按逻辑顺序记忆。如数学生记住的写作顺序,诸如时间的推移、空间的交换、事物的内化联系,等等,懂得到写作的逻辑顺序,文章的结构层次,写作特点也就不难记了。

五、并用五个器官

教学生同时用眼、耳、口、手、脑并同的方法记忆。各个感知器官连用,能在大脑中形成强烈的印象。心理学研究表明,用眼看同时又用耳听的记忆效果,明显优于只用眼看或只用耳听的记忆效果。如果同时动手操作又用口复述,记忆效果更强。例如讲读新课文碰到生词难字,或者学生平时容易写错的字时,可经常用特大字板书写出来,注上拼音拼读,叫学生看清笔画笔顺,说出偏旁部首,间架结构,然后讲明词义,再叫学生边读边写三五遍。用此法,多数学生当堂就可把生词难字掌握好。

六、搞好六个结合

1. 原始记忆与整理记忆结合

原始记忆是指对记忆材料不加整理,直接记忆。整理记忆是指对记忆材料先进行适当整理,然后再进行记忆。对于复杂记忆材料,整理记忆明显优于原始记忆。但是整理要花费一定时间,所以,简单的材料用原始记忆,较复杂的难记的材料用整理记忆,并告诉学生用分类、列提纲、画图表、化简等常用的方法去整理,把原始记忆与整理记忆结合起来。

2. 整块记忆与组块记忆结合

整块记忆是把记忆的材料分成部分,当成一个整体记忆,叫整块记忆。组块记忆是把记忆的材料分成几部分,每部分叫做一组块,对各部分分别进行记忆。对于较复杂的材料,组块记忆明显优于整块记忆。例如要记住 π 的值 3.141592653589793 2384626,学生一般要记十几遍,如果分成四个组块,即分成 3.14159,26535,897932,384626,一般只要记一两遍就能记住。所以简单的材料整块记忆,较复杂的材料组块记忆。把整块记忆与组块记忆结合起来。

3. 短时记忆与长时记忆结合

短时记忆是指记忆的时间限于 2 分钟以内，长时记忆指记忆时间持续数分钟至数年。在教学中不但需要学生有长时记忆能力，也需要有短时记忆能力。如语文老师要学生听写单词、拼音就可以训练学生的短时记忆能力。并且长时记忆一般由短时记忆经过多次巩固形成，所以要把培养学生的长时记忆与短时记忆结合起来。

4. 限时记忆与自由记忆结合

限时记忆指对于一定的记忆内容，要求必须在规定的时间内记住。如湖南卫视台的快乐大本营节目，要求嘉宾边表演节目边记住主持人报的十个物体名称，就是限时记忆。自由记忆指不限定时间的记忆。由于限时记忆有紧迫感，大脑处于高度紧张的工作状态，记忆效果明显优于自由记忆。但限时记忆的时间一长，大脑容易疲劳，因此要把限时记忆与自由记忆有机地结合起来。

5. 无意记忆与有意记忆结合

无意记忆是无预期的目的要求，有意记忆是有预期的目的要求。一般地说有意记忆优于无意记忆。但小学生的记忆特点之一是无意记忆为主，有意记忆正在发展。所以要把有意记忆与无意记忆结合。

6. 教师指导记忆与学生探索记忆结合

如果教师长期对学生记忆不加指导，学生就不能很好地掌握记忆方法；如果教师对每次记忆都进行指导，就不利于培养学生独立记忆能力。所以要把教师指导记忆与学生自己探索记忆结合起来，发挥学生记忆的积极性和创造性，鼓励学生自己探索记忆的规律和技巧。

七、掌握七种方法

前面介绍了一些记忆方法，这里再给读者介绍以下七种科学记忆方法。

1. 尝试记忆法

这是一种积极的记忆方法，即对记忆的材料，在理解了但还没有记住的情况下，就尝试记忆和背诵，从而逼着自己开动大脑机器，去记住要记忆的东西。尝试记忆的过程一般是三步：第一步是对于刚学过的知识主动地在头脑里"过电影"，使其再现；第二步是对于再现过程中"大壳"的地方，看看书，作温习补课工作；第三步是再全面尝试背记一遍，请同学检验或看书对照。

2. 骨架记忆法

在记忆时，从整体入手先抓主干和骨架，再抓枝节和单叶的记忆方法。这种记忆方法对复习来说显得特别重要。在复习的时候，要先回忆一章一节的骨架结构，然后仔细回想，想不起来的看看书，重点补上。这样复习，条理分明，重点突出，记忆牢固，节省时间。

例如，在复习数的整除时，只要记住整除、倍数、约数等主干和骨架的概念，便可记住其他枝节和单叶的概念，我们可以归纳出如图 21.1 所示的有关"数的整除"概念系统。

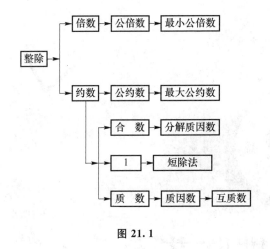

图 21.1

3. 字谜记忆法

把要记忆的材料编成字谜的一种记忆方法。

例如，为了记住"平行线"和"三角形"的特点，就可以编字谜："人家兄弟手拉手，咱们兄弟不碰头，火车在咱肩上走，高压电在咱身上流。""看来好像是座塔，一二三笔由你画，它的样子生得巧，数学书上常见它。"

4. 谐音记忆法

根据要记忆的材料，编成谐音，能帮助记忆。例如，马克思的生日是1818年5月5日，利用谐音记为：马克思把资本家一巴掌一巴掌打得呜呜地哭。

5. 引趣记忆法

学生对于有趣的东西是最爱记的，有些材料可以插入到趣味的故事、游戏中去，以利于记忆。例如1998年12个月的代号分别是366240251361。记住每月的代号，就能推算出某月某日是星期几。如10月的代号是3，10月1日是星期几呢？（3＋1）÷7＝0……4，所以1998年10月1日是星期四。余几就是星期几，余0就是星期日。

6. 卡片记忆法

把需要及复记忆的材料写在卡片上或袖珍本上，便于推带，随时取用。如英语单词，数理化公式等就可用这种方法帮助记忆。

7. 化简记忆法

有些知识内容较多，不易记忆，我们可以把要记的材料化简，浓缩，只记住几个字就全部记住了。例如毛主席的十大教授法可化简为："启、由、说、说、说、以、后、要、干"十个字。即"提倡启发式，废止注入式，由近及远，由浅入深，说话要明白，说话通俗化，说话要有趣味，以姿势助说话，后次复习前次的概念，要有提纲，干部班要用讨论式。"

教学资料借鉴艺术

　　教学资料，是指为教学工作或教学研究的需要而搜集或编写的一切材料。它是前人提供的教学经验和创造性劳动成果。教学资料就其物质形态而言大体分为两类：一类是以语言文字符号为物质载体的对教学工作和研究具有参考价值的出版物。包括教学参考书籍，教育教学报刊，教学论文集，教案设计，课例汇编，教例评析等文字材料。另一类是以声音和图像为物质载体的对教学工作和研究具有使用或认识价值的电子出版物。包括教学录相带，教学录音带，教学影碟光盘，教学电脑软件等。教学资料从社会交流范围上讲，分为两类，一类是社会公开发行的教学出版物；一类是内部交流或存储的供教学使用或参考的材料。教学资料，对于提高教师素质，提高教学质量，提高教研的价值含量，进行教学改革和创新，都具有重要的意义。如何学习和使用教学资料，从教学资料中吸收精华和营养，并运用于教学工作和教学研究，这中间既要讲究科学性，又要讲求艺术性。根本的立足点是学习、借鉴、汲取，而不是照搬、套用、抄袭。所以，教学资料的借鉴艺术，则主要是对教学资料的采集、吸收、运用、创新的技能技巧。

一、教学资料的采集艺术

教学资料的采集，是教学资料使用的必备前提，是教学资料借鉴艺术的首要内容。教学资料的采集，有广度和深度的问题。无论从事教学工作，还是从事教学研究，都需要学习、搜集和拥有大量的材料。著名语言学家和教授王力先生指出："一个小小的题目，我们就要占有很多的材料。往往几十万字，要做几千几万张卡片。""别看写出来只有一万字，几千字，搜集的材料却是几十万字。这叫充分占有材料，材料越多越好。"这是针对教学研究而言：就教学工作而言，占有大量教学材料也是十分必要的。常言："见多而识广，厚积而薄发。"教学资料的采集有很多途径。这中间包括与教学有关的文字资料和音像资料。

1. 向图书馆借阅

教学资料包括与教学有关的文字资料和音像资料。除了个人到书店购买以外，有很多的教学资料可以通过向图书馆借阅而采集。向图书馆借图或查找有关教学资料，首要的是掌握文献资料的搜索方法。①图书分类检索法。由所查找的教学资料所属于的图书类别，采用逐渐地缩小"包围圈"的办法，从而查找到所需要阅读的教学资料。②著者姓名检索法。由著作者、编纂者、翻译者的姓名作为线索，查找其著作从而找到所需要的教学资料。③书名题目检索法。由书名或文献题目而查找到著作者和所需要的教学资料。④主题词检索法。

2. 向有关部门借阅

除向图书馆借阅外，还可以向教育教学信息情报部门，教育科研部门（院、所、室），教育学院、师范院校、教师进修院校等部门借阅或查阅期刊、报纸、教育情报信息、全国教育教学资料目录索引，以及中国人民大学报刊复印资料有关教育教学的资料。或查阅尚未发表的内部存储的教育调查报告、教育实验报告、教育教学科研论文等。常用的查阅的方法为：查分类，查主题，查索引，查文摘等。有条件的单位或个人，还可以通过电脑联网来获取有关教育信息和教学资料。

二、教学资料的汲取艺术

采集教学资料的目的，则在于改善教师自身的知识结构，充实和改革教学内容和方法。在大量浏览的前提下，应注意精心挑选，汲取其精华，摘取有价值的内容及部分，积累存储，分类整理，化解成为教师自身知识结构的有机部分，以便在教学过程中随时提取。汲取教学资料的常用方法有以下几种：

1. 剪报和做卡法

把自己订阅的期刊报刊上有价值的教学资料（全篇或节选）剪下来，分门别类地贴在本子上，并注明出处，以便查检。

阅读资料时，把自己认为有价值的内容记在卡片上。卡片便于携带、存储、分类、归纳、查检和使用。

2. 记笔记

阅读资料时，把自己所需要的或认为重要的论点、论据，包括要点、警句、数据及有关事实材料摘录（含摘要）下来，或随笔记下心得体会。这叫记读书笔记。记读书笔书记常用形式有：摘录、批注，提纲、提要、摘要，记下心得体会等。所记资料应注明出处，以便核对与查找。

除读书笔记之外，可以把教学研究的艺术会上有关内容和要点随笔记下来，把教改实验的有关数据和情况随时记录下来，以备查找。

3. 分类整理

剪报、做卡片、做读书笔记的过程，本身就是对教学资料进行挑选（去粗取精）与分类的过程。然而仅仅停留于此道工序尚且不够，还需要对挑选来的并进行初步分类的教学资料，按客观事物本身的体系，或教师自身的知识结构的体系，进一步详细地分类与系统地整理，使之系统化，网络化，然后分门别类地编排篇目（目录）索引。如语文教学，可分为语文基础知识教学、阅读教学和作文教学；阅读教学又可分为记叙文教学、议论文教学、说明文教学、应用文教学，议论文教学又可按论点、论据和论证方法不同进一步分类整理，纲目越详细，越便于消化理解，存储积累，以及运用时查阅和提取。

这种分类整理，可以手头方式进行；而把这些教学资料存储在电脑里，用电脑分类整理更为便捷，也便于运用时提取。

三、教学资料的运用艺术

教学资料的采集、汲取的根本目的则在于运用。常言"书到用时方恨少"。如何运用教学资料为教学工作和教学研究服务呢？这中间有着科学性，也有艺术的问题。运用教学资料应注意以下几个问题：

1. 明确目的性

采集、汲取乃至提取、运用教学资料，首先明确自身的目的性。运用是根本目的，然而应当有更具体的目的性。是用于引述或引证资料，来说明或论证某个问题；还是为了充实教学内容，提供有关知识。是为了学习某种教学方法，指导与改进教学工作，还是为给学生寻找并设计练习题？是为考证核对知识点本身，以求准确性、正确性，还是为了开拓教学思维或分析研究？总之教师运用教学资料时必须明确自身的具体的目的性。从而决定运用的方式方法。是摘录——直接引用；还是摘要——把握思维，还是领会——掌握精神。不能为运用而运用。

2. 领会实质性

运用教学资料，必须深入而透彻地领会其精神实质。采集、汲取教学资料，进行分类整理时，对教学资料的精神实质已有所理解和把握。然而这仅仅是在存储和积累阶段所做的工作，在查阅和提取教学资料，进行运用阶段，依然需要而且必须认真领会其精神实质，反复推敲，做深入而透彻地理解，正确而准确地把握，不偏不离，不发生误解。那么，运用教学资料时，才能恰到好处、准确无误，使教学资料成为教学内容的有机部分，如盐溶于水中，觉其味而不见其形，为教学活动增姿添色；才能使教学资料成为教学研究中的积极因素，作为新的"路标"，开拓思路，推进教育教学科研工作深入而健康地向前发展。因为运用不等于照抄照搬，而是领会其精神实质，从而使教学工作或教学研究有所发现，有所创新。

3. 加强针对性

运用教学资料为教学工作或教学研究服务，应注意教学资料与教学工作或教学科研之间的内在联系，加强两者之间针对性，运用时才能有的放矢，恰到好处，真正做到教学资料为教学工作或教学科研服务；才能避免无的放矢，张冠李戴，风马牛不相及，牵强附会等一系列毛病。为加强教学资料与教学工作或教学研究之间的针对性，必须依据教学规律，正确地摆放教学资料与教学工作或教学研究之间的主从关系；把握教学资料的精神实质，明确教学与教研自身的目的性，使两者之间相互切合，尤其是要使教学资料的实质性与教学或教研本身的目的性相切合，才能保证与增强两者之间的针对性。

4. 注意灵活性

运用教学资料，既要讲求与教学工作或教学研究之间的针对性，也要讲究灵活性。教学资料本身是个"多面体"或曰"主体"，从不同侧面讲，它与教学工作或教学研究有不同联系。从教学资料的来源讲，当初的创造或使用者，在发表或运用这一教学资料时有自己的特定角度，即材料的实质性与教学的目的性相契合有其特定性。近来的使用者或创造者对这一教学资料的认识深刻程度与运用这一教学资料的目的动机，都会有所不同。所以，对教学资料的运用，不能拘泥于或局限于原有的场合，用法和用途，而应深入挖掘教学资料的内在本质，有所发现，并用于为新的教学工作和教学研究服务，有所创造。这些就是运用教学资料时注意灵活性的根本原因和根本目的之所在。只有灵活运用，才能推陈出新，才能避免教条主义的使用方法和态度。

四、教学资料的创新艺术

运用教学资料的根本目的，不仅仅是为继承前人的教学经验和教研成果，只会照抄照搬，进行"移植"，"转运"，"贩卖"；而是在前人教学经验和教研成果的基础上，有所发现，有所创造，推陈出新。所以，借鉴、运用教学资料的根本目的，是为教学工作和教学研究服务，有所创新。如何借鉴、运用教学资料，才能有所创新呢？首先，以先进科学方法论和教学方法作指导，以全新的眼光重新地审视所要运用的教学资料，全面地分析与找出它与教学工作或教学研究的内在联系，特别是要找出那些前人所未发现与揭示的联系。其次，运用教学资料时，教学和研究者应当认真地审视和反思自身的目的动机，目的不是照抄照搬，而是为教学工作或教学研究的更高的目的或目标服务。尤其重要的是，把所揭示出来的教学资料与教学或研究工作之间的联系，与教学或研究工作的更高的目的或目标有机地联系起来，做到相互契合，那么，教学工作和教学研究则易于创新。教学工作中，用他人之长补自己之短，把有些先进的成功的教学经验和做法，有机地融合在自己的教学活动中，丰富、发展、提高自己，加上自身的努力和追求，有所创造，则会使自己的教学有所创新，使自己的教学工作提高到一个新的水平。在教学研究中，查阅、借鉴、运用教学资料，有助于教学研究者了解和掌握当前教学研究全局和进展情况。发现教学研究中的空白，以便确定自己的研究领域，研究方向和研究课题；了解已有课题进展情况，达到什么程度，取得什么成果，得出什么结论。这成果和结论对自己及其研究有何新的启示？"它山之石，可以攻玉"，与自己的教学研究有何联系，通过对这些教学资料的分析、研究或归纳整理自己有何新的认识，是否发现有值得修正和推进之处，这对确定自己的研究方向和切入点，选取研究方法等，都是大有益处的。不仅可以使自己的研究工作重复他人的劳动，少走或不走弯路，获得劳动的最大值；而且可以站在前人教学经验和研究成果的基础上，"站在巨人的肩膀之上"，加上自身的创造性劳动，则易于取得新的教学研究成果。这是教学资料的借鉴艺术的高级境界。

名师教学艺术范例

一、李吉林的情境教学四例

（一）《月光曲》的教学片断

在介绍贝多芬，分清课文层次后，我运用语言描绘把学生带入情境，利用儿童的想象理解词句，体会人物的情感。

（1）导语

这个传说一开始就给我们描写了一个非常美丽画面：我们仿佛看到一个秋天的夜晚，月亮分外明朗，月光下，莱茵河水静静地流淌着，音乐家贝多芬正在这条幽静的小路上散步。（利用想象，呈现视觉画面）

同学们想一想，在这幅画上，除了一轮明月，莱茵河，小路，正在小路上散步的贝多芬外，根据下面故事的发展，画上还应该有什么（小茅屋——想象故事发生的具体场景）？那小茅屋的窗上透出微弱的亮光。

（2）释"幽静"

你们觉得这环境怎样？（静、美）离热闹的地方比较远，又给人美的感觉，这样的环境，就叫"幽静"。

（3）此刻，贝多芬就在这幽静的小路上散步，他听到从那茅屋里传来断断续续的琴声。你们想，当贝多芬听到有人在弹他的曲子，琴声又是断断续续，他可能会怎么想？（是谁在弹我的曲子？琴声为什么断断续续？——根据人物动作，想象人物的心理活动）。

（4）他正是这样想的，所以他走进茅屋。现在让我们随着贝多芬一起来到那茅屋的窗口，听一个姑娘和一个男人在谈话。（进入情境）

同座两人分读。

（5）指导自学

这儿写两人对话，因为贝多芬是在屋外，只能听到他们的谈话声，而不能看到他们说话的神情，动作。你们能不能从他们说话的内容想象他们可能是怎么说的。（从人物的语言想象人物说话时的神情，动作或语调）

一个姑娘〔 　　 〕说

一个男的〔 　　 〕说

姑娘〔 　　 〕说

（一个姑娘叹了口气说，或微微抬起头，幻想着说；难过地说；安慰地说）

（6）此刻，让我们和贝多芬一起站在窗外，听他们谈话。

（指名男女生读）

（7）听到这里，贝多芬可能会怎么想？（穷苦的人是多么爱他的曲子，然而因为他们穷，不能听到，我要用我的琴声，给他们带来快乐——通过想象、推测，作出正确的回答）

（8）我们从哪一个词里可看出，贝多芬一点也没有犹豫。（就）

（9）贝多芬走进茅屋，他看到了什么？你们想，哪些使贝多芬很感动，我们朗读的时候，应该把哪些词语突出。

（一支，微弱，旧，瞎）

这些可以用一个什么词来概括。（穷）

这些景象中尤其是什么更使贝多芬感动。（盲）

（10）指名女生读

（11）下面是贝多芬进屋以后，三个人的对话，这次老师不指导，看你们能不能读，读好。

（12）指名三人读，老师读叙述的话。

老师试一试你们有没有读懂。盲姑娘听贝多芬弹琴这一节中，有哪几个词语不能滑过？

（二）情境的优选

《桂林山水》写水写山都是课文的重点。就拿写漓江的"静、清、绿"这课文的第二段来说，先后设计三种方案列于表 23.1。

表 23.1

创设情境途径	分析，选择
A 用图画再现情境	可体现看图学文的特点，但漓江水的"静、清、绿"美感不够丰富，感受不够深
B 用图画再现并播放音乐渲染情境	图画、音乐配合运用，多种感官兴奋，感知效果还是好的，但要求所需的曲子与课文情境相协调，要挑选这样的曲子，估计费时很多
C 用图画再现情境，并以学生轻声哼唱已学过的《让我们荡起双桨》的曲调，渲染情境，加深体会	《让我们荡起双桨》轻声、慢速哼唱，又渲染荡舟漓江的情境，边看图，边哼唱，学生美感丰富，情绪易于激起，而又不必耗费人力与财力
结果	上列三种途径，经分析优选，选用了第三种 C

如果教师不擅长音乐，主观感受不深，不易带学生进入同一情境，但教师语言描绘引人入胜，则可取 A 方案，将图画和语言描绘结合使用。

（三）假想旅行

《草原》一课描写了草原特有的秀美景色及生活在草原上的蒙古族人民的热情、好客，反映了汉蒙人民的深情。情境教学的运用，似乎把我和学生一起带到了辽阔的草原上。教学开始，我热情地描述着："通过假想旅行，我们到过可爱的日月潭，富饶的西沙群岛，美丽的小兴安岭，雄伟的长城，风景迷人的桂林山水。今天，李老师带你们一起到祖国的北方去，到蒙古族居住的大草原上去。（看得出，此时，好奇心使孩子们开始兴奋）到了那儿，你们一定会被草原上迷人的景色吸引住；到了那儿，蒙古族人民见到我们这些汉族小朋友，一定会热情地接待我们，请我们喝奶茶，还要请我们吃奶豆腐。"（孩子们一个个绽开了笑脸。他们的情绪表明，已开始进入情境）于是，热烈的情绪使他们形成了学习新课文的内驱力。他们带着探究的心理自学课文。在理清课文层次后，开始了第一段的学习。我引导孩子们抓住概括全段内容的"一碧千里而并不茫茫"想象开去。我启发他们："我们来到了草原，仿佛看见了一幅美丽的图画，蓝天、白云、草原、小丘、平地、羊群。进入这样的境界，我们真想放声歌唱，想吟诵小诗。我们可以想象一下，那草原的美——春天的公园，我们坐在绿色的草地上. 让我们的视线向四方延伸开去，向东，向南，向西，向北，啊，整个南通城都是一片绿色的草，啊，不，比南通城还要大……"学生马上表示："老师，这就是一碧千里。""一碧千里而并不茫茫，我们再回忆一下，曾经学过什么诗说草地茫茫。"于是，学生情不自禁地背起了"天苍苍，野茫茫，风吹草低见牛羊。""是的，野地茫茫，人烟稀少，荒凉得很。而现在的草原——"我努力以自己的描述，在孩子们眼前勾勒出一幅幅的画面，使他们产生广远的意象。孩子的心在草原上飞，仿佛看到了如今草原的充满生气，充满活力的景象，仿佛听到了羊群的欢叫，蒙古族人民的高亢的歌声……于是，他们对课文描写草原的"这种境界，既使人心叹，又叫人舒服，既愿久立四望，又想坐下低吟一首奇丽的小诗。"有了形象的感染，也有了具体的感受，形、情、理交织在一起。

（四）凭借情境品语感

《燕子》一课春天里的美景写得非常精彩。"阳春三月，下过几阵蒙蒙细雨，微风吹拂着千万条才舒展开黄绿眉眼的柔柳。"作者运用带点的词语细腻地描摹了春天的美。为了让学生体会其语感，教学时，凭借已创设的春天的情境，并突现被风吹拂着的杨柳，然后采取"删"与原文相比的做法。

出示"三月，下过雨，风吹拂着柳。"

师：（引导比较）这两段话有什么不同？觉得怎么样？

生：我读了黑板上的，觉得没有什么味道。

生：读了课文上的，觉得很美。

师：两段话意思是一样的，为什么像黑板上这样写就干巴巴的，书上怎么一写就变美了，我们来比一比。

（学生独自思考，比较分析）

师："阳春三月"，"阳春"是温暖的春天，是春天中最好的一段时间。"下过雨，"下过什么样的雨？

生：下过几阵蒙蒙的细雨。

师：加了"蒙蒙的""细"，你有什么感觉？

生：我觉得加上"蒙蒙的"、"细"，写出了春雨的特点，就像朱自清的《春》里所写的：像牛毛，像花针。

师：很好。

生：李老师，能不能说，下过"花针般的细雨"？

师：可以吗？

生：可以。

生："蒙蒙的细雨"可以改成"沾衣欲湿的细雨"吗？

生：啰唆。

师：你想到沾衣欲湿杏花雨，（学生不约而同地背诵"吹面不寒杨柳风"）这诗句是好的，但我们一般不这样说。

生："蒙蒙的细雨"，使我想到古诗里的一句"润物细无声"。

师：这就对了。

师："风吹拂着柳"，我们先在"风"和"柳"的前面加一个字。

生："微风吹拂着柔柳。"

师："风吹拂着柳""微风吹拂着柔柳"有什么感觉？

生：我觉得柳枝好像在摆动。

师：微风吹拂着什么样的柔柳？

生：微风吹拂着才舒展开的柔柳。

生：微风吹拂着才舒展开黄绿眉眼的柔柳。

师：才舒展开黄绿眉眼的，好像柳树怎么样？

生：好像柳枝刚刚从梦中醒来，睁开了眼睛。

生：这就把柳树写活了。

生：好像柳树也长了眼睛和眉毛。

师：（加重语气，边说边画，用简易画，再现春天杨柳万千条的情境）。不是一条两条，而是千万条才舒展开黄绿眉眼的柔柳。

师：现在把这个句子读一读。

生："微风/吹拂着/千万条/才舒展

开黄绿眉眼的/柔柳。"

（李吉林．情境教学实验与研究，成都：四川教育出版社．1998，108～110，69，92，123，26～27，140～141．）

二、霍懋征教"聪明"

霍老师问学生："你们愿意做聪明的孩子吗？愿意的，请举手！"霎时间，每个学生都争先恐后地举起了小手。接着，她告诉学生："每个人都有四件宝。如果学会了运用这四件宝，人就会聪明起来。这四件宝是什么呢？我暂时不讲，先让你们猜几则谜语。"于是，她要孩子们猜了四则谜语。"东一片，西一片，隔座山头不见面。"谜底是"耳朵"。"上边毛，下边毛，中间一颗黑葡萄。"谜底是"眼睛"。"红门楼，白门槛，里面有个嘻嘻孩。"谜底是"嘴"。"白娃娃，住高楼，看不见，摸不着，缺了它就不得了啦！"谜底是"脑"。每当孩子们猜中了一则谜语以后，他就要学生讲讲这个人体器官的作用。同时，霍老师说在上课时，要仔细看，但不要东张西望；要认真说，但不要随意说话；总之，要多听、多看、多想、多说。在猜谜语之后，霍老师就剖析字形说："'聪'字，左边是耳朵的'耳'；右上方是两点，代表两只眼睛；右边中间是'口'字，就是嘴；右下方是个心，代表'脑'。这四件宝合在一起，正好是个'聪'字。'聪'字后边所以加个'明'字，是因为对这四件宝，要天天用，月月用，天长日久，你们就会聪明起来。"翌日，霍老师于上课时问学生道："四件宝，都带来了吗！"同学们昂首大声道："带来了！"

（李榷·霍懋征教"聪明"一词的启迪。引文汇报，1981．7．29．）

三、吴正宪的语言艺术

（一）导入新课

教师谈话：同学们都非常热爱我们的祖国，每当看到五星红旗冉冉升起的时候，大家心中一定会充满幸福和自豪。中华人民共和国诞生在哪一年？哪一月？哪一日？

学生回答：1949 年 10 月 1 日。

教师提问：中国共产党的诞生日呢？

学生回答：1921 年 7 月 1 日。

【评析】加强思想教育，贵在渗透，不是随意凑合，牵强附会，脱离教材空洞说教。这里的导语及设问把爱党、爱祖国的教育非常巧妙结合进行。

教师再进一步地提问：你们自己的出生日呢？

学生回答：……

教师谈话：今天这节课就来研究年、月、日。

板书课题：年、月、日。

教师提问：你们知道多长时间是年吗？多长时间是月？多长时间是日？

学生初步体会："从去年春节到今年春节是一年"；"从去年的生日到今年的生日是一年"；"从这个月的一日到下个月的一日是一个月"；"从今天早上 8 点到明天早上 8 点是一日"……

（二）讲授新课

第一层：认识年、月、日。

猜谜语：

有个宝宝真稀奇，身穿三百多件衣，天天都要脱一件，等到年底剩张皮。

学生猜：日历。

【评析】良好的开端是成功的一半。利用猜谜语导入新课，激发学生对年、月、日学习的兴趣。

教师谈话：我们看时间用钟表。小时、分、秒是计算时间的单位。我们要想知道年、月、日要看年历。年、月、日也是时间单位。请同学们拿出 1991 年、1993 年的年历卡，认真观察。

提出问题：

(1) 一年有几个月？

(2) 每个月有多少天？

(3) 哪几个月的天数一样？有什么规律吗？

学生讨论后得出：

一年有 12 个月。

1、3、5、7、8、10、12 月的天数相同，每月都是 31 天；4、6、9、11 月的天数相同，每都是 30 天月。只有二月是 28 天。

再提出问题，引导观察：

同学们观察 1991 年和 1993 年的年历得出了上面的结论，那么它是不是具有普遍性呢？请再观察 1992 年的年历，你有什么新的发现吗？

学生观察后发现：

1992 年的 2 月份是 29 天。

【评析】重视引导。不断地引导学生去观察，去思考，去发现，去寻找规律。学生的情绪始终处于积极的状态。

教师谈话：通过观察年历，同学们发现每年的 1、3、5、7、8、10、12 月份都是 31 天，每年的 4、6、9、11 月份

都是 30 天，只有 2 月份的天数不同，有的年份 2 月份是 28 天，也有的年份 2 月份是 29 天。这是怎么回事呢？为什么要这样制定年历呢？

我国古代的科学水平是非常先进的，早在两千多年前我国古代科学家测出地球绕太阳一周的时间是 365 天多一些，后来经过科学家精确计算，知道地球绕太阳一周的时间是 365 天 5 小时 48 分 46 秒。如果每年按 365 天计算的话，这样四年就会多出一天，这一天就加在了 2 月份。为什么要加在 2 月份呢？这里有一个有趣的故事。

罗马皇帝在修改太阳历时，规定每年 12 个月。单月 31 天，双月 30 天，这样一年有 366 天，要比一年应有的 365 天多一天，就要减掉一天。那时犯人判处死刑都在每年 2 月份执行，2 月份被认为是不吉利的月份，因此要从 2 月份中减掉一天。2 月只有 29 天了。后来，恺撒的儿子奥古斯都做了皇帝，他发觉他的父亲生在 7 月，有 31 天，而他自己生在 8 月，只有 30 天，于是他又从 2 月中减去一天加到 8 月中去，8 月 31 天变成大月，往后的次序也相应改变。9 月、11 月改为 30 天，10 月、12 月改为 31 天。这样，2 月就只有 28 天了。

【评析】利用有趣的故事插入，调动学生的学习兴趣，把思维推向高潮。

请同学们计算一下当 2 月份是 28 天时，一年有多少天？当 2 月份是 29 天时，一年有多少天？

计算方法：当 2 月份是 28 天时，一年的天数是：

$31 \times 7 + 30 \times 4 + 28 = 365$（天）

当 2 月份是 29 天时，一年的天数

是：

$$31 \times 7 + 30 \times 4 + 29 = 366（天）$$

提问：为什么"31×7"？"30×4"？

回答：因为 1 月、3 月、5 月、7 月、8 月、10 月、12 月这 7 个月每月 31 天；4 月、6 月、9 月、11 月这 4 个月每月 30 天；所以"$31 \times 7 + 30 \times 4$"就可以求出除 2 月份以外的每月天数之和，再加上 2 月份的 28 天（或 29 天）就可以求出全年的天数。

第二层：认识"平年"、"闰年"。

教师提问：有的年份里的 2 月份是 28 天，也有的年份里的 2 月是 29 天，这说明 2 月份的天数是不固定的。那么它们的排列有什么规律吗？请观察下面的表 23.2。

表 23.2

年份	2月天数	年份	2月天数
1981	28	1993	28
1982	28	1994	28
1983	28	1995	28
1984	29	1996	29
1985	28	1997	28
1986	28	1998	28
1987	28	1999	28
1988	29	2000	29
1989	28	2001	28
1990	28	2002	28
1991	28	2003	28
1992	29	2004	29

讨论：你发现了什么规律？

学生：我发现每四年的 2 月就出现一个 29 天。

讨论：当 2 月份为 29 天的这一年，年份有什么特点？

学生：当 2 月份为 29 天的这一年的年份是 4 的倍数。如：1988 年、1992 年、1996 年、2000 年、2004 年……都是 4 的倍数。

教师补充：公历年份是整百数的，必须是 400 的倍数，这年的 2 月才是 29 天。

讨论：为什么四年才会出现一次 2 月份的 29 天呢？（教师引导学生得出结论）

学生：一年是 365 天 5 小时 48 分 46 秒，平时一年按 365 天计算，这样每年要多出约 6 小时，四年共多出约 24 小时（一天），所以四年就多出 1 天，这一天加在 2 月份，正好是 29 天。这一年共有 366 天。

教师揭示概念：我们把 2 月份是 28 天的这一年叫做平年，把 2 月份是 29 天的这一年叫做闰年。

板书：平年、闰年。

判断下列年份哪些是平年？哪些是闰年？并说出是用什么方法判断的？（幻灯投影）

1405　1980　1112　3744　2100
2400　2200　1986　1987　1904

（三）反馈练习

1. 记每月的天数

（1）介绍"拳记法"。

（2）介绍"歌诀记忆法"。（幻灯投影）

一、三、五、七、八、十、腊，

三十一天总不差；

四、六、九、冬，三十整，

平年二月二十八，

闰年二月二十九。

2. 小游戏

按 1 至 12 月出生的顺序，挑选 12 名同学戴上头布，如"1月""2月""3月"……随着教师提出的要求，学生立即采取行动。如：

教师口令：请出生在大月的同学向前一步。

学生：出生在大月的同学向前一步走。

教师口令：请出生在小月的同学向后退一步。

学生：出生在小月的同学向后一步走。

教师提问：为什么出生在二月的同学既不向前走，也不向后退？

学生回答：2 月既不是大月，也不是小月，它是一个特殊的月份。平年 2月 28 天；闰年 2 月 29 天。

3. 抢答题"比比谁最聪明！"

（1）小强满 12 岁的时候，只过了 3 个生日。猜猜他是哪一天出生的？

（2）下面的年份哪些是平年？哪些是闰年？

1908 2011 1900 2400

（3）平年 2 月有多少天？闰年 2 月有多少天？平年的上半年有多少天？下半年有多少天？闰年全年共有多少天？

［评］教学成功的关键在于及时收集反锁信息，及时调控。这里的反馈练习设计很好，形式多样，生动活泼，学生思维活跃，效果很好。

（四）质疑

教师提问：对这节课学习的知识还有什么疑问吗？

学生可能会提出这样的问题："为什么公历年份是整百数的，必须是 400 的倍数才是闰年？"

教师释疑：因为 4 年一闰事实上是 23 小时 15 分 4 秒，也就是说 4 年年相差的时间不正好是 24 小时（一日），这样 400 年就会少 3 天。因此 400 天中只有 400 的倍数才是闰年，其他三年不是闰年。闰年的规律应该是：

四年一闰，百年不闰，四百年又是一闰。

（五）课堂小结

教师提问：通过这节课的学习，你清楚了什么？

学生边观察板书，边回答：

一年有 12 个月。1、3、5、7、8、10、12 月是大月，每月 31 天；4、6、9、11 月是小月，每月 30 天；平年 2 月 28 天，闰年 2 月 29 天。平年一年有 365 天，闰年一年有 366 天。同时还学会了判断闰年的方法，年份如果是 4 的倍数（整百年份，必须是 400 的倍数），则是闰年。四年一闰，百年不闰，四百年又是一闰。

【总评】学贵刻苦，教贵诱导。吴正宪的教学艺术就在于诱导。表现在指导观察时，善引博喻，开讲时，要言不烦，衔接知识时，步步深化，课堂容量大，教学结构新，学习气氛浓，采用引而不发，或视的而发，一发中"的"的办法，做到牵一发而动全身。使学生产生一种孜孜不倦，锲而不舍的学习愿望，最大限度地调动学生思维的积极性。

四、钱守旺的数学练习设计艺术

钱守旺的课堂教学特特点注重练习设计。通过形式的多样性，激发学生解决问题的乐趣，使枯燥的练习变得有情有趣、有滋有味、有声有色；有基本的计算练习，有根据情境图收集信息、提出问题再解决问题的练习，还有让学生在"估一估、量一量、算一算"的操作中进行的练习。

下面摘选的是他执教的"长方形和正方形面积的计算"教学片段：

1. 实践应用

（1）教师出示情境图（几位小朋友正在测量黑板的长和宽，从图中小朋友的对话中可以知道，黑板的长是 4 米，宽是 2 米）。

师：根据上面的信息，你能提出什么数学问题？

生：这块黑板的周长是多少米？

生：这块黑板的面积是多少平方米？

（学生提出问题后，教师让学生口头回答，并引导学生比较周长和面积在计算方法上的不同）

（2）计算下面各图形的面积。（单位：厘米）（口答）

（3）计算下面草地、花坛的占地面积。（单位：米）（图略）

（4）小红的床长 20 分米，宽 14 分米，要铺上与床同样大小的席子，这块席子的面积是多少平方分米？

图 23.1

（5）教师出示情境图，让学生计算出篮球场的面积。（单位：米）（图略）

（6）教师出示情境图，计算长 16 米、宽 4 米的草地的面积和周长。（图略）

（7）边长为 12 厘米的正方形，可以剪成面积是 4 平方厘米的小正方形多少个？

（8）估一估、量一量、算一算。

①估计一下课前老师发给每组的长方形和正方形纸的面积。

②量出所需要的数据，计算出长方形和正方形纸的面积。

③你估计得怎么样？与准确结果相差多少？

（9）李小林要从下面的长方形纸上剪下一个最大的正方形。剩下部分是什么图形？它的面积是多少平方厘米？

6 厘米

10 厘米

图 23.2

（10）你能求出下面这块草坪的面积吗？

［教师出示情境图（图略），通过图中三个小动物的对话告诉学生草坪的周长是 32 米］

2. 拓展延伸

（1）一块正方形的菜园，有一面靠墙，用长 24 米的篱笆围起来，这块菜地的面积是多少平方米？（图略）

（2）图中每个小方格表示 1 平方厘米，你能计算出下面长方形的面积吗？

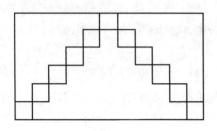

图 23.3

3. 教学延伸

在新课的教学环节中，学生通过"观察发现"和"自主探究"，得出了长方形和正方形面积计算的方法，接着钱老师通过"实践应用"和"拓展延伸"两个环节，通过精心设计的练习，使学生灵活运用所学的知识解决生活中的实际问题。本节课的教学，教师既注重过程，也注重结果。特别是在"实践应用"和"拓展延伸"两个环节，通过设计多层次的练习，从多种角度训练学生运用本节课所学习的知识解决生活中的数学问题。练习内容不仅仅是照搬公式的模式化训练，而是让学生在具有丰富现实背景的实际问题情境中，灵活运用长方形和正方形面积的公式解决实际问题，不断变化问题情境中的条件，融综合性、挑战性和现实性于一体。

【评析】 注意把长方形和正方形的面积与其周长进行对比，明确面积的意义，强化学生对面积这个概念的认识。

比如，"实践应用"第一题，学生提的问题既有周长的计算，又有面积的计算，这是周长与面积的对比练习；第九题，从一长方形中剪一个最大的正方形，这是长方形和正方形面积知识的综合运用。"拓展延伸"第一题，求一面靠墙的正方形菜地的面积，这是正方形的面积与周长的融会贯通；第二题，根据小正方形的摆放位置和个数，求出长方形的长与宽，问题具有挑战性，在激活学生思维的同时，让学生体会数学解题的乐趣和成就感。

五、田立莉的和谐课堂教学艺术

让学生高兴地走近分数
——"分数的再认识"教学实录、反思及评析

（一）片段 1

1. 寻找身边的分数，把握分数的内涵

分数在我们的学习、生活中与我们相知，同我们相伴。

（1）师生问好，说分数

师：找找你们的数学老师在哪儿？

（生用手指一指自己的数学老师）

师：你们的数学老师占这一排人数的多少？

生：1/5。

师：谁写的字漂亮？请你把 1/5 写到黑板上去。（一生上黑板写）写 1/5 的这位同学占全班人数的多少？

生：1/48。

师：如果把 1/5 的 5 个人看成一个

整体, 1/48 的整体是谁?

生: 全班同学。

师: 如果我们把全班学生看成一个整体的话, 你是它的几分之几?

生: 1/48。

师: 你们组呢?

(2) 图形中部分和整体的关系

师: 从我们的教室中, 从我们的班级中可以找到不同的整体, 从图形中能找到吗? (师画图如下)

图 23.4

师: 涂色部分用哪个分数表示?

生: 1/4。

师: 谁是整体? 1/4 是整体的一部分。数学上、教材里有时把这些整体称为 "单位1", 这个 "1" 与自然数中的 "1" 一样吗? 哪两个人先说说自己的看法?

(生说自己的看法, 两个不同的 "1" 在学生心中区别开来)

2. 反思

从学生已有的知识基础出发, 通过师生对话、生生交流, 不仅勾起了学生对分数的回忆, 而且使学生认识了什么是部分、什么是整体、什么是部分与整体的关系, 为学生深刻理解部分与整体的关系作了很好的铺垫, 同时让学生感到身边的分数很多, 很多。

(二) 片段二

品读文字中的分数, 确定整体——

深入理解部分和整体的关系。

在对教材内容进行系统分析的基础上, 结合《数学课程标准》的要求, 对教材内容的选择进行了优化设计。我选择了贴近学生现实生活的题材——捐资助学活动。从关注学生的不同需求, 依据学生的原有知识水平, 充分发挥学生的主观能动性出发, 创造性地对教材进行了 "二度" 整合。

1. 整体不同, 相同的分数, 部分也会随着整体的变化而变化

师: 文字中是否可以找到整体? (师板书: 王芳同学捐了自己零用钱的 1/2, 赵林同学也捐了自己零用钱的 1/2) 快速读一读, 指出两个 1/2 的整体是谁, 小组交流。

(生小组讨论)

师: (随着谈论声音的降低, 我知道讨论得差不多了) 读了这两句话, 你还能知道什么?

生: 知道第一个 1/2 的整体是王芳的全部零用钱, 她捐了全部零用钱的 1/2; 第二个 1/2 的整体是赵林的全部零用钱, 他捐了全部零用钱的 1/2。

(1) 引发思考, 引起争论

师: 因为两个人都捐出了自己零用钱的 1/2, 他们两个捐的钱数肯定一样多。

生: 反对。

生: 不一定。

生: 无法确定。

师: 要敢于向老师说 "不是", 高高举起手, 表明自己的观点, 正是你们自信的表现, 这也是你们主动思考的结果。如果总数知道, 捐出的钱数会有几种可

能呢？

生：3 种。

师：哪 3 种？数学是需要讲理的，举例说明能让人心服口服。近距离的两个同学说一说，说清楚了就坐好。

（学生积极踊跃地发言）

生：如果王芳同学有 10 元钱，捐出了自己零用钱的 1/2，应是 5 元钱；赵林有 4 元钱，捐出了自己零用钱的 1/2，应是 2 元钱；他们捐的钱数不一样。

生：如果王芳同学有 6 元钱，捐出了自己零用钱的 1/2，应是 3 元钱；赵林有 8 元钱，捐出了自己零用钱的 1/2，应是 4 元钱；他们捐的钱数也不一样。

生：如果王芳同学有 20 元钱，捐出了自己零用钱的 1/2，应是 10 元钱；赵林也有 20 元钱，捐出了自己零用钱的 1/2，也应是 10 元钱；他们捐的钱数就一样。

师：真了不起，不仅知其然，还知其所以然，让我心服口服。（学生在充分举例的基础上进行验证得出正确的结论，是数学的基本方法）

（2）运用"假设"，深入理解

师：如果两人所捐出钱数的关系分别由 1/2 变成了 1/4 和 3/4。还会有这三种情况吗？

生：有。

师：为什么？

生：因为总数不知道。

师：正像你们说的那样：像这样的问题无论分数相等，还是不相等，只要总数不知道都不可能比出捐钱的多少。

2. 掌握部分与整体的关系，从不同的角度解决数学问题

师：两人捐的钱数实际上是多少呢？（师板书：6 角、2 角）看到这两个钱数，你一下能猜到什么？先独立思考，然后再两个人互相说说。

生：总钱数。

生：王芳捐了 12 角。

生：赵林捐了 4 角。

师：12 角和 4 角是怎么得到的？

生：$6 \times 2 = 12$，$2 \times 2 = 4$。

师：为什么乘 2？

生：王芳同学捐了自己零用钱的 1/2，就是有 2 个 6。

生：赵林同学也捐了自己零用钱的 1/2，就是 2 个 2。

师：如果按老师刚才假设的关系捐钱，应该捐出多少钱呢？

（学生独立列出算式，然后前后四人交流为什么这样列式）

生：$12 \div 4 = 3$ 角，把 12 角平均分成 4 份，捐出其中的 1 份。

生：$4 \div 4 \times 3 = 3$ 角，把 4 角平均分成 4 份，捐出其中的 3 份。

（分别指出王芳、赵林在捐资助学活动中的整体、部分、部分与整体的关系）

师：大家你一言我一语的有理有据的分析，从不同的角度解决了实际问题，已充分说明你对分数意义有了深刻认识。（让学生充分感知部分与整体的关系，适时引导学生观察、讨论、计算、交流，深刻理解部分与整体的关系。这样做既符合学生的认知发展规律，又促使学生共同认识部分与整体的关系，培养了学生探究、实践的能力。）

3. 分数也是一个数量，也可以计算

师：6角用元怎样表示？2角呢？

生：6角＝0.6元＝$\frac{3}{5}$元。

2角＝0.2元＝$\frac{2}{10}$元＝$\frac{1}{5}$元。

师：$\frac{3}{5}$元、$\frac{1}{5}$元是什么数？

生：分数。

师：看来分数不仅能表示整体与部分的关系，还能表示一个数量。很聪明，很会思考！（充分利用学生的知识基础，拓宽对分数数域的认识）

师：$\frac{1}{5}$和$\frac{1}{5}$元都是分数，意义一样吗？

生：$\frac{1}{5}$表示部分与整体的关系，$\frac{1}{5}$元表示钱的数量。

4. 反思

要把教材中的学习内容分解为知识点。首先，对这些知识点进行逻辑分析，从而把课本中的知识结成"点"，连成"线"，织成"面"，以求掌握它们之间的关系。其次，也是给学生再创造的机会。因为，只有通过自己的再创造活动而获得的知识才能真正被掌握。新课程要求教学活动基于学生的直接经验，强调让学生亲身经历、动手计算，使学生在教学活动中获得真实感受。这种内心感受是学生形成认识，并将之转化为能力的原动力，也是他们的情感、态度、价值观健康发展的基础。教师就是要把学生强烈的表现欲、求知欲激发出来，把学习的主动权真正还给学生，诚心诚意地把学生视为学习的主人——生命鲜活的人。

（三）片段三

开发生活中的分数，培养学生善于联想的思考方法。

在教学过程中，要注重开发生活资源，把生活与教学内容融合起来，让学生的认识水平不断提高，知识不断得到深化。

（1）判断

五年级捐书总数的1/2与六年级捐书总数的1/3相等，五年级捐书总数和六年级捐书总数谁多谁少无法比较。

（以图释解，解释争议）

（2）师：你能用自己的方法表示$\frac{1}{5}$吗？$\frac{1}{15}$呢？

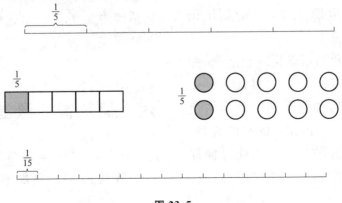

图 23.5

学生用形、用物表示出自己心中的 $\frac{1}{5}$ 和 $\frac{1}{15}$。一幅幅简洁而美丽的图折射出全体学生对分数意义的深刻理解，平均分、分数、整体一切尽收眼底，数与形的有效练习促进了学生认知的深入。

(3) 师：寓意于图，中国人口是世界人口的 $\frac{1}{5}$，中国陆地是世界陆地的 $\frac{1}{15}$，你能想到什么？你想说什么？

生：中国的陆地面积占世界陆地面积的比例少，而人口倒多一些，中国还要实行计划生育。

生：中国人口多，要提高人的素质，必须好好学习。

生：中国人多，地少，要节约能源。

生：我们要节约用电，节约用水。

学生的思维是发散性的，针对不同情境，他们发现数学信息，并用数学的眼光看生活，解读数学信息背后的奥秘，由此也引发了对分数的感慨："分数太神奇了"、"分数太有意思了"、"分数太伟大了"……

师：数学家华罗庚说"数是数出来的，量是量出来的"。你们也当回数学家。

生：(齐声) 分数是分出来的。

分数就在学生的身边，学生的身边处处有分数。学生带着对分数的新认识愉快地走出了课堂。

评析：生活化与数学化的和谐统一

田立莉老师在"分数的再认识"一课中，对数学教师如何在课堂教学中达到"数学化"与"生活化"的和谐统一，给了我们一个很好的诠释。她通过捕捉现实生活中的数学素材，通过精心的教学设计，既让学生感受到数学与生活的密切联系，对数学产生亲切感，又让他们学会用数学的思维思考生活，体味数学的本质，经历数学化的过程。品位田立莉老师的课堂教学，让我们感受到了儿童现实生活与数学理念世界的和谐统一，具体表现在以下几个方面：

(1) 横向联系，深度挖掘，综合渗透数学概念的本质，丰富学生的认知结构。

(2) 通过多元的数学表征，展现多样化的数学语言，发展学生的数学思维。

(3) 引导学生在现实的生活情境中学习对数学的猜想、论证与交流。

(4) 及时、精彩地评价和点拨，增强学生学习数学的兴趣。

在教学中，田老师以精练、精彩的语言不断鼓励着学生，及时点拨着学生、评价着学生，给学生以更多数学思想和方法上的引领，让他们经历数学化的熏陶和浸润。

纵观整节课，田老师通过构建现实的生活情境，引导学生经历了数学思考的过程，让学生体验着数学学习的乐趣。通过"分数的再认识"这节课，学生对分数概念的本质有了更深入的理解，不仅学会了用数学解决生活中的问题，而且能用数学的方法思考生活，在现实生活情境中经历了数学化的过程，达到了儿童现实生活与数学理念世界的和谐统一。

六、徐长青的课堂激趣艺术

——观察与归纳

活动内容：自编教材《创造性活

动》。

活动目的：

（1）利用简单枚举，感悟一般归纳的方法。

（2）能利用归纳的数学方法解决相关的数学问题。

（3）在学习生活中提高学生独立探究与自主发现的学习能力。

活动重点：掌握简单归纳的方法。

活动难点：能利用归纳的方法解决生活中的相关数学问题。

活动形式：采用独立探究发现与小组合作研讨学习相结合的形式。

活动过程：

（一）情景活动，建构数学方法

1. 学会观察，引发问题

师：伸出你们的手。我们的手没有什么特殊的，但其中有许多学问。这是什么？（伸出右手食指）在描述时要具体、全面。（观察并引发生联想）

生1：这是老师胖胖的手指。

生2：这是老师右手胖胖的食指。

师：生2的描述更加仔细。这个手指与数学有什么关系呢？用一句话来说。

生：这是1根手指。

师：他的脑子里充满了数学。这是什么？你联想到数字几？（师伸出左手的食指和中指）

生1：这是2。

生2：2根手指并在一起，从侧面看它就是数字1。

师：横看成岭侧成峰。把2根手指看作一个整体，是一个大1。

生：我还从2根手指中发现1条指缝。

师：看到它你想到了什么？（师伸出3根手指）

生1：数字3。

生2：数字11。

生3：还有3个手指间的2个指缝。

生4：3个手指合并在一起，看成一个整体。

师：还可以联想到许多，1、2、3是观察的个体。（板书：个体）观察个体时，要注意什么？

生：仔细，全面。（板书：仔细，全面）

（电脑显示：3只手分别为伸出1、2、3根手指）

师：观察这一组画面你发现了什么规律？

（生分小组热烈讨论）

生：手指数在增加，指缝数也在增加。

师：他发现了一条隐藏的规律，他的思维是不是提醒了我们？

生：指缝数＝手指数－1。（板书）

师：还可以怎样说？

师：（小结）观察一组物体时要注意什么？

生：共性、联系。

（板书：一组物体——共性——联系）

师：由多个一般事实，通过观察、分析总结出规律的过程就是简单归纳。

师：用你自己的话说一说什么是归纳，归纳要注意什么？

2. 实际应用

师：祝贺你们成功了。根据这一现象，总结出这么好的公式。你们觉得归纳还可怕吗？

生：（兴奋地说）不可怕！

师：下面，我们检验一下这个公式对不对，2根手指？

生：1个缝。

师：3根手指？

生：2个缝。

师：3个缝？

生：4根手指。

师：5根手指？

生：4个缝。

师：真棒，5－4＝1。10根手指？

生：9个缝。

师：（诧异地看着双手）左手4个缝，右手4个缝，2只手是8个缝。这个公式不对啊！

（生独立思考后，争着演示：2只手合拢）

师：我这明明是2只手啊，为什么要合起来？

生：因为我们2只手看作一个整体。

师：哦……刚才我们是在什么范围内总结的这个公式？

生：一个整体。

师：这说明一切数学问题都是条件问题。离开了它产生发展的条件，那规律是不存在的，但是当条件与规律适应的范围不符时，我们可以改造规律或改变条件，这就是数学的创造性思维。刚才同学们一下子总结出2只手9个缝，你们还有别的想法吗？

生：把2只手合成1个圆桶型，就是10个指缝了。

师：其实同学们思考的过程就是归纳的过程。你们在生活中还遇到过类似的问题吗？

生：植树、锯木段……

师：一个数学规律被发现后，可以把它推广到生活中的许多问题。我希望同学们认真地观察，仔细地归纳，发现更多的规律。

（二）操作活动，演绎初步归纳

师：（出示一个三角形）三角形的内角和是多少度？你用什么方法证明？

（生讨论，选择方法，进行演示，讲清思路，确定名称）

师：三角形内角和是180°。谁有最好的方法告诉我？

生1：用量角器量一下。

生2：我不用量角器也可以证明三角形的内角和是180°。

（生分小组操作证明）

生：这三角形三个角相加是180°。

师：起个名字？

生2：量角求和法。

生3：我把三角形撕成三块，拼起来正好是一个平角。一个平角是180°，从而证明三角形内角和是180°。他们的胆子真大，居然把三角形撕开了。起个名字？

生4：撕角求和法。

（师电脑演示撕三角形拼平角的过程）

生：我们是把三角形的三个角折在一起。这三个角组成一个平角180°，叫折角求和。一组学生把3个三角形的不同的角拼到一起，叫三拼求和法。

师：他们组的同学多有合作精神。

（师电脑演示三拼求和）

（三）枚举归纳，主动探索规律

师：四边形内角和是多少？

（师鼓励生利用已有经验大胆猜测）

生：把四边形的 4 个角拼在一起组成了一个周角，周角是 360°，我们断定四边形的内角和是 360°。

师：还有吗？

生：（学生首先剪角演示）左边的角是平角，右边的角也是平角。

师：大家同意吗？

生：不同意，因为左边的一个是个折线，不是平角。

师：我们来看这是不是四边形的内角？（指出 4 个正确的内角）

师：不过你的方法不失为一种方法，再改造一下就好了。

生 1：我们组的方法是这样的：这是一个不规则的四边形图形，因为它可以剪成 2 个三角形，因为三角形的内角和是 180°，所以剪成两个就是 360°。

师：动手做一下行吗？（生 1 演示）

生 2：可是四边形可以剪成 3 个三角形啊，难道说是 540 吗？

（师让生分成 2 个小组进行辩论）

师：怎么就是 360°了？

生：因为你无意中多剪了 2 个角。

师：2 个角是多少度？

生：180°。

师：540°－180°等于多少？

生：360°。

师：你们都把我说服了，但是得把不同意的同学说服呀。

（生仔细演示，最后说服了另一个说是 540°的同学）

师：你们握握手吧，谢谢你们！同时也特别感谢这位同学，你有着非常执著的精神。那么它的技巧究竟在哪里呢？我们这一刀应该剪在什么地方呢？

生：角对角。

师：那么这条线我们称之为——

生：对角线。

师：那么我们沿着对角线将图形分成尽可能少的三角形，即四边形可以剪成几个三角形呀？

生：2 个。

师：我们给它取个名字。

生：一分为二求和法。

师：我们就叫它一分为二求和法。下面我们比较一下，一分为二求和法与前面的量角求和、折叠求和、剪拼求和有什么不同？

生：我认为前几种方法或拼或剪，而我们用的一分为二求和法是利用已经学过的三角形内角和知识。

师：这种方法不是对原来方法的重复，而是在肯定三角形内角和基础上利用已有知识解决了新的问题，这位同学真棒，有一种成果意识和工具意识。我们知道了三角形内角和知识后，实际上是多了一个工具。那么我们在知道了四边形内角和之后又多了一个工具。你们猜猜我在想什么？

生：五边形的内角和是多少？

师：谁来说一下？

生 1：我觉得五边形的内角和应该是 540°。

生 2：420°。

生 3：540°。

（生说法不一）

师：请你们用自己的小手来分一下！（生演示）

生：我用的方法和上一次一样，我分成了 3 个三角形（演示）。180°×3＝540°。

生：我分成了 1 个四边形和 1 个三

角形。四边形内角和是 360°，三角形的内角和是 180°，所以是 540°。

师：真不错！这 2 种方法其实可以归到一种方法上去，也可以分成几份？

生：3 份。

师：那这种方法叫什么？

生：一分为三求和法。

师：如果我还要问下去，还会问什么？

生：六边形、七边形、八边形……的内角和是多少。

师：知识是无穷尽的。我要这样不断问下去我也累，大家也累，那怎么办呀？

师：能不能有好的方法让我们不累呀？你说！（指某一生）

生：三角形的内角和是 180°，四边形的内角和是 360°＝180°×2，五边形的内角和是……

师：360°×27。（生开始议论）

师：看起来我们现在就看晕了，刚才一个同学猜五边形是 420°，你是怎么想的？

生：我想 2 个三角形内角和是 360°，1 个角是 60°，所以 60°×7 ＝420°。

师：看来这种想法有待商榷，不过这次你明白了吗？

生：明白了。

师：这位同学很勇敢，敢于把自己的思想表达出来，接受同学们的检验和帮助，这也是值得鼓励和赞扬的。在课堂上，我们每个人都要敢于暴露自己的想法，并把这种资源贡献给同学们，让同学们去使用。其实刚才我们做过的结论也是一个宝贵的资源，让我们重新审视一下这些资源。

师：三角形有几条边？

生：3 条边。

师：这是几个三角形？

生：1 个。

师：内角和是多少度？

生：180°。

师：四边形有几条边？

生：4 条边。

师：能够分成几个三角形？

生：2 个。

师：七边形呢？

生：一分为五。

师：九边形？

生：一分为七。

师：同学们，刚才的问题都是来自老师的，但是我想通过这节课把这些问题转化为你自己的，不断地问自己为什么，会怎样，一个一个地问。一个问号你可能解决不了，但是当你把这些问号连成一串的时候你就会发现：有办法解决它了。

师：四边形一分为二，五边形一分为三，六边形一分为四，七边形一分为五，十二边形一分为……谁能告诉我十二边形的内角和是多少？

生：180°×10＝1 800°。

师：我是不是给你一个十二边形去一刀一刀地剪？

生：不是。

师：你们已经把一个个数学现象连接起来生成了一个数学的规律，让我们用这个规律去解决新的问题吧！

（四）总结方法，深化数学思想

（1）组内研讨归纳的方法，总结注意问题。

（2）谈活动收获，小结知识与方法

的关系。

（3）提供一个活动内容，提供研究方向。

【评析】

植于生活中的数学

观察是最直接的认知方法，归纳是最基本的数学思想。本节课将观察和归纳两种方法有机地结合在一起，并有意识地渗透演绎方法的存在，合理的浓缩了人的认知过程，从而形成了完整的基本认知框架，并巧妙地利用手指与指缝的关系这一身边的事例，实现了由学数学向用数学、做数学发展，从学科数学向生活数学发展。具体来讲，本节课教学设计有以下几个特点：

（1）充满基于问题的研究而设计的教学情境由一个问题的解决逐步引发出新的问题的产生，始终围绕问题去研究，从而实现学生思维的攀升。学生思维中始终充满的是好奇的问号，学生在学习活动中寻找的是途径，感悟的是规律，掌握的是方法而不是结果。这是本节课的突出特征。

（2）教学设计重视数学实用性和规律性的体现，与生活实际紧密相关。像手指与指缝的关系、锯木段、站队列、植树以及求多边形的内角和都是用已有的知识加以改造、联想、分析、归纳，从而产生新规律，用以解决实际生活中的相关问题。尤其在数学的实用性方面特别强调：一切数学问题都是条件问题，使学生清楚地认识到使用数学规律解决数学的实际问题都要注意到数学条件的存在，从而有意识地引导学生关注知识的发生、发展的全过程。这一数学思想对学生的数学学习无疑是很有价值的。

（3）着力于对学生合作与选择能力培养的设计。本节课的合作是建立在充分的、独立探究的基础上而进行的自发性的合作，从课堂面貌来看，合作已然变成学生学习的需要。在教学环节中，教师激励学生思考新的方法，众多的方法来自学生，并引导学生不断地选择最佳的方法。在比较中去鉴别，在多解中去优解，不断地提高自己的选择能力。这是教师独具匠心的设计。

总之，在本节活动课的设计中，处处体现了学生的自主参与、合作创新以及选择能力的培养。课堂教学中关注的是学生，他们真正成为学习的主人，宽松的教学气氛、到位的师生角色，使课堂充满了情趣、机智与创造，焕发出了生命的活力。

◆点评专家：刘显国（特级教师，全国反馈教学法研究会会长）

七、赵景瑞的作文开讲艺术

每当开始上课，特别是笔者经常应邀借班上课，而且台下有许多听课老师，笔者与学生初次见面，素不相识，生疏的面孔往往会造成学生紧张、好奇、拘束，情感距离疏远，不利于教与学。此时，如何尽快消除学生的心理障碍，开讲如何拉近师生距离，使学生很快进入学习状态，就需要教师的亲和机智。

教学片段3：笔者在沈阳珠江五小四（一）班上的作文课

师（与这班学生素不相识，刚刚见面）：同学们，你们知道我们这节课要学什么吗？

生：学作文。

师：你们知道老师姓什么吗？

生：不知道。

师：这是实话。我是第一次给你们上课嘛！我说三个字谜，猜一猜我的姓名。我的姓是"我走在岔路口"。

生：是"赵"。

师：我的名字是"北京的上空有日头"、"王、山、而凑一凑"。

生（学生纷纷在桌子上猜写）：您的名字叫"景瑞"。

师：猜对了，你真聪明！怎么称呼我？

生：赵老师。

师：还有别的称呼吗？

生：我非常惊讶，给我们讲课的居然是个"爷爷"。

师：真亲密！你为什么把我称作爷爷呢？

生：因为我看您已经有白头发了，看起来很老了。

生：我听过一句话：真人不露相，我猜您的头发可能是染白的。

师：哦，你有判断！不过，我可没染头发，就是染也应染黑，哪有染白的？（众笑）怎么形容我有白发呢？

生：白发苍苍。

师：我还有黑头发呀！将来就是"白发苍苍"，这是努力方向。（生笑）

生：是"黑白相间"。

生：是"黑里透白"。

师：我头上的黑发、白发并不分明，用哪两个字表示更准确。

生：雪白。

师：没那么严重。

生（笑）：斑白。

师：头发有病啦！

生（笑）：花白。

师：很准确。还有什么称呼？

生：赵先生。

师：对！我比你先生出来的。（大笑）

生：赵教授。

师：你看我瘦吗？（笑）我开了个同音字的玩笑。你们再猜猜，我最喜欢你们叫我什么？

生：朋友。

师：对极了！我们就是朋友嘛，加上我的姓，一起称呼我。

生（齐）：赵朋友。

师：小朋友们好！开始上课。

点评：万事开头难，开讲拉近师生情感距离。是顺利完成教学任务的前提。从上面的教学片段，可体会到：课堂教学的师生关系非常重要，它看不见，摸不着，时时刻刻离不了。"亲其师，信其道"符合小学生的学习心理。课前的教师亲和机智绝非无关紧要。多年的实践，笔者悟到几点规律：①从教师自身选取有趣话题（教师姓名、称呼）等与学生交流，使学生喜欢，消除心理障碍。②教师要关注学生的表达，以亲和、幽默的态度与其对话，拉近情感距离，放松心态。③在交流的过程中，不丢语文学科的特点，随机训练语言（猜字谜、准确用词等）。

八、白金声的语文教学艺术

——为中华之崛起而读书

1. 教学目标

（1）学习名言警句中的精辟语言，

提高学生语文素养。

（2）开发语文课程资源，增强学生学用语文的强烈意识。

（3）凸显人文特点，体验生活，关爱学生的生命发展。

2. 教学过程

师：认识我吗？

生：不认识。

师：从大东北到大西北，八千里路云和月。现在陌生的老师在陌生的地方面对陌生的同仁给陌生的学生上一节陌生的语文活动课，可以吗？

生：（疑惑不解）可以。

师：此时此刻，你们一定在想：这位老师姓什么？这节语文课什么内容？我怎样表现自己的才华？我怎样展示自己的个性？我怎样向老师提问题？对吗？

生：对。

师：我姓"枯泉"。

生：老师，您姓白。

师：你怎么知道我姓白？

生：泉里的水枯干了，泉少了水，就是白。

师：（和学生拉手）你猜对了，咱们一见如故，并不陌生。

生：（笑）

师：我叫白金声。白老师再说一条谜语，请大家猜：学问真大，不会说话。要学知识，动手翻它。打一物。

生：（异口同声）书。

师：（板书：书）我有两个爱好，一是读书，二是旅游。读万卷书，行万里路，是我人生的追求。大家都有什么爱好？

生：我也喜欢读书。

师：咱们志同道合。

生：我喜欢踢足球。

师：老师希望你将来能成为国脚，为中国足球争光。

生：我特别爱好唱歌。

师：老师祝你将来能当一名歌唱家。

生：谢谢老师的鼓励。

师：同学们，不管将来你们干什么，要想实现自己远大的理想，必须从小刻苦读书，努力学习。说到读书，古今中外有许多这方面的名言，大家平时积累了不少，现在试着背几条。

（板书：名人名言）背的时候，要尽量做到声音洪亮，吐字清晰，落落大方。

生：高尔基说，"书籍是人类进步的阶梯。"

生：莎士比亚说，"书籍是人类知识的总结。"

师：莎士比亚又说，"书籍是全世界的营养品。"

生：歌德说，"读一本好书，就像和许多高尚的人谈话。"

生：英国作家波尔克说，"读书而不思考，等于吃饭而不消化。"

师：是的，读书有三到，心到，眼到，口到，其中心到最为重要。

生：别林斯基说，"阅读一本不适合自己阅读的书，比不阅读还要坏。"

师：读书要有选择，选择精品图书武装自己。

师：刚才大家背的都是外国人的读书名言，难道我们中国人就没有读书名言吗？

生：有！

师：现在请同学们背中国人的读书

名言。

生：大诗人臧克家说，"读过一本好书，像交了一个益友。"

生：郭沫若说，"人是活的，书是死的。活人读死书，可以把书读活，死人读活书，可以把书读死。"

师：谁还能说说古人的读书名言？

生：伟大诗人杜甫说，"读书破万卷，下笔如有神。"

师：诗人杜甫讲了读书和作文的关系，那就是"劳于读书，逸于作文"。

生：宋朝的陆九渊说，"读书切戒在慌忙，涵泳工夫兴味长。"

师：这是两句诗，你能谈谈含义吗？

生：读书最要防备的是慌忙，而深入细致地阅读、领会，那兴趣、味道是很深长的。

师：说得好。中外读书谚语浩如烟海，同学们能说上几则吗？

生：书山有路勤为径，学海无涯苦作舟。

师：我也说一句，学海无涯勤可渡，书山万仞志能攀。

生：眼睛是人们心灵的门窗，书籍是人们精神的食粮。

师：我也说一句，开卷一瞥教益匪浅，破书万册造诣必深。

生：（热烈鼓掌）

师：和名人相比，咱们是凡人，名人有名言，但名人说的话并非都是名言。咱们凡人说出的话有时也能闪烁出思想的火花。下面每人说一句关于读书的话，看谁体会得深，感悟有新意，说得漂亮。（板书：凡人凡语）

生：书籍是瞭望世界的窗口。

师：耐人寻味。

生：一本新书像一艘船，带领我从狭隘的地方，驶向无限广阔的生活海洋。

师：富有诗意。

生：生活里没有书籍，就好像没有阳光。

师：发人深省。

生：读书越多，精神就越健壮，越勇敢。

师：寓意深刻。

生：书籍好比河流，使人四通八达。

师：韵味隽永。

生：老师，您有两个爱好，其中一个爱好是读书，请您谈谈好吗？

师：买书、读书、教书、写书，是我生命交响曲的主旋律。先说买书，这次玉门之行，我在北京图书大厦购买了200多元的图书，这些图书我上车下车硬扛到油城。如果说我买书成癖，读书我则如饥似渴。昨天，我在祁连宾馆313房间读书到深夜，收获很大。买书是为了读书，读书的目的在于更好地教书。教书育人、做辛勤的园丁乃是我人生的一大快事。读书必有心得，教书必有体会，在读书教书过程中，我有感而立，有积而发，有思而作，写了48本书，其中有8本是给同学们写的。30多年，我心无旁骛，虔诚一念，一直沿着买书—读书—教书—写书这条人生轨迹走的，一辈子与书结下了不解之缘。如今，我虚龄已经58岁了，58岁意味着什么呢？

生：意味着您已经老了，未来的时间不多了。（学生大笑）

师：你说得未免太悲哀了。"春蚕到死丝方尽，蜡炬成灰泪始干"，三尺讲台，虽令我魂牵梦绕；但退休之后，我就更有时间读书了。以书为友，天地长久。

生：（热烈鼓掌）

师：谢谢同学们对我的鼓励！下面咱们来对对子。所谓对对子就是用结构相同、字数相等、词性相对、平仄相拗的一对句子，来表达相关的意思。名家作诗文往往以对子囊括其旨，如大家熟悉的"欲穷千里目，更上一层楼""野火烧不尽，春风吹又生""两个黄鹂鸣翠柳，一行白鹭上青天"，无不成为千古绝唱。现在老师说上联，你们对下联，下联必须和读书有关。要求看起来整齐醒目，听起来铿锵震耳，读起来朗朗上口。

师：走不完的路。

生：读不尽的书。

师：漂亮！

师：不吃饭则饥。

生：不读书则渴。

师：谁能把"渴"字改一下？

生：不读书则愚。

师：对，不读书学习就愚昧无知。

师：粮食滋补身体。

生：读书丰富头脑。

师：粮食是表示事物名称的，读书是表示一种行为的，词性不对。谁能帮他修改一下？

生：书籍丰富头脑。

师：OK！

师：牛吃草要倒沫。

生：人读书要回味。

师：好！

师：蜂采百花酿甜蜜。

生：人读群书明真理。

师：妙！

师：三更灯火五更鸡，正是男儿读书时。黑发不知勤学早，白首方悔读书迟。同学们，你们是早晨的太阳，朝气蓬勃，让我们"为中华之崛起而读书"吧！

生：（齐）为中华之崛起而读书！

师：咱们下课行吗？

生：不行！

师：老师建议，每人将自己准备的名人名言和凡人凡语外加一副读书对联写在一张白纸上，由班长整理，打印一本小册子，封面大家设计，书名大家定，好吗？

生：（齐）好！

3. 板书设计

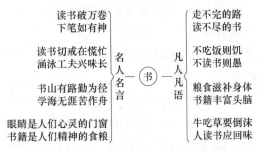

图 23.6

4. 教学后记

这是我 2004 年 5 月 15 日在甘肃省玉门市上的一节语文综合活动课。这节课，我力图用一些闪耀光芒的语言，作为箴诫，给学生以有益的启迪和美妙的享受，同时，把这些锦言长久地刻在他们的心里，从而起到播种信念、收获行动、收获习惯、收获性格、收获命运的作用。

这节课，带领学生说名人名言，讲凡人凡语，巧对对联，目的是开发课程资源，让他们多积累些文学语言中绚丽多彩的瑰宝。在活动中，我没有充当学生课堂学习的召集人、课堂交流的旁听人、课堂活动的捧场人，而是孩子们的指导者、合作者和支持者。另外，这节课也不是无度开放，盲目综合，每个环节都是围绕读书这一中心组织教学的。

5. 教后反思

教学千古事，得失寸心知。2004 年 5 月 15 日，我有幸在甘肃为玉门油田外国语学校六年级二班上了一节语文综合活动课。点评者说我这节课有三个亮点，我觉得这节课还有三点缺憾。

第一，学生"心灵呼应"的时空还略嫌狭窄些，也可以说，我的主导性偏强，学生主体性偏弱，这主要是受借班上课客观条件的制约。今后，我不管在哪儿上课，都应还课堂给学生，还主体给学生，还差异给学生。

第二，在我说完"生命交响曲"一段话后，应给学生时间，让他们即兴演讲，或说感受，或谈认识，或讲体会，广开言论，如果把这一环节加进去，能更好地为学生撑起一片自由的学习天空。

第三，对对子环节中，我去掉了有关读书的两个上联，一个是"有书真富贵"，另一个是"读书做人成天下事"。当时我想，见好就收，不能搞得太难，否则，会影响教学效果。其实，这是不对的。

【评析】 划一根火柴，闪亮一下，就熄灭了。倘若用一根火柴去点燃一堆火，却可以散发出比一根火柴大十倍、百倍、千倍乃至无数倍的热量。一句精辟的名人格言，也是如此。名人格言文字精练，富有哲理，耐人寻味，有时甚至一语铭刻在心，终生受益匪浅。这是名人格言的德育作用。白老师这节语文综合活动课凸显了人文特点，从关爱学生的生命发展出发，用一些闪耀智慧光芒的语言作为箴诫，给学生以有益的启迪和美的享受，同时，把这些锦言长久地镌在他们的心里，从而起到播种信念、收获行动、习惯、性格和命运的作用。这是本节课的第一个特点。

名言、谚语、警句，是语言菜肴中的"盐"，是语言大海中的"浪"，是语言林苑中的"花"。有它，语言菜肴则津津有味；有它，语言大海则生机勃勃；有它，语言苑林则春色满园。从小让学生多积累文学语言中绚丽多彩的瑰宝，不但能使其陶冶性情，通晓事理，而且还能丰富其语汇，提高表达能力。这是名人格言的智育作用。白老师这节语文综合活动课让学生说名人名言，讲凡人凡语，巧对对联，目的是开发课程资源，学习语言。从整个教学过程看，教者让学生幸福地享受语文，让语文学习充满情趣，从而提高学生学习能力和语文素养。这是本节课的第二个特点。

新课程理念认为，课堂教学不是简单的知识学习的过程，它是师生共同成长的生命历程，它五彩斑斓，生机勃勃，活力无限。现代教学论认为，课堂教学既是一门严肃的科学，又是一种巧妙的艺术。教学艺术的真谛在于激励、唤醒和鼓舞，在于对人的真切眷注，在于开发学生的生命。白老师这节语文综合活动课，设计巧妙，他根据学生好奇好胜的心理特点，通过系列活动，尽展学习主人的风采。整堂课师生在生命情感的涌动中，知识与技能、方法与情感相互交流，学生学得有趣、有疑、有情、有益。白老师把语文教学演绎得出神入化，使人如沐春风，如饮甘露，让我们充分领略了语文教学艺术的魅力。这是本节课的第三个特点。

（刘显国）

九、窦桂梅的激情艺术

《晏子使楚》是人教版语文五年级下册的一篇经典的课文，晏子受齐王指派出使到楚国，楚王三次侮辱晏子，晏子凭着机智与大胆反击楚王，迫使楚王不得不尊重晏子。

窦桂梅老师在教学这篇课文时，以"尊重"为主题展开教学。在两课时里，教师引导学生从对晏子的尊重，走向对人的尊重的思考；从对人的尊重，走向对国家的尊重的思考；从对国家的尊重，走向首要是自我尊重的思考。教师是这样结束教学的：

师："面对过去思考未来"，个人有压力和竞争；国家，要经受国际风云变幻的考验。大到国家，小到个人，不管是谁，都要具备真正的实力。晏子和楚王的故事已经过去近2500年。"规圆矩方"的"点"已经悄悄地点在了我们心里。让我们用一首歌的歌词去体会这份沉甸甸的思考。

师：（激情歌唱）暗淡了刀光剑影，远去了鼓角争鸣。眼前飞扬着晏子和楚王的面容。湮没了黄尘古道，荒芜了烽火边城，岁月啊，你带不走这一串串熟悉的姓名……历史的天空留下了"尊重"，人间这股英雄气在驰骋纵横。（伴着音乐，教师一边歌唱，一边擦黑板，最后只留下"尊重"一词）

【评析】

教师引领学生感悟了一个又一个"尊重"，使"尊重"不断升华。在结尾处，教师深情演唱，使教学在高潮中结束。学生在教师的歌声中，对文本的感悟又有了进一步的提升，可以说，学生将对教师的"歌"，对"尊重"，刻骨铭心。

第24篇

教学艺术案例评析

一、图像直观

　　初中学生一开始学历史，就要接触到"公元"和"公元前"这两个时间概念。按照常规讲法介绍这两个概念，效果不够理想。我只好另想办法。我在黑板上画了一个数轴，学生们立即认为我是弄糊涂了。怎么历史课上到数学上面去了呢？他们的眼光一下子都投到数轴上。我趁他们注意力集中了的时候，就指着数轴讲道："我利用数轴给大家介绍两个时间概念。时间是既没有起点也没有终点的，就像数轴上的数一样。因此，数轴完全可以把时间这一特性表示出来。现在，我们假设数轴上的刻度都是表示年代的，以原点为界，原点右边的'1'表示公元元年（即公元1年），顺着往右数下去，数到1982年就是今年；原点左边的'-1'表示公元前1年，'-2'表示公元前2年，正像负的绝对值越大，其值越小一样，公元前2年比公元前1年离现在更远，这段全可以直接从数轴上看出来。"我边讲边在数轴上截取线段，学生们很快就理解了，接着，我告诉他们，秦是公元前221年统一中国的，让他们看着数轴计算秦的统一离今年有多少年。他们很快就计算出来了。然后，我就擦掉黑板上的数轴，让他们根据头脑中的数轴来计算别的年代。几乎所有的学生都能迅速而准确地得出答案。最后，我才告诉他们，公元元年是传说中耶稣诞生的那一年。事实证明，由于我利用了学生的数学知识，加强了直观性，学生接受很快，学习情绪也很高。

（傅志超。我这样讲清"公元"和"公元前"两个时间概念。湖北教育，1983. 11. 43.）

二、教师教得轻松，学生学得愉快

我在这学期开学第一天，就把"表"这个教具放在讲台旁，对学生说："今天是 9 月 1 日，现在是 8 点钟，开始了我们二年级的学习生活。"说着，我把钟拨到八点整。这时，几十双眼睛随着教师的动作，看着钟表。这是全班同学第一次对时间的注意和认识。这节课下课铃响了，我说："一节课是 40 分钟，现在是 8 点 40 分"。说着，我把"表"一格一格地拨到 8 点 40 分。经过几周的重复以后，我让学生在每节的上下课时自己来拨。随着学生对钟表的认识，我有意地渗透一些具体的知识，让他们懂得秒针走一小格是 1 秒，转一圈是 1 分钟，等等，充分利用学生的无意注意来获取知识。学生经过一段拨"表"的操作，积累了经验，到我讲授到这部分知识时，他们一听就心领神会。学生就是这样通过自己动手、动口、动脑，步步深入地掌握钟表知识的。这样教，既节省课堂教学时间，又使学生理解深刻，记忆牢固：教师教得轻松，学生学得愉快。

（马芯兰。对小学数学教学改革的探索（中）. 光明日报 1984. 12. 21）

三、在讲解和板书过程中揭示文章的思路

讲《东郭先生和狼》一文时，从揭示课题开始，让学生知道这篇课文主要讲的是东郭先生和狼的故事。我边说边板书（见图 24.1）。

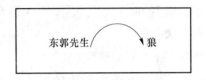

图 24.1

进一步要弄清楚他们之间发生了什么事情。读完第一段课文后，我要求学生用一句话概括出这段的主要内容。学生答："东郭先生上当受骗，救了狼。"简要点说，"东郭先生救了狼。"用三个字概括，"救了狼。"用一个字"救"。

我在板书上加一字（见图 24.2）。

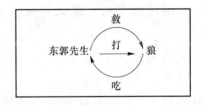

图 24.2

第二段，狼要吃东郭先生，概括为一个字，"吃"。

第三段，东郭先生打死了狼，概括为"打"。最后板书如图 24.3 所示。

图 24.3

板书只用八个字，清晰地勾画出课文的全貌。概括板书，学生很容易掌握课文的主要内容，很自然地概括出三段的主要内容，从而总结出课文的中心意思是：故事告诉我们狼是要吃人的，不能可怜它，对像狼一样的恶人是不能同情和怜悯的。

（霍懋征。改进阅读教学培养思维能力。北京教育 1981：6，20.）

四、启发式谈话两例

（一）路培琦老师教《植物的果实》

路培琦老师教《植物的果实》一课之先，就要求学生把自己认为果实的东西带到教室里来，学生带来的有梨、苹果、香蕉、花生、核桃、葵花子、胡萝卜等等。上课一开始，有些学生就对胡萝卜是不是果实，引起了争论，教师因势利导，引导学生探究大家公认是果实的梨和苹果。

教师问："怎么研究呢？"

学生答："用观察和比较的方法。"

教师问："观察和比较它们的什么特点呢？"

学生答："观察和比较它们的相同点和不同点。"

教师问："对！这是咱们学习'植物的叶'时用过的方法。那么先说说它们的不同点吧。"

学生纷纷回答，说出形状、大小、颜色、气味、味道等不同。

教师问："它们有哪些地方相同呢？为什么都叫它们果实呢？"

学生答："都能吃。"

教师说："能吃，对，但不一定所有的果实都能吃。"

学生答："都是树上长的。"

教师说："苹果和梨是树上长的，但不一定所有的果实都长在树上，花、草也有果实。"

学生答："都是开完花结的果。"

学生答："都有核。"

教师说："是吗？那就要观察它们内部的构造了。好！我们就来切开它们研究研究。"

学生将梨和苹果切开观察，发现了核儿，通过一些谈话后，教师总结说："大家说得都很对，通过观察苹果和梨，我们发现它们内部的构造都有种子，种子是用来繁殖后代的。"

接着师生继续谈话，使学生明白果实有果皮和种子两部分，主要看里面有没有种子。

老师说："我们再来研究胡萝卜是不是果实。"

学生切开胡萝卜观察，得出胡萝卜没有种子，所以不是果实的结论。

教师问："不过，香蕉里面有没有种子？"

学生答："有。""没有。"于是教师把香蕉切开，引导学生观察。

学生说："里面有许多小黑点儿。"

教师问："这小黑点儿是什么，知道吗？"

学生答："就是它的种子。"

教师问："那么，这种子还能种吗？"

学生答："不能了，退化了。"

教师马上肯定他的回答，并讲解由于人的栽培，有的果实的种子退化了，如：无核蜜橘、无核蜜枣、无核葡萄等等。但是它们的祖先，野生着的时候是有种子的……

（路培琦. 我是怎样教《植物的果实》课的。课程·教材·教法. 1982：1.）

（二）圆的定义的引出

有位教师教圆这个概念时，一开头

就问学生"车轮是什么形状?"

同学们觉得这个概念太简单,便笑着回答:"圆形。"

教师又问:"为什么车轮要做成圆形呢?难道不能做成别的形状,比方说,做成三角形,四边形等?"

同学们一下子被逗乐了,纷纷回答"不能!""它们无法滚动!"

老师再问:"那就做成这样的形状吧!(教师在黑板上画了一个椭圆)行吗?"

同学们开始茫然,继而大笑起来:"这样一来,车子前进时就会一忽儿高,一忽儿低。"

教师再进一步发问:"为什么做成圆形就不会一忽儿高,一忽儿低呢?"

同学们议论纷纷。最后终于找到了答案:"因为圆形的车轮上的点到轴心的距离是相等的。"至此,教师自然地引出圆的定义。

(吴汉明. 漫谈数学教学的趣味性. 中学教学研究. 1982:10,1.)

五、选择最美的语言

学生小王因病请了三天假,今天刚来上课。你对他说的头一句话是怎样的呢?你可能会说:"小王,你已经脱了不少课,要加倍努力呀!"或者说:"有医生证明吗?那么家长证明呢……没带?回去拿!"一下子把他轰出了教室。

有位女教师没有这么说。她微笑着迎了上去:"喃,小王来了!你的病好了吗?热度退了吧?以后可要当心。天气冷了要多穿衣服。"然后她转向全班,"同学们,小王恢复健康了。瞧!他今天

来上课了,让我们欢迎他!"说完带头鼓起掌来。在掌声中,小王噙着眼泪回到了自己的座位。

女教师的话是多么温暖,多么富有情感!

——上课铃响了,有两个男孩正扭成一团,其他孩子则袖手旁观。这时你会怎么说?①"这里是打架的地方吗?要打出去打,打个痛快!"说完把两个学生推出了教室。②"还不住手?难道你们不怕处分?!"③你赶快插到他俩中间,非常遗憾地说:"好好的,怎么突然闹矛盾了?有话可以说,干么动手呢?"——一个学生作文没交,他告诉你,忘在家里了。对此你会怎么说?①"真的忘在家里了?那就回去拿来让我证实一下。"②"怎么搞的?这已经第三次了,明天补交!"③"是啊,为了写好这篇作文,你一定花了不少心血,可惜今天不能看你的作业了。"

一个教师的语言,对一个班级,对一个学生的影响是很大的,它能使集体变成火炉,也能使集体变成冰窟;它能使学生感到这个教师可亲可爱,也能使学生感到这个教师可恨可厌。可见教师的语言不仅反映了他的业务修养,而且更反映了他的道德修养。

(杨丁. 选择最美的语言. 文汇报. 1985. 6. 21.)

六、用形象的言语启发学生想象

例如在讲述日全食时,有的教师是这样描述的:"在日全食开始时,人们看到太阳圆面的西缘有个黑影逐渐挡住了它,黑影逐渐扩大,太阳变成了月牙形,

暗淡的光辉好似黄昏来临一样，接着，太阳全部被遮黑了，日全食发生了。天色突然变黑，犹如夜幕降临，天空中出现了星星，气温逐渐下降，鸟雀纷纷归巢，鸡鸭匆忙回窝……过了几分钟，太阳的西边缘开始露出一丝亮光，好似清晨来临，同时鸡鸣雀叫，直到太阳逐渐复明，整个大地再次成为欢腾的世界。"通过这段描述可以使学生想象出日全食的全过程，如同身临其境一样。为了启发学生想象，除了运用生动的描述还可以运用比喻、形容等修辞方法。例如，"银河系的形状就像运动员投掷的铁饼一样，中间厚，周围薄。""地球的构造分为地壳、地幔、地核三层，就像鸡蛋分为蛋壳、蛋白、蛋黄一样。""人之所以感觉不到地球的运动，是因为人随地球一起运动，如同人坐在行驶的汽车内，只觉得车外的物体运动，却看不到汽车运动一样。"为了切实发挥语言的直观作用，启发学生的想象，教师在设计语言时要注意：在形容时，一定要运用学生听得懂的词汇；在比喻时，要联系学生熟悉的事物，并且力求比喻恰当。这样，才能达到预期的目的。

（殷志杰．自然教学中怎样培养学生的想象力．福建教育．1989：1，2，73.）

七、点拨的艺术技巧

一位教师教"晴"和"睛"两字时，怕学生区别不开，一再强调"晴天"的"晴"是"日"字旁，"眼睛"的"睛"是"目"字旁。尽管她反复强调了几遍，结果不少学生还是分不清。另一位教师教这两个字时，巧妙地问学生，你们说晴天与太阳有关呀？还是与眼睛有关啊？"太阳。"学生抢着回答。教师说："晴天与太阳有关，所以'晴'字要加'日'字旁；眼睛的'睛'字与眼睛有关，所以加'目'字旁。"学生茅塞顿开，就连一些差生，也经久不忘。

有位教师教了一辈子书，他的学生总爱把"染"字上角的"九"字写成"丸"字，她不知纠正了多少次，效果总不理想。这个问题到了前边提到的那位善于捅破窗户纸的老师手里，又使问题迎刃而解了。"染"字中的"木"，指染料（来源），"氵"表示，染东西要加水，"九"表示染东西要经过多次。造这个字的时候，染东西还不能一次完成。她风趣地对同学说，染东西绝不能染料加水、加肉丸，决不能把表示多数的"九"写成"丸"，学生就打趣地说，你看他染东西又加肉丸了。

（韩玉琳．点拨的艺术．中国教育报。1987．8．1．）

八、激疑

有位教师教鲁迅的《呐喊自序》时，当讲到鲁迅在年轻做的"许多梦"，破灭后感到"无聊""寂寞""悲哀"时，一个学生提出："鲁迅是坚强不屈的战士，怎么会产生寂寞苦闷的感情呢？"这个问题一经提出，不少学生表示也有同感。对学生的疑窦，教者没有立即予以解释，而是开拓学生的思路，给学生提供了综合思考的材料，他联系学生已学过的课文，指出《故乡》一文中农民的悲惨遭遇，知识分子与劳动人民之间的隔膜是鲁迅"亲历"的事;《药》一文中革命者夏瑜牺牲后不被民众理解的事实也是鲁迅"旁观过的事"。然后,他故意提出一个错误的论断:"有人说,鲁迅生活在旧民主主义革命时期,'如置身毫无边际的荒原',特别是辛亥革命的失败,使他感到失望、无聊,因而鲁迅便消沉下去了。"这断语一下,就激发起学生纷纷质疑。有些学生提出:"鲁迅的寂寞和悲哀能不能叫做消沉?"这一疑问提得很好,引起了大家的深思,经过争议,取得了比较一致的看法;鲁迅感到"无聊""寂寞""悲哀"是因为对旧民主主义革命的性质感到怀疑和失望,这只是一时找不到新的战友和战斗武器的悲哀和寂寞,绝不是真正的消沉。还有学生提出:"有什么根据证明鲁迅不是真正的消沉下去了?"经过讨论,大家认为课文中所用的"居然""暗暗""消去"等词语说明鲁迅当时的心境虽然寂寞,但又是不甘寂寞的,由此证明他是不会"消沉下去"的。经过学生的质疑争议,教师这才转回话题,开始回答学生最初提出的疑问。教师向学生明确指出:"好梦"——"寂寞"——"呐喊"是鲁迅的战斗历程,也是他思想变化的过程。"好梦"后的"寂寞"是因为救国救民的思想一时无法实现的缘故,"寂寞"之后的"呐喊"说明鲁迅没有消沉,而是转向脚踏实地的"韧的战斗"了。经过剖析最先提出疑问的那个学生说:"我懂了,鲁迅的寂寞和苦闷与他坚强不屈的性格表示是不矛盾的。"至此,其他有过同感的学生的疑问也消除了。

(武克家等。谈激疑。江苏教育(中学版)。1982:12,17.)

九、集体讨论引发创造性思维的产生

集体讨论可使学生集思广益,开拓思路,引发创造性思维的产生。小学生知识贫乏,创造性思维不易展开,集体讨论尤为重要。例如,教谜语:没有脚,没有手,只会跳,不会走,落到水里会浮起,它是小朋友的好朋友。

学生:谜底是篮球、排球、乒乓球。(设想)

学生甲:什么球都成。(设想)

学生乙:不对。铅球、铁球落到水里就浮不起来。(评价)

学生丙:铅球、铁球也不会跳呀!(评价)

学生甲修正:我说的是充了气的球。(设想)

学生丁:充了氢气就会飞走呀!(评价)

学生甲再修正:我说的是充了空气的球呀!(设想)

从以上讨论可以看到:以"排球、篮球、乒乓球"为谜底,对小学生来说,应当说是一个正确的思想,但通过集体讨论,得到"充了空气的球"这样一个新思想。这个思想具有普遍性品格,表现了明显的创造性。而且严格地说,每一个设想和评价都是一个思想。可见彼此交流思想就能启发创造性思维。

(熊先约。在小学语文教学中发展创造性思维。课程·教材·教法。1986:10,37.)

十、激情

古人云："缀文者情动而辞发，观文者披文而入情。"语文教材凝聚着作者丰富的思想感情，不少作品具有震撼心灵的感染力。如果我们善于把作者蕴含在课文中的思想感情发掘出来，移情给学生，渗透到他们心田里，就能使学生加深理解课文内含的意思，激起感情上的共鸣，表达起来也有情感。

《小珊迪》一文。我在不同的班级执教过多次。这篇课文，内容不难理解，语言文字也不难懂，可以说没有什么生字新词。在教学中，我抓住一些看来似乎平常的词语，采用"以读为主"的课堂教学结构，着重引导学生体会课文所表达的思想感情，取得了比较好的效果。下面以第一段为例，简介教学过程。

上课前，我有意识要学生唱《我们的生活多么幸福》这首歌，唱毕即上课。我从歌名导入课文，唤起学生对《小珊迪》一课的学习兴趣。接着，我要学生读三遍书：读第一遍前，要学生边读边想，课文写了小珊迪哪些事；读第二遍时，要求学生怀着同情心轻声读；第三遍就开始分节读议，主要读议小珊迪说的四句话。

读议第一句"先生，请买盒火柴吧"时，我引导学生从天冷、衣薄、脸青、脚紫、肚饿这几点去体会句中蕴含的思想感情，读出颤抖、低沉、请求的语气。通过读议，学生开始进入意境，感情油然而生。

读议第二句"一盒火柴只要一个便士呀"时，我抓住两个"一"，让学生体会小珊迪想卖掉火柴的急切心情。当学生认识到一便士买一盒火柴是再便宜不过的，对"先生"来说是不在乎的，可是对小珊迪来说，有了一便士就能解决一点眼前的困难时，在感情上和小珊迪产生了共鸣。

读议第三句"小珊迪想了一会说：'我可以一便士卖给你们两盒'"时，通过对"一""两"和"想了一会儿"的读议，学生又进一步体会到小珊迪忍痛降价出售火柴的迫切心情。此时，感情上完全和小珊迪一致，想小珊迪所想，急小珊迪所急了。因而读议第四句"啊！请您现在就买吧！先生，我饿极了!"时，不少学生竟情不自禁地哭起来了。我噙着泪水上课，更激化了学生的情绪，就在这样的气氛中，学生加深了对课文的理解。

（左友仁．选自上海特级教师谈小学教育教学.）

十一、激趣

我从数十年的教学实践中体会到：只有当一个人对所学的东西有了兴趣，才能全身心投入到学习中去，才会开动脑筋，想方设法去学。

我在语文教学中运用什么方法来提高学生学习兴趣的呢？做法有两个：一是把语文课上成基本功训练课，让学生在学知识的同时，通过多种形式的训练，使智能得到发展和培养。在整个教学过程中，学生的感觉器官，尤其是思维器官始终处于积极兴奋状态；二是充分发掘课文中的语言因素。如教《火烧云》时，一开始，我是这样启发的：

（1）我问学生，什么叫"火烧云"？要求默读课文，找出一句话来回答。

学生读了课文后，都只会照书念：天空的云从西边一直烧到东边，红彤彤的，好像是天空着了火。我启发大家想一想，这样的回答是否完整？学生思考后这样回答，天空的云……好像是天空着了火。这种云叫火烧云。

这样的操作，学生回答问题的本领提高了，学习兴趣也进一步激起了。

（2）我接着问学生：这句话中的"烧"字，改成"红"字，通吗？学生开始说"不通"，读了几遍后，才悟到"通的"。我问，既然通的，作者为什么不用"红"字而用"烧"字？学生反复品味，先后说出了三个原因：①点题；②避免跟"红彤彤"重复；③跟"火"字照应。当学生自认为答全时，我却说还有一点哩，看谁最聪明，能说出来。这一下，学生劲头又上来了，经过师生的启发和议论，终于说出"烧"字不仅包含着红的意思，还有一种变化无穷的动感，而"红"字，仅仅表示红色。

（3）我问："火烧云"还可叫什么名字？学生思考后先后说了八个名字。

以上仅是开始上课十分钟的教学过程，学生的学习兴趣也被激发起来了，接下去的教学就不用愁启而不发了。

（左友仁. 上海特级教师谈小学教育教学.）

十二、怎样扭转课堂气氛

我教吴伯箫同志的《记一辆纺车》，广西有些同志来随堂听课，我提问："同学们预习了吧，这篇文章你们喜欢不喜欢？"当时50多位同学异口同声地说："我们不喜欢。"因为我没有思想准备，吓了一跳，我还以为学生很喜欢这篇散文哩！听课的同志也愣了一下。后来广西的同志说你们的学生胆子真大。我毕竟是上了几十年的课，就赶紧把它扭过来，我说："你们不喜欢，那么请你们说说不喜欢的原因何在？"有的同学说，这篇文章的文体不清楚，到底是说明文还是记叙文；有的同学说，如果是散文的话，应该有文采，这篇文章没有文采，所以我们不喜欢。有的同学讲："老师，你说说看。"我讲："你们过去学的是抒情散文，这一篇是叙事散文，你们还没有和它们见过面，对它的佳妙之处还没有体会。这种散文是托物叙事见精神的，学了以后你们就会喜欢。"这样，课堂气氛才扭过来。我们不能因为学生将了自己的军，就不耐心了。总的来讲，教师的知识是超过学生的，但是一个人的脑袋毕竟是比不上几十个或上百个人的脑袋。教师即使是被学生将了军，对学生还是要热情帮助，热情指导。

（于漪. 语文教苑耕耘录. 福州：福建教育出版社. 1984：259～260.）

十三、偶发事件的处理

偶发事件分为两类。一是学生在学习中出现的，二是教师在教学中出现的。如果从性质看又可分为良性和恶性。前者产生的动机是好的，能利用来为教学教育服务，后者则可以严重的影响正常教学。对于这两种情况，都应该反复思考，冷静处理。想想良性的积极因素在什么地方？恶性的是否有积极因素？消极因素怎样化为积极因素？怎样服务于教学和教育？

如一位语文老师在引导学生分析课文时，发现一位同学竟在做数学作业，当老师注意看他时，同学的眼光一齐转向他。这位同学顿时满脸绯红，羞愧万分。老师这才领悟到自己停下讲课发生的过错，便灵机一动说："同学们的目光说明了一切。在这里我得承认，是我分散了大家的注意力。常言道一心不可二用。要想取得学习的好成绩，必须要专心听好每一堂课。你们说是不是？不过同学们那种珍惜时间认真学习的精神是非常宝贵的。"

有一位老师在上公开课时，突然讲课声被打断了："老师，他在画怪画儿！"随后一张图画传到老师手中，上面画着一对怪模怪样的男女在抱头接吻。顿时，笑声四起。但当大家一意识到客人在场时，瞬间又寂静无声。在这节苦心经营的课中，面临不好收拾的局面。但老师并没有火冒三丈大发雷霆，而是冷静地沉思一会，说："同学们！××的头勾得低低的，说明他内心是非常痛悔的。他这样做到底错在哪里，请大家好好地帮他找找原因。"

有这么一件事：一位教师走上讲台，学生正在为昨夜电视上女排比赛议论纷纷，激动不已。这位教师没有当即制止这场议论，而是巧妙地加以引导说："中国女排的胜利为中国人争得了荣誉，它证明了中国人的伟大。但是中国在科学技术、经济建设上还很落后，被人瞧不起。我们也要有女排这种拼搏精神，把我们的科学技术、经济建设搞上去……因此，从现在开始，我们就得好好学习，

抓紧每一分钟，听好每一堂课。"

（赵星景供稿．演讲与口才．1988：4.）

十四、宽容是教师应有的素质

俞良栋老师去高一班上课，见黑板上画了一幅人体半身像：小头，疏发，小眼睛，鹰鼻子——活脱脱的匪首座山雕。下面却注着几个小字道："这是俞良栋"。

屋里出奇的静，似乎还有几个同学偷偷地看看俞老师，空气好像凝滞了。俞老师神态自若地走近黑板，仿佛用欣赏的目光看着画像，屋里的气氛不那么沉闷了。片刻，俞老师拿着粉笔把"是"改成"似"，转过脸微笑着说："同学们，你们仔细看看这幅画，再仔细看看我，比较一下，我真是如此丑陋吗？非也！（大笑）老实说，这画的头像我的，鼻子有我的一点特征——不过钩的弧度显得大了点儿，其余的一点也不像。因此，我把'是'改成'似'就抬举它了！（笑）同学们说我这样对吗？"

"对！"同学们异口同声，气氛很是活跃。

"有的同学喜欢画画，这是一种好的爱好。不过……"

有个同学马上低下头，他想着老师要来个"欲擒故纵"法，接下来就该"剋"他了。

"不过，画画是一门艺术，要想画好非下苦功夫不可。我有体会，我坚持业余时间画画已有20多个年头了。最近，咱们学校成立了课外活动小组，还聘我为美术组的指导老师呢。谁要想学画的

话，可以像《英语讲座》里说的那样——'跟我学'吧！可以'跟我学'。——岂止是可以！简直是'欢迎，啦……'"

群情振奋，跃跃欲试。那个怕"剋"的同学也抬起头来，目光灼灼地看着老师。

"不过，现在还不能跟我学画画，你们等到课外活动时间再跃跃欲试也不迟。现在是上课时间，这一节是语文课。现在敬请你们'跟我学'语文！"

（于祥生　供稿）

十五、课后质疑

师：课文学完了。这是一篇知识性课文。故事虽然是假设出来的，但都是有科学根据，是合情合理的，令人信服的。大家还有什么问题要问吗？

生：我从一本书里看到大象能在沼泽地里行走，为什么课文中写的那老象会陷进淤泥？

师：有同学能回答他的问题吗？

生：沼泽地比较泥泞，但不一定有又烂又软的厚厚的淤泥。这头老象是踩在河底又烂又软的淤泥上，所以就会陷进去。

师：有道理。

生：科学家凭什么推想这头落水身亡的黄河象是一头老年公象。

师：提得好，谁回答？

生：因为老象行动迟钝，再加上疲劳，容易落水。

生：科学家可能是从"三米多长的大象牙"推断这是一头公象，再从象牙的磨损来推断它的年龄的。

师：大家很动脑筋，讲得都有道理，学得很认真。我发现越是读书多见识广的同学，越能思考问题和回答问题。希望大家多读有益的课外书籍，同时要注意扩大自己的生活视野。

（张泽民　供稿）

十六、彩蝶王长飞之谜

吕老师在讲《美洲彩蝶王》在总结课文时，吕老师组织了这样一段教学结语："同学们，彩蝶王能够长途跋涉，飞越高山大洋，即使中途殒命也在所不惜，总是向着既定的目标迁徙。他们为什么具有一般蝴蝶所没有的习性呢？它们勇敢、顽强地向远方飞行的目的究竟是什么？这种习性是否长久不变？这还是一个有争论的不解之谜……"讲完补充说："看看我们哪位同学能作出正确地回答。"

吕老师这样一说，课堂立刻沸腾起来，直到下课也没平息。有的同学甚至要求家长索借这方面的书籍，想要研究一番；有的同学展开了讨论，表现了浓厚的探索兴趣。

（张同华 供稿）

十七、变事故为故事

"实事求是，看到什么说什么！这才是科学的态度！"

"老师，我没看到白烟，而是黑烟！"学生 A 鼓着勇气回答。

"你的观察很准确。"老师在勉励学生，并进一步启发：

"这样看来，刚才燃烧的东西就不是金属钠了！可是，这的确是块金属钠。

那么，刚才为何燃出黑烟呢？请同学们回忆一下金属钠的物理性质与其贮存方法。"

全班活了，学生 C 抢着发言："金属钠性质活跃，不能裸露在气中，而是贮存在煤油中。"

"你说对了！"老师怀着歉疚的心情向大家介绍："由于我的疏忽，实验前没有将沾在金属钠上的煤油处理干净，结果发生了刚才的实验事故。为了揭示上述错误原因，我不打算回头处理煤油，而是将沾有煤油的金属钠继续烧下去。请大家想想，烧的过程中，烟的颜色将发生什么变化？"

"黑烟之后，将出现白烟！"大家提出了这种预言。

重新点燃了金属钠，还冒着黑烟。只不过在集气瓶里黑烟在变淡。老师将燃烧着的金属钠再移至另一氯气瓶中，这时燃烧变剧烈了，似乎听到了"啪啪"的响声，集气瓶中白烟在翻滚！

"同学们，你们的预言实现了！"老师向大家宣布。这时，全班响起掌声——不仅是学生的还有听课老师的。

这位老师在课堂事故面前的确有"回天之力"！一个教师怎样才能做到这点呢？我认为需要三个条件：一是对学生坦诚，对科学尊重，实事求是，不文过饰非。二是能从错误中讲出教训来，使认识更深刻。三是把握知识的内涵与外延，不管出现什么意外，都能因势利导，将事故化为"故事"。

（赵星景供稿．中国教育报．1991．8．6．）

十八、别具一格的考试

每逢到需要考试的时候，全班学生，每个人都要出一套题，同时写出标准答案和评分标准，交给老师。然后，经过抽签，分别答卷。你做我的题，我做你的题。

出题的时间是比较充实的。每个学生都可以翻遍全书，苦心搜寻。有一名平时学习比较差的学生，出一道"解释加点的字"这样的题，他把书从头翻到尾，又从尾翻到头：第一课，"踌躇"这个词，会解，不能出；"鞠躬尽瘁"的"瘁"字，也会，不能出；出"杳无音信"吧？也会；"户枢不蠹"的"蠹"字挺难写，点个点，就出它：解释加点的字——蠹。

就在这出题的过程中，他把全书翻个遍，他会的，复习一遍；不会的，出题考别人，首先做出标准答案，这不也就会了吗？

学生出题，就要统观全书，对已学过的知识进行一次全面复习，会的学生更加巩固、扎实了；不会的学生，也重新学一遍。比如出语法方面的题，容易做的题，一看就会，就不出了。学生往往找一些书上最难的句子，有的还到语法书上选一些。这样做，就把语法知识复习一遍。因为每个学生又以"老师"的面目出现，有了这个责任心，注意力就增强了，所以学得认真，记得扎实。

另外，老师把考试出题、做标准答案，直到判卷评分这些事都让学生学着做，无疑，会增强学生自学能力和自我教育的能力，更会增强学生的自信心。

（李恩田等．魏书生语文教学改革三例．中国教育报．1986．1．7．）

十九、引导学生乐学

大科学家爱因斯坦曾说过："热爱是最好的老师。"教语文，就得培养学生学语文的兴趣，使学生热爱语文这门课程，努力学好它。要做到这一点，关键在教师的讲课。如果教师把课上得单调刻板，枯燥无味，当然引不起学生的兴趣，也就谈不上学好它了。相反，如果教师能把课上得生动活泼，寓知识的传授于形象化的情趣之中，对学生富有吸引力，就会使学生从学习中得到无穷的乐趣，从而激起强烈的求知欲，产生自觉学习的欲望。学习有了自觉性，就能变被动为主动，变消极为积极，取得较大的成效。

为了让孩子们在欢乐中学习，我在以下几方面作了一些努力。

（一）教得清楚

我在实践中体会到，要教得清楚，首先要根据教材和教学大纲，制定一个明确的学习要求，特别是对教学的难度和数量的安排要恰当。如第一册拼音识字《日、月、水、火》一课，关于"日"就可以有许多内容讲，如太阳是宇宙间的一个星球；太阳是从东方升起，西方落下的；太阳能带来温暖，万物生长要靠太阳等等。讲到什么程度为宜呢？我通观全册教材，讲到太阳的，除了这一篇以外，后面还有两课，一课是《方向》，一课是《太阳、地球、月亮》，根据这一课教材的编次，以及学生刚识字不久的特点，我感到教这一课的"日"，就不必讲那么多。重点应在让学生知道太阳也可称作"日"，并认识象形字，懂得用象形字帮助记字。这样的要求虽似简单，实则清楚、明了，学生容易掌握。有些知识以后还可步步加深，无需急于一次完成。

其次，各个教学环节的目的要清楚，安排要有序，一环扣一环。例如教第一册看图学词学句《我爱中华人民共和国》一课的句子时，我先复习"京、安、星、红、旗、华、和"七个生字，再抽读"北京、天安门、五星红旗、中华人民共和国、爱"的词语卡片，读过一张就把一张卡片按字的顺序挂在板上的横线上，如下列形式：

爱　北京

爱　中华人民共和国

然后问学生：谁爱北京？谁爱中华人民共和国？出示生字"我"，并把卡片挂在"爱"的前面，成下列形式：

wǒ　爱

　　爱　　北京

我　爱　　中华人民共和国

这时先教生字"我"，再问学生第一行有几个词，然后把第一行分开排列的三张词语卡片拼拢来，在"我爱北京"的后面加上句号，连成句子。再用同样方法把第二行的词语卡片并拢，成"我爱中华人民共和国"。让学生从实际上认识句子是由词组成的。

接着，通过谁爱北京？谁爱中华人民共和国？我爱谁的问答进行说完整句的练习，发展学生的语言和思维。学生可以把"我"换成同学、老师、爸爸、妈妈、工人、农民、解放军、全国人民……可以把"北京、中华人民共和国"换成"天安门、五星红旗、中国共产党、上海、爸爸妈妈……"这样做，复习与新授紧密联系，新授与练习紧密联系，复习生字是为学习生词打基础，复习生词是为学习句子打基础，学习句子后，练习变换主语或宾语，是发展思维和语言的训练，也是进一步掌握所学知识结构的练习。这样一环扣一环，环环有目的，学生在循环学习的过程中，步步加深、提高，既节省时间，又能取得较好的学习效果。

（二）教得生动

兴趣是学习的先导，有了浓厚的兴趣，学生才会"入迷"，才肯刻苦钻研。因此我在教学中总是努力创设良好的课堂气氛，把课上得生动活泼，把教学变成一种永远引起学生兴趣的向知识领域探索的活动。

能否在讲授新课开始，就使学生产生兴趣，往往是决定这一课的教学是否有成效的一个重要因素，因此我在讲读之始，比较注意根据不同的课文，采用不同的方法，引发学生学习的兴趣。

如教《小猴子下山》一课时，我先让学生看一幅图，小猴子在什么地方？在干什么？学生一看猴子爬在松树上，一手遮着额头，两眼望着山下的表情，就乐了。有的说，小猴子在想，到山下去玩玩该多好啊；有的说，小猴子想到山下去看看，山下有些什么东西，有的说，小猴子肚子饿了，想到山下找些吃的。这时，我顺着学生的想象，出示了

课题《小猴子下山》，并随即提出问题：小猴子下山到了哪些地方？做了些什么事情呢？学生带着渴望了解事情经过的心情，积极地投入了认真阅读的活动。又如教《鱼和潜水艇》一课时，我从解词入手，问学生鱼是什么？学生答：鱼是吃的食物。又问潜水艇是什么？学生答：潜水艇是能潜到水下的战艇，是打仗用的。我就故设疑问，鱼是可以吃的食物，潜水艇是作战用的战艇，它们之间有什么关系？为什么放在一块儿做题目呢？一个问题激起了学生强烈的求知欲，要到课文中去找答案。有些诗歌的语言精练、形象，富有音乐美，我就在揭题后用生动的范读，激起学生也想读一读的愿望。

观察对学生来说是认识外部世界获得感性认识的基础。尤其是低年级学生喜欢形象的东西，他们要在直观的情景里才能充分施展想象，因此只要能激发学生求知的欲望，只要对理解课文有益，我总要精心设计、巧妙使用教具，并引导学生观察。

如《学画》一课中，有这样一句话："湖里有十来朵荷花，花苞上清水滴滴，荷叶上水珠滚来滚去。"荷花确实是美，可是学生看不到，就很难体会王冕怎么会看得出神的。于是我设计了图片与实物相结合的教具，我和公园里的管理员同志商量，要了一片带根的荷叶，把它插在鱼缸里，另外画了几个花苞，上课时我把水往花苞上一洒，滴滴水珠从花苞上滴到荷叶上滚来滚去，学生看得欢跳起来，连声喊：老师，再来一次，再来一次。通过这样的观察，对什么是："清水滴滴"，水珠怎样在荷叶上"滚来

滚去"的景象，已在学生的脑中留下了深刻的印象，也就用不到老师再讲解了。

（顾家彰。上海特级教师谈小学教育教学.）

二十、培养创造性思维

重视学生创造性思维的培养，提供创造活动的机会。有意识地引发创造过程，将各种有意识的手段发展为创造活动，就可以增强个人的创造能力。课堂教学正是最有利于开展创造性活动和培养创造力的时机，因此我在进行教学时，总是尽可能结合讲读课文，讲行听、说、读、写训练时，提供各种创造的机会，逐渐养成多面向，多角度认识事物、解决问题的习惯。

如《狐狸和乌鸦》一课，我创设了四次创造活动和机会。

第一次是在讲到"狐狸叼起肉钻到洞里去了"以后，我说，请你们想想，这时乌鸦会怎么想？一个学生说："哎，我的脑子真不灵，要是不唱歌就好了，现在肉也没了，有啥办法呢？还得重新给孩子找东西吃。"

第二次是准备了狐狸和乌鸦的头饰，启发学生用表演的形式对课文内容进行创造性的复述。

第三次是在复述后，我说，乌鸦真伤心，肉被狐狸叼走了，你能不能给乌鸦想个办法，把狐狸叼走的肉要回来。学生活跃起来了，他们说："乌鸦站在树枝上，笑着说：'哈哈，你上当了，这块肉是有毒的，你吃了会死的。'""乌鸦在外面捡了许多石子，用布包好，告诉狐狸，我又给你带来好多东西，你快出来

吃。等狐狸一张嘴，乌鸦就把这些东西塞到狐狸的嘴里去。"有一个学生更有趣，说："给狐狸吃安眠药，让它睡觉。"虽然听来有些可笑，可是学生确实是展开了想象的翅膀在自由飞翔，这种创造的萌芽是很可贵的。

第四次是引导设想：假如我是乌鸦……学生说："假如我是乌鸦，我先把肉吃了，再唱歌。""假如我是乌鸦，我就把肉给孩子吃了，然后再飞到树枝上，问狐狸，你还要听我唱歌吗？"还有一个学生说："我把肉放在窝里，然后追上去把狐狸给啄死。"底下的同学听了都有同感，情不自禁地喊起来，"先啄它的眼睛。"学生的设想是各式各样的，新颖、有趣，还带有发言者的个性色彩。

在创造活动中，学生的观察力、想象力、思维力都得到了发展，语言也得到了训练，口头讲是说话能力，写下来是书面表达能力。当学生从事创造活动时，他们会感到知识的不足，就会更自觉更积极地学习基础知识。基础知识掌握得越好，也就会进一步搞好创造活动。创造欲是学习的动力，创造活动可激起学习的乐趣。

作为语文教师，我热爱自己的专业，我希望我的学生喜欢语文这门课，我常常想学生所想，顺着学生心理活动的规律和认识的规律，采用多样化的教法，不断启迪学生的智慧，培养他们听、说、读、写的能力。在教学中既不单纯的传授知识，也不盲目地追求趣味，而是把知识的传授与感情的熏陶有机地结合起来，努力做到扎扎实实，实中有活；思维活跃，活中求实；教法新颖，新中见实，让孩子们在欢乐中学习，学得欢乐。

（顾家彰。上海特级教师谈小学教育教学．）

二十一、游戏教学

孩儿一生下来，就能表现出一种不知满足的好奇心，而游戏教学活动能满足他们的好奇心，在游戏教学活动中，孩子们要摸、要闻、要尝、要听、要看、要唱、要跳，在和伙伴们一起游戏时，孩子们要说话，要进行思想交流，要模仿别人，要探索，要创造，要驰骋想象的天地。在游戏教学中，孩子们积极参与，兴趣盎然，领悟了学习的喜悦，获得了成功的满足。孩子们需要快乐，喜欢游戏，这中间包含着对未来的追求，包含着对人生乐趣的渴望。

我校探索了十多年的愉快教育，提倡课堂教学有声有色，生动有趣，启发和吸引孩子们喜欢学，乐于学。让孩子们在课堂教学的全过程中愉快学习，愉快思考。游戏教学是愉快教学中必不可少的一种教学方法。已被我校语文学科老师广泛地采纳，适用于拼音、识字、讲读、课外阅读、说话、作文教学中，并适合于新授、练习、复习、检查各个教学环节。

采用游戏教学具有以下几方面的好处：

（一）游戏教学有利于激发孩子们学习的情趣。

低年级的孩子机体正处在成长发育的过程，特别是神经系统还不够成熟，注意力集中时间只有20分钟左右。他们从幼儿园的教养体系转化为小学的教育体系，有一个很大的坡度，跨越了一个很高的台阶。因此，他们在学习过程中很容易疲劳，会出现注意力分散，坐不安定，做小动作等现象，影响着教学的效果。

游戏教学采用了丰富的、多样的手段，让孩子们在唱唱、跳跳、听听、画画、玩玩、学学中获得知识，让孩子们的左右脑交替地、和谐地发展。

以拼音教学复韵母 ai、ei、ui 为例：教学时，老师设计了"排队上车""呼叫名字""打电话"三个游戏，老师请几个孩子上来做"排队上车"的游戏，要求他们从高到矮排着队，一个个挨着次序上车。孩子们欢快地做着游戏，从中学会了 ai（挨）的韵母。

吃晚饭了，小伙伴们还在弄堂里玩耍着。"妈妈"扯开嗓子大声呼喊："××，快回家吃饭了。""ei（哎），我来了。"一个个孩子随着"母亲"的呼叫声答应着，ei 的复韵母就在快乐的游戏中学会了。

"打电话"的游戏更是使学生们兴趣盎然。叮铃铃，电话铃声响了。"ui（喂），你是谁？""我是爸爸，今天我们厂里加班，我要晚点回家。"ui（喂）的声音不断地在教室里响起，同桌的两个孩子互相打着电话。在愉快的游戏中，孩子们认识了复韵母 ui。

拼读音节时，老师又设计了"邮递员送信"、"我叫××""拼一拼，找一找""拼一拼，做一做"的一组游戏，寓教学于游戏中，使孩子们掌握了三个复韵母的拼读方法，达到了教学的目的。

桌上放着一大堆东西，有杯子、白菜、乌龟、白粉笔……老师出示了音节

bei，第一个拼出的孩子立刻上来把杯子高高举起来。然后，学当小老师，带领孩子们拼读 bei 的音节，老师要出示一个音节 cài，这次，一个孩子快步上前把桌上的白菜高高举起，c-ai-cài（菜），在小老师的带领下，孩子们兴致勃勃地拼读着，拼读着。

老师又出示一个音节，孩子们在轻轻地拼读着 f－ei－fei（飞），一个个学起小鸟飞。随着老师卡片的抽动，孩子们一会儿拍（pāi）手，一会儿抬（tái）土，时而吹（chuī）气，时而开（kāi）车。孩子们对这样的教学活动产生了浓厚的兴趣，主动积极地学习着。

复习巩固阶段，老师设计了"摘果子"的游戏。一棵苹果树上结满了红红的大苹果，红红的苹果上面写着一个音节，哪一个学生拼出了一个音节，他就能摘下一个苹果。

一张张音节卡片，一个个形象的实物，一次次演示的动作，一个个红红的苹果，构成了一节愉快的拼音教学课。在这样的课上，孩子们对知识充满了兴趣，对认知具有迫切的需要。大脑形成了优势，最佳兴奋中心，对知识的反映最清晰，思维活动最积极、最有效，也就取得了事半功倍的效果。

（二）游戏教学有利于促进孩子们的认知

游戏教学有助于把基本强制的教学过程和孩子在游戏中体验到的自由选择的那种情感有机结合起来。教学任务和内容通过多样化游戏活动表现出来。这就为孩子们的认知提供了阶梯，为孩子们不同的爱好、特长及其潜力的表现提供了施展才华的舞台。

教师根据教学要求和内容重新设计和编排的教学游戏，密切配合了书本上的知识内容，对孩子们所要学的内容起着积极作用，特别是对语文的难点、重点的理解起到了很好的效果。

识字教学时，笔画多的字，孩子们比较难记，教师就用拆字的方法，把它拆开来，写成几个熟字：蔬菜的蔬，"艹"字头写成"草"字，左下部分写一个"跑"字进行比较，右下写一个"流"字。这几个字写在卡片上，让每个孩子动动手，拼一拼，拼成一个"蔬"字。这样，枯燥无味的汉字，化成了兴致勃勃的拼字游戏。

《我的家乡》是一篇富于诗情画意的课文。其中关于月亮湾的地理位置是本课的难点，学生不容易搞清楚。老师设计了一套立体的学具，帮助学生建立正确的空间概念。一些简单的几何图形表示各种物体……

关联词的运用，动词的选择，拟人化的作用对孩子们来说也是一个难点。老师设计了这样一节说话课：让孩子们用土豆做小玩意儿，说说制作的经过及心情。课前，老师把要求告诉了孩子们，让他们选好做小玩意儿的土豆。上课时，孩子们动脑动手又动口。有的用土豆、火柴梗和铅丝做成一个逗人发笑的"猪八戒"；有的用土豆做了"啄米的小鸡"，"机灵的小黄狗"，形象逼真的"茄子"，摇摇摆摆的"不倒翁"……前后只用了10分钟。他们自豪地向伙伴们展示自己的作品，介绍制作的经过和感受。在这制作介绍的过程中，孩子们学会了"先、然后、再、最后"这些关联词，也学会了选择"切、插、扎、接"等动词。还会用拟人化的方法说出自己的感受。一个说："我把'小猫'放在桌上，看了又看，爱不释手。看着，看着，觉得小猫似乎在对我说话：'我和你一起玩皮球好吗？'我高兴得跳起来。"另一个说："我把自己的作品拿在手里，看了好半天，入了神，那个'妈妈'好像在对我说：'别看了，傻孩子，你小时候妈妈也是这样背着你，送你上托儿所的。'我一下子笑出了声音。"

（三）游戏教学有利于发展孩子的智能

游戏教学还有利于孩子们的思维发展。游戏时，孩子们用眼睛的视觉、耳朵的听觉、鼻子的嗅觉、舌头的味觉、皮肤的感觉、四肢的触觉，全身心地体验愉悦，投入学习。吸引他们的注意力，培养他们的观察力，发展他们的想象力，增强他们的创造力。游戏教学以丰富的、多样的方法让孩子们在音乐、舞蹈、故事、幻想的世界中进行朝气蓬勃的智力活动，使他们得到丰富的精神享受。

上说话课《折纸与拼板》时，老师发给每个孩子一张纸和一副用吹塑纸剪成的拼板，先让孩子们折自己喜爱的小玩意儿。孩子们高兴极了，一会儿工夫，折出了战斗机、双体船、照相机、钢琴、猪头……真是五花八门，琳琅满目。折好了，就让孩子们练习说话：纸可以折成……在学生自由说话的过程中，老师让孩子们议论一下有几种不同的句式，从而引导他们掌握"……可以……"，"……能……"，"……会把……"，"……会用"四种基本句式。接着，老师让孩子们说说纸有什么用处。他们结合生活实际讲了纸的各种用处，这样巩固了刚学会的四种基本句式，又扩散了思维。然后，老师让孩子们用几块圆形板和几块三角板拼出各种有趣的图案，并说出拼板时的联想。孩子们凭借个人的想象创造各种各样事物的新形象：月夜起航的帆船，遨游太空的飞船，拍皮球的小孩，会跳舞的小鸟，还有吐小泡泡的热带鱼。一套简单的学具，在孩子们灵巧的手指间变幻出一个大千世界。孩子们一边拼出图像，一边说："拼板可以拼成小白兔，小白兔在草地上跳跃。""拼板可以拼成一幅图，图上有飞船、月亮、星星。我坐在飞船上望蓝天，看见闪闪的星光，明亮的月儿。"这样的说话课，是在充满创造气氛的游戏中进行的，孩子们既掌握了基本句式，又开拓了思路，培养和发展了创造性思维。

孩子们课余有许多充满儿童情趣的游戏。老师就以"游戏节"为题对孩子们进行说话训练。孩子们通过讨论知道介绍游戏应该从游戏的名称、游戏的创作者、游戏规则、游戏的益处等几方面进行介绍。老师看到孩子们课间爱玩纸青蛙，就以"空气会工作"为题，把孩子们平时玩的风车、皮球、像皮头子弹枪、纸青蛙为学具，让他们进行说话训练。还有添画、剪纸、捏泥人、小实验等，都作为低年级说话课的题材。这种游戏说话课深受孩子们的喜爱，效果也很好，既能达到说话的要求，又发展了孩子们的智能。

《称象》一课，如果单凭老师口述，学生凭空想象是很难真正理解课文的，这篇课文涉及物理学的浮力原理，很容易被上成单纯的讲讲读读，在文字篇章上兜圈子，而实际上孩子们并不真正理解的形式主义的课，也容易上成如同自然常识的实验课。老师采取了游戏教学法进行教学：一盆清水，一条小船，一只玩具大象，一些小石，一杆秤，孩子们照曹冲提出的办法动手试试。这样既可考查孩子们是否读懂课文，又可让孩子们验证曹冲的办法是否正确，并使孩子们不轻易相信现成的答案，有利于发展学生的思维，从而让孩子们懂得在古代的条件下，曹冲的办法比官员们的办法强得多了。他没有使大象受到丝毫的损伤而称出段再现教材提供的内容、情景，让孩子们体会教材语言的准确、鲜明、生动，从整体上去理解词句，加深对教材的领会。这种学习是一种娱乐。孩子们在游戏时，管形象思维大脑右半球兴奋。用语言表达时，管抽象思维的大脑左半部兴奋。这样大脑两半球同时兴奋，就可以大大挖掘大脑潜在的力量，在愉快轻松的气氛中学习语言，而不致感到疲劳。在这种环境气氛中，孩子们可以毫无顾虑地自由选择、自由活动、自由表达，给他们带来欢乐，带来兴趣，带来自信，带来动力，带来成功。

（宋珠凤. 上海特级教师谈小学教育教学.）